注释法典丛书

新五版·16

中华人民共和国

教育

注释法典

中国法制出版社
CHINA LEGAL PUBLISHING HOUSE

我国的立法体系①

立法主体	立法权限
全国人民代表大会	修改宪法，制定和修改刑事、民事、国家机构的和其他的基本法律
全国人民代表大会常务委员会	制定和修改除应当由全国人民代表大会制定的法律以外的其他法律；在全国人民代表大会闭会期间，对全国人民代表大会制定的法律进行部分补充和修改；根据全国人民代表大会授权制定相关法律；解释法律。
国务院	根据宪法、法律和全国人民代表大会及其常务委员会的授权，制定行政法规。
省、自治区、直辖市的人民代表大会及其常务委员会	根据本行政区域的具体情况和实际需要，在不同宪法、法律、行政法规相抵触的前提下，制定地方性法规。
设区的市、自治州的人民代表大会及其常务委员会	在不同上位法相抵触的前提下，可对城乡建设与管理、生态文明建设、历史文化保护、基层治理等事项制定地方性法规。
经济特区所在地的省、市的人民代表大会及其常务委员会	根据全国人民代表大会的授权决定，制定法规，在经济特区范围内实施。
上海市人民代表大会及其常务委员会	根据全国人民代表大会常务委员会的授权决定，制定浦东新区法规，在浦东新区实施。
海南省人民代表大会及其常务委员会	根据法律规定，制定海南自由贸易港法规，在海南自由贸易港范围内实施。
民族自治地方的人民代表大会	依照当地民族的政治、经济和文化的特点，制定自治条例和单行条例。对法律和行政法规的规定作出变通的规定，但不得违背法律或者行政法规的基本原则，不得对宪法和民族区域自治法的规定以及其他有关法律、行政法规专门就民族自治地方所作的规定作出变通规定。
国务院各部、委员会、中国人民银行、审计署和具有行政管理职能的直属机构以及法律规定的机构	根据法律和国务院的行政法规、决定、命令，在本部门的权限范围内，制定规章。
省、自治区、直辖市和设区的市、自治州的人民政府	根据法律、行政法规和本省、自治区、直辖市的地方性法规，制定规章。设区的市、自治州人民政府制定的地方政府规章限于城乡建设与管理、生态文明建设、历史文化保护、基层治理等方面的事项。
中央军事委员会	根据宪法和法律制定军事法规，在武装力量内部实施。
中国人民解放军各战区、军兵种和中国人民武装警察部队	根据法律和中央军事委员会的军事法规、决定、命令，在其权限范围内制定军事规章，在武装力量内部实施。
国家监察委员会	根据宪法和法律、全国人民代表大会常务委员会的有关决定，制定监察法规。
最高人民法院、最高人民检察院	作出属于审判、检察工作中具体应用法律的解释。

① 本图表为编者根据《立法法》相关规定编辑整理，供参考。

出版说明

“注释法典”丛书是我社集数年法规编撰经验，创新出版的大型实用法律工具书。本套工具书不仅全面反映我国立法成果与现状，全面收录相关领域重要法律文件，而且秉持权威、实用的理念，从条文【注释】、【实务问答】及【裁判规则】多角度阐释重要法律规定，相信能够成为广大读者理解、掌握、适用法律的首选工具书。

本套工具书以中国特色社会主义法律体系为主线，结合实践确定分册，独家打造七重法律价值：

一、内容全面

本分册涵盖教育领域重要的法律、法规、部门规章、司法解释等文件，收录的文件均为现行有效文本，方便读者全面、及时掌握相关规定。

二、注释精炼

在重要法律文件前设【理解与适用】，介绍该法历史沿革、主要内容、适用注意事项；以【注释】形式对重难点条文进行详细阐释。注释内容在吸取全国人大常委会法制工作委员会、最高人民法院等权威解读的基础上，结合最新公布的相关规定及司法实践全新撰写，保证注释内容的准确性与时效性。另外，在重要条文注释中，提炼简明小标题，并予以加粗，帮助读者快速把握条文注释主要内容。

三、实务问答

在相关法条下设【实务问答】，内容来源于最高人民法院司法观点、相关函复等，解答法律适用中的重点与难点。

四、案例指导

在相关法条下设【案例】，案件主要来源于最高人民法院、最高人民检察院指导性案例及公报案例，整理【裁判规则】，展示解决法律问题的权威实例。

五、关联法规链接

在相关法条下以【链接】的方式索引关联条文，提供相关且有效的条文援引，全面体现相关法律规定。

六、层级清晰　检索便捷

(1) 目录按照法律文件的效力等级分为法律及文件、行政法规及文件、部门规章及文件、司法解释及文件四个层级。(2) 每一层级下法律文件大多按照公布或者最后一次修改时间排列，以方便读者快速定位目标文件，但为了方便读者对某一类问题进行集中查找，本书将一些联系紧密的文件进行了集中排版。

七、超值增值服务

为了使读者能够全面了解解决法律问题的实例，准确适用法律，同时及时充分了解我国立法的动态信息，凡是购买本书的读者，均可获得以下超值增值服务：(1) 扫码添加书后“法规编辑部”公众号→点击菜单栏→进入资料下载栏→选择注释法典资料项→点击网址或扫码下载，即可获取最高人民法院、最高人民检察院指导性案例电子版；(2) 通过“法规编辑部”公众号，及时了解最新立法信息，并可线上留言，编辑团队会就图书相关疑问进行动态解答。

能够为大家学习法律、解决法律难题提供实实在在的帮助，是我们全心努力的方向，衷心欢迎广大读者朋友反馈意见、建议。

中国法制出版社

2023 年 6 月

目　　录[*]

一、综合

二、教育类型

(一)综合

(二)学前教育

* 编者按:本目录中的时间为法律文件的公布时间或最后一次修正、修订公布时间。

（三）基础教育

（四）校外教育培训

（五）高等教育

（七）民办教育

（八）特殊教育

三、学位管理

四、教育督导

五、教育经费与投入

（一）财政收入

（二）助学贷款

六、思想政治教育、文体、卫生、安全、国防教育工作

(一)思想政治教育

(二)文体工作

(三)卫生工作

(四)安全工作

(五)国防教育

七、教育国际合作与交流

八、教师队伍建设

一、综合

中华人民共和国宪法(节录)

· 1982年12月4日第五届全国人民代表大会第五次会议通过
· 1982年12月4日全国人民代表大会公告公布施行
· 根据1988年4月12日第七届全国人民代表大会第一次会议通过的《中华人民共和国宪法修正案》、1993年3月29日第八届全国人民代表大会第一次会议通过的《中华人民共和国宪法修正案》、1999年3月15日第九届全国人民代表大会第二次会议通过的《中华人民共和国宪法修正案》、2004年3月14日第十届全国人民代表大会第二次会议通过的《中华人民共和国宪法修正案》和2018年3月11日第十三届全国人民代表大会第一次会议通过的《中华人民共和国宪法修正案》修正

第一章 总 纲

……

第十九条 【教育事业】* 国家发展社会主义的教育事业,提高全国人民的科学文化水平。

国家举办各种学校,普及初等义务教育,发展中等教育、职业教育和高等教育,并且发展学前教育。

国家发展各种教育设施,扫除文盲,对工人、农民、国家工作人员和其他劳动者进行政治、文化、科学、技术、业务的教育,鼓励自学成才。

国家鼓励集体经济组织、国家企业事业组织和其他社会力量依照法律规定举办各种教育事业。

国家推广全国通用的普通话。

第二十条 【科技事业】 国家发展自然科学和社会科学事业,普及科学和技术知识,奖励科学研究成果和技术发明创造。

第二十一条 【医疗、卫生与体育事业】 国家发展医疗卫生事业,发展现代医药和我国传统医药,鼓励和支持农村集体经济组织、国家企业事业组织和街道组织举办各种医疗卫生设施,开展群众性的卫生活动,保护人民健康。

国家发展体育事业,开展群众性的体育活动,增强人民体质。

第二十二条 【文化事业】 国家发展为人民服务、为社会主义服务的文学艺术事业、新闻广播电视事业、出版发行事业、图书馆博物馆文化馆和其他文化事业,开展群众性的文化活动。

国家保护名胜古迹、珍贵文物和其他重要历史文化遗产。

第二十三条 【知识分子】 国家培养为社会主义服务的各种专业人才,扩大知识分子的队伍,创造条件,充分发挥他们在社会主义现代化建设中的作用。

第二十四条 【精神文明建设】 国家通过普及理想教育、道德教育、文化教育、纪律和法制教育,通过在城乡不同范围的群众中制定和执行各种守则、公约,加强社会主义精神文明的建设。

国家倡导社会主义核心价值观,提倡爱祖国、爱人民、爱劳动、爱科学、爱社会主义的公德,在人民中进行爱国主义、集体主义和国际主义、共产主义的教育,进行辩证唯物主义和历史唯物主义的教育,反对资本主义的、封建主义的和其他的腐朽思想。

……

第二章 公民的基本权利和义务

第三十三条 【公民权】 凡具有中华人民共和国国籍的人都是中华人民共和国公民。

中华人民共和国公民在法律面前一律平等。

国家尊重和保障人权。

任何公民享有宪法和法律规定的权利,同时必须履行宪法和法律规定的义务。

第三十四条 【选举权和被选举权】 中华人民共和国年满十八周岁的公民,不分民族、种族、性

---

* 条文主旨为编者所加,下同。

别、职业、家庭出身、宗教信仰、教育程度、财产状况、居住期限，都有选举权和被选举权；但是依照法律被剥夺政治权利的人除外。

第三十五条 【基本政治自由】中华人民共和国公民有言论、出版、集会、结社、游行、示威的自由。

第三十六条 【信仰自由】中华人民共和国公民有宗教信仰自由。

任何国家机关、社会团体和个人不得强制公民信仰宗教或者不信仰宗教，不得歧视信仰宗教的公民和不信仰宗教的公民。

国家保护正常的宗教活动。任何人不得利用宗教进行破坏社会秩序、损害公民身体健康、妨碍国家教育制度的活动。

宗教团体和宗教事务不受外国势力的支配。

第三十七条 【人身自由】中华人民共和国公民的人身自由不受侵犯。

任何公民，非经人民检察院批准或者决定或者人民法院决定，并由公安机关执行，不受逮捕。

禁止非法拘禁和以其他方法非法剥夺或者限制公民的人身自由，禁止非法搜查公民的身体。

第三十八条 【人格尊严及保护】中华人民共和国公民的人格尊严不受侵犯。禁止用任何方法对公民进行侮辱、诽谤和诬告陷害。

第三十九条 【住宅权】中华人民共和国公民的住宅不受侵犯。禁止非法搜查或者非法侵入公民的住宅。

第四十条 【通信自由和秘密权】中华人民共和国公民的通信自由和通信秘密受法律的保护。除因国家安全或者追查刑事犯罪的需要，由公安机关或者检察机关依照法律规定的程序对通信进行检查外，任何组织或者个人不得以任何理由侵犯公民的通信自由和通信秘密。

第四十一条 【公民的监督权】中华人民共和国公民对于任何国家机关和国家工作人员，有提出批评和建议的权利；对于任何国家机关和国家工作人员的违法失职行为，有向有关国家机关提出申诉、控告或者检举的权利，但是不得捏造或者歪曲事实进行诬告陷害。

对于公民的申诉、控告或者检举，有关国家机关必须查清事实，负责处理。任何人不得压制和打击报复。

由于国家机关和国家工作人员侵犯公民权利而受到损失的人，有依照法律规定取得赔偿的权利。

第四十二条 【劳动权利和义务】中华人民共和国公民有劳动的权利和义务。

国家通过各种途径，创造劳动就业条件，加强劳动保护，改善劳动条件，并在发展生产的基础上，提高劳动报酬和福利待遇。

劳动是一切有劳动能力的公民的光荣职责。国有企业和城乡集体经济组织的劳动者都应当以国家主人翁的态度对待自己的劳动。国家提倡社会主义劳动竞赛，奖励劳动模范和先进工作者。国家提倡公民从事义务劳动。

国家对就业前的公民进行必要的劳动就业训练。

第四十三条 【劳动者的休息权】中华人民共和国劳动者有休息的权利。

国家发展劳动者休息和休养的设施，规定职工的工作时间和休假制度。

第四十四条 【退休制度】国家依照法律规定实行企业事业组织的职工和国家机关工作人员的退休制度。退休人员的生活受到国家和社会的保障。

第四十五条 【获得救济的权利】中华人民共和国公民在年老、疾病或者丧失劳动能力的情况下，有从国家和社会获得物质帮助的权利。国家发展为公民享受这些权利所需要的社会保险、社会救济和医疗卫生事业。

国家和社会保障残废军人的生活，抚恤烈士家属，优待军人家属。

国家和社会帮助安排盲、聋、哑和其他有残疾的公民的劳动、生活和教育。

第四十六条 【受教育的权利和义务】中华人民共和国公民有受教育的权利和义务。

国家培养青年、少年、儿童在品德、智力、体质等方面全面发展。

第四十七条 【文化活动自由】中华人民共和国公民有进行科学研究、文学艺术创作和其他文化活动的自由。国家对于从事教育、科学、技术、文学、艺术和其他文化事业的公民的有益于人民的创造性工作，给以鼓励和帮助。

第四十八条 【男女平等】中华人民共和国妇女在政治的、经济的、文化的、社会的和家庭的生活等各方面享有同男子平等的权利。

国家保护妇女的权利和利益，实行男女同工同酬，培养和选拔妇女干部。

第四十九条　【婚姻家庭制度】婚姻、家庭、母亲和儿童受国家的保护。

夫妻双方有实行计划生育的义务。

父母有抚养教育未成年子女的义务，成年子女有赡养扶助父母的义务。

禁止破坏婚姻自由，禁止虐待老人、妇女和儿童。

第五十条　【华侨、归侨的权益保障】中华人民共和国保护华侨的正当的权利和利益，保护归侨和侨眷的合法的权利和利益。

第五十一条　【公民自由和权利的限度】中华人民共和国公民在行使自由和权利的时候，不得损害国家的、社会的、集体的利益和其他公民的合法的自由和权利。

第五十二条　【维护国家统一和民族团结的义务】中华人民共和国公民有维护国家统一和全国各民族团结的义务。

第五十三条　【遵纪守法的义务】中华人民共和国公民必须遵守宪法和法律，保守国家秘密，爱护公共财产，遵守劳动纪律，遵守公共秩序，尊重社会公德。

第五十四条　【维护祖国的安全、荣誉和利益的义务】中华人民共和国公民有维护祖国的安全、荣誉和利益的义务，不得有危害祖国的安全、荣誉和利益的行为。

第五十五条　【保卫国家和服兵役的义务】保卫祖国、抵抗侵略是中华人民共和国每一个公民的神圣职责。

依照法律服兵役和参加民兵组织是中华人民共和国公民的光荣义务。

第五十六条　【纳税的义务】中华人民共和国公民有依照法律纳税的义务。

……

中华人民共和国预防未成年人犯罪法

· 1999年6月28日第九届全国人民代表大会常务委员会第十次会议通过
· 根据2012年10月26日第十一届全国人民代表大会常务委员会第二十九次会议《关于修改〈中华人民共和国预防未成年人犯罪法〉的决定》修正
· 2020年12月26日第十三届全国人民代表大会常务委员会第二十四次会议修订

第一章　总　则

第一条　为了保障未成年人身心健康，培养未成年人良好品行，有效预防未成年人违法犯罪，制定本法。

第二条　预防未成年人犯罪，立足于教育和保护未成年人相结合，坚持预防为主、提前干预，对未成年人的不良行为和严重不良行为及时进行分级预防、干预和矫治。

第三条　开展预防未成年人犯罪工作，应当尊重未成年人人格尊严，保护未成年人的名誉权、隐私权和个人信息等合法权益。

第四条　预防未成年人犯罪，在各级人民政府组织下，实行综合治理。

国家机关、人民团体、社会组织、企业事业单位、居民委员会、村民委员会、学校、家庭等各负其责、相互配合，共同做好预防未成年人犯罪工作，及时消除滋生未成年人违法犯罪行为的各种消极因素，为未成年人身心健康发展创造良好的社会环境。

第五条　各级人民政府在预防未成年人犯罪方面的工作职责是：

（一）制定预防未成年人犯罪工作规划；

（二）组织公安、教育、民政、文化和旅游、市场监督管理、网信、卫生健康、新闻出版、电影、广播电视、司法行政等有关部门开展预防未成年人犯罪工作；

（三）为预防未成年人犯罪工作提供政策支持和经费保障；

（四）对本法的实施情况和工作规划的执行情况进行检查；

（五）组织开展预防未成年人犯罪宣传教育；

（六）其他预防未成年人犯罪工作职责。

第六条 国家加强专门学校建设，对有严重不良行为的未成年人进行专门教育。专门教育是国民教育体系的组成部分，是对有严重不良行为的未成年人进行教育和矫治的重要保护处分措施。

省级人民政府应当将专门教育发展和专门学校建设纳入经济社会发展规划。县级以上地方人民政府成立专门教育指导委员会，根据需要合理设置专门学校。

专门教育指导委员会由教育、民政、财政、人力资源社会保障、公安、司法行政、人民检察院、人民法院、共产主义青年团、妇女联合会、关心下一代工作委员会、专门学校等单位，以及律师、社会工作者等人员组成，研究确定专门学校教学、管理等相关工作。

专门学校建设和专门教育具体办法，由国务院规定。

第七条 公安机关、人民检察院、人民法院、司法行政部门应当由专门机构或者经过专业培训、熟悉未成年人身心特点的专门人员负责预防未成年人犯罪工作。

第八条 共产主义青年团、妇女联合会、工会、残疾人联合会、关心下一代工作委员会、青年联合会、学生联合会、少年先锋队以及有关社会组织，应当协助各级人民政府及其有关部门、人民检察院和人民法院做好预防未成年人犯罪工作，为预防未成年人犯罪培育社会力量，提供支持服务。

第九条 国家鼓励、支持和指导社会工作服务机构等社会组织参与预防未成年人犯罪相关工作，并加强监督。

第十条 任何组织或者个人不得教唆、胁迫、引诱未成年人实施不良行为或者严重不良行为，以及为未成年人实施上述行为提供条件。

第十一条 未成年人应当遵守法律法规及社会公共道德规范，树立自尊、自律、自强意识，增强辨别是非和自我保护的能力，自觉抵制各种不良行为以及违法犯罪行为的引诱和侵害。

第十二条 预防未成年人犯罪，应当结合未成年人不同年龄的生理、心理特点，加强青春期教育、心理关爱、心理矫治和预防犯罪对策的研究。

第十三条 国家鼓励和支持预防未成年人犯罪相关学科建设、专业设置、人才培养及科学研究，开展国际交流与合作。

第十四条 国家对预防未成年人犯罪工作有显著成绩的组织和个人，给予表彰和奖励。

第二章 预防犯罪的教育

第十五条 国家、社会、学校和家庭应当对未成年人加强社会主义核心价值观教育，开展预防犯罪教育，增强未成年人的法治观念，使未成年人树立遵纪守法和防范违法犯罪的意识，提高自我管控能力。

第十六条 未成年人的父母或者其他监护人对未成年人的预防犯罪教育负有直接责任，应当依法履行监护职责，树立优良家风，培养未成年人良好品行；发现未成年人心理或者行为异常的，应当及时了解情况并进行教育、引导和劝诫，不得拒绝或者怠于履行监护职责。

第十七条 教育行政部门、学校应当将预防犯罪教育纳入学校教学计划，指导教职员工结合未成年人的特点，采取多种方式对未成年学生进行有针对性的预防犯罪教育。

第十八条 学校应当聘任从事法治教育的专职或者兼职教师，并可以从司法和执法机关、法学教育和法律服务机构等单位聘请法治副校长、校外法治辅导员。

第十九条 学校应当配备专职或者兼职的心理健康教育教师，开展心理健康教育。学校可以根据实际情况与专业心理健康机构合作，建立心理健康筛查和早期干预机制，预防和解决学生心理、行为异常问题。

学校应当与未成年学生的父母或者其他监护人加强沟通，共同做好未成年学生心理健康教育；发现未成年学生可能患有精神障碍的，应当立即告知其父母或者其他监护人送相关专业机构诊治。

第二十条 教育行政部门应当会同有关部门建立学生欺凌防控制度。学校应当加强日常安全管理，完善学生欺凌发现和处置的工作流程，严格排查并及时消除可能导致学生欺凌行为的各种隐患。

第二十一条 教育行政部门鼓励和支持学校聘请社会工作者长期或者定期进驻学校，协助开展道德教育、法治教育、生命教育和心理健康教育，参与预防和处理学生欺凌等行为。

第二十二条 教育行政部门、学校应当通过举办讲座、座谈、培训等活动，介绍科学合理的教育方法，指导教职员工、未成年学生的父母或者其他监护人有效预防未成年人犯罪。

学校应当将预防犯罪教育计划告知未成年学生的父母或者其他监护人。未成年学生的父母或者其他监护人应当配合学校对未成年学生进行有针对性的预防犯罪教育。

第二十三条 教育行政部门应当将预防犯罪教育的工作效果纳入学校年度考核内容。

第二十四条 各级人民政府及其有关部门、人民检察院、人民法院、共产主义青年团、少年先锋队、妇女联合会、残疾人联合会、关心下一代工作委员会等应当结合实际，组织、举办多种形式的预防未成年人犯罪宣传教育活动。有条件的地方可以建立青少年法治教育基地，对未成年人开展法治教育。

第二十五条 居民委员会、村民委员会应当积极开展有针对性的预防未成年人犯罪宣传活动，协助公安机关维护学校周围治安，及时掌握本辖区内未成年人的监护、就学和就业情况，组织、引导社区社会组织参与预防未成年人犯罪工作。

第二十六条 青少年宫、儿童活动中心等校外活动场所应当把预防犯罪教育作为一项重要的工作内容，开展多种形式的宣传教育活动。

第二十七条 职业培训机构、用人单位在对已满十六周岁准备就业的未成年人进行职业培训时，应当将预防犯罪教育纳入培训内容。

第三章 对不良行为的干预

第二十八条 本法所称不良行为，是指未成年人实施的不利于其健康成长的下列行为：

（一）吸烟、饮酒；

（二）多次旷课、逃学；

（三）无故夜不归宿、离家出走；

（四）沉迷网络；

（五）与社会上具有不良习性的人交往，组织或者参加实施不良行为的团伙；

（六）进入法律法规规定未成年人不宜进入的场所；

（七）参与赌博、变相赌博，或者参加封建迷信、邪教等活动；

（八）阅览、观看或者收听宣扬淫秽、色情、暴力、恐怖、极端等内容的读物、音像制品或者网络信息等；

（九）其他不利于未成年人身心健康成长的不良行为。

第二十九条 未成年人的父母或者其他监护人发现未成年人有不良行为的，应当及时制止并加强管教。

第三十条 公安机关、居民委员会、村民委员会发现本辖区内未成年人有不良行为的，应当及时制止，并督促其父母或者其他监护人依法履行监护职责。

第三十一条 学校对有不良行为的未成年学生，应当加强管理教育，不得歧视；对拒不改正或者情节严重的，学校可以根据情况予以处分或者采取以下管理教育措施：

（一）予以训导；

（二）要求遵守特定的行为规范；

（三）要求参加特定的专题教育；

（四）要求参加校内服务活动；

（五）要求接受社会工作者或者其他专业人员的心理辅导和行为干预；

（六）其他适当的管理教育措施。

第三十二条 学校和家庭应当加强沟通，建立家校合作机制。学校决定对未成年学生采取管理教育措施的，应当及时告知其父母或者其他监护人；未成年学生的父母或者其他监护人应当支持、配合学校进行管理教育。

第三十三条 未成年学生偷窃少量财物，或者有殴打、辱骂、恐吓、强行索要财物等学生欺凌行为，情节轻微的，可以由学校依照本法第三十一条规定采取相应的管理教育措施。

第三十四条 未成年学生旷课、逃学的，学校应当及时联系其父母或者其他监护人，了解有关情况；无正当理由的，学校和未成年学生的父母或者其他监护人应当督促其返校学习。

第三十五条 未成年人无故夜不归宿、离家出走的，父母或者其他监护人、所在的寄宿制学校应当及时查找，必要时向公安机关报告。

收留夜不归宿、离家出走未成年人的，应当及时联系其父母或者其他监护人、所在学校；无法取得联系的，应当及时向公安机关报告。

第三十六条 对夜不归宿、离家出走或者流落街头的未成年人，公安机关、公共场所管理机构等发现或者接到报告后，应当及时采取有效保护措施，并通知其父母或者其他监护人、所在的寄宿制学校，必要时应当护送其返回住所、学校；无法与其父母或者其他监护人、学校取得联系的，应当护送未成年人到救助保护机构接受救助。

第三十七条 未成年人的父母或者其他监护人、学校发现未成年人组织或者参加实施不良行为的团伙，应当及时制止；发现该团伙有违法犯罪嫌疑的，应当立即向公安机关报告。

第四章 对严重不良行为的矫治

第三十八条 本法所称严重不良行为，是指未成年人实施的有刑法规定、因不满法定刑事责任年龄不予刑事处罚的行为，以及严重危害社会的下列行为：

（一）结伙斗殴，追逐、拦截他人，强拿硬要或者任意损毁、占用公私财物等寻衅滋事行为；

（二）非法携带枪支、弹药或者弩、匕首等国家规定的管制器具；

（三）殴打、辱骂、恐吓，或者故意伤害他人身体；

（四）盗窃、哄抢、抢夺或者故意损毁公私财物；

（五）传播淫秽的读物、音像制品或者信息等；

（六）卖淫、嫖娼，或者进行淫秽表演；

（七）吸食、注射毒品，或者向他人提供毒品；

（八）参与赌博赌资较大；

（九）其他严重危害社会的行为。

第三十九条 未成年人的父母或者其他监护人、学校、居民委员会、村民委员会发现有人教唆、胁迫、引诱未成年人实施严重不良行为的，应当立即向公安机关报告。公安机关接到报告或者发现有上述情形的，应当及时依法查处；对人身安全受到威胁的未成年人，应当立即采取有效保护措施。

第四十条 公安机关接到举报或者发现未成年人有严重不良行为的，应当及时制止，依法调查处理，并可以责令其父母或者其他监护人消除或者减轻违法后果，采取措施严加管教。

第四十一条 对有严重不良行为的未成年人，公安机关可以根据具体情况，采取以下矫治教育措施：

（一）予以训诫；

（二）责令赔礼道歉、赔偿损失；

（三）责令具结悔过；

（四）责令定期报告活动情况；

（五）责令遵守特定的行为规范，不得实施特定行为、接触特定人员或者进入特定场所；

（六）责令接受心理辅导、行为矫治；

（七）责令参加社会服务活动；

（八）责令接受社会观护，由社会组织、有关机构在适当场所对未成年人进行教育、监督和管束；

（九）其他适当的矫治教育措施。

第四十二条 公安机关在对未成年人进行矫治教育时，可以根据需要邀请学校、居民委员会、村民委员会以及社会工作服务机构等社会组织参与。

未成年人的父母或者其他监护人应当积极配合矫治教育措施的实施，不得妨碍阻挠或者放任不管。

第四十三条 对有严重不良行为的未成年人，未成年人的父母或者其他监护人、所在学校无力管教或者管教无效的，可以向教育行政部门提出申请，经专门教育指导委员会评估同意后，由教育行政部门决定送入专门学校接受专门教育。

第四十四条 未成年人有下列情形之一的，经专门教育指导委员会评估同意，教育行政部门会同公安机关可以决定将其送入专门学校接受专门教育：

（一）实施严重危害社会的行为，情节恶劣或者造成严重后果；

（二）多次实施严重危害社会的行为；

（三）拒不接受或者配合本法第四十一条规定的矫治教育措施；

（四）法律、行政法规规定的其他情形。

第四十五条 未成年人实施刑法规定的行为、因不满法定刑事责任年龄不予刑事处罚的，经专门教育指导委员会评估同意，教育行政部门会同公安机关可以决定对其进行专门矫治教育。

省级人民政府应当结合本地的实际情况，至少确定一所专门学校按照分校区、分班级等方式设置专门场所，对前款规定的未成年人进行专门矫治教育。

前款规定的专门场所实行闭环管理，公安机关、司法行政部门负责未成年人的矫治工作，教育行政部门承担未成年人的教育工作。

第四十六条 专门学校应当在每个学期适时提请专门教育指导委员会对接受专门教育的未成年学生的情况进行评估。对经评估适合转回普通学校就读的，专门教育指导委员会应当向原决定机关提出书面建议，由原决定机关决定是否将未成年学生转回普通学校就读。

原决定机关决定将未成年学生转回普通学校的，其原所在学校不得拒绝接收；因特殊情况，不适宜转回原所在学校的，由教育行政部门安排转学。

第四十七条 专门学校应当对接受专门教育的未成年人分级分类进行教育和矫治，有针对性地开展道德教育、法治教育、心理健康教育，并根据实际情况进行职业教育；对没有完成义务教育的未成年人，应当保证其继续接受义务教育。

专门学校的未成年学生的学籍保留在原学校，符合毕业条件的，原学校应当颁发毕业证书。

第四十八条 专门学校应当与接受专门教育的未成年人的父母或者其他监护人加强联系，定期向其反馈未成年人的矫治和教育情况，为父母或者其他监护人、亲属等看望未成年人提供便利。

第四十九条 未成年人及其父母或者其他监护人对本章规定的行政决定不服的，可以依法提起行政复议或者行政诉讼。

第五章 对重新犯罪的预防

第五十条 公安机关、人民检察院、人民法院办理未成年人刑事案件，应当根据未成年人的生理、心理特点和犯罪的情况，有针对性地进行法治教育。

对涉及刑事案件的未成年人进行教育，其法定代理人以外的成年亲属或者教师、辅导员等参与有利于感化、挽救未成年人的，公安机关、人民检察院、人民法院应当邀请其参加有关活动。

第五十一条 公安机关、人民检察院、人民法院办理未成年人刑事案件，可以自行或者委托有关社会组织、机构对未成年犯罪嫌疑人或者被告人的成长经历、犯罪原因、监护、教育等情况进行社会调查；根据实际需要并经未成年犯罪嫌疑人、被告人及其法定代理人同意，可以对未成年犯罪嫌疑人、被告人进行心理测评。

社会调查和心理测评的报告可以作为办理案件和教育未成年人的参考。

第五十二条 公安机关、人民检察院、人民法院对于无固定住所、无法提供保证人的未成年人适用取保候审的，应当指定合适成年人作为保证人，必要时可以安排取保候审的未成年人接受社会观护。

第五十三条 对被拘留、逮捕以及在未成年犯管教所执行刑罚的未成年人，应当与成年人分别关押、管理和教育。对未成年人的社区矫正，应当与成年人分别进行。

对有上述情形且没有完成义务教育的未成年人，公安机关、人民检察院、人民法院、司法行政部门应当与教育行政部门相互配合，保证其继续接受义务教育。

第五十四条 未成年犯管教所、社区矫正机构应当对未成年犯、未成年社区矫正对象加强法治教育，并根据实际情况对其进行职业教育。

第五十五条 社区矫正机构应当告知未成年社区矫正对象安置帮教的有关规定，并配合安置帮教工作部门落实或者解决未成年社区矫正对象的就学、就业等问题。

第五十六条 对刑满释放的未成年人，未成年犯管教所应当提前通知其父母或者其他监护人按时接回，并协助落实安置帮教措施。没有父母或者其他监护人、无法查明其父母或者其他监护人的，未成年犯管教所应当提前通知未成年人原户籍所在地或者居住地的司法行政部门安排人员按时接回，由民政部门或者居民委员会、村民委员会依法对其进行监护。

第五十七条 未成年人的父母或者其他监护人和学校、居民委员会、村民委员会对接受社区矫正、刑满释放的未成年人，应当采取有效的帮教措施，协助司法机关以及有关部门做好安置帮教工作。

居民委员会、村民委员会可以聘请思想品德优秀，作风正派，热心未成年人工作的离退休人员、志愿者或其他人员协助做好前款规定的安置帮教工作。

第五十八条 刑满释放和接受社区矫正的未成年人，在复学、升学、就业等方面依法享有与其他未成年人同等的权利，任何单位和个人不得歧视。

第五十九条 未成年人的犯罪记录依法被封存的，公安机关、人民检察院、人民法院和司法行政部门不得向任何单位或者个人提供，但司法机关因办案需要或者有关单位根据国家有关规定进行查询的除外。依法进行查询的单位和个人应当对相关记录信息予以保密。

未成年人接受专门矫治教育、专门教育的记录，以及被行政处罚、采取刑事强制措施和不起诉的记录，适用前款规定。

第六十条 人民检察院通过依法行使检察权，对未成年人重新犯罪预防工作等进行监督。

第六章 法律责任

第六十一条 公安机关、人民检察院、人民法院在办理案件过程中发现实施严重不良行为的未成年人的父母或者其他监护人不依法履行监护职责的，应当予以训诫，并可以责令其接受家庭教育指导。

第六十二条 学校及其教职员工违反本法规定，不履行预防未成年人犯罪工作职责，或者虐待、歧视相关未成年人的，由教育行政等部门责令改正，通报批评；情节严重的，对直接负责的主管人员和其他直接责任人员依法给予处分。构成违反治安管理行为的，由公安机关依法予以治安管理处罚。

教职员工教唆、胁迫、引诱未成年人实施不良行为或者严重不良行为，以及品行不良、影响恶劣的，教育行政部门、学校应当依法予以解聘或者辞退。

第六十三条 违反本法规定，在复学、升学、就业等方面歧视相关未成年人的，由所在单位或者教育、人力资源社会保障等部门责令改正；拒不改正的，对直接负责的主管人员或者其他直接责任人员依法给予处分。

第六十四条 有关社会组织、机构及其工作人员虐待、歧视接受社会观护的未成年人，或者出具虚假社会调查、心理测评报告的，由民政、司法行政等部门对直接负责的主管人员或者其他直接责任人员依法给予处分，构成违反治安管理行为的，由公安机关予以治安管理处罚。

第六十五条 教唆、胁迫、引诱未成年人实施不良行为或者严重不良行为，构成违反治安管理行为的，由公安机关依法予以治安管理处罚。

第六十六条 国家机关及其工作人员在预防未成年人犯罪工作中滥用职权、玩忽职守、徇私舞弊的，对直接负责的主管人员和其他直接责任人员，依法给予处分。

第六十七条 违反本法规定，构成犯罪的，依法追究刑事责任。

第七章 附 则

第六十八条 本法自2021年6月1日起施行。

中华人民共和国行政复议法

- 1999年4月29日第九届全国人民代表大会常务委员会第九次会议通过
- 根据2009年8月27日第十一届全国人民代表大会常务委员会第十次会议《关于修改部分法律的决定》第一次修正
- 根据2017年9月1日第十二届全国人民代表大会常务委员会第二十九次会议《关于修改〈中华人民共和国法官法〉等八部法律的决定》第二次修正

第一章 总 则

第一条 【立法目的】为了防止和纠正违法的或者不当的具体行政行为，保护公民、法人和其他组织的合法权益，保障和监督行政机关依法行使职权，根据宪法，制定本法。

第二条 【适用范围】公民、法人或者其他组织认为具体行政行为侵犯其合法权益，向行政机关提出行政复议申请，行政机关受理行政复议申请、作出行政复议决定，适用本法。

第三条 【复议机关及其职责】依照本法履行行政复议职责的行政机关是行政复议机关。行政复议机关负责法制工作的机构具体办理行政复议事项，履行下列职责：

（一）受理行政复议申请；

（二）向有关组织和人员调查取证，查阅文件和资料；

（三）审查申请行政复议的具体行政行为是否合法与适当，拟订行政复议决定；

（四）处理或者转送对本法第七条所列有关规定的审查申请；

（五）对行政机关违反本法规定的行为依照规

定的权限和程序提出处理建议；

（六）办理因不服行政复议决定提起行政诉讼的应诉事项；

（七）法律、法规规定的其他职责。

行政机关中初次从事行政复议的人员，应当通过国家统一法律职业资格考试取得法律职业资格。

第四条 【复议原则】行政复议机关履行行政复议职责，应当遵循合法、公正、公开、及时、便民的原则，坚持有错必纠，保障法律、法规的正确实施。

第五条 【对复议不服的诉讼】公民、法人或者其他组织对行政复议决定不服的，可以依照行政诉讼法的规定向人民法院提起行政诉讼，但是法律规定行政复议决定为最终裁决的除外。

第二章 行政复议范围

第六条 【复议范围】有下列情形之一的，公民、法人或者其他组织可以依照本法申请行政复议：

（一）对行政机关作出的警告、罚款、没收违法所得、没收非法财物、责令停产停业、暂扣或者吊销许可证、暂扣或者吊销执照、行政拘留等行政处罚决定不服的；

（二）对行政机关作出的限制人身自由或者查封、扣押、冻结财产等行政强制措施决定不服的；

（三）对行政机关作出的有关许可证、执照、资质证、资格证等证书变更、中止、撤销的决定不服的；

（四）对行政机关作出的关于确认土地、矿藏、水流、森林、山岭、草原、荒地、滩涂、海域等自然资源的所有权或者使用权的决定不服的；

（五）认为行政机关侵犯合法的经营自主权的；

（六）认为行政机关变更或者废止农业承包合同，侵犯其合法权益的；

（七）认为行政机关违法集资、征收财物、摊派费用或者违法要求履行其他义务的；

（八）认为符合法定条件，申请行政机关颁发许可证、执照、资质证、资格证等证书，或者申请行政机关审批、登记有关事项，行政机关没有依法办理的；

（九）申请行政机关履行保护人身权利、财产权利、受教育权利的法定职责，行政机关没有依法履行的；

（十）申请行政机关依法发放抚恤金、社会保险金或者最低生活保障费，行政机关没有依法发放的；

（十一）认为行政机关的其他具体行政行为侵犯其合法权益的。

第七条 【规定的审查】公民、法人或者其他组织认为行政机关的具体行政行为所依据的下列规定不合法，在对具体行政行为申请行政复议时，可以一并向行政复议机关提出对该规定的审查申请：

（一）国务院部门的规定；

（二）县级以上地方各级人民政府及其工作部门的规定；

（三）乡、镇人民政府的规定。

前款所列规定不含国务院部、委员会规章和地方人民政府规章。规章的审查依照法律、行政法规办理。

第八条 【不能提起复议的事项】不服行政机关作出的行政处分或者其他人事处理决定的，依照有关法律、行政法规的规定提出申诉。

不服行政机关对民事纠纷作出的调解或者其他处理，依法申请仲裁或者向人民法院提起诉讼。

第三章 行政复议申请

第九条 【申请复议的期限】公民、法人或者其他组织认为具体行政行为侵犯其合法权益的，可以自知道该具体行政行为之日起60日内提出行政复议申请；但是法律规定的申请期限超过60日的除外。

因不可抗力或者其他正当理由耽误法定申请期限的，申请期限自障碍消除之日起继续计算。

第十条 【复议申请人】依照本法申请行政复议的公民、法人或者其他组织是申请人。

有权申请行政复议的公民死亡的，其近亲属可以申请行政复议。有权申请行政复议的公民为无民事行为能力人或者限制民事行为能力人的，其法定代理人可以代为申请行政复议。有权申请行政复议的法人或者其他组织终止的，承受其权利的法人或者其他组织可以申请行政复议。

同申请行政复议的具体行政行为有利害关系的其他公民、法人或者其他组织，可以作为第三人参加行政复议。

公民、法人或者其他组织对行政机关的具体行政行为不服申请行政复议的,作出具体行政行为的行政机关是被申请人。

申请人、第三人可以委托代理人代为参加行政复议。

第十一条 【复议申请】申请人申请行政复议,可以书面申请,也可以口头申请;口头申请的,行政复议机关应当当场记录申请人的基本情况、行政复议请求、申请行政复议的主要事实、理由和时间。

第十二条 【部门具体行政行为的复议机关】对县级以上地方各级人民政府工作部门的具体行政行为不服的,由申请人选择,可以向该部门的本级人民政府申请行政复议,也可以向上一级主管部门申请行政复议。

对海关、金融、国税、外汇管理等实行垂直领导的行政机关和国家安全机关的具体行政行为不服的,向上一级主管部门申请行政复议。

第十三条 【对其他行政机关具体行政行为不服的复议申请】对地方各级人民政府的具体行政行为不服的,向上一级地方人民政府申请行政复议。

对省、自治区人民政府依法设立的派出机关所属的县级地方人民政府的具体行政行为不服的,向该派出机关申请行政复议。

第十四条 【对国务院部门或省、自治区、直辖市政府具体行政行为不服的复议】对国务院部门或者省、自治区、直辖市人民政府的具体行政行为不服的,向作出该具体行政行为的国务院部门或者省、自治区、直辖市人民政府申请行政复议。对行政复议决定不服的,可以向人民法院提起行政诉讼;也可以向国务院申请裁决,国务院依照本法的规定作出最终裁决。

第十五条 【其他机关具体行政行为的复议机关】对本法第十二条、第十三条、第十四条规定以外的其他行政机关、组织的具体行政行为不服的,按照下列规定申请行政复议:

(一)对县级以上地方人民政府依法设立的派出机关的具体行政行为不服的,向设立该派出机关的人民政府申请行政复议;

(二)对政府工作部门依法设立的派出机构依照法律、法规或者规章规定,以自己的名义作出的具体行政行为不服的,向设立该派出机构的部门或者该部门的本级地方人民政府申请行政复议;

(三)对法律、法规授权的组织的具体行政行为不服的,分别向直接管理该组织的地方人民政府、地方人民政府工作部门或者国务院部门申请行政复议;

(四)对两个或者两个以上行政机关以共同的名义作出的具体行政行为不服的,向其共同上一级行政机关申请行政复议;

(五)对被撤销的行政机关在撤销前所作出的具体行政行为不服的,向继续行使其职权的行政机关的上一级行政机关申请行政复议。

有前款所列情形之一的,申请人也可以向具体行政行为发生地的县级地方人民政府提出行政复议申请,由接受申请的县级地方人民政府依照本法第十八条的规定办理。

第十六条 【复议与诉讼的选择】公民、法人或者其他组织申请行政复议,行政复议机关已经依法受理的,或者法律、法规规定应当先向行政复议机关申请行政复议、对行政复议决定不服再向人民法院提起行政诉讼的,在法定行政复议期限内不得向人民法院提起行政诉讼。

公民、法人或者其他组织向人民法院提起行政诉讼,人民法院已经依法受理的,不得申请行政复议。

第四章 行政复议受理

第十七条 【复议的受理】行政复议机关收到行政复议申请后,应当在5日内进行审查,对不符合本法规定的行政复议申请,决定不予受理,并书面告知申请人;对符合本法规定,但是不属于本机关受理的行政复议申请,应当告知申请人向有关行政复议机关提出。

除前款规定外,行政复议申请自行政复议机关负责法制工作的机构收到之日起即为受理。

第十八条 【复议申请的转送】依照本法第十五条第二款的规定接受行政复议申请的县级地方人民政府,对依照本法第十五条第一款的规定属于其他行政复议机关受理的行政复议申请,应当自接到该行政复议申请之日起7日内,转送有关行政复议机关,并告知申请人。接受转送的行政复议机关应当依照本法第十七条的规定办理。

第十九条 【复议前置的规定】法律、法规规定应当先向行政复议机关申请行政复议、对行政复议决定不服再向人民法院提起行政诉讼的，行政复议机关决定不予受理或者受理后超过行政复议期限不作答复的，公民、法人或者其他组织可以自收到不予受理决定书之日起或者行政复议期满之日起15日内，依法向人民法院提起行政诉讼。

第二十条 【上级机关责令受理及直接受理】公民、法人或者其他组织依法提出行政复议申请，行政复议机关无正当理由不予受理的，上级行政机关应当责令其受理；必要时，上级行政机关也可以直接受理。

第二十一条 【复议停止执行的情形】行政复议期间具体行政行为不停止执行；但是，有下列情形之一的，可以停止执行：

（一）被申请人认为需要停止执行的；

（二）行政复议机关认为需要停止执行的；

（三）申请人申请停止执行，行政复议机关认为其要求合理，决定停止执行的；

（四）法律规定停止执行的。

第五章 行政复议决定

第二十二条 【书面审查原则及例外】行政复议原则上采取书面审查的办法，但是申请人提出要求或者行政复议机关负责法制工作的机构认为有必要时，可以向有关组织和人员调查情况，听取申请人、被申请人和第三人的意见。

第二十三条 【复议程序事项】行政复议机关负责法制工作的机构应当自行政复议申请受理之日起7日内，将行政复议申请书副本或者行政复议申请笔录复印件发送被申请人。被申请人应当自收到申请书副本或者申请笔录复印件之日起10日内，提出书面答复，并提交当初作出具体行政行为的证据、依据和其他有关材料。

申请人、第三人可以查阅被申请人提出的书面答复、作出具体行政行为的证据、依据和其他有关材料，除涉及国家秘密、商业秘密或者个人隐私外，行政复议机关不得拒绝。

第二十四条 【被申请人不得自行取证】在行政复议过程中，被申请人不得自行向申请人和其他有关组织或者个人收集证据。

第二十五条 【申请的撤回】行政复议决定作出前，申请人要求撤回行政复议申请的，经说明理由，可以撤回；撤回行政复议申请的，行政复议终止。

第二十六条 【复议机关对规定的处理】申请人在申请行政复议时，一并提出对本法第七条所列有关规定的审查申请的，行政复议机关对该规定有权处理的，应当在30日内依法处理；无权处理的，应当在7日内按照法定程序转送有权处理的行政机关依法处理，有权处理的行政机关应当在60日内依法处理。处理期间，中止对具体行政行为的审查。

第二十七条 【对具体行政行为依据的审查】行政复议机关在对被申请人作出的具体行政行为进行审查时，认为其依据不合法，本机关有权处理的，应当在30日内依法处理；无权处理的，应当在7日内按照法定程序转送有权处理的国家机关依法处理。处理期间，中止对具体行政行为的审查。

第二十八条 【复议决定的作出】行政复议机关负责法制工作的机构应当对被申请人作出的具体行政行为进行审查，提出意见，经行政复议机关的负责人同意或者集体讨论通过后，按照下列规定作出行政复议决定：

（一）具体行政行为认定事实清楚，证据确凿，适用依据正确，程序合法，内容适当的，决定维持；

（二）被申请人不履行法定职责的，决定其在一定期限内履行；

（三）具体行政行为有下列情形之一的，决定撤销、变更或者确认该具体行政行为违法；决定撤销或者确认该具体行政行为违法的，可以责令被申请人在一定期限内重新作出具体行政行为：

1. 主要事实不清、证据不足的；
2. 适用依据错误的；
3. 违反法定程序的；
4. 超越或者滥用职权的；
5. 具体行政行为明显不当的。

（四）被申请人不按照本法第二十三条的规定提出书面答复、提交当初作出具体行政行为的证据、依据和其他有关材料的，视为该具体行政行为没有证据、依据，决定撤销该具体行政行为。

行政复议机关责令被申请人重新作出具体行政行为的，被申请人不得以同一的事实和理由作出与原具体行政行为相同或者基本相同的具体行政行为。

第二十九条 【行政赔偿】申请人在申请行政复议时可以一并提出行政赔偿请求，行政复议机关对符合国家赔偿法的有关规定应当给予赔偿的，在决定撤销、变更具体行政行为或者确认具体行政行为违法时，应当同时决定被申请人依法给予赔偿。

申请人在申请行政复议时没有提出行政赔偿请求的，行政复议机关在依法决定撤销或者变更罚款，撤销违法集资、没收财物、征收财物、摊派费用以及对财产的查封、扣押、冻结等具体行政行为时，应当同时责令被申请人返还财产，解除对财产的查封、扣押、冻结措施，或者赔偿相应的价款。

第三十条 【对侵犯自然资源所有权或使用权行为的先行复议原则】公民、法人或者其他组织认为行政机关的具体行政行为侵犯其已经依法取得的土地、矿藏、水流、森林、山岭、草原、荒地、滩涂、海域等自然资源的所有权或者使用权的，应当先申请行政复议；对行政复议决定不服的，可以依法向人民法院提起行政诉讼。

根据国务院或者省、自治区、直辖市人民政府对行政区划的勘定、调整或者征收土地的决定，省、自治区、直辖市人民政府确认土地、矿藏、水流、森林、山岭、草原、荒地、滩涂、海域等自然资源的所有权或者使用权的行政复议决定为最终裁决。

第三十一条 【复议决定期限】行政复议机关应当自受理申请之日起60日内作出行政复议决定；但是法律规定的行政复议期限少于60日的除外。情况复杂，不能在规定期限内作出行政复议决定的，经行政复议机关的负责人批准，可以适当延长，并告知申请人和被申请人；但是延长期限最多不超过30日。

行政复议机关作出行政复议决定，应当制作行政复议决定书，并加盖印章。

行政复议决定书一经送达，即发生法律效力。

第三十二条 【复议决定的履行】被申请人应当履行行政复议决定。

被申请人不履行或者无正当理由拖延履行行政复议决定的，行政复议机关或者有关上级行政机关应当责令其限期履行。

第三十三条 【不履行复议决定的处理】申请人逾期不起诉又不履行行政复议决定的，或者不履行最终裁决的行政复议决定的，按照下列规定分别处理：

（一）维持具体行政行为的行政复议决定，由作出具体行政行为的行政机关依法强制执行，或者申请人民法院强制执行；

（二）变更具体行政行为的行政复议决定，由行政复议机关依法强制执行，或者申请人民法院强制执行。

第六章 法律责任

第三十四条 【复议机关不依法履行职责的处罚】行政复议机关违反本法规定，无正当理由不予受理依法提出的行政复议申请或者不按照规定转送行政复议申请的，或者在法定期限内不作出行政复议决定的，对直接负责的主管人员和其他直接责任人员依法给予警告、记过、记大过的行政处分；经责令受理仍不受理或者不按照规定转送行政复议申请，造成严重后果的，依法给予降级、撤职、开除的行政处分。

第三十五条 【渎职处罚】行政复议机关工作人员在行政复议活动中，徇私舞弊或者有其他渎职、失职行为的，依法给予警告、记过、记大过的行政处分；情节严重的，依法给予降级、撤职、开除的行政处分；构成犯罪的，依法追究刑事责任。

第三十六条 【被申请人不提交答复、资料和阻碍他人复议申请的处罚】被申请人违反本法规定，不提出书面答复或者不提交作出具体行政行为的证据、依据和其他有关材料，或者阻挠、变相阻挠公民、法人或者其他组织依法申请行政复议的，对直接负责的主管人员和其他直接责任人员依法给予警告、记过、记大过的行政处分；进行报复陷害的，依法给予降级、撤职、开除的行政处分；构成犯罪的，依法追究刑事责任。

第三十七条 【不履行、迟延履行复议决定的处罚】被申请人不履行或者无正当理由拖延履行行政复议决定的，对直接负责的主管人员和其他直接责任人员依法给予警告、记过、记大过的行政处分；经责令履行仍拒不履行的，依法给予降级、撤职、开除的行政处分。

第三十八条 【复议机关的建议权】行政复议机关负责法制工作的机构发现有无正当理由不予受理行政复议申请、不按照规定期限作出行政复议决定、徇私舞弊、对申请人打击报复或者不履行行政复议决定等情形的，应当向有关行政机关提出建议，有关行政机关应当依照本法和有关法律、行政法规的规定作出处理。

第七章 附 则

第三十九条 【复议费用】行政复议机关受理行政复议申请,不得向申请人收取任何费用。行政复议活动所需经费,应当列入本机关的行政经费,由本级财政予以保障。

第四十条 【期间计算和文书送达】行政复议期间的计算和行政复议文书的送达,依照民事诉讼法关于期间、送达的规定执行。

本法关于行政复议期间有关"5日"、"7日"的规定是指工作日,不含节假日。

第四十一条 【适用范围补充规定】外国人、无国籍人、外国组织在中华人民共和国境内申请行政复议,适用本法。

第四十二条 【法律冲突的解决】本法施行前公布的法律有关行政复议的规定与本法的规定不一致的,以本法的规定为准。

第四十三条 【生效日期】本法自1999年10月1日起施行。1990年12月24日国务院发布、1994年10月9日国务院修订发布的《行政复议条例》同时废止。

中华人民共和国行政处罚法

- 1996年3月17日第八届全国人民代表大会第四次会议通过
- 根据2009年8月27日第十一届全国人民代表大会常务委员会第十次会议《关于修改部分法律的决定》第一次修正
- 根据2017年9月1日第十二届全国人民代表大会常务委员会第二十九次会议《关于修改〈中华人民共和国法官法〉等八部法律的决定》第二次修正
- 2021年1月22日第十三届全国人民代表大会常务委员会第二十五次会议修订

第一章 总 则

第一条 为了规范行政处罚的设定和实施,保障和监督行政机关有效实施行政管理,维护公共利益和社会秩序,保护公民、法人或者其他组织的合法权益,根据宪法,制定本法。

第二条 行政处罚是指行政机关依法对违反行政管理秩序的公民、法人或者其他组织,以减损权益或者增加义务的方式予以惩戒的行为。

第三条 行政处罚的设定和实施,适用本法。

第四条 公民、法人或者其他组织违反行政管理秩序的行为,应当给予行政处罚的,依照本法由法律、法规、规章规定,并由行政机关依照本法规定的程序实施。

第五条 行政处罚遵循公正、公开的原则。

设定和实施行政处罚必须以事实为依据,与违法行为的事实、性质、情节以及社会危害程度相当。

对违法行为给予行政处罚的规定必须公布;未经公布的,不得作为行政处罚的依据。

第六条 实施行政处罚,纠正违法行为,应当坚持处罚与教育相结合,教育公民、法人或者其他组织自觉守法。

第七条 公民、法人或者其他组织对行政机关所给予的行政处罚,享有陈述权、申辩权;对行政处罚不服的,有权依法申请行政复议或者提起行政诉讼。

公民、法人或者其他组织因行政机关违法给予行政处罚受到损害的,有权依法提出赔偿要求。

第八条 公民、法人或者其他组织因违法行为受到行政处罚,其违法行为对他人造成损害的,应当依法承担民事责任。

违法行为构成犯罪,应当依法追究刑事责任的,不得以行政处罚代替刑事处罚。

第二章 行政处罚的种类和设定

第九条 行政处罚的种类:

(一)警告、通报批评;

(二)罚款、没收违法所得、没收非法财物;

(三)暂扣许可证件、降低资质等级、吊销许可证件;

(四)限制开展生产经营活动、责令停产停业、责令关闭、限制从业;

(五)行政拘留;

(六)法律、行政法规规定的其他行政处罚。

第十条 法律可以设定各种行政处罚。

限制人身自由的行政处罚,只能由法律设定。

第十一条 行政法规可以设定除限制人身自由以外的行政处罚。

法律对违法行为已经作出行政处罚规定,行

政法规需要作出具体规定的，必须在法律规定的给予行政处罚的行为、种类和幅度的范围内规定。

法律对违法行为未作出行政处罚规定，行政法规为实施法律，可以补充设定行政处罚。拟补充设定行政处罚的，应当通过听证会、论证会等形式广泛听取意见，并向制定机关作出书面说明。行政法规报送备案时，应当说明补充设定行政处罚的情况。

第十二条 地方性法规可以设定除限制人身自由、吊销营业执照以外的行政处罚。

法律、行政法规对违法行为已经作出行政处罚规定，地方性法规需要作出具体规定的，必须在法律、行政法规规定的给予行政处罚的行为、种类和幅度的范围内规定。

法律、行政法规对违法行为未作出行政处罚规定，地方性法规为实施法律、行政法规，可以补充设定行政处罚。拟补充设定行政处罚的，应当通过听证会、论证会等形式广泛听取意见，并向制定机关作出书面说明。地方性法规报送备案时，应当说明补充设定行政处罚的情况。

第十三条 国务院部门规章可以在法律、行政法规规定的给予行政处罚的行为、种类和幅度的范围内作出具体规定。

尚未制定法律、行政法规的，国务院部门规章对违反行政管理秩序的行为，可以设定警告、通报批评或者一定数额罚款的行政处罚。罚款的限额由国务院规定。

第十四条 地方政府规章可以在法律、法规规定的给予行政处罚的行为、种类和幅度的范围内作出具体规定。

尚未制定法律、法规的，地方政府规章对违反行政管理秩序的行为，可以设定警告、通报批评或者一定数额罚款的行政处罚。罚款的限额由省、自治区、直辖市人民代表大会常务委员会规定。

第十五条 国务院部门和省、自治区、直辖市人民政府及其有关部门应当定期组织评估行政处罚的实施情况和必要性，对不适当的行政处罚事项及种类、罚款数额等，应当提出修改或者废止的建议。

第十六条 除法律、法规、规章外，其他规范性文件不得设定行政处罚。

第三章 行政处罚的实施机关

第十七条 行政处罚由具有行政处罚权的行政机关在法定职权范围内实施。

第十八条 国家在城市管理、市场监管、生态环境、文化市场、交通运输、应急管理、农业等领域推行建立综合行政执法制度，相对集中行政处罚权。

国务院或者省、自治区、直辖市人民政府可以决定一个行政机关行使有关行政机关的行政处罚权。

限制人身自由的行政处罚权只能由公安机关和法律规定的其他机关行使。

第十九条 法律、法规授权的具有管理公共事务职能的组织可以在法定授权范围内实施行政处罚。

第二十条 行政机关依照法律、法规、规章的规定，可以在其法定权限内书面委托符合本法第二十一条规定条件的组织实施行政处罚。行政机关不得委托其他组织或者个人实施行政处罚。

委托书应当载明委托的具体事项、权限、期限等内容。委托行政机关和受委托组织应当将委托书向社会公布。

委托行政机关对受委托组织实施行政处罚的行为应当负责监督，并对该行为的后果承担法律责任。

受委托组织在委托范围内，以委托行政机关名义实施行政处罚；不得再委托其他组织或者个人实施行政处罚。

第二十一条 受委托组织必须符合以下条件：

（一）依法成立并具有管理公共事务职能；

（二）有熟悉有关法律、法规、规章和业务并取得行政执法资格的工作人员；

（三）需要进行技术检查或者技术鉴定的，应当有条件组织进行相应的技术检查或者技术鉴定。

第四章 行政处罚的管辖和适用

第二十二条 行政处罚由违法行为发生地的行政机关管辖。法律、行政法规、部门规章另有规定的，从其规定。

第二十三条 行政处罚由县级以上地方人民政府具有行政处罚权的行政机关管辖。法律、行政法规另有规定的，从其规定。

第二十四条 省、自治区、直辖市根据当地实际情况，可以决定将基层管理迫切需要的县级人民政府部门的行政处罚权交由能够有效承接的乡镇人民政府、街道办事处行使，并定期组织评估。决定应当公布。

承接行政处罚权的乡镇人民政府、街道办事处应当加强执法能力建设，按照规定范围、依照法定程序实施行政处罚。

有关地方人民政府及其部门应当加强组织协调、业务指导、执法监督，建立健全行政处罚协调配合机制，完善评议、考核制度。

第二十五条 两个以上行政机关都有管辖权的，由最先立案的行政机关管辖。

对管辖发生争议的，应当协商解决，协商不成的，报请共同的上一级行政机关指定管辖；也可以直接由共同的上一级行政机关指定管辖。

第二十六条 行政机关因实施行政处罚的需要，可以向有关机关提出协助请求。协助事项属于被请求机关职权范围内的，应当依法予以协助。

第二十七条 违法行为涉嫌犯罪的，行政机关应当及时将案件移送司法机关，依法追究刑事责任。对依法不需要追究刑事责任或者免予刑事处罚，但应当给予行政处罚的，司法机关应当及时将案件移送有关行政机关。

行政处罚实施机关与司法机关之间应当加强协调配合，建立健全案件移送制度，加强证据材料移交、接收衔接，完善案件处理信息通报机制。

第二十八条 行政机关实施行政处罚时，应当责令当事人改正或者限期改正违法行为。

当事人有违法所得，除依法应当退赔的外，应当予以没收。违法所得是指实施违法行为所取得的款项。法律、行政法规、部门规章对违法所得的计算另有规定的，从其规定。

第二十九条 对当事人的同一个违法行为，不得给予两次以上罚款的行政处罚。同一个违法行为违反多个法律规范应当给予罚款处罚的，按照罚款数额高的规定处罚。

第三十条 不满十四周岁的未成年人有违法行为的，不予行政处罚，责令监护人加以管教；已满十四周岁不满十八周岁的未成年人有违法行为的，应当从轻或者减轻行政处罚。

第三十一条 精神病人、智力残疾人在不能辨认或者不能控制自己行为时有违法行为的，不予行政处罚，但应当责令其监护人严加看管和治疗。间歇性精神病人在精神正常时有违法行为的，应当给予行政处罚。尚未完全丧失辨认或者控制自己行为能力的精神病人、智力残疾人有违法行为的，可以从轻或者减轻行政处罚。

第三十二条 当事人有下列情形之一，应当从轻或者减轻行政处罚：

（一）主动消除或者减轻违法行为危害后果的；

（二）受他人胁迫或者诱骗实施违法行为的；

（三）主动供述行政机关尚未掌握的违法行为的；

（四）配合行政机关查处违法行为有立功表现的；

（五）法律、法规、规章规定其他应当从轻或者减轻行政处罚的。

第三十三条 违法行为轻微并及时改正，没有造成危害后果的，不予行政处罚。初次违法且危害后果轻微并及时改正的，可以不予行政处罚。

当事人有证据足以证明没有主观过错的，不予行政处罚。法律、行政法规另有规定的，从其规定。

对当事人的违法行为依法不予行政处罚的，行政机关应当对当事人进行教育。

第三十四条 行政机关可以依法制定行政处罚裁量基准，规范行使行政处罚裁量权。行政处罚裁量基准应当向社会公布。

第三十五条 违法行为构成犯罪，人民法院判处拘役或者有期徒刑时，行政机关已经给予当事人行政拘留的，应当依法折抵相应刑期。

违法行为构成犯罪，人民法院判处罚金时，行政机关已经给予当事人罚款的，应当折抵相应罚金；行政机关尚未给予当事人罚款的，不再给予罚款。

第三十六条 违法行为在二年内未被发现的，不再给予行政处罚；涉及公民生命健康安全、金融安全且有危害后果的，上述期限延长至五年。法律另有规定的除外。

前款规定的期限，从违法行为发生之日起计算；违法行为有连续或者继续状态的，从行为终了之日起计算。

第三十七条 实施行政处罚，适用违法行为发生时的法律、法规、规章的规定。但是，作出行政处罚决定时，法律、法规、规章已被修改或者废止,且新的规定处罚较轻或者不认为是违法的,适用新的规定。

第三十八条 行政处罚没有依据或者实施主体不具有行政主体资格的,行政处罚无效。

违反法定程序构成重大且明显违法的,行政处罚无效。

第五章 行政处罚的决定

第一节 一般规定

第三十九条 行政处罚的实施机关、立案依据、实施程序和救济渠道等信息应当公示。

第四十条 公民、法人或者其他组织违反行政管理秩序的行为,依法应当给予行政处罚的,行政机关必须查明事实;违法事实不清、证据不足的,不得给予行政处罚。

第四十一条 行政机关依照法律、行政法规规定利用电子技术监控设备收集、固定违法事实的,应当经过法制和技术审核,确保电子技术监控设备符合标准、设置合理、标志明显,设置地点应当向社会公布。

电子技术监控设备记录违法事实应当真实、清晰、完整、准确。行政机关应当审核记录内容是否符合要求;未经审核或者经审核不符合要求的,不得作为行政处罚的证据。

行政机关应当及时告知当事人违法事实,并采取信息化手段或者其他措施,为当事人查询、陈述和申辩提供便利。不得限制或者变相限制当事人享有的陈述权、申辩权。

第四十二条 行政处罚应当由具有行政执法资格的执法人员实施。执法人员不得少于两人,法律另有规定的除外。

执法人员应当文明执法,尊重和保护当事人合法权益。

第四十三条 执法人员与案件有直接利害关系或者有其他关系可能影响公正执法的,应当回避。

当事人认为执法人员与案件有直接利害关系或者有其他关系可能影响公正执法的,有权申请回避。

当事人提出回避申请的,行政机关应当依法审查,由行政机关负责人决定。决定作出之前,不停止调查。

第四十四条 行政机关在作出行政处罚决定之前,应当告知当事人拟作出的行政处罚内容及事实、理由、依据,并告知当事人依法享有的陈述、申辩、要求听证等权利。

第四十五条 当事人有权进行陈述和申辩。行政机关必须充分听取当事人的意见,对当事人提出的事实、理由和证据,应当进行复核;当事人提出的事实、理由或者证据成立的,行政机关应当采纳。

行政机关不得因当事人陈述、申辩而给予更重的处罚。

第四十六条 证据包括:

(一)书证;

(二)物证;

(三)视听资料;

(四)电子数据;

(五)证人证言;

(六)当事人的陈述;

(七)鉴定意见;

(八)勘验笔录、现场笔录。

证据必须经查证属实,方可作为认定案件事实的根据。

以非法手段取得的证据,不得作为认定案件事实的根据。

第四十七条 行政机关应当依法以文字、音像等形式,对行政处罚的启动、调查取证、审核、决定、送达、执行等进行全过程记录,归档保存。

第四十八条 具有一定社会影响的行政处罚决定应当依法公开。

公开的行政处罚决定被依法变更、撤销、确认违法或者确认无效的,行政机关应当在三日内撤回行政处罚决定信息并公开说明理由。

第四十九条 发生重大传染病疫情等突发事件,为了控制、减轻和消除突发事件引起的社会危害,行政机关对违反突发事件应对措施的行为,依法快速、从重处罚。

第五十条 行政机关及其工作人员对实施行政处罚过程中知悉的国家秘密、商业秘密或者个人隐私,应当依法予以保密。

第二节 简易程序

第五十一条 违法事实确凿并有法定依据,对公民处以二百元以下、对法人或者其他组织处以三千元以下罚款或者警告的行政处罚的,可以当场作出行政处罚决定。法律另有规定的，从其规定。

第五十二条 执法人员当场作出行政处罚决定的，应当向当事人出示执法证件，填写预定格式、编有号码的行政处罚决定书，并当场交付当事人。当事人拒绝签收的，应当在行政处罚决定书上注明。

前款规定的行政处罚决定书应当载明当事人的违法行为，行政处罚的种类和依据、罚款数额、时间、地点，申请行政复议、提起行政诉讼的途径和期限以及行政机关名称，并由执法人员签名或者盖章。

执法人员当场作出的行政处罚决定，应当报所属行政机关备案。

第五十三条 对当场作出的行政处罚决定，当事人应当依照本法第六十七条至第六十九条的规定履行。

第三节 普通程序

第五十四条 除本法第五十一条规定的可以当场作出的行政处罚外，行政机关发现公民、法人或者其他组织有依法应当给予行政处罚的行为的，必须全面、客观、公正地调查，收集有关证据；必要时，依照法律、法规的规定，可以进行检查。

符合立案标准的，行政机关应当及时立案。

第五十五条 执法人员在调查或者进行检查时，应当主动向当事人或者有关人员出示执法证件。当事人或者有关人员有权要求执法人员出示执法证件。执法人员不出示执法证件的，当事人或者有关人员有权拒绝接受调查或者检查。

当事人或者有关人员应当如实回答询问，并协助调查或者检查，不得拒绝或者阻挠。询问或者检查应当制作笔录。

第五十六条 行政机关在收集证据时，可以采取抽样取证的方法；在证据可能灭失或者以后难以取得的情况下，经行政机关负责人批准，可以先行登记保存，并应当在七日内及时作出处理决定，在此期间，当事人或者有关人员不得销毁或者转移证据。

第五十七条 调查终结，行政机关负责人应当对调查结果进行审查，根据不同情况，分别作出如下决定：

（一）确有应受行政处罚的违法行为的，根据情节轻重及具体情况，作出行政处罚决定；

（二）违法行为轻微，依法可以不予行政处罚的，不予行政处罚；

（三）违法事实不能成立的，不予行政处罚；

（四）违法行为涉嫌犯罪的，移送司法机关。

对情节复杂或者重大违法行为给予行政处罚，行政机关负责人应当集体讨论决定。

第五十八条 有下列情形之一，在行政机关负责人作出行政处罚的决定之前，应当由从事行政处罚决定法制审核的人员进行法制审核；未经法制审核或者审核未通过的，不得作出决定：

（一）涉及重大公共利益的；

（二）直接关系当事人或者第三人重大权益，经过听证程序的；

（三）案件情况疑难复杂、涉及多个法律关系的；

（四）法律、法规规定应当进行法制审核的其他情形。

行政机关中初次从事行政处罚决定法制审核的人员，应当通过国家统一法律职业资格考试取得法律职业资格。

第五十九条 行政机关依照本法第五十七条的规定给予行政处罚，应当制作行政处罚决定书。行政处罚决定书应当载明下列事项：

（一）当事人的姓名或者名称、地址；

（二）违反法律、法规、规章的事实和证据；

（三）行政处罚的种类和依据；

（四）行政处罚的履行方式和期限；

（五）申请行政复议、提起行政诉讼的途径和期限；

（六）作出行政处罚决定的行政机关名称和作出决定的日期。

行政处罚决定书必须盖有作出行政处罚决定的行政机关的印章。

第六十条 行政机关应当自行政处罚案件立案之日起九十日内作出行政处罚决定。法律、法规、规章另有规定的，从其规定。

第六十一条 行政处罚决定书应当在宣告后当场交付当事人；当事人不在场的，行政机关应当在七日内依照《中华人民共和国民事诉讼法》的有关规定，将行政处罚决定书送达当事人。

当事人同意并签订确认书的，行政机关可以采用传真、电子邮件等方式，将行政处罚决定书等送达当事人。

第六十二条 行政机关及其执法人员在作出行政处罚决定之前，未依照本法第四十四条、第四十五条的规定向当事人告知拟作出的行政处罚内容及事实、理由、依据，或者拒绝听取当事人的陈述、申辩，不得作出行政处罚决定；当事人明确放弃陈述或者申辩权利的除外。

第四节 听证程序

第六十三条 行政机关拟作出下列行政处罚决定，应当告知当事人有要求听证的权利，当事人要求听证的，行政机关应当组织听证：

（一）较大数额罚款；

（二）没收较大数额违法所得、没收较大价值非法财物；

（三）降低资质等级、吊销许可证件；

（四）责令停产停业、责令关闭、限制从业；

（五）其他较重的行政处罚；

（六）法律、法规、规章规定的其他情形。

当事人不承担行政机关组织听证的费用。

第六十四条 听证应当依照以下程序组织：

（一）当事人要求听证的，应当在行政机关告知后五日内提出；

（二）行政机关应当在举行听证的七日前，通知当事人及有关人员听证的时间、地点；

（三）除涉及国家秘密、商业秘密或者个人隐私依法予以保密外，听证公开举行；

（四）听证由行政机关指定的非本案调查人员主持；当事人认为主持人与本案有直接利害关系的，有权申请回避；

（五）当事人可以亲自参加听证，也可以委托一至二人代理；

（六）当事人及其代理人无正当理由拒不出席听证或者未经许可中途退出听证的，视为放弃听证权利，行政机关终止听证；

（七）举行听证时，调查人员提出当事人违法的事实、证据和行政处罚建议，当事人进行申辩和质证；

（八）听证应当制作笔录。笔录应当交当事人或者其代理人核对无误后签字或者盖章。当事人或者其代理人拒绝签字或者盖章的，由听证主持人在笔录中注明。

第六十五条 听证结束后，行政机关应当根据听证笔录，依照本法第五十七条的规定，作出决定。

第六章 行政处罚的执行

第六十六条 行政处罚决定依法作出后，当事人应当在行政处罚决定书载明的期限内，予以履行。

当事人确有经济困难，需要延期或者分期缴纳罚款的，经当事人申请和行政机关批准，可以暂缓或者分期缴纳。

第六十七条 作出罚款决定的行政机关应当与收缴罚款的机构分离。

除依照本法第六十八条、第六十九条的规定当场收缴的罚款外，作出行政处罚决定的行政机关及其执法人员不得自行收缴罚款。

当事人应当自收到行政处罚决定书之日起十五日内，到指定的银行或者通过电子支付系统缴纳罚款。银行应当收受罚款，并将罚款直接上缴国库。

第六十八条 依照本法第五十一条的规定当场作出行政处罚决定，有下列情形之一，执法人员可以当场收缴罚款：

（一）依法给予一百元以下罚款的；

（二）不当场收缴事后难以执行的。

第六十九条 在边远、水上、交通不便地区，行政机关及其执法人员依照本法第五十一条、第五十七条的规定作出罚款决定后，当事人到指定的银行或者通过电子支付系统缴纳罚款确有困难，经当事人提出，行政机关及其执法人员可以当场收缴罚款。

第七十条 行政机关及其执法人员当场收缴罚款的，必须向当事人出具国务院财政部门或者省、自治区、直辖市人民政府财政部门统一制发的专用票据；不出具财政部门统一制发的专用票据的，当事人有权拒绝缴纳罚款。

第七十一条 执法人员当场收缴的罚款，应当自收缴罚款之日起二日内，交至行政机关；在水上当场收缴的罚款，应当自抵岸之日起二日内交至行政机关；行政机关应当在二日内将罚款缴付指定的银行。

第七十二条 当事人逾期不履行行政处罚决定的，作出行政处罚决定的行政机关可以采取下列措施：

（一）到期不缴纳罚款的，每日按罚款数额的百分之三加处罚款，加处罚款的数额不得超出罚款的数额；

（二）根据法律规定，将查封、扣押的财物拍卖、依法处理或者将冻结的存款、汇款划拨抵缴罚款；

（三）根据法律规定，采取其他行政强制执行方式；

（四）依照《中华人民共和国行政强制法》的规定申请人民法院强制执行。

行政机关批准延期、分期缴纳罚款的，申请人民法院强制执行的期限，自暂缓或者分期缴纳罚款期限结束之日起计算。

第七十三条 当事人对行政处罚决定不服，申请行政复议或者提起行政诉讼的，行政处罚不停止执行，法律另有规定的除外。

当事人对限制人身自由的行政处罚决定不服，申请行政复议或者提起行政诉讼的，可以向作出决定的机关提出暂缓执行申请。符合法律规定情形的，应当暂缓执行。

当事人申请行政复议或者提起行政诉讼的，加处罚款的数额在行政复议或者行政诉讼期间不予计算。

第七十四条 除依法应当予以销毁的物品外，依法没收的非法财物必须按照国家规定公开拍卖或者按照国家有关规定处理。

罚款、没收的违法所得或者没收非法财物拍卖的款项，必须全部上缴国库，任何行政机关或者个人不得以任何形式截留、私分或者变相私分。

罚款、没收的违法所得或者没收非法财物拍卖的款项，不得同作出行政处罚决定的行政机关及其工作人员的考核、考评直接或者变相挂钩。除依法应当退还、退赔的外，财政部门不得以任何形式向作出行政处罚决定的行政机关返还罚款、没收的违法所得或者没收非法财物拍卖的款项。

第七十五条 行政机关应当建立健全对行政处罚的监督制度。县级以上人民政府应当定期组织开展行政执法评议、考核，加强对行政处罚的监督检查，规范和保障行政处罚的实施。

行政机关实施行政处罚应当接受社会监督。公民、法人或者其他组织对行政机关实施行政处罚的行为，有权申诉或者检举；行政机关应当认真审查，发现有错误的，应当主动改正。

第七章 法律责任

第七十六条 行政机关实施行政处罚，有下列情形之一，由上级行政机关或者有关机关责令改正，对直接负责的主管人员和其他直接责任人员依法给予处分：

（一）没有法定的行政处罚依据的；

（二）擅自改变行政处罚种类、幅度的；

（三）违反法定的行政处罚程序的；

（四）违反本法第二十条关于委托处罚的规定的；

（五）执法人员未取得执法证件的。

行政机关对符合立案标准的案件不及时立案的，依照前款规定予以处理。

第七十七条 行政机关对当事人进行处罚不使用罚款、没收财物单据或者使用非法定部门制发的罚款、没收财物单据的，当事人有权拒绝，并有权予以检举，由上级行政机关或者有关机关对使用的非法单据予以收缴销毁，对直接负责的主管人员和其他直接责任人员依法给予处分。

第七十八条 行政机关违反本法第六十七条的规定自行收缴罚款的，财政部门违反本法第七十四条的规定向行政机关返还罚款、没收的违法所得或者拍卖款项的，由上级行政机关或者有关机关责令改正，对直接负责的主管人员和其他直接责任人员依法给予处分。

第七十九条 行政机关截留、私分或者变相私分罚款、没收的违法所得或者财物的，由财政部门或者有关机关予以追缴，对直接负责的主管人员和其他直接责任人员依法给予处分；情节严重构成犯罪的，依法追究刑事责任。

执法人员利用职务上的便利，索取或者收受他人财物、将收缴罚款据为己有，构成犯罪的，依法追究刑事责任；情节轻微不构成犯罪的，依法给予处分。

第八十条 行政机关使用或者损毁查封、扣押的财物，对当事人造成损失的，应当依法予以赔偿，对直接负责的主管人员和其他直接责任人员依法给予处分。

第八十一条 行政机关违法实施检查措施或者执行措施，给公民人身或者财产造成损害、给法人或者其他组织造成损失的，应当依法予以赔偿，对直接负责的主管人员和其他直接责任人员依法给予处分;情节严重构成犯罪的,依法追究刑事责任。

第八十二条 行政机关对应当依法移交司法机关追究刑事责任的案件不移交,以行政处罚代替刑事处罚,由上级行政机关或者有关机关责令改正,对直接负责的主管人员和其他直接责任人员依法给予处分;情节严重构成犯罪的,依法追究刑事责任。

第八十三条 行政机关对应当予以制止和处罚的违法行为不予制止、处罚,致使公民、法人或者其他组织的合法权益、公共利益和社会秩序遭受损害的,对直接负责的主管人员和其他直接责任人员依法给予处分;情节严重构成犯罪的,依法追究刑事责任。

第八章 附 则

第八十四条 外国人、无国籍人、外国组织在中华人民共和国领域内有违法行为,应当给予行政处罚的,适用本法,法律另有规定的除外。

第八十五条 本法中"二日""三日""五日""七日"的规定是指工作日,不含法定节假日。

第八十六条 本法自2021年7月15日起施行。

中华人民共和国行政诉讼法

- 1989年4月4日第七届全国人民代表大会第二次会议通过
- 根据2014年11月1日第十二届全国人民代表大会常务委员会第十一次会议《关于修改〈中华人民共和国行政诉讼法〉的决定》第一次修正
- 根据2017年6月27日第十二届全国人民代表大会常务委员会第二十八次会议《关于修改〈中华人民共和国民事诉讼法〉和〈中华人民共和国行政诉讼法〉的决定》第二次修正

第一章 总 则

第一条 【立法目的】为保证人民法院公正、及时审理行政案件,解决行政争议,保护公民、法人和其他组织的合法权益,监督行政机关依法行使职权,根据宪法,制定本法。

第二条 【诉权】公民、法人或者其他组织认为行政机关和行政机关工作人员的行政行为侵犯其合法权益,有权依照本法向人民法院提起诉讼。

前款所称行政行为,包括法律、法规、规章授权的组织作出的行政行为。

第三条 【行政机关负责人出庭应诉】人民法院应当保障公民、法人和其他组织的起诉权利,对应当受理的行政案件依法受理。

行政机关及其工作人员不得干预、阻碍人民法院受理行政案件。

被诉行政机关负责人应当出庭应诉。不能出庭的,应当委托行政机关相应的工作人员出庭。

第四条 【独立行使审判权】人民法院依法对行政案件独立行使审判权,不受行政机关、社会团体和个人的干涉。

人民法院设行政审判庭,审理行政案件。

第五条 【以事实为根据,以法律为准绳原则】人民法院审理行政案件,以事实为根据,以法律为准绳。

第六条 【合法性审查原则】人民法院审理行政案件,对行政行为是否合法进行审查。

第七条 【合议、回避、公开审判和两审终审原则】人民法院审理行政案件,依法实行合议、回避、公开审判和两审终审制度。

第八条 【法律地位平等原则】当事人在行政诉讼中的法律地位平等。

第九条 【本民族语言文字原则】各民族公民都有用本民族语言、文字进行行政诉讼的权利。

在少数民族聚居或者多民族共同居住的地区,人民法院应当用当地民族通用的语言、文字进行审理和发布法律文书。

人民法院应当对不通晓当地民族通用的语言、文字的诉讼参与人提供翻译。

第十条 【辩论原则】当事人在行政诉讼中有权进行辩论。

第十一条 【法律监督原则】人民检察院有权对行政诉讼实行法律监督。

第二章 受案范围

第十二条 【行政诉讼受案范围】人民法院受理公民、法人或者其他组织提起的下列诉讼:

(一)对行政拘留、暂扣或者吊销许可证和执照、责令停产停业、没收违法所得、没收非法财物、罚款、警告等行政处罚不服的;

（二）对限制人身自由或者对财产的查封、扣押、冻结等行政强制措施和行政强制执行不服的；

（三）申请行政许可，行政机关拒绝或者在法定期限内不予答复，或者对行政机关作出的有关行政许可的其他决定不服的；

（四）对行政机关作出的关于确认土地、矿藏、水流、森林、山岭、草原、荒地、滩涂、海域等自然资源的所有权或者使用权的决定不服的；

（五）对征收、征用决定及其补偿决定不服的；

（六）申请行政机关履行保护人身权、财产权等合法权益的法定职责，行政机关拒绝履行或者不予答复的；

（七）认为行政机关侵犯其经营自主权或者农村土地承包经营权、农村土地经营权的；

（八）认为行政机关滥用行政权力排除或者限制竞争的；

（九）认为行政机关违法集资、摊派费用或者违法要求履行其他义务的；

（十）认为行政机关没有依法支付抚恤金、最低生活保障待遇或者社会保险待遇的；

（十一）认为行政机关不依法履行、未按照约定履行或者违法变更、解除政府特许经营协议、土地房屋征收补偿协议等协议的；

（十二）认为行政机关侵犯其他人身权、财产权等合法权益的。

除前款规定外，人民法院受理法律、法规规定可以提起诉讼的其他行政案件。

第十三条　【受案范围的排除】人民法院不受理公民、法人或者其他组织对下列事项提起的诉讼：

（一）国防、外交等国家行为；

（二）行政法规、规章或者行政机关制定、发布的具有普遍约束力的决定、命令；

（三）行政机关对行政机关工作人员的奖惩、任免等决定；

（四）法律规定由行政机关最终裁决的行政行为。

第三章　管　辖

第十四条　【基层人民法院管辖第一审行政案件】基层人民法院管辖第一审行政案件。

第十五条　【中级人民法院管辖的第一审行政案件】中级人民法院管辖下列第一审行政案件：

（一）对国务院部门或者县级以上地方人民政府所作的行政行为提起诉讼的案件；

（二）海关处理的案件；

（三）本辖区内重大、复杂的案件；

（四）其他法律规定由中级人民法院管辖的案件。

第十六条　【高级人民法院管辖的第一审行政案件】高级人民法院管辖本辖区内重大、复杂的第一审行政案件。

第十七条　【最高人民法院管辖的第一审行政案件】最高人民法院管辖全国范围内重大、复杂的第一审行政案件。

第十八条　【一般地域管辖和法院跨行政区域管辖】行政案件由最初作出行政行为的行政机关所在地人民法院管辖。经复议的案件，也可以由复议机关所在地人民法院管辖。

经最高人民法院批准，高级人民法院可以根据审判工作的实际情况，确定若干人民法院跨行政区域管辖行政案件。

第十九条　【限制人身自由行政案件的管辖】对限制人身自由的行政强制措施不服提起的诉讼，由被告所在地或者原告所在地人民法院管辖。

第二十条　【不动产行政案件的管辖】因不动产提起的行政诉讼，由不动产所在地人民法院管辖。

第二十一条　【选择管辖】两个以上人民法院都有管辖权的案件，原告可以选择其中一个人民法院提起诉讼。原告向两个以上有管辖权的人民法院提起诉讼的，由最先立案的人民法院管辖。

第二十二条　【移送管辖】人民法院发现受理的案件不属于本院管辖的，应当移送有管辖权的人民法院，受移送的人民法院应当受理。受移送的人民法院认为受移送的案件按照规定不属于本院管辖的，应当报请上级人民法院指定管辖，不得再自行移送。

第二十三条　【指定管辖】有管辖权的人民法院由于特殊原因不能行使管辖权的，由上级人民法院指定管辖。

人民法院对管辖权发生争议，由争议双方协商解决。协商不成的，报它们的共同上级人民法院指定管辖。

第二十四条　【管辖权转移】上级人民法院有

权审理下级人民法院管辖的第一审行政案件。

下级人民法院对其管辖的第一审行政案件，认为需要由上级人民法院审理或者指定管辖的，可以报请上级人民法院决定。

第四章 诉讼参加人

第二十五条 【原告资格】行政行为的相对人以及其他与行政行为有利害关系的公民、法人或者其他组织，有权提起诉讼。

有权提起诉讼的公民死亡，其近亲属可以提起诉讼。

有权提起诉讼的法人或者其他组织终止，承受其权利的法人或者其他组织可以提起诉讼。

人民检察院在履行职责中发现生态环境和资源保护、食品药品安全、国有财产保护、国有土地使用权出让等领域负有监督管理职责的行政机关违法行使职权或者不作为，致使国家利益或者社会公共利益受到侵害的，应当向行政机关提出检察建议，督促其依法履行职责。行政机关不依法履行职责的，人民检察院依法向人民法院提起诉讼。

第二十六条 【被告资格】公民、法人或者其他组织直接向人民法院提起诉讼的，作出行政行为的行政机关是被告。

经复议的案件，复议机关决定维持原行政行为的，作出原行政行为的行政机关和复议机关是共同被告；复议机关改变原行政行为的，复议机关是被告。

复议机关在法定期限内未作出复议决定，公民、法人或者其他组织起诉原行政行为的，作出原行政行为的行政机关是被告；起诉复议机关不作为的，复议机关是被告。

两个以上行政机关作出同一行政行为的，共同作出行政行为的行政机关是共同被告。

行政机关委托的组织所作的行政行为，委托的行政机关是被告。

行政机关被撤销或者职权变更的，继续行使其职权的行政机关是被告。

第二十七条 【共同诉讼】当事人一方或者双方为二人以上，因同一行政行为发生的行政案件，或者因同类行政行为发生的行政案件、人民法院认为可以合并审理并经当事人同意的，为共同诉讼。

第二十八条 【代表人诉讼】当事人一方人数众多的共同诉讼，可以由当事人推选代表人进行诉讼。代表人的诉讼行为对其所代表的当事人发生效力，但代表人变更、放弃诉讼请求或者承认对方当事人的诉讼请求，应当经被代表的当事人同意。

第二十九条 【诉讼第三人】公民、法人或者其他组织同被诉行政行为有利害关系但没有提起诉讼，或者同案件处理结果有利害关系的，可以作为第三人申请参加诉讼，或者由人民法院通知参加诉讼。

人民法院判决第三人承担义务或者减损第三人权益的，第三人有权依法提起上诉。

第三十条 【法定代理人】没有诉讼行为能力的公民，由其法定代理人代为诉讼。法定代理人互相推诿代理责任的，由人民法院指定其中一人代为诉讼。

第三十一条 【委托代理人】当事人、法定代理人，可以委托一至二人作为诉讼代理人。

下列人员可以被委托为诉讼代理人：

（一）律师、基层法律服务工作者；

（二）当事人的近亲属或者工作人员；

（三）当事人所在社区、单位以及有关社会团体推荐的公民。

第三十二条 【当事人及诉讼代理人权利】代理诉讼的律师，有权按照规定查阅、复制本案有关材料，有权向有关组织和公民调查，收集与本案有关的证据。对涉及国家秘密、商业秘密和个人隐私的材料，应当依照法律规定保密。

当事人和其他诉讼代理人有权按照规定查阅、复制本案庭审材料，但涉及国家秘密、商业秘密和个人隐私的内容除外。

第五章 证 据

第三十三条 【证据种类】证据包括：

（一）书证；

（二）物证；

（三）视听资料；

（四）电子数据；

（五）证人证言；

（六）当事人的陈述；

（七）鉴定意见；

（八）勘验笔录、现场笔录。

以上证据经法庭审查属实，才能作为认定案件事实的根据。

第三十四条 【被告举证责任】被告对作出的行政行为负有举证责任，应当提供作出该行政行为的证据和所依据的规范性文件。

被告不提供或者无正当理由逾期提供证据，视为没有相应证据。但是，被诉行政行为涉及第三人合法权益，第三人提供证据的除外。

第三十五条 【行政机关收集证据的限制】在诉讼过程中，被告及其诉讼代理人不得自行向原告、第三人和证人收集证据。

第三十六条 【被告延期提供证据和补充证据】被告在作出行政行为时已经收集了证据，但因不可抗力等正当事由不能提供的，经人民法院准许，可以延期提供。

原告或者第三人提出了其在行政处理程序中没有提出的理由或者证据的，经人民法院准许，被告可以补充证据。

第三十七条 【原告可以提供证据】原告可以提供证明行政行为违法的证据。原告提供的证据不成立的，不免除被告的举证责任。

第三十八条 【原告举证责任】在起诉被告不履行法定职责的案件中，原告应当提供其向被告提出申请的证据。但有下列情形之一的除外：

（一）被告应当依职权主动履行法定职责的；

（二）原告因正当理由不能提供证据的。

在行政赔偿、补偿的案件中，原告应当对行政行为造成的损害提供证据。因被告的原因导致原告无法举证的，由被告承担举证责任。

第三十九条 【法院要求当事人提供或者补充证据】人民法院有权要求当事人提供或者补充证据。

第四十条 【法院调取证据】人民法院有权向有关行政机关以及其他组织、公民调取证据。但是，不得为证明行政行为的合法性调取被告作出行政行为时未收集的证据。

第四十一条 【申请法院调取证据】与本案有关的下列证据，原告或者第三人不能自行收集的，可以申请人民法院调取：

（一）由国家机关保存而须由人民法院调取的证据；

（二）涉及国家秘密、商业秘密和个人隐私的证据；

（三）确因客观原因不能自行收集的其他证据。

第四十二条 【证据保全】在证据可能灭失或者以后难以取得的情况下，诉讼参加人可以向人民法院申请保全证据，人民法院也可以主动采取保全措施。

第四十三条 【证据适用规则】证据应当在法庭上出示，并由当事人互相质证。对涉及国家秘密、商业秘密和个人隐私的证据，不得在公开开庭时出示。

人民法院应当按照法定程序，全面、客观地审查核实证据。对未采纳的证据应当在裁判文书中说明理由。

以非法手段取得的证据，不得作为认定案件事实的根据。

第六章 起诉和受理

第四十四条 【行政复议与行政诉讼的关系】对属于人民法院受案范围的行政案件，公民、法人或者其他组织可以先向行政机关申请复议，对复议决定不服的，再向人民法院提起诉讼；也可以直接向人民法院提起诉讼。

法律、法规规定应当先向行政机关申请复议，对复议决定不服再向人民法院提起诉讼的，依照法律、法规的规定。

第四十五条 【经行政复议的起诉期限】公民、法人或者其他组织不服复议决定的，可以在收到复议决定书之日起十五日内向人民法院提起诉讼。复议机关逾期不作决定的，申请人可以在复议期满之日起十五日内向人民法院提起诉讼。法律另有规定的除外。

第四十六条 【起诉期限】公民、法人或者其他组织直接向人民法院提起诉讼的，应当自知道或者应当知道作出行政行为之日起六个月内提出。法律另有规定的除外。

因不动产提起诉讼的案件自行政行为作出之日起超过二十年，其他案件自行政行为作出之日起超过五年提起诉讼的，人民法院不予受理。

第四十七条 【行政机关不履行法定职责的起诉期限】公民、法人或者其他组织申请行政机关履行保护其人身权、财产权等合法权益的法定职责，行政机关在接到申请之日起两个月内不履行的，公民、法人或者其他组织可以向人民法院提起诉讼。法律、法规对行政机关履行职责的期限另有规定的,从其规定。

公民、法人或者其他组织在紧急情况下请求行政机关履行保护其人身权、财产权等合法权益的法定职责,行政机关不履行的,提起诉讼不受前款规定期限的限制。

第四十八条 【起诉期限的扣除和延长】公民、法人或者其他组织因不可抗力或者其他不属于其自身的原因耽误起诉期限的,被耽误的时间不计算在起诉期限内。

公民、法人或者其他组织因前款规定以外的其他特殊情况耽误起诉期限的,在障碍消除后十日内,可以申请延长期限,是否准许由人民法院决定。

第四十九条 【起诉条件】提起诉讼应当符合下列条件:

(一)原告是符合本法第二十五条规定的公民、法人或者其他组织;

(二)有明确的被告;

(三)有具体的诉讼请求和事实根据;

(四)属于人民法院受案范围和受诉人民法院管辖。

第五十条 【起诉方式】起诉应当向人民法院递交起诉状,并按照被告人数提出副本。

书写起诉状确有困难的,可以口头起诉,由人民法院记入笔录,出具注明日期的书面凭证,并告知对方当事人。

第五十一条 【登记立案】人民法院在接到起诉状时对符合本法规定的起诉条件的,应当登记立案。

对当场不能判定是否符合本法规定的起诉条件的,应当接收起诉状,出具注明收到日期的书面凭证,并在七日内决定是否立案。不符合起诉条件的,作出不予立案的裁定。裁定书应当载明不予立案的理由。原告对裁定不服的,可以提起上诉。

起诉状内容欠缺或者有其他错误的,应当给予指导和释明,并一次性告知当事人需要补正的内容。不得未经指导和释明即以起诉不符合条件为由不接收起诉状。

对于不接收起诉状、接收起诉状后不出具书面凭证,以及不一次性告知当事人需要补正的起诉状内容的,当事人可以向上级人民法院投诉,上级人民法院应当责令改正,并对直接负责的主管人员和其他直接责任人员依法给予处分。

第五十二条 【法院不立案的救济】人民法院既不立案,又不作出不予立案裁定的,当事人可以向上一级人民法院起诉。上一级人民法院认为符合起诉条件的,应当立案、审理,也可以指定其他下级人民法院立案、审理。

第五十三条 【规范性文件的附带审查】公民、法人或者其他组织认为行政行为所依据的国务院部门和地方人民政府及其部门制定的规范性文件不合法,在对行政行为提起诉讼时,可以一并请求对该规范性文件进行审查。

前款规定的规范性文件不含规章。

第七章 审理和判决

第一节 一般规定

第五十四条 【公开审理原则】人民法院公开审理行政案件,但涉及国家秘密、个人隐私和法律另有规定的除外。

涉及商业秘密的案件,当事人申请不公开审理的,可以不公开审理。

第五十五条 【回避】当事人认为审判人员与本案有利害关系或者有其他关系可能影响公正审判,有权申请审判人员回避。

审判人员认为自己与本案有利害关系或者有其他关系,应当申请回避。

前两款规定,适用于书记员、翻译人员、鉴定人、勘验人。

院长担任审判长时的回避,由审判委员会决定;审判人员的回避,由院长决定;其他人员的回避,由审判长决定。当事人对决定不服的,可以申请复议一次。

第五十六条 【诉讼不停止执行】诉讼期间,不停止行政行为的执行。但有下列情形之一的,裁定停止执行:

(一)被告认为需要停止执行的;

(二)原告或者利害关系人申请停止执行,人民法院认为该行政行为的执行会造成难以弥补的损失,并且停止执行不损害国家利益、社会公共利益的;

(三)人民法院认为该行政行为的执行会给国家利益、社会公共利益造成重大损害的;

（四）法律、法规规定停止执行的。

当事人对停止执行或者不停止执行的裁定不服的，可以申请复议一次。

第五十七条 【先予执行】人民法院对起诉行政机关没有依法支付抚恤金、最低生活保障金和工伤、医疗社会保险金的案件，权利义务关系明确、不先予执行将严重影响原告生活的，可以根据原告的申请，裁定先予执行。

当事人对先予执行裁定不服的，可以申请复议一次。复议期间不停止裁定的执行。

第五十八条 【拒不到庭或中途退庭的法律后果】经人民法院传票传唤，原告无正当理由拒不到庭，或者未经法庭许可中途退庭的，可以按照撤诉处理；被告无正当理由拒不到庭，或者未经法庭许可中途退庭的，可以缺席判决。

第五十九条 【妨害行政诉讼强制措施】诉讼参与人或者其他人有下列行为之一的，人民法院可以根据情节轻重，予以训诫、责令具结悔过或者处一万元以下的罚款、十五日以下的拘留；构成犯罪的，依法追究刑事责任：

（一）有义务协助调查、执行的人，对人民法院的协助调查决定、协助执行通知书，无故推拖、拒绝或者妨碍调查、执行的；

（二）伪造、隐藏、毁灭证据或者提供虚假证明材料，妨碍人民法院审理案件的；

（三）指使、贿买、胁迫他人作伪证或者威胁、阻止证人作证的；

（四）隐藏、转移、变卖、毁损已被查封、扣押、冻结的财产的；

（五）以欺骗、胁迫等非法手段使原告撤诉的；

（六）以暴力、威胁或者其他方法阻碍人民法院工作人员执行职务，或者以哄闹、冲击法庭等方法扰乱人民法院工作秩序的；

（七）对人民法院审判人员或者其他工作人员、诉讼参与人、协助调查和执行的人员恐吓、侮辱、诽谤、诬陷、殴打、围攻或者打击报复的。

人民法院对有前款规定的行为之一的单位，可以对其主要负责人或者直接责任人员依照前款规定予以罚款、拘留；构成犯罪的，依法追究刑事责任。

罚款、拘留须经人民法院院长批准。当事人不服的，可以向上一级人民法院申请复议一次。复议期间不停止执行。

第六十条 【调解】人民法院审理行政案件，不适用调解。但是，行政赔偿、补偿以及行政机关行使法律、法规规定的自由裁量权的案件可以调解。

调解应当遵循自愿、合法原则，不得损害国家利益、社会公共利益和他人合法权益。

第六十一条 【民事争议和行政争议交叉】在涉及行政许可、登记、征收、征用和行政机关对民事争议所作的裁决的行政诉讼中，当事人申请一并解决相关民事争议的，人民法院可以一并审理。

在行政诉讼中，人民法院认为行政案件的审理需以民事诉讼的裁判为依据的，可以裁定中止行政诉讼。

第六十二条 【撤诉】人民法院对行政案件宣告判决或者裁定前，原告申请撤诉的，或者被告改变其所作的行政行为，原告同意并申请撤诉的，是否准许，由人民法院裁定。

第六十三条 【撤诉】人民法院审理行政案件，以法律和行政法规、地方性法规为依据。地方性法规适用于本行政区域内发生的行政案件。

人民法院审理民族自治地方的行政案件，并以该民族自治地方的自治条例和单行条例为依据。

人民法院审理行政案件，参照规章。

第六十四条 【规范性文件审查和处理】人民法院在审理行政案件中，经审查认为本法第五十三条规定的规范性文件不合法的，不作为认定行政行为合法的依据，并向制定机关提出处理建议。

第六十五条 【裁判文书公开】人民法院应当公开发生法律效力的判决书、裁定书，供公众查阅，但涉及国家秘密、商业秘密和个人隐私的内容除外。

第六十六条 【有关行政机关工作人员和被告的处理】人民法院在审理行政案件中，认为行政机关的主管人员、直接责任人员违法违纪的，应当将有关材料移送监察机关、该行政机关或者其上一级行政机关；认为有犯罪行为的，应当将有关材料移送公安、检察机关。

人民法院对被告经传票传唤无正当理由拒不到庭，或者未经法庭许可中途退庭的，可以将被告拒不到庭或者中途退庭的情况予以公告，并可以向监察机关或者被告的上一级行政机关提出依法给予其主要负责人或者直接责任人员处分的司法建议。

第二节 第一审普通程序

第六十七条 【发送起诉状和提出答辩状】人民法院应当在立案之日起五日内,将起诉状副本发送被告。被告应当在收到起诉状副本之日起十五日内向人民法院提交作出行政行为的证据和所依据的规范性文件,并提出答辩状。人民法院应当在收到答辩状之日起五日内,将答辩状副本发送原告。

被告不提出答辩状的,不影响人民法院审理。

第六十八条 【审判组织形式】人民法院审理行政案件,由审判员组成合议庭,或者由审判员、陪审员组成合议庭。合议庭的成员,应当是三人以上的单数。

第六十九条 【驳回原告诉讼请求判决】行政行为证据确凿,适用法律、法规正确,符合法定程序的,或者原告申请被告履行法定职责或者给付义务理由不成立的,人民法院判决驳回原告的诉讼请求。

第七十条 【撤销判决和重作判决】行政行为有下列情形之一的,人民法院判决撤销或者部分撤销,并可以判决被告重新作出行政行为:

(一)主要证据不足的;

(二)适用法律、法规错误的;

(三)违反法定程序的;

(四)超越职权的;

(五)滥用职权的;

(六)明显不当的。

第七十一条 【重作判决对被告的限制】人民法院判决被告重新作出行政行为的,被告不得以同一的事实和理由作出与原行政行为基本相同的行政行为。

第七十二条 【履行判决】人民法院经过审理,查明被告不履行法定职责的,判决被告在一定期限内履行。

第七十三条 【给付判决】人民法院经过审理,查明被告依法负有给付义务的,判决被告履行给付义务。

第七十四条 【确认违法判决】行政行为有下列情形之一的,人民法院判决确认违法,但不撤销行政行为:

(一)行政行为依法应当撤销,但撤销会给国家利益、社会公共利益造成重大损害的;

(二)行政行为程序轻微违法,但对原告权利不产生实际影响的。

行政行为有下列情形之一,不需要撤销或者判决履行的,人民法院判决确认违法:

(一)行政行为违法,但不具有可撤销内容的;

(二)被告改变原违法行政行为,原告仍要求确认原行政行为违法的;

(三)被告不履行或者拖延履行法定职责,判决履行没有意义的。

第七十五条 【确认无效判决】行政行为有实施主体不具有行政主体资格或者没有依据等重大且明显违法情形,原告申请确认行政行为无效的,人民法院判决确认无效。

第七十六条 【确认违法和无效判决的补充规定】人民法院判决确认违法或者无效的,可以同时判决责令被告采取补救措施;给原告造成损失的,依法判决被告承担赔偿责任。

第七十七条 【变更判决】行政处罚明显不当,或者其他行政行为涉及对款额的确定、认定确有错误的,人民法院可以判决变更。

人民法院判决变更,不得加重原告的义务或者减损原告的权益。但利害关系人同为原告,且诉讼请求相反的除外。

第七十八条 【行政协议履行及补偿判决】被告不依法履行、未按照约定履行或者违法变更、解除本法第十二条第一款第十一项规定的协议的,人民法院判决被告承担继续履行、采取补救措施或者赔偿损失等责任。

被告变更、解除本法第十二条第一款第十一项规定的协议合法,但未依法给予补偿的,人民法院判决给予补偿。

第七十九条 【复议决定和原行政行为一并裁判】复议机关与作出原行政行为的行政机关为共同被告的案件,人民法院应当对复议决定和原行政行为一并作出裁判。

第八十条 【公开宣判】人民法院对公开审理和不公开审理的案件,一律公开宣告判决。

当庭宣判的,应当在十日内发送判决书;定期宣判的,宣判后立即发给判决书。

宣告判决时,必须告知当事人上诉权利、上诉期限和上诉的人民法院。

第八十一条 【第一审审限】人民法院应当在立案之日起六个月内作出第一审判决。有特殊情况需要延长的，由高级人民法院批准，高级人民法院审理第一审案件需要延长的，由最高人民法院批准。

第三节 简易程序

第八十二条 【简易程序适用情形】人民法院审理下列第一审行政案件，认为事实清楚、权利义务关系明确、争议不大的，可以适用简易程序：

（一）被诉行政行为是依法当场作出的；

（二）案件涉及款额二千元以下的；

（三）属于政府信息公开案件的。

除前款规定以外的第一审行政案件，当事人各方同意适用简易程序的，可以适用简易程序。

发回重审、按照审判监督程序再审的案件不适用简易程序。

第八十三条 【简易程序的审判组织形式和审限】适用简易程序审理的行政案件，由审判员一人独任审理，并应当在立案之日起四十五日内审结。

第八十四条 【简易程序与普通程序的转换】人民法院在审理过程中，发现案件不宜适用简易程序的，裁定转为普通程序。

第四节 第二审程序

第八十五条 【上诉】当事人不服人民法院第一审判决的，有权在判决书送达之日起十五日内向上一级人民法院提起上诉。当事人不服人民法院第一审裁定的，有权在裁定书送达之日起十日内向上一级人民法院提起上诉。逾期不提起上诉的，人民法院的第一审判决或者裁定发生法律效力。

第八十六条 【二审审理方式】人民法院对上诉案件，应当组成合议庭，开庭审理。经过阅卷、调查和询问当事人，对没有提出新的事实、证据或者理由，合议庭认为不需要开庭审理的，也可以不开庭审理。

第八十七条 【二审审查范围】人民法院审理上诉案件，应当对原审人民法院的判决、裁定和被诉行政行为进行全面审查。

第八十八条 【二审审限】人民法院审理上诉案件，应当在收到上诉状之日起三个月内作出终审判决。有特殊情况需要延长的，由高级人民法院批准，高级人民法院审理上诉案件需要延长的，由最高人民法院批准。

第八十九条 【二审裁判】人民法院审理上诉案件，按照下列情形，分别处理：

（一）原判决、裁定认定事实清楚，适用法律、法规正确的，判决或者裁定驳回上诉，维持原判决、裁定；

（二）原判决、裁定认定事实错误或者适用法律、法规错误的，依法改判、撤销或者变更；

（三）原判决认定基本事实不清、证据不足的，发回原审人民法院重审，或者查清事实后改判；

（四）原判决遗漏当事人或者违法缺席判决等严重违反法定程序的，裁定撤销原判决，发回原审人民法院重审。

原审人民法院对发回重审的案件作出判决后，当事人提起上诉的，第二审人民法院不得再次发回重审。

人民法院审理上诉案件，需要改变原审判决的，应当同时对被诉行政行为作出判决。

第五节 审判监督程序

第九十条 【当事人申请再审】当事人对已经发生法律效力的判决、裁定，认为确有错误的，可以向上一级人民法院申请再审，但判决、裁定不停止执行。

第九十一条 【再审事由】当事人的申请符合下列情形之一的，人民法院应当再审：

（一）不予立案或者驳回起诉确有错误的；

（二）有新的证据，足以推翻原判决、裁定的；

（三）原判决、裁定认定事实的主要证据不足、未经质证或者系伪造的；

（四）原判决、裁定适用法律、法规确有错误的；

（五）违反法律规定的诉讼程序，可能影响公正审判的；

（六）原判决、裁定遗漏诉讼请求的；

（七）据以作出原判决、裁定的法律文书被撤销或者变更的；

（八）审判人员在审理该案件时有贪污受贿、徇私舞弊、枉法裁判行为的。

第九十二条 【人民法院依职权再审】各级人民法院院长对本院已经发生法律效力的判决、裁定，发现有本法第九十一条规定情形之一，或者发现调解违反自愿原则或者调解书内容违法，认为需要再审的，应当提交审判委员会讨论决定。

最高人民法院对地方各级人民法院已经发生法律效力的判决、裁定，上级人民法院对下级人民法院已经发生法律效力的判决、裁定，发现有本法第九十一条规定情形之一，或者发现调解违反自愿原则或者调解书内容违法的，有权提审或者指令下级人民法院再审。

第九十三条 【抗诉和检察建议】最高人民检察院对各级人民法院已经发生法律效力的判决、裁定，上级人民检察院对下级人民法院已经发生法律效力的判决、裁定，发现有本法第九十一条规定情形之一，或者发现调解书损害国家利益、社会公共利益的，应当提出抗诉。

地方各级人民检察院对同级人民法院已经发生法律效力的判决、裁定，发现有本法第九十一条规定情形之一，或者发现调解书损害国家利益、社会公共利益的，可以向同级人民法院提出检察建议，并报上级人民检察院备案；也可以提请上级人民检察院向同级人民法院提出抗诉。

各级人民检察院对审判监督程序以外的其他审判程序中审判人员的违法行为，有权向同级人民法院提出检察建议。

第八章 执 行

第九十四条 【生效裁判和调解书的执行】当事人必须履行人民法院发生法律效力的判决、裁定、调解书。

第九十五条 【申请强制执行和执行管辖】公民、法人或者其他组织拒绝履行判决、裁定、调解书的，行政机关或者第三人可以向第一审人民法院申请强制执行，或者由行政机关依法强制执行。

第九十六条 【对行政机关拒绝履行的执行措施】行政机关拒绝履行判决、裁定、调解书的，第一审人民法院可以采取下列措施：

（一）对应当归还的罚款或者应当给付的款额，通知银行从该行政机关的账户内划拨；

（二）在规定期限内不履行的，从期满之日起，对该行政机关负责人按日处五十元至一百元的罚款；

（三）将行政机关拒绝履行的情况予以公告；

（四）向监察机关或者该行政机关的上一级行政机关提出司法建议。接受司法建议的机关，根据有关规定进行处理，并将处理情况告知人民法院；

（五）拒不履行判决、裁定、调解书，社会影响恶劣的，可以对该行政机关直接负责的主管人员和其他直接责任人员予以拘留；情节严重，构成犯罪的，依法追究刑事责任。

第九十七条 【非诉执行】公民、法人或者其他组织对行政行为在法定期限内不提起诉讼又不履行的，行政机关可以申请人民法院强制执行，或者依法强制执行。

第九章 涉外行政诉讼

第九十八条 【涉外行政诉讼的法律适用原则】外国人、无国籍人、外国组织在中华人民共和国进行行政诉讼，适用本法。法律另有规定的除外。

第九十九条 【同等与对等原则】外国人、无国籍人、外国组织在中华人民共和国进行行政诉讼，同中华人民共和国公民、组织有同等的诉讼权利和义务。

外国法院对中华人民共和国公民、组织的行政诉讼权利加以限制的，人民法院对该国公民、组织的行政诉讼权利，实行对等原则。

第一百条 【中国律师代理】外国人、无国籍人、外国组织在中华人民共和国进行行政诉讼，委托律师代理诉讼的，应当委托中华人民共和国律师机构的律师。

第十章 附 则

第一百零一条 【适用民事诉讼法规定】人民法院审理行政案件，关于期间、送达、财产保全、开庭审理、调解、中止诉讼、终结诉讼、简易程序、执行等，以及人民检察院对行政案件受理、审理、裁判、执行的监督，本法没有规定的，适用《中华人民共和国民事诉讼法》的相关规定。

第一百零二条 【诉讼费用】人民法院审理行政案件，应当收取诉讼费用。诉讼费用由败诉方承担，双方都有责任的由双方分担。收取诉讼费用的具体办法另行规定。

第一百零三条 【施行日期】本法自 1990 年 10 月 1 日起施行。

教育统计管理规定

·2018年6月25日教育部令第44号公布
·自2018年8月1日起施行

第一章 总 则

第一条 为了加强教育统计工作,保障统计资料的真实性、准确性、完整性和及时性,发挥统计在教育管理、科学决策和服务社会发展中的重要作用,根据《中华人民共和国统计法》《中华人民共和国教育法》《中华人民共和国统计法实施条例》等法律法规,制定本规定。

第二条 国务院教育行政部门依法部署并组织县级以上地方人民政府教育行政部门、各级各类学校和其他有关机构实施的教育统计活动,适用本规定。

第三条 教育统计的基本任务是对教育发展情况进行统计调查、统计分析,提供统计资料和统计咨询意见,实行统计监督。

第四条 国务院教育行政部门在国家统计局的业务指导下,依法领导、管理和组织协调教育领域的部门统计调查项目。

县级以上地方人民政府教育行政部门应当加强对教育统计工作的组织领导,落实相关职责,为实施教育统计活动提供必要的保障。

第五条 教育行政部门应当根据需要,将教育统计工作所需经费列入本单位的年度预算,按时拨付到位,保障教育统计工作正常、有效开展。

对在教育统计工作中做出突出贡献、取得显著成绩的单位和个人,按照国家有关规定给予表彰和奖励。

第六条 教育行政部门应当加强教育统计科学研究,健全科学的教育统计指标体系,不断改进统计调查方法,提高教育统计的科学性;应当加强教育统计信息化建设,积极利用互联网、大数据、云计算等现代信息技术,推进教育统计信息搜集、处理、传输、共享、存储技术和统计数据库体系的现代化。

第七条 接受教育统计调查的教育行政部门、学校和其他有关机构以及个人等教育统计调查对象,应当遵守统计法律法规,真实、准确、完整、及时地提供统计调查资料。

第八条 教育统计调查中获得的能够识别或者推断单个统计调查对象身份的资料应当依法严格管理,除作为统计执法依据外,不得直接作为对统计调查对象实施行政许可、行政处罚等具体行政行为的依据,不得用于完成统计任务以外的目的。

第二章 教育统计机构和人员

第九条 教育行政部门、各级各类学校和其他有关机构中负有教育统计职责的机构为教育统计机构,直接负责教育统计的专兼职工作人员为教育统计人员。

教育统计机构和统计人员依法独立行使统计调查、统计报告、统计监督的职权,不受侵犯。

第十条 国务院教育行政部门成立综合统计机构,统筹组织和协调管理全国教育统计工作,组织制定教育统计工作的规划、规章制度等,统一组织、管理和协调本部门各项统计调查活动。

第十一条 国务院教育行政部门综合统计机构,具体负责实施以下工作:

(一)依法拟定教育统计调查项目,组织制定统计调查制度、计划和方案、标准并部署实施;

(二)组织协调各有关内设机构和直属事业单位的统计工作;

(三)归口管理和公布教育统计资料,统一对外提供和发布数据,提供统计咨询,组织开展统计分析;

(四)对教育统计工作进行监督、检查,组织开展数据质量核查与评估工作;

(五)加强教育统计队伍建设,组织教育统计人员的业务培训;

(六)其他法定职责和工作事项。

第十二条 省级人民政府教育行政部门应当明确主管统计工作的职能部门或者统计负责人,执行本单位的综合统计职能,主要包括:

(一)按照教育统计调查制度,制定本地区教育统计管理制度、统计调查方案并组织实施;

(二)对本地区教育发展情况进行统计分析,提供统计报告和统计咨询意见;

(三)组织实施和指导本地区教育统计人员的专业学习、技能培训和职业道德教育,配合有关部门进行统计人员专业技术职务评定;

(四)监督、检查本地区教育行政部门、各级各类学校和其他有关机构统计工作实施情况；

（五）其他法定职责和工作事项。

第十三条 设区的市及县级人民政府教育行政部门、高等学校和其他有关机构应当在相关职能部门明确负责统计工作的机构或岗位，配备统计人员，明确统计负责人，依法实施统计调查、分析、资料管理和公布等职责范围内的统计工作。

第十四条 高等学校以外的各级各类学校根据统计任务的需要，设置统计工作岗位，配备专兼职统计人员，依法管理、开展统计工作，实施统计调查。

第十五条 教育统计人员应当加强学习，具备与其从事的教育统计工作相适应的专业知识和业务能力；应当恪守职业道德，如实整理、报送统计资料，对其负责搜集、审核、录入的统计资料与统计调查对象报送的统计资料的一致性负责。

第十六条 教育统计机构应当加强对教育统计人员的专业培训和职业道德教育，按照国家规定加强统计人员资质和信用建设，提高教育统计人员的专业素质，保障统计人员的稳定性。

第十七条 教育统计机构和统计人员不得伪造、篡改统计资料，不得以任何方式要求任何单位和个人提供不真实的统计资料。

第三章 教育统计调查和分析

第十八条 国务院教育行政部门依照统计相关法律法规和规章规定，制定教育统计调查项目。调查对象属于教育行政部门管辖系统的，依法报国家统计局备案；调查对象超出教育行政部门管辖系统的，依法报国家统计局审批。

制定教育统计调查项目，应当就项目的必要性、可行性、科学性进行论证，征求有关地方、部门、统计调查对象和专家的意见，并按照会议制度集体讨论决定。

教育统计调查项目和统计调查制度，应当根据教育改革发展的实践需要适时予以调整，并按规定重新申请审批或者备案。

第十九条 国务院教育行政部门综合统计机构依法按照教育统计调查项目，制定教育统计调查制度，组织编制教育统计调查计划和统计调查方案。

县级以上地方人民政府教育行政部门增加或者减少补充性教育统计调查内容，应当依法报本级人民政府统计机构审批，并报上级教育行政部门备案。

第二十条 教育统计调查制度应当对调查目的、调查内容、调查方法、调查对象、调查组织方式、调查表式、统计资料的报送和公布等作出规定。

第二十一条 统计调查表必须标明表号、制定机关、批准或者备案文号、有效期限等标志。对未标明标志或者超过有效期限的统计调查表，教育统计调查对象有权拒绝填报。

第二十二条 教育统计机构和统计人员应当执行国家统计标准和补充性的部门统计标准，统计调查指标涵义、计算方法、分类目录、调查表式和统计编码等不得与国家统计标准相抵触。

第二十三条 搜集、整理教育统计资料，应当以周期性普查为基础，综合运用全面调查、重点调查、抽样调查等方法，并充分利用行政记录、电子注册信息等资料。

第二十四条 教育统计机构应当根据统计资料，对本地区或者本单位的教育事业发展进行统计分析和监测，提供咨询意见和决策建议。建立教育统计数据解读、预测预警机制，加强数据分析，增强教育统计分析的时效性、针对性和实用性。

第二十五条 教育统计机构和统计人员应当运用现代信息技术手段，深入挖掘数据资源，综合运用多种统计分析方法，提高统计分析和应用能力。

教育统计机构可委托专门机构承担教育统计任务，通过向社会购买服务组织实施统计调查和资料开发，可以引入第三方机构对教育统计工作进行评估。

第四章 教育统计资料的管理和公布

第二十六条 教育统计机构和统计人员应当按照教育统计调查制度，及时报送其组织实施统计调查取得的资料。

第二十七条 各级各类学校和其他有关机构等教育统计调查对象应当按照国家有关规定设置原始记录、统计台账，建立健全统计资料的审核、签署、交接、归档等管理制度。上报的统计资料必须由统计人员、审核人、本单位负责人签名，并加盖单位印章。

统计资料的审核、签署人对其审核、签署的统计资料的真实性、准确性和完整性负责。

第二十八条 教育行政部门制定政策规划、督查工作进展、评价发展水平等，凡涉及统计数据的，应当优先使用教育统计资料，并以教育统计机构提供的统计资料为准。

第二十九条 教育统计资料实行分级管理。

教育行政部门应当按照国家有关规定建立健全教育统计资料的保存、管理制度和教育统计信息共享机制。

第三十条 教育统计调查取得的统计资料，除依法应当保密的外，应当及时公开，便于查询利用。

国务院教育行政部门通过门户网站、统计公报、统计年鉴、统计信息平台等途径按照国家有关规定公布统计资料；依法公开数据生产的过程和结果，提升数据共享和公开水平。

地方各级人民政府教育行政部门应当按照国家有关规定公布教育统计资料，供社会公众查询。

第三十一条 教育统计机构和统计人员应当按照国家保密规定，建立健全教育统计保密制度，完善教育统计内控机制，做好有关统计资料的保密工作。

教育统计调查中获得的能够识别或者推断单个统计调查对象身份的资料，任何单位和个人不得对外提供、泄露。

第三十二条 教育行政部门、各级各类学校和其他有关机构及其负责人不得自行修改教育统计机构和统计人员依法搜集、整理的教育统计资料，不得以任何方式要求统计人员伪造、篡改教育统计资料，不得对依法履行职责或者拒绝、抵制统计违法行为的统计人员打击报复。

第五章 教育统计监管

第三十三条 教育统计应当接受社会公众的监督。教育统计资料应当真实、准确，任何单位和个人不得利用虚假教育统计资料骗取荣誉称号、物质利益或者职务晋升。

第三十四条 上级教育行政部门应当定期对下级教育行政部门及其所辖学校、其他有关机构进行统计工作检查。统计工作检查的内容主要包括：

（一）统计法律、法规、规章和有关文件的贯彻落实情况；

（二）统计规章制度的建设及其组织实施情况；

（三）单位内负责统计工作的机构和岗位的设置情况；

（四）统计经费和统计工作设备配置的保障情况；

（五）统计资料的管理情况；

（六）其他需要检查的内容。

第三十五条 国务院教育行政部门依法建立教育统计数据质量监控和评估制度，建立健全责任体系，对各省、自治区、直辖市重要教育统计数据进行监控和评估。

省级人民政府教育行政部门应当健全统计数据质量保障体系，建立专家参与的统计数据质量核查机制，通过自查、抽查、互查等方式，开展统计数据质量核查，保证统计数据质量。

县级以上教育行政部门可以建立教育统计数据抽查制度，制定抽查事项清单，合理确定抽查的比例和频次，随机对下级教育行政部门或其所辖学校、其他有关机构报送的教育统计数据进行核查。

第三十六条 教育行政部门、各级各类学校和其他有关机构的相关工作人员在教育统计工作中有统计违法行为的，移交县级以上人民政府统计机构依法查处；有违纪行为的，由上级教育行政部门依据有关规定，根据违法违纪行为的情节轻重，向有关责任人员的任免机关、纪检监察机关、组织（人事）部门提出处分处理建议。

第三十七条 教育行政部门、各级各类学校和其他有关机构的领导人员有下列行为之一的，按照有关规定，给予记过或者记大过处分；情节较重的，给予降级或者撤职处分；情节严重的，给予开除处分：

（一）自行修改教育统计资料、编造虚假数据的；

（二）强令、授意本部门、本单位统计机构、统计人员或者其他有关机构、人员拒报、虚报、瞒报或者篡改教育统计资料、编造虚假数据的；

（三）对拒绝、抵制篡改教育统计资料或者对拒绝、抵制编造虚假数据的人员进行打击报复的；

（四）对揭发、检举统计违法违纪行为的人员进行打击报复的。

有前款第（三）项、第（四）项规定行为的，应当从重处分。

第三十八条 教育统计机构及相关人员有下列行为之一的，应当按照《中华人民共和国统计法》等法律法规和相关规定，追究相应的法律或者行政等责任，并记入相关单位、相关责任人的诚信档案：

（一）未经批准擅自组织实施统计调查的；

（二）自行修改、篡改、伪造、编造统计资料的；

（三）不按时提供、拒绝提供或提供不真实、不完整的统计资料或者要求统计调查对象提供不真实统计资料的；

（四）违法公布统计资料的；

（五）泄漏统计资料导致单个统计调查对象身份被识别的；

（六）违反规定导致统计资料毁损、灭失的；

（七）其他统计违法行为。

第三十九条 违反统计法及其他相关规定，利用虚假统计资料骗取荣誉称号、物质利益或者职务晋升的，除对其编造虚假统计资料或者要求他人编造虚假统计资料的行为依法追究法律责任外，由作出有关决定的单位或者其上级单位、监察机关取消其荣誉称号，追缴获得的物质利益，撤销晋升的职务。

第六章 附 则

第四十条 省级人民政府教育行政部门可以根据本规定制定相应的实施细则，并报国务院教育行政部门备案。

第四十一条 本规定自2018年8月1日起施行。1986年国家教委发布的《教育统计工作暂行规定》（〔86〕教计字034号）同时废止。

实施教育行政许可若干规定

· 2005年4月21日教育部令第22号公布

· 自2005年6月1日起施行

第一条 为实施《中华人民共和国行政许可法》（以下简称行政许可法），规范教育行政部门行政许可行为，推进依法行政，制定本规定。

第二条 教育行政部门实施行政许可，应当遵守行政许可法及有关法律、法规和本规定。

第三条 国务院教育行政部门制定的规章和规范性文件、地方各级教育行政部门制定的规范性文件不得设定教育行政许可。

国务院教育行政部门制定的规章可以对法律、行政法规和国务院决定设定的教育行政许可规定具体实施的程序、条件等。

第四条 地方各级教育行政部门认为需要增设新的教育行政许可或者认为教育行政许可的设定、规定不合理、需要修改或者废止的，可以向国务院教育行政部门提出建议，由国务院教育行政部门向国务院提出立法建议；也可向省、自治区、直辖市人民政府提出立法建议。

第五条 教育行政部门依据法律、法规和规章委托其他行政机关实施行政许可的，应当签署实施行政许可委托书。

委托书应当载明委托机关和受委托机关的名称、地址、联系方式，委托的具体事项、委托期限及法律责任等。

第六条 教育行政部门应当在办公场所公示以下内容：

（一）行政许可的事项、依据、条件、数量、程序、期限；

（二）申请行政许可需要提交的全部资料目录；

（三）申请书示范文本；

（四）收取费用的法定项目和标准；

（五）法律、法规、规章规定需要公示的其他内容。

除涉及国家秘密、商业秘密和个人隐私以外，教育行政部门应当通过政府网站或者其他适当方式将前款内容向社会公开，便于申请人查询和办理。

申请人要求对公示内容予以说明、解释的，教育行政部门应当说明、解释，提供准确、可靠的信息。

第七条 申请教育行政许可应当以书面形式提出。申请书需要采用格式文本的，教育行政部门应当免费提供。

第八条 教育行政许可申请一般由申请人到教育行政部门办公场所提出，也可以通过信函、电报、电传、传真和电子邮件等方式提出。行政许可申请以电报、电传、传真和电子邮件等方式提出的，申请人应当提供能够证明其申请文件效力的材料。

教育行政部门应当公开行政许可的承办机构、联系电话、传真、电子邮箱等，为申请人通过信函、电报、电传和电子邮件等方式提出行政许可申请提供便利。

第九条 实施行政许可需要由教育行政部门多个内设机构办理的，教育行政部门应当明确一个机构为主承办，并转告其他机构分别提出意见后统一办理。

第十条 教育行政部门接到行政许可申请后，应当按照以下规定进行是否受理的审查：

（一）申请事项是否依法需要取得行政许可；

（二）申请事项是否属于本机关职权范围；

（三）申请人是否具有不得提出行政许可申请的情形；

（四）申请人是否提交了法律、法规、规章规定的申请材料；

（五）申请人提供的申请材料是否齐全和符合法定形式。

第十一条 教育行政部门受理或者不予受理行政许可申请，应当自收到符合法定形式的全部行政许可申请材料后 5 日内，出具加盖本行政机关专用印章和注明日期的书面凭证。

申请材料不齐全或者不符合法定形式的，自收到全部补正申请材料之日起计算；行政机关未告知申请人需要补正的，自收到申请材料之日起计算。

第十二条 教育行政部门受理行政许可申请后，应当对申请人提交的申请材料进行审查。

申请人对其申请材料实质内容的真实性负责。根据法律、法规、规章的规定需要对申请材料的实质内容进行核实的，教育行政部门应当指派两名以上工作人员共同进行。核查人员核查时应当出示证件，根据核查的情况制作核查记录，并由核查人员与被核查方共同签字确认。被核查方拒绝签字的，核查人员应予注明。

第十三条 依法应当先经下一级教育行政部门初审的行政许可，除法律、法规另有规定的外，下一级教育行政部门应当自受理申请之日起 20 日内审查完毕，并在审查完毕后 7 日内将初审意见和全部申请材料直接报送上一级教育行政部门。

上级教育行政部门不得要求申请人重复提供申请材料。

第十四条 审查教育行政许可申请，对依法需要专家评审、考试、听证的，应当制作《教育行政许可特别程序通知书》，告知申请人所需时间，所需时间不计算在许可期限内。

第十五条 对依法需要进行专家评审的，教育行政部门应当按照国家有关规定组织承担评审职责的机构和人员，明确评审的依据、标准、规程、期限和要求。

评审工作完成后，承担评审任务的机构或者人员应当出具书面评审报告，送交组织评审的教育行政部门。

第十六条 对依法需要举行国家考试取得资格的行政许可的，教育行政部门应当依据行政许可法的规定，事先公布资格考试的报名条件、报考办法、考试科目以及考试大纲。不得组织强制性的资格考试的考前培训，不得指定教材或者其他助考材料。

通过考试，符合条件的，教育行政部门应当授予相应的资格或者颁发证书。

第十七条 对于属于听证范围的行政许可事项，经告知后申请人或利害关系人提出听证申请的，教育行政部门应当指派审查该行政许可申请的工作人员以外的人员担任听证主持人组织听证。

听证应当制作笔录。听证笔录包括以下主要内容：听证事项；听证举行的时间、地点；听证主持人、记录人；听证参加人；行政许可申请内容；承办业务机构的审查意见及相关证据、理由；申请人、利害关系人发表的意见，提出的证据、理由；审查人与申请人、利害关系人辩论、质证的情况和听证申请人最后陈述的意见等。

听证笔录由听证主持人和记录人签名，并经听证参加人确认无误后当场签名或者盖章。听证参加人对笔录内容有异议的，听证主持人应当告知其他参加人，各方认为异议成立的，应当予以补充或者更正；对异议有不同意见或者听证参加人拒绝签名、盖章的，听证主持人应当在听证笔录中予以载明。

教育行政部门应当根据听证笔录，作出准予行政许可或者不予行政许可的决定。

对听证笔录中没有认证、记载的事实、证据，教育行政部门不予采信。

第十八条 除法律、法规授权组织外，实施行政许可，应当以教育行政部门名义作出。

有关行政许可的文书、证件，应当以实施行政许可的教育行政部门名义签发并对外发布。

第十九条 教育行政部门作出准予行政许可的决定，应当制作格式化的准予行政许可决定书，并予以公开，公众有权查阅。需要颁发行政许可证件的，应当向申请人颁发加盖本行政机关印章的许可证、资格证、批准文件或者法律、法规规定的其他行政许可证件。

教育行政部门依法作出不予行政许可的书面决定的，应当向申请人书面说明理由，并告知申请人依法申请行政复议或者提起行政诉讼的途径和期限。

第二十条 教育行政部门送达行政许可决定以及其他行政许可文书，一般应当由受送达人直接领取。受送达人直接领取行政许可决定以及其他行政许可文书时，应当在送达回证上注明收到日期，并签名或者盖章。

受送达人不直接领取行政许可决定以及其他行政许可文书的，教育行政部门可以采取邮寄送达、委托送达等方式。无法采取上述方式送达，或者同一送达事项的受送达人众多的，可以在公告栏、受送达人住所地张贴公告，也可以在报刊上刊登公告。

第二十一条 申请人认为教育行政部门不依法实施行政许可的，可以依法向上级行政机关或者监察机关举报或者投诉，也可以依法申请行政复议或者提起行政诉讼。

第二十二条 上级教育行政部门发现下级教育行政部门有违反行政许可法规定设定或者实施行政许可的，应当责令其限期改正。

下级教育行政部门擅自改变上级教育行政部门作出的行政许可决定的，上级教育行政部门应当令其限期改正或者直接予以纠正；情节严重的，对直接负责的主管人员和其他直接责任人员依法给予行政处分。

第二十三条 教育行政部门应当按照行政许可法的规定，建立检查、备案、档案管理等制度。对被许可人从事行政许可事项的活动进行监督检查时，应当制作笔录，笔录归档后，公众有权查阅。

第二十四条 教育行政部门违法实施行政许可，给当事人的合法权益造成损害的，依照国家赔偿法的规定处理。

第二十五条 本规定自2005年6月1日起施行。

教育系统内部审计工作规定

·2020年3月20日教育部令第47号公布

·自2020年5月1日起施行

第一章 总 则

第一条 为加强教育系统内部审计工作，提升内部审计工作质量，充分发挥内部审计作用，推动教育事业科学发展，根据《中华人民共和国教育法》《中华人民共和国审计法》《中华人民共和国审计法实施条例》《审计署关于内部审计工作的规定》及其他有关法律法规，制定本规定。

第二条 依法属于审计机关审计监督对象的各级教育行政部门、学校和其他教育事业单位、企业等（以下简称单位）内部审计工作适用本规定。

第三条 本规定所称内部审计，是指对本单位及所属单位财政财务收支、经济活动、内部控制、风险管理等实施独立、客观的监督、评价和建议，以促进单位完善治理、实现目标的活动。

第四条 单位应当依照有关法律法规、本规定和内部审计职业规范，结合本单位实际情况，建立健全内部审计制度，明确内部审计工作的领导体制、职责权限、工作机构、人员配备、经费保障、审计结果运用和责任追究等。

单位应当加强本单位党组织对内部审计工作的领导，健全党领导相关工作的体制机制。

第五条 教育系统内部审计工作应当接受国家审计机关的业务指导和监督。

第二章 内部审计机构和人员

第六条 单位应当根据国家编制管理相关规定和管理需要，设置独立的机构或明确相关内设机构作为内部审计机构，履行内部审计职责。

第七条 内部审计机构应当在本单位主要负责人的直接领导下开展内部审计工作，向其负责并报告工作。

第八条 单位可以根据工作需要成立审计委员会，加强党对审计工作的领导，负责部署内部审计工作，审议年度审计工作报告，研究制定内部审计改革方案、重大政策和发展战略，审议决策内部审计重大事项等。

第九条 单位可以根据工作需要建立总审计师制度。总审计师协助主要负责人管理内部审计工作。

第十条 单位应当保证内部审计工作所需人员编制,严格内部审计人员录用标准,合理配备具有审计、财务、经济、法律、管理、工程、信息技术等专业知识的内部审计人员。总审计师、内部审计机构负责人应当具备审计、财务、经济、法律、管理等专业背景或工作经历。

第十一条 单位应当根据内部审计工作特点,完善内部审计人员考核评价制度和专业技术岗位评聘制度,保障内部审计人员享有相应的晋升、交流、任职、薪酬及相关待遇。

第十二条 单位应当支持和保障内部审计人员通过参加业务培训、考取职业资格、以审代训等多种途径接受继续教育,提高专业胜任能力。

第十三条 内部审计机构的变动和总审计师、内部审计机构负责人的任免或调动,应当向上一级内部审计机构备案。

第十四条 内部审计机构和内部审计人员依法独立履行职责,任何单位和个人不得干涉和打击报复。

第十五条 内部审计机构履行内部审计职责所需经费,应当列入本单位预算。

第十六条 内部审计人员应当严格遵守有关法律法规和内部审计职业规范,独立、客观、公正地履行职责,保守工作秘密。

第十七条 内部审计机构和内部审计人员不得参与可能影响独立、客观履行审计职责的工作,不得参与被审计单位业务活动的决策和执行。

第十八条 在不违反国家保密规定的情况下,内部审计机构可以根据工作需要向社会中介机构购买审计服务。内部审计机构应当对中介机构开展的受托业务进行指导、监督、检查和评价,并对采用的审计结果负责。

第十九条 单位应当对认真履职、成绩显著的内部审计人员予以表彰。

第三章 内部审计职责权限

第二十条 内部审计机构应当按照国家有关规定和本单位的要求,对本单位及所属单位以下事项进行审计:

(一)贯彻落实国家重大政策措施情况;

(二)发展规划、战略决策、重大措施和年度业务计划执行情况;

(三)财政财务收支和预算管理情况;

(四)固定资产投资项目情况;

(五)内部控制及风险管理情况;

(六)资金、资产、资源的管理和效益情况;

(七)办学、科研、后勤保障等主要业务活动的管理和效益情况;

(八)本单位管理的领导人员履行经济责任情况;

(九)自然资源资产管理和生态环境保护责任的履行情况;

(十)境外机构、境外资产和境外经济活动情况;

(十一)国家有关规定和本单位要求办理的其他事项。

第二十一条 内部审计机构应当协助本单位主要负责人督促落实审计发现问题的整改工作。

第二十二条 教育部负责指导和监督全国教育系统内部审计工作。地方各级教育行政部门负责指导和监督本行政区域内教育系统内部审计工作。

教育行政部门指导和监督内部审计工作的主要职责是:

(一)制定内部审计规章制度;

(二)督促建立健全内部审计制度;

(三)指导开展内部审计工作,突出审计重点;

(四)监督内部审计职责履行情况,检查内部审计业务质量;

(五)开展业务培训、组织内部审计工作交流研讨;

(六)指导教育系统内部审计自律组织开展工作;

(七)维护内部审计机构和内部审计人员的合法权益;

(八)法律、法规规定的其他职责。

第二十三条 内部审计机构应当对所属单位内部审计工作进行管理、指导和监督。

第二十四条 内部审计机构具有下列权限:

(一)要求被审计单位按时报送审计所需的有关资料、相关电子数据,以及必要的计算机技术文档;

（二）参加或列席有关会议，召开与审计事项有关的会议；

（三）参与研究有关规章制度，提出制定内部审计规章制度的建议；

（四）检查有关财政财务收支、经济活动、内部控制、风险管理的资料、文件和现场勘察实物；

（五）检查有关计算机系统及其电子数据和资料；

（六）就审计事项中的有关问题，向有关单位和个人开展调查和询问，取得相关证明材料；

（七）对正在进行的严重违法违规、严重损失浪费行为及时向单位主要负责人报告，经同意作出临时制止决定；

（八）对可能被转移、隐匿、篡改、毁弃的会计凭证、会计账簿、会计报表以及与经济活动有关的资料，经本单位主要负责人批准，有权予以暂时封存；

（九）提出纠正、处理违法违规行为的意见和改进管理、提高绩效的建议；

（十）对违法违规和造成损失浪费的被审计单位和人员，给予通报批评或者提出追究责任的建议；

（十一）对严格遵守财经法规、管理规范有效、贡献突出的被审计单位和个人，可以向单位党组织、主要负责人提出表彰建议。

第四章　内部审计管理

第二十五条　单位主要负责人应当定期听取内部审计工作汇报，加强对内部审计发展战略、年度审计计划、审计质量控制、审计发现问题整改和审计队伍建设等重要事项的管理。总审计师、内部审计机构负责人应当及时向本单位主要负责人报告内部审计结果和重大事项。

第二十六条　内部审计机构应当依照审计法律法规、行业准则和实务指南等建立健全内部审计工作规范，并按规范实施审计。

第二十七条　内部审计机构应当根据单位发展目标、治理结构、管理体制、风险状况等，科学合理地确定内部审计发展战略、制定内部审计计划。

第二十八条　内部审计机构应当运用现代审计理念和方法，坚持风险和问题导向，优化审计业务组织方式，加强审计信息化建设，全面提高审计效率。

第二十九条　内部审计机构应当着眼于促进问题解决，立足于促进机制建设，对审计发现问题做到事实清楚、定性准确，并在分析根本原因的基础上提出审计建议，通过与相关单位合作促进单位事业发展。

第三十条　内部审计机构应当加强自身内部控制建设，合理设置审计岗位和职责分工、优化审计业务流程，完善审计全面质量控制。

第三十一条　内部审计机构应当建立健全本单位及所属单位内部审计工作评价制度，促进提升审计业务与审计管理的专业化水平。

第三十二条　内部审计机构实施领导人员经济责任审计时，应当参照执行国家有关经济责任审计的规定。

第五章　内部审计结果运用

第三十三条　单位应当建立健全审计发现问题整改机制，明确被审计单位主要负责人为整改第一责任人，完善审计整改结果报告制度、审计整改情况跟踪检查制度、审计整改约谈制度，推动审计发现问题的整改落实。

第三十四条　单位应当建立健全审计结果及整改情况在一定范围内公开制度。

第三十五条　单位应当对审计发现的典型性、普遍性问题，及时分析研究，制定和完善相关管理制度，建立健全内部控制措施；对审计发现的倾向性问题，开展审计调查，出具审计管理建议书，为科学决策提供建议。

第三十六条　单位应当加强内部审计机构、纪检监察、巡视巡察、组织人事等内部监督力量的协作配合，建立信息共享、结果共用、重要事项共同实施、整改问责共同落实等工作机制。

第三十七条　单位应当将内部审计结果及整改情况作为相关决策、预算安排、干部考核、人事任免和奖惩的重要依据。

第三十八条　单位在对所属单位开展审计时，应当有效利用所属单位内部审计力量和成果。对所属单位内部审计发现且已经纠正的问题不再在审计报告中反映。

第三十九条　对内部审计发现的重大违纪违法问题线索，在向本单位党组织、主要负责人报告的同时，应当及时向上一级内部审计机构报告，并按照管辖权限依法依规及时移送纪检监察机关、司法机关。

第六章　法律责任

第四十条　被审计单位有下列情形之一的，由单位党组织、主要负责人责令改正，并对直接负责的主管人员和其他直接责任人员进行处理：

（一）拒绝接受或者不配合内部审计工作的；

（二）拒绝、拖延提供与内部审计事项有关的资料，或者提供资料不真实、不完整的；

（三）拒不纠正审计发现问题的；

（四）整改不力、屡审屡犯的；

（五）违反国家规定或者本单位内部规定的其他情形。

第四十一条　内部审计机构和内部审计人员有下列情形之一的，由单位对直接负责的主管人员和其他直接责任人员进行处理；涉嫌犯罪的，依法追究刑事责任：

（一）玩忽职守、不认真履行审计职责造成严重后果的；

（二）隐瞒审计查出的问题或者提供虚假审计报告的；

（三）泄露国家秘密或者商业秘密的；

（四）利用职权谋取私利的；

（五）违反国家规定或者本单位内部规定的其他情形。

第四十二条　内部审计人员因履行职责受到打击、报复、陷害的，主要负责人应当及时采取保护措施，并对相关责任人员进行处理；涉嫌犯罪的，移送司法机关依法追究刑事责任。

第七章　附　则

第四十三条　单位可以根据本规定，制定本地方、本单位内部审计管理规定。民办学校可以根据实际情况参照本规定执行。

第四十四条　本规定所称企业是指教育行政部门、学校及其他教育事业单位管理的国有和国有资本占控股地位或主导地位的企业。

第四十五条　本规定由教育部负责解释。

第四十六条　本规定自2020年5月1日起施行。教育部于2004年4月13日发布的《教育系统内部审计工作规定》（教育部令第17号）同时废止。

教育行政处罚暂行实施办法

·1998年3月6日国家教育委员会令第27号发布
·自发布之日起施行

第一章　总　则

第一条　为了规范教育行政处罚行为，保障和监督教育行政部门有效实施教育行政管理，保护公民、法人和其他组织的合法权益，根据有关法律、行政法规制定本办法。

第二条　对违反教育行政管理秩序，按照《中华人民共和国教育法》和其他教育法律、法规、规章的规定，应当给予行政处罚的违法行为，依据《中华人民共和国行政处罚法》和本办法的规定实施处罚。

第三条　实施教育行政处罚必须以事实为依据，以法律为准绳，遵循公正、公开、及时的原则。

实施教育行政处罚，应当坚持教育与处罚相结合，纠正违法行为，教育公民、法人和其他组织自觉守法。

第二章　实施机关与管辖

第四条　实施教育行政处罚的机关，除法律、法规另有规定的外，必须是县级以上人民政府的教育行政部门。

教育行政部门可以委托符合《中华人民共和国行政处罚法》第十九条规定的组织实施处罚。

受委托组织应以委托教育行政部门的名义做出处罚决定；委托教育行政部门应对受委托组织实施处罚的行为进行监督；并对其处罚行为的后果承担法律责任。

教育行政部门委托实施处罚，应当与受委托组织签订《教育行政处罚委托书》，在《教育行政处罚委托书》中依法规定双方实施处罚的权利和义务。

第五条　教育行政处罚由违法行为发生地的教育行政部门管辖。

对给予撤销学校或者其他教育机构处罚的案件，由批准该学校或者其他教育机构设立的教育行政部门管辖。

国务院教育行政部门管辖以下处罚案件：应当

由其撤销高等学校或者其他教育机构的案件；应当由其撤销教师资格的案件；全国重大、复杂的案件以及教育法律、法规规定由其管辖的处罚案件。

除国务院教育行政部门管辖的处罚案件外，对其他各级各类学校或者其他教育机构及其内部人员处罚案件的管辖为：

（一）对高等学校或者其他高等教育机构及其内部人员的处罚，为省级人民政府教育行政部门；

（二）对中等学校或者其他中等教育机构及其内部人员的处罚，为省级或地、设区的市级人民政府教育行政部门；

（三）对实施初级中等以下义务教育的学校或者其他教育机构、幼儿园及其内部人员的处罚，为县、区级人民政府教育行政部门。

第六条　上一级教育行政部门认为必要时，可以将下一级教育行政部门管辖的处罚案件提到本部门处理；下一级教育行政部门认为所管辖的处罚案件重大、复杂或超出本部门职权范围，应当报请上一级教育行政部门处理。

第七条　两个以上教育行政部门对同一个违法行为都具有管辖权的，由最先立案的教育行政部门管辖；主要违法行为发生地的教育行政部门处理更为合适的，可以移送主要违法行为发生地的教育行政部门处理。

第八条　教育行政部门发现正在处理的行政处罚案件，还应由其他行政主管机关处罚的，应向有关行政机关通报情况、移送材料并协商意见；对构成犯罪的，应先移送司法机关依法追究刑事责任。

第三章　处罚种类与主要违法情形

第九条　教育行政处罚的种类包括：

（一）警告；

（二）罚款；

（三）没收违法所得，没收违法颁发、印制的学历证书、学位证书及其他学业证书；

（四）撤销违法举办的学校和其他教育机构；

（五）取消颁发学历、学位和其他学业证书的资格；

（六）撤销教师资格；

（七）停考，停止申请认定资格；

（八）责令停止招生；

（九）吊销办学许可证；

（十）法律、法规规定的其他教育行政处罚。

教育行政部门实施上述处罚时，应当责令当事人改正、限期改正违法行为。

第十条　幼儿园在实施保育教学活动中具有下列情形之一的，由教育行政部门责令限期整顿，并视情节轻重给予停止招生、停止办园的处罚：

（一）未经注册登记，擅自招收幼儿的；

（二）园舍、设施不符合国家卫生标准、安全标准，妨害幼儿身体健康或威胁幼儿生命安全的；

（三）教育内容和方法违背幼儿教育规律，损害幼儿身心健康的。

具有下列情形之一的单位或个人，由教育行政部门对直接责任人员给予警告、一千元以下的罚款，或者由教育行政部门建议有关部门对责任人员给予行政处分：

（一）体罚或变相体罚幼儿的；

（二）使用有毒、有害物质制作教具、玩具的；

（三）克扣、挪用幼儿园经费的；

（四）侵占、破坏幼儿园园舍、设备的；

（五）干扰幼儿园正常工作秩序的；

（六）在幼儿园周围设置有危险、有污染或者影响幼儿园采光的建筑和设施的。

前款所列情形，情节严重，构成犯罪的，由司法机关依法追究刑事责任。

第十一条　适龄儿童、少年的父母或监护人，未按法律规定送子女或被监护人就学接受义务教育的，城市由市、市辖区人民政府或其指定机构，农村由乡级人民政府，对经教育仍拒绝送子女或被监护人就学的，根据情节轻重，给予罚款的处罚。

第十二条　违反法律、法规和国家有关规定举办学校或其他教育机构的，由教育行政部门予以撤销；有违法所得的，没收违法所得。

社会力量举办的教育机构，举办者虚假出资或者在教育机构成立后抽逃出资的，由审批的教育行政部门责令改正；拒不改正的，处以应出资金额或者抽逃资金额两倍以下、最高不超过十万元的罚款；情节严重的，由审批的教育行政部门给予责令停止招生、吊销办学许可证的处罚。

第十三条　非法举办国家教育考试的，由主管教育行政部门宣布考试无效；有违法所得，没收违法所得。

第十四条　参加国家教育考试的考生，有下列情形之一的，由主管教育行政部门宣布考试无效；已经被录取或取得学籍的，由教育行政部门责令学校退回招收的学员；参加高等教育自学考试的应试者，有下列情形之一，情节严重的，由各省、自治区、直辖市高等教育自学考试委员会同时给予警告或停考一至三年的处罚：

（一）以虚报或伪造、涂改有关材料及其他欺诈手段取得考试资格的；

（二）在考试中有夹带、传递、抄袭、换卷、代考等考场舞弊行为的；

（三）破坏报名点、考场、评卷地点秩序，使考试工作不能正常进行或以其他方法影响、妨碍考试工作人员使其不能正常履行责任以及其他严重违反考场规则的行为。

第十五条 社会力量举办的学校或者其他教育机构不确定各类人员的工资福利开支占经常办学费用的比例或者不按照确定的比例执行的，或者将积累用于分配或者校外投资的，由审批的教育行政部门责令改正，并可给予警告；情节严重或者拒不改正的，由审批的教育行政部门给予责令停止招生、吊销办学许可证的处罚。

第十六条 社会力量举办的学校或者其他教育机构管理混乱，教学质量低下，造成恶劣影响的，由审批的教育行政部门限期整顿，并可给予警告；情节严重或经整顿后仍达不到要求的，由审批的教育行政部门给予责令停止招生、吊销办学许可证的处罚。

第十七条 学校或其他教育机构违反法律、行政法规的规定，颁发学位、学历或者其他学业证书的，由教育行政部门宣布该证书无效，责令收回或者予以没收；有违法所得的，没收违法所得；情节严重的，取消其颁发证书的资格。

第十八条 教师有下列情形之一的，由教育行政部门给予撤销教师资格、自撤销之日起五年内不得重新申请认定教师资格的处罚：

（一）弄虚作假或以其他欺骗手段获得教师资格的；

（二）品行不良、侮辱学生，影响恶劣的。

受到剥夺政治权利或因故意犯罪受到有期徒刑以上刑事处罚的教师，永久丧失教师资格。

上述被剥夺教师资格教师的教师资格证书应由教育行政部门收缴。

第十九条 参加教师资格考试的人员有作弊行为的，其考试成绩作废，并由教育行政部门给予三年内不得参加教师资格考试的处罚。

第四章 处罚程序与执行

第二十条 实施教育行政处罚，应当根据法定的条件和案件的具体情况分别适用《中华人民共和国行政处罚法》和本办法规定的简易程序、一般程序和听证程序。

第二十一条 教育行政处罚执法人员持有能够证明违法事实的确凿证据和法定的依据，对公民处以五十元以下、对法人或者其他组织处以一千元以下罚款或给予警告处罚的，可以适用简单程序，当场作出处罚决定，但应报所属教育行政部门备案。

第二十二条 执法人员当场作出教育行政处罚决定的，应向当事人出示执法身份证件，制作《教育行政处罚当场处罚笔录》，填写《教育行政处罚当场处罚决定书》，按规定格式载明当事人的违法行为、处罚依据、给予的处罚、时间、地点以及教育行政部门的名称，由教育行政执法人员签名或者盖章后，当场交付当事人。

第二十三条 除依法适用简易程序和听证程序以外，对其他教育违法行为的处罚应当适用一般程序。教育行政部门发现公民、法人或者其他组织有应当给予教育行政处罚的违法行为的，应当作出立案决定，进行调查。教育行政部门在调查时，执法人员不得少于两人。

执法人员与当事人有直接利害关系的，应当主动回避，当事人有权以口头或者书面方式申请他们回避。执法人员的回避，由其所在教育行政部门的负责人决定。

第二十四条 教育行政部门必须按照法定程序和方法，全面、客观、公正地调查、收集有关证据；必要时，依照法律、行政法规的规定，可以进行检查。教育行政部门在进行检查时，执法人员不得少于两人。

教育行政部门在收集证据时，对可能灭失或者以后难以取得的证据，经教育行政部门负责人批准，可以将证据先行登记，就地封存。

第二十五条 在作出处罚决定前，教育行政部门应当发出《教育行政处罚告知书》，告知当事人做出处罚决定的事实、理由和依据，并告知当事人依法享有的陈述权、申辩权和其他权利。

当事人在收到《教育行政处罚告知书》后七日内，有权向教育行政部门以书面方式提出陈述、申辩意见以及相应的事实、理由和证据。教育行政部门必须充分听取当事人的意见，对当事人提出的事实、理由和证据进行复核，当事人提出的事实、理由或者证据成立的，教育行政部门应当采纳。教育行政部门不得因当事人的申辩而加重处罚。

第二十六条 调查终结，案件承办人员应当向所在教育行政部门负责人提交《教育行政处罚调查处理意见书》，详细陈述所查明的事实、应当做出的处理意见及其理由和依据并应附上全部证据材料。教育行政部门负责人应当认真审查调查结果，按照《中华人民共和国行政处罚法》第三十八条的规定，根据不同情况作出决定。

教育行政部门决定给予行政处罚的，应当按照《中华人民共和国行政处罚法》第三十九条的规定，制作《教育行政处罚决定书》。

《教育行政处罚决定书》的送达，应当按照《中华人民共和国行政处罚法》第四十条和《中华人民共和国民事诉讼法》第七章第二节的规定执行。

第二十七条 教育行政部门在作出本办法第九条第（三）、（四）、（五）、（六）、（七）、（八）、（九）项之一以及较大数额罚款的处罚决定前，除应当告知作出处罚决定的事实、理由和依据外，还应当书面告知当事人有要求举行听证的权利。

前款所指的较大数额的罚款，标准为：由国务院教育行政部门作出罚款决定的，为五千元以上；由地方人民政府教育行政部门作出罚款决定的，具体标准由省一级人民政府决定。

当事人在教育行政部门告知后三日内提出举行听证要求的，教育行政部门应当按照《中华人民共和国行政处罚法》第四十二条规定，组织听证。

第二十八条 听证结束后，听证主持人应当提出《教育行政处罚听证报告》，连同听证笔录和有关证据呈报教育行政部门负责人。教育行政部门负责人应当对《教育行政处罚听证报告》进行认真审查，并按照《中华人民共和国行政处罚法》第三十八条的规定作出处罚决定。

第二十九条 除依照《中华人民共和国行政处罚法》的规定可以当场收缴罚款外，作出罚款决定的教育行政部门应当与收缴罚款的机构分离，有关罚款的收取、缴纳及相关活动，适用国务院《罚款决定与罚款收缴分离实施办法》的规定。

第三十条 教育行政处罚决定作出后，当事人应当在行政处罚决定的期限内，予以履行。当事人逾期不履行的，教育行政部门可以申请人民法院强制执行。

第三十一条 当事人对行政处罚决定不服的，有权依据法律、法规的规定，申请行政复议或者提起行政诉讼。

行政复议、行政诉讼期间，行政处罚不停止执行。

第三十二条 教育行政部门的职能机构查处教育行政违法案件需要给予处罚的，应当以其所属的教育行政部门的名义作出处罚决定。

教育行政部门的法制工作机构，依法对教育行政执法工作监督检查，对教育行政部门的其他职能机构作出的行政处罚调查处理意见进行复核，并在其职责范围内具体负责组织听证及其他行政处罚工作。

第三十三条 教育行政部门及其工作人员在实施教育行政处罚中，有违反《中华人民共和国行政处罚法》和本办法行为的，应当按照《中华人民共和国行政处罚法》第七章的规定追究法律责任。

教育行政部门应当加强对行政处罚的监督检查，认真审查处理有关申诉和检举；发现教育行政处罚有错误的，应当主动改正；对当事人造成损害的，应当依法赔偿。

第三十四条 教育行政部门应当建立行政处罚统计制度，每年向上一级教育行政部门和本级人民政府提交一次行政处罚统计报告。

第五章 附 则

第三十五条 本办法规定使用的各类教育行政处罚文本的格式，由国务院教育行政部门和各省、自治区、直辖市人民政府教育行政部门统一制定。

第三十六条 本办法自发布之日起施行。

最高人民法院、最高人民检察院、教育部关于落实从业禁止制度的意见

· 2022 年 11 月 10 日
· 法发〔2022〕32 号

为贯彻落实学校、幼儿园等教育机构、校外培训机构教职员工违法犯罪记录查询制度，严格执

行犯罪人员从业禁止制度，净化校园环境，切实保护未成年人，根据《中华人民共和国刑法》（以下简称《刑法》）、《中华人民共和国未成年人保护法》（以下简称《未成年人保护法》）、《中华人民共和国教师法》（以下简称《教师法》）等法律规定，提出如下意见：

一、依照《刑法》第三十七条之一的规定，教职员工利用职业便利实施犯罪，或者实施违背职业要求的特定义务的犯罪被判处刑罚的，人民法院可以根据犯罪情况和预防再犯罪的需要，禁止其在一定期限内从事相关职业。其他法律、行政法规对其从事相关职业另有禁止或者限制性规定的，从其规定。

《未成年人保护法》、《教师法》属于前款规定的法律，《教师资格条例》属于前款规定的行政法规。

二、依照《未成年人保护法》第六十二条的规定，实施性侵害、虐待、拐卖、暴力伤害等违法犯罪的人员，禁止从事密切接触未成年人的工作。

依照《教师法》第十四条、《教师资格条例》第十八条规定，受到剥夺政治权利或者故意犯罪受到有期徒刑以上刑罚的，不能取得教师资格；已经取得教师资格的，丧失教师资格，且不能重新取得教师资格。

三、教职员工实施性侵害、虐待、拐卖、暴力伤害等犯罪的，人民法院应当依照《未成年人保护法》第六十二条的规定，判决禁止其从事密切接触未成年人的工作。

教职员工实施前款规定以外的其他犯罪，人民法院可以根据犯罪情况和预防再犯罪的需要，依照《刑法》第三十七条之一第一款的规定，判决禁止其自刑罚执行完毕之日或者假释之日起从事相关职业，期限为三年至五年；或者依照《刑法》第三十八条第二款、第七十二条第二款的规定，对其适用禁止令。

四、对有必要禁止教职员工从事相关职业或者适用禁止令的，人民检察院在提起公诉时，应当提出相应建议。

五、教职员工犯罪的刑事案件，判决生效后，人民法院应当在三十日内将裁判文书送达被告人单位所在地的教育行政部门；必要时，教育行政部门应当将裁判文书转送有关主管部门。

因涉及未成年人隐私等原因，不宜送达裁判文书的，可以送达载明被告人的自然情况、罪名及刑期的相关证明材料。

六、教职员工犯罪，人民法院作出的判决生效后，所在单位、教育行政部门或者有关主管部门可以依照《未成年人保护法》、《教师法》、《教师资格条例》等法律法规给予相应处理、处分和处罚。

符合丧失教师资格或者撤销教师资格情形的，教育行政部门应当及时收缴其教师资格证书。

七、人民检察院应当对从业禁止和禁止令执行落实情况进行监督。

八、人民法院、人民检察院发现有关单位未履行犯罪记录查询制度、从业禁止制度的，应当向该单位提出建议。

九、本意见所称教职员工，是指在学校、幼儿园等教育机构工作的教师、教育教学辅助人员、行政人员、勤杂人员、安保人员，以及校外培训机构的相关工作人员。

学校、幼儿园等教育机构、校外培训机构的举办者、实际控制人犯罪，参照本意见执行。

十、本意见自2022年11月15日起施行。

二、教育类型

（一）综合

中华人民共和国教育法

·1995 年 3 月 18 日第八届全国人民代表大会第三次会议通过
·根据 2009 年 8 月 27 日第十一届全国人民代表大会常务委员会第十次会议《关于修改部分法律的决定》第一次修正
·根据 2015 年 12 月 27 日第十二届全国人民代表大会常务委员会第十八次会议《关于修改〈中华人民共和国教育法〉的决定》第二次修正
·根据 2021 年 4 月 29 日第十三届全国人民代表大会常务委员会第二十八次会议《关于修改〈中华人民共和国教育法〉的决定》第三次修正

理解与适用

《教育法》是调整在我国境内各级各类教育活动中产生的社会关系的法律。这部中华人民共和国成立以来制定的第一部教育基本法于 1995 年 3 月 18 日经第八届全国人民代表大会第三次会议通过，自 1995 年 9 月 1 日起施行。2009 年 8 月 27 日，第十一届全国人民代表大会常务委员会第十次会议通过《关于修改部分法律的决定》对该法进行了小幅修改，删除了乡镇级政府收取教育费附加、集资办学的规定。2015 年该法修改，主要涉及教育基本制度、删除对民办教育“营利性”的限制、加大违法处理力度三个方面的内容。2021 年，该法再次修改，对涉及教育指导思想、地位、方针、内容的四个条款进行相应修改，并着眼解决冒名顶替上大学的问题，完善相关法律责任。

《教育法》的颁布，为形成内容和谐一致、形式完整统一的教育法律体系奠定了坚实的基础。在整个教育法律体系中，《教育法》处于“母法”的地位，具有最高的法律权威。其他单行的教育法规只是调整和规范某一方面的教育关系或某一项教育工作，都是“子法”。各种单行教育法规的制定和实施，应以《教育法》为依据，不得与《教育法》确立的原则和规范相抵触。我国的教育工作应当被全面置于《教育法》的规范之中，《教育法》所规定的内容是全面依法治教的基本法律依据，是我国依法治教之本。

第一章 总 则

第一条 【立法宗旨】为了发展教育事业，提高全民族的素质，促进社会主义物质文明和精神文明建设，根据宪法，制定本法。

第二条 【适用范围】在中华人民共和国境内的各级各类教育，适用本法。

注释 本条是对于本法的适用范围的规定。本法的适用范围是我国境内的各级各类教育，包括学前教育、初等教育、中等教育、高等教育和职业教育、成人教育及各种民办教育、自学等教育形式及教育科研等教育活动。在这些教育形式中的各种教育活动、人员都受《教育法》的调整。

第三条 【发展教育的指导思想】国家坚持中国共产党的领导，坚持以马克思列宁主义、毛泽东思想、邓小平理论、“三个代表”重要思想、科学发展观、习近平新时代中国特色社会主义思想为指导，遵循宪法确定的基本原则，发展社会主义的教育事业。

第四条 【教育的重要性】教育是社会主义现代化建设的基础，对提高人民综合素质、促进人的全面发展、增强中华民族创新创造活力、实现中华民族伟大复兴具有决定性意义，国家保障教育事业优先发展。

全社会应当关心和支持教育事业的发展。

全社会应当尊重教师。

链接《教师和教育工作者奖励暂行规定》

第五条 【教育事业的宗旨】教育必须为社会主义现代化建设服务、为人民服务，必须与生产劳动和社会实践相结合，培养德智体美劳全面发展的社会主义建设者和接班人。

第六条 【教育方针】教育应当坚持立德树人，对受教育者加强社会主义核心价值观教育，增强受教育者的社会责任感、创新精神和实践能力。

国家在受教育者中进行爱国主义、集体主义、中国特色社会主义的教育，进行理想、道德、纪律、法治、国防和民族团结的教育。

第七条 【优秀文化的继承与弘扬】教育应当继承和弘扬中华优秀传统文化、革命文化、社会主义先进文化，吸收人类文明发展的一切优秀成果。

第八条 【教育与宗教分离原则】教育活动必须符合国家和社会公共利益。

国家实行教育与宗教相分离。任何组织和个人不得利用宗教进行妨碍国家教育制度的活动。

第九条 【公民的教育权利与义务】中华人民共和国公民有受教育的权利和义务。

公民不分民族、种族、性别、职业、财产状况、宗教信仰等，依法享有平等的受教育机会。

链接《宪法》第 46 条

第十条 【民族地区、贫困地区及残疾人教育事业的发展】国家根据各少数民族的特点和需要，帮助各少数民族地区发展教育事业。

国家扶持边远贫困地区发展教育事业。

国家扶持和发展残疾人教育事业。

链接《残疾人保障法》第 21-29 条

第十一条 【教育改革】国家适应社会主义市场经济发展和社会进步的需要，推进教育改革，推动各级各类教育协调发展、衔接融通，完善现代国民教育体系，健全终身教育体系，提高教育现代化水平。

国家采取措施促进教育公平，推动教育均衡发展。

国家支持、鼓励和组织教育科学研究，推广教育科学研究成果，促进教育质量提高。

第十二条 【教育语言文字】国家通用语言文字为学校及其他教育机构的基本教育教学语言文字，学校及其他教育机构应当使用国家通用语言文字进行教育教学。

民族自治地方以少数民族学生为主的学校及其他教育机构，从实际出发，使用国家通用语言文字和本民族或者当地民族通用的语言文字实施双语教育。

国家采取措施，为少数民族学生为主的学校及其他教育机构实施双语教育提供条件和支持。

链接《国家通用语言文字法》

第十三条 【教育奖励制度】国家对发展教育事业做出突出贡献的组织和个人，给予奖励。

链接《教师和教育工作者奖励规定》;《教学成果奖励条例》

第十四条 【教育管理体制】国务院和地方各级人民政府根据分级管理、分工负责的原则，领导和管理教育工作。

中等及中等以下教育在国务院领导下，由地方人民政府管理。

高等教育由国务院和省、自治区、直辖市人民政府管理。

第十五条 【教育主管部门】国务院教育行政部门主管全国教育工作，统筹规划、协调管理全国的教育事业。

县级以上地方各级人民政府教育行政部门主管本行政区域内的教育工作。

县级以上各级人民政府其他有关部门在各自的职责范围内，负责有关的教育工作。

第十六条 【教育监督机制】国务院和县级以上地方各级人民政府应当向本级人民代表大会或者其常务委员会报告教育工作和教育经费预算、决算情况，接受监督。

第二章 教育基本制度

第十七条 【教育学制系统】国家实行学前教育、初等教育、中等教育、高等教育的学校教育制度。

国家建立科学的学制系统。学制系统内的学校和其他教育机构的设置、教育形式、修业年限、招生对象、培养目标等，由国务院或者由国务院授权教育行政部门规定。

注释 学校教育制度简称学制，我国现行学制分学前教育、初等教育、中等教育、高等教育四个等级。我国已经初步建立起普通教育和职业教育两种教育。此外，从教育时间来看，有全日制、半工半读制和业余制之分；从教育形式来看，有面授、函授、广播电视教育之分；从教育对象来看，有学龄期教育和成人教育之分等。

第十八条 【学前教育】国家制定学前教育标准，加快普及学前教育，构建覆盖城乡，特别是农村的学前教育公共服务体系。

各级人民政府应当采取措施，为适龄儿童接受学前教育提供条件和支持。

第十九条 【义务教育制度】国家实行九年制义务教育制度。

各级人民政府采取各种措施保障适龄儿童、少年就学。

适龄儿童、少年的父母或者其他监护人以及有关社会组织和个人有义务使适龄儿童、少年接受并完成规定年限的义务教育。

链接《义务教育法》第2、5条

第二十条 【职业教育和继续教育制度】国家实行职业教育制度和继续教育制度。

各级人民政府、有关行政部门和行业组织以及企业事业组织应当采取措施，发展并保障公民接受职业学校教育或者各种形式的职业培训。

国家鼓励发展多种形式的继续教育，使公民接受适当形式的政治、经济、文化、科学、技术、业务等方面的教育，促进不同类型学习成果的互认和衔接，推动全民终身学习。

第二十一条 【国家教育考试制度】国家实行国家教育考试制度。

国家教育考试由国务院教育行政部门确定种类，并由国家批准的实施教育考试的机构承办。

实务问答 我国现行的国家教育考试主要有哪些？

我国现行的国家教育考试主要有：普通高等学校和成人高校的招生考试；研究生入学考试；中等、高等教育自学考试；中国汉语水平考试；全国外语水平考试；计算机等级考试；对社会力量举办的高等教育进行的国家学历文凭考试以及教师资格证书考核等。对各种考试，国家都制定了相应的考试规则或条例。

第二十二条 【学业证书制度】国家实行学业证书制度。

经国家批准设立或者认可的学校及其他教育机构按照国家有关规定，颁发学历证书或者其他学业证书。

注释 学业证书是指由学校及其他教育机构颁发的，证明学生完成学业情况的凭证。它是用人单位衡量持有者知识水平的依据。学业证书的发放是一种国家特许的权力，只有经过国家批准认可的教育机构或教育考试机构才有资格颁发学业证书。这是学业证书的权威性、严肃性和有效性的法律保证。学业证书制度是保证教育活动有序进行、保证教育质量稳定发展、维系国家人事管理制度和教育管理制度的重要制度，是国家教育制度有序化、正常化、规范化的重要表现。我国的学业证书制度包括两大类：学历证书和非学历证书。

学位制度是国家或高等学校以学术水平为衡量标准，通过授予一定称号来表明专门人才知识能力等级的制度。学位是评价学术水平的一种尺度。

第二十三条 【学位制度】国家实行学位制度。

学位授予单位依法对达到一定学术水平或者专业技术水平的人员授予相应的学位，颁发学位证书。

链接《学位条例》

第二十四条 【扫盲教育工作】各级人民政府、基层群众性自治组织和企业事业组织应当采取各种措施，开展扫除文盲的教育工作。

按照国家规定具有接受扫除文盲教育能力的公民，应当接受扫除文盲的教育。

第二十五条 【教育督导和评估制度】国家实行教育督导制度和学校及其他教育机构教育评估制度。

注释 教育督导制度是县以上各级人民政府，授权所属的教育部门，对下级人民政府及其教育部门的教育工作进行监督、指导的制度。通过该项制度，可以保证国家的教育方针、政策和法律、法规得到良好的贯彻执行。

教育评估制度是依据一定的教育目标和标准，对学校的办学水平和教育质量等进行评价和估量，以保证办学基本质量的一项制度。评估是一个价值判断的过程，也是完整的科学管理过程的一个重要环节。

链接《教育督导条例》

第三章　学校及其他教育机构

第二十六条　【教育机构的举办】国家制定教育发展规划，并举办学校及其他教育机构。

国家鼓励企业事业组织、社会团体、其他社会组织及公民个人依法举办学校及其他教育机构。

国家举办学校及其他教育机构，应当坚持勤俭节约的原则。

以财政性经费、捐赠资产举办或者参与举办的学校及其他教育机构不得设立为营利性组织。

链接《民办教育促进法》

第二十七条　【教育机构的基本条件】设立学校及其他教育机构，必须具备下列基本条件：

（一）有组织机构和章程；

（二）有合格的教师；

（三）有符合规定标准的教学场所及设施、设备等；

（四）有必备的办学资金和稳定的经费来源。

链接《教师资格条例》；《中小学实验室规程》；《中小学图书馆（室）规程》；《幼儿园工作规程》

第二十八条　【教育机构的设立、变更和终止】学校及其他教育机构的设立、变更和终止，应当按照国家有关规定办理审核、批准、注册或者备案手续。

注释 中小学校的设立主要实行审批制度，审批程序一般包括审核、批准和备案等环节。主管机关根据设置标准和审批办法，对申办的机构的名称、章程、机构组织、经费来源、场地、师资等内容进行审核，决定是否准予办学。只有经过批准，如发给批准书或办学许可证，拟举办的学校才合法。同样，也只有经过批准，才能变更或终止学校及其他教育机构。幼儿园等教育机构实行登记注册制度。主管部门对申请者提出的申请设立教育机构的报告应予审核，如果没发现有违背法律、法规规定的情形，只要申请办学的机构符合设置标准，就必须予以登记注册。

第二十九条　【教育机构的权利】学校及其他教育机构行使下列权利：

（一）按照章程自主管理；

（二）组织实施教育教学活动；

（三）招收学生或者其他受教育者；

（四）对受教育者进行学籍管理，实施奖励或者处分；

（五）对受教育者颁发相应的学业证书；

（六）聘任教师及其他职工，实施奖励或者处分；

（七）管理、使用本单位的设施和经费；

（八）拒绝任何组织和个人对教育教学活动的非法干涉；

（九）法律、法规规定的其他权利。

国家保护学校及其他教育机构的合法权益不受侵犯。

链接《高等教育法》第31-38条

第三十条　【教育机构的义务】学校及其他教育机构应当履行下列义务：

（一）遵守法律、法规；

（二）贯彻国家的教育方针，执行国家教育教学标准，保证教育教学质量；

（三）维护受教育者、教师及其他职工的合法权益；

（四）以适当方式为受教育者及其监护人了解受教育者的学业成绩及其他有关情况提供便利；

（五）遵照国家有关规定收取费用并公开收费项目；

（六）依法接受监督。

第三十一条　【教育机构的管理体制】学校及其他教育机构的举办者按照国家有关规定，确定其所举办的学校或者其他教育机构的管理体制。

学校及其他教育机构的校长或者主要行政负责人必须由具有中华人民共和国国籍、在中国境内定居、并具备国家规定任职条件的公民担任，其任免按照国家有关规定办理。学校的教学及其他行政管理，由校长负责。

学校及其他教育机构应当按照国家有关规定，通过以教师为主体的教职工代表大会等组织形式，保障教职工参与民主管理和监督。

第三十二条　【教育机构的法律地位】学校及其他教育机构具备法人条件的，自批准设立或者登记注册之日起取得法人资格。

学校及其他教育机构在民事活动中依法享有民事权利，承担民事责任。

学校及其他教育机构中的国有资产属于国家所有。

学校及其他教育机构兴办的校办产业独立承担民事责任。

第四章 教师和其他教育工作者

第三十三条 【教师的权利和义务】教师享有法律规定的权利,履行法律规定的义务,忠诚于人民的教育事业。

第三十四条 【国家对教师的保护与鼓励】国家保护教师的合法权益,改善教师的工作条件和生活条件,提高教师的社会地位。

教师的工资报酬、福利待遇,依照法律、法规的规定办理。

第三十五条 【教师资格、职务、聘任制度】国家实行教师资格、职务、聘任制度,通过考核、奖励、培养和培训,提高教师素质,加强教师队伍建设。

注释 教师资格制度是国家对教师实行的一种特定的职业资格认定制度,是公民获得教师工作的特定条件和资格。我国《教育法》和《教师资格条例》对教师资格的分类、获得教师资格的条件、教师资格认定的机构和程序等一系列问题都作了具体的规定,以法律的形式确立了我国的教师资格制度。

教师职务制度是指国家对教师岗位的设置及各级岗位任职条件和取得该岗位职务的程序等方面的有关规定的总称,是我国教师任用的重要制度。教师职务制度涉及教师的聘用、职责、待遇、考核等多个环节。通过教师的职务评聘,可以明确教师的地位及其权利和义务。教师职务有明确的职责,有高、中、初级职务的结构比例,有经相应的评审委员会认定的任职资格,由行政领导根据岗位设置和限额实行期限聘任,有一定的任期,领取相应的职务工资。

《教育法》规定,国家实行教师聘任制。《教师法》第 17 条规定,学校和其他教育机构应当逐步实行教师聘任制。教师的聘任应当遵循双方地位平等的原则,由学校和教师签订聘任合同,明确规定双方的权利、义务和责任。教师聘任制是聘任双方在平等自愿的基础上,由学校或者教育行政部门根据教育教学需要设置工作岗位,聘请具有教师资格的公民担任相应教师职务的一项制度。

第三十六条 【教学管理、辅助、专业技术人员人事制度】学校及其他教育机构中的管理人员,实行教育职员制度。

学校及其他教育机构中的教学辅助人员和其他专业技术人员,实行专业技术职务聘任制度。

第五章 受教育者

第三十七条 【受教育者权利平等】受教育者在入学、升学、就业等方面依法享有平等权利。

学校和有关行政部门应当按照国家有关规定,保障女子在入学、升学、就业、授予学位、派出留学等方面享有同男子平等的权利。

注释 本法规定的"受教育者"包括各级各类学校的学生、残疾人、违法犯罪的未成年人、在职从业人员和一切接受教育的公民,也就是指在中华人民共和国境内接受基础教育、中等教育、高等教育、职业教育和成人教育的中国公民。按学生学习的不同阶段,又可分为小学生、中学生、大学生和研究生(硕博士研究生)。从法律角度讲,学生是在依法成立的学校及其他教育机构中取得学籍,并在其中接受教育的公民。

第三十八条 【对贫困学生的资助】国家、社会对符合入学条件、家庭经济困难的儿童、少年、青年,提供各种形式的资助。

第三十九条 【残疾人教育】国家、社会、学校及其他教育机构应当根据残疾人身心特性和需要实施教育,并为其提供帮助和便利。

链接《残疾人教育条例》

第四十条 【未成年违法行为人的教育】国家、社会、家庭、学校及其他教育机构应当为有违法犯罪行为的未成年人接受教育创造条件。

注释《未成年人保护法》第 100 条规定,公安机关、人民检察院、人民法院和司法行政部门应当依法履行职责,保障未成年人合法权益。该法第 113 条规定,对违法犯罪的未成年人,实行教育、感化、挽救的方针,坚持教育为主、惩罚为辅的原则。对违法犯罪的未成年人依法处罚后,在升学、就业等方面不得歧视。《预防未成年人犯罪法》规定,对被拘留、逮捕以及在未成年犯管教所执行刑罚的未成年人,应当与成年人分别关押、管理和教育。对未成年人的社区矫正,应当与成年人分别进行。对有上述情形且没有完成义务教育的未成年人,公安机关、人民检察院、人民法院、司法行政部门应当与教育行政部门相互配合,保证其继续接受义务教育。未成年犯管教所、社区矫正机构应当对未成年犯、未成年社区矫正对象加强法治教育,并根据实际情况对其进行职业教育。社区矫正机构应当告知未成年社区矫正对象安置帮教的有关规定，并配合安置帮教工作部门落实或者解决未成年社区矫正对象的就学、就业等问题。刑满释放和接受社区矫正的未成年人，在复学、升学、就业等方面依法享有与其他未成年人同等的权利，任何单位和个人不得歧视。《监狱法》也规定，对未成年犯执行刑罚应当以教育改造为主。未成年犯的劳动，应当符合未成年人的特点，以学习文化和生产技能为主。监狱应当配合国家、社会、学校等教育机构，为未成年犯接受义务教育提供必要的条件。

链接《预防未成年人犯罪法》第 50-60 条

第四十一条 【学习与培训】从业人员有依法接受职业培训和继续教育的权利和义务。

国家机关、企业事业组织和其他社会组织，应当为本单位职工的学习和培训提供条件和便利。

第四十二条 【鼓励终身教育条件的创造】国家鼓励学校及其他教育机构、社会组织采取措施，为公民接受终身教育创造条件。

第四十三条 【受教育者的权利】受教育者享有下列权利：

（一）参加教育教学计划安排的各种活动，使用教育教学设施、设备、图书资料；

（二）按照国家有关规定获得奖学金、贷学金、助学金；

（三）在学业成绩和品行上获得公正评价，完成规定的学业后获得相应的学业证书、学位证书；

（四）对学校给予的处分不服向有关部门提出申诉，对学校、教师侵犯其人身权、财产权等合法权益，提出申诉或者依法提起诉讼；

（五）法律、法规规定的其他权利。

第四十四条 【受教育者的义务】受教育者应当履行下列义务：

（一）遵守法律、法规；

（二）遵守学生行为规范，尊敬师长，养成良好的思想品德和行为习惯；

（三）努力学习，完成规定的学习任务；

（四）遵守所在学校或者其他教育机构的管理制度。

第四十五条 【学生身心健康的保护】教育、体育、卫生行政部门和学校及其他教育机构应当完善体育、卫生保健设施，保护学生的身心健康。

第六章 教育与社会

第四十六条 【良好社会环境的创造】国家机关、军队、企业事业组织、社会团体及其他社会组织和个人，应当依法为儿童、少年、青年学生的身心健康成长创造良好的社会环境。

第四十七条 【教学合作】国家鼓励企业事业组织、社会团体及其他社会组织同高等学校、中等职业学校在教学、科研、技术开发和推广等方面进行多种形式的合作。

企业事业组织、社会团体及其他社会组织和个人，可以通过适当形式，支持学校的建设，参与学校管理。

第四十八条 【帮助学生实习、社会实践】国家机关、军队、企业事业组织及其他社会组织应当为学校组织的学生实习、社会实践活动提供帮助和便利。

第四十九条 【社会公益活动的参与】学校及其他教育机构在不影响正常教育教学活动的前提下，应当积极参加当地的社会公益活动。

第五十条 【未成年人的父母或其他监护人教育配合义务】未成年人的父母或者其他监护人应当为其未成年子女或者其他被监护人受教育提供必要条件。

未成年人的父母或者其他监护人应当配合学校及其他教育机构，对其未成年子女或者其他被监护人进行教育。

学校、教师可以对学生家长提供家庭教育指导。

链接《义务教育法》第 5 条

第五十一条 【公共文化机构的义务】图书馆、博物馆、科技馆、文化馆、美术馆、体育馆（场）等社会公共文化体育设施，以及历史文化古迹和革命纪念馆（地），应当对教师、学生实行优待，为受教育者接受教育提供便利。

广播、电视台（站）应当开设教育节目，促进受教育者思想品德、文化和科学技术素质的提高。

第五十二条 【校外教育工作】国家、社会建立和发展对未成年人进行校外教育的设施。

学校及其他教育机构应当同基层群众性自治组织、企业事业组织、社会团体相互配合，加强对未成年人的校外教育工作。

第五十三条 【社会文化教育活动】国家鼓励社会团体、社会文化机构及其他社会组织和个人开展有益于受教育者身心健康的社会文化教育活动。

第七章 教育投入与条件保障

第五十四条 【教育经费的投入】国家建立以财政拨款为主、其他多种渠道筹措教育经费为辅的体制,逐步增加对教育的投入,保证国家举办的学校教育经费的稳定来源。

企业事业组织、社会团体及其他社会组织和个人依法举办的学校及其他教育机构,办学经费由举办者负责筹措,各级人民政府可以给予适当支持。

第五十五条 【教育经费的提高】国家财政性教育经费支出占国民生产总值的比例应当随着国民经济的发展和财政收入的增长逐步提高。具体比例和实施步骤由国务院规定。

全国各级财政支出总额中教育经费所占比例应当随着国民经济的发展逐步提高。

第五十六条 【教育经费的列支】各级人民政府的教育经费支出,按照事权和财权相统一的原则,在财政预算中单独列项。

各级人民政府教育财政拨款的增长应当高于财政经常性收入的增长,并使按在校学生人数平均的教育费用逐步增长,保证教师工资和学生人均公用经费逐步增长。

第五十七条 【教育专项基金】国务院及县级以上地方各级人民政府应当设立教育专项资金,重点扶持边远贫困地区、少数民族地区实施义务教育。

第五十八条 【教育费附加】税务机关依法足额征收教育费附加,由教育行政部门统筹管理,主要用于实施义务教育。

省、自治区、直辖市人民政府根据国务院的有关规定,可以决定开征用于教育的地方附加费,专款专用。

第五十九条 【校办产业】国家采取优惠措施,鼓励和扶持学校在不影响正常教育教学的前提下开展勤工俭学和社会服务,兴办校办产业。

第六十条 【捐资助学】国家鼓励境内、境外社会组织和个人捐资助学。

第六十一条 【禁止挪用、克扣教育经费】国家财政性教育经费、社会组织和个人对教育的捐赠,必须用于教育,不得挪用、克扣。

第六十二条 【对发展教育事业的支持】国家鼓励运用金融、信贷手段,支持教育事业的发展。

第六十三条 【教育经费的监督管理】各级人民政府及其教育行政部门应当加强对学校及其他教育机构教育经费的监督管理,提高教育投资效益。

第六十四条 【学校基本建设的统筹安排】地方各级人民政府及其有关行政部门必须把学校的基本建设纳入城乡建设规划,统筹安排学校的基本建设用地及所需物资,按照国家有关规定实行优先、优惠政策。

第六十五条 【教学物资的优先、优惠政策】各级人民政府对教科书及教学用图书资料的出版发行,对教学仪器、设备的生产和供应,对用于学校教育教学和科学研究的图书资料、教学仪器、设备的进口,按照国家有关规定实行优先、优惠政策。

第六十六条 【现代化教学方式】国家推进教育信息化,加快教育信息基础设施建设,利用信息技术促进优质教育资源普及共享,提高教育教学水平和教育管理水平。

县级以上人民政府及其有关部门应当发展教育信息技术和其他现代化教学方式,有关行政部门应当优先安排,给予扶持。

国家鼓励学校及其他教育机构推广运用现代化教学方式。

第八章 教育对外交流与合作

第六十七条 【教育对外交流】国家鼓励开展教育对外交流与合作,支持学校及其他教育机构引进优质教育资源,依法开展中外合作办学,发展国际教育服务,培养国际化人才。

教育对外交流与合作坚持独立自主、平等互利、相互尊重的原则,不得违反中国法律,不得损害国家主权、安全和社会公共利益。

第六十八条 【出国留学、研究等规定】中国境内公民出国留学、研究、进行学术交流或者任教,依照国家有关规定办理。

第六十九条 【境外个人入境学习等规定】中国境外个人符合国家规定的条件并办理有关手续后,可以进入中国境内学校及其他教育机构学习、研究、进行学术交流或者任教,其合法权益受国家保护。

第七十条 【对境外教育机构颁发的学位、学历及其他学业证书的承认】中国对境外教育机构颁发的学位证书、学历证书及其他学业证书的承认，依照中华人民共和国缔结或者加入的国际条约办理，或者按照国家有关规定办理。

第九章 法律责任

第七十一条 【有关教育经费违法行为的责任追究】违反国家有关规定，不按照预算核拨教育经费的，由同级人民政府限期核拨；情节严重的，对直接负责的主管人员和其他直接责任人员，依法给予处分。

违反国家财政制度、财务制度，挪用、克扣教育经费的，由上级机关责令限期归还被挪用、克扣的经费，并对直接负责的主管人员和其他直接责任人员，依法给予处分；构成犯罪的，依法追究刑事责任。

链接《刑法》第384条

第七十二条 【对破坏教学秩序行为的责任追究】结伙斗殴、寻衅滋事，扰乱学校及其他教育机构教育教学秩序或者破坏校舍、场地及其他财产的，由公安机关给予治安管理处罚；构成犯罪的，依法追究刑事责任。

侵占学校及其他教育机构的校舍、场地及其他财产的，依法承担民事责任。

第七十三条 【教学设施责任事故】明知校舍或者教育教学设施有危险，而不采取措施，造成人员伤亡或者重大财产损失的，对直接负责的主管人员和其他直接责任人员，依法追究刑事责任。

注释《教育法》规定的明知校舍或者教学设施有危险而不采取措施，造成人员伤亡或者重大财产损失的情形主要有以下几种：(1)负责房屋维修及教育教学设施购买、保管、维护的单位和个人，不认真履行职责，发现隐患不及时报告或者通知有关人员。(2)设计、建筑校舍及设计、生产教育教学设施的单位和个人，在设计、建筑、生产过程中因设计失误、粗制滥造及偷工减料造成不安全的隐患，已发现、察觉有危险而不及时采取补救措施或者故意隐瞒真相、欺骗学校及有关人员。(3)学校及其他机构的负责人、教师及其他员工，已经知道或发现校舍、教育教学设施不安全，可能发生危险事故而不及时报告或采取有效措施进行预防和修缮。(4)教育及其他有关主管部门、当地人民政府的有关负责人员，在得知有关部门事故隐患或隐情报告后推脱搪塞、久议不决或有其他玩忽职守及严重官僚主义等。

链接《刑法》第138条

第七十四条 【向教育机构乱收费的责任追究】违反国家有关规定，向学校或者其他教育机构收取费用的，由政府责令退还所收费用；对直接负责的主管人员和其他直接责任人员，依法给予处分。

注释学生有权拒交学校违法收取的不正当费用，并可向当地教育部门或当地政府申诉，要求给予有关学校及责任人员以纪律处分。

违反有关收费标准、范围、用途和程序的要求，向学校或其他教育机构乱收费、乱罚款和乱摊派，或征收应减、免的税款，这些均属于违法收费。对此，要由政府责令退还所收费用，对直接负责的主管人员和其他直接责任人员，依法给予处分。

第七十五条 【对违法举办教育机构行为的责任追究】违反国家有关规定，举办学校或者其他教育机构的，由教育行政部门或者其他有关行政部门予以撤销；有违法所得的，没收违法所得；对直接负责的主管人员和其他直接责任人员，依法给予处分。

注释设立学校或其他教育机构，必须具备应有的条件，依法办理审批或登记注册等手续，否则即为违法办学。有些人不经批准或登记注册擅自举办教育机构，并且经教育主管部门责令限期改正而逾期不改；有些人则是实施以营利为目的的办学，这些都属违法行为，要予以撤销，没收违法所得，依法给予处分。

第七十六条 【违规招收学生行为的责任追究】学校或者其他教育机构违反国家有关规定招收学生的，由教育行政部门或者其他有关行政部门责令退回招收的学生，退还所收费用；对学校、其他教育机构给予警告，可以处违法所得五倍以下罚款；情节严重的，责令停止相关招生资格一年以上三年以下，直至撤销招生资格、吊销办学许可证；对直接负责的主管人员和其他直接责任人员，依法给予处分；构成犯罪的，依法追究刑事责任。

第七十七条 【招收学生渎职、顶替入学行为的责任追究】在招收学生工作中滥用职权、玩忽职守、徇私舞弊的，由教育行政部门或者其他有关行政部门责令退回招收的不符合入学条件的人员；对直接负责的主管人员和其他直接责任人员，依法给予处分；构成犯罪的，依法追究刑事责任。

盗用、冒用他人身份，顶替他人取得的入学资格的，由教育行政部门或者其他有关行政部门责令撤销入学资格，并责令停止参加相关国家教育考试二年以上五年以下；已经取得学位证书、学历证书或者其他学业证书的，由颁发机构撤销相关证书；已经成为公职人员的，依法给予开除处分；构成违反治安管理行为的，由公安机关依法给予治安管理处罚；构成犯罪的，依法追究刑事责任。

与他人串通，允许他人冒用本人身份，顶替本人取得的入学资格的，由教育行政部门或者其他有关行政部门责令停止参加相关国家教育考试一年以上三年以下；有违法所得的，没收违法所得；已经成为公职人员的，依法给予处分；构成违反治安管理行为的，由公安机关依法给予治安管理处罚；构成犯罪的，依法追究刑事责任。

组织、指使盗用或者冒用他人身份，顶替他人取得的入学资格的，有违法所得的，没收违法所得；属于公职人员的，依法给予处分；构成违反治安管理行为的，由公安机关依法给予治安管理处罚；构成犯罪的，依法追究刑事责任。

入学资格被顶替权利受到侵害的，可以请求恢复其入学资格。

链接《刑法》第 418 条

第七十八条 【向受教育者乱收费的责任追究】学校及其他教育机构违反国家有关规定向受教育者收取费用的，由教育行政部门或者其他有关行政部门责令退还所收费用；对直接负责的主管人员和其他直接责任人员，依法给予处分。

第七十九条 【以不正当手段获得考试成绩的责任追究】考生在国家教育考试中有下列行为之一的，由组织考试的教育考试机构工作人员在考试现场采取必要措施予以制止并终止其继续参加考试；组织考试的教育考试机构可以取消其相关考试资格或者考试成绩；情节严重的，由教育行政部门责令停止参加相关国家教育考试一年以上三年以下；构成违反治安管理行为的，由公安机关依法给予治安管理处罚；构成犯罪的，依法追究刑事责任：

（一）非法获取考试试题或者答案的；

（二）携带或者使用考试作弊器材、资料的；

（三）抄袭他人答案的；

（四）让他人代替自己参加考试的；

（五）其他以不正当手段获得考试成绩的作弊行为。

第八十条 【扰乱考试秩序的责任追究】任何组织或者个人在国家教育考试中有下列行为之一，有违法所得的，由公安机关没收违法所得，并处违法所得一倍以上五倍以下罚款；情节严重的，处五日以上十五日以下拘留；构成犯罪的，依法追究刑事责任；属于国家机关工作人员的，还应当依法给予处分：

（一）组织作弊的；

（二）通过提供考试作弊器材等方式为作弊提供帮助或者便利的；

（三）代替他人参加考试的；

（四）在考试结束前泄露、传播考试试题或者答案的；

（五）其他扰乱考试秩序的行为。

第八十一条 【教育行政部门、教育考试机构的责任追究】举办国家教育考试，教育行政部门、教育考试机构疏于管理，造成考场秩序混乱、作弊情况严重的，对直接负责的主管人员和其他直接责任人员，依法给予处分；构成犯罪的，依法追究刑事责任。

第八十二条 【违法颁发相关教育证书行为的责任追究】学校或者其他教育机构违反本法规定，颁发学位证书、学历证书或者其他学业证书的，由教育行政部门或者其他有关行政部门宣布证书无效，责令收回或者予以没收；有违法所得的，没收违法所得；情节严重的，责令停止相关招生资格一年以上三年以下，直至撤销招生资格、颁发证书资格；对直接负责的主管人员和其他直接责任人员，依法给予处分。

前款规定以外的任何组织或者个人制造、销售、颁发假冒学位证书、学历证书或者其他学业证书，构成违反治安管理行为的，由公安机关依法给予治安管理处罚；构成犯罪的，依法追究刑事责任。

以作弊、剽窃、抄袭等欺诈行为或者其他不正当手段获得学位证书、学历证书或者其他学业证书的，由颁发机构撤销相关证书。购买、使用假冒学位证书、学历证书或者其他学业证书，构成违反治安管理行为的，由公安机关依法给予治安管理处罚。

第八十三条 【教育侵权责任的追究】违反本法规定，侵犯教师、受教育者、学校或者其他教育机构的合法权益，造成损失、损害的，应当依法承担民事责任。

第十章 附 则

第八十四条 【军事学校教育和宗教学校教育】军事学校教育由中央军事委员会根据本法的原则规定。

宗教学校教育由国务院另行规定。

第八十五条 【境内投资办学规定】境外的组织和个人在中国境内办学和合作办学的办法，由国务院规定。

第八十六条 【施行时间】本法自 1995 年 9 月 1 日起施行。

中华人民共和国家庭教育促进法

- 2021 年 10 月 23 日第十三届全国人民代表大会常务委员会第三十一次会议通过
- 2021 年 10 月 23 日中华人民共和国主席令第 98 号公布
- 自 2022 年 1 月 1 日起施行

第一章 总 则

第一条 为了发扬中华民族重视家庭教育的优良传统，引导全社会注重家庭、家教、家风，增进家庭幸福与社会和谐，培养德智体美劳全面发展的社会主义建设者和接班人，制定本法。

第二条 本法所称家庭教育，是指父母或者其他监护人为促进未成年人全面健康成长，对其实施的道德品质、身体素质、生活技能、文化修养、行为习惯等方面的培育、引导和影响。

第三条 家庭教育以立德树人为根本任务，培育和践行社会主义核心价值观，弘扬中华民族优秀传统文化、革命文化、社会主义先进文化，促进未成年人健康成长。

第四条 未成年人的父母或者其他监护人负责实施家庭教育。

国家和社会为家庭教育提供指导、支持和服务。

国家工作人员应当带头树立良好家风，履行家庭教育责任。

第五条 家庭教育应当符合以下要求：

（一）尊重未成年人身心发展规律和个体差异；

（二）尊重未成年人人格尊严，保护未成年人隐私权和个人信息，保障未成年人合法权益；

（三）遵循家庭教育特点，贯彻科学的家庭教育理念和方法；

（四）家庭教育、学校教育、社会教育紧密结合、协调一致；

（五）结合实际情况采取灵活多样的措施。

第六条 各级人民政府指导家庭教育工作，建立健全家庭学校社会协同育人机制。县级以上人民政府负责妇女儿童工作的机构，组织、协调、指导、督促有关部门做好家庭教育工作。

教育行政部门、妇女联合会统筹协调社会资源，协同推进覆盖城乡的家庭教育指导服务体系建设，并按照职责分工承担家庭教育工作的日常事务。

县级以上精神文明建设部门和县级以上人民政府公安、民政、司法行政、人力资源和社会保障、文化和旅游、卫生健康、市场监督管理、广播电视、体育、新闻出版、网信等有关部门在各自的职责范围内做好家庭教育工作。

第七条 县级以上人民政府应当制定家庭教育工作专项规划，将家庭教育指导服务纳入城乡公共服务体系和政府购买服务目录，将相关经费列入财政预算，鼓励和支持以政府购买服务的方式提供家庭教育指导。

第八条 人民法院、人民检察院发挥职能作用，配合同级人民政府及其有关部门建立家庭教育工作联动机制，共同做好家庭教育工作。

第九条 工会、共产主义青年团、残疾人联合会、科学技术协会、关心下一代工作委员会以及居民委员会、村民委员会等应当结合自身工作，积极开展家庭教育工作，为家庭教育提供社会支持。

第十条 国家鼓励和支持企业事业单位、社会组织及个人依法开展公益性家庭教育服务活动。

第十一条 国家鼓励开展家庭教育研究，鼓励高等学校开设家庭教育专业课程，支持师范院校和有条件的高等学校加强家庭教育学科建设，培养家庭教育服务专业人才，开展家庭教育服务人员培训。

第十二条 国家鼓励和支持自然人、法人和非法人组织为家庭教育事业进行捐赠或者提供志愿服务，对符合条件的，依法给予税收优惠。

国家对在家庭教育工作中做出突出贡献的组织和个人,按照有关规定给予表彰、奖励。

第十三条 每年5月15日国际家庭日所在周为全国家庭教育宣传周。

第二章 家庭责任

第十四条 父母或者其他监护人应当树立家庭是第一个课堂、家长是第一任老师的责任意识,承担对未成年人实施家庭教育的主体责任,用正确思想、方法和行为教育未成年人养成良好思想、品行和习惯。

共同生活的具有完全民事行为能力的其他家庭成员应当协助和配合未成年人的父母或者其他监护人实施家庭教育。

第十五条 未成年人的父母或者其他监护人及其他家庭成员应当注重家庭建设,培育积极健康的家庭文化,树立和传承优良家风,弘扬中华民族家庭美德,共同构建文明、和睦的家庭关系,为未成年人健康成长营造良好的家庭环境。

第十六条 未成年人的父母或者其他监护人应当针对不同年龄段未成年人的身心发展特点,以下列内容为指引,开展家庭教育:

(一)教育未成年人爱党、爱国、爱人民、爱集体、爱社会主义,树立维护国家统一的观念,铸牢中华民族共同体意识,培养家国情怀;

(二)教育未成年人崇德向善、尊老爱幼、热爱家庭、勤俭节约、团结互助、诚信友爱、遵纪守法,培养其良好社会公德、家庭美德、个人品德意识和法治意识;

(三)帮助未成年人树立正确的成才观,引导其培养广泛兴趣爱好、健康审美追求和良好学习习惯,增强科学探索精神、创新意识和能力;

(四)保证未成年人营养均衡、科学运动、睡眠充足、身心愉悦,引导其养成良好生活习惯和行为习惯,促进其身心健康发展;

(五)关注未成年人心理健康,教导其珍爱生命,对其进行交通出行、健康上网和防欺凌、防溺水、防诈骗、防拐卖、防性侵等方面的安全知识教育,帮助其掌握安全知识和技能,增强其自我保护的意识和能力;

(六)帮助未成年人树立正确的劳动观念,参加力所能及的劳动,提高生活自理能力和独立生活能力,养成吃苦耐劳的优秀品格和热爱劳动的良好习惯。

第十七条 未成年人的父母或者其他监护人实施家庭教育,应当关注未成年人的生理、心理、智力发展状况,尊重其参与相关家庭事务和发表意见的权利,合理运用以下方式方法:

(一)亲自养育,加强亲子陪伴;

(二)共同参与,发挥父母双方的作用;

(三)相机而教,寓教于日常生活之中;

(四)潜移默化,言传与身教相结合;

(五)严慈相济,关心爱护与严格要求并重;

(六)尊重差异,根据年龄和个性特点进行科学引导;

(七)平等交流,予以尊重、理解和鼓励;

(八)相互促进,父母与子女共同成长;

(九)其他有益于未成年人全面发展、健康成长的方式方法。

第十八条 未成年人的父母或者其他监护人应当树立正确的家庭教育理念,自觉学习家庭教育知识,在孕期和未成年人进入婴幼儿照护服务机构、幼儿园、中小学校等重要时段进行有针对性的学习,掌握科学的家庭教育方法,提高家庭教育的能力。

第十九条 未成年人的父母或者其他监护人应当与中小学校、幼儿园、婴幼儿照护服务机构、社区密切配合,积极参加其提供的公益性家庭教育指导和实践活动,共同促进未成年人健康成长。

第二十条 未成年人的父母分居或者离异的,应当相互配合履行家庭教育责任,任何一方不得拒绝或者怠于履行;除法律另有规定外,不得阻碍另一方实施家庭教育。

链接《民法典》第26、1084、1086条;《未成年人保护法》第24条

第二十一条 未成年人的父母或者其他监护人依法委托他人代为照护未成年人的,应当与被委托人、未成年人保持联系,定期了解未成年人学习、生活情况和心理状况,与被委托人共同履行家庭教育责任。

第二十二条 未成年人的父母或者其他监护人应当合理安排未成年人学习、休息、娱乐和体育锻炼的时间,避免加重未成年人学习负担,预防未成年人沉迷网络。

注释《综合防控儿童青少年近视实施方案》对家庭促进中小学生健康作了要求,提出家庭要保障

孩子睡眠时间，确保小学生每天睡眠10个小时、初中生9个小时、高中生8个小时。营造良好的家庭体育运动氛围，积极引导孩子进行户外活动或体育锻炼，确保孩子在家时每天接触户外自然光的时间达到60分钟以上。鼓励支持孩子参加各种形式的体育活动，督促孩子认真完成寒暑假体育作业，使其掌握1—2项体育运动技能，引导孩子养成终身锻炼习惯。

链接《未成年人保护法》第16、71条

第二十三条 未成年人的父母或者其他监护人不得因性别、身体状况、智力等歧视未成年人，不得实施家庭暴力，不得胁迫、引诱、教唆、纵容、利用未成年人从事违反法律法规和社会公德的活动。

实务问答家庭暴力是指什么？

根据《反家庭暴力法》第2条的规定，家庭暴力，是指家庭成员之间以殴打、捆绑、残害、限制人身自由以及经常性谩骂、恐吓等方式实施的身体、精神等侵害行为。家庭暴力主要包括身体暴力和精神暴力。身体暴力主要表现为殴打、捆绑、残害受害人，限制人身自由，以饿冻、有病不给治疗等方式虐待受害人，遗弃没有独立生活能力的未成年人、老人、残疾人、重病患者，在家庭教育中以暴力方式管教儿童等。精神暴力主要表现为对受害人进行侮辱、谩骂、诽谤、宣扬隐私、无端指责、人格贬损，恐吓、威胁、跟踪、骚扰受害人及其近亲属等。另外，家庭成员使未成年人目睹家庭暴力行为，虽然不是直接针对未成年人的身体暴力，但与恐吓、威胁等行为类似，也会给未成年人带来精神伤害，在一些情况下也可能构成针对未成年人的精神暴力。

家庭暴力是发生在家庭成员之间的暴力行为，即具有血缘或婚姻关系的人之间发生的暴力行为。根据《民法典》第1045条的规定，配偶、父母、子女和其他共同生活的近亲属为家庭成员。配偶、父母、子女、兄弟姐妹、祖父母、外祖父母、孙子女、外孙子女为近亲属。亲属包括配偶、血亲和姻亲。《反家庭暴力法》第37条规定："家庭成员以外共同生活的人之间实施的暴力行为，参照本法规定执行。"这些人虽然不属于法律规定的家庭成员，但他们之间由于特殊的亲密关系或者法律规定而产生类似于家庭成员之间的生活关系和权利义务，有时也被称为"准家庭关系"，主要包括非近亲属之间的监护关系、扶养关系、寄养关系、委托照护关系、同居关系等。

本条规定的家庭暴力是指未成年人的父母或者其他监护人在实施家庭教育的过程中对未成年人实施家庭暴力。

链接《未成年人保护法》第3条、第15-24条、第54条、第108条；《民法典》第26条、第34条、第35条、第1042-1045条、第1071条、第1072条；《刑法》第29条、第262条之二、第301条、第347条、第353条；《治安管理处罚法》第17条、第40条、第41条；《最高人民法院、最高人民检察院、公安部、民政部关于依法处理监护人侵害未成年人权益行为若干问题的意见》；《最高人民法院、最高人民检察院、公安部、司法部关于依法办理家庭暴力犯罪案件的意见》

第三章 国家支持

第二十四条 国务院应当组织有关部门制定、修订并及时颁布全国家庭教育指导大纲。

省级人民政府或者有条件的设区的市级人民政府应当组织有关部门编写或者采用适合当地实际的家庭教育指导读本，制定相应的家庭教育指导服务工作规范和评估规范。

第二十五条 省级以上人民政府应当组织有关部门统筹建设家庭教育信息化共享服务平台，开设公益性网上家长学校和网络课程，开通服务热线，提供线上家庭教育指导服务。

第二十六条 县级以上地方人民政府应当加强监督管理，减轻义务教育阶段学生作业负担和校外培训负担，畅通学校家庭沟通渠道，推进学校教育和家庭教育相互配合。

实务问答应采取哪些措施减轻学生过重作业负担？

（1）健全作业管理机制。学校要完善作业管理办法，加强学科组、年级组作业统筹，合理调控作业结构，确保难度不超国家课标。建立作业校内公示制度，加强质量监督。严禁给家长布置或变相布置作业，严禁要求家长检查、批改作业。

（2）分类明确作业总量。学校要确保小学一年级、二年级不布置家庭书面作业，可在校内适当安排巩固练习；小学三年级至六年级书面作业平均完成时间不超过60分钟，初中书面作业平均完成时间不超过90分钟。

（3）提高作业设计质量。发挥作业诊断、巩固、学情分析等功能，将作业设计纳入教研体系，系统设计符合年龄特点和学习规律、体现素质教育导向的基础性作业。鼓励布置分层、弹性和个性化作业，坚决克服机械、无效作业，杜绝重复性、惩罚性作业。

(4)加强作业完成指导。教师要指导小学生在校内基本完成书面作业，初中生在校内完成大部分书面作业。教师要认真批改作业，及时做好反馈，加强面批讲解，认真分析学情，做好答疑辅导。不得要求学生自批自改作业。

链接《未成年人保护法》第33条;《中共中央办公厅、国务院办公厅关于进一步减轻义务教育阶段学生作业负担和校外培训负担的意见》

第二十七条 县级以上地方人民政府及有关部门组织建立家庭教育指导服务专业队伍，加强对专业人员的培养，鼓励社会工作者、志愿者参与家庭教育指导服务工作。

第二十八条 县级以上地方人民政府可以结合当地实际情况和需要，通过多种途径和方式确定家庭教育指导机构。

家庭教育指导机构对辖区内社区家长学校、学校家长学校及其他家庭教育指导服务站点进行指导，同时开展家庭教育研究、服务人员队伍建设和培训、公共服务产品研发。

实务问答家庭教育指导机构有哪些职责?

家庭教育指导机构作为本行政区域内家庭教育指导服务站点的支持机构，承担两方面的主要职责：

一是统筹指导社区家长学校、学校家长学校及其他家庭教育指导服务站点，指导各类指导服务站点依据指导大纲、工作规范有序开展家庭教育指导服务。家庭教育指导服务机构有较多的专业人员和其他资源，一方面该机构可以直接为群众提供家庭教育指导服务，另一方面该机构可以依托社区家长学校、学校家长学校开展家庭教育指导服务，为这些站点提供专业支持等。

二是开发家庭教育指导服务资源，为家庭教育指导服务站点提供科研、人才、服务产品等支持。具体包括统筹开展家庭教育研究、服务人员队伍建设和培训、公共服务产品研发等。

链接《未成年人保护法》第7、22、29、43、82、83、91条;《关于加强农村留守儿童关爱保护工作的意见》;《关于加强困境儿童保障工作的意见》

第二十九条 家庭教育指导机构应当及时向有需求的家庭提供服务。

对于父母或者其他监护人履行家庭教育责任存在一定困难的家庭，家庭教育指导机构应当根据具体情况，与相关部门协作配合，提供有针对性的服务。

第三十条 设区的市、县、乡级人民政府应当结合当地实际采取措施，对留守未成年人和困境未成年人家庭建档立卡，提供生活帮扶、创业就业支持等关爱服务，为留守未成年人和困境未成年人的父母或者其他监护人实施家庭教育创造条件。

教育行政部门、妇女联合会应当采取有针对性的措施，为留守未成年人和困境未成年人的父母或者其他监护人实施家庭教育提供服务，引导其积极关注未成年人身心健康状况、加强亲情关爱。

注释留守未成年人是指父母双方外出务工或一方外出务工另一方无监护能力的未成年人。困境未成年人包括因家庭贫困导致生活、就医、就学等困难的儿童，因自身残疾导致康复、照料、护理和社会融入等困难的儿童，以及因家庭监护缺失或监护不当遭受虐待、遗弃、意外伤害、不法侵害等导致人身安全受到威胁或侵害的儿童。

第三十一条 家庭教育指导机构开展家庭教育指导服务活动，不得组织或者变相组织营利性教育培训。

注释营利性，一般而言，是以营利为目的，即以取得利润并分配给举办者、出资人或者有关成员为目的。区别营利性和非营利性，不是看是否取得利润，而是看利润是否被分配给举办者、出资人或者有关成员。实践中，一些家庭教育指导机构将举办教育培训取得的利润以不合理的方式作为薪资分配给单位高管或者员工，这应当视为变相的以营利为目的。当然，家庭教育指导机构面向社会公众开展家庭教育指导业务培训，适当收取一定费用，用于开办培训班的成本支持或者维持本单位的基本运营，只要不以营利或者变相以营利为目的，本法是不禁止的。

第三十二条 婚姻登记机构和收养登记机构应当通过现场咨询辅导、播放宣传教育片等形式，向办理婚姻登记、收养登记的当事人宣传家庭教育知识，提供家庭教育指导。

第三十三条 儿童福利机构、未成年人救助保护机构应当对本机构安排的寄养家庭、接受救助保护的未成年人的父母或者其他监护人提供家庭教育指导。

注释 儿童福利机构是指民政部门设立的，主要收留、抚养由民政部门担任监护人的未满18周岁儿童的机构；儿童福利机构包括按照事业单位法人登记的儿童福利院、设有儿童部的社会福利院等。儿童福利机构对其收留抚养的未成年人，可以根据情况采取家庭寄养的照料模式。

未成年人救助保护机构是指县级以上人民政府及其民政部门根据需要设立，对生活无着的流浪乞讨、遭受监护侵害、暂时无人监护等的未成年人实施救助，承担临时监护责任，协助民政部门推进农村留守儿童和困境儿童关爱服务等工作的专门机构。未成年人救助保护机构包括：按照事业单位法人登记的未成年人保护中心、未成年人救助保护中心和设有未成年人救助保护科（室）的救助管理站。

链接《未成年人保护法》第92、94条；《儿童福利机构管理办法》；《家庭寄养管理办法》；《关于进一步健全农村留守儿童和困境儿童关爱服务体系的意见》

第三十四条 人民法院在审理离婚案件时，应当对有未成年子女的夫妻双方提供家庭教育指导。

注释 人民法院在审理离婚案件时，发现离婚夫妻有未成年子女的，应当对夫妻双方提供家庭教育指导。一方面使离婚夫妻认识到，离婚后，双方均应继续承担对未成年子女的家庭教育责任，任何一方不得拒绝或者怠于履行该项义务，也不能无故阻碍另一方实施家庭教育；另一方面应当结合夫妻双方和未成年子女的实际情况，对家庭教育的内容、如何正确实施家庭教育等进行有针对性的指导。

链接《民法典》第1084条；《关于进一步深化家事审判方式和工作机制改革的意见（试行）》；《关于加强未成年人保护工作的意见》

第三十五条 妇女联合会发挥妇女在弘扬中华民族家庭美德、树立良好家风等方面的独特作用，宣传普及家庭教育知识，通过家庭教育指导机构、社区家长学校、文明家庭建设等多种渠道组织开展家庭教育实践活动，提供家庭教育指导服务。

第三十六条 自然人、法人和非法人组织可以依法设立非营利性家庭教育服务机构。

县级以上地方人民政府及有关部门可以采取政府补贴、奖励激励、购买服务等扶持措施，培育家庭教育服务机构。

教育、民政、卫生健康、市场监督管理等有关部门应当在各自职责范围内，依法对家庭教育服务机构及从业人员进行指导和监督。

第三十七条 国家机关、企业事业单位、群团组织、社会组织应当将家风建设纳入单位文化建设，支持职工参加相关的家庭教育服务活动。

文明城市、文明村镇、文明单位、文明社区、文明校园和文明家庭等创建活动，应当将家庭教育情况作为重要内容。

第四章 社会协同

第三十八条 居民委员会、村民委员会可以依托城乡社区公共服务设施，设立社区家长学校等家庭教育指导服务站点，配合家庭教育指导机构组织面向居民、村民的家庭教育知识宣传，为未成年人的父母或者其他监护人提供家庭教育指导服务。

注释 家长学校的主要任务包括：面向广大家长宣传党的教育方针、相关法律法规和政策，宣传科学的家庭教育理念、知识和方法，引导家长树立正确的儿童观和育人观；组织开展形式多样的家庭教育实践活动，增进亲子之间的沟通和交流，使家长和儿童在活动中共同成长进步；通过多种形式为家长儿童提供指导和服务，帮助解决家庭教育中的难点问题，提升家长教育、培养子女的能力和水平；增进家庭与学校的有效沟通，努力构筑学校、家庭、社区"三结合"的未成年人教育网络，为儿童健康成长营造良好环境。

链接《城市居民委员会组织法》第4条；《村民委员会组织法》第2条；《全国妇联、教育部、中央文明办关于进一步加强家长学校工作的指导意见》；《国务院未成年人保护工作领导小组关于加强未成年人保护工作的意见》；《国务院关于印发中国妇女发展纲要和中国儿童发展纲要的通知》

第三十九条 中小学校、幼儿园应当将家庭教育指导服务纳入工作计划，作为教师业务培训的内容。

链接《未成年人保护法》第39条；《全国妇联、教

育部、中央文明办关于进一步加强家长学校工作的指导意见》;《教育部关于加强家庭教育工作的指导意见》;《幼儿园工作规程》

第四十条 中小学校、幼儿园可以采取建立家长学校等方式,针对不同年龄段未成年人的特点,定期组织公益性家庭教育指导服务和实践活动,并及时联系、督促未成年人的父母或者其他监护人参加。

链接《全国妇联、教育部、中央文明办关于进一步加强家长学校工作的指导意见》;《教育部关于加强家庭教育工作的指导意见》;《中小学德育工作指南》

第四十一条 中小学校、幼儿园应当根据家长的需求,邀请有关人员传授家庭教育理念、知识和方法,组织开展家庭教育指导服务和实践活动,促进家庭与学校共同教育。

链接《幼儿园工作规程》第52-54条;《小学管理规程》第55条

第四十二条 具备条件的中小学校、幼儿园应当在教育行政部门的指导下,为家庭教育指导服务站点开展公益性家庭教育指导服务活动提供支持。

第四十三条 中小学校发现未成年学生严重违反校规校纪的,应当及时制止、管教,告知其父母或者其他监护人,并为其父母或者其他监护人提供有针对性的家庭教育指导服务;发现未成年学生有不良行为或者严重不良行为的,按照有关法律规定处理。

注释学生违反校规校纪,情节较重或者经当场教育惩戒拒不改正的,学校可以实施以下教育惩戒,并应当及时告知家长:(一)由学校德育工作负责人予以训导;(二)承担校内公益服务任务;(三)安排接受专门的校规校纪、行为规则教育;(四)暂停或者限制学生参加游览、校外集体活动以及其他外出集体活动;(五)学校校规校纪规定的其他适当措施。

小学高年级、初中和高中阶段的学生违规违纪情节严重或者影响恶劣的,学校可以实施以下教育惩戒,并应当事先告知家长:(一)给予不超过一周的停课或者停学,要求家长在家进行教育、管教;(二)由法治副校长或者法治辅导员予以训诫;(三)安排专门的课程或者教育场所,由社会工作者或者其他专业人员进行心理辅导、行为干预。对违规违纪情节严重,或者经多次教育惩戒仍不改正的学生,学校可以给予警告、严重警告、记过或者留校察看的纪律处分。对高中阶段学生,还可以给予开除学籍的纪律处分。

中小学校发现未成年学生有不良行为或者严重不良行为的,应当按照有关法律规定进行处理。《预防未成年人犯罪法》第28条规定,不良行为是指未成年人实施的不利于其健康成长的下列行为:(一)吸烟、饮酒;(二)多次旷课、逃学;(三)无故夜不归宿、离家出走;(四)沉迷网络;(五)与社会上具有不良习性的人交往,组织或者参加实施不良行为的团伙;(六)进入法律法规规定未成年人不宜进入的场所;(七)参与赌博、变相赌博,或者参加封建迷信、邪教等活动;(八)阅览、观看或者收听宣扬淫秽、色情、暴力、恐怖、极端等内容的读物、音像制品或者网络信息等;(九)其他不利于未成年人身心健康成长的不良行为。《预防未成年人犯罪法》第31条规定,学校对有不良行为的未成年学生,应当加强管理教育,不得歧视;对拒不改正或者情节严重的,学校可以根据情况予以处分或者采取以下管理教育措施:(一)予以训导;(二)要求遵守特定的行为规范;(三)要求参加特定的专题教育;(四)要求参加校内服务活动;(五)要求接受社会工作者或者其他专业人员的心理辅导和行为干预;(六)其他适当的管理教育措施。《预防未成年人犯罪法》第32条规定,学校和家庭应当加强沟通,建立家校合作机制。学校决定对未成年学生采取管理教育措施的,应当及时告知其父母或者其他监护人;未成年学生的父母或者其他监护人应当支持、配合学校进行管理教育。

对严重不良行为的处理。《预防未成年人犯罪法》第38条规定,严重不良行为是指未成年人实施的有刑法规定、因不满法定刑事责任年龄不予刑事处罚的行为,以及严重危害社会的下列行为:(一)结伙斗殴,追逐、拦截他人,强拿硬要或者任意损毁、占用公私财物等寻衅滋事行为;(二)非法携带枪支、弹药或者弩、匕首等国家规定的管制器具;(三)殴打、辱骂、恐吓,或者故意伤害他人身体;(四)盗窃、哄抢、抢夺或者故意损毁公私财物;(五)传播淫秽的读物、音像制品或者信息等;(六)卖淫、嫖娼,或者进行淫秽表演;(七)吸食、注射毒品,或者向他人提供毒品;(八)参与赌博赌资较大;(九)其他严重危害社会的行为。

对有严重不良行为的学生,学校可以按照法定程序,配合家长、有关部门将其转入专门学校接受教育矫治。根据《预防未成年人犯罪法》第43条的规定,对有严重不良行为的未成年人,未成年人所在学校无力管教或者管教无效的,可以向教育行政部门提出申请,经专门教育指导委员会评估同意后,由教育行政部门决定送入专门学校接受专门教育。

链接《预防未成年人犯罪法》第28、31-35、38、43条;《未成年人保护法》第39条

第四十四条 婴幼儿照护服务机构、早期教育服务机构应当为未成年人的父母或者其他监护人提供科学养育指导等家庭教育指导服务。

第四十五条 医疗保健机构在开展婚前保健、孕产期保健、儿童保健、预防接种等服务时,应当对有关成年人、未成年人的父母或者其他监护人开展科学养育知识和婴幼儿早期发展的宣传和指导。

链接《母婴保健法》第24条

第四十六条 图书馆、博物馆、文化馆、纪念馆、美术馆、科技馆、体育场馆、青少年宫、儿童活动中心等公共文化服务机构和爱国主义教育基地每年应当定期开展公益性家庭教育宣传、家庭教育指导服务和实践活动,开发家庭教育类公共文化服务产品。

广播、电视、报刊、互联网等新闻媒体应当宣传正确的家庭教育知识,传播科学的家庭教育理念和方法,营造重视家庭教育的良好社会氛围。

第四十七条 家庭教育服务机构应当加强自律管理,制定家庭教育服务规范,组织从业人员培训,提高从业人员的业务素质和能力。

第五章 法律责任

第四十八条 未成年人住所地的居民委员会、村民委员会、妇女联合会,未成年人的父母或者其他监护人所在单位,以及中小学校、幼儿园等有关密切接触未成年人的单位,发现父母或者其他监护人拒绝、怠于履行家庭教育责任,或者非法阻碍其他监护人实施家庭教育的,应当予以批评教育、劝诫制止,必要时督促其接受家庭教育指导。

未成年人的父母或者其他监护人依法委托他人代为照护未成年人,有关单位发现被委托人不依法履行家庭教育责任的,适用前款规定。

注释 拒绝、怠于履行家庭教育责任。主要是指未成年人的父母或者其他监护人能够履行而故意不履行家庭教育责任,或者虽未明确表示不履行但消极履行家庭教育责任。比如,未承担对未成年人实施家庭教育的主体责任,未用正确思想、方法和行为教育未成年人养成良好思想、品行和习惯,没有合理安排未成年人学习、休息、娱乐和体育锻炼的时间,放任未成年人沉迷网络等。

非法阻碍其他监护人实施家庭教育。主要是指在存在其他监护人的情形下,阻碍其他监护人实施家庭教育。比如,未成年人的父母分居或者离异的,一方阻碍另一方实施家庭教育。

链接《预防未成年人犯罪法》第16条;《未成年人保护法》第43、118条

第四十九条 公安机关、人民检察院、人民法院在办理案件过程中,发现未成年人存在严重不良行为或者实施犯罪行为,或者未成年人的父母或者其他监护人不正确实施家庭教育侵害未成年人合法权益的,根据情况对父母或者其他监护人予以训诫,并可以责令其接受家庭教育指导。

注释 训诫,是指公安机关、人民检察院、人民法院对有轻微违法行为的人进行批评教育,并责令其改正、不得再犯的一种处罚方式。在司法实践中,训诫通常针对违法犯罪情节轻微免予处罚、妨害诉讼活动、违反法庭规则等行为。根据情况,对父母或者其他监护人进行训诫,可以起到警示的效果,提示行为人改正错误。在训诫过程中,公安机关、人民检察院、人民法院应严肃地指出行为人的违法行为,分析其危害性,并责令其努力改正。

责令接受家庭教育指导,就是要求未成年人的父母及其他监护人到提供教育服务的家长学校,以及有关国家机关、人民团体、企业事业单位和社会组织接受教育指导,更新家庭教育观念,提高做好监护人的意识和能力,以更好地对未成年人进行家庭保护。《关于在办理涉未成年人案件中全面开展家庭教育指导工作的意见》规定,家庭教育指导内容包括但不限于以下方面:(1)教育未成年人的父母或者其他监护人培养未成年人法律素养,提高守法意识和自我保护能力;(2)帮助未成年人的父母或者其他监护人强化监护意识,履行家庭教育主体责任;(3)帮助未成年人的父母或者其他监护人培养未成年人良好道德行为习惯,

树立正确价值观;(4)教导未成年人的父母或者其他监护人对未成年人采取有效的沟通方式;(5)引导未成年人的父母或者其他监护人改变不当的教育方式;(6)指导未成年人的父母或者其他监护人重塑良好家庭关系,营造和谐家庭氛围;(7)协助未成年人的父母或者其他监护人加强对未成年人的心理辅导,促进未成年人健全人格的养成。

链接《预防未成年人犯罪法》第38、61条;《未成年人保护法》第118条

第五十条 负有家庭教育工作职责的政府部门、机构有下列情形之一的,由其上级机关或者主管单位责令限期改正;情节严重的,对直接负责的主管人员和其他直接责任人员依法予以处分:

(一)不履行家庭教育工作职责;

(二)截留、挤占、挪用或者虚报、冒领家庭教育工作经费;

(三)其他滥用职权、玩忽职守或者徇私舞弊的情形。

注释 责令限期改正是指由其上级机关或者主管单位责令违法行为人,在规定的期限内,对相应的违法行为进行整改,停止和纠正违法行为,维持法定的秩序或者状态。直接负责的主管人员,是指在单位违法行为中负有直接领导责任的人员,包括违法行为的决策人,事后对单位违法行为予以认可和支持的领导人员,以及由于疏于管理或放任而对单位违法行为负有不可推卸的责任的领导人员。"其他直接责任人员",是指直接实施违法行为的人员。依据《公务员法》《监察法》相关规定,处分包括警告、记过、记大过、降级、撤职、开除6种形式。

链接《公务员法》第62条;《监察法》第45条

第五十一条 家庭教育指导机构、中小学校、幼儿园、婴幼儿照护服务机构、早期教育服务机构违反本法规定,不履行或者不正确履行家庭教育指导服务职责的,由主管部门责令限期改正;情节严重的,对直接负责的主管人员和其他直接责任人员依法予以处分。

第五十二条 家庭教育服务机构有下列情形之一的,由主管部门责令限期改正;拒不改正或者情节严重的,由主管部门责令停业整顿、吊销营业执照或者撤销登记:

(一)未依法办理设立手续;

(二)从事超出许可业务范围的行为或作虚假、引人误解宣传,产生不良后果;

(三)侵犯未成年人及其父母或者其他监护人合法权益。

链接《广告法》第4条

第五十三条 未成年人的父母或者其他监护人在家庭教育过程中对未成年人实施家庭暴力的,依照《中华人民共和国未成年人保护法》、《中华人民共和国反家庭暴力法》等法律的规定追究法律责任。

链接《未成年人保护法》第17、108、118条;《反家庭暴力法》第2、14、16、23、33条;《治安管理处罚法》第40、42、43、45条;《刑法》第234、238、246、260条

第五十四条 违反本法规定,构成违反治安管理行为的,由公安机关依法予以治安管理处罚;构成犯罪的,依法追究刑事责任。

注释 治安管理处罚,是指对扰乱社会秩序,妨害公共安全,侵犯公民人身权利,侵犯公私财产,妨害社会管理,情节轻微尚不够刑事处罚的违法行为,由公安机关依照《治安管理处罚法》的规定,给予治安管理处罚。治安管理处罚包括警告、罚款、行政拘留以及吊销公安机关发放的许可证等。违反本法规定,构成违反《治安管理处罚法》的行为,应当给予治安管理处罚的情形主要包括以下几种。

1. 违反《治安管理处罚法》第40条规定,组织、胁迫、诱骗不满十六周岁的人或者残疾人进行恐怖、残忍表演的;以暴力、威胁或者其他手段强迫未成年人劳动的;非法限制未成年人人身自由、非法侵入未成年人住宅或者非法搜查未成年人身体的,处十日以上十五日以下拘留,并处五百元以上一千元以下罚款;情节较轻的,处五日以上十日以下拘留,并处二百元以上五百元以下罚款。

2. 违反《治安管理处罚法》第41条规定,胁迫、诱骗或者利用未成年人乞讨的,处十日以上十五日以下拘留,可以并处一千元以下罚款。

3. 违反《治安管理处罚法》第42条规定,写恐吓信或者以其他方法威胁未成年人人身安全的;公然侮辱未成年人或者捏造事实诽谤未成年人的;捏造事实诬告陷害未成年人,企图使未成年人受到刑事追究或者受到治安管理处罚的;多次发送淫秽、侮辱、恐吓或者其他信息,干扰未成年人正常生活的;偷窥、偷拍、窃听、散布未成年人隐私

的，处五日以下拘留或者五百元以下罚款；情节较重的，处五日以上十日以下拘留，可以并处五百元以下罚款。

4. 违反《治安管理处罚法》第 43 条规定，殴打未成年人的，或者故意伤害未成年人身体的，处五日以上十日以下拘留，并处二百元以上五百元以下罚款；情节较轻的，处五日以下拘留或者五百元以下罚款。殴打、伤害不满十四周岁的未成年人，处十日以上十五日以下拘留，并处五百元以上一千元以下罚款。

5. 违反《治安管理处罚法》第 44 条规定，猥亵未成年人的，处五日以上十日以下拘留；猥亵不满十四周岁的未成年人的，处十日以上十五日以下拘留。

6. 违反《治安管理处罚法》第 45 条规定，虐待未成年人且未成年人要求处理的；遗弃没有独立生活能力的未成年人的，处五日以下拘留或者警告。

刑事责任，是指行为人因实施犯罪行为，按刑法的规定应当承担的法律责任，包括主刑和附加刑。主刑分为管制、拘役、有期徒刑、无期徒刑和死刑。附加刑分为罚金、剥夺政治权利、没收财产。对违反本法规定的行为，可能构成犯罪，应当依照刑法追究刑事责任的情形包括：

1. 故意伤害罪。未成年人的父母或者其他监护人在家庭教育过程中对未成年人实施家庭暴力，构成犯罪的，依法追究刑事责任。

2. 非法拘禁罪。未成年人的父母或者其他监护人在家庭教育过程中对未成年人进行非法拘禁或者以其他方法非法剥夺他人人身自由，构成犯罪的，依法追究刑事责任。详见本法第五十三条释义。

3. 侮辱罪、诽谤罪。未成年人的父母或者其他监护人在家庭教育过程中以暴力或者其他方法公然侮辱未成年人或者捏造事实诽谤未成年人，情节严重，构成犯罪的，依法追究刑事责任。

4. 虐待罪。未成年人的父母或者其他监护人在家庭教育过程中虐待未成年人，情节恶劣，构成犯罪的，依法追究刑事责任。

5. 遗弃罪。《刑法》第 261 条规定："对于年老、年幼、患病或者其他没有独立生活能力的人，负有扶养义务而拒绝扶养，情节恶劣的，处五年以下有期徒刑、拘役或者管制。"比如，未成年人的父母或者其他监护人遗弃未成年人，拒绝履行家庭教育，构成犯罪的，依法追究刑事责任。

6. 滥用职权罪、玩忽职守罪。《刑法》第 397 条规定："国家机关工作人员滥用职权或者玩忽职守，致使公共财产、国家和人民利益遭受重大损失的，处三年以下有期徒刑或者拘役；情节特别严重的，处三年以上七年以下有期徒刑。本法另有规定的，依照规定。国家机关工作人员徇私舞弊，犯前款罪的，处五年以下有期徒刑或者拘役；情节特别严重的，处五年以上十年以下有期徒刑。"比如，负有家庭教育工作职责的政府部门、机构滥用职权、玩忽职守、徇私舞弊，构成犯罪的，依法承担相应的刑事责任。

7. 侵犯公民个人信息罪。《刑法》第 253 条之一规定："违反国家有关规定，向他人出售或者提供公民个人信息，情节严重的，处三年以下有期徒刑或者拘役，并处或者单处罚金；情节特别严重的，处三年以上七年以下有期徒刑，并处罚金。"比如，家庭教育服务机构等主体在开展家庭教育服务过程中，向他人出售或者提供公民个人信息，情节严重，构成犯罪的，应当依法承担相应的刑事责任。

链接《治安管理处罚法》第 40-45 条；《刑法》第 234 条、第 238 条、第 246 条、第 253 条之一、第 260 条、第 261 条、第 397 条

第六章 附 则

第五十五条 本法自 2022 年 1 月 1 日起施行。

全国中小学勤工俭学暂行工作条例

· 1983 年 2 月 20 日

· 国发〔1983〕25 号

第一章 总 则

第一条 开展勤工俭学活动，实行教育与生产劳动相结合，是坚持马克思主义教育思想，全面贯彻党的教育方针，培养德、智、体全面发展的有社会主义觉悟的有文化的劳动者的有效途径之一；是学校教育工作的组成部分。勤工俭学的开展，对提高教育质量，发展我国社会主义教育事业具有一定的作用。

第二条 勤工俭学的主要任务是:

1. 通过劳动实践对学生进行思想政治教育,培养学生热爱劳动、热爱劳动人民、热爱科学、爱护公共财物、有理想、讲文明、懂礼貌、守纪律、艰苦奋斗的道德品质。

2. 理论联系实际,结合教学开展一些科学实验、科学种田活动,培养学生运用理论知识解决实际问题的能力,并使学生学到一定的生产知识和劳动技能。

3. 搞好生产,创造物质财富,为改善办学条件和师生福利提供一定的条件。

第三条 要从实际出发,因地制宜地积极开展多种形式的勤工俭学活动,要坚持社会主义方向和自力更生、艰苦创业的精神,根据当地的自然条件和学校的可能,宜工则工、宜农则农(含林、牧、副、渔),为教学和科研服务,为生产服务,为人民生活服务,有条件的也要为外贸出口服务。

第四条 各级人民政府要加强对勤工俭学工作的领导。各级政府的计划、经济、财政及其他有关部门,要把校办工业、农业作为经济工作的一个组成部分,积极予以扶持和指导,把勤工俭学的事业筹划好、安排好。县以上教育行政部门要切实加强管理。

第五条 校办工厂、农场实行经济核算,独立经营,自负盈亏。要加强经营管理,有计划地组织生产,建立健全各项管理制度,积极提高经济效益。

各级教育部门和财政部门,要根据教育部、财政部1982年7月3日发布的《全国中小学勤工俭学财务管理暂行办法》,加强对勤工俭学财务工作的领导和监督。

第二章 生产劳动

第六条 要按照中、小学教学计划的规定,组织学生参加生产劳动或公益劳动。要正确处理教育与生产劳动的关系,使生产劳动与政治思想教育、生产劳动与教学结合起来。不得随意增减教学和劳动时间,防止学生不参加劳动或参加劳动过多的偏向。

第七条 组织学生参加生产劳动,必须注意学生的年龄、性别、健康状况和知识水平。要加强领导和管理,做好防护工作,保证学生安全。要教育学生严格遵守劳动纪律,服从指导,按操作规程进行操作。严禁组织学生参加有毒、有害和危险的生产作业,以及过重的劳动。

第三章 校办工业

第八条 学校举办工厂,一般规模不宜过大,以便于经营管理。根据需要和可能,可一个学校单独办厂和几个学校联合办厂。校办工厂应利用当地有利条件,生产有原料来源、适销对路的各种产品。有条件的学校可以承接外贸部门同意的外商来料加工、来件装配任务。教育战线所需的产品,尽量安排在校办工厂生产。严格禁止生产迷信产品和易燃易爆等危险品。

学校开展勤工俭学,不要搞纯商业经营。商业性的职业班和职业学校,可结合专业试办商业、饮食业、服务业和各项修理等行业,为国家培养劳动技术后备力量提供生产实习场地。

第九条 校办工业的生产,产品属国家、部门或地区管理的,其产、供、销计划,由校办工厂的主管部门汇总,报送有关部门。各有关部门要按照不同情况,采取不同形式,列入本系统计划,由计划部门进行综合平衡。对纳入计划的产品,要按计划执行。原有协作关系,不要轻易中断。不属于国家、部门或地区管理的小商品,由生产单位在国家政策法令许可的范围内,自行组织生产和销售。对于需要调整、转产的,有关部门要及时通报情况,帮助转产适合社会需要的产品。

第十条 校办工厂生产所需的原材料、设备、燃料等国家统配物资,有关地方和部门要统筹供应。属于有关单位带料加工的,材料仍由有关单位供应。

校办工厂的产品,凡不属国家统一调拨又为市场需要的,商业、外贸部门应按国家规定的价格收购或按有关规定自销,或举办联合展销门市部。对适合学校组织的出口项目和有出口价值的产品,外贸部门要积极扶持、指导。

第十一条 校办工厂的固定资产及一切财物属学校所有,由学校隶属部门归口管理,其他部门不得借口“调整”“归口”或其他理由平调、收缴和占用,已经发生上述现象的,要在当地政府领导下,妥善解决。

学校内部不准私分或变相私分勤工俭学的财物。

第十二条 有关部门要积极支持校办工厂开

展新产品的研制,并在技术、设备、材料、科研费等方面给予帮助和支持,对研究成果要给予奖励,其他单位采用时要给予适当代价。

各地区各部门在工业调整、产品归口、规划定点时,对校办工厂要给予扶植和支持。召开有关订货会、展销会、经营管理经验交流会以及有关方针、政策的传达等,都应通知同级教育行政部门参加。

第十三条 学校为开展勤工俭学举办工厂或经营其他项目,要按国家有关规定办理,报经教育行政部门批准,按规定向当地工商行政管理部门申请登记,核发营业执照。有关部门要积极予以支持和指导。

第四章 校办农业

第十四条 农村学校开展勤工俭学,应根据本地的自然条件和特点发展多种经营,积极开展种植业、养殖业、畜牧业、农副产品加工和采、拣、编织、修理等多种类型的勤工俭学活动。

第十五条 地方政府要根据当地的实际情况,就近划给一定数量的土地(包括山林、水塘、牧场等,下同),作为学校勤工俭学的生产劳动基地。并允许学校师生按国家规定开荒、拣种撂荒地。凡已经拨给学校的土地,或由学校师生开垦或垦复的土地,拣种的撂荒地,以及征购的土地均归学校使用,有关部门应发给土地、林权执照,保证学校的使用权。任何人、任何部门不得随意占用或串换,已经占用的应尽量退还给学校;需要串换的,要经双方同意,并报县级人民政府批准。

第十六条 校办农场(含林、牧、副、渔)要结合教学开展科学实验和科学种田,采用先进技术,搞好实验园地,培育优良品种,改进耕作方法,培养学生掌握初步的农业(包括林、牧、副、渔)知识和技能。

校办农场要为发展当地农业生产、普及农业科学技术知识、提高农民的农业生产技术服务。

第十七条 校办农场要有计划地安排生产。需要的物资、设备等生产资料,要详加核算,各地计划、农林、物资、供销等有关部门,要积极支持,协助解决。

农村商业部门收购学校的农、林、牧、副、渔产品时,应评等计价。

适于出口的农副土特产品,除外贸、商业部门要积极收购外,教育部门还可组织生产加工,并与外贸部门签订合同,直接交付出口。

第五章 劳动工资

第十八条 校办工厂、农场,要按照精简的原则,配备一定数量的政治思想好、有一定文化、技术水平、懂教学的管理干部、技术人员和必需的固定工人,以加强生产的组织领导,保证生产的有效进行和指导学生的生产劳动。各级劳动人事部门和教育行政部门,在核定学校编制时,要给校办工厂、农场适当的编制。新增人员要首先从现有教职工中调配。

校办工厂、农场根据需要可按有关规定聘请少量政治思想好、生产技术水平高、能坚持正常工作的退休职工,以指导学生的生产劳动和产品质量的把关。

第十九条 校办工厂、农场的劳动工资和职工调配由教育行政部门按国家规定管理。

校办工厂、农场中的职工,原属全民所有制的,按当地全民所有制劳动工资管理体制管理;原属集体所有制的,按集体所有制劳动工资管理体制管理;今后需新增加的人员,以集体所有制职工为主;农村校办厂(场)的职工参照社队企业劳动工资管理体制管理。

第二十条 校办工厂、农场的职工,其工资、劳保福利待遇及粮食标准等,根据厂(场)生产经营情况并参照当地同行业、同工种的标准执行。所需劳保用品和粮食补助,按当地规定,由有关部门供应。

第二十一条 学校派到校办工厂、农场的教职工,仍属学校事业编制。长期从事校办厂(场)工作,具有一定技术专长的教职工,可按技术人员评定职称标准,按规定经过考核,授予技术职称。

第二十二条 学校要加强厂(场)的职工队伍建设,加强政治思想工作。各地教育部门应根据所属地区校办厂(场)的情况,按照中共中央、国务院1981年的《关于加强职工教育工作的决定》,利用本地区的学校条件,举办各种形式的学习班,分期分批地有计划地培训工人、技术人员、财会人员和管理人员,各级计划、经济、财政部门要尽力帮助与支持。要建立考核制度,奖惩制度,充分调动职工的积极性,建设一支又红又专的职工队伍。

第六章 组织领导

第二十三条 各级教育行政部门可根据本地区的实际情况，建立健全勤工俭学的管理机构。根据需要还可设立专业公司。

农村中心校应有专人负责勤工俭学的管理工作。

第二十四条 各级教育行政部门的勤工俭学管理机构，是校办工厂、农场的主管部门，其主要职责是：

（1）贯彻执行党的教育方针和国家的有关政策，拟定有关的规章、制度和实施细则，组织、指导勤工俭学工作的开展。

（2）制定和实施勤工俭学的长远规划和年度计划，组织和指导学校的勤工俭学管理工作，安排学生的生产劳动，进行财务监督检查，汇总统计报表和处理日常工作。

（3）代表所属校办工厂、农场与当地有关部门进行业务联系，参加同级部门召开的有关会议，疏通或解决校办工厂、农场的供、产、销渠道及其他有关问题。

（4）按照有关部门的政策规定，组织开设校办工厂、农场产品的展销门市部，帮助学校推销产品。

（5）组织研制新产品，掌握经济技术情报，引进新技术，开展技术革新活动，组织学校之间、地区或部门之间的经济技术合作和产品交流。

（6）管理所属校办工厂、农场的职工，组织职工的培训。

（7）调查研究，总结、交流经验，推动勤工俭学的不断巩固和发展。

第二十五条 学校要切实抓好勤工俭学工作，及时研究解决有关问题。

校办工厂、农场在校长领导下进行工作，根据其规模和实际情况，配备专职或兼职厂（场）长和必要的管理干部。全面负责校办厂（场）的日常生产和行政业务工作。

第七章 附 则

第二十六条 本条例适用于所有中学、小学、职业中学、农业中学、中等师范学校、职业学校。

各省、自治区、直辖市人民政府和有关部委可根据本条例结合当地或本系统的实际情况，制订具体实施办法。

第二十七条 本条例自发布之日起施行。

国家教育考试违规处理办法

·2004年5月19日教育部令第18号发布

·根据2012年1月5日《教育部关于修改〈国家教育考试违规处理办法〉的决定》修订

第一章 总 则

第一条 为规范对国家教育考试违规行为的认定与处理，维护国家教育考试的公平、公正，保障参加国家教育考试的人员（以下简称考生）、从事和参与国家教育考试工作的人员（以下简称考试工作人员）的合法权益，根据《中华人民共和国教育法》及相关法律、行政法规，制定本办法。

第二条 本办法所称国家教育考试是指普通和成人高等学校招生考试、全国硕士研究生招生考试、高等教育自学考试等，由国务院教育行政部门确定实施，由经批准的实施教育考试的机构承办，面向社会公开、统一举行，其结果作为招收学历教育学生或者取得国家承认学历、学位证书依据的测试活动。

第三条 对参加国家教育考试的考生以及考试工作人员、其他相关人员，违反考试管理规定和考场纪律，影响考试公平、公正行为的认定与处理，适用本办法。

对国家教育考试违规行为的认定与处理应当公开公平、合法适当。

第四条 国务院教育行政部门及地方各级人民政府教育行政部门负责全国或者本地区国家教育考试组织工作的管理与监督。

承办国家教育考试的各级教育考试机构负责有关考试的具体实施，依据本办法，负责对考试违规行为的认定与处理。

第二章 违规行为的认定与处理

第五条 考生不遵守考场纪律，不服从考试工作人员的安排与要求，有下列行为之一的，应当认定为考试违纪：

（一）携带规定以外的物品进入考场或者未放在指定位置的；

（二）未在规定的座位参加考试的；

（三）考试开始信号发出前答题或者考试结束信号发出后继续答题的；

（四）在考试过程中旁窥、交头接耳、互打暗号或者手势的；

（五）在考场或者教育考试机构禁止的范围内，喧哗、吸烟或者实施其他影响考场秩序的行为的；

（六）未经考试工作人员同意在考试过程中擅自离开考场的；

（七）将试卷、答卷（含答题卡、答题纸等，下同）、草稿纸等考试用纸带出考场的；

（八）用规定以外的笔或者纸答题或者在试卷规定以外的地方书写姓名、考号或者以其他方式在答卷上标记信息的；

（九）其他违反考场规则但尚未构成作弊的行为。

第六条 考生违背考试公平、公正原则，在考试过程中有下列行为之一的，应当认定为考试作弊：

（一）携带与考试内容相关的材料或者存储有与考试内容相关资料的电子设备参加考试的；

（二）抄袭或者协助他人抄袭试题答案或者与考试内容相关的资料的；

（三）抢夺、窃取他人试卷、答卷或者胁迫他人为自己抄袭提供方便的；

（四）携带具有发送或者接收信息功能的设备的；

（五）由他人冒名代替参加考试的；

（六）故意销毁试卷、答卷或者考试材料的；

（七）在答卷上填写与本人身份不符的姓名、考号等信息的；

（八）传、接物品或者交换试卷、答卷、草稿纸的；

（九）其他以不正当手段获得或者试图获得试题答案、考试成绩的行为。

第七条 教育考试机构、考试工作人员在考试过程中或者在考试结束后发现下列行为之一的，应当认定相关的考生实施了考试作弊行为：

（一）通过伪造证件、证明、档案及其他材料获得考试资格、加分资格和考试成绩的；

（二）评卷过程中被认定为答案雷同的；

（三）考场纪律混乱、考试秩序失控，出现大面积考试作弊现象的；

（四）考试工作人员协助实施作弊行为，事后查实的；

（五）其他应认定为作弊的行为。

第八条 考生及其他人员应当自觉维护考试秩序，服从考试工作人员的管理，不得有下列扰乱考试秩序的行为：

（一）故意扰乱考点、考场、评卷场所等考试工作场所秩序；

（二）拒绝、妨碍考试工作人员履行管理职责；

（三）威胁、侮辱、诽谤、诬陷或者以其他方式侵害考试工作人员、其他考生合法权益的行为；

（四）故意损坏考场设施设备；

（五）其他扰乱考试管理秩序的行为。

第九条 考生有第五条所列考试违纪行为之一的，取消该科目的考试成绩。

考生有第六条、第七条所列考试作弊行为之一的，其所报名参加考试的各阶段、各科成绩无效；参加高等教育自学考试的，当次考试各科成绩无效。

有下列情形之一的，可以视情节轻重，同时给予暂停参加该项考试 1 至 3 年的处理；情节特别严重的，可以同时给予暂停参加各种国家教育考试 1 至 3 年的处理：

（一）组织团伙作弊的；

（二）向考场外发送、传递试题信息的；

（三）使用相关设备接收信息实施作弊的；

（四）伪造、变造身份证、准考证及其他证明材料，由他人代替或者代替考生参加考试的。

参加高等教育自学考试的考生有前款严重作弊行为的，也可以给予延迟毕业时间 1 至 3 年的处理，延迟期间考试成绩无效。

第十条 考生有第八条所列行为之一的，应当终止其继续参加本科目考试，其当次报名参加考试的各科成绩无效；考生及其他人员的行为违反《中华人民共和国治安管理处罚法》的，由公安机关进行处理；构成犯罪的，由司法机关依法追究刑事责任。

第十一条 考生以作弊行为获得的考试成绩并由此取得相应的学位证书、学历证书及其他学业证书、资格资质证书或者入学资格的，由证书颁发机关宣布证书无效，责令收回证书或者予以没收；已经被录取或者入学的，由录取学校取消录取资格或者其学籍。

第十二条 在校学生、在职教师有下列情形之一的，教育考试机构应当通报其所在学校，由学校根据有关规定严肃处理，直至开除学籍或者予以解聘：

（一）代替考生或者由他人代替参加考试的；

（二）组织团伙作弊的；

（三）为作弊组织者提供试题信息、答案及相应设备等参与团伙作弊行为的。

第十三条 考试工作人员应当认真履行工作职责，在考试管理、组织及评卷等工作过程中，有下列行为之一的，应当停止其参加当年及下一年度的国家教育考试工作，并由教育考试机构或者建议其所在单位视情节轻重分别给予相应的行政处分：

（一）应回避考试工作却隐瞒不报的；

（二）擅自变更考试时间、地点或者考试安排的；

（三）提示或暗示考生答题的；

（四）擅自将试题、答卷或者有关内容带出考场或者传递给他人的；

（五）未认真履行职责，造成所负责考场出现秩序混乱、作弊严重或者视频录像资料损毁、视频系统不能正常工作的；

（六）在评卷、统分中严重失职，造成明显的错评、漏评或者积分差错的；

（七）在评卷中擅自更改评分细则或者不按评分细则进行评卷的；

（八）因未认真履行职责，造成所负责考场出现雷同卷的；

（九）擅自泄露评卷、统分等应予保密的情况的；

（十）其他违反监考、评卷等管理规定的行为。

第十四条 考试工作人员有下列作弊行为之一的，应当停止其参加国家教育考试工作，由教育考试机构或者其所在单位视情节轻重分别给予相应的行政处分，并调离考试工作岗位；情节严重，构成犯罪的，由司法机关依法追究刑事责任：

（一）为不具备参加国家教育考试条件的人员提供假证明、证件、档案，使其取得考试资格或者考试工作人员资格的；

（二）因玩忽职守，致使考生未能如期参加考试的或者使考试工作遭受重大损失的；

（三）利用监考或者从事考试工作之便，为考生作弊提供条件的；

（四）伪造、变造考生档案（含电子档案）的；

（五）在场外组织答卷、为考生提供答案的；

（六）指使、纵容或者伙同他人作弊的；

（七）偷换、涂改考生答卷、考试成绩或者考场原始记录材料的；

（八）擅自更改或者编造、虚报考试数据、信息的；

（九）利用考试工作便利，索贿、受贿、以权徇私的；

（十）诬陷、打击报复考生的。

第十五条 因教育考试机构管理混乱、考试工作人员玩忽职守，造成考点或者考场纪律混乱，作弊现象严重；或者同一考点同一时间的考试有1/5以上考场存在雷同卷的，由教育行政部门取消该考点当年及下一年度承办国家教育考试的资格；高等教育自学考试考区内一个或者一个以上专业考试纪律混乱，作弊现象严重，由高等教育自学考试管理机构给予该考区警告或者停考该考区相应专业1至3年的处理。

对出现大规模作弊情况的考场、考点的相关责任人、负责人及所属考区的负责人，有关部门应当分别给予相应的行政处分；情节严重，构成犯罪的，由司法机关依法追究刑事责任。

第十六条 违反保密规定，造成国家教育考试的试题、答案及评分参考（包括副题及其答案及评分参考，下同）丢失、损毁、泄密，或者使考生答卷在保密期限内发生重大事故的，由有关部门视情节轻重，分别给予责任人和有关负责人行政处分；构成犯罪的，由司法机关依法追究刑事责任。

盗窃、损毁、传播在保密期限内的国家教育考试试题、答案及评分参考、考生答卷、考试成绩的，由有关部门依法追究有关人员的责任；构成犯罪的，由司法机关依法追究刑事责任。

第十七条 有下列行为之一的，由教育考试机构建议行为人所在单位给予行政处分；违反《中华人民共和国治安管理处罚法》的，由公安机关依法处理；构成犯罪的，由司法机关依法追究刑事责任：

（一）指使、纵容、授意考试工作人员放松考试纪律，致使考场秩序混乱、作弊严重的；

（二）代替考生或者由他人代替参加国家教育考试的；

（三）组织或者参与团伙作弊的；

(四)利用职权,包庇、掩盖作弊行为或者胁迫他人作弊的;

(五)以打击、报复、诬陷、威胁等手段侵犯考试工作人员、考生人身权利的;

(六)向考试工作人员行贿的;

(七)故意损坏考试设施的;

(八)扰乱、妨害考场、评卷点及有关考试工作场所秩序后果严重的。

国家工作人员有前款行为的,教育考试机构应当建议有关纪检、监察部门,根据有关规定从重处理。

第三章 违规行为认定与处理程序

第十八条 考试工作人员在考试过程中发现考生实施本办法第五条、第六条所列考试违纪、作弊行为的,应当及时予以纠正并如实记录;对考生用于作弊的材料、工具等,应予暂扣。

考生违规记录作为认定考生违规事实的依据,应当由 2 名以上监考员或者考场巡视员、督考员签字确认。

考试工作人员应当向违纪考生告知违规记录的内容,对暂扣的考生物品应填写收据。

第十九条 教育考试机构发现本办法第七条、第八条所列行为的,应当由 2 名以上工作人员进行事实调查,收集、保存相应的证据材料,并在调查事实和证据的基础上,对所涉及考生的违规行为进行认定。

考试工作人员通过视频发现考生有违纪、作弊行为的,应当立即通知在现场的考试工作人员,并应当将视频录像作为证据保存。教育考试机构可以通过视频录像回放,对所涉及考生违规行为进行认定。

第二十条 考点汇总考生违规记录,汇总情况经考点主考签字认定后,报送上级教育考试机构依据本办法的规定进行处理。

第二十一条 考生在普通和成人高等学校招生考试、高等教育自学考试中,出现第五条所列考试违纪行为的,由省级教育考试机构或者市级教育考试机构做出处理决定,由市级教育考试机构做出的处理决定应报省级教育考试机构备案;出现第六条、第七条所列考试作弊行为的,由市级教育考试机构签署意见,报省级教育考试机构处理,省级教育考试机构也可以要求市级教育考试机构报送材料及证据,直接进行处理;出现本办法第八条所列扰乱考试秩序行为的,由市级教育考试机构签署意见,报省级教育考试机构按照前款规定处理,对考生及其他人员违反治安管理法律法规的行为,由当地公安部门处理;评卷过程中发现考生有本办法第七条所列考试作弊行为的,由省级教育考试机构做出处理决定,并通知市级教育考试机构。

考生在参加全国硕士研究生招生考试中的违规行为,由组织考试的机构认定,由相关省级教育考试机构或者受其委托的组织考试的机构做出处理决定。

在国家教育考试考场视频录像回放审查中认定的违规行为,由省级教育考试机构认定并做出处理决定。

参加其他国家教育考试考生违规行为的处理由承办有关国家教育考试的考试机构参照前款规定具体确定。

第二十二条 教育行政部门和其他有关部门在考点、考场出现大面积作弊情况或者需要对教育考试机构实施监督的情况下,应当直接介入调查和处理。

发生第十四、十五、十六条所列案件,情节严重的,由省级教育行政部门会同有关部门共同处理,并及时报告国务院教育行政部门;必要时,国务院教育行政部门参与或者直接进行处理。

第二十三条 考试工作人员在考场、考点及评卷过程中有违反本办法的行为的,考点主考、评卷点负责人应当暂停其工作,并报相应的教育考试机构处理。

第二十四条 在其他与考试相关的场所违反有关规定的考生,由市级教育考试机构或者省级教育考试机构做出处理决定;市级教育考试机构做出的处理决定应报省级教育考试机构备案。

在其他与考试相关的场所违反有关规定的考试工作人员,由所在单位根据市级教育考试机构或者省级教育考试机构提出的处理意见,进行处理,处理结果应当向提出处理的教育考试机构通报。

第二十五条 教育考试机构在对考试违规的个人或者单位做出处理决定前,应当复核违规事实和相关证据,告知被处理人或者单位做出处理决定的理由和依据;被处理人或者单位对所认定的违规事实认定存在异议的,应当给予其陈述和申辩的机会。

给予考生停考处理的，经考生申请，省级教育考试机构应当举行听证，对作弊的事实、情节等进行审查、核实。

第二十六条 教育考试机构做出处理决定应当制作考试违规处理决定书，载明被处理人的姓名或者单位名称、处理事实根据和法律依据、处理决定的内容、救济途径以及做出处理决定的机构名称和做出处理决定的时间。

考试违规处理决定书应当及时送达被处理人。

第二十七条 考生或者考试工作人员对教育考试机构做出的违规处理决定不服的，可以在收到处理决定之日起15日内，向其上一级教育考试机构提出复核申请；对省级教育考试机构或者承办国家教育考试的机构做出的处理决定不服的，也可以向省级教育行政部门或者授权承担国家教育考试的主管部门提出复核申请。

第二十八条 受理复核申请的教育考试机构、教育行政部门应对处理决定所认定的违规事实和适用的依据等进行审查，并在受理后30日内，按照下列规定作出复核决定：

（一）处理决定认定事实清楚、证据确凿，适用依据正确，程序合法，内容适当的，决定维持；

（二）处理决定有下列情况之一的，决定撤销或者变更：

1. 违规事实认定不清、证据不足的；
2. 适用依据错误的；
3. 违反本办法规定的处理程序的。

做出决定的教育考试机构对因错误的处理决定给考生造成的损失，应当予以补救。

第二十九条 申请人对复核决定或者处理决定不服的，可以依法申请行政复议或者提起行政诉讼。

第三十条 教育考试机构应当建立国家教育考试考生诚信档案，记录、保留在国家教育考试中作弊人员的相关信息。国家教育考试考生诚信档案中记录的信息未经法定程序，任何组织、个人不得删除、变更。

国家教育考试考生诚信档案可以依申请接受社会有关方面的查询，并应当及时向招生学校或单位提供相关信息，作为招生参考条件。

第三十一条 省级教育考试机构应当及时汇总本地区违反规定的考生及考试工作人员的处理情况，并向国家教育考试机构报告。

第四章 附 则

第三十二条 本办法所称考场是指实施考试的封闭空间；所称考点是指设置若干考场独立进行考务活动的特定场所；所称考区是指由省级教育考试机构设置，由若干考点组成，进行国家教育考试实施工作的特定地区。

第三十三条 非全日制攻读硕士学位全国考试、中国人民解放军高等教育自学考试及其他各级各类教育考试的违规处理可以参照本办法执行。

第三十四条 本办法自发布之日起施行。此前教育部颁布的各有关国家教育考试的违规处理规定同时废止。

未成年人学校保护规定

·2021年6月1日教育部令第50号公布
·自2021年9月1日起施行

第一章 总 则

第一条 为了落实学校保护职责，保障未成年人合法权益，促进未成年人德智体美劳全面发展、健康成长，根据《中华人民共和国教育法》《中华人民共和国未成年人保护法》等法律法规，制定本规定。

第二条 普通中小学、中等职业学校（以下简称学校）对本校未成年人（以下统称学生）在校学习、生活期间合法权益的保护，适用本规定。

第三条 学校应当全面贯彻国家教育方针，落实立德树人根本任务，弘扬社会主义核心价值观，依法办学、依法治校，履行学生权益保护法定职责，健全保护制度，完善保护机制。

第四条 学校学生保护工作应当坚持最有利于未成年人的原则，注重保护和教育相结合，适应学生身心健康发展的规律和特点；关心爱护每个学生，尊重学生权利，听取学生意见。

第五条 教育行政部门应当落实工作职责，会同有关部门健全学校学生保护的支持措施、服务体系，加强对学校学生保护工作的支持、指导、监督和评价。

第二章　一般保护

第六条　学校应当平等对待每个学生，不得因学生及其父母或者其他监护人（以下统称家长）的民族、种族、性别、户籍、职业、宗教信仰、教育程度、家庭状况、身心健康情况等歧视学生或者对学生进行区别对待。

第七条　学校应当落实安全管理职责，保护学生在校期间人身安全。学校不得组织、安排学生从事抢险救灾、参与危险性工作，不得安排学生参加商业性活动及其他不宜学生参加的活动。

学生在校内或者本校组织的校外活动中发生人身伤害事故的，学校应当依据有关规定妥善处理，及时通知学生家长；情形严重的，应当按规定向有关部门报告。

第八条　学校不得设置侵犯学生人身自由的管理措施，不得对学生在课间及其他非教学时间的正当交流、游戏、出教室活动等言行自由设置不必要的约束。

第九条　学校应当尊重和保护学生的人格尊严，尊重学生名誉，保护和培育学生的荣誉感、责任感，表彰、奖励学生做到公开、公平、公正；在教育、管理中不得使用任何贬损、侮辱学生及其家长或者所属特定群体的言行、方式。

第十条　学校采集学生个人信息，应当告知学生及其家长，并对所获得的学生及其家庭信息负有管理、保密义务，不得毁弃以及非法删除、泄露、公开、买卖。

学校在奖励、资助、申请贫困救助等工作中，不得泄露学生个人及其家庭隐私；学生的考试成绩、名次等学业信息，学校应当便利学生本人和家长知晓，但不得公开，不得宣传升学情况；除因法定事由，不得查阅学生的信件、日记、电子邮件或者其他网络通讯内容。

第十一条　学校应当尊重和保护学生的受教育权利，保障学生平等使用教育教学设施设备、参加教育教学计划安排的各种活动，并在学业成绩和品行上获得公正评价。

对身心有障碍的学生，应当提供合理便利，实施融合教育，给予特别支持；对学习困难、行为异常的学生，应当以适当方式教育、帮助，必要时，可以通过安排教师或者专业人员课后辅导等方式给予帮助或者支持。

学校应当建立留守学生、困境学生档案，配合政府有关部门做好关爱帮扶工作，避免学生因家庭因素失学、辍学。

第十二条　义务教育学校不得开除或者变相开除学生，不得以长期停课、劝退等方式，剥夺学生在校接受并完成义务教育的权利；对转入专门学校的学生，应当保留学籍，原决定机关决定转回的学生，不得拒绝接收。

义务教育学校应当落实学籍管理制度，健全辍学或者休学、长期请假学生的报告备案制度，对辍学学生应当及时进行劝返，劝返无效的，应当报告有关主管部门。

第十三条　学校应当按规定科学合理安排学生在校作息时间，保证学生有休息、参加文娱活动和体育锻炼的机会和时间，不得统一要求学生在规定的上课时间前到校参加课程教学活动。

义务教育学校不得占用国家法定节假日、休息日及寒暑假，组织学生集体补课；不得以集体补课等形式侵占学生休息时间。

第十四条　学校不得采用毁坏财物的方式对学生进行教育管理，对学生携带进入校园的违法违规物品，按规定予以暂扣的，应当统一管理，并依照有关规定予以处理。

学校不得违反规定向学生收费，不得强制要求或者设置条件要求学生及家长捐款捐物、购买商品或者服务，或者要求家长提供物质帮助、需支付费用的服务等。

第十五条　学校以发布、汇编、出版等方式使用学生作品，对外宣传或者公开使用学生个体肖像的，应当取得学生及其家长许可，并依法保护学生的权利。

第十六条　学校应当尊重学生的参与权和表达权，指导、支持学生参与学校章程、校规校纪、班级公约的制定，处理与学生权益相关的事务时，应当以适当方式听取学生意见。

第十七条　学校对学生实施教育惩戒或者处分学生的，应当依据有关规定，听取学生的陈述、申辩，遵循审慎、公平、公正的原则作出决定。

除开除学籍处分以外，处分学生应当设置期限，对受到处分的学生应当跟踪观察、有针对性地实施教育，确有改正的，到期应当予以解除。解除处分后，学生获得表彰、奖励及其他权益，不再受原处分影响。

第三章 专项保护

第十八条 学校应当落实法律规定建立学生欺凌防控和预防性侵害、性骚扰等专项制度，建立对学生欺凌、性侵害、性骚扰行为的零容忍处理机制和受伤害学生的关爱、帮扶机制。

第十九条 学校应当成立由校内相关人员、法治副校长、法律顾问、有关专家、家长代表、学生代表等参与的学生欺凌治理组织，负责学生欺凌行为的预防和宣传教育、组织认定、实施矫治、提供援助等。

学校应当定期针对全体学生开展防治欺凌专项调查，对学校是否存在欺凌等情形进行评估。

第二十条 学校应当教育、引导学生建立平等、友善、互助的同学关系，组织教职工学习预防、处理学生欺凌的相关政策、措施和方法，对学生开展相应的专题教育，并且应当根据情况给予相关学生家长必要的家庭教育指导。

第二十一条 教职工发现学生实施下列行为的，应当及时制止：

（一）殴打、脚踢、掌掴、抓咬、推撞、拉扯等侵犯他人身体或者恐吓威胁他人；

（二）以辱骂、讥讽、嘲弄、挖苦、起侮辱性绰号等方式侵犯他人人格尊严；

（三）抢夺、强拿硬要或者故意毁坏他人财物；

（四）恶意排斥、孤立他人，影响他人参加学校活动或者社会交往；

（五）通过网络或者其他信息传播方式捏造事实诽谤他人、散布谣言或者错误信息诋毁他人、恶意传播他人隐私。

学生之间，在年龄、身体或者人数等方面占优势的一方蓄意或者恶意对另一方实施前款行为，或者以其他方式欺压、侮辱另一方，造成人身伤害、财产损失或者精神损害的，可以认定为构成欺凌。

第二十二条 教职工应当关注因身体条件、家庭背景或者学习成绩等可能处于弱势或者特殊地位的学生，发现学生存在被孤立、排挤等情形的，应当及时干预。

教职工发现学生有明显的情绪反常、身体损伤等情形，应当及时沟通了解情况，可能存在被欺凌情形的，应当及时向学校报告。

学校应当教育、支持学生主动、及时报告所发现的欺凌情形，保护自身和他人的合法权益。

第二十三条 学校接到关于学生欺凌报告的，应当立即开展调查，认为可能构成欺凌的，应当及时提交学生欺凌治理组织认定和处置，并通知相关学生的家长参与欺凌行为的认定和处理。认定构成欺凌的，应当对实施或者参与欺凌行为的学生作出教育惩戒或者纪律处分，并对其家长提出加强管教的要求，必要时，可以由法治副校长、辅导员对学生及其家长进行训导、教育。

对违反治安管理或者涉嫌犯罪等严重欺凌行为，学校不得隐瞒，应当及时向公安机关、教育行政部门报告，并配合相关部门依法处理。

不同学校学生之间发生的学生欺凌事件，应当在主管教育行政部门的指导下建立联合调查机制，进行认定和处理。

第二十四条 学校应当建立健全教职工与学生交往行为准则、学生宿舍安全管理规定、视频监控管理规定等制度，建立预防、报告、处置性侵害、性骚扰工作机制。

学校应当采取必要措施预防并制止教职工以及其他进入校园的人员实施以下行为：

（一）与学生发生恋爱关系、性关系；

（二）抚摸、故意触碰学生身体特定部位等猥亵行为；

（三）对学生作出调戏、挑逗或者具有性暗示的言行；

（四）向学生展示传播包含色情、淫秽内容的信息、书刊、影片、音像、图片或者其他淫秽物品；

（五）持有包含淫秽、色情内容的视听、图文资料；

（六）其他构成性骚扰、性侵害的违法犯罪行为。

第四章 管理要求

第二十五条 学校应当制定规范教职工、学生行为的校规校纪。校规校纪应当内容合法、合理，制定程序完备，向学生及其家长公开，并按照要求报学校主管部门备案。

第二十六条 学校应当严格执行国家课程方案，按照要求开齐开足课程、选用教材和教学辅助资料。学校开发的校本课程或者引进的课程应当经过科学论证，并报主管教育行政部门备案。

学校不得与校外培训机构合作向学生提供有

偿的课程或者课程辅导。

第二十七条 学校应当加强作业管理，指导和监督教师按照规定科学适度布置家庭作业，不得超出规定增加作业量，加重学生学习负担。

第二十八条 学校应当按照规定设置图书馆、班级图书角，配备适合学生认知特点、内容积极向上的课外读物，营造良好阅读环境，培养学生阅读习惯，提升阅读质量。

学校应当加强读物和校园文化环境管理，禁止含有淫秽、色情、暴力、邪教、迷信、赌博、恐怖主义、分裂主义、极端主义等危害未成年人身心健康内容的读物、图片、视听作品等，以及商业广告、有悖于社会主义核心价值观的文化现象进入校园。

第二十九条 学校应当建立健全安全风险防控体系，按照有关规定完善安全、卫生、食品等管理制度，提供符合标准的教育教学设施、设备等，制定自然灾害、突发事件、极端天气和意外伤害应急预案，配备相应设施并定期组织必要的演练。

学生在校期间学校应当对校园实行封闭管理，禁止无关人员进入校园。

第三十条 学校应当以适当方式教育、提醒学生及家长，避免学生使用兴奋剂或者镇静催眠药、镇痛剂等成瘾性药物；发现学生使用的，应当予以制止、向主管部门或者公安机关报告，并应当及时通知家长，但学生因治疗需要并经执业医师诊断同意使用的除外。

第三十一条 学校应当建立学生体质监测制度，发现学生出现营养不良、近视、肥胖、龋齿等倾向或者有导致体质下降的不良行为习惯，应当进行必要的管理、干预，并通知家长，督促、指导家长实施矫治。

学校应当完善管理制度，保障学生在课间、课后使用学校的体育运动场地、设施开展体育锻炼；在周末和节假日期间，按规定向学生和周边未成年人免费或者优惠开放。

第三十二条 学校应当建立学生心理健康教育管理制度，建立学生心理健康问题的早期发现和及时干预机制，按照规定配备专职或者兼职心理健康教育教师、建设心理辅导室，或者通过购买专业社工服务等多种方式为学生提供专业化、个性化的指导和服务。

有条件的学校，可以定期组织教职工进行心理健康状况测评，指导、帮助教职工以积极、乐观的心态对待学生。

第三十三条 学校可以禁止学生携带手机等智能终端产品进入学校或者在校园内使用；对经允许带入的，应当统一管理，除教学需要外，禁止带入课堂。

第三十四条 学校应当将科学、文明、安全、合理使用网络纳入课程内容，对学生进行网络安全、网络文明和防止沉迷网络的教育，预防和干预学生过度使用网络。

学校为学生提供的上网设施，应当安装未成年人上网保护软件或者采取其他安全保护技术措施，避免学生接触不适宜未成年人接触的信息；发现网络产品、服务、信息有危害学生身心健康内容的，或者学生利用网络实施违法活动的，应当立即采取措施并向有关主管部门报告。

第三十五条 任何人不得在校园内吸烟、饮酒。学校应当设置明显的禁止吸烟、饮酒的标识，并不得以烟草制品、酒精饮料的品牌冠名学校、教学楼、设施设备及各类教学、竞赛活动。

第三十六条 学校应当严格执行入职报告和准入查询制度，不得聘用有下列情形的人员：

（一）受到剥夺政治权利或者因故意犯罪受到有期徒刑以上刑事处罚的；

（二）因卖淫、嫖娼、吸毒、赌博等违法行为受到治安管理处罚的；

（三）因虐待、性骚扰、体罚或者侮辱学生等情形被开除或者解聘的；

（四）实施其他被纳入教育领域从业禁止范围的行为的。

学校在聘用教职工或引入志愿者、社工等校外人员时，应当要求相关人员提交承诺书；对在聘人员应当按照规定定期开展核查，发现存在前款规定情形的人员应当及时解聘。

第三十七条 学校发现拟聘人员或者在职教职工存在下列情形的，应当对有关人员是否符合相应岗位要求进行评估，必要时可以安排有专业资质的第三方机构进行评估，并将相关结论作为是否聘用或者调整工作岗位、解聘的依据：

（一）有精神病史的；

（二）有严重酗酒、滥用精神类药物史的；

（三）有其他可能危害未成年人身心健康或者可能造成不良影响的身心疾病的。

第三十八条 学校应当加强对教职工的管

理，预防和制止教职工实施法律、法规、规章以及师德规范禁止的行为。学校及教职工不得实施下列行为：

（一）利用管理学生的职务便利或者招生考试、评奖评优、推荐评价等机会，以任何形式向学生及其家长索取、收受财物或者接受宴请、其他利益；

（二）以牟取利益为目的，向学生推销或者要求、指定学生购买特定辅导书、练习册等教辅材料或者其他商品、服务；

（三）组织、要求学生参加校外有偿补课，或者与校外机构、个人合作向学生提供其他有偿服务；

（四）诱导、组织或者要求学生及其家长登录特定经营性网站，参与视频直播、网络购物、网络投票、刷票等活动；

（五）非法提供、泄露学生信息或者利用所掌握的学生信息牟取利益；

（六）其他利用管理学生的职权牟取不正当利益的行为。

第三十九条 学校根据《校车安全管理条例》配备、使用校车的，应当依法建立健全校车安全管理制度，向学生讲解校车安全乘坐知识，培养学生校车安全事故应急处理技能。

第四十条 学校应当定期巡查校园及周边环境，发现存在法律禁止在学校周边设立的营业场所、销售网点的，应当及时采取应对措施，并报告主管教育部门或者其他有关主管部门。

学校及其教职工不得安排或者诱导、组织学生进入营业性娱乐场所、互联网上网服务营业场所、电子游戏场所、酒吧等不适宜未成年人活动的场所；发现学生进入上述场所的，应当及时予以制止、教育，并向上述场所的主管部门反映。

第五章 保护机制

第四十一条 校长是学生学校保护的第一责任人。学校应当指定一名校领导直接负责学生保护工作，并明确具体的工作机构，有条件的，可以设立学生保护专员开展学生保护工作。学校应当为从事学生保护工作的人员接受相关法律、理论和技能的培训提供条件和支持，对教职工开展未成年人保护专项培训。

有条件的学校可以整合欺凌防治、纪律处分等组织、工作机制，组建学生保护委员会，统筹负责学生权益保护及相关制度建设。

第四十二条 学校要树立以生命关怀为核心的教育理念，利用安全教育、心理健康教育、环境保护教育、健康教育、禁毒和预防艾滋病教育等专题教育，引导学生热爱生命、尊重生命；要有针对性地开展青春期教育、性教育，使学生了解生理健康知识，提高防范性侵害、性骚扰的自我保护意识和能力。

第四十三条 学校应当结合相关课程要求，根据学生的身心特点和成长需求开展以宪法教育为核心、以权利与义务教育为重点的法治教育，培养学生树立正确的权利观念，并开展有针对性的预防犯罪教育。

第四十四条 学校可以根据实际组成由学校相关负责人、教师、法治副校长（辅导员）、司法和心理等方面专业人员参加的专业辅导工作机制，对有不良行为的学生进行矫治和帮扶；对有严重不良行为的学生，学校应当配合有关部门进行管教，无力管教或者管教无效的，可以依法向教育行政部门提出申请送专门学校接受专门教育。

第四十五条 学校在作出与学生权益有关的决定前，应当告知学生及其家长，听取意见并酌情采纳。

学校应当发挥学生会、少代会、共青团等学生组织的作用，指导、支持学生参与权益保护，对于情节轻微的学生纠纷或者其他侵害学生权益的情形，可以安排学生代表参与调解。

第四十六条 学校应当建立与家长有效联系机制，利用家访、家长课堂、家长会等多种方式与学生家长建立日常沟通。

学校应当建立学生重大生理、心理疾病报告制度，向家长及时告知学生身体及心理健康状况；学校发现学生身体状况或者情绪反应明显异常、突发疾病或者受到伤害的，应当及时通知学生家长。

第四十七条 学校和教职工发现学生遭受或疑似遭受家庭暴力、虐待、遗弃、长期无人照料、失踪等不法侵害以及面临不法侵害危险的，应当依照规定及时向公安、民政、教育等有关部门报告。学校应当积极参与、配合有关部门做好侵害学生权利案件的调查处理工作。

第四十八条 教职员工发现学生权益受到侵害，属于本职工作范围的，应当及时处理；不属于本职工作范围或者不能处理的，应当及时报告班主任或学校负责人;必要时可以直接向主管教育行政部门或者公安机关报告。

第四十九条 学生因遭受遗弃、虐待向学校请求保护的,学校不得拒绝、推诿,需要采取救助措施的,应当先行救助。

学校应当关心爱护学生,为身体或者心理受到伤害的学生提供相应的心理健康辅导、帮扶教育。对因欺凌造成身体或者心理伤害,无法在原班级就读的学生,学生家长提出调整班级请求,学校经评估认为有必要的,应当予以支持。

第六章 支持与监督

第五十条 教育行政部门应当积极探索与人民检察院、人民法院、公安、司法、民政、应急管理等部门以及从事未成年人保护工作的相关群团组织的协同机制,加强对学校学生保护工作的指导与监督。

第五十一条 教育行政部门应当会同有关部门健全教职工从业禁止人员名单和查询机制,指导、监督学校健全准入和定期查询制度。

第五十二条 教育行政部门可以通过政府购买服务的方式,组织具有相应资质的社会组织、专业机构及其他社会力量,为学校提供法律咨询、心理辅导、行为矫正等专业服务,为预防和处理学生权益受侵害的案件提供支持。

教育行政部门、学校在与有关部门、机构、社会组织及个人合作进行学生保护专业服务与支持过程中,应当与相关人员签订保密协议,保护学生个人及家庭隐私。

第五十三条 教育行政部门应当指定专门机构或者人员承担学生保护的监督职责,有条件的,可以设立学生保护专兼职监察员负责学生保护工作,处理或者指导处理学生欺凌、性侵害、性骚扰以及其他侵害学生权益的事件,会同有关部门落实学校安全区域制度,健全依法处理涉校纠纷的工作机制。

负责学生保护职责的人员应当接受专门业务培训,具备学生保护的必要知识与能力。

第五十四条 教育行政部门应当通过建立投诉举报电话、邮箱或其他途径,受理对学校或者教职工违反本规定或者其他法律法规、侵害学生权利的投诉、举报;处理过程中发现有关人员行为涉嫌违法犯罪的,应当及时向公安机关报案或者移送司法机关。

第五十五条 县级教育行政部门应当会同民政部门,推动设立未成年人保护社会组织,协助受理涉及学生权益的投诉举报、开展侵害学生权益案件的调查和处理,指导、支持学校、教职工、家长开展学生保护工作。

第五十六条 地方教育行政部门应当建立学生保护工作评估制度,定期组织或者委托第三方对管辖区域内学校履行保护学生法定职责情况进行评估,评估结果作为学校管理水平评价、校长考评考核的依据。

各级教育督导机构应当将学校学生保护工作情况纳入政府履行教育职责评价和学校督导评估的内容。

第七章 责任与处理

第五十七条 学校未履行未成年人保护法规定的职责,违反本规定侵犯学生合法权利的,主管教育行政部门应当责令改正,并视情节和后果,依照有关规定和权限分别对学校的主要负责人、直接责任人或者其他责任人员进行诫勉谈话、通报批评、给予处分或者责令学校给予处分;同时,可以给予学校1至3年不得参与相应评奖评优,不得获评各类示范、标兵单位等荣誉的处理。

第五十八条 学校未履行对教职工的管理、监督责任,致使发生教职工严重侵害学生身心健康的违法犯罪行为,或者有包庇、隐瞒不报,威胁、阻拦报案,妨碍调查、对学生打击报复等行为的,主管教育部门应当对主要负责人和直接责任人给予处分或者责令学校给予处分;情节严重的,应当移送有关部门查处,构成违法犯罪的,依法追究相应法律责任。因监管不力、造成严重后果而承担领导责任的校长,5年内不得再担任校长职务。

第五十九条 学校未按本规定建立学生权利保护机制,或者制定的校规违反法律法规和本规定,由主管教育部门责令限期改正、给予通报批评;情节严重、影响较大或者逾期不改正的,可以对学校主要负责人和直接负责人给予处分或者责令学校给予处分。

第六十条 教职工违反本规定的,由学校或者主管教育部门依照事业单位人员管理、中小学教师管理的规定予以处理。

教职工实施第二十四条第二款禁止行为的,应当依法予以开除或者解聘;有教师资格的,由主管教育行政部门撤销教师资格,纳入从业禁止人员名单;涉嫌犯罪的,移送有关部门依法追究责任。

教职工违反第三十八条规定牟取不当利益的,应当责令退还所收费用或者所获利益,给学生造成经济损失的,应当依法予以赔偿,并视情节给予处分,涉嫌违法犯罪的移送有关部门依法追究责任。

学校应当根据实际,建立健全校内其他工作人员聘用和管理制度,对其他人员违反本规定的,根据情节轻重予以校内纪律处分直至予以解聘,涉嫌违反治安管理或者犯罪的,移送有关部门依法追究责任。

第六十一条 教育行政部门未履行对学校的指导、监督职责,管辖区域内学校出现严重侵害学生权益情形的,由上级教育行政部门、教育督导机构责令改正、予以通报批评,情节严重的依法追究主要负责人或者直接责任人的责任。

第八章 附 则

第六十二条 幼儿园、特殊教育学校应当根据未成年人身心特点,依据本规定有针对性地加强在园、在校未成年人合法权益的保护,并参照本规定、结合实际建立保护制度。

幼儿园、特殊教育学校及其教职工违反保护职责,侵害在园、在校未成年人合法权益的,应当适用本规定从重处理。

第六十三条 本规定自2021年9月1日起施行。

学前、小学、中学等不同学段近视防控指引

·2021年5月21日

·教体艺厅函〔2021〕24号

一、学前阶段(0—6周岁)

关键词:呵护引导,快乐成长

幼儿刚出生时是远视眼状态。0—6周岁阶段,孩子视觉系统处于从“远视眼”向“正视眼”快速发展的关键阶段,呵护孩子视力健康应以让他们快乐成长为目标科学引导。

1. 户外活动很重要,沐浴阳光防近视

0—6周岁是早期近视防控的关键期。户外活动能有效预防和控制近视。幼儿园老师和家长应鼓励并带领孩子多参加以玩乐为主的户外活动或简单的体育运动,保证每日户外活动时间两小时以上。注意在户外活动中预防晒伤和其他意外伤害的发生。

2. 电子视屏要严控,过早使用眼损伤

在幼儿眼睛发育的关键期,过多接触电子屏幕会造成不可逆眼部损伤。建议0—3岁幼儿禁用手机、电脑等视屏类电子产品,3—6岁幼儿也应尽量避免接触和使用。托幼机构尽量避免使用电子屏教学。

3. 远离幼儿小学化,注重体验乐成长

学龄前幼儿不宜读写,避免过早施加学习压力。要主动远离幼儿园小学化倾向,让幼儿快乐成长,充分使用各种感官探索和体验。近距离注视场景下,距离应保持50厘米以上。对于学习钢琴等乐器的孩子,琴谱字体要尽量大,保证练习时环境光照亮度,每次连续练习时间不超过20分钟。

4. 睡眠确保十小时,膳食营养要多样

幼儿的营养水平和睡眠质量与成年后身体素质息息相关,应注意保持规律、健康的生活方式。每天应保证充足睡眠时间10小时以上。注意膳食营养均衡,多吃水果蔬菜,少吃甜食和油炸食品。

5. 密切关注眼健康,从小就要来建档

家长要时刻关注孩子的眼健康,在新生儿健康体检时就要主动进行视力筛查。及时为幼儿建立屈光发育档案,三岁后每3—6个月定期监测视力和屈光发育情况,发现异常应及时就诊。重视入园眼健康检查。家长在家可教会孩子通过视力表进行视力检测,做到早监测、早发现、早预警、早干预。

二、小学阶段(6—12周岁)

关键词:习惯养成,积极预防

小学低年级阶段,孩子需要适应环境和角色的转变,近视防控应以养成良好习惯为主,要定期密切关注视力与屈光发育情况,预防近视发生。小学高年级阶段,要注意用眼卫生,把近视防控与素质教育结合,科学防控近视发生发展。

1. 户外活动要保障,体育爱好宜广泛

学校和家长应共同营造良好的体育运动氛围,创造条件让孩子多参加户外活动,鼓励课间休

息时间和体育课到室外活动。家长应多带孩子到户外活动,每日户外活动时间累计应达到两小时以上。低年级小学生应注重锻炼习惯的养成,把体育运动作为兴趣爱好。高年级小学生可适当增加有氧体育运动。注意在户外活动中预防晒伤和其他意外伤害的发生。

2. 正确姿势不能忘,用眼环境要敞亮

学习时,阅读和书写的环境非常重要。环境的采光照明要科学,学习场所要保证充足的光照亮度。光线不足时,应通过台灯辅助进行双光源照明,台灯应摆放在写字手的对侧前方,避免眩光。桌椅高度要与孩子的身高和坐高匹配并及时调整。小学低年级阶段是培养阅读和书写姿势的关键时期,注意标准读写姿势与习惯,做到书本离眼睛一尺、胸口离桌一拳、握笔手指离笔尖一寸。学校和家长应严格姿势训练,及时纠正错误姿势。教导孩子不要躺在床上或沙发上看书,不要在摇晃的车厢内看书。

3. 视屏时间不要长,课外不要增负担

小学生应严格控制视屏类电子产品使用时长。学校应谨慎开展线上课程学习,尽量不布置线上作业。家长应配合学校切实减轻孩子作业负担,减少校外培训尤其是线上校外培训,切勿忽视孩子兴趣和视力健康盲目报班。

4. 阅读材料要优选,纸质读物不反光

阅读材料的图画和字体不宜过小,选择哑光纸质读物。小学低年级段的阅读材料应以大字体图文为主,小学高年级段的阅读材料字体不宜过小。

5. 读写间隔多休息,劳逸结合眼舒适

小学生应控制持续阅读和书写的时间。低年级段小学生每次连续读写不超过 20 分钟,高年级段小学生每次连续读写不超过 30 分钟。休息时应走出教室进行户外活动或远眺。

6. 均衡膳食有营养,规律作息更健康

家长要督促孩子保持规律、健康的生活方式。每天保证充足睡眠时间 10 小时。注意营养均衡,强调食物多样性,多吃水果蔬菜,少吃甜食和油炸食品。

7. 积极定期查视力,及时干预降风险

小学生每年应进行 2—4 次视力检查。学校和家长应重视定期开展视力检查,及时查阅检查结果。学校若发现视力出现异常现象的学生,应及时提醒家长带孩子前往正规的医疗机构进一步检查确认。

8. 近视不可乱投医,正规机构去就诊

学生近视后,不可病急乱投医,不要迷信近视可治愈等虚假广告,应到正规的医疗机构就诊,并遵从医嘱进行科学干预和矫正。

三、中学阶段(12—18 周岁)

关键词:主动参与,科学防控

中学阶段,孩子进入青春期,有了独立自主意识,近视防控需要孩子主动参与和多方支持。初中阶段仍应以防为主,加强体育锻炼,防止近视发生与发展。高中阶段身体发育逐渐接近成年,学业压力增加,应在学习与生活上实现平衡,坚持防控近视,已经近视的要避免发展成为高度近视。已发展成为高度近视的学生要重视防控并发症。

1. 主动学好眼知识,科学把握眼健康

树立“每个人是自身健康的第一责任人”意识,主动学习掌握科学用眼护眼等健康知识,并向家长宣传。积极关注自身视力状况,自我感觉视力发生明显变化时,及时告知家长和教师,尽早到眼科医疗机构检查和治疗,做到早发现、早干预、早治疗。

2. 劳逸结合很关键,三个“20”多提倡

中学生学业压力递增,应注意劳逸结合,保持心情舒畅。在校期间,应把握好课间休息时间和体育课活动时间,多远眺或到户外活动。课余和周末尽量多参加户外活动,积极参加体育运动,及时调解压力。牢记“20—20—20”原则,近距离用眼 20 分钟,要注意看 20 英尺(6 米)外的远处物体 20 秒钟放松眼睛。

3. 采光照明莫大意,学习环境严把关

阅读书写时环境很重要,要保证充足的光照亮度。光线不足时,可通过台灯辅助照明,台灯要摆放在写字手的对侧前方。为保证正确的读写姿势,要选择高度合适的课桌椅。

4. 阅读书写有讲究,连续时间勿过长

中学生应控制持续阅读和书写的时间,每次连续读写尽量不超过 40 分钟。平常阅读时尽量选择字体大小合适的纸质读物,字体不宜过小,材质尽量不要有反光。

5. 电子产品控时长,视屏距离要保持

自觉控制视屏类电子产品使用时长,减少非学习目的的视屏类电子产品使用。使用视屏类电子产品时,尽量选择大尺寸的屏幕,保持 50 厘米以

上的注视距离。

6. 饮食营养要均衡,充足睡眠需保障

中学生应养成规律、健康的生活方式。每天保证8—9小时睡眠时间。注意营养均衡,强调食物多样性,多吃水果蔬菜,少吃甜食和油炸食品。

7. 近视普查应重视,高度近视要防范

应重视学校开展的近视普查,及时查阅检查结果。发现视力异常或上课发现看黑板不清楚应尽早告知家长,及时前往医院进一步检查确认。初中生每年应进行2—4次视力筛查。高中生近视发生率明显增加,近视戴镜矫正后应定期复查,尽量每半年复查一次,控制近视发展,避免成为高度近视。

8. 矫正方法要科学,虚假广告莫相信

目前暂未出现证实有效的近视治疗药物或保健产品,一旦近视,应到正规的医疗机构就诊,进行科学矫正。不可病急乱投医,迷信近视可治愈等虚假广告。

(二)学前教育

幼儿园管理条例

·1989年8月20日国务院批准
·1989年9月11日国家教育委员会令第4号发布
·自1990年2月1日起施行

第一章 总 则

第一条 为了加强幼儿园的管理,促进幼儿教育事业的发展,制定本条例。

第二条 本条例适用于招收3周岁以上学龄前幼儿,对其进行保育和教育的幼儿园。

第三条 幼儿园的保育和教育工作应当促进幼儿在体、智、德、美诸方面和谐发展。

第四条 地方各级人民政府应当根据本地区社会经济发展状况,制订幼儿园的发展规划。

幼儿园的设置应当与当地居民人口相适应。

乡、镇、市辖区和不设区的市的幼儿园的发展规划,应当包括幼儿园设置的布局方案。

第五条 地方各级人民政府可以依据本条例举办幼儿园,并鼓励和支持企业事业单位、社会团体、居民委员会、村民委员会和公民举办幼儿园或捐资助园。

第六条 幼儿园的管理实行地方负责、分级管理和各有关部门分工负责的原则。

国家教育委员会主管全国的幼儿园管理工作;地方各级人民政府的教育行政部门,主管本行政辖区内的幼儿园管理工作。

第二章 举办幼儿园的基本条件和审批程序

第七条 举办幼儿园必须将幼儿园设置在安全区域内。

严禁在污染区和危险区内设置幼儿园。

第八条 举办幼儿园必须具有与保育、教育的要求相适应的园舍和设施。

幼儿园的园舍和设施必须符合国家的卫生标准和安全标准。

第九条 举办幼儿园应当具有符合下列条件的保育、幼儿教育、医务和其他工作人员:

(一)幼儿园园长、教师应当具有幼儿师范学校(包括职业学校幼儿教育专业)毕业程度,或者经教育行政部门考核合格。

(二)医师应当具有医学院校毕业程度,医士和护士应当具有中等卫生学校毕业程度,或者取得卫生行政部门的资格认可。

(三)保健员应当具有高中毕业程度,并受过幼儿保健培训。

(四)保育员应当具有初中毕业程度,并受过幼儿保育职业培训。

慢性传染病、精神病患者,不得在幼儿园工作。

第十条 举办幼儿园的单位或者个人必须具有进行保育、教育以及维修或扩建、改建幼儿园的园舍与设施的经费来源。

第十一条 国家实行幼儿园登记注册制度,未经登记注册,任何单位和个人不得举办幼儿园。

第十二条 城市幼儿园的举办、停办、由所在区、不设区的市的人民政府教育行政部门登记注册。

农村幼儿园的举办、停办,由所在乡、镇人民政府登记注册,并报县人民政府教育行政部门备案。

第三章 幼儿园的保育和教育工作

第十三条 幼儿园应当贯彻保育与教育相结合的原则,创设与幼儿的教育和发展相适应的和谐环境，引导幼儿个性的健康发展。

幼儿园应当保障幼儿的身体健康，培养幼儿的良好生活、卫生习惯；促进幼儿的智力发展；培养幼儿热爱祖国的情感以及良好的品德行为。

第十四条 幼儿园的招生、编班应当符合教育行政部门的规定。

第十五条 幼儿园应当使用全国通用的普通话。招收少数民族为主的幼儿园，可以使用本民族通用的语言。

第十六条 幼儿园应当以游戏为基本活动形式。

幼儿园可以根据本园的实际，安排和选择教育内容与方法，但不得进行违背幼儿教育规律，有损于幼儿身心健康的活动。

第十七条 严禁体罚和变相体罚幼儿。

第十八条 幼儿园应当建立卫生保健制度，防止发生食物中毒和传染病的流行。

第十九条 幼儿园应当建立安全防护制度，严禁在幼儿园内设置威胁幼儿安全的危险建筑物和设施，严禁使用有毒、有害物质制作教具、玩具。

第二十条 幼儿园发生食物中毒、传染病流行时，举办幼儿园的单位或者个人应当立即采取紧急救护措施，并及时报告当地教育行政部门或卫生行政部门。

第二十一条 幼儿园的园舍和设施有可能发生危险时，举办幼儿园的单位或个人应当采取措施，排除险情，防止事故发生。

第四章 幼儿园的行政事务

第二十二条 各级教育行政部门应当负责监督、评估和指导幼儿园的保育、教育工作，组织培训幼儿园的师资，审定、考核幼儿园教师的资格，并协助卫生行政部门检查和指导幼儿园的卫生保健工作，会同建设行政部门制定幼儿园园舍、设施的标准。

第二十三条 幼儿园园长负责幼儿园的工作。

幼儿园园长由举办幼儿园的单位或个人聘任，并向幼儿园的登记注册机关备案。

幼儿园的教师、医师、保健员、保育员和其他工作人员，由幼儿园园长聘任，也可由举办幼儿园的单位或个人聘任。

第二十四条 幼儿园可以依据本省、自治区、直辖市人民政府制定的收费标准，向幼儿家长收取保育费、教育费。

幼儿园应当加强财务管理，合理使用各项经费，任何单位和个人不得克扣、挪用幼儿园经费。

第二十五条 任何单位和个人，不得侵占和破坏幼儿园园舍和设施，不得在幼儿园周围设置有危险、有污染或影响幼儿园采光的建筑和设施，不得干扰幼儿园正常的工作秩序。

第五章 奖励与处罚

第二十六条 凡具备下列条件之一的单位或者个人，由教育行政部门和有关部门予以奖励：

（一）改善幼儿园的办园条件成绩显著的；

（二）保育、教育工作成绩显著的；

（三）幼儿园管理工作成绩显著的。

第二十七条 违反本条例，具有下列情形之一的幼儿园，由教育行政部门视情节轻重，给予限期整顿、停止招生、停止办园的行政处罚：

（一）未经登记注册，擅自招收幼儿的；

（二）园舍、设施不符合国家卫生标准、安全标准，妨害幼儿身体健康或者威胁幼儿生命安全的；

（三）教育内容和方法违背幼儿教育规律，损害幼儿身心健康的。

第二十八条 违反本条例，具有下列情形之一的单位或者个人，由教育行政部门对直接责任人员给予警告、罚款的行政处罚，或者由教育行政部门建议有关部门对责任人员给予行政处分：

（一）体罚或变相体罚幼儿的；

（二）使用有毒、有害物质制作教具、玩具的；

（三）克扣、挪用幼儿园经费的；

（四）侵占、破坏幼儿园园舍、设备的；

（五）干扰幼儿园正常工作秩序的；

（六）在幼儿园周围设置有危险、有污染或者影响幼儿园采光的建筑和设施的。

前款所列情形，情节严重，构成犯罪的，由司法机关依法追究刑事责任。

第二十九条 当事人对行政处罚不服的，可以在接到处罚通知之日起15日内，向作出处罚决定的机关的上一级机关申请复议，对复议决定不服的，可在接到复议决定之日起15日内，向人民法院提起诉讼、当事人逾期不申请复议或者不向人民法院提起诉讼又不履行处罚决定的，由作出处罚决定的机关申请人民法院强制执行。

第六章　附　则

第三十条　省、自治区、直辖市人民政府可根据本条例制定实施办法。

第三十一条　本条例由国家教育委员会解释。

第三十二条　本条例自1990年2月1日起施行。

幼儿园工作规程

· 2016年1月5日教育部令第39号公布
· 自2016年3月1日起施行

第一章　总　则

第一条　为了加强幼儿园的科学管理，规范办园行为，提高保育和教育质量，促进幼儿身心健康，依据《中华人民共和国教育法》等法律法规，制定本规程。

第二条　幼儿园是对3周岁以上学龄前幼儿实施保育和教育的机构。幼儿园教育是基础教育的重要组成部分，是学校教育制度的基础阶段。

第三条　幼儿园的任务是：贯彻国家的教育方针，按照保育与教育相结合的原则，遵循幼儿身心发展特点和规律，实施德、智、体、美等方面全面发展的教育，促进幼儿身心和谐发展。

幼儿园同时面向幼儿家长提供科学育儿指导。

第四条　幼儿园适龄幼儿一般为3周岁至6周岁。

幼儿园一般为三年制。

第五条　幼儿园保育和教育的主要目标是：

（一）促进幼儿身体正常发育和机能的协调发展，增强体质，促进心理健康，培养良好的生活习惯、卫生习惯和参加体育活动的兴趣。

（二）发展幼儿智力，培养正确运用感官和运用语言交往的基本能力，增进对环境的认识，培养有益的兴趣和求知欲望，培养初步的动手探究能力。

（三）萌发幼儿爱祖国、爱家乡、爱集体、爱劳动、爱科学的情感，培养诚实、自信、友爱、勇敢、勤学、好问、爱护公物、克服困难、讲礼貌、守纪律等良好的品德行为和习惯，以及活泼开朗的性格。

（四）培养幼儿初步感受美和表现美的情趣和能力。

第六条　幼儿园教职工应当尊重、爱护幼儿，严禁虐待、歧视、体罚和变相体罚、侮辱幼儿人格等损害幼儿身心健康的行为。

第七条　幼儿园可分为全日制、半日制、定时制、季节制和寄宿制等。上述形式可分别设置，也可混合设置。

第二章　幼儿入园和编班

第八条　幼儿园每年秋季招生。平时如有缺额，可随时补招。

幼儿园对烈士子女、家中无人照顾的残疾人子女、孤儿、家庭经济困难幼儿、具有接受普通教育能力的残疾儿童等入园，按照国家和地方的有关规定予以照顾。

第九条　企业、事业单位和机关、团体、部队设置的幼儿园，除招收本单位工作人员的子女外，应当积极创造条件向社会开放，招收附近居民子女入园。

第十条　幼儿入园前，应当按照卫生部门制定的卫生保健制度进行健康检查，合格者方可入园。

幼儿入园除进行健康检查外，禁止任何形式的考试或测查。

第十一条　幼儿园规模应当有利于幼儿身心健康，便于管理，一般不超过360人。

幼儿园每班幼儿人数一般为：小班（3周岁至4周岁）25人，中班（4周岁至5周岁）30人，大班（5周岁至6周岁）35人，混合班30人。寄宿制幼儿园每班幼儿人数酌减。

幼儿园可以按年龄分别编班，也可以混合编班。

第三章　幼儿园的安全

第十二条　幼儿园应当严格执行国家和地方幼儿园安全管理的相关规定，建立健全门卫、房屋、设备、消防、交通、食品、药物、幼儿接送交接、活动组织和幼儿就寝值守等安全防护和检查制度，建立安全责任制和应急预案。

第十三条　幼儿园的园舍应当符合国家和地方的建设标准，以及相关安全、卫生等方面的规范，定期检查维护，保障安全。幼儿园不得设置在污染区和危险区，不得使用危房。

幼儿园的设备设施、装修装饰材料、用品用具和玩教具材料等，应当符合国家相关的安全质量标准和环保要求。

入园幼儿应当由监护人或者其委托的成年人接送。

第十四条 幼儿园应当严格执行国家有关食品药品安全的法律法规,保障饮食饮水卫生安全。

第十五条 幼儿园教职工必须具有安全意识,掌握基本急救常识和防范、避险、逃生、自救的基本方法,在紧急情况下应当优先保护幼儿的人身安全。

幼儿园应当把安全教育融入一日生活,并定期组织开展多种形式的安全教育和事故预防演练。

幼儿园应当结合幼儿年龄特点和接受能力开展反家庭暴力教育,发现幼儿遭受或者疑似遭受家庭暴力的,应当依法及时向公安机关报案。

第十六条 幼儿园应当投保校方责任险。

第四章 幼儿园的卫生保健

第十七条 幼儿园必须切实做好幼儿生理和心理卫生保健工作。

幼儿园应当严格执行《托儿所幼儿园卫生保健管理办法》以及其他有关卫生保健的法规、规章和制度。

第十八条 幼儿园应当制定合理的幼儿一日生活作息制度。正餐间隔时间为3.5-4小时。在正常情况下,幼儿户外活动时间(包括户外体育活动时间)每天不得少于2小时,寄宿制幼儿园不得少于3小时;高寒、高温地区可酌情增减。

第十九条 幼儿园应当建立幼儿健康检查制度和幼儿健康卡或档案。每年体检一次,每半年测身高、视力一次,每季度量体重一次;注意幼儿口腔卫生,保护幼儿视力。

幼儿园对幼儿健康发展状况定期进行分析、评价,及时向家长反馈结果。

幼儿园应当关注幼儿心理健康,注重满足幼儿的发展需要,保持幼儿积极的情绪状态,让幼儿感受到尊重和接纳。

第二十条 幼儿园应当建立卫生消毒、晨检、午检制度和病儿隔离制度,配合卫生部门做好计划免疫工作。

幼儿园应当建立传染病预防和管理制度,制定突发传染病应急预案,认真做好疾病防控工作。

幼儿园应当建立患病幼儿用药的委托交接制度,未经监护人委托或者同意,幼儿园不得给幼儿用药。幼儿园应当妥善管理药品,保证幼儿用药安全。

幼儿园内禁止吸烟、饮酒。

第二十一条 供给膳食的幼儿园应当为幼儿提供安全卫生的食品,编制营养平衡的幼儿食谱,定期计算和分析幼儿的进食量和营养素摄取量,保证幼儿合理膳食。

幼儿园应当每周向家长公示幼儿食谱,并按照相关规定进行食品留样。

第二十二条 幼儿园应当配备必要的设备设施,及时为幼儿提供安全卫生的饮用水。

幼儿园应当培养幼儿良好的大小便习惯,不得限制幼儿便溺的次数、时间等。

第二十三条 幼儿园应当积极开展适合幼儿的体育活动,充分利用日光、空气、水等自然因素以及本地自然环境,有计划地锻炼幼儿肌体,增强身体的适应和抵抗能力。正常情况下,每日户外体育活动不得少于1小时。

幼儿园在开展体育活动时,应当对体弱或有残疾的幼儿予以特殊照顾。

第二十四条 幼儿园夏季要做好防暑降温工作,冬季要做好防寒保暖工作,防止中暑和冻伤。

第五章 幼儿园的教育

第二十五条 幼儿园教育应当贯彻以下原则和要求:

(一)德、智、体、美等方面的教育应当互相渗透,有机结合。

(二)遵循幼儿身心发展规律,符合幼儿年龄特点,注重个体差异,因人施教,引导幼儿个性健康发展。

(三)面向全体幼儿,热爱幼儿,坚持积极鼓励、启发引导的正面教育。

(四)综合组织健康、语言、社会、科学、艺术各领域的教育内容,渗透于幼儿一日生活的各项活动中,充分发挥各种教育手段的交互作用。

(五)以游戏为基本活动,寓教育于各项活动之中。

(六)创设与教育相适应的良好环境,为幼儿提供活动和表现能力的机会与条件。

第二十六条 幼儿一日活动的组织应当动静交替,注重幼儿的直接感知、实际操作和亲身体验,保证幼儿愉快的、有益的自由活动。

第二十七条 幼儿园日常生活组织，应当从实际出发，建立必要、合理的常规，坚持一贯性和灵活性相结合，培养幼儿的良好习惯和初步的生活自理能力。

第二十八条 幼儿园应当为幼儿提供丰富多样的教育活动。

教育活动内容应当根据教育目标、幼儿的实际水平和兴趣确定，以循序渐进为原则，有计划地选择和组织。

教育活动的组织应当灵活地运用集体、小组和个别活动等形式，为每个幼儿提供充分参与的机会，满足幼儿多方面发展的需要，促进每个幼儿在不同水平上得到发展。

教育活动的过程应注重支持幼儿的主动探索、操作实践、合作交流和表达表现，不应片面追求活动结果。

第二十九条 幼儿园应当将游戏作为对幼儿进行全面发展教育的重要形式。

幼儿园应当因地制宜创设游戏条件，提供丰富、适宜的游戏材料，保证充足的游戏时间，开展多种游戏。

幼儿园应当根据幼儿的年龄特点指导游戏，鼓励和支持幼儿根据自身兴趣、需要和经验水平，自主选择游戏内容、游戏材料和伙伴，使幼儿在游戏过程中获得积极的情绪情感，促进幼儿能力和个性的全面发展。

第三十条 幼儿园应当将环境作为重要的教育资源，合理利用室内外环境，创设开放的、多样的区域活动空间，提供适合幼儿年龄特点的丰富的玩具、操作材料和幼儿读物，支持幼儿自主选择和主动学习，激发幼儿学习的兴趣与探究的愿望。

幼儿园应当营造尊重、接纳和关爱的氛围，建立良好的同伴和师生关系。

幼儿园应当充分利用家庭和社区的有利条件，丰富和拓展幼儿园的教育资源。

第三十一条 幼儿园的品德教育应当以情感教育和培养良好行为习惯为主，注重潜移默化的影响，并贯穿于幼儿生活以及各项活动之中。

第三十二条 幼儿园应当充分尊重幼儿的个体差异，根据幼儿不同的心理发展水平，研究有效的活动形式和方法，注重培养幼儿良好的个性心理品质。

幼儿园应当为在园残疾儿童提供更多的帮助和指导。

第三十三条 幼儿园和小学应当密切联系，互相配合，注意两个阶段教育的相互衔接。

幼儿园不得提前教授小学教育内容，不得开展任何违背幼儿身心发展规律的活动。

第六章 幼儿园的园舍、设备

第三十四条 幼儿园应当按照国家的相关规定设活动室、寝室、卫生间、保健室、综合活动室、厨房和办公用房等，并达到相应的建设标准。有条件的幼儿园应当优先扩大幼儿游戏和活动空间。

寄宿制幼儿园应当增设隔离室、浴室和教职工值班室等。

第三十五条 幼儿园应当有与其规模相适应的户外活动场地，配备必要的游戏和体育活动设施，创造条件开辟沙地、水池、种植园地等，并根据幼儿活动的需要绿化、美化园地。

第三十六条 幼儿园应当配备适合幼儿特点的桌椅、玩具架、盥洗卫生用具，以及必要的玩教具、图书和乐器等。

玩教具应当具有教育意义并符合安全、卫生要求。幼儿园应当因地制宜，就地取材，自制玩教具。

第三十七条 幼儿园的建筑规划面积、建筑设计和功能要求，以及设施设备、玩教具配备，按照国家和地方的相关规定执行。

第七章 幼儿园的教职工

第三十八条 幼儿园按照国家相关规定设园长、副园长、教师、保育员、卫生保健人员、炊事员和其他工作人员等岗位，配足配齐教职工。

第三十九条 幼儿园教职工应当贯彻国家教育方针，具有良好品德，热爱教育事业，尊重和爱护幼儿，具有专业知识和技能以及相应的文化和专业素养，为人师表，忠于职责，身心健康。

幼儿园教职工患传染病期间暂停在幼儿园的工作。有犯罪、吸毒记录和精神病史者不得在幼儿园工作。

第四十条 幼儿园园长应当符合本规程第三十九条规定，并应当具有《教师资格条例》规定的教师资格、具备大专以上学历、有三年以上幼儿园工作经历和一定的组织管理能力，并取得幼儿园园长岗位培训合格证书。

幼儿园园长由举办者任命或者聘任，并报当

地主管的教育行政部门备案。

幼儿园园长负责幼儿园的全面工作，主要职责如下：

（一）贯彻执行国家的有关法律、法规、方针、政策和地方的相关规定，负责建立并组织执行幼儿园的各项规章制度；

（二）负责保育教育、卫生保健、安全保卫工作；

（三）负责按照有关规定聘任、调配教职工，指导、检查和评估教师以及其他工作人员的工作，并给予奖惩；

（四）负责教职工的思想工作，组织业务学习，并为他们的学习、进修、教育研究创造必要的条件；

（五）关心教职工的身心健康，维护他们的合法权益，改善他们的工作条件；

（六）组织管理园舍、设备和经费；

（七）组织和指导家长工作；

（八）负责与社区的联系和合作。

第四十一条 幼儿园教师必须具有《教师资格条例》规定的幼儿园教师资格，并符合本规程第三十九条规定。

幼儿园教师实行聘任制。

幼儿园教师对本班工作全面负责，其主要职责如下：

（一）观察了解幼儿，依据国家有关规定，结合本班幼儿的发展水平和兴趣需要，制订和执行教育工作计划，合理安排幼儿一日生活；

（二）创设良好的教育环境，合理组织教育内容，提供丰富的玩具和游戏材料，开展适宜的教育活动；

（三）严格执行幼儿园安全、卫生保健制度，指导并配合保育员管理本班幼儿生活，做好卫生保健工作；

（四）与家长保持经常联系，了解幼儿家庭的教育环境，商讨符合幼儿特点的教育措施，相互配合共同完成教育任务；

（五）参加业务学习和保育教育研究活动；

（六）定期总结评估保教工作实效，接受园长的指导和检查。

第四十二条 幼儿园保育员应当符合本规程第三十九条规定，并应当具备高中毕业以上学历，受过幼儿保育职业培训。

幼儿园保育员的主要职责如下：

（一）负责本班房舍、设备、环境的清洁卫生和消毒工作；

（二）在教师指导下，科学照料和管理幼儿生活，并配合本班教师组织教育活动；

（三）在卫生保健人员和本班教师指导下，严格执行幼儿园安全、卫生保健制度；

（四）妥善保管幼儿衣物和本班的设备、用具。

第四十三条 幼儿园卫生保健人员除符合本规程第三十九条规定外，医师应当取得卫生行政部门颁发的《医师执业证书》；护士应当取得《护士执业证书》；保健员应当具有高中毕业以上学历，并经过当地妇幼保健机构组织的卫生保健专业知识培训。

幼儿园卫生保健人员对全园幼儿身体健康负责，其主要职责如下：

（一）协助园长组织实施有关卫生保健方面的法规、规章和制度，并监督执行；

（二）负责指导调配幼儿膳食，检查食品、饮水和环境卫生；

（三）负责晨检、午检和健康观察，做好幼儿营养、生长发育的监测和评价；定期组织幼儿健康体检，做好幼儿健康档案管理；

（四）密切与当地卫生保健机构的联系，协助做好疾病防控和计划免疫工作；

（五）向幼儿园教职工和家长进行卫生保健宣传和指导。

（六）妥善管理医疗器械、消毒用具和药品。

第四十四条 幼儿园其他工作人员的资格和职责，按照国家和地方的有关规定执行。

第四十五条 对认真履行职责、成绩优良的幼儿园教职工，应当按照有关规定给予奖励。

对不履行职责的幼儿园教职工，应当视情节轻重，依法依规给予相应处分。

第八章 幼儿园的经费

第四十六条 幼儿园的经费由举办者依法筹措，保障有必备的办园资金和稳定的经费来源。

按照国家和地方相关规定接受财政扶持的提供普惠性服务的国有企事业单位办园、集体办园和民办园等幼儿园，应当接受财务、审计等有关部门的监督检查。

第四十七条 幼儿园收费按照国家和地方的有关规定执行。

幼儿园实行收费公示制度，收费项目和标准

向家长公示,接受社会监督,不得以任何名义收取与新生入园相挂钩的赞助费。

幼儿园不得以培养幼儿某种专项技能、组织或参与竞赛等为由,另外收取费用;不得以营利为目的组织幼儿表演、竞赛等活动。

第四十八条 幼儿园的经费应当按照规定的使用范围合理开支,坚持专款专用,不得挪作他用。

第四十九条 幼儿园举办者筹措的经费,应当保证保育和教育的需要,有一定比例用于改善办园条件和开展教职工培训。

第五十条 幼儿膳食费应当实行民主管理制度,保证全部用于幼儿膳食,每月向家长公布账目。

第五十一条 幼儿园应当建立经费预算和决算审核制度,经费预算和决算应当提交园务委员会审议,并接受财务和审计部门的监督检查。

幼儿园应当依法建立资产配置、使用、处置、产权登记、信息管理等管理制度,严格执行有关财务制度。

第九章 幼儿园、家庭和社区

第五十二条 幼儿园应当主动与幼儿家庭沟通合作,为家长提供科学育儿宣传指导,帮助家长创设良好的家庭教育环境,共同担负教育幼儿的任务。

第五十三条 幼儿园应当建立幼儿园与家长联系的制度。幼儿园可采取多种形式,指导家长正确了解幼儿园保育和教育的内容、方法,定期召开家长会议,并接待家长的来访和咨询。

幼儿园应当认真分析、吸收家长对幼儿园教育与管理工作的意见与建议。

幼儿园应当建立家长开放日制度。

第五十四条 幼儿园应当成立家长委员会。

家长委员会的主要任务是:对幼儿园重要决策和事关幼儿切身利益的事项提出意见和建议;发挥家长的专业和资源优势,支持幼儿园保育教育工作;帮助家长了解幼儿园工作计划和要求,协助幼儿园开展家庭教育指导和交流。

家长委员会在幼儿园园长指导下工作。

第五十五条 幼儿园应当加强与社区的联系与合作,面向社区宣传科学育儿知识,开展灵活多样的公益性早期教育服务,争取社区对幼儿园的多方面支持。

第十章 幼儿园的管理

第五十六条 幼儿园实行园长负责制。

幼儿园应当建立园务委员会。园务委员会由园长、副园长、党组织负责人和保教、卫生保健、财会等方面工作人员的代表以及幼儿家长代表组成。园长任园务委员会主任。

园长定期召开园务委员会会议,遇重大问题可临时召集,对规章制度的建立、修改、废除,全园工作计划,工作总结,人员奖惩,财务预算和决算方案,以及其他涉及全园工作的重要问题进行审议。

第五十七条 幼儿园应当加强党组织建设,充分发挥党组织政治核心作用、战斗堡垒作用。幼儿园应当为工会、共青团等其他组织开展工作创造有利条件,充分发挥其在幼儿园工作中的作用。

第五十八条 幼儿园应当建立教职工大会制度或者教职工代表大会制度,依法加强民主管理和监督。

第五十九条 幼儿园应当建立教研制度,研究解决保教工作中的实际问题。

第六十条 幼儿园应当制订年度工作计划,定期部署、总结和报告工作。每学年年末应当向教育等行政主管部门报告工作,必要时随时报告。

第六十一条 幼儿园应当接受上级教育、卫生、公安、消防等部门的检查、监督和指导,如实报告工作和反映情况。

幼儿园应当依法接受教育督导部门的督导。

第六十二条 幼儿园应当建立业务档案、财务管理、园务会议、人员奖惩、安全管理以及与家庭、小学联系等制度。

幼儿园应当建立信息管理制度,按照规定采集、更新、报送幼儿园管理信息系统的相关信息,每年向主管教育行政部门报送统计信息。

第六十三条 幼儿园教师依法享受寒暑假期的带薪休假。幼儿园应当创造条件,在寒暑假期间,安排工作人员轮流休假。具体办法由举办者制定。

第十一章 附 则

第六十四条 本规程适用于城乡各类幼儿园。

第六十五条 省、自治区、直辖市教育行政部门可根据本规程,制订具体实施办法。

第六十六条 本规程自2016年3月1日起施行。1996年3月9日由原国家教育委员会令第25号发布的《幼儿园工作规程》同时废止。

幼儿园保育教育质量评估指南

· 2022 年 2 月 10 日
· 教基〔2022〕1 号

为深入贯彻全国教育大会精神，加快建立健全教育评价制度，促进学前教育高质量发展，根据中共中央、国务院《关于学前教育深化改革规范发展的若干意见》和《深化新时代教育评价改革总体方案》精神，制定本指南。

一、总体要求

（一）指导思想

以习近平新时代中国特色社会主义思想为指导，全面贯彻党的教育方针，落实立德树人根本任务，遵循幼儿发展规律和教育规律，完善以促进幼儿身心健康发展为导向的学前教育质量评估体系，切实扭转不科学的评估导向，强化评估结果运用，推动树立科学保育教育理念，全面提高幼儿园保育教育水平，为培养德智体美劳全面发展的社会主义建设者和接班人奠定坚实基础。

（二）基本原则

1. 坚持正确方向。坚持社会主义办园方向，践行为党育人、为国育才使命，树立科学评价导向，推动构建科学保育教育体系，整体提升幼儿园办园水平和保育教育质量。

2. 坚持儿童为本。尊重幼儿年龄特点和成长规律，注重幼儿发展的整体性和连续性，坚持保教结合，以游戏为基本活动，有效促进幼儿身心健康发展。

3. 坚持科学评估。完善评估内容，突出评估重点，改进评估方式，切实扭转"重结果轻过程、重硬件轻内涵、重他评轻自评"等倾向。

4. 坚持以评促建。充分发挥评估的引导、诊断、改进和激励功能，注重过程性、发展性评估，引导办好每一所幼儿园，促进幼儿园安全优质发展。

二、评估内容

坚持以促进幼儿身心健康发展为导向，聚焦幼儿园保育教育过程质量，评估内容主要包括办园方向、保育与安全、教育过程、环境创设、教师队伍等 5 个方面，共 15 项关键指标和 48 个考查要点。

（一）办园方向。包括党建工作、品德启蒙和科学理念等 3 项关键指标，旨在促进幼儿园全面贯彻党的教育方针，落实立德树人根本任务，强化党组织战斗堡垒作用，树立科学保育教育理念，确保正确办园方向。

（二）保育与安全。包括卫生保健、生活照料、安全防护等 3 项关键指标，旨在促进幼儿园加强膳食营养、疾病预防、健康检查等工作，建立合理的生活常规，强化医护保健人员配备、安全保障和制度落实，确保幼儿生命安全和身心健康。

（三）教育过程。包括活动组织、师幼互动和家园共育等 3 项关键指标，旨在促进幼儿园坚持以游戏为基本活动，理解尊重幼儿并支持其有意义地学习，强化家园协同育人，不断提高保育教育质量。

（四）环境创设。包括空间设施、玩具材料等 2 项关键指标，旨在促进幼儿园积极创设丰富适宜、富有童趣、有利于支持幼儿学习探索的教育环境，配备数量充足、种类多样的玩教具和图画书，有效支持保育教育工作科学实施。

（五）教师队伍。包括师德师风、人员配备、专业发展和激励机制等 4 项关键指标，旨在促进幼儿园加强教师师德工作，注重教师专业能力建设，提高园长专业领导力，采取有效措施激励教师爱岗敬业、潜心育人。

三、评估方式

（一）注重过程评估。重点关注保育教育过程质量，关注幼儿园提升保教水平的努力程度和改进过程，严禁用直接测查幼儿能力和发展水平的方式评估幼儿园保育教育质量。

（二）强化自我评估。幼儿园应建立常态化的自我评估机制，促进教职工主动参与，通过集体诊断，反思自身教育行为，提出改进措施。同时，有效发挥外部评估的导向、激励作用，有针对性地引导幼儿园不断完善自我评估，改进保育教育工作。

（三）聚焦班级观察。通过不少于半日的连续自然观察，了解教师与幼儿互动情况，准确判断教师对促进幼儿学习与发展所做的努力与支持，全面、客观、真实地了解幼儿园保育教育过程和质量。外部评估的班级观察采取随机抽取的方式，覆盖面不少于各年龄班级总数的三分之一。

四、组织实施

（一）加强组织领导。各地要高度重视幼儿园保育教育质量评估工作，将其作为促进学前教育高质量发展、办好人民满意教育的重要举措，纳入本地深化教育评价改革重要内容，建立党委领导、政府教育督导部门牵头、部门协同、多方参与的组织实施机制。各省(区、市)要结合实际，完善本地质量评估具体标准，编制幼儿园保育教育质量自评指导手册，增强质量评估的操作性，确保评估工作有效实施。要逐步将幼儿园保育教育质量评估工作与已经开展的对地方政府履行教育职责评价、学前教育普及普惠督导评估、幼儿园办园行为督导评估等工作统筹实施，避免重复评估，切实减轻基层和幼儿园迎检负担。

(二)明确评估周期。幼儿园每学期开展一次自我评估，教育部门要加强对幼儿园保育教育工作和自评的指导。县级督导评估依据所辖园数和工作需要，原则上每3—5年为一个周期，确保每个周期内覆盖所有幼儿园。省、市结合实际适当开展抽查，具体抽查比例由各省(区、市)自行确定。

(三)强化评估保障。各地要为幼儿园保育教育质量评估提供必要的经费保障，支持开展评估研究。要切实加强评估队伍建设，建立一支尊重学前教育规律、熟悉幼儿园保育教育实践、事业心责任感强、相对稳定的专业化评估队伍，评估人员主要由督学、学前教育行政人员、教研人员、园长、骨干教师等组成，强化评估人员专业能力建设。加强对本指南的学习培训，推动幼儿园园长、教师自觉运用对本指南自我反思改进，不断提高保育教育水平。

(四)注重激励引导。各地要将幼儿园保育教育质量评估结果作为对幼儿园表彰奖励、政策支持、资源配置、园长考核以及民办园年检、普惠性民办园认定扶持等方面工作的重要依据。对履职不到位、违反有关政策规定、违背幼儿身心发展规律、保教质量持续下滑的幼儿园，要及时督促整改，并视情况依法依规追究责任。要通过幼儿园保育教育质量评估工作，积极推动地方政府履行相应教育职责，为办好学前教育提供充分的条件保障和良好的政策环境。

(五)营造良好氛围。要广泛宣传国家关于学前教育改革发展的政策措施，深入解读幼儿园保育教育质量评估的重要意义、内容要求和指标体系，认真总结推广质量评估工作先进典型经验，有效发挥示范引领作用，积极开展国际交流与合作，营造有利于促进学前教育高质量发展的良好氛围。

附件：幼儿园保育教育质量评估指标(略)

(三)基础教育

中华人民共和国义务教育法

- 1986年4月12日第六届全国人民代表大会第四次会议通过
- 2006年6月29日第十届全国人民代表大会常务委员会第二十二次会议修订
- 根据2015年4月24日第十二届全国人民代表大会常务委员会第十四次会议《关于修改〈中华人民共和国义务教育法〉等五部法律的决定》第一次修正
- 根据2018年12月29日第十三届全国人民代表大会常务委员会第七次会议《关于修改〈中华人民共和国产品质量法〉等五部法律的决定》第二次修正

理解与适用

《义务教育法》是调整义务教育活动过程中所产生的各类社会关系的一部重要法律。该法于1986年4月12日第六届全国人民代表大会第四次会议通过，自1986年7月1日起施行。该法自颁布施行以来，对普及九年制义务教育、提高全民族素质，发挥了重要作用。2006年6月29日，第十届全国人民代表大会常务委员会第二十二次会议对《义务教育法》进行修订。主要修订内容包括：(1)从结构上讲，修订前的法律未分章，修订后的法律分为八章，即总则、学生、学校、教师、教育教学、经费保障、法律责任和附则。(2)从内容上讲，修订后的法律有针对性地增加了一些规定。一是为解决义务教育经费不足的问题，明确了义务教育经费来源等方面的规定；二是为全面推进素质教育，增加了规范教学内容等方面的具体措施；三是为解决义务教育资源配置不尽合理的问题，强调了学校均衡发展等原则；四是为解决义务教育乱收费等问题，对学校收费等作出了规范；五是为防止义务教育学校时有事故发生的问题，增加了保障学校安全等方面的规定；六是为防止利用义务教育教科书非法牟利等问题，规定了教科书基准价和浮动等制度。

2015 年 4 月 24 日，第十二届全国人民代表大会常务委员会第十四次会议对该法进行第一次修正，将第四十条修改为："教科书价格由省、自治区、直辖市人民政府价格行政部门会同同级出版行政部门按照微利原则确定。"2018 年 12 月 29 日，第十三届全国人民代表大会常务委员会第七次会议对该法进行第二次修正，将第四十条中的"出版行政部门"修改为"出版主管部门"。

第一章 总 则

第一条 【立法宗旨】为了保障适龄儿童、少年接受义务教育的权利，保证义务教育的实施，提高全民族素质，根据宪法和教育法，制定本法。

第二条 【义务教育制度】国家实行九年义务教育制度。

义务教育是国家统一实施的所有适龄儿童、少年必须接受的教育，是国家必须予以保障的公益性事业。

实施义务教育，不收学费、杂费。

国家建立义务教育经费保障机制，保证义务教育制度实施。

实务问答 如何理解义务教育"两免一补"政策？

根据《国务院关于进一步完善城乡义务教育经费保障机制的通知》，国家对城乡义务教育学生免除学杂费、免费提供教科书，对家庭经济困难寄宿生补助生活费（统称"两免一补"）。民办学校学生免除学杂费标准按照中央确定的生均公用经费基准定额执行。免费教科书资金，国家规定课程由中央全额承担（含出版发行少数民族文字教材亏损补贴），地方课程由地方承担。家庭经济困难寄宿生生活费补助资金由中央和地方按照 5∶5 比例分担，贫困面由各省（区、市）重新确认并报财政部、教育部核定。

链接《教育法》第 18、56-59 条；《国务院关于深化农村义务教育经费保障机制改革的通知》；《国务院关于进一步加强农村教育工作的决定》；《关于进一步做好进城务工就业农民子女义务教育工作的意见》；《国务院关于做好免除城市义务教育阶段学生学杂费工作的通知》；《国务院关于深入推进义务教育均衡发展的意见》；《国务院办公厅关于规范农村义务教育学校布局调整的意见》；《国务院关于进一步完善城乡义务教育经费保障机制的通知》；《国务院关于统筹推进县域内城乡义务教育一体化改革发展的若干意见》

第三条 【义务教育方针】义务教育必须贯彻国家的教育方针，实施素质教育，提高教育质量，使适龄儿童、少年在品德、智力、体质等方面全面发展，为培养有理想、有道德、有文化、有纪律的社会主义建设者和接班人奠定基础。

链接《教育法》第 5 条；《中共中央、国务院关于深化教育改革全面推进素质教育的决定》

第四条 【义务教育对象】凡具有中华人民共和国国籍的适龄儿童、少年，不分性别、民族、种族、家庭财产状况、宗教信仰等，依法享有平等接受义务教育的权利，并履行接受义务教育的义务。

注释 本条是对适龄儿童、少年平等的接受义务教育权利和义务的规定。这里的"平等"是指"不分性别、民族、种族、家庭财产状况、宗教信仰等"的平等；同时，该平等不仅是权利上的平等，还包括义务上的平等。另外，享有义务教育平等权的适龄儿童、少年必须具有中华人民共和国国籍。

保障进城务工人员随迁子女平等接受义务教育。要坚持以流入地为主、以公办学校为主的"两为主"政策，将常住人口纳入区域教育发展规划，推行按照进城务工人员随迁子女在校人数拨付教育经费，适度扩大公办学校资源，尽力满足进城务工人员随迁子女在公办学校平等接受义务教育。在公办学校不能满足需要的情况下，可采取政府购买服务等方式保障进城务工人员随迁子女在依法举办的民办学校接受义务教育。

链接《教育法》第 9、10、12、57 条；《国务院关于深入推进义务教育均衡发展的意见》；《国务院办公

厅转发教育部等部门关于做好进城务工人员随迁子女接受义务教育后在当地参加升学考试工作意见的通知》

第五条 【权利保障】各级人民政府及其有关部门应当履行本法规定的各项职责,保障适龄儿童、少年接受义务教育的权利。

适龄儿童、少年的父母或者其他法定监护人应当依法保证其按时入学接受并完成义务教育。

依法实施义务教育的学校应当按照规定标准完成教育教学任务,保证教育教学质量。

社会组织和个人应当为适龄儿童、少年接受义务教育创造良好的环境。

注释 本条是一个义务性的规定。本条所称的"依法实施义务教育的学校",是指依据本法及其他有关法律、法规、部门规章的规定,实施本法所规定的义务教育的学校。依法实施义务教育的学校应当按照规定标准完成教育教学任务,保证教育教学质量。

实务问答"父母"和"其他法定监护人"分别是指哪些人?

本条所称的"父母",包括亲生父母、继父母和养父母。而本条所称的"其他法定监护人",是指未成年人的父母已经死亡或者没有监护能力的,依法应履行监护人义务的人员。依照《民法典》的规定,由下列人员中有监护能力的人担任监护人:祖父母、外祖父母;兄、姐;其他愿意担任监护人的个人或者组织,但是须经未成年人住所地的居民委员会、村民委员会或者民政部门同意。对监护人的确定有争议的,由被监护人住所地的居民委员会、村民委员会或者民政部门指定监护人,有关当事人对指定不服的,可以向人民法院申请指定监护人;有关当事人也可以直接向人民法院申请指定监护人。居民委员会、村民委员会、民政部门或者人民法院应当尊重被监护人的真实意愿,按照最有利于被监护人的原则在依法具有监护资格的人中指定监护人。依照前述规定指定监护人前,被监护人的人身权利、财产权利以及其他合法权益处于无人保护状态的,由被监护人住所地的居民委员会、村民委员会、法律规定的有关组织或者民政部门担任临时监护人。监护人被指定后,不得擅自变更;擅自变更的,不免除被指定的监护人的责任。没有依法具有监护资格的人的,监护人由民政部门担任,也可以由具备履行监护职责条件的被监护人住所地的居民委员会、村民委员会担任。

第六条 【义务教育均衡发展】国务院和县级以上地方人民政府应当合理配置教育资源,促进义务教育均衡发展,改善薄弱学校的办学条件,并采取措施,保障农村地区、民族地区实施义务教育,保障家庭经济困难的和残疾的适龄儿童、少年接受义务教育。

国家组织和鼓励经济发达地区支援经济欠发达地区实施义务教育。

实务问答推进义务教育均衡发展的基本目标是什么?

根据《国务院关于深入推进义务教育均衡发展的意见》,推进义务教育均衡发展的基本目标是:每一所学校符合国家办学标准,办学经费得到保障。教育资源满足学校教育教学需要,开齐国家规定课程。教师配置更加合理,提高教师整体素质。学校班额符合国家规定标准,消除"大班额"现象。率先在县域内实现义务教育基本均衡发展,县域内学校之间差距明显缩小。

链接《教育法》第10条;《国务院关于深入推进义务教育均衡发展的意见》;《国务院关于统筹推进县域内城乡义务教育一体化改革发展的若干意见》

第七条 【义务教育领导体制】义务教育实行国务院领导,省、自治区、直辖市人民政府统筹规划实施,县级人民政府为主管理的体制。

县级以上人民政府教育行政部门具体负责义务教育实施工作;县级以上人民政府其他有关部门在各自的职责范围内负责义务教育实施工作。

链接《教育法》第14、31条;《国务院关于基础教育改革与发展的决定》

第八条 【义务教育督导】人民政府教育督导机构对义务教育工作执行法律法规情况、教育教学质量以及义务教育均衡发展状况等进行督导,督导报告向社会公布。

链接《国务院办公厅关于成立国务院教育督导委员会的通知》

第九条 【社会监督】任何社会组织或者个人有权对违反本法的行为向有关国家机关提出检举或者控告。

发生违反本法的重大事件,妨碍义务教育实施,造成重大社会影响的,负有领导责任的人民政府或者人民政府教育行政部门负责人应当引咎辞职。

第十条 【表彰奖励】对在义务教育实施工作中做出突出贡献的社会组织和个人，各级人民政府及其有关部门按照有关规定给予表彰、奖励。

链接《教育法》第13条

第二章 学 生

第十一条 【入学时间】凡年满六周岁的儿童，其父母或者其他法定监护人应当送其入学接受并完成义务教育；条件不具备的地区的儿童，可以推迟到七周岁。

适龄儿童、少年因身体状况需要延缓入学或者休学的，其父母或者其他法定监护人应当提出申请，由当地乡镇人民政府或者县级人民政府教育行政部门批准。

第十二条 【入学地点】适龄儿童、少年免试入学。地方各级人民政府应当保障适龄儿童、少年在户籍所在地学校就近入学。

父母或者其他法定监护人在非户籍所在地工作或者居住的适龄儿童、少年，在其父母或者其他法定监护人工作或者居住地接受义务教育的，当地人民政府应当为其提供平等接受义务教育的条件。具体办法由省、自治区、直辖市规定。

县级人民政府教育行政部门对本行政区域内的军人子女接受义务教育予以保障。

注释 保障适龄儿童少年就近入学是《义务教育法》的规定，是政府的法定责任，是基本公共服务的重要内容。农村义务教育学校布局，要适应城镇化深入发展和社会主义新农村建设的新形势，统筹考虑城乡人口流动、学龄人口变化，以及当地农村地理环境及交通状况、教育条件保障能力、学生家庭经济负担等因素，充分考虑学生的年龄特点和成长规律，处理好提高教育质量和方便学生就近上学的关系，努力满足农村适龄儿童少年就近接受良好义务教育需求。

农村义务教育学校布局要保障学生就近上学的需要。农村小学1至3年级学生原则上不寄宿，就近走读上学；小学高年级学生以走读为主，确有需要的可以寄宿；初中学生根据实际可以走读或寄宿。原则上每个乡镇都应设置初中，人口相对集中的村寨要设置村小学或教学点，人口稀少、地处偏远、交通不便的地方应保留或设置教学点。各地要根据不同年龄段学生的体力特征、道路条件、自然环境等因素，合理确定学校服务半径，尽量缩短学生上下学路途时间。

各地人民政府要认真落实《校车安全管理条例》，切实保障学生上下学交通安全。要通过增设农村客运班线及站点、增加班车班次、缩短发车间隔、设置学生专车等方式，满足学生的乘车需求。公共交通不能满足学生上学需要的，要组织提供校车服务。严厉查处接送学生车辆超速、超员和疲劳驾驶等违法行为，坚决制止采用低速货车、三轮汽车、拖拉机以及拼装车、报废车等车辆接送学生等行为。

实务问答 什么是“免试就近入学”？

“免试”，是指义务教育阶段各类学校（包括公办学校和民办学校）的招生入学工作，都必须依照本法及有关规定，不得举行或变相举行与入学挂钩的选拔考试或者测试，但艺术、体育、科技项目传统学校可以组织专项测试。

“就近入学”，原则上指户籍所在地的适龄儿童、少年都可以登记入学，并不是指到“离家最近”的学校就读，而是由区教育行政部门根据本地区公办学校的资源配置状况和义务教育适龄学生的分布和需求状况，合理规划和确定本区县义务教育阶段公办学校招生入学范围和招生人数，为每一位适龄儿童、少年提供“就近入学”的义务教育机会。

链接《国务院办公厅关于规范农村义务教育学校布局调整的意见》

第十三条 【督促入学】县级人民政府教育行政部门和乡镇人民政府组织和督促适龄儿童、少年入学，帮助解决适龄儿童、少年接受义务教育的困难，采取措施防止适龄儿童、少年辍学。

居民委员会和村民委员会协助政府做好工作，督促适龄儿童、少年入学。

链接《教育法》第37、38条

第十四条 【禁止招用适龄儿童、少年；专业训练组织实施义务教育】禁止用人单位招用应当接受义务教育的适龄儿童、少年。

根据国家有关规定经批准招收适龄儿童、少年进行文艺、体育等专业训练的社会组织，应当保证所招收的适龄儿童、少年接受义务教育；自行实施义务教育的，应当经县级人民政府教育行政部门批准。

注释 本条是禁止用人单位招用应当接受义务教育的适龄儿童、少年就业的规定。

根据本条第1款的规定，禁止用人单位招用应当接受义务教育的适龄儿童、少年就业。这里的“用人单位”是一个广义的概念，是指一切国家机关、社会团体、企事业单位、民办非企业单位或者个体工商户。这里的“就业”，既包括签订劳动合同招聘的正式员工，还包括临时雇用的短期工，只要与用人单位形成事实劳动关系即可。

本条第2款是关于招收适龄儿童、少年进行专业训练的社会组织应当保障其接受义务教育的规定。进行专业训练的社会组织负有保障其招收的适龄儿童、少年接受义务教育的强制性义务。

链接《劳动法》第15条第1款；《禁止使用童工规定》

第三章 学 校

第十五条 【学校设置规划】县级以上地方人民政府根据本行政区域内居住的适龄儿童、少年的数量和分布状况等因素，按照国家有关规定，制定、调整学校设置规划。新建居民区需要设置学校的，应当与居民区的建设同步进行。

注释 根据本条的规定，实施义务教育学校的设置规划，由县级以上地方人民政府制定。县级以上地方人民政府在制定学校设置规划时，应当根据本行政区域内居住的适龄儿童、少年的数量和分布状况等因素并按照国家的有关规定进行。注意这里是“居住”的适龄儿童、少年，也就是说不只是户籍在此的适龄儿童、少年。学校设置规划以后，要采取措施，组织力量，积极实施，保证学校设置规划得到落实。对于客观情况已经发生变化，原来的规划已经不能适应形势需要的，还应当及时调整学校设置规划。

第十六条 【选址要求和建设标准】学校建设，应当符合国家规定的办学标准，适应教育教学需要；应当符合国家规定的选址要求和建设标准，确保学生和教职工安全。

注释 本条是关于学校建设要求的规定。

关于学校建设的选址要求，校址应选在交通方便、位置适中、地势平坦开阔、空气清新、阳光充足、排水通畅、环境适宜、公用设施比较完善、远离污染源的地段。应避开高层建筑的阴影区、地震断裂带、山丘地区的滑坡段、悬崖边及崖底、河湾及泥石流地区、水坝泄洪区等不安全地带。架空高压输电线、高压电缆及通航河道等不得穿越校区。学校不应与集贸市场、公共娱乐场所、医院传染病房、太平间、公安看守所、生产贮藏易燃易爆物品的车间库房等不利于学生学习和身心健康，以及危及学生安全的场所毗邻。

关于学校的建设标准，包括校园规划设计要求、校舍建筑面积指标、教学用房的配置标准等具体要求，《城市普通中小学校校舍建设标准》和《农村普通中小学校建设标准》作了非常详细的规定。其中包括学校的基本设置、教学、办公及生活设备的配套标准等具体规定。

除此之外，学校建设还应包括有符合规定比例的教师与学生和符合资质的教职工及工作人员。

链接《教育部关于进一步加强中小学校校舍建设与管理工作的通知》；《道路交通安全法》第6条第3款、第34条；《中小学幼儿园安全管理办法》

第十七条 【寄宿制学校】县级人民政府根据需要设置寄宿制学校，保障居住分散的适龄儿童、少年入学接受义务教育。

第十八条 【经济发达地区设置少数民族学校(班)】国务院教育行政部门和省、自治区、直辖市人民政府根据需要，在经济发达地区设置接收少数民族适龄儿童、少年的学校(班)。

第十九条 【特殊教育的学校(班)】县级以上地方人民政府根据需要设置相应的实施特殊教育的学校(班)，对视力残疾、听力语言残疾和智力残疾的适龄儿童、少年实施义务教育。特殊教育学校(班)应当具备适应残疾儿童、少年学习、康复、生活特点的场所和设施。

普通学校应当接收具有接受普通教育能力的残疾适龄儿童、少年随班就读，并为其学习、康复提供帮助。

链接《特殊教育学校暂行规程》；《残疾人教育条例》

第二十条 【严重不良行为适龄少年的义务教育】县级以上地方人民政府根据需要，为具有预防未成年人犯罪法规定的严重不良行为的适龄少年设置专门的学校实施义务教育。

注释 这里的专门学校指过去所称的“工读学校”。工读学校是对有违法和轻微犯罪行为的中学生进行特殊教育的专门学校。

链接《预防未成年人犯罪法》第38-49条

第二十一条 【未成年犯和被采取强制措施的未成年人的义务教育】对未完成义务教育的未

成年犯和被采取强制性教育措施的未成年人应当进行义务教育，所需经费由人民政府予以保障。

注释 "未成年犯"，是指由人民法院依法判处有期徒刑、无期徒刑，并在未成年犯管教所执行刑罚、接受教育改造的，年满12周岁、不满18周岁的罪犯。

第二十二条 【促进学校均衡发展；禁止改变公办学校性质】县级以上人民政府及其教育行政部门应当促进学校均衡发展，缩小学校之间办学条件的差距，不得将学校分为重点学校和非重点学校。学校不得分设重点班和非重点班。

县级以上人民政府及其教育行政部门不得以任何名义改变或者变相改变公办学校的性质。

链接《县域义务教育优质均衡发展督导评估办法》

第二十三条 【维护学校周边秩序】各级人民政府及其有关部门依法维护学校周边秩序，保护学生、教师、学校的合法权益，为学校提供安全保障。

链接《教育法》第31条；《未成年人保护法》第35、58、59条；《道路交通安全法》第34条；《中小学幼儿园安全管理办法》

第二十四条 【安全制度和应急机制】学校应当建立、健全安全制度和应急机制，对学生进行安全教育，加强管理，及时消除隐患，预防发生事故。

县级以上地方人民政府定期对学校校舍安全进行检查；对需要维修、改造的，及时予以维修、改造。

学校不得聘用曾经因故意犯罪被依法剥夺政治权利或者其他不适合从事义务教育工作的人担任工作人员。

注释 本条所讲的建立、健全应急机制是指学校要依法做好突然发生，造成或者可能造成学生、教职工身心健康严重损害的重大传染病、群体性不明原因疾病、重大食物和职业中毒以及因自然灾害、事故灾难或者社会安全等事件引起的严重影响学生、教职工身心健康的公共卫生及安全事件的应急处理制度，如应急预案等。

链接《教育法》第30条；《未成年人保护法》第35-37、39-40、62条；《学生伤害事故处理办法》；《学校食品安全与营养健康管理规定》

第二十五条 【禁止违法收费和谋利】学校不得违反国家规定收取费用，不得以向学生推销或者变相推销商品、服务等方式谋取利益。

链接《教育法》第26、30条；《财政部关于在全国义务教育阶段学校推行"一费制"收费办法的意见》

第二十六条 【校长负责制】学校实行校长负责制。校长应当符合国家规定的任职条件。校长由县级人民政府教育行政部门依法聘任。

链接《教育法》第31条；《国家教育委员会关于颁发〈全国中小学校长任职条件和岗位要求（试行）〉的通知》

第二十七条 【禁止开除学生】对违反学校管理制度的学生，学校应当予以批评教育，不得开除。

注释 按照《教育法》的规定，学校有"对受教育者进行学籍管理，实施奖励或者处分"的权利，而学生有"遵守学生行为规范""遵守所在学校或者其他教育机构的管理制度"的义务。因此，实施义务教育的小学和初中学校有权依法制定自己的管理制度，并据此对学生实施管理。

学校的管理制度可以分为针对教师和针对学生两大类，与学生相关的主要包括：学籍管理制度、安全管理制度、德育工作制度、学生行为规范、作息制度、门卫制度、学校财物管理制度、学生公寓管理制度等。这些制度一般都会对学生的行为做出规范，本身也是对学生的一种教育方式，学生有遵守的义务。对于违反管理制度的学生，本条规定学校应当予以批评教育。

"不得开除"是对学校的强制性规定，即明确实施义务教育的学校在任何情况下都不能以开除、取消学籍的方式来惩罚违反学校管理制度的学生。

链接《教育法》第29条

第四章 教 师

第二十八条 【教师权利和义务】教师享有法律规定的权利，履行法律规定的义务，应当为人师表，忠诚于人民的教育事业。

全社会应当尊重教师。

注释 教师的权利是指教师在教育教学活动中依法享有的权益，是国家对教师能够作出或不作出一定行为，以及要求他人相应作出或不作出一定行为的许可与保障。法律上的教师权利包括教师实施某种行为的权利，以及要求义务人履行义务的权利。当教师的权利受到侵害时，有权诉诸法律，要求确认和保护其权利。

教师的义务是指依照法律规定，教师必须做出或禁止做出一定的行为。教师的义务，一方面，表现为教师作为公民所应该履行的义务；另一方面，表现为教师作为一种特殊职业所应该履行的义务。其重点在于教师在从事教育教学工作的过程中，为了保障教育对象的权利而必须或禁止做出一系列行为。

链接《教育法》第4、33条；《教师法》第7-9条

第二十九条 【平等对待学生；尊重学生人格】教师在教育教学中应当平等对待学生，关注学生的个体差异，因材施教，促进学生的充分发展。

教师应当尊重学生的人格，不得歧视学生，不得对学生实施体罚、变相体罚或者其他侮辱人格尊严的行为，不得侵犯学生合法权益。

注释 本条是对接受义务教育的学生平等接受教育权的规定。

第1款规定的教师平等对待学生是指，一方面，教师不能因为学生在知识能力、道德水平、相貌性格以及家庭背景等方面的差异有所偏爱和歧视。另一方面，教师又要根据各个学生的不同实际区别对待，因材施教。因材施教是指教师要针对学生个体的兴趣、具体能力、气质和性格等心理特点的个别差异实施不同方式的教学，从学生的实际出发，针对学生的特点，在教学方式上区别对待，有的放矢，使学生按照不同的途径，不同的条件和方式，取得最佳的教育和教学效果。

第2款是对教师尊重学生人格、不得歧视学生的规定，还明确规定了禁止体罚、变相体罚或者其他侮辱人格尊严的行为。

链接《教师法》第8条；《中小学教师职业道德规范》

第三十条 【教师资格；教师职务】教师应当取得国家规定的教师资格。

国家建立统一的义务教育教师职务制度。教师职务分为初级职务、中级职务和高级职务。

注释 本条是关于教师资格制度和教师职务制度的规定。

第1款是对教师资格制度所作的明确要求。教师资格制度是国家对教师实行的一种法定的职业许可制度。教师资格是国家对专门从事教育教学工作人员的基本要求，是公民获得教师职位、从事教师工作的前提条件。国家实行教师资格制度后，只有具备教师资格（持有国家颁发的教师资格证书）的人，才能被聘任或任命担任教师工作。也就是说，不具备这种资格的人，不允许从事教师职业。否则，视为违法，轻者给予行政处分或行政处罚，重者还要承担刑事责任。

第2款是对教师职务制度的规定。教师职务制度是国家在各级各类学校及其他教育机构中实行的履行教育教学职责人员的专业聘任制度，是关于教师任用的制度。

链接《教师法》第10-17条；《教师资格条例》；《〈教师资格条例〉实施办法》

第三十一条 【工资福利待遇】各级人民政府保障教师工资福利和社会保险待遇，改善教师工作和生活条件；完善农村教师工资经费保障机制。

教师的平均工资水平应当不低于当地公务员的平均工资水平。

特殊教育教师享有特殊岗位补助津贴。在民族地区和边远贫困地区工作的教师享有艰苦贫困地区补助津贴。

注释 根据《教师法》的规定，教师的平均工资水平应当不低于或者高于国家公务员的平均工资水平，并逐步提高。建立正常晋级增薪制度，具体办法由国务院规定。中小学教师和职业学校教师享受教龄津贴和其他津贴，具体办法由国务院教育行政部门会同有关部门制定。地方各级人民政府对教师以及具有中专以上学历的毕业生到少数民族地区和边远贫困地区从事教育教学工作的，应当予以补贴。地方各级人民政府和国务院有关部门，对城市教师住房的建设、租赁、出售实行优先、优惠。县、乡两级人民政府应当为农村中小学教师解决住房提供方便。教师的医疗同当地国家公务员享受同等的待遇；定期对教师进行身体健康检查，并因地制宜安排教师进行休养。医疗机构应当对当地教师的医疗提供方便。教师退休或者退职后，享受国家规定的退休或者退职待遇。县级以上地方人民政府可以适当提高长期从事教育教学工作的中小学退休教师的退休金比例。各级人民政府应当采取措施，改善国家补助、集体支付工资的中小学教师的待遇，逐步做到在工资收入上与国家支付工资的教师同工同酬，具体办法由地方各级人民政府根据本地区的实际情况规定。社会力量所办学校的教师的待遇，由举办者自行确定并予以保障。

链接《教师法》第25-32条；《教育法》第34条；《县域义务教育优质均衡发展督导评估办法》

第三十二条 【教师培养和流动】县级以上人民政府应当加强教师培养工作，采取措施发展教

师教育。

县级人民政府教育行政部门应当均衡配置本行政区域内学校师资力量，组织校长、教师的培训和流动，加强对薄弱学校的建设。

链接《教师法》第18-21条；《中小学教师继续教育规定》；《县域义务教育优质均衡发展督导评估办法》

第三十三条 【引导和鼓励去农村和民族地区教学】国务院和地方各级人民政府鼓励和支持城市学校教师和高等学校毕业生到农村地区、民族地区从事义务教育工作。

国家鼓励高等学校毕业生以志愿者的方式到农村地区、民族地区缺乏教师的学校任教。县级人民政府教育行政部门依法认定其教师资格，其任教时间计入工龄。

链接《关于引导和鼓励高校毕业生面向基层就业的意见》；《教育部关于大力推进城镇教师支援农村教育工作的意见》

第五章 教育教学

第三十四条 【促进学生全面发展】教育教学工作应当符合教育规律和学生身心发展特点，面向全体学生，教书育人，将德育、智育、体育、美育等有机统一在教育教学活动中，注重培养学生独立思考能力、创新能力和实践能力，促进学生全面发展。

注释 本条是关于教育教学工作的基本规定。教育教学，即学校教育，是教育者根据一定的社会要求，对受教育者所进行的一种有目的、有计划、有组织的传授知识技能，培养道德品质，发展智力体力，把受教育者培养成为有一定服务社会能力的人的社会活动。

第三十五条 【确定教学、内容和课程设置】国务院教育行政部门根据适龄儿童、少年身心发展的状况和实际情况，确定教学制度、教育教学内容和课程设置，改革考试制度，并改进高级中等学校招生办法，推进实施素质教育。

学校和教师按照确定的教育教学内容和课程设置开展教育教学活动，保证达到国家规定的基本质量要求。

国家鼓励学校和教师采用启发式教育等教育教学方法，提高教育教学质量。

第三十六条 【促进德育】学校应当把德育放在首位，寓德育于教育教学之中，开展与学生年龄相适应的社会实践活动，形成学校、家庭、社会相互配合的思想道德教育体系，促进学生养成良好的思想品德和行为习惯。

第三十七条 【开展体育】学校应当保证学生的课外活动时间，组织开展文化娱乐等课外活动。社会公共文化体育设施应当为学校开展课外活动提供便利。

链接《宪法》第22条；《教育法》第45、51条；《公共文化体育设施条例》；《体育法》

第三十八条 【教科书的编写】教科书根据国家教育方针和课程标准编写，内容力求精简，精选必备的基础知识、基本技能，经济实用，保证质量。

国家机关工作人员和教科书审查人员，不得参与或者变相参与教科书的编写工作。

链接《刑法》第93条；《全国人民代表大会常务委员会关于〈中华人民共和国刑法〉第九章渎职罪主体适用问题的解释》

第三十九条 【教科书审定制度】国家实行教科书审定制度。教科书的审定办法由国务院教育行政部门规定。

未经审定的教科书，不得出版、选用。

第四十条 【教科书价格确定】教科书价格由省、自治区、直辖市人民政府价格行政部门会同同级出版主管部门按照微利原则确定。

链接《免费教科书政府采购工作暂行办法》

第四十一条 【教科书循环使用】国家鼓励教科书循环使用。

第六章 经费保障

第四十二条 【义务教育经费纳入财政预算和保证经费增长比例】国家将义务教育全面纳入财政保障范围，义务教育经费由国务院和地方各级人民政府依照本法规定予以保障。

国务院和地方各级人民政府将义务教育经费纳入财政预算，按照教职工编制标准、工资标准和学校建设标准、学生人均公用经费标准等，及时足额拨付义务教育经费，确保学校的正常运转和校舍安全，确保教职工工资按照规定发放。

国务院和地方各级人民政府用于实施义务教育财政拨款的增长比例应当高于财政经常性收入的增长比例，保证按照在校学生人数平均的义务教育费用逐步增长，保证教职工工资和学生人均公用经费逐步增长。

链接《教育法》第55、56条;《国务院关于深化农村义务教育经费保障机制改革的通知》;《国务院关于做好免除城市义务教育阶段学生学杂费工作的通知》

第四十三条 【人均公用经费基本标准】学校的学生人均公用经费基本标准由国务院财政部门会同教育行政部门制定,并根据经济和社会发展状况适时调整。制定、调整学生人均公用经费基本标准,应当满足教育教学基本需要。

省、自治区、直辖市人民政府可以根据本行政区域的实际情况,制定不低于国家标准的学校学生人均公用经费标准。

特殊教育学校(班)学生人均公用经费标准应当高于普通学校学生人均公用经费标准。

注释 学生人均公用经费基本标准,是指维持义务教育的中小学校正常运转的最低需求的标准。公用经费一般包括学校维持正常运转所需开支的业务费、公务费、设备购置费、修缮费和其他属于公用性质(教师培训等)的费用等。

第四十四条 【义务教育经费投入共同负担】义务教育经费投入实行国务院和地方各级人民政府根据职责共同负担,省、自治区、直辖市人民政府负责统筹落实的体制。农村义务教育所需经费,由各级人民政府根据国务院的规定分项目、按比例分担。

各级人民政府对家庭经济困难的适龄儿童、少年免费提供教科书并补助寄宿生生活费。

义务教育经费保障的具体办法由国务院规定。

第四十五条 【单列和均衡安排义务教育经费】地方各级人民政府在财政预算中将义务教育经费单列。

县级人民政府编制预算,除向农村地区学校和薄弱学校倾斜外,应当均衡安排义务教育经费。

第四十六条 【义务教育转移支付资金】国务院和省、自治区、直辖市人民政府规范财政转移支付制度,加大一般性转移支付规模和规范义务教育专项转移支付,支持和引导地方各级人民政府增加对义务教育的投入。地方各级人民政府确保将上级人民政府的义务教育转移支付资金按照规定用于义务教育。

第四十七条 【义务教育专项资金】国务院和县级以上地方人民政府根据实际需要,设立专项资金,扶持农村地区、民族地区实施义务教育。

链接《教育法》第57条

第四十八条 【义务教育捐赠和基金】国家鼓励社会组织和个人向义务教育捐赠,鼓励按照国家有关基金会管理的规定设立义务教育基金。

链接《教育法》第60条

第四十九条 【禁止侵占、挪用义务教育经费;禁止非法收费和摊派】义务教育经费严格按照预算规定用于义务教育;任何组织和个人不得侵占、挪用义务教育经费,不得向学校非法收取或者摊派费用。

注释 义务教育经费按预算规定使用是《预算法》的要求,任何组织和个人不得侵占(如占为个人或者单位所有等)、挪用(挪作他用)义务教育经费,也不得向学校非法收取好处费等费用或者摊派费用。对义务教育经费的使用情况,有关机关或者部门有权监督。按照规定,义务教育经费属于政府预算范围,在政府财政预算中应依法有所体现。按照本法规定,侵占、挪用义务教育经费或者向学校非法收取、摊派的,由上级人民政府或者上级人民政府教育行政部门、财政部门、价格行政部门和审计机关根据职责分工责令限期改正;情节严重的,对直接负责的主管人员和其他直接责任人员依法给予处分。

链接《教育法》第61条

第五十条 【审计监督和统计公告】县级以上人民政府建立健全义务教育经费的审计监督和统计公告制度。

实务问答 义务教育经费的统计包括哪些情况?

义务教育经费的统计分两种情况:一种是国家统计;另一种是系统内部统计。

国家统计,是运用各种统计方法对国民经济和社会发展情况进行统计调查、统计分析,提供统计资料和统计咨询意见,实行统计监督等活动的总称。系统内部统计的基本任务,根据《教育统计管理规定》的规定,是指对教育发展情况进行统计调查,统计分析,提供统计资料,实行统计监督。

第七章 法律责任

第五十一条 【未履行对义务教育经费保障职责行为的处理】国务院有关部门和地方各级人民政府违反本法第六章的规定,未履行对义务教育经费保障职责的,由国务院或者上级地方人民政府责令限期改正;情节严重的,对直接负责的主管人员和其他直接责任人员依法给予行政处分。

第五十二条 【县级以上地方人民政府违法行为的处理】县级以上地方人民政府有下列情形之一的，由上级人民政府责令限期改正；情节严重的，对直接负责的主管人员和其他直接责任人员依法给予行政处分：

（一）未按照国家有关规定制定、调整学校的设置规划的；

（二）学校建设不符合国家规定的办学标准、选址要求和建设标准的；

（三）未定期对学校校舍安全进行检查，并及时维修、改造的；

（四）未依照本法规定均衡安排义务教育经费的。

链接《义务教育法》第15条、第16条、第24条第2款、第45条第2款

第五十三条 【政府或其教育行政部门的法律责任】县级以上人民政府或者其教育行政部门有下列情形之一的，由上级人民政府或者其教育行政部门责令限期改正、通报批评；情节严重的，对直接负责的主管人员和其他直接责任人员依法给予行政处分：

（一）将学校分为重点学校和非重点学校的；

（二）改变或者变相改变公办学校性质的。

县级人民政府教育行政部门或者乡镇人民政府未采取措施组织适龄儿童、少年入学或者防止辍学的，依照前款规定追究法律责任。

链接《义务教育法》第13条第1款、第22条

第五十四条 【侵占、挪用义务经费行为的法律责任】有下列情形之一的，由上级人民政府或者上级人民政府教育行政部门、财政部门、价格行政部门和审计机关根据职责分工责令限期改正；情节严重的，对直接负责的主管人员和其他直接责任人员依法给予处分：

（一）侵占、挪用义务教育经费的；

（二）向学校非法收取或者摊派费用的。

注释 向学校非法收取或者摊派费用，是指一些行政管理部门、单位和个人，在国家法律法规和有关收费管理规定之外，无依据或者违反有关收费标准、范围、用途和程序的要求，向义务教育学校或者其他义务教育机构乱收费或者以合法的形式变相乱收费、乱罚款或者进行各种摊派活动。此外，有关行政部门不执行国家对有关义务教育学校的税收减免政策，随意征收应当减免的税款或者应当依法返还而不予返还的，也属于违法收费。

链接《义务教育法》第49条

第五十五条 【学校或教师违反教育法、教师法行为的处理】学校或者教师在义务教育工作中违反教育法、教师法规定的，依照教育法、教师法的有关规定处罚。

链接《教师法》第35-39条；《教育法》第70-82条

第五十六条 【违法收费等行为的法律责任】学校违反国家规定收取费用的，由县级人民政府教育行政部门责令退还所收费用；对直接负责的主管人员和其他直接责任人员依法给予处分。

学校以向学生推销或者变相推销商品、服务等方式谋取利益的，由县级人民政府教育行政部门给予通报批评；有违法所得的，没收违法所得；对直接负责的主管人员和其他直接责任人员依法给予处分。

国家机关工作人员和教科书审查人员参与或者变相参与教科书编写的，由县级以上人民政府或者其教育行政部门根据职责权限责令限期改正，依法给予行政处分；有违法所得的，没收违法所得。

链接《义务教育法》第25、38条；《教育法》第78条；《教育部、国家发展和改革委员会、财政部关于在全国义务教育阶段学校推行“一费制”收费办法的意见》；《国务院关于深化农村义务教育经费保障机制改革的通知》

第五十七条 【拒收残疾儿童、少年随班就读等行为的法律责任】学校有下列情形之一的，由县级人民政府教育行政部门责令限期改正；情节严重的，对直接负责的主管人员和其他直接责任人员依法给予处分：

（一）拒绝接收具有接受普通教育能力的残疾适龄儿童、少年随班就读的；

（二）分设重点班和非重点班的；

（三）违反本法规定开除学生的；

（四）选用未经审定的教科书的。

链接《义务教育法》第19条第2款、第22条第1款、第27条、第39条；《残疾人保障法》第25条；《残疾人教育条例》

第五十八条 【未依法送适龄儿童少年入学行为的处理】适龄儿童、少年的父母或者其他法定

监护人无正当理由未依照本法规定送适龄儿童、少年入学接受义务教育的，由当地乡镇人民政府或者县级人民政府教育行政部门给予批评教育，责令限期改正。

第五十九条 【胁迫或者诱骗儿童、少年失学、辍学等行为的法律责任】有下列情形之一的，依照有关法律、行政法规的规定予以处罚：

（一）胁迫或者诱骗应当接受义务教育的适龄儿童、少年失学、辍学的；

（二）非法招用应当接受义务教育的适龄儿童、少年的；

（三）出版未经依法审定的教科书的。

第六十条 【构成犯罪的处理】违反本法规定，构成犯罪的，依法追究刑事责任。

链接《义务教育法》第24、29、49条；《刑法》第138条

第八章 附 则

第六十一条 【免收杂费的实施步骤】对接受义务教育的适龄儿童、少年不收杂费的实施步骤，由国务院规定。

链接《国务院关于深化农村义务教育经费保障机制改革的通知》；《关于确保农村义务教育经费投入加强财政预算管理的通知》；《国务院关于做好免除城市义务教育阶段学生学杂费工作的通知》

第六十二条 【民办教育】社会组织或者个人依法举办的民办学校实施义务教育的，依照民办教育促进法有关规定执行；民办教育促进法未作规定的，适用本法。

链接《民办教育促进法》；《民办教育促进法实施条例》

第六十三条 【施行日期】本法自2006年9月1日起施行。

国务院办公厅关于规范农村义务教育学校布局调整的意见

· 2012年9月6日
· 国办发〔2012〕48号

随着我国进城务工人员随迁子女逐年增加、农村人口出生率持续降低，农村学龄人口不断下降，各地对农村义务教育学校进行了布局调整和撤并，改善了办学条件，优化了教师队伍配置，提高了办学效益和办学质量。但同时，农村义务教育学校大幅减少，导致部分学生上学路途变远、交通安全隐患增加，学生家庭经济负担加重，并带来农村寄宿制学校不足、一些城镇学校班额过大等问题。有的地方在学校撤并过程中，规划方案不完善，操作程序不规范，保障措施不到位，影响了农村教育的健康发展。为进一步规范农村义务教育学校布局调整，努力办好人民满意的教育，经国务院同意，现提出如下意见。

一、农村义务教育学校布局的总体要求

保障适龄儿童少年就近入学是义务教育法的规定，是政府的法定责任，是基本公共服务的重要内容。农村义务教育学校布局，要适应城镇化深入发展和社会主义新农村建设的新形势，统筹考虑城乡人口流动、学龄人口变化，以及当地农村地理环境及交通状况、教育条件保障能力、学生家庭经济负担等因素，充分考虑学生的年龄特点和成长规律，处理好提高教育质量和方便学生就近上学的关系，努力满足农村适龄儿童少年就近接受良好义务教育需求。

二、科学制定农村义务教育学校布局规划

县级人民政府要制定农村义务教育学校布局专项规划，合理确定县域内教学点、村小学、中心小学、初中学校布局，以及寄宿制学校和非寄宿制学校的比例，保障学校布局与村镇建设和学龄人口居住分布相适应，明确学校布局调整的保障措施。专项规划经上一级人民政府审核后报省级人民政府批准，并由省级人民政府汇总后报国家教育体制改革领导小组备案。

农村义务教育学校布局要保障学生就近上学的需要。农村小学1至3年级学生原则上不寄宿，就近走读上学；小学高年级学生以走读为主，确有需要的可以寄宿；初中学生根据实际可以走读或寄宿。原则上每个乡镇都应设置初中，人口相对集中的村寨要设置村小学或教学点，人口稀少、地处偏远、交通不便的地方应保留或设置教学点。各地要根据不同年龄段学生的体力特征、道路条件、自然环境等因素，合理确定学校服务半径，尽量缩短学生上下学路途时间。

三、严格规范学校撤并程序和行为

规范农村义务教育学校撤并程序。确因生源

减少需要撤并学校的，县级人民政府必须严格履行撤并方案的制定、论证、公示、报批等程序。要统筹考虑学生上下学交通安全、寄宿生学习生活设施等条件保障，并通过举行听证会等多种有效途径，广泛听取学生家长、学校师生、村民自治组织和乡镇人民政府的意见，保障群众充分参与并监督决策过程。学校撤并应先建后撤，保证平稳过渡。撤并方案要逐级上报省级人民政府审批。在完成农村义务教育学校布局专项规划备案之前，暂停农村义务教育学校撤并。要依法规范撤并后原有校园校舍再利用工作，优先保障当地教育事业需要。

坚决制止盲目撤并农村义务教育学校。多数学生家长反对或听证会多数代表反对，学校撤并后学生上学交通安全得不到保障，并入学校住宿和就餐条件不能满足需要，以及撤并后将造成学校超大规模或“大班额”问题突出的，均不得强行撤并现有学校或教学点。已经撤并的学校或教学点，确有必要的由当地人民政府进行规划、按程序予以恢复。

四、办好村小学和教学点

对保留和恢复的村小学和教学点，要采取多种措施改善办学条件，着力提高教学质量。提高村小学和教学点的生均公用经费标准，对学生规模不足100人的村小学和教学点按100人核定公用经费，保证其正常运转。研究完善符合村小学和教学点实际的职称评定标准，职称晋升和绩效工资分配向村小学和教学点专任教师倾斜，鼓励各地采取在绩效工资中设立岗位津贴等有效政策措施支持优秀教师到村小学和教学点工作。加快推进农村教育信息化建设，为村小学和教学点配置数字化优质课程教学资源。中心学校要发挥管理和指导作用，统筹安排课程，组织巡回教学，开展连片教研，推动教学资源共享，提高村小学和教学点教学质量。

五、解决学校撤并带来的突出问题

加强农村寄宿制学校建设和管理。学校撤并后学生需要寄宿的地方，要按照国家或省级标准加强农村寄宿制学校建设，为寄宿制学校配备教室、学生宿舍、食堂、饮用水设备、厕所、澡堂等设施和聘用必要的管理、服务、保安人员，寒冷地区要配备安全的取暖设施。有条件的地方应为学校配备心理健康教师。要科学管理学生作息时间，培养学生良好生活习惯，开展符合学生身心特点、有益于健康成长的校园活动，加强寄宿制学校安全管理和教育。

各地人民政府要认真落实《校车安全管理条例》，切实保障学生上下学交通安全。要通过增设农村客运班线及站点、增加班车班次、缩短发车间隔、设置学生专车等方式，满足学生的乘车需求。公共交通不能满足学生上学需要的，要组织提供校车服务。严厉查处接送学生车辆超速、超员和疲劳驾驶等违法行为，坚决制止采用低速货车、三轮汽车、拖拉机以及拼装车、报废车等车辆接送学生。

高度重视并逐步解决学校撤并带来的“大班额”问题。各地要通过新建、扩建、改建学校和合理分流学生等措施，使学校班额符合国家标准。班额超标学校不得再接收其他学校并入的学生。对教育资源较好学校的“大班额”问题，要通过实施学区管理、建立学校联盟、探索集团化办学等措施，扩大优质教育资源覆盖面，合理分流学生。

六、开展农村义务教育学校布局调整专项督查

省级人民政府教育督导机构要对农村义务教育学校布局是否制订专项规划、调整是否合理、保障措施是否到位、工作程序是否完善、村小学和教学点建设是否合格等进行专项督查，督查结果要向社会公布。对存在问题较多、社会反映强烈的地方，要责成其限期整改。对因学校撤并不当引起严重不良后果的，要依照法律和有关规定追究责任。县级人民政府要认真开展农村义务教育学校布局调整工作检查，及时发现并解决好存在的问题。教育部要会同有关部门加强对各地规范农村义务教育学校布局调整工作的督促指导。

国务院关于基础教育改革与发展的决定

· 2001年5月29日
· 国发〔2001〕21号

改革开放以来，我国基础教育取得了辉煌成就。基本普及九年义务教育和基本扫除青壮年文盲（简称“两基”）的目标初步实现，素质教育全面推进。但我国基础教育总体水平还不高，发展不平衡，一些地方对基础教育重视不够。进入新世纪，基础教育面临着新的挑战，改革与发展的任务仍十分艰巨。

为了切实贯彻《中华人民共和国教育法》、《中华人民共和国义务教育法》、《中华人民共和国教师法》、《中华人民共和国未成年人保护法》等有关法律，实施《中华人民共和国国民经济和社会发展第十个五年计划纲要》，全面贯彻党的教育方针，大力推进基础教育的改革和健康发展，特作如下决定。

一、确立基础教育在社会主义现代化建设中的战略地位，坚持基础教育优先发展

1. 高举邓小平理论伟大旗帜，以邓小平同志“教育要面向现代化，面向世界，面向未来”和江泽民同志“三个代表”的重要思想为指导，坚持教育必须为社会主义现代化建设服务，为人民服务，必须与生产劳动和社会实践相结合，培养德智体美等全面发展的社会主义事业建设者和接班人。

基础教育是科教兴国的奠基工程，对提高中华民族素质、培养各级各类人才，促进社会主义现代化建设具有全局性、基础性和先导性作用。保持教育适度超前发展，必须把基础教育摆在优先地位并作为基础设施建设和教育事业发展的重点领域，切实予以保障。

2. “十五”期间，地方各级人民政府要坚持将普及九年义务教育和扫除青壮年文盲作为教育工作的“重中之重”，进一步扩大九年义务教育人口覆盖范围，初中阶段入学率达到 90%以上，青壮年非文盲率保持在 95%以上；高中阶段入学率达到 60%左右，学前教育进一步发展。

按照“积极进取、实事求是、分区规划、分类指导”的原则，不同地区基础教育事业发展的基本任务是：

（1）占全国人口 15%左右、未实现“两基”的贫困地区要打好“两基”攻坚战，普及初等义务教育，积极推进九年义务教育和扫除青壮年文盲，适度发展高中阶段教育，积极发展学前一年教育。

（2）占全国人口 50%左右、已实现“两基”的农村地区，重点抓好“两基”巩固提高工作，义务教育学校办学条件明显改善，教育质量和办学效益进一步提高，高中阶段教育有较大发展，积极发展学前三年教育。

（3）占全国人口 35%左右的大中城市和经济发达地区，高水平、高质量普及九年义务教育，基本满足社会对高中阶段教育和学前三年教育的需求，重视发展儿童早期教育。到 2010 年，基础教育总体水平接近或达到世界中等发达国家水平。

3. “十五”期间，基础教育改革进一步深化，素质教育取得明显成效。德育工作的针对性、实效性和主动性进一步增强，青少年学生健康成长的社会环境进一步优化。形成适应时代发展要求的新的基础教育课程体系及国家基本要求指导下的教材多样化格局，建立并进一步完善适应素质教育要求的考试评价制度和招生选拔制度，有条件的地方要取得新的突破。全国乡（镇）以上有条件的中小学基本普及信息技术教育。初步形成适应基础教育改革和发展的教师教育体系，中小学人事制度改革取得显著进展，教师队伍的职业道德和业务水平明显提高。农村教育管理体制进一步完善，基础教育尤其是农村义务教育投入和按时足额发放中小学教师工资的保障机制进一步落实，社会力量办学进一步发展和规范。

4. 大力发展高中阶段教育，促进高中阶段教育协调发展。有步骤地在大中城市和经济发达地区普及高中阶段教育。挖掘现有学校潜力并鼓励有条件的地区实行完全中学的高、初中分离，扩大高中规模。鼓励社会力量采取多种形式发展高中阶段教育。保持普通高中与中等职业学校的合理比例，促进协调发展。鼓励发展普通教育与职业教育沟通的高级中学。支持已经普及九年义务教育的中西部农村地区发展高中阶段教育。

5. 重视和发展学前教育。大力发展以社区为依托，公办与民办相结合的多种形式的学前教育和儿童早期教育服务。加强乡（镇）中心幼儿园建设并发挥其对村办幼儿园（班）的指导作用。

二、完善管理体制，保障经费投入，推进农村义务教育持续健康发展

6. 加强农村义务教育是涉及农村经济社会发展全局的一项战略任务。农村义务教育量大面广、基础薄弱、任务重、难度大，是实施义务教育的重点和难点。各级人民政府要牢固树立实施科教兴国战略必须首先落实到义务教育上来的思想；牢固树立解决好我国农业、农村和农民问题，要依靠大力发展农村教育，提高劳动者整体素质的思想，切实重视和加强农村义务教育。

7. 进一步完善农村义务教育管理体制。实行在国务院领导下，由地方政府负责、分级管理、以县为主的体制。国家确定义务教育的教学制度、课程设置、课程标准,审定教科书。中央和省级人民政府要通过转移支付,加大对贫困地区和少数民族地区义务教育的扶持力度。省级和地(市)级人民政府要加强教育统筹规划,搞好组织协调,在安排对下级转移支付资金时要保证农村义务教育发展的需要。县级人民政府对本地农村义务教育负有主要责任,要抓好中小学的规划、布局调整、建设和管理,统一发放教职工工资,负责中小学校长、教师的管理,指导学校教育教学工作。乡(镇)人民政府要承担相应的农村义务教育的办学责任,根据国家规定筹措教育经费,改善办学条件,提高教师待遇。继续发挥村民自治组织在实施义务教育中的作用。乡(镇)、村都有维护学校的治安和安全、动员适龄儿童入学等责任。

8. 确保农村中小学教师工资发放是地方各级人民政府的责任。省级人民政府要统筹制定农村义务教育发展和中小学布局调整的规划,严格实行教师资格制度,逐县核定教师编制和工资总额,对财力不足、发放教师工资确有困难的县,要通过调整财政体制和增加转移支付的办法解决农村中小学教师工资发放问题。县级人民政府要强化对教师工资的管理,从2001年起,将农村中小学教师工资的管理上收到县,为此,原乡(镇)财政收入中用于农村中小学教职工工资发放的部分要相应划拨上交到县级财政,并按规定设立"工资资金专户"。财政安排的教师工资性支出,由财政部门根据核定的编制和中央统一规定的工资项目及标准,通过银行直接拨入教师在银行开设的个人账户中。在此基础上,为支持国家扶贫开发工作重点县等中西部困难地区建立农村中小学教师工资保障机制,中央财政将给予适当补助。

各级人民政府要进一步加强对教师工资经费的监管,实行举报制度,对于不能保证教师工资发放,挪用挤占教师工资资金的地方,一经查实,要停止中央财政的转移支付,扣回转移支付资金,并追究主要领导人的责任。

9. 各地要依据《中华人民共和国教育法》、《中华人民共和国义务教育法》规定,继续做好农村教育费附加征收和管理工作。农村中小学危房改造的教育集资,必须严格按照有关规定执行。提倡农民通过义务劳动支持农村中小学危房改造。

实行农村税费改革试点的地区,要把农村税费改革与促进农村义务教育健康发展结合起来,对因税费改革而减少的教育经费,有关地方人民政府应在改革后的财政预算和上级转移支付资金中优先安排,确保当地农村义务教育投入不低于农村税费改革前的水平。

10. 地方各级人民政府要把农村学校建设列入基础设施建设的统一规划,高度重视农村中小学危房的改造,统筹安排相应的校舍建设资金。乡(镇)、村对新建、扩建校舍所必需的土地,应按有关规定进行划拨。

合理安排农村中小学正常运转所需经费。由省级人民政府根据当地农村中小学实际公用经费支出情况,核定本地区该项经费的标准和定额。除从学校按规定收取的杂费中开支外,其余不足部分由县、乡两级人民政府予以安排。

11. 采取有力措施,坚决刹住一些地方和学校的乱收费,控制学校收费标准,切实减轻学生家长特别是农村学生家长负担。在国家扶贫开发工作重点县等农村贫困地区义务教育阶段,实行由中央有关部门规定杂费、书本费标准的"一费制"收费制度;对其他地区,由省级人民政府按照国家有关规定,结合当地实际,确定本地区杂费、书本费的标准。杂费收入应全部用于补充学校公用经费的不足,不得用于教师工资、津贴、福利、基建等开支。地方各级人民政府和任何单位不得截留、平调和挪用农村中小学收费资金;严禁借收费搞不正之风和腐败行为。

进一步加强监管和检查,完善举报制度,对违反规定乱收费和挪用挤占中小学收费资金的行为,要及时严肃查处。政府有关部门和学校要进一步加强财务管理,努力提高经费使用效益。

12. 针对薄弱环节,采取有力措施,巩固普及九年义务教育成果。地方各级人民政府要把农村初中义务教育作为普及九年义务教育巩固提高的重点,努力满足初中学龄人口高峰期的就学需求,并采取措施切实降低农村初中辍学率。将残疾少年儿童的义务教育作为普及九年义务教育巩固提高工作的重要任务。要重视解决流动人口子女接受义务教育问题,以流入地区政府管理为主,以全日制公办中小学为主,采取多种形式,依法保障流动人口子女接受义务教育的权利。继续抓好农村女童教育。

13. 因地制宜调整农村义务教育学校布局。

按照小学就近入学、初中相对集中、优化教育资源配置的原则，合理规划和调整学校布局。农村小学和教学点要在方便学生就近入学的前提下适当合并，在交通不便的地区仍需保留必要的教学点，防止因布局调整造成学生辍学。学校布局调整要与危房改造、规范学制、城镇化发展、移民搬迁等统筹规划。调整后的校舍等资产要保证用于发展教育事业。在有需要又有条件的地方，可举办寄宿制学校。

14. 规范义务教育学制。“十五”期间，国家将整体设置九年义务教育课程。现实行“五三”学制的地区，2005 年基本完成向“六三”学制过渡。有条件的地方，可以实行九年一贯制。

15. 抓住西部大开发有利时机，推动贫困地区和少数民族地区义务教育发展。继续实施第二期“国家贫困地区义务教育工程”，省级人民政府也应制定相关政策，加大对贫困地区和少数民族地区义务教育的投入力度。继续实施“东部地区学校对口支援西部贫困地区学校工程”、“大中城市学校对口支援本地贫困地区学校工程”。采取切实措施，加大对少数民族地区实施义务教育的支持力度，提高适龄儿童入学率。重视加强边境地区义务教育。继续办好内地“西藏班”、“新疆班”。

各级人民政府要完善并落实中小学助学金制度。从 2001 年开始，对贫困地区家庭经济困难的中小学生进行免费提供教科书制度的试点，在农村地区推广使用经济适用型教材。采取减免杂费、书本费、寄宿费等办法减轻家庭经济困难学生的负担。

16. 巩固扩大扫除青壮年文盲成果，大力推进贫困地区、少数民族和妇女扫除青壮年文盲工作。农村学校要积极参与扫除青壮年文盲工作，扫除青壮年文盲教育要与推广实用技术相结合。完善扫除青壮年文盲奖励机制，表彰先进。

三、深化教育教学改革，扎实推进素质教育

17. 实施素质教育，必须全面贯彻党的教育方针，认真落实《中共中央 国务院关于深化教育改革全面推进素质教育的决定》（中发［1999］9 号），端正教育思想，转变教育观念，面向全体学生，加强学生思想品德教育，重视培养学生的创新精神和实践能力，为学生全面发展和终身发展奠定基础。

实施素质教育，促进学生德智体美等全面发展，应当体现时代要求。要使学生具有爱国主义、集体主义精神，热爱社会主义，继承和发扬中华民族的优秀传统和革命传统；具有社会主义民主法制意识，遵守国家法律和社会公德；逐步形成正确的世界观、人生观和价值观；具有社会责任感，努力为人民服务；具有初步的创新精神、实践能力、科学和人文素养以及环境意识；具有适应终身学习的基础知识、基本技能和方法；具有健壮的体魄和良好的心理素质，养成健康的审美情趣和生活方式，成为有理想、有道德、有文化、有纪律的一代新人。

18. 切实增强德育工作的针对性、实效性和主动性。加强爱国主义、集体主义和社会主义教育，加强中华民族优良传统、革命传统教育和国防教育，加强思想品质和道德教育并贯穿于教育的全过程。主动适应新形势的要求，针对不同年龄学生的特点，调整和充实德育内容，改进德育工作的方式方法。

小学从行为习惯养成入手，重点进行社会公德教育，进行爱祖国、爱人民、爱劳动、爱科学、爱社会主义教育，联系实际对学生进行热爱家乡、热爱集体以及社会、生活常识教育。初中加强国情教育、法制教育、纪律教育和品格修养。高中阶段注重进行马列主义、毛泽东思想和邓小平理论基本观点教育。对中学生进行正确的世界观、人生观、价值观教育。要对中小学生进行民族团结教育。加强中小学生的心理健康教育。

丰富多彩的教育活动和社会实践活动是中小学德育的重要载体。小学以生动活泼的课内外教育教学活动为主，中学要加强社会实践环节。中小学校要设置多种服务岗位，让更多学生得到实践锻炼的机会。要将青少年校外活动场所建设纳入社区建设规划。各地要多渠道筹集资金，建设一批青少年学生活动场所和社会实践基地。建立健全各级青少年学生校外教育联席会议或相应机构，加强对青少年学生校外教育工作的统筹和协调。大力加强校园文化建设，优化校园育人环境，使中小学成为弘扬正气，团结友爱，生动活泼，秩序井然的精神文明建设基地。

19. 加快构建符合素质教育要求的新的基础教育课程体系。适应社会发展和科技进步，根据不同年龄学生的认知规律，优化课程结构，调整课程门类，更新课程内容，引导学生积极主动学习。小学加强综合课程，初中分科课程与综合课程相结合,高中以分科课程为主。从小学起逐步按地区统一开设外语课,中小学增设信息技术教育课和综合实践活动,中学设置选修课。普通高中要设置技术类课程。中小学都要积极开展科学技术普及活动。加强劳动教育,积极组织中小学生参加力所能及的社会公益劳动,培养学生热爱劳动、热爱劳动人民的情感,掌握一定的劳动技能。

农村中学的课程设置要根据现代农业发展和农村产业结构调整的需要,深化"农科教相结合"和基础教育、职业教育、成人教育的"三教统筹"等项改革,试行"绿色证书"教育并与农业科技推广等结合。

实行国家、地方、学校三级课程管理。国家制定中小学课程发展总体规划,确定国家课程门类和课时,制定国家课程标准,宏观指导中小学课程实施。在保证实施国家课程的基础上,鼓励地方开发适应本地区的地方课程,学校可开发或选用适合本校特点的课程。探索课程持续发展的机制,组织专家、学者和经验丰富的中小学教师参与基础教育课程改革。

20. 贯彻"健康第一"的思想,切实提高学生体质和健康水平。增加体育课时并保证学生每天参加一小时体育活动。开展经常性小型多样的学生体育比赛,培养学生团队精神和顽强意志。加强传染病预防工作和学校饮食卫生管理,防止传染病流行和食物中毒事件发生。制定并实施学生体质健康标准。有条件的地区要推行"学生饮用奶计划"。

21. 中小学要按照国家规定开设艺术课程,提高艺术教育教学质量。充分挖掘社会艺术教育资源,因地制宜地开展经常性的、丰富多彩的校内外艺术活动。各级人民政府和有关部门要重视艺术教育教师队伍建设、场地建设和器材配备工作,保证学校艺术教育的必要条件。

22. 教材编写核准、教材审查实行国务院教育行政部门和省级教育行政部门两级管理,实行国家基本要求指导下的教材多样化。国务院教育行政部门负责核准国家课程的教材编写,审定国家课程的教材及跨省(自治区、直辖市)使用的地方课程的教材;省级教育行政部门负责地方课程教材编写的核准和教材的审定。经国务院教育行政部门授权,省级教育行政部门可审定部分国家课程的教材。

改革中小学教材指定出版的方式和单一渠道发行的体制,试行出版发行公开竞标的办法,做到"课前到书,人手一册"。制定中小学教材版式的国家标准,保证教材质量,降低教材成本和价格。

23. 积极开展教育教学改革和教育科学研究。继续重视基础知识、基本技能的教学并关注情感、态度的培养;充分利用各种课程资源,培养学生收集、处理和利用信息的能力;开展研究性学习,培养学生提出问题、研究问题、解决问题的能力;鼓励合作学习,促进学生之间相互交流、共同发展,促进师生教学相长。各地要建立教育教学改革实验区和实验学校,探索、实验并推广新课程教材和先进的教学方法。各地要建设一批实施素质教育的示范性普通高中。有条件的普通高中可与高等学校合作,探索创新人才培养的途径。

广大教师要积极参加教学实验和教育科研,教研机构要充分发挥教学研究、指导和服务等作用。高等师范院校、教育科研院所要积极参与基础教育课程教材改革和教学实验。注意借鉴国外教学改革的先进经验。奖励并推广基础教育教学改革优秀成果。

24. 继续减轻中小学生过重的课业负担,尊重学生人格,遵循学生身心发展规律,保证中小学生身心健康成长。要加强教学管理,改进教学方法,提高教学质量。要丰富学生课余生活,组织好学生课外活动。

进一步加强对滥发学生用书、学具及其他学生用品的治理。任何部门和单位不得向学校搭售或强迫学校订购教辅材料,中小学校不得组织学生统一购买各种形式的教辅材料。

25. 改革考试评价和招生选拔制度。探索科学的评价办法,发现和发展学生的潜能,帮助学生树立自信心,促进学生积极主动地发展。改革考试内容和方法,小学成绩评定应实行等级制;中学部分学科实行开卷考试,重视实验操作能力考查。学校和教师不得公布学生考试成绩和按考试结果公开排队。推动各地积极改革省级普通高中毕业会考。要按照有助于高等学校选拔人才、有助于中学实施素质教育、有助于扩大高等学校办学自主权的原则,加强对学生能力和素质的考查,改革高等学校招生考试内容,探索多次机会、双向选择、综合评价的考试、选拔方式,推进高等学校招生考试和选拔制度改革。在科学研究、发明创造及其他方面有特殊才能并取得突出成绩的学生，免试进入高等学校学习。

26. 大力普及信息技术教育，以信息化带动教育现代化。各地要科学规划，全面推进，因地制宜，注重实效，以多种方式逐步实施中小学“校校通”工程。努力为学校配备多媒体教学设备、教育软件和接收我国卫星传送的教育节目的设备。有条件地区要统筹规划，实现学校与互联网的连接，开设信息技术课程，推进信息技术在教育教学中的应用。开发、建设共享的中小学教育资源库。加强学校信息网络管理，提供文明健康、积极向上的网络环境。积极支持农村学校开展信息技术教育，国家将重点支持中西部贫困地区开展信息技术教育。支持鼓励企业和社会各界对中小学教育信息化的投入。

各级人民政府和教育行政部门要重视常规实验教学，因地制宜地加强中小学实验室、图书馆（室）及体育、艺术、劳动技术等教育设施的建设，并充分向学生开放，提高教学仪器设备、图书的使用效益。鼓励各地乡（镇）中小学建立中心实验室、图书馆等，辐射周边学校。

27. 要认真贯彻实施《中华人民共和国国家通用语言文字法》，进一步加强中小学推广普通话、用字规范化工作，推广普及国家通用语言文字，把普及普通话、用字规范化纳入教育教学要求，提高学生语言文字应用能力和规范意识。

四、完善教师教育体系，深化人事制度改革，大力加强中小学教师队伍建设

28. 建设一支高素质的教师队伍是扎实推进素质教育的关键。完善以现有师范院校为主体、其他高等学校共同参与、培养培训相衔接的开放的教师教育体系。加强师范院校的学科建设，鼓励综合性大学和其他非师范类高等学校举办教育院系或开设获得教师资格所需课程。支持西部地区师范院校的建设。以有条件的师范大学和综合性大学为依托建设一批开放式教师教育网络学院。推进师范教育结构调整，逐步实现三级师范向二级师范的过渡。有条件的地区要培养具有专科学历的小学教师和本科学历初中教师，逐步提高高中教师的学历，扩大教育硕士的培养规模和招生范围。制订适应中小学实施素质教育需要的师资培养规格与课程计划，探索新的培养模式，加强教学实践环节，增强师范毕业生的教育教学与终身发展能力。

以转变教育观念，提高职业道德和教育教学水平为重点，紧密结合基础教育课程改革，加强中小学教师继续教育工作，健全教师培训制度，加强培训基地建设。加大信息技术、外语、艺术类和综合类课程师资的培训力度，应用优秀的教学软件，开展多媒体辅助教学。加强中青年教师的培训工作。在教师培训中，要充分利用远程教育的方式，就地就近进行，以节省开支。对贫困地区教师应实行免费培训。

29. 加强骨干教师队伍建设。实施“跨世纪园丁工程”等教师培训计划，培养一大批在教育教学工作中起骨干、示范作用的优秀教师和一批教育名师。在教育对口支援工作中，援助地区的学校要为受援地区的学校培养、培训骨干教师。

30. 加强中小学教师编制管理。中央编制部门要会同教育、财政部门制定科学合理的中小学教职工编制标准。省级人民政府要按照国家有关规定和编制标准，根据本地实际情况，制定本地区的实施办法。各地要核定中小学教职工编制，规范学校内设机构和岗位设置，加强编制管理。对违反编制规定擅自增加教职工人数的，要严肃处理。

大力推进中小学人事制度改革。全面实施教师资格制度，严把教师进口关。优先录用师范院校毕业生到义务教育学校任教。高中教师的补充，在录用师范院校毕业生任教的同时，注意吸收具有教师资格的其他高等学校毕业生。推行教师聘任制，建立“能进能出、能上能下”的教师任用新机制。根据中小学教师的职业特点，实现教师职务聘任和岗位聘任的统一。建立激励机制，健全和完善考核制度，辞退不能履行职责的教师。

调整优化教师队伍。实施教师资格准入制度，严格教师资格条件，坚决辞退不具备教师资格的人员，逐步清退代课人员，精简、压缩中小学非教学人员。政府部门和事业单位不得占用或变相占用中小学教职工编制，清理各类“在编不在岗”人员。

31. 依法完善中小学教师和校长的管理体制。落实《中华人民共和国教师法》规定的中小学教师的管理权限。县级以上教育行政部门依法履行中小学教师的资格认定、招聘录用、职务评聘、培养培训和考核等管理职能。

改革中小学校长的选拔任用和管理制度。高

级中学和完全中学校长一般由县级以上教育行政部门提名、考察或参与考察，按干部管理权限任用和聘任；其他中小学校长由县级教育行政部门选拔任用并归口管理。推行中小学校长聘任制，明确校长的任职资格，逐步建立校长公开招聘、竞争上岗的机制。实行校长任期制，可以连聘连任。积极推进校长职级制。

五、推进办学体制改革，促进社会力量办学健康发展

32. 基础教育以政府办学为主，积极鼓励社会力量办学。义务教育坚持以政府办学为主，社会力量办学为补充；学前教育以政府办园为骨干，积极鼓励社会力量举办幼儿园；普通高中教育在继续发展公办学校的同时，积极鼓励社会力量办学。

对民办学校在招生、教师职务评聘、教研活动、表彰奖励等方面与公办学校一视同仁。政府要对办学成绩显著者予以表彰奖励。社会力量举办的全日制中小学办学所得合法资金，在留足学校发展资金后，可适当安排经费奖励学校举办者。各级教育行政部门要加强对民办中小学、幼儿园教育教学的指导和监督，要认真审核其办学资格和条件，规范其办学行为，保证其全面贯彻党的教育方针。

33. 积极鼓励企业、社会团体和公民个人对基础教育捐赠，捐赠者享受国家有关优惠政策。对纳税人通过非营利的社会团体和国家机关向农村义务教育的捐赠，在应纳税所得额中全额扣除，具体办法另行制定。国家和地方对捐助基础教育有突出贡献的单位和个人予以表彰。

34. 稳妥地搞好国有企业中小学分离工作。制定政策，多渠道筹措资金，落实分离中小学的办学经费，保障企业所属中小学分离工作顺利实施。企业中小学的分离应尊重企业的意愿。统筹安排好编制内具备教师资格的企业中小学教师。转由地方人民政府管理的企业中小学的校园、校舍、设施、设备等，不得挪用、侵占和截留，确保校产不流失。可通过办学体制改革的试验探索企业中小学分离形式。企业要继续办好未分离的中小学。

35. 加强对公办学校办学体制改革试验的领导和管理。公办学校办学体制改革要有利于改造薄弱学校，满足群众的教育需求，扩大优质教育资源。薄弱学校、国有企业所属中小学和政府新建的学校等，在保证国有资产不流失的前提下，可以进行按民办学校机制运行的改革试验。地方人民政府和教育行政部门要加强领导和管理，确保义务教育的实施和办学体制改革试验工作的健康开展。

六、加强领导，动员全社会关心支持，保障基础教育改革与发展的顺利进行

36. 各级人民政府要努力实践“三个代表”重要思想和实施科教兴国战略，宁可在别的方面忍耐一点，也要保证教育尤其是基础教育优先发展。要将基础教育工作列入议事日程，及时研究新情况、新问题，制订促进基础教育发展的措施，努力增加对基础教育的投入。各级领导同志要经常深入中小学，了解情况，指导工作，帮助学校解决办学中的突出问题。要将基础教育工作的情况作为考核地方各级人民政府领导同志的重要内容。

各级人民政府及有关部门要认真履行各自的职责，切实将基础教育事业的发展纳入国民经济和社会发展计划，切实将基础教育作为基础设施建设和教育事业发展的重点领域，切实保障基础教育改革和发展的经费投入，切实保障中小学教师工资的足额按时发放，切实治理中小学乱收费，切实加强学校安全工作和周边治安环境的治理，切实加强青少年学生活动场所建设，切实加强文化市场的管理，为基础教育事业发展和青少年学生健康成长创造良好的条件和社会环境。

37. 坚持依法治教，完善基础教育法制建设。各级人民政府及有关部门要认真贯彻执行教育的有关法律法规，提高依法治教意识，严格履行法律赋予的职责，完善行政执法监督机制，加大执法监督力度，加强学校管理，依法保障学校、教师和学生的合法权益。

将依法治教与以德治教紧密结合。各级教育行政部门和全体教育工作者，要提高以德治教的自觉性，不断加强职业道德建设，为人师表，教书育人，管理育人，服务育人，环境育人。学校教育要坚持把德育工作摆在素质教育的首要位置，以科学的理论武装人、以正确的舆论引导人、以高尚的精神塑造人、以优秀的作品鼓舞人，把学校建成社会主义精神文明建设的重要阵地。

38. 切实加强学校安全工作。各级人民政府及有关部门和学校要以对人民高度负责的态度，从维护社会稳定的大局出发，牢固树立“安全第一”的意识，建立健全确保师生安全的各项规章制度。严格学校管理,狠抓落实,采取积极的预防措施,重点防范危及师生安全的危房倒塌、食物中毒、交通、溺水等事故。要重视和加强对师生的安全教育,增强安全防范意识和自我保护能力。尽快制定中小学生伤害事故处理的有关法规,建立健全中小学安全工作责任制和事故责任追究制,确保师生人身安全和学校教育教学活动正常进行。切实维护学校及周边治安秩序,加强群防群治,警民合作,严厉打击扰乱学校治安的违法犯罪活动。

39. 加强和完善教育督导制度。坚持督政与督学相结合,继续做好贫困地区“两基”评估验收工作,保证验收质量;对已实现“两基”的地区,建立巩固提高工作的复查和督查制度。积极开展对基础教育热点难点问题的专项督导检查。在推进实施素质教育工作中发挥教育督导工作的保障作用,建立对地区和学校实施素质教育的评价机制。“十五”期间,国家和地方对实施素质教育的先进地区、单位和个人进行表彰。

40. 重视家庭教育。通过家庭访问等多种方式与学生家长建立经常性联系,加强对家庭教育的指导,帮助家长树立正确的教育观念,为子女健康成长营造良好的家庭环境。工会、共青团、妇联等团体要开展丰富多彩的家庭教育活动。

学校要加强和社区的沟通与合作,充分利用社区资源,开展丰富多彩、文明健康的教育活动,营造有利于青少年学生健康成长的社区环境。

基础教育是全社会的共同事业。继续支持开展“希望工程”、“春蕾计划”及城镇居民对农村贫困学生进行“一帮一”等多种形式的助学活动。新闻媒体要进一步加大对实施科教兴国战略,推进基础教育改革与发展的宣传力度。国家机关、企事业单位、社会团体等要发挥各自优势,共同努力,形成全社会关心、支持基础教育的良好社会氛围。

义务教育学校管理标准

· 2017 年 12 月 4 日

· 教基〔2017〕9 号

为全面贯彻党的教育方针,促进义务教育学校(以下简称学校)不断提升治理能力和治理水平,逐步形成“标准引领、管理规范、内涵发展、富有特色”的良好局面,全面提高义务教育质量,促进教育公平,加快教育现代化,着力解决人民日益增长的美好生活需要和学校发展不平衡不充分问题,根据《教育法》《义务教育法》等有关法律法规,制定本标准。

一、基本理念

(一)育人为本　全面发展

全面贯彻党的教育方针,坚持教育为人民服务、为中国共产党治国理政服务、为巩固和发展新时代中国特色社会主义制度服务、为改革开放和社会主义现代化建设服务,落实立德树人根本任务,发展素质教育,培育和践行社会主义核心价值观,全面改进德育、智育、体育、美育,培养德智体美全面发展的社会主义建设者和接班人。

(二)促进公平　提高质量

树立公平的教育观和正确的质量观,提高办学水平,强化学生认知、合作、创新等关键能力和职业意识培养,面向每一名学生,教好每一名学生,切实保障学生平等的受教育权利。建设适合学生发展的课程,实施以学生发展为本的教学;加强教师队伍建设,提高教师整体素质;建立科学合理的评价体系,提高教育教学质量。

(三)和谐美丽　充满活力

建设安全卫生的学校基础设施,完善切实可行的安全、健康管理制度,开展以生活技能和自护、自救技能为基础的安全与健康教育。加强校园文化建设,创建平安校园、文明校园、和谐校园、美丽校园,为师生创造安定有序、和谐融洽、充满活力的工作、学习和生活环境。

(四)依法办学　科学治理

建设依法办学、自主管理、民主监督、社会参与的现代学校制度。落实学校办学自主权,提升校长依法科学治理能力,发挥中小学校党组织的政治核心和战斗堡垒作用,拓宽师生、家长和社会参与学校治理的渠道,建立健全学校民主管理制度,构建和谐的学校、家庭、社区合作关系,推动学校可持续发展。

二、基本内容

(包括:保障学生平等权益、促进学生全面发展、引领教师专业进步、提升教育教学水平、营造和谐美丽环境、建设现代学校制度等 6 大管理职责、22 项管理任务、88 条具体内容,详见列表)

管理职责	管理任务	管理内容
一、保障学生平等权益	1.1 维护学生平等入学权利	1. 根据国家法律法规和教育行政部门相关规定,落实招生入学方案,公开范围、程序、时间、结果,保障适龄儿童少年平等接受义务教育的权利。按照教育行政部门统一安排,做好进城务工人员随迁子女就学工作。 2. 坚持免试就近入学原则,不举办任何形式的入学或升学考试,不以各类竞赛、考级、奖励证书作为学生入学或升学的依据。不得提前招生、提前录取。 3. 实行均衡编班,不分重点班与非重点班。编班过程邀请相关人员参加,接受各方监督。 4. 实行收费公示制度,严格执行国家关于义务教育免费的规定。
	1.2 建立控辍保学工作机制	5. 执行国家学籍管理相关规定,利用中小学生学籍信息管理系统做好辍学学生标注登记工作,并确保学籍系统信息与实际一致。防止空挂学籍和中途辍学。 6. 严格执行学生考勤制度,建立和完善辍学学生劝返复学、登记与书面报告制度,加强家校联系,配合政府部门做好辍学学生劝返复学工作。 7. 把对学习困难学生的帮扶作为控辍保学的重点任务,建立健全学习帮扶制度。
	1.3 满足需要关注学生需求	8. 制定保障教育公平的制度,通过各种途径广泛宣传,不让一名学生受到歧视或欺凌。 9. 坚持合理便利原则满足适龄残疾儿童随班就读需要,并为其学习、生活提供帮助。创造条件为有特殊学习需要的学生建立资源教室,配备专兼职教师。 10. 为需要帮助的儿童提供情感关怀,优先满足留守儿童寄宿、乘坐校车、营养改善需求,寄宿制学校应按政府购买服务的有关规定配备服务人员。
二、促进学生全面发展	2.1 提升学生道德品质	11. 推动习近平新时代中国特色社会主义思想进校园、进课堂、进头脑,落实《中小学德育工作指南》《中小学生守则》,坚持立德树人,引导学生养成良好思想素质、道德品质和行为习惯,形成积极健康的人格和良好的心理品质,促进学生核心素养提升和全面发展。 12. 教育学生爱党爱国爱人民,让学生熟记并践行社会主义核心价值观,积极开展理想信念教育、社会主义核心价值观教育、中华优秀传统文化教育、生态文明教育和心理健康教育。 13. 统筹德育资源,创新德育形式,探索课程育人、文化育人、活动育人、实践育人、管理育人、协同育人等多种途径,努力形成全员育人、全程育人、全方位育人的德育工作格局。 14. 把学生思想品德发展状况纳入综合素质评价体系,认真组织开展评价工作。 15. 建立党组织主导、校长负责、群团组织参与、家庭社会联动的德育工作机制。将德育工作经费纳入经费年度预算,优化德育队伍结构,提供德育工作必须的场所、设施。 16. 根据《青少年法治教育大纲》,依据相关学科课程标准,落实多学科协同开展法治教育,培养法治精神,树立法治信仰。
	2.2 帮助学生学会学习	17. 营造良好的学习环境与氛围,激发和保护学生的学习兴趣,培养学生的学习自信心。 18. 遵循教育规律和学生身心发展规律,帮助学生掌握科学的学习方法,养成良好的学习习惯。 19. 落实学生主体地位,引导学生独立思考和主动探究,培养学生良好思维品质。 20. 尊重学生个体差异,采用灵活多样的教学方法,因材施教,培养学生自主学习和终身学习能力。
	2.3 增进学生身心健康	21. 落实《中小学心理健康教育指导纲要》,将心理健康教育贯穿于教育教学全过程。按照建设指南建立心理辅导室,配备专兼职心理健康教育教师,科学开展心理辅导。 22. 确保学生每天锻炼 1 小时,开足并上好体育课,开展大课间体育活动,使每个学生掌握至少两项体育运动技能,养成体育锻炼习惯。配齐体育教师,加强科学锻炼指导和体育安全管理。保障并有效利用体育场地和设施器材,满足学生体育锻炼需要。 23. 建立常态化的校园体育竞赛机制,经常开展班级、年级体育比赛,每年举办全员参与的运动会。

续 表

二、促进学生全面发展		24. 落实《国家学生体质健康标准》，定期开展学生体检和体质健康监测，重点监测学生的视力、营养状况和体质健康达标状况，及时向家长反馈。建立学生健康档案，将学生参加体育活动及体质体能健康状况等纳入学生综合素质评价。 25. 科学合理安排学校作息时间，确保学生课间和必要的课后自由活动时间，整体规划并控制各学科课后作业量。家校配合保证每天小学生 10 小时、初中生 9 小时睡眠时间。 26. 保障室内采光、照明、通风、课桌椅、黑板等设施达到规定标准，端正学生坐姿，做好眼保健操，降低学生近视新发率。
	2.4 提高学生艺术素养	27. 按照国家要求开齐开足音乐、美术课，开设书法课。利用当地教育资源，开发具有民族、地域特色的艺术教育选修课程，培养学生艺术爱好，让每个学生至少学习掌握一项艺术特长。 28. 按照国家课程方案规定的课时数和学校班级数配备艺术教师，设置艺术教室和艺术活动室，并按照国家标准配备艺术课程教学和艺术活动器材，满足艺术教育基本需求。 29. 面向全体学生组织开展艺术活动，因地制宜建立学生艺术社团或兴趣小组。 30. 充分利用社会艺术教育资源，利用当地文化艺术场地资源开展艺术教学和实践活动，有条件的学校可与社会艺术团体及社区建立合作关系。
	2.5 培养学生生活本领	31. 贯彻《关于加强中小学劳动教育的意见》，为学生提供劳动机会，家校合作使学生养成家务劳动习惯，掌握基本生活技能，培养学生吃苦耐劳精神。 32. 开齐开足综合实践活动课程，充分利用各类综合实践基地，多渠道、多种形式开展综合实践活动。寒暑假布置与劳动或社会实践相关的作业。33. 指导学生利用学校资源、社区和地方资源完成个性化作业和实践性作业。
三、引领教师专业进步	3.1 加强教师管理和职业道德建设	34. 坚持用习近平新时代中国特色社会主义思想武装教师头脑，加强教师思想政治教育和师德建设，建立健全师德建设长效机制，促进教师牢固树立和自觉践行社会主义核心价值观，严格遵守《中小学教师职业道德规范》，增强教师立德树人的荣誉感和责任感，做有理想信念、道德情操、扎实学识、仁爱之心的好老师和学生锤炼品格、学习知识、创新思维、奉献祖国的引路人。 35. 教师语言规范健康，举止文明礼貌，衣着整洁得体。 36. 严格要求教师尊重学生人格，不讽刺、挖苦、歧视学生，不体罚或变相体罚学生，不收受学生或家长礼品，不从事有偿补课。 37. 健全教师管理制度，完善教师岗位设置、职称评聘、考核评价和待遇保障机制。落实班主任工作量计算、津贴等待遇。保障教师合法权益，激发教师的积极性和创造性。 38. 关心教师生活状况和身心健康，做好教师后勤服务，丰富教师精神文化生活，减缓教师工作压力，定期安排教师体检。
	3.2 提高教师教育教学能力	39. 组织教师认真学习课程标准，熟练掌握学科教学的基本要求。 40. 针对教学过程中的实际问题开展校本教研，定期开展集体备课、听课、说课、评课等活动，提高教师专业水平和教学能力。 41. 落实《中小学班主任工作规定》，制订班主任队伍培训计划，定期组织班主任学习、交流、培训和基本功比赛，提高班主任组织管理和教育能力。 42. 推动教师阅读工作，引导教师学习经典，加强教师教育技能和教学基本功训练，提升教师普通话水平，规范汉字书写，增强学科教学能力。 43. 提高教师信息技术和现代教育装备应用能力，强化实验教学，促进现代科技与教育教学的深度融合。

续 表

	3.3 建立教师专业发展支持体系	44. 完善教师培训制度，制订教师培训规划，指导教师制订专业发展计划，建立教师专业发展档案。 45. 按规定将培训经费列入学校预算，支持教师参加必要的培训，落实每位教师五年不少于360学时的培训要求。 46. 引进优质培训资源，定期开展专题培训，促进教研、科研与培训有机结合，发挥校本研修基础作用。 47. 鼓励教师利用网络学习平台开展教研活动，建设教师学习共同体。
四、提升教育教学水平	4.1 建设适合学生发展的课程	48. 落实国家义务教育课程方案和课程标准，严格遵守国家关于教材、教辅管理的相关规定，确保国家课程全面实施。不拔高教学要求，不加快教学进度。 49. 根据学生发展需要和地方、学校、社区资源条件，科学规范开设地方课程和校本课程，编制课程纲要，加强课程实施和管理。 50. 落实综合实践活动课程要求，通过考察探究、社会服务、设计制作、职业体验等方式培养学生创新精神和实践能力。每学期组织一次综合实践交流活动。 51. 创新各学科课程实施方式，强化实践育人环节，引导学生动手解决实际问题。 52. 定期开展学生学习心理研究，研究学生的学习兴趣、动机和个别化学习需要，采取有针对性的措施，改进课程实施和教学效果。
	4.2 实施以学生发展为本的教学	53. 定期开展教学质量分析，建立基于过程的学校教学质量保障机制，统筹课程、教材、教学、评价等环节，主动收集学生反馈意见，及时改进教学。 54. 采取启发式、讨论式、合作式、探究式等多种教学方式，提高学生参与课堂学习的主动性和积极性。 55. 创新作业方式，避免布置重复机械的练习，多布置科学探究式作业。可根据学生掌握情况布置分层作业。不得布置超越学生能力的作业，不得以增加作业量的方式惩罚学生。
	4.3 建立促进学生发展的评价体系	56. 对照中小学教育质量综合评价改革指标体系，进行监测，改进教育教学。 57. 实施综合素质评价，重点考察学生的思想品德、学业水平、身心健康、艺术素养、社会实践等方面的发展情况。建立学生综合素质档案，做好学生成长记录，真实反映学生发展状况。 58. 控制考试次数，探索实施等级加评语的评价方式。依据课程标准的规定和要求确定考试内容，对相关科目的实验操作考试提出要求。命题应紧密联系社会实际和学生生活经验，注重加强对能力的考察。考试成绩不进行公开排名，不以分数作为评价学生的唯一标准。
	4.4 提供便利实用的教学资源	59. 按照规定配置教学资源和设施设备，指定专人负责，建立资产台账，定期维护保养。 60. 落实《中小学图书馆（室）规程》，加强图书馆建设与应用，提升服务教育教学能力。建立实验室、功能教室等的使用管理制度，面向学生充分开放，提高使用效益。
五、营造和谐美丽环境	5.1 建立切实可行的安全与健康管理制度	61. 积极借助政府部门、社会力量、专业组织，构建学校安全风险管理体系，形成以校方责任险为核心的校园保险体系。组织教职工学习有关安全工作的法律法规，落实《中小学校岗位安全工作指南》。 62. 落实《国务院办公厅关于加强中小学幼儿园安全风险防控体系建设的意见》《中小学幼儿园安全管理办法》，建立健全学校安全卫生管理制度和工作机制，采取切实措施，确保学校师生人身安全、食品饮水安全、设施安全和活动安全。使用校车的学校严格执行国家校车安全管理制度。 63. 制订突发事件应急预案，预防和应对不法分子入侵、自然灾害和公共卫生事件，落实防治校园欺凌和暴力的有关要求。

续 表

五、营造和谐美丽环境	5.2 建设安全卫生的学校基础设施	64. 配备保障学生安全与健康的基本设施和设备，落实人防、物防和技防等相关要求。学校教育、教学及生活所用的设施、设备、场所要经权威部门检测、符合国家环保、安全等标准后方可使用。 65. 定期开展校舍及其他基础设施安全隐患排查和整治工作。校舍安全隐患要及时向主管部门书面报告。 66. 设立卫生室或保健室，按要求配备专兼职卫生技术人员，落实日常卫生保健制度。 67. 设置安全警示标识和安全、卫生教育宣传橱窗，定期更换宣传内容。
	5.3 开展以生活技能为基础的安全健康教育	68. 落实《中小学公共安全教育指导纲要》，突出强化预防溺水和交通安全教育，有计划地开展国家安全、社会安全、公共卫生、意外伤害、网络、信息安全、自然灾害以及影响学生安全的其他事故或事件教育，了解保障安全的方法并掌握一定技能。 69. 落实《中小学健康教育指导纲要》，普及疾病预防、营养与食品安全以及生长发育、青春期保健知识和技能，提升师生健康素养。 70. 落实《中小学幼儿园应急疏散演练指南》，定期开展应急演练，提高师生应对突发事件和自救自护能力。
	5.4 营造健康向上的学校文化	71. 立足学校实际和文化积淀，结合区域特点，建设体现学校办学理念和思想的学校文化，发展办学特色，引领学校内涵发展。 72. 做好校园净化、绿化、美化工作，合理设计和布置校园，有效利用空间和墙面，建设生态校园、文化校园、书香校园，发挥环境育人功能。 73. 每年通过科技节、艺术节、体育节、读书节等形式，因地制宜组织丰富多彩的学校活动。
六、建设现代学校制度	6.1 提升依法科学管理能力	74. 每年组织教职员工学习《宪法》《教育法》《义务教育法》《教师法》和《未成年人保护法》等法律，增强法治观念，提升依法治教、依法治校能力。 75. 依法制定和修订学校章程，健全完善章程执行和监督机制，规范学校办学行为，提升学校治理水平。 76. 制定学校发展规划，确定年度实施方案，客观评估办学绩效。 77. 健全管理制度，建立便捷规范的办事程序，完善内部机构组织规则、议事规则等。 78. 认真落实《中小学校财务制度》，做好财务管理和内审工作。 79. 指定专人负责学校法制事务，建立学校法律顾问制度，充分运用法律手段维护学校合法权益。
	6.2 建立健全民主管理制度	80. 贯彻《关于加强中小学校党的建设工作的意见》，以提升组织力为重点，突出政治功能，把学校党组织建设成领导改革发展的坚强战斗堡垒，充分发挥党员教师的先锋模范作用。 81. 坚持民主集中制，定期召开校务会议，健全学校教职工（代表）大会制度，将涉及教职工切身利益及学校发展的重要事项，提交教职工（代表）大会讨论通过。 82. 设置信息公告栏，公开校务信息，公示收费项目、标准、依据等，保证教职工、学生、相关社会公众对学校重大事项、重要制度的知情权。 83. 建立问题协商机制，听取学生、教职工和家长的意见和建议，有效化解相关矛盾。 84. 发挥少先队、共青团、学生会、学生社团的作用，引导学生自我管理或参与学校治理。
	6.3 构建和谐的家庭、学校、社区合作关系	85. 健全和完善家长委员会制度，建立家长学校，设立学校开放日，提高家长在学校治理中的参与度，形成育人合力。 86. 引入社会和利益相关者的监督，密切学校与社区联系，促进社区代表参与学校治理。 87. 主动争取社会资源和社会力量支持学校改革发展。 88. 有条件的学校可将体育文化设施在课后和节假日对本校师生和所在社区居民有序开放。

三、实施要求

（一）本标准是对学校管理的基本要求，适用于全国所有义务教育学校。鉴于全国各地区的差异，各省、自治区、直辖市教育行政部门可以依据本标准和本地实际提出具体实施意见，细化标准要求。在实施过程中要因地制宜、分类指导，分步实施、逐步完善，促进当地学校提升治理水平。

（二）本标准是义务教育学校工作的重要依据。各级教育行政部门和教师培训机构要将本标准作为校长和教师培训的重要内容，结合当地情况，开展有针对性的培训，使广大校长和教师充分了解基本要求，掌握精神实质，指导具体工作。

（三）义务教育学校要将本标准作为学校治理的基本依据，强化对标研判，整改提高，树立先进的治理理念，建立健全各项管理制度，完善工作机制。校长和教师要按照本标准规范管理和教育教学行为，把标准的各项要求落到实处。

（四）教育督导部门应按照本标准修订完善义务教育学校督导评估指标体系和标准，一校一案，对标研判、依标整改，开展督导评估工作，促进学校规范办学、科学管理，提高教育质量和办学水平。

中小学教辅材料管理办法

· 2015 年 8 月 3 日

· 新广出发〔2015〕45 号

一、为规范中小学教辅材料管理，切实减轻中小学生过重课业负担和学生家长的经济负担，根据《中华人民共和国著作权法》《中华人民共和国教育法》《中华人民共和国义务教育法》《中华人民共和国价格法》《出版管理条例》等法律法规及国务院有关规定，制定本办法。

二、本办法所称中小学教辅材料是指与教科书配套，供中小学生使用的各种学习辅导、考试辅导等出版物，包括：教科书同步练习类出版物，寒暑假作业类出版物，中小学习题、试卷类出版物，省级以上新闻出版行政主管部门认定的其他供中小学生使用的学习、考试辅导类出版物。其产品形态包括图书、报纸、期刊、音像制品、电子出版物等。

三、中小学教辅材料编写出版管理

（一）出版单位出版中小学教辅材料必须符合依法批准的出版业务范围。

（二）中小学教辅材料出版单位要严格规范对外合作行为，严禁任何形式的买卖书号、刊号、版号和一号多用等违法违规行为。

（三）教辅材料主要编写者应当具有相关学科教学经验且熟悉相关教材；各级行政主管部门和负责实施考试命题、监测评价的单位不得组织编写有偿使用的同步练习册、寒暑假作业、初中和高中毕业年级考试辅导类中小学教辅材料。

（四）鼓励有条件的单位组织开发供学生免费使用的教学辅助资源。

四、中小学教辅材料印刷复制管理

（一）出版单位应优先选择通过绿色印刷合格评定的印刷企业印制中小学教辅材料。

（二）出版物印刷复制单位在承接中小学教辅材料印制业务时，必须事先核验出版单位的委托印制手续，手续不齐或无效的一律不得承接。

五、中小学教辅材料发行管理

（一）中小学教辅材料须由新闻出版行政主管部门依法批准、取得《出版物经营许可证》的发行单位发行。未经批准，任何部门、单位和个人一律不得从事中小学教辅材料的发行。

（二）中小学教辅材料出版发行单位不得委托不具备发行资质的部门、单位和个人发行中小学教辅材料。

（三）在中小学教科书发行中，不得搭售中小学教辅材料。

六、中小学教辅材料质量管理

（一）中小学教辅材料出版、印制质量必须符合《中华人民共和国产品质量法》《图书质量管理规定》等有关法律规定，符合国家标准、行业标准及其他规范要求。

（二）中小学教辅材料出版、印制单位应当建立内部质量管理制度，完善中小学教辅材料质量管理机制。

（三）各省、自治区、直辖市新闻出版行政主管部门负责对本行政区域内出版发行的中小学教辅材料质量进行监督检查。

七、中小学教辅材料评议管理

（一）各省、自治区、直辖市教育行政主管部门会同新闻出版行政主管部门、价格主管部门加强对中小学教辅材料使用的指导,组织成立中小学教辅材料评议委员会,下设学科组。学科组负责按照教科书选用程序对进入本地区中小学校的教辅材料进行初评排序,并提出初选意见,提交中小学教辅材料评议委员会审议后进行公告。

(二)中小学教辅材料评议推荐的种类主要是与本地区使用的教科书配套的同步练习册,也可根据教学需要评议推荐寒暑假作业、初中和高中毕业年级考试辅导类教辅材料。凡评议推荐的教辅材料应控制内容容量,避免增加学生负担。中小学教辅材料评议推荐的学科、年级由省级教育行政主管部门确定。一个学科每个版本教科书配套同步练习册送评数少于3种的,该版本该学科不予评议。

提供学生免费使用教辅材料的地方可自行确定使用教辅材料的种类和范围,但应符合《中华人民共和国政府采购法》有关规定。

(三)教辅材料评议委员会要确保专业性和代表性。教辅材料的评议推荐要做到机会均等、过程透明、程序公正。教辅材料编写人员和被评议的教辅材料出版人员不得参加教辅材料评议推荐工作。

(四)省级教辅材料评议公告结果报教育部备案,抄送国家新闻出版广电总局、国家发展改革委、国务院纠风办。

八、中小学教辅材料选用管理

(一)中小学教辅材料的购买与使用实行自愿原则。任何部门和单位不得以任何形式强迫中小学校或学生订购教辅材料。

(二)各地市教材选用委员会根据当地教育实际和教科书使用情况,按照教科书选用的程序,从本省中小学教辅材料评议公告目录中,一个学科每个版本直接为各县(区)或学校推荐1套教辅材料供学生选用。地市教辅材料推荐结果报省级教育行政主管部门备案。

(三)学生自愿购买本地区评议公告目录内的中小学教辅材料并申请学校代购的,学校可以统一代购,但不得从中牟利。其他教辅材料由学生和家长自行在市场购买,学校不得统一征订或提供代购服务。

(四)任何单位和个人不得进入学校宣传、推荐和推销任何教辅材料。

九、中小学教辅材料价格管理

(一)各省、自治区、直辖市评议公告目录内的教辅材料价格管理按国家有关规定执行。

各省、自治区、直辖市物价主管部门要会同新闻出版行政主管部门,加强对列入本地区评议公告目录的教辅材料价格监管。

(二)对各省、自治区、直辖市评议公告目录以外的教辅材料,由出版单位自主定价。在每学期开学前,出版单位要在本单位互联网页显著位置,向社会公开所出版的所有中小学教辅材料价格情况,包括开本、印张数、印张单价、零售价格等情况,主动接受社会监督。

十、从事中小学教辅材料编写、出版、印制、发行活动的单位或个人须严格遵守《中华人民共和国著作权法》等有关法律法规,不得侵害著作权人的合法权益。

使用他人享有著作权的教科书等作品编写出版同步练习册等教辅材料,应依法取得著作权人的授权。

十一、中小学教辅材料监督管理

国家新闻出版广电总局、教育部、国家发展改革委及各省、自治区、直辖市新闻出版行政主管部门、教育行政主管部门、价格主管部门建立健全监督管理制度,接受社会监督。对群众举报和反映的有关教辅材料出版、印制、发行、使用和价格中的违规情况,由各级新闻出版行政主管部门、教育行政主管部门、价格主管部门根据本办法并按各自的管理职责调查处理。

(一)对违反本办法从事中小学教辅材料出版、印刷复制、发行活动的单位或个人,由新闻出版行政主管部门责令其纠正违法行为,依法给予行政处罚,按照相关规定追究有关单位和人员的行政责任。

(二)对违反本办法,强制或变相强制学校或学生购买教辅材料、不按规定代购、从代购教辅材料中收取回扣的单位和个人,由上级教育行政主管部门责令其纠正违规行为,按照相关规定追究有关单位和人员的行政责任。

(三)对违反本办法,擅自或变相提高进入评议公告目录的教辅材料定价标准的,由价格主管部门依照《价格法》、《价格违法行为行政处罚规定》有关法律法规给予处罚,追究有关人员和单位的行政责任。

(四)违反本办法构成犯罪的,由司法机关依法追究刑事责任。

十二、各地要建立工作经费保障机制，确保有关工作顺利开展。

十三、本办法由国家新闻出版广电总局、教育部、国家发展改革委按照行政管理职责负责解释。

十四、本办法自2015年10月1日起施行，2001年印发的《中小学教辅材料管理办法》（新出联〔2001〕8号）、《新闻出版总署 教育部关于〈中小学教辅材料管理办法〉的实施意见》（新出联〔2001〕26号）同时废止。此前与本办法规定不一致的以本办法为准。

小学管理规程

· 1996年3月9日国家教育委员会令第26号发布

· 根据2010年12月13日《教育部关于修改和废止部分规章的决定》修订

第一章 总 则

第一条 为加强小学内部的规范化管理，全面贯彻教育方针，全面提高教育质量，依据《中华人民共和国教育法》和其他有关教育法律、法规制定本规程。

第二条 本规程所指小学是由政府、企业事业组织、社会团体、其他社会组织及公民个人依法举办的对儿童实施普通初等教育的机构。

第三条 小学实施初等义务教育。

小学的修业年限为6年或5年。省、自治区、直辖市可根据实际情况确定本行政区域内的小学修业年限。

第四条 小学要贯彻教育必须为社会主义现代化建设服务，必须与生产劳动相结合，培养德、智、体等方面全面发展的社会主义建设者和接班人的方针。

第五条 小学教育要同学前教育和初中阶段教育相互衔接，应在学前教育的基础上，通过实施教育教学活动，使受教育者生动活泼、主动地发展，为初中阶段教育奠定基础。

第六条 小学的培养目标是：

初步具有爱祖国、爱人民、爱劳动、爱科学、爱社会主义的思想感情；遵守社会公德的意识、集体意识和文明行为习惯；良好的意志、品格和活泼开朗的性格；自我管理、分辨是非的能力。

具有阅读、书写、表达、计算的基本知识和基本技能，了解一些生活、自然和社会常识，具有初步的观察、思维、动手操作和学习的能力，养成良好的学习习惯。学习合理锻炼、养护身体的方法，养成讲究卫生的习惯，具有健康的身体和初步的环境适应能力。具有较广泛的兴趣和健康的爱美情趣。

第七条 小学的基本教学语言文字为汉语言文字。学校应推广使用普通话和规范字。

招收少数民族学生为主的学校，可使用本民族或当地民族通用的语言文字进行教学，并应根据实际情况，在适当年级开设汉语文课程。

第八条 小学实行校长负责制，校长全面负责学校行政工作。

农村地区可视情况实行中心小学校长负责制。

第九条 小学按照“分级管理，分工负责”的原则，在当地人民政府领导下实施教育工作。

第二章 入学及学籍管理

第十条 小学招收年满6周岁的儿童入学，条件不具备的地区，可以推迟到7周岁。小学实行秋季始业。

小学应按照《义务教育法》的规定，在当地政府领导下，组织服务区内的适龄儿童按时就近免试入学。小学的服务区由主管教育行政部门确定。

第十一条 小学采用班级授课制，班级的组织形式应为单式，不具备条件的也可以采用复式。教学班级名额以不超过45人为宜。

学校规模应有利于教育教学，有利于学生身心健康，便于管理，提高办学效益。

第十二条 小学对因病无法继续学习的学生（须具备指定医疗单位的证明）在报经有关部门批准后，可准其休学。学生休学时间超过三个月，复学时学校可据其实际学力程度并征求其本人及父母或其他监护人意见后编入相应年级。

小学对因户籍变更申请转学，并经有关教育行政部门核准符合条件者，应予及时妥善安置，不得无故拒收。

小学对因故在非户籍所在地申请就学的学

生,经有关部门审核符合条件的,可准其借读。

第十三条 小学应从德、智、体等方面全面评价学生。要做好学习困难学生的辅导工作,积极创造条件逐步取消留级制度。现阶段仍实行留级制度的地方,要创造条件,逐步降低学生留级比例和减少留级次数。

小学对修完规定课程且成绩合格者,发给毕业证书;不合格者发给结业证书,毕业年级不再留级。对虽未修完小学课程,但修业年限已满当地政府规定的义务教育年限者,发给肄业证书。

第十四条 小学对学业成绩优异,提前达到更高年级学力程度的学生,可准其提前升入相应年级学习,同时报教育主管部门备案。

第十五条 小学对品学兼优的学生应予表彰,对犯有错误的学生应予批评教育,对极少数错误较严重的学生可分别给予警告、严重警告和记过处分。

小学不得开除学生。

第十六条 小学应防止未受完规定年限义务教育的学生辍学,发现学生辍学,应立即向主管部门报告,配合有关部门,依法使其复学并做好有关工作。

第十七条 小学学籍管理的具体办法由省级教育行政部门制定。

第三章 教育教学工作

第十八条 小学的主要任务是教育教学工作。其他各项工作均应以有利于教育教学工作的开展为原则。

第十九条 小学应按照国家或省级教育行政部门发布的课程计划、教学大纲进行教育教学工作。

小学在教育教学工作中,要充分发挥学科课和活动课的整体功能,对学生进行德育、智育、体育、美育和劳动教育,为学生全面发展奠定基础。

第二十条 小学要积极开展教育教学研究,运用教育理论指导教育教学活动,积极推广科研成果及成功经验。

第二十一条 小学要将德育工作摆在重要位置,校长负责,教职工参与,教书育人、管理育人、服务育人。

学校教育要同家庭教育、社会教育相结合。

第二十二条 小学应在每个教学班设置班主任教师,负责管理、指导班级工作。班主任教师要同各科任课教师、学生家长密切联系,了解掌握学生思想、品德、行为、学业等方面的情况,协调配合对学生实施教育。

班主任教师每学期要根据学生的操行表现写出评语。

第二十三条 小学对学生应以正面教育为主,肯定成绩和进步,指出缺点和不足,不得讽刺挖苦、粗暴压服,严禁体罚和变相体罚。

第二十四条 小学教学要面向全体学生,坚持因材施教的原则,充分发挥学生的主体作用;要重视基础知识教学和基本技能训练,激发学习兴趣,培养正确的学习方法、学习习惯。

第二十五条 小学应当按照教育行政部门颁布的校历安排学校工作。小学不得随意停课,若遇特殊情况必须停课的,一天以内的由校长决定,并报县教育行政部门备案;一天以上三天以内的,应经县级人民政府批准。

小学不得组织学生参加商业性的庆典、演出等活动,参加其他社会活动亦不应影响教学秩序和学校正常工作。

第二十六条 小学要合理安排作息时间。学生每日在校用于教育教学活动的时间五、六年级至多不超过6小时,其他年级还应适当减少。课余、晚上和节假日不得安排学生集体补课或上新课。

课后作业内容要精选,难易要适度,数量要适当,要严格执行有关规定,保证学生学业负担适量。

第二十七条 小学使用的教材,须经国家或国家授权的省级教材审定部门审定。实验教材、乡土教材须经有关的教育行政部门批准后方可使用。

小学不得要求或统一组织学生购买各类学习辅导资料。对学生使用学具等要加强引导。

第二十八条 小学应按照课程计划和教学大纲的要求通过多种形式,评测教学质量。学期末的考试科目为语文和数学,其他学科通过平时考查评定成绩。

小学毕业考试由学校命题(农村地区在县级教育行政部门指导下由乡中心小学命题),考试科目为语文和数学。

学校要建立德、智、体全面评估教育质量的科学标准，不得以考试成绩排列班级、学生的名次和作为衡量教学质量、评定教师教学工作的唯一标准。

第二十九条 小学应重视体育和美育工作。

学校严格执行国家颁布的有关学校体育工作的法规，通过体育课及其他形式的体育活动增强学生体质。学校应保证学生每天有一小时的体育活动时间。

小学应上好音乐、美术课，其他学科也要从本学科特点出发，发挥美育功能。美育要结合学生日常生活，提出服饰、仪表、语言、行为等审美要求，培养健康的审美情趣。

第三十条 小学应加强对学生的劳动教育，培养学生爱劳动、爱劳动人民、珍惜劳动成果的思想，培养从事自我服务、家务劳动、公益劳动和简单生产劳动的能力，养成劳动习惯。

第三十一条 小学应加强学生课外、校外活动指导，注意与学生家庭、少年宫（家、站）和青少年科技馆（站）等校外活动机构联系，开展有益的活动，安排好学生的课余生活。

学校组织学生参加竞赛、评奖活动，要遵照教育行政部门的有关规定执行。

第四章 人事工作

第三十二条 小学可按编制设置校长、副校长、主任、教师和其他人员。

第三十三条 小学校长是学校行政负责人。校长应具备国家规定的任职资格，由学校设置者或设置者的上级主管部门任命或聘任，副校长及教导（总务）主任等人员由校长提名，按有关规定权限和程序任命和聘任。非政府设置的小学校长，应报主管教育行政部门备案。

校长要加强教育政策法规、教育理论的学习，加强自身修养，提高管理水平，依法对学校实施管理。其主要职责是：

（一）贯彻执行国家的教育方针，执行教育法令法规和教育行政部门的指示、规定，遵循教育规律，提高教育质量；

（二）制定学校的发展规划和学年学期工作计划，并认真组织实施；

（三）遵循国家有关法律和政策，注重教职工队伍建设。依靠教职工办好学校，并维护其合法权益；

（四）发挥学校教育的主导作用，努力促进学校教育、家庭教育、社会教育的协调一致，互相配合，形成良好的育人环境。

第三十四条 小学校长应充分尊重教职工的民主权利，听取他们对于学校工作的意见、建议；教职工应服从校长的领导，认真完成本职工作。

教职工对学校工作的意见、建议，必要时可直接向主管部门反映，任何组织和个人不得阻挠。

第三十五条 小学教师应具备国家规定的任职资格，享受和履行法律规定的权利和义务，遵守职业道德，完成教育教学工作。

第三十六条 小学要加强教师队伍管理，按国家有关规定实行教师资格、职务、聘任制度，建立、健全业务考核档案。要加强教师思想政治教育、职业道德教育，树立敬业精神。对认真履行职责的优秀教师应予奖励。

第三十七条 小学应重视教师的继续教育，制订教师进修计划，积极为教师进修创造条件。教师进修应根据学校工作的需要，以在职为主，自学为主，所教学科为主。

第三十八条 小学其他人员应具备相应的政治、业务素质，其具体任职资格及职责由教育行政部门或学校按照国家有关规定制定。

第五章 行政工作

第三十九条 小学可依规模内设分管教务、总务等工作的机构或人员，协助校长做好有关工作（规模较大的学校还可设年级组），其具体职责由学校制定。

第四十条 小学若规模较大，可成立由校长召集，各部门负责人参加的校务委员会，研究决定学校重大事项。

第四十一条 小学应建立教职工（代表）大会制度，加强民主管理和民主监督。大会可定期召开，不设常设机构。

第四十二条 中国共产党在小学的组织发挥政治核心作用。校长要依靠党的学校（地方）基层组织，充分发挥工会、共青团、少先队及其他组织在学校工作中的作用。

第四十三条 小学应建立、健全教育研究、业务档案、财务管理、安全工作、学习、会议等制度。

学校应建立工作人员名册、学生名册和其他统计表册，定期向主管教育行政部门上报。

第四十四条 小学应接受教育行政部门或上级主管部门的检查、监督和指导，要如实报告工作，反映情况。

学年末，学校应向教育行政部门或上级主管部门报告工作，重大问题应随时报告。

第六章 校舍、设备及经费

第四十五条 小学的办学条件及经费由学校举办者负责提供。其标准由省级人民政府制定。

小学应具备符合规定标准的校舍、场地、设施、教学仪器、图书资料。

第四十六条 小学应遵照有关规定管理使用校舍、场地等，未经主管部门批准，不得改变其用途。

要定期对校舍进行维修和维护，发现危房立即停止使用，并报上级主管部门。对侵占校舍、场地的行为，学校可依法向侵权行为者的上级主管部门反映，直至向人民法院提起诉讼。

小学要搞好校园建设规划，净化、绿化、美化校园，搞好校园文化建设，形成良好的育人环境。

第四十七条 小学应加强对教学仪器、设备、图书资料、文娱体育器材和卫生设施的管理，建立、健全制度，提高使用效率。

第四十八条 公办小学免收学费，可适当收取杂费。小学收费应严格按照省级人民政府制定的收费项目和县级以上人民政府制定的标准和办法执行。

第四十九条 小学可按有关规定举办校办产业，从学校实际出发组织师生勤工俭学。严禁采取向学生摊派钱、物的做法代替勤工俭学。

小学可按国家有关规定接受社会捐助。

第五十条 小学应科学管理、合理使用学校经费，提高使用效益。要建立健全经费管理制度，经费预算和决算应提交校务委员会或教职工代表大会审议，并接受上级财务和审计部门的监督。

第七章 卫生保健及安全

第五十一条 小学应认真执行国家有关学校卫生工作的法规、政策，建立、健全学校卫生工作制度。应有专人负责此项工作（有条件的学校应设校医室），要建立学生健康卡片，根据条件定期或不定期体检。

第五十二条 小学的环境、校舍、设施、图书、设备等应有利于学生身心健康，教育、教学活动安排要符合学生的生理、心理特点。

要不断改善学校环境卫生和教学卫生条件，开展健康教育，培养学生良好的卫生习惯，预防传染病、常见病及食物中毒。

第五十三条 小学应加强学校安全工作，因地制宜地开展安全教育，培养师生自救自护能力。凡组织学生参加的文体活动、社会实践、郊游、劳动等均应采取妥善预防措施，保障师生安全。

第八章 学校、家庭与社会

第五十四条 小学应同街道、村民委员会及附近的机关、团体、部队、企业事业单位建立社区教育组织，动员社会各界支持学校工作，优化育人环境。小学亦应发挥自身优势，为社区的精神文明建设服务。

第五十五条 小学应主动与学生家庭建立联系，运用家长学校等形式指导、帮助学生家长创设良好的家庭教育环境。

小学可成立家长委员会，使其了解学校工作，帮助学校解决办学中遇到的困难，集中反映学生家长的意见、建议。

家长委员会在校长指导下工作。

第九章 其 他

第五十六条 农村乡中心小学应在县教育部门指导下，起到办学示范、教研中心、进修基地的作用，带动当地小学教育质量的整体提高。

第五十七条 承担教育教学改革任务的小学，可在报经有关部门批准后，根据实际需要，调整本规程中的某些要求。

第十章 附 则

第五十八条 小学应根据《中华人民共和国教育法》和本规程的规定，结合本校实际情况制定本校章程。

第五十九条 本规程主要适用于城市小学、农村完全小学以上小学，其他各类小学及实施初等教育的机构可参照执行。

各省、自治区、直辖市教育行政部门可根据本规程制定实施办法。

第六十条 本规程自颁布之日起施行。

中小学校电化教育规程

·1997年7月14日
·教电〔1997〕3号

第一章　总　则

第一条　为促进中小学电化教育工作并加强管理,根据《中华人民共和国教育法》及有关规定,制定本规程。

第二条　中小学校电化教育是在教育教学过程中,运用投影、幻灯、录音、录像、广播、电影、电视、计算机等现代教育技术,传递教育信息,并对这一过程进行设计、研究和管理的一种教育形式。是促进学校教育教学改革、提高教育教学质量的有效途径和方法。是实现教育现代化的重要内容。

第三条　中小学校开展电化教育应从实际出发,坚持因地制宜、讲求实效、逐步提高的原则。要充分发挥各种电教媒体在教育教学中的作用,注重教学应用与研究。

第四条　各级政府和教育行政部门应积极创造条件,扶持中小学校开展电化教育,将中小学电化教育工作列入当地教育事业的发展规划。

第二章　机构与职能

第五条　中小学校应建立专门机构或指定有关部门负责电化教育。其名称可根据学校的规模称为电化教育室(中心)或电化教育组,规模较小的中小学校也可在教学管理部门设专人或兼职人员负责此项工作。

第六条　中小学校电化教育机构要在学校的统一管理下,与校内各相关部门相互配合,完成电化教育工作,其主要职责:

拟定学校电化教育工作计划,协调学校各部门开展电化教育工作,并承担其中一部分教学任务。

收集、购置、编制、管理电化教育教材和资料。

维护、管理电化教育器材、设备、设施。

组织教师参加电化教育的基本知识和技能培训。

组织并参与电化教育的实验研究。

第七条　中小学从事电化教育的人员编制,由学校主管部门根据实际情况,在学校教职工总编制内确定,按学校规模和电化教育开展的实际配备专职或兼职电教人员。

第八条　中小学校电化教育机构的负责人应有较高的政治素质、熟悉电教业务,有较强的教学和管理能力,一般应具有中级以上专业技术职务。电化教育机构的负责人应保持相对稳定。

第三章　电教专职人员与学科教师

第九条　中小学校电化教育机构的专职人员是教学人员,必须具备教师资格,熟悉教学业务,掌握电化教育的知识、技能和技巧。中小学校电教专职人员应通过教育行政部门组织的业务培训与考核,不断提高电化教育水平。

第十条　中小学校电化教育专职人员的专业技术职务按国家规定评聘。在评审与聘任时,要充分考虑电化教育工作的性质与特点。

第十一条　电化教育专职人员要组织、指导学科教师开展电化教学。

中小学校应聘请优秀教师作为电化教育机构的兼职人员开展工作。教师担任电教机构的工作或编制教材、资料应计算教学工作量。优秀的电教教材、电教研究成果,应与相应的科研、教学研究成果同等对待。教师开展电化教学的实绩,应作为考核教师的内容。

第十二条　学科教师要增强现代教育意识,学习并掌握电化教育的基本知识和技能;积极采用现代教学手段,开展电化教学;研究电教教材教法;总结电化教学经验,提高教学质量和效率。

第四章　经费与设备

第十三条　中小学校开展电化教育要有必要的经费保证,各级政府和教育行政部门要逐年增加对中小学电化教育经费的投入。学校应确定一定的经费比例开展电化教育。

第十四条　电化教育的设备是开展电化教育的基础。学校要按照地方教育行政部门制定的有关中小学校电化教育教学仪器设备配备目录,根据教学的实际需要,统筹配备电化教育设备。要加强电化教育设备、设施的维护和管理,提高利用率。

第十五条　学校电化教育设备、设施是为教育教学服务的,不得挪作他用。

第五章　电教教材与资料

第十六条　开展电化教育的中小学校要加强电教教材(音像、多媒体)、资料建设,保证有足够的经费用于配备电教教材、资料,做到与电教设备、设施建设同步发展。

第十七条　中小学校应根据教学的需要,合理选择和配备由中央和省级教育行政部门印发的中小学教学用书目录所列入的全国或地方通用的电教教材,有条件的学校可根据实际需要自行编制补充性电教教材供学校教学使用,要做好学校电教教材的管理和应用工作。

第十八条　中小学校电教教材、资料的编辑、出版不得违反《著作权法》;中小学校不得使用有害青少年身心健康的、非法的音像制品。

第六章　管理与领导

第十九条　地方各级教育行政部门主管本地区的中小学校电化教育工作,制定本地区电化教育发展规划及工作计划,并检查、评估和督导中小学校电化教育工作,协调电教、教研、装备、师训部门保障学校电化教育工作的健康发展。

第二十条　地方各级电化教育馆(中心)是当地中小学电化教育的教材(资料)中心、研究中心、人员培训和技术服务中心,教育行政部门应加强对中小学校电化教育工作的管理与指导。

第二十一条　中小学校要贯彻上级关于电化教育的各项方针、政策,加强对电化教育工作的领导,将其纳入学校整体工作之中,并要有一名校级领导主管电化教育工作。

第二十二条　中小学校要重视对学科教师开展电化教育的基本知识和技能的培训,有计划地组织不同层次、不同形式、不同内容的教师培训活动,推动学校电化教育工作广泛深入的开展。

第七章　附　则

第二十三条　本规程适用于普通中小学校。中等专业学校、中等技术学校、技工学校、职业中学、特殊教育学校、幼儿园,可参照执行。

第二十四条　各省、自治区、直辖市教育行政部门可根据本规程,结合本地区实际,制订实施细则。

第二十五条　本规程自公布之日起施行。以前有关规定凡与本规程有不符的,以本规程为准。

少年儿童校外教育机构工作规程

· 1995年6月21日教基〔1995〕14号公布

· 根据2010年12月13日《教育部关于修改和废止部分规章的决定》修订

第一章　总　则

第一条　为了加强对少年儿童校外教育机构的管理,促进少年儿童校外教育事业健康发展,制定本规程。

第二条　本规程所称少年儿童校外教育机构(以下简称“校外教育机构”)是指少年宫、少年之家(站)、儿童少年活动中心、农村儿童文化园、儿童乐园、少年儿童图书馆(室)、少年科技馆、少年儿童艺术馆、少年儿童业余艺校、少年儿童野外营地、少年儿童劳动基地和以少年儿童为主要服务对象的青少年宫、青少年活动中心、青少年科技中心(馆、站)、妇女儿童活动中心中少年儿童活动部分等。

第三条　校外教育机构基本任务是通过多种形式向少年儿童进行以爱祖国、爱人民、爱劳动、爱科学、爱社会主义为基本内容的思想品德教育;普及科学技术、文化艺术、体育卫生、劳动技术等方面知识;培养他们多方面的兴趣、爱好和特长;培养他们独立思考、动手动脑、勇于实践和创新的精神,促进少年儿童全面发展,健康成长。

第四条　校外教育机构工作应当遵循以下原则:

(一)面向全体少年儿童,面向学校,面向少先队,实行学校、家庭、社会相结合;

(二)德、智、体诸方面的教育应相互渗透,有机结合;

(三)遵循少年儿童身心发展规律,符合少年儿童特点,寓教育性、知识性、科学性、趣味性于活动之中;

(四)普及与提高相结合。在重视和搞好普及性教育活动的同时,对有特长的少年儿童加强培养和训练,使其健康发展。

第五条　地方各级政府要对校外教育机构的工作进行宏观协调和指导。各级各类校外教育机构的业务工作,应接受当地各主管部门的指导。

第六条 国家鼓励企业、事业组织、社会团体及其他社会组织和公民个人，依法举办各种形式、内容和层次的校外教育机构或捐助校外教育事业。

第二章 机 构

第七条 设立校外教育机构应具备以下基本条件：

（一）具有符合少年儿童活动需要的活动场地和设施；

（二）具有合格的专职管理人员和专（兼）职辅导教师队伍；

（三）具有卫生、美观的活动环境、活动室采光条件；场馆内有防火、防毒、防盗、安全用电等防护措施。

第八条 设立少年儿童校外教育机构，应报当地主管行政部门批准。当地主管行政部门应报上一级主管行政部门备案。

独立设置的校外教育机构符合法人条件的，自批准之日起取得法人资格。

第九条 校外教育机构一般应由行政领导、后勤供应、群众文化、教育活动、专业培训及少先队工作指导（限少年宫）等部门组成，以满足少年儿童校外教育工作的需要。

第十条 校外教育机构实行主任（馆、校、园长）负责制。主任（馆、校、园长）在主管部门领导下，依据本规程负责领导本单位的全面工作。

机构内部可设立管理委员会，管委会由辅导员、教练员、管理后勤等人员代表组成，主任（馆长、校长）任管理委员会主任。

管理委员会负责制定工作计划、人员奖惩、重要财务开支、规章制度建立以及其他重要问题。

不设管理委员会的单位，上述事项由全体教职工会议议定。

第十一条 校外教育机构应加强内部的科学管理和民主管理。按机构规模及工作性质建立岗位责任制以及财务管理、考勤考绩、检查评估、总结评比、表彰奖励等规章制度。

第三章 活 动

第十二条 校外教育机构开展各项活动不得以营利为目的，不得以少年儿童表演为手段，进行经营性展览、演出等活动。

第十三条 校外教育机构的活动应当包括以下基本内容：

（一）思想品德教育，应结合国内外大事、重大纪念日、民族传统节日、古今中外名人故事、新时期各行各业英雄模范先进人物的事迹对少年儿童进行爱国主义、集体主义和社会主义思想教育，近代史、现代史教育和国情教育，良好意志品格、遵纪守法和讲文明、有礼貌的行为习惯教育。

（二）科学技术知识普及教育，应通过组织开展科普知识传授、发明创造、科技制作、科学实验等活动，向少年儿童传递科学技术的新信息。引导他们从小爱科学、学科学、用科学。培养创新、献身、求实、协作的科学精神和严谨的科学态度。增强他们的科技意识和培养良好的科学素质。

（三）体育运动，应通过田径、球类、游泳、体操、武术、模型、无线电、棋艺和多种多样的军事体育运动增长少年儿童的体育知识和技能技巧，培养他们勇敢、坚强、活泼的性格和健康的体魄。

（四）文化艺术教育，应通过课外读物、影视、音乐、舞蹈、戏剧、绘画、书法、工艺制作以及集邮、摄影等活动培养少年儿童具有正确的审美观念和审美能力，陶冶情操，提高文化艺术素养。

（五）游戏娱乐，应因地制宜地开展少年儿童喜闻乐见的、多种多样的活动，并要努力创造条件，建立多种游艺设施，让少年儿童愉快地玩乐。

（六）劳动与社会实践活动，凡有劳动实践基地的少年儿童校外教育机构，应按国家教委颁发的劳动教育纲要提出的各项要求，组织开展各种劳动实践活动。向学生进行热爱劳动、热爱劳动人民、热爱劳动成果和不怕苦、不怕脏、不怕累的教育，培养自立、自强品格，促进少年儿童全面发展。

第十四条 校外教育机构的活动可采取以下形式：

（一）开展群众性教育活动是面向广大少年儿童开展教育的一种重要形式。应根据少年儿童的特点，选择鲜明的主题，采取生动活泼的形式，如：举办展览、讲座，组织联欢、演出，开展各项比赛、夏（冬）令营以及各种社会实践活动，对学生进行有效的教育。

（二）开放适合少年儿童的各种活动场所。通过参加活动，开发智力，培养少年儿童的各种兴趣，使他们身心健康成长。

（三）组织专业兴趣小组。通过对少年儿童进行专业知识的传授和技能技巧的培训，使他们初步掌握一门科技、文艺、体育、社会服务等技能。

第十五条 社会公共文化体育设施应向少年儿童开放，安排内容丰富、健康向上的活动项目，并按有关规定对少年儿童实行减、免收费及其他优惠。

第十六条 博物馆、展览馆、图书馆、工人文化宫、艺术馆、文化馆（站）、体育场（馆）、科技馆、影剧院、园林、遗址、烈士陵园以及社会单位办的宫、馆、家、站等，可参照本规程规定的有关内容组织少年儿童活动。

第四章 人 员

第十七条 校外教育机构工作人员应当拥护和坚持党的基本路线，热爱校外教育事业，热爱少年儿童，遵守教师职业道德规范，努力钻研专业知识，不断提高专业文化水平，身体健康。

第十八条 校外教育机构按照编制标准设主任（馆、校、园长）、副主任（副馆、校、园长）、辅导员（教师、教练员）和其他工作人员。

第十九条 校外教育机构主任（馆、校、园长）除应符合本规程第十七条的要求外，还应具有一定组织管理能力和实际工作经验，其学历要求可按当地具体聘任文件执行。

校外教育机构主任（馆、校、园长）由主管部门任命或聘任。

第二十条 校外教育机构主任（馆、校、园长）负责本单位的全面工作。其主要职责是：

（一）贯彻执行国家的有关法律、法规、方针、政策和上级主管部门的规定；

（二）负责本机构的行政管理工作；

（三）负责组织制定并执行本单位各种规章制度；

（四）负责聘任、调配工作人员，指导教师、教练员、辅导员和其他工作人员的工作；

（五）加强全员的思想政治工作，组织政治、业务学习，并为他们的政治、文化、业务进修创造条件；

（六）管理和规划机构内各项设施、经费的合理利用。

第二十一条 少年儿童校外教育机构教师应依照《教师法》的规定取得教师资格。校外教育机构教师实行聘任制或任命制。

第二十二条 少年儿童校外教育机构教师应履行《教师法》规定的义务，做到：

（一）关心、爱护少年儿童，尊重他们的人格，促进他们在品德、智力、体质等方面全面发展；

（二）制止有害于少年儿童的行为或者其他侵犯少年儿童合法权益的行为，批评和抵制有害于少年儿童健康成长的现象；

（三）对本单位工作提出建议。

第二十三条 校外教育机构其他工作人员的资格和职责，参照国家的有关规定执行。

第二十四条 校外教育机构应重视工作人员的职前培训并为在职培训创造条件。

第二十五条 校外教育机构要主动争取各级各类关心下一代工作委员会（协会）中的老干部、老专家、老文艺工作者、老科技工作者、老教师、老工人、老党员、老模范等老同志的支持，定期和不定期的聘请他们做少年儿童校外教育专、兼职辅导员。

第五章 条件保障

第二十六条 校外教育机构建设应纳入城乡建设发展规划，分步实施，逐步形成地、市、区（县）到街道（乡、镇）的校外教育网络。

第二十七条 校外教育机构的经费应列入各主管部门财政专项开支，随着当地经济建设和校外教育事业的发展，不断增加。

第二十八条 校外教育机构的工作人员的工资待遇、职称评定等，要按《教师法》及国家有关规定执行。属于教育事业编制、成建制的校外教育机构中的教师依照《教师法》规定执行。

第二十九条 校外教育机构在不影响正常教育活动下，不削弱骨干力量、不占用主要活动场地，并经当地主管部门批准，可适当开展社会服务，其收入应全部用于补充活动经费。

第六章 奖励与处罚

第三十条 对滋扰校外教育机构工作秩序，破坏校外教育活动设施的，有关部门应予制止，并依照《治安管理处罚法》的规定追究当事人法律责任。

第三十一条 校外教育机构有下列情形之一的，由当地主管行政部门给予警告，限期改正、整顿，以至停办等处罚：

（一）未经批准，擅自设立校外教育机构的；

（二）校外教育机构开展的活动内容不健康，损害少年儿童身心健康的；

（三）校外教育机构开展活动以营利为目的的。

对主要责任人员，由所在单位或上级主管行政部门给予相应的行政处分；情节严重，构成犯罪的依法追究刑事责任。

第三十二条 各级人民政府及其有关主管部门，对开展少年儿童校外教育活动成绩突出的校外教育机构和个人给予表彰和奖励。

对关心、支持少年儿童校外教育工作，贡献较大的企业事业单位，社会团体及个人，由各级人民政府及其有关部门给予表彰和奖励。

第七章 附 则

第三十三条 各省、自治区、直辖市有关部门，可根据当地的具体情况，制定实施办法。

第三十四条 本规程自公布之日起施行。

普及义务教育评估验收暂行办法

· 1994年9月24日教基〔1994〕19号发布

· 根据2010年12月13日《教育部关于修改和废止部分规章的决定》修订

第一章 总 则

第一条 为保障本世纪末在全国普及初等义务教育和在大部分地区普及九年义务教育，根据《中华人民共和国义务教育法》及其实施细则的规定，国家教育委员会决定对普及九年或初等义务教育的县（市、市辖区，下同）进行评估验收。为此，特制定本办法。

第二条 普及九年或初等义务教育县的评估验收工作，由省、自治区、直辖市人民政府负责。国家教育委员会对此项工作进行指导、监督、检查。

第三条 九年义务教育包括初等和初级中等义务教育。在现阶段初等义务教育包括实行五年、六年制的教育；初级中等义务教育包括实行三年、四年制的普通初中和职业初中教育。

第四条 评估验收工作，应依据省、自治区、直辖市人民政府制定的义务教育实施规划，分期分批进行。

第五条 省、自治区、直辖市人民政府对在2000年前普及九年义务教育的县，应就其初等和初级中等教育普及情况，分段或一并进行评估验收；对在2000年前只普及初等义务教育的县，应就其初等教育阶段普及情况进行评估验收；对在2000年前只普及小学三年或四年义务教育的县，可组织阶段性评估。

第六条 评估验收以县、不设区的市、市辖区和国家划定的其他实施义务教育的县级行政区域为单位。

第二章 评估项目及指标要求

第七条 对普及九年义务教育县普及程度的基本要求

入学率：

初等教育阶段适龄儿童都能入学。初级中等教育阶段适龄少年，在城市和经济文化发达的县都能入学；其他县达到95%左右。

各类适龄残疾儿童、少年，在城市和经济文化发达的县达到80%左右，其他县达到60%左右（含在普通学校随班就读的学生，下同）。

辍学率：

初等教育和初级中等教育在校生年辍学率，城市和经济文化发达的县应分别控制在1%以下和2%以下；其他县应分别控制在1%左右和3%左右。

完成率：

15周岁人口中初等教育完成率一般达到98%左右。17周岁人口中初级中等教育完成率达到省级规定的要求。

文盲率：

15周岁人口中的文盲率一般控制在1%左右（识字人口含通过非正规教育达到扫盲要求的，下同）。

全县扫除青壮年文盲工作符合规定要求，并经省、自治区、直辖市人民政府评估验收。

第八条 对2000年前只能普及初等义务教育的县普及程度的基本要求

适龄儿童入学率达到95%以上。县城和集镇的适龄残疾儿童、少年大多数能入学。

在校学生年辍学率控制在3%以下。

15周岁人口中初等教育完成率达到省级规定的要求。

15周岁人口中的文盲率控制在5%左右。

适龄女童入学率、辍学率和15周岁人口中初等教育完成率、文盲率均达到省级规定的要求。

第九条 师资水平的基本要求

小学、初中教师都能达到任职要求。

教师学历符合国家规定和取得相应专业合格证书的,小学达到90%以上;初中达到80%以上,确有实际困难的县在1995年前亦不得低于70%。

实施义务教育后补充的小学、初中教师学历均符合国家规定。

小学、初中校长均经岗位培训并取得合格证书。

第十条 办学条件的基本要求

小学、初中的设置符合义务教育法实施细则的规定。

小学、初中校舍均达到省级制定的分类标准要求,做到坚固、够用、适用。校舍中的危房能及时消除。

小学、初中的教学仪器设备和图书资料等均达到省级制定的分类配备标准要求,满足教学基本需要。

第十一条 教育经费的要求

财政对教育的拨款做到了"两个增长"。在教育支出总额中做到了以财政拨款为主。

财政拨发的按年度每生平均计算的公用经费达到省级制定的标准,并逐年增长。

教职工工资(包括各级政府出台的政策性补贴)按时足额发放。

在城乡均按规定足额征收了教育附加,并做到了专款专用,使用合理。

多渠道筹措义务教育资金,坚持依法捐资助学,开展勤工俭学。

第十二条 教育质量的要求

小学、初中毕业班学生的毕业率达到省级规定的要求。

第十三条 凡本章已量化的指标,各地不得自行降低要求;凡本章未量化的指标,均由省、自治区、直辖市根据《中华人民共和国义务教育法》等有关规定,区别不同类型地区制定具体标准,并报国家教育委员会备案。

第十四条 对已经普及初等教育,但居住特别分散的边疆地区、深山区、牧区等,因自然条件不利,达到本办法第七条规定确有困难的,省、自治区可对初级中等教育阶段入学率、辍学率、完成率的要求做适当调整,并报国家教育委员会批准。

对2000年前只能普及初等义务教育县的村办小学,可先要求做到:班班有教室,校校无危房,学生人人有课桌凳,教师教学有教具和必备的资料。

第三章 评估验收程度

第十五条 按省级确定的义务教育实施规划期限普及了九年义务教育或初等义务教育的县,应先根据本办法认真进行自查,在自查的基础上,向省级人民政府提出评估验收申请报告。

第十六条 省、自治区、直辖市人民政府对提出申请的县,应组织教育和财政、人事以及其他有关部门的人员按本办法进行评估验收。凡达到各项要求的,经省级人民政府核准,即成为普及九年义务教育或初等义务教育县。有关评估验收的报告、资料等,应于每年10月底以前报国家教育委员会。

地级人民政府在评估验收工作中的职责,由省、自治区、直辖市确定。

第十七条 国家教育委员会经对省、自治区、直辖市所报评估验收材料进行审查,如发现有不符合本办法要求的,可责成有关省、自治区、直辖市进行复查,并有权对复查结论进行最终审核。

第十八条 国家教育委员会分期分批对各省、自治区、直辖市义务教育规划的实施工作和普及义务教育的水平进行评估。

第四章 表彰和处罚

第十九条 凡普及了九年义务教育或初等义务教育的县,由省、自治区、直辖市人民政府授予相应的称号,发给奖牌,并予以奖励。

第二十条 凡被省、自治区、直辖市授予"普及九年义务教育县"或"普及初等义务教育县"称号的,经审查,符合本办法规定要求的,由国家教育委员会分期分批公布名单。

国家教育委员会定期组织评选普及九年义务教育或普及初等义务教育先进县,并予以表彰。

第二十一条 国家教育委员会依据本办法第十八条的评估结果,对工作取得显著成绩的省、自治区、直辖市进行表彰。

第二十二条 凡普及九年或初等义务教育的县在接受评估验收后，必须继续采取措施，巩固、提高普及义务教育的水平。

第二十三条 有以下情形之一的，由省、自治区、直辖市人民政府撤消其普及九年或初等义务教育县的称号，并报国家教育委员会备案：

（一）在评估验收活动中有弄虚作假行为的；

（二）连续两年（非常情况除外）不能保持本办法规定各项要求的。

第二十四条 经评估因工作失职未能如期实现义务教育实施规划目标的，应按国家有关规定处理。

第五章 附 则

第二十五条 省、自治区、直辖市人民政府可根据本办法，结合本地区的实际情况，制定具体实施办法，并报国家教育委员会备案。

第二十六条 本办法自公布之日起施行。

少年儿童体育学校管理办法

· 2011年9月2日国家体育总局、教育部令第15号公布

· 自2011年10月1日起施行

第一章 总 则

第一条 为加强少年儿童体育学校的建设和管理，全面贯彻国家体育、教育方针，促进我国体育事业发展，依据《中华人民共和国体育法》、《中华人民共和国教育法》、《中华人民共和国义务教育法》等法律法规，制定本办法。

第二条 本办法所称少年儿童体育学校是指九年义务教育阶段培养少年儿童体育专项运动技能的体育特色学校（含体育中学、单项体育运动学校、少年儿童业余体育学校，以下简称少体校）。

第三条 少体校的主要任务是为国家和社会培养、输送具有良好思想品德、文化素质和体育特长的优秀体育后备人才。

第四条 县级以上体育和教育行政部门在本级人民政府领导下，统筹规划、分工负责、协调管理少体校工作。体育行政部门负责学校的日常管理，学生训练、参赛，教练员配备和培训等；教育行政部门负责与学生文化教育相关事项的管理，包括教学、教师配备和培训等。

第五条 国家鼓励和支持企业事业组织、社会团体和公民个人举办民办少体校。

举办少体校不得以营利为目的。

第二章 设置与审批

第六条 少体校应当从实际出发，采取独立办学或依附普通中小学等形式办学。

第七条 举办少体校的社会组织应当具有法人资格，公民个人应当具有政治权利和完全民事行为能力。少体校应当具有法人资格。

第八条 举办少体校，应当符合国家关于中小学校的相关设置标准，具备与所设置运动项目相适应的训练场馆、器材设施。

少体校独立进行文化教育的，应当具备与办学规模相适应的文化教学设施、设备和师资。依附普通中小学进行文化教育的，应当和所依附的学校签定联合办学协议，明确双方的权利和义务。

第九条 少体校应当根据本地区的体育传统和运动项目布局设置体育项目。

第十条 少体校的设立、变更、终止由县级以上体育行政部门提出意见，同级教育行政部门根据相关法律法规予以审批。

第三章 招生与学籍

第十一条 少体校按学年度面向普通中小学招生。

少体校招生，对拟招收学生进行体检和选材测试。

第十二条 少体校招生后，应当对招收的新生进行试训。经试训不适宜继续进行专项运动训练的学生，仍回原学校。

第十三条 少体校录取的学生学籍的变动和管理，按照当地学籍管理办法执行。

第四章 思想品德与文化教育

第十四条 少体校应当坚持育人为本，把德育工作放在首位，增强德育工作的针对性和实效性，教育教学活动应遵循少年儿童身心发展规律。

第十五条 少体校应当加强学生爱国主义、集体主义、社会主义思想品德教育，开展文明行为

养成教育、法制教育、中华体育精神及体育职业道德教育。

第十六条 少体校应当按照国家规定的义务教育阶段的课程方案、课程标准,选用国家审定的教材,实施文化课教学,并可因地制宜地开发具有区域特色的校本课程和其他教育资源。

第十七条 少体校应当保证学生完成九年义务教育课程。学生完成九年义务教育课程经考核合格的,发给相应的中小学毕业证书。

第五章 体育训练与竞赛

第十八条 少体校应当贯彻"选好苗子、着眼未来、打好基础、系统训练、积极提高"的训练原则,做好选材、育才的基础训练工作。

第十九条 少体校应当按照少年儿童以学习为主、训练为辅的原则,合理安排学生的学习和训练时间。

第二十条 少体校应当按照全国青少年教学训练大纲的规定,对学生进行科学系统的训练,每天训练时间原则上控制在2.5小时以内(含早操)。

专项运动成绩达到运动员技术等级标准的,可申请相应的等级称号。

第二十一条 少体校应当坚持利用假期、形式多样、就近比赛的原则,通过竞赛推动少年儿童体育训练的普及和提高。

第二十二条 少体校学生可以代表在训少体校和原输送学校参加各级体育、教育行政部门举办的体育竞赛活动。

学生竞赛代表资格发生争议的,由主管的体育、教育行政部门按照体育竞赛有关规定执行。

第二十三条 少体校应当加强学生医务监督,禁止使用兴奋剂,禁止超负荷训练,禁止体罚。

第六章 教师、教练员

第二十四条 少体校文化课教师应当具备国家规定的教师资格。公办少体校文化课教师由教育行政部门选派。

第二十五条 少体校教练员实行聘任制。聘任的教练员应当符合国家规定的教练员资格和任职条件。

少体校可以聘请兼职教练员任教。

第二十六条 少体校教师、教练员应当相互尊重,团结协作,关心学生的全面成长,共同做好学生的思想教育、文化学习、体育训练和生活管理工作。

第二十七条 少体校招聘体育工作人员的,对取得优异成绩的退役运动员,可以采取直接考核的方式招聘;对其他退役运动员,应在同等条件下优先聘用。

少体校中使用彩票公益金资助建成的体育设施,须安排一定比例岗位用于聘用退役运动员。

第七章 保障条件

第二十八条 地方各级人民政府应当按照国家规定加强少体校建设,将其纳入当地体育和教育发展规划,将训练竞赛经费、文化教育经费纳入同级财政预算,并加大经费投入,不断改善办学条件。

公办少体校的基建投资,由主管的体育、教育行政部门联合向当地人民政府申报解决。

第二十九条 少体校文化课教师应当具备国家规定的教师资格。教育行政部门负责向公办少体校选派优秀文化课教师。文化课教师的专业技术职务评聘、工资待遇按照国家有关规定执行。

第三十条 少体校学生、教练员的伙食标准每人每日不低于20元,运动服装标准每人每年不低于500元。各省(区、市)应当根据当地经济发展情况和物价水平,制定不低于上述标准的伙食标准和运动服装标准,并建立相应的动态增长机制。

第三十一条 少体校应当为学生办理保险。有条件的,可以根据运动项目训练和比赛的特点,办理专门的意外伤害保险。

第八章 安全管理与监督

第三十二条 少体校应当根据实际情况建立校园安全责任制度,制定安全预防、保险、应急处理和报告等相关制度。

第三十三条 少体校应当配备必要的安全管理人员,开展学校安全管理工作,保障训练竞赛、教育教学及其他活动中学生、教练员和教师的安全。

第三十四条 县级以上体育、教育行政部门应当定期检查少体校文化教育实施情况。对违反《中华人民共和国义务教育法》和有关制度及本办法的行为,应及时予以纠正,并依法对少体校及相关责任人给予相应的处理、处罚。

第三十五条 少体校在训练竞赛、教育教学等活动中发生安全责任事故的，由有关主管部门予以查处，对相关责任人给予处分，造成严重后果的依法追究刑事责任。

第九章 附 则

第三十六条 各省、自治区、直辖市体育和教育行政部门可以依照本办法制定实施细则或相应的规章制度。

第三十七条 本办法自2011年10月1日起施行。国家体育总局、教育部1999年2月4日发布的《少年儿童体育学校管理办法》（体群字〔1999〕17号）同时废止。

中小学综合实践活动课程指导纲要

·2017年9月25日

·教材〔2017〕4号

为全面贯彻党的教育方针，坚持教育与生产劳动、社会实践相结合，引导学生深入理解和践行社会主义核心价值观，充分发挥中小学综合实践活动课程在立德树人中的重要作用，特制定本纲要。

一、课程性质与基本理念

（一）课程性质

综合实践活动是从学生的真实生活和发展需要出发，从生活情境中发现问题，转化为活动主题，通过探究、服务、制作、体验等方式，培养学生综合素质的跨学科实践性课程。

综合实践活动是国家义务教育和普通高中课程方案规定的必修课程，与学科课程并列设置，是基础教育课程体系的重要组成部分。该课程由地方统筹管理和指导，具体内容以学校开发为主，自小学一年级至高中三年级全面实施。

（二）基本理念

1. 课程目标以培养学生综合素质为导向

本课程强调学生综合运用各学科知识，认识、分析和解决现实问题，提升综合素质，着力发展核心素养，特别是社会责任感、创新精神和实践能力，以适应快速变化的社会生活、职业世界和个人自主发展的需要，迎接信息时代和知识社会的挑战。

2. 课程开发面向学生的个体生活和社会生活

本课程面向学生完整的生活世界，引导学生从日常学习生活、社会生活或与大自然的接触中提出具有教育意义的活动主题，使学生获得关于自我、社会、自然的真实体验，建立学习与生活的有机联系。要避免仅从学科知识体系出发进行活动设计。

3. 课程实施注重学生主动实践和开放生成

本课程鼓励学生从自身成长需要出发，选择活动主题，主动参与并亲身经历实践过程，体验并践行价值信念。在实施过程中，随着活动的不断展开，在教师指导下，学生可根据实际需要，对活动的目标与内容、组织与方法、过程与步骤等做出动态调整，使活动不断深化。

4. 课程评价主张多元评价和综合考察

本课程要求突出评价对学生的发展价值，充分肯定学生活动方式和问题解决策略的多样性，鼓励学生自我评价与同伴间的合作交流和经验分享。提倡多采用质性评价方式，避免将评价简化为分数或等级。要将学生在综合实践活动中的各种表现和活动成果作为分析考察课程实施状况与学生发展状况的重要依据，对学生的活动过程和结果进行综合评价。

二、课程目标

（一）总目标

学生能从个体生活、社会生活及与大自然的接触中获得丰富的实践经验，形成并逐步提升对自然、社会和自我之内在联系的整体认识，具有价值体认、责任担当、问题解决、创意物化等方面的意识和能力。

（二）学段目标

1. 小学阶段具体目标

（1）价值体认：通过亲历、参与少先队活动、场馆活动和主题教育活动，参观爱国主义教育基地等，获得有积极意义的价值体验。理解并遵守公共空间的基本行为规范，初步形成集体思想、组织观念，培养对中国共产党的朴素感情，为自己是中国人感到自豪。

（2）责任担当：围绕日常生活开展服务活动，能处理生活中的基本事务，初步养成自理能力、自立精神、热爱生活的态度，具有积极参与学校和社区生活的意愿。

(3)问题解决:能在教师的引导下,结合学校、家庭生活中的现象,发现并提出自己感兴趣的问题。能将问题转化为研究小课题,体验课题研究的过程与方法,提出自己的想法,形成对问题的初步解释。

(4)创意物化:通过动手操作实践,初步掌握手工设计与制作的基本技能;学会运用信息技术,设计并制作有一定创意的数字作品。运用常见、简单的信息技术解决实际问题,服务于学习和生活。

2. 初中阶段具体目标

(1)价值体认:积极参加班团队活动、场馆体验、红色之旅等,亲历社会实践,加深有积极意义的价值体验。能主动分享体验和感受,与老师、同伴交流思想认识,形成国家认同,热爱中国共产党。通过职业体验活动,发展兴趣专长,形成积极的劳动观念和态度,具有初步的生涯规划意识和能力。

(2)责任担当:观察周围的生活环境,围绕家庭、学校、社区的需要开展服务活动,增强服务意识,养成独立的生活习惯;愿意参与学校服务活动,增强服务学校的行动能力;初步形成探究社区问题的意识,愿意参与社区服务,初步形成对自我、学校、社区负责任的态度和社会公德意识,初步具备法治观念。

(3)问题解决:能关注自然、社会、生活中的现象,深入思考并提出有价值的问题,将问题转化为有价值的研究课题,学会运用科学方法开展研究。能主动运用所学知识理解与解决问题,并做出基于证据的解释,形成基本符合规范的研究报告或其他形式的研究成果。

(4)创意物化:运用一定的操作技能解决生活中的问题,将一定的想法或创意付诸实践,通过设计、制作或装配等,制作和不断改进较为复杂的制品或用品,发展实践创新意识和审美意识,提高创意实现能力。通过信息技术的学习实践,提高利用信息技术进行分析和解决问题的能力以及数字化产品的设计与制作能力。

3. 高中阶段具体目标

(1)价值体认:通过自觉参加班团活动、走访模范人物、研学旅行、职业体验活动,组织社团活动,深化社会规则体验、国家认同、文化自信,初步体悟个人成长与职业世界、社会进步、国家发展和人类命运共同体的关系,增强根据自身兴趣专长进行生涯规划和职业选择的能力,强化对中国共产党的认识和感情,具有中国特色社会主义共同理想和国际视野。

(2)责任担当:关心他人、社区和社会发展,能持续地参与社区服务与社会实践活动,关注社区及社会存在的主要问题,热心参与志愿者活动和公益活动,增强社会责任意识和法治观念,形成主动服务他人、服务社会的情怀,理解并践行社会公德,提高社会服务能力。

(3)问题解决:能对个人感兴趣的领域开展广泛的实践探索,提出具有一定新意和深度的问题,综合运用知识分析问题,用科学方法开展研究,增强解决实际问题的能力。能及时对研究过程及研究结果进行审视、反思并优化调整,建构基于证据的、具有说服力的解释,形成比较规范的研究报告或其他形式的研究成果。

(4)创意物化:积极参与动手操作实践,熟练掌握多种操作技能,综合运用技能解决生活中的复杂问题。增强创意设计、动手操作、技术应用和物化能力。形成在实践操作中学习的意识,提高综合解决问题的能力。

三、课程内容与活动方式

学校和教师要根据综合实践活动课程的目标,并基于学生发展的实际需求,设计活动主题和具体内容,并选择相应的活动方式。

(一)内容选择与组织原则

综合实践活动课程的内容选择与组织应遵循如下原则:

1. 自主性

在主题开发与活动内容选择时,要重视学生自身发展需求,尊重学生的自主选择。教师要善于引导学生围绕活动主题,从特定的角度切入,选择具体的活动内容,并自定活动目标任务,提升自主规划和管理能力。同时,要善于捕捉和利用课程实施过程中生成的有价值的问题,指导学生深化活动主题,不断完善活动内容。

2. 实践性

综合实践活动课程强调学生亲身经历各项活动,在“动手做”“实验”“探究”“设计”“创作”“反思”的过程中进行“体验”“体悟”“体认”,在全身心参与的活动中,发现、分析和解决问题,体验和感受生活,发展实践创新能力。

3. 开放性

综合实践活动课程面向学生的整个生活世界，具体活动内容具有开放性。教师要基于学生已有经验和兴趣专长，打破学科界限，选择综合性活动内容，鼓励学生跨领域、跨学科学习，为学生自主活动留出余地。要引导学生把自己成长的环境作为学习场所，在与家庭、学校、社区的持续互动中，不断拓展活动时空和活动内容，使自己的个性特长、实践能力、服务精神和社会责任感不断获得发展。

4. 整合性

综合实践活动课程的内容组织，要结合学生发展的年龄特点和个性特征，以促进学生的综合素质发展为核心，均衡考虑学生与自然的关系、学生与他人和社会的关系、学生与自我的关系这三个方面的内容。对活动主题的探究和体验，要体现个人、社会、自然的内在联系，强化科技、艺术、道德等方面的内在整合。

5. 连续性

综合实践活动课程的内容设计应基于学生可持续发展的要求，设计长短期相结合的主题活动，使活动内容具有递进性。要促使活动内容由简单走向复杂，使活动主题向纵深发展，不断丰富活动内容、拓展活动范围，促进学生综合素质的持续发展。要处理好学期之间、学年之间、学段之间活动内容的有机衔接与联系，构建科学合理的活动主题序列。

（二）活动方式

综合实践活动的主要方式及其关键要素为：

1. 考察探究

考察探究是学生基于自身兴趣，在教师的指导下，从自然、社会和学生自身生活中选择和确定研究主题，开展研究性学习，在观察、记录和思考中，主动获取知识，分析并解决问题的过程，如野外考察、社会调查、研学旅行等，它注重运用实地观察、访谈、实验等方法，获取材料，形成理性思维、批判质疑和勇于探究的精神。考察探究的关键要素包括：发现并提出问题；提出假设，选择方法，研制工具；获取证据；提出解释或观念；交流、评价探究成果；反思和改进。

2. 社会服务

社会服务指学生在教师的指导下，走出教室，参与社会活动，以自己的劳动满足社会组织或他人的需要，如公益活动、志愿服务、勤工俭学等，它强调学生在满足被服务者需要的过程中，获得自身发展，促进相关知识技能的学习，提升实践能力，成为履职尽责、敢于担当的人。社会服务的关键要素包括：明确服务对象与需要；制订服务活动计划；开展服务行动；反思服务经历，分享活动经验。

3. 设计制作

设计制作指学生运用各种工具、工艺（包括信息技术）进行设计，并动手操作，将自己的创意、方案付诸现实，转化为物品或作品的过程，如动漫制作、编程、陶艺创作等，它注重提高学生的技术意识、工程思维、动手操作能力等。在活动过程中，鼓励学生手脑并用，灵活掌握、融会贯通各类知识和技巧，提高学生的技术操作水平、知识迁移水平，体验工匠精神等。设计制作的关键要素包括：创意设计；选择活动材料或工具；动手制作；交流展示物品或作品，反思与改进。

4. 职业体验

职业体验指学生在实际工作岗位上或模拟情境中见习、实习，体认职业角色的过程，如军训、学工、学农等，它注重让学生获得对职业生活的真切理解，发现自己的专长，培养职业兴趣，形成正确的劳动观念和人生志向，提升生涯规划能力。职业体验的关键要素包括：选择或设计职业情境；实际岗位演练；总结、反思和交流经历过程；概括提炼经验，行动应用。

综合实践活动除了以上活动方式外，还有党团队教育活动、博物馆参观等。综合实践活动方式的划分是相对的。在活动设计时可以有所侧重，以某种方式为主，兼顾其他方式；也可以整合方式实施，使不同活动要素彼此渗透、融合贯通。要充分发挥信息技术对于各类活动的支持作用，有效促进问题解决、交流协作、成果展示与分享等。

四、学校对综合实践活动课程的规划与实施

（一）课程规划

中小学校是综合实践活动课程规划的主体，应在地方指导下，对综合实践活动课程进行整体设计，将办学理念、办学特色、培养目标、教育内容等融入其中。要依据学生发展状况、学校特色、可利用的社区资源（如各级各类青少年校外活动场所、综合实践基地和研学旅行基地等）对综合实践活动课程进行统筹考虑，形成综合实践活动课程总体实施方案；还要基于学生的年段特征、阶段性发展要求，制定具体的“学校学年（或学期）活动计划与实施方案”，对学年、学期活动做出规划。要使总体实施方案和学年（或学期）活动计划相互配套、衔接，形成促进学生持续发展的课程实施方案。

学校在课程规划时要注意处理好以下关系：

1. 综合实践活动课程的预设与生成

学校要统筹安排各年级、各班级学生的综合实践活动课时、主题、指导教师、场地设施等，加强与校外活动场所的沟通协调，为每一个学生参与活动创造必要条件，提供发展机遇，但不得以单一、僵化、固定的模式去约束所有班级、社团的具体活动过程，剥夺学生自主选择的空间。要允许和鼓励师生从生活中选择有价值的活动主题，选择适当的活动方式创造性地开展活动。要关注学生活动的生成性目标与生成性主题并引导其发展，为学生创造性的发展开辟广阔空间。

2. 综合实践活动课程与学科课程

在设计与实施综合实践活动课程中，要引导学生主动运用各门学科知识分析解决实际问题，使学科知识在综合实践活动中得到延伸、综合、重组与提升。学生在综合实践活动中所发现的问题要在相关学科教学中分析解决，所获得的知识要在相关学科教学中拓展加深。防止用学科实践活动取代综合实践活动。

3. 综合实践活动课程与专题教育

可将有关专题教育，如优秀传统文化教育、革命传统教育、国家安全教育、心理健康教育、环境教育、法治教育、知识产权教育等，转化为学生感兴趣的综合实践活动主题，让学生通过亲历感悟、实践体验、行动反思等方式实现专题教育的目标，防止将专题教育简单等同于综合实践活动课程。要在国家宪法日、国家安全教育日、全民国防教育日等重要时间节点，组织学生开展相关主题教育活动。

（二）课程实施

作为综合实践活动课程实施的主体，学校要明确实施机构及人员、组织方式等，加强过程指导和管理，确保课程实施到位。

1. 课时安排

小学1-2年级，平均每周不少于1课时；小学3-6年级和初中，平均每周不少于2课时；高中执行课程方案相关要求，完成规定学分。各学校要切实保证综合实践活动时间，在开足规定课时总数的前提下，根据具体活动需要，把课时的集中使用与分散使用有机结合起来。要根据学生活动主题的特点和需要，灵活安排、有效使用综合实践活动时间。学校要给予学生广阔的探究时空环境，保证学生活动的连续性和长期性。要处理好课内与课外的关系，合理安排时间并拓展学生的活动空间与学习场域。

2. 实施机构与人员

学校要成立综合实践活动课程领导小组，结合实际情况设置专门的综合实践活动课程中心或教研组，或由教科室、教务处、学生处等职能部门，承担起学校课程实施规划、组织、协调与管理等方面的责任，负责制定并落实学校综合实践活动课程实施方案，整合校内外教育资源，统筹协调校内外相关部门的关系，联合各方面的力量，特别是加强与校外活动场所的沟通协调，保证综合实践活动课程的有效实施。要充分发挥少先队、共青团以及学生社团组织的作用。

要建立专兼职相结合、相对稳定的指导教师队伍。学校教职工要全员参与，分工合作。原则上每所学校至少配备1名专任教师，主要负责指导学生开展综合实践活动，组织其他学科教师开展校本教研活动。各学科教师要发挥专业优势，主动承担指导任务。积极争取家长、校外活动场所指导教师、社区人才资源等有关社会力量成为综合实践活动课程的兼职指导教师，协同指导学生综合实践活动的开展。

3. 组织方式

综合实践活动以小组合作方式为主，也可以个人单独进行。小组合作范围可以从班级内部，逐步走向跨班级、跨年级、跨学校和跨区域等。要根据实际情况灵活运用各种组织方式。要引导学生根据兴趣、能力、特长、活动需要，明确分工，做到人尽其责，合理高效。既要让学生有独立思考的时间和空间，又要充分发挥合作学习的优势，重视培养学生的自主参与意识与合作沟通能力。鼓励学生利用信息技术手段突破时空界限，进行广泛的交流与密切合作。

4. 教师指导

在综合实践活动实施过程中，要处理好学生自主实践与教师有效指导的关系。教师既不能

"教"综合实践活动，也不能推卸指导的责任，而应当成为学生活动的组织者、参与者和促进者。教师的指导应贯穿于综合实践活动实施的全过程。

在活动准备阶段，教师要充分结合学生经验，为学生提供活动主题选择以及提出问题的机会，引导学生构思选题，鼓励学生提出感兴趣的问题，并及时捕捉活动中学生动态生成的问题，组织学生就问题展开讨论，确立活动目标内容。要让学生积极参与活动方案的制定过程，通过合理的时间安排、责任分工、实施方法和路径选择，对活动可利用的资源及活动的可行性进行评估等，增强活动的计划性，提高学生的活动规划能力。同时，引导学生对活动方案进行组内及组间讨论，吸纳合理化建议，不断优化完善方案。

在活动实施阶段，教师要创设真实的情境，为学生提供亲身经历与现场体验的机会，让学生经历多样化的活动方式，促进学生积极参与活动过程，在现场考察、设计制作、实验探究、社会服务等活动中发现和解决问题，体验和感受学习与生活之间的联系。要加强对学生活动方式与方法的指导，帮助学生找到适合自己的学习方式和实践方式。教师指导重在激励、启迪、点拨、引导，不能对学生的活动过程包办代替。还要指导学生做好活动过程的记录和活动资料的整理。

在活动总结阶段，教师要指导学生选择合适的结果呈现方式，鼓励多种形式的结果呈现与交流，如绘画、摄影、戏剧与表演等，对活动过程和活动结果进行系统梳理和总结，促进学生自我反思与表达、同伴交流与对话。要指导学生学会通过撰写活动报告、反思日志、心得笔记等方式，反思成败得失，提升个体经验，促进知识建构，并根据同伴及教师提出的反馈意见和建议查漏补缺，明确进一步的探究方向，深化主题探究和体验。

5. 活动评价

综合实践活动情况是学生综合素质评价的重要内容。各学校和教师要以促进学生综合素质持续发展为目的设计与实施综合实践活动评价。要坚持评价的方向性、指导性、客观性、公正性等原则。

突出发展导向。坚持学生成长导向，通过对学生成长过程的观察、记录、分析，促进学校及教师把握学生的成长规律，了解学生的个性与特长，不断激发学生的潜能，为更好地促进学生成长提供依据。评价的首要功能是让学生及时获得关于学习过程的反馈，改进后续活动。要避免评价过程中只重结果、不重过程的现象。要对学生作品进行深入分析和研究，挖掘其背后蕴藏的学生的思想、创意和体验，杜绝对学生的作品随意打分和简单排名等功利主义做法。

做好写实记录。教师要指导学生客观记录参与活动的具体情况，包括活动主题、持续时间、所承担的角色、任务分工及完成情况等，及时填写活动记录单，并收集相关事实材料，如活动现场照片、作品、研究报告、实践单位证明等。活动记录、事实材料要真实、有据可查，为综合实践活动评价提供必要基础。

建立档案袋。在活动过程中，教师要指导学生分类整理、遴选具有代表性的重要活动记录、典型事实材料以及其他有关资料，编排、汇总、归档，形成每一个学生的综合实践活动档案袋，并纳入学生综合素质档案。档案袋是学生自我评价、同伴互评、教师评价学生的重要依据，也是招生录取中综合评价的重要参考。

开展科学评价。原则上每学期末，教师要依据课程目标和档案袋，结合平时对学生活动情况的观察，对学生综合素质发展水平进行科学分析，写出有关综合实践活动情况的评语，引导学生扬长避短，明确努力方向。高中学校要结合实际情况，研究制定学生综合实践活动评价标准和学分认定办法，对学生综合实践活动课程学分进行认定。

五、课程管理与保障

（一）教师培训与教研指导

地方教育行政部门和学校要加强调研，了解综合实践活动指导教师专业发展的需求，搭建多样化的交流平台，强化培训和教研，推动教师的持续发展。

1. 建立指导教师培训制度

要开展对综合实践活动课程专兼职教师的全员培训，明确培训目标，努力提升教师的跨学科知识整合能力，观察、研究学生的能力，指导学生规划、设计与实施活动的能力，课程资源的开发和利用能力等。要根据教师的实际需求，开发相应的培训课程，组织教师按照课程要求进行系统学习。要不断探索和改进培训方式方法，倡导参与式培训、案例培训和项目研究等，不断激发教师内在的学习动力。

2. 建立健全日常教研制度

各学校要通过专业引领、同伴互助、合作研究,积极开展以校为本的教研活动,及时分析、解决课程实施中遇到的问题,提高课程实施的有效性。各级教研机构要配备综合实践活动专职教研员,加强对校本教研的指导,并组织开展专题教研、区域教研、网络教研等,通过协同创新、校际联动、区域推进,提高中小学综合实践活动整体实施水平。

(二)支持体系建设与保障

1. 网络资源开发

地方教育行政部门、教研机构和学校要开发优质网络资源,遴选相关影视作品等充实资源内容,为课程实施提供资源保障。要充分发挥师生在课程资源开发中的主体性与创造性,及时总结、梳理来自教学一线的典型案例和鲜活经验,动态生成分年级、分专题的综合实践活动课程资源包。各地要探索和建立优质资源的共享与利用机制,打造省、市、县、校多级联动的共建共享平台,为课程实施提供高质量、常态化的资源支撑。

2. 硬件配套与利用

学校要为综合实践活动的实施提供配套硬件资源与耗材,并积极争取校外活动场所支持,建立课程资源的协调与共享机制,充分发挥实验室、专用教室及各类教学设施在综合实践活动课程实施过程中的作用,提高使用效益,避免资源闲置与浪费。有条件的学校可以建设专用活动室或实践基地,如创客空间等。

地方教育行政部门要加强实践基地建设,强化资源统筹管理,建立健全校内外综合实践活动课程资源的利用与相互转换机制,强化公共资源间的相互联系和硬件资源的共享,为学校利用校外图书馆、博物馆、展览馆、科技馆、实践基地等各种社会资源及丰富的自然资源提供政策支持。

3. 经费保障

地方和学校要确保开展综合实践活动所需经费,支持综合实践活动课程资源和实践基地建设、专题研究等。

4. 安全保障

地方教育行政部门要与有关部门统筹协调,建立安全管控机制,分级落实安全责任。学校要设立安全风险预警机制,建立规范化的安全管理制度及管理措施。教师要增强安全意识,加强对学生的安全教育,提升学生安全防范能力,制定安全守则,落实安全措施。

(三)考核与激励机制

1. 建立健全指导教师考核激励机制

各地和学校明确综合实践活动课程教师考核要求和办法,科学合理地计算教师工作量,将指导学生综合实践活动的工作业绩作为教师职称晋升和岗位聘任的重要依据,对取得显著成效的指导教师给予表彰奖励。

2. 加强对课程实施情况的督查

将综合实践活动课程实施情况,包括课程开设情况及实施效果,纳入中小学课程实施监测,建立关于中小学综合实践活动课程的反馈改进机制。地方教育行政部门和教育督导部门要将综合实践活动实施情况作为检查督导的重要内容。

3. 开展优秀成果交流评选

依托有关专业组织、教科研机构、基础教育课程中心等,开展中小学生综合实践活动课程展示交流活动,激发广大中小学生实践创新的潜能和动力。将中小学综合实践活动课程探索成果纳入基础教育教学成果评选范围,对优秀成果予以奖励,发挥优秀成果的示范引领作用,激励广大中小学教师和专职研究人员持续性从事中小学综合实践活动课程研究和实践探索。

附件:

1. 中小学综合实践活动推荐主题汇总(略)
2. 考察探究活动推荐主题及其说明(略)
3. 社会服务活动推荐主题及其说明(略)
4. 设计制作活动(信息技术)推荐主题及其说明(略)
5. 设计制作活动(劳动技术)推荐主题及其说明(略)
6. 职业体验及其他活动推荐主题及其说明(略)

禁止妨碍义务教育实施的若干规定

· 2019年4月1日
· 教基厅〔2019〕2号

一、校外培训机构必须按照教育行政部门审批、市场监管部门登记的业务范围从事培训业务,不得违法招收义务教育阶段适龄儿童、少年开展全日制培训,替代实施义务教育。

二、校外培训机构不得发布虚假招生简章或广告,不得诱导家长将适龄儿童、少年送入培训机构,替代接受义务教育。

三、校外培训机构不得有违反党的教育方针和社会主义核心价值观的培训内容,不得以"国学"为名,传授"三从四德"、占卜、风水、算命等封建糟粕,不得利用宗教进行妨碍国家教育制度的活动。

四、适龄儿童、少年的父母或者其他法定监护人要切实履行监护人职责,除送入依法实施义务教育的学校或经县级教育行政部门批准可自行实施义务教育的相关社会组织外,不得以其他方式组织学习替代接受义务教育。

五、适龄残疾儿童、少年因身体原因无法到校接受义务教育的,家长或其他法定监护人不得擅自决定是否接受义务教育及具体方式,应当向当地教育行政部门提出申请,教育行政部门可委托残疾人教育专家委员会对其身体状况、接受教育和适应学校学习生活的能力进行评估,确定适合其身心特点的教育安置方式。

中小学教育惩戒规则(试行)

·2020 年 12 月 23 日教育部令第 49 号公布
·自 2021 年 3 月 1 日起施行

第一条 为落实立德树人根本任务,保障和规范学校、教师依法履行教育教学和管理职责,保护学生合法权益,促进学生健康成长、全面发展,根据教育法、教师法、未成年人保护法、预防未成年人犯罪法等法律法规和国家有关规定,制定本规则。

第二条 普通中小学校、中等职业学校(以下称学校)及其教师在教育教学和管理过程中对学生实施教育惩戒,适用本规则。

本规则所称教育惩戒,是指学校、教师基于教育目的,对违规违纪学生进行管理、训导或者以规定方式予以矫治,促使学生引以为戒、认识和改正错误的教育行为。

第三条 学校、教师应当遵循教育规律,依法履行职责,通过积极管教和教育惩戒的实施,及时纠正学生错误言行,培养学生的规则意识、责任意识。

教育行政部门应当支持、指导、监督学校及其教师依法依规实施教育惩戒。

第四条 实施教育惩戒应当符合教育规律,注重育人效果;遵循法治原则,做到客观公正;选择适当措施,与学生过错程度相适应。

第五条 学校应当结合本校学生特点,依法制定、完善校规校纪,明确学生行为规范,健全实施教育惩戒的具体情形和规则。

学校制定校规校纪,应当广泛征求教职工、学生和学生父母或者其他监护人(以下称家长)的意见;有条件的,可以组织有学生、家长及有关方面代表参加的听证。校规校纪应当提交家长委员会、教职工代表大会讨论,经校长办公会议审议通过后施行,并报主管教育部门备案。

教师可以组织学生、家长以民主讨论形式共同制定班规或者班级公约,报学校备案后施行。

第六条 学校应当利用入学教育、班会以及其他适当方式,向学生和家长宣传讲解校规校纪。未经公布的校规校纪不得施行。

学校可以根据情况建立校规校纪执行委员会等组织机构,吸收教师、学生及家长、社会有关方面代表参加,负责确定可适用的教育惩戒措施,监督教育惩戒的实施,开展相关宣传教育等。

第七条 学生有下列情形之一,学校及其教师应当予以制止并进行批评教育,确有必要的,可以实施教育惩戒:

(一)故意不完成教学任务要求或者不服从教育、管理的;

(二)扰乱课堂秩序、学校教育教学秩序的;

(三)吸烟、饮酒,或者言行失范违反学生守则的;

(四)实施有害自己或者他人身心健康的危险行为的;

(五)打骂同学、老师,欺凌同学或者侵害他人合法权益的;

(六)其他违反校规校纪的行为。

学生实施属于预防未成年人犯罪法规定的不良行为或者严重不良行为的,学校、教师应当予以制止并实施教育惩戒,加强管教;构成违法犯罪的,依法移送公安机关处理。

第八条 教师在课堂教学、日常管理中,对违规违纪情节较为轻微的学生,可以当场实施以下教育惩戒:

(一)点名批评;

(二)责令赔礼道歉、做口头或者书面检讨;

(三)适当增加额外的教学或者班级公益服务任务;

(四)一节课堂教学时间内的教室内站立;

(五)课后教导;

(六)学校校规校纪或者班规、班级公约规定的其他适当措施。

教师对学生实施前款措施后,可以以适当方式告知学生家长。

第九条 学生违反校规校纪,情节较重或者经当场教育惩戒拒不改正的,学校可以实施以下教育惩戒,并应当及时告知家长:

(一)由学校德育工作负责人予以训导;

(二)承担校内公益服务任务;

(三)安排接受专门的校规校纪、行为规则教育;

(四)暂停或者限制学生参加游览、校外集体活动以及其他外出集体活动;

(五)学校校规校纪规定的其他适当措施。

第十条 小学高年级、初中和高中阶段的学生违规违纪情节严重或者影响恶劣的,学校可以实施以下教育惩戒,并应当事先告知家长:

(一)给予不超过一周的停课或者停学,要求家长在家进行教育、管教;

(二)由法治副校长或者法治辅导员予以训诫;

(三)安排专门的课程或者教育场所,由社会工作者或者其他专业人员进行心理辅导、行为干预。

对违规违纪情节严重,或者经多次教育惩戒仍不改正的学生,学校可以给予警告、严重警告、记过或者留校察看的纪律处分。对高中阶段学生,还可以给予开除学籍的纪律处分。

对有严重不良行为的学生,学校可以按照法定程序,配合家长、有关部门将其转入专门学校教育矫治。

第十一条 学生扰乱课堂或者教育教学秩序,影响他人或者可能对自己及他人造成伤害的,教师可以采取必要措施,将学生带离教室或者教学现场,并予以教育管理。

教师、学校发现学生携带、使用违规物品或者行为具有危险性的,应当采取必要措施予以制止;发现学生藏匿违法、危险物品的,应当责令学生交出并可以对可能藏匿物品的课桌、储物柜等进行检查。

教师、学校对学生的违规物品可以予以暂扣并妥善保管,在适当时候交还学生家长;属于违法、危险物品的,应当及时报告公安机关、应急管理部门等有关部门依法处理。

第十二条 教师在教育教学管理、实施教育惩戒过程中,不得有下列行为:

(一)以击打、刺扎等方式直接造成身体痛苦的体罚;

(二)超过正常限度的罚站、反复抄写,强制做不适的动作或者姿势,以及刻意孤立等间接伤害身体、心理的变相体罚;

(三)辱骂或者以歧视性、侮辱性的言行侵犯学生人格尊严;

(四)因个人或者少数人违规违纪行为而惩罚全体学生;

(五)因学业成绩而教育惩戒学生;

(六)因个人情绪、好恶实施或者选择性实施教育惩戒;

(七)指派学生对其他学生实施教育惩戒;

(八)其他侵害学生权利的。

第十三条 教师对学生实施教育惩戒后,应当注重与学生的沟通和帮扶,对改正错误的学生及时予以表扬、鼓励。

学校可以根据实际和需要,建立学生教育保护辅导工作机制,由学校分管负责人、德育工作机构负责人、教师以及法治副校长(辅导员)、法律以及心理、社会工作等方面的专业人员组成辅导小组,对有需要的学生进行专门的心理辅导、行为矫治。

第十四条 学校拟对学生实施本规则第十条所列教育惩戒和纪律处分的,应当听取学生的陈述和申辩。学生或者家长申请听证的,学校应当组织听证。

学生受到教育惩戒或者纪律处分后,能够诚恳认错、积极改正的,可以提前解除教育惩戒或者纪律处分。

第十五条 学校应当支持、监督教师正当履行职务。教师因实施教育惩戒与学生及其家长发生纠纷，学校应当及时进行处理，教师无过错的，不得因教师实施教育惩戒而给予其处分或者其他不利处理。

教师违反本规则第十二条，情节轻微的，学校应当予以批评教育；情节严重的，应当暂停履行职责或者依法依规给予处分；给学生身心造成伤害，构成违法犯罪的，由公安机关依法处理。

第十六条 学校、教师应当重视家校协作，积极与家长沟通，使家长理解、支持和配合实施教育惩戒，形成合力。家长应当履行对子女的教育职责，尊重教师的教育权利，配合教师、学校对违规违纪学生进行管教。

家长对教师实施的教育惩戒有异议或者认为教师行为违反本规则第十二条规定的，可以向学校或者主管教育行政部门投诉、举报。学校、教育行政部门应当按照师德师风建设管理的有关要求，及时予以调查、处理。家长威胁、侮辱、伤害教师的，学校、教育行政部门应当依法保护教师人身安全、维护教师合法权益；情形严重的，应当及时向公安机关报告并配合公安机关、司法机关追究责任。

第十七条 学生及其家长对学校依据本规则第十条实施的教育惩戒或者给予的纪律处分不服的，可以在教育惩戒或者纪律处分作出后15个工作日内向学校提起申诉。

学校应当成立由学校相关负责人、教师、学生以及家长、法治副校长等校外有关方面代表组成的学生申诉委员会，受理申诉申请，组织复查。学校应当明确学生申诉委员会的人员构成、受理范围及处理程序等并向学生及家长公布。

学生申诉委员会应当对学生申诉的事实、理由等进行全面审查，作出维持、变更或者撤销原教育惩戒或者纪律处分的决定。

第十八条 学生或者家长对学生申诉处理决定不服的，可以向学校主管教育部门申请复核；对复核决定不服的，可以依法提起行政复议或者行政诉讼。

第十九条 学校应当有针对性地加强对教师的培训，促进教师更新教育理念、改进教育方式方法，提高教师正确履行职责的意识与能力。

每学期末，学校应当将学生受到本规则第十条所列教育惩戒和纪律处分的信息报主管教育行政部门备案。

第二十条 本规则自2021年3月1日起施行。

各地可以结合本地实际，制定本地方实施细则或者指导学校制定实施细则。

教育部办公厅关于加强义务教育学校考试管理的通知

· 2021年8月30日

· 教基厅函〔2021〕34号

各省、自治区、直辖市教育厅（教委），新疆生产建设兵团教育局：

为深入贯彻落实中央关于教育评价改革和“双减”工作部署要求，严格规范学校教育教学行为，切实降低学生考试压力，促进学生全面发展健康成长，现就加强义务教育学校考试管理通知如下。

一、准确把握考试功能

必要的考试是学校教育教学工作的重要环节。义务教育学校考试面对的是未成年学生，主要发挥诊断学情教情、改进加强教学、评价教学质量等方面功能，除初中毕业生升高中考试（学业水平考试）外，其他考试不具有甄别、选拔功能。目前，部分地方和义务教育学校存在考试次数偏多、难度较大、质量不高、结果使用不当等突出问题，违背素质教育导向，造成学生负担过重、应考压力过大，损害了学生身心健康，必须予以纠正。各地各校要准确把握义务教育学校考试功能特点，认真落实《义务教育质量评价指南》，统筹处理好考试、作业、日常评价、质量监测等方面关系，完善义务教育评价体系，科学合理安排考试，引导深化课程教学改革，全面提高教育教学质量。

二、大幅压减考试次数

小学一二年级不进行纸笔考试，义务教育其他年级由学校每学期组织一次期末考试，初中年级从不同学科的实际出发，可适当安排一次期中考试。各地不得面向小学各年级和初中非毕业年级组织区域性或跨校际的考试；学校和班级不得组织周考、月考、单元考试等其他各类考试，也不得以测试、测验、限时练习、学情调研等各种名义变相组织考试。初中毕业年级为适应学生毕业和升学需要，可在下学期正常完成课程教学任务后，在总复习阶段组织 1—2 次模拟考试，坚决禁止抢赶教学进度、提前结课备考。初中学业水平考试仍按国家和省级教育部门有关规定执行，除初中学业水平考试外不得组织任何与升学挂钩的选拔性考试。

三、规范考试命题管理

学校期末考试命题要严格规范考试内容，合理控制考试难度，不得超越国家课程标准和学校教学进度。要切实提高命题质量，注重考查基础知识、基本技能和教学目标达成情况，注重增加综合性、开放性、应用型、探究性试题比例，体现素质教育导向，不出偏题怪题，减少机械记忆性试题，防止试题难度过大。各地各校要加强命题研究评估和教师命题能力培训，不断提高教师命题水平。对目前命题能力不足的学校，上级教育部门可委托教研机构组织命题，供学校选择使用，并由各自学校分别阅卷。

四、合理运用考试结果

学校期中期末考试实行等级评价，一般分 4 至 5 个等级。考试结果不排名、不公布，以适当方式告知学生和家长，不得将考试结果在各类家长群传播。不得按考试结果给学生调整分班、排座位、“贴标签”；初中各学期期中期末考试成绩和初三下学期模拟考试成绩不得与升学挂钩。教师要运用考试结果精准分析学情教情，有针对性地对学生进行帮扶辅导，科学研判教学工作的重点难点，切实改进课堂教学，不断提高课堂教学效果。学校要加强对考试结果的整体分析，对教学质量作出科学判断，针对性地加强教师教学指导和培训。

五、完善学习过程评价

各地各校要树立全面发展的质量观和科学的教育评价观，综合考虑学生学科考试成绩与其他表现，科学全面评价学生。要完善学习过程评价与考试结果评价有机结合的学业考评制度，加强学生学习过程评价，鼓励实践性评价，可以采用课堂观测、随堂练习、实验操作、课后作业等方式开展学生学习情况的即时性评价，通过定期交流、主题演讲、成果展示、学生述评等方式开展阶段性评价。要注重学生综合素质、学习习惯与学习表现、学习能力与创新精神等方面的评价。要创新评价工具手段，积极利用人工智能、大数据等现代信息技术，探索开展学生各年级学习情况全过程评价、德智体美劳全要素评价。

六、加强学业质量监测

按照新时代教育评价改革总体部署和《义务教育质量评价指南》有关要求，各地要在国家义务教育质量监测基础上，完善本地义务教育学业质量监测工作，并参照国家监测办法，采取分学科抽样方式进行，防止用统一试卷统考统测，避免给学生造成过多压力和负担；地方学业质量监测要加强统筹，防止重复进行，可在小学高年级段或初中起始年级组织一次，作为评价小学阶段教育质量重要依据，同时作为开展初中阶段教育质量增值性、发展性评价的重要基础。

七、完善管理监督机制

省级教育行政部门要加强统筹，结合实际制定义务教育考试管理实施办法，进一步完善初中学业水平考试管理制度。市、县级教育行政部门要严肃考试工作纪律，建立义务教育学校考试日常监管制度，不得给学校下达升学指标，不得简单将考试结果作为评价学校的依据。各级教育督导部门要将义务教育学校考试管理纳入教育督导重要内容，对发现的违规考试行为，要追查问责。严禁校外培训机构面向义务教育阶段学生开展或与学校联合开展考试。各地各校要加强正面宣传，引导家长和学生正确看待考试结果，为促进学生全面发展健康成长创造良好环境。

大幅压减考试次数的要求先在中央和各省（区、市）确定的“双减”试点地区开展，积极进行探索试验，及时总结经验，不断完善相关措施。

教育部基础教育教学指导委员会章程

· 2021 年 6 月 1 日

· 教基厅函〔2021〕22 号

第一章 总 则

第一条 根据全国教育大会精神，深入贯彻党的教育方针，落实立德树人根本任务，充分发挥专家对基础教育教学工作的决策咨询、理论研究、实践指导等作用，提高教学工作科学化专业化水平，全面推进基础教育高质量发展，教育部成立基础教育教学指导委员会（以下简称教指委），教指委下设若干专业委员会（以下简称专委会）。

第二条 教指委是教育部直接领导的专家组

织，配合、协助教育部围绕基础教育教学改革与质量提升开展专业性工作。

第二章 组 织

第三条 教指委设主任委员 1 人，副主任委员 10 人左右，委员若干。各专委会设主任委员 1 人，副主任委员 2—5 人，委员若干。

第四条 教指委秘书处设在教育部基础教育司。各专委会根据工作需要确定秘书处设置单位或部门。

第三章 任 务

第五条 受教育部委托，围绕基础教育教学改革目标，依据国家有关教育政策文件精神，开展基础教育教学相关政策研究，并向教育部提交政策咨询报告。

第六条 受教育部委托，围绕教育部年度重点工作，聚焦基础教育教学改革面临的重点难点问题开展相关理论研究，形成研究成果，提出建设性意见建议，进行重大教育政策解读。

第七条 受教育部委托，指导基层按照新时代基础教育教学改革方向，落实国家课程教学改革要求，推进课堂教学方式方法创新，不断提高育人质量。

第八条 组织委员深入一线开展调研，发现地方和学校（幼儿园）教育教学改革典型案例，提炼形成可推广的有益经验，并提出推广应用的指导意见和实施指南等；经教育行政部门审核同意后进行推广应用。

第九条 承担教育部委托的其他任务。

第四章 委 员

第十条 教指委委员由基础教育政策和教育理论研究有较高造诣的专家、具有丰富教育教学管理和实践经验的教育教学名师组成。各专委会委员由教育行政、教研、中小学校、高等院校和科研院所等单位专家组成，每届任期 4 年。

第十一条 教指委和专委会委员任职基本条件包括：

（一）政治立场坚定，遵纪守法，全面贯彻党的教育方针，具有科学的教育观念；

（二）熟悉教育规律和教育政策，深刻理解并准确把握基础教育教学改革方向，教育理念先进，具有改革创新精神；

（三）热爱教育事业，有高度政治责任感，乐于为基础教育教学改革服务；

（四）专业能力过硬，学术思想正确，在教育教学研究、教育教学实践方面有较广泛的影响力；

（五）身体健康，能够保证时间参加教指委的工作。

第十二条 委员享有权利包括：

（一）以委员身份深入基层开展基础教育调查研究；

（二）以委员身份独立或联名向专委会、教指委或教育部提出意见、建议和报告；

（三）以委员身份独立或联名申请承担教指委和专委会设立的学术研究项目。

第十三条 委员应履行义务包括：

（一）遵守本章程，认真履行委员职责，不谋取私利；

（二）认真完成教指委及专委会布置的任务，参加有关会议和重要活动，无故缺席三次以上视为自动退出。

第五章 工作制度

第十四条 教指委由教育部负责组建和领导，教育部有关司局根据工作需要指导相关专委会开展工作。教指委委员和专委会委员，聘任期间可根据工作需要、身体状况和实际表现适时调整。

第十五条 教指委根据工作需要，原则上每年召开 1—2 次全体委员会议，研究重要工作事项，审议重要咨询报告、重点工作进展情况，提出相关意见建议。

第十六条 各专委会原则上每年召开 1—2 次全体委员工作会议，根据工作需要并经教指委同意，召开有关专题会议，研究本专委会工作方案和重点工作任务等事项。

第十七条 教指委和专委会相关研究内容和工作事项，如需以教指委和专委会名义向社会公开，需报请教育部同意。

第六章 工作支持

第十八条 教育部为教指委和专委会开展工作提供必要的条件保障和经费支持。委员所在单位应对委员参与教指委、专委会工作给予积极支持。

第十九条 教指委印章由秘书处统一管理。

第七章　附　则

第二十条　各专委会可依据本章程制订工作细则。

第二十一条　本章程自公布之日起施行，由教指委秘书处负责解释。

关于进一步完善中小学岗位设置管理的指导意见

·2022年9月2日

为贯彻《中共中央 国务院关于深化教育教学改革全面提高义务教育质量的意见》、《中共中央 国务院关于全面深化新时代教师队伍建设改革的意见》要求，落实《新时代基础教育强师计划》，深化中小学人事制度改革，建设高素质专业化创新型的教职工队伍，根据《事业单位人事管理条例》及事业单位岗位设置管理有关规定，就进一步完善中小学岗位设置管理提出如下意见。

一、总体要求

（一）指导思想。全面贯彻党的十九大和十九届历次全会精神，以习近平新时代中国特色社会主义思想为指导，以促进基础教育事业发展为目标，遵循中小学教职工成长发展规律，创新岗位管理政策措施，拓宽职业发展通道，激发中小学教职工的积极性、主动性、创造性，进一步加强中小学教师队伍建设。

（二）基本原则。坚持分类施策、分级管理，立足国情，根据各级各类教师的不同特点和发展实际，考虑区域、城乡、校际差异，采取针对性的政策举措，定向发力；坚持因事设岗、精简效能，科学规范、评聘结合，全面实行中小学教师聘用制度和岗位管理制度，将教师职称评审和岗位聘用相结合；坚持激励和约束并重，发挥学校在用人上的主体作用，健全完善考核制度，加强聘后管理，奖优罚劣，树立重师德、重能力、重业绩、重贡献的导向，构建人员能上能下、能进能出的灵活用人机制。

二、主要内容

（三）健全教师岗位等级设置。中小学教师岗位等级设置划分为高、中、初级，按照国家现行事业单位专业技术岗位设置管理有关规定执行。

（四）科学制定岗位设置方案。岗位设置方案是学校公开招聘、确定岗位等级、调整岗位以及核定工资待遇的主要依据。各学校要严格按照国家政策规定，结合学校社会功能、职责任务、工作性质和人员结构特点等实际，制定岗位设置方案。岗位设置要优先满足教育教学工作实际需要，以教师岗位为主，根据需要合理设置管理岗位和工勤技能岗位。正高级教师岗位应具备的条件：具备过硬的思想政治素质和高尚的师德素养，在教育教学和教书育人方面业绩突出，能力卓越；在教育思想、课程改革、教学方法研究和推广等方面发挥示范和引领作用；在指导培养本地本学科教师方面作出突出贡献，在本地本学科领域有较高的声望和影响力。岗位设置方案由各级教育行政部门审核汇总后，按照规定的程序和权限报各级人力资源社会保障部门备案。岗位设置方案经备案后，应保持相对稳定，机构编制、职责任务和功能定位发生变化的，应按照规定的程序和权限在三个月内申请调整或变更。

各类学校要认真编写岗位说明书，明确岗位名称、岗位工作职责、目标任务、任职条件和绩效考核标准等内容，将其作为人员聘用和管理的依据。

（五）优化岗位结构。省级人力资源社会保障部门要会同教育行政部门按照优化结构、合理配置的要求，建立健全岗位动态调整机制，根据区域、学段、学科、人员结构特点等因素，制定高级教师岗位设置办法，分学段、分类型科学设置教师岗位结构，各类学校间专业技术岗位结构要保持相对平衡。"十四五"期间，正高级教师岗位数量控制在全国中小学教师岗位总量的千分之五以内。高级教师岗位比例偏高的省（区、市），要严格把握岗位标准和条件，适当优化控制高级岗位的结构比例，避免无序增长；高级教师岗位比例偏低的省（区、市），可结合当地教育事业发展需要和教师队伍建设要求，适当优化调整中小学岗位结构比例。

（六）实行县域统筹管理。县级人力资源社会保障部门要会同教育行政部门加强对县域内不同学段、不同类型学校岗位设置工作的指导。县级教育行政部门可按照班额、生源等情况，在核定的岗位总量内，统筹调配各校岗位数量，并向同级人力资源社会保障部门备案。按照乡村振兴战略部署，协调县域内同学段学校教师岗位结构并向乡村适当倾斜，努力使乡村学校中高级教师岗位比例不低于当地城镇同学段学校。义务教育学校要逐步实行县域统一的岗位结构比例。直辖市可按区统筹。

（七）落实岗位倾斜政策。乡村中小学引进急需紧缺高层次教师，经批准可以根据需要设置特设岗位，特设岗位岗位等级可放宽至专业技术八级，不受单位岗位总量、最高等级和结构比例限制。支持乡村中小学设置“定向评价、定向使用”教师中高级岗位，实行总量控制、比例单列、专岗专用，不占各地专业技术岗位结构比例，与常设岗位分开设置、单独管理，符合条件、通过评审的教师，可直接聘用至相应岗位。省级人力资源社会保障部门会同教育行政部门根据实际情况设置“定向评价、定向使用”教师岗位的总量或比例。对因组织安排援藏援疆援青的教师，援派期间取得高一级教师职称的，援派期满经考核合格，返回后派出单位按照援派期间取得的职称，在岗位出现空缺时将其优先聘用到相应教师岗位。

（八）规范开展岗位竞聘。各学校要在岗位结构比例内开展职称评审，按岗聘用。学校新设岗位、出现岗位空缺或者其他确需竞聘情形的，一般在备案的岗位总量、类别、等级范围内，采用竞聘上岗的方式进行。同一县域内中小学教师岗位出现空缺的，教师可以跨校评聘。

竞聘上岗可以综合采取笔试、面试、民主测评、同行评议、教学水平综合评价等方式，按照制定方案、公布竞聘信息、人员申报推荐、审查资格条件、组织竞聘、确定和公示拟聘人员名单、订立或者变更聘用合同等程序进行。

（九）加强聘后管理。各学校要严格根据聘用合同规定的岗位职责任务，全面考核教职工表现，以工作实绩和贡献为重点考核内容。要注重听取学生、家长的意见和评价，强化考核结果运用，将考核结果作为教职工岗位调整、职称评聘、岗位等级晋升、工资核定以及变更、续订、解除、终止聘用合同的基本依据。对长期不在教学岗位和教学工作量达不到学校同类人员任课标准的教师，要及时调整岗位。

三、组织实施

（十）加强组织领导。各地要充分认识加强中小学岗位设置管理的重要性，精心组织、周密部署，进一步明晰部门职责，人力资源社会保障部门主要负责中小学岗位设置管理的政策指导、宏观调控和监督管理，教育行政部门主要负责中小学岗位设置管理的工作指导、岗位配置和组织实施。

各地要结合实际情况，研究制定本地区中小学岗位设置管理的实施办法，优化岗位结构，做好组织落实工作，切实发挥岗位管理制度的基础作用。

（十一）强化监督管理。各地区、各部门和各学校在岗位设置和岗位聘用工作中，要严格执行本意见有关政策规定。对不按本意见进行岗位设置和岗位聘用的学校，人力资源社会保障部门、教育行政部门不予确认岗位等级、不予兑现工资，并提出限期整改要求。情节严重的，对相关领导和责任人予以通报批评，按照人事管理权限给予相应处分。

（十二）本意见适用于普通中小学、幼儿园、特殊教育学校、专门学校。

（十三）本意见自发布之日起施行，《人事部 教育部关于印发高等学校、义务教育学校、中等职业学校等教育事业单位岗位设置管理的三个指导意见的通知》（国人部发〔2007〕59号）有关规定与本意见不一致的，以本意见为准。

中小学生健康体检管理办法（2021年版）

· 2021年9月30日
· 国卫医发〔2021〕29号

为贯彻落实《中共中央 国务院关于加强青少年体育 增强青少年体质的意见》《教育部等五部门关于全面加强和改进新时代学校卫生与健康教育工作的意见》等文件精神，加强中小学生健康体检管理，根据《基本医疗卫生与健康促进法》《执业医师法》《医疗机构管理条例》《护士条例》《学校卫生工作条例》以及《国家学校体育卫生条件试行基本标准》《健康体检管理暂行规定》等法律法规文件制定本办法。

一、中小学生健康体检组织管理

本办法所称的健康体检，是指由学校组织开展的，在校中小学生的健康体检。

县级以上地方人民政府教育行政部门负责组

织管理本地区中小学生健康体检工作。

县级以上地方人民政府卫生健康行政部门负责组织、协调辖区内医疗卫生机构承担中小学生健康体检工作，指导医疗、疾控等机构加强对学生健康体检数据的分析利用，做好相关疾病的防治，维护学生身体健康，推进学校卫生与健康教育工作。

中小学校负责本校学生健康体检的组织实施。

开展健康体检服务的医疗卫生机构（包括教育行政部门所属的区域性中小学卫生保健机构，以下简称健康体检机构）负责配合相关部门开展中小学生健康体检工作。

二、健康体检基本要求

（一）中小学校每年组织 1 次在校学生健康体检。

（二）健康体检场所设置在医疗卫生机构内或学校内。设置在学校内的体检场所，应当符合《健康体检管理暂行规定》中关于外出健康体检的有关要求。

（三）中小学校、健康体检机构应当共同落实传染病防控措施，共同制定、执行现场体检流程，排查隐患，保证体检安全有序进行。

（四）健康体检机构调试必备体检设施，检查方法符合国家、行业或地方规定的方法或标准，并定期校准。

（五）健康体检机构严格执行健康体检安全和质量管理的法律、法规、规章、检查技术规范。

三、健康体检内容

（一）询问既往疾病史。

（二）体检项目。

1. 基本项目：

形态指标检查：身高、体重、腰围、臀围；

内科检查：心、肺、肝、脾，血压，肺活量；

外科检查：头部、颈部、胸部、脊柱、四肢、皮肤、淋巴结；

耳鼻喉科检查：听力、外耳道与鼓膜、外鼻、嗅觉、扁桃体；

眼科检查：眼外观、远视力、屈光度；

口腔科检查：牙齿、牙周；

实验室检查：(1)血常规；(2)丙氨酸氨基转移酶；(3)结核分枝杆菌感染检测（入学体检已测过的可以不测）。

2. 可选择项目：如眼位、色觉、外生殖器、胆红素等。各地卫生健康行政部门应当会同当地教育行政部门根据实际情况，在保障基本项目的基础上，可以适当增加其他可选择项目，制定本辖区内中小学生健康体检项目目录。

四、健康体检结果反馈与健康档案管理

（一）健康体检机构在学生及其监护人知情同意的前提下，以个体报告单形式向学校反馈学生个体健康体检结果，并由学校向学生及其监护人反馈。

（二）健康体检机构分别以学校汇总报告单、区域学校汇总报告单形式向学校和区域教育行政部门反馈学生健康体检结果。

（三）健康体检报告单内容。

1. 个体报告单内容应当包括学生个体体检项目的客观结果、对体检结果的综合评价以及健康指导建议，超重、肥胖、营养不良、脊柱弯曲异常、视力不良、龋齿须作为指导的重点。

2. 学校汇总报告单内容应当包括学校不同年级男女生的生长发育水平，营养状况分布，脊柱弯曲异常、视力不良、龋齿、缺陷检出率，不同年级存在的主要健康问题以及健康指导建议。

3. 区域学校汇总报告单内容应当包括所检查学校学生的总体健康状况分析，包括生长发育、营养状况的分布、视力不良、龋齿检出率、缺陷检出率以及健康指导建议。

（四）健康体检报告单的反馈时限。

个体报告单应当于体检结束后 2 周内反馈；学校汇总报告单应当于体检结束后 1 个月内反馈；区域学校汇总报告单应当于体检结束后 2 个月内反馈。

（五）学生健康档案管理。

1. 学校和教育行政部门应当将学生健康体检结果纳入学校档案管理内容，建立落实学生健康体检资料台账管理制度，有条件的地区可以建立电子化健康档案；根据学生健康体检结果和健康体检机构给出的健康指导建议，研究制定促进学生健康的措施，有针对性地开展促进学生健康的相关工作。

2. 教育行政部门应当对出现健康问题的学生建立档案并随访。重点围绕超重、肥胖、营养不良、脊柱弯曲异常、视力不良、龋齿等健康问题开展工作。

五、健康体检机构资质

(一)机构条件。

1. 符合《健康体检管理暂行规定》要求。

2. 具备独立开展学生健康体检工作的人员和条件。

3. 能对学生健康体检状况进行个体和群体评价、分析、反馈,并提出健康指导建议。

(二)人员要求。

1. 体检岗位设置合理,规章制度完善,岗位职责明确。

2. 有足够的与学生健康体检项目相适应的管理、技术、质量控制和统计人员;按体检项目确定从事健康体检的人员数量,每个体检项目不得少于1人,检验人员不得少于2人。

3. 专业技术负责人应当熟悉本专业业务,技术人员的专业与学生健康体检项目相符合,具有与学生健康体检工作和常见病防治相关的知识和技能。

4. 内科、外科、耳鼻喉科、眼科、口腔科检查及实验室检验的人员必须具有相应的专业技术职务任职资格;各专业体检医师至少有1人具有中级以上专业技术职务任职资格。

5. 健康体检各类人员均应接受县级以上地方人民政府卫生健康行政部门组织的岗前培训,统一体检标准。

6. 健康体检机构应当指定医师审核签署健康体检报告单。负责审核健康体检报告单的医师应当具有内科或外科副主任医师及以上专业技术职务任职资格,接受设区的市级以上地方人民政府卫生健康行政部门组织的培训并考核合格。不具备培训考核条件的地区,培训考核办法由省级卫生健康行政部门根据当地实际情况另行规定。

(三)场所设置基本要求。

1. 有学生集合场地,并设有室内候诊区(不小于20平方米)。

2. 男女分开的内科、外科检查室(各不少于1间)。

3. 眼科、耳鼻喉科、口腔科检查室。

4. 化验室、消毒供应室。

5. 男、女卫生间。

体检场所应当按照《医疗机构消毒技术规范》要求进行消毒处理,符合《医院消毒卫生标准》(GB15982)中Ⅲ类环境的消毒卫生标准,保证卫生安全。医疗废物处理应当符合《医疗废物管理条例》规定。生物样本的采集和留存应当符合国家有关标准规定和相关检验技术规范要求;生物样本的运输应当按照国家相关规定执行。

(四)仪器设备。

学生健康体检所需的医疗检查设备与检验仪器的种类、数量、性能、量程、精度能满足工作需要,符合国际、国家、行业或地方规定的标准,并运行良好,定期校验;仪器设备有完整的操作规程。

1. 实验室基本设备:

(1)离心机;

(2)电冰箱;

(3)全自动或半自动生化仪;

(4)血细胞分析仪;

(5)紫外线灯。

2. 体检基本设备:

(1)听诊器;

(2)血压计;

(3)身高计;

(4)体重秤;

(5)皮尺;

(6)标准对数视力表灯箱;

(7)验光仪(无验光仪地区可采用串镜);

(8)耳鼻喉科器械(额镜、检耳镜、鼻前镜、压舌板);

(9)口腔科器械(平面口镜、五号探针、牙周探针);

(10)诊查床;

(11)与健康体检项目相应的其他设备(如躯干旋转测量仪、血红蛋白仪等根据要求进行准备)。

体检器具的消毒应当符合《医院消毒卫生标准》(GB15982)中的医疗用品卫生标准的规定。

(五)其他。

1. 学生体检表由各省(区、市)卫生健康行政部门统一制定。

2. 健康体检机构应当有良好的内务管理,检查仪器放置合理,便于操作,配有必要的急救、消毒、防污染、防火、控制进入等安全措施。

3. 健康体检机构应当编制质量管理体系文件,并严格开展质量控制。

4. 健康体检机构应当为检验样品建立唯一识别系统和状态标识,编制有关样品采集、接收、流转、保存和安全处置的书面程序。

5. 健康体检机构应当按照规定书写、更改、审核、签章、分发、保存和统计体检报告。

6. 健康体检机构应当按照有关规定收取体检费用。

7. 健康体检机构为区域性中小学卫生保健机构的,其体检工作的管理由教育行政部门负责。

六、体检质量控制与感染管理

(一)县级以上地方人民政府卫生健康行政部门加强对健康体检机构的质量控制管理,制定质量控制规章制度,加强对辖区内中小学生体检质量的监督与指导,定期对质控员进行统一培训。

(二)每年定期对学生健康体检机构进行体检现场抽测,严格开展质量控制。

(三)核对体检人员资质和培训考核合格记录,检查体检人员健康状况,预防交叉感染。

(四)核查健康体检所用的医疗设备、一次性医疗用品质量,并进行记录。

(五)医疗废物按照《医疗废物管理条例》和《医疗卫生机构医疗废物管理办法》规定统一处理。

七、信息管理与安全

(一)健康体检机构应当与教育行政部门签署协议,明确双方的权利和义务,保障中小学生健康体检工作顺利进行。

(二)协议双方依据国家、地区信息安全相关法律法规签订学生健康体检信息保密协议,保障学生及其家庭、学校信息不外泄。

(三)县级以上地方人民政府教育行政部门和卫生健康行政部门共同负责学生健康体检数据管理、使用和发布;健康体检机构未经县级以上地方人民政府教育行政部门和卫生健康行政部门同意,不得对外发布相关数据。

八、健康体检经费与管理

(一)义务教育阶段学生健康体检费用由学校公用经费开支,学生健康体检经费管理(拨付)办法和标准由省级教育行政部门牵头研究制定并发布。

(二)非义务教育阶段学生健康体检费用标准和解决办法,应当根据《中共中央 国务院关于加强青少年体育 增强青少年体质的意见》有关规定,由省级人民政府制定。

面向中小学生的全国性竞赛活动管理办法

·2022年3月3日
·教监管厅函〔2022〕4号

为规范管理面向中小学生(包含在园幼儿,下同)的全国性竞赛活动,防止活动项目过多过滥,切实减轻中小学校(包含幼儿园,下同)、中小学生和家长负担,维护正常教育教学秩序,根据中共中央办公厅、国务院办公厅印发的《关于进一步减轻义务教育阶段学生作业负担和校外培训负担的意见》《评比达标表彰活动管理办法(试行)》《关于清理规范创建示范活动的通知》等有关文件精神,制定本办法。

第一章 总 则

第一条 本办法适用于有关部门、单位、社会组织举办面向中小学生的全国性竞赛活动管理工作。

第二条 竞赛活动必须遵守宪法和法律规定,贯彻党的教育方针,遵循教育教学规律和青少年成长规律,体现发展素质教育要求,促进中小学生健康成长、全面发展。

第三条 从严控制、严格管理面向中小学生的全国性竞赛活动,原则上不举办面向义务教育阶段的学科类竞赛活动。

第四条 教育部负责面向中小学生的全国性竞赛活动的牵头管理工作,并委托专业机构承担具体受理、初核工作。中央编办、民政部、市场监管总局在各自职责范围内配合教育部做好相关工作。

第二章 申报条件

第五条 面向中小学生的全国性竞赛活动的组织主体(主办方)应为在中央编办、民政部登记注册的正式机构,必须具有法人资格。主办方必须信誉良好,无不良记录,具备较强的专业影响力和学术团队。举办竞赛过程中经查实有违法违规行为,致竞赛活动被教育部终止的,其主办方不得再次申请举办竞赛。

第六条 举办面向中小学生的全国性竞赛活动，依据文件的效力等级不得低于国务院部门规章或部级规范性文件。

第七条 申请举办竞赛活动，应当如实提供以下材料：

1. 组织主体（主办方）的正式申请函件，以及法人登记证书等复印件；

2. 活动依据的法律法规、规章或规范性文件；

3. 活动的具体实施办法，包括名称、目的、时间、对象、程序、管理团队、专家团队、承办单位、资金来源、实施预算、比赛用具、保障条件、回避方式、安全应急处理机制、异议处理机制等内容，如涉及命题试卷、专家盲评等事项，还需包括保密措施等；

4. 举办方的有关承诺书，包括本办法第十五、十六、十七、十八、十九条所列举的事项；

5. 教育部或受托专业机构认为应该作出补充说明的其他材料。

6. 上年度经教育部批准并举办了竞赛的主办单位，还应提供上年度赛事总结和财务决算。

第三章 认定流程

第八条 自2022年起，每三年组织一次申报受理和审核。受托专业机构届时将集中受理有关部门、单位、社会组织关于举办面向中小学生的全国性竞赛活动的申请，申请单位应按本办法要求如实提交相关材料。

第九条 中央编办负责对主办单位为事业单位的登记注册情况予以确认。受托专业机构负责对主办单位为社会组织的登记注册情况进行查询确认。受托专业机构集中对申请举办的竞赛活动进行审核，提出审核意见。

第十条 审核结束后，受托专业机构将审核意见报教育部，教育部按规定程序研究，对同意举办的，将竞赛活动信息在教育部官网公布。

第十一条 受理和研究过程不收取任何费用。

第十二条 同意举办的竞赛活动，有效期限原则上为3年，在此期间每年举办不得超过1次。

第四章 组织要求

第十三条 申请举办竞赛的部门、单位、社会组织对竞赛活动的全过程承担主体责任。

第十四条 竞赛应坚持公益性，不得以营利为目的。竞赛各项工作由组织主体（主办方）及承办单位直接负责实施，不得进行委托、授权。组织主体（主办方）应周密制定竞赛活动实施办法，确保任何单位、组织及个人不得向学生、学校收取成本费、工本费、活动费、报名费、食宿费、参赛材料费、器材费和其他各种名目的费用，做到“零收费”；不得指定参与竞赛活动时的交通、酒店、餐厅等配套服务；不得通过面向参赛学生组织与竞赛关联的培训、游学、冬令营、夏令营等方式，变相收取费用；不得推销或变相推销资料、书籍、辅助工具、器材、材料等商品；不得面向参赛的学生、家长或老师开展培训；不得借竞赛之名开展等级考试违规收取费用。赞助单位不得借赞助竞赛活动进行相关营销、促销活动。不得以任何方式向学生或组织学生参赛的学校转嫁竞赛活动成本。

第十五条 坚持自愿原则，不得强迫、诱导任何学校、学生或家长参加竞赛活动。

第十六条 竞赛应对符合条件的中小学生平等开放，不得设置任何歧视性条件。

第十七条 主办单位应严格专家选聘，选择熟悉中小学教育教学情况和了解青少年成长规律，在相关领域有专业影响力的专家。科学管理专家团队，遵守利益回避性原则，命题和评奖等重要环节应建立随机抽选专家机制。

第十八条 竞赛过程要遵循科学规范的程序、加强学术诚信的要求，明确竞赛内容范围要求，严格命题阅卷（评审认定），竞赛结果须经过专家团队严肃评审，公开结果及申诉渠道，杜绝弄虚作假、学术不端、有失公允的情况发生。

第十九条 竞赛以及竞赛产生的结果不作为中小学招生入学的依据。在竞赛产生的文件、证书、奖章显著位置标注教育部批准文号以及“不作为中小学招生入学依据”等字样。

第五章 日常监管

第二十条 面向中小学生的全国性竞赛活动实行清单管理制度，清单每三年动态调整一次，在教育部政府门户网站公布并正式印发地方教育行政部门。地方各级教育行政部门、各中小学校、各类教育机构和其他机构不得组织承办或组织中小学生参加清单之外的竞赛活动，不得为违规竞赛提供场地、经费等条件，一经发现，将予以严肃处理。地方各级教育行政部门加强属地管理，会同有关部门对违规竞赛严肃查处。

第二十一条 教育部及各地教育行政部门设立专门的举报电话，并通过调研、巡查等方式，密切与举办方、中小学校以及家长、学生的联系，广泛接受社会投诉举报。

第二十二条 举办方在组织实施竞赛活动中出现违反有关法律法规、违反作出的有关承诺等情况的，教育部将通知举办方及时进行整改并上报整改情况。

第二十三条 对拒不整改或整改不到位的，将由教育部正式发函主办方，撤销其竞赛活动，并要求主办方切实做好善后工作。有关撤销的决定等将及时向社会公告。

第二十四条 教育部门依法依规对违法违规开展竞赛的行为进行监管查处。事业单位登记管理部门对竞赛活动主办方违反事业单位登记管理法律法规的行为依法进行查处。民政部门对竞赛活动主办方违反社会组织登记管理法律法规的行为依法进行查处。市场监管部门依法查处违反市场监管法律法规行为。

第六章 附 则

第二十五条 因教育教学工作需要，教育部及其直属事业单位举办的竞赛活动按照《教育部评审评比评估和竞赛管理暂行办法》执行。

第二十六条 各省级教育行政部门参照本办法，制定区域内竞赛活动管理办法，负责区域内面向中小学生竞赛活动的管理工作。

第二十七条 由中方机构作为主办方举办的国际性竞赛，按照本办法执行。境外国际性竞赛在中国境内举办时，应由符合本办法第五条规定的中方机构合办或承办，并参照本办法执行。

第二十八条 本办法解释权归教育部。

第二十九条 本办法自印发之日起施行。2018年9月13日印发《关于面向中小学生的全国性竞赛活动管理办法（试行）》即行废止。

（四）校外教育培训

国务院办公厅关于规范校外培训机构发展的意见

·2018年8月6日
·国办发〔2018〕80号

面向中小学生的校外培训机构（以下简称校外培训机构）开展非学历教育培训是学校教育的补充，对于满足中小学生选择性学习需求、培育发展兴趣特长、拓展综合素质具有积极作用。但近年来，一些校外培训机构违背教育规律和青少年成长发展规律，开展以“应试”为导向的培训，造成中小学生课外负担过重，增加了家庭经济负担，破坏了良好的教育生态，社会反映强烈。为切实减轻中小学生过重课外负担，促进校外培训机构规范有序发展，经国务院同意，现提出如下意见。

一、总体要求

（一）指导思想。以习近平新时代中国特色社会主义思想为指导，深入贯彻落实党的十九大和十九届二中、三中全会精神，全面贯彻党的教育方针，坚持立德树人，发展素质教育，以促进中小学生身心健康发展为落脚点，以建立健全校外培训机构监管机制为着力点，努力构建校外培训机构规范有序发展的长效机制，切实解决人民群众反映强烈的中小学生课外负担过重问题，形成校内外协同育人的良好局面。

（二）基本原则。

依法规范。依法依规对校外培训机构进行审批登记、开展专项治理、强化日常监管，切实规范校外培训秩序。校外培训机构依法依规开展培训业务和相关活动，自觉维护中小学生及家长合法权益。

分类管理。鼓励发展以培养中小学生兴趣爱好、创新精神和实践能力为目标的培训，重点规范语文、数学、英语及物理、化学、生物等学科知识培训，坚决禁止应试、超标、超前培训及与招生入学挂钩的行为。

综合施策。统筹学校、社会和家庭教育，既规范校外培训机构培训行为，又同步改进中小学教育教学，提高学校教育质量和课后服务能力，强化学校育人主体地位，积极推动家长转变教育观念，做到标本兼治、务求实效。

协同治理。强化省地（市）统筹，落实以县为主管理责任。建立健全工作协调机制，有关部门各司其职、分工协作，统筹做好审批登记和监督管理，形成综合治理合力，确保积极稳妥推进。

二、明确设置标准

（三）确定设置标准。省级教育部门要会同有关部门，结合本地实际，研究制订校外培训机构设置的具体标准；省域内各地市差距大的，可授权地市级教育部门会同当地有关部门制订，并向省级教育部门及有关部门备案。

（四）遵循基本要求。各地标准必须达到以下基本要求。场所条件方面，校外培训机构必须有符合安全条件的固定场所，同一培训时段内生均面积不低于3平方米，确保不拥挤、易疏散；必须符合国家关于消防、环保、卫生、食品经营等管理规定要求。通过为参训对象购买人身安全保险等必要方式，防范和化解安全事故风险。师资条件方面，校外培训机构必须有相对稳定的师资队伍，不得聘用中小学在职教师。所聘从事培训工作的人员必须遵守宪法和法律，热爱教育事业，具有良好的思想品德和相应的培训能力；从事语文、数学、英语及物理、化学、生物等学科知识培训的教师应具有相应的教师资格。培训机构应当与所聘人员依法签订聘用合同、劳动合同或劳务协议。聘用外籍人员须符合国家有关规定。管理条件方面，校外培训机构必须坚持和加强党的领导，做到党的建设同步谋划、党的组织同步设置、党的工作同步开展，确保正确的办学方向。必须有规范的章程和相应的管理制度，明确培训宗旨、业务范围、议事决策机制、资金管理、保障条件和服务承诺等。

三、依法审批登记

（五）确保证照齐全。校外培训机构必须经审批取得办学许可证后，登记取得营业执照（或事业单位法人证书、民办非企业单位登记证书，下同），才能开展培训。已取得办学许可证和营业执照的，如不符合设置标准，应当按标准要求整改，整改不到位的要依法吊销办学许可证，终止培训活动，并依法办理变更或注销登记。

（六）严格审批登记。校外培训机构审批登记实行属地化管理。县级教育部门负责审批颁发办学许可证，未经教育部门批准，任何校外培训机构不得以家教、咨询、文化传播等名义面向中小学生开展培训业务。校外培训机构在同一县域设立分支机构或培训点的，均须经过批准；跨县域设立分支机构或培训点的，需到分支机构或培训点所在地县级教育部门审批。中小学校不得举办或参与举办校外培训机构。

四、规范培训行为

（七）细化培训安排。校外培训机构开展语文、数学、英语及物理、化学、生物等学科知识培训的内容、班次、招生对象、进度、上课时间等要向所在地县级教育部门备案并向社会公布；培训内容不得超出相应的国家课程标准，培训班次必须与招生对象所处年级相匹配，培训进度不得超过所在县（区）中小学同期进度。校外培训机构培训时间不得和当地中小学校教学时间相冲突，培训结束时间不得晚于20:30，不得留作业；严禁组织举办中小学生学科类等级考试、竞赛及进行排名。

（八）践行诚实守信。校外培训机构应实事求是地制订招生简章、制作招生广告，向审批机关备案并向社会公示，自觉接受监督。要认真履行服务承诺，杜绝培训内容名不符实。不得以暴力、威胁等手段强迫学生接受培训。要不断改进教育教学，提高培训质量，努力提升培训对象满意度。

（九）规范收费管理。严格执行国家关于财务与资产管理的规定，收费时段与教学安排应协调一致，不得一次性收取时间跨度超过3个月的费用。各地教育部门要加强与金融部门的合作，探索通过建立学杂费专用账户、严控账户最低余额和大额资金流动等措施加强对培训机构资金的监管。培训机构收费项目及标准应当向社会公示，并接受有关部门的监督，不得在公示的项目和标准外收取其他费用，不得以任何名义向培训对象摊派费用或者强行集资。对于培训对象未完成的培训课程，有关退费事宜严格按双方合同约定以及相关法律规定办理。

五、强化监督管理

（十）完善日常监管。各地要切实加强对校外培训机构办学行为的日常监管，坚持谁审批谁监管、谁主管谁监管，防止重审批轻监管，健全监管责任体系和工作机制，切实加强监管队伍建设。教育部门负责查处未取得办学许可证违法经营的机构，并在做好办学许可证审批工作基础上，重点做好培训内容、培训班次、招生对象、教师资格及培训行为的监管工作，牵头组织校外培训市场综合执法；市场监管部门重点做好相关登记、收费、广告宣传、反垄断等方面的监管工作；人力资源社会保障部门重点做好职业培训机构未经批准面向中小学生开展培训的监管工作；机构编制、民政部门重点做好校外培训机构违反相关登记管理规定的监管工作；公安、应急管理、卫生、食品监管部门重点做好校外培训机构的安全、卫生、食品条件保障的监管工作；网信、文化、工业和信息化、广电部门在各自职责范围内配合教育部门做好线上教育监管工作。

（十一）落实年检年报制度。县级教育部门要会同有关部门按照校外培训机构设置标准、审批条件、办学行为要求和登记管理有关规定完善管理办法，认真组织开展年检和年度报告公示工作。在境外上市的校外培训机构向境外公开披露的定期报告及对公司经营活动有重大不利影响的临时报告等信息，应以中文文本在公司网站（如无公司网站，应在证券信息披露平台）向境内同步公开、接受监督。对经年检和年报公示信息抽查检查发现校外培训机构隐瞒实情、弄虚作假、违法违规办学，或不接受年检、不报送年度报告的，要依法依规严肃处理，直至吊销办学许可证，追究有关人员的法律责任。

（十二）公布黑白名单。全面推行白名单制度，对通过审批登记的，在政府网站上公布校外培训机构的名单及主要信息，并根据日常监管和年检、年度报告公示情况及时更新。各地可根据校外培训机构的设置和管理要求，建立负面清单。对已经审批登记，但有负面清单所列行为的校外培训机构，应当及时将其从白名单上清除并列入黑名单；对未经批准登记、违法违规举办的校外培训机构，予以严肃查处并列入黑名单。将黑名单信息纳入全国信用信息共享平台，按有关规定实施联合惩戒。将营利性校外培训机构的行政许可信息、行政处罚信息、黑名单信息、抽查检查结果等归集至国家企业信用信息公示系统，记于相对应企业名下并依法公示。对于非营利性校外培训机构的失信行为，依据社会组织信用信息管理有关规定进行信用管理并依法公示。

六、提高中小学育人能力

（十三）提升教学质量。切实加强中小学师德师风建设，鼓励广大教师为人师表、潜心教书育人。中小学校必须严格按照国家发布的课程方案、课程标准和学校教学计划，开足、开齐、开好每门课程。各地教育部门要指导中小学校，按照学校管理有关标准对标研判、依标整改，严格规范教育教学行为，努力提高教育教学质量，为切实减轻中小学生课外负担创造条件。坚持依法从严治教，对中小学校不遵守教学计划、“非零起点教学”等行为，要坚决查处并追究有关校长和教师的责任；对中小学教师“课上不讲课后到校外培训机构讲”、诱导或逼迫学生参加校外培训机构培训等行为，要严肃处理，直至取消有关教师的教师资格。

（十四）严明入学纪律。严肃中小学招生入学工作纪律，坚决禁止中小学校与校外培训机构联合招生，坚决查处将校外培训机构培训结果与中小学校招生入学挂钩的行为，并依法追究有关学校、校外培训机构和相关人员责任。

（十五）做好课后服务。各地要创造条件、加大投入、完善政策，强化中小学校在课后服务中的主渠道作用，普遍建立弹性离校制度。中小学校要充分挖掘学校师资和校舍条件的潜力，并积极利用校外资源，充分发挥家长委员会的作用，努力开辟多种适宜的途径，帮助学生培养兴趣、发展特长、开拓视野、增强实践，不断提高课后服务水平，可为个别学习有困难的学生提供免费辅导。坚决防止课后服务变相成为集体教学或补课。各地可根据课后服务性质，采取财政补贴、收取服务性收费或代收费等方式筹措经费。有关部门在核定绩效工资总量时，应当适当考虑学校和单位开展课后服务因素；学校和单位在核定的绩效工资总量内，对参与课后服务的教师给予适当倾斜。设定服务性收费或代收费的，应当坚持成本补偿和非营利原则，按有关规定由省级教育部门和价格主管部门联合报省级人民政府审定后执行。中小学生是否参加课后服务，由学生和家长自愿选择，严禁各地以课后服务名义乱收费。

七、加强组织领导

（十六）健全工作机制。各地要切实提高思想认识，将规范校外培训机构发展纳入重要议事日程。建立由教育部门牵头、有关部门参与的联席会议制度，制订详细的工作方案，细化分工、压实责任、大力推进。及时总结经验，研究新情况、新问题，不断改进政策措施。充分发挥相关行业协会在行业发展、规范、自律等方面的作用。注重多方联动，发展社区功能，加强少年宫、实践基地等场馆建设，多渠道满足中小学生的个性化需求，形成学校、家庭、社会育人合力。

（十七）做实专项治理。各地要开展好校外培训机构专项治理工作，进行全面摸排，认真建立工作台账，完善分类管理，对存在问题的培训机构逐一整改到位。要加大工作督促指导力度，通过开展自查、交叉检查、专项督查等方式，确保专项治理取得实际成效。

（十八）强化问责考核。教育督导部门要加强对地方政府规范校外培训机构发展工作的督导评估，评估结果作为有关领导干部综合考核评价的重要参考。建立问责机制，对责任不落实、措施不到位，造成中小学生课外负担过重，人民群众反映特别强烈的地方及相关责任人要进行严肃问责。规范治理校外培训机构及减轻中小学生课外负担不力的县（区），不得申报义务教育基本均衡和优质均衡发展评估认定；已经通过认定的，要下发专项督导通知书，限期整改。

（十九）重视宣传引导。各地要通过多种途径加强政策宣传解读，使改革精神、政策要义家喻户晓，形成良好社会氛围。通过家长会、家长学校、家访、专题报告等形式，促进家长树立正确的教育观念、成才观念，不盲目攀比，科学认识并切实减轻学生过重的课外负担。对表现突出的校外培训机构给予宣传，引导校外培训机构增强社会责任担当，强化自我约束，树立良好社会形象。

教育部办公厅关于进一步明确义务教育阶段校外培训学科类和非学科类范围的通知

·2021年7月28日

·教监管厅函〔2021〕3号

各省、自治区、直辖市教育厅（教委），新疆生产建设兵团教育局：

为贯彻落实中共中央办公厅、国务院办公厅印发的《关于进一步减轻义务教育阶段学生作业负担和校外培训负担的意见》，指导各地做好校外培训（包括线上培训和线下培训）治理工作，现就明确义务教育阶段校外培训学科类和非学科类范围通知如下：

一、根据国家义务教育阶段课程设置的规定，在开展校外培训时，道德与法治、语文、历史、地理、数学、外语（英语、日语、俄语）、物理、化学、生物按照学科类进行管理。对涉及以上学科国家课程标准规定的学习内容进行的校外培训，均列入学科类进行管理。

二、在开展校外培训时，体育（或体育与健康）、艺术（或音乐、美术）学科，以及综合实践活动（含信息技术教育、劳动与技术教育）等按照非学科类进行管理。

各地要严格按照国家课程方案和课程标准进行审核把关，加强日常监管和监督检查。

义务教育阶段校外培训项目分类鉴别指南

·2021年11月8日

·教监管厅函〔2021〕16号

为贯彻落实中共中央办公厅、国务院办公厅印发的《关于进一步减轻义务教育阶段学生作业负担和校外培训负担的意见》，加强对义务教育阶段校外培训机构“学科类”项目鉴别管理，制定本指南。

一、适用范围

校外培训机构面向义务教育阶段学生实施校外培训，适用本指南。

二、基本原则

校外培训项目分类鉴别工作，遵循以下原则：

（一）坚持从严规范。深刻领会贯彻中央“双减”精神要求，严格遵照国家相关法律法规和政策规定，落实属地行政管理责任，明晰界线、从严要求、规范程序，体现权威性和严肃性。

（二）坚持科学严谨。充分依靠专家力量，尊重学科规律和教学规律，综合培训项目的实际情况，立足具体问题具体分析，给出客观、公正、独立的专业鉴别意见，确保科学与严谨。

（三）坚持统筹协调。加强主管部门之间横向配合、地区之间协同推进，坚持“一盘棋”，避免在实践中出现“低洼区”“空白区”“矛盾区”。积极研究和应对工作中出现的各种新情况、新问题,不断探索创新,在实践中完善制度和机制。

三、鉴别依据

根据《教育部办公厅关于进一步明确义务教育阶段校外培训学科类和非学科类范围的通知》(教监管厅函〔2021〕3号)、中小学国家课程方案和课程标准等文件规定,结合校外培训的实际情况,对培训项目类别进行鉴别。主要从培训目的、培训内容、培训方式、评价方式等维度进行综合考量,如符合以下特征,即判定为学科类培训项目。

(一)培训目的:以学科知识与技能培训为导向,主要为提升学科学习成绩服务。

(二)培训内容:主要涉及道德与法治、语文、历史、地理、数学、外语(英语、日语、俄语)、物理、化学、生物等学科学习内容。

(三)培训方式:重在进行学科知识讲解、听说读写算等学科能力训练,以预习、授课和巩固练习等为主要过程,以教师(包括虚拟者、人工智能等)讲授示范、互动等为主要形式。

(四)结果评价:对学生的评价侧重甄别与选拔,以学习成绩、考试结果等作为主要评价依据。

四、实施要求

(一)建立分级指导机制。省级教育行政部门要对本地培训项目分类鉴别工作进行统筹规范,加强分级指导,对各地鉴别工作中出现的问题和偏差,及时跟进指导、纠偏矫正,确保操作落实步调一致、不走偏、不走样,避免出现同类培训项目在不同地区给出差异鉴别结果。当出现较大争议或难以鉴别时,下级教育行政部门应提请上级教育行政部门进行研究裁决。各地要认真总结培训项目分类鉴别工作,形成并更新典型案例资料库,促进信息互通共享,推动一线鉴别工作更加准确、高效。

在其他主管部门开展非学科类培训管理过程中,根据工作需要,教育行政部门可协助提供有关培训项目分类鉴别意见,并对"学科类"鉴别有最终决定权。

(二)建立专家鉴别制度。地方各级教育行政部门应根据相应管理需要,组建专家组或者委托专业机构对无法直接判断的培训项目开展分类鉴别,作出鉴别决定。鉴别专家组应包括相关学科、课程、教学等方面专家,且相关人员及其直系亲属未在培训机构中任职或兼职、属于非利益相关方。接受委托的专业机构,须按照规范要求组织符合条件的专家队伍开展鉴别工作。

根据实际工作需要,专家组可通过资料审查、实地查看、课堂观察、人员访谈等多种方式,综合研判培训目的、内容、方式、评价等具体情况,提出培训项目属于"学科类"或者"非学科类"的鉴别意见。鉴别工作不得受外界干扰,不得徇私舞弊,确保结论的真实、客观、公正。

(三)强化机构行业自律。培训机构应落实自主管理责任,对开展的培训项目类别进行自我研判、自评自查,自觉按照"学科类"或者"非学科类"的相关管理要求,规范开展培训活动,不得出现名不符实的情况,不得隐形变异违规开展学科类培训活动。

校外培训机构从业人员管理办法(试行)

·2021年9月9日

·教监管厅函〔2021〕9号

第一章　总　则

第一条　为加强校外培训机构从业人员管理,规范机构和从业人员培训行为,依据《中华人民共和国教育法》《中华人民共和国民办教育促进法》《中华人民共和国劳动合同法》等制定本办法。

第二条　校外培训机构从业人员是指按规定面向中小学生及3周岁以上学龄前儿童开展校外培训的机构中的工作人员,包括:教学人员、教研人员和其他人员。其中,教学人员是指承担培训授课的人员,教研人员是指培训研究的人员;助教、带班人员等辅助人员按照其他人员进行管理。

第三条　本办法适用于招用具有中国国籍的人员,招用外籍人员应符合国家有关规定。

第二章　招用及解聘

第四条　校外培训机构从业人员应当符合下列要求:

(一)坚持以习近平新时代中国特色社会主义思想为指导,拥护中国共产党的领导和中国特色社会主义制度,全面贯彻党的教育方针,落实立德

树人根本任务;

(二)爱国守法,恪守宪法原则,遵守法律法规,依法履行各项职责;

(三)具备良好的思想品德和职业道德,举止文明,关心爱护学生;教学、教研人员还应为人师表,仁爱敬业;

(四)教学、教研人员应熟悉教育教学规律和学生身心发展特点,从事按照学科类管理培训的须具备相应教师资格证书,从事按照非学科类管理培训的须具备相应的职业(专业)能力证明;

(五)非中小学、幼儿园在职教师。

第五条 校外培训机构从业人员不得为以下人员:

(一)纳入"校外培训机构从业人员黑名单"管理的;

(二)受到剥夺政治权利或者故意犯罪受到有期徒刑以上刑事处罚的。

第六条 校外培训机构专职教学、教研人员原则上不低于机构从业人员总数的50%。面向中小学生的线下培训,每班次专职教学人员原则上不低于学生人数的2%;面向3周岁以上学龄前儿童的线下培训,每班次专职培训人员原则上不低于儿童人数的6%。

第七条 校外培训机构应按照《中华人民共和国劳动合同法》有关规定与招用人员订立、履行、变更、解除或者终止劳动合同。

第八条 校外培训机构应当规范从业人员管理:

(一)校外培训机构应对拟招用人员和劳务派遣单位拟派遣至机构场所工作的人员进行性侵等违法犯罪信息查询;

(二)校外培训机构应当依法与招用人员签订书面劳动合同,明确工作内容、工作地点、工作时间、岗位职责、劳动合同期限、劳动报酬、社会保险、考核办法等;

(三)对初次招用人员,应当开展岗位培训,内容应当包括法律法规、职业道德和有关政策文件要求等;

(四)教学、教研人员的基本信息(姓名、照片等)、教师资格、从教经历、任教课程等信息应在机构培训场所及平台、网站显著位置公示,并及时在全国统一监管平台备案。其他从业人员信息应在机构内部进行公示。

第九条 校外培训机构应向社会、培训对象公开作出书面承诺,从业人员招用符合本办法第四条、第五条、第六条、第七条规定。

第十条 校外培训机构应对从业人员定期开展思想政治素质、业务能力等培训,提高教育教研能力和服务保障水平。

第十一条 校外培训机构从业人员不得有下列情形:

(一)有损害党中央权威、违背党的路线方针政策的言行;

(二)损害国家利益,损害社会公共利益,或违背社会公序良俗;

(三)通过课堂、论坛、讲座、信息网络及其他渠道发表、转发错误观点,或编造散布虚假信息、不良信息;

(四)歧视、侮辱学生,存在虐待、伤害、体罚或变相体罚未成年人行为;

(五)在教学、培训等活动中遇突发事件、面临危险时,不顾学生安危,擅离职守,自行逃离;

(六)与学生发生不正当关系,存在猥亵、性骚扰等行为;

(七)向学生及家长索要、收受不正当财物或利益;

(八)被依法追究刑事责任;

(九)吸食毒品等违反治安管理法律法规行为;

(十)违法传教或者开展宗教活动;

(十一)宣扬或从事邪教。

从业人员有上述情形,符合《中华人民共和国劳动合同法》等法律法规关于解除劳动合同规定的,校外培训机构应当依法与其解除劳动合同,在全国统一监管平台同步更新人员信息,并报告主管教育行政部门。

第三章 检查监督

第十二条 教育行政部门或相应主管部门会同人力资源社会保障行政部门公开监督方式、畅通举报渠道,通过年度检查、专项检查、随机抽查等形式,依职责分工对机构从业人员情况进行检查。检查情况依法向社会公开,并作为机构信用管理的重要依据。

第十三条 从业人员违反本办法第十一条规定情节严重的,经查实、审核后,纳入全国统一监管平台的"校外培训机构从业人员黑名单"管理。

第十四条 校外培训机构违反本办法的，主管教育行政部门应责令其限期改正；对多次、多项违反规定等情节严重的，责令其停止招生，改正期间禁止开展相关培训活动；对逾期未完成改正或拒绝改正等情节特别严重的，依法取消其办学许可资质。

第四章 附 则

第十五条 省级教育行政部门可结合本地实际，根据本办法制定实施细则。

第十六条 本办法自印发之日起施行，由国务院教育行政部门负责解释。

中小学生校外培训材料管理办法（试行）

· 2021 年 8 月 25 日

· 教监管厅函〔2021〕6 号

第一章 总 则

第一条 为严格管理中小学生校外培训材料，确保培训材料的思想性、科学性、适宜性，有效减轻中小学生课外培训负担，制定本办法。

第二条 本办法所称的校外培训材料（以下简称培训材料），是指经审批登记的校外培训机构自主编写的面向中小学生的学习材料，包括用于线上、线下的按照学科类进行管理的培训材料（以下简称学科类培训材料）和按照非学科类进行管理的培训材料（以下简称非学科类培训材料）。

第三条 培训材料管理坚持以下原则：

坚持育人为本。全面贯彻党的教育方针，落实立德树人根本任务，体现正确的政治方向和价值导向，遵循学生身心发展规律，提高培训材料的思想性、科学性、适宜性。

加强全程把控。加强培训材料编写、审核、选用、备案等全流程管理，明确内容要求和标准，健全管理机制，细化违规处罚规定，强化日常监管，突出全流程把控、检视。

强化社会监督。建立畅通的信息反馈和监督举报渠道，积极发挥行业组织、专业机构、媒体公众等监督作用。

第二章 管理职责

第四条 国务院教育行政部门制定培训材料管理有关政策要求。各级教育行政部门负责由其审批设立的校外培训机构培训材料的监管以及对问题材料处理处置等工作。

第五条 校外培训机构应当建立培训材料编写研发、审核、选用使用及人员资质审查等内部管理制度，明确责任部门、责任人、工作职责、标准、流程以及责任追究办法。

第三章 编写审核

第六条 培训材料编写研发人员应符合以下要求：

（一）政治立场坚定，拥护中国共产党的领导和中国特色社会主义制度，具有正确的世界观、人生观、价值观；

（二）全面贯彻党的教育方针，熟悉中小学教育教学规律和学生身心发展特点，从事教育教学相关工作 3 年及以上；

（三）学科类培训材料的编写研发人员应准确理解和把握课程方案、学科课程标准，具备相应教师资格证书；非学科类培训材料的编写研发人员，应具备相关行业资质证书或专业能力证明；

（四）遵纪守法，有良好的思想品德、社会形象，无失德、失信、违纪、违法等不良记录。

第七条 培训材料应符合以下要求：

（一）以习近平新时代中国特色社会主义思想为指导，体现社会主义核心价值观，继承和弘扬中华优秀传统文化、革命文化和社会主义先进文化，传播科学精神，引导学生树立正确的世界观、人生观和价值观，促进学生身心健康发展；

（二）内容科学准确，容量、难度适宜，与国家课程相关的内容应符合相应课程标准要求，不得超标超前；

（三）符合学生成长规律，满足多层次、多样化学习需求，有利于激发学习兴趣、鼓励探究创新。

第八条 培训材料不得存在下列情形：

（一）丑化党和国家形象，或者诋毁、污蔑党和国家领导人、英雄模范，或者歪曲党的历史、中华人民共和国历史、人民军队历史；

（二）污蔑攻击中国共产党领导、中国特色社会主义制度，违背社会主义核心价值观；

(三)损害国家统一、主权和领土完整;

(四)损害国家荣誉和利益,有反华、辱华、丑华等内容;

(五)煽动民族仇恨、民族歧视,破坏民族团结,侵犯民族风俗习惯;

(六)宣扬宗教教理、教义、教规以及邪教、封建迷信思想等;

(七)含有暴力、恐怖、赌博、毒品、性侵害、淫秽、教唆犯罪等内容;

(八)不符合知识产权保护等国家法律、行政法规;

(九)植入商业广告或者变相的商业广告;

(十)超出相应的国家课程标准;

(十一)含有误导中小学生产生不良行为的内容;

(十二)存在其他违法违规情形。

第九条 培训材料须按规定进行审核。审核人员除应符合编写研发人员要求外,还须具有较高的政策理论水平和较丰富的相关教育或培训经验。

第十条 建立培训材料内部审核和外部审核制度,坚持凡编必审、凡用必审。校外培训机构负责培训材料的内部全面审核,须按照审核人员资质要求遴选组建内部审核队伍。

各地教育行政部门负责培训材料的外部审核,须按照审核人员资质要求组建由相关学科专家、课程专家、教研专家、一线教师等组成的审核队伍,明确审核流程和时限,重点对意识形态属性较强的内容和执行课程标准情况进行把关。

实行培训材料编审分离制度,遵循回避原则。

第十一条 学科类培训材料采取校外培训机构内部审核和教育行政部门外部审核相结合的方式进行双审核。其中,各地教育行政部门对线上及线下培训相对固定形式的基础性材料进行全面审核,对以资料库、视频等形式存在的培训材料开展抽查性审核;鼓励各地探索运用现代化信息技术手段加强审核把关。

非学科类培训材料在校外培训机构内部审核基础上,由各地教育行政部门协助相应主管部门开展抽查、巡查。

第十二条 对于已通过审核的、在多个地区使用的同一培训材料,可由培训机构提供已通过审核的证明,供其他地区审核时参考。

第四章 选用备案

第十三条 校外培训机构应规范培训材料选用程序。选用的培训材料须为审核通过的培训材料或正式出版物。校外培训机构选用境外教材,应参照《中小学教材管理办法》等国家有关规定执行。

第十四条 校外培训机构对所有培训材料存档保管、备查,保管期限不少于相应培训材料使用完毕后3年。培训材料及编写研发人员信息须向相应教育行政部门备案。备案材料产生变更时,应及时提交变更内容说明和变更材料。

(一)线上培训保管材料应包括线上学习资源、开发者信息、下载网站、资源主题、资源简介、适用对象及图文来源等;

(二)线下培训保管材料应包括编写者信息、材料简介、材料内容及适用对象等。

第五章 检查监督

第十五条 校外培训机构应向社会、培训对象公开做出书面承诺,所使用培训材料符合本办法第七条、第八条规定。

第十六条 教育行政部门应当公开监督方式、畅通举报渠道,通过年度检查、专项检查、随机抽查等形式,组织专业力量对校外培训机构培训材料编审人员资质、内部审核、选用使用等情况进行检查。检查情况依法向社会公开,并作为校外培训机构信用管理的重要依据。各地教育行政部门应明确培训材料编审人员参训要求,制定并实施培训计划,提高培训的针对性和实效性。

第十七条 教育行政部门检查发现培训材料违反本办法规定的,应督促相关校外培训机构限期整改,并可按照有关规定予以处理。整改期间,校外培训机构不得使用相关材料开展任何形式的授课活动。对情节严重或者逾期未完成整改的校外培训机构,教育行政部门应当依法吊销其民办学校办学许可。

涉及其他部门职责的,教育行政部门应当将相关违法违规线索及时移送,并且配合做好查处工作。

第六章 附 则

第十八条 省级教育行政部门结合本地实际,根据本办法制定实施细则。

第十九条 本办法自印发之日起施行，由国务院教育行政部门负责解释。

教育部、中央编办、司法部关于加强教育行政执法深入推进校外培训综合治理的意见

· 2022年1月25日
· 教监管〔2022〕1号

各省、自治区、直辖市教育厅（教委）、党委编办、司法厅（局），新疆生产建设兵团教育局、党委编办、司法局：

为深入贯彻落实中共中央办公厅、国务院办公厅《关于进一步减轻义务教育阶段学生作业负担和校外培训负担的意见》和《法治政府建设实施纲要（2021—2025年）》精神，加强校外培训监管行政执法工作，不断提升校外培训治理能力和治理水平，现提出如下意见。

一、总体要求

1. 指导思想。坚持以习近平新时代中国特色社会主义思想为指导，全面贯彻党的教育方针，落实立德树人根本任务，加强校外培训监管行政执法工作，全面构建校外培训执法体系，全面提高校外培训监管行政执法质量和效能，依法严格查处校外培训违法违规行为，确保“双减”工作扎实有效，努力办好人民满意的教育。

2. 工作原则。坚持党的全面领导，确保校外培训监管行政执法正确方向；坚持以人民为中心，执法行为必须为人民服务、对人民负责、受人民监督；坚持依法行政，建立健全校外培训执法力量，落实严格规范公正文明执法要求，健全校外培训监管机制；坚持统筹推进，强化部门协同，推进联合执法。

3. 工作目标。到2022年底，教育行政部门对校外培训监管行政执法制度基本建立，各级各有关部门之间的统筹协调机制基本理顺，执法力量得到明显加强，执法质量和效能大幅提高。到2024年，基本建成权责明晰、管理规范、运转顺畅、保障有力、监管到位的校外培训监管行政执法体系。

二、健全校外培训监管行政执法现有机制

4. 坚持分工合作。各有关部门要在党委和政府的统一领导下，明确职责，各司其职，分工合作，推进上下级之间、同级之间、异地之间的协调联动，已整合实行综合执法的，可继续探索。各级教育行政部门要加强对校外培训综合执法、联合执法、协作执法的组织协调，重点负责对无证经营、违反培训内容、培训时间、培训人员、培训收费规定、违规举办竞赛及其他违法违规情况进行监管执法，牵头组织有关部门开展联合执法。市场监管、网信、公安、体育、文化和旅游及其他相关部门要在各自职责内，对涉及校外培训的问题进行单独或联合监管。

5. 健全协同机制。各地要按照“谁审批谁负责、谁主管谁负责”原则，健全审批、监管、处罚衔接机制，坚持先证后照，规范校外培训机构审批程序、许可内容。实行综合审批改革的，须事先书面征得同级教育行政部门同意。加快实现部门间违法线索互联、监管标准互通、处理结果互认，推进现场共同执法。建立校外培训行政执法与刑事司法衔接机制，健全教育与公安、检察、审判机关的信息共享、案情通报、案件移送等制度。

6. 加大查处力度。各地教育行政部门要会同有关部门定期梳理群众反映强烈的突出问题，适时部署集中专项整治，及时通报校外培训违法违规典型案例。对潜在风险大、可能造成严重不良后果的，要加强日常监管和执法巡查，从源头上预防和化解违法风险。建立完善严重违法惩罚性赔偿和巨额罚款制度、终身禁入机制，让严重违法者付出应有代价。对违法违规开展培训的校外培训机构、网站平台，按照“发现一起、处置一起”原则，依法依规采取处罚措施。畅通违法违规行为投诉受理、跟踪查询、结果反馈渠道，对举报严重违法违规行为和重大风险隐患的有功人员依法予以奖励和严格保护。

三、强化教育行政部门校外培训监管行政执法职责

7. 坚持法定职责必须为。校外培训监管行政执法是各级教育行政部门履行政府管理校外培训事务的法定职责。要按照《中华人民共和国教育法》《中华人民共和国义务教育法》《中华人民共和国行政处罚法》《中华人民共和国未成年人保护法》《中华人民共和国民办教育促进法》《中华人民共和国民办教育促进法实施条例》等法律法规和《教育部关于加强教育行政执法工作的意见》等政

策文件要求，坚持法定职责必须为，切实增强依法实施行政检查、行政处罚、行政强制的意识和能力。

8. 明确各级权责。教育部主要负责拟订校外培训监管行政执法工作标准和规范并监督实施，指导监督全国校外培训综合执法工作，组织查处和督办全国性、跨区域校外培训重大案件。省级教育行政部门主要负责拟订本地校外培训监管行政执法工作实施方案，监督指导、组织协调辖区内校外培训监管行政执法工作，查处辖区内跨区域或具有重大影响的复杂案件及审批的线上培训机构案件。市级教育行政部门主要负责监督指导、组织协调辖区内校外培训监管行政执法工作。县级教育行政部门主要负责查处本地区校外培训违法违规行为。各级教育行政部门中负责校外培训监管的机构承担具体的校外培训监管行政执法职能。

9. 明确执法层级。按照属地管理、重心下移的原则，日常执法检查、一般违法案件查处以县级为主。设区市与市辖区原则上只设一个执法层级，原则上以区级执法为主。压实乡镇、街道责任，将校外培训治理纳入村（社区）网格化管理，开展综合治理。对跨区域违法违规行为，由校外培训机构审批地、违法违规行为发生地相关部门共同查处。

四、增强校外培训监管行政执法力量

10. 加快机构设置。各地教育行政部门要结合本地实际，统筹优化机构职能和资源力量配置，建立健全校外培训监管机构，承担本地区相关行政执法工作，切实加强校外培训监管行政执法能力。

11. 加强力量配备。各地教育行政部门要科学设置岗位，统筹各方资源，充实一线执法人员，配齐配强工作力量，确保校外培训监管执法工作落到实处。上级机构可按程序调用下级执法力量。

12. 提高人员素养。要建立健全各级执法人员资格管理制度，严格实行执法人员持证上岗。开展执法人员专项培训，重点培训相关法律知识，提高业务能力，提升依法规范公正文明执法的专业化水平。

五、提高校外培训监管行政执法能力

13. 制定执法清单。教育部根据现行法律法规和政策规定，梳理各级教育行政部门校外培训执法职能，制定出台《校外培训监管行政执法事项指导目录》，实行动态调整。各地教育行政部门根据地方立法情况，细化地方《校外培训监管行政执法事项指导目录》。

14. 规范执法流程。各地教育行政部门要全面推行并严格落实校外培训监管行政执法公示、执法全过程记录和重大执法决定法制审核制度。制定完善行政执法程序规范，统一行政执法案卷、文书基本标准，提高执法案卷、文书规范化水平。健全执法裁量基准制度，明确执法事项的职责依据、工作程序、履职要求、办理时限、行为规范等，消除行政执法中的模糊条款，压减裁量权，促进同一事项相同情形同标准处罚、无差别执法。建立责任追究和尽职免责制度。全面推行“双随机一公开”监管。

15. 创新执法方式。教育部和各省级教育行政部门要建立行政执法案例指导制度，定期发布指导案例。各地要探索推进“互联网+执法”模式，提升执法水平。探索信用监管方式，将重大违法失信行为纳入失信惩戒范围。

六、加强校外培训监管行政执法保障

16. 强化条件保障。各地教育行政部门要会同编制、司法等部门健全工作保障机制。推动将校外培训监管行政执法工作经费纳入同级财政预算管理，加强相关经费保障。加快制定不同层级校外培训监管行政执法装备配备标准，及时调整执法目录、更换执法证件、合理配置执法必需的交通、通讯、执法记录仪等条件装备，建立执法信息平台，改善执法条件，保障执法需要，保护执法人员安全。

17. 推动督导问责。严格执行《教育督导问责办法》，将校外培训治理纳入教育督导范围。推动地方政府把加强校外培训监管行政执法、推进校外培训综合治理纳入重要议事日程，制定实施方案，层层压实责任。对落实中央决策部署不力、校外培训治理不到位及有其他严重违法违规情形的，依法对被督导的地方各级人民政府和相关职能部门及其相关责任人进行严肃问责。充分发挥督学作用，积极开展校外培训日常督导。

18. 健全监督机制。各地教育行政部门要健全校外培训监管执法监督机制，加强和完善执法案卷管理和评查、执法考核评议等制度。要全面落实“谁执法谁普法”的普法责任制，会同有关部门做好执法事项的普法工作，加强以案释法。要建立校外培训社会监督员队伍，拓宽社会监督渠道，探索公众参与模式。

（五）高等教育

中华人民共和国高等教育法

- 1998年8月29日第九届全国人民代表大会常务委员会第四次会议通过
- 根据2015年12月27日第十二届全国人民代表大会常务委员会第十八次会议《关于修改〈中华人民共和国高等教育法〉的决定》第一次修正
- 根据2018年12月29日第十三届全国人民代表大会常务委员会第七次会议《关于修改〈中华人民共和国电力法〉等四部法律的决定》第二次修正

第一章　总　则

第一条　为了发展高等教育事业，实施科教兴国战略，促进社会主义物质文明和精神文明建设，根据宪法和教育法，制定本法。

第二条　在中华人民共和国境内从事高等教育活动，适用本法。

本法所称高等教育，是指在完成高级中等教育基础上实施的教育。

第三条　国家坚持以马克思列宁主义、毛泽东思想、邓小平理论为指导，遵循宪法确定的基本原则，发展社会主义的高等教育事业。

第四条　高等教育必须贯彻国家的教育方针，为社会主义现代化建设服务、为人民服务，与生产劳动和社会实践相结合，使受教育者成为德、智、体、美等方面全面发展的社会主义建设者和接班人。

第五条　高等教育的任务是培养具有社会责任感、创新精神和实践能力的高级专门人才，发展科学技术文化，促进社会主义现代化建设。

第六条　国家根据经济建设和社会发展的需要，制定高等教育发展规划，举办高等学校，并采取多种形式积极发展高等教育事业。

国家鼓励企业事业组织、社会团体及其他社会组织和公民等社会力量依法举办高等学校，参与和支持高等教育事业的改革和发展。

第七条　国家按照社会主义现代化建设和发展社会主义市场经济的需要，根据不同类型、不同层次高等学校的实际，推进高等教育体制改革和高等教育教学改革，优化高等教育结构和资源配置，提高高等教育的质量和效益。

第八条　国家根据少数民族的特点和需要，帮助和支持少数民族地区发展高等教育事业，为少数民族培养高级专门人才。

第九条　公民依法享有接受高等教育的权利。

国家采取措施，帮助少数民族学生和经济困难的学生接受高等教育。

高等学校必须招收符合国家规定的录取标准的残疾学生入学，不得因其残疾而拒绝招收。

第十条　国家依法保障高等学校中的科学研究、文学艺术创作和其他文化活动的自由。

在高等学校中从事科学研究、文学艺术创作和其他文化活动，应当遵守法律。

第十一条　高等学校应当面向社会，依法自主办学，实行民主管理。

第十二条　国家鼓励高等学校之间、高等学校与科学研究机构以及企业事业组织之间开展协作，实行优势互补，提高教育资源的使用效益。

国家鼓励和支持高等教育事业的国际交流与合作。

第十三条　国务院统一领导和管理全国高等教育事业。

省、自治区、直辖市人民政府统筹协调本行政区域内的高等教育事业，管理主要为地方培养人才和国务院授权管理的高等学校。

第十四条　国务院教育行政部门主管全国高等教育工作，管理由国务院确定的主要为全国培养人才的高等学校。国务院其他有关部门在国务院规定的职责范围内，负责有关的高等教育工作。

第二章　高等教育基本制度

第十五条　高等教育包括学历教育和非学历教育。

高等教育采用全日制和非全日制教育形式。

国家支持采用广播、电视、函授及其他远程教育方式实施高等教育。

第十六条　高等学历教育分为专科教育、本科教育和研究生教育。

高等学历教育应当符合下列学业标准：

（一）专科教育应当使学生掌握本专业必备的基础理论、专门知识，具有从事本专业实际工作的基本技能和初步能力；

（二）本科教育应当使学生比较系统地掌握本学科、专业必需的基础理论、基本知识，掌握本专业必要的基本技能、方法和相关知识，具有从事本专业实际工作和研究工作的初步能力；

（三）硕士研究生教育应当使学生掌握本学科坚实的基础理论、系统的专业知识，掌握相应的技能、方法和相关知识，具有从事本专业实际工作和科学研究工作的能力。博士研究生教育应当使学生掌握本学科坚实宽广的基础理论、系统深入的专业知识、相应的技能和方法，具有独立从事本学科创造性科学研究工作和实际工作的能力。

第十七条　专科教育的基本修业年限为二至三年，本科教育的基本修业年限为四至五年，硕士研究生教育的基本修业年限为二至三年，博士研究生教育的基本修业年限为三至四年。非全日制高等学历教育的修业年限应当适当延长。高等学校根据实际需要，可以对本学校的修业年限作出调整。

第十八条　高等教育由高等学校和其他高等教育机构实施。

大学、独立设置的学院主要实施本科及本科以上教育。高等专科学校实施专科教育。经国务院教育行政部门批准，科学研究机构可以承担研究生教育的任务。

其他高等教育机构实施非学历高等教育。

第十九条　高级中等教育毕业或者具有同等学力的，经考试合格，由实施相应学历教育的高等学校录取，取得专科生或者本科生入学资格。

本科毕业或者具有同等学力的，经考试合格，由实施相应学历教育的高等学校或者经批准承担研究生教育任务的科学研究机构录取，取得硕士研究生入学资格。

硕士研究生毕业或者具有同等学力的，经考试合格，由实施相应学历教育的高等学校或者经批准承担研究生教育任务的科学研究机构录取，取得博士研究生入学资格。

允许特定学科和专业的本科毕业生直接取得博士研究生入学资格，具体办法由国务院教育行政部门规定。

第二十条　接受高等学历教育的学生，由所在高等学校或者经批准承担研究生教育任务的科学研究机构根据其修业年限、学业成绩等，按照国家有关规定，发给相应的学历证书或者其他学业证书。

接受非学历高等教育的学生，由所在高等学校或者其他高等教育机构发给相应的结业证书。结业证书应当载明修业年限和学业内容。

第二十一条　国家实行高等教育自学考试制度，经考试合格的，发给相应的学历证书或者其他学业证书。

第二十二条　国家实行学位制度。学位分为学士、硕士和博士。

公民通过接受高等教育或者自学，其学业水平达到国家规定的学位标准，可以向学位授予单位申请授予相应的学位。

第二十三条　高等学校和其他高等教育机构应当根据社会需要和自身办学条件，承担实施继续教育的工作。

第三章　高等学校的设立

第二十四条　设立高等学校，应当符合国家高等教育发展规划，符合国家利益和社会公共利益。

第二十五条　设立高等学校，应当具备教育法规定的基本条件。

大学或者独立设置的学院还应当具有较强的教学、科学研究力量，较高的教学、科学研究水平和相应规模，能够实施本科及本科以上教育。大学还必须设有三个以上国家规定的学科门类为主要学科。设立高等学校的具体标准由国务院制定。

设立其他高等教育机构的具体标准，由国务院授权的有关部门或者省、自治区、直辖市人民政府根据国务院规定的原则制定。

第二十六条　设立高等学校，应当根据其层次、类型、所设学科类别、规模、教学和科学研究水平，使用相应的名称。

第二十七条　申请设立高等学校的，应当向审批机关提交下列材料：

（一）申办报告；

（二）可行性论证材料；

（三）章程；

（四）审批机关依照本法规定要求提供的其他材料。

第二十八条 高等学校的章程应当规定以下事项：

（一）学校名称、校址；

（二）办学宗旨；

（三）办学规模；

（四）学科门类的设置；

（五）教育形式；

（六）内部管理体制；

（七）经费来源、财产和财务制度；

（八）举办者与学校之间的权利、义务；

（九）章程修改程序；

（十）其他必须由章程规定的事项。

第二十九条 设立实施本科及以上教育的高等学校，由国务院教育行政部门审批；设立实施专科教育的高等学校，由省、自治区、直辖市人民政府审批，报国务院教育行政部门备案；设立其他高等教育机构，由省、自治区、直辖市人民政府教育行政部门审批。审批设立高等学校和其他高等教育机构应当遵守国家有关规定。

审批设立高等学校，应当委托由专家组成的评议机构评议。

高等学校和其他高等教育机构分立、合并、终止，变更名称、类别和其他重要事项，由本条第一款规定的审批机关审批；修改章程，应当根据管理权限，报国务院教育行政部门或者省、自治区、直辖市人民政府教育行政部门核准。

第四章 高等学校的组织和活动

第三十条 高等学校自批准设立之日起取得法人资格。高等学校的校长为高等学校的法定代表人。

高等学校在民事活动中依法享有民事权利，承担民事责任。

第三十一条 高等学校应当以培养人才为中心，开展教学、科学研究和社会服务，保证教育教学质量达到国家规定的标准。

第三十二条 高等学校根据社会需求、办学条件和国家核定的办学规模，制定招生方案，自主调节系科招生比例。

第三十三条 高等学校依法自主设置和调整学科、专业。

第三十四条 高等学校根据教学需要，自主制定教学计划、选编教材、组织实施教学活动。

第三十五条 高等学校根据自身条件，自主开展科学研究、技术开发和社会服务。

国家鼓励高等学校同企业事业组织、社会团体及其他社会组织在科学研究、技术开发和推广等方面进行多种形式的合作。

国家支持具备条件的高等学校成为国家科学研究基地。

第三十六条 高等学校按照国家有关规定，自主开展与境外高等学校之间的科学技术文化交流与合作。

第三十七条 高等学校根据实际需要和精简、效能的原则，自主确定教学、科学研究、行政职能部门等内部组织机构的设置和人员配备；按照国家有关规定，评聘教师和其他专业技术人员的职务，调整津贴及工资分配。

第三十八条 高等学校对举办者提供的财产、国家财政性资助、受捐赠财产依法自主管理和使用。

高等学校不得将用于教学和科学研究活动的财产挪作他用。

第三十九条 国家举办的高等学校实行中国共产党高等学校基层委员会领导下的校长负责制。中国共产党高等学校基层委员会按照中国共产党章程和有关规定，统一领导学校工作，支持校长独立负责地行使职权，其领导职责主要是：执行中国共产党的路线、方针、政策，坚持社会主义办学方向，领导学校的思想政治工作和德育工作，讨论决定学校内部组织机构的设置和内部组织机构负责人的人选，讨论决定学校的改革、发展和基本管理制度等重大事项，保证以培养人才为中心的各项任务的完成。

社会力量举办的高等学校的内部管理体制按照国家有关社会力量办学的规定确定。

第四十条 高等学校的校长，由符合教育法规定的任职条件的公民担任。高等学校的校长、副校长按照国家有关规定任免。

第四十一条 高等学校的校长全面负责本学校的教学、科学研究和其他行政管理工作，行使下列职权：

（一）拟订发展规划，制定具体规章制度和年度工作计划并组织实施；

（二）组织教学活动、科学研究和思想品德教育；

（三）拟订内部组织机构的设置方案，推荐副校长人选，任免内部组织机构的负责人；

（四）聘任与解聘教师以及内部其他工作人员，对学生进行学籍管理并实施奖励或者处分；

（五）拟订和执行年度经费预算方案，保护和管理校产，维护学校的合法权益；

（六）章程规定的其他职权。

高等学校的校长主持校长办公会议或者校务会议，处理前款规定的有关事项。

第四十二条 高等学校设立学术委员会，履行下列职责：

（一）审议学科建设、专业设置，教学、科学研究计划方案；

（二）评定教学、科学研究成果；

（三）调查、处理学术纠纷；

（四）调查、认定学术不端行为；

（五）按照章程审议、决定有关学术发展、学术评价、学术规范的其他事项。

第四十三条 高等学校通过以教师为主体的教职工代表大会等组织形式，依法保障教职工参与民主管理和监督，维护教职工合法权益。

第四十四条 高等学校应当建立本学校办学水平、教育质量的评价制度，及时公开相关信息，接受社会监督。

教育行政部门负责组织专家或者委托第三方专业机构对高等学校的办学水平、效益和教育质量进行评估。评估结果应当向社会公开。

第五章 高等学校教师和其他教育工作者

第四十五条 高等学校的教师及其他教育工作者享有法律规定的权利，履行法律规定的义务，忠诚于人民的教育事业。

第四十六条 高等学校实行教师资格制度。中国公民凡遵守宪法和法律，热爱教育事业，具有良好的思想品德，具备研究生或者大学本科毕业学历，有相应的教育教学能力，经认定合格，可以取得高等学校教师资格。不具备研究生或者大学本科毕业学历的公民，学有所长，通过国家教师资格考试，经认定合格，也可以取得高等学校教师资格。

第四十七条 高等学校实行教师职务制度。高等学校教师职务根据学校所承担的教学、科学研究等任务的需要设置。教师职务设助教、讲师、副教授、教授。

高等学校的教师取得前款规定的职务应当具备下列基本条件：

（一）取得高等学校教师资格；

（二）系统地掌握本学科的基础理论；

（三）具备相应职务的教育教学能力和科学研究能力；

（四）承担相应职务的课程和规定课时的教学任务。

教授、副教授除应当具备以上基本任职条件外，还应当对本学科具有系统而坚实的基础理论和比较丰富的教学、科学研究经验，教学成绩显著，论文或者著作达到较高水平或者有突出的教学、科学研究成果。

高等学校教师职务的具体任职条件由国务院规定。

第四十八条 高等学校实行教师聘任制。教师经评定具备任职条件的，由高等学校按照教师职务的职责、条件和任期聘任。

高等学校的教师的聘任，应当遵循双方平等自愿的原则，由高等学校校长与受聘教师签订聘任合同。

第四十九条 高等学校的管理人员，实行教育职员制度。高等学校的教学辅助人员及其他专业技术人员，实行专业技术职务聘任制度。

第五十条 国家保护高等学校教师及其他教育工作者的合法权益，采取措施改善高等学校教师及其他教育工作者的工作条件和生活条件。

第五十一条 高等学校应当为教师参加培训、开展科学研究和进行学术交流提供便利条件。

高等学校应当对教师、管理人员和教学辅助人员及其他专业技术人员的思想政治表现、职业道德、业务水平和工作实绩进行考核，考核结果作为聘任或者解聘、晋升、奖励或者处分的依据。

第五十二条 高等学校的教师、管理人员和教学辅助人员及其他专业技术人员，应当以教学和培养人才为中心做好本职工作。

第六章 高等学校的学生

第五十三条 高等学校的学生应当遵守法律、法规，遵守学生行为规范和学校的各项管理制度，尊敬师长，刻苦学习，增强体质，树立爱国主义、集体主义和社会主义思想，努力学习马克思列宁主义、毛泽东思想、邓小平理论，具有良好的思想品德，掌握较高的科学文化知识和专业技能。

高等学校学生的合法权益，受法律保护。

第五十四条 高等学校的学生应当按照国家规定缴纳学费。

家庭经济困难的学生，可以申请补助或者减免学费。

第五十五条 国家设立奖学金，并鼓励高等学校、企业事业组织、社会团体以及其他社会组织和个人按照国家有关规定设立各种形式的奖学金，对品学兼优的学生、国家规定的专业的学生以及到国家规定的地区工作的学生给予奖励。

国家设立高等学校学生勤工助学基金和贷学金，并鼓励高等学校、企业事业组织、社会团体以及其他社会组织和个人设立各种形式的助学金，对家庭经济困难的学生提供帮助。

获得贷学金及助学金的学生，应当履行相应的义务。

第五十六条 高等学校的学生在课余时间可以参加社会服务和勤工助学活动，但不得影响学业任务的完成。

高等学校应当对学生的社会服务和勤工助学活动给予鼓励和支持，并进行引导和管理。

第五十七条 高等学校的学生，可以在校内组织学生团体。学生团体在法律、法规规定的范围内活动，服从学校的领导和管理。

第五十八条 高等学校的学生思想品德合格，在规定的修业年限内学完规定的课程，成绩合格或者修满相应的学分，准予毕业。

第五十九条 高等学校应当为毕业生、结业生提供就业指导和服务。

国家鼓励高等学校毕业生到边远、艰苦地区工作。

第七章 高等教育投入和条件保障

第六十条 高等教育实行以举办者投入为主、受教育者合理分担培养成本、高等学校多种渠道筹措经费的机制。

国务院和省、自治区、直辖市人民政府依照教育法第五十六条的规定，保证国家举办的高等教育的经费逐步增长。

国家鼓励企业事业组织、社会团体及其他社会组织和个人向高等教育投入。

第六十一条 高等学校的举办者应当保证稳定的办学经费来源，不得抽回其投入的办学资金。

第六十二条 国务院教育行政部门会同国务院其他有关部门根据在校学生年人均教育成本，规定高等学校年经费开支标准和筹措的基本原则；省、自治区、直辖市人民政府教育行政部门会同有关部门制订本行政区域内高等学校年经费开支标准和筹措办法，作为举办者和高等学校筹措办学经费的基本依据。

第六十三条 国家对高等学校进口图书资料、教学科研设备以及校办产业实行优惠政策。高等学校所办产业或者转让知识产权以及其他科学技术成果获得的收益，用于高等学校办学。

第六十四条 高等学校收取的学费应当按照国家有关规定管理和使用，其他任何组织和个人不得挪用。

第六十五条 高等学校应当依法建立、健全财务管理制度，合理使用、严格管理教育经费，提高教育投资效益。

高等学校的财务活动应当依法接受监督。

第八章 附 则

第六十六条 对高等教育活动中违反教育法规定的，依照教育法的有关规定给予处罚。

第六十七条 中国境外个人符合国家规定的条件并办理有关手续后，可以进入中国境内高等学校学习、研究、进行学术交流或者任教，其合法权益受国家保护。

第六十八条 本法所称高等学校是指大学、独立设置的学院和高等专科学校，其中包括高等职业学校和成人高等学校。

本法所称其他高等教育机构是指除高等学校和经批准承担研究生教育任务的科学研究机构以外的从事高等教育活动的组织。

本法有关高等学校的规定适用于其他高等教育机构和经批准承担研究生教育任务的科学研究机构，但是对高等学校专门适用的规定除外。

第六十九条 本法自 1999 年 1 月 1 日起施行。

高等教育自学考试暂行条例

·1988年3月3日国务院发布
·根据2014年7月29日《国务院关于修改部分行政法规的决定》修订

第一章 总 则

第一条 为建立高等教育自学考试制度,完善高等教育体系,根据宪法第十九条“鼓励自学成才”的规定,制定本条例。

第二条 本条例所称高等教育自学考试,是对自学者进行以学历考试为主的高等教育国家考试,是个人自学、社会助学和国家考试相结合的高等教育形式。

高等教育自学考试的任务,是通过国家考试促进广泛的个人自学和社会助学活动,推进在职专业教育和大学后继续教育,造就和选拔德才兼备的专门人才,提高全民族的思想道德、科学文化素质,适应社会主义现代化建设的需要。

第三条 中华人民共和国公民,不受性别、年龄、民族、种族和已受教育程度的限制,均可依照本条例的规定参加高等教育自学考试。

第四条 高等教育自学考试,应以教育为社会主义建设服务为根本方向,讲求社会效益,保证人才质量。根据经济建设和社会发展的需要,人才需求的科学预测和开考条件的实际可能,设置考试专业。

第五条 高等教育自学考试的专科(基础科)、本科等学历层次,与普通高等学校的学历层次水平的要求应相一致。

第二章 考试机构

第六条 全国高等教育自学考试指导委员会(以下简称“全国考委”)在国家教育委员会领导下,负责全国高等教育自学考试工作。

全国考委由国务院教育、计划、财政、劳动人事部门的负责人,军队和有关人民团体的负责人,以及部分高等学校的校(院)长、专家、学者组成。

全国考委的职责是:

(一)根据国家的教育方针和有关政策、法规,制定高等教育自学考试的具体政策和业务规范;

(二)指导和协调各省、自治区、直辖市的高等教育自学考试工作;

(三)制定高等教育自学考试开考专业的规划,审批开考本科专业;

(四)制定和审定高等教育自学考试专业考试计划、课程自学考试大纲;

(五)根据本条例,对高等教育自学考试的有效性进行审查;

(六)组织高等教育自学考试的研究工作。

国家教育委员会设立高等教育自学考试工作管理机构,该机构同时作为全国考委的日常办事机构。

第七条 全国考委根据工作需要设立若干专业委员会,负责拟订专业考试计划和课程自学考试大纲,组织编写和推荐适合自学的高等教育教材,对本专业考试工作进行业务指导和质量评估。

第八条 省、自治区、直辖市高等教育自学考试委员会(以下简称“省考委”)在省、自治区、直辖市人民政府领导和全国考委指导下进行工作。省考委的组成,参照全国考委的组成确定。

省考委的职责是:

(一)贯彻执行高等教育自学考试的方针、政策、法规和业务规范;

(二)在全国考委关于开考专业的规划和原则的指导下,结合本地实际拟定开考专业,指定主考学校;

(三)组织本地区开考专业的考试工作;

(四)负责本地区应考者的考籍管理,颁发单科合格证书和毕业证书;

(五)指导本地区的社会助学活动;

(六)根据国家教育委员会的委托,对已经批准建校招生的成人高等学校的教学质量,通过考试的方法进行检查。

省、自治区、直辖市教育行政部门设立高等教育自学考试工作管理机构,该机构同时作为省考委的日常办事机构。

第九条 省、自治区人民政府的派出机关所辖地区(以下简称“地区”)、市、直辖市的市辖区高等教育自学考试工作委员会(以下简称“地市考委”)在地区行署或市(区)人民政府领导和省考委的指导下进行工作。

地市考委的职责是:

(一)负责本地区高等教育自学考试的组织

工作；

（二）指导本地区的社会助学活动；

（三）负责组织本地区高等教育自学考试毕业人员的思想品德鉴定工作。

地市考委的日常工作由当地教育行政部门负责。

第十条 主考学校由省考委遴选专业师资力量较强的全日制普通高等学校担任。主考学校在高等教育自学考试工作上接受省考委的领导，参与命题和评卷，负责有关实践性学习环节的考核，在毕业证书上副署，办理省考委交办的其他有关工作。

主考学校应设立高等教育自学考试办事机构，根据任务配备专职工作人员，所需编制列入学校总编制数内，由学校主管部门解决。

第三章 开考专业

第十一条 高等教育自学考试开考专科新专业，由省考委确定；开考本科新专业，由省考委组织有关部门和专家进行论证，并提出申请，报全国考委审批。

第十二条 可以实行省际协作开考新专业。

第十三条 开考新专业必须具备下列条件：

（一）有健全的工作机构、必要的专职人员和经费；

（二）有符合本条例第十条规定的主考学校；

（三）有专业考试计划；

（四）有保证实践性环节考核的必要条件。

第十四条 开考承认学历的新专业，一般应在普通高等学校已有专业目录中选择确定。

第十五条 国务院各部委、各直属机构和军队系统要求开考本系统所需专业的，可以委托省考委组织办理，或由全国考委协调办理。

第十六条 全国考委每年一次集中进行专业审批。省考委应于每年6月底前将申报材料报送全国考委，逾期者延至下一年度重新申报办理。审批结果由全国考委于当年第三季度内下达。凡批准开考的专业均可于次年接受报考，并于首次开考前半年向社会公布开考专业名称和专业考试计划。

第四章 考试办法

第十七条 高等教育自学考试的命题由全国考委统筹安排，分别采取全国统一命题、区域命题、省级命题三种办法。逐步建立题库，实现必要的命题标准化。

试题（包括副题）及参考答案、评分标准启用前属绝密材料。

第十八条 各专业考试计划的安排，专科（基础科）一般为3至4年，本科一般为4至5年。

第十九条 按照专业考试计划的要求，每门课程进行一次性考试。课程考试合格者，发给单科合格证书，并按规定计算学分。不及格者，可参加下一次该门课程的考试。

第二十条 报考人员可在本地区的开考专业范围内，自愿选择考试专业，但根据专业要求对报考对象作职业上必要限制的专业除外。

提倡在职人员按照学用一致的原则选择考试专业。

各级各类全日制学校的在校生不得报考。

第二十一条 报考人员应按本地区的有关规定，到省考委或地市考委指定的单位办理报名手续。

第二十二条 已经取得高等学校研究生、本科生或专科生学历的人员参加高等教育自学考试的，可以按照有关规定免考部分课程。

第二十三条 高等教育自学考试以地区、市、直辖市的市辖区为单位设考场。有条件的，地市考委经省考委批准可在县设考场，由地市考委直接领导。

第五章 考籍管理

第二十四条 高等教育自学考试应考者取得一门课程的单科合格证书后，省考委即应为其建立考籍管理档案。

应考者因户口迁移或工作变动需要转地区或转专业参加考试的，按考籍管理办法办理有关手续。

第二十五条 高等教育自学考试应考者符合下列规定，可以取得毕业证书：

（一）考完专业考试计划规定的全部课程，并取得合格成绩；

（二）完成规定的毕业论文（设计）或其他教学实践任务；

（三）思想品德鉴定合格。

获得专科（基础科）或本科毕业证书者，国家承认其学历。

第二十六条 符合相应学位条件的高等教育自学考试本科毕业人员，由有学位授予权的主考学校依照《中华人民共和国学位条例》的规定，授予相应的学位。

第二十七条 高等教育自学考试应考者毕业时间，为每年的6月和12月。

第六章 社会助学

第二十八条 国家鼓励企业、事业单位和其他社会力量，根据高等教育自学考试的专业考试计划和课程自学考试大纲的要求，通过电视、广播、函授、面授等多种形式开展助学活动。

第二十九条 各种形式的社会助学活动，应当接受高等教育自学考试机构的指导和教育行政部门的管理。

第三十条 高等教育自学考试辅导材料的出版、发行，应遵守国家的有关规定。

第七章 毕业人员的使用与待遇

第三十一条 高等教育自学考试专科(基础科)或本科毕业证书获得者，在职人员由所在单位或其上级主管部门本着用其所学、发挥所长的原则，根据工作需要，调整他们的工作；非在职人员(包括农民)由省、自治区、直辖市劳动人事部门根据需要，在编制和增人指标范围内有计划地择优录用或聘用。

第三十二条 高等教育自学考试毕业证书获得者的工资待遇：非在职人员录用后，与普通高等学校同类毕业生相同；在职人员的工资待遇低于普通高等学校同类毕业生的，从获得毕业证书之日起，按普通高等学校同类毕业生工资标准执行。

第八章 考试经费

第三十三条 县以上各级所需高等教育自学考试经费，按照现行财政管理体制，在教育事业费中列支。地方各级人民政府应妥善安排，予以保证。

第三十四条 各业务部门和军队系统要求开考本部门、本系统所需专业的，须向高等教育自学考试机构提供考试补助费。

第三十五条 高等教育自学考试所收缴的报名费，应用于高等教育自学考试工作，不得挪作他用。

第九章 奖励和处罚

第三十六条 有下列情形之一的个人或单位，可由全国考委或省考委给予奖励：

(一)参加高等教育自学考试成绩特别优异或事迹突出的；

(二)从事高等教育自学考试工作，作出重大贡献的；

(三)从事高等教育自学考试的社会助学工作，取得显著成绩的。

第三十七条 高等教育自学考试应考者在考试中有夹带、传递、抄袭、换卷、代考等舞弊行为以及其他违反考试规则的行为，省考委视情节轻重，分别给予警告、取消考试成绩、停考1至3年的处罚。

第三十八条 高等教育自学考试工作人员和考试组织工作参与人员有下列行为之一的，省考委或其所在单位取消其考试工作人员资格或给予行政处分：

(一)涂改应考者试卷、考试分数及其他考籍档案材料的；

(二)在应考者证明材料中弄虚作假的；

(三)纵容他人实施本条(一)、(二)项舞弊行为的。

第三十九条 有下列破坏高等教育自学考试工作行为之一的个人，由公安机关或司法机关依法追究法律责任：

(一)盗窃或泄露试题及其他有关保密材料的；

(二)扰乱考场秩序不听劝阻的；

(三)利用职权徇私舞弊，情节严重的。

第十章 附 则

第四十条 国家教育委员会根据本条例制定实施细则。

省、自治区、直辖市人民政府可以根据本条例和国家教育委员会的实施细则，制定具体实施办法。

第四十一条 本条例由国家教育委员会负责解释。

第四十二条 本条例自发布之日起施行。

1981年1月13日《国务院批转教育部关于高等教育自学考试试行办法的报告》和1983年5月3

日《国务院批转教育部等部门关于成立全国高等教育自学考试指导委员会的请示的通知》同时废止。

普通高等学校设置暂行条例

·1986年12月15日
·国发〔1986〕108号

第一章 总 则

第一条 为了加强高等教育的宏观管理,保证普通高等学校的教育质量,促进高等教育事业有计划、按比例地协调发展,制定本条例。

第二条 本条例所称的普通高等学校,是指以通过国家规定的专门入学考试的高级中学毕业学生为主要培养对象的全日制大学、独立设置的学院和高等专科学校、高等职业学校。

普通高等学校的设置,由国家教育委员会审批。

第三条 国家教育委员会应当根据经济建设和社会发展的需要、人才需求的科学预测和办学条件的实际可能,编制全国普通高等教育事业发展规划,调整普通高等教育的结构,妥善地处理发展普通高等教育同发展成人高等教育、中等专业教育和基础教育的关系,合理地确定科类和层次。

第四条 国家教育委员会应当根据学校的人才培养目标、招生及分配面向地区以及现有普通高等学校的分布状况等,统筹规划普通高等学校的布局,并注意在高等教育事业需要加强的省、自治区有计划地设置普通高等学校。

第五条 凡通过现有普通高等学校的扩大招生、增设专业、接受委托培养、联合办学及发展成人高等教育等途径,能够基本满足人才需求的,不另行增设普通高等学校。

第二章 设置标准

第六条 设置普通高等学校,应当配备具有较高政治素质和管理高等教育工作的能力、达到大学本科毕业文化水平的专职校(院)长和副校(院)长。同时,还应当配备专职思想政治工作和系科、专业的负责人。

第七条 设置普通高等学校,须按下列规定配备与学校的专业设置、学生人数相适应的合格教师。

(一)大学及学院在建校招生时,各门公共必修课程和专业基础必修课程,至少应当分别配备具有讲师职务以上的专任教师2人;各门专业必修课程,至少应当分别配备具有讲师职务以上的专任教师1人。具有副教授职务以上的专任教师人数,应当不低于本校(院)专任教师总数的百分之十。

(二)高等专科学校及高等职业学校在建校招生时,各门公共必修课程和专业基础必修课程,至少应当分别配备具有讲师职务以上的专任教师2人;各门主要专业课程至少应当分别配备具有讲师职务以上的专任教师1人。具有副教授职务以上的专任教师人数,应当不低于本校专任教师总数的百分之五。

(三)大学及学院的兼任教师人数,应当不超过本校(院)专任教师人数的四分之一;高等专科学校的兼任教师人数,应当不超过本校专任教师的三分之一;高等职业学校的兼任教师人数,应当不超过本校专任教师的二分之一。

少数地区或特殊科类的普通高等学校建校招生,具有副教授职务以上的专任教师达不到(一)、(二)项要求的,需经国家教育委员会批准。

第八条 设置普通高等学校,须有与学校的学科门类和规模相适应的土地和校舍,保证教学、生活、体育锻炼及学校长远发展的需要。普通高等学校的占地面积及校舍建筑面积,参照国家规定的一般高等学校校舍规划面积的定额核算。

普通高等学校的校舍可分期建设,但其可供使用的校舍面积,应当保证各年度招生的需要。

第九条 普通高等学校在建校招生时,大学及学院的适用图书,文科、政法、财经院校应当不少于8万册;理、工、农、医院校应当不少于6万册。高等专科学校及高等职业学校的适用图书,文科、政法、财经学校应当不少于5万册;理、工、农、医学校应当不少于4万册。并应当按照专业性质、学生人数分别配置必需的仪器、设备、标本、模型。

理、工、农院校应当有必需的教学实习工厂或农(林)场和固定的生产实习基地;师范院校应当有附属的实验学校或固定的实习学校;医学院校至少应当有一所附属医院和适应需要的教学医院。

第十条 设置普通高等学校所需的基本建设投资和教育事业费,须有稳定的来源和切实的保证。

第三章 学校名称

第十一条 设置普通高等学校，应当根据学校的人才培养目标、学科门类、规模、领导体制、所在地等，确定名实相符的学校名称。

第十二条 称为大学的，须符合下列规定：

（一）主要培养本科及本科以上专门人才；

（二）在文科（含文学、历史、哲学、艺术）、政法、财经、教育（含体育）、理科、工科、农林、医药等8个学科门类中，以3个以上不同学科为主要学科；

（三）具有较强的教学、科学研究力量和较高的教学、科学研究水平；

（四）全日制在校学生计划规模在5000人以上。但边远地区或有特殊需要，经国家教育委员会批准，可以不受此限。

第十三条 称为学院的，须符合下列规定：

（一）主要培养本科及本科以上专门人才；

（二）以本条例第十二条第（二）项所列学科门类中的一个学科为主要学科；

（三）全日制在校学生计划规模在3000人以上。但艺术、体育及其他特殊科类或有特殊需要的学院，经国家教育委员会批准，可以不受此限。

第十四条 称为高等专科学校的，须符合下列规定：

（一）主要培养高等专科层次的专门人才；

（二）以本条例第十二条第（二）项所列学科门类中的一个学科为主要学科；

（三）全日制在校学生计划规模在1000人以上。但边远地区或有特殊需要的学校，经国家教育委员会批准，可以不受此限。

第十五条 称为高等职业学校的，须符合下列规定：

（一）主要培养高等专科层次的专门人才；

（二）以职业技术教育为主；

（三）全日制在校学生计划规模在1000人以上。但边远地区或有特殊需要的学校，经国家教育委员会批准，可以不受此限。

第四章 审批验收

第十六条 国家教育委员会每年第三季度办理设置普通高等学校的审批手续。设置普通高等学校的主管部门，应当在每年第三季度以前提出申请，逾期则延至下一年度审批时间办理。

第十七条 设置普通高等学校的审批程序，一般分为审批筹建和审批正式建校招生两个阶段。完全具备建校招生条件的，也可以直接申请正式建校招生。

第十八条 设置普通高等学校，应当由学校的主管部门邀请教育、计划、人才需求预测、劳动人事、财政、基本建设等有关部门和专家共同进行论证，并提出论证报告。

论证报告应当包括下列内容：

（一）拟建学校的名称、校址、学科门类、专业设置、人才培养目标、规模、领导体制、招生及分配面向地区；

（二）人才需求预测、办学效益、高等教育的布局；

（三）拟建学校的师资来源、经费来源、基建计划。

第十九条 凡经过论证，确需设置普通高等学校的，按学校隶属关系，由省、自治区、直辖市人民政府或国务院有关部门向国家教育委员会提出筹建普通高等学校申请书，并附交论证报告。

国务院有关部门申请筹建普通高等学校，还应当附交学校所在地的省、自治区、直辖市人民政府的意见书。

第二十条 普通高等学校的筹建期限，从批准之日起，应当不少于1年，但最长不得超过5年。

第二十一条 经批准筹建的普通高等学校，凡符合本条例第二章规定的，按学校隶属关系，由省、自治区、直辖市人民政府或国务院有关部门向国家教育委员会提出正式建校招生申请书，并附交筹建情况报告。

第二十二条 国家教育委员会在接到筹建普通高等学校申请书，或正式建校招生申请书后，应当进行审查，并做出是否准予筹建或正式建校招生的决定。

第二十三条 为保证新建普通高等学校的办学质量，由国家教育委员会或它委托的机构，对新建普通高等学校第一届毕业生进行考核验收。

第二十四条 经批准建立的普通高等学校，从批准正式建校招生之日起10年内，应当达到审定的计划规模及正常的教师配备标准和办学条件。国家教育委员会或它委托的机构负责对此进行审核验收。

第五章 检查处理

第二十五条 凡违反本规定有下列情形之一的,由国家教育委员会区别情况,责令其调整、整顿、停止招生或停办:

(一)虚报条件,筹建或建立普通高等学校的;

(二)擅自筹建或建校招生的;

(三)超过筹建期限,未具备招生条件的;

(四)第一届毕业生经考核验收达不到规定要求的;

(五)在规定期限内,达不到审定的计划规模及正常的教师配备标准和办学条件的。

第六章 附 则

第二十六条 对本条例施行前设置或变更学校名称的普通高等学校,应当参照本条例,进行整顿。整顿办法,由国家教育委员会另行制定。

第二十七条 本条例由国家教育委员会负责解释。

第二十八条 本条例自发布之日起施行。

国务院办公厅关于转发教育部等部门教育部直属师范大学师范生公费教育实施办法的通知

· 2018 年 7 月 30 日

· 国办发〔2018〕75 号

教育部、财政部、人力资源社会保障部、中央编办《教育部直属师范大学师范生公费教育实施办法》已经国务院同意,现印发给你们,请认真贯彻执行。2007 年 5 月 9 日经国务院批准、国务院办公厅转发的《教育部直属师范大学师范生免费教育实施办法(试行)》和 2012 年 1 月 7 日经国务院批准、国务院办公厅转发的《关于完善和推进师范生免费教育的意见》同时废止。

教育部直属师范大学师范生公费教育实施办法

第一章 总 则

第一条 为贯彻落实《中共中央 国务院关于全面深化新时代教师队伍建设改革的意见》,建立健全师范生公费教育制度,吸引优秀人才从教,培养大批有理想信念、有道德情操、有扎实学识、有仁爱之心的“四有”好教师,进一步形成尊师重教的浓厚氛围,特制定本办法。

第二条 本办法所称师范生公费教育是指国家在北京师范大学、华东师范大学、东北师范大学、华中师范大学、陕西师范大学和西南大学六所教育部直属师范大学(以下简称部属师范大学)面向师范专业本科生实行的,由中央财政承担其在校期间学费、住宿费并给予生活费补助的培养管理制度。

第三条 接受师范生公费教育的学生(以下称公费师范生)由部属师范大学按照《师范生公费教育协议》进行教育培养,在校学习期间和毕业后须按照有关协议约定,履行相应的责任和义务。

第二章 选拔录取

第四条 教育部根据各地中小学教师队伍建设实际需要和部属师范大学培养能力,统筹制定每年公费师范生招生计划,确定分专业招生数量,确保招生培养与教师岗位需求有效衔接。

第五条 部属师范大学招收公费师范生实行提前批次录取,重点考察学生的综合素质、职业倾向和从教潜质,择优选拔乐教、适教的优秀高中毕业生加入公费师范生队伍。各地、各部属师范大学要加大政策宣传和引导力度,通过发放招生简章、开展政策宣讲等多种方式,为高中毕业生报考公费师范生营造良好环境。

第六条 部属师范大学根据国家相关政策,制定在校期间公费师范生进入、退出的具体办法。有志从教并符合条件的非师范专业优秀学生,在入学 2 年内,可在教育部和学校核定的公费师范生招生计划内转入师范专业,签订协议并由所在学校按相关标准返还学费、住宿费,补发生活费补助。公费师范生可按照所在学校规定的办法和程序,在师范专业范围内进行二次专业选择。录取后经考察不适合从教的公费师范生,在入学 1 年内,按照规定退还已享受的学费、住宿费和生活费补助,并由所在学校根据当年高考成绩将其调整到符合录取条件的非师范专业。

第三章 履约任教

第七条 公费师范生、部属师范大学和生源所在省份省级教育行政部门签订《师范生公费教育协议》，明确三方权利和义务。公费师范生毕业后一般回生源所在省份中小学任教，并承诺从事中小学教育工作6年以上。到城镇学校工作的公费师范生，应到农村义务教育学校任教服务至少1年。国家鼓励公费师范生长期从教、终身从教。

第八条 公费师范生由于志愿到中西部边远贫困和少数民族地区任教等特殊原因不能回生源所在省份任教的，应届毕业前可申请跨省就业，经所在学校、生源所在省份和接收省份省级教育行政部门审核同意后，按有关规定程序办理跨省就业手续。

第九条 各地要统筹规划，做好接收公费师范生就业的各项工作。省级教育行政部门会同人力资源社会保障部门按照事业单位新进人员实行公开招聘制度的要求，负责组织用人学校与公费师范生在需求岗位范围内进行专项招聘，通过双向选择等方式切实为每位毕业的公费师范生落实任教学校和岗位。

第十条 公费师范生要严格履行协议，未按协议从事中小学教育工作的，须退还已享受的公费教育费用并缴纳违约金。违约退缴资金由省级教育行政部门负责收缴、管理、使用，要专款专用，主要用于公费师范生人事招聘、履约管理、表彰奖励等相关工作。教育部要会同相关部门制定公费师范生履约管理具体办法等相关政策。省级教育行政部门要建立健全公费师范生履约动态跟踪管理机制，建立公费师范生诚信档案。

第十一条 公费师范生因生病、应征入伍等原因不能履行协议的，须提出中止协议申请，经省级教育行政部门同意后，暂缓履约。待情况允许后，经省级教育行政部门核实后可继续履行协议。公费师范生如确因身体原因需终止协议的，按协议约定解除协议。除特殊原因办理休学无法正常毕业等情形以外，公费师范生未按规定时间取得相应学历学位证书和教师资格证书的，按违约处理。

第十二条 公费师范生按协议履约任教满一学期后，可免试攻读非全日制教育硕士专业学位。公费师范生本人向本科就读的部属师范大学提出申请，经任教学校考核合格并批准，部属师范大学根据任教学校工作考核结果、本科学习成绩等进行综合考核后，录取为非全日制硕士研究生，以非全日制形式学习专业课程。任教考核合格并通过论文答辩的，授予相应的学历、学位证书。

除上述情形以外，公费师范生在协议规定服务期内不得报考研究生。

第十三条 公费师范生在协议规定服务期内，经省级教育行政部门同意，可在学校间流动或从事教育管理工作。

第十四条 公费师范生在报考、学习、转专业、就业、读研、任教等环节有弄虚作假或其他违规、违纪行为的，依据有关规定处理。

第四章 激励措施

第十五条 国家根据经济发展水平和财力状况，对公费师范生的生活费补助标准进行动态调整。优秀公费师范生可享受其他非义务性奖学金。鼓励设立公费师范生专项奖学金。支持部属师范大学遴选优秀公费师范生参加国内外交流学习、教学技能比赛等活动。

第十六条 各地要将公费师范生履约任教后的在职培训纳入中小学教师国家级培训计划，落实五年一周期的教师全员培训制度，支持公费师范生专业发展和终身成长。

第十七条 各地要落实乡村教师生活补助、艰苦边远地区津贴等优惠政策，吸引公费师范生毕业后到农村中小学任教。各地和农村学校要为公费师范生到农村任教提供办公场所、周转宿舍等必要的工作生活条件。

第十八条 要把培养优秀中小学教师的工作成效作为评价部属师范大学办学水平的关键指标。对在实施师范生公费教育工作中作出积极贡献的部属师范大学给予政策倾斜，进一步加大对师范专业的支持力度。

第五章 条件保障

第十九条 各地要加强组织领导和制度保障，按照建立“动态调整、周转使用”的事业编制省内统筹调剂使用制度有关要求，通过优先利用空编接收等办法，在现有事业编制总量内，妥善解决公费师范生到中小学任教所需编制。

第二十条 各地、各部门和各有关学校要切实加强协调，建立分工明确的责任管理体系。教育部门牵头负责公费师范生招生培养、就业指导、落实岗位、办理派遣、履约管理等工作；人力资源社会保障部门负责落实公费师范生专项招聘政策等工作；机构编制部门负责在核定的中小学教职工编制总量内落实公费师范生到中小学任教的编制；财政部门负责落实相关经费保障。

第二十一条 各地、各部属师范大学要构建地方政府、中小学校与高校共同培养公费师范生的机制，遴选一批县（区）建设教师教育改革创新实验区，公费师范生主要到实验区中小学进行教育实习。推进部属师范大学统筹各类资源，建设国家教师教育基地，打造公费师范生教育教学技能实训平台，探索优秀教师培养新模式，集中最优质的资源用于公费师范生培养，全面提高公费师范生培养质量。

第二十二条 部属师范大学要根据基础教育发展和课程改革的要求，加强公费师范生师德教育，引导公费师范生树立先进的教育理念，热爱教育事业，坚定长期从教的职业理想，为将来成为优秀教师和教育专家打下牢固根基。要精心制订教育培养方案，实行"双导师"制度，安排中小学名师、高校高水平教师给公费师范生授课。强化实践教学环节，落实公费师范生在校期间教育实践时间累计不少于一个学期的制度。

第二十三条 各地要采取措施，积极引导社会团体、企事业单位、民间组织出资奖励，对毕业后长期从事中小学教育的公费师范生给予鼓励和支持。地方各级教育、机构编制、人力资源社会保障、财政部门应根据本办法，制定实施细则，把师范生公费教育各环节各方面的工作抓紧抓实抓好。

第二十四条 国家发挥部属师范大学师范生公费教育的示范引领作用，建立健全师范生公费教育政策体系。各地可探索免费培养、到岗退费、学费补偿和国家助学贷款代偿等多种方式，开展地方师范生公费教育，具体办法由省级人民政府制定，所需经费由地方财政统筹落实。

第二十五条 各级教育督导部门要将师范生公费教育工作纳入督导内容，加强督导检查并通报督导情况。教育部会同相关部门按照国家有关规定，对师范生公费教育工作成绩突出的单位予以表彰，并及时总结推广成功经验。

第六章 附 则

第二十六条 本办法适用于签订《师范生公费教育协议》的公费师范生。原签订《师范生免费教育协议》且正在履约任教的免费师范生，一律依照公费师范生政策管理，相关各方权利和义务以签订补充协议的方式予以明确；违反《师范生免费教育协议》或已经按照规定程序解除协议的，不适用本办法。

第二十七条 本办法自印发之日起施行。

国务院办公厅关于进一步支持大学生创新创业的指导意见

· 2021 年 9 月 22 日
· 国办发〔2021〕35 号

各省、自治区、直辖市人民政府，国务院各部委、各直属机构：

纵深推进大众创业万众创新是深入实施创新驱动发展战略的重要支撑，大学生是大众创业万众创新的生力军，支持大学生创新创业具有重要意义。近年来，越来越多的大学生投身创新创业实践，但也面临融资难、经验少、服务不到位等问题。为提升大学生创新创业能力、增强创新活力，进一步支持大学生创新创业，经国务院同意，现提出以下意见。

一、总体要求

以习近平新时代中国特色社会主义思想为指导，深入贯彻落实党的十九大和十九届二中、三中、四中、五中全会精神，全面贯彻党的教育方针，落实立德树人根本任务，立足新发展阶段、贯彻新发展理念、构建新发展格局，坚持创新引领创业、创业带动就业，支持在校大学生提升创新创业能力，支持高校毕业生创业就业，提升人力资源素质，促进大学生全面发展，实现大学生更加充分更高质量就业。

二、提升大学生创新创业能力

（一）将创新创业教育贯穿人才培养全过程。深化高校创新创业教育改革，健全课堂教学、自主学习、结合实践、指导帮扶、文化引领融为一体的高校创新创业教育体系，增强大学生的创新精神、创业意识和创新创业能力。建立以创新创业为导向的新型人才培养模式，健全校校、校企、校地、校所协同的创新创业人才培养机制，打造一批创新创业教育特色示范课程。（教育部牵头，人力资源社会保障部等按职责分工负责）

（二）提升教师创新创业教育教学能力。强化高校教师创新创业教育教学能力和素养培训，改革教学方法和考核方式，推动教师把国际前沿学术发展、最新研究成果和实践经验融入课堂教学。完善高校双创指导教师到行业企业挂职锻炼的保障激励政策。实施高校双创校外导师专项人才计划，探索实施驻校企业家制度，吸引更多各行各业优秀人才担任双创导师。支持建设一批双创导师培训基地，定期开展培训。（教育部牵头，人力资源社会保障部等按职责分工负责）

（三）加强大学生创新创业培训。打造一批高校创新创业培训活动品牌，创新培训模式，面向大学生开展高质量、有针对性的创新创业培训，提升大学生创新创业能力。组织双创导师深入校园举办创业大讲堂，进行创业政策解读、经验分享、实践指导等。支持各类创新创业大赛对大学生创业者给予倾斜。（人力资源社会保障部、教育部等按职责分工负责）

三、优化大学生创新创业环境

（四）降低大学生创新创业门槛。持续提升企业开办服务能力，为大学生创业提供高效便捷的登记服务。推动众创空间、孵化器、加速器、产业园全链条发展，鼓励各类孵化器面向大学生创新创业团队开放一定比例的免费孵化空间，并将开放情况纳入国家级科技企业孵化器考核评价，降低大学生创新创业团队入驻条件。政府投资开发的孵化器等创业载体应安排30%左右的场地，免费提供给高校毕业生。有条件的地方可对高校毕业生到孵化器创业给予租金补贴。（科技部、教育部、市场监管总局等和地方各级人民政府按职责分工负责）

（五）便利化服务大学生创新创业。完善科技创新资源开放共享平台，强化对大学生的技术创新服务。各地区、各高校和科研院所的实验室以及科研仪器、设施等科技创新资源可以面向大学生开放共享，提供低价、优质的专业服务，支持大学生创新创业。支持行业企业面向大学生发布企业需求清单，引导大学生精准创新创业。鼓励国有大中型企业面向高校和大学生发布技术创新需求，开展“揭榜挂帅”。（科技部、发展改革委、教育部、国资委等按职责分工负责）

（六）落实大学生创新创业保障政策。落实大学生创业帮扶政策，加大对创业失败大学生的扶持力度，按规定提供就业服务、就业援助和社会救助。加强政府支持引导，发挥市场主渠道作用，鼓励有条件的地方探索建立大学生创业风险救助机制，可采取创业风险补贴、商业险保费补助等方式予以支持，积极研究更加精准、有效的帮扶措施，及时总结经验、适时推广。毕业后创业的大学生可按规定缴纳“五险一金”，减少大学生创业的后顾之忧。（人力资源社会保障部、教育部、财政部、民政部、医保局等和地方各级人民政府按职责分工负责）

四、加强大学生创新创业服务平台建设

（七）建强高校创新创业实践平台。充分发挥大学科技园、大学生创业园、大学生创客空间等校内创新创业实践平台作用，面向在校大学生免费开放，开展专业化孵化服务。结合学校学科专业特色优势，联合有关行业企业建设一批校外大学生双创实践教学基地，深入实施大学生创新创业训练计划。（教育部、科技部、人力资源社会保障部等按职责分工负责）

（八）提升大众创业万众创新示范基地带动作用。加强双创示范基地建设，深入实施创业就业“校企行”专项行动，推动企业示范基地和高校示范基地结对共建、建立稳定合作关系。指导高校示范基地所在城市主动规划和布局高校周边产业，积极承接大学生创新成果和人才等要素，打造“城校共生”的创新创业生态。推动中央企业、科研院所和相关公共服务机构利用自身技术、人才、场地、资本等优势，为大学生建设集研发、孵化、投资等于一体的创业创新培育中心、互联网双创平台、孵化器和科技产业园区。（发展改革委、教育部、科技部、国资委等按职责分工负责）

五、推动落实大学生创新创业财税扶持政策

（九）继续加大对高校创新创业教育的支持力度。在现有基础上，加大教育部中央彩票公益金大学生创新创业教育发展资金支持力度。加大中央高校教育教学改革专项资金支持力度，将创新创业教育和大学生创新创业情况作为资金分配重要因素。（财政部、教育部等按职责分工负责）

（十）落实落细减税降费政策。高校毕业生在毕业年度内从事个体经营，符合规定条件的，在3年内按一定限额依次扣减其当年实际应缴纳的增值税、城市维护建设税、教育费附加、地方教育附加和个人所得税；对月销售额15万元以下的小规模纳税人免征增值税，对小微企业和个体工商户按规定减免所得税。对创业投资企业、天使投资人投资于未上市的中小高新技术企业以及种子期、初创期科技型企业的投资额，按规定抵扣所得税应纳税所得额。对国家级、省级科技企业孵化器和大学科技园以及国家备案众创空间按规定免征增值税、房产税、城镇土地使用税。做好纳税服务，建立对接机制，强化精准支持。（财政部、税务总局等按职责分工负责）

六、加强对大学生创新创业的金融政策支持

（十一）落实普惠金融政策。鼓励金融机构按照市场化、商业可持续原则对大学生创业项目提供金融服务，解决大学生创业融资难题。落实创业担保贷款政策及贴息政策，将高校毕业生个人最高贷款额度提高至 20 万元，对 10 万元以下贷款、获得设区的市级以上荣誉的高校毕业生创业者免除反担保要求；对高校毕业生设立的符合条件的小微企业，最高贷款额度提高至 300 万元；降低贷款利率，简化贷款申报审核流程，提高贷款便利性，支持符合条件的高校毕业生创业就业。鼓励和引导金融机构加快产品和服务创新，为符合条件的大学生创业项目提供金融服务。（财政部、人力资源社会保障部、人民银行、银保监会等按职责分工负责）

（十二）引导社会资本支持大学生创新创业。充分发挥社会资本作用，以市场化机制促进社会资源与大学生创新创业需求更好对接，引导创新创业平台投资基金和社会资本参与大学生创业项目早期投资与投智，助力大学生创新创业项目健康成长。加快发展天使投资，培育一批天使投资人和创业投资机构。发挥财政政策作用，落实税收政策，支持天使投资、创业投资发展，推动大学生创新创业。（发展改革委、财政部、税务总局、证监会等按职责分工负责）

七、促进大学生创新创业成果转化

（十三）完善成果转化机制。研究设立大学生创新创业成果转化服务机构，建立相关成果与行业产业对接长效机制，促进大学生创新创业成果在有关行业企业推广应用。做好大学生创新项目的知识产权确权、保护等工作，强化激励导向，加快落实以增加知识价值为导向的分配政策，落实成果转化奖励和收益分配办法。加强面向大学生的科技成果转化培训课程建设。（科技部、教育部、知识产权局等按职责分工负责）

（十四）强化成果转化服务。推动地方、企业和大学生创新创业团队加强合作对接，拓宽成果转化渠道，为创新成果转化和创业项目落地提供帮助。鼓励国有大中型企业和产教融合型企业利用孵化器、产业园等平台，支持高校科技成果转化，促进高校科技成果和大学生创新创业项目落地发展。汇集政府、企业、高校及社会资源，加强对中国国际“互联网+”大学生创新创业大赛中涌现的优秀创新创业项目的后续跟踪支持，落实科技成果转化相关税收优惠政策，推动一批大赛优秀项目落地，支持获奖项目成果转化，形成大学生创新创业示范效应。（教育部、科技部、发展改革委、财政部、国资委、税务总局等按职责分工负责）

八、办好中国国际“互联网+”大学生创新创业大赛

（十五）完善大赛可持续发展机制。鼓励省级人民政府积极承办大赛，压实主办职责，进一步加强组织领导和综合协调，落实配套支持政策和条件保障。坚持政府引导、公益支持，支持行业企业深化赛事合作，拓宽办赛资金筹措渠道，适当增加大赛冠名赞助经费额度。充分利用市场化方式，研究推动中央企业、社会资本发起成立中国国际“互联网+”大学生创新创业大赛项目专项发展基金。（教育部、国资委、证监会、建设银行等按职责分工负责）

（十六）打造创新创业大赛品牌。强化大赛创新创业教育实践平台作用，鼓励各学段学生积极参赛。坚持以赛促教、以赛促学、以赛促创，丰富竞赛形式和内容。建立健全中国国际“互联网+”大学生创新创业大赛与各级各类创新创业比赛联动机制，推进大赛国际化进程，搭建全球性创新创业竞赛平台，深化创新创业教育国际交流合作。（教育部等按职责分工负责）

九、加强大学生创新创业信息服务

（十七）建立大学生创新创业信息服务平台。汇集创新创业帮扶政策、产业激励政策和全国创新创业教育优质资源，加强信息资源整合，做好国家和地方的政策发布、解读等工作。及时收集国家、区域、行业需求，为大学生精准推送行业和市场动向等信息。加强对创新创业大学生和项目的跟踪、服务，畅通供需对接渠道，支持各地积极举

办大学生创新创业项目需求与投融资对接会。(教育部、发展改革委、人力资源社会保障部等按职责分工负责)

(十八)加强宣传引导。大力宣传加强高校创新创业教育、促进大学生创新创业的必要性、重要性。及时总结推广各地区、各高校的好经验好做法,选树大学生创新创业成功典型,丰富宣传形式,培育创客文化,营造敢为人先、宽容失败的环境,形成支持大学生创新创业的社会氛围。做好政策宣传宣讲,推动大学生用足用好税费减免、企业登记等支持政策。(教育部、中央宣传部牵头,地方各级人民政府、各有关部门按职责分工负责)

各地区、各有关部门要认真贯彻落实党中央、国务院决策部署,抓好本意见的贯彻落实。教育部要会同有关部门加强协调指导,督促支持大学生创新创业各项政策的落实,加强经验交流和推广。地方各级人民政府要加强组织领导,深入了解情况,优化创新创业环境,积极研究制定和落实支持大学生创新创业的政策措施,及时帮助大学生解决实际问题。

普通高等学校学生管理规定

· 2017 年 2 月 4 日教育部令第 41 号公布

· 自 2017 年 9 月 1 日起施行

第一章 总 则

第一条 为规范普通高等学校学生管理行为,维护普通高等学校正常的教育教学秩序和生活秩序,保障学生合法权益,培养德、智、体、美等方面全面发展的社会主义建设者和接班人,依据教育法、高等教育法以及有关法律、法规,制定本规定。

第二条 本规定适用于普通高等学校、承担研究生教育任务的科学研究机构(以下称学校)对接受普通高等学历教育的研究生和本科、专科(高职)学生(以下称学生)的管理。

第三条 学校要坚持社会主义办学方向,坚持马克思主义的指导地位,全面贯彻国家教育方针;要坚持以立德树人为根本,以理想信念教育为核心,培育和践行社会主义核心价值观,弘扬中华优秀传统文化和革命文化、社会主义先进文化,培养学生的社会责任感、创新精神和实践能力;要坚持依法治校,科学管理,健全和完善管理制度,规范管理行为,将管理与育人相结合,不断提高管理和服务水平。

第四条 学生应当拥护中国共产党领导,努力学习马克思列宁主义、毛泽东思想、中国特色社会主义理论体系,深入学习习近平总书记系列重要讲话精神和治国理政新理念新思想新战略,坚定中国特色社会主义道路自信、理论自信、制度自信、文化自信,树立中国特色社会主义共同理想;应当树立爱国主义思想,具有团结统一、爱好和平、勤劳勇敢、自强不息的精神;应当增强法治观念,遵守宪法、法律、法规,遵守公民道德规范,遵守学校管理制度,具有良好的道德品质和行为习惯;应当刻苦学习,勇于探索,积极实践,努力掌握现代科学文化知识和专业技能;应当积极锻炼身体,增进身心健康,提高个人修养,培养审美情趣。

第五条 实施学生管理,应当尊重和保护学生的合法权利,教育和引导学生承担应尽的义务与责任,鼓励和支持学生实行自我管理、自我服务、自我教育、自我监督。

第二章 学生的权利与义务

第六条 学生在校期间依法享有下列权利:

(一)参加学校教育教学计划安排的各项活动,使用学校提供的教育教学资源;

(二)参加社会实践、志愿服务、勤工助学、文娱体育及科技文化创新等活动,获得就业创业指导和服务;

(三)申请奖学金、助学金及助学贷款;

(四)在思想品德、学业成绩等方面获得科学、公正评价,完成学校规定学业后获得相应的学历证书、学位证书;

(五)在校内组织、参加学生团体,以适当方式参与学校管理,对学校与学生权益相关事务享有知情权、参与权、表达权和监督权;

(六)对学校给予的处理或者处分有异议,向学校、教育行政部门提出申诉,对学校、教职员工侵犯其人身权、财产权等合法权益的行为,提出申诉或者依法提起诉讼;

(七)法律、法规及学校章程规定的其他权利。

第七条 学生在校期间依法履行下列义务:

(一)遵守宪法和法律、法规;

(二)遵守学校章程和规章制度;

（三）恪守学术道德，完成规定学业；

（四）按规定缴纳学费及有关费用，履行获得贷学金及助学金的相应义务；

（五）遵守学生行为规范，尊敬师长，养成良好的思想品德和行为习惯；

（六）法律、法规及学校章程规定的其他义务。

第三章　学籍管理

第一节　入学与注册

第八条　按国家招生规定录取的新生，持录取通知书，按学校有关要求和规定的期限到校办理入学手续。因故不能按期入学的，应当向学校请假。未请假或者请假逾期的，除因不可抗力等正当事由以外，视为放弃入学资格。

第九条　学校应当在报到时对新生入学资格进行初步审查，审查合格的办理入学手续，予以注册学籍；审查发现新生的录取通知、考生信息等证明材料，与本人实际情况不符，或者有其他违反国家招生考试规定情形的，取消入学资格。

第十条　新生可以申请保留入学资格。保留入学资格期间不具有学籍。保留入学资格的条件、期限等由学校规定。

新生保留入学资格期满前应向学校申请入学，经学校审查合格后，办理入学手续。审查不合格的，取消入学资格；逾期不办理入学手续且未有因不可抗力延迟等正当理由的，视为放弃入学资格。

第十一条　学生入学后，学校应当在 3 个月内按照国家招生规定进行复查。复查内容主要包括以下方面：

（一）录取手续及程序等是否合乎国家招生规定；

（二）所获得的录取资格是否真实、合乎相关规定；

（三）本人及身份证明与录取通知、考生档案等是否一致；

（四）身心健康状况是否符合报考专业或者专业类别体检要求，能否保证在校正常学习、生活；

（五）艺术、体育等特殊类型录取学生的专业水平是否符合录取要求。

复查中发现学生存在弄虚作假、徇私舞弊等情形的，确定为复查不合格，应当取消学籍；情节严重的，学校应当移交有关部门调查处理。

复查中发现学生身心状况不适宜在校学习，经学校指定的二级甲等以上医院诊断，需要在家休养的，可以按照第十条的规定保留入学资格。

复查的程序和办法，由学校规定。

第十二条　每学期开学时，学生应当按学校规定办理注册手续。不能如期注册的，应当履行暂缓注册手续。未按学校规定缴纳学费或者有其他不符合注册条件的，不予注册。

家庭经济困难的学生可以申请助学贷款或者其他形式资助，办理有关手续后注册。

学校应当按照国家有关规定为家庭经济困难学生提供教育救助，完善学生资助体系，保证学生不因家庭经济困难而放弃学业。

第二节　考核与成绩记载

第十三条　学生应当参加学校教育教学计划规定的课程和各种教育教学环节（以下统称课程）的考核，考核成绩记入成绩册，并归入学籍档案。

考核分为考试和考查两种。考核和成绩评定方式，以及考核不合格的课程是否重修或者补考，由学校规定。

第十四条　学生思想品德的考核、鉴定，以本规定第四条为主要依据，采取个人小结、师生民主评议等形式进行。

学生体育成绩评定要突出过程管理，可以根据考勤、课内教学、课外锻炼活动和体质健康等情况综合评定。

第十五条　学生每学期或者每学年所修课程或者应修学分数以及升级、跳级、留级、降级等要求，由学校规定。

第十六条　学生根据学校有关规定，可以申请辅修校内其他专业或者选修其他专业课程；可以申请跨校辅修专业或者修读课程，参加学校认可的开放式网络课程学习。学生修读的课程成绩（学分），学校审核同意后，予以承认。

第十七条　学生参加创新创业、社会实践等活动以及发表论文、获得专利授权等与专业学习、学业要求相关的经历、成果，可以折算为学分，计入学业成绩。具体办法由学校规定。

学校应当鼓励、支持和指导学生参加社会实践、创新创业活动，可以建立创新创业档案、设置创新创业学分。

第十八条　学校应当健全学生学业成绩和学

籍档案管理制度，真实、完整地记载、出具学生学业成绩，对通过补考、重修获得的成绩，应当予以标注。

学生严重违反考核纪律或者作弊的，该课程考核成绩记为无效，并应视其违纪或者作弊情节，给予相应的纪律处分。给予警告、严重警告、记过及留校察看处分的，经教育表现较好，可以对该课程给予补考或者重修机会。

学生因退学等情况中止学业，其在校学习期间所修课程及已获得学分，应当予以记录。学生重新参加入学考试、符合录取条件，再次入学的，其已获得学分，经录取学校认定，可以予以承认。具体办法由学校规定。

第十九条 学生应当按时参加教育教学计划规定的活动。不能按时参加的，应当事先请假并获得批准。无故缺席的，根据学校有关规定给予批评教育，情节严重的，给予相应的纪律处分。

第二十条 学校应当开展学生诚信教育，以适当方式记录学生学业、学术、品行等方面的诚信信息，建立对失信行为的约束和惩戒机制；对有严重失信行为的，可以规定给予相应的纪律处分，对违背学术诚信的，可以对其获得学位及学术称号、荣誉等作出限制。

第三节　转专业与转学

第二十一条 学生在学习期间对其他专业有兴趣和专长的，可以申请转专业；以特殊招生形式录取的学生，国家有相关规定或者录取前与学校有明确约定的，不得转专业。

学校应当制定学生转专业的具体办法，建立公平、公正的标准和程序，健全公示制度。学校根据社会对人才需求情况的发展变化，需要适当调整专业的，应当允许在读学生转到其他相关专业就读。

休学创业或退役后复学的学生，因自身情况需要转专业的，学校应当优先考虑。

第二十二条 学生一般应当在被录取学校完成学业。因患病或者有特殊困难、特别需要，无法继续在本校学习或者不适应本校学习要求的，可以申请转学。有下列情形之一，不得转学：

（一）入学未满一学期或者毕业前一年的；

（二）高考成绩低于拟转入学校相关专业同一生源地相应年份录取成绩的；

（三）由低学历层次转为高学历层次的；

（四）以定向就业招生录取的；

（五）研究生拟转入学校、专业的录取控制标准高于其所在学校、专业的；

（六）无正当转学理由的。

学生因学校培养条件改变等非本人原因需要转学的，学校应当出具证明，由所在地省级教育行政部门协调转学到同层次学校。

第二十三条 学生转学由学生本人提出申请，说明理由，经所在学校和拟转入学校同意，由转入学校负责审核转学条件及相关证明，认为符合本校培养要求且学校有培养能力的，经学校校长办公会或者专题会议研究决定，可以转入。研究生转学还应当经拟转入专业导师同意。

跨省转学的，由转出地省级教育行政部门商转入地省级教育行政部门，按转学条件确认后办理转学手续。须转户口的由转入地省级教育行政部门将有关文件抄送转入学校所在地的公安机关。

第二十四条 学校应当按照国家有关规定，建立健全学生转学的具体办法；对转学情况应当及时进行公示，并在转学完成后 3 个月内，由转入学校报所在地省级教育行政部门备案。

省级教育行政部门应当加强对区域内学校转学行为的监督和管理，及时纠正违规转学行为。

第四节　休学与复学

第二十五条 学生可以分阶段完成学业，除另有规定外，应当在学校规定的最长学习年限（含休学和保留学籍）内完成学业。

学生申请休学或者学校认为应当休学的，经学校批准，可以休学。休学次数和期限由学校规定。

第二十六条 学校可以根据情况建立并实行灵活的学习制度。对休学创业的学生，可以单独规定最长学习年限，并简化休学批准程序。

第二十七条 新生和在校学生应征参加中国人民解放军（含中国人民武装警察部队），学校应当保留其入学资格或者学籍至退役后 2 年。

学生参加学校组织的跨校联合培养项目，在联合培养学校学习期间，学校同时为其保留学籍。

学生保留学籍期间，与其实际所在的部队、学校等组织建立管理关系。

第二十八条 休学学生应当办理手续离校。学生休学期间，学校应为其保留学籍，但不享受在校学习学生待遇。因病休学学生的医疗费按国家及当地的有关规定处理。

第二十九条 学生休学期满前应当在学校规定的期限内提出复学申请，经学校复查合格，方可复学。

第五节 退 学

第三十条 学生有下列情形之一，学校可予退学处理：

（一）学业成绩未达到学校要求或者在学校规定的学习年限内未完成学业的；

（二）休学、保留学籍期满，在学校规定期限内未提出复学申请或者申请复学经复查不合格的；

（三）根据学校指定医院诊断，患有疾病或者意外伤残不能继续在校学习的；

（四）未经批准连续两周未参加学校规定的教学活动的；

（五）超过学校规定期限未注册而又未履行暂缓注册手续的；

（六）学校规定的不能完成学业、应予退学的其他情形。

学生本人申请退学的，经学校审核同意后，办理退学手续。

第三十一条 退学学生，应当按学校规定期限办理退学手续离校。退学的研究生，按已有毕业学历和就业政策可以就业的，由学校报所在地省级毕业生就业部门办理相关手续；在学校规定期限内没有聘用单位的，应当办理退学手续离校。

退学学生的档案由学校退回其家庭所在地，户口应当按照国家相关规定迁回原户籍地或者家庭户籍所在地。

第六节 毕业与结业

第三十二条 学生在学校规定学习年限内，修完教育教学计划规定内容，成绩合格，达到学校毕业要求的，学校应当准予毕业，并在学生离校前发给毕业证书。

符合学位授予条件的，学位授予单位应当颁发学位证书。

学生提前完成教育教学计划规定内容，获得毕业所要求的学分，可以申请提前毕业。学生提前毕业的条件，由学校规定。

第三十三条 学生在学校规定学习年限内，修完教育教学计划规定内容，但未达到学校毕业要求的，学校可以准予结业，发给结业证书。

结业后是否可以补考、重修或者补作毕业设计、论文、答辩，以及是否颁发毕业证书、学位证书，由学校规定。合格后颁发的毕业证书、学位证书，毕业时间、获得学位时间按发证日期填写。

对退学学生，学校应当发给肄业证书或者写实性学习证明。

第七节 学业证书管理

第三十四条 学校应当严格按照招生时确定的办学类型和学习形式，以及学生招生录取时填报的个人信息，填写、颁发学历证书、学位证书及其他学业证书。

学生在校期间变更姓名、出生日期等证书需填写的个人信息的，应当有合理、充分的理由，并提供有法定效力的相应证明文件。学校进行审查，需要学生生源地省级教育行政部门及有关部门协助核查的，有关部门应当予以配合。

第三十五条 学校应当执行高等教育学籍学历电子注册管理制度，完善学籍学历信息管理办法，按相关规定及时完成学生学籍学历电子注册。

第三十六条 对完成本专业学业同时辅修其他专业并达到该专业辅修要求的学生，由学校发给辅修专业证书。

第三十七条 对违反国家招生规定取得入学资格或者学籍的，学校应当取消其学籍，不得发给学历证书、学位证书；已发的学历证书、学位证书，学校应当依法予以撤销。对以作弊、剽窃、抄袭等学术不端行为或者其他不正当手段获得学历证书、学位证书的，学校应当依法予以撤销。

被撤销学历证书、学位证书已注册的，学校应当予以注销并报教育行政部门宣布无效。

第三十八条 学历证书和学位证书遗失或者损坏，经本人申请，学校核实后应当出具相应的证明书。证明书与原证书具有同等效力。

第四章 校园秩序与课外活动

第三十九条 学校、学生应当共同维护校园正常秩序，保障学校环境安全、稳定，保障学生的正常学习和生活。

第四十条 学校应当建立和完善学生参与管理的组织形式，支持和保障学生依法、依章程参与学校管理。

第四十一条 学生应当自觉遵守公民道德规范,自觉遵守学校管理制度,创造和维护文明、整洁、优美、安全的学习和生活环境,树立安全风险防范和自我保护意识,保障自身合法权益。

第四十二条 学生不得有酗酒、打架斗殴、赌博、吸毒,传播、复制、贩卖非法书刊和音像制品等违法行为;不得参与非法传销和进行邪教、封建迷信活动;不得从事或者参与有损大学生形象、有悖社会公序良俗的活动。

学校发现学生在校内有违法行为或者严重精神疾病可能对他人造成伤害的,可以依法采取或者协助有关部门采取必要措施。

第四十三条 学校应当坚持教育与宗教相分离原则。任何组织和个人不得在学校进行宗教活动。

第四十四条 学校应当建立健全学生代表大会制度,为学生会、研究生会等开展活动提供必要条件,支持其在学生管理中发挥作用。

学生可以在校内成立、参加学生团体。学生成立团体,应当按学校有关规定提出书面申请,报学校批准并施行登记和年检制度。

学生团体应当在宪法、法律、法规和学校管理制度范围内活动,接受学校的领导和管理。学生团体邀请校外组织、人员到校举办讲座等活动,需经学校批准。

第四十五条 学校提倡并支持学生及学生团体开展有益于身心健康、成长成才的学术、科技、艺术、文娱、体育等活动。

学生进行课外活动不得影响学校正常的教育教学秩序和生活秩序。

学生参加勤工助学活动应当遵守法律、法规以及学校、用工单位的管理制度,履行勤工助学活动的有关协议。

第四十六条 学生举行大型集会、游行、示威等活动,应当按法律程序和有关规定获得批准。对未获批准的,学校应当依法劝阻或者制止。

第四十七条 学生应当遵守国家和学校关于网络使用的有关规定,不得登录非法网站和传播非法文字、音频、视频资料等,不得编造或者传播虚假、有害信息;不得攻击、侵入他人计算机和移动通讯网络系统。

第四十八条 学校应当建立健全学生住宿管理制度。学生应当遵守学校关于学生住宿管理的规定。鼓励和支持学生通过制定公约,实施自我管理。

第五章 奖励与处分

第四十九条 学校、省(区、市)和国家有关部门应当对在德、智、体、美等方面全面发展或者在思想品德、学业成绩、科技创造、体育竞赛、文艺活动、志愿服务及社会实践等方面表现突出的学生,给予表彰和奖励。

第五十条 对学生的表彰和奖励可以采取授予"三好学生"称号或者其他荣誉称号、颁发奖学金等多种形式,给予相应的精神鼓励或者物质奖励。

学校对学生予以表彰和奖励,以及确定推荐免试研究生、国家奖学金、公派出国留学人选等赋予学生利益的行为,应当建立公开、公平、公正的程序和规定,建立和完善相应的选拔、公示等制度。

第五十一条 对有违反法律法规、本规定以及学校纪律行为的学生,学校应当给予批评教育,并可视情节轻重,给予如下纪律处分:

(一)警告;

(二)严重警告;

(三)记过;

(四)留校察看;

(五)开除学籍。

第五十二条 学生有下列情形之一,学校可以给予开除学籍处分:

(一)违反宪法,反对四项基本原则、破坏安定团结、扰乱社会秩序的;

(二)触犯国家法律,构成刑事犯罪的;

(三)受到治安管理处罚,情节严重、性质恶劣的;

(四)代替他人或者让他人代替自己参加考试、组织作弊、使用通讯设备或其他器材作弊、向他人出售考试试题或答案牟取利益,以及其他严重作弊或扰乱考试秩序行为的;

(五)学位论文、公开发表的研究成果存在抄袭、篡改、伪造等学术不端行为,情节严重的,或者参与代写论文、买卖论文的;

(六)违反本规定和学校规定,严重影响学校教育教学秩序、生活秩序以及公共场所管理秩序的;

(七)侵害其他个人、组织合法权益,造成严重后果的;

（八）屡次违反学校规定受到纪律处分，经教育不改的。

第五十三条 学校对学生作出处分，应当出具处分决定书。处分决定书应当包括下列内容：

（一）学生的基本信息；

（二）作出处分的事实和证据；

（三）处分的种类、依据、期限；

（四）申诉的途径和期限；

（五）其他必要内容。

第五十四条 学校给予学生处分，应当坚持教育与惩戒相结合，与学生违法、违纪行为的性质和过错的严重程度相适应。学校对学生的处分，应当做到证据充分、依据明确、定性准确、程序正当、处分适当。

第五十五条 在对学生作出处分或者其他不利决定之前，学校应当告知学生作出决定的事实、理由及依据，并告知学生享有陈述和申辩的权利，听取学生的陈述和申辩。

处理、处分决定以及处分告知书等，应当直接送达学生本人，学生拒绝签收的，可以以留置方式送达；已离校的，可以采取邮寄方式送达；难于联系的，可以利用学校网站、新闻媒体等以公告方式送达。

第五十六条 对学生作出取消入学资格、取消学籍、退学、开除学籍或者其他涉及学生重大利益的处理或者处分决定的，应当提交校长办公会或者校长授权的专门会议研究决定，并应当事先进行合法性审查。

第五十七条 除开除学籍处分以外，给予学生处分一般应当设置6到12个月期限，到期按学校规定程序予以解除。解除处分后，学生获得表彰、奖励及其他权益，不再受原处分的影响。

第五十八条 对学生的奖励、处理、处分及解除处分材料，学校应当真实完整地归入学校文书档案和本人档案。

被开除学籍的学生，由学校发给学习证明。学生按学校规定期限离校，档案由学校退回其家庭所在地，户口应当按照国家相关规定迁回原户籍地或者家庭户籍所在地。

第六章　学生申诉

第五十九条 学校应当成立学生申诉处理委员会，负责受理学生对处理或者处分决定不服提起的申诉。

学生申诉处理委员会应当由学校相关负责人、职能部门负责人、教师代表、学生代表、负责法律事务的相关机构负责人等组成；有条件的学校可以聘请校外法律、教育等方面专家参加。

学校应当制定学生申诉的具体办法，健全学生申诉处理委员会的组成与工作规则，提供必要条件，保证其能够客观、公正地履行职责。

第六十条 学生对学校的处理或者处分决定有异议的，可以在接到学校处理或者处分决定书之日起10日内，向学校学生申诉处理委员会提出书面申诉。

第六十一条 学生申诉处理委员会对学生提出的申诉进行复查，并在接到书面申诉之日起15日内作出复查结论并告知申诉人。情况复杂不能在规定限期内作出结论的，经学校负责人批准，可延长15日。学生申诉处理委员会认为必要的，可以建议学校暂缓执行有关决定。

学生申诉处理委员会经复查，认为做出处理或者处分的事实、依据、程序等存在不当，可以作出建议撤销或变更的复查意见，要求相关职能部门予以研究，重新提交校长办公会或者专门会议作出决定。

第六十二条 学生对复查决定有异议的，在接到学校复查决定书之日起15日内，可以向学校所在地省级教育行政部门提出书面申诉。

省级教育行政部门应当在接到学生书面申诉之日起30个工作日内，对申诉人的问题给予处理并作出决定。

第六十三条 省级教育行政部门在处理因对学校处理或者处分决定不服提起的学生申诉时，应当听取学生和学校的意见，并可根据需要进行必要的调查。根据审查结论，区别不同情况，分别作出下列处理：

（一）事实清楚、依据明确、定性准确、程序正当、处分适当的，予以维持；

（二）认定事实不存在，或者学校超越职权、违反上位法规定作出决定的，责令学校予以撤销；

（三）认定事实清楚，但认定情节有误、定性不准确，或者适用依据有错误的，责令学校变更或者重新作出决定；

（四）认定事实不清、证据不足，或者违反本规定以及学校规定的程序和权限的，责令学校重新作出决定。

第六十四条 自处理、处分或者复查决定书送达之日起,学生在申诉期内未提出申诉的视为放弃申诉,学校或者省级教育行政部门不再受理其提出的申诉。

处理、处分或者复查决定书未告知学生申诉期限的,申诉期限自学生知道或者应当知道处理或者处分决定之日起计算,但最长不得超过6个月。

第六十五条 学生认为学校及其工作人员违反本规定,侵害其合法权益的;或者学校制定的规章制度与法律法规和本规定抵触的,可以向学校所在地省级教育行政部门投诉。

教育主管部门在实施监督、处理申诉或者投诉过程中,发现学校及其工作人员有违反法律、法规及本规定的行为或者未按照本规定履行相应义务的,或者学校自行制定的相关管理制度、规定,侵害学生合法权益的,应当责令改正;发现存在违法违纪的,应当及时进行调查处理或者移送有关部门,依据有关法律和相关规定,追究有关责任人的责任。

第七章 附 则

第六十六条 学校对接受高等学历继续教育的学生、港澳台侨学生、留学生的管理,参照本规定执行。

第六十七条 学校应当根据本规定制定或修改学校的学生管理规定或者纪律处分规定,报主管教育行政部门备案(中央部委属校同时抄报所在地省级教育行政部门),并及时向学生公布。

省级教育行政部门根据本规定,指导、检查和监督本地区高等学校的学生管理工作。

第六十八条 本规定自2017年9月1日起施行。原《普通高等学校学生管理规定》(教育部令第21号)同时废止。其他有关文件规定与本规定不一致的,以本规定为准。

高等学校校园秩序管理若干规定

· 1990年9月18日国家教育委员会令第13号发布
· 自发布之日起施行

第一条 为了优化育人环境,加强高等学校校园管理,维护教学、科研、生活秩序和安定团结的局面,建立有利于培养社会主义现代化建设专门人才的校园秩序,制定本规定。

第二条 本规定所称的高等学校(以下简称"学校")是指全日制普通高等学校和成人高等学校。

本规定所称的师生员工是指学校的教师(包括外籍教师)、学生(包括外国在华留学生)、教育教学辅助人员、管理人员和工勤人员。

第三条 学校的师生员工以及其他到学校活动的人员都应当遵守本规定,维护宪法确立的根本制度和国家利益,维护学校的教学、科研秩序和生活秩序。

学校应当加强校园管理,采取措施,及时有效地预防和制止校园内的违反法律、法规、校规的活动。

第四条 学校应当尊重和维护师生员工的人身权利、政治权利、教育和受教育的权利以及法律规定的其他权利,不得限制、剥夺师生员工的权利。

第五条 进入学校的人员,必须持有本校的学生证、工作证、听课证或者学校颁发的其他进入学校的证章、证件。

未持有前款规定的证章、证件的国内人员进入学校,应当向门卫登记后进入学校。

第六条 国内新闻记者进入学校采访,必须持有记者证和采访介绍信,在通知学校有关机构后,方可进入学校采访。

外国新闻记者和港澳台新闻记者进入学校采访,必须持有学校所在省、自治区、直辖市人民政府外事机关或港澳台办的介绍信和记者证,并在进校采访前与学校外事机构联系,经许可后方可进入学校采访。

第七条 外国人、港澳台人员进入学校进行公务、业务活动,应当经过省、自治区、直辖市或者国务院有关部门同意并告知学校后,或按学术交流计划经学校主管领导研究同意后,方可进入学校。自行要求进入学校的外国人、港澳台人员,应当在学校外事机构或港澳台办批准后,方可进入学校。接受师生员工个人邀请进入学校探亲访友的外国人、港澳台人员,应当履行门卫登记手续后进入学校。

第八条 依照本规定第五条、第六条、第七条的规定进入学校的人员,应当遵守法律、法规、规章和学校的制度,不得从事与其身份不符的活动,不得危害校园治安。

对违反本规定第五条、第六条、第七条和本条前款规定的人员，师生员工有权向学校保卫机构报告，学校保卫机构可以要求其说明情况或者责令其离开学校。

第九条　学生一般不得在学生宿舍留宿校外人员，遇有特殊情况留宿校外人员，应当报请学校有关机构许可，并且进行留宿登记，留宿人离校应注销登记。不得在学生宿舍内留宿异性。

违反前款规定的，学校保卫机构可以责令留宿人离开学生宿舍。

第十条　告示、通知、启事、广告等，应当张贴在学校指定或者许可的地点。散发宣传品、印刷品应当经过学校有关机构同意。对于张贴、散发反对我国宪法确立的根本制度、损害国家利益或者侮辱诽谤他人的公开张贴物、宣传品和印刷品的当事者，由司法机关依法追究其法律责任。

第十一条　在校园设置临时或者永久建筑物以及安装音响、广播、电视设施，设置者、安装者应当报请学校有关机构审批，未经批准不得擅自设置、安装。

师生员工或者有关团体、组织使用学校的广播、电视设施，必须报请学校有关机构批准，禁止任何组织或者个人擅自使用学校广播、电视设施。

违反第一款、第二款、第三款规定的，学校有关机构可以劝其停止设置、安装或者停止活动，已经设置、安装的，学校有关机构可以拆除，或者责令设置者、安装者拆除。

第十二条　在校内举行集会、讲演等公共活动，组织者必须在七十二小时前向学校有关机构提出申请，申请中应当说明活动的目的、人数、时间、地点和负责人的姓名。学校有关机构应当最迟在举行时间的四小时前将许可或者不许可的决定通知组织者。逾期未通知的，视为许可。

集会、讲演等应符合我国的教育方针和相应的法规、规章，不得反对我国宪法确立的根本制度，不得干扰学校的教学、科研和生活秩序，不得损害国家财产和其他公民的权利。

第十三条　在校内组织讲座、报告等室内活动，组织者应当在七十二小时前向学校有关机构提出申请，申请中应当说明活动的内容、报告人和负责人的姓名。学校有关机构应当最迟在举行时间的四小时前将许可或者不许可的决定通知组织者。逾期未通知的，视为许可。

讲座、报告等不得反对我国宪法确立的根本制度，不得违反我国的教育方针，不得宣传封建迷信，不得进行宗教活动，不得干扰学校的教学、科研和生活秩序。

第十四条　师生员工应当严格按照学校的安排进行教学、科研、生活和其他活动，任何人都不得破坏学校的教学、科研和生活秩序，不得阻止他人根据学校的安排进行教学、科研、生活和其他活动。

禁止师生员工赌博、酗酒、打架斗殴以及其他干扰学校的教学、科研和生活秩序的行为。

第十五条　师生员工组织社会团体，应当按照《社会团体登记管理条例》的规定办理。成立校内非社会团体的组织，应当在成立前由其组织者报请学校有关机构批准，未经批准不得成立和开展活动。

校内非社会团体的组织和校内报刊必须遵守法律、法规、规章，贯彻我国的教育方针和遵守学校的制度，接受学校的管理，不得进行超出其宗旨的活动。

第十六条　违反本规定第十二条、第十三条、第十四条和第十五条的规定的，学校有关机构可以责令其组织者以及其他当事人立即停止活动。违反本规定第十二条第二款的规定，损害国家财产的，学校有关机构可以责令其赔偿损失。

第十七条　禁止无照人员在校园内经商。设在校园内的商业网点必须在指定地点经营。违反前款规定的，学校有关机构可以责令其停止经商活动或者离开校园。

第十八条　对违反本规定，经过劝告、制止仍不改正的师生员工，学校可视情节给予行政处分或者纪律处分；属于违反治安管理行为的，由公安机关依法处理；情节严重构成犯罪的，由司法机关处理。

师生员工对学校的处分不服的，可以向有关教育行政部门提出申诉，教育行政部门应当在接到申诉的三十日内作出处理决定。

对违反本规定，经劝告、制止仍不改正的校外人员，由公安、司法机关根据情节依法处理。

第十九条　各高等学校可以根据本规定制定具体管理制度。

第二十条　本规定自发布之日起施行。

高等学校招生全国统一考试管理处罚暂行规定

·1992年2月2日国家教育委员会令第18号发布
·自发布之日起施行

第一章 总 则

第一条 为维护高等学校招生全国统一考试管理秩序,保证有关考试的顺利进行,保障考生和有关人员的合法权益,制定本规定。

第二条 本规定适用于普通、成人高等学校本、专科招生的全国统一考试(以下简称“全国统一考试”)。

第三条 参加全国统一考试的考生(以下简称“考生”)、从事和参与全国统一考试工作的人员(以下简称“考试工作人员”)及其他人员,必须遵守国家教育委员会颁发的《普通、成人高等学校本、专科招生全国统一考试工作规则》及其他有关全国统一考试工作管理的法规、规章。

第四条 考生和考试工作人员违反全国统一考试管理的,根据情节轻重,依照本规定给予处罚。

第五条 国家教育委员会在职权范围内主管全国统一考试管理处罚工作。国家教育委员会考试中心办理全国统一考试管理处罚的日常具体工作。

地方的考试管理处罚,由地方各级招生考试机构负责。

第六条 在职人员违反全国统一考试管理,需要给予行政处分的,由招生考试机构建议其所在单位给予相应的行政处分,或由行政监察机关依法查处;需要给予党纪处分的,移送党的有关纪检组织处理。

第二章 违反考试管理的行为和处罚

第七条 考生有下列情形之一的,扣除该科所得分的30%-50%:

(一)携带规定以外的物品进入考场的;

(二)开考信号发出前答题的;

(三)考试终了信号发出后继续答卷的;

(四)在考场内吸烟、喧哗或有其他影响考场秩序的行为,经劝阻仍不改正的;

(五)在试卷规定以外的地方写姓名、考号的;

(六)用规定以外的笔答题的。

第八条 考生在两科以上考试中有第七条所列情形之一的,所考科目的考试成绩无效。

第九条 考生有下列情形之一的,取消当年考试资格,情节严重的,不准参加下一年度的全国统一考试:

(一)交头接耳,互打暗号、手势的;

(二)夹带的;

(三)接传答案的;

(四)交换答卷的;

(五)抄袭他人答卷的;

(六)有意将自己的答卷让他人抄袭的;

(七)考试期间撕毁试卷或答卷的;

(八)将试卷或答卷带出考场的;

(九)在评卷中被认定为雷同卷的;

(十)有意在答卷中做其他标记的;

(十一)有其他舞弊行为的。

第十条 考生有下列情形之一的,取消当年考试资格,并从下一年起两年内不准参加全国统一考试:

(一)扰乱报名站(点)、考场、评卷场及考试有关工作场所秩序的;

(二)拒绝、阻碍考试工作人员执行公务的;

(三)威胁考试工作人员安全或公然侮辱、诽谤、诬陷考试工作人员的;

(四)伪造证件、证明、档案以取得考试资格的。

第十一条 考生由他人代考的,或偷换答卷、涂改成绩的,取消当年考试资格,并从下一年起三年内不准参加全国统一考试;其中是在职人员的,依照本规定第六条处理。

第十二条 高等学校在校生代他人参加全国统一考试的,由其所在学校勒令退学或开除学籍;在校高中生代他人参加全国统一考试的,从该生毕业当年起两年内不准参加全国统一考试;在职人员代他人参加全国统一考试的,依照本规定第六条处理。

第十三条 考试工作人员有下列情形之一的,取消当年考试工作人员资格,并给予通报批评:

(一)监考中不履行职责,吸烟、看书、看报、打瞌睡、聊天、擅自离开岗位,经指出仍不改正的;

(二)在评卷、统分中错评、漏评、积分差误较多,经指出仍不改正的;

（三）泄露评卷、统分工作情况的。

第十四条 考试工作人员有下列情形之一的，取消当年及下一年考试工作人员资格，并视情节轻重给予行政处分：

（一）利用监考或从事考试工作之便，为考生舞弊提供条件的；

（二）考试期间，擅自将试卷带出或传出考场外的；

（三）擅自变动考生答卷时间的；

（四）提示或暗示考生答卷的；

（五）在监考、评卷、统分中，丢失、损坏考生答卷或有违反监考、评卷、统分工作规定，造成严重后果的。

第十五条 考试工作人员有下列情形之一的，给予行政处分，并调离考试工作岗位，以后不准再从事全国统一考试工作：

（一）伪造、涂改考生档案的；

（二）为不具备参加全国统一考试条件的人员提供假证明、证件、档案，使其取得报考资格的；

（三）在评卷中擅自更改评分标准的；

（四）指使、纵容、创造条件或伙同他人舞弊的；

（五）利用考试工作便利，索贿、受贿、以权徇私的；

（六）应回避考试工作却隐瞒不报，利用工作之便以权营私的；

（七）诬陷、打击、报复考生的；

（八）场外组织答卷、为考生提供答案的；

（九）偷换、涂改考生答卷、考试成绩的。

在职人员有上列情形之一的，依照本规定第六条处理。

第十六条 各级国家机关、企事业单位负责干部或其他在职人员有下列情形之一的，依照本规定第六条处理：

（一）指使、纵容、授意考试工作人员放松考试纪律，致使考场混乱、舞弊严重的；

（二）打击、报复、诬陷考试工作人员的；

（三）利用职务之便，胁迫他人舞弊的；

（四）利用职权，包庇、掩盖舞弊行为情节严重的。

第十七条 因考试工作人员玩忽职守，造成考点或部分考场纪律混乱，舞弊、抄袭严重，或一科三分之一以上答卷雷同，取消此考点下一年度举办全国统一考试的资格；撤销有关责任人员的考试工作人员资格，并给予行政处分；同时追究考区负责人的领导责任。

第十八条 有下列情形之一的，由公安机关依照《治安管理处罚条例》予以处罚；构成犯罪的，依法追究刑事责任：

（一）扰乱、妨害考场、评卷场及考试有关工作场所秩序的；

（二）侵犯考试工作人员、考生人身权利的；

（三）故意损坏考试设施的。

第十九条 有下列情形之一，构成犯罪的，依照《刑法》追究刑事责任：

（一）考试工作人员利用职务之便，收受贿赂的；

（二）向考试工作人员行贿的；

（三）以升学考试为名，进行诈骗的；

（四）考试工作人员由于玩忽职守，致使考试工作遭受重大损失的。

第二十条 盗窃未经启用的全国统一考试试题、参考答案及评分标准（包括“副题”）和盗窃、损毁在保密期限内的考生答卷、考试成绩的，依照《刑法》第一百六十七条，追究其刑事责任。

第二十一条 国家工作人员违反保密规定，造成全国统一考试的试题、参考答案及评分标准（包括“副题”）泄密，或使考生答卷在保密期限内发生重大事故，依照《刑法》第一百八十六条的规定追究刑事责任；不够刑事处罚的，依《中华人民共和国保守国家秘密法》第三十一条规定，给予行政处分；对当地招生考试机构负责人，视具体情况，追究其领导责任。

非国家工作人员，有前款行为的，依照《刑法》第一百八十六条的规定，酌情处理。

第二十二条 任何组织或个人，擅自编写、出版、印刷、销售为参加普通高等学校招生全国统一考试使用的复习资料、辅导材料、习题集、模拟题等，按国家教委、国家出版署、国家工商行政管理局（86）教中小材字001号文件规定处理。

未经国家教委考试中心批准，翻印、出版、销售全国统一考试的试题、参考答案及评分标准（包括“副题”）的，依照前款规定处理。

第三章 处罚程序

第二十三条 违反全国统一考试管理的行为，除其他法律、法规和本《规定》另有规定外，由招生考试机构给予处罚。

第二十四条 违反全国统一考试管理的行为，由当地招生考试机构作出考试处罚管理决定，并报省级招生考试机构备案；发生第十七、二十、二十一条所列重大案件由省级招生考试机构会同有关部门共同处理，并报国家教育委员会备案；必要时，可由国家教育委员会参与查处。

第二十五条 国家教育委员会和作出处罚决定机构的上一级招生考试机构可以撤销或变更下一级招生考试机构所作的处罚决定。

第二十六条 有关单位对违反考试管理的在职人员作出的处理结果，应抄送提出处分建议的招生考试机构。

第二十七条 对违反考试管理行为的人给予的处罚，处理机关应通知被处罚人。

第二十八条 被处罚人对处罚决定不服的，在接到处罚决定的15天内，可以向上一级招生考试主管部门提出申诉。

第四章 附 则

第二十九条 （88）教学字006号《普通高等学校招生管理处罚暂行规定》中有关考试管理处罚的规定同时失效。

第三十条 本规定自发布之日起施行。

附：有关法律条款（略）

高等学校章程制定暂行办法

·2011年11月28日教育部令第31号公布

·自2012年1月1日起施行

第一章 总 则

第一条 为完善中国特色现代大学制度，指导和规范高等学校章程建设，促进高等学校依法治校、科学发展，依据教育法、高等教育法及其他有关规定，制定本办法。

第二条 国家举办的高等学校章程的起草、审议、修订以及核准、备案等，适用本办法。

第三条 章程是高等学校依法自主办学、实施管理和履行公共职能的基本准则。高等学校应当以章程为依据，制定内部管理制度及规范性文件、实施办学和管理活动、开展社会合作。

高等学校应当公开章程，接受举办者、教育主管部门、其他有关机关以及教师、学生、社会公众依据章程实施的监督、评估。

第四条 高等学校制定章程应当以中国特色社会主义理论体系为指导，以宪法、法律法规为依据，坚持社会主义办学方向，遵循高等教育规律，推进高等学校科学发展；应当促进改革创新，围绕人才培养、科学研究、服务社会、推进文化传承创新的任务，依法完善内部法人治理结构，体现和保护学校改革创新的成功经验与制度成果；应当着重完善学校自主管理、自我约束的体制、机制，反映学校的办学特色。

第五条 高等学校的举办者、主管教育行政部门应当按照政校分开、管办分离的原则，以章程明确界定与学校的关系，明确学校的办学方向与发展原则，落实举办者权利义务，保障学校的办学自主权。

第六条 章程用语应当准确、简洁、规范，条文内容应当明确、具体，具有可操作性。

章程根据内容需要，可以分编、章、节、条、款、项、目。

第二章 章程内容

第七条 章程应当按照高等教育法的规定，载明以下内容：

（一）学校的登记名称、简称、英文译名等，学校办学地点、住所地；

（二）学校的机构性质、发展定位，培养目标、办学方向；

（三）经审批机关核定的办学层次、规模；

（四）学校的主要学科门类，以及设置和调整的原则、程序；

（五）学校实施的全日制与非全日制、学历教育与非学历教育、远程教育、中外合作办学等不同教育形式的性质、目的、要求；

（六）学校的领导体制、法定代表人，组织结构、决策机制、民主管理和监督机制，内设机构的组成、职责、管理体制；

（七）学校经费的来源渠道、财产属性、使用原则和管理制度，接受捐赠的规则与办法；

（八）学校的举办者，举办者对学校进行管理或考核的方式、标准等，学校负责人的产生与任命机制，举办者的投入与保障义务；

（九）章程修改的启动、审议程序，以及章程解释权的归属；

（十）学校的分立、合并及终止事由，校徽、校歌等学校标志物、学校与相关社会组织关系等学校认为必要的事项，以及本办法规定的需要在章程中规定的重大事项。

第八条 章程应当按照高等教育法的规定，健全学校办学自主权的行使与监督机制，明确以下事项的基本规则、决策程序与监督机制：

（一）开展教学活动、科学研究、技术开发和社会服务；

（二）设置和调整学科、专业；

（三）制订招生方案，调节系科招生比例，确定选拔学生的条件、标准、办法和程序；

（四）制订学校规划并组织实施；

（五）设置教学、科研及行政职能部门；

（六）确定内部收入分配原则；

（七）招聘、管理和使用人才；

（八）学校财产和经费的使用与管理；

（九）其他学校可以自主决定的重大事项。

第九条 章程应当依照法律及其他有关规定，健全中国共产党高等学校基层委员会领导下的校长负责制的具体实施规则、实施意见，规范学校党委集体领导的议事规则、决策程序，明确支持校长独立负责地行使职权的制度规范。

章程应当明确校长作为学校法定代表人和主要行政负责人，全面负责教学、科学研究和其他管理工作的职权范围；规范校长办公会议或者校务会议的组成、职责、议事规则等内容。

第十条 章程应当根据学校实际与发展需要，科学设计学校的内部治理结构和组织框架，明确学校与内设机构，以及各管理层级、系统之间的职责权限，管理的程序与规则。

章程根据学校实际，可以按照有利于推进教授治学、民主管理，有利于调动基层组织积极性的原则，设置并规范学院（学部、系）、其他内设机构以及教学、科研基层组织的领导体制、管理制度。

第十一条 章程应当明确规定学校学术委员会、学位评定委员会以及其他学术组织的组成原则、负责人产生机制、运行规则与监督机制，保障学术组织在学校的学科建设、专业设置、学术评价、学术发展、教学科研计划方案制定、教师队伍建设等方面充分发挥咨询、审议、决策作用，维护学术活动的独立性。

章程应当明确学校学术评价和学位授予的基本规则和办法；明确尊重和保障教师、学生在教学、研究和学习方面依法享有的学术自由、探索自由，营造宽松的学术环境。

第十二条 章程应当明确规定教职工代表大会、学生代表大会的地位作用、职责权限、组成与负责人产生规则，以及议事程序等，维护师生员工通过教职工代表大会、学生代表大会参与学校相关事项的民主决策、实施监督的权利。

对学校根据发展需要自主设置的各类组织机构，如校务委员会、教授委员会、校友会等，章程中应明确其地位、宗旨以及基本的组织与议事规则。

第十三条 章程应当明确学校开展社会服务、获得社会支持、接受社会监督的原则与办法，健全社会支持和监督学校发展的长效机制。

学校根据发展需要和办学特色，自主设置有政府、行业、企事业单位以及其他社会组织代表参加的学校理事会或者董事会的，应当在章程中明确理事会或者董事会的地位作用、组成和议事规则。

第十四条 章程应当围绕提高质量的核心任务，明确学校保障和提高教育教学质量的原则与制度，规定学校对学科、专业、课程以及教学、科研的水平与质量进行评价、考核的基本规则，建立科学、规范的质量保障体系和评价机制。

第十五条 章程应当体现以人为本的办学理念，健全教师、学生权益的救济机制，突出对教师、学生权益、地位的确认与保护，明确其权利义务；明确学校受理教师、学生申诉的机构与程序。

第三章 章程制定程序

第十六条 高等学校应当按照民主、公开的原则，成立专门起草组织开展章程起草工作。

章程起草组织应当由学校党政领导、学术组织负责人、教师代表、学生代表、相关专家，以及学校举办者或者主管部门的代表组成，可以邀请社会相关方面的代表、社会知名人士、退休教职工代表、校友代表等参加。

第十七条 高等学校起草章程，应当深入研究、分析学校的特色与需求，总结实践经验，广泛听取政府有关部门、学校内部组织、师生员工的意见，充分反映学校举办者、管理者、办学者，以及教职员工、学生的要求与意愿，使章程起草成为学校凝聚共识、促进管理、增进和谐的过程。

第十八条 章程起草过程中，应当在校内公开听取意见；涉及到关系学校发展定位、办学方向、培养目标、管理体制，以及与教职工、学生切身利益相关的重大问题，应当采取多种方式，征求意见、充分论证。

第十九条 起草章程，涉及到与举办者权利关系的内容，高等学校应当与举办者、主管教育行政部门及其他相关部门充分沟通、协商。

第二十条 章程草案应提交教职工代表大会讨论。学校章程起草组织负责人，应当就章程起草情况与主要问题，向教职工代表大会做出说明。

第二十一条 章程草案征求意见结束后，起草组织应当将章程草案及其起草说明，以及征求意见的情况、主要问题的不同意见等，提交校长办公会议审议。

第二十二条 章程草案经校长办公会议讨论通过后，由学校党委会讨论审定。

章程草案经讨论审定后，应当形成章程核准稿和说明，由学校法定代表人签发，报核准机关。

第四章 章程核准与监督

第二十三条 地方政府举办的高等学校的章程由省级教育行政部门核准，其中本科以上高等学校的章程核准后，应当报教育部备案；教育部直属高等学校的章程由教育部核准；其他中央部门所属高校的章程，经主管部门同意，报教育部核准。

第二十四条 章程报送核准应当提交以下材料：

（一）核准申请书；

（二）章程核准稿；

（三）对章程制定程序和主要内容的说明。

第二十五条 核准机关应当指定专门机构依照本办法的要求，对章程核准稿的合法性、适当性、规范性以及制定程序，进行初步审查。审查通过的，提交核准机关组织的章程核准委员会评议。

章程核准委员会由核准机关、有关主管部门推荐代表，高校、社会代表以及相关领域的专家组成。

第二十六条 核准机关应当自收到核准申请2个月内完成初步审查。涉及对核准稿条款、文字进行修改的，核准机关应当及时与学校进行沟通，提出修改意见。

有下列情形之一的，核准机关可以提出时限，要求学校修改后，重新申请核准：

（一）违反法律、法规的；

（二）超越高等学校职权的；

（三）章程核准委员会未予通过或者提出重大修改意见的；

（四）违反本办法相关规定的；

（五）核准期间发现学校内部存在重大分歧的；

（六）有其他不宜核准情形的。

第二十七条 经核准机关核准的章程文本为正式文本。高等学校应当以学校名义发布章程的正式文本，并向本校和社会公开。

第二十八条 高等学校应当保持章程的稳定。

高等学校发生分立、合并、终止，或者名称、类别层次、办学宗旨、发展目标、举办与管理体制变化等重大事项的，可以依据章程规定的程序，对章程进行修订。

第二十九条 高等学校章程的修订案，应当依法报原核准机关核准。

章程修订案经核准后，高等学校应当重新发布章程。

第三十条 高等学校应当指定专门机构监督章程的执行情况，依据章程审查学校内部规章制度、规范性文件，受理对违反章程的管理行为、办学活动的举报和投诉。

第三十一条 高等学校的主管教育行政部门对章程中自主确定的不违反法律和国家政策强制性规定的办学形式、管理办法等，应当予以认可；对高等学校履行章程情况应当进行指导、监督；对高等学校不执行章程的情况或者违反章程规定自行实施的管理行为，应当责令限期改正。

第五章 附 则

第三十二条 新设立的高等学校，由学校举办者或者其委托的筹设机构，依法制定章程，并报审批机关批准；其中新设立的国家举办的高等学校，其章程应当具备本办法规定的内容；民办高等学校和中外合作举办的高等学校，依据相关法律法规制定章程，章程内容可参照本办法的规定。

第三十三条 本办法自2012年1月1日起施行。

普通高等学校招生违规行为处理暂行办法

·2014年7月8日教育部令第36号公布
·自公布之日起施行

第一章 总 则

第一条 为规范对普通高等学校招生违规行为的处理,保证招生公开、公平、公正,根据《中华人民共和国教育法》《中华人民共和国高等教育法》等法律法规,制定本办法。

第二条 本办法所称普通高等学校(以下简称高校)招生,是指高校通过国家教育考试或者国家认可的入学方式选拔录取本科、专科学生的活动。

高校、高级中等学校(含中等职业学校,以下简称高中)、招生考试机构、主管教育行政部门及其招生工作人员、考生等,在高校招生工作过程中,违反国家有关教育法律法规和国家高等教育招生管理规定的行为认定及处理,适用本办法。

第三条 国务院教育行政部门主管全国高校招生工作。

县级以上各级人民政府教育行政部门按照职责分工,依法处理各类违反国家高等教育招生管理制度的行为。

国务院有关主管部门在职责范围内加强对所属高校招生的监督管理。

第四条 高校招生应当遵循公开、公平、公正原则,接受考生、社会的监督。

高校招生接受监察部门的监督。

第五条 对高校招生违规行为的处理,应当事实清楚、证据确凿、依据明确、程序合法、处理适当。

第二章 违规行为认定及处理

第六条 高校违反国家招生管理规定,有下列情形之一的,由主管教育行政部门责令限期改正,给予警告或者通报批评;情节严重的,给予减少招生计划、暂停特殊类型招生试点项目或者依法给予停止招生的处理。对直接负责的主管人员和其他直接责任人员,视情节轻重依法给予相应处分;涉嫌犯罪的,依法移送司法机关处理。

(一)发布违反国家规定的招生简章,或者进行虚假宣传、骗取钱财的;

(二)未按照信息公开的规定公开招生信息的;

(三)超出核定办学规模招生或者擅自调整招生计划的;

(四)违反规定降低标准录取考生或者拒绝录取符合条件的考生的;

(五)在特殊类型招生中出台违反国家规定的报考条件,或者弄虚作假、徇私舞弊,录取不符合条件的考生的;

(六)违规委托中介机构进行招生录取,或者以承诺录取为名向考生收取费用的;

(七)其他违反国家招生管理规定的行为。

第七条 高中有下列情形之一的,由主管教育行政部门责令限期改正,给予警告或者通报批评。对直接负责的主管人员和其他直接责任人员,视情节轻重依法给予相应处分;涉嫌犯罪的,依法移送司法机关处理。

(一)未按照规定的标准和程序,以照顾特定考生为目的,滥用推荐评价权力的;

(二)未按规定公示享受优惠政策的考生名单、各类推荐考生的名额、名单及相关证明材料的;

(三)在考生报名、推荐等工作过程中出具与事实不符的成绩单、推荐材料、证明材料等虚假材料,在学生综合素质档案中虚构事实或者故意隐瞒事实的;

(四)违规办理学籍档案、违背考生意愿为考生填报志愿或者有偿推荐、组织生源的;

(五)其他违反国家招生管理规定的行为。

第八条 招生考试机构违反国家招生管理规定,有下列情形之一的,由主管教育行政部门责令限期改正,给予警告或者通报批评。对直接负责的主管人员和其他直接责任人员,视情节轻重依法给予相应处分;涉嫌犯罪的,依法移送司法机关处理。

(一)为高校擅自超计划招生办理录取手续的;

(二)对降低标准违规录取考生进行投档的;

(三)违反录取程序投档操作的;

(四)在招生结束后违规补录的;

(五)未按照信息公开的规定公开招生工作信

息的；

（六）对高校录取工作监督不力、造成严重不良后果的；

（七）其他违反国家招生管理规定的行为。

第九条 省级教育行政部门违反有关管理职责，有下列情形之一的，由国务院教育行政部门责令限期改正，并可给予通报批评。对直接负责的主管人员和其他直接责任人员，由有关主管部门依法给予处分；涉嫌犯罪的，依法移送司法机关处理。

（一）出台与国家招生政策相抵触的招生规定或者超越职权制定招生优惠政策的；

（二）擅自扩大国家核定的招生规模和追加招生计划，擅自改变招生计划类型的；

（三）要求招生考试机构和高校违规录取考生的；

（四）对高校和招生考试机构招生工作监管不力、造成严重不良后果的；

（五）其他违反国家招生管理规定的行为。

第十条 招生工作人员有下列情形之一的，其所在单位应当立即责令暂停其负责的招生工作，由有关部门视情节轻重依法给予相应处分或者其他处理；涉嫌犯罪的，依法移送司法机关处理。

（一）违规更改考生报名、志愿、资格、分数、录取等信息的；

（二）对已录取考生违规变更录取学校或者专业的；

（三）在特殊类型招生中泄露面试考核考官名单或者利用职务便利请托考核评价的教师，照顾特定考生的；

（四）泄露尚未公布的考生成绩、考生志愿、录取分数线等可能影响录取公正信息的，或者对外泄露、倒卖考生个人信息的；

（五）为考生获得相关招生资格弄虚作假、徇私舞弊的；

（六）违反回避制度，应当回避而没有回避的；

（七）索取或收受考生及家长财物，接受宴请等可能影响公正履职活动安排的；

（八）参与社会中介机构或者个人非法招生活动的；

（九）其他影响高校招生公平、公正的行为。

第十一条 考生有下列情形之一的，应当如实记入其考试诚信档案。下列行为在报名阶段发现的，取消报考资格；在入学前发现的，取消入学资格；入学后发现的，取消录取资格或者学籍；毕业后发现的，由教育行政部门宣布学历、学位证书无效，责令收回或者予以没收；涉嫌犯罪的，依法移送司法机关处理。

（一）提供虚假姓名、年龄、民族、户籍等个人信息，伪造、非法获得证件、成绩证明、荣誉证书等，骗取报名资格、享受优惠政策的；

（二）在综合素质评价、相关申请材料中提供虚假材料、影响录取结果的；

（三）冒名顶替入学，由他人替考入学或者取得优惠资格的；

（四）其他严重违反高校招生规定的弄虚作假行为。

违反国家教育考试规定、情节严重受到停考处罚，在处罚结束后继续报名参加国家教育考试的，由学校决定是否予以录取。

第三章 招生责任制及责任追究

第十二条 实行高校招生工作问责制。高校校长、招生考试机构主要负责人、教育行政部门主要负责人是招生工作的第一责任人，对本校、本部门、本地区的招生工作负全面领导责任。

在招生工作中，因违规行为造成严重后果和恶劣影响的，除追究直接负责人的责任外，还应当根据领导干部问责的相关规定，对有关责任人实行问责。

第十三条 对在高校招生工作中违规人员的处理，由有权查处的部门按照管理权限，依据《中华人民共和国行政监察法》《行政机关公务员处分条例》《事业单位工作人员处分暂行规定》等相关规定，依法予以监察处理、作出处分决定或者给予其他处理。

第十四条 高校招生工作以外的其他人员违规插手、干预招生工作，影响公平公正、造成严重影响和后果的，相关案件线索移送纪检监察机关或者司法机关查处。

第十五条 出现本办法第二章规定的违规情形的，有关主管部门应当立即启动相关程序，进行调查处理。情节严重、影响恶劣或者案情复杂、社会影响大的，应当及时上报，必要时由国务院教育行政部门参与或者直接进行处理。

第十六条 对有关责任人员违规行为的处理，应当按照国家规定的程序进行。对有关责任人员和考生的违规行为调查和收集证据，应当有2名以上工作人员。作出处理决定之前，应当听取当事人的陈述和申辩。

第十七条 对处理决定不服的有关责任人员和考生，可以按照国家有关规定提出复核或者申诉；符合法律规定受案范围的，可以依法提起行政复议或者诉讼。

第四章 附 则

第十八条 本办法所称特殊类型招生，是指自主选拔录取、艺术类专业、体育类专业、保送生等类型的高校招生。

第十九条 研究生招生、成人高校招生有关违规行为的处理，参照本办法执行。

第二十条 本办法自发布之日起施行。

高等教育自学考试命题工作规定

· 1992年10月26日国家教育委员会令第22号公布

· 自公布之日起执行

第一章 总 则

第一条 为组织和管理高等教育自学考试命题工作，确保考试质量，根据国务院发布的《高等教育自学考试暂行条例》，制定本规定。

第二条 高等教育自学考试的命题与普通高等学校相应学历层次水平和质量要求相一致。

第三条 高等教育自学考试命题应体现专业和课程的特点，考核应考者系统掌握课程基础知识、基本理论、基本技能和分析问题、解决问题的能力，正确引导个人自学和社会助学，树立良好学风。

第四条 命题必须以国家教育委员会批准颁发试行的或省、自治区、直辖市高等教育自学考试委员会（以下简称"省考委"）颁布的课程自学考试的大纲（以下简称"考试大纲"）为依据。

第五条 加强命题工作的总体规划，统一领导，严密组织，严格管理，逐步实现命题工作的科学化、标准化和管理手段的现代化。

第六条 命题应按照标准化、科学化的要求进行，内容稳定、考试次数多、规模大的课程以建立题库为主的方式组织实施。

第七条 命题与辅导相分离。建立健全命题工作保密制度。

第八条 命题经费列入有关教育行政事业部门的年度预算；业务部门委托考试的专业和课程，命题经费由业务部门承担。

第二章 命题组织与管理

第九条 高等教育自学考试命题工作由全国高等教育自学考试指导委员会（以下简称"全国考委"）统筹安排，分级管理，实行全国统一命题、省际协作命题、省级命题三级命题体制。

凡全国统一命题的课程，省考委不得另行安排和自行命题考试。

使用全国统一命题和省际协作命题试卷，省考委不得进行改动。

第十条 命题工作应在全国考委或省考委领导下，由考委及其办公室负责人、课程主命题教师组成课程命题领导小组负责实施。

第十一条 省考委办公室（以下简称"省考办"）应设立命题管理工作的专门机构。

开考专业十个以下（含十个）的，专职命题工作管理人员应不少于五名，每增设五个专业增加一至二名专职管理人员。

第十二条 全国统一命题的课程命题教师，由全国考委办公室（以下简称"全国考办"）或委托省考办商其所在学校，经资格审查合格后，由全国考委聘任。省际协作命题、省级命题的课程，命题教师由省考办商其所在学校，经资格审查合格后，由省考委聘任。

第十三条 全国统一命题每门课程的命题教师一般应不少于十人；省际协作命题每门课程的命题教师一般应不少于七人；省级命题每门课程的命题教师一般应不少于五人。

每门课程组配试卷或入闱命题的教师应为二至三人。

命题教师选聘应有地区和高等学校的代表性。被聘教师所在学校应对聘任工作予以协助。

第十四条 编制试题、审题、组配试卷、题库建设等必须符合有关的技术要求。

第十五条 全国统一命题题库的使用由全国考委决定；协作命题题库的使用由协作省考委协

商确定;省级命题题库的使用由省考委决定。

题库的贮存、保管、使用等应符合《中华人民共和国保守国家秘密法》的规定。

题库在使用过程中,应不断修改、补充和完善。省考办应具备贮存题库的设施和用房,建立题库的技术档案,配备专人负责,并积极创造条件利用计算机等现代化手段进行题库管理。

第十六条 命题经费的开支标准应按国家有关规定执行。

第三章 命题人员及职责

第十七条 课程主命题教师是课程命题的业务负责人。课程主命题教师应是在本学科领域内业务水平较高、教学经验丰富、治学严谨、作风正派、善于合作、身体健康并热心自学考试工作的普通高等学校的教授或副教授。

课程主命题教师的职责是:

(一)负责提名和推荐本课程命题教师人选;

(二)起草课程命题实施意见,设计课程试卷蓝图;

(三)协助全国考办或省考办组织全体命题教师学习、讨论有关命题文件,实施命题;

(四)协助全国考办或省考办组织审题教师对所命试题进行审定;

(五)协助全国考办或省考办组织试卷组配工作,并对题库和考试试卷质量负责;

(六)参与课程试卷的质量分析。

第十八条 命题教师应是在本学科领域内业务水平较高、教学经验丰富、治学严谨、作风正派、善于合作并热心自学考试工作的普通高等学校的教授或副教授,也可以有少量在教学第一线的讲师。

命题教师必须服从安排,保质保量按时完成命题任务。

第十九条 命题工作管理人员应是坚持原则、遵守纪律、作风严谨、有独立工作能力、熟悉命题工作和教育测量学等有关知识、具有大学本科以上学历的全国考办或省考办正式干部。

命题工作管理人员的职责是:

(一)制定高等教育自学考试的命题规划和工作安排;

(二)组织课程主命题教师制定课程命题文件,设计试卷蓝图;

(三)组织实施命题,指导和参与命题、审题、组卷工作,协调和处理命题中的有关问题;

(四)组织实施试题的质量分析;

(五)负责题库的管理和使用。

第四章 命题程序

第二十条 课程命题领导小组在命题前应对命题教师进行教育测量学理论、自学考试的性质与特点等有关知识的培训,并组织试命题。

第二十一条 命题组应在熟悉考试大纲的基础上制定下列文件:

(一)命题实施意见;

(二)试卷蓝图;

(三)命题教师任务分工表;

(四)样题。

第二十二条 按照考试大纲和教育测量学的要求编制试题。编制的试题应做到科学、合理、不超纲;题意明确、文字通顺、表述准确严密;标点符号无误,图表绘制规范;不出现政治性、科学性错误;避免学术上有争议的问题。

试题的答案应准确、全面、简洁、规范,主观性试题应规定评分要点和评分标准。

制定评分标准,需包括对应考者的逻辑思维、综合应用和语言表述能力的要求。

第二十三条 按考试大纲、命题实施意见和试卷蓝图的要求审定试题。审定合格的试题应按科学的分类方法贮入题库。

第二十四条 按照试卷蓝图的规定组配试卷。

每份试卷要突出课程的重点内容,覆盖考试大纲的各章。

组配的试卷须使不同能力层次试题的分数和不同难易程度试题的分数比例适当。

每次考试必须组配若干套平行试卷,由全国考委或省考委随机确定考试试卷。

第二十五条 考试结束后,全国考办及省考办应组织力量对试卷进行评估和分析,并将结果贮入题库。

第五章 保密纪律

第二十六条 试题、试卷、答案及评分标准在使用前均属绝密材料,任何人不得以任何方式泄露。

第二十七条 凡本人或有直系亲属参加本课程自学考试的人员不得参加该课程的命题工作。

第二十八条 所有参加命题工作的人员不得公开其命题人员身份,不得以任何形式泄露有关命题工作的文件或情况。

第二十九条 课程主命题教师、组配试卷教师、命题教师在聘期内不得参与任何形式的与该课程自学考试有关的辅导活动(包括担任助学单位的职务或名誉职务)。

第三十条 所有命题教师不得以任何形式向其所在单位汇报命题工作情况。

第三十一条 所有参加命题工作的人员必须遵守命题工作纪律。凡违反者,取消其命题人员资格,视情节轻重给予行政处分,触犯法律的依法追究其法律责任。

第六章 附 则

第三十二条 全国考委、各省考委可根据本规定结合工作实际,制定具体实施的办法。

第三十三条 本规定由国家教育委员会负责解释。

第三十四条 本规定自公布之日起执行。

原公布的有关命题规定凡与本规定相抵触的,以本规定为准。

高等学校档案管理办法

·2008年8月20日教育部令第27号公布
·自2008年9月1日起施行

第一章 总 则

第一条 为规范高等学校档案工作,提高档案管理水平,有效保护和利用档案,根据《中华人民共和国档案法》及其实施办法,制定本办法。

第二条 本办法所称的高等学校档案(以下简称高校档案),是指高等学校从事招生、教学、科研、管理等活动直接形成的对学生、学校和社会有保存价值的各种文字、图表、声像等不同形式、载体的历史记录。

第三条 高校档案工作是高等学校重要的基础性工作,学校应当加强管理,将之纳入学校整体发展规划。

第四条 国务院教育行政部门主管全国高校档案工作。省、自治区、直辖市人民政府教育行政部门主管本行政区域内高校档案工作。

国家档案行政部门和省、自治区、直辖市人民政府档案行政部门在职责范围内负责对高校档案工作的业务指导、监督和检查。

第五条 高校档案工作由高等学校校长领导,其主要职责是:

(一)贯彻执行国家关于档案管理的法律法规和方针政策,批准学校档案工作规章制度;

(二)将档案工作纳入学校整体发展规划,促进档案信息化建设与学校其他工作同步发展;

(三)建立健全与办学规模相适应的高校档案机构,落实人员编制、档案库房、发展档案事业所需设备以及经费;

(四)研究决定高校档案工作中的重要奖惩和其他重大问题。

分管档案工作的校领导协助校长负责档案工作。

第二章 机构设置与人员配备

第六条 高校档案机构包括档案馆和综合档案室。

具备下列条件之一的高等学校应当设立档案馆:

(一)建校历史在50年以上;

(二)全日制在校生规模在1万人以上;

(三)已集中保管的档案、资料在3万卷(长度300延长米)以上。

未设立档案馆的高等学校应当设立综合档案室。

第七条 高校档案机构是保存和提供利用学校档案的专门机构,应当具备符合要求的档案库房和管理设施。

需要特殊条件保管或者利用频繁且具有一定独立性的档案,可以根据实际需要设立分室单独保管。分室是高校档案机构的分支机构。

第八条 高校档案机构的管理职责是:

(一)贯彻执行国家有关档案工作的法律法规和方针政策,综合规划学校档案工作;

(二)拟订学校档案工作规章制度,并负责贯彻落实;

(三)负责接收(征集)、整理、鉴定、统计、保管学校的各类档案及有关资料；

（四）编制检索工具，编研、出版档案史料，开发档案信息资源；

（五）组织实施档案信息化建设和电子文件归档工作；

（六）开展档案的开放和利用工作；

（七）开展学校档案工作人员的业务培训；

（八）利用档案开展多种形式的宣传教育活动，充分发挥档案的文化教育功能；

（九）开展国内外档案学术研究和交流活动。

有条件的高校档案机构，可以申请创设爱国主义教育基地。

第九条 高校档案馆设馆长一名，根据需要可以设副馆长一至二名。综合档案室设主任一名，根据需要可以设副主任一至二名。

馆长、副馆长和综合档案室主任（馆长和综合档案室主任，以下简称为高校档案机构负责人），应当具备以下条件：

（一）热心档案事业，具有高级以上专业技术职务任职经历；

（二）有组织管理能力，具有开拓创新意识和精神；

（三）年富力强，身体健康。

第十条 高等学校应当为高校档案机构配备专职档案工作人员。

高校专职档案工作人员列入学校事业编制。其编制人数由学校根据本校档案机构的档案数量和工作任务确定。

第十一条 高校档案工作人员应当遵纪守法，爱岗敬业，忠于职守，具备档案业务知识和相应的科学文化知识以及现代化管理技能。

第十二条 高校档案机构中的专职档案工作人员，实行专业技术职务聘任制或者职员职级制，享受学校教学、科研和管理人员同等待遇。

第十三条 高等学校对长期接触有毒有害物质的档案工作人员，应当按照法律法规的有关规定采取有效的防护措施防止职业中毒事故的发生，保障其依法享有工伤社会保险待遇以及其他有关待遇，并可以按照有关规定予以补助。

第三章 档案管理

第十四条 高等学校应当建立、健全档案工作的检查、考核与评估制度，定期布置、检查、总结、验收档案工作，明确岗位职责，强化责任意识，提高学校档案管理水平。

第十五条 高等学校应当对纸质档案材料和电子档案材料同步归档。文件材料的归档范围是：

（一）党群类：主要包括高等学校党委、工会、团委、民主党派等组织的各种会议文件、会议记录及纪要；各党群部门的工作计划、总结；上级机关与学校关于党群管理的文件材料。

（二）行政类：主要包括高等学校行政工作的各种会议文件、会议记录及纪要；上级机关与学校关于人事管理、行政管理的材料。

（三）学生类：主要包括高等学校培养的学历教育学生的高中档案、入学登记表、体检表、学籍档案、奖惩记录、党团组织档案、毕业生登记表等。

（四）教学类：主要包括反映教学管理、教学实践和教学研究等活动的文件材料。按原国家教委、国家档案局发布的《高等学校教学文件材料归档范围》（（87）教办字016号）的相关规定执行。

（五）科研类：按原国家科委、国家档案局发布的《科学技术研究档案管理暂行规定》（国档发〔1987〕6号）执行。

（六）基本建设类：按国家档案局、原国家计委发布的《基本建设项目档案资料管理暂行规定》（国档发〔1988〕4号）执行。

（七）仪器设备类：主要包括各种国产和国外引进的精密、贵重、稀缺仪器设备（价值在10万元以上）的全套随机技术文件以及在接收、使用、维修和改进工作中产生的文件材料。

（八）产品生产类：主要包括高等学校在产学研过程中形成的文件材料、样品或者样品照片、录像等。

（九）出版物类：主要包括高等学校自行编辑出版的学报、其他学术刊物及本校出版社出版物的审稿单、原稿、样书及出版发行记录等。

（十）外事类：主要包括学校派遣有关人员出席国际会议、出国考察、讲学、合作研究、学习进修的材料；学校聘请的境外专家、教师在教学、科研等活动中形成的材料；学校开展校际交流、中外合作办学、境外办学及管理外国或者港澳台地区专家、教师、国际学生、港澳台学生等的材料；学校授予境外人士名誉职务、学位、称号等的材料。

（十一）财会类：按财政部、国家档案局发布的《会计档案管理办法》（财会字〔1998〕32号）执行。

高等学校可以根据学校实际情况确定归档范围。归档的档案材料包括纸质、电子、照（胶）片、录像（录音）带等各种载体形式。

第十六条 高等学校实行档案材料形成单位、课题组立卷的归档制度。

学校各部门负责档案工作的人员应当按照归档要求，组织本部门的教学、科研和管理等人员及时整理档案和立卷。立卷人应当按照纸质文件材料和电子文件材料的自然形成规律，对文件材料系统整理组卷，编制页号或者件号，制作卷内目录，交本部门负责档案工作的人员检查合格后向高校档案机构移交。

第十七条 归档的档案材料应当质地优良，书绘工整，声像清晰，符合有关规范和标准的要求。电子文件的归档要求按照国家档案局发布的《电子公文归档管理暂行办法》以及《电子文件归档与管理规范》（GB/T 18894-2002）执行。

第十八条 高校档案材料归档时间为：

（一）学校各部门应当在次学年6月底前归档；

（二）各院系等应当在次学年寒假前归档；

（三）科研类档案应当在项目完成后两个月内归档，基建类档案应当在项目完成后三个月内归档。

第十九条 高校档案机构应当对档案进行整理、分类、鉴定和编号。

第二十条 高校档案机构应当按照国家档案局《机关文件材料归档范围和文书档案保管期限规定》，确定档案材料的保管期限。对保管期限已满、已失去保存价值的档案，经有关部门鉴定并登记造册报校长批准后，予以销毁。未经鉴定和批准，不得销毁任何档案。

第二十一条 高校档案机构应当采用先进的档案保护技术，防止档案的破损、褪色、霉变和散失。对已经破损或者字迹褪色的档案，应当及时修复或者复制。对重要档案和破损、褪色修复的档案应当及时数字化，加工成电子档案保管。

第二十二条 高校档案由高校档案机构保管。在国家需要时，高等学校应当提供所需的档案原件或者复制件。

第二十三条 高等学校与其他单位分工协作完成的项目，高校档案机构应当至少保存一整套档案。协作单位除保存与自己承担任务有关的档案正本以外，应当将复制件送交高校档案机构保存。

第二十四条 高等学校中的个人对其从事教学、科研、管理等职务活动所形成的各种载体形式的档案材料，应当按照规定及时归档，任何个人不得据为己有。

对于个人在其非职务活动中形成的重要档案材料，高校档案机构可以通过征集、代管等形式进行管理。

高校档案机构对于与学校有关的各种档案史料的征集，应当制定专门的制度和办法。

第二十五条 高校档案机构应当对所存档案和资料的保管情况定期检查，消除安全隐患，遇有特殊情况，应当立即向校长报告，及时处理。

档案库房的技术管理工作，应当建立、健全有关规章制度，由专人负责。

第二十六条 高校档案机构应当认真执行档案统计年报制度，并按照国家有关规定报送档案工作基本情况统计报表。

第四章 档案的利用与公布

第二十七条 高校档案机构应当按照国家有关规定公布档案。未经高等学校授权，其他任何组织或者个人无权公布学校档案。

属下列情况之一者，不对外公布：

（一）涉及国家秘密的；

（二）涉及专利或者技术秘密的；

（三）涉及个人隐私的；

（四）档案形成单位规定限制利用的。

第二十八条 凡持有合法证明的单位或者持有合法身份证明的个人，在表明利用档案的目的和范围并履行相关登记手续后，均可以利用已公布的档案。

境外组织或者个人利用档案的，按照国家有关规定办理。

第二十九条 查阅、摘录、复制未开放的档案，应当经档案机构负责人批准。涉及未公开的技术问题，应当经档案形成单位或者本人同意，必要时报请校长审查批准。需要利用的档案涉及重大问题或者国家秘密，应当经学校保密工作部门批准。

第三十条 高校档案机构提供利用的重要、珍贵档案，一般不提供原件。如有特殊需要，应当经档案机构负责人批准。

加盖高校档案机构公章的档案复制件，与原件具有同等效力。

第三十一条 高校档案开放应当设立专门的阅览室，并编制必要的检索工具（著录标准按《档案著录规则》（DA/T18-1999）执行），提供开放档案目录、全宗指南、档案馆指南、计算机查询系统等，为社会利用档案创造便利条件。

第三十二条 高校档案机构是学校出具档案证明的唯一机构。

高校档案机构应当为社会利用档案创造便利条件，用于公益目的的，不得收取费用；用于个人或者商业目的的，可以按照有关规定合理收取费用。

社会组织和个人利用其所移交、捐赠的档案，高校档案机构应当无偿和优先提供。

第三十三条 寄存在高校档案机构的档案，归寄存者所有。高校档案机构如果需要向社会提供利用，应当征得寄存者同意。

第三十四条 高校档案机构应当积极开展档案的编研工作。出版档案史料和公布档案，应当经档案形成单位同意，并报请校长批准。

第三十五条 高校档案机构应当采取多种形式（如举办档案展览、陈列、建设档案网站等），积极开展档案宣传工作。有条件的高校，应当在相关专业的高年级开设有关档案管理的选修课。

第五章 条件保障

第三十六条 高等学校应当将高校档案工作所需经费列入学校预算，保证档案工作的需求。

第三十七条 高等学校应当为档案机构提供专用的、符合档案管理要求的档案库房，对不适应档案事业发展需要或者不符合档案保管要求的馆库，按照《档案馆建设标准》（建标 103-2008）的要求及时进行改扩建或者新建。

存放涉密档案应当设有专门库房。

存放声像、电子等特殊载体档案，应当配置恒温、恒湿、防火、防渍、防有害生物等必要设施。

第三十八条 高等学校应当设立专项经费，为档案机构配置档案管理现代化、档案信息化所需的设备设施，加快数字档案馆（室）建设，保障档案信息化建设与学校数字化校园建设同步进行。

第六章 奖励与处罚

第三十九条 高等学校对在档案工作中做出下列贡献的单位或者个人，给予表彰与奖励：

（一）在档案的收集、整理、提供利用工作中做出显著成绩的；

（二）在档案的保护和现代化管理工作中做出显著成绩的；

（三）在档案学研究及档案史料研究工作中做出重要贡献的；

（四）将重要的或者珍贵的档案捐赠给高校档案机构的；

（五）同违反档案法律法规的行为作斗争，表现突出的。

第四十条 有下列行为之一的，高等学校应当对直接负责的主管人员和其他直接责任人员依法给予处分；构成犯罪的，由司法机关依法追究刑事责任。

（一）玩忽职守，造成档案损坏、丢失或者擅自销毁档案的；

（二）违反保密规定，擅自提供、抄录、公布档案的；

（三）涂改、伪造档案的；

（四）擅自出卖、赠送、交换档案的；

（五）不按规定归档，拒绝归档或者将档案据为己有的；

（六）其他违反档案法律法规的行为。

第七章 附 则

第四十一条 本办法适用于各类普通高等学校、成人高等学校。

第四十二条 高等学校可以根据本办法制订实施细则。

高等学校附属单位（包括附属医院、校办企业等）的档案管理，由学校根据实际情况自主确定。

第四十三条 本办法自 2008 年 9 月 1 日起施行。国家教育委员会 1989 年 10 月 10 日发布的《普通高等学校档案管理办法》（国家教育委员会令第 6 号）同时废止。

民办高等学校办学管理若干规定

· 2007年2月3日教育部令第25号发布
· 根据2015年11月10日《教育部关于废止和修改部分规章的决定》修订

第一条 为规范实施专科以上高等学历教育的民办学校(以下简称民办高校)的办学行为,维护民办高校举办者和学校、教师、学生的合法权益,引导民办高校健康发展,根据民办教育促进法及其实施条例和国家有关规定,制定本规定。

第二条 民办高校及其举办者应当遵守法律、法规、规章和国家有关规定,贯彻国家的教育方针,坚持社会主义办学方向和教育公益性原则,保证教育质量。

第三条 教育行政部门应当将民办高等教育纳入教育事业发展规划。按照积极鼓励、大力支持、正确引导、依法管理的方针,引导民办高等教育健康发展。

教育行政部门对民办高等教育事业做出突出贡献的集体和个人予以表彰奖励。

第四条 国务院教育行政部门负责全国民办教育统筹规划、综合协调和宏观管理工作。

省、自治区、直辖市人民政府教育行政部门(以下简称省级教育行政部门)主管本行政区域内的民办教育工作。对民办高校依法履行下列职责:

(一)办学许可证管理;

(二)民办高校招生简章和广告备案的审查;

(三)民办高校相关信息的发布;

(四)民办高校的年度检查;

(五)民办高校的表彰奖励;

(六)民办高校违法违规行为的查处;

(七)法律法规规定的其他职责。

第五条 民办高校的办学条件必须符合国家规定的设置标准和普通高等学校基本办学条件指标的要求。

民办高校设置本、专科专业,按照国家有关规定执行。

第六条 民办高校的举办者应当按照民办教育促进法及其实施条例的规定,按时、足额履行出资义务。

民办高校的借款、向学生收取的学费、接受的捐赠财产和国家的资助,不属于举办者的出资。

民办高校对举办者投入学校的资产、国有资产、受赠的财产、办学积累依法享有法人财产权,并分别登记建账。任何组织和个人不得截留、挪用或侵占民办高校的资产。

第七条 民办高校的资产必须于批准设立之日起1年内过户到学校名下。

本规定下发前资产未过户到学校名下的,自本规定下发之日起1年内完成过户工作。

资产未过户到学校名下前,举办者对学校债务承担连带责任。

第八条 民办高校符合举办者、学校名称、办学地址和办学层次变更条件的,按照民办教育促进法规定的程序,报审批机关批准。

民办高校应当按照办学许可证核定的学校名称、办学地点、办学类型、办学层次组织招生工作,开展教育教学活动。

民办高校不得在办学许可证核定的办学地点之外办学。不得设立分支机构。不得出租、出借办学许可证。

第九条 民办高校必须根据有关规定,建立健全党团组织。民办高校党组织应当发挥政治核心作用,民办高校团组织应当发挥团结教育学生的重要作用。

第十条 民办高校校长应当具备国家规定的任职条件,具有10年以上从事高等教育管理经历,年龄不超过70岁。校长任期原则上为4年。

第十一条 未列入国务院教育行政部门当年公布的具有学历教育招生资格学校名单的民办高校,不得招收学历教育学生。

第十二条 民办高校招生简章和广告必须载明学校名称、办学地点、办学性质、招生类型、学历层次、学习年限、收费项目和标准、退费办法、招生人数、证书类别和颁发办法等。

民办高校应当依法将招生简章和广告报审批机关或其委托的机关备案。发布的招生简章和广告必须与备案的内容相一致。未经备案的招生简章和广告不得发布。

第十三条 民办高校招收学历教育学生的,必须严格执行国家下达的招生计划,按照国家招生规定和程序招收学生。对纳入国家计划、经省级招生部门统一录取的学生发放录取通知书。

第十四条 民办高校应当按照普通高等学校学生管理规定的要求完善学籍管理制度。纳入国家计划、经省级招生部门统一录取的学生入学后，学校招生部门按照国家规定对其进行复查，复查合格后予以电子注册并取得相应的学籍。

第十五条 民办高校自行招收的学生为非学历教育学生，学校对其发放学习通知书。学习通知书必须明确学习形式、学习年限、取得学习证书办法等。

民办高校对学习时间1年以上的非学历教育学生实行登记制度。已登记的学生名单及有关情况，必须于登记后7日内报省级教育行政部门备案。备案后的学生名单在校内予以公布。

第十六条 民办高校应当按照民办教育促进法及其实施条例的要求，配备教师，不断提高专职教师数量和比例。

民办高校应当依法聘任具有国家规定任教资格的教师，与教师签订聘任合同，明确双方的责任、权利、义务。保障教师的工资、福利待遇，按国家有关规定为教师办理社会保险和补充保险。

第十七条 民办高校应当加强教师的培养和培训，提高教师队伍整体素质。

第十八条 民办高校应当按照国家有关规定建立学生管理队伍。按不低于1∶200的师生比配备辅导员，每个班级配备1名班主任。

第十九条 民办高校应当建立健全教学管理机构，加强教学管理队伍建设。改进教学方式方法，不断提高教育质量。

不得以任何形式将承担的教育教学任务转交其他组织和个人。

第二十条 民办高校应当建立教师、学生校内申诉渠道，依法妥善处理教师、学生提出的申诉。

第二十一条 民办高校依法设置会计机构，配备会计人员。会计人员必须取得会计业务资格证书。建立健全内部控制制度，严格执行国家统一的会计制度。

第二十二条 民办高校必须严格执行政府有关部门批准的收费项目和标准。收取的费用主要用于教育教学活动和改善办学条件。

第二十三条 民办高校应当在每学年结束时制作财务会计报告，委托会计师事务所进行审计。必要时，省级教育行政部门可会同有关部门对民办高校进行财务审计。

第二十四条 民办高校的法定代表人为学校安全和稳定工作第一责任人。民办高校应当加强应急管理，建立健全安全稳定工作机制。推进学校安全保卫工作队伍建设，加强对学校教学、生活、活动设施的安全检查，落实各项安全防范措施，维护校园安全和教学秩序。

第二十五条 建立对民办高校的督导制度。

省级教育部门按照国家有关规定向民办高校委派的督导专员应当拥护宪法确定的基本原则，具有从事高等教育管理工作经历，熟悉高等学校情况，具有较强的贯彻国家法律、法规和政策的能力，年龄不超过70岁。督导专员的级别、工资、日常工作经费等由委派机构商有关部门确定。

督导专员任期原则上为4年。因工作需要的，委派机构可根据具体情况适当延长其任期。

第二十六条 督导专员行使下列职权：

（一）监督学校贯彻执行有关法律、法规、政策的情况；

（二）监督、引导学校的办学方向、办学行为和办学质量；

（三）参加学校发展规划、人事安排、财产财务管理、基本建设、招生、收退费等重大事项的研究讨论；

（四）向委派机构报告学校办学情况，提出意见建议；

（五）有关党政部门规定的其他职责。

第二十七条 省级教育行政部门应当建立健全民办高校办学过程监控机制，及时向社会发布民办高校的有关信息。

第二十八条 省级教育行政部门按照国家规定对民办高校实行年度检查制度。年度检查工作于每年12月31日前完成。省级教育行政部门根据年度检查情况和国务院教育行政部门基本办学条件核查的结果，在办学许可证副本上加盖年度检查结论戳记。

年度检查时，民办高校应当向省级教育行政部门提交年度学校自查报告、财务审计报告和要求提供的其他材料。

第二十九条 省级教育行政部门对民办高校年度检查的主要内容：

（一）遵守法律、法规和政策的情况；

（二）党团组织建设、和谐校园建设、安全稳定工作的情况；

（三）按照章程开展活动的情况；

（四）内部管理机构设置及人员配备情况；

（五）办学许可证核定项目的变动情况；

（六）财务状况，收入支出情况或现金流动情况；

（七）法人财产权的落实情况；

（八）其他需要检查的情况。

第三十条 民办高校出现以下行为的，由省级教育行政部门责令改正；并可给予1至3万元的罚款、减少招生计划或者暂停招生的处罚：

（一）学校资产不按期过户的；

（二）办学条件不达标的；

（三）发布未经备案的招生简章和广告的；

（四）年度检查不合格的。

第三十一条 民办高校违反民办教育促进法及其实施条例以及其他法律法规规定的，由省级教育行政部门或者会同相关部门依法予以处罚。

第三十二条 省级教育行政部门应当配合相关主管部门对发布违法招生广告的广告主、广告经营者、广告发布者和非法办学机构、非法中介进行查处。

第三十三条 教育行政部门会同民政部门加强对民办高等教育领域行业协会的业务指导和监督管理。充分发挥行业协会在民办高等教育健康发展中提供服务、反映诉求、行业自律的作用。

第三十四条 教育行政部门配合新闻单位做好引导民办高等教育健康发展的舆论宣传工作，营造有利于民办高校健康发展的舆论环境。

第三十五条 教育行政部门及其工作人员滥用职权、玩忽职守，违反民办教育促进法及其实施条例规定的，依法予以处理。

第三十六条 本规定自2007年2月10日起施行。

高等学校信息公开办法

·2010年4月6日教育部令第29号公布

·自2010年9月1日起施行

第一章 总 则

第一条 为了保障公民、法人和其他组织依法获取高等学校信息，促进高等学校依法治校，根据高等教育法和政府信息公开条例的有关规定，制定本办法。

第二条 高等学校在开展办学活动和提供社会公共服务过程中产生、制作、获取的以一定形式记录、保存的信息，应当按照有关法律法规和本办法的规定公开。

第三条 国务院教育行政部门负责指导、监督全国高等学校信息公开工作。

省级教育行政部门负责统筹推进、协调、监督本行政区域内高等学校信息公开工作。

第四条 高等学校应当遵循公正、公平、便民的原则，建立信息公开工作机制和各项工作制度。

高等学校公开信息，不得危及国家安全、公共安全、经济安全、社会稳定和学校安全稳定。

第五条 高等学校应当建立健全信息发布保密审查机制，明确审查的程序和责任。高等学校公开信息前，应当依照法律法规和国家其他有关规定对拟公开的信息进行保密审查。

有关信息依照国家有关规定或者根据实际情况需要审批的，高等学校应当按照规定程序履行审批手续，未经批准不得公开。

第六条 高等学校发现不利于校园和社会稳定的虚假信息或者不完整信息的，应当在其职责范围内及时发布准确信息予以澄清。

第二章 公开的内容

第七条 高等学校应当主动公开以下信息：

（一）学校名称、办学地点、办学性质、办学宗旨、办学层次、办学规模，内部管理体制、机构设置、学校领导等基本情况；

（二）学校章程以及学校制定的各项规章制度；

（三）学校发展规划和年度工作计划；

（四）各层次、类型学历教育招生、考试与录取规定，学籍管理、学位评定办法，学生申诉途径与处理程序；毕业生就业指导与服务情况等；

（五）学科与专业设置，重点学科建设情况，课程与教学计划，实验室、仪器设备配置与图书藏量，教学与科研成果评选，国家组织的教学评估结果等；

（六）学生奖学金、助学金、学费减免、助学贷款与勤工俭学的申请与管理规定等；

（七）教师和其他专业技术人员数量、专业技术职务等级，岗位设置管理与聘用办法，教师争议解决办法等；

（八）收费的项目、依据、标准与投诉方式；

（九）财务、资产与财务管理制度，学校经费来源、年度经费预算决算方案，财政性资金、受捐赠财产的使用与管理情况，仪器设备、图书、药品等物资设备采购和重大基建工程的招投标；

（十）自然灾害等突发事件的应急处理预案、处置情况，涉及学校的重大事件的调查和处理情况；

（十一）对外交流与中外合作办学情况，外籍教师与留学生的管理制度；

（十二）法律、法规和规章规定需要公开的其他事项。

第八条 除第七条规定需要公开的信息外，高等学校应当明确其他需要主动公开的信息内容与公开范围。

第九条 除高等学校已公开的信息外，公民、法人和其他组织还可以根据自身学习、科研、工作等特殊需要，以书面形式（包括数据电文形式）向学校申请获取相关信息。

第十条 高等学校对下列信息不予公开：

（一）涉及国家秘密的；

（二）涉及商业秘密的；

（三）涉及个人隐私的；

（四）法律、法规和规章以及学校规定的不予公开的其他信息。

其中第（二）项、第（三）项所列的信息，经权利人同意公开或者高校认为不公开可能对公共利益造成重大影响的，可以予以公开。

第三章 公开的途径和要求

第十一条 高等学校校长领导学校的信息公开工作。校长（学校）办公室为信息公开工作机构，负责学校信息公开的日常工作，具体职责是：

（一）具体承办本校信息公开事宜；

（二）管理、协调、维护和更新本校公开的信息；

（三）统一受理、协调处理、统一答复向本校提出的信息公开申请；

（四）组织编制本校的信息公开指南、信息公开目录和信息公开工作年度报告；

（五）协调对拟公开的学校信息进行保密审查；

（六）组织学校信息公开工作的内部评议；

（七）推进、监督学校内设组织机构的信息公开；

（八）承担与本校信息公开有关的其他职责。

高等学校应当向社会公开信息公开工作机构的名称、负责人、办公地址、办公时间、联系电话、传真号码、电子邮箱等。

第十二条 对依照本办法规定需要公开的信息，高等学校应当根据实际情况，通过学校网站、校报校刊、校内广播等校内媒体和报刊、杂志、广播、电视等校外媒体以及新闻发布会、年鉴、会议纪要或者简报等方式予以公开；并根据需要设置公共查阅室、资料索取点、信息公告栏或者电子屏幕等场所、设施。

第十三条 高等学校应当在学校网站开设信息公开意见箱，设置信息公开专栏、建立有效链接，及时更新信息，并通过信息公开意见箱听取对学校信息公开工作的意见和建议。

第十四条 高等学校应当编制信息公开指南和目录，并及时公布和更新。信息公开指南应当明确信息公开工作机构，信息的分类、编排体系和获取方式，依申请公开的处理和答复流程等。信息公开目录应当包括信息的索引、名称、生成日期、责任部门等内容。

第十五条 高等学校应当将学校基本的规章制度汇编成册，置于学校有关内部组织机构的办公地点、档案馆、图书馆等场所，提供免费查阅。

高等学校应当将学生管理制度、教师管理制度分别汇编成册，在新生和新聘教师报到时发放。

第十六条 高等学校完成信息制作或者获取信息后，应当及时明确该信息是否公开。确定公开的，应当明确公开的受众；确定不予公开的，应当说明理由；难以确定是否公开的，应当及时报请高等学校所在地省级教育行政部门或者上级主管部门审定。

第十七条 属于主动公开的信息，高等学校应当自该信息制作完成或者获取之日起20个工作日内予以公开。公开的信息内容发生变更的，应当在变更后20个工作日内予以更新。

学校决策事项需要征求教师、学生和学校其他工作人员意见的，公开征求意见的期限不得少于10个工作日。

法律法规对信息内容公开的期限另有规定的，从其规定。

第十八条 对申请人的信息公开申请，高等学校根据下列情况在15个工作日内分别作出答复：

（一）属于公开范围的，应当告知申请人获取该信息的方式和途径；

（二）属于不予公开范围的，应当告知申请人并说明理由；

（三）不属于本校职责范围的或者该信息不存在的，应当告知申请人，对能够确定该信息的职责单位的，应当告知申请人该单位的名称、联系方式；

（四）申请公开的信息含有不应当公开的内容但能够区分处理的，应当告知申请人并提供可以公开的信息内容，对不予公开的部分，应当说明理由；

（五）申请内容不明确的，应当告知申请人作出更改、补充；申请人逾期未补正的，视为放弃本次申请；

（六）同一申请人无正当理由重复向同一高等学校申请公开同一信息，高等学校已经作出答复且该信息未发生变化的，应当告知申请人，不再重复处理；

（七）高等学校根据实际情况作出的其他答复。

第十九条 申请人向高等学校申请公开信息的，应当出示有效身份证件或者证明文件。

申请人有证据证明高等学校提供的与自身相关的信息记录不准确的，有权要求该高等学校予以更正；该高等学校无权更正的，应当转送有权更正的单位处理，并告知申请人。

第二十条 高等学校向申请人提供信息，可以按照学校所在地省级价格部门和财政部门规定的收费标准收取检索、复制、邮寄等费用。收取的费用应当纳入学校财务管理。

高等学校不得通过其他组织、个人以有偿方式提供信息。

第二十一条 高等学校应当健全内部组织机构的信息公开制度，明确其信息公开的具体内容。

第四章 监督和保障

第二十二条 国务院教育行政部门开展对全国高等学校推进信息公开工作的监督检查。

省级教育行政部门应当加强对本行政区域内高等学校信息公开工作的日常监督检查。

高等学校主管部门应当将信息公开工作开展情况纳入高等学校领导干部考核内容。

第二十三条 省级教育行政部门和高等学校应当将信息公开工作纳入干部岗位责任考核内容。考核工作可与年终考核结合进行。

高等学校内设监察部门负责组织对本校信息公开工作的监督检查，监督检查应当有教师、学生和学校其他工作人员代表参加。

第二十四条 高等学校应当编制学校上一学年信息公开工作年度报告，并于每年10月底前报送所在地省级教育行政部门。中央部门所属高校，还应当报送其上级主管部门。

第二十五条 省级教育行政部门应当建立健全高等学校信息公开评议制度，聘请人大代表、政协委员、家长、教师、学生等有关人员成立信息公开评议委员会或者以其他形式，定期对本行政区域内高等学校信息公开工作进行评议，并向社会公布评议结果。

第二十六条 公民、法人和其他组织认为高等学校未按照本办法规定履行信息公开义务的，可以向学校内设监察部门、省级教育行政部门举报；对于中央部委所属高等学校，还可向其上级主管部门举报。收到举报的部门应当及时处理，并以适当方式向举报人告知处理结果。

第二十七条 高等学校违反有关法律法规或者本办法规定，有下列情形之一的，由省级教育行政部门责令改正；情节严重的，由省级教育行政部门或者国务院教育行政部门予以通报批评；对高等学校直接负责的主管领导和其他直接责任人员，由高等学校主管部门依据有关规定给予处分：

（一）不依法履行信息公开义务的；

（二）不及时更新公开的信息内容、信息公开指南和目录的；

（三）公开不应当公开的信息的；

（四）在信息公开工作中隐瞒或者捏造事实的；

（五）违反规定收取费用的；

（六）通过其他组织、个人以有偿服务方式提供信息的；

(七)违反有关法律法规和本办法规定的其他行为的。

高等学校上述行为侵害当事人合法权益,造成损失的,应当依法承担民事责任。

第二十八条 高等学校应当将开展信息公开工作所需经费纳入年度预算,为学校信息公开工作提供经费保障。

第五章 附 则

第二十九条 本办法所称的高等学校,是指大学、独立设置的学院和高等专科学校,其中包括高等职业学校和成人高等学校。

高等学校以外其他高等教育机构的信息公开,参照本办法执行。

第三十条 已经移交档案工作机构的高等学校信息的公开,依照有关档案管理的法律、法规和规章执行。

第三十一条 省级教育行政部门可以根据需要制订实施办法。高等学校应当依据本办法制订实施细则。

第三十二条 本办法自2010年9月1日起施行。

教育部关于公布《高等学校信息公开事项清单》的通知

·2014年7月25日
·教办函〔2014〕23号

各省、自治区、直辖市教育厅(教委),各计划单列市教育局,新疆生产建设兵团教育局,有关部门(单位)教育司(局),部属各高等学校:

为进一步推进高校信息公开工作,扩大社会监督,提高教育工作透明度,根据《中华人民共和国政府信息公开条例》《高等学校信息公开办法》,我部研究制定了《高等学校信息公开事项清单》(以下简称清单)。现予公布,并就有关事项通知如下。

一、确保信息真实及时。各高校要把清单实施工作作为完善内部治理、接受社会监督的重要内容,对清单所列各项信息公开的真实性、及时性负责,切实保障人民群众的知情权、参与权和监督权。公民、法人或者其它组织有证据证明公开的信息不准确的,高校应当及时予以更正;对公开的信息有疑问的,可以申请向高校查询。

二、建立即时公开制度。各高校应当在清单信息制作完成或获取后20个工作日内公开,信息内容发生变更的,应当在变更后20个工作日内予以更新。各事项公开的具体要求,遵照清单"有关文件"栏目所列文件的规定执行。各高校可在清单基础上进一步扩大公开范围,细化公开内容。教育部还将根据最新政策要求对清单进行动态更新。

三、完善年度报告制度。各高校应当编制学校上一学年信息公开工作年度报告,对清单所列信息的公开情况逐条详细说明。年度报告应当于每年10月底前向社会公布,并报送所在地省级教育行政部门和上级主管部门备案。

四、构建统一公开平台。2014年10月底前,部属高校应当在学校门户网站开设信息公开专栏,统一公布清单各项内容。应充分利用新闻发布会及微博、微信等新媒体方式,及时公开信息,加强信息解读,回应社会关切。教育部将在部门户网站集中添加教育部直属高校信息公开专栏链接,为社会公众查询提供统一入口。

五、加强公开监督检查。要根据《高等学校信息公开办法》要求,高校监察部门会同组织、宣传、人事等机构及师生员工代表,对清单实施开展监督检查,省级教育行政部门负责本行政区域内高校日常监督检查,监督检查的结果要向社会公开。对于不按要求公开、不及时更新、发布虚假信息的,由省级教育行政部门责令改正;情节严重的,予以通报批评,并依法追究相关人员责任。教育部将引入第三方对教育部直属高校落实情况开展评估,并适时组织督查,评估和督查情况将向社会公开。

教育部直属高校要制定落实细化方案,明确清单各事项的公开时间、责任机构和责任人。地方高校和有关部门所属高校根据各省级教育部门和主管部门(单位)教育司(局)要求做好清单落实工作。

附件

高等学校信息公开事项清单
（共10大类50条）

序号	类别	公开事项	有关文件	指导司局
1	基本信息（6项）	（1）办学规模、校级领导班子简介及分工、学校机构设置、学科情况、专业情况、各类在校生情况、教师和专业技术人员数量等办学基本情况	《高等学校信息公开办法》（教育部令第29号） 《高等学校章程制定暂行办法》（教育部令第31号）	办公厅 政法司
		（2）学校章程及制定的各项规章制度		
		（3）教职工代表大会相关制度、工作报告	《学校教职工代表大会规定》（教育部令第32号）	政法司
		（4）学术委员会相关制度、年度报告	《高等学校学术委员会规程》（教育部令第35号）	
		（5）学校发展规划、年度工作计划及重点工作安排	《高等学校信息公开办法》（教育部令第29号）	规划司
		（6）信息公开年度报告	《教育部办公厅关于做好2012－2013学年度高校信息公开年度报告工作的通知》（教办厅函〔2013〕48号）	办公厅
2	招生考试信息（8项）	（7）招生章程及特殊类型招生办法，分批次、分科类招生计划	《国务院办公厅关于印发当前政府信息公开重点工作安排的通知》（国办发〔2013〕73号） 《高等学校信息公开办法》（教育部令第29号） 《教育部关于进一步推进高校招生信息公开工作的通知》（教学函〔2013〕9号） 《普通高等学校招生违规行为处理暂行办法》（教育部令第36号）	学生司 规划司
		（8）保送、自主选拔录取、高水平运动员和艺术特长生招生等特殊类型招生入选考生资格及测试结果		
		（9）考生个人录取信息查询渠道和办法，分批次、分科类录取人数和录取最低分		
		（10）招生咨询及考生申诉渠道，新生复查期间有关举报、调查及处理结果		
		（11）研究生招生简章、招生专业目录、复试录取办法，各院（系、所）或学科、专业招收研究生人数	《教育部关于做好2014年全国硕士学位研究生招生工作的通知》（教学〔2013〕12号） 《教育部办公厅关于做好2014年硕士学位研究生招生考试执法监督工作的通知》（教监厅〔2013〕2号）	
		（12）参加研究生复试的考生成绩		
		（13）拟录取研究生名单		
		（14）研究生招生咨询及申诉渠道		

续 表

3	招生考试信息（8项）	（15）财务、资产管理制度	《高等学校信息公开办法》（教育部令第29号）	财务司
		（16）受捐赠财产的使用与管理情况		
		（17）校办企业资产、负债、国有资产保值增值等信息		
		（18）仪器设备、图书、药品等物资设备采购和重大基建工程的招投标		
		（19）收支预算总表、收入预算表、支出预算表、财政拨款支出预算表	《国务院办公厅关于印发当前政府信息公开重点工作安排的通知》（国办发〔2013〕73号） 《高等学校信息公开办法》（教育部令第29号） 《教育部关于做好高等学校财务信息公开工作的通知》（教财〔2012〕4号） 《教育部关于进一步做好高等学校财务信息公开工作的通知》（教财函〔2013〕96号）	
		（20）收支决算总表、收入决算表、支出决算表、财政拨款支出决算表		
		（21）收费项目、收费依据、收费标准及投诉方式	《高等学校信息公开办法》（教育部令第29号）	
4	人事师资信息（5项）	（22）校级领导干部社会兼职情况	《中共教育部党组关于进一步加强直属高校学校领导班子建设的若干意见》（教党〔2013〕39号） 《中共教育部党组关于进一步加强直属高校党员领导干部兼职管理的通知》（教党〔2011〕22号）	人事司 教师司
		（23）校级领导干部因公出国（境）情况		
		（24）岗位设置管理与聘用办法	《高等学校信息公开办法》（教育部令第29号） 《党政领导干部选拔任用工作条例》 《事业单位公开招聘人员暂行规定》（人事部令第6号）	
		（25）校内中层干部任免、人员招聘信息		
		（26）教职工争议解决办法		

续 表

5	教学质量信息（9 项）	(27)本科生占全日制在校生总数的比例、教师数量及结构	《国家中长期教育改革和发展规划纲要（2010-2020 年）》 《教育部办公厅关于普通高等学校编制发布 2012 年〈本科教学质量报告〉的通知》（教高厅函〔2013〕33 号）	高教司 学生司 体卫艺司 高教司
		(28)专业设置、当年新增专业、停招专业名单		
		(29)全校开设课程总门数、实践教学学分占总学分比例、选修课学分占总学分比例		
		(30)主讲本科课程的教授占教授总数的比例、教授授本科课程占课程总门次数的比例		
		(31)促进毕业生就业的政策措施和指导服务	《高等学校信息公开办法》（教育部令第 29 号） 《教育部办公厅关于编制发布高校毕业生就业质量年度报告的通知》（教学厅函〔2013〕25 号）	
		(32)毕业生的规模、结构、就业率、就业流向		
		(33)高校毕业生就业质量年度报告		
		(34)艺术教育发展年度报告	《学校艺术教育工作规程》（教育部令 13 号） 《教育部关于推进学校艺术教育发展的若干意见》（教体艺〔2014〕1 号）	
		(35)本科教学质量报告	《教育部办公厅关于普通高等学校编制发布 2012 年〈本科教学质量报告〉的通知》（教高厅函〔2013〕33 号）	
6	学生管理服务信息（4 项）	(36)学籍管理办法	《高等学校信息公开办法》（教育部令第 29 号）	学生司 财务司
		(37)学生奖学金、助学金、学费减免、助学贷款、勤工俭学的申请与管理规定		
		(38)学生奖励处罚办法	《普通高等学校学生管理规定》（教育部令第 21 号）	
		(39)学生申诉办法	《高等学校信息公开办法》（教育部令第 29 号）	
7	学风建设信息（3 项）	(40)学风建设机构	《教育部关于切实加强和改进高等学校学风建设的实施意见》（教技〔2011〕1 号）	社科司 科技司
		(41)学术规范制度		
		(42)学术不端行为查处机制		

续 表

8	学位、学科信息（4项）	(43)授予博士、硕士、学士学位的基本要求	《高等学校信息公开办法》（教育部令第29号） 《关于进一步加强在职人员攻读硕士专业学位和授予同等学力人员硕士、博士学位管理工作的意见》（学位〔2013〕36号） 《关于开展增列硕士专业学位授权点审核工作的通知》（学位〔2013〕37号） 《关于委托部分学位授予单位自行审核博士学位授权一级学科点和硕士学位授权一级学科点的通知》（学位〔2010〕18号） 《关于发布〈国务院学位委员会关于授予具有研究生毕业同等学力人员硕士、博士学位的规定〉的通知》（学位〔1998〕54号） 《关于启用“全国同等学力人员申请硕士学位管理工作信息平台”的通知》（学位办〔2011〕70号）	研究生司
		(44)拟授予硕士、博士学位同等学力人员资格审查和学力水平认定		
		(45)新增硕士、博士学位授权学科或专业学位授权点审核办法		
		(46)拟新增学位授权学科或专业学位授权点的申报及论证材料		
9	对外交流与合作信息（2项）	(47)中外合作办学情况	《高等学校接受外国留学生管理规定》（教育部令第9号） 《教育部关于进一步加强高等学校中外合作办学质量保障工作的意见》（教外办学〔2013〕91号）	国际司
		(48)来华留学生管理相关规定		
10	对外交流与合作信息（2项）	(49)巡视组反馈意见，落实反馈意见整改情况	《中共中央关于印发〈中国共产党巡视工作条例（试行）〉的通知》（中发〔2009〕7号） 《中共教育部党组关于进一步加强和改进巡视工作的意见》（教党〔2013〕3号）	巡视办
		(50)自然灾害等突发事件的应急处理预案、预警信息和处置情况，涉及学校的重大事件的调查和处理情况	《高等学校信息公开办法》（教育部令第29号）	办公厅

高等学历继续教育专业设置管理办法

·2016年11月18日

·教职成〔2016〕7号

第一章　总　则

第一条　为加强对高等学历继续教育专业设置的统筹规划与宏观管理，促进各类高等学历继续教育健康、有序、协调发展，根据《中华人民共和国高等教育法》《中华人民共和国行政许可法》《高等教育自学考试暂行条例》《国务院对确需保留的行政审批项目设定行政许可的决定》（国务院令第412号）等规定，制定本办法。

第二条　普通本科高校、高等职业学校、开放大学、独立设置成人高等学校（以下简称高校）举办的各类高等学历继续教育专业设置和管理，高等教育自学考试开考专业的管理，适用本办法。

第三条 高校设置高等学历继续教育专业要根据学校自身办学能力，发挥办学优势和特色，主动适应国家战略和经济社会发展需要，坚持终身学习理念，以满足学习者学习发展需求为导向，以学习者职业能力提升为重点，遵循高等教育规律和职业人才成长规律，培养具有较高综合素养、适应职业发展需要、具有创新意识的应用型人才。

第四条 教育部负责高等学历继续教育专业设置、高等教育自学考试开考专业设置的政策制定和宏观管理。

省级教育行政部门负责本行政区域内高校高等学历继续教育专业设置的统筹指导和监管服务。

高校依照相关规定自主设置和调整高等学历继续教育专业。

全国高等教育自学考试指导委员会（以下简称全国考委）负责制订高等教育自学考试开考专业清单和基本规范。

受教育部委托，国家行业主管部门、行业组织负责对本行业领域相关高等学历继续教育专业设置进行指导。

第五条 教育部组织设立高等学历继续教育专业设置评议专家组织。省级教育行政部门、高校设立相应的专业设置评议专家组织，或在现有专家组织中增加高等学历继续教育专业设置评议职能。充分发挥专家组织在高等学历继续教育专业设置、建设、监督与评估方面的政策研究、论证审议和决策咨询作用。

第六条 教育部建立全国高等学历继续教育专业管理和公共信息服务平台（以下简称信息平台），对高等学历继续教育专业设置实行全程信息化管理与服务。

第二章 专业目录

第七条 高等学历继续教育本、专科专业目录由《普通高等学校本科专业目录》《普通高等学校高等职业教育专科专业目录》和《高等学历继续教育补充专业目录》（见附件）组成。《高等学历继续教育补充专业目录》由教育部制定、发布，适时调整，实行动态管理。

第八条 全国考委、国家行业主管部门、行业组织、开放大学和独立设置的成人高校可对《高等学历继续教育补充专业目录》提出增补专业的建议。材料内容包括：相关行业（职业）人才需求报告、专业设置必要性和可行性论证报告、专业简介等。省级教育行政部门对本行政区域内高校提出的增补专业建议进行评议汇总，于每年 11 月 30 日前上报信息平台。全国考委、国家行业主管部门、行业组织可直接向教育部提交建议材料。教育部组织专家确定增补、撤销或更名的专业名单，适时向社会发布。

第九条 高等学历继续教育国家控制专业为现行《普通高等学校本科专业目录》《普通高等学校高等职业教育专科专业目录》中已经明确的国家控制专业。

第三章 专业设置的基本条件和程序

第十条 高校设置高等学历继续教育专业，应同时具备以下基本条件：

（一）符合学校的办学定位和发展规划。

（二）适应经济社会发展和产业结构调整需要，满足学习者多样化终身学习需求。

（三）有科学、规范、完整的专业人才培养方案及其所必需的教师队伍及教学辅助人员。

（四）具备开办专业所必需的经费、教学设施、图书资料或数字化学习资源、仪器设备、实习实训场所等办学条件，有保障专业可持续发展的相关制度和必要措施。

第十一条 普通本科高校、高等职业学校须在本校已开设的全日制教育本、专科专业范围内设置高等学历继续教育本、专科专业，并可根据社会需求设置专业方向，但专业方向名称不能与高等学历继续教育本、专科专业目录中已有专业名称相同，不能涉及国家控制专业对应的相关行业。具体程序为：

（一）各高校通过信息平台填报当年拟招生专业及相关信息。

（二）省级教育行政部门统筹汇总本行政区域内高校提交的专业信息，并通过信息平台提交教育部。

（三）教育部对各地上报的专业信息进行汇总并向社会公布。

第十二条 开放大学和独立设置的成人高校根据自身办学条件可在高等学历继续教育本、专科专业目录中设置高等学历继续教育专业，并可根据社会需求设置专业方向，具体要求同第十一条。具体程序为：

（一）对于拟设置的新专业，学校要组织校内有关专业设置评议专家组进行审议，通过信息平台提交人才需求报告、专业论证报告和人才培养方案等申请材料。信息平台将面向社会公示一个月，学校官方网站应同步公示。公示期满后，学校对公示期间收到的意见进行研究处理，及时将意见处理情况及修改后的申请材料提交信息平台。

（二）对于已开设的专业，各校通过信息平台填报当年拟招生专业及相关信息。

（三）省级教育行政部门根据本省（区、市）实际，对本行政区域内开放大学和独立设置的成人高校提交的新设专业申请材料和当年拟招生专业信息进行统筹汇总，通过信息平台提交教育部。

（四）教育部对各地上报的专业信息进行汇总并向社会公布。

第十三条 开放大学和独立设置的成人高校设置高等学历继续教育国家控制专业，具体程序为：

（一）学校通过信息平台填报当年拟招生国家控制专业及相关信息。

（二）省级教育行政部门在取得相关行业主管部门意见后，将本省（区、市）内拟新设国家控制专业的申请材料报送教育部。

（三）教育部按照现有国家控制专业审批办法管理。

第十四条 各类高校拟招生专业及相关信息须于当年 1 月 31 日前通过信息平台填报；省级教育行政部门对本行政区域内各类高校提交的专业信息统筹汇总后，须于当年 3 月 31 日前通过信息平台提交教育部；教育部对各地上报的专业信息进行汇总，于当年 5 月 31 日前向社会公布专业备案或审批结果。

第十五条 全国考委在高等学历继续教育本、专科专业目录范围内，确定高等教育自学考试开考专业清单，制订相应专业基本规范，并于当年 5 月 31 日前通过信息平台公布。各省（区、市）高等教育自学考试委员会、军队高等教育自学考试委员会在清单范围内选择开考专业。

第四章 监督与评估

第十六条 教育部和全国考委将充分运用信息平台监测高等学历继续教育专业设置的工作运行，全面掌握专业设置整体情况和动态信息，及时公布全国高等学历继续教育专业设置和调整情况。推动建立教育行政部门、行业组织、第三方机构、高校等多方参与的监管制度和评价机制。

第十七条 省级教育行政部门要充分运用信息平台掌握本行政区域内的高校继续教育专业设置情况，制订高等学历继续教育专业检查和评估办法，加强对高校高等学历继续教育专业建设的监督与评估，评估结果作为该专业继续招生、暂停招生的依据。对存在人才培养定位不适应社会需求、办学条件严重不足、教学（考试）管理严重不规范、教育质量低下等情况，省级教育行政部门要视情节责令有关高校对相应专业进行限期整改，完成整改前，该专业暂停招生，且高校不得设置新专业；情节严重且拒不整改的，省级教育行政部门应建议高校主管部门停止该专业招生。

第十八条 对未按本办法设置的高等学历继续教育专业，高校不得进行宣传和组织招生。对违反本办法擅自设置专业或经查实申请材料弄虚作假的高校，教育部和省级教育行政部门将予以公开通报批评并责令整改，情节严重的，三年内不得增设高等学历继续教育专业。

第十九条 高校应加强高等学历继续教育专业建设，建立和完善自我评价机制。鼓励引入专门机构或社会第三方机构对学校高等学历继续教育专业办学水平和质量进行评估及认证。

第五章 附 则

第二十条 全国考委、省级教育行政部门依据本办法制订实施细则，报教育部备案后实施。

第二十一条 本办法自发布之日起实施。

附件：

高等学历继续教育补充专业目录

本科（13个专业）

序号	学科门类	专业类	专业代码	专业名称
1	经济学	经济学类	320101	区域经济开发与管理
2	法学	法学类	330101K	监所管理
3	教育学	教育学类	340101	教育管理
4	教育学	教育学类	340102	心理健康教育
5	教育学	教育学类	340103	双语教育
6	文学	中国语言文学类	350101	维吾尔语言文学
7	文学	中国语言文学类	350102	哈萨克语言文学
8	文学	中国语言文学类	350103	蒙古语言文学
9	文学	中国语言文学类	350104	朝鲜语言文学
10	文学	中国语言文学类	350105	藏语言文学
11	医学	护理学类	401101	社区护理学
12	管理学	工商管理类	420201	网络营销与管理
13	管理学	公共管理类	420401	城市公共安全管理

专科（17个专业）

序号	专业大类	专业类	专业代码	专业名称
1	农林牧渔大类	农业类	810101	家庭农场经营管理
2	资源环境与安全大类	煤炭类	820501	采矿工程
3	资源环境与安全大类	煤炭类	820502	煤矿安全技术与管理
4	装备制造大类	机械设计制造类	860101	机械电子工程与管理
5	生物与化工大类	生物技术类	870101	生物技术
6	生物与化工大类	化工技术类	870201	应用化学
7	电子信息大类	电子信息类	910101	信息系统开发与维护
8	财经商贸大类	财政税务类	930101	区域经济开发与管理
9	文化艺术大类	民族文化类	950301	维吾尔语言文学
10	文化艺术大类	民族文化类	950302	哈萨克语言文学
11	文化艺术大类	民族文化类	950303	蒙古语言文学
12	文化艺术大类	民族文化类	950304	朝鲜语言文学

续 表

序号	专业大类	专业类	专业代码	专业名称
13	文化艺术大类	民族文化类	950305	藏语言文学
14	新闻传播大类	新闻出版类	960101	新闻学
15	教育与体育大类	教育类	970101K	双语教育
16	教育与体育大类	语言类	970201	汉语言文学
17	教育与体育大类	语言类	970202	英 语

高等学校学术委员会规程

·2014 年 1 月 29 日教育部令第 35 号公布
·自 2014 年 3 月 1 日起施行

第一章 总 则

第一条 为促进高等学校规范和加强学术委员会建设，完善内部治理结构，保障学术委员会在教学、科研等学术事务中有效发挥作用，根据《中华人民共和国高等教育法》及相关规定，制定本规程。

第二条 高等学校应当依法设立学术委员会，健全以学术委员会为核心的学术管理体系与组织架构；并以学术委员会作为校内最高学术机构，统筹行使学术事务的决策、审议、评定和咨询等职权。

实施本科以上教育的普通高等学校学术委员会的组成、职责与运行等，适用本规程。

第三条 高等学校应当充分发挥学术委员会在学科建设、学术评价、学术发展和学风建设等事项上的重要作用，完善学术管理的体制、制度和规范，积极探索教授治学的有效途径，尊重并支持学术委员会独立行使职权，并为学术委员会正常开展工作提供必要的条件保障。

第四条 高等学校学术委员会应当遵循学术规律，尊重学术自由、学术平等，鼓励学术创新，促进学术发展和人才培养，提高学术质量；应当公平、公正、公开地履行职责，保障教师、科研人员和学生在教学、科研和学术事务管理中充分发挥主体作用，促进学校科学发展。

第五条 高等学校应当结合实际，依据本规程，制定学术委员会章程或者通过学校章程，具体明确学术委员会组成、职责，以及委员的产生程序、增补办法，会议制度和议事规则及其他本规程未尽事宜。

第二章 组成规则

第六条 学术委员会一般应当由学校不同学科、专业的教授及具有正高级以上专业技术职务的人员组成，并应当有一定比例的青年教师。

学术委员会人数应当与学校的学科、专业设置相匹配，并为不低于 15 人的单数。其中，担任学校及职能部门党政领导职务的委员，不超过委员总人数的 1/4；不担任党政领导职务及院系主要负责人的专任教授，不少于委员总人数的 1/2。

学校可以根据需要聘请校外专家及有关方面代表，担任专门学术事项的特邀委员。

第七条 学术委员会委员应当具备以下条件：

（一）遵守宪法法律，学风端正、治学严谨、公道正派；

（二）学术造诣高，在本学科或者专业领域具有良好的学术声誉和公认的学术成果；

（三）关心学校建设和发展，有参与学术议事的意愿和能力，能够正常履行职责；

（四）学校规定的其他条件。

第八条 学校应当根据学科、专业构成情况，合理确定院系（学部）的委员名额，保证学术委员会的组成具有广泛的学科代表性和公平性。

学术委员会委员的产生，应当经自下而上的民主推荐、公开公正的遴选等方式产生候选人，由民主选举等程序确定，充分反映基层学术组织和广大教师的意见。

特邀委员由校长、学术委员会主任委员或者 1/3 以上学术委员会委员提名，经学术委员会同意后确定。

第九条 学术委员会委员由校长聘任。

学术委员会委员实行任期制，任期一般可为4年，可连选连任，但连任最长不超过2届。

学术委员会每次换届，连任的委员人数应不高于委员总数的2/3。

第十条 学术委员会设主任委员1名，可根据需要设若干名副主任委员。主任委员可由校长提名，全体委员选举产生；也可以采取直接由全体委员选举等方式产生，具体办法由学校规定。

第十一条 学术委员会可以就学科建设、教师聘任、教学指导、科学研究、学术道德等事项设立若干专门委员会，具体承担相关职责和学术事务；应当根据需要，在院系（学部）设置或者按照学科领域设置学术分委员会，也可以委托基层学术组织承担相应职责。

各专门委员会和学术分委员会根据法律规定、学术委员会的授权及各自章程开展工作，向学术委员会报告工作，接受学术委员会的指导和监督。

学术委员会设立秘书处，处理学术委员会的日常事务；学术委员会的运行经费，应当纳入学校预算安排。

第十二条 学术委员会委员在任期内有下列情形，经学术委员会全体会议讨论决定，可免除或同意其辞去委员职务：

（一）主动申请辞去委员职务的；

（二）因身体、年龄及职务变动等原因不能履行职责的；

（三）怠于履行职责或者违反委员义务的；

（四）有违法、违反教师职业道德或者学术不端行为的；

（五）因其他原因不能或不宜担任委员职务的。

第三章 职责权限

第十三条 学术委员会委员享有以下权利：

（一）知悉与学术事务相关的学校各项管理制度、信息等；

（二）就学术事务向学校相关职能部门提出咨询或质询；

（三）在学术委员会会议中自由、独立地发表意见，讨论、审议和表决各项决议；

（四）对学校学术事务及学术委员会工作提出建议、实施监督；

（五）学校章程或者学术委员会章程规定的其他权利。

特邀委员根据学校的规定，享有相应权利。

第十四条 学术委员会委员须履行以下义务：

（一）遵守国家宪法、法律和法规，遵守学术规范、恪守学术道德；

（二）遵守学术委员会章程，坚守学术专业判断，公正履行职责；

（三）勤勉尽职，积极参加学术委员会会议及有关活动；

（四）学校章程或者学术委员会章程规定的其他义务。

第十五条 学校下列事务决策前，应当提交学术委员会审议，或者交由学术委员会审议并直接做出决定：

（一）学科、专业及教师队伍建设规划，以及科学研究、对外学术交流合作等重大学术规划；

（二）自主设置或者申请设置学科专业；

（三）学术机构设置方案，交叉学科、跨学科协同创新机制的建设方案、学科资源的配置方案；

（四）教学科研成果、人才培养质量的评价标准及考核办法；

（五）学位授予标准及细则，学历教育的培养标准、教学计划方案、招生的标准与办法；

（六）学校教师职务聘任的学术标准与办法；

（七）学术评价、争议处理规则，学术道德规范；

（八）学术委员会专门委员会组织规程，学术分委员会章程；

（九）学校认为需要提交审议的其他学术事务。

第十六条 学校实施以下事项，涉及对学术水平做出评价的，应当由学术委员会或者其授权的学术组织进行评定：

（一）学校教学、科学研究成果和奖励，对外推荐教学、科学研究成果奖；

（二）高层次人才引进岗位人选、名誉（客座）教授聘任人选，推荐国内外重要学术组织的任职人选、人才选拔培养计划人选；

（三）自主设立各类学术、科研基金、科研项目以及教学、科研奖项等；

（四）需要评价学术水平的其他事项。

第十七条 学校做出下列决策前，应当通报学术委员会，由学术委员会提出咨询意见：

（一）制订与学术事务相关的全局性、重大发

展规划和发展战略;

(二)学校预算决算中教学、科研经费的安排和分配及使用;

(三)教学、科研重大项目的申报及资金的分配使用;

(四)开展中外合作办学、赴境外办学,对外开展重大项目合作;

(五)学校认为需要听取学术委员会意见的其他事项。

学术委员会对上述事项提出明确不同意见的,学校应当做出说明、重新协商研究或者暂缓执行。

第十八条 学术委员会按照有关规定及学校委托,受理有关学术不端行为的举报并进行调查,裁决学术纠纷。

学术委员会调查学术不端行为、裁决学术纠纷,应当组织具有权威性和中立性的专家组,从学术角度独立调查取证,客观公正地进行调查认定。专家组的认定结论,当事人有异议的,学术委员会应当组织复议,必要的可以举行听证。

对违反学术道德的行为,学术委员会可以依职权直接撤销或者建议相关部门撤销当事人相应的学术称号、学术待遇,并可以同时向学校、相关部门提出处理建议。

第四章 运行制度

第十九条 学术委员会实行例会制度,每学期至少召开1次全体会议。根据工作需要,经学术委员会主任委员或者校长提议,或者1/3以上委员联名提议,可以临时召开学术委员会全体会议,商讨、决定相关事项。

学术委员会可以授权专门委员会处理专项学术事务,履行相应职责。

第二十条 学术委员会主任委员负责召集和主持学术委员会会议,必要时,可以委托副主任委员召集和主持会议。学术委员会委员全体会议应有2/3以上委员出席方可举行。

学术委员会全体会议应当提前确定议题并通知与会委员。经与会1/3以上委员同意,可以临时增加议题。

第二十一条 学术委员会议事决策实行少数服从多数的原则,重大事项应当以与会委员的2/3以上同意,方可通过。

学术委员会会议审议决定或者评定的事项,一般应当以无记名投票方式做出决定;也可以根据事项性质,采取实名投票方式。

学术委员会审议或者评定的事项与委员本人及其配偶和直系亲属有关,或者具有利益关联的,相关委员应当回避。

第二十二条 学术委员会会议可以根据议题,设立旁听席,允许相关学校职能部门、教师及学生代表列席旁听。

学术委员会做出的决定应当予以公示,并设置异议期。在异议期内如有异议,经1/3以上委员同意,可召开全体会议复议。经复议的决定为终局结论。

第二十三条 学术委员会应当建立年度报告制度,每年度对学校整体的学术水平、学科发展、人才培养质量等进行全面评价,提出意见、建议;对学术委员会的运行及履行职责的情况进行总结。

学术委员会年度报告应提交教职工代表大会审议,有关意见、建议的采纳情况,校长应当做出说明。

第五章 附则

第二十四条 高等职业学校、成人高等学校可以参照本规程,结合自身特点,确定学术委员会的组成及职责,制定学术委员会章程。

第二十五条 高等学校现有学术委员会的组成、职责等与本规程不一致的,学校通过经核准的章程已予以规范的,可以按照学校章程的规定实施;学校章程未规定的,应当按照本规程进行调整、规范。

第二十六条 本规程自2014年3月1日起施行。

教育部此前发布的有关规章、文件中的相关规定与本规程不一致的,以本规程为准。

教育部关于实行高等学校招生工作责任制及责任追究暂行办法

· 2005年3月15日
· 教监〔2005〕4号

第一条 为确保国家高等学校(以下简称高校)招生法规、制度、政策和规定的贯彻落实,全面体现招生工作的公平、公正,根据国家有关法律、法规和规定,特制定本办法。

第二条 本办法适用于各级政府举办和管理的普通高等学校、成人高等学校、民办高等学校,以及由普通高等学校申办的独立学院。

第三条 高校招生期间,各级教育行政部门、招生考试机构和高校党政主要领导作为第一责任人,要对本部门、本地区、本校的招生工作负全面领导责任;分管招生工作领导作为直接主管责任人,要承担领导、组织、协调和监管的责任;招生部门负责人要在规定的职责范围内履行相应职责;招生工作人员要严格执行有关程序和规定,依法正确履行职责。

第四条 对违反高校招生、考试管理规定的行为,将依照国家有关规定作出行政处罚;构成违纪的,依照党和国家的有关规定,追究纪律责任;构成犯罪的,依法追究刑事责任。

第五条 对在高校招生、考试中的违纪违规行为,将按照党风廉政建设责任制规定和“谁主管,谁负责”的原则,追究有关责任者的相应责任:

1. 属于集体决策的,追究主要领导的责任;

2. 属于分管领导或部门负责人决策的,追究有关领导或负责人的责任;

3. 属于招生考试工作人员个人行为的,追究有关当事者的责任。

第六条 对在高校招生、考试中发生下列行为之一的,按照有关规定追究责任:

1. 不执行国家有关规定,擅自扩大本部门、本地区或本校招生规模的;

2. 以任何名义和理由,向考生收取与招生录取挂钩费用的;

3. 违反国家有关规定,录取不符合录取条件的考生的;

4. 以任何方式影响、干扰招生工作正常秩序的;

5. 参与社会中介机构或个人非法招生活动的;

6. 在报名、考试、录取等招生工作中,有徇私舞弊、弄虚作假行为的;

7. 考场纪律混乱、考试秩序失控,出现大面积考试作弊现象的;

8. 索取或者收受考生及其家长的礼品、现金和有价证券的。

第七条 各级教育行政部门、招生考试机构和高校应完善和建立重要事项报告制度、调整计划使用备案制度、回避制度和招生督察等制度,强化招生考试的管理和监督,对发现问题及时纠正和处理。

第八条 各级教育纪检监察部门要积极配合招生管理部门开展工作,针对招生工作中发现的问题,提出改进建议或行政监察建议。

第九条 各级教育纪检监察部门要认真实行对招生管理部门及招生工作人员履行职责的监督,严肃查处招生中的违法违纪案件对本部门、本地区、本学校招生工作监督不力或不履行监督责任的,以及瞒案不报、压案不查的,将按照有关规定追究有关责任者和主管领导的责任。

第十条 本办法自发布之日起施行。

普通高等学校毕业生就业工作暂行规定

· 1997 年 3 月 24 日

· 教学〔1997〕6 号

第一章 总 则

第一条 为做好普通高等学校(含研究生培养单位)毕业生(含毕业研究生)就业工作,更好地为经济建设和社会发展服务,维护毕业生和用人单位的合法权益,根据国家的有关法律和政策,制定本规定。

第二条 普通高等学校毕业生凡取得毕业资格的,在国家就业方针、政策指导下,按有关规定就业。

第三条 毕业生是国家按计划培养的专门人才,各级主管毕业生就业部门、高等学校和用人单位应共同做好毕业生就业工作。

毕业生有执行国家就业方针、政策和根据需要为国家服务的义务。

必要时,国家采取行政手段,安置毕业生就业。

第四条 毕业生就业工作要贯彻统筹安排、合理使用、加强重点、兼顾一般和面向基层,充实生产、科研、教学第一线的方针。在保证国家需要的前提下,贯彻学以致用、人尽其才的原则。

国家采取措施,鼓励和引导毕业生到边远地区、艰苦行业和其他国家急需人才的地方去工作。

第五条 国家教委归口管理全国毕业生就业工作,国务院其他部委(以下简称部委)和各省、自治区、直辖市(以下简称地方)负责本部门、本地方的毕业生就业工作。

第二章 职责分工

第六条 国家教委的主要职责:

1. 制定全国毕业生就业工作的法规和政策,部署全国毕业生就业工作;

2. 组织研究并指导实施全国毕业生就业制度改革;

3. 收集和发布全国毕业生供需信息,组织指导和管理毕业生就业供需见面、双向选择活动;

4. 编制全国普通高等学校毕业生就业计划,制订国家教委直属高校毕业生就业计划和部委、地方所属高校抽调计划;

5. 负责全国毕业生就业计划协调工作,管理全国毕业生调配工作;

6. 指导、检查毕业生就业工作,授权各省、自治区、直辖市调配部门派遣本地区高校毕业生;

7. 组织开展毕业教育、就业指导和人员培训工作;

8. 开展毕业生就业工作的科学研究和宣传工作;

9. 检查毕业生的使用情况。

第七条 国务院有关部委主管部门的主要职责:

1. 根据国家的有关方针、政策和国家教委的统一部署,提出本部门毕业生就业的具体工作意见;

2. 及时向国家教委报送所属院校毕业生就业计划和本部委需求信息;

3. 组织协调所属院校的毕业生供需信息交流活动;

4. 制订并组织实施所属院校的毕业生就业计划;

5. 组织开展所属院校毕业教育、就业指导工作;

6. 负责本部门毕业生的接收工作,了解和掌握毕业生的使用情况;

7. 开展有关毕业生就业工作改革的研究和宣传工作。

第八条 省、自治区、直辖主管部门的主要职责:

1. 根据国家的有关方针、政策和国家教委的统一部署,提出本省、自治区、直辖市毕业生就业的具体工作意见;

2. 负责本地区毕业生的资源统计工作,并按时报送国家教委;

3. 收集本地区毕业生的需求信息并及时报送国家教委;

4. 制订本地区所属院校毕业生的就业计划并及时报送国家教委;

5. 组织管理本地区毕业生就业供需见面和双向选择活动;

6. 受国家教委委托组织实施本地区高校毕业生的资格审查,并负责毕业生的调配派遣和接收工作;

7. 组织开展毕业教育、就业指导工作;

8. 检查、监督本地区用人单位和高等学校的毕业生就业工作;

9. 开展毕业生就业制度改革的研究和宣传工作;

10. 完成国家教委交办的其他工作。

第九条 高等学校的主要职责;

1. 根据国家的就业方针、政策和规定以及学校主管部门的工作意见,制定本学校的工作细则;

2. 负责本校毕业生的资格审查工作,及时向主管部门和地方调配部门报送毕业生资源情况;

3. 收集需求信息,开展毕业生就业供需见面和双向选择活动,负责毕业生的推荐工作;

4. 按照主管部门的要求提出毕业生就业建议计划;

5. 开展毕业教育和就业指导工作;

6. 负责办理毕业生的离校手续;

7. 开展与毕业生就业有关的调查研究工作;

8. 完成主管部门交办的其他工作。

第十条 用人单位的主要职责:

1. 及时向主管部门报送毕业生需求计划,向有关高等学校提供需求信息;

2. 参加供需见面和双向选择活动,如实介绍本单位情况,积极招聘毕业生;

3. 按照国家下达的就业计划接受、安排毕业生;

4. 负责毕业生见习期间的管理工作;

5. 向有关部门和学校反馈毕业生的使用情况。

第三章 毕业生就业工作程序

第十一条 全国高等学校毕业生就业工作程序和时间安排由国家教委统一部署，各部委和地方应按照统一部署具体指导所属院校毕业生的就业工作。

第十二条 毕业生就业工作程序分为就业指导、收集发布信息、供需见面及双向选择、制订就业计划、进行毕业生资格审查、派遣、调整、接受等阶段。

第十三条 毕业生就业工作一般从毕业生在校的最后一学年开始。

第十四条 用人单位一般应在每年11月—12月向主管部门及有关高校提出下一年度毕业生需求计划，11月—5月与毕业生签订录用协议。

第十五条 毕业生的就业活动不得影响学校正常的教学秩序和学生的学习。毕业生联系工作时间应安排在1月—5月，春季毕业研究生可适当提前。

第四章 毕业生就业指导与毕业生鉴定

第十六条 毕业生就业指导是高校教学工作的一个重要组成部分，是帮助毕业生了解国家的就业方针政策，树立正确的择业观念，保障毕业生顺利就业的有效手段。

第十七条 毕业生就业指导重点进行人生观、价值观、择业观和职业道德教育，突出毕业生就业政策的宣传。

第十八条 毕业生就业指导要理论联系实际，注重实效，可采用授课、报告、讲座、咨询等多种形式。

第十九条 毕业生就业指导要与毕业教育相结合，教育毕业生以国家利益为重，正确处理国家利益与个人发展的关系，自觉服从国家需要，到基层去，到艰苦的地方去，走与实践相结合的成才之路。

第二十条 高等学校要按照国家教委《普通高等学校学生管理规定》、《高等学校学生行为准则（试行）》和《研究生学籍管理规定》的要求，实事求是地对毕业生作出组织鉴定。

第二十一条 毕业鉴定主要包括毕业生在校期间德、智、体等各方面的基本情况，这些基本情况要按照档案管理的有关规定，认真核对无误后归档。档案材料应在毕业生派遣两周内寄送毕业生报到单位。

第五章 供需见面和双向选择活动

第二十二条 供需见面和双向选择活动是落实毕业生就业计划的重要方式。各部委、各地方主管毕业生就业工作部门负责管理和举办本部门、本地区的毕业生就业供需见面和双向选择活动，其他部门不得举办以毕业生就业为主的洽谈会或招聘会。举办省级上述活动要报国家教委备案，跨省区、跨部门的有关活动须报国家教委审批。

第二十三条 有条件的高等学校要举办或校际联办毕业生供需见面和双向选择活动。高等学校在毕业生供需见面和双向选择活动中起主导作用。

第二十四条 经供需见面和双向选择后，毕业生、用人单位和高等学校应当签订毕业生就业协议书，作为制定就业计划和派遣的依据。未经学校同意，毕业生擅自签定的协议无效。

第二十五条 供需见面和双向选择活动要在国家就业方针、政策指导下，有组织、有计划、有步骤地进行，时间应安排在节假日。

第二十六条 供需见面和双向选择活动，不得以赢利为目的向学生收费，不得影响学校正常的教学秩序和学生的学习。

第六章 就业计划的制订

第二十七条 国家教委直属学校毕业生面向全国就业，其他部委所属学校毕业生主要面向本系统、本行业就业，地方所属学校主要面向本地区就业。根据招生"并轨"改革的进程，有关部委和各省、自治区、直辖市可根据本部门、本地区的实际情况确定所属高校毕业生的就业范围。

第二十八条 制订就业计划的原则；

1. 遵循国家有关毕业生就业的方针、政策和规定；

2. 依据国民经济和社会发展的需要；

3. 优先保证国防、军工、国有大中型企业、重点科研和教学单位的需要；

4. 来源于边远省区的本、专科毕业生，只要是边远省区急需的，原则上回来源省区就业；

5. 师范类毕业生原则上在教育系统内就业；

6. 定向生、委培生按合同就业；

7. 实行招生“并轨”改革学校的毕业生在国家就业政策指导下，在一定范围内自主择业；

8. 毕业研究生在国家规定的服务范围内就业；

9. 其他类型毕业生按国家有关规定就业。

第二十九条 本、专科毕业生就业计划每年编制一次，毕业研究生就业计划分为春季和暑期两次编制。就业计划按部委、地方和高校各自的职责分工经上下结合，充分协商形成；有关部委和地方负责审核、汇总所属学校毕业生就业建议计划，并按时报送国家教委；国家教委审核、编制全国普通高等学校毕业生就业计划。

第三十条 毕业生就业计划经国家教委审核下达后，各部委、地方、高等学校和用人单位必须严格执行。

第七章 调配、派遣工作

第三十一条 地方主管毕业生调配部门和高等学校按照国家下达的就业计划派遣毕业生。派遣毕业生统一使用《全国普通高等学校毕业生就业派遣报到证》和《全国毕业研究生就业派遣报到证》（以下简称《报到证》），《报到证》由国家教委授权地方主管毕业生就业调配部门审核签发，特殊情况可由国家教委直接签发。

第三十二条 国家招生计划内招收的自费生（含电大、函授等普通专科班）毕业生自主择业，在规定时间内找到单位的由地方主管调配部门开具《报到证》。

第三十三条 对于华侨和来自港澳台地区的毕业生愿意留大陆工作的，学校可根据国家有关规定提供必要的帮助。

第三十四条 免试推荐和考取硕士、博士研究生的毕业生，在学校就业计划上报后提出不再攻读的，应回家庭所在地就业。

第三十五条 符合国家规定申请自费留学的毕业生，要在学校规定的期限内提出申请并按规定偿还教育培养费，经批准后，学校不再负责其就业。派遣时未获准出境的，学校可将其档案、户粮关系转至家庭所在地自谋职业。

第三十六条 对残疾毕业生学校应帮助其就业，确有困难的，按有关规定由生源所在地民政部门安置。

第三十七条 学校应在派遣前认真负责地对毕业生进行健康检查，不能坚持正常工作的，让其回家休养。一年内治愈的（须经学校指定县级以上医院证明能坚持正常工作的）可以随下一届毕业生就业；一年后仍未治愈或无用人单位接收的，户粮关系和档案材料转至家庭所在地，按社会待业人员办理。

第三十八条 结业生由学校向用人单位推荐或自荐，找到工作单位的，可以派遣，但必须在《报到证》上注明“结业生”字样；在规定时间内无接收单位的，由学校将其档案、户粮关系转至家庭所在地（家居农村的保留非农业户口），自谋职业。

第三十九条 全国普通高等学校要在七月一日后派遣毕业生（春季毕业研究生例外）。

第四十条 在派遣过程中出现特殊情况需要调整改派的，按下列原则办理：

1. 在本省、自治区、直辖市辖区内用人单位之间调整的，由地方主管毕业生调配部门审批并办理改派手续；

2. 跨部委、跨省（自治区、直辖市）调整的，由学校主管部门审核同意后，统一报国家教委审批并下达调整计划，学校所在地方主管毕业生调配部门按照调整计划办理改派手续。

3. 毕业生调整改派须在一年内办理，逾期不再办理有关调整改派手续。毕业生就业后的调整按在职人员有关规定办理。

第八章 接收工作及毕业生待遇

第四十一条 毕业生持《报到证》到工作单位报到，用人单位凭《报到证》予以办理接收手续和户粮关系。凡纳入国家就业计划的毕业生，地方政府不得征收其城市增容费。

第四十二条 毕业生报到后，用人单位应根据工作需要和毕业生所学专业及时安排工作岗位。

第四十三条 按国家计划派遣的毕业生，用人单位不得拒绝接收或退回学校。

第四十四条 毕业生报到后，发生疾病不能坚持正常工作的，按在职人员有关规定处理，不得把上岗后发生疾病的毕业生退回学校。

第四十五条 毕业生就业后，其工资标准和福利待遇按国家有关规定执行，工龄从报到之日计算。

第四十六条 到非公有制单位就业的毕业

生,其档案按国家有关规定进行管理,工资待遇由毕业生与用人单位协商确定,但工资标准原则上应不低于国家规定。

第九章 违反规定的处理

第四十七条 有以下情形之一的部委、地方和学校就业部门,要通报批评,情节严重的,建议主管部门对有关责任人员给予行政处分:

1. 不按要求和时间报送生源、需求计划的;
2. 不按国家的有关规定派遣毕业生的;
3. 其他违反毕业生就业工作规定的。

第四十八条 对违反就业协议或不履行定向、委托培养合同的用人单位、毕业生、高等学校按协议书或合同书的有关条款办理,并依法承担赔偿责任。

第四十九条 对擅自拒收、截留按国家计划派遣毕业生的用人单位,由其主管部门责令改正,并对有关负责人员给予行政处分。

第五十条 有下列情形之一的毕业生,由学校报地方主管毕业生调配部门批准,不再负责其就业。在其向学校缴纳全部培养费和奖(助)学金后,由学校将其户粮关系和档案转至家庭所在地,按社会待业人员处理:

1. 不顾国家需要,坚持个人无理要求,经多方教育仍拒不改正的;
2. 自派遣之日起,无正当理由超过三个月不去就业单位报到的;
3. 报到后,拒不服从安排或无理要求用人单位退回的;
4. 其他违反毕业生就业规定的。

第五十一条 对利用职权干涉毕业生就业工作或在毕业生就业工作中徇私舞弊的工作人员,由主管部门或同级纪检、监察部门依法处理;情节严重、构成犯罪的,依法追究其刑事责任。

第十章 附 则

第五十二条 本规定中普通高等学校毕业生系指按照国家普通高等学校招生计划和研究生招生计划招收的具有学籍、取得毕业资格的本、专科生(含招生并轨招收的学生和招生并轨前招收的国家任务生、定向生、委培生、自费生及电大、函授普通专科班学生)和硕士、博士研究生(含统分生、定向生、委培委、自筹经费生)。

第五十三条 各有关部委和地方可根据本规定制定实施细则并报国家教委备案。

第五十四条 本规定由国家教育委员会负责解释。

第五十五条 本规定自发布之日起执行。

高等学校培养第二学士学位生的试行办法

·1987 年 6 月 6 日
·〔87〕教计字 105 号

为了尽快地培养一批国家急需的知识面宽、跨学科的高层次专门人才,以适应四化建设的要求,自 1984 年以来,经原教育部和国家教委批准,少数高等学校试办了第二学士学位班。从初步实践和社会反映来看,采取第二学士学位的方式,有计划地培养某些应用学科的高层次专门人才,与培养研究生方式相辅相成,更能适合四化建设的实际需要。为了顺利地开展这项工作,现就高等学校培养第二学士学位生的有关问题,暂作如下规定:

一、培养第二学士学位生,在层次上属于大学本科后教育,与培养研究生一样,同是培养高层次专门人才的一种途径。

二、根据《中华人民共和国学位条例暂行实施办法》中所规定的十个学科门类(即:哲学、经济学、法学、教育学、文学、历史学、理学、工学、农学、医学),一般地凡是已修完一个学科门类中的某个本科专业课程,已准予毕业并获得学士学位,再攻读另一个学科门类中的某个本科专业,完成教学计划规定的各项要求,成绩合格,准予毕业的,可授予第二学士学位。

如果国家有特殊需要,经国家教委批准,在同一学科门类中,修完一个本科专业获得学士学位后,再攻读第二个本科专业,完成教学计划规定的各项要求,成绩合格,准予毕业的,也可以授予第二学士学位。

但是,目前有些高等学校在教学改革中,为了调动学生学习积极性,拓宽知识面,允许跨专业选修课程的学生,不能按攻读第二学士学位对待,不得授予第二学士学位。

三、鉴于高等学校的容量有限，而培养本专科学生的任务又很重，第二学士学位生只能根据国家的特殊需要有计划地按需培养，不大面积铺开，招生规模要从严控制，原则上限在部分办学历史较久，师资力量较强，教学科研水平较高的本科院校中试行。凡招收第二学士学位生，均须由学校根据国家需要和用人单位的要求，提出包括必要性和可行性论证内容的申请报告，经主管部门审核同意后，报国家教委审核批准。校舍紧张的重点高等学校，可以削减一些研究生招生名额，来安排招收第二学士学位生。年度招生计划由国家统一下达，并严格按计划招生。任何高等学校均不得不经批准擅自招生和授予学位。

四、第二学士学位生所攻读的专业，原则上应是学校现设的、具有学士学位授予资格的本科专业。如设置新的专业，应按规定先履行专业审批手续。

五、第二学士学位专业的招生对象，主要是大学毕业并获得学士学位的在职人员（含实行学位制度以前的大学本科毕业生。以下简称在职人员）。也可以根据国家的特殊需要，招收少量大学本科毕业并获得学士学位的应届毕业生（含按学分制提前完成学业并获得学士学位的学生。以下简称在校生）；攻读第二学士学位，均须本人自愿（在职人员报考，要经过本单位的批准），并经过必要的资格审查与入学考试、考核，择优录取。考试、考核的内容，应是第二学士学位专业的主要基础课程。招生考试及录取工作，目前可根据各专业的办学规模，采取不同的方式进行。有的专业可以实行全国统一考试、录取，有的也可以由省、市教育部门或招生学校自行组织。

为缓解高等学校校舍的紧张，在本市有住房的学生，应当尽可能实行走读。

六、第二学士学位的修业年限，一般为二年。具体修业时间和教学计划，由承担培养任务的学校提出意见，报主管部门核定。修业年限确定后，未经主管部门同意，学校不得更改。

七、培养第二学士学位生，必须保证教育质量。对攻读第二学士学位的学生，不论是在校生，还是在职人员，在教学上都要严格要求，必须依照教学要求，学完规定课程，不得迁就和随意降低标准。

攻读第二学士学位的学生，凡在规定修业年限内，修完规定课程，经考试合格，取得毕业和授予学士学位资格者，即可授予第二学士学位。凡达不到要求的，不再延长学习时间，亦不实行留级制度，可发肄业、结业证明。

对于攻读第二学士学位的学生，如发现有学习困难，无能力完成学业或表现不好的，学校可以取消其攻读第二学士学位的资格。同时也允许学习有困难的学生申请中途终止第二学士学位专业的学习。被取消资格的及中途终止学习的学生，属在校生的，按第一学士学位专业毕业分配，属在职人员的，仍回原单位工作。

八、在校生攻读第二学士学位，修业期满，获得第二学士学位者，原则上应根据国家需要，按第二学士学位专业分配工作。在职人员攻读第二学士学位，修业期满，不论是否获得第二学士学位者，均回原单位安排工作。

凡学习期满，获得第二学士学位者，毕业工作后起点工资与研究生班毕业生工资待遇相同；未获得第二学士学位者，仍按本科毕业生对待。

九、经国家教委批准，列入国家统一招生计划内的攻读第二学士学位学生，其所需经费按学校隶属关系和财政管理体制，按照研究生班的经费标准及其他待遇，分别在中央和地方的教育事业费中开支。

在校期间的生活补助费标准及其他待遇，按照硕士研究生待遇的有关规定执行，在规定学习期限内的书籍补助费，每生每年为30元。

十、第二学士学位的毕业证书和学位证书，仍按现行规定的统一格式，由学校制定颁发。但须在证书中注明第二学士学位的学科门类和专业名称。

普通高等学校举办非学历教育管理规定(试行)

·2021年11月11日

·教职成厅函〔2021〕23号

第一章 总 则

第一条 为加强对普通高等学校（以下简称高校）举办非学历教育的管理，根据《中华人民共和国高等教育法》制定本规定。

第二条 本规定所称非学历教育是指高校在

学历教育之外面向社会举办的，以提升受教育者专业素质、职业技能、文化水平或者满足个人兴趣等为目的的各类培训、进修、研修、辅导等教育活动。以获得高等教育自学考试毕业证书为目的的自学考试辅导不在本规定的适用范围内。

第三条 非学历教育要坚持以习近平新时代中国特色社会主义思想为指导，全面贯彻党的教育方针，坚持社会主义办学方向，落实立德树人根本任务；强化公益属性，发挥市场机制作用，主动服务国家战略、经济社会发展和人的全面发展；依托学科专业优势和特色，与学校发展定位相一致、与学校办学能力相适应；坚持依法依规治理，规范办学行为，提升人才培养质量。

第四条 高校在保证完成国家下达的学历教育事业计划的前提下，方可举办非学历教育。高校举办非学历教育原则上要以自招、自办、自管为主，切实落实高校办学主体责任。

第二章 管理体制和职责

第五条 国务院教育行政部门负责非学历教育的宏观指导和统筹管理，建立健全非学历教育评价标准，完善监管体系；会同有关行业主管部门建立协同机制，加强对非学历教育的业务指导。

第六条 省级教育行政部门负责本地区非学历教育的指导、监督和管理，引导高校根据自身实际和特点优势，科学合理确定非学历教育办学规模。

第七条 高校负责本校非学历教育的发展规划、制度建设、规范办学和质量保证。高校党委应履行好管党治党、办学治校主体责任，强化基层党组织对涉及非学历教育工作的政治把关作用。高校应按照“管办分离”原则，明确归口管理部门，对非学历教育实施归口管理。归口管理部门不得设立在实际举办非学历教育的院系或部门（以下统称办学部门）。

第八条 归口管理部门负责全校非学历教育的统筹协调和规范管理，拟订非学历教育发展规划和管理制度，建立风险防控机制；对各办学部门举办的非学历教育进行立项审批；对非学历教育的招生简介、广告宣传等进行审核；对非学历教育合同事务进行管理；对非学历教育办学进行过程指导、质量监督和绩效管理；审核发放非学历教育证书等。

第九条 根据学校非学历教育发展规划，办学部门可结合自身优势特色，按照学校相关程序开展非学历教育。校内非实体性质的单位、职能管理部门、群团组织及教职员工个人不得以高校名义举办非学历教育。高校独资、挂靠、参股、合作举办的独立法人单位，不得以高校名义举办非学历教育；法人名称中带有高校全称或简称的，如举办非学历教育应纳入高校统一管理。

第三章 立项与招生

第十条 高校办学部门举办非学历教育项目均须向归口管理部门提出立项申请，经审批同意后方可开展。除保密情形外，经审批通过的项目要依法依规进行信息公开。

第十一条 高校不得以“研究生”“硕士、博士学位”等名义举办课程进修班。面向社会举办的非学历教育不得冠以“领导干部”“总裁”“精英”“领袖”等名义，不得出现招收领导干部的宣传。

第十二条 高校应严格规范非学历教育招生行为，自行组织招生，严禁委托校外机构进行代理招生。招生宣传内容必须真实、明晰、准确。

第四章 合作办学

第十三条 高校应严格控制非学历教育合作办学，确需与校外机构开展课程设计、教学实施等方面合作办学的，应对合作方背景、资质进行严格审查。如合作方涉及本校教职员工及其特定关系人的，应在立项申报时主动申明。

第十四条 合作办学要坚持高校主体地位，严禁转移、下放、出让学校的管理权、办学权、招生权和教学权，严禁项目整体外包。脱产学习超过一个月的非学历教育、受委托的领导干部培训项目，一律不得委托给社会培训机构，或与社会培训机构联合举办。

第十五条 非学历教育合作办学合同须经归口管理部门统一审批并由学校法定代表人或授权签字人签字，加盖学校公章。高校要重点对合同中合作模式、校名校誉使用、合作期限、权利义务、收益分配、违约责任等条款进行审核。

第五章 教学管理

第十六条 高校要建立非学历教育教学管理制度和质量保障机制，加强项目设计、课程研发、教学组织、效果评价等方面管理，明确教学目标和计划安排,严格学习纪律和考勤考核,加强学员管理。

第十七条 非学历教育可采取脱产、业余形式。鼓励高校创新教学模式,开展基于互联网的信息化教学和线上线下混合教学。

第十八条 高校要加强非学历教育教学资源建设,健全开发使用标准、程序和审核评价机制。鼓励高校组织优秀师资开发高水平非学历教育教学资源。

第十九条 高校非学历教育结业证书应由归口管理部门统一制作、分类连续编号,与学历教育证书明显区别。高校要建立规范的结业证书审核与申领机制,做好结业申请材料的收集与归档。结业证书应当载明修业时段和学业内容。

第六章 财务管理

第二十条 高校要按照国家及高校所在省份主管部门的规定,建立健全非学历教育财务管理制度,规范管理、防范风险。

第二十一条 对没有明确政府定价或政府指导价的项目,高校应根据当地经济社会发展水平和培养成本合理确定收费标准。面向社会公开招生的项目,收费标准应向社会公示,自觉接受监督。涉及收费减免的,应严格履行收费减免审批程序。

第二十二条 非学历教育办学所有收入纳入学校预算,统一核算,统一管理,任何单位或个人不得隐瞒、截留、占用、挪用和坐支。高校不得授权任何单位或个人代收费,不得以接受捐赠等名义乱收费。严禁合作方以任何名义收取费用。

第二十三条 非学历教育经费支出执行国家有关财务规章制度和学校有关经费支出管理规定。属于政府采购范围的,要严格执行政府采购相关规定。使用校内资源的,要执行学校资源有偿使用相关规定。非学历教育的课酬、劳务费等酬金统一由学校财务部门据实支付。

第七章 条件保障

第二十四条 高校要加强非学历教育师资和管理队伍建设,强化师德师风建设,选聘、培育优秀人才参与非学历教育工作;要设定授课师资准入条件,动态调整师资库,完善非学历教育绩效管理制度。聘用外籍人员需符合国家有关规定。

第二十五条 高校要优化资源配置,不断改善非学历教育办学及食宿条件。鼓励将学校运动场馆、图书馆、实验室等资源向非学历教育学员开放。

第二十六条 举办非学历教育需符合场地、消防、食品、卫生、网络信息等方面的安全要求,建立健全安全管理制度和应急预警处理机制,防范各类安全责任事故发生。

第八章 监督管理与处罚

第二十七条 高校要建立非学历教育中长期规划编制、年度执行情况审查、财务审计、监督检查机制,并纳入学校党委(常委)会议事事项和“三重一大”决策范畴。

第二十八条 高校要建立覆盖非学历教育立项、研发、招生、收费、教学、评价、发证等各环节的质量管理体系,实现办学过程受监控、可追溯。高校非学历教育办学情况纳入继续教育发展年度报告工作,主动向社会公开。年度办学情况明细应报省级教育行政部门备案。

第二十九条 高校财务、审计、教师管理、学生管理、巡视巡察、纪检监察等部门要将非学历教育监督检查纳入日常工作,建立工作机制,通过日常监管、专项检查等多种方式强化监督制约,维护财经纪律,保障教学秩序,防范腐败风险。

第三十条 各省级教育行政部门要完善本地区高校非学历教育管理制度,建立办学质量抽查和评估机制,强化指导和监管。

第三十一条 主管教育行政部门要建立工作责任制和责任追究制度,依法依规严肃处理高校非学历教育办学过程中的违规违纪违法问题。

(一)对不按本规定执行的高校,或不具备教学条件、办学投入不足、教学质量低下的高校,责令限期整改;对拒不履行职责、推诿、敷衍、拖延的,应公开通报批评,并追究有关责任人责任。

(二)对弄虚作假,蒙骗学员,借办学之名营私牟利的,应责令高校立即整改,退还所收费用,并对主要责任者和其他直接责任人员依法依规给予处分。构成犯罪的,依法追究刑事责任。

第九章 附　则

第三十二条 职业高等学校、独立设置的成人高等学校、开放大学举办非学历教育参照本规定执行。

第三十三条 高校面向特定行业、特定地域、特定群体举办的非学历教育,须同时遵守相关规定。

第三十四条 本规定的解释权属教育部。

第三十五条 本规定自发布之日起施行。

教育部直属师范大学免费师范毕业生在职攻读教育硕士专业学位实施办法(暂行)

·2010 年 5 月 21 日

·教师〔2010〕3 号

《国务院办公厅转发教育部等部门关于教育部直属师范大学师范生免费教育实施办法(试行)的通知》(国办发〔2007〕34 号)提出:"免费师范毕业生经考核符合要求的,可录取为教育硕士专业学位研究生,在职学习专业课程,任教考核合格并通过论文答辩的,颁发硕士研究生毕业证书和教育硕士专业学位证书。"为贯彻国办发〔2007〕34 号文件精神,做好免费师范毕业生在职攻读教育硕士专业学位研究生工作,落实师范生免费教育示范性举措,制定本实施办法。

一、自 2012 年起,北京师范大学、华东师范大学、东北师范大学、华中师范大学、陕西师范大学和西南大学从到中小学任教的免费师范毕业生中招收教育硕士专业学位研究生,支持师范毕业生结合中小学教育教学工作实际继续深造和专业发展。通过教育硕士研究生的培养,使免费师范毕业生具备先进的教育理念,良好的职业道德和创新意识,扎实的专业知识基础,较强的教育教学实践反思能力,为将来成长为优秀教师和教育家奠定坚实基础。

二、免费师范毕业生到中小学任教满一学期后,均可申请免试在职攻读教育硕士专业学位,经任教学校考核合格,部属师范大学根据工作考核结果、本科学习成绩和综合表现考核录取。

三、免费师范毕业生攻读教育硕士专业学位采取在职学习方式,学习年限一般为 2-3 年,实行学分制。课程学习主要通过远程教育和寒暑假集中面授方式进行。创新教育硕士研究生培养模式,采取部属师范大学与地方政府、中小学校合作培养教育硕士研究生的新机制。选择具备条件的免费师范毕业生任教学校建立教育硕士研究生培养基地,实行部属师范大学和中小学的双导师制,共同研究和实施教育硕士研究生培养方案。通过全国教师教育网络联盟公共服务平台,部属师范大学教育硕士研究生课程实行学分互认,共享优质资源。

四、教育硕士研究生课程设置要突出实践性,密切结合中小学教育教学实践,并与本科阶段所学课程相衔接,整体设计。各培养学校应根据全国教育专业学位教育指导委员会制定的《教育部直属师范大学免费师范毕业生攻读教育硕士专业学位指导性培养方案》,结合本校实际,制订教学计划。

五、教育硕士研究生培养要进一步加强教师职业道德教育,树立长期从教的职业理想和信念;坚持理论联系实际,面向基础教育,注重教师专业素质养成,注重教育教学能力训练,注重教育实践问题研究能力培养。加强教育硕士研究生导师队伍建设,选择责任心强、熟悉中小学教育、教学经验丰富的高校优秀教师和培养基地的中小学优秀教师组成双导师指导组。认真组织远程教育课程学习和教育实践活动,制订严格的考核标准,采取科学有效的考核方法。

六、教育硕士研究生课程考查与考试可通过调查报告、课程论文、教学设计、教学视频和笔试、口试等多种方式进行。实践环节考查要求学生在学期间至少完成一篇实践调查报告和一项教学设计。将免费师范毕业生在中小学教育教学工作岗位的实际表现作为教育硕士研究生成绩考查的重要内容。

七、教育硕士专业学位论文撰写要立足教育实践,突出学以致用,要运用教育理论、知识、方法分析和解决中小学教育教学工作中迫切需要解决的实际问题,具有创新性和实用价值。论文形式可以是研究报告、调研报告或教育教学案例分析报告等。学位论文的评阅人和答辩委员会成员中,应至少有一名相关学科的中小学特级教师。

八、在职攻读教育硕士专业学位的免费师范毕业生修满规定课程学分,通过论文答辩,经学校学位评定委员会审核批准,授予教育硕士专业学位,并颁发硕士研究生毕业证书。

九、在职攻读教育硕士专业学位的免费师范毕业生,如未按《师范生免费教育协议》从事中小学教育工作,部属师范大学可以取消学籍。

十、免费师范毕业生在职攻读教育硕士专业学位招生计划在全国研究生招生总规模之内单列，全部为国家计划。

十一、做好免费师范毕业生在职攻读教育硕士专业学位工作是建设高素质专业化教师队伍的一项重要任务。各有关地方教育行政部门、部属师范大学和中小学校要高度重视，密切配合，精心组织，创造条件，确保师范生免费教育示范性举措的顺利实施。

教育部直属师范大学免费师范毕业生就业实施办法

·2010年5月18日
·教师〔2010〕2号

为贯彻落实《国务院办公厅转发教育部等部门关于教育部直属师范大学师范生免费教育实施办法（试行）的通知》（国办发〔2007〕34号）精神，确保免费师范毕业生到中小学任教，鼓励优秀高中毕业生报考师范专业，鼓励优秀青年长期从教，培养造就大批优秀教师和教育家，制定本办法。

一、免费师范毕业生就业工作由有关省级政府统筹，教育、人力资源和社会保障、机构编制、财政等部门组成工作小组，负责制定并实施就业方案，落实保障措施，确保免费师范毕业生到中小学任教。省级教育行政部门牵头负责免费师范毕业生就业指导、落实工作岗位、办理派遣和接收工作；省级人力资源和社会保障部门负责免费师范毕业生人事接转工作；省级机构编制部门负责落实免费师范毕业生到中小学任教的编制；省级财政部门负责落实相关经费保障。

二、按照国办发〔2007〕34号文件规定，落实免费师范毕业生就业所需编制。省级教育行政部门要统一掌握本地区中小学教师岗位需求情况，会同机构编制部门在核定的中小学教师编制总额内，提前安排接收免费师范毕业生编制计划。各地应首先用自然减员编制指标或采取先进后出的办法安排免费师范毕业生，必要时接收地省级政府可设立专项周转编制，确保免费师范毕业生到中小学任教有编有岗。

三、免费师范毕业生一般回生源所在省份中小学校任教，履行国家义务。鼓励毕业生到边远贫困和民族地区任教。省级教育行政部门负责组织用人单位与免费师范毕业生进行双向选择，及时公布本省（区、市）中小学教师岗位需求信息，并组织多种形式的供需见面活动，为每一位毕业生落实好任教学校。

部属师范大学要做好免费师范生毕业教育、就业指导和信息服务工作。引导师范毕业生坚定教师职业信念，立志于长期从教、终身从教。加强与各地教育行政部门和用人单位的沟通，配合做好就业工作。根据学校所在地教育行政部门统一部署，依法做好免费师范毕业生教师资格认定工作。及时将师范毕业生信息送达生源所在地省级教育行政部门。

教育部全国高等学校信息咨询与就业指导中心负责部属师范大学免费师范毕业生的就业指导、信息服务和监督检查。在全国大学生就业公共服务立体化平台上及时发布各省（区、市）中小学教师岗位需求和免费师范毕业生信息。

四、免费师范毕业生依法取得教师资格后，按照国办发〔2007〕34号文件和《师范生免费教育协议书》规定就业。毕业前通过双向选择签订就业协议书的免费师范毕业生，其档案、户口等由培养学校直接迁转至用人单位及用人单位所在地户籍部门；毕业前未签订就业协议书的免费师范毕业生，其档案、户口等迁转至生源所在地省级教育行政部门，由省级教育行政部门会同有关部门统筹安排，到师资紧缺地区的中小学校任教。确有特殊情况，要求跨省区任教的，需经学校审核、生源所在地省级教育行政部门批准。

五、到城镇学校工作的免费师范毕业生，由当地政府教育行政部门结合城镇教师支援农村教育工作，安排到农村学校任教服务二年。免费师范毕业生在农村学校任教服务期间仍然享受派出学校原工资福利待遇。地方政府和农村学校要为免费师范毕业生到农村任教服务提供周转住房等必要的工作生活条件。

六、免费师范毕业生经考核符合要求的，可录取为教育硕士研究生，在职学习，任教考核合格并通过论文答辩的，颁发硕士研究生毕业证书和教育硕士专业学位证书。免费师范生毕业前及在协议规定服务期内，一般不得报考脱产研究生。任教学校要对免费师范毕业生在职攻读教育硕士学位给予支持。具体办法另文规定。

七、省级教育行政部门、部属师范大学和免费师范毕业生要严格履行《师范生免费教育协议书》。免费师范毕业生在协议规定任教服务期内，可在学校之间流动或从事教育管理工作。未能履行协议的毕业生，要按规定退还已享受的免费教育费用并缴纳违约金，已在职攻读教育硕士专业学位的，由培养学校取消学籍。确有特殊原因不能履行协议的，需报经省级教育行政部门批准。省级教育行政部门负责本行政区域内免费师范毕业生的履约管理，建立诚信档案，公布违约记录，并记入人事档案，负责管理违约退还和违约金。

八、各级政府要采取有力措施，鼓励和支持免费师范毕业生长期从事中小学教育工作。教育部、人力资源和社会保障部、中央编办、财政部建立免费师范毕业生就业工作督查机制，每年进行检查并采取适当方式公布结果。对于免费师范毕业生就业工作落实不力的地方，将酌情调整部属师范大学在当地的招生计划。

九、保障免费师范毕业生到中小学任教是落实师范生免费教育示范性举措的关键环节。各级政府及有关部门、教育部直属师范大学和相关中小学校要充分认识实行师范生免费教育的重大战略意义，高度重视，密切配合，精心组织，认真做好免费师范毕业生就业工作，为培养造就一大批优秀中小学教师创造条件。

省级政府要加强领导，统筹相关部门，根据本办法，制定具体实施意见。

高等学校预防与处理学术不端行为办法

· 2016年6月16日教育部令第40号公布
· 自2016年9月1日起施行

第一章　总　则

第一条　为有效预防和严肃查处高等学校发生的学术不端行为，维护学术诚信，促进学术创新和发展，根据《中华人民共和国高等教育法》《中华人民共和国科学技术进步法》《中华人民共和国学位条例》等法律法规，制定本办法。

第二条　本办法所称学术不端行为是指高等学校及其教学科研人员、管理人员和学生，在科学研究及相关活动中发生的违反公认的学术准则、违背学术诚信的行为。

第三条　高等学校预防与处理学术不端行为应坚持预防为主、教育与惩戒结合的原则。

第四条　教育部、国务院有关部门和省级教育部门负责制定高等学校学风建设的宏观政策，指导和监督高等学校学风建设工作，建立健全对所主管高等学校重大学术不端行为的处理机制，建立高校学术不端行为的通报与相关信息公开制度。

第五条　高等学校是学术不端行为预防与处理的主体。高等学校应当建设集教育、预防、监督、惩治于一体的学术诚信体系，建立由主要负责人领导的学风建设工作机制，明确职责分工；依据本办法完善本校学术不端行为预防与处理的规则与程序。

高等学校应当充分发挥学术委员会在学风建设方面的作用，支持和保障学术委员会依法履行职责，调查、认定学术不端行为。

第二章　教育与预防

第六条　高等学校应当完善学术治理体系，建立科学公正的学术评价和学术发展制度，营造鼓励创新、宽容失败、不骄不躁、风清气正的学术环境。

高等学校教学科研人员、管理人员、学生在科研活动中应当遵循实事求是的科学精神和严谨认真的治学态度，恪守学术诚信，遵循学术准则，尊重和保护他人知识产权等合法权益。

第七条　高等学校应当将学术规范和学术诚信教育，作为教师培训和学生教育的必要内容，以多种形式开展教育、培训。

教师对其指导的学生应当进行学术规范、学术诚信教育和指导，对学生公开发表论文、研究和撰写学位论文是否符合学术规范、学术诚信要求，进行必要的检查与审核。

第八条　高等学校应当利用信息技术等手段，建立对学术成果、学位论文所涉及内容的知识产权查询制度，健全学术规范监督机制。

第九条　高等学校应当建立健全科研管理制度，在合理期限内保存研究的原始数据和资料，保证科研档案和数据的真实性、完整性。

高等学校应当完善科研项目评审、学术成果鉴定程序，结合学科特点，对非涉密的科研项目申报材料、学术成果的基本信息以适当方式进行公开。

第十条 高等学校应当遵循学术研究规律，建立科学的学术水平考核评价标准、办法，引导教学科研人员和学生潜心研究，形成具有创新性、独创性的研究成果。

第十一条 高等学校应当建立教学科研人员学术诚信记录，在年度考核、职称评定、岗位聘用、课题立项、人才计划、评优奖励中强化学术诚信考核。

第三章 受理与调查

第十二条 高等学校应当明确具体部门，负责受理社会组织、个人对本校教学科研人员、管理人员及学生学术不端行为的举报；有条件的，可以设立专门岗位或者指定专人，负责学术诚信和不端行为举报相关事宜的咨询、受理、调查等工作。

第十三条 对学术不端行为的举报，一般应当以书面方式实名提出，并符合下列条件：

（一）有明确的举报对象；

（二）有实施学术不端行为的事实；

（三）有客观的证据材料或者查证线索。

以匿名方式举报，但事实清楚、证据充分或者线索明确的，高等学校应当视情况予以受理。

第十四条 高等学校对媒体公开报道、其他学术机构或者社会组织主动披露的涉及本校人员的学术不端行为，应当依据职权，主动进行调查处理。

第十五条 高等学校受理机构认为举报材料符合条件的，应当及时作出受理决定，并通知举报人。不予受理的，应当书面说明理由。

第十六条 学术不端行为举报受理后，应当交由学校学术委员会按照相关程序组织开展调查。

学术委员会可委托有关专家就举报内容的合理性、调查的可能性等进行初步审查，并作出是否进入正式调查的决定。

决定不进入正式调查的，应当告知举报人。举报人如有新的证据，可以提出异议。异议成立的，应当进入正式调查。

第十七条 高等学校学术委员会决定进入正式调查的，应当通知被举报人。

被调查行为涉及资助项目的，可以同时通知项目资助方。

第十八条 高等学校学术委员会应当组成调查组，负责对被举报行为进行调查；但对事实清楚、证据确凿、情节简单的被举报行为，也可以采用简易调查程序，具体办法由学术委员会确定。

调查组应当不少于 3 人，必要时应当包括学校纪检、监察机构指派的工作人员，可以邀请同行专家参与调查或者以咨询等方式提供学术判断。

被调查行为涉及资助项目的，可以邀请项目资助方委派相关专业人员参与调查组。

第十九条 调查组的组成人员与举报人或者被举报人有合作研究、亲属或者导师学生等直接利害关系的，应当回避。

第二十条 调查可通过查询资料、现场查看、实验检验、询问证人、询问举报人和被举报人等方式进行。调查组认为有必要的，可以委托无利害关系的专家或者第三方专业机构就有关事项进行独立调查或者验证。

第二十一条 调查组在调查过程中，应当认真听取被举报人的陈述、申辩，对有关事实、理由和证据进行核实；认为必要的，可以采取听证方式。

第二十二条 有关单位和个人应当为调查组开展工作提供必要的便利和协助。

举报人、被举报人、证人及其他有关人员应当如实回答询问，配合调查，提供相关证据材料，不得隐瞒或者提供虚假信息。

第二十三条 调查过程中，出现知识产权等争议引发的法律纠纷的，且该争议可能影响行为定性的，应当中止调查，待争议解决后重启调查。

第二十四条 调查组应当在查清事实的基础上形成调查报告。调查报告应当包括学术不端行为责任人的确认、调查过程、事实认定及理由、调查结论等。

学术不端行为由多人集体做出的，调查报告中应当区别各责任人在行为中所发挥的作用。

第二十五条 接触举报材料和参与调查处理的人员，不得向无关人员透露举报人、被举报人个人信息及调查情况。

第四章 认 定

第二十六条 高等学校学术委员会应当对调查组提交的调查报告进行审查；必要的，应当听取调查组的汇报。

学术委员会可以召开全体会议或者授权专门委员会对被调查行为是否构成学术不端行为以及

行为的性质、情节等作出认定结论，并依职权作出处理或建议学校作出相应处理。

第二十七条 经调查，确认被举报人在科学研究及相关活动中有下列行为之一的，应当认定为构成学术不端行为：

（一）剽窃、抄袭、侵占他人学术成果；

（二）篡改他人研究成果；

（三）伪造科研数据、资料、文献、注释，或者捏造事实、编造虚假研究成果；

（四）未参加研究或创作而在研究成果、学术论文上署名，未经他人许可而不当使用他人署名，虚构合作者共同署名，或者多人共同完成研究而在成果中未注明他人工作、贡献；

（五）在申报课题、成果、奖励和职务评审评定、申请学位等过程中提供虚假学术信息；

（六）买卖论文、由他人代写或者为他人代写论文；

（七）其他根据高等学校或者有关学术组织、相关科研管理机构制定的规则，属于学术不端的行为。

第二十八条 有学术不端行为且有下列情形之一的，应当认定为情节严重：

（一）造成恶劣影响的；

（二）存在利益输送或者利益交换的；

（三）对举报人进行打击报复的；

（四）有组织实施学术不端行为的；

（五）多次实施学术不端行为的；

（六）其他造成严重后果或者恶劣影响的。

第五章 处 理

第二十九条 高等学校应当根据学术委员会的认定结论和处理建议，结合行为性质和情节轻重，依职权和规定程序对学术不端行为责任人作出如下处理：

（一）通报批评；

（二）终止或者撤销相关的科研项目，并在一定期限内取消申请资格；

（三）撤销学术奖励或者荣誉称号；

（四）辞退或解聘；

（五）法律、法规及规章规定的其他处理措施。

同时，可以依照有关规定，给予警告、记过、降低岗位等级或者撤职、开除等处分。

学术不端行为责任人获得有关部门、机构设立的科研项目、学术奖励或者荣誉称号等利益的，学校应当同时向有关主管部门提出处理建议。

学生有学术不端行为的，还应当按照学生管理的相关规定，给予相应的学籍处分。

学术不端行为与获得学位有直接关联的，由学位授予单位作暂缓授予学位、不授予学位或者依法撤销学位等处理。

第三十条 高等学校对学术不端行为作出处理决定，应当制作处理决定书，载明以下内容：

（一）责任人的基本情况；

（二）经查证的学术不端行为事实；

（三）处理意见和依据；

（四）救济途径和期限；

（五）其他必要内容。

第三十一条 经调查认定，不构成学术不端行为的，根据被举报人申请，高等学校应当通过一定方式为其消除影响、恢复名誉等。

调查处理过程中，发现举报人存在捏造事实、诬告陷害等行为的，应当认定为举报不实或者虚假举报，举报人应当承担相应责任。属于本单位人员的，高等学校应当按照有关规定给予处理；不属于本单位人员的，应通报其所在单位，并提出处理建议。

第三十二条 参与举报受理、调查和处理的人员违反保密等规定，造成不良影响的，按照有关规定给予处分或其他处理。

第六章 复 核

第三十三条 举报人或者学术不端行为责任人对处理决定不服的，可以在收到处理决定之日起30日内，以书面形式向高等学校提出异议或者复核申请。

异议和复核不影响处理决定的执行。

第三十四条 高等学校收到异议或者复核申请后，应当交由学术委员会组织讨论，并于15日内作出是否受理的决定。

决定受理的，学校或者学术委员会可以另行组织调查组或者委托第三方机构进行调查；决定不予受理的，应当书面通知当事人。

第三十五条 当事人对复核决定不服，仍以同一事实和理由提出异议或者申请复核的，不予受理；向有关主管部门提出申诉的，按照相关规定执行。

第七章 监 督

第三十六条 高等学校应当按年度发布学风建设工作报告，并向社会公开，接受社会监督。

第三十七条 高等学校处理学术不端行为推诿塞责、隐瞒包庇、查处不力的，主管部门可以直接组织或者委托相关机构查处。

第三十八条 高等学校对本校发生的学术不端行为，未能及时查处并做出公正结论，造成恶劣影响的，主管部门应当追究相关领导的责任，并进行通报。

高等学校为获得相关利益，有组织实施学术不端行为的，主管部门调查确认后，应当撤销高等学校由此获得的相关权利、项目以及其他利益，并追究学校主要负责人、直接负责人的责任。

第八章 附 则

第三十九条 高等学校应当根据本办法，结合学校实际和学科特点，制定本校学术不端行为查处规则及处理办法，明确各类学术不端行为的惩处标准。有关规则应当经学校学术委员会和教职工代表大会讨论通过。

第四十条 高等学校主管部门对直接受理的学术不端案件，可自行组织调查组或者指定、委托高等学校、有关机构组织调查、认定。对学术不端行为责任人的处理，根据本办法及国家有关规定执行。

教育系统所属科研机构及其他单位有关人员学术不端行为的调查与处理，可参照本办法执行。

第四十一条 本办法自2016年9月1日起施行。

教育部此前发布的有关规章、文件中的相关规定与本办法不一致的，以本办法为准。

普通高等学校图书馆规程

· 2015年12月31日
· 教高〔2015〕14号

第一章 总 则

第一条 为促进高等学校图书馆的建设和发展，指导和规范高等学校图书馆工作，依据《中华人民共和国教育法》《中华人民共和国高等教育法》及相关规定，制定本规程。

第二条 高等学校图书馆（以下简称“图书馆”）是学校的文献信息资源中心，是为人才培养和科学研究服务的学术性机构，是学校信息化建设的重要组成部分，是校园文化和社会文化建设的重要基地。图书馆的建设和发展应与学校的建设和发展相适应，其水平是学校总体水平的重要标志。

第三条 图书馆的主要职能是教育职能和信息服务职能。图书馆应充分发挥在学校人才培养、科学研究、社会服务和文化传承创新中的作用。

第四条 图书馆的主要任务是：

（一）建设全校的文献信息资源体系，为教学、科研和学科建设提供文献信息保障；

（二）建立健全全校的文献信息服务体系，方便全校师生获取各类信息；

（三）不断拓展和深化服务，积极参与学校人才培养、信息化建设和校园文化建设；

（四）积极参与各种资源共建共享，发挥信息资源优势和专业服务优势，为社会服务。

第二章 体制和机构

第五条 高等学校应由一名校级领导分管图书馆工作。图书馆在学校授权范围内实行馆长负责制。学校在重大建设和发展事项的决策过程中，对于涉及文献信息保障方面的工作，应吸收图书馆馆长参与或听取其意见。

第六条 高等学校应根据图书馆实际工作需要设置图书馆内部组织机构和岗位，明确各组织机构和岗位的职责。

第七条 高等学校可根据学校校区分布或学科分布设立相应的总图书馆、校区分馆、学科分馆和院（系、所）分馆（资料室），分馆（资料室）受总图书馆领导或业务指导，面向全校开放。

第八条 高等学校可根据需要设立图书馆工作委员会，作为全校图书馆工作的咨询和协调机构。

图书馆工作委员会由学校相关职能部门负责人、教师和学生代表组成。学校主管图书馆工作的校领导担任主任委员，图书馆馆长担任副主任委员。

图书馆工作委员会应定期召开会议，听取图书馆工作报告，讨论全校文献信息工作中的重大事项,反映师生的意见和要求,向学校和图书馆提出改进工作的建议。

第三章 工作人员

第九条 图书馆工作人员应恪守职业道德,遵守行业规范,认真履行岗位职责。

第十条 图书馆设馆长一名、副馆长若干名。

图书馆馆长应设置为专业技术岗位,原则上应由具有高级专业技术职务者担任,并应保持适当的稳定性。

馆长主持全馆工作,组织制订和贯彻实施图书馆发展规划、规章制度、工作计划、队伍建设方案及经费预算。副馆长协助馆长负责或分管相应工作。

第十一条 高等学校应根据发展目标、师生规模和图书馆的工作任务,确定图书馆工作人员编制。

图书馆馆员包括专业馆员和辅助馆员,专业馆员的数量应不低于馆员总数的50%。专业馆员一般应具有硕士研究生及以上层次学历或高级专业技术职务,并经过图书馆学专业教育或系统培训。辅助馆员一般应具有高等教育专科及以上层次学历,具体聘用条件根据工作岗位的要求和学校的人事管理制度确定。

第十二条 高等学校新聘用图书馆工作人员,按照规定应当面向社会公开招聘的,按照规定执行。

图书馆工作人员按照国家有关规定,实行专业技术职务聘任制和岗位聘任制,享受相应待遇。

第十三条 高等学校应将图书馆专业馆员培养纳入学校的人才培养计划,重视培养高层次的专家和学术带头人。鼓励图书馆工作人员通过在职学习和进修,提高知识水平和业务技能。

第十四条 高等学校对于在图书馆从事特种工作的人员,按国家规定给予相应的劳保待遇。

第十五条 高等学校应根据图书馆工作特点,制定考核办法,定期对工作人员进行考核,考核结果作为调整工作人员岗位、工资以及续订聘用合同等依据。

第四章 经费、馆舍、设备

第十六条 高等学校应保证图书馆正常运行和持续发展所必需的经费和物质条件。

图书馆应注重办馆效益,科学合理地使用经费。

高等学校应鼓励社会组织和个人依法积极向图书馆进行捐赠和资助。

第十七条 高等学校要把图书馆的经费列入学校预算,并根据发展需要逐年增加。

图书馆的经费包括文献信息资源购置费、运行费和专项建设费。运行费主要包括设备设施维护费、办公费等。

第十八条 图书馆的文献信息资源购置费应与学校教学和科学研究的需要相适应,馆藏文献信息资源总量和纸质文献信息资源的年购置量应不低于国家有关规定。全校文献信息资源购置费应由图书馆统筹协调、合理使用。

第十九条 高等学校应按照国家有关法规和标准,建造独立专用的图书馆馆舍。馆舍应充分考虑学校发展规模,适应现代化管理的需要,满足图书馆的功能需求,节能环保,并具有空间调整的灵活性。

馆舍建筑面积和馆内各类用房面积须达到国家规定的校舍规划面积定额标准。

第二十条 高等学校应有计划地为图书馆配备服务和办公所需的各种家具、设备和用品,重视自动化、网络化、数字化等现代信息基础设施建设。

第二十一条 高等学校应做好图书馆馆舍、设备的维护维修,根据需要持续改善图书馆的服务设施,重视图书馆内外环境的美化绿化,落实防火、防水、防潮、防虫等防护措施。

第五章 文献信息资源建设

第二十二条 图书馆应根据学校人才培养、科学研究和学科建设的需要,以及馆藏基础和资源共建共享的要求,制订文献信息资源发展规划和实施方案。

第二十三条 图书馆在文献信息资源建设中应统筹纸质资源、数字资源和其他载体资源;保持重要文献、特色资源的完整性与连续性;注重收藏本校以及与本校有关的各类型载体的教学、科研资料与成果;寻访和接受社会捐赠;形成具有本校特色的文献信息资源体系。

第二十四条 图书馆应积极参与国内外文献信息资源建设的馆际协作,实现资源共建共享。

第二十五条 图书馆应根据国家和行业的相

关标准规范，对采集的信息资源进行科学的加工整序，建立完善的信息检索系统。

第二十六条 图书馆应合理组织馆藏纸质资源，便于用户获取和利用；应加强文献保护与修复，保证文献资源的长期使用。

第二十七条 图书馆应注重建设数字信息资源管理和服务系统，参与校园信息化建设和学校学术资源的数字化工作，建立数字信息资源的长期保存机制，保障信息安全。

第六章 服 务

第二十八条 图书馆应坚持以人为本的服务理念，保护用户合法、平等地利用图书馆的权利，健全服务体系，创新服务模式，提高服务效益和用户满意度。

第二十九条 图书馆在学校教学时间内开馆每周应不低于90小时，假期也应有必要的开放时间，有条件的学校可以根据实际需要全天开放；网上资源的服务应做到全天24小时开放。

第三十条 图书馆应不断提高文献服务水平，采用现代化技术改进服务方式，优化服务空间，注重用户体验，提高馆藏利用率和服务效率。

图书馆应积极拓展信息服务领域，提供数字信息服务，嵌入教学和科研过程，开展学科化服务，根据需求积极探索开展新服务。

第三十一条 图书馆应全面参与学校人才培养工作，充分发挥第二课堂的作用，采取多种形式提高学生综合素质。

图书馆应重视开展信息素质教育，采用现代教育技术，加强信息素质课程体系建设，完善和创新新生培训、专题讲座的形式和内容。

第三十二条 图书馆应积极参与校园文化建设，积极采用新媒体，开展阅读推广等文化活动。

第三十三条 图书馆应制定相关规章制度，引导用户遵守法律法规和公共道德，尊重和保护知识产权，爱护馆藏文献及设施设备，维护网络信息安全。

第三十四条 图书馆应为学生提供社会实践的条件，设置学生参与图书馆管理与服务的岗位，支持与图书馆有关的学生社团和志愿者的活动。

第三十五条 图书馆应通过加强无障碍环境建设等，为残障人士等特殊用户利用图书馆提供便利。

第三十六条 图书馆应加强各馆之间以及与其他类型图书馆之间的协作，开展馆际互借和文献传递、联合参考咨询等共享服务。

第三十七条 图书馆应在保证校内服务和正常工作秩序的前提下，发挥资源和专业服务的优势，开展面向社会用户的服务。

第七章 管 理

第三十八条 高等学校应秉持改革与创新的理念，确定图书馆办馆宗旨。

图书馆应根据学校发展目标制订图书馆发展规划，建立健全各项规章制度。

第三十九条 高等学校应推动图书馆严格遵循相关的专业标准，不断完善业务规范和考核办法，改进和优化业务管理。

第四十条 高等学校应支持图书馆有计划地开展学术研究，组织和参与国内外学术交流活动，发表研究成果。支持图书馆积极参加专业学术团体，按国家有关规定申请加入国际学术组织。

图书馆应鼓励馆员申报各级各类科研项目，有条件的可根据需要自行设立科研课题。

第四十一条 图书馆应注重统计工作，如实填报各类统计数据，做好统计数据的保存和分析。

第四十二条 图书馆应建立文书和档案管理制度，制订管理规范，妥善收集、整理和保存文书档案资料。

第四十三条 图书馆应重视馆藏文献等资产的管理，建立完整的资产账目和管理制度。

第四十四条 高等学校应重视图书馆公共安全管理，采取多种防护措施，制订突发事件应急预案，保护人身安全。

第四十五条 高等学校应鼓励图书馆积极开展业务评估评价活动，不断提高办馆效益和水平。

第八章 附 则

第四十六条 本规程适用于全日制普通高等学校。各高等学校可依据本规程并结合学校的办学层次、学校性质、学科特点、学校规模、所在地区等具体因素，制订本校图书馆的工作规定和实施细则。

第四十七条 教育部高等学校图书情报工作指导性专家组织可根据本规程制订各类型高等学校图书馆的建设与服务方面具体规定，指导各类型高等学校图书馆的发展和评估评价工作。

第四十八条 本规程自发布之日起施行。原《普通高等学校图书馆规程(修订)》(教高〔2002〕3号)同时废止。

普通高等学校招收和培养香港特别行政区、澳门特别行政区及台湾地区学生的规定

·2016年10月12日

·教港澳台〔2016〕96号

第一章 总 则

第一条 为进一步促进内地(祖国大陆)与香港特别行政区、澳门特别行政区以及台湾地区(以下简称港澳台)高等教育交流与合作,规范内地(祖国大陆)普通高等学校对港澳台学生的招生、教学、生活管理和服务,保证培养质量,依法维护港澳台学生合法权益,根据国家相关法律法规,制定本规定。

第二条 内地(祖国大陆)普通高等学校招收和培养港澳台学生工作适用本规定。

本规定所称普通高等学校(以下简称高校),是指内地(祖国大陆)实施专科以上学历教育的高等学校和经批准承担研究生教育任务的科研机构。

本规定所称港澳台学生,是指报考或入读高校的具有香港或澳门居民身份证和《港澳居民来往内地通行证》的学生,或具有在台湾居住的有效身份证明和《台湾居民来往大陆通行证》的学生。

第三条 高校和相关部门应当坚持"保证质量、一视同仁、适当照顾"的原则,按照内地(祖国大陆)法律法规和国家政策招收、培养、管理和服务港澳台学生。

第四条 教育部按照国家有关法律法规,统筹管理高校招收和培养港澳台学生工作。其职责是:

(一)制定招收和培养港澳台学生政策、规章;

(二)指导和监督高校招收、培养港澳台学生工作,举办高校联合招收港澳台学生考试;

(三)统筹涉及港澳台学生相关事务。

第五条 国务院港澳事务办公室、国务院台湾事务办公室、公安部等部门按照各自职责,参与港澳台学生招收、培养、管理和服务工作。

第六条 省级教育行政部门、教育招生考试机构负责本行政区域内港澳台学生招收、培养、管理和服务工作。其职责是:

(一)贯彻执行国家关于招收、培养港澳台学生政策和管理规定,建立健全本行政区域内港澳台学生招收、培养、管理和服务制度;

(二)监督、评估本行政区域内高校招收和培养港澳台学生工作;

(三)协调本行政区域内港澳台学生其他相关事务。

第七条 招收港澳台学生的高校应当完善培养、管理和服务机制,明确港澳台学生管理机构,归口统筹,建立健全学校相关规章制度。

第八条 中央或省级财政安排财政补助,用于开展对港澳台学生的招生、培养、管理、服务等工作。

第二章 招 生

第九条 高校可以在国家下达的招生计划之外,根据自身办学条件,自主确定招收港澳台学生的数量或比例。高校应当将招生情况报教育部备案。

第十条 教育部设立高校联合招收港澳台学生办公室,组织联合招生宣传考试和录取相关工作。

第十一条 高校应主动开展港澳台学生招生宣传工作,及时公开本校招生信息,确保信息真实、有效。

第十二条 符合报考条件的港澳台学生,通过面向港澳台地区的联合招生考试;或者参加内地(祖国大陆)统一高考、研究生招生考试合格;或者通过香港中学文凭考试、台湾地区学科能力测试等统一考试达到同等高校入学标准;或者通过教育部批准的其他入学方式,经内地(祖国大陆)高校录取,取得入学资格。

第十三条 对未达到本科录取条件但经过一定阶段培养可以达到入学要求的港澳台学生,高校可以按相关要求招收为预科生。预科生学习满一年经学校考核合格后,可转为本科生。

高校招收预科生的条件和标准,应当报省级教育行政部门备案。高校可自行招收港澳台进修

生、交换生和旁听生。

第十四条 已获得大专以上学历或在内地(祖国大陆)以外的大学就读本科专业的港澳台学生,可向内地(祖国大陆)高校申请插入就读与原所学专业相同或相近的本科课程,试读一年。试读期满,经所在试读学校考核合格,可转为正式本科生,并升入高一年级就读,报学校所在省级教育行政部门备案。

第三章 培养

第十五条 高校应保证港澳台学生的培养质量,将港澳台学生教学纳入学校总体教学计划。港澳台学生应与内地(祖国大陆)学生执行统一的毕业标准。

第十六条 对港澳台学生教学事务应趋同内地(祖国大陆)学生,由高校指定部门归口管理。在保证相同教学质量前提下,高校应根据港澳台学生学力情况和心理、文化特点,开设特色课程,有针对性地组织和开展教学工作。政治课和军训课学分可以其他国情类课程学分替代。

第十七条 高校应对港澳台学生开展入学教育,帮助其适应生活环境和学业要求。

第十八条 高校可为港澳台学生适应学业安排课业辅导。

第十九条 高校应当按照教学计划组织港澳台学生参加教学实习和社会实践,适当考虑港澳台学生特点和需求。

第二十条 高校根据有关规定为港澳台学生颁发毕业证书(结业证书、肄业证书)或者写实性学业证明,为符合学位授予条件的港澳台学生颁发学位证书。

第二十一条 国家为港澳台学生设立专项奖学金,地方政府、高校、企事业单位、社会团体及其他组织和公民个人可依法设立面向港澳台学生的奖学金和助学金。

第四章 管理和服务

第二十二条 高校应当制定、完善港澳台学生校内管理的各项规章制度,将港澳台学生的管理和服务纳入本校学生工作整体框架,统一规划部署,统筹实施。根据实际情况配置港澳台学生辅导员岗位,加强管理人员队伍的培训。

港澳台学生应当遵守法律、法规和学校的规章制度。

第二十三条 高校应根据有关规定,按时为港澳台学生注册学籍,统一管理学籍。港澳台学生转专业、转学、退学、休学、复学等事宜应参照内地(祖国大陆)学生的相关规定。

第二十四条 高校应当为港澳台学生建立档案,妥善保管其报考、入学申请及在校期间学习、科研、奖惩等情况资料。

第二十五条 高校应当按照国家有关规定向港澳台学生收取学费及其他费用。高校应公开本校收费项目和标准,对港澳台学生执行与内地(祖国大陆)同类学生相同的收费标准。

第二十六条 高校参照内地(祖国大陆)学生相关政策批准成立、指导和管理港澳台学生社团,并为其活动提供便利。鼓励港澳台学生参加学校学生组织、社团,参与各类积极健康的学生活动,引导港澳台学生与内地(祖国大陆)学生交流融合。

第二十七条 高校应参照内地(祖国大陆)学生的相关政策,为港澳台学生在学期间参加勤工助学、志愿服务、创新创业活动提供服务。

第二十八条 高校应当为港澳台学生提供必要生活服务。港澳台学生与内地(祖国大陆)学生同等住宿条件下,住宿费标准应当一致。高校应当建立健全港澳台学生校内外居住管理制度,按照有关规定做好居住登记手续。

第二十九条 在内地(祖国大陆)就读的港澳台学生与内地(祖国大陆)学生执行同等医疗保障政策,按规定参加高校所在地城镇居民基本医疗保险并享受有关待遇。

第三十条 高校应做好港澳台学生的就业指导工作,完善就业信息渠道建设,提供就业便利。

第三十一条 高校应做好港澳台校友工作,完善工作机制,推进校友组织建设和发展。

第三十二条 高校制定并完善本校港澳台学生突发事件的应急预案。

第三十三条 对在招收培养港澳台学生过程中出现违法违规行为的高校,主管教育行政部门应当责令其限期改正,对于情节严重、造成恶劣影响的,依据国家有关规定追究有关负责人的责任。

第五章 附则

第三十四条 本规定由教育部负责解释。

第三十五条 本规定自发布之日起施行。《关于高校招收和培养香港特别行政区、澳门地区及台湾省学生的暂行规定》(教外港〔1999〕22号)同时废止。

国家级大学生创新创业训练计划管理办法

· 2019年7月10日

· 教高函〔2019〕13号

第一章 总 则

第一条 为贯彻落实全国教育大会和新时代全国高等学校本科教育工作会议精神,根据《国务院办公厅关于深化高等学校创新创业教育改革的实施意见》(国办发〔2015〕36号)要求,深入推进国家级大学生创新创业训练计划(以下简称国创计划)工作,深化高校创新创业教育改革,提高大学生创新创业能力,培养造就创新创业生力军,加强国创计划的实施管理,特制定本办法。

第二条 国创计划是大学生创新创业训练计划中的优秀项目,是培养大学生创新创业能力的重要举措,是高校创新创业教育体系的重要组成部分,是深化创新创业教育改革的重要载体。

第三条 国创计划坚持以学生为中心的理念,遵循"兴趣驱动、自主实践、重在过程"原则,旨在通过资助大学生参加项目式训练,推动高校创新创业教育教学改革,促进高校转变教育思想观念、改革人才培养模式、强化学生创新创业实践,培养大学生独立思考、善于质疑、勇于创新的探索精神和敢闯会创的意志品格,提升大学生创新创业能力,培养适应创新型国家建设需要的高水平创新创业人才。

第四条 国创计划围绕经济社会发展和国家战略需求,重点支持直接面向大学生的内容新颖、目标明确、具有一定创造性和探索性、技术或商业模式有所创新的训练和实践项目。国创计划实行项目式管理,分为创新训练项目、创业训练项目和创业实践项目三类。

(一)创新训练项目是本科生个人或团队,在导师指导下,自主完成创新性研究项目设计、研究条件准备和项目实施、研究报告撰写、成果(学术)交流等工作。

(二)创业训练项目是本科生团队,在导师指导下,团队中每个学生在项目实施过程中扮演一个或多个具体角色,完成商业计划书编制、可行性研究、企业模拟运行、撰写创业报告等工作。

(三)创业实践项目是学生团队,在学校导师和企业导师共同指导下,采用创新训练项目或创新性实验等成果,提出具有市场前景的创新性产品或服务,以此为基础开展创业实践活动。

第二章 管理职责

第五条 教育部是国创计划的宏观管理部门,主要职责是:

(一)制定国创计划实施的有关政策,编制发展规划,发布相关信息。

(二)制定国创计划管理办法,组织开展项目立项、结题验收等工作,加强项目的规范化管理。

(三)制定国创计划成效评价指标体系,定期组织开展实施情况评价。

(四)组建国创计划专家组织,加强大学生创新创业工作研究,推进高校创新创业教育经验交流。

(五)组织举办全国大学生创新创业年会,推进大学生创新创业学术交流和成果推介。

第六条 省级教育行政部门主要职责是:

(一)根据本区域经济社会发展特点,指导、规范本区域大学生创新创业训练计划运行和管理,推动本区域高校加强大学生创新创业教育工作。

(二)负责组织区域内高校国创计划立项申报、过程管理、结题验收等工作,按照工作要求向教育部报送相关材料。

(三)负责区域内参与国创计划高校交流合作、评估监管等工作。

第七条 高校是国创计划实施和管理的主体,主要职责是:

(一)制定本校大学生创新创业教育管理办法,开展创新创业教育教学研究与改革。

(二)负责国创计划项目的组织管理,开展项目遴选推荐、过程管理、结题验收等工作。

(三)制定相关激励措施,引导教师和学生参与国创计划。

(四)为参与项目的学生提供技术、场地、实验设备等条件支持和创业孵化服务。

（五）搭建项目交流平台，定期开展交流活动，支持学生参加相关学术会议，为学生创新创业提供交流经验、展示成果、共享资源的机会。

（六）做好本校国创计划年度总结和上报工作。

第三章　项目发布与立项

第八条　教育部根据国家经济社会发展和国家战略需求，结合创新创业教育发展趋势，确定重点资助领域，制定重点资助领域项目指南，引导国创计划项目申请。

第九条　国创计划项目申报基本条件：

（一）项目选题具有一定的学术价值、理论意义或现实意义。鼓励面向国家经济社会发展、具有一定理论和现实意义的选题，鼓励直接来源于产业一线、科技前沿的选题。

（二）选题具有创新性或明显创业教育效果。鼓励开展具有一定创新性的基础理论研究和有针对性的应用研究课题，鼓励新兴边缘学科研究和跨学科的交叉综合研究选题。

（三）选题方向正确，内容充实，论证充分，难度适中，拟突破的重点难点明确，研究思路清晰，研究方法科学、可行。鼓励支持学生大胆创新，包容失败，营造良好创新创业教育文化。

（四）项目团队成员原则上为全日制普通本科在读学生，成员基本稳定，专业、能力结构较为合理。每位学生同一学年原则上只能参与一个项目。鼓励跨学科、跨院系、跨专业的学生组成团队。

（五）项目申请团队应选择具有较高学术造诣、较好创新性成果、热心教书育人、关爱学生成长的教师作为导师，鼓励企业人员参与指导或共同担任导师。

（六）创新训练项目和创业训练项目获得经费支持平均不低于 2 万元/项，创业实践项目获得经费支持平均不低于 10 万元/项。高校根据学科专业特点，确定项目资助额度标准。

第十条　根据教育部发布的国创计划申报要求，符合立项申请基本条件的项目向所在高校提出申请，高校评审遴选后报省级教育行政部门和教育部审核备案。

第十一条　教育部组织专家对申报项目进行审核后发布立项通知。

第四章　项目过程管理

第十二条　高校应加强对国创计划的管理，成立由校领导牵头、相关职能部门组成的国创计划管理机构，确定主管部门。管理机构负责协调落实条件保障，主管部门负责国创计划日常管理。

第十三条　项目负责人要负责项目的整体推进，按照计划开展工作，加强团队建设和管理，加强与导师和管理人员的沟通联系，并组织好相关报告撰写工作。项目负责人和项目内容原则上不得变更，特殊情况经学校有关部门审批后执行。

第十四条　国创计划经费应专款专用。学生要在相关教师指导下，严格执行学校相关财务管理规定。

第十五条　国创计划项目所在高校应建立国创计划师生培养培训机制，加强对国创计划项目团队成员和导师的培训和管理。

第十六条　鼓励项目团队积极参加中国“互联网+”大学生创新创业大赛等创新创业赛事和“青年红色筑梦之旅”等活动。

第十七条　推动国创项目不断提高整体水平和发挥示范带动作用。高校应充分发挥国创计划引领示范作用，及时总结学生在项目中取得的成绩，协调解决存在的问题。支持高校通过举办大学生创新创业年会等方式加强国创计划成员之间的学习交流。

第五章　项目结题与公布

第十八条　国创计划项目完成后，均需进行结题验收，履行必要的结项手续。

（一）国创计划项目结题验收工作由所在学校组织。学校应组织校内外专家对国创计划项目进行结题验收，并将验收结果报省级教育行政部门审核备案。

（二）省级教育行政部门按年度向教育部报送本区域高校国创计划项目验收结果，并组织开展项目抽查。

（三）教育部对省级教育行政部门报送的验收结果进行审核，并将审核结果公布。

第十九条　国创计划项目结题验收结论的申诉。国创计划项目团队成员、导师，如对结题验收结论有异议，可向高校有关部门提出。

第二十条　国创计划项目结题信息公开对外

服务。相关网站向公众提供结题信息服务,助推高校创新创业教育深入发展。

第六章　项目后期管理

第二十一条　高校对通过结题验收的项目团队成员可根据实际贡献给予学分认定,对导师给予相应工作量认定。

第二十二条　建立国创计划年度进展报告制度。高校要按年度编制国创计划项目进展报告,内容应包括项目整体概况、教育教学改革探索、项目组织实施与管理、支持措施和实施成效等。年度报告报省级教育行政部门和教育部备案。

第二十三条　国创计划项目执行较好的高校可向教育部申请承办全国大学生创新创业年会。

第七章　附　则

第二十四条　在国创计划实施中,凡是属于国家涉密范围的,均按照相关保密法规执行。

第二十五条　各省级教育行政部门、各高校根据本办法制定实施细则。

第二十六条　本办法自公布之日起施行。

高等学校知识产权保护管理规定

· 1999 年 4 月 8 日教育部令第 3 号发布

· 自发布之日起施行

第一章　总　则

第一条　为有效保护高等学校知识产权,鼓励广大教职员工和学生发明创造和智力创作的积极性,发挥高等学校的智力优势,促进科技成果产业化,依据国家知识产权法律、法规,制定本规定。

第二条　本规定适用于国家举办的高等学校、高等学校所属教学科研机构和企业事业单位(以下简称“所属单位”)。社会力量举办的高等学校及其他教育机构参照适用本规定。

第三条　本规定所称的知识产权包括:

(一) 专利权、商标权;

(二) 技术秘密和商业秘密;

(三) 著作权及其邻接权;

(四) 高等学校的校标和各种服务标记;

(五) 依照国家法律、法规规定或者依法由合同约定由高等学校享有或持有的其他知识产权。

第二章　任务和职责

第四条　高等学校知识产权保护工作的任务是:

(一) 贯彻执行国家知识产权法律、法规,制定高等学校知识产权保护工作的方针、政策和规划;

(二) 宣传、普及知识产权法律知识,增强高等学校知识产权保护意识和能力;

(三) 进一步完善高等学校知识产权管理制度,切实加强高等学校知识产权保护工作;

(四) 积极促进和规范管理高等学校科学技术成果及其他智力成果的开发、使用、转让和科技产业的发展。

第五条　国务院教育行政部门和各省、自治区、直辖市人民政府教育行政部门,在其职责范围内,负责对全国或本行政区域的高等学校知识产权工作进行领导和宏观管理,全面规划、推动、指导和监督高等学校知识产权保护工作的开展。

第六条　各高等学校在知识产权保护工作中应当履行的职责是:

(一) 结合本校的实际情况,制定知识产权工作的具体规划和保护规定;

(二) 加强对知识产权保护工作的组织和领导,完善本校知识产权保护制度,加强本校知识产权工作机构和队伍建设;

(三) 组织知识产权法律、法规的教育和培训,开展知识产权课程教学和研究工作;

(四) 组织开展本校知识产权的鉴定、申请、登记、注册、评估和管理工作;

(五) 组织签订、审核本校知识产权的开发、使用和转让合同;

(六) 协调解决本校内部有关知识产权的争议和纠纷;

(七) 对在科技开发、技术转移以及知识产权保护工作中有突出贡献人员予以奖励;

(八) 组织开展本校有关知识产权保护工作的国际交流与合作;

(九) 其他在知识产权保护工作中应当履行的职责。

第三章 知识产权归属

第七条 高等学校对以下标识依法享有专用权：

（一）以高等学校名义申请注册的商标；

（二）校标；

（三）高等学校的其他服务性标记。

第八条 执行本校及其所属单位任务，或主要利用本校及其所属单位的物质技术条件所完成的发明创造或者其他技术成果，是高等学校职务发明创造或职务技术成果。

职务发明创造申请专利的权利属于高等学校。专利权被依法授予后由高等学校持有。职务技术成果的使用权、转让权由高等学校享有。

第九条 由高等学校主持、代表高等学校意志创作、并由高等学校承担责任的作品为高等学校法人作品，其著作权由高等学校享有。

为完成高等学校的工作任务所创作的作品是职务作品，除第十条规定情况外，著作权由完成者享有。高等学校在其业务范围内对职务作品享有优先使用权。作品完成二年内，未经高等学校同意，作者不得许可第三人以与高等学校相同的方式使用该作品。

第十条 主要利用高等学校的物质技术条件创作，并由高等学校承担责任的工程设计、产品设计图纸、计算机软件、地图等职务作品以及法律、行政法规规定的或者合同约定著作权由高等学校享有的职务作品，作者享有署名权，著作权的其他权利由高等学校享有。

第十一条 在执行高等学校科研等工作任务过程中所形成的信息、资料、程序等技术秘密属于高等学校所有。

第十二条 高等学校派遣出国访问、进修、留学及开展合作项目研究的人员，对其在校已进行的研究，而在国外可能完成的发明创造、获得的知识产权，应当与派遣的高等学校签订协议，确定其发明创造及其他知识产权的归属。

第十三条 在高等学校学习、进修或者开展合作项目研究的学生、研究人员，在校期间参与导师承担的本校研究课题或者承担学校安排的任务所完成的发明创造及其他技术成果，除另有协议外，应当归高等学校享有或持有。进入博士后流动站的人员，在进站前应就知识产权问题与流动站签定专门协议。

第十四条 高等学校的离休、退休、停薪留职、调离以及被辞退的人员，在离开高等学校一年内完成的与其原承担的本职工作或任务有关的发明创造或技术成果，由高等学校享有或持有。

第十五条 职务发明创造或职务技术成果，以及职务作品的完成人依法享有在有关技术文件和作品上署名及获得奖励和报酬的权利。

第四章 知识产权管理机构

第十六条 高等学校应建立知识产权办公会议制度，逐步建立健全知识产权工作机构。有条件的高等学校，可实行知识产权登记管理制度；设立知识产权保护与管理工作机构，归口管理本单位知识产权保护工作。暂未设立知识产权保护与管理机构的高等学校，应指定科研管理机构或其他机构担负相关职责。

第十七条 高等学校科研管理机构负责本校科研项目的立项、成果和档案管理。

应用技术项目的课题组或课题研究人员，在申请立项之前应当进行专利文献及其相关文献的检索。课题组或课题研究人员在科研工作过程中，应当做好技术资料的记录和保管工作。科研项目完成后，课题负责人应当将全部实验报告、实验记录、图纸、声像、手稿等原始技术资料收集整理后交本校科研管理机构归档。

第十八条 在科研活动中作出的职务发明创造或者形成的职务技术成果，课题负责人应当及时向本校科研管理机构（知识产权管理机构）提出申请专利的建议，并提交相关资料。

高等学校的科研管理机构应当对课题负责人的建议和相关资料进行审查，对需要申请专利的应当及时办理专利申请，对不宜申请专利的技术秘密要采取措施予以保护。

第十九条 高等学校应当规范和加强有关知识产权合同的签订、审核和管理工作。

高等学校及其所属单位与国内外单位或者个人合作进行科学研究和技术开发，对外进行知识产权转让或者许可使用，应当依法签订书面合同，明确知识产权的归属以及相应的权利、义务等内容。

高等学校的知识产权管理机构负责对高等学校及其所属单位签订的知识产权合同进行审核和

管理。

第二十条 高等学校所属单位对外进行知识产权转让或者许可使用前，应当经学校知识产权管理机构审查，并报学校批准。

第二十一条 高等学校的教职员工和学生凡申请非职务专利，登记非职务计算机软件的，以及进行非职务专利、非职务技术成果以及非职务作品转让和许可的，应当向本校知识产权管理机构申报，接受审核。对于符合非职务条件的，学校应出具相应证明。

第二十二条 高等学校要加强科技保密管理。高等学校的教职员工和学生，在开展国内外学术交流与合作过程中，对属于本校保密的信息和技术，要按照国家和本校的有关规定严格保密。

高等学校对在国内外科技展览会参展的项目应加强审核和管理、做好科技保密管理工作。

第二十三条 高等学校应当重视开展知识产权的资产评估工作，加强对知识产权资产评估的组织和管理。高等学校对外进行知识产权转让、许可使用、作价投资入股或者作为对校办科技产业的投入，应当对知识产权进行资产评估。

第二十四条 高等学校可根据情况逐步实行知识产权保证书制度。与有关教职员工和学生签订保护本校知识产权的保证书，明确保护本校知识产权的义务。

第五章 奖酬与扶持

第二十五条 高等学校应当依法保护职务发明创造、职务技术成果、高等学校法人作品及职务作品的研究、创作人员的合法权益，对在知识产权的产生、发展，科技成果产业化方面作出突出贡献的人员，按照国家的有关规定给予奖励。

第二十六条 高等学校将其知识产权或职务发明创造、职务技术成果转让给他人或许可他人使用的，应当从转让或许可使用所取得的净收入中，提取不低于20%的比例，对完成该项职务发明创造、职务技术成果及其转化作出重要贡献的人员给予奖励。为促进科技成果产业化，对经学校许可，由职务发明创造、职务技术成果完成人进行产业化的，可以从转化收入中提取不低于30%的比例给予奖酬。

第二十七条 高等学校及其所属单位独立研究开发或者与其他单位合作研究开发的科技成果实施转化成功投产后，高等学校应当连续三至五年从实施该项科技成果所取得的收入中提取不低于5%的比例，对完成该项科技成果及其产业化作出重要贡献的人员给予奖励。

采用股份制形式的高等学校科技企业，或者主要以技术向其他股份制企业投资入股的高等学校，可以将在科技成果的研究开发、产业化中做出重要贡献的有关人员的报酬或者奖励，按照国家有关规定折算为相应的股份份额或者出资比例。该持股人依据其所持股份份额或出资比例分享收益。

第二十八条 高等学校应当根据实际情况，采取有效措施，对知识产权的保护、管理工作提供必要的条件保障。高等学校应拨出专款或从技术实施收益中提取一定比例，设立知识产权专项基金，用于支持补贴专利申请，维持和知识产权保护方面的有关费用。对知识产权保护与管理做出突出贡献的单位和个人，高等学校应给予奖励，并作为工作业绩和职称评聘的重要参考。

第六章 法律责任

第二十九条 剽窃、窃取、篡改、非法占有、假冒或者以其他方式侵害由高等学校及其教职员工和学生依法享有或持有的知识产权的，高等学校有处理权的，应责令其改正，并对直接责任人给予相应的处分；对无处理权的，应提请并协助有关行政部门依法作出处理。构成犯罪的，应当依法追究刑事责任。

第三十条 在高等学校教学、科研、创作以及成果的申报、评审、鉴定、产业化活动中，采取欺骗手段，获得优惠待遇或者奖励的，高等学校应当责令改正，退还非法所得，取消其获得的优惠待遇和奖励。

第三十一条 违反本规定，泄漏本校的技术秘密，或者擅自转让、变相转让以及许可使用高等学校的职务发明创造、职务技术成果、高等学校法人作品或者职务作品的，或造成高等学校资产流失和损失的，由高等学校或其主管教育行政部门对直接责任人员给予行政处分。

第三十二条 侵犯高等学校及其教职员工和学生依法享有或持有的知识产权，造成损失、损害的，应当依法承担民事责任。

第七章 附 则

第三十三条 本规定自发布之日起施行。

高等学校命名暂行办法

· 2020 年 8 月 20 日

· 教发厅〔2020〕6 号

为规范高等学校命名工作,根据《中华人民共和国高等教育法》《中华人民共和国民办教育促进法》及其实施条例,以及《普通高等学校设置暂行条例》等法律法规规定,制定本办法。

第一条 本办法适用于全日制大学、独立设置的学院、高等职业学校(含本科层次职业学校和专科层次职业学校)以及高等专科学校的命名事项。

第二条 高等学校命名要坚持名实相符、准确规范,体现办学理念,突出内涵特色,避免贪大求全。

第三条 高等学校根据人才培养目标、办学层次、规模、类型、学科类别、教学科研水平、隶属关系、所在地等确定名称,实行一校一名制。

第四条 本科层次的高等学校称为“XX 大学”或“XX 学院”,专科层次的高等学校称为“XX 职业技术学院/职业学院”或“XX 高等专科学校”,本科层次职业学校称为“XX 职业技术大学/职业大学”。可以根据学校所在地域、行业、学科等特点,冠以适当的限定词。

第五条 高等学校名称中使用地域字段,应遵循以下规范:

(一)原则上不得冠以“中华”“中国”“国家”“国际”等代表中国及世界的惯用字样,也不得冠以“华北”“华东”“东北”“西南”等大区及大区变体字样。

(二)原则上不得冠以学校所在城市以外的地域名;省级人民政府举办的学校可以使用省域命名,其他学校确需使用省域命名的,由省级人民政府统筹把关,但须在名称中明确学校所在地。

(三)未经授权,不得使用其他组织或个人拥有的商标、字号、名称等,不得使用国外高校的中文译名和简称。

第六条 高等学校名称中使用学科或行业字段,应遵循以下规范:

(一)农林、师范院校在合并、调整时,原则上继续保留农林、师范名称,确保农林、师范教育不受削弱。

(二)避免出现多个学科或行业类别并存的现象,原则上不超过 2 个。

(三)避免盲目追随行业的发展变化而频繁变更。

(四)使用相同学科或行业字段时,在省域范围内应具有区分度。

第七条 高等学校使用英文译名,应遵循以下规范:

(一)英文译名与中文名称保持一致。

(二)学校名称为“大学”的,对应的英文翻译为“university”。

(三)学校名称为“学院”的,对应的英文翻译为“college”,或根据学科类型,也可以翻译为“institute”“academy”“conservatory”等。

(四)学校中文名称中含有特殊含义的字段,可以使用音译。

第八条 高等学校名称,还应遵循以下规范:

(一)原则上不得以个人姓名命名,但经国务院教育行政部门按照国家规定的条件批准,可以在学校名称中使用对学校发展作出特殊贡献的捐赠者姓名或名称。

(二)未经授权,不得使用其他高等学校曾使用过的名称。

(三)避免与其他学校名称相近,引起混淆。

(四)字数原则上控制在 12 字以内。

第九条 由独立学院转设的独立设置的学校,名称中不得包含原举办学校名称及简称。

第十条 营利性民办高等学校名称在执行本办法的基础上,须在名称中明确为“有限责任公司”或“股份有限公司”。学校设立时可以向审批机关申请使用学校简称,简称仅可以省略学校名称中的公司组织形式。

第十一条 实施高等学历教育的中外合作办学机构的命名,按照《中华人民共和国中外合作办学条例》及其实施办法的相关规定执行。

第十二条 高等学校应严格管理、合理使用、依法保护承载学校历史与声誉的校名无形资产,保持名称稳定,原则上同层次更名间隔期至少 10 年。

第十三条 高等学校命名事项作为高等学校设置工作的重要内容，按照高等学校设置程序进行审批。

第十四条 对于服务国家和区域重大战略等特殊情况的高等学校命名事项，由国务院教育行政部门审批。

第十五条 本办法由国务院教育行政部门负责解释。

第十六条 本办法自发布之日起实施。

教育部关于进一步加强高等学校法治工作的意见

·2020年7月15日
·教政法〔2020〕8号

各省、自治区、直辖市教育厅（教委），新疆生产建设兵团教育局，有关部门（单位）教育司（局），部属各高等学校、部省合建各高等学校：

为深入贯彻落实党的十九大和十九届二中、三中、四中全会精神，坚持和完善中国特色社会主义教育制度体系，推进高等学校治理体系和治理能力现代化，进一步加强高等学校法治工作，全面推进依法治教、依法办学、依法治校，现提出以下意见。

一、深化对高等学校法治工作重要性的认识。中国特色社会主义进入新时代，高等教育到了更加注重内涵发展的新阶段。随着高等教育改革的不断深入，学校办学自主权进一步落实，内部治理法治化、制度化、规范化的要求更为凸显，广大师生对民主、法治、公平、正义的诉求日益增长，参与学校治理和保障自身权益的愿望更加强烈。学校要以习近平新时代中国特色社会主义思想为指导，深入学习贯彻习近平总书记全面依法治国新理念新思想新战略和关于教育的重要论述，深刻认识新形势新变化提出的新任务新要求，切实把依法治理作为学校治理的基本理念和基本方式，融入、贯穿学校工作全过程和各方面。学校要健全领导机制、加大工作力度，以法治思维和法治方式引领、推动、保障学校改革与发展，努力在法治中国建设中发挥引领示范作用。

二、明确党政主要负责人推进法治工作第一责任人的职责。学校党政主要负责人应当切实履行依法治校组织者、推动者和实践者的职责，对学校章程制定实施、规章制度体系建设、法治工作机构和队伍建设、校内民主管理、学术治理等重要工作要亲自部署、亲自协调、亲自推进。要把法治工作纳入学校发展规划和年度工作计划。学校党委全委会和常委会、校长办公会议（校务会议）要定期听取关于法治工作的汇报，及时研究有关问题。要指定一名校领导分管法治工作，明确法治工作机构职能定位和工作人员岗位职责。学校党政主要负责人要带头依法办事。学校领导班子在年度考核述职中要围绕法治学习情况、重大事项依法决策情况、依法履职情况等进行述法；要把法治观念、法治素养作为衡量干部的重要内容，把遵守法律、依法办事作为考察干部的重要依据。学校主管部门要把依法治校、依法办学情况作为考核学校领导班子的重要指标。

三、构建系统完备的学校规章制度体系。推进学校章程的学习宣传和贯彻实施，在学校网站显著位置公布章程，将章程纳入教职工入职、学生入学培训内容。健全章程的解释和修订程序，使章程的稳定性和适用性有机统一。遵循高等教育规律和法律保留原则，积极主动利用章程修订完善推进制度创新，做到重大改革于法有据、于章程有据。加强统筹规划，提高制度供给水平和制度建设质量，推动形成以章程为核心，规范统一、分类科学、层次清晰、运行高效的学校规章制度体系。健全校内规范性文件制定发布机制，明确起草、审查、决定、公布的程序，明确合法性审查的范围和具体办法。建立校内规范性文件定期清理机制，按照法制统一的原则进行及时修订和清理，编制现行有效文件清单。推动校内规范性文件管理信息化和公开化，提高管理效率，方便师生查阅。

四、完善学校法人治理结构。坚持和完善以党委领导下的校长负责制为核心的学校领导体制和治理体系，推进决策、管理的科学化、民主化、法治化。依据国家有关规定，健全校党委全委会、党委常委会、校长办公会议（校务会议）等议事范围和议事规程。建立学校权责清单，进一步健全办学自主权运行机制和监督机制，防止滥用。重大决策全面落实师生参与、专家论证、风险评估、合法性审查和集体讨论决定的程序要求，确保决策制度科学、程序正当、过程公开、责任明确。探索建立法治工作机构负责人参与学校决策会议并发表法律意见的机制。法治工作机构的意见要记入拟发布文件的起草说明和决策会议的会议纪要。进一步完善以学术委员会为核心的学术治理体系,尊重学术自由、健全学术规范,保障学术委员会依照章程统筹行使学术事务的决策、审议、评定和咨询等职权,充分发挥其在学科建设、学术评价、学术发展和学风建设等方面的重要作用。进一步发挥教职工代表大会制度、学生代表大会制度的作用,保障师生依法、依学校章程有序参与学校管理。探索建立师生代表参与学校决策的机制,激励师生关心学校改革发展。推动健全理事会(董事会)制度。依法健全信息公开机制,加大主动公开力度,自觉接受社会监督。

五、健全师生权益保护救济机制。对教师、学生的处理、处分,应坚持教育与惩戒相结合,遵循比例原则,严格履行程序,处理、处分决定作出前应当进行合法性审查。建立健全校内权益救济制度,完善教师、学生申诉的规则与程序。探索建立听证制度,对涉及师生重大利益的处理、处分或申诉,必要时采取听证方式,确保作出处分或申诉决定程序的公平公正。建立校内救济与行政救济、司法救济有效衔接机制,保障教师、学生救济渠道的畅通。探索设立师生法律服务或援助机构,为师生依法维护权益提供咨询和服务。

六、完善学校法律风险防控体系。健全合同管理制度,加强对学校及下属机构对外签署合同的审查。积极推进学校无形资产保护、校园安全、国际交流与合作、资产经营与处置、后勤管理与服务、基建工程、教学科研、人事管理等方面涉法事务管理,梳理法律风险清单,明确处置办法。推动建立第三方调解制度和校方责任险、学校安全综合险、意外事故伤害险等保险制度,健全师生人身伤害事故纠纷的预防、处置和风险分担机制。完善工作流程,妥善应对涉及学校的诉讼、复议、仲裁等,维护学校合法权益。加强学校间的信息共享和风险预警,探索发布学校法律风险处置指南、建立案例库。

七、开展以宪法教育为核心的法治教育。学校要把学习宣传宪法摆在普法工作的首要位置,将宪法教育寓于学生培养全过程。制定学校普法规划,推进国家普法规划和教育系统普法规划贯彻实施。发挥课堂主渠道作用,在思政课等课程中全面融入宪法精神。深入开展校园法治文化建设,探索参与式、实践式教育,加强与法律实务部门协同,提升法治教育的传播力、引导力、影响力。建立学校领导干部、全体教师学法制度,学校党委理论学习中心组每年至少要安排1次以法治为主题的学习活动。

八、加强法治工作机构和队伍建设。学校应当有专门机构负责法治工作,有条件的可以独立设置负责法治工作的机构,作为学校的管理部门,统筹行使相应职权,并适应学校规模和管理需求,配齐配足工作人员。探索建立学校各职能部门、院系法治工作联络员制度,在学校法治工作机构指导下开展工作。法治工作机构负责人一般应具备法学专业背景或法律实务工作经验。建立健全法律顾问制度,由法治工作机构人员、学校相关专家、外聘执业律师组成法律顾问队伍。探索建立高等学校总法律顾问制度。加强法治工作机构条件保障,根据需要安排法治工作专项经费,保障包括法治工作机构人员、校内专家、外聘律师在内的法律顾问的工作报酬和待遇。鼓励、支持专职法治工作人员提升学历、参加法律职业资格考试,提高专业能力。教育部和各省级教育部门要制定培训计划,着力加强高等学校分管校领导、法治工作机构人员的法治培训。

九、建立评价监督机制和工作报告制度。学校要根据法律法规和学校实际,研究制定考核标准和办法,加强对学校各部门的法治工作考核,考核结果作为对各部门综合考核的重要内容。学校法治工作情况要作为年度工作的专项内容,向教职工代表大会进行报告。学校日常办学过程中发生的疑难、重大案件或可能引发重大影响、危害社会稳定的案件,要及时总结经验、分析问题并将有关情况报送主管教育部门。主管部门对涉及多所学校、可能引发重大影响的案件,要建立协调会商处理机制。通过年度高等学校法治工作会议、专题研讨会、片区会等多种形式加强工作交流和研讨。

十、营造高等学校法治工作良好的外部环境。教育部门要会同有关部门,深入落实《教育部等五部门关于深化高等教育领域简政放权放管结合优化服务改革的若干意见》,切实转变职能,减少行政干预,为学校松绑减负、简除烦苛,尊重保障学校独立法人地位和办学自主权。要坚决撤销面向学校实施的形式主义的督查检查考核事项，清理面向学校的各类评估评价评比表彰和创建活动，实施清单管理，清单之外的一律不得实施。要改进对学校的管理和评价方式，减少对学校办学的干扰，切实树立服务意识，为学校依法治校营造良好环境。

各地各校可结合本地、本校实际制定实施办法，明确任务清单、时间表和路线图，抓好贯彻落实。各地各校贯彻实施本意见的情况，请报送教育部政策法规司。

“双一流”建设成效评价办法（试行）

· 2020年12月30日
· 教研〔2020〕13号

第一章　总　则

第一条　为贯彻落实《深化新时代教育评价改革总体方案》，加快“双一流”建设，促进高等教育内涵式发展、高质量发展，推进治理体系和治理能力现代化，根据《统筹推进世界一流大学和一流学科建设总体方案》（国发〔2015〕64号，以下简称《总体方案》）、《统筹推进世界一流大学和一流学科建设实施办法（暂行）》（教研〔2017〕2号）和《关于高等学校加快“双一流”建设的指导意见》（教研〔2018〕5号），制定本办法。

第二条　“双一流”建设成效评价以习近平新时代中国特色社会主义思想为指导，深入贯彻落实党的十九大和十九届二中、三中、四中、五中全会精神，全面贯彻党的教育方针，坚持党对教育事业的全面领导，坚定社会主义办学方向，以中国特色、世界一流为核心，突出培养一流人才、产出一流成果，主动服务国家需求，克服“五唯”顽瘴痼疾，以中国特色“双一流”建设成效评价体系引导高校和学科争创世界一流。

第三条　“双一流”建设成效评价是对高校及其学科建设实现大学功能、内涵发展及特色发展成效的多元多维评价，综合呈现高校自我评价、专家评价和第三方评价结果。评价遵循以下原则：

1. 一流目标，关注内涵建设。坚持中国特色与世界一流，坚持办学正确方向，坚持以立德树人根本任务为内涵建设牵引，聚焦人才培养、队伍建设、科研贡献与机制创新，在具有可比性的领域进入世界一流行列或前列，不唯排名、不唯数量指标。

2. 需求导向，聚焦服务贡献。考察建设高校主动面向世界科技前沿、面向经济主战场、面向国家重大需求、面向人民生命健康，在突破关键核心技术、探索前沿科学问题和解决重大社会现实问题等方面作出的重要贡献，尤其是基础研究取得“从0到1”重大原始创新成果的情况。考察立足优势学科主动融入和支撑区域及行业产业发展的情况。考察传承弘扬中华传统文化、推进中国特色社会主义文化建设、促进人类文明发展，以及在开拓治国理政研究新领域新方向上取得创新性先导性成果的情况。

3. 分类评价，引导特色发展。以学科为基础，依据办学传统与发展任务、学科特色与交叉融合趋势、行业产业支撑与区域服务，探索建立院校分类评价体系，鼓励不同类型高校围绕特色提升质量和竞争力，在不同领域和方向建成一流。

4. 以评促建，注重持续提升。设立常态化建设监测体系，注重考察期中和期末建设目标达成度、高校及学科发展度，合理参考第三方评价表现度，形成监测、改进与评价“三位一体”评价模式，督促高校落实建设主体责任，治本纠偏，持续提高建设水平。

第二章　成效评价重点

第四条　成效评价由大学整体建设评价和学科建设评价两部分组成，统筹整合《总体方案》五大建设任务和五大改革任务作为评价重点，综合客观数据和主观评议，分整体发展水平、成长提升程度、可持续发展能力不同视角，考察和呈现高校和学科的建设成效。

第五条　对建设高校“加强党的全面领导与治理体系改革成效”的评价，贯穿成效评价各个方面，反映学校全面加强党的建设和领导，坚持社会主义办学方向，党建引领和保障“双一流”建设，依法治校、依法办学，完善现代大学制度和治理体系等方面的表现，是对高校整体建设和学科建设坚持中国特色本质要求的统领性、决定性评价。

第六条　大学整体建设评价，分别按人才培养、教师队伍建设、科学研究、社会服务、文化传承创新和国际交流合作六个方面相对独立组织，综合呈现结果；学科建设评价，主要考察建设学科在人才培养、科学研究、社会服务、教师队伍建设四个方面的综合成效。

具体评价要求是:

1. 人才培养评价。将立德树人成效作为根本考察标准,以人才培养过程、结果及影响为评价对象,突出培养一流人才,综合考察建设高校思政课程、课程思政、教学投入与改革、创新创业教育、毕业生就业质量以及德智体美劳全面发展等方面的建设举措与成效。

2. 教师队伍建设评价。突出教师思想政治素质和师德师风建设,克服"唯论文""唯帽子""唯职称""唯学历""唯奖项""唯项目"倾向,综合考察教师队伍师德师风、教育教学、科学研究、社会服务和专业发展等方面的情况,以及建设高校在推进人事制度改革,提高专任教师队伍水平、影响力及发展潜力的举措和成效。

3. 科学研究评价。突出原始创新与重大突破,不唯数量、不唯论文、不唯奖项,实行代表作评价,强调成果的创新质量和贡献,结合重大、重点创新基地平台建设情况,综合考察建设高校提高科技创新水平、解决国家关键技术"卡脖子"问题、推进科技评价改革的主要举措,在构建中国特色哲学社会科学学科体系、学术体系、话语体系中发挥的主力军作用,以及面向改革发展重大实践,推动思想理论创新、服务资政决策等方面成效。

4. 社会服务评价。突出贡献和引领,综合考察建设高校技术转移与成果转化的情况、服务国家重大战略和行业产业发展以及区域发展需求、围绕国民经济社会发展加强重点领域学科专业建设和急需人才培养、特色高端智库体系建设情况、成果转化效益以及参与国内外重要标准制订等方面的成效。

5. 文化传承创新评价。突出传承与创新中国特色社会主义先进文化,综合考察建设高校传承严谨学风和科学精神、中华优秀传统文化和红色文化,弘扬社会主义核心价值观的理论建设和社会实践创新,塑造大学精神及校园文化建设的举措和成效以及校园文化建设引领社会文化发展的贡献度。

6. 国际交流合作评价。突出实效与影响,综合考察建设高校统筹国内国外两种资源,提升人才培养和科学研究的水平以及服务国家对外开放的能力,加强多渠道国际交流合作,持续增强国际影响力的成效。

第七条 不同评价方面,相应设置整体发展水平、成长提升程度及可持续发展能力的评价角度,重视对成长性、特色性发展的评价,引导高校和学科关注长远发展。

1. 整体发展水平。考察高校和学科建设的达成水平,在可比领域与国内外大学和学科进行比较。

2. 成长提升程度。考察高校和学科在建设周期内的水平变化,体现成长增量及发展质量。

3. 可持续发展能力。考察高校和学科的结构布局、特色优势、资源投入、平台建设、体制机制改革及制度体系创新完善、治理效能等支撑发展的条件与水平,体现发展潜力。

第三章 成效评价组织

第八条 每轮建设中期,开展建设高校自我评估。

建设高校应依据本办法相关要求,对照学校建设方案,制定自评工作方案,系统整理建设成效数据,组织校内外专家对建设目标和任务完成情况、学科建设水平、资金管理使用情况以及建设中存在的问题等进行分析,提出整改措施,发布自评报告。

第九条 每轮建设期末,开展建设周期成效评价。按以下程序进行:

1. 建设高校根据建设方案对改革实施情况、建设目标和任务完成情况、学科水平、资金管理使用情况等进行自我评价。

2. 教育部根据本办法制定成效评价工作方案,委托相关机构分别开展定量数据处理、定性评议、第三方评价结果比对等工作,有关机构分别提出初步评价结果。

3. "双一流"建设专家委员会根据建设高校的建设方案、中期和期末自评报告、相关机构初步评价结果,形成综合评价意见。

4. "双一流"建设主管部门根据专家委员会的评价意见,综合研究,确定评价结果,上报国务院。

第十条 成效评价实行水平评价与效益考核相结合,考察建设高校和学科在建设基础、突破贡献、特色凝练等方面的表现。避免简单以条件、数量、排名变化作为评价指标,既考核在现有资源条件下的建设成果及其对学校整体建设带动效应,也衡量在已有发展基础上的成长提升及发展潜力。

第十一条 成效评价实行日常动态监测与周期评价相结合。以成效评价内容为依据,建立常态化的建设监测体系,建设周期内对大学整体建设和学科建设过程和结果,实现连续跟踪、监测与评估一体化,周期评价以动态监测积累的过程信息与数据为主要支撑。

第十二条 成效评价实行定量评价与定性评议相结合。依据公开数据、可参考的第三方评价结果及监测数据进行定量评价。对建设高校与建设学科定期发布的进展报告、中期和期末自评报告、典型特色案例及其他写实性材料,组织专家进行定性评议。定量结果定性结论互相补充、互为印证。

第十三条 以学科为基础,探索建设成效国际比较。科学合理确定相关领域的世界一流标杆,结合大数据分析和同行评议等,对建设高校和学科在全球同类院校相关可比领域的表现、影响力、发展潜力等进行综合考察。

第十四条 适时开展分类评价。研究建立建设高校分类体系,完善分类评价办法,引导和鼓励高校与学科在发展中突出优势,注重特色建设。

第四章 评价结果运用

第十五条 建立成效评价结果多维多样化呈现机制。按不同评价方面、不同学校和学科类型,以区间和梯度分布等形式,呈现建设高校和建设学科的综合评价结果,不计算总分、不发布排名。

第十六条 综合评价结果作为下一轮建设范围动态调整的主要依据。

第十七条 教育部、财政部、国家发展改革委根据综合评价结果,对实施有力、进展良好、成效明显的建设高校及建设学科,加大支持力度;对实施不力、进展缓慢、缺乏实效的建设高校及建设学科,减少支持力度。

第五章 附 则

第十八条 建设高校在动态监测、中期自评和周期评价中应确保材料和数据真实准确。凡发现造假作伪等情形的,建设主管部门将视情节予以严肃处理。情节严重的,减少支持直至调整出建设范围。

第十九条 本办法自公布之日起实施。

博士、硕士学位授权学科和专业学位授权类别动态调整办法

· 2020 年 12 月 1 日

· 学位〔2020〕29 号

总 则

第一条 根据国务院学位委员会《关于开展博士、硕士学位授权学科和专业学位授权类别动态调整试点工作的意见》,制定本办法。

第二条 本办法所规定的动态调整,系指各学位授予单位根据经济社会发展需求和本单位学科发展规划与实际,撤销国务院学位委员会批准的学位授权点,并可增列现行学科目录中的一级学科或专业学位类别的其他学位授权点;各省(自治区、直辖市)学位委员会、新疆生产建设兵团学位委员会、军队学位委员会(下称“省级学位委员会”)在数量限额内组织本地区(系统)学位授予单位,统筹增列现行学科目录中的一级学科或专业学位类别的学位授权点。

第三条 本办法所称学位授权点,包括:

1. 博士学位授权学科(仅包含博士学位授予权,不包含同一学科的硕士学位授予权);

2. 硕士学位授权学科;

3. 博士专业学位授权类别;

4. 硕士专业学位授权类别。

第四条 撤销博士学位授权学科、硕士学位授权学科,可按以下情况增列其他学位授权点:

1. 撤销博士学位授权一级学科,可增列下述之一:

(1)其他博士学位授权一级学科,但所增列学科应已为硕士学位授权一级学科或为拟同时增列的硕士学位授权一级学科;

(2)其他硕士学位授权一级学科;

(3)博士专业学位授权类别;

(4)硕士专业学位授权类别。

2. 撤销硕士学位授权一级学科,可增列下述之一:

(1)其他硕士学位授权一级学科;

(2)硕士专业学位授权类别。

3. 撤销未获得一级学科授权的授权二级学

科,按以下情况处理:

(1)撤销该一级学科下的全部博士学位授权二级学科,视同撤销一个博士学位授权一级学科,可按本条第1项的规定增列其他学位授权点。

(2)撤销该一级学科下的全部硕士学位授权二级学科,视同撤销一个硕士学位授权一级学科,可按本条第2项的规定增列其他学位授权点。

按本条规定撤销后仍在本单位增列博士学位授权学科或硕士学位授权学科的,应为与撤销授权点所属学科不同的其他一级学科。

第五条 撤销博士专业学位授权类别、硕士专业学位授权类别,可按以下情况增列其他专业学位授权类别:

1. 撤销博士专业学位授权类别,可增列下述之一:

(1)其他博士专业学位授权类别;

(2)其他硕士专业学位授权类别。

2. 撤销硕士专业学位授权类别,可增列其他硕士专业学位授权类别。

第六条 对于属同一学科的博士学位授权学科和硕士学位授权学科,不得单独撤销硕士学位授权学科保留博士学位授权学科。对于属同一类别的博士专业学位授权类别和硕士专业学位授权类别,不得单独撤销硕士专业学位授权类别保留博士专业学位授权类别。

第七条 各省级学位委员会对博士学位授权点的调整,只能在博士学位授予单位内和博士学位授予单位之间进行;对硕士学位授权点的调整,可在博士和硕士学位授予单位内,以及博士和硕士学位授予单位之间进行。

学位授予单位自主调整

第八条 学位授予单位自主调整学位授权点,指学位授予单位在本单位范围内主动撤销并可自主增列学位授权点。调整中拟增列学位授权点的数量不得超过主动撤销学位授权点的数量,主动撤销学位授权点后不同时增列学位授权点的,可在今后自主调整中增列。

学位授予单位可主动撤销的学位授权点包括:

1. 在专项合格评估(含限期整改后复评)中被评为合格的学位授权点;

2. 在周期性合格评估(含限期整改后复评)中被评为合格的学位授权点;

3. 在周期性合格评估中自评不合格进行限期整改后尚未参加复评的学位授权点。

第九条 学位授予单位应切实保证质量,制定本单位学位授权点动态调整实施细则,报省级学位委员会备案。拟增列的学位授权点,须符合国务院学位委员会正在执行的学位授权点申请基本条件。

学位授予单位须聘请同行专家根据学位授权点申请基本条件、省级学位委员会和学位授予单位规定的其他要求对拟增列的学位授权点进行评议。拟撤销和增列的学位授权点,须经本单位学位评定委员会审议通过,并在本单位内进行不少于10个工作日的公示。

第十条 学位授予单位将主动撤销和增列的学位授权点以及开展调整工作的有关情况报省级学位委员会。省级学位委员会对学位授予单位调整工作是否符合规定的程序办法进行审查。

省级学位委员会统筹调整

第十一条 省级学位委员会统筹调整学位授权点,包括:

1. 制定学科发展规划,指导本地区(系统)学位授权点动态调整。制定支持政策,引导学位授予单位根据区域(行业)经济社会发展需要撤销和增列学位授权点。对学位授予单位拟增列与经济社会发展需求不相适应或学生就业困难的学位授权点,省级学位委员会可不同意其增列。

2. 省级学位委员会可在本地区(系统)范围内统筹组织增列学位授权点,增列学位授权点的数额来源如下:

(1)由学位授予单位主动撤销并主动纳入省级统筹的学位授权点;

(2)在周期性合格评估中处理意见为限期整改,经复评未达到合格,被作出撤销处理的学位授权点;

(3)在周期性合格评估中抽评结果为不合格,被作出撤销处理的学位授权点;

(4)在周期性合格评估中未确认参评被作出撤销处理的学位授权点,以及在周期性合格评估中确认参评但未开展自我评估,被作出撤销处理的学位授权点。

第十二条 省级学位委员会组织开展增列学

位授权点工作,按以下程序和要求进行:

1. 学位授予单位申请增列学位授权点,须经本单位学位评定委员会审议通过。

2. 省级学位委员会聘请同行专家,根据国务院学位委员会正在执行的学位授权点申请基本条件和省级学位委员会规定的其他要求,对学位授予单位申请增列的学位授权点进行评审。除军队系统外,参加评审的同行专家中,来自本地区(系统)以外的专家原则上不少于二分之一。

3. 省级学位委员会对专家评审通过的申请增列学位授权点进行审议,并对审议通过的拟增列学位授权点进行不少于10个工作日的公示。

第十三条 省级学位委员会于每一年度规定时间,将本地区(系统)范围内学位授予单位拟主动撤销和自主增列的学位授权点以及省级学位委员会审议通过的拟增列学位授权点报国务院学位委员会批准。

其　他

第十四条 按本办法主动撤销的学位授权点,5年内不得再次按本办法增列为学位授权点,其在学研究生可按原渠道培养并按有关要求完成学位授予。

第十五条 军事学门类授权学科及军事类专业学位授权类别需经军队学位委员会同意后,方可申请增列。

第十六条 学位授权自主审核单位不参加学位授权点动态调整工作,其学位授权点调整全部纳入自主审核工作,不再纳入学位授权点动态调整省级统筹。

第十七条 博士学位授权一级学科、硕士学位授权一级学科如经动态调整撤销,根据相关规定在其下自主设置的二级学科也相应撤销。

第十八条 在专项合格评估(含限期整改后复评)中被评为不合格并撤销的学位授权点,不再作为增列学位授权点的数额来源。

在周期性合格评估抽评阶段,学位授予单位不得申请撤销本次周期性合格评估范围内的学位授权点。根据抽评结果做限期整改处理的学位授权点,在整改期间不参加学位授权点动态调整工作。

第十九条 根据学科专业调整等工作需要或因学风问题撤销的学位授权点,不再作为增列学位授权点的数额来源。

第二十条 本办法自2021年1月1日起施行。施行后原有关规定与本办法不一致的,按照本办法的规定执行。国务院学位委员会2015年印发的《博士、硕士学位授权学科和专业学位授权类别动态调整办法》(学位〔2015〕40号)同时废止。

本办法由国务院学位委员会办公室负责解释。

学位授权点合格评估办法

·2020年11月11日

·学位〔2020〕25号

第一条 为保证学位与研究生教育质量,做好学位授权点合格评估工作,依据《中华人民共和国高等教育法》《中华人民共和国学位条例》及其暂行实施办法,制定本办法。

第二条 本办法中的学位授权点是指经国务院学位委员会审核批准的可以授予博士、硕士学位的学科和专业学位类别。

第三条 学位授权点合格评估遵循科学、客观、公正的原则,坚持底线思维,以研究生培养和学位授予质量为重点,学科条件保障与人才培养质量提升相统一。

第四条 学位授权点合格评估是我国学位授权审核制度和研究生培养管理制度的重要组成部分,分为专项合格评估和周期性合格评估。

(一)新增学位授权点获得学位授权满3年后,均应当接受专项合格评估。

(二)周期性合格评估每6年进行一轮次,每轮次评估启动时,获得学位授权满6年的学位授权点和专项合格评估结果达到合格的学位授权点,均应当接受周期性合格评估。

第五条 周期性合格评估分为学位授予单位自我评估和教育行政部门抽评两个阶段,以学位授予单位自我评估为主。学位授予单位应在每轮次评估第1年底前确认参评学位授权点,确认名单报省级教育行政部门备案,并于第5年底前完成自我评估;学位授权点未确认参评或未开展自我评估的情形将作为确定周期性合格评估结果的重要依据。教育行政部门在每轮次评估第6年开展抽评。

第六条 博士学位授权点周期性合格评估由国务院学位委员会办公室组织实施，硕士学位授权点周期性合格评估由省级学位委员会组织实施。军队所属学位授予单位学位授权点周期性合格评估，由军队学位委员会组织实施。学位授权点周期性合格评估基本条件为启动当期评估时正在执行的学位授权点申请基本条件。

第七条 学位授予单位自我评估为诊断式评估，是对本单位学位授权点建设水平与人才培养质量的全面检查。学位授予单位应当全面检查学位授权点办学条件和培养制度建设情况，认真查找影响质量的突出问题，在自我评估期间持续做好改进工作，凝练特色。鼓励有条件的学位授予单位将自我评估与自主开展或参加的相关学科领域具有公信力的国际评估、教育质量认证等相结合。

第八条 学位授予单位自我评估基本程序

（一）根据学位授权点周期性合格评估基本条件、学位授权点自我评估工作指南，结合本单位和学位授权点实际，制定自我评估实施方案。

（二）组织学位授权点进行自我评估，应建立有学校特色的自我合格评估指标体系，对师资队伍、学科方向、人才培养数量质量和特色、科学研究、社会服务、学术交流、条件建设和制度保障等进行评价。把编制本单位《研究生教育发展质量年度报告》和《学位授权点建设年度报告》作为自我评估的重要环节之一，贯穿自我评估全过程。《研究生教育发展质量年度报告》和《学位授权点建设年度报告》经脱密处理后，应在本单位门户网站发布。

（三）根据国务院学位委员会办公室制订的数据标准，定期采集学位授权点基本状态信息，加强对本单位学位授权点质量状态的监测。

（四）组织校内外专家通过查阅材料、现场交流、实地考察等方式，对学位授权点开展评议，提出诊断式意见。专业学位授权点评议专家中，行业专家一般不少于专家人数的三分之一。

（五）根据专家评议意见，提出各学位授权点的自我评估结果，自我评估结果分为“合格”和“不合格”。作出自我评估结果所依据的标准和要求不得低于学位授权点周期性合格评估基本条件。对自我评估“不合格”的学位授权点，一般应在自评阶段结束前完成自主整改，整改后达到合格的按“合格”上报自我评估结果，达不到合格的按“不合格”上报自我评估结果。根据各学位授权点评议结果和整改情况，形成《学位授权点自我评估总结报告》。

（六）每轮周期性合格评估的第3年和第6年的3月底前，应当向国务院学位委员会办公室报送参评学位授权点截至上一年底的基本状态信息。

（七）每轮周期性合格评估第6年3月底前，向指定信息平台上传自我评估结果、自我评估总结报告、专家评议意见和改进建议，以及参评学位授权点连续5年的研究生培养方案。

第九条 教育行政部门抽评基本程序

（一）抽评工作的组织

抽评博士学位授权点的名单由国务院学位委员会办公室确定，委托国务院学位委员会学科评议组（以下简称学科评议组）和全国专业学位研究生教育指导委员会（以下简称专业学位教指委）组织评议。抽评名单确定后，应通知有关省级学位委员会、专家组和学位授予单位。抽评硕士学位授权点的名单及其评议由各省级学位委员会分别组织。

（二）教育行政部门在自我评估结果为“合格”的学位授权点范围内，按以下要求确定抽评学位授权点：

1. 抽评学位授权点应当覆盖所有学位授予单位；

2. 各一级学科和专业学位类别被抽评比例不低于被抽评范围的30%，现有学位授权点数量较少的学科或专业学位类别视具体情况确定抽评比例；

3. 评估周期内有以下情形的，应加大抽评比例：

（1）发生过严重学术不端问题的学位授予单位；

（2）存在人才培养和学位授予质量方面其他问题的学位授予单位；

4. 评估周期内学位论文抽检存在问题较多的学位授权点。

（三）评议专家组成

学科评议组、专业学位教指委和省级学位委员会设立的评议专家组（以下统称专家组），是开展学位授权点评议的主要力量。每个专家组的人数应为奇数，可根据评估范围内学位授权点的学科或专业学位类别具体情况，增加同行专家参与评估。评议实行本单位专家回避制。

（四）专家组制定评议方案，确定评议的基本标准和要求，报负责抽评的教育行政部门备案，并通知受评单位。抽评的基本标准和要求不低于周期性合格评估基本条件。

（五）评议方式和评议材料。专家组应根据本办法制定议事规则。专家评议以通讯评议方式为主，也可根据需要采用会议评议方式开展。评议材料主要有《学位授权点自我评估总结报告》、学位授权点基本状态信息表、学位授予单位《研究生教育发展质量年度报告》、《学位授权点建设年度报告》、近5年研究生培养方案、自评专家评议意见和改进建议，以及专家组认为必要的其他评估材料。

（六）评议结果。每位抽评专家审议抽评材料，对照本组学位授权点周期性合格评估标准，对学位授权点提出“合格”或“不合格”的评议意见，以及具体问题和改进建议。专家组应汇总每位专家意见，按照专家组的议事规则，形成对每个学位授权点的评议结果。全体专家的1/2以上（不含1/2）评议意见为“不合格”的学位授权点，评议结果为“不合格”，其他情形为“合格”。

博士学位授权点的评议情况、评议结果及可能产生的后果、存在的主要问题和具体改进建议由学科评议组或专业学位教指委向受评单位反馈，并在规定时间内受理和处理受评单位的异议。硕士学位授权点评议的相关情况、评议结果及可能产生的后果、存在的主要问题和具体改进建议由省级学位委员会向受评单位反馈，并在规定时间内受理和处理受评单位的异议。

（七）学科评议组、专业学位教指委和省级学位委员会根据评议情况和异议处理结果，形成相应学位授权点抽评意见和处理建议，编制评估工作总结报告，向国务院学位委员会办公室报送。

（八）国务院学位委员会办公室可在抽评期间适时组织对抽评工作的专项检查。

第十条 异议处理

（一）学位授予单位如对具体学位授权点评议结果存有异议，应按评估方案要求，博士学位授权点向学科评议组或专业学位教指委提出申诉，硕士学位授权点向省级学位委员会提出申诉，并在规定时间内提供相关材料。

（二）博士学位授权点的异议，有关学科评议组或专业学位教指委应当会同有关省级学位委员会进行处理，组织本学科评议组或专业学位教指委成员成立专门小组进行实地考察核实，确有必要的可约请学科评议组或专业学位教指委之外的同行专家。实地考察的规程和要求由专门小组制订。硕士学位授权点由省级学位委员会组织专门小组进行实地考察核实。

（三）博士学位授权点异议处理专门小组结束考察后应向本学科评议组或专业学位教指委报告具体考察意见。

（四）学科评议组或专业学位教指委经充分评议后，形成博士学位授权点的抽评意见和处理建议。省级学位委员会根据专家组评议意见及专门小组的考察报告，审议形成硕士学位授权点的抽评意见和处理建议。

第十一条 国务院学位委员会办公室汇总学位授予单位自我评估结果，以及学科评议组、专业学位教指委、省级学位委员会抽评结果，进行形式审查。

对形式审查发现问题的，请有关学科评议组或专业学位教指委进行核实并补充相关材料；对审查通过的，按以下情形提出处理建议：

（一）对有如下情形之一的学位授权点，提出继续授权建议：

1. 自我评估结果为“合格”且未被抽评的学位授权点；

2. 抽评专家表决意见为“不合格”的比例不足1/3的学位授权点。

（二）对有如下情形之一的学位授权点，提出限期整改建议：

1. 自我评估结果为“不合格”的学位授权点；

2. 抽评专家表决意见为“不合格”的比例在1/3（含1/3）至1/2（含1/2）之间的学位授权点。

（三）对抽评专家表决意见为“不合格”的比例在1/2（不含1/2）以上的学位授权点，提出撤销学位授权建议。

第十二条 国务院学位委员会办公室向国务院学位委员会报告学位授权点周期性合格评估完成情况及有关学位授权点处理建议。国务院学位委员会审议有关材料，作出是否同意相关处理建议的决定。有关决定向社会公开。

第十三条 评估结果使用

（一）教育行政部门将各学位授予单位学位授

权点合格评估结果作为教育行政部门监测"双一流"建设和地方高水平大学及学科建设项目的重要内容,作为研究生招生计划安排、学位授权点增列的重要依据。

(二)学位授予单位可在周期性合格评估自我评估阶段,根据自我评估情况,结合社会对人才的需求和自身发展情况,按学位授权点动态调整的有关办法申请放弃或调整部分学位授权点。学位授予单位不得在抽评阶段申请撤销周期性合格评估范围内的学位授权点。

(三)对于撤销授权的学位授权点,5年内不得申请学位授权,其在学研究生可按原渠道培养并按有关要求授予学位。

(四)限期整改的学位授权点在规定时间内暂停招生,进行整改。整改完成后,博士学位授权点接受国务院学位委员会办公室组织的复评;硕士学位授权点接受有关省级学位委员会组织的复评。复评合格的,恢复招生;达不到合格的,经国务院学位委员会批准,撤销学位授权。根据抽评结果作限期整改处理的学位授权点,在整改期间不得申请撤销学位授权。

第十四条 专项合格评估由国务院学位委员会办公室统一组织,委托学科评议组和专业学位教指委实施。

(一)专项合格评估标准和要求不低于被评学位授权点增列时所遵循的学位授权点申请基本条件。

(二)评估结果按本办法第十一、十三条之规定进行处理,限期整改的学位授权点复评由国务院学位委员会办公室组织。

(三)未接受过合格评估(含专项合格评估和周期性合格评估)的学位授权点,正在接受专项合格评估的学位授权点,以及接受专项合格评估但评估结果未达到合格的学位授权点,不得申请撤销学位授权。

第十五条 学位授予单位应当保证自我评估材料的真实可信,评估材料存在弄虚作假的学位授权点,将被直接列为限期整改的学位授权点。

第十六条 各有关单位、组织、专家和相关工作人员应严格遵守评估纪律与廉洁规定,坚决排除非学术因素的干扰,对在评估活动中存在违纪行为的单位和个人,将依据有关纪律法规严肃处理。

第十七条 省级学位委员会、军队学位委员会和学位授予单位,可根据本办法制定相应的实施细则。

第十八条 本办法由国务院学位委员会办公室负责解释。

第十九条 本办法自发布之日起施行。国务院学位委员会、教育部2014年1月印发的《学位授权点合格评估办法》(学位〔2014〕4号)同时废止。

(六)职业教育与成人教育

中华人民共和国职业教育法

- 1996年5月15日第八届全国人民代表大会常务委员会第十九次会议通过
- 2022年4月20日第十三届全国人民代表大会常务委员会第三十四次会议修订
- 2022年4月20日中华人民共和国主席令第112号公布
- 自2022年5月1日起施行

第一章 总 则

第一条 为了推动职业教育高质量发展,提高劳动者素质和技术技能水平,促进就业创业,建设教育强国、人力资源强国和技能型社会,推进社会主义现代化建设,根据宪法,制定本法。

第二条 本法所称职业教育,是指为了培养高素质技术技能人才,使受教育者具备从事某种职业或者实现职业发展所需要的职业道德、科学文化与专业知识、技术技能等职业综合素质和行动能力而实施的教育,包括职业学校教育和职业培训。

机关、事业单位对其工作人员实施的专门培训由法律、行政法规另行规定。

第三条 职业教育是与普通教育具有同等重要地位的教育类型,是国民教育体系和人力资源开发的重要组成部分,是培养多样化人才、传承技术技能、促进就业创业的重要途径。

国家大力发展职业教育,推进职业教育改革,提高职业教育质量,增强职业教育适应性,建立健全适应社会主义市场经济和社会发展需要、符合技术技能人才成长规律的职业教育制度体系，为全面建设社会主义现代化国家提供有力人才和技能支撑。

第四条 职业教育必须坚持中国共产党的领导，坚持社会主义办学方向，贯彻国家的教育方针，坚持立德树人、德技并修，坚持产教融合、校企合作，坚持面向市场、促进就业，坚持面向实践、强化能力，坚持面向人人、因材施教。

实施职业教育应当弘扬社会主义核心价值观，对受教育者进行思想政治教育和职业道德教育，培育劳模精神、劳动精神、工匠精神，传授科学文化与专业知识，培养技术技能，进行职业指导，全面提高受教育者的素质。

第五条 公民有依法接受职业教育的权利。

第六条 职业教育实行政府统筹、分级管理、地方为主、行业指导、校企合作、社会参与。

第七条 各级人民政府应当将发展职业教育纳入国民经济和社会发展规划，与促进就业创业和推动发展方式转变、产业结构调整、技术优化升级等整体部署、统筹实施。

第八条 国务院建立职业教育工作协调机制，统筹协调全国职业教育工作。

国务院教育行政部门负责职业教育工作的统筹规划、综合协调、宏观管理。国务院教育行政部门、人力资源社会保障行政部门和其他有关部门在国务院规定的职责范围内，分别负责有关的职业教育工作。

省、自治区、直辖市人民政府应当加强对本行政区域内职业教育工作的领导，明确设区的市、县级人民政府职业教育具体工作职责，统筹协调职业教育发展，组织开展督导评估。

县级以上地方人民政府有关部门应当加强沟通配合，共同推进职业教育工作。

第九条 国家鼓励发展多种层次和形式的职业教育，推进多元办学，支持社会力量广泛、平等参与职业教育。

国家发挥企业的重要办学主体作用，推动企业深度参与职业教育，鼓励企业举办高质量职业教育。

有关行业主管部门、工会和中华职业教育社等群团组织、行业组织、企业、事业单位等应当依法履行实施职业教育的义务，参与、支持或者开展职业教育。

第十条 国家采取措施，大力发展技工教育，全面提高产业工人素质。

国家采取措施，支持举办面向农村的职业教育，组织开展农业技能培训、返乡创业就业培训和职业技能培训，培养高素质乡村振兴人才。

国家采取措施，扶持革命老区、民族地区、边远地区、欠发达地区职业教育的发展。

国家采取措施，组织各类转岗、再就业、失业人员以及特殊人群等接受各种形式的职业教育，扶持残疾人职业教育的发展。

国家保障妇女平等接受职业教育的权利。

第十一条 实施职业教育应当根据经济社会发展需要，结合职业分类、职业标准、职业发展需求，制定教育标准或者培训方案，实行学历证书及其他学业证书、培训证书、职业资格证书和职业技能等级证书制度。

国家实行劳动者在就业前或者上岗前接受必要的职业教育的制度。

第十二条 国家采取措施，提高技术技能人才的社会地位和待遇，弘扬劳动光荣、技能宝贵、创造伟大的时代风尚。

国家对在职业教育工作中做出显著成绩的单位和个人按照有关规定给予表彰、奖励。

每年5月的第二周为职业教育活动周。

第十三条 国家鼓励职业教育领域的对外交流与合作，支持引进境外优质资源发展职业教育，鼓励有条件的职业教育机构赴境外办学，支持开展多种形式的职业教育学习成果互认。

第二章　职业教育体系

第十四条 国家建立健全适应经济社会发展需要，产教深度融合，职业学校教育和职业培训并重，职业教育与普通教育相互融通，不同层次职业教育有效贯通，服务全民终身学习的现代职业教育体系。

国家优化教育结构，科学配置教育资源，在义务教育后的不同阶段因地制宜、统筹推进职业教育与普通教育协调发展。

第十五条 职业学校教育分为中等职业学校教育、高等职业学校教育。

中等职业学校教育由高级中等教育层次的中等职业学校（含技工学校）实施。

高等职业学校教育由专科、本科及以上教育

层次的高等职业学校和普通高等学校实施。根据高等职业学校设置制度规定，将符合条件的技师学院纳入高等职业学校序列。

其他学校、教育机构或者符合条件的企业、行业组织按照教育行政部门的统筹规划，可以实施相应层次的职业学校教育或者提供纳入人才培养方案的学分课程。

第十六条 职业培训包括就业前培训、在职培训、再就业培训及其他职业性培训，可以根据实际情况分级分类实施。

职业培训可以由相应的职业培训机构、职业学校实施。

其他学校或者教育机构以及企业、社会组织可以根据办学能力、社会需求，依法开展面向社会的、多种形式的职业培训。

第十七条 国家建立健全各级各类学校教育与职业培训学分、资历以及其他学习成果的认证、积累和转换机制，推进职业教育国家学分银行建设，促进职业教育与普通教育的学习成果融通、互认。

军队职业技能等级纳入国家职业资格认证和职业技能等级评价体系。

第十八条 残疾人职业教育除由残疾人教育机构实施外，各级各类职业学校和职业培训机构及其他教育机构应当按照国家有关规定接纳残疾学生，并加强无障碍环境建设，为残疾学生学习、生活提供必要的帮助和便利。

国家采取措施，支持残疾人教育机构、职业学校、职业培训机构及其他教育机构开展或者联合开展残疾人职业教育。

从事残疾人职业教育的特殊教育教师按照规定享受特殊教育津贴。

第十九条 县级以上人民政府教育行政部门应当鼓励和支持普通中小学、普通高等学校，根据实际需要增加职业教育相关教学内容，进行职业启蒙、职业认知、职业体验，开展职业规划指导、劳动教育，并组织、引导职业学校、职业培训机构、企业和行业组织等提供条件和支持。

第三章 职业教育的实施

第二十条 国务院教育行政部门会同有关部门根据经济社会发展需要和职业教育特点，组织制定、修订职业教育专业目录，完善职业教育教学等标准，宏观管理指导职业学校教材建设。

第二十一条 县级以上地方人民政府应当举办或者参与举办发挥骨干和示范作用的职业学校、职业培训机构，对社会力量依法举办的职业学校和职业培训机构给予指导和扶持。

国家根据产业布局和行业发展需要，采取措施，大力发展先进制造等产业需要的新兴专业，支持高水平职业学校、专业建设。

国家采取措施，加快培养托育、护理、康养、家政等方面技术技能人才。

第二十二条 县级人民政府可以根据县域经济社会发展的需要，设立职业教育中心学校，开展多种形式的职业教育，实施实用技术培训。

教育行政部门可以委托职业教育中心学校承担教育教学指导、教育质量评价、教师培训等职业教育公共管理和服务工作。

第二十三条 行业主管部门按照行业、产业人才需求加强对职业教育的指导，定期发布人才需求信息。

行业主管部门、工会和中华职业教育社等群团组织、行业组织可以根据需要，参与制定职业教育专业目录和相关职业教育标准，开展人才需求预测、职业生涯发展研究及信息咨询，培育供需匹配的产教融合服务组织，举办或者联合举办职业学校、职业培训机构，组织、协调、指导相关企业、事业单位、社会组织举办职业学校、职业培训机构。

第二十四条 企业应当根据本单位实际，有计划地对本单位的职工和准备招用的人员实施职业教育，并可以设置专职或者兼职实施职业教育的岗位。

企业应当按照国家有关规定实行培训上岗制度。企业招用的从事技术工种的劳动者，上岗前必须进行安全生产教育和技术培训；招用的从事涉及公共安全、人身健康、生命财产安全等特定职业（工种）的劳动者，必须经过培训并依法取得职业资格或者特种作业资格。

企业开展职业教育的情况应当纳入企业社会责任报告。

第二十五条 企业可以利用资本、技术、知识、设施、设备、场地和管理等要素，举办或者联合举办职业学校、职业培训机构。

第二十六条 国家鼓励、指导、支持企业和其他社会力量依法举办职业学校、职业培训机构。

地方各级人民政府采取购买服务，向学生提供助学贷款、奖助学金等措施，对企业和其他社会力量依法举办的职业学校和职业培训机构予以扶持；对其中的非营利性职业学校和职业培训机构还可以采取政府补贴、基金奖励、捐资激励等扶持措施，参照同级同类公办学校生均经费等相关经费标准和支持政策给予适当补助。

第二十七条 对深度参与产教融合、校企合作，在提升技术技能人才培养质量、促进就业中发挥重要主体作用的企业，按照规定给予奖励；对符合条件认定为产教融合型企业的，按照规定给予金融、财政、土地等支持，落实教育费附加、地方教育附加减免及其他税费优惠。

第二十八条 联合举办职业学校、职业培训机构的，举办者应当签订联合办学协议，约定各方权利义务。

地方各级人民政府及行业主管部门支持社会力量依法参与联合办学，举办多种形式的职业学校、职业培训机构。

行业主管部门、工会等群团组织、行业组织、企业、事业单位等委托学校、职业培训机构实施职业教育的，应当签订委托合同。

第二十九条 县级以上人民政府应当加强职业教育实习实训基地建设，组织行业主管部门、工会等群团组织、行业组织、企业等根据区域或者行业职业教育的需要建设高水平、专业化、开放共享的产教融合实习实训基地，为职业学校、职业培训机构开展实习实训和企业开展培训提供条件和支持。

第三十条 国家推行中国特色学徒制，引导企业按照岗位总量的一定比例设立学徒岗位，鼓励和支持有技术技能人才培养能力的企业特别是产教融合型企业与职业学校、职业培训机构开展合作，对新招用职工、在岗职工和转岗职工进行学徒培训，或者与职业学校联合招收学生，以工学结合的方式进行学徒培养。有关企业可以按照规定享受补贴。

企业与职业学校联合招收学生，以工学结合的方式进行学徒培养的，应当签订学徒培养协议。

第三十一条 国家鼓励行业组织、企业等参与职业教育专业教材开发，将新技术、新工艺、新理念纳入职业学校教材，并可以通过活页式教材等多种方式进行动态更新；支持运用信息技术和其他现代化教学方式，开发职业教育网络课程等学习资源，创新教学方式和学校管理方式，推动职业教育信息化建设与融合应用。

第三十二条 国家通过组织开展职业技能竞赛等活动，为技术技能人才提供展示技能、切磋技艺的平台，持续培养更多高素质技术技能人才、能工巧匠和大国工匠。

第四章 职业学校和职业培训机构

第三十三条 职业学校的设立，应当符合下列基本条件：

（一）有组织机构和章程；

（二）有合格的教师和管理人员；

（三）有与所实施职业教育相适应、符合规定标准和安全要求的教学及实习实训场所、设施、设备以及课程体系、教育教学资源等；

（四）有必备的办学资金和与办学规模相适应的稳定经费来源。

设立中等职业学校，由县级以上地方人民政府或者有关部门按照规定的权限审批；设立实施专科层次教育的高等职业学校，由省、自治区、直辖市人民政府审批，报国务院教育行政部门备案；设立实施本科及以上层次教育的高等职业学校，由国务院教育行政部门审批。

专科层次高等职业学校设置的培养高端技术技能人才的部分专业，符合产教深度融合、办学特色鲜明、培养质量较高等条件的，经国务院教育行政部门审批，可以实施本科层次的职业教育。

第三十四条 职业培训机构的设立，应当符合下列基本条件：

（一）有组织机构和管理制度；

（二）有与培训任务相适应的课程体系、教师或者其他授课人员、管理人员；

（三）有与培训任务相适应、符合安全要求的场所、设施、设备；

（四）有相应的经费。

职业培训机构的设立、变更和终止，按照国家有关规定执行。

第三十五条 公办职业学校实行中国共产党职业学校基层组织领导的校长负责制，中国共产党职业学校基层组织按照中国共产党章程和有关规定，全面领导学校工作，支持校长独立负责地行使职权。民办职业学校依法健全决策机制，强化学校的中国共产党基层组织政治功能，保证其在学校重大事项决策、监督、执行各环节有效发挥作用。

校长全面负责本学校教学、科学研究和其他行政管理工作。校长通过校长办公会或者校务会议行使职权，依法接受监督。

职业学校可以通过咨询、协商等多种形式，听取行业组织、企业、学校毕业生等方面代表的意见，发挥其参与学校建设、支持学校发展的作用。

第三十六条 职业学校应当依法办学，依据章程自主管理。

职业学校在办学中可以开展下列活动：

（一）根据产业需求，依法自主设置专业；

（二）基于职业教育标准制定人才培养方案，依法自主选用或者编写专业课程教材；

（三）根据培养技术技能人才的需要，自主设置学习制度，安排教学过程；

（四）在基本学制基础上，适当调整修业年限，实行弹性学习制度；

（五）依法自主选聘专业课教师。

第三十七条 国家建立符合职业教育特点的考试招生制度。

中等职业学校可以按照国家有关规定，在有关专业实行与高等职业学校教育的贯通招生和培养。

高等职业学校可以按照国家有关规定，采取文化素质与职业技能相结合的考核方式招收学生；对有突出贡献的技术技能人才，经考核合格，可以破格录取。

省级以上人民政府教育行政部门会同同级人民政府有关部门建立职业教育统一招生平台，汇总发布实施职业教育的学校及其专业设置、招生情况等信息，提供查询、报考等服务。

第三十八条 职业学校应当加强校风学风、师德师风建设，营造良好学习环境，保证教育教学质量。

第三十九条 职业学校应当建立健全就业创业促进机制，采取多种形式为学生提供职业规划、职业体验、求职指导等就业创业服务，增强学生就业创业能力。

第四十条 职业学校、职业培训机构实施职业教育应当注重产教融合，实行校企合作。

职业学校、职业培训机构可以通过与行业组织、企业、事业单位等共同举办职业教育机构、组建职业教育集团、开展订单培养等多种形式进行合作。

国家鼓励职业学校在招生就业、人才培养方案制定、师资队伍建设、专业规划、课程设置、教材开发、教学设计、教学实施、质量评价、科学研究、技术服务、科技成果转化以及技术技能创新平台、专业化技术转移机构、实习实训基地建设等方面，与相关行业组织、企业、事业单位等建立合作机制。开展合作的，应当签订协议，明确双方权利义务。

第四十一条 职业学校、职业培训机构开展校企合作、提供社会服务或者以实习实训为目的举办企业、开展经营活动取得的收入用于改善办学条件；收入的一定比例可以用于支付教师、企业专家、外聘人员和受教育者的劳动报酬，也可以作为绩效工资来源，符合国家规定的可以不受绩效工资总量限制。

职业学校、职业培训机构实施前款规定的活动，符合国家有关规定的，享受相关税费优惠政策。

第四十二条 职业学校按照规定的收费标准和办法，收取学费和其他必要费用；符合国家规定条件的，应当予以减免；不得以介绍工作、安排实习实训等名义违法收取费用。

职业培训机构、职业学校面向社会开展培训的，按照国家有关规定收取费用。

第四十三条 职业学校、职业培训机构应当建立健全教育质量评价制度，吸纳行业组织、企业等参与评价，并及时公开相关信息，接受教育督导和社会监督。

县级以上人民政府教育行政部门应当会同有关部门、行业组织建立符合职业教育特点的质量评价体系，组织或者委托行业组织、企业和第三方专业机构，对职业学校的办学质量进行评估，并将评估结果及时公开。

职业教育质量评价应当突出就业导向，把受教育者的职业道德、技术技能水平、就业质量作为重要指标，引导职业学校培养高素质技术技能人才。

有关部门应当按照各自职责，加强对职业学校、职业培训机构的监督管理。

第五章 职业教育的教师与受教育者

第四十四条 国家保障职业教育教师的权利,提高其专业素质与社会地位。

县级以上人民政府及其有关部门应当将职业教育教师的培养培训工作纳入教师队伍建设规划,保证职业教育教师队伍适应职业教育发展的需要。

第四十五条 国家建立健全职业教育教师培养培训体系。

各级人民政府应当采取措施,加强职业教育教师专业化培养培训,鼓励设立专门的职业教育师范院校,支持高等学校设立相关专业,培养职业教育教师;鼓励行业组织、企业共同参与职业教育教师培养培训。

产教融合型企业、规模以上企业应当安排一定比例的岗位,接纳职业学校、职业培训机构教师实践。

第四十六条 国家建立健全符合职业教育特点和发展要求的职业学校教师岗位设置和职务(职称)评聘制度。

职业学校的专业课教师(含实习指导教师)应当具有一定年限的相应工作经历或者实践经验,达到相应的技术技能水平。

具备条件的企业、事业单位经营管理和专业技术人员,以及其他有专业知识或者特殊技能的人员,经教育教学能力培训合格的,可以担任职业学校的专职或者兼职专业课教师;取得教师资格的,可以根据其技术职称聘任为相应的教师职务。取得职业学校专业课教师资格可以视情况降低学历要求。

第四十七条 国家鼓励职业学校聘请技能大师、劳动模范、能工巧匠、非物质文化遗产代表性传承人等高技能人才,通过担任专职或者兼职专业课教师、设立工作室等方式,参与人才培养、技术开发、技能传承等工作。

第四十八条 国家制定职业学校教职工配备基本标准。省、自治区、直辖市应当根据基本标准,制定本地区职业学校教职工配备标准。

县级以上地方人民政府应当根据教职工配备标准、办学规模等,确定公办职业学校教职工人员规模,其中一定比例可以用于支持职业学校面向社会公开招聘专业技术人员、技能人才担任专职或者兼职教师。

第四十九条 职业学校学生应当遵守法律、法规和学生行为规范,养成良好的职业道德、职业精神和行为习惯,努力学习,完成规定的学习任务,按照要求参加实习实训,掌握技术技能。

职业学校学生的合法权益,受法律保护。

第五十条 国家鼓励企业、事业单位安排实习岗位,接纳职业学校和职业培训机构的学生实习。接纳实习的单位应当保障学生在实习期间按照规定享受休息休假、获得劳动安全卫生保护、参加相关保险、接受职业技能指导等权利;对上岗实习的,应当签订实习协议,给予适当的劳动报酬。

职业学校和职业培训机构应当加强对实习实训学生的指导,加强安全生产教育,协商实习单位安排与学生所学专业相匹配的岗位,明确实习实训内容和标准,不得安排学生从事与所学专业无关的实习实训,不得违反相关规定通过人力资源服务机构、劳务派遣单位,或者通过非法从事人力资源服务、劳务派遣业务的单位或个人组织、安排、管理学生实习实训。

第五十一条 接受职业学校教育,达到相应学业要求,经学校考核合格的,取得相应的学业证书;接受职业培训,经职业培训机构或者职业学校考核合格的,取得相应的培训证书;经符合国家规定的专门机构考核合格的,取得相应的职业资格证书或者职业技能等级证书。

学业证书、培训证书、职业资格证书和职业技能等级证书,按照国家有关规定,作为受教育者从业的凭证。

接受职业培训取得的职业技能等级证书、培训证书等学习成果,经职业学校认定,可以转化为相应的学历教育学分;达到相应职业学校学业要求的,可以取得相应的学业证书。

接受高等职业学校教育,学业水平达到国家规定的学位标准的,可以依法申请相应学位。

第五十二条 国家建立对职业学校学生的奖励和资助制度,对特别优秀的学生进行奖励,对经济困难的学生提供资助,并向艰苦、特殊行业等专业学生适当倾斜。国家根据经济社会发展情况适时调整奖励和资助标准。

国家支持企业、事业单位、社会组织及公民个人按照国家有关规定设立职业教育奖学金、助学金,奖励优秀学生,资助经济困难的学生。

职业学校应当按照国家有关规定从事业收入或者学费收入中提取一定比例资金，用于奖励和资助学生。

省、自治区、直辖市人民政府有关部门应当完善职业学校资助资金管理制度，规范资助资金管理使用。

第五十三条 职业学校学生在升学、就业、职业发展等方面与同层次普通学校学生享有平等机会。

高等职业学校和实施职业教育的普通高等学校应当在招生计划中确定相应比例或者采取单独考试办法，专门招收职业学校毕业生。

各级人民政府应当创造公平就业环境。用人单位不得设置妨碍职业学校毕业生平等就业、公平竞争的报考、录用、聘用条件。机关、事业单位、国有企业在招录、招聘技术技能岗位人员时，应当明确技术技能要求，将技术技能水平作为录用、聘用的重要条件。事业单位公开招聘中有职业技能等级要求的岗位，可以适当降低学历要求。

第六章　职业教育的保障

第五十四条 国家优化教育经费支出结构，使职业教育经费投入与职业教育发展需求相适应，鼓励通过多种渠道依法筹集发展职业教育的资金。

第五十五条 各级人民政府应当按照事权和支出责任相适应的原则，根据职业教育办学规模、培养成本和办学质量等落实职业教育经费，并加强预算绩效管理，提高资金使用效益。

省、自治区、直辖市人民政府应当制定本地区职业学校生均经费标准或者公用经费标准。职业学校举办者应当按照生均经费标准或者公用经费标准按时、足额拨付经费，不断改善办学条件。不得以学费、社会服务收入冲抵生均拨款。

民办职业学校举办者应当参照同层次职业学校生均经费标准，通过多种渠道筹措经费。

财政专项安排、社会捐赠指定用于职业教育的经费，任何组织和个人不得挪用、克扣。

第五十六条 地方各级人民政府安排地方教育附加等方面的经费，应当将其中可用于职业教育的资金统筹使用；发挥失业保险基金作用，支持职工提升职业技能。

第五十七条 各级人民政府加大面向农村的职业教育投入，可以将农村科学技术开发、技术推广的经费适当用于农村职业培训。

第五十八条 企业应当根据国务院规定的标准，按照职工工资总额一定比例提取和使用职工教育经费。职工教育经费可以用于举办职业教育机构、对本单位的职工和准备招用人员进行职业教育等合理用途，其中用于企业一线职工职业教育的经费应当达到国家规定的比例。用人单位安排职工到职业学校或者职业培训机构接受职业教育的，应当在其接受职业教育期间依法支付工资，保障相关待遇。

企业设立具备生产与教学功能的产教融合实习实训基地所发生的费用，可以参照职业学校享受相应的用地、公用事业费等优惠。

第五十九条 国家鼓励金融机构通过提供金融服务支持发展职业教育。

第六十条 国家鼓励企业、事业单位、社会组织及公民个人对职业教育捐资助学，鼓励境外的组织和个人对职业教育提供资助和捐赠。提供的资助和捐赠，必须用于职业教育。

第六十一条 国家鼓励和支持开展职业教育的科学技术研究、教材和教学资源开发，推进职业教育资源跨区域、跨行业、跨部门共建共享。

国家逐步建立反映职业教育特点和功能的信息统计和管理体系。

县级以上人民政府及其有关部门应当建立健全职业教育服务和保障体系，组织、引导工会等群团组织、行业组织、企业、学校等开展职业教育研究、宣传推广、人才供需对接等活动。

第六十二条 新闻媒体和职业教育有关方面应当积极开展职业教育公益宣传，弘扬技术技能人才成长成才典型事迹，营造人人努力成才、人人皆可成才、人人尽展其才的良好社会氛围。

第七章　法律责任

第六十三条 在职业教育活动中违反《中华人民共和国教育法》、《中华人民共和国劳动法》等有关法律规定的，依照有关法律的规定给予处罚。

第六十四条 企业未依照本法规定对本单位的职工和准备招用的人员实施职业教育、提取和使用职工教育经费的，由有关部门责令改正；拒不改正的，由县级以上人民政府收取其应当承担的职工教育经费，用于职业教育。

第六十五条 职业学校、职业培训机构在职业教育活动中违反本法规定的，由教育行政部门或者其他有关部门责令改正；教育教学质量低下或者管理混乱，造成严重后果的，责令暂停招生、限期整顿；逾期不整顿或者经整顿仍达不到要求的，吊销办学许可证或者责令停止办学。

第六十六条 接纳职业学校和职业培训机构学生实习的单位违反本法规定，侵害学生休息休假、获得劳动安全卫生保护、参加相关保险、接受职业技能指导等权利的，依法承担相应的法律责任。

职业学校、职业培训机构违反本法规定，通过人力资源服务机构、劳务派遣单位或者非法从事人力资源服务、劳务派遣业务的单位或个人组织、安排、管理学生实习实训的，由教育行政部门、人力资源社会保障行政部门或者其他有关部门责令改正，没收违法所得，并处违法所得一倍以上五倍以下的罚款；违法所得不足一万元的，按一万元计算。

对前款规定的人力资源服务机构、劳务派遣单位或者非法从事人力资源服务、劳务派遣业务的单位或个人，由人力资源社会保障行政部门或者其他有关部门责令改正，没收违法所得，并处违法所得一倍以上五倍以下的罚款；违法所得不足一万元的，按一万元计算。

第六十七条 教育行政部门、人力资源社会保障行政部门或者其他有关部门的工作人员违反本法规定，滥用职权、玩忽职守、徇私舞弊的，依法给予处分；构成犯罪的，依法追究刑事责任。

第八章 附 则

第六十八条 境外的组织和个人在境内举办职业学校、职业培训机构，适用本法；法律、行政法规另有规定的，从其规定。

第六十九条 本法自 2022 年 5 月 1 日起施行。

国务院关于印发国家职业教育改革实施方案的通知

· 2019 年 1 月 24 日
· 国发〔2019〕4 号

现将《国家职业教育改革实施方案》印发给你们，请认真贯彻执行。

国家职业教育改革实施方案

职业教育与普通教育是两种不同教育类型，具有同等重要地位。改革开放以来，职业教育为我国经济社会发展提供了有力的人才和智力支撑，现代职业教育体系框架全面建成，服务经济社会发展能力和社会吸引力不断增强，具备了基本实现现代化的诸多有利条件和良好工作基础。随着我国进入新的发展阶段，产业升级和经济结构调整不断加快，各行各业对技术技能人才的需求越来越紧迫，职业教育重要地位和作用越来越凸显。但是，与发达国家相比，与建设现代化经济体系、建设教育强国的要求相比，我国职业教育还存在着体系建设不够完善、职业技能实训基地建设有待加强、制度标准不够健全、企业参与办学的动力不足、有利于技术技能人才成长的配套政策尚待完善、办学和人才培养质量水平参差不齐等问题，到了必须下大力气抓好的时候。没有职业教育现代化就没有教育现代化。为贯彻全国教育大会精神，进一步办好新时代职业教育，落实《中华人民共和国职业教育法》，制定本实施方案。

总体要求与目标：坚持以习近平新时代中国特色社会主义思想为指导，把职业教育摆在教育改革创新和经济社会发展中更加突出的位置。牢固树立新发展理念，服务建设现代化经济体系和实现更高质量更充分就业需要，对接科技发展趋势和市场需求，完善职业教育和培训体系，优化学校、专业布局，深化办学体制改革和育人机制改革，以促进就业和适应产业发展需求为导向，鼓励和支持社会各界特别是企业积极支持职业教育，着力培养高素质劳动者和技术技能人才。经过 5—10 年左右时间，职业教育基本完成由政府举办为主向政府统筹管理、社会多元办学的格局转变，由追求规模扩张向提高质量转变，由参照普通教育办学模式向企业社会参与、专业特色鲜明的类型教育转变，大幅提升新时代职业教育现代化水平，为促进经济社会发展和提高国家竞争力提供优质人才资源支撑。

具体指标：到 2022 年，职业院校教学条件基本达标，一大批普通本科高等学校向应用型转变，建设 50 所高水平高等职业学校和 150 个骨干专业（群）。建成覆盖大部分行业领域、具有国际先进水平的中国职业教育标准体系。企业参与职业教育的积极性有较大提升,培育数以万计的产教融合型企业,打造一批优秀职业教育培训评价组织,推动建设300个具有辐射引领作用的高水平专业化产教融合实训基地。职业院校实践性教学课时原则上占总课时一半以上,顶岗实习时间一般为6个月。"双师型"教师(同时具备理论教学和实践教学能力的教师)占专业课教师总数超过一半,分专业建设一批国家级职业教育教师教学创新团队。从2019年开始,在职业院校、应用型本科高校启动"学历证书+若干职业技能等级证书"制度试点(以下称1+X证书制度试点)工作。

一、完善国家职业教育制度体系

(一)健全国家职业教育制度框架。

把握好正确的改革方向,按照"管好两端、规范中间、书证融通、办学多元"的原则,严把教学标准和毕业学生质量标准两个关口。将标准化建设作为统领职业教育发展的突破口,完善职业教育体系,为服务现代制造业、现代服务业、现代农业发展和职业教育现代化提供制度保障与人才支持。建立健全学校设置、师资队伍、教学教材、信息化建设、安全设施等办学标准,引领职业教育服务发展、促进就业创业。落实好立德树人根本任务,健全德技并修、工学结合的育人机制,完善评价机制,规范人才培养全过程。深化产教融合、校企合作,育训结合,健全多元化办学格局,推动企业深度参与协同育人,扶持鼓励企业和社会力量参与举办各类职业教育。推进资历框架建设,探索实现学历证书和职业技能等级证书互通衔接。

(二)提高中等职业教育发展水平。

优化教育结构,把发展中等职业教育作为普及高中阶段教育和建设中国特色职业教育体系的重要基础,保持高中阶段教育职普比大体相当,使绝大多数城乡新增劳动力接受高中阶段教育。改善中等职业学校基本办学条件。加强省级统筹,建好办好一批县域职教中心,重点支持集中连片特困地区每个地(市、州、盟)原则上至少建设一所符合当地经济社会发展和技术技能人才培养需要的中等职业学校。指导各地优化中等职业学校布局结构,科学配置并做大做强职业教育资源。加大对民族地区、贫困地区和残疾人职业教育的政策、金融支持力度,落实职业教育东西协作行动计划,办好内地少数民族中职班。完善招生机制,建立中等职业学校和普通高中统一招生平台,精准服务区域发展需求。积极招收初高中毕业未升学学生、退役军人、退役运动员、下岗职工、返乡农民工等接受中等职业教育;服务乡村振兴战略,为广大农村培养以新型职业农民为主体的农村实用人才。发挥中等职业学校作用,帮助部分学业困难学生按规定在职业学校完成义务教育,并接受部分职业技能学习。

鼓励中等职业学校联合中小学开展劳动和职业启蒙教育,将动手实践内容纳入中小学相关课程和学生综合素质评价。

(三)推进高等职业教育高质量发展。

把发展高等职业教育作为优化高等教育结构和培养大国工匠、能工巧匠的重要方式,使城乡新增劳动力更多接受高等教育。高等职业学校要培养服务区域发展的高素质技术技能人才,重点服务企业特别是中小微企业的技术研发和产品升级,加强社区教育和终身学习服务。建立"职教高考"制度,完善"文化素质+职业技能"的考试招生办法,提高生源质量,为学生接受高等职业教育提供多种入学方式和学习方式。在学前教育、护理、养老服务、健康服务、现代服务业等领域,扩大对初中毕业生实行中高职贯通培养的招生规模。启动实施中国特色高水平高等职业学校和专业建设计划,建设一批引领改革、支撑发展、中国特色、世界水平的高等职业学校和骨干专业(群)。根据高等学校设置制度规定,将符合条件的技师学院纳入高等学校序列。

(四)完善高层次应用型人才培养体系。

完善学历教育与培训并重的现代职业教育体系,畅通技术技能人才成长渠道。发展以职业需求为导向、以实践能力培养为重点、以产学研用结合为途径的专业学位研究生培养模式,加强专业学位硕士研究生培养。推动具备条件的普通本科高校向应用型转变,鼓励有条件的普通高校开办应用技术类型专业或课程。开展本科层次职业教育试点。制定中国技能大赛、全国职业院校技能大赛、世界技能大赛获奖选手等免试入学政策,探索长学制培养高端技术技能人才。服务军民融合发展,把军队相关的职业教育纳入国家职业教育大体系,共同做好面向现役军人的教育培训,支持其在服役期间取得多类职业技能等级证书,提升技术技能水平。落实好定向培养直招士官政策,推动地方院校与军队院校有效对接，推动优质职业教育资源向军事人才培养开放，建立军地网络教育资源共享机制。制订具体政策办法，支持适合的退役军人进入职业院校和普通本科高校接受教育和培训，鼓励支持设立退役军人教育培训集团（联盟），推动退役、培训、就业有机衔接，为促进退役军人特别是退役士兵就业创业作出贡献。

二、构建职业教育国家标准

（五）完善教育教学相关标准。

发挥标准在职业教育质量提升中的基础性作用。按照专业设置与产业需求对接、课程内容与职业标准对接、教学过程与生产过程对接的要求，完善中等、高等职业学校设置标准，规范职业院校设置；实施教师和校长专业标准，提升职业院校教学管理和教学实践能力。持续更新并推进专业目录、专业教学标准、课程标准、顶岗实习标准、实训条件建设标准（仪器设备配备规范）建设和在职业院校落地实施。巩固和发展国务院教育行政部门联合行业制定国家教学标准、职业院校依据标准自主制订人才培养方案的工作格局。

（六）启动1+X证书制度试点工作。

深化复合型技术技能人才培养培训模式改革，借鉴国际职业教育培训普遍做法，制订工作方案和具体管理办法，启动1+X证书制度试点工作。试点工作要进一步发挥好学历证书作用，夯实学生可持续发展基础，鼓励职业院校学生在获得学历证书的同时，积极取得多类职业技能等级证书，拓展就业创业本领，缓解结构性就业矛盾。国务院人力资源社会保障行政部门、教育行政部门在职责范围内，分别负责管理监督考核院校外、院校内职业技能等级证书的实施（技工院校内由人力资源社会保障行政部门负责），国务院人力资源社会保障行政部门组织制定职业标准，国务院教育行政部门依照职业标准牵头组织开发教学等相关标准。院校内培训可面向社会人群，院校外培训也可面向在校学生。各类职业技能等级证书具有同等效力，持有证书人员享受同等待遇。院校内实施的职业技能等级证书分为初级、中级、高级，是职业技能水平的凭证，反映职业活动和个人职业生涯发展所需要的综合能力。

（七）开展高质量职业培训。

落实职业院校实施学历教育与培训并举的法定职责，按照育训结合、长短结合、内外结合的要求，面向在校学生和全体社会成员开展职业培训。自2019年开始，围绕现代农业、先进制造业、现代服务业、战略性新兴产业，推动职业院校在10个左右技术技能人才紧缺领域大力开展职业培训。引导行业企业深度参与技术技能人才培养培训，促进职业院校加强专业建设、深化课程改革、增强实训内容、提高师资水平，全面提升教育教学质量。各级政府要积极支持职业培训，行政部门要简政放权并履行好监管职责，相关下属机构要优化服务，对于违规收取费用的要严肃处理。畅通技术技能人才职业发展通道，鼓励其持续获得适应经济社会发展需要的职业培训证书，引导和支持企业等用人单位落实相关待遇。对取得职业技能等级证书的离校未就业高校毕业生，按规定落实职业培训补贴政策。

（八）实现学习成果的认定、积累和转换。

加快推进职业教育国家"学分银行"建设，从2019年开始，探索建立职业教育个人学习账号，实现学习成果可追溯、可查询、可转换。有序开展学历证书和职业技能等级证书所体现的学习成果的认定、积累和转换，为技术技能人才持续成长拓宽通道。职业院校对取得若干职业技能等级证书的社会成员，支持其根据证书等级和类别免修部分课程，在完成规定内容学习后依法依规取得学历证书。对接受职业院校学历教育并取得毕业证书的学生，在参加相应的职业技能等级证书考试时，可免试部分内容。从2019年起，在有条件的地区和高校探索实施试点工作，制定符合国情的国家资历框架。

三、促进产教融合校企"双元"育人

（九）坚持知行合一、工学结合。

借鉴"双元制"等模式，总结现代学徒制和企业新型学徒制试点经验，校企共同研究制定人才培养方案，及时将新技术、新工艺、新规范纳入教学标准和教学内容，强化学生实习实训。健全专业设置定期评估机制，强化地方引导本区域职业院校优化专业设置的职责，原则上每5年修订1次职业院校专业目录，学校依据目录灵活自主设置专业，每年调整1次专业。健全专业教学资源库，建立共建共享平台的资源认证标准和交易机制，进一步扩大优质资源覆盖面。遴选认定一大批职业教育在线精品课程，建设一大批校企"双元"合作开发的国家规划教材，倡导使用新型活页式、工作手册式教材并配套开发信息化资源。每3年修订1次教材，其中专业教材随信息技术发展和产业升级情况及时动态更新。适应“互联网+职业教育”发展需求，运用现代信息技术改进教学方式方法，推进虚拟工厂等网络学习空间建设和普遍应用。

（十）推动校企全面加强深度合作。

职业院校应当根据自身特点和人才培养需要，主动与具备条件的企业在人才培养、技术创新、就业创业、社会服务、文化传承等方面开展合作。学校积极为企业提供所需的课程、师资等资源，企业应当依法履行实施职业教育的义务，利用资本、技术、知识、设施、设备和管理等要素参与校企合作，促进人力资源开发。校企合作中，学校可从中获得智力、专利、教育、劳务等报酬，具体分配由学校按规定自行处理。在开展国家产教融合建设试点基础上，建立产教融合型企业认证制度，对进入目录的产教融合型企业给予“金融+财政+土地+信用”的组合式激励，并按规定落实相关税收政策。试点企业兴办职业教育的投资符合条件的，可按投资额一定比例抵免该企业当年应缴教育费附加和地方教育附加。厚植企业承担职业教育责任的社会环境，推动职业院校和行业企业形成命运共同体。

（十一）打造一批高水平实训基地。

加大政策引导力度，充分调动各方面深化职业教育改革创新的积极性，带动各级政府、企业和职业院校建设一批资源共享，集实践教学、社会培训、企业真实生产和社会技术服务于一体的高水平职业教育实训基地。面向先进制造业等技术技能人才紧缺领域，统筹多种资源，建设若干具有辐射引领作用的高水平专业化产教融合实训基地，推动开放共享，辐射区域内学校和企业；鼓励职业院校建设或校企共建一批校内实训基地，提升重点专业建设和校企合作育人水平。积极吸引企业和社会力量参与，指导各地各校借鉴德国、日本、瑞士等国家经验，探索创新实训基地运营模式。提高实训基地规划、管理水平，为社会公众、职业院校在校生取得职业技能等级证书和企业提升人力资源水平提供有力支撑。

（十二）多措并举打造“双师型”教师队伍。

从2019年起，职业院校、应用型本科高校相关专业教师原则上从具有3年以上企业工作经历并具有高职以上学历的人员中公开招聘，特殊高技能人才（含具有高级工以上职业资格人员）可适当放宽学历要求，2020年起基本不再从应届毕业生中招聘。加强职业技术师范院校建设，优化结构布局，引导一批高水平工科学校举办职业技术师范教育。实施职业院校教师素质提高计划，建立100个“双师型”教师培养培训基地，职业院校、应用型本科高校教师每年至少1个月在企业或实训基地实训，落实教师5年一周期的全员轮训制度。探索组建高水平、结构化教师教学创新团队，教师分工协作进行模块化教学。定期组织选派职业院校专业骨干教师赴国外研修访学。在职业院校实行高层次、高技能人才以直接考察的方式公开招聘。建立健全职业院校自主聘任兼职教师的办法，推动企业工程技术人员、高技能人才和职业院校教师双向流动。职业院校通过校企合作、技术服务、社会培训、自办企业等所得收入，可按一定比例作为绩效工资来源。

四、建设多元办学格局

（十三）推动企业和社会力量举办高质量职业教育。

各级政府部门要深化“放管服”改革，加快推进职能转变，由注重“办”职业教育向“管理与服务”过渡。政府主要负责规划战略、制定政策、依法依规监管。发挥企业重要办学主体作用，鼓励有条件的企业特别是大企业举办高质量职业教育，各级人民政府可按规定给予适当支持。完善企业经营管理和技术人员与学校领导、骨干教师相互兼职兼薪制度。2020年初步建成300个示范性职业教育集团（联盟），带动中小企业参与。支持和规范社会力量兴办职业教育培训，鼓励发展股份制、混合所有制等职业院校和各类职业培训机构。建立公开透明规范的民办职业教育准入、审批制度，探索民办职业教育负面清单制度，建立健全退出机制。

（十四）做优职业教育培训评价组织。

职业教育包括职业学校教育和职业培训，职业院校和应用型本科高校按照国家教学标准和规定职责完成教学任务和职业技能人才培养。同时，也必须调动社会力量，补充校园不足，助力校园办学。能够依据国家有关法规和职业标准、教学标准完成的职业技能培训，要更多通过职业教育培训评价组织（以下简称培训评价组织）等参与实施。政府通过放宽准入，严格末端监督执法，严格控制数量，扶优、扶大、扶强，保证培训质量和学生能力水平。要按照在已成熟的品牌中遴选一批、在成长中的品牌中培育一批、在有需要但还没有建立项目的领域中规划一批的原则，以社会化机制公开招募并择优遴选培训评价组织，优先从制订过国家职业标准并完成标准教材编写，具有专家、师资团队、资金实力和5年以上优秀培训业绩的机构中选择。培训评价组织应对接职业标准，与国际先进标准接轨，按有关规定开发职业技能等级标准，负责实施职业技能考核、评价和证书发放。政府部门要加强监管，防止出现乱培训、滥发证现象。行业协会要积极配合政府，为培训评价组织提供好服务环境支持，不得以任何方式收取费用或干预企业办学行为。

五、完善技术技能人才保障政策

（十五）提高技术技能人才待遇水平。

支持技术技能人才凭技能提升待遇，鼓励企业职务职级晋升和工资分配向关键岗位、生产一线岗位和紧缺急需的高层次、高技能人才倾斜。建立国家技术技能大师库，鼓励技术技能大师建立大师工作室，并按规定给予政策和资金支持，支持技术技能大师到职业院校担任兼职教师，参与国家重大工程项目联合攻关。积极推动职业院校毕业生在落户、就业、参加机关事业单位招聘、职称评审、职级晋升等方面与普通高校毕业生享受同等待遇。逐步提高技术技能人才特别是技术工人收入水平和地位。机关和企事业单位招用人员不得歧视职业院校毕业生。国务院人力资源社会保障行政部门会同有关部门，适时组织清理调整对技术技能人才的歧视政策，推动形成人人皆可成才、人人尽展其才的良好环境。按照国家有关规定加大对职业院校参加有关技能大赛成绩突出毕业生的表彰奖励力度。办好职业教育活动周和世界青年技能日宣传活动，深入开展"大国工匠进校园"、"劳模进校园"、"优秀职校生校园分享"等活动，宣传展示大国工匠、能工巧匠和高素质劳动者的事迹和形象，培育和传承好工匠精神。

（十六）健全经费投入机制。

各级政府要建立与办学规模、培养成本、办学质量等相适应的财政投入制度，地方政府要按规定制定并落实职业院校生均经费标准或公用经费标准。在保障教育合理投入的同时，优化教育支出结构，新增教育经费要向职业教育倾斜。鼓励社会力量捐资、出资兴办职业教育，拓宽办学筹资渠道。进一步完善中等职业学校生均拨款制度，各地中等职业学校生均财政拨款水平可适当高于当地普通高中。各地在继续巩固落实好高等职业教育生均财政拨款水平达到12000元的基础上，根据发展需要和财力可能逐步提高拨款水平。组织实施好现代职业教育质量提升计划、产教融合工程等。经费投入要进一步突出改革导向，支持校企合作，注重向中西部、贫困地区和民族地区倾斜。进一步扩大职业院校助学金覆盖面，完善补助标准动态调整机制，落实对建档立卡等家庭经济困难学生的倾斜政策，健全职业教育奖学金制度。

六、加强职业教育办学质量督导评价

（十七）建立健全职业教育质量评价和督导评估制度。

以学习者的职业道德、技术技能水平和就业质量，以及产教融合、校企合作水平为核心，建立职业教育质量评价体系。定期对职业技能等级证书有关工作进行"双随机、一公开"的抽查和监督，从2019年起，对培训评价组织行为和职业院校培训质量进行监测和评估。实施职业教育质量年度报告制度，报告向社会公开。完善政府、行业、企业、职业院校等共同参与的质量评价机制，积极支持第三方机构开展评估，将考核结果作为政策支持、绩效考核、表彰奖励的重要依据。完善职业教育督导评估办法，建立职业教育定期督导评估和专项督导评估制度，落实督导报告、公报、约谈、限期整改、奖惩等制度。国务院教育督导委员会定期听取职业教育督导评估情况汇报。

（十八）支持组建国家职业教育指导咨询委员会。

为把握正确的国家职业教育改革发展方向，创新我国职业教育改革发展模式，提出重大政策研究建议，参与起草、制订国家职业教育法律法规，开展重大改革调研，提供各种咨询意见，进一步提高政府决策科学化水平，规划并审议职业教育标准等，在政府指导下组建国家职业教育指导咨询委员会。成员包括政府人员、职业教育专家、行业企业专家、管理专家、职业教育研究人员、中华职业教育社等团体和社会各方面热心职业教育的人士。通过政府购买服务等方式，听取咨询机构提出的意见建议并鼓励社会和民间智库参与。政府可以委托国家职业教育指导咨询委员会作为第三方,对全国职业院校、普通高校、校企合作企业、培训评价组织的教育管理、教学质量、办学方式模式、师资培养、学生职业技能提升等情况,进行指导、考核、评估等。

七、做好改革组织实施工作

(十九)加强党对职业教育工作的全面领导。

以习近平新时代中国特色社会主义思想特别是习近平总书记关于职业教育的重要论述武装头脑、指导实践、推动工作。加强党对教育事业的全面领导,全面贯彻党的教育方针,落实中央教育工作领导小组各项要求,保证职业教育改革发展正确方向。要充分发挥党组织在职业院校的领导核心和政治核心作用,牢牢把握学校意识形态工作领导权,将党建工作与学校事业发展同部署、同落实、同考评。指导职业院校上好思想政治理论课,实施好中等职业学校"文明风采"活动,推进职业教育领域"三全育人"综合改革试点工作,使各类课程与思想政治理论课同向同行,努力实现职业技能和职业精神培养高度融合。加强基层党组织建设,有效发挥基层党组织的战斗堡垒作用和共产党员的先锋模范作用,带动学校工会、共青团等群团组织和学生会组织建设,汇聚每一位师生员工的积极性和主动性。

(二十)完善国务院职业教育工作部际联席会议制度。

国务院职业教育工作部际联席会议由教育、人力资源社会保障、发展改革、工业和信息化、财政、农业农村、国资、税务、扶贫等单位组成,国务院分管教育工作的副总理担任召集人。联席会议统筹协调全国职业教育工作,研究协调解决工作中重大问题,听取国家职业教育指导咨询委员会等方面的意见建议,部署实施职业教育改革创新重大事项,每年召开两次会议,各成员单位就有关工作情况向联席会议报告。国务院教育行政部门负责职业教育工作的统筹规划、综合协调、宏观管理,国务院教育行政部门、人力资源社会保障行政部门和其他有关部门在职责范围内,分别负责有关的职业教育工作。各成员单位要加强沟通协调,做好相关政策配套衔接,在国家和区域战略规划、重大项目安排、经费投入、企业办学、人力资源开发等方面形成政策合力。推动落实《中华人民共和国职业教育法》,为职业教育改革创新提供重要的制度保障。

中等职业学校职业指导工作规定

·2018 年 4 月 20 日

·教职成〔2018〕4 号

第一章　总　则

第一条　为规范和加强中等职业学校职业指导工作,不断提高人才培养质量,扩大优质职业教育资源供给,依据《中华人民共和国职业教育法》等法律法规,制订本规定。

第二条　职业指导是职业教育的重要内容,是职业学校的基础性工作。在中等职业学校开展职业指导工作,主要是通过学业辅导、职业指导教育、职业生涯咨询、创新创业教育和就业服务等,培养学生规划管理学业、职业生涯的意识和能力,培育学生的工匠精神和质量意识,为适应融入社会、就业创业和职业生涯可持续发展做好准备。

第三条　中等职业学校职业指导工作应深入贯彻习近平新时代中国特色社会主义思想,坚持立德树人、育人为本,遵循职业教育规律和学生成长规律,适应经济社会发展需求,完善机制、整合资源,构建全方位职业指导工作体系,动员学校全员参与、全程服务,持续提升职业指导工作水平。

第四条　中等职业学校职业指导工作应坚持以下原则:

(一)以学生为本原则。通过开展生动活泼的教学与实践活动,充分调动学生的积极性、主动性,引导学生参与体验,激发职业兴趣,增强职业认同,帮助学生形成职业生涯决策和规划能力。

(二)循序渐进原则。坚持从经济社会发展、学校办学水平以及学生自身实际出发,遵循学生身心发展和职业生涯发展规律,循序渐进开展有针对性的职业指导。

(三)教育与服务相结合原则。面向全体学生开展职业生涯教育,帮助学生树立正确的职业理想,学会职业选择。根据学生个体差异,开展有针对性的职业指导服务,为学生就业、择业、创业提供帮助,促进学生顺利就业创业和可持续发展。

(四)协同推进原则。职业指导工作应贯穿学校教育教学和管理服务的全过程,融入课程教学、实训实习、校企合作、校园文化活动和学生日常管理中，全员全程协同推进。

第二章　主要任务

第五条　开展学业辅导。激发学生的学习兴趣，帮助学生结合自身特点及专业，进行学业规划与管理，养成良好的学习习惯和行为，培养学生终身学习的意识与能力。

第六条　开展职业指导教育。帮助学生认识自我，了解社会，了解专业和职业，增强职业意识，树立正确的职业观和职业理想，增强学生提高职业素养的自觉性，培育职业精神；引导学生选择职业、规划职业，提高求职择业过程中的抗挫折能力和职业转换的适应能力，更好地适应和融入社会。

第七条　提供就业服务。帮助学生了解就业信息、就业有关法律法规，掌握求职技巧，疏导求职心理，促进顺利就业。鼓励开展就业后的跟踪指导。

第八条　开展职业生涯咨询。通过面谈或小组辅导，开展有针对性的职业咨询辅导，满足学生的个性化需求。鼓励有条件的学校面向社会开展职业生涯咨询服务和面向中小学生开展职业启蒙教育。

第九条　开展创新创业教育。帮助学生学习创新创业知识，了解创新创业的途径和方法，树立创新创业意识，提高创新创业能力。

第三章　主要途径

第十条　课程教学是职业指导的主渠道。中等职业学校应根据学生认知规律和身心特点，在开设应有的职业生涯规划课程基础上，采取必修、选修相结合的方式开设就业指导、创新创业等课程。持续改进教学方式方法，注重采用案例教学、情景模拟、行动教学等，提高教学效果。

第十一条　实践活动是职业指导的重要载体。中等职业学校可通过开展实训实习以及组织学生参加校内外拓展活动、企业现场参观培训、观摩人才招聘会等活动，强化学生的职业体验，提升职业素养。

第十二条　中等职业学校可通过职业心理倾向测评、创新创业能力测评、自我分析、角色扮演等个性化服务，帮助学生正确认识自我和社会，解决在择业和成长中的问题。

第十三条　中等职业学校应主动加强与行业、企业的合作，提供有效就业信息。组织供需见面会等，帮助学生推荐实习和就业单位。

第十四条　中等职业学校应充分利用各种优质网络资源，运用信息化手段开展职业指导服务。鼓励有条件的地区建立适合本地区需要的人才就业网络平台，发布毕业生信息和社会人才需求信息，为学生就业提供高效便捷的服务。

第四章　师资队伍

第十五条　中等职业学校应在核定的编制内至少配备1名具有一定专业水准的专兼职教师从事职业指导。鼓励选聘行业、企业优秀人员担任兼职职业指导教师。

第十六条　中等职业学校职业指导教师负责课程教学、活动组织、咨询服务等，其主要职责如下：

（一）了解学生的职业心理和职业认知情况，建立学生职业生涯档案，跟踪指导学生成长。

（二）根据学生职业认知水平，开展职业生涯规划、就业指导、创新创业等课程教学。

（三）策划和组织开展就业讲座、供需见面会、职业访谈等活动。

（四）结合学生个性化需要，提供有针对性的咨询服务或小组辅导。

（五）积极参加职业指导相关业务培训、教研活动、企业实践等，及时更新职业指导信息，提高职业指导的专业能力和教学科研水平。

（六）跟踪调查毕业生就业状况，做好总结分析反馈，为专业设置、招生、课程改革等提供合理化建议。

（七）配合做好其他职业指导相关工作。

第十七条　中等职业学校应加强职业指导教师的业务培训和考核。对职业指导教师的考核，注重过程性评价。

第五章　工作机制

第十八条　中等职业学校职业指导工作实行校长负责制。学校应建立专门工作机构，形成以专兼职职业指导教师为主体，班主任、思想政治课教师、学生管理人员等为辅助的职业指导工作体系。

第十九条　中等职业学校职业指导涉及教学

管理、学生管理等工作领域,相关部门应积极配合支持。学校应主动对接行业组织、企业、家长委员会等,协同推进职业指导工作。

第二十条 中等职业学校应建立职业指导考核评价体系,定期开展职业指导工作评价,对在职业指导工作中做出突出贡献的,应予以相应激励。

第二十一条 中等职业学校应建立毕业生就业统计公告制度,按规定向上级主管部门报送并及时向社会发布毕业生就业情况。

第二十二条 中等职业学校应结合举办“职业教育活动周”等活动,积极展示优秀毕业生风采,广泛宣传高素质劳动者和技术技能人才先进事迹,大力弘扬劳模精神和工匠精神,营造劳动光荣的社会风尚和精益求精的敬业风气。

第六章 实施保障

第二十三条 各地教育行政部门和中等职业学校应为职业指导工作提供必要的人力、物力和经费保障,确保职业指导工作有序开展。

第二十四条 各地教育行政部门应加强对中等职业学校校长、职业指导教师、其他管理人员的职业指导业务培训,将职业指导纳入教师培训的必修内容。

第二十五条 各地教育行政部门应当积极协调人社、税务、金融等部门,为中等职业学校毕业生就业创业创造良好的政策环境。

第二十六条 中等职业学校应拓展和用足用好校内外职业指导场所、机构等资源。有条件的学校可建立学生创新创业孵化基地。

第二十七条 中等职业学校应将职业指导信息化建设统筹纳入学校整体信息化建设中,建立健全职业指导信息服务平台。

第二十八条 中等职业学校应加强职业指导的教学科研工作,与相关专业机构合作开展职业指导研究和课程建设,不断提高职业指导工作专业化水平。

第七章 附 则

第二十九条 各省、自治区、直辖市教育行政部门可依据本规定制订实施细则。

第三十条 本规定由教育部负责解释,自发布之日起施行。

中等职业学校专业设置管理办法(试行)

· 2010年9月10日

· 教职成厅〔2010〕9号

第一章 总 则

第一条 为进一步规范和完善中等职业学校专业设置管理,引导中等职业学校依法自主设置专业,促进人才培养质量和办学水平的提高,根据《中华人民共和国职业教育法》和有关规定,制定本办法。

第二条 中等职业学校专业设置要以科学发展观为指导,坚持以服务为宗旨,以就业为导向,适应经济社会发展、科技进步,特别是经济发展方式转变和产业结构调整升级的需要,适应各地、各行业对生产、服务一线高素质劳动者和技能型人才培养的需要,适应学生职业生涯发展的需要。

第三条 国家鼓励中等职业学校设置符合国家重点产业、新兴产业和区域支柱产业、特色产业的发展需求以及就业前景良好的专业。

第四条 中等职业学校依照相关规定要求,可自主开设、调整和停办专业。

第五条 中等职业学校设置专业应以教育部发布的《中等职业学校专业目录》(以下简称《目录》)为基本依据。

第六条 各地和中等职业学校应做好专业建设规划,优化资源配置和专业结构,根据学校办学条件和区域产业结构情况设置专业,避免专业盲目设置和重复建设。

第七条 国务院教育行政部门负责全国中等职业学校专业设置的宏观指导,制定并定期修订《目录》。

行业主管部门负责本行业领域中等职业学校相关专业设置的指导工作。

第八条 省级教育行政部门负责本行政区域中等职业学校专业设置的统筹管理。

市(地)、县级教育行政部门管理中等职业学校专业设置的职责由各省(区、市)自行确定。

第二章 设置条件

第九条 中等职业学校设置专业须具备以下条件：

（一）依据国家有关文件规定制定的、符合专业培养目标的完整的实施性教学计划和相关教学文件；

（二）开设专业必需的经费和校舍、仪器设备、实习实训场所，以及图书资料、数字化教学资源等基本办学条件；

（三）完成所开设专业教学任务所必需的教师队伍、教学辅助人员和相关行业、企业兼职专业教师；

（四）具有中级以上专业技术职务（职称）、从事该专业教学的专业教师，行业、企业兼职教师应保持相对稳定。

各地应根据区域经济社会发展实际，结合专业特点，进一步明确上述基本条件的相关细化指标，使专业设置条件要求具体化。

第十条 各地教育行政部门在审查、备案新设专业时，应优先考虑有相关专业建设基础的学校；中等职业学校设置专业应注重结合自身的专业优势，重点建设与学校分类属性相一致的专业，以利于办出特色，培育专业品牌。

第三章 设置程序

第十一条 中等职业学校设置专业应遵循以下程序：

（一）开展行业、企业、就业市场调研，做好人才需求分析和预测；

（二）进行专业设置必要性和可行性论证；

（三）根据国家有关文件规定，制定符合专业培养目标的完整的实施性教学计划和相关教学文件；

（四）经相关行业、企业、教学、课程专家论证；

（五）征求相关部门意见，报教育行政部门备案。

第十二条 中等职业学校开设《目录》内专业，须经学校主管部门同意，报省级教育行政部门备案；开设《目录》外专业，须经省级教育行政部门备案后试办，按国家有关规定进行管理。

第十三条 中等职业学校开设医药卫生、公安司法、教育类等国家控制专业，应严格审查其办学资质。开设“保安”、“学前教育”专业以及“农村医学”、“中医”等医学类专业，应当符合相关行业主管部门规定的相关条件，报省级教育行政部门备案后开设。

第十四条 中等职业学校应根据经济社会发展、职业岗位和就业市场需求变化，及时对已开设专业的专业内涵、专业教学内容等进行调整。

中等职业学校根据办学实际停办已开设的专业，报市（地）级教育行政部门备案。

第四章 指导与检查

第十五条 省级教育行政部门对本行政区域内的中等职业学校专业设置实行指导、检查和监督。各地要定期对本地区中等职业学校专业设置管理情况进行检查指导，对试办的《目录》外专业要限期检查评估。新设《目录》外专业，由省级教育行政部门于每年3月报教育部备案。

第十六条 各地要建立由行业、企业、教科研机构和教育行政部门等组成的中等职业学校专业建设指导组织或机构，充分发挥其在中等职业学校专业建设中的作用。

中等职业学校应建立专业设置评议委员会，根据学校专业建设规划，定期对学校专业设置情况进行审议。

第十七条 省级教育行政部门每年要对本行政区域内的中等职业学校专业设置情况进行汇总，并向社会集中公布当年具有招生资格的学校和专业。对专业办学条件不达标、教学管理混乱、教学质量低下、就业率过低的，主管教育行政部门应责令学校限期整改；整改后仍达不到要求的，应暂停该专业招生。

第五章 附 则

第十八条 省级教育行政部门应根据本办法要求，制定本行政区域中等职业学校专业设置管理实施细则，并报教育部备案。

第十九条 本办法适用于实施中等职业学历教育的各类中等职业学校。

第二十条 本办法自发布之日起施行，教育部印发的《关于中等职业学校专业设置管理的原则意见》（教职成〔2000〕8号）同时废止。

中等职业学校设置标准

· 2010 年 7 月 6 日
· 教职成〔2010〕12 号

第一条 为规范中等职业学校的设置，促进学校建设，保证教育质量，提高办学效益，依据《教育法》、《职业教育法》制定本标准。

第二条 本标准适用于公民、法人和其他组织依法设置的各类中等职业学校。

第三条 设置中等职业学校，应当符合当地职业教育发展规划，并达到《职业教育法》规定的基本条件。

第四条 中等职业学校应当具备法人条件，并按照国家有关规定办理法人登记。

第五条 设置中等职业学校，应具有学校章程。学校章程包括：名称、校址、办学宗旨、学校内部管理体制和运行机制、教职工管理、学生管理、教育教学管理、校产和财务管理、学校章程的修订等内容。

第六条 中等职业学校应当具备基本的办学规模。其中，学校学历教育在校生数应在 1200 人以上。

第七条 中等职业学校应当具有与学校办学规模相适应的专任教师队伍，兼职教师比例适当。

专任教师一般不少于 60 人，师生比达到 1∶20，专任教师学历应达到国家有关规定。专任教师中，具有高级专业技术职务人数不低于 20%。

专业教师数应不低于本校专任教师数的 50%，其中双师型教师不低于 30%。每个专业至少应配备具有相关专业中级以上专业技术职务的专任教师 2 人。

聘请有实践经验的兼职教师应占本校专任教师总数的 20%左右。

第八条 应有与办学规模和专业设置相适应的校园、校舍和设施。

校园占地面积（不含教职工宿舍和相对独立的附属机构）：新建学校的建设规划总用地不少于 40000 平方米；生均用地面积指标不少于 33 平方米。

校舍建筑面积（不含教职工宿舍和相对独立的附属机构）：新建学校建筑规划面积不少于 24000 平方米；生均校舍建筑面积指标不少于 20 平方米。

体育用地：应有 200 米以上环型跑道的田径场，有满足教学和体育活动需要的其他设施和场地，符合《学校体育工作条例》的基本要求。卫生保健、校园安全机构健全，教学、生活设施设备符合《学校卫生工作条例》的基本要求，校园安全有保障。

图书馆和阅览室：适用印刷图书生均不少于 30 册；报刊种类 80 种以上；教师阅览（资料）室和学生阅览室的座位数应分别按不低于专任教师总数的 20%和学生总数的 10%设置。

仪器设备：应当具有与专业设置相匹配、满足教学要求的实验、实习设施和仪器设备。工科类专业和医药类专业生均仪器设备价值不低于 3000 元，其他专业生均仪器设备价值不低于 2500 元。

实习、实训基地：要有与所设专业相适应的校内实训基地和相对稳定的校外实习基地，能够满足学生实习、实训需要。

要具备能够应用现代教育技术手段，实施现代远程职业教育及学校管理信息化所需的软、硬件设施、设备。其中，学校计算机拥有数量不少于每百生 15 台。

第九条 中等职业学校实行校长负责制。中等职业学校应当配备有较高思想政治素质和较强管理能力、熟悉职业教育发展规律的学校领导。

校长应具有从事三年以上教育教学工作的经历，校长及教学副校长应具有本科以上学历和高级专业技术职务，其他校级领导应具有本科以上学历和中级以上专业技术职务。

第十条 设置中等职业学校，应具有符合当地社会经济建设所需要的专业，有明确的教学计划、教学大纲等教学文件，以及相适应的课程标准和教材。

第十一条 中等职业学校应当具有必要的教育教学和管理等工作机构。

第十二条 中等职业学校办学经费应依据《职业教育法》和地方有关法规多渠道筹措落实。学校基本建设、实验实训设备、教师培训和生均经费等正常经费，应有稳定、可靠的来源和切实的保证。

第十三条 本标准为设置中等职业学校的基本标准，是教育行政部门审批、检查、评估、督导中等职业学校的基本依据。如今后国家有关部门对中等职业学校生均用地面积和生均校舍建筑面积有新规定,以新规定为准。省级教育行政部门可制定高于本标准的中等职业学校设置办法。

对于边远贫困地区设置中等职业学校,其办学规模和相应的办学条件可适当放宽要求。具体标准由省级教育行政部门依据本标准制定,报教育部备案。

对体育、艺术、特殊教育等类别中等职业学校,其办学规模及其相应办学条件的基本要求,由教育部会同有关部门另行公布。

第十四条 本标准自发布之日起施行。2001年教育部制定的《中等职业学校设置标准(试行)》同时废止。

中等职业学校学生学籍管理办法

· 2010年5月13日

· 教职成〔2010〕7号

第一章 总 则

第一条 为加强中等职业学校学生学籍管理,保证学校正常的教育教学秩序,维护学生的合法权益,推进中等职业教育持续健康发展,依据《中华人民共和国教育法》、《中华人民共和国职业教育法》及其他有关法律法规,制定本办法。

第二条 本办法适用于中等职业学历教育学生的学籍管理,"3+2"分段五年制高等职业教育学生前三年学籍管理依照本办法执行。

第三条 中等职业学校应当加强学生学籍管理,建立健全学籍管理部门和相关制度,保障基本工作条件,落实管理责任,切实加强学籍管理。国家、省(区、市)、市(州)、县(市、区)教育行政部门对学校学籍管理工作实行分级管理,省级教育行政部门具有统筹管理的责任。

第二章 入学与注册

第四条 按照省级有关部门职业教育招生规定录取的学生,持录取通知书及本人身份证或户籍簿,按学校有关要求和规定到学校办理报到、注册手续。新生在办理报到、注册手续后取得学籍。

第五条 学校应当从学生入学之日起建立学生学籍档案,学生学籍档案内容包括:

1. 基本信息;
2. 思想品德评价材料;
3. 公共基础课程和专业技能课程成绩;
4. 享受国家助学金和学费减免的信息;
5. 在校期间的奖惩材料;
6. 毕业生信息登记表。

学籍档案由专人管理,学生离校时,由学校归档保存或移交相关部门。

第六条 学校应当将新生基本信息,各年级学生变动名册(包括转入、转出、留级、休学、退学、注销、复学、死亡的学生等情况)及时输入中等职业学校学生信息管理系统,并报教育主管部门。教育主管部门逐级审核后上报至国家教育行政部门。

第七条 新生应当按照学校规定时间到校报到,办理入学注册手续。因特殊情况,不能如期报到,应当持有关证明向学校提出书面申请。如在学校规定期限内不到学校办理相关手续,视为放弃入学资格。

第八条 学生入学后,学校发现其不符合招生条件,应当注销其学籍,并报教育主管部门备案。

第九条 新生实行春、秋两季注册,春季注册截止日期为4月20日(限非应届初中毕业生);秋季注册截止日期为11月20日。

第十条 外籍或无国籍人员进入中等职业学校就读,应当按照国家留学生管理办法办理就读手续。港、澳、台学生按照国家有关政策办理就读手续。

第十一条 东部、中部和西部联合招生合作办学招收的学生,注册及学籍管理由学生当前就读学校按学校所在省(区、市)有关规定执行,不得重复注册学籍。

学校不得以虚假学生信息注册学生学籍,不得为同一学生以不同类型的高中阶段教育学校身份分别注册学籍,不得以不同类型职业学校身份分别向教育部门和人力资源社会保障部门申报学生学籍。

第三章 学习形式与修业年限

第十二条 学校实施全日制学历教育,主要招收初中毕业生或具有同等学力者,基本学制以3年为主;招收普通高中毕业生或同等学力者,基本学制以1年为主。

采用弹性学习形式的学生的修业年限，初中毕业起点或具有同等学力人员，学习时间原则上为3至6年；高中毕业起点或具有同等学力人员，学习时间原则上为1至3年。

第十三条 学校对实行学分制的学生，允许其在基本学制的基础上提前或推迟毕业，提前毕业一般不超过1年，推迟毕业一般不超过3年。

第四章 学籍变动与信息变更

第十四条 学生学籍变动包括转学、转专业、留级、休学、注销、复学及退学。采用弹性学习形式的学生，原则上不予转学、转专业或休学。

第十五条 学生因户籍迁移、家庭搬迁或个人意愿等原因可以申请转学。转学由学生本人和监护人提出申请，经转出学校同意，再向转入学校提出转学申请，转入学校同意后办理转学手续。对跨省转学的学生，由转入、转出学校分别报所在市级和省级教育行政部门备案。

在中等职业学校学习未满一学期的，不予转学；毕业年级学生不予转学；休学期间不予转学。

普通高中学生可以转入中等职业学校，但学习时间不得少于1年半。

第十六条 有下列情况之一，经学校批准，可以转专业：

1. 学生确有某一方面特长或兴趣爱好，转专业后有利于学生就业或长远发展；

2. 学生有某一方面生理缺陷或患有某种疾病，经县级及以上医院证明，不宜在原专业学习，可以转入本校其他专业学习；

3. 学生留级或休学，复学时原专业已停止招生。

已经享受免学费政策的涉农专业学生原则上不得转入其他专业，特殊情况应当经省级教育行政部门批准。

跨专业大类转专业，原则上在一年级第一学期结束前办理；同一专业大类转专业原则上在二年级第一学期结束前办理。毕业年级学生不得转专业。

第十七条 学生休学由学生本人和监护人提出申请，学校审核同意后，报教育行政部门备案。学生因病必须休学，应当持县级及以上医院病情诊断证明书。

学生休学期限、次数由学校规定。因依法服兵役而休学，休学期限与其服役期限相当。学生休学期间，不享受在校学生待遇。

第十八条 学生退学由学生本人和监护人提出申请，经学校批准，可办理退学手续。学生退学后，学校应当及时报教育主管部门备案。

学生具有下列情况之一，学校可以做退学处理：

1. 休学期满无特殊情况两周内未办理复学手续；

2. 连续休学两年，仍不能复学；

3. 一学期旷课累计达90课时以上；

4. 擅自离校连续两周以上。

第十九条 学生非正常死亡，学校应当及时报教育主管部门备案，教育主管部门逐级上报至省级教育行政部门备案。

第二十条 已注册学生（含注册毕业学生）各项信息修改属于信息变更，主要包括学生姓名、性别、出生日期、家庭住址、身份证号码、户口性质等。对信息变更，应当由学生本人或监护人提供合法身份证明等相关资料，学校修改后及时报教育行政部门备案。

第五章 成绩考核

第二十一条 学生应当按照学校规定参加教学活动。采用弹性学习形式的学生公共基础课程教学应当达到国家教育行政部门发布的教学大纲的基本要求，专业技能课程教学应当达到相应专业全日制的教学要求。

第二十二条 学校按照国家或行业有关标准和要求组织考试、考查。采用弹性学习形式的学生的专业能力评价可以视其工作经历、获得职业资格证书情况，折算相应学分或免于相关专业技能课程考试、考查。

第二十三条 学业成绩优秀的学生，由本人申请，经学校审批后，可以参加高一年级的课程考核，合格者可以获得相应的成绩或学分。

第二十四条 学生所学课程考试、考查不合格，学校应当提供补考机会，补考次数和时间由学校确定。学生缓考、留级由学校规定。学校应当及时将留级学生情况报教育主管部门备案。

第二十五条 考试、考查和学生思想品德评价结果，学校应当及时记入学生学籍档案。

第六章 工学交替与顶岗实习

第二十六条 学校应当按照法律法规和国家

教育行政部门文件规定组织学生顶岗实习。实施工学交替的学校应当制订具体的实施方案,并报教育主管部门备案。

第二十七条 学生顶岗实习和工学交替阶段结束后,应当由企业和学校共同完成学生实习鉴定。学校应当将学生实习单位、岗位、鉴定结果等情况记入学籍档案。

第二十八条 采用弹性学习形式的学生有与所学专业相关工作经历的,学校可以视情况减少顶岗实习时间或免除顶岗实习。

第七章 奖励与处分

第二十九条 学生在德、智、体、美等方面表现突出,应当予以表彰和奖励。

学生奖励分为国家、省、市、县、校等层次,奖项包括单项奖和综合奖,具体办法由各级教育行政部门和学校分别制定。

对学生的表彰和奖励应当予以公示。

第三十条 学校对于有不良行为的学生,可以视其情节和态度分别给予警告、严重警告、记过、留校察看、开除学籍等处分。

学校做出开除学籍决定,应当报教育主管部门核准。

受警告、严重警告、记过、留校察看处分的学生,经过一段时间的教育,能深刻认识错误、确有改正进步的,应当撤销其处分。

第三十一条 学生受到校级及以上奖励或处分,学校应当及时通知学生或其监护人。学生对学校做出的处分决定有异议的,可以按照有关规定提出申诉。

学校应当依法建立学生申诉的程序与机构,受理并处理学生对处分不服提出的申诉。

学生对学校做出的申诉复查决定不服的,可以在收到复查决定之日起 15 个工作日内,向教育主管部门提出书面申诉。

教育主管部门应当在收到申诉申请之日起 30 个工作日内做出处理并答复。

第三十二条 对学生的奖励、记过及以上处分有关资料应当存入学生学籍档案。

对学生的处分撤销后,学校应当将原处分决定和有关资料从学生个人学籍档案中移出。

第八章 毕业与结业

第三十三条 学生达到以下要求,准予毕业:

1. 思想品德评价合格;

2. 修满教学计划规定的全部课程且成绩合格,或修满规定学分;

3. 顶岗实习或工学交替实习鉴定合格。

第三十四条 学生如提前修满教学计划规定的全部课程且达到毕业条件,经本人申请,学校同意,可以在学制规定年限内提前毕业。

第三十五条 毕业证书由国家教育行政部门统一格式并监制,省级教育行政部门统一印制,学校颁发。采用弹性学习形式的学生毕业证书应当注明学习形式和修业时间。

第三十六条 对于在规定的学习年限内,考核成绩(含实习)仍有不及格且未达到留级规定,或思想品德评价不合格者,以及实行学分制的学校未修满规定学分的学生,发给结业证书。

第三十七条 对未完成教学计划规定的课程而中途退学的学生,学校应当发给学生写实性学习证明。

第三十八条 毕业证书遗失可以由省级教育行政部门或其委托的机构出具学历证明书,补办学历证明书所需证明材料由省级教育行政部门规定。学历证明书与毕业证书具有同等效力。

第九章 附 则

第三十九条 各级教育行政部门和学校应当运用全国中等职业学校学生信息管理系统,及时准确填报、更新学生学籍信息。

第四十条 省级教育行政部门和学校应当根据本办法结合实际需要制定具体实施细则,并报上级教育行政部门备案。

第四十一条 本办法自发布之日起施行,教育部发布的原中等职业学校学生学籍管理相关规定同时废止。

中等职业学校管理规程

· 2010 年 5 月 13 日

· 教职成〔2010〕6 号

第一章 总 则

第一条 为进一步规范中等职业学校管理,全面提高管理水平、教育质量和办学效益,促进中等职业教育科学发展，依据《中华人民共和国教育法》、《中华人民共和国职业教育法》等相关法律法规，制定本规程。

第二条 本规程适用于依法设立的各类中等职业学校（包括普通中等专业学校、成人中等专业学校、职业高中、技工学校）。中等职业学校的设立依据国家和省级教育行政部门发布的中等职业学校设置标准，其设立、变更、终止应当报省级教育行政部门依法审批或备案。

第三条 中等职业学校实行学历教育和职业培训相结合，职前教育和职后教育相结合。积极开展农村实用技术培训、农村劳动力转移培训、农民工培训、下岗再就业培训、社区居民培训等各类教育培训活动。

第四条 中等职业学校实行全日制和非全日制相结合的教育形式。实施学历教育，主要招收初中毕业生和具有同等学力的人员，基本学制以三年为主；招收高中毕业生，基本学制以一年为主。学校在对学生进行高中层次文化知识教育的同时，根据职业岗位的要求实施职业道德教育、职业知识教育和职业技能训练，培养与我国社会主义现代化建设要求相适应，具有综合职业能力，在生产、管理、服务一线工作的高素质劳动者和技能型人才。

第五条 各级教育行政部门负有中等职业学校管理和组织领导职责，其他相关部门按照各自职责负责中等职业学校相关管理工作。

省级教育行政部门应当加强对学校办学资质的审核和监管，在每年春季招生工作开始前，公布本地区本年度具有招生和享受国家助学政策的学校名单。

第六条 学校应当依法制定学校章程，按照章程自主办学。学校实行校长负责制，聘任具备法定任职条件、熟悉职业教育规律、敬业创新、管理能力强的人员担任校长。新任校长应当经过岗前培训，持证上岗。学校章程中应当明确校长在学校发展规划、行政管理、教育教学管理、人事管理、财务管理等方面的责任、权利和义务。

学校建立健全校长考核及激励约束机制。

第二章 学校内部管理体制

第七条 学校建立校长全面负责行政工作、党组织保障监督、教职工民主参与管理的内部管理体制。民办学校实行理事会或者董事会领导下的校长负责制。

学校建立党组织，并确保党组织发挥监督、保障和参与重大决策的作用。学校应当在党组织领导下，建立共青团、学生会组织，组织开展生动有效的思想政治教育活动。

第八条 学校建立和完善教职工代表大会制度，依法保障教职工参与民主管理和监督的权利，发挥教职工代表大会参与学校重大决策的作用。学校建立工会组织，维护教职工合法权益。

第九条 学校根据国家有关政策，结合自身发展实际，合理设置内部管理机构，并明确其职责，规模较大的学校可以设置若干专业部（系），实行校、部（系）二级管理。

第三章 教职工管理

第十条 学校按照人事管理规定，科学设置各类岗位，公共基础课教师和专业技能课教师保持合理比例，实行固定岗位和流动岗位相结合、专职岗位和兼职岗位相结合的岗位管理办法，逐步提高同时具有教师资格证书和职业资格证书的“双师型”教师比例，不断优化教职工队伍结构。

第十一条 学校实行教师聘任制。根据《中华人民共和国教师法》和国家关于事业单位人员聘用制度的有关规定，科学制定学校教师聘任管理制度和具体管理办法。按照公开、平等、竞争、择优的原则，在定员、定岗、定责的基础上聘任、解聘或辞退教职工。学校应当建立健全保障教职工合法权益的程序和制度。

第十二条 学校实行教师职务制度。逐步提高同时具有中等职业学校教师职务和职业资格证书的专业课教师比例，实习指导教师应当具有相当于助理工程师及以上专业技术职务或者中级及以上工人技术等级。

学校建立有利于引进企业优秀专业技术人才到学校担任专、兼职教师的聘任制度。学校可以根据需要通过“特岗、特聘、特邀”等形式，向行业组织、企业和事业单位聘任专业课教师或实习指导教师。

第十三条 学校建立教师到企业实践制度。专业技能课教师、实习指导教师每两年应当有两个月以上时间到企业或生产服务一线实践。鼓励教师参加高一级学历进修或提高业务能力的培训。

第十四条 学校按照国家有关规定要求，建立健全师德考评奖励机制，开展师德师风教育、法制教育和安全教育。

学校应当加强班主任队伍建设，建立健全班主任业绩考核和激励约束机制。

第四章 教学管理

第十五条 学校应当设立教学管理机构，制定教学管理制度，建立健全教学管理运行机制，保证教学计划的实施。

第十六条 学校实行工学结合的人才培养模式，坚持专业教育与生产实践相结合。

第十七条 学校根据经济社会发展和劳动力市场需求，按照《中等职业学校专业目录》设置的专业，应当经学校主管部门同意，地市级以上教育行政部门核准，报省级教育行政部门备案。设置《中等职业学校专业目录》外专业，应当经省级教育行政部门核准，报国家教育行政部门备案。

学校应当与行业企业紧密合作，共同建立专业建设委员会和专业教学指导委员会，加强专业建设和教学指导。

第十八条 学校根据国家教育行政部门发布的指导性教学文件，制订实施性教学计划。

学校依据国家教育行政部门发布的教学大纲或教学指导方案组织教学、检查教学质量、评价教学效果、选编教材和装备教学设施。加强课程管理，严格执行国家教育行政部门设置的公共基础课程和专业技能课程，设置必修课和选修课。

第十九条 学校应当建立严格规范的教材管理制度。优先选用国家规划教材。根据培养目标和产业发展需要，可以开发使用校本教材。

第二十条 学校应当加强教学过程管理。建立健全教学质量监控与评价制度，有部门专门负责教学督导工作，定期组织实施综合性教学质量检查。

第二十一条 学校应当加强校内外实习实训基地的建设，加强对实践性教学环节的管理，保证实践教学的质量。建立健全学生实习就业管理制度，学校应有相应机构负责学生实习就业工作，加强对学生的安全教育，增强学生安全意识，提高学生自我防护能力。学校应当做好学生实习责任保险工作。

第二十二条 学校应当积极推行学历证书与职业资格证书并举的“双证书”制度。专业技能课程的教学内容应当与职业资格标准相结合，突出职业技能训练。学校应当组织学生参加职业技能鉴定，开展技能竞赛活动。

第二十三条 学校应当设立教学研究机构，加强教研和科研工作，积极组织教师参与国家和地方的教研活动。

第五章 德育管理

第二十四条 学校应当将德育工作放在首位，遵循学生身心发展规律，增强德育工作的针对性、实效性、时代性和吸引力，把社会主义核心价值体系融入职业教育人才培养的全过程，将德育全方位融入学校各方面工作。

第二十五条 学校应当加强对德育工作的组织和领导，明确各部门育人责任，设置德育和学生管理专门机构，建立专兼职学生管理队伍，使德育落实到教育教学工作的各个环节。

第二十六条 学校应当加强校园文化建设，优化校园人文环境和自然环境，完善校园文化活动设施，注重汲取产业文化的优秀成分，发挥文化、环境育人作用。

充分发挥共青团、学生会等学生社团组织在校园文化建设中的独特作用，开展丰富多彩的校园文化活动。

第二十七条 学校应当按照相关要求开足德育课课程，发挥德育课在德育工作的主渠道、主阵地作用。加强其他课程教学和实习实训等环节的德育工作，强化职业道德教育。加强学生的心理健康教育。

第二十八条 学校应当建立和完善学生思想道德评价制度，改革德育考核办法，加强德育过程的评价管理，建立学生德育档案。

第六章 学生管理

第二十九条 学校应当依法保护学生合法权益，平等对待学生，尊重学生的个体差异，促进学生全面发展。

第三十条 学校应当严格执行国家教育行政部门发布的中等职业学校学生学籍管理及其他有关规定，认真做好学生入学注册、课堂教学、成绩考核、实习实训、学籍变动、纪律与考勤、奖励与处分以及毕业、结业等各项管理工作。

第三十一条 学校根据《中等职业学校德育大纲》等规定，制定学生日常行为管理规范，做好学生日常行为管理工作。

第三十二条 学校建立健全学生学习管理制度，加强学风建设，引导学生刻苦钻研理论和实践知识，努力提高综合职业素养。

第三十三条 学校建立健全学生奖励和处分制度，学生奖学金、助学金、减免学费等制度。

第七章 招生管理与就业服务

第三十四条 学校应当根据有关规定，按照教育行政部门和招生管理部门的要求，明确学校招生管理部门职责，做好招生工作，严肃招生纪律，规范招生行为。坚决杜绝有偿招生和通过非法中介招生，不得与不具备中等职业学历教育资质的学校或机构联合招生。学校发布招生广告（含招生简章），应当真实准确，并按照有关规定报教育行政部门备案。

第三十五条 学校应当加强职业指导工作，做好毕业生就业、创业服务工作，维护毕业生的合法权益。

第三十六条 学校应当制定招生管理和就业服务的规章制度，对违反规定的，应当追究相关部门和人员的责任。

第三十七条 学校违反有关规定开展招生和就业服务活动的，教育行政部门应当依据法律和有关规定给予严肃处理；对涉嫌犯罪的，应当移送司法机关，依法追究有关人员的法律责任。

第八章 资产管理与后勤服务

第三十八条 学校应当做好校园总体规划，做到功能分区合理，满足发展要求，体现职业教育特色。加强校园建设和管理，建设安全、整洁、文明、优美、和谐的学习、工作和生活环境。

第三十九条 学校应当依法建立健全财务、会计制度和资产管理制度，做好规范收费和财务公开，建立健全会计账簿，加强内部控制和审计制度。

第四十条 学校应当依照国家有关规定，加强和规范对国家助学金和免学费补助资金的管理，健全资助体系和监管机制，防范和杜绝违反国家有关规定骗取国家助学金和免学费补助资金等违规违法行为。

第四十一条 学校应当做好资产的登记、使用、维护、折旧和报废等资产管理工作。

第四十二条 学校应当按照规定，建立和完善设施设备采购、管理和使用制度。加强对教学设施，实习实训设施的管理。

第四十三条 学校应当加强后勤管理工作，创新后勤服务管理机制，促进后勤服务社会化，提高服务质量和效益。

第四十四条 学校应当依照有关规定，做好膳食、宿舍管理等后勤保障工作，为师生提供优质服务。

第九章 安全管理

第四十五条 学校应当制定安全预防、日常安全管理、应急处理等安全管理制度，落实安全责任制。设立安全管理机构，配备安全管理人员，全面开展安全管理工作。

第四十六条 学校应当保证校内建筑物及其附属设施、教学设备、土地、道路、绿化设施、交通工具等学校设施设备符合安全标准，定期检查，消除安全隐患。

第四十七条 学校应当加强学生的法制、安全、卫生防疫等教育，开展逃生避险、救护演练、消防演练等活动，增强学生的法制意识、安全意识、卫生意识。

第四十八条 学校应当保障校内活动中的学生和教职员工的安全，保障经由学校组织或批准的校外活动中学生和教职员工的安全。加强学生实验、实习实训安全管理。

第四十九条 学校应当加强与当地公安机关和社区的联系，建立校园安全联防制度和安全工作协调机制，加强学校周边环境综合治理。

第十章 附 则

第五十条 各省、自治区、直辖市教育行政部门可以依照本规程制定实施细则或相应的管理制度。

第五十一条 本规程从发布之日起施行。

职业学校学生实习管理规定

· 2021 年 12 月 31 日
· 教职成〔2021〕4 号

第一章 总 则

第一条 为规范和加强职业学校学生实习工作,维护学生、学校和实习单位合法权益,提高技术技能人才培养质量,推进现代职业教育高质量发展,更好地服务产业转型升级,依据《中华人民共和国教育法》《中华人民共和国职业教育法》《中华人民共和国劳动法》《中华人民共和国安全生产法》《中华人民共和国未成年人保护法》《中华人民共和国职业病防治法》及相关法律法规、规章,制定本规定。

第二条 本规定所指职业学校学生实习,是指实施全日制学历教育的中职学校、高职专科学校、高职本科学校(以下简称职业学校)学生按照专业培养目标要求和人才培养方案安排,由职业学校安排或者经职业学校批准自行到企(事)业等单位进行职业道德和技术技能培养的实践性教育教学活动,包括认识实习和岗位实习。

认识实习指学生由职业学校组织到实习单位参观、观摩和体验,形成对实习单位和相关岗位的初步认识的活动。

岗位实习指具备一定实践岗位工作能力的学生,在专业人员指导下,辅助或相对独立参与实际工作的活动。

对于建在校内或园区的生产性实训基地、厂中校、校中厂、虚拟仿真实训基地等,依照法律规定成立或登记取得法人、非法人组织资格的,可作为学生实习单位,按本规定进行管理。

第三条 学生实习的本质是教学活动,是实践教学的重要环节。组织开展学生实习应当坚持立德树人、德技并修,遵循学生成长规律和职业能力形成规律,理论与实践相结合,提升学生技能水平,锤炼学生意志品质,服务学生全面发展;应当纳入人才培养方案,科学组织,依法依规实施,切实保护学生合法权益,促进学生高质量就业创业。

第四条 地方各级人民政府相关部门应高度重视职业学校学生实习工作,切实履行责任,结合本地实际制订具体措施,鼓励企(事)业单位安排实习岗位、接纳职业学校学生实习。地方政府和行业相关部门应当鼓励和引导企(事)业单位等按岗位总量的一定比例,设立实习岗位并对外发布岗位信息。

第二章 实习组织

第五条 教育主管部门负责统筹指导职业学校学生实习工作;职业学校主管部门负责职业学校实习的监督管理。职业学校应将学生岗位实习情况按要求报主管部门备案。

第六条 职业学校应当选择符合以下条件的企(事)业单位作为实习单位:

(一)合法经营,无违法失信记录;

(二)管理规范,近 3 年无违反安全生产相关法律法规记录;

(三)实习条件完备,符合专业培养要求,符合产业发展实际;

(四)与学校有稳定合作关系的企(事)业单位优先。

第七条 职业学校在确定新增实习单位前,应当实地考察评估形成书面报告。考察内容应当包括:单位资质、诚信状况、管理水平、实习岗位性质和内容、工作时间、工作环境、生活环境以及健康保障、安全防护等。实习单位名单须经校级党组织会议研究确定后对外公开。

第八条 职业学校应当加强对实习学生的指导,会同实习单位共同组织实施学生实习,在实习开始前,根据人才培养方案共同制订实习方案,明确岗位要求、实习目标、实习任务、实习标准、必要的实习准备和考核要求、实施实习的保障措施等。

职业学校和实习单位应当分别选派经验丰富、综合素质好、责任心强、安全防范意识高的实习指导教师和专门人员全程指导、共同管理学生实习。要加强实习前培训,使学生、实习指导教师和专门人员熟悉各实习阶段的任务和要求。

实习岗位应符合专业培养目标要求,与学生所学专业对口或相近。原则上不得跨专业大类安排实习。

第九条 职业学校安排岗位实习,应当取得学生及其法定监护人(或家长)签字的知情同意书。对学生及其法定监护人(或家长)明确不同意学校实习安排的,可自行选择符合条件的岗位实习单位。

认识实习按照一般校外活动有关规定进行管理,由职业学校安排,学生不得自行选择。

第十条 学生自行选择符合条件的岗位实习单位,应由本人及其法定监护人(或家长)申请,经学校审核同意后实施,实习单位应当安排专门人员指导学生实习,职业学校要安排实习指导教师跟踪了解学生日常实习的情况。

第十一条 实习单位应当合理确定岗位实习学生占在岗人数的比例,岗位实习学生的人数一般不超过实习单位在岗职工总数的10%,在具体岗位实习的学生人数一般不高于同类岗位在岗职工总人数的20%。

任何单位或部门不得干预职业学校正常安排和实施实习方案,不得强制职业学校安排学生到指定单位实习,严禁以营利为目的违规组织实习。

第十二条 学生在实习单位的岗位实习时间一般为6个月,具体实习时间由职业学校根据人才培养方案安排,应基本覆盖专业所对应岗位(群)的典型工作任务,不得仅安排学生从事简单重复劳动。鼓励支持职业学校和实习单位结合学徒制培养、中高职贯通培养等,合作探索工学交替、多学期、分段式等多种形式的实践性教学改革。

第三章 实习管理

第十三条 职业学校应当明确学生实习工作分管校长和责任部门,规模大的学校应当设立专门管理部门,建立健全学生实习管理岗位责任制和相关管理制度与运行机制;会同实习单位制定学生实习工作具体管理办法和安全管理规定、实习学生安全及突发事件应急预案等制度。

职业学校应当充分运用现代信息技术,建设和完善信息化管理平台,与实习单位共同实施实习全过程管理。

第十四条 学生参加岗位实习前,职业学校、实习单位、学生三方必须以有关部门发布的实习协议示范文本为基础签订实习协议,并依法严格履行协议中有关条款。

未按规定签订实习协议的,不得安排学生实习。

第十五条 实习协议应当明确各方的责任、权利和义务,协议约定的内容不得违反相关法律法规。

实习协议应当包括但不限于以下内容:

(一)各方基本信息;

(二)实习的时间、地点、内容、要求与条件保障;

(三)实习期间的食宿、工作时间和休息休假安排;

(四)实习报酬及支付方式;

(五)实习期间劳动保护和劳动安全、卫生、职业病危害防护条件;

(6)责任保险与伤亡事故处理办法;

(七)实习考核方式;

(八)各方违约责任;

(九)三方认为应当明确约定的其他事项。

第十六条 职业学校和实习单位要依法保障实习学生的基本权利,并不得有以下情形:

(一)安排、接收一年级在校学生进行岗位实习;

(二)安排、接收未满16周岁的学生进行岗位实习;

(三)安排未成年学生从事《未成年工特殊保护规定》中禁忌从事的劳动;

(四)安排实习的女学生从事《女职工劳动保护特别规定》中禁忌从事的劳动;

(五)安排学生到酒吧、夜总会、歌厅、洗浴中心、电子游戏厅、网吧等营业性娱乐场所实习;

(六)通过中介机构或有偿代理组织、安排和管理学生实习工作。

(七)安排学生从事III级强度及以上体力劳动或其他有害身心健康的实习。

第十七条 除相关专业和实习岗位有特殊要求,并事先报上级主管部门备案的实习安排外,实习单位应遵守国家关于工作时间和休息休假的规定,并不得有以下情形:

(一)安排学生从事高空、井下、放射性、有毒、易燃易爆,以及其他具有较高安全风险的实习;

(二)安排学生在休息日、法定节假日实习;

(三)安排学生加班和上夜班。

第十八条 接收学生岗位实习的实习单位,应当参考本单位相同岗位的报酬标准和岗位实习学生的工作量、工作强度、工作时间等因素,给予适当的实习报酬。在实习岗位相对独立参与实际工作、初步具备实践岗位独立工作能力的学生,原则上应不低于本单位相同岗位工资标准的80%或最低档工资标准，并按照实习协议约定，以货币形式及时、足额、直接支付给学生，原则上支付周期不得超过1个月，不得以物品或代金券等代替货币支付或经过第三方转发。

第十九条 在遇有自然灾害、事故灾难、公共安全等突发事件或重大风险时，按照属地管理要求，分不同风险等级、实习阶段做好分类管控工作。

第二十条 职业学校和实习单位不得向学生收取实习押金、培训费、实习报酬提成、管理费、实习材料费、就业服务费或者其他形式的实习费用，不得扣押学生的学生证、居民身份证或其他证件，不得要求学生提供担保或者以其他名义收取学生财物。

第二十一条 实习学生应当遵守职业学校的实习要求和实习单位的规章制度、实习纪律及实习协议，爱护实习单位设施设备，完成规定的实习任务，撰写实习日志，并在实习结束时提交实习报告。

第二十二条 职业学校要和实习单位互相配合，在学生实习全过程中，加强思想政治、安全生产、道德法纪、心理健康等方面的教育。

第二十三条 职业学校要和实习单位建立学生实习信息通报制度，职业学校安排的实习指导教师和实习单位指定的专人应当负责学生实习期间的业务指导和日常巡查工作，原则上应当每日检查并向职业学校和实习单位报告学生实习情况。遇有重要情况应当立即报告，不得迟报、瞒报、漏报。

第二十四条 职业学校组织学生到外地实习，应当安排学生统一住宿。具备条件的实习单位应当为实习学生提供统一住宿。职业学校和实习单位要建立实习学生住宿制度和请销假制度。学生申请在统一安排的宿舍以外住宿的，须经学生法定监护人（或家长）签字同意，由职业学校备案后方可办理。

职业学校组织学生跨省实习的，须事先经学校主管部门同意，按程序报省级主管部门备案。实习派出地省级主管部门要同步将实习学校、实习单位、实习指导教师等信息及时提供实习单位所在地省级主管部门。跨省实习数量较大的省份之间，要建立跨省实习常态化协同机制。

实习单位所在地省级教育主管部门牵头，会同省级有关部门，将接收省外实习学生的本省实习单位按职责分工纳入本部门实习日常监管体系，将监管发现的有关问题及时告知实习派出省份省级教育主管部门，并积极协助实习派出省份协调实习所在地有关部门，做好有关事件处置工作。

第二十五条 安排学生赴国（境）外实习的，应当事先经学校主管部门同意，按程序报省级主管部门备案，并通过国家驻外有关机构了解实习环境、实习单位和实习内容等情况，必要时可派人实地考察。要选派指导教师全程参与，做好实习期间的管理和相关服务工作。

第二十六条 各地职业学校主管部门应当建立学生实习管理和综合服务平台，协调相关职能部门、行业企业、有关社会组织，为学生实习提供信息服务。省级教育主管部门要会同有关部门，加强统筹整合，推进信息互通共享。

第四章　实习考核

第二十七条 职业学校要会同实习单位，完善过程性考核与结果性考核有机结合的实习考核制度，根据实习目标、学生实习岗位职责要求制订具体考核方式和标准，共同实施考核。

学生实习考核要纳入学业评价，考核成绩作为毕业的重要依据。不得简单套用实习单位考勤制度，不得对学生简单套用员工标准进行考核。

第二十八条 职业学校应当会同实习单位对违反规章制度、实习纪律、实习考勤考核要求以及实习协议的学生，进行耐心细致的思想教育，对学生违规行为依照校规校纪和有关实习管理规定进行处理。学生违规情节严重的，经双方研究后，由职业学校给予纪律处分；给实习单位造成财产损失的，依法承担相应责任。

对受到处理的学生，要有针对性地做好思想引导和教育管理工作。

第二十九条 职业学校应当组织做好学生实习情况的立卷归档工作。实习材料包括纸质材料和电子文档，具体包括以下内容：

（一）实习三方协议；

（二）实习方案；

（三）学生实习报告；

（四）学生实习考核结果；

（五）学生实习日志；

（六）学生实习检查记录；

（七）学生实习总结；

（八）有关佐证材料（如照片、音视频等）。

第五章 安全职责

第三十条 职业学校和实习单位要确立“安全第一、预防为主”的原则，强化实习单位主要负责人安全生产第一责任人职责，严格执行国家及地方安全生产、职业卫生、人格权保护等有关规定。职业学校主管部门应当会同相关行业主管部门加强实习安全监督检查。

第三十一条 实习单位应当健全本单位安全生产责任制，执行相关安全生产标准，健全安全生产规章制度和操作规程，制定生产安全事故应急救援预案，配备必要的安全保障器材和劳动防护用品，加强对实习学生的安全生产教育培训和管理，保障学生实习期间的人身安全和健康。未经教育培训或未通过考核的学生不得参加实习。

第三十二条 实习学生应遵守国家法律法规、校纪校规和实习单位安全管理规定，认真完成实习方案规定的实习任务，提高自我保护意识。

第三十三条 地方各级负有安全生产监督管理职责的部门要将实习安全责任履行情况作为安全生产检查的重要内容，在各自职责范围内对有关行业、领域实习单位落实安全生产主体责任实施监督管理，依法对实习单位制定并实施本单位实习学生教育培训计划落实情况进行监督检查。

第六章 保障措施

第三十四条 加快发展职业学校学生实习责任保险和适应职业学校学生实习需求的意外伤害保险产品，提高职业学校学生实习期间的风险保障水平。鼓励保险公司对学徒制保险专门确定费率，实现学生实习保险全覆盖。积极探索职业学校实习学生参加工伤保险办法。

第三十五条 职业学校和实习单位应当根据法律、行政法规，为实习学生投保实习责任保险。责任保险范围应当覆盖实习活动的全过程，包括学生实习期间遭受意外事故及由于被保险人疏忽或过失导致的学生人身伤亡，被保险人依法应当承担的赔偿责任以及相关法律费用等。

学生实习责任保险的费用可按照规定从职业学校学费中列支；免除学费的可从免学费补助资金中列支，不得向学生另行收取或从学生实习报酬中抵扣。职业学校与实习单位达成协议由实习单位支付学生实习责任保险投保经费的，实习单位支付的投保经费可从实习单位成本（费用）中列支。

鼓励实习单位为实习学生购买意外伤害险，投保费用可从实习单位成本（费用）中列支。

第三十六条 学生在实习期间受到人身伤害，属于保险赔付范围的，由承保保险公司按保险合同赔付标准进行赔付；不属于保险赔付范围或者超出保险赔付额度的部分，由实习单位、职业学校、学生依法承担相应责任；职业学校和实习单位应当及时采取救治措施，并妥善做好善后工作和心理抚慰。

第三十七条 地方各级工业和信息化部门应当鼓励先进制造业企业、省级“专精特新”中小企业、产教融合型企业等积极参与校企合作，提供实习岗位。

第三十八条 地方财政部门要落实职业学校生均拨款制度，统筹考虑学生实习安全保障相关支出和学费水平，科学合理确定生均拨款标准。实习单位因接收学生实习所实际发生的与取得收入有关的合理支出，依法在计算应纳税所得额时扣除。

第三十九条 地方各级国资部门应当指导国有企业特别是大型企业将实习纳入人力资源管理重要内容，对行为规范、成效显著的企业，按照有关规定予以相应政策支持。

第四十条 县级以上地方人民政府可结合实际，对实习工作成效明显的职业学校、实习学生和实习单位，按规定给予相应的激励。

第四十一条 职业学校应当对参与学生实习指导和管理工作中表现优秀的教师，在职称评聘和职务晋升、评优表彰等方面予以倾斜。

第七章 监督与处理

第四十二条 教育部门会同有关部门建立职业学校学生实习管理工作协调落实机制。有关部门根据部门职责加强日常监管，并结合教育督导、治安管理、安全生产检查、职业卫生监督检查、劳动保障监察、工商执法等，采取“双随机一公开”方式，联合开展监督检查，对支持职业学校实习工作成效显著的实习单位，按照国家有关规定予以激励和政策支持，对违规行为依法依规严肃处理。

第四十三条 地方各级教育部门应当会同有关部门，将职业学校学生实习情况作为职业学校质量监测、办学水平评价、领导班子工作考核、财政性教育经费分配等的重要指标；纳入学校和各级地方教育行政部门年度质量报告内容，向社会公布，接受社会监督；加强调研和宣传，推广典型经验做法。

第四十四条 地方各级市场监管部门要将治理实习违规行为纳入整顿和规范市场经济秩序有关工作体系，将有实习违规行为的企业信息纳入社会信用体系，并按规定进行失信联合惩戒。

第四十五条 有关部门和职业学校要通过热线电话、互联网、信访等途径，畅通政策咨询与情况反映渠道，汇总情况反映和问题线索并建立专门台账，按管理权限和职责分工组织进行整改。

第四十六条 对违反本规定组织学生实习的职业学校，由职业学校主管部门依法责令改正。拒不改正或者管理混乱，造成严重后果、恶劣影响的，应当对学校依据《中华人民共和国教育法》《中华人民共和国职业教育法》给予相应处罚，对直接负责的主管人员和其他直接责任人依照有关规定给予处分。因工作失误造成重大事故的，应当依法依规对相关责任人追究责任。

第四十七条 实习单位违反本规定，法律法规规定了法律责任的，县级以上地方人民政府或地方有关职能部门应当依法依规追究责任。职业学校可根据情况调整实习安排，根据实习协议要求实习单位承担相关责任。

对违反本规定安排、介绍或者接收未满16周岁学生在境内岗位实习的，由人力资源社会保障行政部门依照国家关于禁止使用童工法律法规进行查处；构成犯罪的，依法追究刑事责任。

对违反本规定从事学生实习中介活动或有偿代理的，法律法规规定了法律责任的，由相关部门依法依规追究责任；构成犯罪的，依法追究刑事责任。

第八章　附　则

第四十八条 各省、自治区、直辖市和新疆生产建设兵团教育主管部门应当会同人力资源社会保障等有关部门依据本规定，结合本地区实际制定实施细则或相应的管理制度。

第四十九条 非全日制职业教育、高中后中等职业教育学生，以及其他学校按规定开办的职业教育专业的学生实习参照本规定执行。

第五十条 本规定自印发之日起施行，此前发布的教育部及有关部门文件中，有关职业学校学生实习相关内容与此规定不一致的，以此规定为准。《职业学校学生实习管理规定》（教职成〔2016〕3号）同时废止。

高等职业学校设置标准（暂行）

·2000年3月15日
·教发〔2000〕41号

第一条 设置高等职业学校，必须配备具有较高政治素质和管理能力、品德高尚、熟悉高等教育、具有高等学校副高级以上专业技术职务的专职校（院）长和副校（院）长，同时配备专职德育工作者和具有副高级以上专业技术职务、具有从事高等教育工作经历的系科、专业负责人。

第二条 设置高等职业学校必须配备专、兼职结合的教师队伍，其人数应与专业设置、在校学生人数相适应。在建校初期，具有大学本科以上学历的专任教师一般不能少于70人，其中副高级专业技术职务以上的专任教师人数不应低于本校专任教师总数的20%；每个专业至少配备副高级专业技术职务以上的专任教师2人，中级专业技术职务以上的本专业的“双师型”专任教师2人；每门主要专业技能课程至少配备相关专业中级技术职务以上的专任教师2人。

第三条 设置高等职业学校，须有与学校的学科门类、规模相适应的土地和校舍，以保证教学、实践环节和师生生活、体育锻炼与学校长远发展的需要。建校初期，生均教学、实验、行政用房建筑面积不得低于20平方米；校园占地面积一般应在150亩左右（此为参考标准）。

必须配备与专业设置相适应的必要的实习实训场所、教学仪器设备和图书资料。适用的教学仪器设备的总值，在建校初期不能少于600万元；适用图书不能少于8万册。

第四条 课程设置必须突出高等职业学校的特色。实践教学课时一般应占教学计划总课时40%左右（不同科类专业可做适当调整）；教学计划中规定的实验、实训课的开出率在90%以上；每个专业必须拥有相应的基础技能训练、模拟操作的条件和稳定的实习、实践活动基地。一般都必须开设外语课和计算机课并配备相应的设备。

第五条 建校后首次招生专业数应在 5 个左右。

第六条 设置高等职业学校所需基本建设投资和正常教学等各项工作所需的经费，须有稳定、可靠的来源和切实的保证。

第七条 新建高等职业学校应在 4 年内达到以下基本要求：

1. 全日制在校生规模不少于 2000 人；

2. 大学本科以上学历的专任教师不少于 100 人，其中，具有副高级专业技术职务以上的专任教师人数不低于本校专任教师总数的 25%；

3. 与专业设置相适应的教学仪器设备的总值不少于 1000 万元，校舍建筑面积不低于 6 万平方米，适用图书不少于 15 万册；

4. 形成了具有高等职业技术教育特色的完备的教学计划、教学大纲和健全的教学管理制度。

对于达不到上述基本要求的学校，视为不合格学校进行适当处理。

第八条 位于边远地区、民办或特殊类别的高等职业学校，在设置时，其办学规模及其相应的办学条件可以适当放宽要求。

第九条 自本标准发布之日以前制定的高等职业学校有关设置标准与本标准不一致的，以本标准为准。

职业技能等级证书监督管理办法（试行）

· 2019 年 4 月 23 日
· 人社部发〔2019〕34 号

为了建设全社会终身教育、继续教育、职业教育培训制度体系，构建国家资历框架，提高国民素质，建立推广国家职业标准，提升职业院校（含技工院校）学生和全社会劳动者就业技能，促进国家先进制造业和现代服务业水平提升，解决目前国家经济社会发展部分重点领域技能人才十分短缺的问题，按照部门“三定”方案规定和《国家职业教育改革实施方案》（职教 20 条）要求，做好“学历证书+若干职业技能等级证书”制度试点工作，现就职业技能等级证书的监督管理，制定本办法。

一、动员、指导、扶持社会力量积极参与职业教育、职业培训工作。人力资源社会保障部建立完善、发掘、推荐国家职业标准，构建新时代国家职业标准制度体系。通过组织起草标准、借鉴国际先进标准、推介国内优秀企业标准等充实国家职业标准体系，逐步扩大对市场职业类别总量的覆盖面。教育部依据国家职业标准，牵头组织开发教学等相关标准。培训评价组织按有关规定开发职业技能等级标准。

二、职业技能等级证书按照“三同两别”原则管理，即“三同”是：院校外、院校内试点培训评价组织（含社会第三方机构，下同）对接同一职业标准和教学标准；两部门目录内职业技能等级证书具有同等效力和待遇；在学习成果认定、积累和转换等方面具有同一效能。“两别”是：人力资源社会保障部、教育部分别负责管理监督考核院校外、院校内职业技能等级证书的实施（技工院校内由人力资源社会保障行政部门负责）；职业技能等级证书由参与试点的培训评价组织分别自行印发。

三、人力资源社会保障部、教育部分别依托有关方面，组织开展培训评价组织的招募和遴选工作，入围的培训评价组织实行目录管理。培训评价组织遴选及证书实施情况向国务院职业教育工作部际联席会议报告。两部门严格末端监督执法，定期进行“双随机、一公开”的抽查和监督。

四、人力资源社会保障部、教育部在国务院领导下开展试点工作，遇到具体问题，可通过部门协调机制解决。重大问题可通过国务院职业教育工作部际联席会议协调。

财政部、教育部关于调整职业院校奖助学金政策的通知

· 2019 年 6 月 28 日
· 财教〔2019〕25 号

有关中央部门，各省、自治区、直辖市、计划单列市财政厅（局）、教育厅（局、教委），新疆生产建设兵团财政局、教育局：

为贯彻落实党的十九大精神和 2019 年《政府

工作报告》等有关要求，坚持把立德树人作为教育的根本任务，进一步健全学生资助制度，提升职业教育吸引力，激励职业院校学生勤奋学习、勇于实践、提升技能水平，培养德智体美劳全面发展的社会主义建设者和接班人，经国务院同意，从 2019 年起扩大高等职业院校（以下简称高职院校）奖助学金覆盖面、提高补助标准，设立中等职业教育国家奖学金。现将有关事项通知如下：

一、扩大高职院校奖助学金覆盖面、提高补助标准

（一）增加高职院校国家奖学金名额。从 2019 年起，将本专科生国家奖学金奖励名额由 5 万名增加到 6 万名，增加的名额全部用于奖励特别优秀的全日制高职院校学生，奖励标准为每生每年 8000 元。

（二）扩大高职院校国家励志奖学金覆盖面。从 2019 年起，将高职学生国家励志奖学金覆盖面提高 10%，即由 3%提高到 3.3%，奖励标准为每生每年 5000 元。

（三）扩大高职院校国家助学金覆盖面、提高补助标准。从 2019 年春季学期起，将高职学生国家助学金覆盖面提高 10%，平均补助标准从每生每年 3000 元提高到 3300 元。普通本科学生国家助学金平均补助标准同时从每生每年 3000 元提高到 3300 元。

二、设立中等职业教育国家奖学金

从 2019 年起，设立中等职业教育国家奖学金，用于奖励中等职业学校（含技工学校）全日制在校生中特别优秀的学生。每年奖励 2 万名，奖励标准为每生每年 6000 元。

财政部会同中央有关主管部门根据各省（自治区、直辖市、计划单列市）中等职业学校全日制在校生人数等因素分配中等职业教育国家奖学金的名额。各地在分配中等职业教育国家奖学金名额时，应当对办学质量较高的学校，以农林、地质、矿产、水利、养老、家政等专业和现代农业、先进制造业、现代服务业、战略性新兴产业等人才紧缺专业为主的学校予以适当倾斜。

三、切实抓好贯彻落实

调整职业院校奖助学金政策体现了党中央、国务院对广大学生特别是职业院校学生学习、生活的关心。各有关部门和学校要认真领会政策精神，不折不扣抓好落实，使更多学生享受力度更大的国家资助，使建档立卡贫困家庭的学生优先获得资助。对包括公办、民办在内的各类职业院校一视同仁，确保民办职业院校按规定享受同等政策。扩大高职院校奖助学金覆盖面、提高补助标准所需资金，继续由中央财政和地方财政按照现行渠道和分担方式共同承担；中等职业教育国家奖学金全部由中央财政承担，纳入学生资助资金管理。各地要按照《学生资助资金管理办法》（财科教〔2019〕19 号）有关要求，统筹安排中央对地方转移支付资金和地方应承担的资金，及时下达预算，加强资金管理，督促省以下各级有关部门及各校做好奖助学金发放以及 2019 年春季学期助学金增补工作。

各地教育、财政等有关部门和学校要做好家庭经济困难学生认定、奖学金评审等工作，并加强与 2019 年高职院校扩招有关工作的衔接。要通过多种有效形式开展宣传解读，提高资助育人水平，切实把调整政策落到实处。

教育部办公厅关于进一步做好高职学校退役军人学生招收、培养与管理工作的通知

· 2020 年 10 月 28 日

· 教职成厅函〔2020〕16 号

各省、自治区、直辖市教育厅（教委），新疆生产建设兵团教育局：

为深入贯彻落实国务院关于高职扩招和加强退役军人教育培训工作有关部署，提升退役军人技术技能水平和就业创业能力，促进其充分稳定就业，现就进一步做好高职学校退役军人学生招收、培养与管理工作通知如下。

一、精准设置招生专业

（一）加强省级统筹。各省级教育行政部门要根据退役军人规模、区域分布等情况，统筹招收退役军人学生的高等职业学校布局。指导有关高职学校按照社会急需、基础适切、就业率高的原则，依托优质教育教学资源，根据地方经济社会发展需要，结合退役军人自身基础与优势等因素，在充分调研退役军人就业创业需求的基础上，统筹规划、科学设置专业。

（二）鼓励设置发挥退役军人优势的专业。有关高职学校应针对退役军人政治素质过硬、作风纪律严明、身体素质较好等优势，结合服役期间的业务专长，优先考虑设置社会工作、党务工作、健身指导与管理、救援技术、建设工程管理、汽车运用与维修技术、船舶工程技术、飞行器维修技术等专业，重点培养城乡社区和“两新组织”等基层党群工作者、体育和健身教练、消防和应急救援人员、建筑工程技术人员、汽车（或船舶、民用航空器）维修人员等高素质技术技能人才。

二、全面落实招生考试政策

（一）优化招生考试方式。鼓励符合高考报名条件的退役军人报考高职学校，由省级教育行政部门指导有关高职学校在高职分类招生考试中采取自愿报名、单列计划、单独考试、单独录取的办法组织实施，各校组织与报考专业相关的职业适应性面试或技能测试，鼓励采用情景模拟、问答、技术技能展示等方式进行测试。

（二）落实相关考试政策。符合条件的退役军人可免于文化素质考试，取得相关职业技能等级证书以及职业资格证书的，报考相关专业可免予职业技能测试。对于符合免试条件的技能拔尖退役军人，可以由高职学校按规定予以免试录取。鼓励高职学校通过联合考试或成绩互认等方式，减轻退役军人考试负担。

三、灵活确定培养模式

（一）创新培养模式。在标准不降的前提下，根据退役军人学生的学情调研分析结果，为退役军人学生提供个性化、菜单式培养方式，鼓励实施现代学徒制培养、订单培养、定向培养，鼓励半工半读、工学结合，缓解退役军人学生工学矛盾。

（二）单独制订人才培养方案。落实《教育部关于职业院校专业人才培养方案制订与实施工作的指导意见》（教职成〔2019〕13 号）要求，单独编制适合退役军人学生培养的专业人才培养方案，合理设置课程，确保总学时不低于 2500，其中集中学习不得低于总学时的 40%。退役军人学生可按规定提出转专业、辅修第二专业等。退役军人学生可申请免修公共体育、军事技能和军事理论等课程，直接获得相应学分。

（三）灵活安排教学进程。退役军人入学后可实行弹性学制、弹性学期、弹性学时，学业年限 3-6 年。要充分发挥学分制优势，灵活学习时间，支持利用周末、寒暑假、晚间等开展教学。坚持集中教学和分散教学相结合，线下和线上相结合，在校学习和社区（企业）学习、“送教上门”相结合。创新实习管理方式，集中安排实习和学生自主实习相结合。用好专业教学资源库、在线开放课程、虚拟仿真实训等优质教学资源，鼓励采用项目式、案例式、问题式、参与式、讨论式等教学方法，融教学做于一体，使学生的技能不断提升。

四、创新教学管理与评价

（一）做好学分认定积累与转换。将退役军人服役期间的学历教育和非学历教育学习成果纳入职业教育国家学分银行。鼓励退役军人学生参加 1+X 证书制度试点，学习储备多种职业技能，拓展就业本领。对于取得职业技能等级证书的，根据证书等级和类别按规定免修相应课程或减免相应学分。

（二）创新学生管理。退役军人学生可单独编班，配足配强辅导员或班主任。对学习时间有保障的退役军人学生，经本人自愿申请，可编入统招生班级培养。鼓励退役军人学生选推“老班长”、党员、立功受奖人员担任学生干部，开展自我管理、自我教育、自我监督。鼓励符合条件的退役军人担任兼职辅导员，或参与学校军训指导、体育课教学、宿舍管理等。

（三）实施多元化考核评价。针对退役军人学生单独设计考核评价方法，积极探索考试与考查相结合、过程性考核与课程结业考试相结合、线上考试与线下考试相结合，对退役军人学生的学习成果进行多元评价，为退役军人学习提供方便。坚持“宽进严出”原则，修完规定内容，成绩合格、达到学校毕业要求的，由学校颁发普通全日制毕业证书。达到最长修学年限尚未达到毕业要求的，按照相关规定，颁发肄业证或结业证，坚决杜绝“清考”行为。

五、推进职业教育与继续教育融合

（一）开展学历继续教育。鼓励支持退役军人参加高等教育自学考试及各类学历继续教育。通过多种形式，支持具有高中学历的退役军人接受专科层次继续教育，符合条件的可接受本科层次继续教育；支持具有高等职业教育（专科）学历的退役军人接受本科层次继续教育。支持将退役军人纳入“一村一名大学生计划”等项目。

（二）扩大培训供给。鼓励社会力量和行业企业参与培训,开设符合产业升级和技术进步趋势、就业潜力大、含金量高的职业技能培训项目,提高退役军人就业创业能力。鼓励有条件的职业学校牵头组建退役军人教育培训集团(联盟),推动退役、培训、就业有机衔接。

六、完善服务保障体系

(一)健全联动工作机制。各省级教育行政部门要发挥好职业教育部门联席会议作用,主动加强与退役军人事务管理部门的沟通配合,统筹规划,定期会商,并向省委教育工作领导小组报告工作进展。

(二)加强就业创业指导。坚持就业导向,将就业指导贯穿教育全过程,开设职业生涯规划和就业指导课程,大力开展订单、定岗、定向教育培训,促进退役军人充分就业。要加强退役军人创业教育,为他们成功创业提供便利、创造条件。

(三)做好典型宣传推广。各地要认真推广在退役军人学生培养中有突出贡献、重大创新、显著成效的学校典型案例,积极宣传广大教师和辅导员关心、支持、帮助退役军人学生学习就业的先进事迹,广大退役军人学生勤奋好学、厚德强技、创新创业的典型事例,营造支持退役军人教育培训和就业创业的良好氛围。

本科层次职业教育专业设置管理办法(试行)

·2021年1月22日
·教职成厅〔2021〕1号

第一章　总　则

第一条　为做好本科层次职业教育专业设置管理,根据《中华人民共和国教育法》《中华人民共和国职业教育法》《中华人民共和国学位条例》《中华人民共和国高等教育法》和《国家职业教育改革实施方案》等规定,制定本办法。

第二条　本科层次职业教育专业设置应牢固树立新发展理念,坚持需求导向、服务发展,顺应新一轮科技革命和产业变革,主动服务产业基础高级化、产业链现代化,服务建设现代化经济体系和实现更高质量更充分就业需要,遵循职业教育规律和人才成长规律,适应学生全面可持续发展的需要。

第三条　本科层次职业教育专业设置应体现职业教育类型特点,坚持高层次技术技能人才培养定位,进行系统设计,促进中等职业教育、专科层次职业教育、本科层次职业教育纵向贯通、有机衔接,促进普职融通。

第四条　教育部负责全国本科层次职业教育专业设置的管理和指导,坚持试点先行,按照更高标准,严格规范程序,积极稳慎推进。

第五条　省级教育行政部门根据教育部有关规定,做好本行政区域内高校本科层次职业教育专业建设规划,优化资源配置和专业结构。

第六条　教育部制订并发布本科层次职业教育专业目录,每年动态增补,五年调整一次。高校依照相关规定,在专业目录内设置专业。

第七条　本科层次职业教育专业目录是设置与调整本科层次职业教育专业、实施人才培养、组织招生、授予学位、指导就业、开展教育统计和人才需求预测等工作的重要依据,是学生选择就读本科层次职业教育专业、社会用人单位选用毕业生的重要参考。

第二章　专业设置条件与要求

第八条　高校设置本科层次职业教育专业应紧紧围绕国家和区域经济社会产业发展重点领域,服务产业新业态、新模式,对接新职业,聚焦确需长学制培养的相关专业。原则上应符合第九条至第十四条规定的条件和要求。

第九条　设置本科层次职业教育专业需有详实的专业设置可行性报告。可行性报告包括对行业企业的调研分析,对自身办学基础和专业特色的分析,对培养目标和培养规格的论证,有保障开设本专业可持续发展的规划和相关制度等。拟设置的本科层次职业教育专业需与学校办学特色相契合,所依托专业应是省级及以上重点(特色)专业。

第十条　设置本科层次职业教育专业须有完成专业人才培养所必需的教师队伍,具体应具备以下条件:

(一)全校师生比不低于1∶18;所依托专业专任教师与该专业全日制在校生人数之比不低于1∶20,高级职称专任教师比例不低于30%,具有研究生学位专任教师比例不低于50%,具有博士研究生学位专任教师比例不低于15%。

(二)本专业的专任教师中,“双师型”教师占比不低于50%。来自行业企业一线的兼职教师占一定比例并有实质性专业教学任务,其所承担的专业课教学任务授课课时一般不少于专业课总课时的20%。

(三)有省级及以上教育行政部门等认定的高水平教师教学(科研)创新团队,或省级及以上教学名师、高层次人才担任专业带头人,或专业教师获省级及以上教学领域有关奖励两项以上。

第十一条 设置本科层次职业教育专业需有科学规范的专业人才培养方案,具体应具备以下条件:

(一)培养方案应校企共同制订,需遵循技术技能人才成长规律,突出知识与技能的高层次,使毕业生能够从事科技成果、实验成果转化,生产加工中高端产品、提供中高端服务,能够解决较复杂问题和进行较复杂操作。

(二)实践教学课时占总课时的比例不低于50%,实验实训项目(任务)开出率达到100%。

第十二条 设置本科层次职业教育专业需具备开办专业所必需的合作企业、经费、校舍、仪器设备、实习实训场所等办学条件:

(一)应与相关领域产教融合型企业等优质企业建立稳定合作关系。积极探索现代学徒制等培养模式,促进学历证书与职业技能等级证书互通衔接。

(二)有稳定的、可持续使用的专业建设经费并逐年增长。专业生均教学科研仪器设备值原则上不低于1万元。

(三)有稳定的、数量够用的实训基地,满足师生实习实训(培训)需求。

第十三条 设置本科层次职业教育专业需在技术研发与社会服务上有较好的工作基础,具体应具备以下条件:

(一)有省级及以上技术研发推广平台(工程研究中心、协同创新中心、重点实验室或技术技能大师工作室、实验实训基地等)。

(二)能够面向区域、行业企业开展科研、技术研发、社会服务等项目,并产生明显的经济和社会效益。

(三)专业面向行业企业和社会开展职业培训人次每年不少于本专业在校生人数的2倍。

第十四条 设置本科层次职业教育专业需有较高的培养质量基础和良好的社会声誉,具体应具备以下条件:

(一)所依托专业招生计划完成率一般不低于90%,新生报到率一般不低于85%。

(二)所依托专业应届毕业生就业率不低于本省域内高校平均水平。

第三章 专业设置程序

第十五条 专业设置和调整,每年集中通过专门信息平台进行管理。

第十六条 高校设置本科层次职业教育专业应以专业目录为基本依据,符合专业设置基本条件,并遵循以下基本程序:

(一)开展行业、企业、就业市场调研,做好人才需求分析和预测。

(二)在充分考虑区域产业发展需求的基础上,结合学校办学实际,进行专业设置必要性和可行性论证。符合条件的高等职业学校(专科)设置本科层次职业教育专业总数不超过学校专业总数的30%,本科层次职业教育专业学生总数不超过学校在校生总数的30%。

(三)根据国家有关规定,提交相关论证材料,包括学校和专业基本情况、拟设置专业论证报告、人才培养方案、专业办学条件、相关教学文件等。

(四)专业设置论证材料经学校官网公示后报省级教育行政部门。

(五)省级教育行政部门在符合条件的高校范畴内组织论证提出拟设专业,并报备教育部,教育部公布相关结果。

第四章 专业设置指导与监督

第十七条 教育部负责协调国家行业主管部门、行业组织定期发布行业人才需求以及专业设置指导建议等信息,负责建立健全专业设置评议专家组织,加强对本科层次职业教育专业设置的宏观管理。

第十八条 省级教育行政部门通过统筹规划、信息服务、专家指导等措施,指导区域内高校设置专业。

高校定期对专业设置情况进行自我评议,评议结果列入高校质量年度报告。

第十九条 教育行政部门应建立健全专业设

置的预警和动态调整机制，把招生、办学、就业、生均经费投入等情况评价结果作为优化专业布局、调整专业结构的基本依据。

第二十条 教育行政部门对本科层次职业教育专业组织阶段性评价和周期性评估监测，高校所开设专业出现办学条件严重不足、教学质量低下、就业率过低等情形的，应调减该专业招生计划，直至停止招生。连续3年不招生的，原则上应及时撤销该专业点。

第五章 附 则

第二十一条 本办法自发布之日起实施，由教育部职业教育与成人教育司负责解释。

（七）民办教育

中华人民共和国民办教育促进法

· 2002年12月28日第九届全国人民代表大会常务委员会第三十一次会议通过
· 根据2013年6月29日第十二届全国人民代表大会常务委员会第三次会议《关于修改〈中华人民共和国文物保护法〉等十二部法律的决定》第一次修正
· 根据2016年11月7日第十二届全国人民代表大会常务委员会第二十四次会议《关于修改〈中华人民共和国民办教育促进法〉的决定》第二次修正
· 根据2018年12月29日第十三届全国人民代表大会常务委员会第七次会议《关于修改〈中华人民共和国劳动法〉等七部法律的决定》第三次修正

第一章 总 则

第一条 为实施科教兴国战略，促进民办教育事业的健康发展，维护民办学校和受教育者的合法权益，根据宪法和教育法制定本法。

第二条 国家机构以外的社会组织或者个人，利用非国家财政性经费，面向社会举办学校及其他教育机构的活动，适用本法。本法未作规定的，依照教育法和其他有关教育法律执行。

第三条 民办教育事业属于公益性事业，是社会主义教育事业的组成部分。

国家对民办教育实行积极鼓励、大力支持、正确引导、依法管理的方针。

各级人民政府应当将民办教育事业纳入国民经济和社会发展规划。

第四条 民办学校应当遵守法律、法规，贯彻国家的教育方针，保证教育质量，致力于培养社会主义建设事业的各类人才。

民办学校应当贯彻教育与宗教相分离的原则。任何组织和个人不得利用宗教进行妨碍国家教育制度的活动。

第五条 民办学校与公办学校具有同等的法律地位，国家保障民办学校的办学自主权。

国家保障民办学校举办者、校长、教职工和受教育者的合法权益。

第六条 国家鼓励捐资办学。

国家对为发展民办教育事业做出突出贡献的组织和个人，给予奖励和表彰。

第七条 国务院教育行政部门负责全国民办教育工作的统筹规划、综合协调和宏观管理。

国务院人力资源社会保障行政部门及其他有关部门在国务院规定的职责范围内分别负责有关的民办教育工作。

第八条 县级以上地方各级人民政府教育行政部门主管本行政区域内的民办教育工作。

县级以上地方各级人民政府人力资源社会保障行政部门及其他有关部门在各自的职责范围内，分别负责有关的民办教育工作。

第九条 民办学校中的中国共产党基层组织，按照中国共产党章程的规定开展党的活动，加强党的建设。

第二章 设 立

第十条 举办民办学校的社会组织，应当具有法人资格。

举办民办学校的个人，应当具有政治权利和完全民事行为能力。

民办学校应当具备法人条件。

第十一条 设立民办学校应当符合当地教育发展的需求，具备教育法和其他有关法律、法规规定的条件。

民办学校的设置标准参照同级同类公办学校的设置标准执行。

第十二条 举办实施学历教育、学前教育、自学考试助学及其他文化教育的民办学校，由县级以上人民政府教育行政部门按照国家规定的权限审批；举办实施以职业技能为主的职业资格培训、职业技能培训的民办学校，由县级以上人民政府人力资源社会保障行政部门按照国家规定的权限审批，并抄送同级教育行政部门备案。

第十三条 申请筹设民办学校，举办者应当向审批机关提交下列材料：

（一）申办报告，内容应当主要包括：举办者、培养目标、办学规模、办学层次、办学形式、办学条件、内部管理体制、经费筹措与管理使用等；

（二）举办者的姓名、住址或者名称、地址；

（三）资产来源、资金数额及有效证明文件，并载明产权；

（四）属捐赠性质的校产须提交捐赠协议，载明捐赠人的姓名、所捐资产的数额、用途和管理方法及相关有效证明文件。

第十四条 审批机关应当自受理筹设民办学校的申请之日起三十日内以书面形式作出是否同意的决定。

同意筹设的，发给筹设批准书。不同意筹设的，应当说明理由。

筹设期不得超过三年。超过三年的，举办者应当重新申报。

第十五条 申请正式设立民办学校的，举办者应当向审批机关提交下列材料：

（一）筹设批准书；

（二）筹设情况报告；

（三）学校章程、首届学校理事会、董事会或者其他决策机构组成人员名单；

（四）学校资产的有效证明文件；

（五）校长、教师、财会人员的资格证明文件。

第十六条 具备办学条件，达到设置标准的，可以直接申请正式设立，并应当提交本法第十三条和第十五条（三）、（四）、（五）项规定的材料。

第十七条 申请正式设立民办学校的，审批机关应当自受理之日起三个月内以书面形式作出是否批准的决定，并送达申请人；其中申请正式设立民办高等学校的，审批机关也可以自受理之日起六个月内以书面形式作出是否批准的决定，并送达申请人。

第十八条 审批机关对批准正式设立的民办学校发给办学许可证。

审批机关对不批准正式设立的，应当说明理由。

第十九条 民办学校的举办者可以自主选择设立非营利性或者营利性民办学校。但是，不得设立实施义务教育的营利性民办学校。

非营利性民办学校的举办者不得取得办学收益，学校的办学结余全部用于办学。

营利性民办学校的举办者可以取得办学收益，学校的办学结余依照公司法等有关法律、行政法规的规定处理。

民办学校取得办学许可证后，进行法人登记，登记机关应当依法予以办理。

第三章 学校的组织与活动

第二十条 民办学校应当设立学校理事会、董事会或者其他形式的决策机构并建立相应的监督机制。

民办学校的举办者根据学校章程规定的权限和程序参与学校的办学和管理。

第二十一条 学校理事会或者董事会由举办者或者其代表、校长、教职工代表等人员组成。其中三分之一以上的理事或者董事应当具有五年以上教育教学经验。

学校理事会或者董事会由五人以上组成，设理事长或者董事长一人。理事长、理事或者董事长、董事名单报审批机关备案。

第二十二条 学校理事会或者董事会行使下列职权：

（一）聘任和解聘校长；

（二）修改学校章程和制定学校的规章制度；

（三）制定发展规划，批准年度工作计划；

（四）筹集办学经费，审核预算、决算；

（五）决定教职工的编制定额和工资标准；

（六）决定学校的分立、合并、终止；

（七）决定其他重大事项。

其他形式决策机构的职权参照本条规定执行。

第二十三条 民办学校的法定代表人由理事长、董事长或者校长担任。

第二十四条 民办学校参照同级同类公办学校校长任职的条件聘任校长，年龄可以适当放宽。

第二十五条 民办学校校长负责学校的教育教学和行政管理工作，行使下列职权：

（一）执行学校理事会、董事会或者其他形式决策机构的决定；

（二）实施发展规划，拟订年度工作计划、财务预算和学校规章制度；

（三）聘任和解聘学校工作人员，实施奖惩；

（四）组织教育教学、科学研究活动，保证教育教学质量；

（五）负责学校日常管理工作；

（六）学校理事会、董事会或者其他形式决策机构的其他授权。

第二十六条　民办学校对招收的学生，根据其类别、修业年限、学业成绩，可以根据国家有关规定发给学历证书、结业证书或者培训合格证书。

对接受职业技能培训的学生，经备案的职业技能鉴定机构鉴定合格的，可以发给国家职业资格证书。

第二十七条　民办学校依法通过以教师为主体的教职工代表大会等形式，保障教职工参与民主管理和监督。

民办学校的教师和其他工作人员，有权依照工会法，建立工会组织，维护其合法权益。

第四章　教师与受教育者

第二十八条　民办学校的教师、受教育者与公办学校的教师、受教育者具有同等的法律地位。

第二十九条　民办学校聘任的教师，应当具有国家规定的任教资格。

第三十条　民办学校应当对教师进行思想品德教育和业务培训。

第三十一条　民办学校应当依法保障教职工的工资、福利待遇和其他合法权益，并为教职工缴纳社会保险费。

国家鼓励民办学校按照国家规定为教职工办理补充养老保险。

第三十二条　民办学校教职工在业务培训、职务聘任、教龄和工龄计算、表彰奖励、社会活动等方面依法享有与公办学校教职工同等权利。

第三十三条　民办学校依法保障受教育者的合法权益。

民办学校按照国家规定建立学籍管理制度，对受教育者实施奖励或者处分。

第三十四条　民办学校的受教育者在升学、就业、社会优待以及参加先进评选等方面享有与同级同类公办学校的受教育者同等权利。

第五章　学校资产与财务管理

第三十五条　民办学校应当依法建立财务、会计制度和资产管理制度，并按照国家有关规定设置会计账簿。

第三十六条　民办学校对举办者投入民办学校的资产、国有资产、受赠的财产以及办学积累，享有法人财产权。

第三十七条　民办学校存续期间，所有资产由民办学校依法管理和使用，任何组织和个人不得侵占。

任何组织和个人都不得违反法律、法规向民办教育机构收取任何费用。

第三十八条　民办学校收取费用的项目和标准根据办学成本、市场需求等因素确定，向社会公示，并接受有关主管部门的监督。

非营利性民办学校收费的具体办法，由省、自治区、直辖市人民政府制定；营利性民办学校的收费标准，实行市场调节，由学校自主决定。

民办学校收取的费用应当主要用于教育教学活动、改善办学条件和保障教职工待遇。

第三十九条　民办学校资产的使用和财务管理受审批机关和其他有关部门的监督。

民办学校应当在每个会计年度结束时制作财务会计报告，委托会计师事务所依法进行审计，并公布审计结果。

第六章　管理与监督

第四十条　教育行政部门及有关部门应当对民办学校的教育教学工作、教师培训工作进行指导。

第四十一条　教育行政部门及有关部门依法对民办学校实行督导，建立民办学校信息公示和信用档案制度，促进提高办学质量；组织或者委托社会中介组织评估办学水平和教育质量，并将评估结果向社会公布。

第四十二条　民办学校的招生简章和广告，应当报审批机关备案。

第四十三条　民办学校侵犯受教育者的合法权益，受教育者及其亲属有权向教育行政部门和其他有关部门申诉，有关部门应当及时予以处理。

第四十四条　国家支持和鼓励社会中介组织为民办学校提供服务。

第七章　扶持与奖励

第四十五条　县级以上各级人民政府可以设立专项资金，用于资助民办学校的发展，奖励和表彰有突出贡献的集体和个人。

第四十六条　县级以上各级人民政府可以采取购买服务、助学贷款、奖助学金和出租、转让闲置的国有资产等措施对民办学校予以扶持；对非营利性民办学校还可以采取政府补贴、基金奖励、捐资激励等扶持措施。

第四十七条　民办学校享受国家规定的税收优惠政策；其中，非营利性民办学校享受与公办学校同等的税收优惠政策。

第四十八条　民办学校依照国家有关法律、法规，可以接受公民、法人或者其他组织的捐赠。

国家对向民办学校捐赠财产的公民、法人或者其他组织按照有关规定给予税收优惠，并予以表彰。

第四十九条　国家鼓励金融机构运用信贷手段，支持民办教育事业的发展。

第五十条　人民政府委托民办学校承担义务教育任务，应当按照委托协议拨付相应的教育经费。

第五十一条　新建、扩建非营利性民办学校，人民政府应当按照与公办学校同等原则，以划拨等方式给予用地优惠。新建、扩建营利性民办学校，人民政府应当按照国家规定供给土地。

教育用地不得用于其他用途。

第五十二条　国家采取措施，支持和鼓励社会组织和个人到少数民族地区、边远贫困地区举办民办学校，发展教育事业。

第八章　变更与终止

第五十三条　民办学校的分立、合并，在进行财务清算后，由学校理事会或者董事会报审批机关批准。

申请分立、合并民办学校的，审批机关应当自受理之日起三个月内以书面形式答复；其中申请分立、合并民办高等学校的，审批机关也可以自受理之日起六个月内以书面形式答复。

第五十四条　民办学校举办者的变更，须由举办者提出，在进行财务清算后，经学校理事会或者董事会同意，报审批机关核准。

第五十五条　民办学校名称、层次、类别的变更，由学校理事会或者董事会报审批机关批准。

申请变更为其他民办学校，审批机关应当自受理之日起三个月内以书面形式答复；其中申请变更为民办高等学校的，审批机关也可以自受理之日起六个月内以书面形式答复。

第五十六条　民办学校有下列情形之一的，应当终止：

（一）根据学校章程规定要求终止，并经审批机关批准的；

（二）被吊销办学许可证的；

（三）因资不抵债无法继续办学的。

第五十七条　民办学校终止时，应当妥善安置在校学生。实施义务教育的民办学校终止时，审批机关应当协助学校安排学生继续就学。

第五十八条　民办学校终止时，应当依法进行财务清算。

民办学校自己要求终止的，由民办学校组织清算；被审批机关依法撤销的，由审批机关组织清算；因资不抵债无法继续办学而被终止的，由人民法院组织清算。

第五十九条　对民办学校的财产按照下列顺序清偿：

（一）应退受教育者学费、杂费和其他费用；

（二）应发教职工的工资及应缴纳的社会保险费用；

（三）偿还其他债务。

非营利性民办学校清偿上述债务后的剩余财产继续用于其他非营利性学校办学；营利性民办学校清偿上述债务后的剩余财产，依照公司法的有关规定处理。

第六十条　终止的民办学校，由审批机关收回办学许可证和销毁印章，并注销登记。

第九章　法律责任

第六十一条　民办学校在教育活动中违反教育法、教师法规定的，依照教育法、教师法的有关规定给予处罚。

第六十二条　民办学校有下列行为之一的，由县级以上人民政府教育行政部门、人力资源社会保障行政部门或者其他有关部门责令限期改正，并予以警告；有违法所得的，退还所收费用后没收违法所得；情节严重的，责令停止招生、吊销

办学许可证;构成犯罪的,依法追究刑事责任:

(一)擅自分立、合并民办学校的;

(二)擅自改变民办学校名称、层次、类别和举办者的;

(三)发布虚假招生简章或者广告,骗取钱财的;

(四)非法颁发或者伪造学历证书、结业证书、培训证书、职业资格证书的;

(五)管理混乱严重影响教育教学,产生恶劣社会影响的;

(六)提交虚假证明文件或者采取其他欺诈手段隐瞒重要事实骗取办学许可证的;

(七)伪造、变造、买卖、出租、出借办学许可证的;

(八)恶意终止办学、抽逃资金或者挪用办学经费的。

第六十三条 县级以上人民政府教育行政部门、人力资源社会保障行政部门或者其他有关部门有下列行为之一的,由上级机关责令其改正;情节严重的,对直接负责的主管人员和其他直接责任人员,依法给予处分;造成经济损失的,依法承担赔偿责任;构成犯罪的,依法追究刑事责任:

(一)已受理设立申请,逾期不予答复的;

(二)批准不符合本法规定条件申请的;

(三)疏于管理,造成严重后果的;

(四)违反国家有关规定收取费用的;

(五)侵犯民办学校合法权益的;

(六)其他滥用职权、徇私舞弊的。

第六十四条 违反国家有关规定擅自举办民办学校的,由所在地县级以上地方人民政府教育行政部门或者人力资源社会保障行政部门会同同级公安、民政或者市场监督管理等有关部门责令停止办学、退还所收费用,并对举办者处违法所得一倍以上五倍以下罚款;构成违反治安管理行为的,由公安机关依法给予治安管理处罚;构成犯罪的,依法追究刑事责任。

第十章 附 则

第六十五条 本法所称的民办学校包括依法举办的其他民办教育机构。

本法所称的校长包括其他民办教育机构的主要行政负责人。

第六十六条 境外的组织和个人在中国境内合作办学的办法,由国务院规定。

第六十七条 本法自 2003 年 9 月 1 日起施行。1997 年 7 月 31 日国务院颁布的《社会力量办学条例》同时废止。

中华人民共和国民办教育促进法实施条例

· 2004 年 3 月 5 日中华人民共和国国务院令第 399 号公布

· 2021 年 4 月 7 日中华人民共和国国务院令第 741 号修订

第一章 总 则

第一条 根据《中华人民共和国民办教育促进法》(以下简称民办教育促进法),制定本条例。

第二条 国家机构以外的社会组织或者个人可以利用非国家财政性经费举办各级各类民办学校;但是,不得举办实施军事、警察、政治等特殊性质教育的民办学校。

民办教育促进法和本条例所称国家财政性经费,是指财政拨款、依法取得并应当上缴国库或者财政专户的财政性资金。

第三条 各级人民政府应当依法支持和规范社会力量举办民办教育,保障民办学校依法办学、自主管理,鼓励、引导民办学校提高质量、办出特色,满足多样化教育需求。

对于举办民办学校表现突出或者为发展民办教育事业做出突出贡献的社会组织或者个人,按照国家有关规定给予奖励和表彰。

第四条 民办学校应当坚持中国共产党的领导,坚持社会主义办学方向,坚持教育公益性,对受教育者加强社会主义核心价值观教育,落实立德树人根本任务。

民办学校中的中国共产党基层组织贯彻党的方针政策,依照法律、行政法规和国家有关规定参与学校重大决策并实施监督。

第二章 民办学校的设立

第五条 国家机构以外的社会组织或者个人可以单独或者联合举办民办学校。联合举办民办学校的,应当签订联合办学协议,明确合作方式、各方权利义务和争议解决方式等。

国家鼓励以捐资、设立基金会等方式依法举办民办学校。以捐资等方式举办民办学校，无举办者的，其办学过程中的举办者权责由发起人履行。

在中国境内设立的外商投资企业以及外方为实际控制人的社会组织不得举办、参与举办或者实际控制实施义务教育的民办学校；举办其他类型民办学校的，应当符合国家有关外商投资的规定。

第六条 举办民办学校的社会组织或者个人应当有良好的信用状况。举办民办学校可以用货币出资，也可以用实物、建设用地使用权、知识产权等可以用货币估价并可以依法转让的非货币财产作价出资；但是，法律、行政法规规定不得作为出资的财产除外。

第七条 实施义务教育的公办学校不得举办或者参与举办民办学校，也不得转为民办学校。其他公办学校不得举办或者参与举办营利性民办学校。但是，实施职业教育的公办学校可以吸引企业的资本、技术、管理等要素，举办或者参与举办实施职业教育的营利性民办学校。

公办学校举办或者参与举办民办学校，不得利用国家财政性经费，不得影响公办学校教学活动，不得仅以品牌输出方式参与办学，并应当经其主管部门批准。公办学校举办或者参与举办非营利性民办学校，不得以管理费等方式取得或者变相取得办学收益。

公办学校举办或者参与举办的民办学校应当具有独立的法人资格，具有与公办学校相分离的校园、基本教育教学设施和独立的专任教师队伍，按照国家统一的会计制度独立进行会计核算，独立招生，独立颁发学业证书。

举办或者参与举办民办学校的公办学校依法享有举办者权益，依法履行国有资产管理义务。

第八条 地方人民政府不得利用国有企业、公办教育资源举办或者参与举办实施义务教育的民办学校。

以国有资产参与举办民办学校的，应当根据国家有关国有资产监督管理的规定，聘请具有评估资格的中介机构依法进行评估，根据评估结果合理确定出资额，并报对该国有资产负有监管职责的机构备案。

第九条 国家鼓励企业以独资、合资、合作等方式依法举办或者参与举办实施职业教育的民办学校。

第十条 举办民办学校，应当按时、足额履行出资义务。民办学校存续期间，举办者不得抽逃出资，不得挪用办学经费。

举办者可以依法募集资金举办营利性民办学校，所募集资金应当主要用于办学，不得擅自改变用途，并按规定履行信息披露义务。民办学校及其举办者不得以赞助费等名目向学生、学生家长收取或者变相收取与入学关联的费用。

第十一条 举办者依法制定学校章程，负责推选民办学校首届理事会、董事会或者其他形式决策机构的组成人员。

举办者可以依据法律、法规和学校章程规定的程序和要求参加或者委派代表参加理事会、董事会或者其他形式决策机构，并依据学校章程规定的权限行使相应的决策权、管理权。

第十二条 民办学校举办者变更的，应当签订变更协议，但不得涉及学校的法人财产，也不得影响学校发展，不得损害师生权益；现有民办学校的举办者变更的，可以根据其依法享有的合法权益与继任举办者协议约定变更收益。

民办学校的举办者不再具备法定条件的，应当在6个月内向审批机关提出变更；逾期不变更的，由审批机关责令变更。

举办者为法人的，其控股股东和实际控制人应当符合法律、行政法规规定的举办民办学校的条件，控股股东和实际控制人变更的，应当报主管部门备案并公示。

举办者变更，符合法定条件的，审批机关应当在规定的期限内予以办理。

第十三条 同时举办或者实际控制多所民办学校的，举办者或者实际控制人应当具备与其所开展办学活动相适应的资金、人员、组织机构等条件与能力，并对所举办民办学校承担管理和监督职责。

同时举办或者实际控制多所民办学校的举办者或者实际控制人向所举办或者实际控制的民办学校提供教材、课程、技术支持等服务以及组织教育教学活动，应当符合国家有关规定并建立相应的质量标准和保障机制。

同时举办或者实际控制多所民办学校的，应当保障所举办或者实际控制的民办学校依法独立开展办学活动，存续期间所有资产由学校依法管理和使用;不得改变所举办或者实际控制的非营利性民办学校的性质,直接或者间接取得办学收益;也不得滥用市场支配地位,排除、限制竞争。

任何社会组织和个人不得通过兼并收购、协议控制等方式控制实施义务教育的民办学校、实施学前教育的非营利性民办学校。

第十四条 实施国家认可的教育考试、职业资格考试和职业技能等级考试等考试的机构,举办或者参与举办与其所实施的考试相关的民办学校应当符合国家有关规定。

第十五条 设立民办学校的审批权限,依照有关法律、法规的规定执行。

地方人民政府及其有关部门应当依法履行实施义务教育的职责。设立实施义务教育的民办学校,应当符合当地义务教育发展规划。

第十六条 国家鼓励民办学校利用互联网技术在线实施教育活动。

利用互联网技术在线实施教育活动应当符合国家互联网管理有关法律、行政法规的规定。利用互联网技术在线实施教育活动的民办学校应当取得相应的办学许可。

民办学校利用互联网技术在线实施教育活动,应当依法建立并落实互联网安全管理制度和安全保护技术措施,发现法律、行政法规禁止发布或者传输的信息的,应当立即停止传输,采取消除等处置措施,防止信息扩散,保存有关记录,并向有关主管部门报告。

外籍人员利用互联网技术在线实施教育活动,应当遵守教育和外国人在华工作管理等有关法律、行政法规的规定。

第十七条 民办学校的举办者在获得筹设批准书之日起3年内完成筹设的,可以提出正式设立申请。

民办学校在筹设期内不得招生。

第十八条 申请正式设立实施学历教育的民办学校的,审批机关受理申请后,应当组织专家委员会评议,由专家委员会提出咨询意见。

第十九条 民办学校的章程应当规定下列主要事项:

(一)学校的名称、住所、办学地址、法人属性;

(二)举办者的权利义务,举办者变更、权益转让的办法;

(三)办学宗旨、发展定位、层次、类型、规模、形式等;

(四)学校开办资金、注册资本,资产的来源、性质等;

(五)理事会、董事会或者其他形式决策机构和监督机构的产生方法、人员构成、任期、议事规则等;

(六)学校党组织负责人或者代表进入学校决策机构和监督机构的程序;

(七)学校的法定代表人;

(八)学校自行终止的事由,剩余资产处置的办法与程序;

(九)章程修改程序。

民办学校应当将章程向社会公示,修订章程应当事先公告,征求利益相关方意见。完成修订后,报主管部门备案或者核准。

第二十条 民办学校只能使用一个名称。

民办学校的名称应当符合有关法律、行政法规的规定,不得损害社会公共利益,不得含有可能引发歧义的文字或者含有可能误导公众的其他法人名称。营利性民办学校可以在学校牌匾、成绩单、毕业证书、结业证书、学位证书及相关证明、招生广告和简章上使用经审批机关批准的法人简称。

第二十一条 民办学校开办资金、注册资本应当与学校类型、层次、办学规模相适应。民办学校正式设立时,开办资金、注册资本应当缴足。

第二十二条 对批准正式设立的民办学校,审批机关应当颁发办学许可证,并向社会公告。

办学许可的期限应当与民办学校的办学层次和类型相适应。民办学校在许可期限内无违法违规行为的,有效期届满可以自动延续、换领新证。

民办学校办学许可证的管理办法由国务院教育行政部门、人力资源社会保障行政部门依据职责分工分别制定。

第二十三条 民办学校增设校区应当向审批机关申请地址变更;设立分校应当向分校所在地审批机关单独申请办学许可,并报原审批机关备案。

第二十四条 民办学校依照有关法律、行政法规的规定申请法人登记,登记机关应当依法予以办理。

第三章 民办学校的组织与活动

第二十五条 民办学校理事会、董事会或者其他形式决策机构的负责人应当具有中华人民共和国国籍，具有政治权利和完全民事行为能力，在中国境内定居，品行良好，无故意犯罪记录或者教育领域不良从业记录。

民办学校法定代表人应当由民办学校决策机构负责人或者校长担任。

第二十六条 民办学校的理事会、董事会或者其他形式决策机构应当由举办者或者其代表、校长、党组织负责人、教职工代表等共同组成。鼓励民办学校理事会、董事会或者其他形式决策机构吸收社会公众代表，根据需要设独立理事或者独立董事。实施义务教育的民办学校理事会、董事会或者其他形式决策机构组成人员应当具有中华人民共和国国籍，且应当有审批机关委派的代表。

民办学校的理事会、董事会或者其他形式决策机构每年至少召开2次会议。经1/3以上组成人员提议，可以召开理事会、董事会或者其他形式决策机构临时会议。讨论下列重大事项，应当经2/3以上组成人员同意方可通过：

（一）变更举办者；

（二）聘任、解聘校长；

（三）修改学校章程；

（四）制定发展规划；

（五）审核预算、决算；

（六）决定学校的分立、合并、终止；

（七）学校章程规定的其他重大事项。

第二十七条 民办学校应当设立监督机构。监督机构应当有党的基层组织代表，且教职工代表不少于1/3。教职工人数少于20人的民办学校可以只设1至2名监事。

监督机构依据国家有关规定和学校章程对学校办学行为进行监督。监督机构负责人或者监事应当列席学校决策机构会议。

理事会、董事会或者其他形式决策机构组成人员及其近亲属不得兼任、担任监督机构组成人员或者监事。

第二十八条 民办学校校长依法独立行使教育教学和行政管理职权。

民办学校内部组织机构的设置方案由校长提出，报理事会、董事会或者其他形式决策机构批准。

第二十九条 民办学校依照法律、行政法规和国家有关规定，自主开展教育教学活动；使用境外教材的，应当符合国家有关规定。

实施高等教育和中等职业技术学历教育的民办学校，可以按照办学宗旨和培养目标自主设置专业、开设课程、选用教材。

实施普通高中教育、义务教育的民办学校可以基于国家课程标准自主开设有特色的课程，实施教育教学创新，自主设置的课程应当报主管教育行政部门备案。实施义务教育的民办学校不得使用境外教材。

实施学前教育的民办学校开展保育和教育活动，应当遵循儿童身心发展规律，设置、开发以游戏、活动为主要形式的课程。

实施以职业技能为主的职业资格培训、职业技能培训的民办学校可以按照与培训专业（职业、工种）相对应的国家职业标准及相关职业培训要求开展培训活动，不得教唆、组织学员规避监管，以不正当手段获取职业资格证书、成绩证明等。

第三十条 民办学校应当按照招生简章或者招生广告的承诺，开设相应课程，开展教育教学活动，保证教育教学质量。

民办学校应当提供符合标准的校舍和教育教学设施设备。

第三十一条 实施学前教育、学历教育的民办学校享有与同级同类公办学校同等的招生权，可以在审批机关核定的办学规模内，自主确定招生的标准和方式，与公办学校同期招生。

实施义务教育的民办学校应当在审批机关管辖的区域内招生，纳入审批机关所在地统一管理。实施普通高中教育的民办学校应当主要在学校所在设区的市范围内招生，符合省、自治区、直辖市人民政府教育行政部门有关规定的可以跨区域招生。招收接受高等学历教育学生的应当遵守国家有关规定。

县级以上地方人民政府教育行政部门、人力资源社会保障行政部门应当为外地的民办学校在本地招生提供平等待遇，不得设置跨区域招生障碍实行地区封锁。

民办学校招收学生应当遵守招生规则，维护招生秩序，公开公平公正录取学生。实施义务教育的民办学校不得组织或者变相组织学科知识类入学考试，不得提前招生。

民办学校招收境外学生，按照国家有关规定执行。

第三十二条 实施高等学历教育的民办学校

符合学位授予条件的，依照有关法律、行政法规的规定经审批同意后，可以获得相应的学位授予资格。

第四章　教师与受教育者

第三十三条　民办学校聘任的教师或者教学人员应当具备相应的教师资格或者其他相应的专业资格、资质。

民办学校应当有一定数量的专任教师；其中，实施学前教育、学历教育的民办学校应当按照国家有关规定配备专任教师。

鼓励民办学校创新教师聘任方式，利用信息技术等手段提高教学效率和水平。

第三十四条　民办学校自主招聘教师和其他工作人员，并应当与所招聘人员依法签订劳动或者聘用合同，明确双方的权利义务等。

民办学校聘任专任教师，在合同中除依法约定必备条款外，还应当对教师岗位及其职责要求、师德和业务考核办法、福利待遇、培训和继续教育等事项作出约定。

公办学校教师未经所在学校同意不得在民办学校兼职。

民办学校聘任外籍人员，按照国家有关规定执行。

第三十五条　民办学校应当建立教师培训制度，为受聘教师接受相应的思想政治培训和业务培训提供条件。

第三十六条　民办学校应当依法保障教职工待遇，按照学校登记的法人类型，按时足额支付工资，足额缴纳社会保险费和住房公积金。国家鼓励民办学校按照有关规定为教职工建立职业年金或者企业年金等补充养老保险。

实施学前教育、学历教育的民办学校应当从学费收入中提取一定比例建立专项资金或者基金，由学校管理，用于教职工职业激励或者增加待遇保障。

第三十七条　教育行政部门应当会同有关部门建立民办幼儿园、中小学专任教师劳动、聘用合同备案制度，建立统一档案，记录教师的教龄、工龄，在培训、考核、专业技术职务评聘、表彰奖励、权利保护等方面，统筹规划、统一管理，与公办幼儿园、中小学聘任的教师平等对待。

民办职业学校、高等学校按照国家有关规定自主开展教师专业技术职务评聘。

教育行政部门应当会同有关部门完善管理制度，保证教师在公办学校和民办学校之间的合理流动；指导和监督民办学校建立健全教职工代表大会制度。

第三十八条　实施学历教育的民办学校应当依法建立学籍和教学管理制度，并报主管部门备案。

第三十九条　民办学校及其教师、职员、受教育者申请政府设立的有关科研项目、课题等，享有与同级同类公办学校及其教师、职员、受教育者同等的权利。相关项目管理部门应当按规定及时足额拨付科研项目、课题资金。

各级人民政府应当保障民办学校的受教育者在升学、就业、社会优待、参加先进评选，以及获得助学贷款、奖助学金等国家资助等方面，享有与同级同类公办学校的受教育者同等的权利。

实施学历教育的民办学校应当建立学生资助、奖励制度，并按照不低于当地同级同类公办学校的标准，从学费收入中提取相应资金用于资助、奖励学生。

第四十条　教育行政部门、人力资源社会保障行政部门和其他有关部门，组织有关的评奖评优、文艺体育活动和课题、项目招标，应当为民办学校及其教师、职员、受教育者提供同等的机会。

第五章　民办学校的资产与财务管理

第四十一条　民办学校应当依照《中华人民共和国会计法》和国家统一的会计制度进行会计核算，编制财务会计报告。

第四十二条　民办学校应当建立办学成本核算制度，基于办学成本和市场需求等因素，遵循公平、合法和诚实信用原则，考虑经济效益与社会效益，合理确定收费项目和标准。对公办学校参与举办、使用国有资产或者接受政府生均经费补助的非营利性民办学校，省、自治区、直辖市人民政府可以对其收费制定最高限价。

第四十三条　民办学校资产中的国有资产的监督、管理，按照国家有关规定执行。

民办学校依法接受的捐赠财产的使用和管理，依照有关法律、行政法规执行。

第四十四条　非营利性民办学校收取费用、开展活动的资金往来，应当使用在有关主管部门备案的账户。有关主管部门应当对该账户实施监督。

营利性民办学校收入应当全部纳入学校开设的银行结算账户，办学结余分配应当在年度财务结算后进行。

第四十五条 实施义务教育的民办学校不得与利益关联方进行交易。其他民办学校与利益关联方进行交易的，应当遵循公开、公平、公允的原则，合理定价、规范决策，不得损害国家利益、学校利益和师生权益。

民办学校应当建立利益关联方交易的信息披露制度。教育、人力资源社会保障以及财政等有关部门应当加强对非营利性民办学校与利益关联方签订协议的监管，并按年度对关联交易进行审查。

前款所称利益关联方是指民办学校的举办者、实际控制人、校长、理事、董事、监事、财务负责人等以及与上述组织或者个人之间存在互相控制和影响关系、可能导致民办学校利益被转移的组织或者个人。

第四十六条 在每个会计年度结束时，民办学校应当委托会计师事务所对年度财务报告进行审计。非营利性民办学校应当从经审计的年度非限定性净资产增加额中，营利性民办学校应当从经审计的年度净收益中，按不低于年度非限定性净资产增加额或者净收益的10%的比例提取发展基金，用于学校的发展。

第六章 管理与监督

第四十七条 县级以上地方人民政府应当建立民办教育工作联席会议制度。教育、人力资源社会保障、民政、市场监督管理等部门应当根据职责会同有关部门建立民办学校年度检查和年度报告制度，健全日常监管机制。

教育行政部门、人力资源社会保障行政部门及有关部门应当建立民办学校信用档案和举办者、校长执业信用制度，对民办学校进行执法监督的情况和处罚、处理结果应当予以记录，由执法、监督人员签字后归档，并依法依规公开执法监督结果。相关信用档案和信用记录依法纳入全国信用信息共享平台、国家企业信用信息公示系统。

第四十八条 审批机关应当及时公开民办学校举办者情况、办学条件等审批信息。

教育行政部门、人力资源社会保障行政部门应当依据职责分工，定期组织或者委托第三方机构对民办学校的办学水平和教育质量进行评估，评估结果应当向社会公开。

第四十九条 教育行政部门及有关部门应当制定实施学前教育、学历教育民办学校的信息公示清单，监督民办学校定期向社会公开办学条件、教育质量等有关信息。

营利性民办学校应当通过全国信用信息共享平台、国家企业信用信息公示系统公示相关信息。

有关部门应当支持和鼓励民办学校依法建立行业组织，研究制定相应的质量标准，建立认证体系，制定推广反映行业规律和特色要求的合同示范文本。

第五十条 民办学校终止的，应当交回办学许可证，向登记机关办理注销登记，并向社会公告。

民办学校自己要求终止的，应当提前6个月发布拟终止公告，依法依章程制定终止方案。

民办学校无实际招生、办学行为的，办学许可证到期后自然废止，由审批机关予以公告。民办学校自行组织清算后，向登记机关办理注销登记。

对于因资不抵债无法继续办学而被终止的民办学校，应当向人民法院申请破产清算。

第五十一条 国务院教育督导机构及省、自治区、直辖市人民政府负责教育督导的机构应当对县级以上地方人民政府及其有关部门落实支持和规范民办教育发展法定职责的情况进行督导、检查。

县级以上人民政府负责教育督导的机构依法对民办学校进行督导并公布督导结果，建立民办中小学、幼儿园责任督学制度。

第七章 支持与奖励

第五十二条 各级人民政府及有关部门应当依法健全对民办学校的支持政策，优先扶持办学质量高、特色明显、社会效益显著的民办学校。

县级以上地方人民政府可以参照同级同类公办学校生均经费等相关经费标准和支持政策，对非营利性民办学校给予适当补助。

地方人民政府出租、转让闲置的国有资产应当优先扶持非营利性民办学校。

第五十三条 民办学校可以依法以捐赠者的姓名、名称命名学校的校舍或者其他教育教学设施、生活设施。捐赠者对民办学校发展做出特殊贡献的，实施高等学历教育的民办学校经国务院教育行政部门按照国家规定的条件批准,其他民办学校经省、自治区、直辖市人民政府教育行政部门或者人力资源社会保障行政部门按照国家规定的条件批准,可以以捐赠者的姓名或者名称作为学校校名。

第五十四条 民办学校享受国家规定的税收优惠政策;其中,非营利性民办学校享受与公办学校同等的税收优惠政策。

第五十五条 地方人民政府在制定闲置校园综合利用方案时,应当考虑当地民办教育发展需求。

新建、扩建非营利性民办学校,地方人民政府应当按照与公办学校同等原则,以划拨等方式给予用地优惠。

实施学前教育、学历教育的民办学校使用土地,地方人民政府可以依法以协议、招标、拍卖等方式供应土地,也可以采取长期租赁、先租后让、租让结合的方式供应土地,土地出让价款和租金可以在规定期限内按合同约定分期缴纳。

第五十六条 在西部地区、边远地区和少数民族地区举办的民办学校申请贷款用于学校自身发展的,享受国家相关的信贷优惠政策。

第五十七条 县级以上地方人民政府可以根据本行政区域的具体情况,设立民办教育发展专项资金,用于支持民办学校提高教育质量和办学水平、奖励举办者等。

国家鼓励社会力量依法设立民办教育发展方面的基金会或者专项基金,用于支持民办教育发展。

第五十八条 县级人民政府根据本行政区域实施学前教育、义务教育或者其他公共教育服务的需要,可以与民办学校签订协议,以购买服务等方式,委托其承担相应教育任务。

委托民办学校承担普惠性学前教育、义务教育或者其他公共教育任务的,应当根据当地相关教育阶段的委托协议,拨付相应的教育经费。

第五十九条 县级以上地方人民政府可以采取政府补贴、以奖代补等方式鼓励、支持非营利性民办学校保障教师待遇。

第六十条 国家鼓励、支持保险机构设立适合民办学校的保险产品,探索建立行业互助保险等机制,为民办学校重大事故处理、终止善后、教职工权益保障等事项提供风险保障。

金融机构可以在风险可控前提下开发适合民办学校特点的金融产品。民办学校可以以未来经营收入、知识产权等进行融资。

第六十一条 除民办教育促进法和本条例规定的支持与奖励措施外,省、自治区、直辖市人民政府还可以根据实际情况,制定本地区促进民办教育发展的支持与奖励措施。

各级人民政府及有关部门在对现有民办学校实施分类管理改革时,应当充分考虑有关历史和现实情况,保障受教育者、教职工和举办者的合法权益,确保民办学校分类管理改革平稳有序推进。

第八章 法律责任

第六十二条 民办学校举办者及实际控制人、决策机构或者监督机构组成人员有下列情形之一的,由县级以上人民政府教育行政部门、人力资源社会保障行政部门或者其他有关部门依据职责分工责令限期改正,有违法所得的,退还所收费用后没收违法所得;情节严重的,1 至 5 年内不得新成为民办学校举办者或实际控制人、决策机构或者监督机构组成人员;情节特别严重、社会影响恶劣的,永久不得新成为民办学校举办者或实际控制人、决策机构或者监督机构组成人员;构成违反治安管理行为的,由公安机关依法给予治安管理处罚;构成犯罪的,依法追究刑事责任:

(一)利用办学非法集资,或者收取与入学关联的费用的;

(二)未按时、足额履行出资义务,或者抽逃出资、挪用办学经费的;

(三)侵占学校法人财产或者非法从学校获取利益的;

(四)与实施义务教育的民办学校进行关联交易,或者与其他民办学校进行关联交易损害国家利益、学校利益和师生权益的;

(五)伪造、变造、买卖、出租、出借办学许可证的;

(六)干扰学校办学秩序或者非法干预学校决策、管理的;

(七)擅自变更学校名称、层次、类型和举办者的;

(八)有其他危害学校稳定和安全、侵犯学校法人权利或者损害教职工、受教育者权益的行为的。

第六十三条 民办学校有下列情形之一的，依照民办教育促进法第六十二条规定给予处罚：

（一）违背国家教育方针，偏离社会主义办学方向，或者未保障学校党组织履行职责的；

（二）违反法律、行政法规和国家有关规定开展教育教学活动的；

（三）理事会、董事会或者其他形式决策机构未依法履行职责的；

（四）教学条件明显不能满足教学要求、教育教学质量低下，未及时采取措施的；

（五）校舍、其他教育教学设施设备存在重大安全隐患，未及时采取措施的；

（六）侵犯受教育者的合法权益，产生恶劣社会影响的；

（七）违反国家规定聘任、解聘教师，或者未依法保障教职工待遇的；

（八）违反规定招生，或者在招生过程中弄虚作假的；

（九）超出办学许可范围，擅自改变办学地址或者设立分校的；

（十）未依法履行公示办学条件和教育质量有关材料、财务状况等信息披露义务，或者公示的材料不真实的；

（十一）未按照国家统一的会计制度进行会计核算、编制财务会计报告，财务、资产管理混乱，或者违反法律、法规增加收费项目、提高收费标准的；

（十二）有其他管理混乱严重影响教育教学的行为的。

法律、行政法规对前款规定情形的处罚另有规定的，从其规定。

第六十四条 民办学校有民办教育促进法第六十二条或者本条例第六十三条规定的违法情形的，由县级以上人民政府教育行政部门、人力资源社会保障行政部门或者其他有关部门依据职责分工对学校决策机构负责人、校长及直接责任人予以警告；情节严重的，1至5年内不得新成为民办学校决策机构负责人或者校长；情节特别严重、社会影响恶劣的，永久不得新成为民办学校决策机构负责人或者校长。

同时举办或者实际控制多所民办学校的举办者或者实际控制人违反本条例规定，对所举办或者实际控制的民办学校疏于管理，造成恶劣影响的，由县级以上教育行政部门、人力资源社会保障行政部门或者其他有关部门依据职责分工责令限期整顿；拒不整改或者整改后仍发生同类问题的，1至5年内不得举办新的民办学校，情节严重的，10年内不得举办新的民办学校。

第六十五条 违反本条例规定举办、参与举办民办学校或者在民办学校筹设期内招生的，依照民办教育促进法第六十四条规定给予处罚。

第九章 附 则

第六十六条 本条例所称现有民办学校，是指2016年11月7日《全国人民代表大会常务委员会关于修改〈中华人民共和国民办教育促进法〉的决定》公布前设立的民办学校。

第六十七条 本条例规定的支持与奖励措施适用于中外合作办学机构。

第六十八条 本条例自2021年9月1日起施行。

国务院办公厅关于转发教育部等部门“十四五”特殊教育发展提升行动计划的通知

· 2021年12月31日
· 国办发〔2021〕60号

教育部、国家发展改革委、民政部、财政部、人力资源社会保障部、国家卫生健康委、中国残联《“十四五”特殊教育发展提升行动计划》已经国务院同意，现转发给你们，请认真贯彻落实。

“十四五”特殊教育发展提升行动计划

教育部 国家发展改革委 民政部 财政部
人力资源社会保障部 国家卫生健康委 中国残联

特殊教育主要是面向视力、听力、言语、肢体、智力、精神、多重残疾以及其他有特殊需要的儿童青少年提供的教育，是教育事业的重要组成部分，是建设高质量教育体系的重要内容，是衡量社会文明进步的重要标志。党中央、国务院高度重视特殊教育，党的十八大以来，国家组织实施了两期特殊教育提升计划，特殊教育普及水平、保障条件和教育质量得到显著提升，但还存在发展不平衡不充分等问题，仍是教育领域的薄弱环节。为认真贯彻党中央、国务院决策部署，推动特殊教育高质量发展，特制定本计划。

一、总体要求

（一）指导思想。以习近平新时代中国特色社会主义思想为指导，深入贯彻落实党的十九大和十九届历次全会精神，全面贯彻党的教育方针，落实立德树人根本任务，遵循特殊教育规律，以适宜融合为目标，按照拓展学段服务、推进融合教育、提升支撑能力的基本思路，加快健全特殊教育体系，不断完善特殊教育保障机制，全面提高特殊教育质量，促进残疾儿童青少年自尊、自信、自强、自立，实现最大限度的发展，切实增强残疾儿童青少年家庭福祉，努力使残疾儿童青少年成长为国家有用之才。

（二）基本原则。

——坚持政府主导、特教特办。落实政府主体责任，加强特殊教育统筹规划和条件保障，加大政策、资金、项目向特殊教育倾斜力度，在普惠政策基础上给予特别扶持，补齐发展短板。

——坚持精准施策、分类推进。根据不同地区经济发展、人口分布等情况，因地制宜，合理布局，统筹推进区域内特殊教育改革发展。针对不同类别、不同程度、不同年龄残疾儿童青少年的需要，科学评估、合理安置、分类施教。

——坚持促进公平、实现共享。切实保障残疾儿童青少年平等接受教育的权利，做到有教无类，促进他们共享发展成果，让每一名残疾儿童青少年都有人生出彩机会。

——坚持尊重差异、多元融合。尊重残疾儿童青少年身心发展特点和个体差异，做到因材施教，实现适宜发展，让残疾儿童青少年和普通儿童青少年在融合环境中相互理解尊重、共同成长进步。

（三）主要目标。到2025年，高质量的特殊教育体系初步建立。

——普及程度显著提高，适龄残疾儿童义务教育入学率达到97%，非义务教育阶段残疾儿童青少年入学机会明显增加。

——教育质量全面提升，课程教材体系进一步完善，教育模式更加多样，课程教学改革不断深化，特殊教育质量评价制度基本建立。融合教育全面推进，普通教育、职业教育、医疗康复、信息技术与特殊教育进一步深度融合。

——保障机制进一步完善，继续对家庭经济困难残疾学生实行高中阶段免费教育，确保家庭经济困难残疾学生优先获得资助，逐步提高特殊教育经费保障水平。教师队伍建设进一步加强，数量充足，结构合理，专业水平进一步提升，待遇保障进一步提高。

二、拓展学段服务，加快健全特殊教育体系

（四）持续提高残疾儿童义务教育普及水平。以县级为单位健全残疾儿童招生入学联动工作机制，依据有关标准对残疾儿童身体状况、接受教育和适应学校学习生活能力进行全面规范评估，适宜安置每一名残疾儿童。压实义务教育阶段普通学校接收残疾儿童随班就读工作责任，建立健全学校随班就读工作长效机制，确保适龄残疾儿童应随尽随、就近就便优先入学。加强特殊教育学校建设，鼓励20万人口以上的县（市、区、旗）办好一所达到标准的特殊教育学校。残疾儿童较多且现有特殊教育学校学位不足的县（市、区、旗），要根据需要合理规划布局，满足残疾儿童入学需求。20万人口以下的县（市、区、旗）要因地制宜合理配置特殊教育资源，鼓励在九年一贯制学校或寄宿制学校设立特教班。针对孤独症儿童教育基础相对薄弱的实际，要合理布局孤独症儿童特殊教育学校，鼓励省会城市、计划单列市及较大城市建设孤独症儿童特殊教育学校。保障儿童福利机构内具备接受教育能力的适龄残疾儿童接受中小学教育并纳入学籍管理，推动特殊教育学校在本地儿童福利机构设立特教班。健全送教上门制度，推动各省（自治区、直辖市）完善送教上门服务标准，科学认定服务对象，规范送教上门形式和内容，加强送教服务过程管理，提高送教服务工作质量，能够入校就读的残疾儿童不纳入送教上门范围。

（五）大力发展非义务教育阶段特殊教育。积极发展学前特殊教育，鼓励普通幼儿园接收具有接受普通教育能力的残疾儿童就近入园随班就读，推动特殊教育学校和有条件的儿童福利机构、残疾儿童康复机构普遍增设学前部或附设幼儿园，鼓励设置专门招收残疾儿童的特殊教育幼儿园（班），尽早为残疾儿童提供适宜的保育、教育、康复、干预服务。着力发展以职业教育为主的高中阶段特殊教育，支持普通中等职业学校和普通高中接收残疾学生随班就读。推动特殊教育学校增设职教部(班),鼓励普通中等职业学校增设特教部(班),到2025年实现每个市(地、州、盟)和有条件的县(市、区、旗)都有一个残疾人中等职教部(班),在每个省(自治区、直辖市)至少办好一所残疾人中等职业学校和盲、聋高中(部)。鼓励有条件的地区建立从幼儿园到高中全学段衔接的十五年一贯制特殊教育学校。稳步发展高等特殊教育,加强高校特殊教育学院建设,增设适合残疾学生就读的相关专业,完善残疾学生就读普通高校措施。支持普通高校、开放大学、成人高校等面向残疾人开展继续教育,畅通和完善残疾人终身学习通道。

三、推进融合教育,全面提高特殊教育质量

(六)加强普通教育和特殊教育融合。探索适应残疾儿童和普通儿童共同成长的融合教育模式,推动特殊教育学校和普通学校结对帮扶共建、集团化融合办学,创设融合教育环境,推动残疾儿童和普通儿童融合。加强校际资源共享与整合,发挥不同学校优势,推进残疾学生信息上报、教育评估、转衔安置和个别化支持等工作规范及时、科学专业。研究制定义务教育阶段融合教育教学指南,修订特殊教育学校义务教育课程设置实验方案和课程标准。到2023年完成特殊教育学校义务教育各学科课程教材编写,审定通过后的教材列入中小学教学用书目录。开展融合教育示范区示范校创建和优秀教育教学案例遴选,持续推进特殊教育改革实验区综合改革,积极开展特殊教育教师教学基本功展示交流活动。完善特殊教育办学质量评价指标体系。积极探索科学适宜的孤独症儿童培养方式,研究制定孤独症儿童教育指南,逐步建立助教陪读制度,为孤独症儿童更好融入普通学校学习生活提供支持。加大力度推广使用国家通用手语和国家通用盲文。

(七)推动职业教育和特殊教育融合。支持特殊教育学校职教部(班)和职业学校特教部(班)开设适应残疾学生学习特点和市场需求的专业,积极探索设置面向智力残疾、多重残疾和孤独症等残疾学生的专业,同步促进残疾人的康复与职业技能提升,让残疾学生有一技之长,为将来就业创业奠定基础。探索开展面向残疾学生的“学历证书+若干职业技能等级证书”制度试点,将证书培训内容有机融入专业培养方案,优化课程设置和教学内容,提高残疾学生培养的灵活性、适应性、针对性。支持各种职业教育培训机构加强残疾学生职业技能培训,积极开展残疾学生生涯规划和就业指导,切实做好残疾学生教育与就业衔接工作。对面向残疾学生开放的职业教育实习实训基地提供支持。

(八)促进医疗康复、信息技术与特殊教育融合。教育、卫生健康、民政、残联等部门和单位协同推进,加强医疗机构、妇幼保健机构、儿童福利机构、康复机构与学校合作,提高残疾学生评估鉴定、入学安置、教育教学、康复训练的针对性和有效性。实施辅助器具进校园工程,优先为义务教育阶段残疾儿童科学提供辅助器具适配及服务。鼓励有条件的地方充分应用互联网、云计算、大数据、虚拟现实和人工智能等新技术,推进特殊教育智慧校园、智慧课堂建设。推动残疾儿童青少年相关数据互通共享。开发特殊教育数字化课程教学资源,扩大优质资源覆盖面。

四、提升支撑能力,不断完善特殊教育保障机制

(九)改善特殊教育办学条件。支持特殊教育学校和普通学校资源教室配备满足残疾学生需求的教育教学、康复训练等仪器设备和图书。加强学校无障碍设施设备建设配备,为残疾学生在校学习生活提供无障碍支持服务。大力推进国家、省、市、县、校五级特殊教育资源中心建设。依托高校和科研机构建设若干个国家级特殊教育资源中心,依托现有特殊教育资源加快建设省、市、县级特殊教育资源中心,鼓励依托设在乡镇(街道)的小学和初中因地制宜建设特殊教育资源中心,逐步实现各级特殊教育资源中心全覆盖。

(十)巩固完善特殊教育经费投入机制。落实并提高义务教育阶段特殊教育学校和随班就读残疾学生生均公用经费补助标准,到2025年将义务教育阶段特殊教育生均公用经费补助标准提高至每生每年7000元以上,有条件的地区可适当提高补助水平;各地应落实学前、高中阶段生均拨款政策,继续向特殊教育倾斜。地方财政可设立特殊教育专项补助经费,加强特殊教育基础能力建设。进一步优化完善残疾学生特殊学习用品、干预训练及送教上门教师交通费补助等政策。中央财政特殊教育补助资金重点支持中西部地区特殊教育学校改善办学条件、向重度残疾儿童接受义务教育提供送教上门服务等。落实学生资助政策,确保家庭经济困难残疾学生优先获得资助。鼓励和引导社会力量兴办特殊教育学校，支持符合条件的非营利性社会福利机构向残疾人提供特殊教育，强化民办特殊教育规范管理，确保特殊教育公益属性。积极鼓励企事业单位、社会组织、公民个人捐资助学。

（十一）加强特殊教育教师队伍建设。适当扩大普通高校特殊教育专业招生规模，根据实际需求，优化公费师范生招生结构，倾斜支持特殊教育公费师范生培养；注重培养适应特殊教育需要、具有职业教育能力的特殊教育师资；加大特殊教育专业硕士、博士培养力度。推动师范类专业开设特殊教育课程内容，列为必修课并提高比例，纳入师范专业认证指标体系，落实教师资格考试中含有特殊教育相关内容要求。组织开展特殊教育学校和随班就读普通学校的校长、教师全员培训，将融合教育纳入普通学校教师继续教育必修内容。认真落实特殊教育教师津贴标准，保障特殊教育教师待遇，吸引优秀人才从事特殊教育事业。普通学校（幼儿园）在绩效工资分配中对直接承担残疾学生教育教学工作的教师给予适当倾斜。县级以上教研机构应配足配齐特殊教育教研员。教师职称评聘和表彰奖励向特殊教育教师倾斜。将儿童福利机构、残疾儿童康复机构等机构中依法取得相应教师资格的特殊教育教师，纳入特殊教育教师培训、职称评聘、表彰奖励范围，并按规定享受相关待遇、津贴补贴等。

五、组织实施

（十二）加强组织领导。加强党对特殊教育工作的全面领导，地方各级人民政府要提高政治站位，坚持人民立场，将办好特殊教育纳入重要议事日程，坚持特教特办、重点扶持，统筹安排资金，有效配置资源，确保各项目标任务落到实处。

（十三）健全工作机制。完善多方协调联动的特殊教育推进机制，明确教育、发展改革、民政、财政、人力资源社会保障、卫生健康、残联等部门和单位的职责，形成工作合力。加强省级、市级统筹，落实县级主体责任，加大对欠发达地区和特殊教育薄弱地区的支持力度。建立健全学校与科研、医疗、康复等机构协同的专业支撑工作机制，在全社会营造关心支持特殊教育改革发展的良好氛围。

（十四）强化督导评估。在省级人民政府履行教育职责督导评价和义务教育优质均衡发展督导评估认定中，将特殊教育改革发展情况作为重要内容。各地教育督导部门和责任督学要将特殊教育纳入督导范围。省级人民政府要加强对特殊教育发展提升行动计划实施情况的指导与督查，将落实情况纳入市县两级政府绩效考核，建立激励与问责机制，确保特殊教育发展提升行动计划有效实施。

营利性民办学校监督管理实施细则

· 2016 年 12 月 30 日
· 教发〔2016〕20 号

第一章　总　则

第一条　为贯彻落实《国务院关于鼓励社会力量兴办教育促进民办教育健康发展的若干意见》，规范营利性民办学校办学行为，促进民办教育健康发展，根据《中华人民共和国教育法》《中华人民共和国民办教育促进法》和 2016 年 11 月 7 日《全国人民代表大会常务委员会关于修改〈中华人民共和国民办教育促进法〉的决定》等法律法规，制定本细则。

第二条　社会组织或者个人可以举办营利性民办高等学校和其他高等教育机构、高中阶段教育学校和幼儿园，不得设立实施义务教育的营利性民办学校。

社会组织或者个人不得以财政性经费、捐赠资产举办或者参与举办营利性民办学校。

第三条　营利性民办学校应当遵守国家法律法规，全面贯彻党的教育方针，坚持党的领导，坚持社会主义办学方向，坚持立德树人，对受教育者加强社会主义核心价值观教育，培养德、智、体、美等方面全面发展的社会主义建设者和接班人。

营利性民办学校应当坚持教育的公益性，始终把培养高素质人才、服务经济社会发展放在首位，实现社会效益与经济效益相统一。

第四条　审批机关、工商行政管理部门和其他相关部门在职责范围内，依法对营利性民办学校行使监督管理职权。

第二章　学校设立

第五条　批准设立营利性民办学校参照国家同级同类学校设置标准，一般分筹设、正式设立两个阶段。经批准筹设的营利性民办学校，举办者应当自批准筹设之日起 3 年内提出正式设立申请,3 年内未提出正式设立申请的,原筹设批复文件自然废止。

营利性民办学校在筹设期内不得招生。

第六条 审批机关应当坚持高水平、有特色导向批准设立营利性民办学校。设立营利性民办高等学校,应当纳入地方高等学校设置规划,按照学校设置标准、办学条件和学科专业数量等严格核定办学规模。中等以下层次营利性民办学校办学规模由省级人民政府根据当地实际制定。

第七条 营利性民办学校注册资本数额要与学校类别、层次、办学规模相适应。

第八条 举办营利性民办学校的社会组织或者个人应当具备与举办学校的层次、类型、规模相适应的经济实力,其净资产或者货币资金能够满足学校建设和发展的需要。

第九条 举办营利性民办学校的社会组织,应当具备下列条件:

(一)有中华人民共和国法人资格。

(二)信用状况良好,未被列入企业经营异常名录或严重违法失信企业名单,无不良记录。

(三)法定代表人有中华人民共和国国籍,在中国境内定居,信用状况良好,无犯罪记录,有政治权利和完全民事行为能力。

第十条 举办营利性民办学校的个人,应当具备下列条件:

(一)有中华人民共和国国籍,在中国境内定居。

(二)信用状况良好,无犯罪记录。

(三)有政治权利和完全民事行为能力。

第十一条 申请筹设营利性民办学校,举办者应当提交下列材料:

(一)筹设申请报告。内容主要包括:举办者的名称、地址或者姓名、住址及其资质,筹设学校的名称、地址、办学层次、办学规模、办学条件、培养目标、办学形式、内部管理机制、党组织设置、经费筹措与管理使用等。

(二)设立学校论证报告。

(三)举办者资质证明文件。举办者是社会组织的,应当包括社会组织的许可证、登记证或者营业执照、法定代表人有效身份证件复印件,决策机构、权力机构负责人及组成人员名单和有效身份证件复印件,有资质的会计师事务所出具的该社会组织近 2 年的年度财务会计报告审计结果,决策机构、权力机构同意投资举办学校的决议。举办者是个人的,应当包括有效身份证件复印件、个人存款、有本人签名的投资举办学校的决定等证明文件。

(四)资产来源、资金数额及有效证明文件,并载明产权。

(五)民办学校举办者再申请举办营利性民办学校的,还应当提交其举办或者参与举办的现有民办学校的办学许可证、登记证或者营业执照、组织机构代码证、校园土地使用权证、校舍房屋产权证明复印件,近 2 年年度检查的证明材料,有资质的会计师事务所出具的学校上年度财务会计报告审计结果。

(六)有两个以上举办者的,应当提交合作办学协议,明确各举办者的出资数额、出资方式、权利义务,举办者的排序、争议解决办法等内容。出资计入学校注册资本的,应当明确各举办者计入注册资本的出资数额、出资方式、占注册资本的比例。

第十二条 申请正式设立营利性民办学校,举办者应当提交下列材料:

(一)正式设立申请报告。

(二)筹设批准书。

(三)举办者资质证明文件。提交材料同本细则第十一条第(三)项。

(四)学校章程。

(五)学校首届董事会、监事(会)、行政机构负责人及组成人员名单和有效身份证件复印件。

(六)学校党组织负责人及组成人员名单和有效身份证件复印件,教职工党员名单。

(七)学校资产及其来源的有效证明文件。

(八)学校教师、财会人员名单及资格证明文件。

第十三条 直接申请正式设立营利性民办学校的,须提交本细则第十一条第(二)项规定的材料、第十二条除第(二)项以外的材料。

第十四条 审批机关对批准正式设立的营利性民办学校发给办学许可证;对不批准正式设立的,应当书面说明理由。经审批正式设立的营利性民办学校应当依法到工商行政管理部门登记。

第十五条 设立营利性民办学校,要坚持党的建设同步谋划、党的组织同步设置、党的工作同步开展。

第三章 组织机构

第十六条 营利性民办学校应当建立董事会、监事(会)、行政机构,同时建立党组织、教职工(代表)大会和工会。

营利性民办学校法定代表人由董事长或者校长担任。

第十七条 营利性民办学校董事会、行政机构、校长应当依据国家有关法律法规和学校章程设立和行使职权。

第十八条 营利性民办学校监事会中教职工代表不得少于1/3,主要履行以下职权:

(一)检查学校财务。

(二)监督董事会和行政机构成员履职情况。

(三)向教职工(代表)大会报告履职情况。

(四)国家法律法规和学校章程规定的其他职权。

第十九条 有犯罪记录、无民事行为能力或者限制行为能力者不得在学校董事会、监事会、行政机构任职。一个自然人不得同时在同一所学校的董事会、监事会任职。

第二十条 营利性民办学校应当切实加强党组织建设,强化党组织政治核心和政治引领作用,在事关学校办学方向、师生重大利益的重要决策中发挥指导、保障和监督作用。推进双向进入、交叉任职,党组织书记应当通过法定程序进入学校董事会和行政机构,党员校长、副校长等行政机构成员可按照党的有关规定进入党组织领导班子。监事会中应当有党组织领导班子成员。营利性民办学校应当加强共青团组织建设,充分发挥教职工(代表)大会和工会的作用。

第四章 教育教学

第二十一条 营利性民办学校应当以培养人才为中心,遵循教育规律,不断提高教育教学质量,增强受教育者的社会责任感、创新精神、实践能力。

第二十二条 营利性民办学校应当抓好思想政治教育和德育工作。加强思想政治理论课和思想品德课教学,推进中国特色社会主义理论体系进教材、进课堂、进头脑。深入开展理想信念、爱国主义、集体主义、中国特色社会主义教育和中华优秀传统文化、革命传统文化、民族团结教育,引导师生员工树立正确的世界观、人生观、价值观。

第二十三条 实施学历教育的营利性民办学校应当按照国家规定设置专业、开设课程、选用教材。营利性民办幼儿园应当依据国家和地方有关规定科学开展保育和教育活动。

第二十四条 营利性民办学校招收学历教育学生、境外学生应当遵守国家有关规定,招生简章和广告应当报审批机关备案。其中,本科高等学校的招生简章和广告应当报省级人民政府教育行政部门备案。

第二十五条 营利性民办学校聘任的教师应当具备国家规定的教师资格或者相关专业技能资格,学校应当按照《中华人民共和国教师法》《中华人民共和国劳动合同法》等国家法律法规和有关规定与教职工签订劳动合同。学校应当加强教师师德建设和业务培训,依法保障教职工工资、福利待遇和其他合法权益。学校聘任外籍教师应当符合国家有关规定。

第五章 财务资产

第二十六条 营利性民办学校执行《中华人民共和国公司法》及有关法律规定的财务会计制度。学校应当独立设置财务管理机构,统一学校财务核算,不得账外核算。

第二十七条 营利性民办学校应当建立健全财务内部控制制度,按实际发生数列支,不得虚列虚报,不得以计划数或者预算数代替实际支出数。

第二十八条 营利性民办学校按学期或者学年收费,收费项目及标准应当向社会公示30天后执行。不得在公示的项目和标准外收取其他费用,不得以任何名义向学生摊派费用或者强行集资。

第二十九条 营利性民办学校收入应当全部纳入学校财务专户,出具税务部门规定的合法票据,由学校财务部门统一核算、统一管理,保障学校的教育教学、学生资助、教职工待遇以及学校的建设和发展。学校应当将党建工作、思想政治工作和群团组织工作经费纳入学校经费预算。

第三十条 营利性民办学校拥有法人财产权,存续期间,学校所有资产由学校依法管理和使用,任何组织和个人不得侵占、挪用、抽逃。营利性民办学校举办者不得抽逃注册资本,不得用教育教学设施抵押贷款、进行担保,办学结余分配应当在年度财务结算后进行。

第三十一条 营利性民办学校应当建立健全学校风险防范、安全管理制度和应急预警处理机制，保障学校师生权益、生命财产安全，维护学校安全稳定。学校法定代表人是学校安全稳定工作的第一责任人。

第六章 信息公开

第三十二条 营利性民办学校应当依据法律法规建立信息公开制度及信息公开保密审查机制，公开的信息不得危及国家安全、公共安全、经济安全、社会稳定和学校安全稳定。

第三十三条 营利性民办高等学校信息公开内容应当执行《高等学校信息公开办法》等国家有关规定，其他营利性民办学校信息公开办法由地方人民政府学校主管部门制定。

第三十四条 营利性民办学校应当按照《企业信息公示暂行条例》规定，通过国家企业信用信息公示系统，公示年度报告信息、行政许可信息以及行政处罚信息等信用信息。

第三十五条 营利性民办学校信息应当通过学校网站、信息公告栏、电子屏幕等场所和设施公开，并可根据需要设置公共阅览室、资料索取点方便调取和查阅。除学校已经公开的信息外，社会组织或者个人可以书面形式向学校申请获取其他信息。

第七章 变更与终止

第三十六条 营利性民办学校分立、合并、终止及其他重大事项变更，应当由学校董事会通过后报审批机关审批、核准，并依法向工商行政管理部门申请变更、注销登记手续。其中，营利性民办本科高等学校分立、合并、终止、名称变更由教育部审批，其他事项变更由省级人民政府核准。

第三十七条 营利性民办学校分立、合并、终止及其他重大事项变更，应当制定实施方案和应急工作预案，并按隶属关系报学校主管部门备案，保障学校教育教学秩序和师生权益不受影响。

第三十八条 营利性民办学校有下列情形之一的，应当终止：

（一）根据学校章程规定要求终止，并经审批机关批准的。

（二）被吊销办学许可证的。

（三）因资不抵债无法继续办学的。

第三十九条 营利性民办学校终止时，应当依法进行财务清算，财产清偿依据《中华人民共和国民办教育促进法》等法律法规和学校章程的规定处理，切实保障学校师生和相关方面的权益。

第四十条 营利性民办学校终止时，应当及时办理建制撤销、注销登记手续，将学校办学许可证正副本、印章交回原审批机关，将营业执照正副本缴回原登记管理机关。

第四十一条 营利性民办学校发生分立、合并、终止等重大事项变更，学校党组织应当及时向上级党组织报告，上级党组织应当及时对学校党组织的变更或者撤销作出决定。

第八章 监督与处罚

第四十二条 教育、人力资源社会保障行政部门依据《中华人民共和国民办教育促进法》规定的管理权限，对营利性民办学校实施年度检查制度。工商行政管理部门对营利性民办学校实施年度报告公示制度。

第四十三条 教育、人力资源社会保障行政部门依据《中华人民共和国民办教育促进法》规定的管理权限，加大对营利性民办学校招生简章的监管力度，对于使用未经备案的招生简章、发布虚假招生简章的民办学校依法依规予以处理。

第四十四条 教育、人力资源社会保障行政部门依据《中华人民共和国民办教育促进法》规定的管理权限，加强对营利性民办学校办学行为和教育教学质量的监督管理，依法依规开展督导和检查，组织或者委托社会组织定期进行办学水平和教育教学质量评估，并向社会公布评估结果。

第四十五条 教育行政部门应当加强对实施学历教育的营利性民办学校执行电子学籍和学历证书电子注册制度情况的监督，对非法颁发或者伪造学历证书、学位证书的营利性民办学校依法予以处理。

第四十六条 地方教育、人力资源社会保障及其他相关部门应当通过实施审计、建立监管平台等措施对营利性民办学校财务资产状况进行监督。

第四十七条 营利性民办学校违反《中华人民共和国教育法》《中华人民共和国民办教育促进法》及相关法律法规，有下列行为之一的，由教育、人力资源社会保障、工商行政部门或者其他相关部门依法责令限期改正，并予以警告；有违法所得

的,退还所收费用后没收违法所得;情节严重的,责令停止招生、吊销办学许可证;构成犯罪的,依法追究刑事责任:

(一)办学方向、教学内容、办学行为违背党的教育方针,违反国家相关法律规定。

(二)办学条件达不到国家规定标准,存在安全隐患。

(三)提供虚假资质或者进行虚假广告、宣传等行为。

(四)筹设期间违规招生,办学期间违规收费。

(五)因学校责任造成教育教学及安全事故。

(六)抽逃办学资金、非法集资。

(七)存在其他违反法律法规行为。

第四十八条 民办学校有下列情形之一的,其举办者不得再举办或者参与举办营利性民办学校:

(一)法人财产权未完全落实。

(二)民办学校属营利性的,其被列入企业经营异常名录或严重违法失信企业名单。

(三)办学条件不达标。

(四)近2年有年度检查不合格情况。

(五)法律法规规定的其他情形。

第九章 附 则

第四十九条 营利性民办培训机构参照本细则执行。

第五十条 本细则由教育部、人力资源社会保障部、工商总局负责解释。

民办学校分类登记实施细则

·2016年12月30日

·教发〔2016〕19号

第一章 总 则

第一条 为贯彻落实《国务院关于鼓励社会力量兴办教育促进民办教育健康发展的若干意见》,推动民办教育分类管理,促进民办教育健康发展,根据《中华人民共和国教育法》《中华人民共和国民办教育促进法》和2016年11月7日《全国人民代表大会常务委员会关于修改〈中华人民共和国民办教育促进法〉的决定》等法律法规,制定本细则。

第二条 民办教育是社会主义教育事业的重要组成部分。民办学校应当遵守国家法律法规,全面贯彻党的教育方针,坚持党的领导,坚持社会主义办学方向,坚持公益性导向,坚持立德树人,对受教育者加强社会主义核心价值观教育,培养德、智、体、美等方面全面发展的社会主义建设者和接班人。

第二章 设立审批

第三条 民办学校分为非营利性民办学校和营利性民办学校。民办学校的设立应当依据《中华人民共和国民办教育促进法》等法律法规和国家有关规定进行审批。经批准正式设立的民办学校,由审批机关发给办学许可证后,依法依规分类到登记管理机关办理登记证或者营业执照。

第四条 设立民办学校应当具备《中华人民共和国教育法》《中华人民共和国民办教育促进法》和其他有关法律法规规定的条件,符合地方经济社会和教育发展的需要。

第五条 民办学校的设立应当参照国家同级同类学校设置标准,无相应设置标准的由县级以上人民政府按照国家有关规定制定。申请设立民办学校,应当提交《中华人民共和国民办教育促进法》等法律法规和学校设置标准规定的材料、学校党组织建设有关材料。

第六条 审批机关对批准正式设立的民办学校发给办学许可证;对不批准正式设立的,应当以书面形式向申请人说明理由。

第三章 分类登记

第七条 正式批准设立的非营利性民办学校,符合《民办非企业单位登记管理暂行条例》等民办非企业单位登记管理有关规定的到民政部门登记为民办非企业单位,符合《事业单位登记管理暂行条例》等事业单位登记管理有关规定的到事业单位登记管理机关登记为事业单位。

第八条 实施本科以上层次教育的非营利性民办高等学校,由省级人民政府相关部门办理登记。实施专科以下层次教育的非营利性民办学校,由省级人民政府确定的县级以上人民政府相关部门办理登记。

第九条 正式批准设立的营利性民办学校,依据法律法规规定的管辖权限到工商行政管理部门办理登记。

第十条 登记管理机关对符合登记条件的民办学校，依法依规予以登记，并核发登记证或者营业执照；对不符合登记条件的，不予登记，并以书面形式向申请人说明理由。

第十一条 民办学校的名称应当符合国家有关规定，体现学校的办学层次和类别。

第四章 事项变更和注销登记

第十二条 民办学校涉及办学许可证、登记证或者营业执照上事项变更的，依照法律法规和有关规定到原发证机关办理变更手续。其中，民办本科高等学校办学许可证上除名称外需核准的其他事项变更，由省级人民政府核准。

第十三条 民办学校终止办学应当及时办理撤销建制、注销登记手续，将办学许可证、登记证或者营业执照正副本缴回原发证机关。

第五章 现有民办学校分类登记

第十四条 现有民办学校选择登记为非营利性民办学校的，依法修改学校章程，继续办学，履行新的登记手续。

第十五条 现有民办学校选择登记为营利性民办学校的，应当进行财务清算，经省级以下人民政府有关部门和相关机构依法明确土地、校舍、办学积累等财产的权属并缴纳相关税费，办理新的办学许可证，重新登记，继续办学。

第十六条 民办学校变更登记类型的办法由省级人民政府根据国家有关规定，结合地方实际制定。

第六章 附 则

第十七条 本细则所称现有民办学校为2016年11月7日《全国人民代表大会常务委员会关于修改〈中华人民共和国民办教育促进法〉的决定》公布前经批准设立的民办学校。本细则所称的审批机关包括县级以上教育、人力资源社会保障部门以及省级人民政府。本细则所称的登记管理机关包括县级以上民政、编制、工商行政管理部门。

第十八条 本细则由教育部、人力资源社会保障部、民政部、中央编办、工商总局负责解释。

（八）特殊教育

残疾人教育条例

· 1994年8月23日中华人民共和国国务院令第161号发布
· 根据2011年1月8日《国务院关于废止和修改部分行政法规的决定》修订
· 2017年1月11日国务院第161次常务会议修订通过
· 2017年2月1日中华人民共和国国务院令第674号公布
· 自2017年5月1日起施行

第一章 总 则

第一条 为了保障残疾人受教育的权利，发展残疾人教育事业，根据《中华人民共和国教育法》和《中华人民共和国残疾人保障法》，制定本条例。

第二条 国家保障残疾人享有平等接受教育的权利，禁止任何基于残疾的教育歧视。

残疾人教育应当贯彻国家的教育方针，并根据残疾人的身心特性和需要，全面提高其素质，为残疾人平等地参与社会生活创造条件。

第三条 残疾人教育是国家教育事业的组成部分。

发展残疾人教育事业，实行普及与提高相结合、以普及为重点的方针，保障义务教育，着重发展职业教育，积极开展学前教育，逐步发展高级中等以上教育。

残疾人教育应当提高教育质量，积极推进融合教育，根据残疾人的残疾类别和接受能力，采取普通教育方式或者特殊教育方式，优先采取普通教育方式。

第四条 县级以上人民政府应当加强对残疾人教育事业的领导，将残疾人教育纳入教育事业发展规划，统筹安排实施，合理配置资源，保障残疾人教育经费投入，改善办学条件。

第五条 国务院教育行政部门主管全国的残疾人教育工作，统筹规划、协调管理全国的残疾人教育事业；国务院其他有关部门在国务院规定的职责范围内负责有关的残疾人教育工作。

县级以上地方人民政府教育行政部门主管本行政区域内的残疾人教育工作；县级以上地方人民政府其他有关部门在各自的职责范围内负责有关的残疾人教育工作。

第六条 中国残疾人联合会及其地方组织应当积极促进和开展残疾人教育工作，协助相关部门实施残疾人教育，为残疾人接受教育提供支持和帮助。

第七条 学前教育机构、各级各类学校及其他教育机构应当依照本条例以及国家有关法律、法规的规定，实施残疾人教育；对符合法律、法规规定条件的残疾人申请入学，不得拒绝招收。

第八条 残疾人家庭应当帮助残疾人接受教育。

残疾儿童、少年的父母或者其他监护人应当尊重和保障残疾儿童、少年接受教育的权利，积极开展家庭教育，使残疾儿童、少年及时接受康复训练和教育，并协助、参与有关教育机构的教育教学活动，为残疾儿童、少年接受教育提供支持。

第九条 社会各界应当关心和支持残疾人教育事业。残疾人所在社区、相关社会组织和企事业单位，应当支持和帮助残疾人平等接受教育、融入社会。

第十条 国家对为残疾人教育事业作出突出贡献的组织和个人，按照有关规定给予表彰、奖励。

第十一条 县级以上人民政府负责教育督导的机构应当将残疾人教育实施情况纳入督导范围，并可以就执行残疾人教育法律法规情况、残疾人教育教学质量以及经费管理和使用情况等实施专项督导。

第二章 义务教育

第十二条 各级人民政府应当依法履行职责，保障适龄残疾儿童、少年接受义务教育的权利。

县级以上人民政府对实施义务教育的工作进行监督、指导、检查，应当包括对残疾儿童、少年实施义务教育工作的监督、指导、检查。

第十三条 适龄残疾儿童、少年的父母或者其他监护人，应当依法保证其残疾子女或者被监护人入学接受并完成义务教育。

第十四条 残疾儿童、少年接受义务教育的入学年龄和年限，应当与当地儿童、少年接受义务教育的入学年龄和年限相同；必要时，其入学年龄和在校年龄可以适当提高。

第十五条 县级人民政府教育行政部门应当会同卫生行政部门、民政部门、残疾人联合会，根据新生儿疾病筛查和学龄前儿童残疾筛查、残疾人统计等信息，对义务教育适龄残疾儿童、少年进行入学前登记，全面掌握本行政区域内义务教育适龄残疾儿童、少年的数量和残疾情况。

第十六条 县级人民政府应当根据本行政区域内残疾儿童、少年的数量、类别和分布情况，统筹规划，优先在部分普通学校中建立特殊教育资源教室，配备必要的设备和专门从事残疾人教育的教师及专业人员，指定其招收残疾儿童、少年接受义务教育；并支持其他普通学校根据需要建立特殊教育资源教室，或者安排具备相应资源、条件的学校为招收残疾学生的其他普通学校提供必要的支持。

县级人民政府应当为实施义务教育的特殊教育学校配备必要的残疾人教育教学、康复评估和康复训练等仪器设备，并加强九年一贯制义务教育特殊教育学校建设。

第十七条 适龄残疾儿童、少年能够适应普通学校学习生活、接受普通教育的，依照《中华人民共和国义务教育法》的规定就近到普通学校入学接受义务教育。

适龄残疾儿童、少年能够接受普通教育，但是学习生活需要特别支持的，根据身体状况就近到县级人民政府教育行政部门在一定区域内指定的具备相应资源、条件的普通学校入学接受义务教育。

适龄残疾儿童、少年不能接受普通教育的，由县级人民政府教育行政部门统筹安排进入特殊教育学校接受义务教育。

适龄残疾儿童、少年需要专人护理，不能到学校就读的，由县级人民政府教育行政部门统筹安排，通过提供送教上门或者远程教育等方式实施义务教育，并纳入学籍管理。

第十八条 在特殊教育学校学习的残疾儿童、少年，经教育、康复训练，能够接受普通教育的，学校可以建议残疾儿童、少年的父母或者其他监护人将其转入或者升入普通学校接受义务教育。

在普通学校学习的残疾儿童、少年，难以适应普通学校学习生活的，学校可以建议残疾儿童、少年的父母或者其他监护人将其转入指定的普通学校或者特殊教育学校接受义务教育。

第十九条 适龄残疾儿童、少年接受教育的能力和适应学校学习生活的能力应当根据其残疾类别、残疾程度、补偿程度以及学校办学条件等因素判断。

第二十条 县级人民政府教育行政部门应当会同卫生行政部门、民政部门、残疾人联合会，建立由教育、心理、康复、社会工作等方面专家组成的残疾人教育专家委员会。

残疾人教育专家委员会可以接受教育行政部门的委托，对适龄残疾儿童、少年的身体状况、接受教育的能力和适应学校学习生活的能力进行评估，提出入学、转学建议；对残疾人义务教育问题提供咨询，提出建议。

依照前款规定作出的评估结果属于残疾儿童、少年的隐私，仅可被用于对残疾儿童、少年实施教育、康复。教育行政部门、残疾人教育专家委员会、学校及其工作人员对在工作中了解的残疾儿童、少年评估结果及其他个人信息负有保密义务。

第二十一条 残疾儿童、少年的父母或者其他监护人与学校就入学、转学安排发生争议的，可以申请县级人民政府教育行政部门处理。

接到申请的县级人民政府教育行政部门应当委托残疾人教育专家委员会对残疾儿童、少年的身体状况、接受教育的能力和适应学校学习生活的能力进行评估并提出入学、转学建议，并根据残疾人教育专家委员会的评估结果和提出的入学、转学建议，综合考虑学校的办学条件和残疾儿童、少年及其父母或者其他监护人的意愿，对残疾儿童、少年的入学、转学安排作出决定。

第二十二条 招收残疾学生的普通学校应当将残疾学生合理编入班级；残疾学生较多的，可以设置专门的特殊教育班级。

招收残疾学生的普通学校应当安排专门从事残疾人教育的教师或者经验丰富的教师承担随班就读或者特殊教育班级的教育教学工作，并适当缩减班级学生数额，为残疾学生入学后的学习、生活提供便利和条件，保障残疾学生平等参与教育教学和学校组织的各项活动。

第二十三条 在普通学校随班就读残疾学生的义务教育，可以适用普通义务教育的课程设置方案、课程标准和教材，但是对其学习要求可以有适度弹性。

第二十四条 残疾儿童、少年特殊教育学校（班）应当坚持思想教育、文化教育、劳动技能教育与身心补偿相结合，并根据学生残疾状况和补偿程度，实施分类教学；必要时，应当听取残疾学生父母或者其他监护人的意见，制定符合残疾学生身心特性和需要的个别化教育计划，实施个别教学。

第二十五条 残疾儿童、少年特殊教育学校（班）的课程设置方案、课程标准和教材，应当适合残疾儿童、少年的身心特性和需要。

残疾儿童、少年特殊教育学校（班）的课程设置方案、课程标准由国务院教育行政部门制订；教材由省级以上人民政府教育行政部门按照国家有关规定审定。

第二十六条 县级人民政府教育行政部门应当加强对本行政区域内的残疾儿童、少年实施义务教育工作的指导。

县级以上地方人民政府教育行政部门应当统筹安排支持特殊教育学校建立特殊教育资源中心，在一定区域内提供特殊教育指导和支持服务。特殊教育资源中心可以受教育行政部门的委托承担以下工作：

（一）指导、评价区域内的随班就读工作；

（二）为区域内承担随班就读教育教学任务的教师提供培训；

（三）派出教师和相关专业服务人员支持随班就读，为接受送教上门和远程教育的残疾儿童、少年提供辅导和支持；

（四）为残疾学生父母或者其他监护人提供咨询；

（五）其他特殊教育相关工作。

第三章 职业教育

第二十七条 残疾人职业教育应当大力发展中等职业教育，加快发展高等职业教育，积极开展以实用技术为主的中期、短期培训，以提高就业能力为主，培养技术技能人才，并加强对残疾学生的就业指导。

第二十八条 残疾人职业教育由普通职业教育机构和特殊职业教育机构实施，以普通职业教育机构为主。

县级以上地方人民政府应当根据需要，合理设置特殊职业教育机构，改善办学条件，扩大残疾人中等职业学校招生规模。

第二十九条 普通职业学校不得拒绝招收符

合国家规定的录取标准的残疾人入学，普通职业培训机构应当积极招收残疾人入学。

县级以上地方人民政府应当采取措施，鼓励和支持普通职业教育机构积极招收残疾学生。

第三十条 实施残疾人职业教育的学校和培训机构，应当根据社会需要和残疾人的身心特性合理设置专业，并与企业合作设立实习实训基地，或者根据教学需要和条件办好实习基地。

第四章 学前教育

第三十一条 各级人民政府应当积极采取措施，逐步提高残疾幼儿接受学前教育的比例。

县级人民政府及其教育行政部门、民政部门等有关部门应当支持普通幼儿园创造条件招收残疾幼儿；支持特殊教育学校和具备办学条件的残疾儿童福利机构、残疾儿童康复机构等实施学前教育。

第三十二条 残疾幼儿的教育应当与保育、康复结合实施。

招收残疾幼儿的学前教育机构应当根据自身条件配备必要的康复设施、设备和专业康复人员，或者与其他具有康复设施、设备和专业康复人员的特殊教育机构、康复机构合作对残疾幼儿实施康复训练。

第三十三条 卫生保健机构、残疾幼儿的学前教育机构、儿童福利机构和家庭，应当注重对残疾幼儿的早期发现、早期康复和早期教育。

卫生保健机构、残疾幼儿的学前教育机构、残疾儿童康复机构应当就残疾幼儿的早期发现、早期康复和早期教育为残疾幼儿家庭提供咨询、指导。

第五章 普通高级中等以上教育及继续教育

第三十四条 普通高级中等学校、高等学校、继续教育机构应当招收符合国家规定的录取标准的残疾考生入学，不得因其残疾而拒绝招收。

第三十五条 设区的市级以上地方人民政府可以根据实际情况举办实施高级中等以上教育的特殊教育学校，支持高等学校设置特殊教育学院或者相关专业，提高残疾人的受教育水平。

第三十六条 县级以上人民政府教育行政部门以及其他有关部门、学校应当充分利用现代信息技术，以远程教育等方式为残疾人接受成人高等教育、高等教育自学考试等提供便利和帮助，根据实际情况开设适合残疾人学习的专业、课程，采取灵活开放的教学和管理模式，支持残疾人顺利完成学业。

第三十七条 残疾人所在单位应当对本单位的残疾人开展文化知识教育和技术培训。

第三十八条 扫除文盲教育应当包括对年满15周岁以上的未丧失学习能力的文盲、半文盲残疾人实施的扫盲教育。

第三十九条 国家、社会鼓励和帮助残疾人自学成才。

第六章 教 师

第四十条 县级以上人民政府应当重视从事残疾人教育的教师培养、培训工作，并采取措施逐步提高他们的地位和待遇，改善他们的工作环境和条件，鼓励教师终身从事残疾人教育事业。

县级以上人民政府可以采取免费教育、学费减免、助学贷款代偿等措施，鼓励具备条件的高等学校毕业生到特殊教育学校或者其他特殊教育机构任教。

第四十一条 从事残疾人教育的教师，应当热爱残疾人教育事业，具有社会主义的人道主义精神，尊重和关爱残疾学生，并掌握残疾人教育的专业知识和技能。

第四十二条 专门从事残疾人教育工作的教师（以下称特殊教育教师）应当符合下列条件：

（一）依照《中华人民共和国教师法》的规定取得教师资格；

（二）特殊教育专业毕业或者经省、自治区、直辖市人民政府教育行政部门组织的特殊教育专业培训并考核合格。

从事听力残疾人教育的特殊教育教师应当达到国家规定的手语等级标准，从事视力残疾人教育的特殊教育教师应当达到国家规定的盲文等级标准。

第四十三条 省、自治区、直辖市人民政府可以根据残疾人教育发展的需求，结合当地实际为特殊教育学校和指定招收残疾学生的普通学校制定教职工编制标准。

县级以上地方人民政府教育行政部门应当会同其他有关部门，在核定的编制总额内，为特殊教育学校配备承担教学、康复等工作的特殊教育教师和相关专业人员；在指定招收残疾学生的普通学校设置特殊教育教师等专职岗位。

第四十四条 国务院教育行政部门和省、自治区、直辖市人民政府应当根据残疾人教育发展的需要有计划地举办特殊教育师范院校，支持普通师范院校和综合性院校设置相关院系或者专业，培养特殊教育教师。

普通师范院校和综合性院校的师范专业应当设置特殊教育课程，使学生掌握必要的特殊教育的基本知识和技能，以适应对随班就读的残疾学生的教育教学需要。

第四十五条 县级以上地方人民政府教育行政部门应当将特殊教育教师的培训纳入教师培训计划，以多种形式组织在职特殊教育教师进修提高专业水平；在普通教师培训中增加一定比例的特殊教育内容和相关知识，提高普通教师的特殊教育能力。

第四十六条 特殊教育教师和其他从事特殊教育的相关专业人员根据国家有关规定享受特殊岗位补助津贴及其他待遇；普通学校的教师承担残疾学生随班就读教学、管理工作的，应当将其承担的残疾学生教学、管理工作纳入其绩效考核内容，并作为核定工资待遇和职务评聘的重要依据。

县级以上人民政府教育行政部门、人力资源社会保障部门在职务评聘、培训进修、表彰奖励等方面，应当为特殊教育教师制定优惠政策、提供专门机会。

第七章　条件保障

第四十七条 省、自治区、直辖市人民政府应当根据残疾人教育的特殊情况，依据国务院有关行政主管部门的指导性标准，制定本行政区域内特殊教育学校的建设标准、经费开支标准、教学仪器设备配备标准等。

义务教育阶段普通学校招收残疾学生，县级人民政府财政部门及教育行政部门应当按照特殊教育学校生均预算内公用经费标准足额拨付费用。

第四十八条 各级人民政府应当按照有关规定安排残疾人教育经费，并将所需经费纳入本级政府预算。

县级以上人民政府根据需要可以设立专项补助款，用于发展残疾人教育。

地方各级人民政府用于义务教育的财政拨款和征收的教育费附加，应当有一定比例用于发展残疾儿童、少年义务教育。

地方各级人民政府可以按照有关规定将依法征收的残疾人就业保障金用于特殊教育学校开展各种残疾人职业教育。

第四十九条 县级以上地方人民政府应当根据残疾人教育发展的需要统筹规划、合理布局，设置特殊教育学校，并按照国家有关规定配备必要的残疾人教育教学、康复评估和康复训练等仪器设备。

特殊教育学校的设置，由教育行政部门按照国家有关规定审批。

第五十条 新建、改建、扩建各级各类学校应当符合《无障碍环境建设条例》的要求。

县级以上地方人民政府及其教育行政部门应当逐步推进各级各类学校无障碍校园环境建设。

第五十一条 招收残疾学生的学校对经济困难的残疾学生，应当按照国家有关规定减免学费和其他费用，并按照国家资助政策优先给予补助。

国家鼓励有条件的地方优先为经济困难的残疾学生提供免费的学前教育和高中教育，逐步实施残疾学生高中阶段免费教育。

第五十二条 残疾人参加国家教育考试，需要提供必要支持条件和合理便利的，可以提出申请。教育考试机构、学校应当按照国家有关规定予以提供。

第五十三条 国家鼓励社会力量举办特殊教育机构或者捐资助学；鼓励和支持民办学校或者其他教育机构招收残疾学生。

县级以上地方人民政府及其有关部门对民办特殊教育机构、招收残疾学生的民办学校，应当按照国家有关规定予以支持。

第五十四条 国家鼓励开展残疾人教育的科学研究，组织和扶持盲文、手语的研究和应用，支持特殊教育教材的编写和出版。

第五十五条 县级以上人民政府及其有关部门应当采取优惠政策和措施，支持研究、生产残疾人教育教学专用仪器设备、教具、学具、软件及其他辅助用品，扶持特殊教育机构兴办和发展福利企业和辅助性就业机构。

第八章　法律责任

第五十六条 地方各级人民政府及其有关部门违反本条例规定，未履行残疾人教育相关职责的，由上一级人民政府或者其有关部门责令限期改正；情节严重的，予以通报批评，并对直接负责的主管人员和其他直接责任人员依法给予处分。

第五十七条 学前教育机构、学校、其他教育机构及其工作人员违反本条例规定，有下列情形之一的，由其主管行政部门责令改正，对直接负责的主管人员和其他直接责任人员依法给予处分；构成违反治安管理行为的，由公安机关依法给予治安管理处罚；构成犯罪的，依法追究刑事责任：

（一）拒绝招收符合法律、法规规定条件的残疾学生入学的；

（二）歧视、侮辱、体罚残疾学生，或者放任对残疾学生的歧视言行，对残疾学生造成身心伤害的；

（三）未按照国家有关规定对经济困难的残疾学生减免学费或者其他费用的。

第九章 附 则

第五十八条 本条例下列用语的含义：

融合教育是指将对残疾学生的教育最大程度地融入普通教育。

特殊教育资源教室是指在普通学校设置的装备有特殊教育和康复训练设施设备的专用教室。

第五十九条 本条例自2017年5月1日起施行。

普通学校特殊教育资源教室建设指南

·2016年1月20日

·教基二厅〔2016〕1号

为更好地推进全纳教育，完善普通学校随班就读支持保障体系，提高残疾学生教育教学质量，依据《义务教育法》和《残疾人教育条例》的有关规定，制定本指南。

一、总体要求

在普通学校（含幼儿园、普通中小学、中等职业学校，以下同）建设资源教室，要遵循残疾学生身心发展规律，充分考虑残疾学生潜能开发和功能补偿的需求，以增强残疾学生终身学习和融入社会的能力为目的；要坚持设施设备的整体性和专业服务的系统性，为残疾学生的学习、康复和生活辅导提供全方位支持；要突出针对性和有效性，根据每一个残疾学生的残疾类型、残疾程度和特殊需要，及时调整更新配置；要确保安全，配备的设施设备必须符合国家的相关安全和环保标准，不得含有国家明令禁止使用的有毒材料。

二、功能作用

资源教室是为随班就读的残疾学生及其他有特殊需要的学生、教师和家长，提供特殊教育专业服务的场所，应具备如下主要功能：

（一）开展特殊教育咨询、测查、评估、建档等活动。

（二）进行学科知识辅导。

（三）进行生活辅导和社会适应性训练。

（四）进行基本的康复训练。

（五）提供支持性教育环境和条件。

（六）开展普通教师、学生家长和有关社区工作人员的培训。

三、基本布局

资源教室应当优先设立在招收较多残疾学生随班就读且在当地学校布局调整规划中长期保留的普通学校。招收5人以上数量残疾学生的普通学校，一般应设立资源教室。不足5人的，由所在区域教育行政部门统筹规划资源教室的布局，辐射片区所有随班就读学生，实现共享发展。

四、场地及环境

资源教室应有固定的专用场所，一般选择教学楼一层，位置相对安静、进出方便。其面积应不小于60平方米，若由多个房间组成，应安排在一起。有条件的普通学校，可以结合需要适当扩大。所附基础设施要符合《无障碍环境建设条例》《无障碍设计规范》《特殊教育学校建筑设计规范》中的有关规定。

五、区域设置

资源教室应设置学习训练、资源评估和办公接待等基本区域。

（一）学习训练区。主要用于以个别或小组形式对学生进行学科学习辅导，以及相关的认知、情绪、社交发展方面的训练。根据学生的需求，对学生进行动作及感觉统合训练、视功能训练、言语语言康复训练等。

（二）资源评估区。主要用于存放学生教学训练计划、教师工作计划，教具、学具、图书音像资料。对学生进行学习需求测查，各种心理、生理功能基本测查和评估等。

（三）办公接待区。主要用于教师处理日常工作事务及开展相关管理工作，接待校内学生、教师、家长等来访者。

在不影响资源教室基本功能的情况下，资源教室各功能区域可以根据实际需求相互兼容。有条件的学校还可以适当拓展。

六、配备目录

分为基本配备与可选配备（详见附表）。基本配备是指满足基本需要的教育教学和康复训练设施设备、图书资料等。可选配备是指根据残疾学生的残疾类型、程度及其他特殊需要，选择配备的教育教学和康复训练设施设备、图书资料等。

七、资源教师

资源教室应配备适当资源教师，以保障资源教室能正常发挥作用。资源教师原则上须具备特殊教育、康复或其他相关专业背景，符合《教师法》规定的学历要求，具备相应的教师资格，符合《特殊教育教师专业标准》的规定，经过岗前培训，具备特殊教育和康复训练的基本理论、专业知识和操作技能。资源教师纳入特殊教育教师管理，在绩效考核、评优评先和职务（职称）评聘中给予倾斜。

八、管理规范

（一）开放时间。原则上，学生在校期间每天均应面向本校或片区内随班就读残疾学生开放。安排适当时间向其他有特殊需要的学生、教师和家长开放，并安排专人值班。

（二）经费投入。各地教育行政部门要将资源教室建设纳入当地特殊教育事业发展的总体规划，建立财政支持保障的长效机制。学校也应将资源教室的建设、维护以及工作运行纳入年度经费预算，保证资源教室工作正常开展。

（三）日常管理。资源教室应纳入学校统一管理，建立和完善相关管理制度。资源教室应根据残疾学生的特殊需要制定专门工作计划并开展工作。

（四）指导评估。区域内特殊教育指导中心或特教学校应加强对资源教室的业务指导和评估，定期委派专人为资源教师提供培训和业务支持，并对区域内资源教室的运行及成效进行考核评价，并将结果上报主管教育行政部门。

特殊教育学校暂行规程*

·1998年12月2日教育部令第1号发布

·根据2010年12月13日《教育部关于修改和废止部分规章的决定》修订

第一章 总 则

第一条 为加强特殊教育学校内部的规范化管理，全面贯彻教育方针，全面提高教育质量，依据国家有关教育法律、法规制定本规程。

第二条 本规程所指的特殊教育学校是指由政府、企业事业组织、社会团体、其他社会组织及公民个人依法举办的专门对残疾儿童、少年实施义务教育的机构。

第三条 特殊教育学校的学制一般为九年一贯制。

第四条 特殊教育学校要贯彻国家教育方针，根据学生身心特点和需要实施教育，为其平等参与社会生活，继续接受教育，成为社会主义事业的建设者和接班人奠定基础。

第五条 特殊教育学校的培养目标是：

培养学生初步具有爱祖国、爱人民、爱劳动、爱科学、爱社会主义的情感，具有良好的品德，养成文明、礼貌、遵纪守法的行为习惯；掌握基础的文化科学知识和基本技能，初步具有运用所学知识分析问题、解决问题的能力；掌握锻炼身体的基本方法，具有较好的个人卫生习惯，身体素质和健康水平得到提高；具有健康的审美情趣；掌握一定的日常生活、劳动、生产的知识和技能；初步掌握补偿自身缺陷的基本方法，身心缺陷得到一定程度的康复；初步树立自尊、自信、自强、自立的精神和维护自身合法权益的意识，形成适应社会的基本能力。

第六条 特殊教育学校的基本教学语言文字为汉语言文字。学校应当推广使用全国通用的普通话和规范字以及国家推行的盲文、手语。

招收少数民族学生为主的学校，可使用本民

* 根据《教育部关于取消一批证明事项的通知》（教政法函〔2019〕12号）第一条第（二）项，取消《特殊教育学校暂行规程》（教育部令第1号）第十一条规定的，特殊教育学校学生因病休学时提交的医疗单位证明，改为出示县级以上医院病历。

族或当地民族通用语言文字和盲文、手语进行教学，并应根据实际情况在适当年级开设汉语文课程，开设汉语文课程应当使用普通话和规范汉字。

第七条 特殊教育学校实行校长负责制，校长全面负责学校的教学和其他行政工作。

第八条 按照“分级管理、分工负责”的原则，特殊教育学校在当地人民政府领导下实施教育工作。特殊教育学校应接受教育行政部门或上级主管部门的检查、监督和指导，要如实报告工作，反映情况。学年末，学校要向主管教育行政部门报告工作，重大问题应随时报告。

第二章 入学及学籍管理

第九条 特殊教育学校招收适合在校学习的义务教育阶段学龄残疾儿童、少年入学。招生范围由主管教育行政部门确定。学校实行秋季始业。

学校应对入学残疾儿童、少年的残疾类别、原因、程度和身心发展状况等进行必要的了解和测评。

第十条 特殊教育学校应根据有利于教育教学和学生身心健康的原则确定教学班学额。

第十一条 特殊教育学校对因病无法继续学习的学生（须具备县级以上医疗单位的证明）在报经主管教育行政部门批准后，准其休学。休学时间超过三个月，复学时学校可根据其实际情况并征求本人及其父母或其他监护人的意见后编入相应年级。

第十二条 特殊教育学校应接纳其主管教育行政部门批准、不适合继续在普通学校就读申请转学的残疾儿童、少年，并根据其实际情况，编入相应年级。

学校对因户籍变更申请转入，并经主管教育行政部门审核符合条件的残疾儿童、少年，应及时予以妥善安置，不得拒收。

学校对招生范围以外的申请就学的残疾儿童、少年，经主管教育行政部门批准后，可准其借读，并可按有关规定收取借读费。

第十三条 特殊教育学校对修完规定课程且成绩合格者，发给毕业证书，对不合格者发给结业证书；对已修满义务教育年限但未修完规定课程者，发给肄业证书；对未修满义务教育年限者，可视情况出具学业证明。

学校一般不实行留级制度。

第十四条 特殊教育学校对学业能力提前达到更高年级程度的学生，可准其提前升入相应年级学习或者提前学习相应年级的有关课程。经考查能够在普通学校随班就读的学生，在经得本人、其父母或其他监护人的同意后，应向主管教育行政部门申请转学。

第十五条 特殊教育学校对品学兼优的学生应予表彰，对犯有错误的学生应给予帮助或批评教育，对极少数错误严重的学生，可分别给予警告、严重警告和记过处分。学校一般不得开除义务教育阶段学龄学生。

第十六条 特殊教育学校应防止未修满义务教育年限的学龄学生辍学，发现学生辍学，应立即向主管部门报告，配合有关部门依法使其复学。

第十七条 特殊教育学校的学籍管理办法由省级教育行政部门制定。

第三章 教育教学工作

第十八条 特殊教育学校的主要任务是教育教学工作，其他各项工作应有利于教育教学工作的开展。

学校的教育教学工作要面向全体学生，坚持因材施教，改进教育教学方法，充分发挥各类课程的整体功能，促进学生全面发展。

第十九条 特殊教育学校应按照国家制定的特殊教育学校课程计划、教学大纲进行教育教学工作。

学校使用的教材，须经省级以上教育行政部门审查通过；实验教材、乡土教材须经主管教育行政部门批准后方可使用。

学校应根据学生的实际情况和特殊需要，采用不同的授课制和多种教学组织形式。

第二十条 特殊教育学校应当依照教育行政部门颁布的校历安排教育教学工作。特殊教育学校不得随意停课，若遇特殊情况必须停课的，一天以内的由校长决定，并报县级教育行政部门备案；一天以上的，应经县级人民政府批准。

第二十一条 特殊教育学校不得组织学生参加商业性的庆典、演出等活动，参加其他社会活动不应影响教育教学秩序和学校正常工作。

第二十二条 特殊教育学校要把德育工作放在重要位置，要结合学校和学生的实际实施德育工作，注重实效。

学校的德育工作由校长负责，教职工参与，做到组织落实、制度落实、内容落实、基地落实、时间落实；要与家庭教育、社会教育密切结合。

第二十三条 特殊教育学校对学生应坚持正面教育，注意保护学生的自信心、自尊心，不得讽刺挖苦、粗暴压服，严禁体罚和变相体罚。

第二十四条 特殊教育学校要在每个教学班设置班主任教师，负责管理、指导班级全面工作。班主任教师要履行国家规定的班主任职责，加强同各科任课教师、学校其他人员和学生家长的联系，了解学生思想、品德、学业、身心康复等方面的情况，协调教育和康复工作。

班主任教师每学期要根据学生的表现写出评语。

第二十五条 特殊教育学校要根据学生的实际情况有针对性地给学生布置巩固知识、发展技能和康复训练等方面的作业。

第二十六条 特殊教育学校应重视体育和美育工作。

学校要结合学生实际积极开展多种形式的体育活动，增强学生的体质。学校应保证学生每天不少于一小时的体育活动时间。

学校要上好艺术类课程，注意培养学生的兴趣、爱好和特长，其他学科也要从本学科特点出发，发挥美育功能。美育要结合学生日常生活，提出服饰、仪表、语言、行为等方面审美要求。

第二十七条 特殊教育学校要特别重视劳动教育、劳动技术教育和职业教育。学校要对低、中年级学生实施劳动教育，培养学生爱劳动、爱劳动人民、珍惜劳动成果的思想，培养从事自我服务、家务劳动和简单生产劳动的能力，养成良好的劳动习惯；要根据实际情况对高年级学生实施劳动技术教育和职业教育，提高学生的劳动、就业能力。

学校劳动教育、劳动技术教育和职业教育，应做到内容落实、师资落实、场地落实。

学校要积极开展勤工俭学活动，办好校办产业；勤工俭学和校办产业的生产、服务活动要努力与劳动教育、劳动技术教育和职业教育相结合。学生参加勤工俭学活动，应以有利于学生的身心健康和发展为原则。

第二十八条 特殊教育学校要把学生的身心康复作为教育教学的重要内容，根据学生的残疾类别和程度，有针对性地进行康复训练，提高训练质量。要指导学生正确运用康复设备和器具。

第二十九条 特殊教育学校要重视学生的身心健康教育，培养学生良好的心理素质和卫生习惯，提高学生保护和合理使用自身残存功能的能力；适时、适度地进行青春期教育。

第三十条 特殊教育学校应加强活动课程和课外活动的指导，做到内容落实、指导教师落实、活动场地落实；要与普通学校、青少年校外教育机构和学生家庭联系，组织开展有益活动，安排好学生的课余生活。学校组织学生参加竞赛、评奖活动，要执行教育行政部门的有关规定。

第三十一条 特殊教育学校要在课程计划和教学大纲的指导下，通过多种形式评价教育教学质量，尤其要重视教学过程的评价。学校不得仅以学生的学业考试成绩评价教育教学质量和教师工作。

学校每学年要对学生德、智、体和身心缺陷康复等方面进行1-2次评价，毕业时要进行终结性评价，评价报告要收入学生档案。

视力和听力言语残疾学生，1-6年级学期末考试科目为语文、数学两科，其他学科通过考查确定成绩；7-9年级学生学期末考试科目为语文、数学、劳动技术或职业技能三科，其他学科通过考查评定成绩。学期末考试由学校命题，考试方法要多样，试题的难易程度和数量要适度。

视力和听力言语残疾学生的毕业考试科目、考试办法及命题权限由省级教育行政部门确定。

智力残疾学生主要通过平时考查确定成绩，考查科目、办法由学校确定。

第三十二条 特殊教育学校要积极开展教育教学研究，运用科学的教育理论指导教育教学工作，积极推广科研成果及成功的教育教学经验。

第三十三条 特殊教育学校应合理安排作息时间，学生每日在校用于教学活动时间，不得超过课程计划规定的课时。接受劳动技术教育和职业教育的学生，用于劳动实习的时间，每天不超过3小时；毕业年级集中生产实习每天不超过6小时，并要严格控制劳动强度。

第四章 校长、教师和其他人员

第三十四条 特殊教育学校可按编制设校长、副校长、主任、教师和其他人员。

第三十五条 特殊教育学校校长是学校的行政负责人。校长应具备、符合国家规定的任职条件和岗位要求，履行国家规定的职责。校长由学校举办者或举办者的上级主管部门任命或聘任；副校长及教导（总务）主任等人员由校长提名，按有关规定权限和程序任命或聘任。社会力量举办的特殊教育学校校长应报教育行政部门核准后，由校董会或学校举办者聘任。校长要加强教育及其有关法律法规、教育理论的学习，要熟悉特殊教育业务，不断加强自身修养，提高管理水平，依法对学校实施管理。

第三十六条 特殊教育学校教师应具备国家规定的相应教师资格和任职条件，具有社会主义的人道主义精神，关心残疾学生，掌握特殊教育的专业知识和技能，遵守职业道德，完成教育教学工作，享受和履行法律规定的权利和义务。

第三十七条 特殊教育学校其他人员应具备相应的思想政治、业务素质，其具体任职条件、职责由教育行政部门或学校按照国家的有关规定制定。

第三十八条 特殊教育学校要根据国家有关规定实行教师聘任、职务制度，对教师和其他人员实行科学管理。

第三十九条 特殊教育学校要加强教师的思想政治、职业道德教育，重视教师和其他人员的业务培训和继续教育，制定进修计划，积极为教师和其他人员进修创造条件。教师和其他人员进修应根据学校工作需要，以在职、自学、所教学科和所从事工作为主。

第四十条 特殊教育学校应建立健全考核奖惩制度和业务考核档案，从德、能、勤、绩等方面全面、科学考核教师和其他人员工作，注重工作表现和实绩，并根据考核结果奖优罚劣。

第五章 机构与日常管理

第四十一条 特殊教育学校可根据规模，内设分管教务、总务等工作的机构（或岗位）和人员，协助校长做好有关工作。招收两类以上残疾学生的特殊教育学校，可设置相应的管理岗位，其具体职责由学校确定。

第四十二条 特殊教育学校应按国家有关规定建立教职工代表会议制度，加强对学校民主管理和民主监督。

第四十三条 校长要依靠党的学校（地方）基层组织，并充分发挥工会、共青团、少先队及其他组织在学校工作中的作用。

第四十四条 特殊教育学校应根据国家有关法律法规和政策建立健全各项规章制度，建立完整的学生、教育教学和其他档案。

第四十五条 特殊教育学校应建立健全学生日常管理制度，并保证落实。学生日常管理工作应与社区、家庭密切配合。

第四十六条 特殊教育学校应按有利于管理，有利于教育教学，有利于安全的原则设置教学区和生活区。

第四十七条 寄宿制特殊教育学校实行24小时监护制度。要设专职或兼职人员，负责学生的生活指导和管理工作，并经常与班主任教师保持联系。

第六章 卫生保健及安全工作

第四十八条 特殊教育学校应认真执行国家有关学校卫生工作的法规、政策，建立健全学校卫生工作制度。

第四十九条 特殊教育学校的校园、校舍、设备、教具、学具和图书资料等应有利于学生身心健康。学校要做好预防传染病、常见病的工作。

第五十条 特殊教育学校要特别重视学生的安全防护工作，建立健全安全工作制度。学校校舍、设施、设备、教具、学具等都应符合安全要求。学校组织的各项校内、外活动，应采取安全防护措施，确保师生的安全。

学校要根据学生特点，开展安全教育和训练，培养学生的安全意识和在危险情况下自护自救能力。

第五十一条 特殊教育学校应配备专职或兼职校医，在校长的领导下，负责学校卫生保健工作和教学、生活卫生监督工作。

学校应建立学生健康档案，每年至少对学生进行一次身体检查；注重保护学生的残存功能。

第五十二条 特殊教育学校要加强饮食管理。食堂的场地、设备、用具、膳食要符合国家规定的卫生标准，要注意学生饮食的营养合理搭配。要制定预防肠道传染病和食物中毒的措施，建立食堂工作人员定期体检制度。

第七章 校园、校舍、设备及经费

第五十三条 特殊教育学校的办学条件及经费由学校举办者负责提供，校园、校舍建设应执行国家颁布的《特殊教育学校建设标准》。

学校应具备符合规定标准的教学仪器设备、专用检测设备、康复设备、文体器材、图书资料等；要创造条件配置现代化教育教学和康复设备。

第五十四条 特殊教育学校要特别重视校园环境建设，搞好校园的绿化和美化，搞好校园文化建设，形成良好的育人环境。

第五十五条 特殊教育学校应遵照有关规定管理和使用校舍、场地等，未经主管部门批准，不得改变其用途；要及时对校舍设施进行维修和维护，保持坚固、实用、清洁、美观，发现危房立即停止使用，并报主管部门。

第五十六条 特殊教育学校应加强对仪器、设备、器材和图书资料等的管理，分别按有关规定建立健全管理制度，保持完好率，提高使用率。

第五十七条 特殊教育学校对义务教育阶段学生免收学费，对家庭生活困难的学生减免杂费。特殊教育学校收费应严格按照省级人民政府规定的收费项目和县级以上人民政府制定的标准及办法执行。（2010 年 12 月 13 日删除）

各级政府应设立助学金，用于帮助经济困难学生就学。

第五十八条 特殊教育学校的校办产业和勤工俭学收入上缴学校部分应用于改善办学条件，提高教职工福利待遇，改善学生学习和生活条件。学校可按有关规定接受社会捐助。

第五十九条 特殊教育学校应科学管理、合理使用学校经费，提高使用效益。要建立健全经费管理制度，并接受上级财务和审计部门的监督。

第八章 学校、社会与家庭

第六十条 特殊教育学校应同街道（社区）、村民委员会及附近的普通学校、机关、团体、部队、企事业单位建立联系，争取社会各界支持学校工作，优化育人环境。

第六十一条 特殊教育学校要在当地教育行政部门领导下，指导普通学校特殊教育班和残疾儿童、少年随班就读工作，培训普通学校特殊教育师资，组织教育教学研究活动，提出本地特殊教育改革与发展的建议。

第六十二条 特殊教育学校应通过多种形式与学生家长建立联系制度，使家长了解学校工作，征求家长对学校工作的意见、帮助家长创设良好的家庭育人环境。

第六十三条 特殊教育学校应特别加强与当地残疾人组织和企事业单位的联系，了解社会对残疾人就业的需求，征求毕业生接收单位对学校教育工作的意见、建议，促进学校教育教学工作的改革。

第六十四条 特殊教育学校应为当地校外残疾人工作者、残疾儿童、少年及家长等提供教育、康复方面的咨询和服务。

第九章 附 则

第六十五条 特殊教育学校应当根据《中华人民共和国教育法》、《中华人民共和国义务教育法》、《残疾人教育条例》和本规程的规定，结合实际情况制定学校章程。承担教育改革试点任务的特殊教育学校，在报经省级主管教育行政部门批准后，可调整本规程中的某些要求。

第六十六条 本规程适用于特殊教育学校。普通学校附设的特殊教育班、特殊教育学校的非义务教育机构和实施职业教育的特殊教育学校可参照执行有关内容。

第六十七条 各省、自治区、直辖市教育行政部门可根据本规程制定实施办法。

第六十八条 本规程自发布之日起施行。

特殊教育补助资金管理办法

· 2021 年 4 月 10 日
· 财教〔2021〕72 号

第一条 为规范和加强特殊教育补助资金管理，提高资金使用效益，根据国家预算管理有关规定，制定本办法。

第二条 本办法所称特殊教育补助资金（以下简称补助资金），是指中央财政用于支持特殊教育发展的转移支付资金。实施期限根据教育领域中央与地方财政事权和支出责任划分改革方案、支持特殊教育改革发展政策等确定。

第三条 补助资金遵循“中央引导、省级统筹、突出重点、讲求绩效、规范透明、强化监督”的原则。

第四条 补助资金支持范围为全国独立设置的特殊教育学校和招收较多残疾学生随班就读的普通中小学校。重点支持中西部省份和东部部分困难地区。补助资金主要用于以下方面：

（一）支持特殊教育学校改善办学条件（不含新建），配备特殊教育专用设备设施和仪器；对特殊教育学校和随班就读学生较多的普通学校进行无障碍设施改造。

（二）支持承担特殊教育资源中心（含孤独症儿童教育中心）职能的学校和设置特殊教育资源教室的普通学校配置必要的设施设备。

（三）支持向重度残疾学生接受义务教育提供送教上门服务，为送教上门的教师提供必要的交通补助；支持普通中小学校创设融合校园文化环境，推进融合教育。

第五条 补助资金由财政部会同教育部共同管理。教育部负责审核地方提供的区域绩效目标等相关材料和数据，提供资金测算需要的基础数据，并对基础数据准确性、及时性负责。财政部根据预算管理相关规定，会同教育部研究确定有关省份资金预算金额、资金的整体绩效目标。

省级财政、教育部门明确省级及省以下各级财政、教育部门在基础数据审核、资金安排、使用管理等方面的责任，切实加强资金管理。

第六条 补助资金采取因素法分配。按照基础因素、投入因素分配到有关省份。其中：

基础因素（权重 80%）主要考虑特殊教育事业发展、教师队伍建设、改革创新等因素。各因素数据通过相关统计资料获得。

投入因素（权重 20%）主要考虑地方财政努力程度等因素。各因素数据通过相关统计资料获得。

财政部会同教育部综合考虑各地工作进展等情况，研究确定绩效调节系数，对资金分配情况进行适当调节。

计算公式为：

某省份补助资金 =（该省份基础因素/Σ有关省份基础因素×权重+该省份投入因素/Σ有关省份投入因素×权重）×补助资金年度预算资金总额×绩效调节系数

财政部、教育部根据党中央、国务院有关决策部署和特殊教育改革发展新形势等情况，适时调整完善相关分配因素、权重、计算公式等。

第七条 省级财政、教育部门应当于每年 2 月底前，向财政部、教育部报送当年补助资金申报材料，并同时抄送财政部当地监管局。申报材料主要包括：

（一）上年度工作总结，包括上年度补助资金使用情况、年度绩效目标完成情况、绩效评价结果、地方财政投入情况、主要管理措施、问题分析及对策等。

（二）当年工作计划，主要包括当年全省工作目标和补助资金区域绩效目标、重点任务和资金安排计划，绩效指标要指向明确、细化量化、合理可行、相应匹配。

第八条 财政部于每年全国人民代表大会批准中央预算后三十日内，会同教育部正式下达资金预算，并抄送财政部有关监管局。每年 10 月 31 日前，提前下达下一年度资金预计数。省级财政在收到资金预算后，应当会同省级教育部门在三十日内按照预算级次合理分配、及时下达本行政区域县级以上各级政府部门，并抄送财政部当地监管局。

第九条 补助资金支付执行国库集中支付制度。涉及政府采购的，按照政府采购法律法规和有关制度执行。

第十条 省级财政、教育部门在分配补助资金时，应当结合本地区年度重点工作和省级财政安排相关资金，加大省级统筹力度，做好与发展改革部门安排基本建设项目等各渠道资金的统筹和对接，防止资金、项目安排重复交叉或缺位。

县（区）级财政、教育部门应当落实资金管理主体责任，加强区域内相关教育经费的统筹安排和使用，指导和督促本地区特殊教育学校健全财务、会计、资产管理制度。加强特殊教育学校预算管理，细化预算编制，硬化预算执行，强化预算监督；规范学校财务管理，确保资金使用安全、规范和高效。

各级财政、教育部门要加强财政风险控制，强化流程控制、依法合规分配和使用资金，实行不相容岗位（职责）分离控制。

第十一条 补助资金原则上应在当年执行完毕，年度未支出的资金按财政部结转结余资金管理有关规定处理。

第十二条 各级财政、教育部门要按照全面实施预算绩效管理的要求，建立健全全过程预算绩效管理机制，按规定科学合理设定绩效目标，对照绩效目标做好绩效监控，认真组织开展绩效评价，强化评价结果应用，做好绩效信息公开，提高资金配置效率和使用效益。财政部根据工作需要适时组织开展重点绩效评价。

第十三条 财政部各地监管局应当按照工作职责和财政部要求,对资金实施监管。地方各级财政部门应当会同同级教育部门,按照各自职责加强项目审核申报、经费使用管理等工作,建立"谁使用、谁负责"的责任机制。严禁将资金用于平衡预算、偿还债务、支付利息、对外投资等支出,不得从补助资金中提取工作经费或管理经费。

第十四条 各级财政、教育部门及其工作人员、申报使用补助资金的部门、单位及个人存在违法违规行为的,依法责令改正;对负有责任的领导人员和直接责任人员依法给予处分;涉嫌犯罪的,依法移送有关机关处理。

第十五条 本办法由财政部、教育部负责解释。各级财政、教育部门可以根据本办法,结合各地实际,制定具体管理办法,报财政部、教育部备案,并抄送财政部当地监管局。

第十六条 本办法自印发之日起施行。《财政部 教育部关于印发〈特殊教育补助资金管理办法〉的通知》(财教〔2019〕261号)同时废止。

特殊教育教师专业标准(试行)

·2015年8月21日
·教师〔2015〕7号

为促进特殊教育教师专业发展,建设高素质特殊教育教师队伍,根据《中华人民共和国义务教育法》《中华人民共和国教师法》《中华人民共和国残疾人保障法》《残疾人教育条例》,特制定本标准。

特殊教育教师是指在特殊教育学校、普通中小学幼儿园及其他机构中专门对残疾学生履行教育教学职责的专业人员,要经过严格的培养与培训,具有良好的职业道德,掌握系统的专业知识和专业技能。本标准是国家对合格特殊教育教师的基本专业要求,是特殊教育教师实施教育教学行为的基本规范,是引领特殊教育教师专业发展的基本准则,是特殊教育教师培养、准入、培训、考核等工作的重要依据。

一、基本理念

(一)师德为先

热爱特殊教育事业,具有职业理想,践行社会主义核心价值观,履行教师职业道德规范,依法执教。具有人道主义精神,关爱残疾学生(以下简称学生),尊重学生人格,富有爱心、责任心、耐心、细心和恒心;为人师表,教书育人,自尊自律,公平公正,以人格魅力和学识魅力教育感染学生,做学生健康成长的指导者和引路人。

(二)学生为本

尊重学生权益,以学生为主体,充分调动和发挥学生的主动性;遵循学生的身心发展特点和特殊教育教学规律,为每一位学生提供合适的教育,最大限度地开发潜能、补偿缺陷,促进学生全面发展,为学生更好地适应社会和融入社会奠定基础。

(三)能力为重

将学科知识、特殊教育理论与实践有机结合,突出特殊教育实践能力;研究学生,遵循学生成长规律,因材施教,提升特殊教育教学的专业化水平;坚持实践、反思、再实践、再反思,不断提高专业能力。

(四)终身学习

学习先进的教育理论,了解国内外特殊教育改革与发展的经验和做法;优化知识结构,提高文化素养;具有终身学习与持续发展的意识和能力,做终身学习的典范。

二、基本内容

维度	领域	基本要求
专业理念与师德	职业理解与认识	1. 贯彻党和国家教育方针政策,遵守教育法律法规。 2. 理解特殊教育工作的意义,热爱特殊教育事业,具有职业理想和敬业精神。 3. 认同特殊教育教师职业的专业性、独特性和复杂性,注重自身专业发展。 4. 具有良好的职业道德修养和人道主义精神,为人师表。 5. 具有良好的团队合作精神,积极开展协作交流。

续 表

维度	领域	基本要求
专业理念与师德	对学生的态度与行为	6. 关爱学生，将保护学生生命安全放在首位，重视学生的身心健康发展。 7. 平等对待每一位学生，尊重学生人格尊严，维护学生合法权益。不歧视、讽刺、挖苦学生，不体罚或变相体罚学生。 8. 理解残疾是人类多样性的一种表现，尊重个体差异，主动了解和满足学生身心发展的特殊需要。 9. 引导学生正确认识和对待残疾，自尊自信、自强自立。 10. 对学生始终抱有积极的期望，坚信每一位学生都能成功，积极创造条件，促进学生健康快乐成长。
	教育教学的态度与行为	11. 树立德育为先、育人为本、能力为重的理念，将学生的品德养成、知识学习与能力发展相结合，潜能开发与缺陷补偿相结合，提高学生的综合素质。 12. 尊重特殊教育规律和学生身心发展特点，为每一位学生提供合适的教育。 13. 激发并保护学生的好奇心和自信心，引导学生体验学习乐趣，培养学生的动手能力和探究精神。 14. 重视生活经验在学生成长中的作用，注重教育教学、康复训练与生活实践的整合。 15. 重视学校与家庭、社区的合作，综合利用各种资源。 16. 尊重和发挥好少先队、共青团组织的教育引导作用。
	个人修养与行为	17. 富有爱心、责任心、耐心、细心和恒心。 18. 乐观向上、热情开朗、有亲和力。 19. 具有良好的耐挫力，善于自我调适，保持平和心态。 20. 勤于学习，积极实践，不断进取。 21. 衣着整洁得体，语言规范健康，举止文明礼貌。
专业知识	学生发展知识	22. 了解关于学生生存、发展和保护的有关法律法规及政策。 23. 了解学生身心发展的特殊性与普遍性规律，掌握学生残疾类型、原因、程度、发展水平、发展速度等方面的个体差异及教育的策略和方法。 24. 了解对学生进行青春期教育的知识和方法。 25. 掌握针对学生可能出现的各种侵犯与伤害行为、意外事故和危险情况下的危机干预、安全防护与救助的基本知识与方法。 26. 了解学生安置和不同教育阶段衔接的知识，掌握帮助学生顺利过渡的方法。
	学科知识	27. 掌握所教学科知识体系的基本内容、基本思想和方法。 28. 了解所教学科与其他学科及社会生活的联系。
	教育教学知识	29. 掌握特殊教育教学基本理论，了解康复训练的基本知识与方法。 30. 掌握特殊教育评估的知识与方法。 31. 掌握学生品德心理和教学心理的基本原理和方法。 32. 掌握所教学科的课程标准以及基于标准的教学调整策略与方法。 33. 掌握在学科教学中整合情感态度、社会交往与生活技能的策略与方法。 34. 了解学生语言发展的特点，熟悉促进学生语言发展、沟通交流的策略与方法。
	通识性知识	35. 具有相应的自然科学和人文社会科学知识。 36. 了解教育事业和残疾人事业发展的基本情况。 37. 具有相应的艺术欣赏与表现知识。 38. 具有适应教育内容、教学手段和方法现代化的信息技术知识。

续 表

维度	领域	基本要求
专业能力	环境创设与利用	39. 创设安全、平等、适宜、全纳的学习环境,支持和促进学生的学习和发展。 40. 建立良好的师生关系,帮助学生建立良好的同伴关系。 41. 有效运用班级和课堂教学管理策略,建立班级秩序与规则,创设良好的班级氛围。 42. 合理利用资源,为学生提供和制作适合的教具、辅具和学习材料,支持学生有效学习。 43. 运用积极行为支持等不同管理策略,妥善预防、干预学生的问题行为。
	教育教学设计	44. 运用合适的评估工具和评估方法,综合评估学生的特殊教育需要。 45. 根据教育评估结果和课程内容,制订学生个别化教育计划。 46. 根据课程和学生身心特点,合理地调整教学目标和教学内容,编写个别化教学活动方案。 47. 合理设计主题鲜明、丰富多彩的班级、少先队和共青团等群团活动。
	组织与实施	48. 根据学生已有的知识和经验,创设适宜的学习环境和氛围,激发学生学习的兴趣和积极性。 49. 根据学生的特殊需要,选择合适的教学策略与方法,有效实施教学。 50. 运用课程统整策略,整合多学科、多领域的知识与技能。 51. 合理安排每日活动,促进教育教学、康复训练与生活实践紧密结合。 52. 整合应用现代教育技术及辅助技术,支持学生的学习。 53. 协助相关专业人员,对学生进行必要的康复训练。 54. 积极为学生提供必要的生涯规划和职业指导教育,培养学生的职业技能和就业能力。 55. 正确使用普通话和国家推行的盲文、手语进行教学,规范书写钢笔字、粉笔字、毛笔字。 56. 妥善应对突发事件。
	激励与评价	57. 对学生日常表现进行观察与判断,及时发现和赏识每一位学生的点滴进步。 58. 灵活运用多元评价方法和调整策略,多视角、全过程评价学生的发展情况。 59. 引导学生进行积极的自我评价。 60. 利用评价结果,及时调整和改进教育教学工作。
	沟通与合作	61. 运用恰当的沟通策略和辅助技术进行有效沟通,促进学生参与、互动与合作。 62. 与家长进行有效沟通合作,开展教育咨询、送教上门等服务。 63. 与同事及其他专业人员合作交流,分享经验和资源,共同发展。 64. 与普通教育工作者合作,指导、实施随班就读工作。 65. 协助学校与社区建立良好的合作互助关系,促进学生的社区融合。
	反思与发展	66. 主动收集分析特殊教育相关信息,不断进行反思,改进教育教学工作。 67. 针对特殊教育教学工作中的现实需要与问题,进行教育教学研究,积极开展教学改革。 68. 结合特殊教育事业发展需要,制定专业发展规划,积极参加专业培训,不断提高自身专业素质。

三、实施意见

（一）各级教育行政部门要将本标准作为特殊教育教师队伍建设的基本依据。根据特殊教育改革发展的需要，充分发挥本标准的引领和导向作用，深化教师教育改革，建立教师教育质量保障体系，不断提高特殊教育教师培养培训质量。制定特殊教育教师专业证书制度和准入标准，严把教师入口关；制定特殊教育教师聘任（聘用）、考核、退出等管理制度，保障教师合法权益，形成科学有效的特殊教育教师队伍管理和督导机制。

（二）开展特殊教育教师教育的院校要将本标准作为特殊教育教师培养培训的主要依据。重视特殊教育教师职业特点，加强特殊教育学科和专业建设。完善特殊教育教师培养培训方案，科学设置教师教育课程，改革教育教学方式；重视特殊教育教师职业道德教育，重视社会实践和教育实习；加强特殊教育师资队伍建设，建立科学的质量评价制度。

（三）实施特殊教育的学校（机构）要将本标准作为教师管理的重要依据。制订特殊教育教师专业发展规划，注重教师职业理想与职业道德教育，增强教师教书育人的责任感与使命感；开展校本研修，促进教师专业发展；完善教师岗位职责和考核评价制度，健全特殊教育教师绩效管理机制。

（四）特殊教育教师要将本标准作为自身专业发展的基本依据。制定自我专业发展规划，爱岗敬业，增强专业发展自觉性；大胆开展教育教学实践，不断创新；积极进行自我评价，主动参加教师培训和自主研修，逐步提升专业发展水平。

特殊教育办学质量评价指南

· 2022 年 11 月 1 日

· 教基〔2022〕4 号

为深入贯彻全国教育大会精神，加快建立健全特殊教育评价制度，努力构建以义务教育阶段为主、涵盖学前教育和高中阶段教育的特殊教育办学质量评价体系，推进特殊教育高质量发展，根据中共中央、国务院印发的《深化新时代教育评价改革总体方案》和《国务院办公厅关于转发教育部等部门“十四五”特殊教育发展提升行动计划的通知》（国办发〔2021〕60 号）精神，制定本指南。

一、总体要求

（一）指导思想

认真贯彻党的二十大精神，以习近平新时代中国特色社会主义思想为指导，全面贯彻党的教育方针，落实立德树人根本任务，遵循特殊儿童成长规律和特殊教育发展规律，加快建立以适宜融合为目标的特殊教育办学质量评价体系，强化评价结果运用，引领深化特殊教育教学改革，全面提升特殊教育办学质量，促进特殊儿童全面健康适宜发展。

（二）基本原则

坚持正确方向。坚持社会主义办学方向，践行为党育人、为国育才使命，树立科学教育评价导向，以适宜融合为目标办好特殊教育，全面提高特殊教育质量。

坚持育人为本。尊重特殊儿童身心发展特点和成长规律，推动普通教育、职业教育、医疗康复及信息技术与特殊教育融合，强化学生全过程纵向评价，合理调整课程内容，不断优化教学方式，促进特殊儿童更好融入学校、掌握一技之长与适应社会生活。

坚持统筹兼顾。整合涉及特殊教育的各类考核评价项目，处理好与普通教育不同学段质量评价制度的衔接、互补；同时，针对不同类别、不同程度、不同阶段特殊儿童的需要，分类设计评价方式，拓展学段服务、推进融合教育，推动特殊教育综合改革。

坚持以评促建。坚持实事求是、客观公正，强化增值评价，有效发挥引导、诊断、改进、激励功能，加快健全特殊教育体系，保障特殊儿童接受高质量的特殊教育。

二、评价内容

评价内容主要包括政府履行职责、课程教学实施、教师队伍建设、学校组织管理、学生适宜发展等 5 个方面，共 18 项关键指标和 49 个考查要点。

（一）政府履行职责。包括坚持正确方向、统筹规划布局、改善办学条件、强化经费保障、健全工作机制等 5 项关键指标，旨在促进地方政府全面贯彻党的教育方针，坚持社会主义办学方向，强化对特殊教育工作的领导，切实提升特殊教育保障力度和保障水平。

（二）课程教学实施。包括规范课程设置、优化教学方式、开展多元评价、康复辅助支持等4项关键指标，旨在推动学校遵循特殊教育规律和特殊儿童学习特点，落实课程方案，规范使用教材，优化课程内容与教学方法，改革评价方式，提供辅助支持与康复训练，全面提高特殊学生受教育质量。

（三）教师队伍建设。包括提升师德水平、配齐师资力量、助力专业发展、提高待遇保障等4项关键指标，旨在促进学校加强教师思想政治和师德师风建设工作，加大力度配备特殊教育专业教师，健全教师专业发展机制，切实提高教师特殊教育专业素质，完善激励机制，提升教师职业幸福感，激发教育教学的积极性和创造性。

（四）学校组织管理。包括完善学校管理、创设无障碍环境等2项关键指标，旨在促进学校切实保障特殊儿童受教育权利，规范学校管理制度，健全特殊教育工作机制，加强家校社协同育人，深入推进融合教育，构建无障碍物理环境、人文环境与信息环境，整体提升特殊教育治理能力。

（五）学生适宜发展。包括思想道德素质、知识技能水平、社会适应能力等3项关键指标，旨在促进特殊学生具备良好的道德品质，掌握适应未来发展所需基本的知识技能，努力将特殊学生培养为自尊、自信、自强、自立的国家有用之才。

三、评价组织实施

（一）加强组织领导。各地要高度重视特殊教育办学质量评价工作，将其纳入地方政府、教育部门、学校的重要议事日程，建立政府教育督导部门牵头、多方参与的评价组织实施机制。结合本地实际制定特殊教育办学质量评价具体标准，分层分类细化评价指标内容与评价方式，编制学校自评手册，确保评价工作操作性强、程序规范、科学有效。在财政投入、评价队伍建设、信息平台建设等方面加大倾斜力度，为开展特殊教育办学质量评价提供必要的支持保障。

（二）规范评价实施。各地要认真组织实施特殊教育办学质量评价工作，在落实《义务教育学校管理标准》《义务教育质量评价指南》《幼儿园保育教育质量评估指南》《普通高中学校办学质量评价指南》等相关文件要求的基础上，执行《特殊教育办学质量评价指南》。对县（市、区）、特殊教育学校、随班就读普通学校的特殊教育办学质量评价要坚持结果评价与增值评价、综合评价与特色评价、自我评价与外部评价、线上评价与线下评价相结合，实行县（市、区）和学校自评、市级审核、省级全面评价和国家抽查监测，原则上每3—5年一轮，与中小学质量评价统筹同步实施，实现全覆盖。

（三）强化结果运用。将特殊教育办学质量评价结果作为县级人民政府主要领导履行教育职责督导评价的重要内容，纳入县级人民政府绩效考核，并作为对学校奖惩、政策支持、资源配置和考核校长的重要依据。引导县级人民政府落实特教特办，切实履职尽责，为提升特殊教育质量提供充分的条件保障和良好的政策环境；引导特殊教育学校和随班就读普通学校改进教育教学和管理方式，不断完善办学条件，全面提升育人质量。

（四）注重宣传推广。各地要广泛宣传办好特殊教育的重要意义，深入解读特殊教育办学质量评价的内容要求，引导广大师生、家长和社会充分认识特殊教育对促进特殊儿童成长成才和终身发展的重要作用。对有效利用特殊教育办学质量评价推进特殊教育改革发展的典型经验、优秀案例、特色活动等，要加强宣传推广，发挥好示范辐射作用，切实推动特殊教育高质量发展。

附件：特殊教育办学质量评价指标（略）

三、学位管理

中华人民共和国学位条例

· 1980年2月12日第五届全国人民代表大会常务委员会第十三次会议通过
· 根据2004年8月28日第十届全国人民代表大会常务委员会第十一次会议《关于修改〈中华人民共和国学位条例〉的决定》修正

第一条 为了促进我国科学专门人才的成长,促进各门学科学术水平的提高和教育、科学事业的发展,以适应社会主义现代化建设的需要,特制定本条例。

第二条 凡是拥护中国共产党的领导、拥护社会主义制度,具有一定学术水平的公民,都可以按照本条例的规定申请相应的学位。

第三条 学位分学士、硕士、博士三级。

第四条 高等学校本科毕业生,成绩优良,达到下述学术水平者,授予学士学位:

(一)较好地掌握本门学科的基础理论、专门知识和基本技能;

(二)具有从事科学研究工作或担负专门技术工作的初步能力。

第五条 高等学校和科学研究机构的研究生,或具有研究生毕业同等学力的人员,通过硕士学位的课程考试和论文答辩,成绩合格,达到下述学术水平者,授予硕士学位:

(一)在本门学科上掌握坚实的基础理论和系统的专门知识;

(二)具有从事科学研究工作或独立担负专门技术工作的能力。

第六条 高等学校和科学研究机构的研究生,或具有研究生毕业同等学力的人员,通过博士学位的课程考试和论文答辩,成绩合格,达到下述学术水平者,授予博士学位:

(一)在本门学科上掌握坚实宽广的基础理论和系统深入的专门知识;

(二)具有独立从事科学研究工作的能力;

(三)在科学或专门技术上做出创造性的成果。

第七条 国务院设立学位委员会,负责领导全国学位授予工作。学位委员会设主任委员一人,副主任委员和委员若干人。主任委员、副主任委员和委员由国务院任免。

第八条 学士学位,由国务院授权的高等学校授予;硕士学位、博士学位,由国务院授权的高等学校和科学研究机构授予。

授予学位的高等学校和科学研究机构(以下简称学位授予单位)及其可以授予学位的学科名单,由国务院学位委员会提出,经国务院批准公布。

第九条 学位授予单位,应当设立学位评定委员会,并组织有关学科的学位论文答辩委员会。

学位论文答辩委员会必须有外单位的有关专家参加,其组成人员由学位授予单位遴选决定。学位评定委员会组成人员名单由学位授予单位确定,报国务院有关部门和国务院学位委员会备案。

第十条 学位论文答辩委员会负责审查硕士和博士学位论文、组织答辩,就是否授予硕士学位或博士学位作出决议。决议以不记名投票方式,经全体成员三分之二以上通过,报学位评定委员会。

学位评定委员会负责审查通过学士学位获得者的名单;负责对学位论文答辩委员会报请授予硕士学位或博士学位的决议,作出是否批准的决定。决定以不记名投票方式,经全体成员过半数通过。决定授予硕士学位或博士学位的名单,报国务院学位委员会备案。

第十一条 学位授予单位,在学位评定委员会作出授予学位的决议后,发给学位获得者相应的学位证书。

第十二条 非学位授予单位应届毕业的研究生,由原单位推荐,可以就近向学位授予单位申请学位。经学位授予单位审查同意,通过论文答辩,达到本条例规定的学术水平者,授予相应的学位。

第十三条 对于在科学或专门技术上有重要的著作、发明、发现或发展者，经有关专家推荐，学位授予单位同意，可以免除考试，直接参加博士学位论文答辩。对于通过论文答辩者，授予博士学位。

第十四条 对于国内外卓越的学者或著名的社会活动家，经学位授予单位提名，国务院学位委员会批准，可以授予名誉博士学位。

第十五条 在我国学习的外国留学生和从事研究工作的外国学者，可以向学位授予单位申请学位。对于具有本条例规定的学术水平者，授予相应的学位。

第十六条 非学位授予单位和学术团体对于授予学位的决议和决定持有不同意见时，可以向学位授予单位或国务院学位委员会提出异议。学位授予单位和国务院学位委员会应当对提出的异议进行研究和处理。

第十七条 学位授予单位对于已经授予的学位，如发现有舞弊作伪等严重违反本条例规定的情况，经学位评定委员会复议，可以撤销。

第十八条 国务院对于已经批准授予学位的单位，在确认其不能保证所授学位的学术水平时，可以停止或撤销其授予学位的资格。

第十九条 本条例的实施办法，由国务院学位委员会制定，报国务院批准。

第二十条 本条例自 1981 年 1 月 1 日起施行。

中华人民共和国
学位条例暂行实施办法

· 国务院学位委员会制定
· 1981 年 5 月 20 日国务院批转

第一条 根据中华人民共和国学位条例，制定本暂行实施办法。

第二条 学位按下列学科的门类授予：哲学、经济学、法学、教育学、文学、历史学、理学、工学、农学、医学。

学士学位

第三条 学士学位由国务院授权的高等学校授予。

高等学校本科学生完成教学计划的各项要求，经审核准予毕业，其课程学习和毕业论文（毕业设计或其他毕业实践环节）的成绩，表明确已较好地掌握本门学科的基础理论、专门知识和基本技能，并具有从事科学研究工作或担负专门技术工作的初步能力的，授予学士学位。

第四条 授予学士学位的高等学校，应当由系逐个审核本科毕业生的成绩和毕业鉴定等材料，对符合本暂行办法第三条及有关规定的，可向学校学位评定委员会提名，列入学士学位获得者的名单。

非授予学士学位的高等学校，对达到学士学术水平的本科毕业生，应当由系向学校提出名单，经学校同意后，由学校就近向本系统、本地区的授予学士学位的高等学校推荐。授予学士学位的高等学校有关的系，对非授予学士学位的高等学校推荐的本科毕业生进行审查考核，认为符合本暂行办法第三条及有关规定的，可向学校学位评定委员会提名，列入学士学位获得者的名单。

第五条 学士学位获得者的名单，经授予学士学位的高等学校学位评定委员会审查通过，由授予学士学位的高等学校授予学士学位。

硕士学位

第六条 硕士学位由国务院授权的高等学校和科学研究机构授予。

申请硕士学位人员应当在学位授予单位规定的期限内，向学位授予单位提交申请书和申请硕士学位的学术论文等材料。学位授予单位应当在申请日期截止后两个月内进行审查，决定是否同意申请，并将结果通知申请人及其所在单位。

非学位授予单位应届毕业的研究生申请时，应当送交本单位关于申请硕士学位的推荐书。

同等学力人员申请时，应当送交两位副教授、教授或相当职称的专家的推荐书。学位授予单位对未具有大学毕业学历的申请人员，可以在接受申请前，采取适当方式，考核其某些大学课程。

申请人员不得同时向两个学位授予单位提出申请。

第七条 硕士学位的考试课程和要求：1. 马克思主义理论课。要求掌握马克思主义的基本理论。2. 基础理论课和专业课，一般为 3 至 4 门。

要求掌握坚实的基础理论和系统的专门知识。3. 一门外国语。要求比较熟练地阅读本专业的外文资料。

学位授予单位研究生的硕士学位课程考试，可按上述的课程要求，结合培养计划安排进行。

非学位授予单位研究生的硕士学位课程考试，由学位授予单位组织进行。凡经学位授予单位审核，认为其在原单位的课程考试内容和成绩合格的，可以免除部分或全部课程考试。

同等学力人员的硕士学位课程考试，由学位授予单位组织进行。

申请硕士学位人员必须通过规定的课程考试，成绩合格，方可参加论文答辩。规定考试的课程中，如有一门不及格，可在半年内申请补考一次；补考不及格的，不能参加论文答辩。

试行学分制的学位授予单位，应当按上述的课程要求，规定授予硕士学位所应取得的课程学分。申请硕士学位人员必须取得规定的学分后，方可参加论文答辩。

第八条 硕士学位论文对所研究的课题应当有新的见解，表明作者具有从事科学研究工作或独立担负专门技术工作的能力。

学位授予单位应当聘请 1 至 2 位与论文有关学科的专家评阅论文。评阅人应当对论文写出详细的学术评语，供论文答辩委员会参考。

硕士学位论文答辩委员会由 3 至 5 人组成。成员中一般应当有外单位的专家。论文答辩委员会主席由副教授、教授或相当职称的专家担任。

论文答辩委员会根据答辩的情况，就是否授予硕士学位作出决议。决议采取不记名投票方式，经全体成员三分之二以上同意，方得通过。决议经论文答辩委员会主席签字后，报送学位评定委员会。会议应当有记录。

硕士学位论文答辩不合格的，经论文答辩委员会同意，可在一年内修改论文，重新答辩一次。

第九条 硕士学位论文答辩委员会多数成员如认为申请人的论文已相当于博士学位的学术水平，除作出授予硕士学位的决议外，可向授予博士学位的单位提出建议，由授予博士学位的单位按本暂行办法博士学位部分中有关规定办理。

博士学位

第十条 博士学位由国务院授权的高等学校和科学研究机构授予。

申请博士学位人员应当在学位授予单位规定的期限内，向学位授予单位提交申请书和申请博士学位的学术论文等材料。学位授予单位应当在申请日期截止后两个月内进行审查，决定是否同意申请，并将结果通知申请人及其所在单位。

同等学力人员申请时，应当送交两位教授或相当职称的专家的推荐书。学位授予单位对未获得硕士学位的申请人员，可以在接受申请前，采取适当方式，考核其某些硕士学位的基础理论课和专业课。

申请人员不得同时向两个学位授予单位提出申请。

第十一条 博士学位的考试课程和要求：

1. 马克思主义理论课。要求较好地掌握马克思主义的基本理论。

2. 基础理论课和专业课。要求掌握坚实宽广的基础理论和系统深入的专门知识。考试范围由学位授予单位的学位评定委员会审定。基础理论课和专业课的考试，由学位授予单位学位评定委员会指定三位专家组成的考试委员会主持。考试委员会主席必须由教授、副教授或相当职称的专家担任。

3. 两门外国语。第一外国语要求熟练地阅读本专业的外文资料，并具有一定的写作能力；第二外国语要求有阅读本专业外文资料的初步能力。个别学科、专业，经学位授予单位的学位评定委员会审定，可只考第一外国语。

攻读博士学位研究生的课程考试，可按上述的课程要求，结合培养计划安排进行。

第十二条 申请博士学位人员必须通过博士学位的课程考试，成绩合格，方可参加博士学位论文答辩。

申请博士学位人员在科学或专门技术上有重要著作、发明、发现或发展的，应当向学位授予单位提交有关的出版著作、发明的鉴定或证明书等材料，经两位教授或相当职称的专家推荐，学位授予单位按本暂行办法第十一条审查同意，可以免除部分或全部课程考试。

第十三条 博士学位论文应当表明作者具有独立从事科学研究工作的能力，并在科学或专门技术上做出创造性的成果。博士学位论文或摘要，应当在答辩前 3 个月印送有关单位，并经同行评议。

学位授予单位应当聘请两位与论文有关学科的专家评阅论文,其中一位应当是外单位的专家。评阅人应当对论文写出详细的学术评语,供论文答辩委员会参考。

第十四条 博士学位论文答辩委员会由5至7人组成。成员的半数以上应当是教授或相当职称的专家。成员中必须包括2至3位外单位的专家。论文答辩委员会主席一般应当由教授或相当职称的专家担任。

论文答辩委员会根据答辩的情况,就是否授予博士学位作出决议。决议采取不记名投票方式,经全体成员三分之二以上同意,方得通过。决议经论文答辩委员会主席签字后,报送学位评定委员会。会议应当有记录。

博士学位的论文答辩一般应当公开举行;已经通过的博士学位论文或摘要应当公开发表(保密专业除外)。

博士学位论文答辩不合格的,经论文答辩委员会同意,可在两年内修改论文,重新答辩1次。

第十五条 博士学位论文答辩委员会认为申请人的论文虽未达到博士学位的学术水平,但已达到硕士学位的学术水平,而且申请人又尚未获得过该学科硕士学位的,可作出授予硕士学位的决议,报送学位评定委员会。

名誉博士学位

第十六条 名誉博士学位由国务院授权授予博士学位的单位授予。

第十七条 授予名誉博士学位须经学位授予单位的学位评定委员会讨论通过,由学位授予单位报国务院学位委员会批准后授予。

学位评定委员会

第十八条 学位授予单位的学位评定委员会根据国务院批准的授予学位的权限,分别履行以下职责:

(一)审查通过接受申请硕士学位和博士学位的人员名单;

(二)确定硕士学位的考试科目、门数和博士学位基础理论课和专业课的考试范围,审批主考人和论文答辩委员会成员名单;

(三)通过学士学位获得者的名单;

(四)作出授予硕士学位的决定;

(五)审批申请博士学位人员免除部分或全部课程考试的名单;

(六)作出授予博士学位的决定;

(七)通过授予名誉博士学位的人员名单;

(八)作出撤销违反规定而授予学位的决定;

(九)研究和处理授予学位的争议和其他事项。

第十九条 学位授予单位的学位评定委员会由9至25人组成,任期2至3年。成员应当包括学位授予单位主要负责人和教学、研究人员。

授予学士学位的高等学校,参加学位评定委员会的教学人员应当从本校讲师以上教师中遴选。授予学士学位、硕士学位和博士学位的单位,参加学位评定委员会的教学、研究人员,主要应当从本单位副教授、教授或相当职称的专家中遴选。授予博士学位的单位,学位评定委员会中至少应当有半数以上的教授或相当职称的专家。

学位评定委员会主席由学位授予单位具有教授、副教授或相当职称的主要负责人(高等学校校长,主管教学、科学研究和研究生工作的副校长,或科学研究机构相当职称的人员)担任。

学位评定委员会可以按学位的学科门类,设置若干分委员会,各由7至15人组成,任期2至3年。分委员会主席必须由学位评定委员会委员担任。分委员会协助学位评定委员会工作。

学位评定委员会成员名单,应当由各学位授予单位报主管部门批准,主管部门转报国务院学位委员会备案。

学位评定委员会可根据需要,配备必要的专职或兼职的工作人员,处理日常工作。

第二十条 学位授予单位每年应当将授予学士学位的人数、授予硕士学位和博士学位的名单及有关材料,分别报主管部门和国务院学位委员会备案。

其他规定

第二十一条 在我国学习的外国留学生申请学士学位,参照本暂行办法第三条及有关规定办理。

在我国学习的外国留学生和从事研究或教学工作的外国学者申请硕士学位或博士学位,参照本暂行办法的有关规定办理。

第二十二条 学士学位的证书格式，由教育部制定。硕士学位和博士学位的证书格式，由国务院学位委员会制定。学位获得者的学位证书，由学位授予单位发给。

第二十三条 已经通过的硕士学位和博士学位的论文，应当交存学位授予单位图书馆 1 份；已经通过的博士学位论文，还应当交存北京图书馆和有关的专业图书馆各 1 份。

第二十四条 在职人员申请硕士学位或博士学位，经学位授予单位审核同意参加课程考试和论文答辩后，准备参加考试或答辩，可享有不超过两个月的假期。

第二十五条 学位授予单位可根据本暂行实施办法，制定本单位授予学位的工作细则。

教育部关于做好全日制硕士专业学位研究生培养工作的若干意见

· 2009 年 3 月 19 日
· 教研〔2009〕1 号

各省、自治区、直辖市教育厅(教委)，新疆生产建设兵团教育局，有关部门(单位)教育司(局)，部属各高等学校：

为更好地适应国家经济建设和社会发展对高层次应用型人才的迫切需要，积极发展具有中国特色的专业学位教育，我部决定自 2009 年起，扩大招收以应届本科毕业生为主的全日制硕士专业学位范围。开展全日制硕士专业学位研究生教育，必须以邓小平理论和“三个代表”重要思想为指导，深入贯彻落实科学发展观，坚持以人为本，以质量为核心，按照“全面、协调、可持续”的要求，整体规划、统筹协调、规范管理、分类指导、协同发展，确保全日制硕士专业学位研究生的培养质量。为做好全日制硕士专业学位研究生教育工作，现提出如下意见：

一、充分认识开展全日制硕士专业学位研究生教育的重要性

(一)开展全日制硕士专业学位研究生教育是学位与研究生教育积极主动适应经济社会发展对高层次应用型专门人才的需要。

当前，科学技术突飞猛进，新知识、新理论、新技术日新月异，职业分化越来越细，职业的技术含量和专业化程度越来越高，对专门人才的需求呈现出大批量、多规格、高层次的特点。世界各国高等教育都主动适应这种变化，积极进行人才培养目标和培养模式的调整，大力提高人才培养的适应性和竞争力。近年来，随着我国经济社会的快速发展，迫切需要大批具有创新能力、创业能力和实践能力的高层次专门人才。研究生教育必须要增强服务于国家和社会发展的能力，加快结构调整的步伐，加大应用型人才培养的力度，促进人才培养与经济社会发展实际需求的紧密联系。

(二)开展全日制硕士专业学位研究生教育是学位与研究生教育改革与发展的需要。

我国学位与研究生教育经过 30 年的发展，办学规模不断扩大，教育质量不断提高，总体实力不断增强，建立了学科门类比较齐全、结构比较合理的学位授权体系，形成了独具特色的、有质量保证的研究生培养制度。长期以来，我国硕士研究生教育主要是培养具有独立从事科学研究或教学工作能力的教学科研人才。但随着研究生规模的不断扩大和社会需求的不断变化，硕士研究生的就业去向已更多地从教学、科研岗位转向实际工作部门。从世界研究生教育发展状况来看，硕士研究生教育基本是以面向实际应用为主，教学科研人才更多是来源于博士研究生。为促进我国研究生教育的更好发展，必须重新审视和定位我国硕士研究生的培养目标，进一步调整和优化硕士研究生的类型结构，逐渐将硕士研究生教育从以培养学术型人才为主向以培养应用型人才为主转变，实现研究生教育在规模、质量、结构、效益等方面的协调、可持续发展。

(三)开展全日制硕士专业学位研究生教育是进一步完善专业学位教育制度的需要。

我国自 1991 年开展专业学位教育以来，专业学位教育种类不断增多，培养规模不断扩大，社会影响不断增强，在培养高层次应用型专门人才方面日益发挥着重要的作用，已成为学位与研究生教育的重要组成部分。专业学位教育既要培养具有一定工作经历的在职人员，满足他们在职提高、在岗学习的需要，也要培养应届本科毕业生，满足他们适应社会发展、提高专业水平、增强就业竞争力的需要。根据不同培养对象，学习方式可以全日制攻读，也可以非全日制攻读。目前，我国专业学位教育，在职人员攻读比例偏大、应届本科毕业生攻读比例偏小，在全日制研究生教育中的地位和作用没有得到充分体现。开展以应届本科毕业生为主的全日制硕士专业学位研究生教育，对于完善专业学位教育制度、增强专业学位研究生的培养能力、满足社会多样化需求、加快培养高层次应用型专门人才，具有重要意义。

二、创新全日制硕士专业学位研究生教育的培养模式，确保培养质量

（一）科学定位

专业学位研究生的培养目标是掌握某一专业（或职业）领域坚实的基础理论和宽广的专业知识、具有较强的解决实际问题的能力，能够承担专业技术或管理工作、具有良好的职业素养的高层次应用型专门人才。专业学位研究生教育在培养目标、课程设置、教学理念、培养模式、质量标准和师资队伍建设等方面，与学术型研究生有所不同，要突出专业学位研究生教育的特色。做好全日制硕士专业学位研究生教育工作，必须科学确立专业学位研究生教育的合理定位，深入研究和准确把握专业学位研究生教育规律，创新培养理念，改革培养模式，确保培养质量。

（二）教学要求

课程设置要以实际应用为导向，以职业需求为目标，以综合素养和应用知识与能力的提高为核心。教学内容要强调理论性与应用性课程的有机结合，突出案例分析和实践研究；教学过程要重视运用团队学习、案例分析、现场研究、模拟训练等方法；要注重培养学生研究实践问题的意识和能力。学习年限一般2年，实行学分制。课程学习与实践课程要紧密衔接，课程学习主要在校内完成，实习、实践可以在现场或实习单位完成。建立健全校内外双导师制，以校内导师指导为主，校外导师参与实践过程、项目研究、课程与论文等多个环节的指导工作。吸收不同学科领域的专家、学者和实践领域有丰富经验的专业人员，共同承担专业学位研究生的培养工作。注重培养实践研究和创新能力，增长实际工作经验，缩短就业适应期限，提高专业素养及就业创业能力。

（三）实践要求

专业实践是重要的教学环节，充分的、高质量的专业实践是专业学位教育质量的重要保证。专业学位研究生在学期间，必须保证不少于半年的实践教学，可采用集中实践与分段实践相结合的方式；应届本科毕业生的实践教学时间原则上不少于1年。要提供和保障开展实践的条件，建立多种形式的实践基地，加大实践环节的学时数和学分比例。注重吸纳和使用社会资源，合作建立联合培养基地，联合培养专业学位研究生，改革创新实践性教学模式。推进专业学位研究生培养与用人单位实际需求的紧密联系，积极探索人才培养的供需互动机制。研究生要提交实践学习计划，撰写实践学习总结报告。要对研究生实践实行全过程的管理、服务和质量评价，确保实践教学质量。

（四）学位论文

要正确把握专业学位研究生学位论文的规格和标准。学位论文选题应来源于应用课题或现实问题，必须要有明确的职业背景和应用价值。学位论文形式可以多种多样，可采用调研报告、应用基础研究、规划设计、产品开发、案例分析、项目管理、文学艺术作品等形式。学位论文须独立完成，要体现研究生综合运用科学理论、方法和技术解决实际问题的能力。学位论文字数，可根据不同专业学位特点和选题，灵活确定。学位论文评阅人和答辩委员会成员中，应有相关行业实践领域具有高级专业技术职务的专家。

三、做好全日制硕士专业学位研究生教育的组织实施工作

（一）各专业学位研究生培养单位和有关教育主管部门要高度重视，将此项工作纳入学位与研究生教育改革与发展的重要内容。要充分认识到专业学位人才培养与学术型学位人才培养是高层次人才培养的两个重要方面，在高等学校人才培养工作中，具有同等重要的地位和作用。要抓住机遇，着力调整人才培养结构，深化培养机制改革，加强教学条件建设，统筹规划，积极促进专业学位教育的健康、快速发展。

（二）各专业学位研究生培养单位要在各专业学位教育指导委员会的指导下，制订全日制硕士专业学位研究生培养方案和实施细则，建立和完善各项规章制度。要充分借鉴、吸收国际上专业学位研究生教育的先进做法，积极探索、创新全日制硕士专业学位研究生培养模式。要重视构建和形成一支适应专业学位研究生教育的师资队伍，建立健全合理的教学科研评价体系。要强化过程管理，建立和完善包括招生、培养、学位授予等各个环节的专业学位质量保障体系。

（三）各专业学位研究生培养单位要切实加大投入，加强教学基础设施、案例库以及教学实践基地的建设。要树立服务意识，为学生学习、实践、创业等提供良好条件。要充分调动社会、行业和有关用人单位的积极性，发挥学校、院系和导师的作用，积极争取各方面资源，拓宽就业渠道。要建立和完善全日制硕士专业学位研究生的资助办法。要不断推进全日制硕士专业学位研究生教育的规范化发展，促进专业学位教育质量不断提高。要采取有力措施，确保全日制硕士专业学位研究生教育工作的顺利实施。

学位证书和学位授予信息管理办法

· 2015 年 6 月 26 日

· 学位〔2015〕18 号

第一章　总　则

第一条　为规范学位证书制发，加强学位授予信息管理，根据《中华人民共和国高等教育法》和《中华人民共和国学位条例》及其暂行实施办法，制定本办法。

第二条　学位证书是学位获得者达到相应学术水平的证明，由授予学位的高等学校和科学研究机构（简称“学位授予单位”）制作并颁发给学位获得者。本办法所指学位证书为博士学位证书、硕士学位证书和学士学位证书。

第三条　学位授予信息是学位获得者申请学位的相关信息，以及学位证书的主要信息，包括博士学位、硕士学位和学士学位授予信息。

第二章　学位证书制发

第四条　学位证书由学位授予单位自主设计、印制。

第五条　学位证书应包括以下内容：

（一）学位获得者姓名、性别、出生日期（与本人身份证件信息一致），近期免冠正面彩色照片（骑缝加盖学位授予单位钢印）。

（二）攻读学位的学科、专业名称（名称符合国家学科专业目录及相关设置的规定）。

（三）所授学位的学科门类或专业学位类别（按国家法定门类或专业学位类别全称填写）。

（四）学位授予单位名称，校（院、所）长签名。

（五）证书编号。统一采取十六位阿拉伯数字的编号方法。十六位数字编号的前五位为学位授予单位代码；第六位为学位授予的级别，博士为 2，硕士为 3，学士为 4；第七至第十位为授予学位的年份（如 2016 年授予的学位，填 2016）；后六位数为各学位授予单位自行编排的号码。

（六）发证日期（填写学位授予单位学位评定委员会批准授予学位的日期）。

第六条　对于撤销的学位，学位授予单位应予以公告，宣布学位证书作废。

第七条　学位证书遗失或损坏的，经本人申请，学位授予单位核实后可出具相应的“学位证明书”。学位证明书应注明原学位证书编号等内容。学位证明书与学位证书具有同等效力。

第三章　学位授予信息报送

第八条　学位授予信息主要包括：学位获得者个人基本信息、学业信息、研究生学位论文信息等。信息报送内容由国务院学位委员会办公室制定。

第九条　学位授予单位根据国务院学位委员会办公室制定的学位授予信息数据结构和有关要求，结合本单位实际情况，确定信息收集范围，采集学位授予信息并报送省级学位主管部门。

第十条　省级学位主管部门汇总、审核、统计、发布本地区学位授予单位的学位授予信息并报送国务院学位委员会办公室。

第十一条　国务院学位委员会办公室汇总各省（自治区、直辖市）和军队系统的学位授予信息，开展学位授予信息的统计、发布。

第十二条　学位授予单位在做出撤销学位的决定后，应及时将有关信息报送省级学位主管部门和国务院学位委员会办公室。

第十三条　确需更改的学位授予信息，由学位授予单位提出申请，经省级学位主管部门审核确认后，由省级学位主管部门报送国务院学位委员会办公室进行更改。

第四章　管理与监督

第十四条　学位授予单位负责：

（一）设计、制作和颁发学位证书；

（二）收集、整理、核实和报送本单位学位授予信息，确保信息质量；

（三）将学位证书的样式及其变化情况、学位评定委员会通过的学位授予决定及名单及时报送省级学位主管部门备查。

第十五条 省级学位主管部门负责：

（一）本地区学位证书和学位授予信息的监督管理，查处违规行为；

（二）组织实施本地区学位授予信息的汇总、审核和报送。

（三）对本地区学位授予信息的更改进行审核确认。

第十六条 国务院学位委员会办公室负责：

（一）学位证书和学位授予信息的规范管理，制定有关的管理办法和工作要求，指导查处违规行为；

（二）组织开展学位授予信息报送工作；

（三）学位授予信息系统的运行管理；

（四）学位证书信息网上查询的监管。

第五章 附 则

第十七条 根据有关规定，学位授予单位印制的学位证书，不得使用国徽图案。

第十八条 学位证书是否制作外文副本，由学位授予单位决定。

第十九条 中国人民解放军系统的学位证书和学位授予信息管理，由军队学位委员会参照本办法制定具体规定。

第二十条 本办法自2016年1月1日起实行。有关规定与本办法不一致的，以本办法为准。

教育部办公厅关于国内高等教育学历学位认证工作有关事项的通知

· 2018年7月23日
· 教学厅〔2018〕7号

各省、自治区、直辖市教育厅（教委），有关部门（单位）教育司（局），部属各高等学校、部省合建各高等学校：

为贯彻落实《教育部办公厅 财政部办公厅 国家发展改革委办公厅关于全面取消国内高等教育学历学位认证服务收费的通知》（教财厅〔2018〕1号），现就有关事项通知如下：

一、凡在高等学校学生学籍学历信息管理系统和学位信息管理系统相关数据库中注册的学历学位，一律实行网上查询和电子认证。国内高等教育学历信息在中国高等教育学生信息网（www.chsi.com.cn）查询和电子认证；国内学位信息在中国学位与研究生教育信息网（www.cdgdc.edu.cn）中国学位认证系统查询和电子认证。

二、实施电子注册制度前的国内高等教育学历学位（2002年以前毕业的学历信息和2008年9月以前授予的学位信息），继续通过人工核查提供书面认证。地方各级教育行政部门、高等学校和其他学历学位授予单位要高度重视，密切配合，明确专门机构或人员承担学历学位核查职责，共同做好国内高等教育学历学位认证服务工作。各高等学校和其他学历学位授予单位收到全国高等学校学生信息咨询与就业指导中心、全国学位与研究生教育发展中心的学历学位查证函后，原则上应在10个工作日予以回复。

三、各高等学校和其他学历学位授予单位的教务、学生、档案管理等相关部门应当根据《高等学校档案管理办法》相关规定，依申请出具学习成绩单、学习经历和获奖证书等证明材料。

四、教育部所属学历学位认证有关单位要按照各自职责，进一步简化流程、规范管理、提高服务质量。

学士学位授权与授予管理办法

· 2019年7月9日
· 学位〔2019〕20号

第一章 总 则

第一条 为改进和加强学士学位授权与授予工作，提高学士学位授予质量，实现高等教育内涵式发展，根据《中华人民共和国高等教育法》《中华人民共和国学位条例》及其暂行实施办法，制定本办法。

第二条 学士学位授权与授予工作应以习近平新时代中国特色社会主义思想为指导，贯彻落实党的十九大精神和全国教育大会精神，全面落实党的教育方针和立德树人根本任务，牢牢抓住提高人才培养质量这个核心点，培养德智体美劳全面发展的社会主义建设者和接班人。

第三条 学士学位授权与授予工作应坚持完善制度、依法管理、保证质量、激发活力的原则。

第二章 学位授权

第四条 学士学位授权分为新增学士学位授予单位授权和新增学士学位授予专业授权。

第五条 普通高等学校的学士学位授权按属地原则由省（区、市）学位委员会负责审批。军队院校的学士学位授权由军队学位委员会负责审批。

第六条 省（区、市）学位委员会、军队学位委员会（以下简称为“省级学位委员会”）应制定学士学位授权审核标准。审核标准应明确办学方向、师资队伍、基本条件、课程设置、教学方式、管理制度等要求，不低于本科院校设置标准和本科专业设置标准。

第七条 省级学位委员会应制定学士学位授权审核办法，完善审批程序。审核工作应加强与院校设置、专业设置等工作的衔接。

第八条 经教育部批准设置的普通高等学校，原则上应在招收首批本科生的当年，向省级学位委员会提出学士学位授予单位授权申请。

经教育部批准或备案的新增本科专业，学士学位授予单位原则上应在本专业招收首批本科生的当年，向省级学位委员会提出学士学位授予专业授权申请。

第九条 学士学位授予单位撤销的授权专业应报省级学位委员会备案。已获得学士学位授权的专业停止招生五年以上的，视为自动放弃授权，恢复招生的须按照新增本科专业重新申请学士学位授权。

第十条 省级学位委员会可组织具有博士学位授予权的高等学校，开展本科专业的学士学位授权自主审核工作，审核结果由省级学位委员会批准。

第三章 学位授予

第十一条 学士学位应按学科门类或专业学位类别授予。授予学士学位的学科门类应符合学位授予学科专业目录的规定。本科专业目录中规定可授多个学科门类学位的专业，学士学位授予单位应按教育部批准或备案设置专业时规定的学科门类授予学士学位。

第十二条 学士学位授予单位应制定本单位的学士学位授予标准，学位授予标准应落实立德树人根本任务，坚持正确育人导向，强化思想政治要求，符合《中华人民共和国学位条例》及其暂行实施办法的规定。

第十三条 学士学位授予单位应明确本单位的学士学位授予程序。

（一）普通高等学校授予全日制本科毕业生学士学位的程序主要是：审查是否符合学士学位授予标准，符合标准的列入学士学位授予名单，学校学位评定委员会作出是否批准的决议。学校学位评定委员会表决通过的决议和学士学位授予名单应在校内公开，并报省级学位委员会备查。

（二）普通高等学校授予高等学历继续教育本科毕业生学士学位的程序应与全日制本科毕业生相同。授予学士学位的专业应是本单位已获得学士学位授权并正在开展全日制本科生培养的专业。学校学位评定委员会办公室应会同学校教务部门提出学位课程基本要求，共同组织或委托相关省级教育考试机构组织高等学历继续教育本科毕业生学业水平测试，对通过测试的接受其学士学位申请。

（三）具有学士学位授予权的成人高等学校，授予学士学位的程序应符合本条第一款和第二款规定。

第十四条 具有学士学位授予权的普通高等学校，可向本校符合学位授予标准的全日制本科毕业生授予辅修学士学位。授予辅修学士学位应制定专门的实施办法，对课程要求及学位论文（或毕业设计）作出明确规定，支持学有余力的学生辅修其他本科专业。辅修学士学位应与主修学士学位归属不同的本科专业大类，对没有取得主修学士学位的不得授予辅修学士学位。辅修学士学位在主修学士学位证书中予以注明，不单独发放学位证书。

第十五条 具有学士学位授予权的普通高等学校，可在本校全日制本科学生中设立双学士学位复合型人才培养项目。项目必须坚持高起点、高标准、高质量，所依托的学科专业应具有博士学位授予权，且分属两个不同的学科门类。项目须由专家进行论证,应有专门的人才培养方案,经学校学位评定委员会表决通过、学校党委常委会会议研究同意,并报省级学位委员会审批通过后,通过高考招收学生。本科毕业并达到学士学位要求的,可授予双学士学位。双学士学位只发放一本学位证书,所授两个学位应在证书中予以注明。

第十六条 具有学士学位授予权的普通高等学校之间,可授予全日制本科毕业生联合学士学位。联合学士学位应根据校际合作办学协议,由合作高等学校共同制定联合培养项目和实施方案,报合作高等学校所在地省级学位委员会审批。联合培养项目所依托的专业应是联合培养单位具有学士学位授权的专业,通过高考招收学生并予以说明。授予联合学士学位应符合联合培养单位各自的学位授予标准,学位证书由本科生招生入学时学籍所在的学士学位授予单位颁发,联合培养单位可在证书上予以注明,不再单独发放学位证书。

第十七条 学士学位授予单位可按一定比例对特别优秀的学士学位获得者予以表彰,并颁发相应的荣誉证书或奖励证书。

第四章 管理与监督

第十八条 国务院学位委员会负责学士学位的宏观政策、发展指导、质量监督和信息管理等工作,完善学位授予信息系统,及时准确发布学位授予信息,为社会、学生查询提供便利。

第十九条 省级学位委员会负责本地区、本系统学士学位管理、监督和信息工作,科学规划,优化布局,引导、指导、督导学位授予单位服务需求、提高质量、特色发展,定期向国务院学位委员会报送学位授予信息。

第二十条 学士学位授予单位应完善学士学位管理的相关规章制度,建立严格的学士学位授予质量保障机制,主动公开本单位学士学位管理的相关规章制度,依法依规有序开展学位授予工作,惩处学术不端行为。严格执行《学位证书和学位授予信息管理办法》,按照招生时确定的学习形式,填写、颁发学位证书,标示具体的培养类型(普通高等学校全日制、联合培养、高等学历继续教育),并认真、准确做好学士学位证书备案、管理、公示及防伪信息报备工作,严禁信息造假、虚报、漏报,定期向省级学位委员会报送信息。

第二十一条 省级学位委员会应主动公开本地区、本系统学士学位相关信息,每年定期公开发布学士学位授予单位和授权专业名单。

第二十二条 国务院学位委员会将学士学位质量监督纳入到学位质量保障体系。省级学位委员会应建立学士学位授权与授予质量评估制度和抽检制度,原则上在学士学位授予单位完成首次学位授予后对其进行质量评估,并定期对学士学位授予单位和授权专业进行质量抽检,加强对双学士学位、辅修学士学位、联合学士学位的质量监管;建立完善高等学历继续教育学士学位授予质量监督机制;对存在质量问题的学士学位授予单位或授权专业,可采取工作约谈、停止招生、撤销授权等措施。

第二十三条 学士学位授予单位应建立相应的学位授予救济制度,处理申请、授予、撤销等过程中出现的异议,建立申诉复议通道,保障学生权益。

第五章 附 则

第二十四条 高等学校与境外机构合作办学授予外方学士学位的,按《中外合作办学条例》执行。

第二十五条 自本办法实施之日起,学位授予单位不再招收第二学士学位生。

第二十六条 本办法由国务院学位委员会负责解释。

最高人民法院、最高人民检察院关于办理伪造、贩卖伪造的高等院校学历、学位证明刑事案件如何适用法律问题的解释

· 2001年6月21日最高人民法院审判委员会第1181次会议、2001年7月2日最高人民检察院第九届检察委员会第91次会议通过
· 2001年7月3日最高人民法院、最高人民检察院公告公布
· 自2001年7月5日起施行
· 法释〔2001〕22号

为依法惩处伪造、贩卖伪造的高等院校学历、

学位证明的犯罪活动，现就办理这类案件适用法律的有关问题解释如下：

对于伪造高等院校印章制作学历、学位证明的行为，应当依照刑法第二百八十条第二款的规定，以伪造事业单位印章罪定罪处罚。

明知是伪造高等院校印章制作的学历、学位证明而贩卖的，以伪造事业单位印章罪的共犯论处。

四、教育督导

教育督导条例

·2012年8月29日国务院第215次常务会议通过
·2012年9月9日中华人民共和国国务院令第624号公布
·自2012年10月1日起施行

第一章 总 则

第一条 为了保证教育法律、法规、规章和国家教育方针、政策的贯彻执行，实施素质教育，提高教育质量，促进教育公平，推动教育事业科学发展，制定本条例。

第二条 对法律、法规规定范围的各级各类教育实施教育督导，适用本条例。

教育督导包括以下内容：

（一）县级以上人民政府对下级人民政府落实教育法律、法规、规章和国家教育方针、政策的督导；

（二）县级以上地方人民政府对本行政区域内的学校和其他教育机构（以下统称学校）教育教学工作的督导。

第三条 实施教育督导应当坚持以下原则：

（一）以提高教育教学质量为中心；

（二）遵循教育规律；

（三）遵守教育法律、法规、规章和国家教育方针、政策的规定；

（四）对政府履行教育工作相关职责的督导与对学校教育教学工作的督导并重，监督与指导并重；

（五）实事求是、客观公正。

第四条 国务院教育督导机构承担全国的教育督导实施工作，制定教育督导的基本准则，指导地方教育督导工作。

县级以上地方人民政府负责教育督导的机构承担本行政区域的教育督导实施工作。

国务院教育督导机构和县级以上地方人民政府负责教育督导的机构（以下统称教育督导机构）在本级人民政府领导下独立行使督导职能。

第五条 县级以上人民政府应当将教育督导经费列入财政预算。

第二章 督 学

第六条 国家实行督学制度。

县级以上人民政府根据教育督导工作需要，为教育督导机构配备专职督学。教育督导机构可以根据教育督导工作需要聘任兼职督学。

兼职督学的任期为3年，可以连续任职，连续任职不得超过3个任期。

第七条 督学应当符合下列条件：

（一）坚持党的基本路线，热爱社会主义教育事业；

（二）熟悉教育法律、法规、规章和国家教育方针、政策，具有相应的专业知识和业务能力；

（三）坚持原则，办事公道，品行端正，廉洁自律；

（四）具有大学本科以上学历，从事教育管理、教学或者教育研究工作10年以上，工作实绩突出；

（五）具有较强的组织协调能力和表达能力；

（六）身体健康，能胜任教育督导工作。

符合前款规定条件的人员经教育督导机构考核合格，可以由县级以上人民政府任命为督学，或者由教育督导机构聘任为督学。

第八条 督学受教育督导机构的指派实施教育督导。

教育督导机构应当加强对督学实施教育督导活动的管理，对其履行督学职责的情况进行考核。

第九条 督学实施教育督导，应当客观公正地反映实际情况，不得隐瞒或者虚构事实。

第十条 实施督导的督学是被督导单位主要负责人的近亲属或者有其他可能影响客观公正实施教育督导情形的，应当回避。

第三章　督导的实施

第十一条　教育督导机构对下列事项实施教育督导：

（一）学校实施素质教育的情况，教育教学水平、教育教学管理等教育教学工作情况；

（二）校长队伍建设情况，教师资格、职务、聘任等管理制度建设和执行情况，招生、学籍等管理情况和教育质量，学校的安全、卫生制度建设和执行情况，校舍的安全情况，教学和生活设施、设备的配备和使用等教育条件的保障情况，教育投入的管理和使用情况；

（三）义务教育普及水平和均衡发展情况，各级各类教育的规划布局、协调发展等情况；

（四）法律、法规、规章和国家教育政策规定的其他事项。

第十二条　教育督导机构实施教育督导，可以行使下列职权：

（一）查阅、复制财务账目和与督导事项有关的其他文件、资料；

（二）要求被督导单位就督导事项有关问题作出说明；

（三）就督导事项有关问题开展调查；

（四）向有关人民政府或者主管部门提出对被督导单位或者其相关负责人给予奖惩的建议。

被督导单位及其工作人员对教育督导机构依法实施的教育督导应当积极配合，不得拒绝和阻挠。

第十三条　县级人民政府负责教育督导的机构应当根据本行政区域内的学校布局设立教育督导责任区，指派督学对责任区内学校的教育教学工作实施经常性督导。

教育督导机构根据教育发展需要或者本级人民政府的要求，可以就本条例第十一条规定的一项或者几项事项对被督导单位实施专项督导，也可以就本条例第十一条规定的所有事项对被督导单位实施综合督导。

第十四条　督学对责任区内学校实施经常性督导每学期不得少于2次。

县级以上人民政府对下一级人民政府应当每5年至少实施一次专项督导或者综合督导；县级人民政府负责教育督导的机构对本行政区域内的学校，应当每3至5年实施一次综合督导。

第十五条　经常性督导结束，督学应当向教育督导机构提交报告；发现违法违规办学行为或者危及师生生命安全的隐患，应当及时督促学校和相关部门处理。

第十六条　教育督导机构实施专项督导或者综合督导，应当事先确定督导事项，成立督导小组。督导小组由3名以上督学组成。

教育督导机构可以根据需要联合有关部门实施专项督导或者综合督导，也可以聘请相关专业人员参加专项督导或者综合督导活动。

第十七条　教育督导机构实施专项督导或者综合督导，应当事先向被督导单位发出书面督导通知。

第十八条　教育督导机构可以要求被督导单位组织自评。被督导单位应当按照要求进行自评，并将自评报告报送教育督导机构。督导小组应当审核被督导单位的自评报告。

督导小组应当对被督导单位进行现场考察。

第十九条　教育督导机构实施专项督导或者综合督导，应当征求公众对被督导单位的意见，并采取召开座谈会或者其他形式专门听取学生及其家长和教师的意见。

第二十条　督导小组应当对被督导单位的自评报告、现场考察情况和公众的意见进行评议，形成初步督导意见。

督导小组应当向被督导单位反馈初步督导意见；被督导单位可以进行申辩。

第二十一条　教育督导机构应当根据督导小组的初步督导意见，综合分析被督导单位的申辩意见，向被督导单位发出督导意见书。

督导意见书应当就督导事项对被督导单位作出客观公正的评价；对存在的问题，应当提出限期整改要求和建议。

第二十二条　被督导单位应当根据督导意见书进行整改，并将整改情况报告教育督导机构。

教育督导机构应当对被督导单位的整改情况进行核查。

第二十三条　专项督导或者综合督导结束，教育督导机构应当向本级人民政府提交督导报告；县级以上地方人民政府负责教育督导的机构还应当将督导报告报上一级人民政府教育督导机构备案。

督导报告应当向社会公布。

第二十四条 县级以上人民政府或者有关主管部门应当将督导报告作为对被督导单位及其主要负责人进行考核、奖惩的重要依据。

第四章 法律责任

第二十五条 被督导单位及其工作人员有下列情形之一的，由教育督导机构通报批评并责令其改正；拒不改正或者情节严重的，对直接负责的主管人员和其他责任人员，由教育督导机构向有关人民政府或者主管部门提出给予处分的建议：

（一）拒绝、阻挠教育督导机构或者督学依法实施教育督导的；

（二）隐瞒实情、弄虚作假，欺骗教育督导机构或者督学的；

（三）未根据督导意见书进行整改并将整改情况报告教育督导机构的；

（四）打击报复督学的；

（五）有其他严重妨碍教育督导机构或者督学依法履行职责情形的。

第二十六条 督学或者教育督导机构工作人员有下列情形之一的，由教育督导机构给予批评教育；情节严重的，依法给予处分，对督学还应当取消任命或者聘任；构成犯罪的，依法追究刑事责任：

（一）玩忽职守，贻误督导工作的；

（二）弄虚作假，徇私舞弊，影响督导结果公正的；

（三）滥用职权，干扰被督导单位正常工作的。

督学违反本条例第十条规定，应当回避而未回避的，由教育督导机构给予批评教育。

督学违反本条例第十五条规定，发现违法违规办学行为或者危及师生生命安全隐患而未及时督促学校和相关部门处理的，由教育督导机构给予批评教育；情节严重的，依法给予处分，取消任命或者聘任；构成犯罪的，依法追究刑事责任。

第五章 附 则

第二十七条 本条例自 2012 年 10 月 1 日起施行。

国务院办公厅转发教育部关于建立对县级人民政府教育工作进行督导评估制度意见的通知

· 2004 年 1 月 17 日

· 国办发〔2004〕8 号

各省、自治区、直辖市人民政府，国务院各部委，各直属机构：

教育部《关于建立对县级人民政府教育工作进行督导评估制度的意见》已经国务院同意，现转发给你们，请认真贯彻执行。

关于建立对县级人民政府教育工作进行督导评估制度的意见

为进一步贯彻落实《国务院关于进一步加强农村教育工作的决定》（国发〔2003〕19 号），现就建立对县级人民政府教育工作进行督导评估制度提出以下意见。

一、建立对县级人民政府教育工作进行督导评估制度的必要性

建立对县级人民政府教育工作进行督导评估的制度，是按照党的十六大提出的决策、执行、监督相协调的要求，促进县级人民政府实施科教兴国战略，落实教育优先发展战略地位，依法履行教育管理职责的一项重要举措。

我国实行“在国务院领导下，地方政府负责、分级管理、以县为主”（简称“以县为主”）的农村义务教育管理体制，县级人民政府担负着统筹管理县域内义务教育、幼儿教育、普通高中教育、中等职业教育和成人教育的重要责任，县级人民政府的教育工作水平直接关系到我国整个教育事业的健康发展。建立对县级人民政府教育工作进行督导评估制度，巩固和完善农村义务教育管理体制，对推动基础教育以及县域内各类教育的改革与发展具有重要意义。

二、督导评估的组织实施

对县级人民政府教育工作的督导评估由省级人民政府负责。省级人民政府要根据本地教育发展和改革实际，突出重点，因地制宜地制订本地督导评估的实施方案和指标体系，并开展对县级人民政府教育工作的年度重点督查和任期内综合性评估。地(市)级人民政府根据省级人民政府的要求，每年具体组织对所属县(市、区)的督导检查。国家教育督导团负责宏观指导和监督检查。

对县级人民政府教育工作的督导评估工作，要在省级和地(市)级人民政府的领导下组织开展，各有关职能部门参加，教育督导部门具体实施。

督导评估的范围包括全国所有的县、不设区的市、市辖区、旗和其他县级行政区划单位，对象是县级人民政府及其有关职能部门。

三、督导评估的主要内容

1. 领导职责。巩固和完善“以县为主”的农村义务教育管理体制，全面落实统筹管理本地教育发展规划、经费安排使用、校长和教师人事管理以及县域内各类教育协调发展的责任。确立科教兴县(市、区)战略，把教育工作列入县级人民政府重要议事日程，在研究和制定经济社会发展规划和年度计划时，把教育摆在优先发展的战略地位并作为基础设施建设的重点领域。制定促进县域内各类教育持续健康协调发展的政策和措施，切实予以保障。建立县级人民政府及其有关职能部门教育工作目标责任制，县级人民政府主要负责人是教育工作的第一责任人。主要领导经常深入学校，指导和支持教育工作，帮助解决实际问题。

2. 教育改革与发展。把农村教育作为教育工作的重中之重，切实做好基本普及九年义务教育和基本扫除青壮年文盲(以下简称“两基”)工作以及“两基”实现后的巩固提高工作。加快普及高中阶段教育和学前三年教育。积极推动各项教育改革，全面贯彻党的教育方针，全面推进素质教育，全面提高义务教育质量。努力做到县域内义务教育、幼儿教育、普通高中教育、职业教育和成人教育协调发展，公办教育与民办教育共同发展，形成基础教育、职业教育和成人教育“三教统筹”以及经济、科技和教育相结合的教育改革与发展格局，逐步建设学习型社会。

3. 经费投入与管理。根据法律法规和有关政策规定，切实做到教育财政拨款的增长高于财政经常性收入的增长，在校生人数平均教育费用逐步增长，教师工资和学生人均公用经费逐步增长。按照建立公共财政体制的要求，调整县级财政支出结构，将教育事业所需经费单独列项，纳入预算，优先安排，并依法向同级人民代表大会或其常委会专题报告教育经费预算、决算情况，接受其监督和检查。将中小学教师工资全额纳入本级财政预算，按照省级人民政府核定的教职工编制和国家统一规定的工资项目、标准，按时足额发放。按照省级人民政府确定的定额标准，统筹安排生均公用经费并及时足额拨付，确保学校正常运转。建立完善校舍定期勘察、鉴定工作制度，将维护、改造和建设农村中小学校舍纳入社会事业发展和基础设施建设规划，把所需经费纳入政府预算。鼓励和引导社会各界和人民群众捐资助学。建立对贫困地区和贫困家庭子女义务教育帮扶制度以及规范的教育收费制度。保证国家办的学校教育经费的稳定来源并建立起有效的保障和监督机制。安排使用上级转移支付资金时要优先保证教育经费支出，确保上级拨付的专项教育资金按时足额拨付到位，严禁截留、挤占和挪用各种教育经费。

4. 办学条件。合理调整教育结构和学校布局，逐步缩小学校间差距，促进义务教育均衡发展。生均建筑面积、图书、实验仪器、现代远程教育设备等各项教学设施设备，逐步达到国家和省级规定的标准，及时消除校舍现存危房，学生宿舍、食堂、厕所等条件符合有关规定，确保学生安全，确保校园及周边环境良好。

5. 教师队伍建设。调整优化教职工队伍结构，合理配置人才资源，建设高素质专业化的教师队伍，教师数量、结构和素质基本满足教育事业发展的需要。贯彻落实国家和本省、自治区、直辖市颁布的中小学教职工编制标准和实施办法，将教师编制逐一核定到校。全面实施教师资格制度和聘任制度，严格聘任程序和准入制度，明确聘期内的岗位职责和工作任务，加强对教师政治思想、师德、履行岗位职责情况的考核。建立城镇教师到农村或薄弱学校任教服务期制度。完善中小学校长负责制，积极推行校长聘任制，严格掌握校长任职条件。加强中小学校长和教师培训。

6. 教育管理。坚持依法治教，依法行政，遵循教育规律，规范办学行为，实施科学管理。建立起比较完善的决策、执行、监督相结合的教育管理体制。建立和健全教育督导机构，加强队伍建设。加强社区与学校的沟通和合作，营造有利于青少年学生健康成长的社会环境。

四、督导评估的工作原则和程序

督导评估要坚持实事求是，坚持公开、公平、公正，坚持督政与督学相结合，坚持鉴定性评估和发展性评估相结合，坚持经常性检查和综合性督导评估相结合，重在落实责任，推动工作。

督导评估的程序是：

1. 县级自评。县级人民政府根据任期内教育工作目标责任制，按照省级人民政府制定的督导评估指标，每年进行自我评估。自我评估结果分别报省、地(市)两级人民政府及其督导部门。

2. 地(市)级复查。地(市)级人民政府及其督导部门每年汇总分析各县自评结果，针对存在的突出问题，及时提出限期整改的意见，并组织地(市)级督学和地(市)级人民政府有关部门进行督导检查。督导检查结果报省级人民政府及其督导部门并在当地予以公布。

地(市)级复查的具体办法由省级人民政府结合各地实际情况制订。

3. 省级督导评估。省级人民政府及其督导部门每年根据县级自评和地(市)级复查结果，视工作需要开展重点督查。在重点督查的基础上，组织省督学和省人民政府有关部门，分期分批对县级人民政府教育工作进行综合性督导评估，系统总结分析其工作状况、办学水平和教育质量，提出有针对性的指导性意见和综合性评价。在县级人民政府每届任期内，省级督导部门至少对其教育工作开展一次综合性督导评估工作。

4. 结果反馈。地(市)级和省级人民政府督导评估结果应及时向被督导评估的县级人民政府反馈，同时抄报其上级有关部门，列入县级人民政府及其主要领导政绩考核的重要内容，作为有关项目立项、专项拨款、表彰奖励和责任追究等方面的重要依据。建立督导评估报告定期公报制度，及时公布督导检查结果，接受群众监督。省级人民政府督导评估报告应同时抄送国家教育督导团。

五、切实加强对督导评估工作的领导

地方各级人民政府和有关职能部门要高度重视督导评估制度工作，认真组织，精心实施，确保督导评估工作的顺利开展。要把对县级人民政府教育工作的督导评估与推动各项教育事业发展与改革结合起来，与依法行政和转变政府职能结合起来。要将目前已经开展的“两基”攻坚、巩固提高、高水平和高质量普及九年义务教育的情况作为对县级人民政府是否重视教育工作的重要督导评估内容，切实抓紧抓好。要认真研究、及时解决督导评估工作中发现的问题。国务院和省级人民政府要根据督导评估结果，对教育工作先进县授予相应称号，并给予奖励；对工作中存在问题的，要及时促其改进；对问题严重的，要予以通报批评或给予相应的行政处分。

教育督导报告发布暂行办法

·2015年2月26日

·国教督办〔2015〕2号

第一条 为规范教育督导报告发布工作，根据《教育督导条例》有关规定，制定本办法。

第二条 本办法适用于国务院教育督导机构和县级以上地方人民政府教育督导机构(以下统称教育督导机构)向社会发布教育督导报告。

第三条 发布教育督导报告，遵循“分级负责、客观公正、及时准确”的原则。

第四条 各级人民政府教育督导机构负责本级教育督导报告发布工作。

第五条 教育督导报告分为专项督导报告、综合督导报告和年度督导报告。

专项督导报告是教育督导机构就《教育督导条例》规定的一项或者几项督导事项，对被督导单位实施专项督导后形成的督导报告。

综合督导报告是教育督导机构就《教育督导条例》规定的所有督导事项，对被督导单位实施综合督导后形成的督导报告。

年度督导报告是教育督导机构根据一个年度内实施专项督导和综合督导的情况，总结形成的督导报告。

第六条 教育督导报告主要包括以下内容：

(一)督导过程。主要是教育督导机构开展督导工作情况，包括实施督导的机构、时间、对象、事项、内容、方式及督导人员等。

(二)督导意见。主要是被督导单位针对督导事项采取的措施、工作进展及成效，督导中发现的问题，以及相应的整改建议。

(三)整改情况。主要是被督导单位根据督导意见进行整改、落实、问责的情况。

第七条 教育督导报告的撰写要求:描述督导过程要简明扼要;总结被督导单位的工作情况要客观公正;反映督导中发现的问题,要准确、客观、具体,不回避、不掩饰、不夸大;提出督导意见,要观点鲜明、针对性强,具有专业性、指导性和可操作性;被督导单位的整改情况,要措施具体、期限明确、效果明显。

第八条 教育督导机构应当统一教育督导报告发布格式,力求规范、简洁。

第九条 专项督导报告应当在督导结束后 7 日内向社会发布;综合督导报告应当在督导结束后 15 日内向社会发布;年度督导报告应当在次年一月底前向社会发布。

第十条 教育督导报告一般通过政府网站、报刊、广播、电视等便于公众知晓的方式发布,必要时可召开新闻发布会对外发布。

第十一条 县级以上人民政府或者有关主管部门应当将教育督导报告作为对被督导单位及其主要负责人进行考核、奖惩、问责的重要依据。

第十二条 本办法自发布之日起施行。

督学管理暂行办法

· 2016 年 7 月 29 日
· 教督〔2016〕2 号

第一章 总 则

第一条 为强化国家教育督导,加强督学队伍建设,促进督学管理科学化、规范化、专业化,提高教育督导工作质量和水平,保障教育事业科学发展,根据《教育督导条例》,制定本办法。

第二条 督学是受教育督导机构指派实施教育督导工作的人员,包括专职督学和兼职督学。

第三条 各级人民政府及教育督导机构对所任命或聘任的督学实施管理。

第二章 聘 任

第四条 专职督学由县级以上人民政府按照干部人事管理权限和程序任命,兼职督学由县级以上人民政府教育督导机构根据教育督导工作需要聘任,并颁发聘书和督学证。

第五条 各级人民政府及教育督导机构应配齐督学,建立督学动态更替和补充机制。国家督学数量由国务院教育督导委员会根据国家教育督导工作需要确定。省级、市级、县级督学数量由本级人民政府或教育督导机构根据本区域内督导工作需要确定。

第六条 督学除符合《教育督导条例》第二章第七条的任职条件外,还应适应改革发展和教育督导工作需要,达到下列工作要求:

(一)热爱教育督导工作,能够深入一线、深入学校、深入师生开展教育督导工作。

(二)熟悉教育督导业务,掌握必要的检查指导、评估验收以及监测方面专业知识和技术。

(三)能够保证教育督导工作时间。

第七条 聘任程序:

(一)推荐:相关单位按要求向聘任单位推荐参聘人员。

(二)审核:聘任单位对参聘人员按程序进行审查、遴选。

(三)公示:聘任单位将拟聘督学人员名单向社会公示,公示期不得少于 7 个工作日。

(四)公布:聘任单位向督学颁发聘书,聘任结果向上级教育督导机构报备并向社会公布。

第八条 兼职督学每届任期 3 年,续聘一般不得超过 3 届。

第三章 责 权

第九条 督学按照《教育督导条例》规定开展教育督导工作。

第十条 督学受教育督导机构指派,履行以下职责:

(一)对政府及有关部门履行教育职责情况进行督导。

(二)对各级各类学校教育教学工作情况实施督导。

(三)对师生或群众反映的教育热点、难点等重大问题实施督导。

(四)对严重影响或损害师生安全、合法权益、教育教学秩序等的突发事件,及时督促处理并第一时间报告上级教育督导部门。

(五)每次完成督导任务后,及时向本级教育督导机构报告督导情况,提交督导报告。

(六)完成本级人民政府及教育督导机构交办的其他工作事项。

第十一条 督学受教育督导机构指派，实施教育督导时可行使以下权力：

（一）就督导事项有关问题进入相关部门和学校开展调查。

（二）查阅、复制与督导事项有关的文件、材料。

（三）要求被督导单位就督导事项有关问题作出说明。

（四）采取约谈有关负责人等方式督促问题整改落实。

（五）对被督导单位的整改情况进行监督、检查。

第十二条 教育督导机构负责为兼职督学开展教育督导工作提供经费保障。

第十三条 各级政府及有关部门应积极支持督学晋升职级或职称，为督学开展工作提供必要的工作条件。

第十四条 督学开展教育督导工作，须向被督导单位出示督学证。

第四章 监 管

第十五条 各级教育督导机构对督学工作进行管理，主要包括：

（一）实施督导时遵守有关规定情况。

（二）督导报告撰写并向教育督导机构提交情况。

（三）督导意见反馈和督促整改情况。

（四）按要求接受培训情况。

第十六条 各级人民政府教育督导机构对本级督学进行登记管理，动态掌握督学相关信息。

第十七条 督学与被督导对象的关系可能影响客观公正实施教育督导的，督学应当回避。

第十八条 督学应主动公开联系方式和督导事项等，方便社会了解督导工作情况，广泛接受社会监督。

第十九条 各级教育督导机构受理对督学不当行为的举报，经查实后依照有关规定处理。对督学违法违规等受到处分的，及时向上级教育督导机构报告。

第五章 培 训

第二十条 各级教育督导机构按照职责负责组织督学的岗前及在岗培训，新聘督学上岗前应接受培训。

第二十一条 督学培训可采取集中培训、网络学习和个人自学相结合的方式进行，督学每年参加集中培训时间累积应不少于40学时。

第二十二条 培训主要内容包括：

（一）教育法律、法规、方针、政策、规章、制度和相关文件。

（二）教育学、心理学、教育管理、学校管理、应急处理与安全防范等相关理论和知识。

（三）评估与监测理论、问卷与量表等工具开发在教育督导工作中的应用。

（四）督导实施、督导规程和报告撰写等业务知识。

（五）现代信息技术的应用。

（六）教育督导实践案例。

第二十三条 国务院教育督导委员会办公室负责指导全国督学培训工作及组织相关培训，地方各级教育督导机构负责本区域督学培训工作的组织实施。

第二十四条 各级教育督导机构建立本级督学培训档案，对参加培训的种类、内容和时间等情况进行记录备案。

第六章 考 核

第二十五条 督学考核应包括以下主要内容：

（一）督导工作完成情况。包括实施督导、督导报告、督促整改、任务完成和工作总结等情况。

（二）参加培训情况。包括参加集中培训和自主学习等情况。

（三）廉洁自律情况。包括遵守廉政规定、遵守工作纪律和工作作风等情况。

第二十六条 各级教育督导机构负责本级督学年度考核和任期考核。对专职督学、兼职督学进行分类考核，并结合本地实际制订具体考核标准，采取个人自评和督导部门考核相结合方式对督学进行考核，对考核优秀的督学按相应规定给予表彰奖励。

第二十七条 各级教育督导机构对督学考核后形成书面意见告知本人及所在单位并存档备案，作为对其使用、培养、聘任、续聘、解聘的重要依据。

第二十八条 督学有下列情形之一的，教育督导机构给予解聘：

(一)无正当理由不参加教育督导工作的。

(二)弄虚作假,徇私舞弊,影响督导结果公平公正的。

(三)滥用职权,打击报复,干扰被督导单位正常工作的。

(四)受到行政处分、刑事处罚的。

(五)年度考核不合格的。

第二十九条 督学不能正常履行职责须书面请辞,聘任单位于30日内批准并向社会公布。

第七章 附 则

第三十条 各地教育督导机构可根据本办法,结合本地实际,制定具体实施细则或本地督学管理办法,并报上一级教育督导机构备案。

第三十一条 本办法自发布之日起施行。

国家督学聘任管理办法(暂行)

·2006年7月19日

·教督〔2006〕4号

第一章 总 则

第一条 为加强国家督学队伍建设,提高教育督导工作水平,促进教育事业健康发展,根据《中华人民共和国教育法》制定本办法。

第二条 国家督学是由教育部聘任的依法执行教育督导公务的人员。

第三条 国家督学应由具有教育经费保障、教育设施设备、教师队伍建设、学校教育教学等业务专长的人员构成。

第四条 国家督学的聘任工作依照规定的任职条件和程序进行。

第五条 国家督学分为专职督学和兼职督学。聘任兼职国家督学以在职人员为主,以退休人员为辅。

第二章 任职条件

第六条 国家督学应当符合下列基本条件:

(一)坚持党的基本路线,热爱社会主义教育事业;

(二)熟悉有关教育法律、法规、方针、政策,具有较强的业务能力,工作实绩突出;

(三)具有较强的组织协调能力和较强的口头与书面表达能力;

(四)具有大学本科以上学历或同等学力,从事教育管理或者教学、研究工作10年以上;

(五)行政机关副厅级及以上,或具有中小学特级教师称号,高等学校和科研机构等正高级专业技术职务;

(六)坚持原则,办事公道,品行端正,廉洁自律;

(七)身体健康,能够保证履行国家督学职责和完成任务所必需的时间。

第七条 退休人员拟聘国家督学职务的人选在退休前应符合第六条基本条件的相应要求。

第八条 初聘国家督学人选年龄不得超过61周岁,续聘国家督学人选年龄不得超过63周岁。

第九条 国家督学每届任期3年,续聘一般不得超过三届。

国家督学任期届满,自动解聘。

第三章 聘 任

第十条 教育部设立国家督学聘任审查委员会。

(一)国家督学聘任审查委员会由11位委员组成,由教育部总督学负责。委员会成员由具有较高政策水平和业务能力、作风正派、办事公道的行政人员和专家组成。

聘任审查委员会具体事务由国家教育督导团办公室承办。

(二)国家督学聘任审查委员会按照规定程序开展工作。

第十一条 国家督学的产生实行差额推荐。实聘人数与推荐人数的比例为1:1.2。

第十二条 国家督学人选推荐程序:

(一)教育部根据聘任国家督学人数和专业分类要求,确定推荐国家督学的单位和人数。

(二)被确定的单位根据国家督学任职条件和推荐要求,研究推荐国家督学人选。各省、自治区、直辖市推荐国家督学人选中应有一位分管教育督导工作的厅局级负责人或专职的厅局级督学。

(三)被推荐的国家督学人选必须由本人提出申请,并按要求填写《国家督学申请表》。

(四)各单位对推荐对象的基本条件进行审核

和综合评价，提出推荐意见，按要求将国家督学推荐人选名单和《国家督学申请表》加盖公章后报送教育部。

第十三条 国家督学聘任审查委员会按照规定程序和聘任条件对国家督学推荐人选进行审查，以无记名方式投票确定国家督学拟聘人选。

教育部将国家督学聘任审查委员会审查确定的拟聘人选名单在教育部网站上予以公示，公示期为10天。

公示期满无异议的拟聘人选，由国家督学聘任审查委员会报教育部审批聘任，颁发国家督学聘任证书。

第十四条 国家督学可向教育部提出书面申请辞去国家督学职务，教育部批准后向社会公布，并通知推荐单位。

第十五条 国家督学有下列情形之一的，教育部对其解聘：

（一）不履行国家督学职责的；

（二）一年内未参加国家教育督导团安排的教育督导活动的；

（三）在督导活动中造成不良影响的；

（四）受到行政处分、刑事处罚的。

解聘国家督学时，要向所在单位通报，以书面形式通知本人，在教育部网站发布公告。

第四章 职责与权利

第十六条 国家督学应当履行以下职责：

（一）检查国家教育法律、法规和规章的贯彻落实情况；

（二）指导学校按照教育方针和教育教学规律办学；

（三）撰写教育督导报告；

（四）参与研究制订教育督导文件；

（五）对教育决策提出咨询建议；

（六）完成国家教育督导团交办的其他任务。

国家督学应当接受督学岗位培训。

第十七条 国家督学在教育督导活动中享有以下权利：

（一）听取被督导单位报告情况，查阅相关文件、资料，对有关情况进行调查；

（二）参加被督导单位的教育、教学活动，列席有关会议；

（三）遇到危及师生人身安全、侵犯师生合法权益、扰乱正常教学秩序等紧急事态立即予以制止，及时向有关部门提出处置的意见；

（四）向有关部门提出对被督导单位负责人的奖惩建议；

（五）依照规定获得国家督学职务津贴。

第十八条 国家督学在参加国家教育督导活动时应实行异地回避制度。

第十九条 国家督学参加国家教育督导团组织的教育督导活动，所需工作经费由教育部负责提供。

第二十条 教育部接受并受理对国家督学聘任过程中不当行为的举报，一经查实，将依照有关规定严肃处理，并建议有关部门追究当事人的责任。

全面改善贫困地区义务教育薄弱学校基本办学条件工作专项督导办法

· 2015年12月7日

· 国教督办〔2015〕6号

第一章 总 则

第一条 为深入贯彻党中央、国务院关于贫困地区义务教育发展的重大决策，督促《关于全面改善贫困地区义务教育薄弱学校基本办学条件的意见》落实，推进义务教育学校标准化建设，依据《教育督导条例》，制定本办法。

第二条 专项督导工作由国务院教育督导委员会办公室组织实施。全面改善贫困地区义务教育薄弱学校基本办学条件项目实施期间（2015年至2019年），每年组织一次。

第三条 实施专项督导应当坚持以下原则：

（一）客观公正。严格按照专项督导程序，确保督导内容真实、结果可靠。

（二）注重实效。重点督促地方政府履行责任，推动规划和年度计划任务落实到位，确保政策措施取得预期效果。

（三）公开透明。坚持督导过程公开和结果公示，主动接受社会监督。

第二章 专项督导的主要内容

第四条 进展成效。有关省份按照覆盖贫困地区、聚焦薄弱学校的要求如期完成年度实施计划,2018年底前全面完成薄弱学校改造工作,所有项目学校达到基本办学条件底线要求。落实各项重点任务:

(一)保障基本教学条件。实现学校选址安全、校舍符合抗震消防和采光通风要求,配齐必要的教学仪器设备、课桌椅、图书,有符合规定的学生锻炼空间和体育设施。

(二)改善学校生活设施。实现寄宿生每人一个床位,食堂、厕所能够满足学生需要,有必要的淋浴、饮水、取暖和安全设施。

(三)办好必要的教学点。实现设施配备齐全,满足教学和生活基本需求,教学质量和教育经费得到有效保障。

(四)解决县镇学校大班额问题。实现学校布局科学合理,超大班额问题得到有效解决,大班额现象逐步消除。

(五)推进农村学校教育信息化。实现农村学校宽带网络、数字教育资源、网络学习空间建设稳步推进,优质数字教育资源师生共享,在教育教学中深入应用。

(六)提高教师队伍素质。实现乡村教师资源配置明显改善,教育教学能力稳步提高,县域内校长教师交流轮岗,乡村教师荣誉制度基本建立,生活条件有效改善,职业吸引力明显增强。

第五条 质量管理。校园校舍建设项目管理规范,严格执行项目法人责任制、招标投标制、工程监理制和合同管理制,确保质量和安全。施工单位具备相应资质,依法对项目施工质量、施工安全负责,无安全事故或工程质量问题。项目竣工验收合格后交付使用。遵循公开、公平、公正原则,落实设施设备购置项目的政府采购、招投标等制度,实行国库集中支付,确保阳光操作。设施设备验收合格后及时办理入账建卡手续,建立设施设备档案,有效防止流失和非正常损坏。

第六条 保障体系。省级人民政府加强组织领导,落实工作职责,统筹协调推进各项工作,建立健全工作机制,规范管理,完善有关政策、制度。切实加大财政投入,优化财政支出结构,最大限度地向贫困地区义务教育薄弱学校倾斜,做好改善基本办学条件需求与相关资金的统筹和对接,防止资金、项目安排重复交叉或支持缺位。督促地市和县级人民政府按照项目规划落实资金,严格经费管理,确保资金使用安全高效。制定完善有关政策,对项目建设涉及的政府性基金和经营服务性收费,本着"能免则免,能减则减"的原则给予减免优惠。

第七条 公开公示。中央、省、市、县、校建立各级公开公示信息平台,并实现互联互通,逐级向社会公示项目规划、预算安排、实施进展情况等信息,对各地逐县、逐校、逐项目信息公开情况进行监督。开展社会各界满意度调查。

第三章 专项督导的程序和方式

第八条 日常监督。充分发挥责任督学作用,强化日常检查,随时跟踪项目实施进展情况,督促工作进展。

第九条 动态监测。中央建立项目实施监测系统和数据库,实时监测各地项目实施进展,掌握规划和年度计划的完成情况。

第十条 地方自评。有关省份按照要求组织行政区域内各级政府及相关职能部门根据指标体系进行自评,并将自评报告在当地政府及省级教育行政部门网站上公示,公示期满后报送国务院教育督导委员会办公室。

第十一条 第三方评估。引入有资质的第三方参与评估,充分运用多种评估方法和方式,获得全面准确的有效信息和评估结果。

第十二条 实地督导。国务院教育督导委员会办公室根据日常监督、地方自评、动态监测以及群众反映的问题,编制实地督导事项目录,组织中央、省、市、县教育督导部门,随机抽取督学和专家组成督导组,随机确定督导对象,四级联动,对有关省份进行实地督导。具体方式包括听取汇报、查阅文件、重点抽查、随机抽查、个别访谈等。

第十三条 发布报告。国务院教育督导委员会办公室根据动态监测、各省份自评和实地督导结果,形成专项督导意见书和督导报告,督导报告向社会发布。

第十四条 整改落实。有关省份在接到督导意见书后,按照整改要求和建议,积极有效地进行整改,并在3个月内向国务院教育督导委员会办公室书面报告整改情况。

第四章 专项督导结果的运用

第十五条 对新建校舍和采购设施设备存在

严重质量问题,出现重大施工安全责任事故,未严格履行政府采购和招投标程序出现重大违纪违法问题,出现套取、挪用、截留资金以及举债建设、项目管理失职渎职等违纪违规问题的省份,按照法律法规和有关规定开展调查处理。对违纪问题线索,交由纪检监察机关进行调查,严肃追究相关单位和责任人的责任。涉嫌犯罪的,移送司法机关依法处理。

第十六条 国务院教育督导委员会办公室建立工作激励与问责机制,把专项督导结果作为评价政府教育工作成效的重要内容,对职责落实不到位的地区给予通报批评,对项目进展不力或出现严重问题的地区进行问责。

第五章 附 则

第十七条 纳入全面改善贫困地区义务教育薄弱学校基本办学条件项目规划的中西部省份(含新疆生产建设兵团)和部分东部困难省份,适用本办法。

第十八条 省级人民政府依据本办法制定本省份实施方案。

第十九条 本办法自发布之日起实施。

附件:全面改善贫困地区义务教育薄弱学校基本办学条件工作专项督导评估指标体系(略)

中小学(幼儿园)安全工作专项督导暂行办法

· 2016年11月30日
· 国教督办〔2016〕4号

第一章 总 则

第一条 为贯彻落实党中央、国务院关于切实加强学校安全工作的总体要求,督促各地认真做好中小学(幼儿园)(以下简称学校)安全管理工作,根据《教育督导条例》及国家相关政策法规,制定本办法。

第二条 学校安全工作专项督导是促进地方政府及相关职能部门、学校建立科学化、规范化、制度化的安全保障体系和运行机制,提高学校安全风险防控能力的重要举措。

第三条 国务院教育督导委员会办公室负责对省级学校安全工作进行专项督导,省、市、县级人民政府教育督导机构负责对下一级及辖区内的学校安全工作进行专项督导。

第四条 实施学校安全工作专项督导应坚持以下原则:

(一) 统一领导。切实加强组织领导和统筹协调,把学校安全工作作为公共安全和社会治安综合治理的重要内容,定期开展督导检查。

(二) 注重实效。完善学校安全工作专项督导形式、内容和方法,因地制宜,确保学校安全工作专项督导取得实效。

(三) 公开透明。坚持标准与方法公开、组织与人员公开、过程与结果公开,主动接受社会监督。

第二章 督导内容

第五条 组织管理

(一)省级人民政府建立健全学校安全工作组织管理体系,督促市、县级政府落实学校安全工作管理与监督责任情况。

(二)相关职能部门落实学校安全工作资金与资源,开展安全管理培训与指导,监督学校建立健全安全管理机构、落实岗位安全职责,配备安全保卫人员情况。

第六条 制度建设

(一)省级人民政府贯彻落实国家有关学校安全工作的法律法规、规章制度和标准规范,建立健全学校安全工作治理机制,制定完善本地方学校安全标准体系,开展学校安全事项认证情况。

(二)相关职能部门各司其职、齐抓共管,完善落实学校安全工作监督、管理,加强学校及周边安全综合治理,建立学生安全区域情况。

(三)学校建立健全安全管理制度和安全应急机制,按照《中小学幼儿园安全防范工作规范(试行)》要求,落实人防、物防、技防"三防"建设和安全管理各环节、岗位职责情况。

第七条 预警防范

(一)相关职能部门建立隐患排查与整治的学校安全预警机制,及时发布安全预警公告情况。

(二)相关职能部门制定学校安全风险清单,开展学校安全检查与动态监测,及时分析和评估安全风险,提出预警信息情况。

(三)学校建立健全及落实安全教育、日常管理、体育运动、校外活动、公共安全事件、校车安全、食品安全、卫生防疫、自然灾害风险评估和预防情况。

第八条 教育演练

(一)教育部门按照《中小学公共安全教育指导纲要》指导学校加强安全教育,落实安全教育进课堂,保障安全教育所需资金、教学资源和师资情况。

(二)相关职能部门指导和参与学校安全教育,开展安全防范进校园活动情况。

(三)学校按照《中小学幼儿园应急疏散演练指南》开展安全教育,定期组织地震、火灾等应急疏散演练情况。

第九条 重点治理

(一)相关职能部门加强溺水、事故、学生欺凌和暴力行为等重点问题预防与应对,及时做好专项报告和统计分析,指导学校履行教育和管理职责情况。

(二)教育部门会同公安等部门及时打击涉及学校、学生安全的违法犯罪行为,维护正常教育教学秩序,建设平安校园情况。

(三)教育部门及学校健全未成年学生权利保护制度,防范、调查、处理侵害未成年学生身心健康事件,开展心理、行为咨询和矫治活动情况。

第十条 事故处理

(一)省级人民政府建立健全学校安全事故应对、处理与责任追究机制情况。

(二)相关职能部门及时组织实施救援,落实事故调查、责任认定和善后处理,追究事故相关单位及责任人行政、刑事责任情况。

(三)教育部门及学校妥善处理安全事故纠纷,维护学校正常教育教学秩序情况。

第三章 组织实施

第十一条 日常监督。充分发挥责任督学作用,强化日常检查,促进学校安全工作有序进行。

第十二条 地方自查。省级人民政府及相关职能部门根据指标体系进行自查,并将自查报告在当地政府及省级教育行政部门网站上公示,公示期满后报送国务院教育督导委员会办公室。

第十三条 实地督导。国务院教育督导委员会办公室根据日常监督与地方自查情况,编制实地督导实施细则,随机抽取督学和专家组成督导组,随机确定督导对象,采取听取汇报、查阅材料、重点检查、随机抽查、个别访谈等方式开展实地督导。

第十四条 发布报告。国务院教育督导委员会办公室根据各省(区、市)自评和实地督导结果,形成专项督导意见和督导报告,督导报告向社会发布。

第十五条 整改落实。被督导省(区、市)在接到督导组督导意见后,按照整改要求和建议积极进行整改,并在 3 个月内向国务院教育督导委员会办公室书面报告整改情况。需要立即整改的重大安全隐患,则要在 1 个月内向国务院教育督导委员会办公室报告整改情况。

第四章 结果运用

第十六条 国务院教育督导委员会办公室建立工作问责机制,把专项督导结果作为评价政府教育工作成效的重要内容,对职责落实不到位的地区给予通报批评,对学校安全工作不力或出现严重问题的地区进行问责。

第十七条 对学校安全工作中出现的特大、重大学校安全责任事故,严重违法、违纪、违规问题,按照法律法规和有关规定开展调查处理。对违纪问题线索,交由纪检监察机关进行调查,严肃追究相关单位和责任人的责任。涉嫌犯罪的,移送司法机关依法处理。

第五章 附 则

第十八条 省级人民政府依据本办法制定本省份学校安全工作专项督导实施方案。

第十九条 本办法自发布之日起施行。

附件:中小学(幼儿园)安全工作专项督导评估指标体系(略)

幼儿园责任督学挂牌督导办法

·2019 年 6 月 10 日

·教督〔2019〕3 号

第一条 为督促幼儿园规范办园行为,促进幼儿身心健康发展,根据《教育督导条例》和《幼儿园工作规程》,制定本办法。

第二条 幼儿园责任督学挂牌督导是指县(市、区)人民政府教育督导部门(以下简称教育督导部门)为行政区域内每一所经审批注册的幼儿园(含民办)配备责任督学,实施经常性督导。

教育督导部门根据行政区域内幼儿园布局和规模等情况,原则上按1人负责5所左右幼儿园的标准配备责任督学。

教育督导部门按统一规格制作标牌,标明责任督学的姓名、照片、联系方式和职责,在幼儿园大门显著位置予以公布。

第三条 教育督导部门按照《督学管理暂行办法》规定的条件和程序,聘任熟悉学前教育法律法规和方针政策、具有相应专业知识和业务能力的人员为责任督学。

第四条 教育督导部门对责任督学进行日常管理:

(一)对责任督学颁发督学证,实行登记管理。

(二)对新任责任督学进行入职培训,对入职后的责任督学进行定期集中培训。

(三)对责任督学实行定期交流。

(四)建立责任督学考核制度,对责任督学履行职责、开展工作和完成任务情况进行考核,对优秀责任督学给予表彰奖励。

第五条 责任督学履行下列职责:

(一)监督指导幼儿园安全管理情况。

(二)监督指导幼儿园规范办园情况。

(三)监督指导幼儿园师德师风建设情况。

(四)完成教育督导部门交办的其他工作任务。

第六条 责任督学参照《中小学校责任督学挂牌督导规程》对幼儿园实施督导,每月不得少于1次。

第七条 发生危及幼儿园安全的重大突发事件或重大事故,责任督学必须第一时间赶赴现场,及时督促处理并报告上级督导部门。

第八条 幼儿园必须接受责任督学的监督,积极配合责任督学入园督导,对反馈问题进行认真整改。对拒绝、阻挠责任督学督导和不按要求整改的幼儿园,教育督导部门予以通报批评并责令改正,向有关人民政府或主管部门提出对幼儿园主要负责人、举办者和其他责任人员的处理建议。幼儿园对督导结果有异议,可向教育督导部门反映。

第九条 教育督导部门每月听取责任督学工作汇报,研究处理相关问题。教育行政、教育督导等有关部门要重视督导结果和责任督学建议,将其作为对幼儿园综合评价、主要负责人考评问责的重要依据。在幼儿园评优评先方面,应当充分听取责任督学意见。

第十条 教育行政或教育督导部门要协调有关部门将责任督学督导工作经费列入预算,为责任督学开展经常性督导工作提供经费、办公场所和设备等保障,为责任督学兼职开展督导工作产生的交通、通讯、误餐费用和承担的督导任务提供工作补助(发放对象不含责任督学中的在职公务员),发放标准结合当地经济社会发展状况和生活水平确定。

第十一条 本办法自发布之日起施行。

国家义务教育质量监测方案
(2021年修订版)

· 2021年9月15日
· 教督〔2021〕2号

为深入贯彻习近平总书记关于教育的重要论述和全国教育大会精神,落实《深化新时代教育评价改革总体方案》《关于深化教育教学改革 全面提高义务教育质量的意见》《关于深化新时代教育督导体制机制改革的意见》和《义务教育质量评价指南》(教基〔2021〕3号)等文件要求,进一步完善国家义务教育质量监测制度,推动落实立德树人根本任务,促进义务教育质量提升,制定此方案。

一、指导思想

以习近平新时代中国特色社会主义思想为指导,全面贯彻党的教育方针,紧密围绕落实立德树人根本任务,扭转唯分数、唯升学等不科学的教育评价导向,引导聚焦教育教学质量、遵循教育规律,以全面客观的监测数据支撑教育决策、服务改进教育教学管理,促进培养德智体美劳全面发展的社会主义建设者和接班人。

二、基本原则

(一)坚持立德树人。落实立德树人根本任务,突出"五育并举",拓展监测学科领域,构建全面覆盖德智体美劳教育质量的监测指标体系。

（二）服务质量提升。紧扣课程标准（或指导纲要），监测学生各学科领域的发展水平及核心素养，系统挖掘影响学生发展质量的关键因素，精准服务教育质量提升。

（三）注重方法创新。充分运用人工智能与大数据、脑科学等领域前沿技术方法，开展计算机网络测试、人机交互测试等，探索多领域综合评价和跨年度增值评价，推动监测工作更加科学高效。

（四）强化结果运用。坚持问题诊断和示范引领并重，建立监测问题反馈和预警机制，督促问题改进；推广典型地区经验案例。推动各地建立结果运用机制，有效发挥监测诊断、改进、引导功能。

三、监测学科领域及周期

监测学科领域主要包括德育、语文、数学、英语、科学、体育与健康、艺术、劳动、心理健康。

每个监测周期为三年，每年监测三个学科领域。第一年度监测数学、体育与健康、心理健康，第二年度监测语文、艺术、英语，第三年度监测德育、科学、劳动。

四、监测对象

依据义务教育课程标准（或指导纲要）中的学段划分情况，考虑学生认知和学习能力发展的阶段性特征，监测对象为义务教育阶段四年级和八年级学生。

五、监测内容

对照《义务教育质量评价指南》和义务教育课程标准（或指导纲要），主要开展学生发展质量和相关影响因素监测。

（一）学生发展质量监测。围绕学生全面发展要求，重点监测学生德智体美劳教育质量状况。德育主要监测学生的理想信念、道德行为规范以及基本国情常识掌握情况等。语文主要监测学生掌握语文基础知识情况、阅读能力和书面表达能力等。数学主要监测学生掌握数学基础知识和思维方法情况、运算能力、问题解决能力等。英语主要监测学生掌握英语基础知识情况，阅读、写作等综合语言运用能力等。科学主要监测学生掌握科学基础知识和思维方法情况、科学探究能力等。体育与健康主要监测学生身体形态、机能、体能状况以及健康生活习惯等。艺术主要监测学生掌握艺术基础知识情况，通过艺术作品和活动感受美、表达美的能力，审美趣味和审美格调。劳动主要监测学生劳动观念、劳动知识和能力、劳动习惯和品质等。心理健康主要监测学生情绪、人际交往等发展状况以及常见的心理行为问题等。

（二）相关影响因素监测。调查影响学生发展质量的相关因素，如各学科领域的课程或教育活动开设、学生学业负担、教学条件保障、教师配备、教育教学、学校管理以及区域教育管理情况等。

六、主要环节

（一）工具研制

组织专家研制测试卷、相关因素调查问卷以及表现性测试工具。测试卷监测学生在有关学科领域的发展水平，重点关注学生探究和解决问题的能力。相关因素调查问卷调查影响学生发展水平的相关因素，分为学生问卷、教师问卷、校长问卷、区县教育管理者问卷等。表现性测试工具用于体育与健康、科学、艺术等学科领域，通过学生现场项目参与和演示，监测运动、操作、演唱能力等。

（二）样本抽取

根据我国义务教育阶段学校和学生量大、面广的特点，采取分层不等概率抽样方法，分三个阶段进行抽样。其中，根据人口总量、经济发展水平和教育发展状况，在31个省（区、市）和新疆生产建设兵团抽取样本县（市、区），占全国总县数十分之一左右（每年约340个）。根据地理位置、城乡分布、学校类型等因素，采用按规模成比例概率抽样方法，在样本县（市、区）抽取样本学校，原则上每个样本县（市、区）抽取12所小学、8所初中。在样本学校随机抽取学生，原则上每所样本小学抽取30名四年级学生、样本初中抽取30名八年级学生，样本个人信息严格保密。

（三）现场测试

为了保证测试操作规范，所有样本县（市、区）、样本校按照要求，在规定时间开展统一测试，测试总时长为一天半。测试安排在本校，严格按照规定程序进行。综合考虑学习内容的完整性和便于组织测试等因素，原则上每年测试时间安排在5月下旬。

（四）水平划定

根据课程标准和学生答题的实际表现，对学生学业水平进行等级划分和具体描述。参照国际监测通行方式，结合我国教育教学实际，将学生学业表现划分为水平Ⅳ（优秀）、水平Ⅲ（良好）、水平Ⅱ（中等）、水平Ⅰ（待提高）四个水平段。

（五）数据分析

在监测数据扫描录入基础上，经过数据清理、跨年对比、数据链接等环节生成监测数据库，运用多种统计分析方法深入挖掘数据，形成监测结果。

（六）报告研制

根据报告目的、内容和阅读对象的不同，主要研制形成国家监测报告、分省监测报告、区县监测诊断报告、政策咨询报告四类报告。

1. 国家监测报告。呈现全国学生在各监测学科领域发展水平的总体状况、影响学生发展水平的主要因素以及相关分析，以适当方式向社会发布。

2. 分省监测报告。分省（区、市）呈现学生在各监测学科领域的发展水平、影响该省（区、市）学生发展水平的主要因素以及相关分析。该报告主要供省级人民政府和有关教育部门使用。

3. 区县监测诊断报告。分县（市、区）呈现学生在各监测学科领域的发展水平、影响该县（市、区）学生发展水平的主要因素以及相关分析，诊断教育质量问题。该报告主要供县级人民政府和有关教育部门使用，供学校改进教育教学参考。

4. 政策咨询报告。针对教育热点难点问题进行专题研究，结合一线教育实际深入分析并提出改进建议。该报告主要供有关领导和部门参阅，供地方调整教育政策参考。

（七）结果运用

1. 服务决策咨询。向国务院领导和有关部门呈送国家监测报告和政策咨询报告，为教育政策的制定和调整提供支撑。

2. 督促问题改进。向各省级人民政府反馈监测发现的主要问题清单和分省监测报告，督促问题整改。建立监测预警机制，对全面发展质量不佳、质量下滑趋势明显的地区进行预警，对有关责任人员约谈问责。

3. 支撑督导评估。监测结果直接应用于督导评估工作，作为县域义务教育优质均衡发展督导评估、义务教育质量评价等工作的重要参考。

4. 引领质量提升。宣传推广监测发现的典型地区经验案例，搭建监测学习交流平台。加强监测数据挖掘运用，鼓励开展监测相关学术研究，引领推动教学改革、改进教育管理。

七、组织实施

国家义务教育质量监测工作由各级政府教育督导部门组织实施。国务院教育督导委员会办公室负责统筹规划、政策指导和过程监督，委托教育部基础教育质量监测中心承担业务培训、工具研发、数据采集、报告研制等工作。省级教育督导部门负责本地区的测试组织和过程监督。市级教育督导部门负责本地区的测试协调和指导。县级教育督导部门负责组织现场测试。

探索监测结果与政策调整的联动机制。各地建立省级统筹、区县为主的监测结果运用制度，教育督导部门牵头加强与有关部门协同联动，积极探索适合本地区的监测结果运用模式。建立并完善地方监测机构，探索对地方监测机构在监测工具研发、抽样等方面技术标准的认定。

八、纪律与监督

国家义务教育质量监测严肃工作纪律，坚持公平公正，确保工具安全，杜绝模题应考、干扰抽样、弄虚作假等行为，广泛接受学校、师生和社会的监督。国务院教育督导委员会办公室、省级教育督导部门对监测组织工作的规范性、工具保密性进行全程监督，公开监督举报电话，受理举报并提出处理意见。

原《国家义务教育质量监测方案》（国教督办〔2015〕4号）自本方案印发之日起废止。

教育督导问责办法

· 2021年7月20日

· 国教督〔2021〕2号

第一章 总 则

第一条 根据《中华人民共和国教育法》《教育督导条例》等法律法规和《中共中央办公厅 国务院办公厅关于深化新时代教育督导体制机制改革的意见》，结合教育督导工作特点，制定本办法。

第二条 教育督导问责以习近平新时代中国特色社会主义思想为指导，全面贯彻党的十九大和十九届二中、三中、四中、五中全会精神，深入贯彻落实习近平总书记关于教育的重要论述和全国教育大会精神，全面贯彻落实党的教育方针，弘扬社会主义核心价值观，推动提高教育治理能力，督促各地各校全面加强党的领导，坚持社会主义办学方向，切实履行立德树人职责，办好人民满意的教育。

第三条 本办法所称教育督导问责是指各级人民政府教育督导机构在教育督导工作中,发现地方政府及有关职能部门、各类学校和其他教育机构、有关工作人员等被督导对象,存在不履行、不完全履行或不正确履行教育职责的问题,由有关部门依照职能和管理权限进行内部监督和责任追究的一项工作制度。

第四条 教育督导问责遵循依法问责、分级实施、程序规范、公开透明的原则。

第五条 被督导单位、有关人员存在本办法规定的问责情形,需要进行问责的,适用本办法。

第二章 问责情形

第六条 被督导的地方各级人民政府和相关职能部门及其相关责任人有下列情形之一的,应当予以问责:

(一)贯彻落实党的教育方针和党中央、国务院教育决策部署不力,对学校思想政治教育不重视,履行规划、建设、投入、人员编制、待遇保障、监督管理、语言文字工作等教育职责不到位,严重影响本地区教育发展。

(二)违反有关教育法律法规,学校办学行为不规范,整体教育教学质量持续下降、教育结构失衡、侵犯学校合法权益、群众满意度低。

(三)教育攻坚任务完成严重滞后,未按时保质保量完成规定目标任务。

(四)教育群体性事件多发高发、应对不力、群众反映强烈。

(五)因履行教育职责严重失职、安全风险防控体系建设保障或卫生防疫不力,导致发生重大安全事故或重大涉校案(事)件。

(六)对教育督导发现的问题整改不力、推诿扯皮、不作为等导致没有完成整改落实任务。

(七)下级人民政府、所辖(属)学校和行政区域内其他教育机构对发现的问题整改不力或整改后出现严重反弹。

(八)阻挠、干扰或不配合教育督导工作,提供虚假信息,威胁恐吓、打击报复教育督导人员。

(九)其他应当问责的情形。

第七条 被督导的各级各类学校、其他教育机构及其相关责任人有下列情形之一的,应当予以问责:

(一)贯彻落实党的教育方针和党中央、国务院教育决策部署不力,在各级教育督导机构组织的评估监测、督导检查工作中未达到合格(通过)标准。

(二)违反有关教育法律法规和政策要求,在招生入学、人才培养、科学研究、课程开设和教材使用等工作中存在办学行为不规范或出现严重违规;未按要求加强各类学校和其他教育机构管理,存在超标超前培训、虚假宣传、超期收费等违法违规行为,侵害师生合法权益,出现教师师德严重失范、学生欺凌等危害学生身心健康情况或重大负面舆情。

(三)教育群体性事件多发高发、应对不力、处置失当,群众反映强烈。

(四)落实安全主体责任、卫生防疫主体责任、食品安全校长负责制不力,安全风险防控体系建设不达标,导致发生重大安全事故、严重食品安全事件或重大涉校案(事)件。

(五)对教育督导发现的问题整改不力、推诿扯皮、不作为或没有完成整改落实任务。

(六)阻挠、干扰或不配合教育督导工作,提供虚假信息,威胁恐吓、打击报复教育督导人员。

(七)其他应当问责的情形。

第八条 督学、教育督导机构工作人员有下列情形之一的,应当予以问责:

(一)玩忽职守,不作为、慢作为,贻误督导工作。

(二)弄虚作假,徇私舞弊,影响督导结果公正。

(三)滥用职权、乱作为,干扰被督导单位正常工作。

(四)发现违法违规办学行为或者危及师生生命安全隐患而未提出整改意见并督促学校和相关部门处理。

(五)违反中央八项规定精神、违反党风廉政建设规定。

(六)其他没有履行法律法规规定的工作职责。

第三章 问责方式

第九条 对被督导单位的问责方式为:

(一)公开批评。各级人民政府教育督导委员会办公室以适当方式向社会公开督导报告,对存在违法违规情形予以点名批评并视情况通过新闻媒体予以曝光。

（二）约谈。各级人民政府教育督导委员会办公室对被督导问责单位相关负责人进行约谈，作出书面记录并报送其所在地党委和政府以及上级相关部门备案。

（三）督导通报。各级人民政府教育督导委员会办公室将教育督导结果和整改情况等通报至其所在地党委和政府以及上级相关部门。

（四）资源调整。各级人民政府教育督导委员会办公室通报被督导问责单位所在地党委和政府及有关部门，要求对被督导问责单位在表彰奖励、政策支持、财政拨款、招生计划、学科专业设置等方面，依照职权进行限制或调减。

各类学校和其他教育机构（含民办学校和教育培训机构）如依据法律规定应予以行政处罚的，由各级人民政府教育督导委员会办公室提请县级以上人民政府教育行政部门、人力资源社会保障行政部门、市场监管部门或者其他有关部门依据职责分工责令限期改正，视违法情形依法予以警告、退还所收费用后没收违法所得、罚款、责令停止招生、撤销办学资格或吊销办学许可证。

上述问责方式，可以根据问题严重程度单独使用或合并使用。

第十条 对被督导单位相关责任人的问责方式为：

（一）责令检查。各级人民政府教育督导委员会办公室责令被督导问责单位相关负责人作出书面检查。

（二）约谈。各级人民政府教育督导委员会办公室对被督导问责单位相关负责人进行约谈，作出书面记录并报送被督导问责单位所在地党委和政府以及上级部门备案，作为个人考核的重要依据。

（三）通报批评。各级人民政府教育督导委员会办公室将教育督导结果、整改情况和被督导问责单位有关负责人的工作表现通报至其所在地党委和政府以及上级部门。

（四）组织处理。各级人民政府教育督导委员会办公室通知被督导问责单位所在地党委和政府以及上级部门，对被督导单位直接负责的主管人员和其他责任人员提出包括停职检查、调整职务、责令辞职、降职、免职等组织处理建议。对于民办学校或其他教育机构，责成教育行政主管部门依法督促学校撤换相关负责人。

（五）处分。需要采取处分方式问责的，各级人民政府教育督导委员会办公室可根据情况将问题线索移交相关机关，并提出相应处分建议。

公职人员涉嫌违法犯罪的，由各级人民政府教育督导委员会办公室将问题线索移交具有管辖权限的监察机关，提请监察机关处理。其他人员涉嫌违法犯罪的，由各级人民政府教育督导委员会办公室将问题线索移交被督导问责单位所在地相关公安机关或司法机关，提请其依法处理。

民办学校和教育培训机构举办者及其实际控制人、决策机构或者监督机构组成人员如违反《中华人民共和国民办教育促进法》《中华人民共和国民办教育促进法实施条例》等法律法规，由各级人民政府教育督导委员会办公室提请县级以上人民政府教育行政部门、人力资源社会保障行政部门、市场监管部门或者其他有关部门依据职责分工责令限期改正，退还所收费用后没收违法所得、罚款，依法对有关人员予以从业禁止处罚，并纳入其诚信记录。

上述问责方式，可以根据问题严重程度单独使用或合并使用。

第十一条 对督学、教育督导机构及其工作人员的问责方式为：

（一）批评教育。各级人民政府教育督导委员会办公室对其给予批评教育。

（二）责令检查。各级人民政府教育督导委员会办公室责令其作出书面检查。

（三）通报批评。各级人民政府教育督导委员会办公室将其表现通报至其所在地党委和政府以及上级部门。

（四）取消资格。各级人民政府教育督导委员会办公室按规定程序，取消其督学资格或将其调离督导工作岗位。

（五）组织处理。各级人民政府教育督导委员会办公室通知其所在地党委和政府以及上级部门，提出组织处理建议，包括停职检查、调整职务、责令辞职、降职、免职等。

（六）处分。需要采取处分方式问责的，各级人民政府教育督导委员会办公室可根据情况将问题线索移交相关机关，并提出相应处分建议。

公职人员涉嫌违法犯罪的，由各级人民政府

教育督导委员会办公室将问题线索移交具有管辖权限的监察机关，提请监察机关处理。其他人员涉嫌违法犯罪的，由各级人民政府教育督导委员会办公室将问题线索移交被督导问责单位所在地相关公安机关或司法机关，提请其依法处理。

上述问责方式，可以根据问题严重程度单独使用或合并使用。

第十二条 有下列情形之一的，应当从重处理：

（一）隐瞒事实真相，阻挠、干扰或不配合教育督导工作。

（二）对举报人、控告人、检举人和督学、教育督导机构工作人员威胁恐吓、打击报复。

（三）被问责后，仍不纠正错误或不落实整改任务。

（四）一年内被教育督导问责两次及以上。

（五）其他依规、依纪、依法应当从重处理的情形。

第四章 问责程序

第十三条 教育督导工作完成后60天内，各级人民政府教育督导委员会办公室会同有关部门（单位）成立调查认定工作组，对各类教育督导工作中发现的问题（包括本级教育督导委员会成员单位反馈其在教育督导工作中发现的问题）进行调查认定，撰写事实材料，决定是否启动问责。

第十四条 各级人民政府教育督导委员会办公室就认定事实和问责意见告知被问责对象，应当以书面方式为主，听取被问责对象的陈述申辩。

第十五条 各级人民政府教育督导委员会办公室依据相关法律法规形成问责意见，征求本级教育督导委员会有关成员单位意见后，提交本级人民政府教育督导委员会主任或副主任审定。

第十六条 各级人民政府教育督导委员会办公室向被问责对象印发问责决定，应当明确问责的基本情况、问责事实、问责依据、问责方式、生效时间等。

第十七条 各级人民政府教育督导委员会办公室根据问责决定实施问责，对于组织处理、处分、追究法律责任等需要其他部门实施的问责，各级教育督导委员会办公室负责做好沟通工作，配合有关部门进行问责或者作出其他处理。

第十八条 问责决定一旦实施，根据问责情形严重程度在一定范围公开。情形严重或整改不力者，应通过政府门户网站、主流新闻媒体等载体，按照有关规定及时向社会公布，接受人民群众监督。

第十九条 被问责对象对问责决定不服，可自收到问责决定之日起30日内，向作出问责决定的人民政府教育督导委员会办公室申请复核。有关人民政府教育督导委员会办公室应当自收到复核申请之日起30日内，作出复核决定并反馈提出复核申请的单位或个人。

对复核决定不服，可以自收到复核决定之日起15日内向上一级人民政府教育督导委员会办公室提出书面申诉。也可以不经复核，自收到问责决定之日起15日内直接提出申诉。有关人民政府教育督导委员会办公室应当自收到申诉之日起60日内作出申诉处理决定，并将《申诉处理决定书》反馈提出申诉的单位或个人。认为原问责决定有误的，应当及时告知原问责部门，原问责部门应当自收到《申诉处理决定书》15日内予以纠正。

涉及组织处理和纪律处分的，被问责对象可向作出相应决定的组织人事部门、纪检监察机关提出复核或申诉。

复核、申诉期间，不停止问责决定的执行。

第二十条 各级人民政府教育督导委员会办公室在复核申诉期满30天内对有关问责情况进行归档，提请有关人事部门将问责情况归入人事档案。

第二十一条 各级人民政府教育督导委员会办公室应当监督问责决定的实施，对被问责对象进行回访、复查，监督、指导问题整改。问责情况应作为单位或个人在考核、晋升、评优、表彰等方面的重要依据。

第五章 组织实施

第二十二条 各级人民政府教育督导委员会负责本地区教育督导问责工作，依法追究存在违规行为的单位、个人的责任。各级人民政府教育督导委员会成员单位依照部门职责落实教育督导问责职责。

第二十三条 国务院教育督导委员会统一领导全国教育督导问责工作，负责对被督导的各省（区、市）人民政府及其相关职能部门、部属学校进行问责。地方各级人民政府教育督导委员会负责对本行政区域内下一级人民政府及其相关职能部门、辖(属)各级各类学校和其他教育机构进行问责。各级人民政府教育督导委员会办公室负责具体实施教育督导问责工作。

第二十四条 根据问责工作需要,各级人民政府教育督导委员会办公室应主动配合教育督导委员会成员单位或纪检监察机关、司法机关等做好问责工作。

第二十五条 各级人民政府教育督导委员会负责对下一级人民政府教育督导委员会教育督导问责工作的监督。

第二十六条 各级人民政府教育督导委员会办公室要定期将本行政区域内的问责情况报送给上一级人民政府教育督导委员会办公室备案。国务院教育督导委员会办公室建立全国教育督导问责信息工作平台,推动信息共享和实时监管。

第六章 附 则

第二十七条 地方各级人民政府教育督导委员会可依据本办法,结合本地区实际制定实施细则,并报上一级人民政府教育督导委员会备案。

第二十八条 本办法由国务院教育督导委员会办公室负责解释。

第二十九条 本办法自 2021 年 9 月 1 日起施行。

五、教育经费与投入

(一)财政收入

国务院关于进一步加大财政教育投入的意见

·2011年6月29日
·国发〔2011〕22号

《国家中长期教育改革和发展规划纲要(2010-2020年)》(以下简称《教育规划纲要》)明确提出,到2012年实现国家财政性教育经费支出占国内生产总值比例达到4%的目标(以下简称4%目标)。为确保按期实现这一目标,促进教育优先发展,现提出如下意见:

一、充分认识加大财政教育投入的重要性和紧迫性

教育投入是支撑国家长远发展的基础性、战略性投资,是发展教育事业的重要物质基础,是公共财政保障的重点。党中央、国务院始终坚持优先发展教育,高度重视增加财政教育投入,先后出台了一系列加大财政教育投入的政策措施。在各地区、各有关部门的共同努力下,我国财政教育投入持续大幅增长。2001—2010年,公共财政教育投入从约2700亿元增加到约14200亿元,年均增长20.2%,高于同期财政收入年均增长幅度;教育支出占财政支出的比重从14.3%提高到15.8%,已成为公共财政的第一大支出。财政教育投入的大幅增加,为教育改革发展提供了有力支持。当前,我国城乡免费义务教育全面实现,职业教育快速发展,高等教育进入大众化阶段,办学条件显著改善,教育公平迈出重大步伐。

新形势下继续增加财政教育投入,实现4%目标,是深入贯彻党的十七大和十七届五中全会精神,推动科学发展、建设人力资源强国的迫切需要;是全面落实《教育规划纲要》,推动教育优先发展的重要保障;是履行公共财政职能,加快财税体制改革,完善基本公共服务体系的一项紧迫任务。地方各级人民政府、各有关部门必须切实贯彻党的教育方针,深入领会加大财政教育投入的重要意义,进一步提高思想认识,增强责任感和紧迫感,采取有力措施,切实保证经济社会发展规划优先安排教育发展,财政资金优先保障教育投入,公共资源优先满足教育和人力资源开发需要。

按期实现4%目标,资金投入量大,任务十分艰巨。各地区、各有关部门要认真贯彻落实国务院关于拓宽财政性教育经费来源渠道的各项政策措施,进一步调整优化财政支出结构,切实提高公共财政支出中教育支出所占比重。中央财政要充分发挥表率作用,进一步加大对地方特别是中西部地区教育事业发展转移支付力度,同时增加本级教育支出。地方各级人民政府要切实按照《教育规划纲要》要求,根据本地区教育事业发展需要,统筹规划,落实责任,大幅度增加教育投入。

二、落实法定增长要求,切实提高财政教育支出占公共财政支出比重

(一)严格落实教育经费法定增长要求。各级人民政府要严格按照《中华人民共和国教育法》等法律法规的规定,在年初安排公共财政支出预算时,积极采取措施,调整支出结构,努力增加教育经费预算,保证财政教育支出增长幅度明显高于财政经常性收入增长幅度。对预算执行中超收部分,也要按照上述原则优先安排教育拨款,确保全年预算执行结果达到法定增长的要求。

(二)提高财政教育支出占公共财政支出的比重。各级人民政府要进一步优化财政支出结构,压缩一般性支出,新增财力要着力向教育倾斜,优先保障教育支出。各地区要切实做到2011年、2012年财政教育支出占公共财政支出的比重都有明显提高。

(三)提高预算内基建投资用于教育的比重。要把支持教育事业发展作为公共投资的重点。在编制基建投资计划、实施基建投资项目时,充分考虑教育的实际需求,确保用于教育的预算内基建投资明显增加，不断健全促进教育事业发展的长效保障机制。

三、拓宽经费来源渠道，多方筹集财政性教育经费

（一）统一内外资企业和个人教育费附加制度。国务院决定，从2010年12月1日起统一内外资企业和个人城市维护建设税和教育费附加制度，教育费附加统一按增值税、消费税、营业税实际缴纳税额的3%征收。

（二）全面开征地方教育附加。各省（区、市）人民政府应根据《中华人民共和国教育法》的相关规定和《财政部关于统一地方教育附加政策有关问题的通知》（财综〔2010〕98号）的要求，全面开征地方教育附加。地方教育附加统一按增值税、消费税、营业税实际缴纳税额的2%征收。

（三）从土地出让收益中按比例计提教育资金。进一步调整土地出让收益的使用方向。从2011年1月1日起，各地区要从当年以招标、拍卖、挂牌或者协议方式出让国家土地使用权取得的土地出让收入中，按照扣除征地和拆迁补偿、土地开发等支出后余额10%的比例，计提教育资金。具体办法由财政部会同有关部门制定。

各地区要加强收入征管，依法足额征收，不得随意减免。落实上述政策增加的收入，要按规定全部用于支持地方教育事业发展，同时，不得因此而减少其他应由公共财政预算安排的教育经费。

四、合理安排使用财政教育经费，切实提高资金使用效益

在加大财政教育投入的同时，各地区、各有关部门要按照《教育规划纲要》的要求，进一步突出重点、优化结构、加强管理，推动教育改革创新，促进教育公平，全面提高教育质量。

（一）合理安排使用财政教育经费。一是积极支持实施重大项目。坚持顶层设计、总体规划、政策先行、机制创新的基本原则，着力解决教育发展关键领域和薄弱环节的问题。国务院有关部门负责组织实施符合《教育规划纲要》总体目标、关系教育改革发展全局的项目，做好统筹规划和宏观指导工作。地方各级人民政府要按照《教育规划纲要》要求，结合本地实际，因地制宜地实施好相关重大项目。二是着力保障和改善民生。教育经费安排要坚持以人为本，重点解决人民群众关切的教育问题，切实减轻人民群众教育负担，使人民群众能够共享加大财政教育投入和教育改革发展的成果，保障公民依法享有受教育的权利。大力支持基本普及学前教育、义务教育均衡发展、加快普及高中阶段教育、加强职业教育能力建设、提升高等教育质量、健全家庭经济困难学生资助政策体系等重点任务。三是优化教育投入结构，合理配置教育资源。要统筹城乡、区域之间教育协调发展，重点向农村地区、边远地区、贫困地区和民族地区倾斜，加快缩小教育差距，促进基本公共服务均等化。要调整优化各教育阶段的经费投入结构，合理安排日常运转经费与专项经费。

（二）全面推进教育经费的科学化精细化管理。一是要坚持依法理财、科学理财。严格执行国家财政管理的法律法规和财经纪律，建立健全教育经费管理的规章制度。二是要强化预算管理。提高预算编制的科学性、准确性，提高预算执行效率，推进预算公开。三是要明确管理责任。地方各级人民政府要按照教育事权划分，督促有关部门采取有效措施，加强经费使用管理。各级教育行政部门和学校在教育经费使用管理中负有主体责任，要采取有效措施，切实提高经费管理水平。四是要加强财务监督和绩效评价。进一步完善财务监督制度，强化重大项目经费的全过程审计，建立健全教育经费绩效评价制度。五是要加强管理基础工作和基层建设。充分发挥基层相关管理部门的职能作用，着力做好教育基础数据的收集、分析和信息化管理工作，完善教育经费支出标准，健全学校财务会计和资产制度，规范学校经济行为，防范学校财务风险。

五、加强组织领导，确保落实到位

（一）加强组织领导。各省（区、市）人民政府负责统筹落实本地区加大财政教育投入的相关工作。要健全工作机制，明确目标任务，做好动员部署，落实各级责任，加强监督检查。国务院各有关部门要按照职责分工，加强协调配合，共同抓好贯彻落实工作。

（二）加大各省（区、市）对下转移支付力度。要按照财力与事权相匹配的要求，进一步完善省以下财政体制，强化省级财政教育支出的统筹责任，防止支出责任过度下移。省级人民政府要根据财力分布状况和支出责任划分，加大对本行政区域内经济欠发达地区的转移支付力度。

（三）加强监测分析。各地区要加强对落实教育投入法定增长、提高财政教育支出比重、拓宽财政性教育经费来源渠道各项政策的监测分析和监督检查,及时发现和解决政策执行中的相关问题。财政部要会同有关部门制定科学合理的分析评价指标,对各省(区、市)财政教育投入状况作出评价分析,适时将分析结果报告国务院,并作为中央财政安排转移支付的重要依据。

改善普通高中学校办学条件补助资金管理办法

· 2021 年 4 月 10 日
· 财教〔2021〕74 号

第一条 为规范和加强改善普通高中学校办学条件补助资金管理,提高资金使用效益,根据国家预算管理有关规定,制定本办法。

第二条 本办法所称改善普通高中学校办学条件补助资金(以下简称补助资金),是指中央财政用于支持改善中西部和东部部分困难地区县域普通高中学校基本办学条件的转移支付资金。实施期限根据教育领域中央与地方财政事权和支出责任划分改革方案、支持普通高中教育改革发展政策等确定。

本办法的县域普通高中是指县级人民政府所管辖的教学和生活设施等不能满足基本需求、尚未达到国家基本办学条件标准的公办普通高中学校、完全中学或十二年一贯制学校的高中部。

第三条 补助资金管理遵循"中央引导、省级统筹、突出重点、讲求绩效,规范透明、强化监督"的原则。

第四条 补助资金主要用于以下方面:

(一)支持学校校舍改扩建,扩大教育资源,优化校舍功能,消除"大班额"。

(二)支持学校配置图书和教学仪器设备以及体育运动场等附属设施建设。

第五条 补助资金由财政部会同教育部共同管理。教育部负责审核地方提出的区域绩效目标等相关材料和数据,提供资金测算需要的基础数据,并对基础数据的准确性、及时性负责。财政部根据预算管理相关规定,会同教育部研究确定有关省份资金预算金额、资金的整体绩效目标。

省级财政、教育部门明确省级及省以下各级财政、教育部门在基础数据审核、资金安排、使用管理等方面的责任,切实加强资金管理。

第六条 补助资金采取因素法分配。按照基础因素、投入因素分配到有关省份,适当向困难省份倾斜。其中:

基础因素(权重 80%)主要考虑普通高中事业发展、基本办学条件、巩固脱贫攻坚成果与乡村振兴等因素。各因素数据通过相关统计资料获得。

投入因素(权重 20%)主要考虑地方努力程度等因素。各因素数据通过相关统计资料获得。

财政部会同教育部综合考虑各地工作进展等情况,研究确定绩效调节系数,对资金分配情况进行适当调节。

计算公式为:

某省份补助资金=(该省份基础因素/$\sum$有关省份基础因素×权重+该省份投入因素/$\sum$有关省份投入因素×权重)×补助资金年度预算总额×绩效调节系数

财政部、教育部根据党中央、国务院有关决策部署和普通高中教育改革发展新形势等情况,适时调整完善相关分配因素、权重、计算公式等。

第七条 省级财政、教育部门应当于每年 2 月底前向财政部、教育部报送当年补助资金申报材料,并抄送财政部当地监管局。申报材料主要包括:

(一)上年度工作总结,包括上年度补助资金使用情况、年度绩效目标完成情况、绩效评价结果、地方财政投入情况、主要管理措施、问题分析及对策等。

(二)当年工作计划,主要包括当年全省(区、市)工作目标和补助资金区域绩效目标、重点任务和资金安排计划,绩效指标要指向明确、细化量化、合理可行、相应匹配。

第八条 财政部于每年全国人民代表大会批准中央预算后三十日内,会同教育部正式下达资金预算,并抄送财政部相关监管局。每年 10 月 31 日前,提前下达下一年度资金预计数。省级财政在收到资金预算后,应当会同省级教育部门在三十日内按照预算级次合理分配、及时下达本行政区域县级以上各级政府部门,并抄送财政部当地监管局。

第九条 补助资金支付执行国库集中支付制

度。涉及政府采购的，按照政府采购法律法规和有关制度执行。属于基本建设的项目，应当严格履行基本建设程序，执行相关建设标准和要求，确保工程质量。

第十条 省级财政、教育部门在分配补助资金时，应当结合本地区年度重点工作和省级财政安排相关资金，加大省级统筹力度，做好与发展改革部门安排基本建设项目等各渠道资金的统筹和对接，防止资金、项目安排重复交叉或缺位。

县级财政、教育部门应当落实资金管理主体责任，加强区域内相关教育经费的统筹安排和使用，指导和督促本地区普通高中学校健全财务、会计、资产管理制度。加强预算管理，细化预算编制，硬化预算执行，强化预算监督；规范财务管理，确保资金使用安全、规范和高效。

各级财政、教育部门要加强财政风险控制，强化流程控制、依法合规分配和使用资金，实行不相容岗位（职责）分离控制。

第十一条 补助资金原则上应在当年执行完毕，年度未支出的资金按财政部结转结余资金管理有关规定处理。

第十二条 各级财政、教育部门要按照全面实施预算绩效管理的要求，建立健全全过程预算绩效管理机制，按规定科学合理设定绩效目标，对照绩效目标做好绩效监控，认真组织开展绩效评价，强化评价结果应用，做好绩效信息公开，提高资金配置效率和使用效益。财政部根据工作需要适时组织开展重点绩效评价。

第十三条 财政部各地监管局应当按照工作职责和财政部要求，对资金实施监管。地方各级财政部门应当会同同级教育部门，按照各自职责加强项目审核申报、经费使用管理等工作，建立“谁使用、谁负责”的责任机制。严禁将资金用于平衡预算、偿还债务、支付利息、对外投资、人员经费等支出，不得从资金中提取工作经费或管理经费。

第十四条 各级财政、教育部门及其工作人员、申报使用补助资金的部门、单位及个人存在违法违规行为的，依法责令改正；对负有责任的领导人员和直接责任人员依法给予处分；涉嫌犯罪的，依法移送有关机关处理。

第十五条 本办法由财政部、教育部负责解释。各省级财政、教育部门可以根据本办法，结合各地实际，制定具体管理办法，报财政部、教育部备案，并抄送财政部当地监管局。

第十六条 本办法自印发之日起施行。原《财政部 教育部关于印发〈改善普通高中学校办学条件补助资金管理办法〉的通知》（财教〔2019〕262号）同时废止。

义务教育薄弱环节改善与能力提升补助资金管理办法

·2021年7月7日

·财教〔2021〕127号

第一条 为规范和加强义务教育薄弱环节改善与能力提升补助资金管理，提高资金使用效益，根据国家预算管理有关规定，制定本办法。

第二条 本办法所称义务教育薄弱环节改善与能力提升补助资金（以下称补助资金），是指中央财政用于支持义务教育发展，改善薄弱环节和提升办学能力的转移支付资金。重点支持中西部地区和东部部分困难地区。实施期限为2021-2025年。

第三条 补助资金管理遵循“中央引导、省级统筹，突出重点、注重绩效，规范透明、强化监督”的原则。

第四条 补助资金主要用于以下方面：

（一）支持改善农村学校基本办学条件，因地制宜加强学校教室、宿舍和食堂等设施建设，配齐洗浴、饮水等学生生活必需的设施设备，改善学校寄宿条件，根据需要设置心理咨询室、图书室等功能教室；按照国家规范要求加强校园安全设施设备建设；支持取暖设施和卫生厕所改造；改善规划保留的乡村小规模学校办学条件，保障教育教学需要。

（二）支持新建、改扩建必要的义务教育学校，有序扩大城镇学位供给，巩固消除“大班额”成果。

（三）支持学校网络设施设备和“三个课堂”建设，配备体育、美育和劳动教育所需必要设施设备，建设必要的体育、美育场地和劳动教育场所，改善校园文化环境。

补助资金支持的学校必须是已列入当地学校布局规划、拟长期保留的义务教育阶段公办学校。

完全中学和十二年一贯制学校的高中部以及因打造“重点校”而形成的超大规模学校不纳入支持范围。

礼堂、体育馆、游泳馆（池）、教师周转宿舍和独立建筑的办公楼建设，校舍日常维修改造和抗震加固，零星设备购置，教育行政部门机关及直属非教学机构的建设和设备购置，以及其他超越办学标准的事项，不得列入补助资金使用范围。

第五条 补助资金由财政部会同教育部共同管理。教育部负责审核地方提出的区域绩效目标等相关材料和数据，提供资金测算需要的基础数据，并对提供的基础数据的准确性、及时性负责。财政部根据预算管理相关规定，会同教育部研究确定有关省份补助资金预算金额、资金的整体绩效目标。

省级财政、教育部门负责明确省级及省以下各级财政、教育部门在基础数据审核、资金安排、使用管理等方面的责任，切实加强资金管理。

第六条 补助资金采取因素法分配，首先按照西部、中部、东部各占50%、40%、10%的区域因素确定分地区资金规模，在此基础上再按基础因素、投入因素分配到有关省份，重点向基础薄弱、财力困难的省份倾斜。其中：

基础因素（权重80%），主要考虑学生数等事业发展情况，以及巩固脱贫攻坚成果与乡村振兴有效衔接、落实中央决策部署等因素。各因素数据主要通过相关统计资料获得。

投入因素（权重20%），主要考虑生均一般公共预算教育支出等反映地方财政努力程度的因素。各因素数据主要通过相关统计资料获得。

财政部会同教育部综合考虑各地工作进展等情况，研究确定绩效调节系数，对资金分配情况进行适当调节。

计算公式为：

某省份补助资金=（该省份基础因素/Σ有关省份基础因素×权重+该省份投入因素/Σ有关省份投入因素×权重）×补助资金年度预算地区资金总额×绩效调节系数

财政部、教育部根据党中央、国务院有关决策部署和义务教育改革发展新形势等情况，适时调整完善相关分配因素、权重、计算公式等。

第七条 省级财政、教育部门应当于每年2月底前向财政部、教育部报送当年补助资金申报材料，并抄送财政部当地监管局。申报材料主要包括：

（一）上年度工作总结，包括上年度补助资金使用情况、年度绩效目标完成情况、绩效评价结果、地方财政投入情况、主要管理措施、问题分析及对策等。

（二）当年工作计划，主要包括当年全省工作目标和补助资金区域绩效目标、重点任务和资金安排计划，绩效指标要指向明确、细化量化、合理可行、相应匹配。

第八条 财政部于每年全国人民代表大会批准中央预算后三十日内，会同教育部正式下达补助资金预算，并抄送财政部当地监管局。每年10月31日前，提前下达下一年度补助资金预计数。省级财政部门在收到补助资金预算后，应当会同省级教育部门在三十日内按照预算级次合理分配、及时下达本行政区域县级以上各级政府部门，并抄送财政部当地监管局。

第九条 补助资金支付执行国库集中支付制度。涉及政府采购的，按照政府采购有关法律法规和有关制度执行。属于基本建设的项目，应当严格履行基本建设程序，执行相关建设标准和要求，确保工程质量。

第十条 省级财政、教育部门在分配补助资金时，应当结合本地区年度重点工作和省级财政安排相关资金，加大省级统筹力度，重点向欠发达地区、民族地区、边境地区、革命老区倾斜。要做好与农村义务教育学校校舍安全保障长效机制、发展改革部门安排基本建设项目等各渠道资金的统筹和对接，防止资金、项目安排重复交叉或缺位。

县（区）级财政、教育部门应当落实资金管理主体责任，加强区域内相关教育经费的统筹安排和使用，兼顾不同规模学校运转的实际情况，坚持“实用、够用、安全、节俭”的原则，严禁超标准建设和豪华建设。要加强学校预算管理，细化预算编制，硬化预算执行，强化预算监督；规范学校财务管理，确保补助资金使用安全、规范和有效。

各级财政、教育部门要加强财政风险控制，强化流程控制、依法合规分配和使用资金，实行不相容岗位（职责）分离控制。

第十一条 各地要切实做好项目前期准备工作，强化项目管理，加快预算执行进度。补助资金原则上应在当年执行完毕，年度未支出的资金按财政部结转结余资金管理有关规定处理。

第十二条 各级财政、教育部门要按照全面实施预算绩效管理的要求，建立健全全过程预算绩效管理机制，按规定科学合理设定绩效目标，对照绩效目标做好绩效监控，认真组织开展绩效评价，强化评价结果运用，做好绩效信息公开，提高补助资金配置效率和使用效益。财政部、教育部根据工作需要适时组织开展重点绩效评价。

第十三条 财政部各地监管局应当按照工作职责和财政部要求，对补助资金实施监管。地方各级财政部门应当会同同级教育部门，按照各自职责加强项目审核申报、经费使用管理等工作，建立"谁使用、谁负责"的责任机制。严禁将补助资金用于平衡预算、偿还债务、支付利息、对外投资等支出，不得从补助资金中提取工作经费或管理经费。

第十四条 各级财政、教育部门及其工作人员、申报使用补助资金的部门、单位及个人存在违法违规行为的，依法责令改正并追究相应责任；涉嫌犯罪的，依法移送有关机关处理。

第十五条 本办法由财政部、教育部负责解释。各省级财政、教育部门可以根据本办法，结合各地实际，制定具体管理办法，报财政部、教育部备案，并抄送财政部当地监管局。

第十六条 本办法自印发之日起施行。《财政部 教育部关于印发〈义务教育薄弱环节改善与能力提升补助资金管理办法〉的通知》（财教〔2019〕100号）同时废止。

学生资助资金管理办法

· 2021年12月30日

· 财教〔2021〕310号

第一章 总 则

第一条 为规范和加强学生资助资金管理，提高资金使用效益，确保资助工作顺利开展，根据国家预算管理有关规定，制定本办法。

第二条 本办法所称学生资助资金是指中央财政用于支持落实高等教育（含本专科生和研究生教育）、中等职业教育、普通高中教育等国家资助政策的资金，包括国家奖学金、国家励志奖学金、学业奖学金、国家助学金、免学（杂）费补助资金、服兵役国家教育资助资金、基层就业学费补偿国家助学贷款代偿资金、国家助学贷款奖补资金等。

第三条 本办法所称普通高校是指根据国家有关规定批准设立、实施全日制高等学历教育的普通本科学校、高等职业学校、高等专科学校；中等职业学校是指根据国家有关规定批准设立、实施全日制中等学历教育的各类职业学校（含技工学校）；普通高中是指根据国家有关规定批准设立的普通高中学校（含完全中学和十二年一贯制学校的高中部）。

以上所称各类学校包括民办普通高校（含独立学院）、民办中等职业学校和民办普通高中。

第四条 学生资助资金由财政部、教育部、人力资源社会保障部按职责共同管理。财政部负责学生资助资金分配和预算下达，组织教育部、人力资源社会保障部等部门编制学生资助资金中期财政规划和年度预算草案。教育部会同人力资源社会保障部负责组织各地审核上报享受资助政策的学生人数、资助范围、资助标准等基础数据，提出预算分配建议方案，负责完善学生信息管理系统，加强学生学籍和资助信息管理，对提供的基础数据和预算分配建议方案真实性、准确性、及时性负责。教育部、人力资源社会保障部会同财政部等部门对资金使用和政策执行情况进行监督管理。退役军人部负责组织各地做好自主就业退役士兵的身份认证工作。中央军委国防动员部负责组织各地兵役机关做好申请学费资助学生入伍的相关认证工作。

省级财政、教育、人力资源社会保障部门负责明确省级及省以下各级财政、教育、人力资源社会保障部门在学生资助基础数据审核、资金安排、使用管理等方面的责任，切实加强资金管理。

学校是学生资助资金使用的责任主体，应当切实履行法人责任，健全内部管理机制，具体组织预算执行。

第二章 资助范围和标准

第五条 普通高校资助范围及标准包括：

（一）本专科生国家奖学金。奖励特别优秀的全日制本专科生，每年奖励6万名，每生每年8000元。

（二）本专科生国家励志奖学金。奖励资助品学兼优的家庭经济困难的全日制本专科生，本科生资助范围约为全国普通高校全日制本科在校生总数的3%，高职学生资助范围约为全国普通高校全日制高职在校生总数的3.3%，每生每年5000元。

（三）本专科生国家助学金。资助家庭经济困难的全日制本专科生（含预科生，不含退役士兵学生），本科生资助范围约为全国普通高校全日制本科在校生总数的20%，高职学生资助范围约为全国普通高校全日制高职在校生总数的22%，平均资助标准为每生每年3300元，具体标准由高校在每生每年2000—4500元范围内自主确定，可以分为2—3档。全日制在校退役士兵学生全部享受本专科生国家助学金，资助标准为每生每年3300元。

（四）研究生国家奖学金。奖励特别优秀的全日制研究生，每年奖励4.5万名。其中：硕士生3.5万名，每生每年20000元；博士生1万名，每生每年30000元。

（五）研究生学业奖学金。奖励中央高校全日制研究生，中央财政按照硕士研究生每生每年8000元、博士研究生每生每年10000元的标准以及在校学生数的一定比例给予支持。

（六）研究生国家助学金。资助全日制研究生的基本生活支出。中央高校硕士研究生每生每年6000元，博士研究生每生每年15000元；地方所属高校研究生国家助学金资助标准由各省（自治区、直辖市、计划单列市，以下统称省）财政部门会同教育部门确定，硕士研究生每生每年不低于6000元，博士研究生每生每年不低于13000元。

（七）服兵役高等学校学生国家教育资助。对应征入伍服义务兵役、招收为士官、退役后复学或入学的高等学校学生实行学费补偿、国家助学贷款代偿、学费减免。学费补偿或国家助学贷款代偿金额，按学生实际缴纳的学费或用于学费的国家助学贷款（包括本金及其全部偿还之前产生的利息，下同）两者金额较高者执行；复学或新生入学后学费减免金额，按高等学校实际收取学费金额执行。

学费补偿、国家助学贷款代偿以及学费减免的标准，本专科生每生每年最高不超过12000元，研究生每生每年最高不超过16000元。超出标准部分不予补偿、代偿或减免。

（八）基层就业学费补偿国家助学贷款代偿。对到中西部地区和艰苦边远地区基层单位就业的中央高校应届毕业生实行学费补偿或国家助学贷款代偿，本专科生每生每年最高不超过12000元，研究生每生每年最高不超过16000元。毕业生在校学习期间每年实际缴纳的学费或用于学费的国家助学贷款低于补偿代偿标准的，按照实际缴纳的学费或用于学费的国家助学贷款金额实行补偿代偿。毕业生在校学习期间每年实际缴纳的学费或用于学费的国家助学贷款高于补偿代偿标准的，按照标准实行补偿代偿。

第六条 国家助学贷款奖补资金。全部用于本地区全日制普通高校学生的资助。

第七条 中等职业学校资助范围及标准包括：

（一）国家奖学金。奖励学习成绩、技能表现等方面特别优秀的中等职业学校全日制在校生，每年奖励2万名，每生每年6000元。

（二）免学费。对中等职业学校全日制学历教育正式学籍一、二、三年级在校生中农村（含县镇）学生、城市涉农专业学生、城市家庭经济困难学生、民族地区学校就读学生、戏曲表演专业学生免除学费（其他艺术类相关表演专业学生除外）。城市家庭经济困难学生比例按规定分区域确定。免学费标准按照各级人民政府及其价格、财政主管部门批准的公办学校学费标准执行（不含住宿费）。

（三）国家助学金。资助中等职业学校全日制学历教育正式学籍一、二年级在校涉农专业学生和非涉农专业家庭经济困难学生。家庭经济困难学生比例按规定分区域确定。六盘山区等11个原连片特困地区和西藏、四省涉藏州县、新疆南疆四地州中等职业学校农村学生（不含县城）全部纳入享受国家助学金范围。平均资助标准每生每年2000元，具体标准由各地结合实际在1000—3000元范围内确定，可以分为2—3档。

第八条 普通高中资助范围及标准包括：

（一）免学杂费。对具有正式学籍的普通高中建档立卡等家庭经济困难学生（含非建档立卡的家庭经济困难残疾学生、农村低保家庭学生、农村特困救助供养学生）免学杂费。西藏、四省涉藏州县和新疆南疆四地州学生继续执行现行政策。免学杂费标准按照各级人民政府及其价格、财政主管部门批准的公办学校学杂费标准执行（不含住宿费）。

（二）国家助学金。资助具有正式学籍的普通高中在校生中的家庭经济困难学生。各地可结合实际，在确定资助范围时适当向农村地区、脱贫地区和民族地区倾斜。平均资助标准为每生每年2000元，具体标准由各地结合实际在1000—3000元范围内确定，可以分为2—3档。

第九条 国家奖学金、国家励志奖学金、学业奖学金、国家助学金、免学（杂）费补助资金、服兵役高等学校学生国家教育资助资金、基层就业学费补偿国家助学贷款代偿资金等标准，根据经济发展水平、财力状况、物价水平、相关学校收费标准等因素，实行动态调整。

第三章 资金分担和预算安排

第十条 学生资助资金采用因素法分配，根据学生人数、相关标准等进行测算。

第十一条 普通高校国家奖学金、国家励志奖学金、服兵役高等学校学生国家教育资助、国家助学贷款奖补资金由中央财政承担。中央高校的学业奖学金、国家助学金、基层就业学费补偿国家助学贷款代偿资金由中央财政承担。地方高校的学业奖学金、基层就业学费补偿国家助学贷款代偿资金由地方财政承担。地方高校的国家助学金由中央与地方分档按比例分担，按照本专科生每生每年3300元、硕士研究生每生每年6000元、博士研究生每生每年13000元的标准，不区分生源地区，第一档中央财政负担80%，第二档中央财政负担60%，第三档、第四档、第五档中央财政分别负担50%、30%、10%。

上述第一档包括内蒙古、广西、重庆、四川、贵州、云南、西藏、陕西、甘肃、青海、宁夏、新疆12个省（区、市）；第二档包括河北、山西、吉林、黑龙江、安徽、江西、河南、湖北、湖南、海南10个省；第三档包括辽宁、山东、福建3个省；第四档包括天津、江苏、浙江、广东4个省（市）和大连、青岛、宁波、厦门、深圳5个计划单列市；第五档包括北京、上海2个直辖市。分档情况下同。

第十二条 国家助学贷款奖补资金分配因素包括国家助学贷款规模，权重为25%；获贷情况，权重为25%；奖补资金使用情况，权重为15%；学生资助工作管理情况，权重为35%。财政部会同教育部适时对相关因素和权重进行完善。

第十三条 中等职业教育国家奖学金由中央财政承担。中等职业教育免学费和国家助学金由中央与地方财政分档按比例分担，省级财政统筹落实。免学费补助资金和国家助学金均由中央财政统一按每生每年平均2000元的测算标准与地方分档按比例分担。其中：第一档中央财政负担80%；第二档中央财政负担60%；第三档、第四档、第五档中央财政分别负担50%、30%、10%。学生生源地为第一档但在第二档地区就读的，中央财政负担80%；生源地为第一档、第二档但在第三档、第四档、第五档地区就读的，中央财政分别负担80%、60%；根据国务院有关规定，部分中部市县比照享受西部地区政策，中央财政按第一档负担80%。

对因免学费导致学校收入减少的部分，由财政按照享受免学费政策学生人数和免学费标准补助学校，弥补学校运转出现的经费缺口。

对在经教育部门、人力资源社会保障部门依法批准的民办学校就读的一、二、三年级符合免学费政策条件的学生，按照当地同类型同专业公办学校标准给予补助。民办学校经批准的学费标准高于补助的部分，学校可以按规定继续向学生收取。

第十四条 国家统一实施的普通高中免学杂费和国家助学金政策，所需经费由中央与地方财政分档按比例分担，省级财政统筹落实。其中：第一档中央财政负担80%；第二档中央财政负担60%；第三档、第四档、第五档中央财政分别负担50%、30%、10%。

中央财政逐省核定免学杂费财政补助标准，原则上三年核定一次。对因免学杂费导致学校收入减少的部分，由财政按照免学杂费学生人数和免学杂费标准补助学校，弥补学校运转出现的经费缺口。

对在经教育部门依法批准的民办学校就读的符合免学杂费政策条件的学生，按照当地同类型公办学校标准给予补助。民办学校经批准的学杂费标准高于补助的部分，学校可以按规定继续向学生收取。

第十五条 财政部会同有关部门按照转移支付预算管理规定的时限等有关要求下达中央对地方转移支付预算、提前下达下一年度转移支付预计数。省级财政部门会同有关部门在收到转移支付预算（含提前下达预计数）后，应当按规定合理分配、及时下达,并抄送财政部当地监管局。地方各级财政部门应当加强预算管理,按有关规定及时足额拨付应负担的资金。中央高校所需资金按照部门预算管理要求下达,按照财政国库管理有关制度规定支付。

第十六条 服兵役高等学校学生国家教育资助,中央高校资金按照财政国库管理有关制度规定支付;地方高校资金由中央财政拨付各省级财政部门,采取"当年先行预拨,次年据实结算"的办法,中央财政每年对各省上一年度实际支出进行清算,并以上一年度实际支出金额为基数提前下拨各省当年预算资金。

中央高校基层就业学费补偿国家助学贷款代偿资金按照财政国库管理有关制度规定支付。

第四章 资金管理和监督

第十七条 学生资助资金纳入各级预算管理,各级财政、教育、人力资源社会保障等部门(单位)要按照预算管理有关规定加强学生资助资金预算编制、执行、决算等管理。

第十八条 地方各级教育、人力资源社会保障部门要加强资金发放、执行管理,做好基础数据的审核工作,对上报的可能影响资金分配结果的有关数据和信息的真实性、准确性负责;健全学生资助机构,组织学校做好家庭经济困难学生认定工作,确保应助尽助。各级各类学校要加强学生学籍、学生资助信息系统应用,规范档案管理,严格落实责任制,强化财务管理,制定学生资助资金管理使用办法。学校应将学生申请表、认定结果、资金发放等有关凭证和工作情况分年度建档备查。

第十九条 各级财政、教育、人力资源社会保障等部门要按照全面实施预算绩效管理的要求,建立健全全过程预算绩效管理机制,按规定科学合理设定绩效目标,对照绩效目标做好绩效监控、绩效评价,强化绩效结果运用,做好信息公开,提高资金使用效益。

第二十条 财政部各地监管局按照职责和财政部统一部署,对资金开展监管和专项检查。

第二十一条 各级财政、教育、人力资源社会保障等部门(单位)及其工作人员在学生资助资金分配和审核过程中滥用职权、玩忽职守、徇私舞弊以及违反规定分配或挤占、挪用、虚列、套取学生资助资金的,依法追究相应责任。

申报使用学生资助资金的部门、单位及个人在资金申报、使用过程中存在违法违规行为的,依照《中华人民共和国预算法》及其实施条例、《财政违法行为处罚处分条例》等国家有关规定追究相应责任。

第五章 附 则

第二十二条 各地、各校要结合实际,通过勤工助学、"三助"岗位、"绿色通道"、校内资助、社会资助等方式完善学生资助体系。公办普通高校、普通高中要从事业收入中分别足额提取4%—6%、3%—5%的经费用于资助学生,中等职业学校应从事业收入中提取一定比例的资金用于资助学生。民办学校应从学费收入中提取不少于5%的资金,用于奖励和资助学生。

第二十三条 各地要认真贯彻党中央、国务院关于实现巩固拓展脱贫攻坚成果同乡村振兴有效衔接等决策部署,在分配相关资金时,结合实际向脱贫地区倾斜。

第二十四条 科研院所、党校(行政学院)、国家会计学院等研究生培养单位学生资助资金管理按照本办法执行,所需资金通过现行渠道解决。

第二十五条 新疆生产建设兵团、农垦等所属学校学生资助资金管理和财政支持方式均按照有关法律法规、现行体制和政策执行。

第二十六条 各项学生资助政策涉及的申请、评审、发放、管理等工作按照《学生资助资金管理实施细则》执行。

第二十七条 各地要根据本办法,结合实际制定实施办法,抄送财政部、教育部、人力资源社会保障部。各中央高校要根据本办法制定具体实施办法,抄送财政部、教育部和中央主管部门。

第二十八条 本办法由财政部、教育部、人力资源社会保障部、退役军人部、中央军委国防动员部按职责负责解释。

第二十九条 本办法自印发之日起施行。《财政部 教育部 人力资源社会保障部 退役军人部 中央军委国防动员部关于印发〈学生资助资金管理办法〉的通知》(财科教〔2019〕19号)同时废止。

附:(略)

(二)助学贷款

国务院办公厅转发中国人民银行等部门关于国家助学贷款管理规定(试行)的通知

·1999年6月17日
·国办发〔1999〕58号

各省、自治区、直辖市人民政府,国务院各部委、各直属机构:

中国人民银行、教育部、财政部《关于国家助学贷款的管理规定(试行)》已经国务院同意,现转发给你们,请遵照执行。

为使国家对经济困难的学生助学贷款工作顺利进行,先在北京、上海、天津、重庆、武汉、沈阳、西安、南京等市进行试点,待条件成熟后再逐步推行。有关地方人民政府和国务院有关部门,要注意了解试点情况,总结经验,适时完善管理规定。

关于国家助学贷款的管理规定(试行)

为促进教育事业的发展,依据《中华人民共和国中国人民银行法》、《中华人民共和国商业银行法》、《中华人民共和国教育法》等法律的有关规定,现就实行国家助学贷款有关事项作如下规定:

(一)国家助学贷款适用于中华人民共和国(不含香港特别行政区、澳门和台湾地区)高等学校(以下简称:学校)中经济确实困难的全日制本、专科学生。

(二)国家助学贷款是以帮助学校中经济确实困难的学生支付在校期间的学费和日常生活费为目的,运用金融手段支持教育,资助经济困难学生完成学业的重要形式。

(三)中国工商银行为中国人民银行批准的国家助学贷款经办银行。国家助学贷款的具体管理办法由中国工商银行制定,报中国人民银行批准后执行。

一、管理体制

(四)为保证国家助学贷款制度的顺利实行,由教育部、财政部、中国人民银行和中国工商银行组成全国助学贷款部际协调小组(以下简称:部际协调组)。教育部设立全国学生贷款管理中心,作为部际协调组的日常办事机构。各省、自治区、直辖市设立相应的协调组织和管理中心。

(五)部际协调组主要负责协调教育、财政、银行等部门及学校之间的关系,制定国家助学贷款政策,确定中央部委所属学校年度国家助学贷款指导性计划。其中:教育部主要负责根据国家教育发展状况,会同有关部门研究如何利用助学贷款的有关政策;财政部主要负责筹措、拨付中央部委所属学校国家助学贷款的贴息经费(含特困生贷款的还本资金),监督贴息经费使用情况;中国人民银行主要负责根据国家有关政策,确定国家助学贷款经办银行,审批有关办法,监督贷款执行情况;经办银行负责贷款的审批、发放与回收。

(六)全国学生贷款管理中心负责根据部际协调组确定的年度国家助学贷款指导性计划,接收、审核中央部委所属学校提交的贷款申请报告,核准各学校贷款申请额度,并抄送经办银行总行;统一管理财政部拨付的中央部委所属学校国家助学贷款贴息经费,接受国内外教育捐款,扩大贴息资金来源,并将贴息经费专户存入经办银行;根据经办银行发放的国家助学贷款和特困生贷款数量,按季向经办银行划转贴息经费;与经办银行总行签定国家助学贷款管理协议;向经办银行提供有关信息材料;协助经办银行监督、管理国家助学贷款的发放、使用,协助经办银行按期回收和催收国家助学贷款;指导各地区学生贷款管理中心工作;办理部际协调组交办的其他事宜。

(七)各省、自治区、直辖市国家助学贷款协调组织,根据部际协调组确定的有关政策,领导本行政区域国家助学贷款工作;负责协调本行政区域教育、财政、银行等部门及学校之间的关系;提出本行政区域所属学校的国家助学贷款年度指导性计划。

(八)各省、自治区、直辖市学生贷款管理中心为本行政区域内国家助学贷款协调组织的日常办事机构,根据本行政区域协调组织确定的年度国家助学贷款指导性计划,接收、审核所属学校提交的贷款申请报告,核准各学校贷款申请额度,并抄送同级经办银行;统一管理地方财政拨付的贷款贴息经费及特困生贷款偿还所需经费,贴息经费专户存入经办银行;根据经办银行发放的国家助学贷款和特困生贷款数量,按季向经办银行划转贴息经费;与当地有关经办银行签定国家助学贷款管理协议;向经办银行提供有关信息材料;协助经办银行监督、管理贷款的发放、使用和回收,并负责协助经办银行催收贷款;办理同级协调组织交办的其他有关事宜。

(九)各学校要指定专门机构统一管理本校国家助学贷款工作,负责对申请贷款的学生进行资格初审;按期向学生贷款管理中心报送全校年度贷款申请报告;根据学生贷款管理中心核准的贷款申请额度,将经初审的学生贷款申请报送经办银行;与经办银行签定国家助学贷款管理协议;协助经办银行组织贷款的发放和回收,并负责协助经办银行催收贷款;及时统计并向上级学生贷款管理中心和有关经办银行提供学生的变动(包括学生就业、升学、转校、退学等)情况和国家助学贷款的实际发放情况;办理学生贷款管理中心交办的其他事宜。

(十)国家助学贷款经办银行接受中国人民银行的监督,负责按照国家信贷政策,制定国家助学贷款的具体管理办法;审核各学校报送的学生个人贷款申请报告等相关材料,按贷款条件审查决定是否发放贷款;具体负责贷款的发放和回收;有权根据贷款的回收情况、学生贷款管理中心和学校在催收贷款方面的配合情况,决定是否发放新的国家助学贷款。

二、贷款的申请和发放

(十一)经办银行发放的国家助学贷款属于商业性贷款,纳入正常的贷款管理。

(十二)国家助学贷款实行学生每年申请、经办银行每年审批的管理方式。

(十三)经办银行负责确定国家助学贷款的具体发放金额,其中:用于学费的金额最高不超过借款学生所在学校的学费收取标准;用于生活费的金额最高不超过学校所在地区的基本生活费标准。

(十四)学生申请国家助学贷款必须具有经办银行认可的担保,担保人应当与经办银行订立担保合同。

(十五)确实无法提供担保、家庭经济特别困难的学生,可以申请特困生贷款。特困生贷款由学校提出建议,报上级学生贷款管理中心审批后,由经办银行按有关规定办理贷款手续。

(十六)经办银行核批国家助学贷款,并将已批准发放贷款的学生名单及其所批准的贷款金额反馈相应的学生贷款管理中心和学校,学校上报上级学生贷款管理中心备案,并配合经办银行加强贷款管理。

三、贷款期限、利率和贴息

(十七)国家助学贷款的经办银行根据学生申请,具体确定每笔贷款的期限。

(十八)国家助学贷款利率按中国人民银行公布的法定贷款利率和国家有关利率政策执行。

(十九)为体现国家对经济困难学生的优惠政策,减轻学生的还贷负担,财政部门对接受国家助学贷款的学生给予利息补贴。学生所借贷款利息的50%由财政贴息,其余50%由学生个人负担。财政部门每年按期、按规定向学生贷款管理中心拨付贷款贴息经费。

(二十)国家鼓励社会各界以各种形式为经济困难学生提供助学贷款担保和贴息。

四、贷款回收

(二十一)学生所借贷款本息必须在毕业后4年内还清。为保证国家助学贷款的回收,学生毕业前必须与经办银行重新确认或变更借款合同,并办理相应的担保手续。此项手续办妥后,学校方可办理学生的毕业手续。

(二十二)在借款期间,学生出国(境)留学或定居者,必须在出国(境)前一次还清贷款本息,有关部门方可给予办理出国手续;凡需转学的学生,必须在其所在学校和经办银行与待转入学校和相应经办银行办理该学生贷款的债务划转后,或者在该学生还清所借贷款本息后,所在学校方可办理其转学手续;退学、开除和死亡的学生,其所在学校必须协助有关经办银行清收该学生贷款本息,然后方可办理相应手续。

(二十三)特困生贷款到期无法收回部分,由提出建议的学校和学生贷款管理中心共同负责偿还(其中:学校偿还60%,学生贷款管理中心偿还40%)。学校所需的偿还贷款资金在学校的学费收入中列支;学生贷款管理中心所需的偿还贷款资金,在财政部门批准后的贴息经费中专项列支,专款专用。

（二十四）借款学生不能按期偿还贷款本息的，按中国人民银行有关规定计收罚息。

（二十五）对未还清国家助学贷款的毕业生，其接收单位或者工作单位负有协助经办银行按期催收贷款的义务，并在其工作变动时，提前告知经办银行；经办银行有权向其现工作单位和原工作单位追索所欠贷款。

国务院办公厅转发中国人民银行等部门关于助学贷款管理若干意见的通知

·2000年2月1日
·国办发〔2000〕6号

各省、自治区、直辖市人民政府，国务院各部委、各直属机构：

中国人民银行、教育部、财政部《关于助学贷款管理的若干意见》（以下简称《若干意见》）已经国务院同意，现转发给你们，请认真贯彻执行。

关于助学贷款管理的若干意见

为支持教育事业的发展，推动科教兴国战略的实施，根据《中华人民共和国商业银行法》、《中华人民共和国教育法》等法律法规的有关规定，现就完善国家助学贷款管理办法和开展一般商业性助学贷款工作提出以下意见：

助学贷款包括国家助学贷款和一般商业性助学贷款两类。

国家助学贷款是按照《国务院办公厅转发中国人民银行等部门关于国家助学贷款管理规定（试行）的通知》（以下简称《通知》）的要求，由中国工商银行开办的、国家财政贴息的，适用于中华人民共和国（不含香港和澳门特别行政区、台湾地区）高等学校中经济确实困难的全日制本、专科学生的助学贷款。

一般商业性助学贷款是指金融机构对正在接受非义务教育学习的学生或其直系亲属、或法定监护人发放的商业性贷款；只能用于学生的学杂费、生活费以及其他与学习有关的费用。一般商业性助学贷款财政不贴息，各商业银行、城市信用社、农村信用社等金融机构均可开办。

一、完善国家助学贷款管理办法

（一）中国工商银行要继续积极办理国家助学贷款。要在防范风险的前提下，继续探索国家助学贷款的多种担保形式；要简化贷款审批程序，合理确定贷款期限；要在中国人民银行规定的范围内，在利率水平上对借款人给予适当优惠。

（二）停止执行《通知》的第十五条、第二十三条。确实无法提供担保、家庭经济特别困难的学生以及其他学生均可申请信用方式的国家助学贷款。

二、进一步开办一般商业性助学贷款

（一）各金融机构要在信贷原则的指导下，积极开办一般商业性助学贷款业务，其中，包括信用助学贷款和担保助学贷款。要切实提高服务质量，提高工作效率，及时总结经验，完善管理制度；农村信用社也要充分发挥自身优势，在学生家庭所在地对学生或家长发放担保助学贷款和信用助学贷款。

（二）对年满18周岁的在校大学生一般发放信用助学贷款，对接受非义务教育学生的直系亲属或法定监护人一般发放担保助学贷款。

（三）对在校大学生发放信用助学贷款，学生所在学校必须提供贷款介绍人和见证人。

1. 金融机构与学校要签订银校协议，明确助学贷款申请受理、调查审批、收回监督、建立借款人信誉档案等方面的义务和责任。学校应积极配合助学贷款的发放和管理，借款人转校后，应将其助学贷款情况作为学生档案的内容之一移交新就读学校。借款人毕业后，应将其去向通知贷款金融机构。

2. 介绍人指学校负责助学贷款的部门（如学生处等），其职责是：为借款人联系、介绍贷款银行；向贷款银行集中推荐借款人的贷款申请；根据贷款银行的要求，负责了解借款人的有关情况；负责建立、更新和管理借款人的地址和有效联系方式等有关信用档案；银校协议中约定的其他有关事宜。

3. 见证人是指与借款人关系密切的自然人（如借款人的班主任、专职辅导员、系主任等，其中一人见证即可），其职责是：协助介绍人和贷款银行全面了解借款人的有关情况；在借款人毕业后与其保持联系，向贷款银行提供借款人的最新有效通讯方式。

（四）在校大学生申请信用助学贷款须具备以下条件：

1. 具有完全民事行为能力的自然人。

2. 具有永久居留身份证、所在学校及其院系的详细地址。

3. 具有所在学校发放的《学生证》、学籍证明等有关证件；学生学习期间所需学杂费、生活费等有关学习的费用证明；介绍人提供的贷款申请表或相关证明。

4. 符合贷款人要求的学习、品德表现证明，无不良信用行为。

5. 贷款人规定的其他条件。

（五）信用助学贷款的合同应符合有关法律法规的条款及以下要素：

1. 借款人所在学校、院系及专业的名称。

2. 借款人姓名和身份证号码。

3. 借款人父母姓名、身份证号码、工作单位。

4. 已婚借款者应填写配偶姓名、身份证号码。

5. 借款人家庭地址。

6. 还本付息方式。

7. 金额、期限、利率、违约罚则。

8. 借款人、介绍人、见证人和贷款人的签字（或公章），并备注以上有关当事人的联系方式。

9. 借款人承诺按时履约还款，并保证毕业后在贷款没有还清之前向贷款人提供有效联系的方式。

10. 其他条款。

（六）对接受非义务教育学生的直系亲属或法定监护人（借款人）一般发放担保助学贷款。借款人应满足以下条件：

1. 具有完全民事行为能力、当地常住户口或永久居留身份证、固定住所和详细的地址，提供其亲属或监护关系的证明。

2. 根据贷款银行的要求，出示学生就读学校的《录取通知书》（或《学生证》和学籍证明）等证件；就读学校开出的学生学习期间所需学杂费、生活费及其他有关学习的费用证明，以及每学期学习、品德表现的证明等。

3. 必须具有一定的经济收入来源，品德优良，无不良信用行为，具备按期偿还贷款本息的能力。

4. 提供贷款银行认可的抵押、质押、保证等担保方式。

5. 贷款银行要求的其他条件。

（七）助学贷款的金额、期限、贷款方式、还本付息方式，由贷款银行根据学校学制和学生就读情况等因素确定。经贷款银行同意，助学贷款可按有关规定展期。

（八）助学贷款利率在中国人民银行利率政策规定的范围内，适当给予优惠。若借贷双方约定可以提前归还贷款，对提前归还的部分，贷款银行按合同约定利率收取借款日至还款日之间的正常利息。

（九）助学贷款实行一次申请、一次授信、分期发放的管理方式。贷款银行应将审批同意的助学贷款申请表副联寄至学生就读学校的有关管理部门，学校应将此申请表存入学生档案。

（十）借款人发生转学、休学、退学、出国、被开除、伤亡等情况，介绍人、见证人和学生所在学校有责任及时通知贷款银行。贷款银行有权按合同约定采取停止发放尚未使用的贷款、提前收回贷款本息等措施。

（十一）借款人毕业后所在的就业单位有义务协助贷款银行督促其偿还助学贷款本息；在其工作变动时，有义务提前告知贷款银行。

（十二）要建立借款人个人信用登记制度。贷款银行定期以学校为单位在公开报刊及有关信息系统上公布助学贷款违约比例和违约借款人姓名、身份证号及违约行为，同时公布其担保人姓名；依法追究违约借款人的法律责任。对不履行职责的介绍人、见证人公布其姓名。

国务院办公厅转发教育部、财政部、人民银行银监会关于进一步完善国家助学贷款工作若干意见的通知

· 2004年6月12日
· 国办发〔2004〕51号

各省、自治区、直辖市人民政府，国务院各部委、各直属机构：

教育部、财政部、人民银行、银监会《关于进一步完善国家助学贷款工作的若干意见》已经国务院同意，现转发给你们，请认真贯彻执行。

关于进一步完善国家助学贷款工作的若干意见

国家助学贷款是党中央、国务院在社会主义市场经济条件下，利用金融手段完善我国普通高校资助政策体系，加大对普通高校经济困难学生资助力度所采取的一项重大措施。这项工作取得了明显成效，受到广大经济困难学生和社会有关方面的普遍欢迎。但由于多种原因，国家助学贷款工作还没有达到预定目标，存在一些突出问题，需要切实加以改进和完善。

推进并加强国家助学贷款工作，应坚持"方便贷款、防范风险"的原则，进一步理顺国家、高校、学生、银行之间的经济关系，健全国家助学贷款管理体制，改革贷款审批和发放办法，强化普通高校和银行的管理职责，完善还贷约束机制和风险防范机制，确保国家助学贷款工作持续、健康发展，基本满足普通高校经济困难学生的需要，最大限度地降低国家助学贷款风险。现就进一步完善国家助学贷款工作提出如下意见：

一、进一步完善国家助学贷款政策

（一）改革财政贴息方式。改变目前在整个贷款合同期间，对学生贷款利息给予50%财政补贴的做法，实行借款学生在校期间的贷款利息全部由财政补贴，毕业后全部自付的办法，借款学生毕业后开始计付利息。

（二）延长还贷年限。改变目前自学生毕业之日起即开始偿还贷款本金、4年内还清的做法，实行借款学生毕业后视就业情况，在1至2年后开始还贷、6年内还清的做法。借款学生办理毕业或终止学业手续时，应当与经办银行确认还款计划，还款期限由借贷双方协商确定。若借款学生继续攻读学位，借款学生要及时向经办银行提供继续攻读学位的书面证明，财政部门继续按在校学生实施贴息。借款学生毕业或终止学业后1年内，可以向银行提出一次调整还款计划的申请，经办银行应予受理并根据实际情况和有关规定进行合理调整。贷款还本付息可以采取多种方式，可以一次或分次提前还贷。提前还贷的，经办银行要按贷款实际期限计算利息，不得加收除应付利息之外的其他任何费用。

（三）对毕业后自愿到国家需要的艰苦地区、艰苦行业工作，服务期达到一定年限的借款学生，经批准可以奖学金方式代偿其贷款本息。具体办法将结合学生就业政策另行制定。

二、进一步改革国家助学贷款实施机制

（一）改革经办银行确定办法。改变目前由国家指定商业银行办理国家助学贷款业务的做法，实行由政府按隶属关系委托全国和省级国家助学贷款管理中心通过招投标方式确定国家助学贷款经办银行。参与竞标的银行必须是经银监会批准、有条件经办国家助学贷款业务的银行。经办银行一经确定，由国家助学贷款管理中心与银行签订具有法律效力的贷款合作协议。中标银行要按照协议约定提供贷款服务并及时足额地发放国家助学贷款；要简化贷款程序，制定统一的贷款合同文本，规范办理贷款的周期；及时向普通高校提供学生还款情况。国家助学贷款管理中心要按协议约定及时足额支付贴息和风险补偿资金，配合银行做好催收还款工作，努力降低金融风险。

（二）对普通高校实行借款总额包干办法。普通高校每年的借款总额原则上按全日制普通本专科学生（含高职学生）、研究生以及第二学士学位在校生总数20%的比例、每人每年6000元的标准计算确定。每所普通高校的具体借款额度按隶属关系，由全国和省级国家助学贷款管理中心根据各校的贫困生实际情况和借款学生还款违约等情况分别确定下达。

（三）明确普通高校、银行和学生在国家助学贷款实施工作中的责任。

普通高校在国家助学贷款管理中心下达的借款额度内，负责组织本校经济困难学生的贷款申请，并向经办银行提出本校借款学生名单和学生申请贷款的有关材料，对申请借款学生的资格及申请材料的完整性、真实性进行审查，监督学生按贷款合同规定的用途使用贷款。

经办银行在审批贷款时，要按照中标协议的约定满足普通高校借款人数和额度需求，并在中标协议规定的工作日内，批准贷款并与学生签订贷款合同，向学生发放贷款。

借款学生要如实填写公民身份号码，保证申请材料的真实和完整；严格按规定用途使用贷款资金；认真履行与银行签订的还款协议，直接向银行还款，承担偿还贷款的全部责任。

三、建立和完善贷款偿还的风险防范与补偿机制

（一）建立学生还款约束机制。国家金融管理等有关部门、经办银行、国家助学贷款管理中心及各高等学校，要各负其责，共同建立还款约束机制。

国家金融管理部门要加快全国个人资信征询系统建设，健全银行风险防范约束机制。

经办银行要建立有效的还贷监测系统，并做好相关工作。要对借款学生积极开展还贷宣传工作，讲解还贷的程序和方式；要及时为贷款学生办理还贷确认手续；加强日常还贷催收工作并做好催收记录；对没有按照协议约定的期限、数额归还国家助学贷款的学生，经办银行应对违约贷款金额计收罚息，并将其违约行为载入金融机构征信系统，金融机构不再为其办理新的贷款和其他授信业务；按期将连续拖欠贷款超过一年且不与经办银行主动联系的借款学生姓名及公民身份号码、毕业学校、违约行为等按隶属关系提供给国家助学贷款管理中心。

国家助学贷款管理中心要以已建立的国家助学贷款学生个人信息查询系统为依托，进一步完善对借款学生的信息管理，对借款学生的基本信息、贷款和还款情况等及时进行记录，加强对借款学生的贷后跟踪管理，接受经办银行对借款学生有关信息的查询；并将经办银行提供的违约借款学生名单在新闻媒体及全国高等学校毕业生学历查询系统网站公布。

各普通高校要建立本校借款学生的信息查询管理系统，强化对学生的贷后管理，按隶属关系及时向国家助学贷款管理中心和经办银行提供借款学生信息。

公安部门要积极做好为普通高校学生换发第二代居民身份证的工作，配合银行做好对违约学生的身份核查工作。

（二）建立国家助学贷款风险补偿机制。考虑到国家助学贷款特点和我国的具体国情，为鼓励银行积极开展国家助学贷款业务，按照“风险分担”原则，建立国家助学贷款风险补偿机制。按隶属关系，由财政和普通高校按贷款当年发生额的一定比例建立国家助学贷款风险补偿专项资金，给予经办银行适当补偿，具体比例在招投标时确定。国家助学贷款风险补偿专项资金由财政和普通高校各承担50%；每所普通高校承担的部分与该校毕业学生的还款情况挂钩。风险补偿专项资金由各级国家助学贷款管理中心负责管理。财政部门每年将应承担的资金及时足额安排预算；各普通高校承担的资金，按照普通高校隶属关系和财政部门有关规定，在每年向普通高校返还按“收支两条线”管理的学费收入时，由财政部门直接拨给教育主管部门。各级国家助学贷款管理中心在确认经办银行年度贷款实际发放额后，将风险补偿资金统一支付给经办银行。

具体实施办法，由财政部、教育部、人民银行、银监会另行制订。

四、切实加强对国家助学贷款工作的领导、管理与监督

（一）加强统筹和协调。成立由教育部、财政部、公安部、人民银行、银监会等部门参加的部际协调小组，及时研究解决国家助学贷款实施过程中出现的问题。各省、自治区、直辖市也应成立相应的协调机构，加强对本地区的国家助学贷款工作的统筹与协调。各级教育、财政、金融等部门要进一步统一思想，提高认识，严格执行有关政策，认真履行职责，积极主动地开展工作。

（二）严肃国家助学贷款政策。今后，凡超出本意见所确定的原则调整国家助学贷款政策，均由教育部、财政部、人民银行、银监会等有关部门研究提出意见，报经国务院批准后下发执行。其他任何部门均不得擅自出台或修改相关政策。

（三）健全国家助学贷款管理机构，进一步强化并改进管理。

教育部要进一步加强全国国家助学贷款管理中心的建设，配备足够的工作人员，检查、督促其充分履行职能。全国国家助学贷款管理中心要监督指导各省级国家助学贷款管理中心的工作，具体组织部署中央部门所属普通高校国家助学贷款的实施工作；负责通过招标方式确定中央部门所属普通高校国家助学贷款经办银行，与经办银行签订贷款合作协议，严格按协议约定做好各项管理工作；统一管理中央财政安排的国家助学贷款贴息资金和按本意见建立的中央部门所属普通高校的国家助学贷款风险补偿专项资金；建立完善国家助学贷款信息管理系统和统计监测体系；定期在新闻媒体上对银行提供的违约借款者进行公布。

各省、自治区、直辖市人民政府要切实负起推进所属普通高校国家助学贷款工作的责任，要加强省级国家助学贷款管理中心的建设，调剂配备相应工作人员，保证必需的工作经费。省级国家助学贷款管理中心负责本地区国家助学贷款工作的具体组织、实施与日常管理工作。具体职能由各地参照全国国家助学贷款管理中心职能确定。

各普通高校要加强对国家助学贷款的管理工作。必须设立专门的工作机构，由学校的一位校级领导直接负责，原则上按全日制普通本专科学生、研究生在校生规模1∶2500的比例，在现有编制内调剂配备专职工作人员。各普通高校要制定国家助学贷款管理职责细则，按隶属关系报送国家助学贷款管理中心备案。要培养学生诚信意识，建立学生信用档案，制订切实可行的措施，督促借款学生及时归还借款本息，努力降低国家助学贷款风险。借款学生毕业时，学校有关部门应在组织学生与经办银行办理还款确认手续后，方可为借款学生办理毕业手续，并将其贷款情况载入学生个人档案；积极主动地配合经办银行催收贷款，负责在1年内向经办银行提供借款学生第一次就业的有效联系地址；学生没有就业的，提供其家庭的有效联系地址。

五、其他有关规定

（一）各省、自治区、直辖市人民政府在认真做好所属普通高校国家助学贷款工作的同时，积极推进生源地助学贷款业务。具体办法由各地自行研究制定。

（二）本意见所指的借款学生是指全日制普通高等学校中经济困难的本专科学生（含高职学生）、研究生、第二学士学位学生。

（三）本意见于2004年秋季开学后在全国普通高等学校全面实施。各省、自治区、直辖市人民政府可结合本地实际情况，制定具体实施细则。

（四）此前已签订贷款合同学生的贷款发放、贴息、还款等办法继续按原规定执行。

（五）此前下发的国家助学贷款的有关政策和规定继续执行。与本意见不一致的，以本意见为准。

国务院关于建立健全普通本科高校高等职业学校和中等职业学校家庭经济困难学生资助政策体系的意见

·2007年5月13日

·国发〔2007〕13号

各省、自治区、直辖市人民政府，国务院各部委、各直属机构：

为贯彻党的十六大和十六届三中、六中全会精神，切实解决家庭经济困难学生的就学问题，国务院决定，建立健全普通本科高校、高等职业学校和中等职业学校家庭经济困难学生资助政策体系（以下简称家庭经济困难学生资助政策体系）。现提出如下意见：

一、充分认识建立健全家庭经济困难学生资助政策体系的重大意义

党中央、国务院高度重视家庭经济困难学生的就学问题。近年来国家采取一系列措施，对农村义务教育阶段学生全部免除学杂费，并为家庭经济困难学生免费提供教科书、寄宿生补助生活费；对普通高等学校家庭经济困难学生设立国家助学奖学金，实施国家助学贷款政策；对中等职业学校家庭经济困难学生设立国家助学金等，取得了良好成效。

但是，我国家庭经济困难学生资助政策体系还不够完善，尤其是对普通本科高校、高等职业学校和中等职业学校家庭经济困难学生资助面偏窄、资助标准偏低的问题比较突出。建立健全家庭经济困难学生资助政策体系，使家庭经济困难学生能够上得起大学、接受职业教育，是实践"三个代表"重要思想、落实科学发展观、构建社会主义和谐社会的重要举措；是实施科教兴国和人才强国战略，优化教育结构，促进教育公平和社会公正的有效手段；是切实履行公共财政职能，推进基本公共服务均等化的必然要求。这是继全部免除农村义务教育阶段学生学杂费之后，促进教育公平的又一件大事，具有重大意义。

二、建立健全家庭经济困难学生资助政策体系的主要目标与基本原则

（一）建立健全家庭经济困难学生资助政策体

系的主要目标是:按照《中共中央关于构建社会主义和谐社会若干重大问题的决定》的有关要求,加大财政投入,落实各项助学政策,扩大受助学生比例,提高资助水平,从制度上基本解决家庭经济困难学生的就学问题。同时,进一步优化教育结构,维护教育公平,促进教育持续健康发展。

(二)建立健全家庭经济困难学生资助政策体系实行"加大财政投入、经费合理分担、政策导向明确、多元混合资助、各方责任清晰"的基本原则。

1. 加大财政投入。按照建立公共财政体制的要求,大幅度增加财政投入,建立以政府为主导的家庭经济困难学生资助政策体系。

2. 经费合理分担。国家励志奖学金和国家助学金由中央与地方按比例分担。中央对中西部地区给予倾斜。

3. 政策导向明确。在努力使家庭经济困难学生公平享有受教育机会的同时,鼓励学生刻苦学习,接受职业教育,学习国家最需要的专业,到艰苦地区基层单位就业;鼓励学校面向经济欠发达地区扩大招生规模。

4. 多元混合资助。统筹政府、社会等不同资助渠道,对家庭经济困难学生采取奖、贷、助、补、减等多种方式进行资助。

5. 各方责任清晰。中央与地方、各相关部门及学校明确分工、各司其职、落实责任、完善制度,操作办法简便易行,并接受社会各界群众监督,确保各项政策措施顺利实施。

三、建立健全家庭经济困难学生资助政策体系的主要内容

(一)完善国家奖学金制度。中央继续设立国家奖学金,用于奖励普通本科高校和高等职业学校全日制本专科在校生中特别优秀的学生,每年奖励5万名,奖励标准为每生每年8000元,所需资金由中央负担。

中央与地方共同设立国家励志奖学金,用于奖励资助普通本科高校和高等职业学校全日制本专科在校生中品学兼优的家庭经济困难学生,资助面平均约占全国高校在校生的3%,资助标准为每生每年5000元。国家励志奖学金适当向国家最需要的农林水地矿油核等专业的学生倾斜。

中央部门所属高校国家励志奖学金所需资金由中央负担。地方所属高校国家励志奖学金所需资金根据各地财力及生源状况由中央与地方按比例分担。其中,西部地区,不分生源,中央与地方分担比例为8∶2;中部地区,生源为西部地区的,中央与地方分担比例为8∶2,生源为其他地区的,中央与地方分担比例为6∶4;东部地区,生源为西部地区和中部地区的,中央与地方分担比例分别为8∶2和6∶4,生源为东部地区的,中央与地方分担比例根据财力及生源状况等因素分省确定。人口较少民族家庭经济困难学生资助资金全部由中央负担。鼓励各地加大资助力度,超出中央核定总额部分的国家励志奖学金所需资金由中央给予适当补助。省(区、市)以下分担比例由各地根据中央确定的原则自行确定。

(二)完善国家助学金制度。中央与地方共同设立国家助学金,用于资助普通本科高校、高等职业学校全日制本专科在校生中家庭经济困难学生和中等职业学校所有全日制在校农村学生及城市家庭经济困难学生。

普通本科高校和高等职业学校。国家助学金资助面平均约占全国普通本科高校和高等职业学校在校生总数的20%。财政部、教育部根据生源情况、平均生活费用、院校类别等因素综合确定各省资助面。平均资助标准为每生每年2000元,具体标准由各地根据实际情况在每生每年1000-3000元范围内确定,可以分为2-3档。

中等职业学校。国家助学金资助所有全日制在校农村学生和城市家庭经济困难学生。资助标准为每生每年1500元,国家资助两年,第三年实行学生工学结合、顶岗实习。

国家助学金所需资金由中央与地方按照国家励志奖学金的资金分担办法共同承担。

有条件的地区可以试行运用教育券发放国家助学金的办法。

(三)进一步完善和落实国家助学贷款政策。大力开展生源地信用助学贷款。生源地信用助学贷款是国家助学贷款的重要组成部分,与国家助学贷款享有同等优惠政策。地方政府要高度重视,积极推动和鼓励金融机构开展相关工作。要进一步完善和落实现行国家助学贷款政策,制订与贷款风险和管理成本挂钩的国家助学贷款风险补偿金使用管理办法。相关金融机构要完善内部考核体系,采取更加积极有效措施,调动各级经办机构的积极性,确保应贷尽贷。

对普通本科高校和高等职业学校全日制本专

科生,在校期间获得国家助学贷款、毕业后自愿到艰苦地区基层单位从事第一线工作且服务达到一定年限的,国家实行国家助学贷款代偿政策。

(四)从2007年起,对教育部直属师范大学新招收的师范生,实行免费教育。

(五)学校要按照国家有关规定从事业收入中足额提取一定比例的经费,用于学费减免、国家助学贷款风险补偿、勤工助学、校内无息借款、校内奖助学金和特殊困难补助等。

要进一步落实、完善鼓励捐资助学的相关优惠政策措施,充分发挥中国教育发展基金会等非营利组织的作用,积极引导和鼓励地方政府、企业和社会团体等面向各级各类学校设立奖学金、助学金。

普通高中以及普通高等学校全日制研究生的资助政策另行制定。

四、建立健全家庭经济困难学生资助政策体系的工作要求

普通本科高校、高等职业学校和中等职业学校家庭经济困难学生资助政策自2007年秋季开学起在全国实施。各地区、各有关部门和各学校要按照国务院的统一部署,周密安排,精心组织,扎扎实实地把这件惠及广大人民群众的大事抓好。

(一)加强组织领导。财政部、教育部等要密切配合,制订相关管理办法,指导、检查和督促地方开展工作。地方政府要建立相应的工作机制,在整合现有资源的基础上,建立健全学生资助管理机构,制订具体的管理办法,切实抓好落实。教育部门要将学校家庭经济困难学生资助工作情况纳入办学水平评估指标体系。各学校要把资助家庭经济困难学生作为工作重点,实行校长负责制,设立专门的助学管理机构,具体负责此项工作。

(二)确保资金落实。中央财政要足额安排、及时拨付应当负担的资金。省级人民政府要制订行政区域内具体的分担办法,完善省对下转移支付制度,确保行政区域内政府应当负担的资金落实到位。要切实加强助学资金管理,确保及时发放、专款专用。要加强监督检查,对于挤占挪用资金、弄虚作假套取资金等违法违规行为,要追究责任、严肃处理。

(三)规范收费管理。除国家另有规定外,今后五年各级各类学校的学费、住宿费标准不得高于2006年秋季相关标准。进一步严格收费立项、标准审批管理工作,规范学校收费行为,坚决制止乱收费。加大对服务性收费和代收费的监督力度,切实减轻学生及家长负担。绝不允许一边加大助学力度,一边擅自提高收费标准、擅自设立收费项目。要对教育收费实行严格的"收支两条线"管理,规范支出管理。

(四)加大宣传力度。各地区、各有关部门和各学校要通过多种形式开展宣传,使这项惠民政策家喻户晓、深入人心,使广大学生知晓受助的权利。

生源地信用助学贷款风险补偿金管理办法

·2022年1月7日

·财教〔2022〕1号

第一条 为进一步落实生源地信用助学贷款风险补偿机制,充分发挥风险补偿金的风险防控和奖励引导作用,促进生源地信用助学贷款工作健康持续开展,制定本办法。

第二条 国家开发银行办理生源地信用助学贷款的风险补偿金管理适用本办法。

第三条 国家开发银行收到风险补偿金,应确认为递延收益,待核销生源地信用助学贷款损失时,计入当期损益;已核销的生源地信用助学贷款损失,以后又收回的,相应回拨递延收益。

风险补偿金若低于生源地信用助学贷款损失,不足部分由国家开发银行承担;若超出生源地信用助学贷款损失,超出部分由国家开发银行按规定进行结余奖励。

第四条 生源地信用助学贷款风险补偿金结余奖励资金管理办法由国家开发银行总行商全国学生资助管理中心制定,报财政部、教育部备案后执行。

第五条 生源地信用助学贷款风险补偿金结余奖励工作每年开展一次,以省(自治区、直辖市、计划单列市,以下统称省)为单位进行计算。

第六条 国家开发银行省级分行商省级学生资助管理中心确定年度结余奖励资金提取金额和分配方案,报省级财政部门、教育部门以及国家开发银行总行和全国学生资助管理中心备案。

第七条 国家开发银行省级分行根据备案后的分配方案将结余奖励资金分别拨付省级学生资助管理中心和县级学生资助管理中心。省级学生资助管理中心和县级学生资助管理中心应按规定纳税。

第八条 国家开发银行省级分行应于每年6月30日前，将上一年度风险补偿金结余奖励资金拨付到位。

第九条 省级学生资助管理中心和县级学生资助管理中心收到风险补偿金结余奖励资金，应专账核算、专款专用。

（一）省级学生资助管理中心用于弥补学生因死亡、失踪、丧失劳动力能力、丧失民事行为能力、家庭遭遇重大自然灾害、家庭成员患有重大疾病以及经济收入特别低确实无力归还生源地信用助学贷款所形成的风险。已由省级学生资助管理中心代偿的生源地信用助学贷款，承办银行不得重复核销损失。

（二）县级学生资助管理中心用于与生源地信用助学贷款管理工作直接相关的支出，包括宣传教育经费、办公设备购置经费、业务培训经费、交通费、住宿费、通讯费以及临时聘用人员劳务费等方面的支出。

第十条 结余奖励资金不得用于平衡预算、偿还债务、支付利息、对外投资等支出，不得用于工资、奖金、津贴补贴和福利支出，不得用于其他与国家助学贷款管理工作无关的支出。

第十一条 国家开发银行和相关学生资助管理中心要严格按照国家相关法规和本办法规定使用和管理生源地信用助学贷款风险补偿金，并自觉接受财政、审计、纪检监察等部门的监督和检查。

第十二条 每年1月31日前，国家开发银行总行应汇总分析上一年度风险补偿金使用管理情况，报送财政部、教育部并抄送全国学生资助管理中心。财政部、教育部将适时对风险补偿金使用管理情况开展专项检查或抽查。

第十三条 每年1月31日前，各省级学生资助管理中心应汇总分析上一年度风险补偿金结余奖励资金使用情况，包括资金总额、分配情况、县级学生资助管理中心结余奖励资金使用管理情况、结余情况、对资金使用的下一步打算等，报全国学生资助管理中心。全国学生资助管理中心形成总报告报送财政部、教育部。

第十四条 各级财政、教育部门及其工作人员，在风险补偿金分配和审核工作中，存在违反规定分配或挤占、挪用、虚列、套取风险补偿金行为，以及其他滥用职权、玩忽职守、徇私舞弊等违法违规行为的，依法追究相应责任。

申报、使用风险补偿金的单位、企业及个人在资金申报、使用过程中存在违法违规行为的，依照《中华人民共和国预算法》及其实施条例、《财政违法行为处罚处分条例》等国家有关规定追究相应责任。

第十五条 对其他银行业金融机构开展生源地信用助学贷款业务的，风险补偿金管理由各省财政、教育、人民银行、银保监部门与该金融机构参照本办法根据实际情况确定。

第十六条 本办法由财政部、教育部负责解释。

第十七条 本办法自印发之日起施行。《财政部 教育部关于印发〈生源地信用助学贷款风险补偿金管理办法〉的通知》（财教〔2014〕16号）同时废止。

教育部、财政部、中国人民银行、银监会关于完善国家助学贷款政策的若干意见

·2015年7月13日
·教财〔2015〕7号

各省、自治区、直辖市教育厅（教委）、财政厅（局），计划单列市教育局、财政局，新疆生产建设兵团教育局、财务局，中国人民银行上海总部，各分行、营业管理部，各省会（首府）城市中心支行，各副省级城市中心支行，银监局，有关部门（单位）教育司（局），中央部门所属各高等学校，各银行业金融机构：

目前，我国普通高等学校家庭经济困难学生资助政策体系已基本建立。作为高校学生资助体系的重要组成部分，国家助学贷款经过多年探索和完善，逐步形成了符合中国国情和高校特点的发展模式，取得了显著成效，对确保高校家庭经济困难学生顺利完成学业发挥了重要作用。为进一

步提升国家助学贷款政策实施效果，经国务院同意，现就完善国家助学贷款政策提出如下意见：

一、完善贷款政策，切实减轻借款学生经济负担

（一）学生在读期间利息全部由财政补贴。国家助学贷款利率执行中国人民银行同期公布的同档次基准利率，不上浮。借款学生在读期间的贷款利息由财政全额补贴。借款学生毕业后，在还款期内继续攻读学位的，可申请继续贴息，应及时向经办机构（组织办理校园地国家助学贷款的高校或组织办理生源地信用助学贷款的县级教育部门，以下简称经办机构）提供书面证明，经办机构审核后，报经办银行确认，继续攻读学位期间发生的贷款利息，由原贴息财政部门继续全额贴息。借款学生在校期间因患病等原因休学的，应向经办机构提供书面证明，由经办机构向经办银行提出申请，休学期间的贷款利息由财政全额贴息。

（二）贷款最长期限从14年延长至20年。原校园地国家助学贷款期限为学制加6年、最长不超过10年，生源地信用助学贷款期限为学制加10年、最长不超过14年，现统一调整为学制加13年、最长不超过20年。借款学生毕业或终止学业时，应与经办银行和经办机构确认还款计划，还款期限按双方签署的合同执行。

（三）还本宽限期从2年延长至3年整。借款学生毕业当年不再继续攻读学位的，与经办机构和经办银行确认还款计划时，可选择使用还本宽限期。还本宽限期内借款学生只需偿还利息，无需偿还贷款本金。还本宽限期由原来的2年延长至3年整。还本宽限期从还款计划确认开始，计算至借款学生毕业后第36个月底。在还款期内继续攻读学位的借款学生再读学位毕业后，仍可享受36个月的还本宽限期。

（四）建立国家助学贷款还款救助机制。各省级学生资助管理部门、各高校要合理利用国家助学贷款风险补偿金结余奖励资金、社会捐资助学资金或学生奖助基金，建立国家助学贷款还款救助机制，用于救助特别困难的毕业借款学生。对于因病丧失劳动能力、家庭遭遇重大自然灾害、家庭成员患有重大疾病以及经济收入特别低的毕业借款学生，如确实无法按期偿还贷款，可向经办机构提出救助申请并提供相关书面证明，经办机构核实后，可启动救助机制为其代偿应还本息。

（五）简化学生贷款手续。各经办机构和经办银行要简化贷款手续，不得要求学生提供与贷款申请无关的材料。学生开具家庭经济困难学生认定证明时，严禁收取任何费用。各经办机构和经办银行应改进服务，简化流程，借款学生继续攻读学位的，只需完成申请继续贴息的相关手续，可不再签署贷款展期协议。借款学生根据贷款合同提前还款的，经办银行按贷款实际期限计算利息，不得加收任何费用。

二、健全运行机制，促进国家助学贷款持续健康发展

（一）及时足额安排贴息及风险补偿金。各级财政部门和高校要在年度预算中足额安排应承担的国家助学贷款贴息和风险补偿金。省级财政部门负责统筹归集全省各级财政和地方高校应承担的贴息和风险补偿金，确保资金按时足额到位。

（二）完善国家助学贷款考核制度。各级金融监管部门对国家助学贷款业务监管时，综合考虑风险补偿金的缓释作用，对符合相关政策要求的风险补偿金覆盖部分适用零风险权重，未覆盖部分采用75%的风险权重。各金融机构在对国家助学贷款业务进行内部监管时，应在满足监管要求的同时，充分考虑国家助学贷款业务和风险特征，准确计量资本和拨备要求。各经办银行对国家助学贷款业务要单立台账、单设科目、单独统计和考核。

（三）积极开展诚信教育活动和征信宣传。各高校应加强学生信用意识和诚信观念教育。各级教育行政部门应加强学校诚信教育工作的定期考核和业务指导。各经办银行应按照《征信业管理条例》，严格履行信息采集和上报责任。经办银行经借款学生书面授权使用借款学生的个人征信信息，无需再次告知借款学生；对没有按合同约定归还贷款的学生，经办银行应依法向个人征信系统报送借款学生的不良信息。

三、加强组织领导，不断提升国家助学贷款管理水平

（一）进一步落实学费和贷款代偿政策。根据《财政部 教育部关于印发〈高等学校毕业生学费和国家助学贷款代偿暂行办法〉的通知》（财教〔2009〕15号）规定，尚未出台政策的省份应尽快出台学费和助学贷款代偿办法，鼓励地方高校毕业生到本行政区域艰苦边远地区基层单位就业。地方高校毕业生代偿资金原则上由省级财政承担，中央财政根据西部各省份财力状况、学费和国家助学贷款代偿规模以及高校家庭经济困难学生资助政策落实情况等因素，对西部省份予以奖补。

（二）加强经办机构和人员队伍建设。各县级政府要尽快成立专门的县级学生资助管理中心并确保正常运转，加强人员队伍建设并保障工资福利、职称评聘等方面待遇。地方各级教育行政部门要推动经办机构之间的联动机制，建立资助中心、高校和金融机构之间的合作平台，实现信息共享，促进协同配合，切实加强贷款管理工作。

（三）加大国家资助政策宣传力度。地方各级教育行政部门应在《普通高等学校招生专业目录》中全面、完整介绍高校学生资助政策，方便学生知晓国家资助政策，合理选择学校和专业。普通高中要大力开展高校资助政策宣传工作，介绍国家助学贷款、奖助学金等资助政策，免除家庭经济困难学生的后顾之忧。在发挥传统媒体作用的同时，充分运用网络时代新媒体传播渠道，创新宣传方式，增强宣传效果。对于艰苦边远山区和农村家庭经济困难学生集中的区域，有关地区教育行政部门应组织专门人员，深入基层和农村经济困难家庭宣讲资助政策。

四、其他事项

（一）本意见自发布之日起实施。各省、自治区、直辖市人民政府可结合本地实际情况，制订具体实施细则。

（二）本意见所指的借款学生是指全日制普通高等学校中家庭经济困难且已获得国家助学贷款资助的本专科学生（含高职学生）、研究生、第二学士学位学生。

（三）此前下发的国家助学贷款的有关政策和规定继续执行。凡与本意见不一致的，以本意见为准。

教育部等六部门关于做好家庭经济困难学生认定工作的指导意见

· 2018 年 10 月 30 日
· 教财〔2018〕16 号

各省、自治区、直辖市教育厅（教委）、财政厅（局）、民政厅（局）、人力资源社会保障厅（局）、扶贫办（局）、残联，各计划单列市教育局、财政局、民政局、人力资源社会保障局、扶贫办（局）、残联，新疆生产建设兵团教育局、财政局、民政局、人力资源社会保障局、扶贫办、残联，中央部门所属各高等学校：

为深入贯彻党的十九大精神，不断健全学生资助制度，进一步提高学生资助精准度，现就家庭经济困难学生认定工作提出以下意见：

一、重要意义

做好家庭经济困难学生认定工作，是贯彻落实党中央、国务院决策部署，全面推进精准资助，确保资助政策有效落实的迫切需要。近年来，我国学生资助政策体系逐步完善，经费投入大幅增加，学生资助规模不断扩大，学生资助工作成效显著，极大地促进了教育公平，为教育事业健康发展、脱贫攻坚目标如期实现提供了有力保障。认定家庭经济困难学生是实现精准资助的前提，是做好学生资助工作的基础。各地、各校要把家庭经济困难学生认定作为加强学生资助工作的重要任务，切实把好事做好、实事办实。

二、认定对象

家庭经济困难学生认定工作的对象是指本人及其家庭的经济能力难以满足在校期间的学习、生活基本支出的学生。本意见中的学生包括根据有关规定批准设立的普惠性幼儿园幼儿；根据国家有关规定批准设立、实施学历教育的全日制中等职业学校、普通高中、初中和小学学生；根据国家有关规定批准设立、实施学历教育的全日制普通本科高等学校、高等职业学校和高等专科学校招收的本专科学生（含第二学士学位和预科生），纳入全国研究生招生计划的全日制研究生。

三、基本原则

（一）坚持实事求是、客观公平。认定家庭经济困难学生要从客观实际出发，以学生家庭经济状况为主要认定依据，认定标准和尺度要统一，确保公平公正。

（二）坚持定量评价与定性评价相结合。既要建立科学的量化指标体系，进行定量评价，也要通过定性分析修正量化结果，更加准确、全面地了解学生的实际情况。

（三）坚持公开透明与保护隐私相结合。既要做到认定内容、程序、方法等透明，确保认定公正，也要尊重和保护学生隐私，严禁让学生当众诉苦、互相比困。

（四）坚持积极引导与自愿申请相结合。既要引导学生如实反映家庭经济困难情况，主动利用国家资助完成学业，也要充分尊重学生个人意愿，遵循自愿申请的原则。

四、组织机构及职责

教育部、财政部、民政部、人力资源社会保障部、国务院扶贫办、中国残联根据工作职责指导全国各级各类学校家庭经济困难学生认定工作。

各地要建立联动机制，加强相关部门间的工作协同，进一步整合家庭经济困难学生数据资源，将全国学生资助管理信息系统、技工院校学生管理信息系统与民政、扶贫、残联等部门有关信息系统对接，确保建档立卡贫困家庭学生、最低生活保障家庭学生、特困供养学生、孤残学生、烈士子女、家庭经济困难残疾学生及残疾人子女等学生信息全部纳入家庭经济困难学生数据库。

各高校要健全认定工作机制，成立学校学生资助工作领导小组，领导、监督家庭经济困难学生认定工作；学生资助管理机构具体负责组织、管理全校家庭经济困难学生认定工作；院（系）成立以分管学生资助工作的领导为组长，班主任、辅导员代表等相关人员参加的认定工作组，负责认定的具体组织和审核工作；年级（专业或班级）成立认定评议小组，成员应包括班主任、辅导员、学生代表等，开展民主评议工作。

各中等职业学校、普通高中、初中、小学、幼儿园要成立家庭经济困难学生认定工作组，负责组织实施本校家庭经济困难学生认定工作。成员一般应包括学校领导、资助工作人员、教师代表、学生代表、家长代表等。

五、认定依据

（一）家庭经济因素。主要包括家庭收入、财产、债务等情况。

（二）特殊群体因素。主要指是否属于建档立卡贫困家庭学生、最低生活保障家庭学生、特困供养学生、孤残学生、烈士子女、家庭经济困难残疾学生及残疾人子女等情况。

（三）地区经济社会发展水平因素。主要指校园地、生源地经济发展水平、城乡居民最低生活保障标准，学校收费标准等情况。

（四）突发状况因素。主要指遭受重大自然灾害、重大突发意外事件等情况。

（五）学生消费因素。主要指学生消费的金额、结构等是否合理。

（六）其它影响家庭经济状况的有关因素。主要包括家庭负担、劳动力及职业状况等。

六、工作程序

家庭经济困难学生认定工作原则上每学年进行一次，每学期要按照家庭经济困难学生实际情况进行动态调整。工作程序一般应包括提前告知、个人申请、学校认定、结果公示、建档备案等环节。各地、各校可根据实际情况制定具体的实施程序。

（一）提前告知。学校要通过多种途径和方式，提前向学生或监护人告知家庭经济困难学生认定工作事项，并做好资助政策宣传工作。

（二）个人申请。学生本人或监护人自愿提出申请，如实填报综合反映学生家庭经济情况的认定申请表。认定申请表应根据《家庭经济困难学生认定申请表（样表）》，由省级相关部门、中央部属高校结合实际，自行制定。

（三）学校认定。学校根据学生或监护人提交的申请材料，综合考虑学生日常消费情况以及影响家庭经济状况的有关因素开展认定工作，按规定对家庭经济困难学生划分资助档次。学校可采取家访、个别访谈、大数据分析、信函索证、量化评估、民主评议等方式提高家庭经济困难学生认定精准度。

（四）结果公示。学校要将家庭经济困难学生认定的名单及档次，在适当范围内、以适当方式予以公示。公示时，严禁涉及学生个人敏感信息及隐私。学校应建立家庭经济困难学生认定结果复核和动态调整机制，及时回应有关认定结果的异议。

（五）建档备案。经公示无异议后，学校汇总家庭经济困难学生名单，连同学生的申请材料统一建档，并按要求录入全国学生资助管理信息系统（技工院校按要求录入技工院校学生管理信息系统）。

七、相关要求

各级教育、财政、民政、人力资源社会保障、扶贫、残联等部门要加强对家庭经济困难学生认定工作的监督与指导，发现问题，及时纠正。

各级民政、人力资源社会保障、扶贫、残联等部门要为学生家庭经济状况的核实认定工作提供必要依据和支持，确保建档立卡贫困家庭学生、最低生活保障家庭学生、特困供养学生、孤残学生、烈士子女、家庭经济困难残疾学生及残疾人子女等信息真实有效。

各级教育、人力资源社会保障等部门和学校要加强学生资助信息安全管理，不得泄露学生资助信息。

各学校要加强学生的诚信教育，要求学生或监护人如实提供家庭经济情况，并及时告知家庭经济变化情况。如发现有恶意提供虚假信息的情况，一经核实，学校要及时取消学生的认定资格和已获得的相关资助，并追回资助资金。

八、附则

各地、各中央部属高校要根据本意见，结合实际，制（修）定具体的认定办法，并报全国学生资助管理中心备案。

科研院所、党校、行政学院、会计学院等研究生培养单位的家庭经济困难学生认定工作，参照本意见执行。

本意见自发布之日起施行。《关于认真做好高等学校家庭经济困难学生认定工作的指导意见》（教财〔2007〕8号）同时废止。

本意见由教育部、财政部、民政部、人力资源社会保障部、国务院扶贫办、中国残联负责解释。

附件：家庭经济困难学生认定申请表（样表）（略）

财政部、教育部关于建立普通高中家庭经济困难学生国家资助制度的意见

· 2010年9月19日

· 财教〔2010〕356号

国务院有关部委、有关直属机构，各省、自治区、直辖市、计划单列市财政厅（局）、教育厅（教委、教育局），新疆生产建设兵团财务局、教育局：

为贯彻落实《国家中长期教育改革和发展规划纲要（2010－2020年）》（中发〔2010〕12号）精神，完善国家资助政策体系，加快普及高中阶段教育，切实解决普通高中家庭经济困难学生的就学问题，现就建立健全普通高中家庭经济困难学生资助政策体系提出如下意见：

一、充分认识建立健全普通高中家庭经济困难学生资助政策体系的重大意义

党中央、国务院历来高度重视家庭经济困难学生的就学问题。近年来，国家采取一系列有力措施，不断完善助学政策体系，大幅度增加助学经费投入，全面免除义务教育阶段学生学杂费，向全部农村学生提供免费教科书，对家庭经济困难寄宿生补助生活费，建立健全了普通本科高校、高等职业学校和中等职业学校家庭经济困难学生资助政策体系，安排部分彩票公益金用于普通高中助学，并逐步对中等职业教育实行免学费政策，较好地解决了家庭经济困难学生的就学问题。

但目前我国普通高中家庭经济困难学生国家资助制度尚未完全建立，多数普通高中家庭经济困难学生尚未得到有效资助。建立普通高中家庭经济困难学生国家资助制度，是贯彻落实科学发展观、构建社会主义和谐社会的重要举措，是实施科教兴国和人才强国战略，优化教育结构，加快普及高中阶段教育的有效手段，对于完善国家资助政策体系，帮助家庭经济困难学生顺利完成学业，促进教育公平，具有重大意义。

二、建立普通高中家庭经济困难学生国家资助制度的原则及主要内容

按照“加大财政投入、经费合理分担、政策导向明确、多元混合资助、各方责任清晰”的基本原则，建立以政府为主导，国家助学金为主体，学校减免学费等为补充，社会力量积极参与的普通高中家庭经济困难学生资助政策体系，从制度上基本解决普通高中家庭经济困难学生的就学问题。

（一）建立国家助学金制度。从2010年秋季学期起，中央与地方共同设立国家助学金，用于资助普通高中在校生中的家庭经济困难学生，资助面约占全国普通高中在校生总数的20%。财政部、教育部根据生源情况、平均生活费用等因素综合确定各省资助面。其中：东部地区为10%、中部地区为20%、西部地区为30%。各地可结合实际，在确定资助面时适当向农村地区、贫困地区和民族地区倾斜。国家助学金平均资助标准为每生每年1500元，具体标准由各地结合实际在1000元－3000元范围内确定，可以分为2－3档。

国家助学金所需资金由中央与地方按比例分担。其中：西部地区为8∶2，中部地区为6∶4；东部地区除直辖市外，按照财力状况分省确定。省以下

分担比例由各地根据中央确定的原则自行确定。

（二）建立学费减免等制度。普通高中要从事业收入中提取一定比例的经费，用于减免学费、设立校内奖助学金和特殊困难补助等。

（三）鼓励社会捐资助学。要进一步落实、完善鼓励捐资助学的相关优惠政策措施，积极引导和鼓励企业、社会团体及个人等面向普通高中设立奖学金、助学金。

三、加强组织领导，确保政策顺利实施

（一）加强组织领导。各地财政、教育部门要密切配合，制定本地区具体的实施方案，确保政策顺利实施。教育部门要将普通高中资助工作纳入办学水平评估指标体系。各普通高中要把资助家庭经济困难学生作为一项重要的工作任务，实行校长负责制，指定专门机构，确定专职人员，具体负责此项工作。

（二）落实分担责任。省级财政部门要合理确定省内普通高中助学经费具体的分担办法，完善省以下转移支付制度，确保区域内各级财政应当负担的资金落实到位。

（三）强化资金管理。各级财政、教育部门和普通高中要切实加强资助资金管理，确保资金及时发放、专款专用。各级教育行政部门和有关学校要加强学生的学籍管理，确保学生资助信息真实、可靠。要加强监督检查，对于挤占挪用资金、弄虚作假套取资金等行为，将按照《财政违法行为处罚处分条例》（国务院令427号）有关规定严肃处理。

（四）加大宣传力度。各地区、各有关部门和各学校要通过多种形式开展宣传，使党和政府的这项惠民政策家喻户晓、深入人心，使广大学生知晓受助的权利，营造良好的社会氛围。

普通高中建档立卡家庭经济困难学生免除学杂费政策对象的认定及学杂费减免工作暂行办法

·2016年10月18日

一、建档立卡家庭及建档立卡家庭经济困难学生的认定

根据《国务院扶贫办关于印发〈扶贫开发建档立卡工作方案〉的通知》（国开办发〔2014〕24号）规定，建档立卡家庭也就是建档立卡贫困户，是指以2013年农民人均纯收入2736元（相当于2010年2300元不变价）的国家农村扶贫标准为识别标准，以农户收入为基本依据，综合考虑住房、教育、健康等情况，通过农户申请、民主评议、公示公告和逐级审核的方式，整户识别的贫困户。

建档立卡贫困家庭中的在校学生为建档立卡家庭经济困难学生，由扶贫部门负责认定。

二、农村低保家庭学生的认定

根据《社会救助暂行办法》（国务院令第649号）和《国务院关于进一步加强和改进最低生活保障工作的意见》（国发〔2012〕45号）规定，最低生活保障标准，由省、自治区、直辖市或者设区的市级人民政府按照当地居民生活必需的费用确定、公布，并根据当地经济社会发展水平和物价变动情况适时调整。

国家对共同生活的家庭成员人均收入低于当地最低生活保障标准，且符合当地最低生活保障家庭财产状况规定的家庭，给予最低生活保障。

农村低保家庭学生由民政部门负责认定。

三、农村特困救助供养学生的认定

根据《社会救助暂行办法》和《国务院关于进一步健全特困人员救助供养制度的意见》（国发〔2016〕14号）规定，国家对无劳动能力、无生活来源且无法定赡养抚养扶养义务人或者其法定义务人无履行义务能力的老年人、残疾人以及未满16周岁的未成年人，给予特困人员救助供养。同时规定，特困人员中的未成年人，满16周岁后仍在接受义务教育或在普通高中、中等职业学校就读的，可继续享有救助供养待遇。

纳入特困人员救助供养的学生由民政部门负责认定。

四、残疾学生的认定

以持有中华人民共和国残疾人证为准。残疾人证是认定残疾学生的合法凭证。

事实上残疾但暂未持有残疾人证的学生，按规定应享受免除学杂费政策的，需先办理残疾人证。

残疾学生由残联负责认定。

五、工作程序

（一）常规程序

1. 县（市、区）教育部门在普通高中招生结束后，应于5个工作日内，将普通高中学生录取名册及按照与相应部门约定的数据格式形式的电子版提供同级民政、扶贫部门和残联。

教育部门提供的需查询学生信息项应至少包含以下内容：学生本人的姓名、身份证号、学籍所在地（县级）、学籍所在地国家标准区划代码（县级）、户籍所在地（县级）、户籍所在地区划代码（县级）。

2. 县（市、区）民政、扶贫部门和残联在取得普通高中学生录取名册（含电子版）后，应于5个工作日内，将符合条件的名单（含电子版）反馈同级教育部门。

县（市、区）民政、扶贫部门和残联返回名单至少包括数据项：学生本人的姓名、身份证号、学籍所在地（县级）、学籍所在地区划代码（县级）、户籍所在地（县级）、户籍所在地区划代码（县级），学生类型（值域：低保、特困、扶贫、残疾）。

3. 县（市、区）教育部门应于开学前，将同级民政、扶贫部门和残联提供的符合条件人员名单提供给相应学校，并指导学校做好学生的免学杂费工作。

4. 学校根据县（市、区）教育部门提供的名单，免除相应学生的学杂费。

有条件的地方，可以通过网络专线进行数据比对，具体比对办法由地方教育部门与民政、扶贫部门和残联商定。

（二）特殊情况程序

1. 学校应在开学后15个工作日内，将免除建档立卡等家庭经济困难学生学杂费政策告知所有学生。因遗漏、身份变化、跨区域入学、信息存疑等情况，经学生提出申请并填写《普通高中免学杂费申请表》后，学校在5个工作日内将汇总后的学生申请报送县（市、区）教育部门。对于提出申请的学生，学校暂缓收取其学杂费，待相关部门审核后，予以免除或补收。

2. 县（市、区）教育部门应将各校报送的《普通高中免学杂费申请表》形成汇总表，于5个工作日内将汇总表及按照与相应部门约定数据格式形成的电子版提供同级民政、扶贫部门和残联审核。

3. 县（市、区）民政、扶贫部门和残联取得教育部门提供的汇总表（含电子版）后，应于30个工作日内完成审核工作，并将符合条件人员名单（含电子版）反馈同级教育部门。在本县（市、区）入学的学生，由同级民政、扶贫部门和残联审核。

对跨区域入学的学生，审核程序如下：

（1）由县级民政、扶贫部门和残联将户籍为非本县（区、市）的需审核的学生信息通过信息系统上报地市级、省级和国家民政、扶贫部门和残联。

（2）对于户籍跨县（市、区）需审核的学生信息，由市级民政、扶贫部门和残联审核。

（3）对于户籍跨市（地、州）需审核的学生信息，由省级民政、扶贫部门和残联审核。

（4）对于户籍跨省需审核的学生信息，由民政部、国务院扶贫办和中国残联审核。

（5）审核结果逐级返回。

对有条件地区，民政、扶贫部门和残联相关信息系统可以向本系统的县级部门直接提供跨区域查询权限。

4. 县（市、区）教育部门将同级民政、扶贫部门和残联反馈的符合条件人员名单提供给相应学校，并指导学校做好学生的免学杂费工作。

5. 学校根据县（市、区）教育部门提供的享受普通高中免除学杂费政策学生名单，于5个工作日内，完成学生学杂费减免或补收工作。

（三）其他事项

1. 学校应及时将免学杂费情况告知享受免学杂费政策的学生家长。

2. 除按上述时间节点集中办理外，其他时间接到学生免学杂费申请，也应及时受理、及时认定。

3. 中央部门所属高等学校附属普通高中对免学杂费学生的认定及学杂费减免工作参照上述程序开展。

4. 2016年秋季学期普通高中免除学杂费工作，应抓紧时间按上述程序，于10月底前完成免学杂费学生认定和学杂费返还工作。

六、做好普通高中免除学杂费学生信息管理工作

地方教育部门应加强对普通高中免除学杂费学生信息管理，及时将信息录入学生资助信息管理系统，确保学生信息完整准确，促进学生资助信息管理系统进一步完善。

七、加强信息安全管理

各级教育、民政、扶贫部门和残联，各普通高中，应严格管理普通高中免除学杂费工作的相关信息，妥善保管相关纸制档案和存储介质上的学生信息，不得用于免除学杂费工作和更新本部门信息以外的事项，不得未经许可对外提供，更不得随意泄露。通过网络比对的，要加强网络安全建设，确保学生信息不被泄露和窃取。

商业助学贷款管理办法

·2008 年 7 月 11 日

·银监发〔2008〕49 号

第一章 总 则

第一条 为支持教育事业发展，规范商业助学贷款管理，防范商业助学贷款风险，根据《中华人民共和国银行业监督管理法》、《中华人民共和国商业银行法》等法律规定，制定本办法。

第二条 本办法所称商业助学贷款是指银行业金融机构按商业原则自主发放的用于支付境内高等院校困难学生学费、住宿费和就读期间基本生活费的商业贷款。

第三条 本办法所称贷款人是指在中华人民共和国境内依法设立的、经银行业监督管理机构批准经营贷款业务的银行业金融机构。

第四条 本办法所称贷款对象是指在境内高等院校就读的全日制本专科生、研究生和第二学士学位学生。

第五条 借贷双方应当遵循平等、自愿、诚实、守信的原则，依法签订借款合同。

第二章 贷款对象条件

第六条 贷款人受理商业助学贷款申请时，应对贷款对象（以下简称借款人）设定一定审核条件：

（一）借款人具有中华人民共和国国籍，并持有合法身份证件；

（二）借款人应无不良信用记录，不良信用等行为评价标准由贷款人制定；

（三）必要时需提供有效的担保；

（四）必要时需提供其法定代理人同意申请贷款的书面意见；

（五）贷款人要求的其他条件。

第三章 贷款期限、利率与金额

第七条 商业助学贷款的期限原则上为借款人在校学制年限加 6 年，借款人在校学制年限指从助学贷款发放至借款人毕业或终止学业的期间。对借款人毕业后继续攻读学位的，借款人在校年限和助学贷款期限可相应延长。助学贷款期限延长须经贷款人许可。

第八条 商业助学贷款的利率按中国人民银行规定的利率政策执行，原则上不上浮。借款人可申请利息本金化，即在校年限内的贷款利息按年计入次年度借款本金。

第九条 商业助学贷款的最高限额不超过借款人在校年限内所在学校的学费、住宿费和基本生活费。贷款人可参照学校出具的基本生活费或当地生活费标准确定有关生活费用贷款额度。

第十条 贷款人可根据借款人需要发放人民币或者外币商业助学贷款。

第十一条 学费应按照学校的学费支付期逐笔发放，住宿费、生活费可按学费支付期发放，也可分列发放。

第四章 贷款担保

第十二条 贷款人发放商业助学贷款可要求借款人提供担保，担保方式可采用抵押、质押、保证或其组合，贷款人也可要求借款人投保相关保险。

第十三条 借款人采用抵押、质押担保的，贷款人应要求提供本机构认可的抵质押物。

第十四条 采用保证担保方式的，保证人范围应符合《担保法》及相关司法解释规定。

第十五条 贷款人在借款人满足贷款人设定条件的前提下可发放信用商业助学贷款。

第五章 贷款处理程序

第十六条 借款人可直接在生源地向贷款人申请商业助学贷款，即办理生源地贷款，也可在就读学校所在地申请商业助学贷款，即办理就读地贷款；但贷款人不得受理借款人既在生源地又在就读地贷款的重复申请。

第十七条 贷款人在受理借款人申请商业助学贷款时，应要求对方提交书面借款申请，填写有关申请表格，并提交下列文件、证明和资料：

（一）借款人的合法身份证件（包括：身份证、户口簿或其他有效居留证件原件），并提供以上证件的复印件；

（二）贷款人需要的借款人与其法定代理人的关系证明；

（三）借款人或其家庭成员经济收入证明；

（四）借款人为入学新生的提供就读学校的录取通知书或接收函，借款人已在校的提供学生证或其他学籍证明；

（五）借款人就读学校开出的学生学习期内所需学费、住宿费和生活费总额的有关材料；

（六）以财产作抵（质）押的，应提供抵（质）押物权证和所有权人（包括财产共有人）签署的同意抵（质）押的承诺，对抵押物须提交贷款人认可的机构出具的价值评估报告，对质押物须提供权利凭证，以第三方担保的应出具保证人同意承担不可撤销连带责任担保的书面文件及有关资信证明材料；

（七）借款人和担保人应当面出具并签署书面授权，同意银行查询其个人征信信息；

（八）贷款人要求提供的其他证明文件和材料。

第十八条　受理贷款申请后，贷款人须对借款人提供的资料进行调查核实。

第十九条　借款人办理就读地贷款的，贷款人还应联系借款人就读学校作为介绍人做好以下工作：

（一）向贷款人推荐借款人，对借款人资格及申请资料进行初审；

（二）协助贷款人对贷款的使用进行监督；

（三）将借款人在校期间失踪、死亡或丧失完全民事行为能力或劳动能力，以及发生休学、转学、出国留学或定居、自行离校、开除等情况及时通知贷款人，并协助贷款人采取相应的债权保护措施；

（四）在借款人毕业前，向贷款人提供其毕业去向、就业单位名称、居住地址、联系电话等有关信息；

（五）协助开展对借款人的信用教育和还贷宣传工作，讲解还贷的程序和方法；协助贷款人做好借款人的还款确认和贷款催收工作。

第二十条　贷款人根据借款人的资信、贷款用途、担保等因素进行贷款审批。贷款经审批同意后，贷款人应及时通知借款人与担保人签署助学贷款相关借款合同和担保合同，并按有关要求办理抵（质）押登记等相关手续。

第二十一条　贷款人应根据合同约定，将贷款划入借款人在银行开立的个人结算等账户或借款人就读学校指定账户，并由贷款人监督使用。

第二十二条　贷款人应要求借款人必须按合同约定使用贷款。违反借款合同约定，贷款人有权停止发放贷款和提前收回部分或全部贷款。对不按合同约定用途使用贷款的部分，按中国人民银行的有关规定加收利息。

第二十三条　借贷双方应对还款方式和还款计划在借款合同中明确约定。贷款人可视情况给予借款人一定的宽限期，宽限期内不还本金，也可视借款人困难程度对其在校期间发生的利息本金化。归还贷款在借款人离校后次月开始。贷款可按月、按季或按年分次偿还，利随本清，也可在贷款到期时一次性清还。

第二十四条　借款合同签订后，如需变更还款方式，须事先征得贷款人同意。

第二十五条　贷款人可要求借款人在借款合同中授权贷款人于约定的还款日直接从借款人在本行开立的个人结算等账户中扣收应偿还本息。

第二十六条　借款人在借款合同生效后，可根据合同约定提前部分或全部还款，贷款人不得收取或变相收取额外费用。

第二十七条　借款人如不能在合同规定期限内按期偿还贷款本金，应提前向贷款人申请展期，贷款展期仅限一次。申请经贷款人审查批准后，借贷双方应签订展期协议。贷款具有担保的，展期协议需经担保人书面确认。

第二十八条　借款合同需要变更的，必须经借贷双方协商同意，并依法签订变更协议。涉及第三方担保的，变更条款还应征得第三方担保人同意。协议未达成之前，原借款合同继续有效。

第二十九条　贷款人应要求借款人在变更联系方式、工作单位或居住地址后30天内将变更后的联系方式、工作单位和居住地址通知贷款人。

第三十条　对借款人、担保人在贷款期间发生的违约行为，贷款人可根据借款合同约定：

（一）要求限期纠正违约行为；

（二）要求增加所减少的相应价值的抵（质）押物，或更换保证人；

（三）停止发放尚未使用的贷款；

（四）在原贷款利率基础上加收罚息；

（五）提前收回部分或全部贷款本息；

（六）向保证人追偿；

（七）依据有关法律及规定处分抵（质）押物；

（八）向仲裁机关申请仲裁或向人民法院起诉。

第六章 风险管理

第三十一条 建立助学贷款违约通报制度，贷款人应按照制度要求报送助学贷款借款人违约信息，银行业监督管理机构定期在银行业金融机构范围内共享信息。

第三十二条 经批准与依法公告，贷款人可将债权以证券化等合法方式转让给第三方。

第三十三条 贷款人须根据本办法制定实施细则，加强对贷款发放和回收的管理，加强服务，严格控制风险。

第三十四条 贷款人应加强与借款人所在学校的沟通，获得学校在商业助学贷款管理方面的协助和配合。

第七章 附 则

第三十五条 贷款人可根据业务发展需要和风险管控能力，自主确定开办针对境内其他非义务教育阶段全日制学校在校困难学生的商业助学贷款，并参照本办法制定相关业务管理规范。

第三十六条 贷款人可根据业务发展需要和风险管控能力，自主确定开办借款人用于攻读境外高等院校硕士（含）以上学历，且提供全额抵（质）押的商业助学贷款，并参照本办法制定相关业务管理规范。

第三十七条 本办法自公布之日起施行，由银监会负责修订和解释。

中等职业学校学生资助工作指南

·2020年7月15日

·教财厅函〔2020〕8号

为进一步推动中等职业学校学生资助（以下简称中职资助）政策规范有序实施，不断提升资助精准化水平，深入推进资助育人工作，在总结地方实践经验基础上，制定本指南。

一、职责任务分工

地方各级有关部门应按照《中等职业学校学生学籍管理办法》《学生资助资金管理办法》等文件规定，落实相关责任。

（一）职业教育管理部门

各级教育行政部门根据职责权限对中等职业学校办学行为和学生学籍管理工作进行分级指导管理。

（二）教育财务部门

应会同财政部门制订和完善资助政策、制定本地区落实国家中职资助政策的有关管理制度；编制财政资金的预决算，做好中职资助资金拨付等工作。

（三）学生资助管理部门

应协助有关部门制定与完善资助政策；组织开展国家奖学金评审工作；指导督促所辖学校维护全国学生资助管理信息系统中职子系统（以下简称资助系统）信息，负责审核本地区国家资助和地方政府资助的信息；组织开展督查调研、业务培训、资助宣传、资助育人、信访投诉受理等工作。

（四）教育信息化管理部门

应做好中职学籍系统、资助系统运维、安全和技术支持服务保障，确保系统安全稳定运行等工作。

（五）中等职业学校

学校是落实中职资助政策的主体，应制定落实国家和地方政府资助政策的实施细则，制定学校资助和社会资助的相关管理办法；组织开展家庭经济困难学生认定工作；组织开展中职国家奖学金、国家助学金和免学费等资助项目的申请、评审、公示、发放等工作；组织开展地方政府资助、学校资助和社会资助工作；及时、准确维护中职学籍系统在校生学籍信息和毕业生信息；及时在资助系统中录入和审核各类资助信息；负责学生资助宣传、资助育人、资助培训、信访投诉受理和档案管理等工作；及时足额发放国家奖学金和国家助学金。

（任务分解表见附件1）

二、资助范围

（一）国家资助

由中央统一设立的中等职业学校国家奖学金、国家助学金和免学费。

（二）地方政府资助

由地方政府出资设立的奖学金、助学金、学费减免等资助项目。

（三）学校资助

中等职业学校安排经费设立的奖助学金、学费减免、勤工助学和特殊困难补助等校内资助项目。

（四）社会资助

社会组织、群团组织、企业事业单位和个人等依法依规出资设立的资助项目。

三、资助宣传工作

（一）抓住关键节点

各地各学校要开展经常性宣传，要在本地“两会”期间、招生、开学、毕业前后等重要时间节点开展集中宣传。

（二）聚焦重点对象

各地各学校要将初高中应届毕业学生、中职在校学生及其家长等作为主要宣传对象，重点针对建档立卡家庭、低保家庭、特困救助供养家庭、孤儿、残疾家庭开展宣传。

（三）丰富宣传内容

各地各学校要全面宣传中职学生资助政策、资助成效、育人成果、工作经验、典型人物、舆情应对等。

（四）创新宣传形式

各地各学校要通过给学生或家长写“一封信”、张贴宣传海报、开学典礼、主题班会、家长会、走访重点人群、送政策下乡、校刊班刊、板报、条幅、广告墙、宣传栏、校园网、微信公众号、报纸、电台、电视台等多种载体和方式开展形式多样的宣传。政策宣传的重心要下沉，把宣传工作辐射到贫困地区、民族地区等，要深入田间地头、社区，不留死角。通过电话（邮箱）、微信公众号、QQ 群等渠道开展政策咨询。

四、资助工作流程

（一）组织申请

组织符合申请条件的学生在开学后 5 个工作日内向所在学校提交助困性资助申请，填写申请表（见附件 2），并递交学生本人身份证（或户口簿）复印件以及其他相关材料。

（二）认定

各学校结合家访等工作安排核实学生家庭经济状况等信息，按照有关文件规定，开展家庭经济困难学生认定工作。

（三）评审

学校学生资助工作领导小组按照有关规定，组织开展国家奖学金、国家助学金和免学费等资助项目的评审工作，形成拟资助名单，评审过程要保证公开、公平、公正。评审记录存档备查。

（四）公示

拟资助学生名单应在学校内进行公示，公示期限不少于 5 个工作日。不得公示学生的身份证号码、银行卡号、联系电话、家庭住址等个人隐私及敏感信息；超过公示期限的信息应及时撤销。学生资助管理部门应在资助系统中对审核通过的受助学生名单进行公示确认。

（五）办卡

地方学生资助管理机构或中职学校应统一为享受国家助学金的学生办理中职资助卡，不得向学生收取卡费或押金等费用。

（六）资金发放

国家助学金应通过中职资助卡及时、足额发放给学生。确因特殊情况无法办理中职卡的，须经省级学生资助管理部门批准后通过现金发放。国家奖学金应于每年 12 月 31 日前一次性发给获奖学生。坚决杜绝以实物或服务等形式抵顶或扣减资助资金；坚决杜绝跨学期发放资助资金；坚决杜绝代签代领、集中代管中职资助卡；坚决杜绝批量激活、集中提取中职资助卡中的资金。

各地各学校可结合实际，制定中职国家资助（国家奖学金、国家助学金、免学费）、地方政府资助、学校资助、社会资助的业务操作流程，细化工作任务、工作要求和时间节点，确保工作人员岗位调整后资助工作顺利交接。

五、资助育人工作

（一）主要目的

各地各学校要将资助与育人工作有机结合起来，构建物质帮扶、道德浸润、能力拓展、精神激励有效融合的资助育人机制，形成“解困-育人-成才-回馈”的良性循环，努力把受助学生培养成德智体美劳全面发展的高素质劳动者和技能人才。

（二）主要方式

各地各学校要紧紧围绕社会主义核心价值观这一核心，进行励志教育、诚信教育、感恩教育和社会责任感教育，开展心理帮扶、学业帮扶、技能帮扶和就业帮扶，培养学生的实践能力、创新精神、工匠精神和劳模精神。

（三）主要形式

各地各学校要结合当地实际和中职学生特

点，开展丰富多彩的资助育人系列主题活动，开展爱党爱国主题教育活动、传统文化教育活动；开展爱心传递志愿服务等社会公益活动；开展诚信之星、励志之星、技能之星等典型评选及征文演讲；组织开展心理健康讲座及心理咨询与疏导；搭建勤工助学平台，帮助家庭经济困难学生制定职业规划，提供实习就业机会和就业指导。

六、系统信息管理

（一）学籍信息录入与维护

各校要在新生入学20个工作日内通过全国中等职业学校学生信息管理系统为其建立电子档案；及时维护学籍异动（含留级、转学、转专业、休学、退学、注销、死亡等）信息；在毕业学生离校前20个工作日内，通过学籍系统为其办理毕业。

（二）困难学生信息录入与维护

各校要及时录入学生家庭经济信息和困难认定等级结果（特别困难、困难、一般困难、不困难）。对困难等级认定结果发生变更的，要及时维护。

（三）资助信息录入与维护

各校应按学年录入国家奖学金信息，按月维护国家助学金和免学费资助信息。各级学生资助管理部门应及时审核国家奖学金、国家助学金和免学费名单以及地方政府资助名单。各校按学期录入地方政府、学校和社会资助信息。

（四）资金信息录入与维护

在学生资助资金预算下达后，各级学生资助管理部门要及时将资金拨付信息录入资助系统。

七、信息安全管理

（一）系统账户安全

各级中职学籍系统、资助系统操作管理人员应妥善保管账户信息，学籍、资助业务操作人员和审核人员（业务主管）账号不得由同一人保管和使用，要定期更新登录密码。

（二）系统数据安全

资助系统应用单位和个人要严格执行国家信息安全等级保护和数据安全保密制度要求，严禁泄露、非法向他人提供资助信息。严格公示范围和内容防止信息泄露，保护学生隐私。

（三）重大舆情应对

各地各学校应建立学生资助舆情监测与应急处置机制，及时稳妥应对突发事件。对突发重大舆情，要第一时间核查、第一时间报告、第一时间回应。

八、资助档案管理

各地各学校学生资助管理部门要对学生资助管理档案（政策文件、管理制度、通知函件、岗位职责、工作流程、计划总结、督查考评等）、资助业务类档案（如学生学籍名册、资助申请表及相关材料、评审记录、公示名单及公示影像、受助学生名单汇总表、受助学生异动情况表、签领名单等）进行整理归档。各地各学校的财务管理部门要对（资金拨付文件、资金收支发放凭证、银行发放清单、签领名单、资金往来银行对账单、资金清算明细、物价部门批准的收费标准文件等）进行整理归档。

各地各学校要组织做好资助档案的收集、整理、装订、归档工作。各地各学校建立和完善资助工作档案制度，及时按照学校档案管理要求整理归档学生资助档案。归档材料要真实、准确、完整，归档材料要有封面、整理有排序、归集有装订、分装有专盒、保存有专柜。

九、督查督办工作

（一）主要内容

各地要组织对学生资助管理制度制定、资助资金拨付、家庭经济困难学生认定、奖助学金评审、资助资金发放和信息系统应用等情况进行督查督办。

（二）主要方式

各地建立中职资助督查督办工作机制，通过网上审核与现场核查相结合、全面检查和随机抽查相结合等方式，督促学校规范执行各项资助政策；通过开通举报信箱、微信公众号、投诉电话等方式畅通监督渠道，广泛接受社会监督。各地可结合实际，聘请专业机构开展专项审计。

附件 1

中等职业教育国家资助工作职责任务分解表

资助项目	阶段任务	工作内容与要求	落实主体	时间节点
国家奖学金	宣传	各地各学校应开展经常性宣传，在“两会期间”、招生、开学、毕业、寒暑假等重要时间节点开展集中宣传	各级学生资助管理部门、中等职业学校	全年
	名额下达	在收到预算资金后，学生资助管理部门联合技工院校资助管理部门下达奖学金名额	各级学生资助部门	9 月 30 日前
	组织申请	组织符合申请条件的学生进行国家奖学金申请	中等职业学校	开学一周内
	评审	成立中等职业学校国家奖学金评审小组，按照公开、公平、公正的原则，组织开展奖学金评审工作		10 月 20 日前
	公示	对评审无异议的奖学金获奖学生名单，在校内进行不少于 5 个工作日的公示。公示无异议后，按要求将相关材料报送至同级学生资助管理机构	中等职业学校	10 月 31 日前
	审核	各级学生资助管理机构按照评审管理办法，审核学校提交的奖学金受助学生信息。最终，由省级评审领导小组审核后将相关材料报送至全国学生资助管理中心	各级学生资助管理部门	11 月 10 日
	发放	根据教育部、人力资源社会保障部公告的奖学金获奖学生名单，发放奖学金和获奖证书。将获奖学生信息及发放信息录入全国学生资助管理信息系统中职子系统	中等职业学校	12 月 31 日
国家助学金	宣传	各地各学校应开展经常性宣传，在“两会期间”、招生、开学、毕业、寒暑假等重要时间节点开展集中宣传	学生资助管理部门、中等职业学校	全年
	组织申请	组织符合申请条件的学生进行国家助学金申请	中等职业学校	开学一周内
	评审	成立中等职业学校国家助学金评审小组，按照公开、公平、公正的原则，结合本校家庭经济困难认定情况，进行评审。 将评审结果通过全国学生资助信息管理系统中职子系统报至同级学生资助管理部门审核		每学期动态调整
	审核	审核全国学生资助信息管理系统中职子系统各校审核通过的国家助学金受助学生名单	学生资助管理部门	按月完成
	公示	将资助名单加盖公章，在校内进行不少于 5 个工作日的公示。公示内容包括学生姓名、年级、班级、发放金额，不得公示受助学生身份证号、银行账号、联系电话、家庭地址等个人敏感信息	学生资助管理部门、中等职业学校	同级学生资助管理部门审核通过后
	办卡	为受助学生办理银行卡	中等职业学校	公示结束后一周内

续表

资助项目	阶段任务	工作内容与要求	落实主体	时间节点
国家助学金	发放	按时足额发放。春季学期不得晚于5月,秋季学期不得晚于12月	学生资助管理部门、中等职业学校	公示无异议后
	系统操作	在系统中维护受助学生名单,完成校级审核,待同级学生资助管理中心审核并完成系统公示确认后,完成发放操作		每月
	监督检查	各地各学校应采取全面检查、重点抽查、交叉检查、自查等方式,定期开展监督检查工作。重点检查对象识别、资格审查、资助程序、资金配套、资金发放、资金使用、档案管理、机构建设等内容	学生资助管理部门、中等职业学校	全年
免学费	宣传	各地各学校应开展经常性宣传,在“两会”期间、招生、开学、毕业、寒暑假等重要时间节点开展集中宣传	学生资助管理部门、中等职业学校	全年
	录入	在全国学生资助信息管理系统中职子系统中提交分专业免学费标准	中等职业学校	开学一周内
		在系统完成在籍在校学生的免学费学生名单录入提交		每月15日前
	审核	在系统中完成分专业免学费标准及受助学生名单审核	学生资助管理部门、中等职业学校	按月完成
		学生资助管理部门联合学籍管理等部门对学校上报系统免学费学生名单的真实性和准确性进行核查		每学期
	公示	在全国学生资助信息管理系统中职子系统,对审核通过的免学费名单进行不少于5个工作日的公示	学生资助管理部门	同级学生资助管理部门审核通过后
	监督检查	各地各学校应采取全面检查、重点抽查、交叉检查、自查等方式,定期开展监督检查工作。重点检查对象识别、资格审查、资助程序、资金配套、资金发放、资金使用、档案管理、机构建设等内容	学生资助管理部门、中等职业学校	全年

附件2

中等职业教育家庭经济困难学生认定与助学金申请表(样表)

学校名称:

学生姓名		性别		户籍		监护人联系方式		照片
民族		入学时间		专业		年级班级		
身份证号				现住址				
家庭成员情况	姓名	年龄	与本人关系	工作或学习单位				

续表

<table>
<tr><td rowspan="2">家庭经济状况</td><td colspan="4">建档立卡贫困家庭学生:□是 □否;孤残学生:□是 □否
最低生活保障家庭学生:□是 □否;烈士子女:□是 □否;
特困供养学生:□是 □否;
家庭经济困难残疾学生及残疾人子女:□是 □否</td><td>主要收入来源</td><td></td></tr>
<tr><td>家庭人口总数</td><td></td><td>家庭年收入</td><td></td><td>人均年收入</td><td></td></tr>
<tr><td>申请助学金的主要理由</td><td colspan="6">申请学生承诺对以上信息的真实性负责。

确认签名:
年 月 日</td></tr>
<tr><td>班级审核意见</td><td colspan="6">班主任: 签字

年 月 日</td></tr>
<tr><td>学校审核意见</td><td colspan="6">负责人: 公章

年 月 日</td></tr>
</table>

注:1. 本表用于家庭经济困难学生认定与助学金申请,可复印。

2. 承诺内容需本人手工填写“本人承诺以上所填写资料真实,如有虚假,愿承担相应责任。”

3. 各省份可以结合当地实际,制定并采用本地区助学金申请表。

(三)奖学金

普通高等学校研究生国家奖学金评审办法

· 2014年2月21日

· 教财〔2014〕1号

第一条 为规范普通高等学校(以下简称高校)研究生国家奖学金评审行为,保证评审工作公开、公平、公正、依法依章开展,确保评审质量和评审结果的权威性,根据《研究生国家奖学金管理暂行办法》(财教〔2012〕342号),制定本办法。

第二条 高校应根据本校组织机构设置状况,建立健全与本校研究生规模和现有管理机构设置相适应的研究生国家奖学金评审组织机制,加强研究生国家奖学金管理工作。

第三条 高校应成立研究生国家奖学金评审领导小组,由校主管领导、相关职能部门负责人、研究生导师代表等组成。评审领导小组负责制订本校研究生国家奖学金评审实施细则;制订名额分配方案;统筹领导、协调、监督本校评审工作;裁决学生对评审结果的申诉;指定有关部门统一保存本校的国家奖学金评审资料。

第四条 高校下设的基层单位(院、系、所、中心,下同)应成立研究生国家奖学金评审委员会(以下简称评审委员会),由基层单位主要领导任主任委员,研究生导师代表、行政管理人员代表、学生代表任委员,负责本单位研究生国家奖学金的申请组织、初步评审等工作。

第五条 评审委员会成员在履行评审工作职责时应遵循以下原则:

(一)平等原则,即在评审过程中,积极听取其他委员的意见，在平等、协商的气氛中提出评审意见；

（二）回避原则，即发生与评审对象存在亲属关系、直接经济利益关系或有其他可能影响评审工作公平公正的情形时，应主动向评审委员会申请回避；

（三）公正原则，即不得利用评审委员的特殊身份和影响力，单独或与有关人员共同为评审对象提供获奖便利；

（四）保密原则，即不得擅自披露评审结果及其他评审委员的意见等相关保密信息。

第六条 高校在分配研究生国家奖学金名额时，应在各基层单位研究生规模的基础上，对培养质量较高的基层单位、学校特色优势学科、基础学科和国家亟需学科予以适当的倾斜。

第七条 高校在研究生国家奖学金评审过程中，可根据实际需要自行设计《研究生国家奖学金申请审批表》，统一组织学生申请研究生国家奖学金。

第八条 研究生国家奖学金每年评审一次，所有具有中华人民共和国国籍且纳入全国研究生招生计划的全日制（全脱产学习）研究生均有资格申请。当年毕业的研究生不再具备申请研究生国家奖学金资格。

第九条 高校与科研院所等其他研究生培养机构之间联合培养的研究生，原则上由高校对联合培养的研究生进行国家奖学金评审。

第十条 直博生和招生简章中注明不授予中间学位的本硕博、硕博连读学生，根据当年所修课程的层次阶段确定身份参与研究生国家奖学金的评定。在选修硕士课程阶段按照硕士研究生身份参与评定；进入选修博士研究生课程阶段按照博士研究生身份参与评定。

第十一条 研究生出现以下任一情况，不具备当年研究生国家奖学金参评资格：

（一）参评学年违反国家法律、校纪校规受到纪律处分者；

（二）参评学年有抄袭剽窃、弄虚作假等学术不端行为经查证属实的；

（三）参评学年学籍状态处于休学、保留学籍者。

第十二条 高校应根据学校自身情况，以研究生的道德品质和学习成绩为基本条件，科学合理地制定研究生国家奖学金评审指标体系。对学术型研究生，评审标准应偏重考察其科研创新能力和体现创新能力的科研成果；对专业学位研究生，评审标准应偏重考察其专业实践能力和适应专业岗位的综合素质。

第十三条 对于新入学的研究生，高校应根据学校实际情况设计科学合理的机制，重点考察研究生招生考试相关成绩及考核评价情况，兼顾其在本科阶段取得的突出成绩，可采取复试时组织专家和研究生导师对其进行评审答辩等形式的考察，确保符合条件的新入学研究生获得国家奖学金。

第十四条 为保证研究生国家奖学金获奖学生的质量，扩大研究生国家奖学金的影响力和激励引导作用，评审工作可增加有助于人才培养模式创新的竞赛、公开答辩等环节，实行差额评选。

第十五条 评审委员会确定本单位获奖学生名单后，应在本基层单位内进行不少于5个工作日的公示。公示无异议后，提交学校研究生国家奖学金评审领导小组进行审定，审定结果在全校范围内进行不少于5个工作日的公示。

第十六条 对研究生国家奖学金评审结果有异议的学生及相关人员，可在基层单位公示阶段向评审委员会提出申诉，评审委员会应及时研究并予以答复。如申诉人对基层单位作出的答复仍存在异议，可在高校公示阶段向研究生国家奖学金评审领导小组提请裁决。

第十七条 研究生在基本修业年限内可多次获得研究生国家奖学金，但获奖成果不可重复申报使用。超出学制期限基本修业年限的研究生，原则上不再具备研究生国家奖学金参评资格。

第十八条 在学制期限基本修业年限内，因国家和单位公派出国留学或校际交流在境外学习的研究生，仍具备研究生国家奖学金参评资格；由于因私出国留学、疾病、创业等原因未在校学习的研究生，期间内原则上不具备研究生国家奖学金参评资格。

第十九条 高校应及时报送研究生国家奖学金评审材料。中央部门所属高校将评审材料报其中央主管部门，地方高校将评审材料报省级教育、财政部门。评审材料包括反映本校评审依据、评审程序、名额分配及评审结果等情况的评审报告及获奖研究生汇总表。中央主管部门和省级教育、财政部门对所属高校评审情况和结果汇总后，每年10月31日前，报教育部、财政部备案。

第二十条 教育部、财政部委托全国学生资助管理中心收取研究生国家奖学金备案材料，并颁发国家统一印制的荣誉证书。

第二十一条 科研院所等其他研究生培养机构研究生国家奖学金评审参照本办法执行。

本专科生国家奖学金评审办法

· 2019年9月18日
· 教财函〔2019〕105号

第一条 为规范本专科生国家奖学金评审工作，保证评审工作的公正、公平、公开，根据学生资助管理有关规定，制定本办法。

第二条 教育部、财政部成立评审领导小组，设立评审委员会。评审领导小组由教育部、财政部有关负责人组成，全面领导评审工作，研究决定有关评审工作的重大事项，负责聘请评审委员会组成人员，批准评审委员会提交的本专科生国家奖学金评审意见。

评审委员会由具有代表性的管理人员、专家学者和学生代表组成，负责组织评审工作，向评审领导小组提出本专科生国家奖学金评审意见。根据评审工作需要，评审委员会下可设立若干评审工作小组，负责具体评审工作。

第三条 评审工作按下列程序进行：

（一）召开预备会。评审领导小组主持预备会，向评审委员会介绍有关情况，提出评审工作要求。

（二）开展评审工作。评审委员会组织评审工作小组对各单位上报的评审材料进行书面审查，提出评审意见。

（三）形成评审报告。评审工作小组完成评审工作后，由评审委员会汇总各评审工作小组的评审意见，讨论形成评审报告。

（四）审定评审报告。评审报告经评审委员会主任委员签字同意，报评审领导小组审定。

（五）公布评审结果。评审领导小组审定同意后，由教育部公告获奖学生名单。

第四条 评审的内容主要包括：

（一）材料的完整性。主要是指上报的材料是否及时、齐全、完备。

（二）程序的规范性。主要是指本专科生国家奖学金初评和审核工作是否符合规定程序。

（三）条件的相符性。主要是指入选学生的综合表现是否符合申请条件。

第五条 国家奖学金评审坚持公平、公正、公开、择优的原则，实行等额评审，每学年评审一次。

第六条 申请国家奖学金的基本条件：

（一）具有中华人民共和国国籍；

（二）热爱社会主义祖国，拥护中国共产党的领导；

（三）遵守宪法和法律，遵守学校规章制度；

（四）诚实守信，道德品质优良；

（五）在校期间学习成绩优异，创新能力、社会实践、综合素质等方面特别突出。

第七条 在符合基本条件的前提下，申请人还应满足以下具体条件：

（一）年级要求：二年级及以上年级本专科学生方可申请本专科生国家奖学金。特殊学制的学生，根据当年所修课程层次确定参与相应学段的国家奖学金评定，原则上从入学第六年开始不再具备本专科生国家奖学金申请资格。

（二）成绩要求：学习成绩排名与综合考评成绩排名均位于前10%（含10%）的学生，可以申请本专科生国家奖学金。学习成绩排名和综合考评成绩排名没有进入前10%，但达到前30%（含30%）的学生，如在其他方面表现非常突出，也可申请本专科生国家奖学金，但需提交详细的证明材料，证明材料须经学校审核盖章确认。

其他方面表现非常突出是指在道德风尚、学术研究、学科竞赛、创新发明、社会实践、社会工作、体育竞赛、艺术展演等某一方面表现特别优秀。具体是指：

1. 在社会主义精神文明建设中表现突出，具有见义勇为、助人为乐、奉献爱心、服务社会、自立自强的实际行动，在本校、本地区产生重大影响，在全国产生较大影响，有助于树立良好的社会风尚。

2. 在学术研究上取得显著成绩，以第一作者发表的通过专家鉴定的高水平论文，以第一、二作者出版的通过专家鉴定的学术专著。

3. 在学科竞赛方面取得显著成绩，在国际和全国性专业学科竞赛、课外学术科技竞赛、中国“互联网+”大学生创新创业大赛、全国职业院校技能大赛等竞赛中获一等奖(或金奖)及以上奖励。

4. 在创新发明方面取得显著成绩,科研成果获省、部级以上奖励或获得通过专家鉴定的国家专利(不包括实用新型专利、外观设计专利)。

5. 在体育竞赛中取得显著成绩,为国家争得荣誉。非体育专业学生参加省级以上体育比赛获得个人项目前三名,集体项目前二名;高水平运动员参加国际和全国性体育比赛获得个人项目前三名、集体项目前二名。集体项目应为上场主力队员。

6. 在艺术展演方面取得显著成绩,参加全国大学生艺术展演获得一、二等奖,参加省级艺术展演获得一等奖;艺术类专业学生参加国际和全国性比赛获得前三名。集体项目应为主要演员。

7. 获全国十大杰出青年、中国青年五四奖章、中国大学生年度人物等全国性荣誉称号。

8. 其它应当认定为表现非常突出的情形。

第八条 各地各校要根据本办法,制定评审实施方案,成立本专科生国家奖学金评审领导小组,设立评审委员会。本专科生国家奖学金评审领导小组由各单位分管领导任组长,相关部门负责人为成员,全面领导评审工作。评审委员会由具有代表性的管理人员、专家学者和学生代表组成,具体负责评审工作,向评审领导小组提出本专科生国家奖学金评审意见。评审领导小组和评审委员会可根据本单位具体情况合并设立。

第九条 高校学生资助管理机构具体负责组织评审工作,提出本校当年本专科生国家奖学金获奖学生建议名单,报学校评审领导小组审定后,在校内进行不少于5个工作日的公示。

公示无异议后,每年10月31日前,中央高校将评审结果报中央主管部门,同时抄送全国学生资助管理中心。地方高校将评审结果逐级报至省级教育行政部门。中央主管部门和省级教育行政部门审核、汇总后,于当年11月10日前统一报教育部审批。

第十条 本办法由教育部、财政部负责解释。

第十一条 本办法自印发之日起施行。《教育部、财政部关于印发〈国家奖学金评审办法〉的通知》(教财〔2007〕24号)、《教育部办公厅关于进一步规范普通高校国家奖学金评审与材料填报工作的通知》(教财厅函〔2010〕16号)同时废止。

港澳及华侨学生奖学金管理办法

· 2017年10月13日

· 财科教〔2017〕139号

第一章 总 则

第一条 为鼓励港澳及华侨学生来内地普通高校和科研院所就读,增强他们的祖国观念,激励他们勤奋学习、积极进取,特设立港澳及华侨学生奖学金。

第二条 港澳及华侨学生奖学金资金来源于中央财政,面向在内地普通高校和科研院所就读的全日制港澳本专科学生、硕士和博士研究生及华侨本专科学生。

第二章 申请条件

第三条 港澳及华侨学生奖学金申请的基本条件:

1. 热爱祖国,拥护“一国两制”方针;

2. 自觉遵守国家法律、法规,遵守学校各项规章制度;

3. 诚实守信,有良好的道德修养;

4. 入学考试成绩优秀或在校期间勤奋刻苦、成绩优良。

第三章 奖学金类别、等级、名额及奖励标准

第四条 奖学金的类别、等级、名额及奖励标准:

1. 本专科学生奖学金,分四个等级,其中,特等奖190人,每生每学年8000元;一等奖1000名,每生每学年6000元;二等奖1600名,每生每学年5000元;三等奖2700名,每生每学年4000元。

2. 硕士研究生奖学金,分四个等级,其中,特等奖40人,每生每学年20000元;一等奖50名,每生每学年10000元;二等奖120名,每生每学年7000元;三等奖260名,每生每学年5000元。

3. 博士研究生奖学金,分四个等级,其中,特

等奖 20 人,每生每学年 30000 元;一等奖 30 名,每生每学年 15000 元;二等奖 60 名,每生每学年 10000 元;三等奖 100 名,每生每学年 7000 元。

中央将根据情况变化,适时调整奖学金等级、名额和奖励标准。

第四章 奖学金的申请、评审

第五条 港澳及华侨在校生奖学金按学年申请和评审,每年 10 月开始受理申请,当年 12 月 10 日前评审完毕。

港澳及华侨学生根据奖学金申请条件,按学年向所在学校或科研院所提出申请,提交《港澳及华侨学生奖学金申请表》(见附表)。奖学金每学年评选一次,符合条件的学生可连续申请。

第六条 港澳及华侨在校生奖学金评审程序:

1. 每年 9 月开学后,各招生单位应及时更新港澳及华侨学生学籍信息。

2. 教育部根据各招生单位全日制港澳及华侨学生在读人数等有关数据,经商财政部同意后于每年 9 月 30 日前按隶属关系向各有关中央主管部门和省(自治区、直辖市)教育厅(教委)下达奖学金名额。

3. 各有关中央主管部门和省(自治区、直辖市)教育厅(教委)按照教育部下达的奖学金名额,确定并下达所属各有关单位的奖学金名额。

4. 各有关招生单位根据上级主管部门下达的奖学金名额,受理港澳及华侨学生的申请材料,按照公开、公平、公正的原则组织等额评审,确定初审合格学生名单并公示。

5. 公示结束后,各有关招生单位于每年 11 月 10 日前将建议获奖学生名单按照隶属关系经主管部门初审后报教育部。

第七条 奖学金的组织申请评审及审批等管理工作由教育部归口管理。教育部对有关主管部门报来的获奖学生名单进行审批,并将审批通过名单下发各有关单位。

第五章 奖学金的发放

第八条 财政部按照部门预算管理规定,下达教育部年度奖学金经费预算。

第九条 教育部按程序将资金拨付给有关招生单位。

第十条 各有关招生单位应当按照审批通过的获奖学生名单,于每年 12 月 31 日前将奖学金一次性发放给获奖学生。

第六章 监督检查

第十一条 各有关招生单位必须以高度的政治责任感做好奖学金管理工作,严格执行国家有关财经法规和本办法规定,加强资金管理,确保奖学金全部用于符合条件的港澳及华侨学生。

第十二条 各有关中央主管部门和省(自治区、直辖市)教育厅(教委)应当对奖学金使用情况进行监督检查,确保奖学金按时发放到位。

第十三条 奖学金资金管理接受审计、教育、财政等部门的监督检查,一旦发现截留、挤占和挪用等违法违纪行为,依照有关法律法规的规定追究相应责任。

第十四条 各级财政、教育部门及其工作人员在资金审核、分配等审批工作中,存在违反规定分配资金、向不符合条件的单位(或个人)分配资金、擅自超出规定的范围或标准分配资金,以及其他滥用职权、玩忽职守、徇私舞弊等违法违纪行为的,按照《中华人民共和国预算法》、《中华人民共和国公务员法》、《中华人民共和国行政监察法》、《财政违法行为处罚处分条例》等国家有关规定追究相应责任;涉嫌犯罪的,移送司法机关处理。

第十五条 对于获奖学生,招生单位应继续加强管理,如出现以下情况之一的,应取消其获奖资格并及时向上级主管部门报告:

1. 有反对"一国两制"的言论或行为;
2. 触犯国家法律、法规,参加非法社团组织;
3. 违反校规、校纪。

第七章 附 则

第十六条 本办法由财政部、教育部负责解释。

第十七条 本办法自印发之日起施行。原《港澳及华侨学生奖学金管理暂行办法》(财教〔2006〕129 号)同时废止。

附表:港澳及华侨学生奖学金申请表(略)

台湾学生奖学金管理办法

·2017 年 10 月 13 日
·财科教〔2017〕139 号

第一章 总 则

第一条 为切实贯彻执行中央对台工作方针,推进祖国和平统一大业,进一步鼓励和支持更多的台湾地区学生来祖国大陆普通高校和科研院所学习,增强他们对祖国的认同感,激励他们勤奋学习、努力进取,特设立台湾学生奖学金。

第二条 台湾学生奖学金资金来源于中央财政,面向在祖国大陆普通高等学校和科研院所就读的台湾地区全日制本专科学生、硕士研究生和博士研究生。

第二章 申请条件

第三条 台湾学生奖学金申请的基本条件:

1. 认同一个中国,拥护祖国统一;

2. 自觉遵守国家法律、法规,遵守学校各项规章制度;

3. 诚实守信,有良好的道德修养;

4. 入学考试成绩优秀或在大陆学习期间勤奋刻苦,成绩优良。

第三章 奖学金类别、等级、名额及奖励标准

第四条 台湾学生奖学金的类别、等级、名额及奖励标准:

1. 本专科学生奖学金,分四个等级,其中,特等奖 60 名,奖学金每生每学年 8000 元;一等奖 350 名,奖学金每生每学年 6000 元;二等奖 500 名,奖学金每生每学年 5000 元;三等奖 800 名,奖学金每生每学年 4000 元。

2. 硕士研究生奖学金,分四个等级,其中,特等奖 40 名,奖学金每生每学年 20000 元;一等奖 60 名,奖学金每生每学年 10000 元;二等奖 160 名,奖学金每生每学年 7000 元;三等奖 350 名,奖学金每生每学年 5000 元。

3. 博士研究生奖学金,分四个等级,其中,特等奖 50 名,奖学金每生每学年 30000 元;一等奖 60 名,奖学金每生每学年 15000 元;二等奖 160 名,奖学金每生每学年 10000 元;三等奖 310 名,奖学金每生每学年 7000 元。

国家根据情况的变化,适时调整台湾学生奖学金等级、名额和奖励标准。

第四章 奖学金的申请、评审

第五条 台湾学生奖学金按学年申请和评审,每年 10 月开始受理申请,当年 12 月 10 日前评审完毕。

台湾学生根据上述奖学金申请条件,按学年向所在学校或科研院所提出申请,提交《台湾学生奖学金申请表》(见附表)。奖学金每学年评选一次,符合条件的学生可连续申请。

第六条 台湾学生奖学金评审程序:

1. 每年 9 月开学后,各招生单位应及时更新台湾学生学籍信息。

2. 教育部根据各招生单位台湾学生在校人数等有关数据,经商财政部同意后于每年 9 月 30 日前按隶属关系向各有关中央主管部门和省(自治区、直辖市)教育厅(局、委)下达台湾学生奖学金名额。

3. 各有关中央主管部门和省(自治区、直辖市)教育厅(局、委)按照教育部下达的奖学金名额,确定所属各有关单位的奖学金名额。

4. 各有关招生单位根据上级主管部门下达的奖学金名额,受理台湾学生的申请材料,组织等额评审,按照公开、公平、公正的原则,确定初审合格学生名单并公示。

5. 公示结束后,各有关招生单位于每年 11 月 10 日前将建议获奖学生名单按照隶属关系经主管部门初审后报教育部。

第七条 台湾学生奖学金的组织申请评审及审批等管理工作由教育部归口管理。教育部对有关主管部门报来的获奖学生名单进行审批,并将审批通过名单下发各有关单位。

第五章 奖学金的发放

第八条 财政部按照部门预算管理规定,下达教育部年度奖学金经费预算。

第九条 教育部按程序将资金拨付给有关招生单位。

第十条 各有关招生单位应当按照审批通过

的获奖学生名单，于每年12月31日前将奖学金一次性发放给获奖学生。

第六章　监督检查

第十一条　各有关招生单位必须以高度的政治责任感做好台湾学生奖学金有关组织工作，严格执行国家有关财经法规和本办法规定，加强资金管理，确保奖学金全部用于符合条件的台湾学生。

第十二条　各有关中央主管部门和省（自治区、直辖市）教育厅（教委）对奖学金使用情况进行监督检查，确保奖学金 按时发放到位。

第十三条　台湾学生奖学金资金管理接受审计、教育、财政等部门的监督检查，一旦发现截留、挤占和挪用等违法违纪行为，依照有关法律法规的规定追究相应责任。

第十四条　各级财政、教育部门及其工作人员在资金审核、分配等审批工作中，存在违反规定分配资金、向不符合条件的单位（或个人）分配资金、擅自超出规定的范围或标准分配资金以及其他滥用职权、玩忽职守、徇私舞弊等违法违纪行为的，按照《中华人民共和国预算法》、《中华人民共和国公务员法》、《中华人民共和国行政监察法》、《财政违法行为处罚处分条例》等国家有关规定追究相应责任；涉嫌犯罪的，移送司法机关处理。

第十五条　对于获奖的台湾学生，学校应继续加强管理和教育，如出现以下情况之一的，应取消其获奖资格并及时向上级主管部门报告：

1. 有反对"一个中国"的言论或行为；
2. 触犯国家法律、法规，参加非法社团组织；
3. 违反校规、校纪。

第七章　附　则

第十六条　本办法由财政部、教育部负责解释。

第十七条　本办法自印发之日起实施。原《台湾学生奖学金管理暂行办法》（财教〔2005〕325号）同时废止。

附表：台湾学生奖学金申请表（略）

中等职业教育国家奖学金评审暂行办法

· 2019年9月18日

· 教财函〔2019〕104号

第一章　总　则

第一条　为规范中等职业教育国家奖学金（以下简称中职国家奖学金）评审工作，保证评审工作公正、公平、公开，制定本办法。

第二条　中职国家奖学金由中央财政出资设立，用于奖励中等职业学校（含技工学校，下同）全日制在校生中特别优秀的学生。每年奖励2万名学生，奖励标准为每生每年6000元。

第三条　中职国家奖学金每学年评审一次，实行等额评审。

第四条　全国学生资助管理中心会同全国技工院校学生资助管理工作办公室，根据中等职业学校全日制在校生数等因素，提出中职国家奖学金名额分配建议方案，报教育部、人力资源社会保障部、财政部同意后，联合下达中职国家奖学金名额，并组织实施中职国家奖学金评审工作。

第五条　各省（自治区、直辖市）、各计划单列市、新疆生产建设兵团在根据中等职业学校全日制在校生数等因素分配国家奖学金名额时，应当对办学水平较高的学校和以农林、地质、矿产、水利、养老、家政等专业和现代农业、先进制造业、现代服务业、战略性新兴产业等人才紧缺专业为主的学校，予以适当倾斜。

第二章　评审机构与职责

第六条　教育部、人力资源社会保障部、财政部成立中职国家奖学金评审领导小组，设立评审委员会。

第七条　评审领导小组由教育部、人力资源社会保障部、财政部有关负责人组成，全面领导评审工作，研究决定有关评审工作的重大事项，负责聘请评审委员会组成人员，批准评审委员会提交的中职国家奖学金评审意见。

第八条　评审委员会由具有代表性的领导、专家学者和教师代表组成，负责组织评审工作，向评审领导小组提出中职国家奖学金评审意见。根据评审工作需要，评审委员会可下设若干评审小组，具体负责评审工作。

第三章 评审程序与要求

第九条 中等职业学校具体负责组织中职国家奖学金申请受理、评审等工作，提出本校当年中职国家奖学金获奖学生建议名单，在校内进行不少于5个工作日的公示。

公示无异议后，每年10月31日前，中等职业学校将评审结果按照程序分别报送省级教育行政、人力资源社会保障部门。

第十条 各省（自治区、直辖市）、各计划单列市、新疆生产建设兵团教育行政部门联合人力资源社会保障部门组织开展评审工作，并于11月10日前将评审材料统一报送教育部。

第十一条 中职国家奖学金评审委员会评审程序：

（一）召开预备会。评审委员会召开预备会，提出评审工作要求。

（二）开展评审工作。评审委员会组织评审小组对上报的评审材料进行书面审查，提出评审意见。

（三）形成评审报告。评审小组完成评审工作后，由评审委员会汇总各评审小组的评审意见，形成评审报告。

（四）审定评审报告。评审报告经评审委员会主任签字同意，报评审领导小组审定。

第十二条 评审领导小组审定同意后，由教育部和人力资源社会保障部公告获奖学生名单。

第十三条 中职国家奖学金评审要求：

（一）材料的完整性。主要是指上报材料是否及时、齐全、完备。

（二）程序的规范性。主要是指中职国家奖学金评审工作是否符合规定程序。

（三）条件的相符性。主要是指入选学生的综合表现是否符合申请条件。

第四章 申请条件

第十四条 申请中职国家奖学金的基本条件：

（一）具有中华人民共和国国籍；

（二）热爱社会主义祖国，拥护中国共产党的领导；

（三）遵守法律法规，遵守《中等职业学校学生公约》，遵守学校规章制度；

（四）诚实守信，道德品质优良；

（五）在校期间学习成绩、道德风尚、专业技能、社会实践、创新能力、综合素质等方面表现特别优秀。

第十五条 在符合基本条件前提下，申请人还应满足以下具体条件：

（一）年级要求：全日制二年级及以上学生可以申请中职国家奖学金。

（二）成绩表现等要求：学习成绩排名位于年级同一专业前5%（含5%）的学生可以申请中职国家奖学金。学习成绩排名位于年级同一专业排名未进入5%，但达到前30%（含30%）且在道德风尚、专业技能、社会实践、创新能力、综合素质等方面表现特别突出的，可以申请中职国家奖学金，同时需要提交详细的证明材料。证明材料须由学校审核后加盖学校公章。学习成绩排名未进入30%的，不具备申请资格。

“表现特别突出”主要是指：

1. 在社会主义精神文明建设中表现突出，具有见义勇为、助人为乐、奉献爱心、服务社会、自立自强等实际行动，在本校、本地区产生重大影响，在全国产生较大影响，有助于树立良好的社会风尚。

2. 在职业技能竞赛或专业技能竞赛方面取得显著成绩。在世界技能大赛取得优胜奖以上和入围世界技能大赛中国集训队及国际性职业技能竞赛获前8名，在中国技能大赛等全国性或省级职业技能竞赛获得优秀名次（一类职业技能大赛前20名、二类职业技能竞赛前15名）。在全国职业院校技能大赛等专业技能竞赛获得三等奖及以上奖励，省级选拔赛获得二等奖及以上奖励。

3. 在创新发明方面取得显著成绩，科研成果获得省、部级以上奖励或获得通过专家鉴定的国家专利（不包括实用新型专利、外观设计专利）。

4. 在体育竞赛中取得显著成绩，为国家争得荣誉。非体育专业学生参加省级及以上体育比赛获得个人项目前三名，集体项目前二名。体育专业学生参加国际和全国性体育比赛获得个人项目前三名、集体项目前二名。集体项目应为上场的主力队员。

5. 在重要艺术展演文艺比赛中取得显著成绩。非艺术类专业学生参加全国中小学生艺术展演或同等水平比赛，获得三等奖及以上或前三名奖励;艺术类专业学生参加全国中小学生艺术展演或同等水平全国性及国际性比赛,获得三等奖及以上或前三名奖励,以上展演(比赛)省级遴选获得二等奖及以上或前二名奖励。集体项目应为主要演员。

6. 获省级及以上三好学生、优秀学生干部、社会实践先进个人、杰出青年、五四奖章等个人表彰或荣誉称号。

7. 参加全国中等职业学校文明风采优秀作品展示展演的个人或集体项目主要创作人员。

8. 在创业等其他方面有优异表现的。

第五章　附　则

第十六条　中等职业学校应将获得国家奖学金情况记入学生学籍档案,颁发国家统一印制的荣誉证书,并于每年12月31日前将中职国家奖学金一次性发放给获奖学生。

第十七条　本办法由教育部、人力资源社会保障部、财政部负责解释。

第十八条　本办法自发布之日起施行。

(四)助学金

教育部、财政部、人力资源社会保障部、审计署关于严禁虚报学生人数骗取中等职业学校国家助学金、免学费补助资金的通知

· 2010年12月5日
· 教职成〔2010〕15号

各省、自治区、直辖市教育厅(教委)、财政厅(局)、人力资源社会保障厅(局)、审计厅(局),新疆生产建设兵团教育局、财政局、劳动保障局、审计局:

自中等职业学校国家助学金和免学费政策实施以来,各地采取有力措施组织推动落实,总体进展顺利,成绩显著。但同时也存在着不少问题,个别地区和学校,尤其是一些民办学校,违纪违法,虚报学生人数套取国家助学金,在学生中和社会上造成了不良影响。为维护国家资助政策的严肃性,坚决禁止虚报学生人数骗取国家资金的行为,进一步健全中等职业学校国家助学金、免学费补助资金管理机制,加强监管力度,现就有关事项通知如下:

一、加强学校管理,严格执行中等职业学校的审批标准和程序

各省(区、市)教育和人力资源社会保障部门,要对现有中等职业学校,包括民办学校和教学点的办学进行一次全面清查,对在办学条件、学校管理等方面与国家规定的标准、要求差距较大的,要给予警告,并责令限期整改;对整改后仍达不到标准的,要限制招生和在校生规模。各省(区、市)要将最后审定的具有举办学历教育资质的中等职业学校名单于2011年3月底前报送教育部和财政部备案,同时抄送教育部全国学生资助管理中心。技工学校抄报人力资源社会保障部。

各省(区、市)教育和人力资源社会保障部门,要分别按照《中等职业学校管理规程》(教职成〔2010〕6号)、《中等职业学校设置标准》(教职成〔2010〕12号)、《技工学校工作条例》及有关文件中对中等职业学校在校生规模、学校硬件建设、专兼职教师配备、办学经费保证等方面的规定,严格执行中等职业学校审批标准和程序,保证基本办学条件、管理水平和办学质量,不得降低标准。

二、严格学籍管理,确保国家助学金、免学费补助资金补助学生人数真实、准确

国家、省(区、市)、市(州)、县(市、区)教育、人力资源社会保障行政部门对学校学籍管理工作实行分级管理,省级教育行政部门具有统筹管理的责任。中等职业学校要严格执行学籍电子注册制度。要把学生学籍管理、国家助学金和免学费补助资金管理纳入班主任工作内容。学校应当将新生基本信息,各年级学生变动名册及时输入全国中等职业学校学生信息管理系统或技工院校学生信息管理系统,并报其上级教育或人力资源社会保障主管部门。教育或人力资源社会保障主管部门逐级审核后上报至教育部或人力资源社会保障部。学校不得以虚假学生信息注册学生学籍,不得为同一学生以不同类型的高中阶段教育学校身份分别注册学籍,不得以不同类型职业学校身份分别向教育部门和人力资源社会保障部门申报学生学籍。联合招生合作办学的学校不得为同一学生重复注册学籍,坚决杜绝"双重学籍"现象。

地方各级教育和人力资源社会保障行政部门要严格审核所辖学校申报的学籍注册名单，积极改进和完善学籍管理办法，及时、准确掌握在校学生人数，确保国家助学金发放工作及免学费补助资金使用严格按照政策规定进行。

三、全面推行中职学生资助卡，积极推行国家助学金集中发放模式

各级学生资助管理机构要按照《中国人民银行、财政部、教育部、人力资源社会保障部关于全面推行中职学生资助卡加强中职国家助学金发放监管工作的通知》（银发〔2010〕273 号）要求，认真核查所辖学校通过全国中等职业学校学生管理信息系统上报的国家助学金受助学生信息（包括身份证号、年级、班级、专业、联系电话等），由学生资助管理机构或学校为每位受助学生办理“中职学生资助卡”，并组织力量到学校现场核发银行卡。学校每月要如实申报变动（增加和减少）的受助学生名单，各级学生资助管理机构要及时组织核查并通过信息系统予以审核。“中职学生资助卡”须由学生本人持有效身份证件原件到发卡银行网点柜台激活后方可使用。

各地要因地制宜积极推行国家助学金集中发放模式。一是可由财政国库集中发放。省、地市、县级财政部门每月根据同级学生资助管理机构提供的当月国家助学金发放清单，通过银行将助学金直接打入每位受助学生的银行卡中。二是可由学生资助管理机构集中发放。每学期开学前，省、地市和县级财政将上级财政拨付的及本级财政应承担的所辖学校国家助学金，拨付同级学生资助管理机构，学生资助管理机构每月根据审定的当月国家助学金发放清单，通过银行将助学金直接打入每位受助学生的银行卡中。

四、明确责任、健全机制，切实加强对国家助学金、免学费补助资金的监督检查

地方各级教育和人力资源社会保障部门要会同财政、审计等部门，层层明确对中等职业学校国家助学金、免学费补助资金的管理责任，建立健全监督检查机制，加大监督力度。每学期开学、期中、期末要组织对国家助学金、免学费补助资金管理情况的专项监督检查，检查工作一定要讲求实效，确保组织到位、责任到位、检查到位，整改措施到位；要建立国家助学金、免学费补助资金管理工作检查情况档案，每次检查情况要经检查人员签字确认后存档备查。各地要将检查情况及时上报教育部、人力资源社会保障部和财政部。中等职业学校要建立包括学生代表参加的国家助学金、免学费补助资金评审机制，强化评审程序和评审结果的公示制度，实行阳光操作。同时，建立国家助学金、免学费补助资金管理投诉举报受理工作机制，设立举报投诉电话号码，并向社会公布，广泛接受群众监督。

五、加大处罚力度，及时查处套取国家助学金、免学费补助资金的行为

对虚报受助学生人数，套取中等职业学校国家助学金、免学费补助资金的行为，要坚决做到发现一起查处一起。除收回套取的财政专项资金外，还要加大对相关责任人和责任单位的处罚力度。对相关责任人要依法依纪进行严肃查处，涉嫌犯罪的，移交司法机关处理。对存在套取国家助学金、免学费补助资金行为的学校，要采取通报批评、“黄牌”或“红牌”警告、限制招生等措施；其中，对存在套取国家助学金、免学费补助资金行为的民办学校，情节严重的，要按照《民办教育促进法》及其实施条例的规定，停止招生、吊销办学许可证。对玩忽职守、监管审核不力的学校主管部门、学生资助管理部门，要予以通报批评。对明知故犯、参与套取国家助学金、免学费补助资金的个人，要依法依纪从严从重处罚。对于发生套取中等职业学校国家助学金、免学费补助资金现象的省份，教育部、人力资源社会保障部和财政部将在全国范围内进行通报批评，中央财政将按套取资金数的双倍扣减该省份有关以奖代补资金，并按隶属关系取消学校所在县（市、区）的中等职业教育改革发展示范校项目的申报资格；从查处之日起，3 年内中央财政对违规学校不给予职业教育专项资金支持。

高等学校学生勤工助学管理办法

· 2018 年 8 月 20 日

· 教财〔2018〕12 号

第一章 总 则

第一条 为规范管理高等学校学生勤工助学工作，促进勤工助学活动健康、有序开展，保障学生合法权益,帮助学生顺利完成学业,发挥勤工助学育人功能,培养学生自立自强、创新创业精神,增强学生社会实践能力,特制定本办法。

第二条 本办法所称高等学校是指根据国家有关规定批准设立、实施高等学历教育的全日制普通本科高等学校、高等职业学校和高等专科学校(以下简称学校)。

第三条 本办法所称学生是指学校招收的本专科生和研究生。

第四条 本办法所称勤工助学活动是指学生在学校的组织下利用课余时间,通过劳动取得合法报酬,用于改善学习和生活条件的实践活动。

第五条 勤工助学是学校学生资助工作的重要组成部分,是提高学生综合素质和资助家庭经济困难学生的有效途径,是实现全程育人、全方位育人的有效平台。勤工助学活动应坚持"立足校园、服务社会"的宗旨,按照学有余力、自愿申请、信息公开、扶困优先、竞争上岗、遵纪守法的原则,由学校在不影响正常教学秩序和学生正常学习的前提下有组织地开展。

第六条 勤工助学活动由学校统一组织和管理。学生私自在校外兼职的行为,不在本办法规定之列。

第二章 组织机构

第七条 学校学生资助工作领导小组全面领导勤工助学工作,负责协调学校的宣传、学工、研工、财务、人事、教务、科研、后勤、团委等部门配合学生资助管理机构开展相关工作。

第八条 学校学生资助管理机构下设专门的勤工助学管理服务组织,具体负责勤工助学的日常管理工作。

第三章 学校职责

第九条 组织开展勤工助学活动是学校学生工作的重要内容。学校要加强领导,认真组织,积极宣传,校内有关职能部门要充分发挥作用,在工作安排、人员配备、资金落实、办公场地、活动场所及助学岗位设置等方面给予大力支持,为学生勤工助学活动提供指导、服务和保障。

第十条 加强对勤工助学学生的思想教育,培养学生热爱劳动、自强不息、创新创业的奋斗精神,增强学生综合素质,充分发挥勤工助学育人功能。

第十一条 对在勤工助学活动中表现突出的学生予以表彰和奖励;对违反勤工助学相关规定的学生,可按照规定停止其勤工助学活动。对在勤工助学活动中违反校纪校规的,按照校纪校规进行教育和处理。

第十二条 根据本办法规定,结合学校实际情况,制定完善本校学生勤工助学活动的实施办法。

第十三条 根据国家有关规定,筹措经费,设立勤工助学专项资金,并制定资金使用与管理办法。

第四章 勤工助学管理服务组织职责

第十四条 确定校内勤工助学岗位。引导和组织学生积极参加勤工助学活动,指导和监督学生的勤工助学活动。

第十五条 开发校外勤工助学资源。积极收集校外勤工助学信息,开拓校外勤工助学渠道,并纳入学校管理。

第十六条 接受学生参加勤工助学活动的申请,安排学生勤工助学岗位,为学生和用人单位提供及时有效的服务。

第十七条 在学校学生资助管理机构的领导下,配合学校财务部门共同管理和使用学校勤工助学专项资金,制定校内勤工助学岗位的报酬标准,并负责酬金的发放和管理工作。

第十八条 组织学生开展必要的勤工助学岗前培训和安全教育,维护勤工助学学生的合法权益。

第十九条 安排勤工助学岗位,应优先考虑家庭经济困难的学生。对少数民族学生从事勤工助学活动,应尊重其风俗习惯。

第二十条 不得组织学生参加有毒、有害和危险的生产作业以及超过学生身体承受能力、有碍学生身心健康的劳动。

第五章 校内勤工助学岗位设置

第二十一条 设岗原则:

(一)学校应积极开发校内资源,保证学生参与勤工助学的需要。校内勤工助学岗位设置应以校内教学助理、科研助理、行政管理助理和学校公共服务等为主。按照每个家庭经济困难学生月平均上岗工时原则上不低于20小时为标准,测算出学期内全校每月需要的勤工助学总工时数(20工时×家庭经济困难学生总数),统筹安排、设置校内勤工助学岗位。

（二）勤工助学岗位既要满足学生需求，又要保证学生不因参加勤工助学而影响学习。学生参加勤工助学的时间原则上每周不超过 8 小时，每月不超过 40 小时。寒暑假勤工助学时间可根据学校的具体情况适当延长。

第二十二条 岗位类型：

勤工助学岗位分固定岗位和临时岗位。

（一）固定岗位是指持续一个学期以上的长期性岗位和寒暑假期间的连续性岗位；

（二）临时岗位是指不具有长期性，通过一次或几次勤工助学活动即完成任务的工作岗位。

第六章 校外勤工助学活动管理

第二十三条 学校勤工助学管理服务组织统筹管理校外勤工助学活动，并注重与学生学业的有机结合。

第二十四条 校外用人单位聘用学生勤工助学，须向学校勤工助学管理服务组织提出申请，提供法人资格证书副本和相关的证明文件。经审核同意，学校勤工助学管理服务组织推荐适合工作要求的学生参加勤工助学活动。

第七章 勤工助学酬金标准及支付

第二十五条 校内固定岗位按月计酬。以每月 40 个工时的酬金原则上不低于当地政府或有关部门制定的最低工资标准或居民最低生活保障标准为计酬基准，可适当上下浮动。

第二十六条 校内临时岗位按小时计酬。每小时酬金可参照学校当地政府或有关部门规定的最低小时工资标准合理确定，原则上不低于每小时 12 元人民币。

第二十七条 校外勤工助学酬金标准不应低于学校当地政府或有关部门规定的最低工资标准，由用人单位、学校与学生协商确定，并写入聘用协议。

第二十八条 学生参与校内非营利性单位的勤工助学活动，其劳动报酬由勤工助学管理服务组织从勤工助学专项资金中支付；学生参与校内营利性单位或有专门经费项目的勤工助学活动，其劳动报酬原则上由用人单位支付或从项目经费中开支；学生参加校外勤工助学，其劳动报酬由校外用人单位按协议支付。

第八章 法律责任

第二十九条 在校内开展勤工助学活动的，学生及用人单位须遵守国家及学校勤工助学相关管理规定。学生在校外开展勤工助学活动的，勤工助学管理服务组织必须经学校授权，代表学校与用人单位和学生三方签订具有法律效力的协议书。签订协议书并办理相关聘用手续后，学生方可开展勤工助学活动。协议书必须明确学校、用人单位和学生等各方的权利和义务，开展勤工助学活动的学生如发生意外伤害事故的处理办法以及争议解决方法。

第三十条 在勤工助学活动中，若出现协议纠纷或学生意外伤害事故，协议各方应按照签订的协议协商解决。如不能达成一致意见，按照有关法律法规规定的程序办理。

第九章 附 则

第三十一条 科研院所、党校、行政学院、会计学院等研究生培养单位根据本办法规定，制定完善本单位学生勤工助学活动的实施办法。

第三十二条 本办法由教育部、财政部负责解释。

第三十三条 本办法自公布之日起施行。教育部财政部印发的《高等学校勤工助学管理办法》（教财〔2007〕7 号）同时废止。

（五）教育经费

征收教育费附加的暂行规定

· 1986 年 4 月 28 日国务院发布
· 根据 1990 年 6 月 7 日《国务院关于修改〈征收教育费附加的暂行规定〉的决定》第一次修订
· 根据 2005 年 8 月 20 日《国务院关于修改〈征收教育费附加的暂行规定〉的决定》第二次修订
· 根据 2011 年 1 月 8 日《国务院关于废止和修改部分行政法规的决定》第三次修订

第一条 为贯彻落实《中共中央关于教育体制改革的决定》，加快发展地方教育事业，扩大地方教育经费的资金来源，特制定本规定。

第二条 凡缴纳消费税、增值税、营业税的单位和个人，除按照《国务院关于筹措农村学校办学经费的通知》（国发〔1984〕174号文）的规定，缴纳农村教育事业费附加的单位外，都应当依照本规定缴纳教育费附加。

第三条 教育费附加，以各单位和个人实际缴纳的增值税、营业税、消费税的税额为计征依据，教育费附加率为3%，分别与增值税、营业税、消费税同时缴纳。

除国务院另有规定者外，任何地区、部门不得擅自提高或者降低教育费附加率。

第四条 依照现行有关规定，除铁道系统、中国人民银行总行、各专业银行总行、保险总公司的教育附加随同营业税上缴中央财政外，其余单位和个人的教育费附加，均就地上缴地方财政。

第五条 教育费附加由税务机关负责征收。

教育费附加纳入预算管理，作为教育专项资金，根据“先收后支、列收列支、收支平衡”的原则使用和管理。地方各级人民政府应当依照国家有关规定，使预算内教育事业费逐步增长，不得因教育费附加纳入预算专项资金管理而抵顶教育事业费拨款。

第六条 教育费附加的征收管理，按照消费税、增值税、营业税的有关规定办理。

第七条 企业缴纳的教育费附加，一律在销售收入（或营业收入）中支付。

第八条 地方征收的教育费附加，按专项资金管理，由教育部门统筹安排，提出分配方案，商同级财政部门同意后，用于改善中小学教学设施和办学条件，不得用于职工福利和发放奖金。

铁道系统、中国人民银行总行、各专业银行总行、保险总公司随同营业税上缴的教育费附加，由国家教育委员会按年度提出分配方案，商财政部同意后，用于基础教育的薄弱环节。

地方征收的教育费附加，主要留归当地安排使用。省、自治区、直辖市可根据各地征收教育费附加的实际情况，适当提取一部分数额，用于地区之间的调剂、平衡。

第九条 地方各级教育部门每年应定期向当地人民政府、上级主管部门和财政部门，报告教育费附加的收支情况。

第十条 凡办有职工子弟学校的单位，应当先按本规定缴纳教育费附加；教育部门可根据它们办学的情况酌情返还给办学单位，作为对所办学校经费的补贴。办学单位不得借口缴纳教育费附加而撤并学校，或者缩小办学规模。

第十一条 征收教育费附加以后，地方各级教育部门和学校，不准以任何名目向学生家长和单位集资，或者变相集资，不准以任何借口不让学生入学。

对违反前款规定者，其上级教育部门要予以制止，直接责任人员要给予行政处分。单位和个人有权拒缴。

第十二条 本规定由财政部负责解释。各省、自治区、直辖市人民政府可结合当地实际情况制定实施办法。

第十三条 本规定从1986年7月1日起施行。

国务院关于深化农村义务教育经费保障机制改革的通知

· 2005年12月24日
· 国发〔2005〕43号

各省、自治区、直辖市人民政府，国务院各部委、各直属机构：

为贯彻党的十六大和十六届三中、五中全会精神，落实科学发展观，强化政府对农村义务教育的保障责任，普及和巩固九年义务教育，促进社会主义新农村建设，国务院决定，深化农村义务教育经费保障机制改革。现就有关事项通知如下：

一、充分认识深化农村义务教育经费保障机制改革的重大意义

农村义务教育在全面建设小康社会、构建社会主义和谐社会中具有基础性、先导性和全局性的重要作用。党中央、国务院历来高度重视农村义务教育事业发展，特别是农村税费改革以来，先后发布了《国务院关于基础教育改革与发展的决定》、《国务院关于进一步加强农村教育工作的决定》等一系列重要文件，确立了“在国务院领导下，由地方政府负责，分级管理，以县为主”的农村义务教育管理体制，逐步将农村义务教育纳入公共财政保障范围。各级人民政府按照新增教育经费主要用于农村的要求，进一步加大了对农村义务教育的投入力度，实施了国家贫困地区义务教育工程、农村中小学危房改造工程、国家西部地区“两基”攻坚计划、农村中小学现代远程教育工程、农村贫困家庭中小学生“两免一补”政策等，农村义务教育事业发展取得了显著成绩。

但是，我国农村义务教育经费保障机制方面，仍然存在各级政府投入责任不明确、经费供需矛盾比较突出、教育资源配置不尽合理、农民教育负担较重等突出问题，在一定程度上影响了“普九”成果的巩固，不利于农村义务教育事业健康发展，必须深化改革。特别是在建设社会主义新农村的新形势下，深化农村义务教育经费保障机制改革，从理顺机制入手解决制约农村义务教育发展的经费投入等问题，具有重大的现实意义和深远的历史意义。这是践行“三个代表”重要思想和执政为民的重要举措；是促进教育公平和社会公平，提高全民族素质和农村发展能力，全面建设小康社会和构建和谐社会的有力保证；是贯彻落实“多予少取放活”方针，进一步减轻农民负担，巩固和发展农村税费改革成果，推进农村综合改革的重要内容；是完善以人为本的公共财政支出体系，扩大公共财政覆盖农村范围，强化政府对农村的公共服务，推进基本公共服务均等化的必然要求；是科学、合理配置义务教育资源，完善“以县为主”管理体制，加快农村义务教育事业发展的有效手段。各地区、各有关部门必须进一步统一思想，提高认识，切实按照国务院的部署，扎扎实实把各项改革政策贯彻落实到位。

二、深化农村义务教育经费保障机制改革的主要内容

按照“明确各级责任、中央地方共担、加大财政投入、提高保障水平、分步组织实施”的基本原则，逐步将农村义务教育全面纳入公共财政保障范围，建立中央和地方分项目、按比例分担的农村义务教育经费保障机制。中央重点支持中西部地区，适当兼顾东部部分困难地区。

（一）全部免除农村义务教育阶段学生学杂费，对贫困家庭学生免费提供教科书并补助寄宿生生活费。免学杂费资金由中央和地方按比例分担，西部地区为8∶2，中部地区为6∶4；东部地区除直辖市外，按照财力状况分省确定。免费提供教科书资金，中西部地区由中央全额承担，东部地区由地方自行承担。补助寄宿生生活费资金由地方承担，补助对象、标准及方式由地方人民政府确定。

（二）提高农村义务教育阶段中小学公用经费保障水平。在免除学杂费的同时，先落实各省（区、市）制订的本省（区、市）农村中小学预算内生均公用经费拨款标准，所需资金由中央和地方按照免学杂费资金的分担比例共同承担。在此基础上，为促进农村义务教育均衡发展，由中央适时制定全国农村义务教育阶段中小学公用经费基准定额，所需资金仍由中央和地方按上述比例共同承担。中央适时对基准定额进行调整。

（三）建立农村义务教育阶段中小学校舍维修改造长效机制。对中西部地区，中央根据农村义务教育阶段中小学在校生人数和校舍生均面积、使用年限、单位造价等因素，分省（区、市）测定每年校舍维修改造所需资金，由中央和地方按照5∶5比例共同承担。对东部地区，农村义务教育阶段中小学校舍维修改造所需资金主要由地方自行承担，中央根据其财力状况以及校舍维修改造成效等情况，给予适当奖励。

（四）巩固和完善农村中小学教师工资保障机制。中央继续按照现行体制，对中西部及东部部分地区农村中小学教师工资经费给予支持。省级人民政府要加大对本行政区域内财力薄弱地区的转移支付力度，确保农村中小学教师工资按照国家标准按时足额发放。

三、农村义务教育经费保障机制改革的实施步骤

农村义务教育经费保障机制改革，从2006年农村中小学春季学期开学起，分年度、分地区逐步实施。

（一）2006年，西部地区农村义务教育阶段中小学生全部免除学杂费；中央财政同时对西部地区农村义务教育阶段中小学安排公用经费补助资金，提高公用经费保障水平；启动全国农村义务教育阶段中小学校校舍维修改造资金保障新机制。

（二）2007年，中部地区和东部地区农村义务教育阶段中小学生全部免除学杂费；中央财政同时对中部地区和东部部分地区农村义务教育阶段中小学安排公用经费补助资金，提高公用经费保障水平。

（三）2008年，各地农村义务教育阶段中小学生均公用经费全部达到该省（区、市）2005年秋季学期开学前颁布的生均公用经费基本标准；中央财政安排资金扩大免费教科书覆盖范围。

（四）2009年，中央出台农村义务教育阶段中小学公用经费基准定额。各省（区、市）制定的生均公用经费基本标准低于基准定额的差额部分，当年安排50%，所需资金由中央财政和地方财政按照免学杂费的分担比例共同承担。

（五）2010年，农村义务教育阶段中小学公用经费基准定额全部落实到位。

农垦、林场等所属义务教育阶段中小学经费保障机制改革，与所在地区农村同步实施，所需经费按照现行体制予以保障。城市义务教育也应逐步完善经费保障机制，具体实施方式由地方确定，所需经费由地方承担。其中，享受城市居民最低生活保障政策家庭的义务教育阶段学生，与当地农村义务教育阶段中小学生同步享受“两免一补”政策；进城务工农民子女在城市义务教育阶段学校就读的，与所在城市义务教育阶段学生享受同等政策。

四、加强领导，确保落实

农村义务教育经费保障机制改革工作，涉及面广，政策性强，任务十分艰巨和紧迫。各地区、各有关部门必须从讲政治的高度，从全局出发充分认识深化农村义务教育经费保障机制改革的重大意义，周密部署，统筹安排，扎扎实实把各项改革政策贯彻落实到位。

（一）加强组织领导，搞好协调配合。地方各级人民政府要切实加强对农村义务教育经费保障机制改革工作的组织领导，“一把手”要亲自抓、负总责。各有关部门要加强协调，密切配合。要成立农村义务教育经费保障机制改革领导小组及办公室，负责各项组织实施工作。特别是要在深入调查研究、广泛听取各方面意见的基础上，按照本通知的要求，抓紧制定切实可行的实施方案。国务院有关部门要发挥职能作用，加强对农村义务教育经费保障机制改革工作的指导和协调。

（二）落实分担责任，强化资金管理。省级人民政府要负责统筹落实省以下各级人民政府应承担的经费，制订本省（区、市）各级政府的具体分担办法，完善财政转移支付制度，确保中央和地方各级农村义务教育经费保障机制改革资金落实到位。推进农村义务教育阶段学校预算编制制度改革，将各项收支全部纳入预算管理。健全预算资金支付管理制度，加强农村中小学财务管理，严格按照预算办理各项支出，推行农村中小学财务公开制度，确保资金分配使用的及时、规范、安全和有效，严禁挤占、截留、挪用教育经费。全面清理现行农村义务教育阶段学校收费政策，全部取消农村义务教育阶段学校各项行政事业性收费，坚决杜绝乱收费。

（三）加快推进教育综合改革。深化教师人事制度改革，依法全面实施教师资格准入制度，加强农村中小学编制管理，坚决清退不合格和超编教职工，提高农村中小学师资水平；推行城市教师、大学毕业生到农村支教制度。全面实施素质教育，加快农村中小学课程改革；严格控制农村中小学教科书的种类和价格，推行教科书政府采购，逐步建立教科书循环使用制度。建立以素质教育为宗旨的义务教育评价体系。促进教育公平，防止教育资源过度向少数学校集中。

（四）齐抓共管，强化监督检查。各级人民政府在安排农村义务教育经费时要切实做到公开透明，要把落实农村义务教育经费保障责任与投入情况向同级人民代表大会报告，并向社会公布，接受社会监督。各级财政、教育、物价、审计、监察等有关部门要加强对农村义务教育经费安排使用、贫困学生界定、中小学收费等情况的监督检查。各级人民政府要改进和加强教育督导工作，把农村义务教育经费保障机制改革和教育综合改革，作为教育督导的重要内容。通过齐抓共管，真正使农村义务教育经费保障机制改革工作成为德政工程、民心工程和阳光工程。

（五）加大宣传工作力度。地方各级人民政府和国务院有关部门要高度重视农村义务教育经费保障机制改革的宣传工作，制订切实可行的宣传方案，广泛利用各种宣传媒介、采取多种形式，向全社会进行深入宣传，使党和政府的这项惠民政策家喻户晓、深入人心，营造良好的改革环境，确保农村义务教育经费保障机制改革工作顺利进行。

国务院关于进一步完善城乡义务教育经费保障机制的通知

·2015年11月25日

·国发〔2015〕67号

为深入贯彻党的十八大和十八届二中、三中、四中、五中全会精神，认真落实党中央、国务院决策部署，统筹城乡义务教育资源均衡配置，推动义务教育事业持续健康发展，国务院决定，自2016年起进一步完善城乡义务教育经费保障机制。现就有关事项通知如下：

一、重要意义

义务教育是教育工作的重中之重，在全面建成小康社会进程中具有基础性、先导性和全局性的重要作用。自2006年实施农村义务教育经费保障机制改革以来，义务教育逐步纳入公共财政保障范围，城乡免费义务教育全面实现，稳定增长的经费保障机制基本建立，九年义务教育全面普及，县域内义务教育均衡发展水平不断提高。但随着我国新型城镇化建设和户籍制度改革不断推进，学生流动性加大，现行义务教育经费保障机制已不能很好适应新形势要求。城乡义务教育经费保障机制有关政策不统一、经费可携带性不强、资源配置不够均衡、综合改革有待深化等问题，都需要进一步采取措施，切实加以解决。

在整合农村义务教育经费保障机制和城市义务教育奖补政策的基础上，建立城乡统一、重在农村的义务教育经费保障机制，是教育领域健全城乡发展一体化体制机制的重大举措。这有利于推动省级政府统筹教育改革，优化教育布局，实现城乡义务教育在更高层次的均衡发展，促进教育公平、提高教育质量；有利于深化财税体制改革，推动实现财政转移支付同农业转移人口市民化挂钩，促进劳动力合理流动，推动经济结构调整和产业转型升级；有利于促进基本公共服务均等化，构建社会主义和谐社会，建设人力资源强国。

二、总体要求

（一）坚持完善机制，城乡一体。适应新型城镇化和户籍制度改革新形势，按照深化财税体制改革、教育领域综合改革的新要求，统筹设计城乡一体化的义务教育经费保障机制，增强政策的统一性、协调性和前瞻性。

（二）坚持加大投入，突出重点。继续加大义务教育投入，优化整合资金，盘活存量，用好增量，重点向农村义务教育倾斜，向革命老区、民族地区、边疆地区、贫困地区倾斜，统筹解决城市义务教育相关问题，促进城乡义务教育均衡发展。

（三）坚持创新管理，推进改革。大力推进教育管理信息化，创新义务教育转移支付与学生流动相适应的管理机制，实现相关教育经费可携带，增强学生就读学校的可选择性。

（四）坚持分步实施，有序推进。区分东中西部、农村和城镇学校的实际情况，合理确定实施步骤，通过两年时间逐步完善城乡义务教育经费保障机制，并在此基础上根据相关情况变化适时进行调整完善。

三、主要内容

整合农村义务教育经费保障机制和城市义务教育奖补政策，建立统一的中央和地方分项目、按比例分担的城乡义务教育经费保障机制。

（一）统一城乡义务教育“两免一补”政策。对城乡义务教育学生免除学杂费、免费提供教科书，对家庭经济困难寄宿生补助生活费（统称“两免一补”）。民办学校学生免除学杂费标准按照中央确定的生均公用经费基准定额执行。免费教科书资金，国家规定课程由中央全额承担（含出版发行少数民族文字教材亏损补贴），地方课程由地方承担。家庭经济困难寄宿生生活费补助资金由中央和地方按照5∶5比例分担，贫困面由各省（区、市）重新确认并报财政部、教育部核定。

（二）统一城乡义务教育学校生均公用经费基准定额。中央统一确定全国义务教育学校生均公用经费基准定额。对城乡义务教育学校（含民办学校）按照不低于基准定额的标准补助公用经费，并适当提高寄宿制学校、规模较小学校和北方取暖地区学校补助水平。落实生均公用经费基准定额所需资金由中央和地方按比例分担，西部地区及中部地区比照实施西部大开发政策的县（市、区）为8∶2，中部其他地区为6∶4，东部地区为5∶5。提高寄宿制学校、规模较小学校和北方取暖地区学校公用经费补助水平所需资金，按照生均公用经费基准定额分担比例执行。现有公用经费补助标准高于基准定额的，要确保水平不降低，同时鼓励各地结合实际提高公用经费补助标准。中央适时对基准定额进行调整。

（三）巩固完善农村地区义务教育学校校舍安全保障长效机制。支持农村地区公办义务教育学校维修改造、抗震加固、改扩建校舍及其附属设施。中西部农村地区公办义务教育学校校舍安全保障机制所需资金由中央和地方按照5∶5比例分担；对东部农村地区，中央继续采取“以奖代补”方式，给予适当奖励。城市地区公办义务教育学校校舍安全保障长效机制由地方建立，所需经费由地方承担。

（四）巩固落实城乡义务教育教师工资政策。中央继续对中西部地区及东部部分地区义务教育教师工资经费给予支持，省级人民政府加大对本行政区域内财力薄弱地区的转移支付力度。县级人民政府确保县域内义务教育教师工资按时足额发放，教育部门在分配绩效工资时，要加大对艰苦边远贫困地区和薄弱学校的倾斜力度。

统一城乡义务教育经费保障机制，实现“两免一补”和生均公用经费基准定额资金随学生流动可携带。同时，国家继续实施农村义务教育薄弱学校改造计划等相关项目，着力解决农村义务教育发展中存在的突出问题和薄弱环节。

四、实施步骤

（一）从2016年春季学期开始，统一城乡义务教育学校生均公用经费基准定额。中央确定2016年生均公用经费基准定额为：中西部地区普通小学每生每年600元、普通初中每生每年800元；东部地区普通小学每生每年650元、普通初中每生每年850元。在此基础上，对寄宿制学校按照寄宿生年生均200元标准增加公用经费补助，继续落实好农村地区不足100人的规模较小学校按100人核定公用经费和北方地区取暖费等政策；特殊教育学校和随班就读残疾学生按每生每年6000元标准补助公用经费。同时，取消对城市义务教育免除学杂费和进城务工人员随迁子女接受义务教育的中央奖补政策。

（二）从2017年春季学期开始，统一城乡义务教育学生“两免一补”政策。在继续落实好农村学生“两免一补”和城市学生免除学杂费政策的同时，向城市学生免费提供教科书并推行部分教科书循环使用制度，对城市家庭经济困难寄宿生给予生活费补助。中央财政适时提高国家规定课程免费教科书补助标准。

（三）以后年度，根据义务教育发展过程中出现的新情况和新问题，适时完善城乡义务教育经费保障机制相关政策措施。

高校、军队、农垦、林场林区等所属义务教育学校经费保障机制，与所在地区同步完善，所需经费按照现行体制予以保障。

五、组织保障

（一）加强组织领导，强化统筹协调。各地区、各有关部门要高度重视，加强组织领导。省级人民政府要切实发挥省级统筹作用，制定切实可行的实施方案和省以下各级政府间的经费分担办法，完善省以下转移支付制度，加大对本行政区域内困难地区的支持。各省（区、市）要将实施方案、省以下资金分担比例和家庭经济困难寄宿生贫困面，于2016年3月底前报财政部、教育部。县级人民政府要按照义务教育“以县为主”的管理体制，落实管理主体责任。国务院有关部门要发挥职能作用，加强工作指导和协调。

（二）优化教育布局，深化教育改革。各地要结合人口流动的规律、趋势和城市发展规划，及时调整完善教育布局，将民办学校纳入本地区教育布局规划，科学合理布局义务教育学校。加快探索建立乡村小规模学校办学机制和管理办法，建设并办好寄宿制学校，慎重稳妥撤并乡村学校，努力消除城镇学校“大班额”，保障当地适龄儿童就近入学。加强义务教育民办学校管理。深化教师人事制度改革，健全城乡教师和校长交流机制，健全义务教育治理体系，加强留守儿童教育关爱。

（三）确保资金落实，强化绩效管理。各级人民政府要按照经费分担责任足额落实应承担的资金，并确保及时足额拨付到位。县级人民政府要加强县域内教育经费的统筹安排，保障规模较小学校正常运转；加强义务教育学校预算管理，细化预算编制，硬化预算执行，强化预算监督。规范义务教育学校财务管理，创新管理理念，将绩效预算贯穿经费使用管理全过程，切实提高经费使用效益。

（四）推进信息公开，强化监督检查。各级人民政府要加大信息公开力度，将义务教育经费投入情况向同级人民代表大会报告，并向社会公布，接受社会监督。各级财政、教育、价格、审计、监察等有关部门要齐抓共管,加强对义务教育经费保障机制资金使用管理、学校收费等情况的监督检查。各级教育部门要加强义务教育基础信息管理工作,确保学生学籍信息、学校基本情况、教师信息等数据真实准确。

(五)加大宣传力度,营造良好氛围。各地区、各有关部门要高度重视统一城乡义务教育经费保障机制的宣传工作,广泛利用各种宣传媒介,采取多种方式,向社会进行深入宣传,使党和政府的惠民政策家喻户晓、深入人心,确保统一城乡义务教育经费保障机制各项工作落实到位。

本通知自2016年1月1日起执行。凡以往规定与本通知规定不一致的,按本通知规定执行。

国务院办公厅关于进一步调整优化结构提高教育经费使用效益的意见

·2018年8月17日
·国办发〔2018〕82号

党中央、国务院高度重视教育工作,始终把教育放在优先发展的战略位置。近年来,国家财政性教育经费支出占国内生产总值比例达到并持续保持在4%以上,投入机制逐步健全,支出结构不断优化,有力推动了教育事业全面发展,中西部和农村教育明显加强。但还存在教育经费多渠道筹集的体制不健全,一些地方经费使用“重硬件轻软件、重支出轻绩效”,监督管理有待进一步强化等问题。为全面加强教育经费投入使用管理,加快推进教育现代化,办好人民满意的教育,经国务院同意,现就进一步调整优化结构、提高教育经费使用效益提出如下意见。

一、总体要求

(一)指导思想。全面贯彻党的十九大和十九届二中、三中全会精神,以习近平新时代中国特色社会主义思想为指导,坚持以人民为中心,落实新发展理念,牢牢把握社会主义初级阶段的基本国情,坚定不移把教育放在优先位置,妥善处理转变预算安排方式与优先发展教育的关系,改革完善教育经费投入使用管理体制机制,以调整优化结构为主线,突出抓重点、补短板、强弱项,着力解决教育发展不平衡不充分问题,切实提高教育资源配置效率和使用效益,促进公平而有质量的教育发展。

(二)基本原则。

优先保障,加大投入。调整优化财政支出结构,优先落实教育投入,保证国家财政性教育经费支出占国内生产总值比例一般不低于4%,确保一般公共预算教育支出逐年只增不减,确保按在校学生人数平均的一般公共预算教育支出逐年只增不减。在继续保持财政教育投入强度的同时,积极扩大社会投入。

尽力而为,量力而行。紧紧抓住人民群众最关心最直接最现实的问题,在幼有所育、学有所教、弱有所扶上不断取得新进展,努力让每个孩子都能享有公平而有质量的教育。不提脱离实际难以实现的目标,不作脱离财力难以兑现的承诺,不搞“寅吃卯粮”的工程,合理引导社会预期。

统筹兼顾,突出重点。围绕立德树人根本任务和提高教育质量战略主题,统筹近期发展任务和中长期发展目标,统筹城乡、区域以及各级各类教育发展,统筹条件改善和质量提升,优化教育资源配置。坚持“保基本、补短板、促公平、提质量”,经费使用进一步向困难地区和薄弱环节倾斜,把有限资金用在刀刃上。

深化改革,提高绩效。推进教育领域中央与地方财政事权和支出责任划分改革,巩固完善以政府投入为主、多渠道筹集教育经费的体制。充分发挥财政教育经费的政策引导作用,推动深化教育体制机制改革。全面实施预算绩效管理,健全激励和约束机制,鼓励地方结合实际先行先试,创新管理方式,加强经费监管。

二、完善教育经费投入机制

(三)持续保障财政投入。合理划分教育领域政府间财政事权和支出责任,进一步完善教育转移支付制度。各级人民政府要按照“两个只增不减”要求,更多通过政策设计、制度设计、标准设计带动投入,落实财政教育支出责任。建立健全国家教育标准体系,科学核定基本办学成本,全面建立生均拨款制度。到2020年,各地要制定区域内各级学校生均经费基本标准和生均财政拨款基本标准,并建立健全动态调整机制。

(四)鼓励扩大社会投入。支持社会力量兴办教育,逐步提高教育经费总投入中社会投入所占比重。各级人民政府要完善政府补贴、政府购买服务、基金奖励、捐资激励、土地划拨等政策制度，依法落实税费减免政策，引导社会力量加大教育投入。完善社会捐赠收入财政配比政策，按规定落实公益性捐赠税收优惠政策，发挥各级教育基金会作用，吸引社会捐赠。完善非义务教育培养成本分担机制，地方人民政府应按照规定的管理权限和属地化管理原则，综合考虑经济发展状况、培养成本和群众承受能力等因素，合理确定学费（保育教育费）、住宿费标准，建立与拨款、资助水平等相适应的收费标准动态调整机制。自费来华留学生学费标准由学校自主确定。

三、优化教育经费使用结构

（五）科学规划教育经费支出。各地要加强教育事业发展规划与中期财政规划的统筹衔接。中期财政规划要充分考虑教育经费需求。教育事业发展规划要合理确定阶段性目标和任务，及时调整超越发展阶段、违背教育规律、不可持续的政策。学校建设要合理布局，防止出现“空壳学校”。严格执行义务教育法，坚持实行九年义务教育制度，严禁随意扩大免费教育政策实施范围。

（六）重点保障义务教育均衡发展。始终坚持把义务教育作为教育投入的重中之重，切实落实政府责任。进一步提高全国特别是西部地区义务教育巩固率，加大教育扶贫力度，为彻底摆脱贫困奠定基础。巩固完善城乡统一、重在农村的义务教育经费保障机制，逐步实行全国统一的义务教育公用经费基准定额。落实对农村不足100人的小规模学校按100人拨付公用经费和对寄宿制学校按寄宿生年生均200元标准增加公用经费补助政策，单独核定并落实义务教育阶段特殊教育学校和随班就读残疾学生公用经费，确保经费落实到学校（教学点），确保学校正常运转。全面加强乡村小规模学校和乡镇寄宿制学校建设，提升乡村学校办学水平，振兴乡村教育。推动建立以城带乡、整体推进、城乡一体、均衡发展的义务教育发展机制，着力解决人民群众关心的控辍保学、“大班额”、随迁子女就学、家庭无法正常履行教育和监护责任的农村留守儿童入校寄宿等突出问题。

（七）不断提高教师队伍建设保障水平。各级人民政府要将教师队伍建设作为教育投入重点予以优先保障，鼓励吸引优秀人才从事教育事业，努力让教师成为全社会尊重的职业。财政教育经费要优先保障中小学教职工工资发放，推动落实城乡统一的中小学教职工编制标准。各地要严格规范教师编制管理，对符合条件的非在编教师要加快入编，并实行同工同酬。各地要完善中小学教师培训经费保障机制，不断提升教师专业素质能力。健全中小学教师工资长效联动机制，核定绩效工资总量时统筹考虑当地公务员工资收入水平，实现与当地公务员工资收入同步调整，确保中小学教师平均工资收入水平不低于或高于当地公务员平均工资收入水平，使教师能够安心在岗从教。各地要加强省级统筹，强化政府责任，调整优化支出结构，优先落实义务教育阶段教师工资收入政策。力争用三年时间解决义务教育阶段教师工资待遇问题，凡未达到要求的地区要限期整改达标，财力较强的省份要加快进度。严格按照现行政策规定落实乡村教师生活补助政策，及时足额发放艰苦边远地区津贴，加强教师周转房建设，提高乡村教师工作生活保障水平，引导优秀教师到农村任教。各地要根据幼儿园规模，创新方式方法，合理配备保教保育人员，按照岗位确定工资标准，逐步解决同工不同酬问题。支持职业院校“双师型”教师和特殊教育学校教师队伍建设。

（八）着力补齐教育发展短板。在重点保障义务教育的前提下，优化支出结构，积极支持扩大普惠性学前教育资源、普及高中阶段教育、发展现代职业教育。各地要加快制定公办幼儿园生均财政拨款标准、普惠性民办幼儿园财政补助政策，逐步提高学前教育财政支持水平，多渠道增加普惠性学前教育资源供给。建立健全普通高中生均财政拨款制度，加大对普通高中急需的教育教学条件的改善力度。各地要按照地方政府债务化解范围，对普通高中债务中属于存量地方政府债务的，可通过发行地方政府债券置换。逐步提高中职学校和高职院校生均财政拨款水平，完善政府、行业、企业及其他社会力量依法筹集经费的机制，鼓励企业举办职业教育，深化产教融合、校企合作。支持发展面向农村的职业教育，服务乡村振兴战略。

财政教育经费着力向深度贫困地区和建档立卡等家庭经济困难学生倾斜。聚焦“三区三州”等深度贫困地区，以义务教育为重点，实施教育脱贫攻坚行动。加大中央财政相关转移支付力度，加强省级统筹，存量资金优先保障、增量资金更多用于支持深度贫困地区发展教育和贫困家庭子女接受教育，推动实现建档立卡贫困人口教育基本公共服务全覆盖。健全学生资助制度，完善资助办法，提高精准水平，实现应助尽助。强化资助育人理念，构建资助育人质量提升体系。

（九）聚焦服务国家重大战略。完善高校预算拨款制度，统筹推进一流大学和一流学科建设，加强一流本科教育，推动实现高等教育内涵式发展，培养造就一大批适应国家经济社会发展需要的高层次、卓越拔尖人才。持续支持部分地方高校转型发展，落实中西部高等教育振兴计划，以部省合建高校为引领，支持中西部高等教育发展，加快培养服务区域和产业发展的高水平、应用型人才，更好服务区域协调发展战略。深化高校科研体制改革，完善科研稳定支持机制，健全人才引进政策和激励机制，建立科研服务“绿色通道”，为科研活动顺利开展提供便利。改革高校所属企业体制，推动产学研深度融合，促进科技成果转化，更好服务创新驱动发展战略。统筹出国留学和来华留学经费资助政策，支持推进共建“一带一路”教育行动，优化教育对外开放布局。

（十）持续加大教育教学改革投入。各地要在改善必要办学条件的同时，加大课程改革、教学改革、教材建设等方面的投入力度，促进育人方式转型，着力提升教育教学质量。确保义务教育公用经费、教研活动、教学改革试验等方面投入，推动实现义务教育优质资源均衡。支持普通高中课程改革与高考综合改革协同推进，促进学生全面而有个性的发展。支持开展职业教育实训实习，推动德技并修、工学结合的育人机制建设。支持高校优化学科专业结构，加快急需紧缺专业建设，创新人才培养机制，推进创新创业教育。支持教育信息化平台和资源建设，推进信息技术与教育教学深度融合，实现优质资源共享。

四、科学管理使用教育经费

（十一）全面落实管理责任。按照深化“放管服”改革的要求，进一步简政放权，落实省级政府教育经费统筹权和各级各类学校经费使用自主权。地方各级人民政府要建立健全“谁使用、谁负责”的教育经费使用管理责任体系。教育部门和学校是教育经费的直接使用者、管理者，在教育经费使用管理中负有主体责任，要会同相关部门科学规划事业发展和经费使用，依法依规、合理有效使用教育经费。财政部门要按规定落实国家财政教育投入等政策，优先保障教育支出，加强预算管理和财政监督。发展改革部门要优先规划教育发展，依法加强成本监审。人力资源社会保障部门要优先保障学校教职工配备，落实完善教师待遇政策。

（十二）全面改进管理方式。以监审、监控、监督为着力点，建立全覆盖、全过程、全方位的教育经费监管体系。健全预算审核机制，加强预算安排事前绩效评估。逐步扩大项目支出预算评审范围。加强预算执行事中监控，硬化预算执行约束，从严控制预算调剂事项，健全经济活动内部控制体系，实施大额资金流动全过程监控，有效防控经济风险。加强预决算事后监督，各级人民政府、教育部门和学校要按照预算法要求，全面推进教育部门预决算公开。加强各级教育经费执行情况统计公告。教育经费使用管理情况纳入教育督导范围。加强教育内部审计监督，提高审计质量，强化审计结果运用，推动完善内部治理。推进经济责任审计党政同责同审，实现领导干部经济责任审计全覆盖。鼓励各地探索建立中小学校长任期经济责任审计制度。

（十三）全面提高使用绩效。各级教育部门和学校要牢固树立“花钱必问效、无效必问责”的理念，逐步将绩效管理范围覆盖所有财政教育资金，并深度融入预算编制、执行、监督全过程，完善细化可操作可检查的绩效管理措施办法，建立健全体现教育行业特点的绩效管理体系。强化预算绩效目标管理，紧密结合教育事业发展，优化绩效目标设置，完善绩效目标随同预算批复下达机制。开展绩效目标执行监控，及时纠正偏差。坚持财政教育资金用到哪里、绩效评价就跟踪到哪里，加强动态绩效评价，及时削减低效无效资金。强化绩效评价结果应用，加大绩效信息公开力度，将绩效目标执行情况和绩效评价结果作为完善政策、编制预算、优化结构、改进管理的重要依据，作为领导干部考核的重要内容。坚持厉行勤俭节约办教育，严禁形象工程、政绩工程，严禁超标准建设豪华学校，每一笔教育经费都要用到关键处。

（十四）全面增强管理能力。各级教育财务管理部门要进一步强化服务意识，提升服务能力和水平，全面增强依法理财、科学理财本领。落实完善资金分配、使用和预算管理、国有资产管理、科研经费管理等制度体系,提高精细化管理水平。充分利用现代信息技术,建立全国教育经费信息化管理平台,实现即时动态监管。完善教育财务管理干部队伍定期培训制度,实现全员轮训,增强专业化管理本领。加强学校财会、审计和资产管理人员配备,推动落实并探索创新高等学校总会计师委派制度,加强学生资助、经费监管、基金会等队伍建设。

五、加强组织实施

(十五)加强组织领导。各地要进一步巩固财政教育投入成果,健全工作机制,加强统筹协调,形成工作合力,认真落实完善教育经费投入机制、优化教育经费使用结构、科学管理使用教育经费等各项任务,切实提高教育经费使用效益。各地要制定具体实施方案,细化分解任务,明确时间节点,层层压实责任,确保工作成效。

(十六)加强督查问责。各地要加大对财政教育经费投入使用管理情况的督查力度。中央相关部门要对各地义务教育阶段教师工资待遇政策等落实情况开展专项督查,各地要定期向教育部、财政部、人力资源社会保障部等相关部门报送落实情况,国务院将适时开展督查。对督查中发现的问题,抓好整改问责。对违反财经纪律的行为,依纪依规严肃处理。有违法行为的,按照相关法律法规进行处罚,构成犯罪的,依法追究刑事责任。

城乡义务教育补助经费管理办法

·2021年4月1日
·财教〔2021〕56号

第一条 为加强城乡义务教育补助经费管理,提高资金使用效益,推进义务教育均衡发展,根据国家预算管理有关规定,制定本办法。

第二条 本办法所称城乡义务教育补助经费(以下称补助经费),是指中央财政用于支持城乡义务教育发展的转移支付资金。本办法所称城市、农村地区划分标准:国家统计局最新版本的《统计用区划代码》中的第5-6位(区县代码)为01-20且《统计用城乡划分代码》中的第13-15位(城乡分类代码)为111的主城区为城市,其他地区为农村。

第三条 补助经费管理遵循“城乡统一、重在农村,统筹安排、突出重点,客观公正、规范透明,注重绩效、强化监督”的原则。

第四条 现阶段,补助经费支持方向包括:

(一)落实城乡义务教育经费保障机制。

1. 对城乡义务教育学生(含民办学校学生)免除学杂费、免费提供教科书、对家庭经济困难学生补助生活费。民办学校学生由学校按照获得的生均公用经费补助免除学杂费。免费提供国家规定课程教科书和免费为小学一年级新生提供正版学生字典的补助标准由国家统一制定,所需资金由中央财政全额承担(含以2016年为基数核定的出版发行少数民族文字教材亏损补贴)。家庭经济困难学生生活补助资金由中央与地方按规定比例分担,其中家庭经济困难寄宿生生活补助国家基础标准由国家统一制定,并按国家基础标准的一定比例核定家庭经济困难非寄宿生生活补助标准。

2. 对城乡义务教育学校(含民办学校)按照不低于生均公用经费基准定额的标准补助公用经费,并适当提高寄宿制学校、规模较小学校、北方取暖地区学校、特殊教育学校和随班就读残疾学生的公用经费补助水平。城乡义务教育生均公用经费基准定额由国家统一制定。公用经费补助资金由中央与地方按规定比例分担,用于保障学校正常运转、完成教育教学活动和其他日常工作任务等方面支出,具体支出范围包括:教学业务与管理、教师培训、实验实习、文体活动、水电、取暖、交通差旅、邮电,仪器设备及图书资料等购置,房屋、建筑物及仪器设备的日常维修维护等。公用经费补助资金不得用于教职工福利、临时聘用人员工资等人员经费,基本建设投资,偿还债务等方面的支出。其中,教师培训费按照学校年度公用经费预算总额的5%安排,用于教师按照学校年度培训计划参加培训所需的差旅费、伙食补助费、资料费和住宿费等开支。

3. 巩固完善农村义务教育学校校舍安全保障长效机制,支持公办学校维修改造、抗震加固、改扩建校舍及其附属设施。公办学校校舍单位面积补助测算标准由国家统一制定,所需资金由中央与地方按规定比例分担。

4. 对地方落实乡村教师生活补助等政策给予综合奖补,奖补资金根据奖补标准、调整系数等绩效因素核定,地方可统筹用于城乡义务教育经费保障机制相关支出。

（二）实施农村义务教育阶段学校教师特设岗位计划，中央财政对特岗教师给予工资性补助，补助资金按规定据实结算。

（三）实施农村义务教育学生营养改善计划。国家统一制定学生营养膳食补助国家基础标准。国家试点地区营养膳食补助所需资金，由中央财政全额承担，用于向学生提供等值优质的食品，不得以现金形式直接发放，不得用于补贴教职工伙食、学校公用经费，不得用于劳务费、宣传费、运输费等工作经费；对于地方试点地区，中央财政给予生均定额奖补。

第五条 财政部、教育部根据党中央、国务院有关决策部署、义务教育改革发展实际以及财力状况适时调整相关补助标准、分配因素及计算公式，并按规定报经国务院批准后执行。现行补助标准、分配因素和计算方法详见附表。

城乡义务教育补助经费分配公式为：某省份城乡义务教育补助经费=城乡义务教育经费保障机制资金+特岗教师工资性补助资金+学生营养改善计划补助资金。

第六条 省级财政、教育部门应当于每年1月底前将当年补助经费申报材料送财政部当地监管局审核。监管局采取材料审核、实地检查等方式，对申报材料中反映的政策落实和资金使用管理情况进行审核，向财政部出具审核意见。经监管局审核后，省级财政、教育部门于2月底前将申报材料报送财政部、教育部。

申报材料主要包括：

（一）上年度工作总结，主要包括上年度补助经费使用情况、年度绩效目标完成情况、地方财政投入情况、主要管理措施、问题分析及对策。

（二）当年工作计划，主要包括当年全省义务教育工作目标、补助经费区域绩效目标表、重点任务和资金安排计划，绩效指标要指向明确、细化量化、合理可行、相应匹配。

第七条 补助经费由财政部、教育部共同管理。教育部负责审核地方提出的区域绩效目标等相关材料和数据，提供资金测算需要的基础数据，并对提供的基础数据的准确性、及时性负责。财政部根据预算管理相关规定，会同教育部研究确定各省份补助经费预算金额、补助经费整体绩效目标。省级财政、教育部门负责明确省级及省以下各级财政、教育部门在基础数据审核、经费分担、资金使用管理等方面的责任，切实加强资金管理。

第八条 财政部于每年全国人民代表大会批准中央预算后三十日内，会同教育部正式下达补助经费预算，并抄送财政部当地监管局。每年10月31日前，提前下达下一年度补助经费预计数。省级财政部门在收到中央财政补助经费预算后，应当会同教育部门在三十日内按照预算级次合理分配、及时下达本行政区域县级以上各级政府部门，并抄送财政部当地监管局。

第九条 补助经费支付执行国库集中支付制度。涉及政府采购的，按照政府采购有关法律制度执行，其中国家课程免费教科书由省级教育、财政部门结合当地实际，按政府采购有关规定统一组织采购。

第十条 省级财政、教育部门在分配补助经费时，应当结合本地区年度义务教育重点工作和本省省级财政安排的城乡义务教育补助经费，加大省级统筹力度，重点向农村地区倾斜，向边远地区、脱贫地区、民族地区、革命老区倾斜。省级财政、教育部门要按责任、按规定切实落实应承担的资金；合理界定学生贫困面，提高资助的精准度；合理确定校舍安全保障长效机制项目管理的具体级次和实施办法，做好与发展改革部门安排基本建设项目等各渠道资金的统筹和对接，防止资金、项目安排重复交叉或缺位；统筹落实好特岗教师在聘任期间的工资津补贴等政策；指导省以下各级有关部门科学确定营养改善计划供餐模式和经费补助方式。

第十一条 县（区）级财政、教育部门应当落实经费管理的主体责任，加强区域内相关教育经费的统筹安排和使用，兼顾不同规模学校运转的实际情况，向乡镇寄宿制学校、乡村小规模学校、教学点、薄弱学校倾斜，保障学校基本需求；加强学校预算管理，细化预算编制，硬化预算执行，强化预算监督；规范学校财务管理，确保补助经费使用安全、规范和有效。县（区）级教育部门应会同有关部门定期对辖区内学校校舍进行排查、核实，结合本地学校布局调整等规划，编制校舍安全保障总规划和年度计划，按照本省校舍安全保障长效机制项目管理有关规定，负责组织实施项目，项目实施和资金安排情况，要逐级上报省级教育、财政部门备案。

第十二条 学校应当健全预算管理制度，按照轻重缓急、统筹兼顾的原则安排使用公用经费，既要保证开展日常教育教学活动所需的基本支出，又要适当安排促进学生全面发展所需的活动经费支出；完善内部经费管理办法，细化公用经费等支出范围与标准，加强实物消耗核算，建立规范的经费、实物等管理程序，建立物品采购登记台账，健全物品验收、进出库、保管、领用制度，明确责任，严格管理；健全内部控制制度、经济责任制度等监督制度，依法公开财务信息；做好给予个人有关补助的信息公示工作，接受社会公众监督。

第十三条 地方各级财政、教育部门要按照全面实施预算绩效管理的要求，建立健全全过程预算绩效管理机制，按规定科学合理设定绩效目标，对照绩效目标做好绩效监控、绩效评价，强化绩效结果运用，做好绩效信息公开，提高城乡义务教育补助经费配置效率和使用效益。财政部、教育部根据工作需要适时组织开展重点绩效评价。

第十四条 财政部各地监管局应当按照工作职责和财政部要求，对补助经费实施监管。地方各级财政部门应当会同同级教育部门，按照各自职责加强项目审核申报、经费使用管理等工作，建立“谁使用、谁负责”的责任机制。严禁将补助经费用于平衡预算、偿还债务、支付利息、对外投资等支出，不得从补助经费中提取工作经费或管理经费。

第十五条 各级财政、教育部门及其工作人员、申报使用补助资金的部门、单位及个人存在违法违规行为的，有关部门依法责令改正并给予处罚；对负有责任的领导人员和直接责任人员依法给予处分；涉嫌犯罪的，依法移送有关机关处理。

第十六条 本办法由财政部、教育部负责解释。各省级财政、教育部门应当根据本办法，结合各地实际，制定具体管理办法，报财政部、教育部备案，并抄送财政部当地监管局。

第十七条 本办法自印发之日起施行。《财政部 教育部关于印发〈城乡义务教育补助经费管理办法〉的通知》（财教〔2019〕121号）同时废止。

附：

补助标准、分配因素和计算方法

项目		补助标准、分配因素和计算方法
城乡义务教育经费保障机制	公用经费补助	按照在校生数、补助标准和分配系数计算。生均公用经费基准定额为小学650元/年·人、初中850元/年·人；在此基础上，对寄宿制学校按照寄宿生年生均200元标准增加公用经费补助，继续落实农村地区不足100人的规模较小学校按100人核定公用经费和北方地区取暖费（逐省核定取暖费补助标准）等政策；特殊教育学校和随班就读残疾学生按每生每年6000元标准补助。分配系数：第一档中央分担80%；第二档中央分担60%；第三档、第四档、第五档中央分担50%。计算方法：补助经费=［在校生数×（生均公用经费基准定额+取暖费补助标准）+（寄宿生数×200元/年·人）+（残疾学生数×6000元/年·人）+（农村不足100人的规模较小学校数×100－规模较小学校在校生数）×生均公用经费基准定额］×分配系数。
	国家规定课程免费教科书（含字典）补助	按照在校生数、国家基础标准和循环比例计算。国家基础标准为：小学105元/年·人，循环比例为（75%+25%×35%）；初中180元/年·人，循环比例为（80%+20%×35%）；小学一年级字典14元/年·人。计算方法：补助经费=小学在校生数×105元/年·人×（75%+25%×35%）+初中在校生数×180元/年·人×（80%+20%×35%）+（小学一年级在校生数×14元/年·人）。从2022年1月1日起，循环比例调整为小学（75%+25%×50%）、初中（80%+20%×50%）。
	家庭经济困难学生生活补助	按照家庭经济困难学生数、补助标准和分配系数计算。家庭经济困难寄宿生生活补助国家基础标准为小学1000元/年·人，初中1250元/年·人，按国家基础标准50%核定家庭经济困难非寄宿生生活补助标准。分配系数为0.5。计算方法：补助经费=家庭经济困难寄宿生数×国家基础标准×分配系数+家庭经济困难非寄宿生数×补助标准×分配系数。

续表

项目		补助标准、分配因素和计算方法
城乡义务教育经费保障机制	农村校舍安全保障长效机制补助	按照农村在校生数、生均建筑面积标准、单位面积补助测算标准、分配系数等计算。单位面积补助测算标准为东中部地区800元/平方米、西部地区900元/平方米,并适当提高高寒高海拔地区测算标准。根据农村学校维修改造成本和财力情况,适时调整单位面积补助测算标准。分配系数:第一档中央分担80%;第二档中央分担60%;第三档中央分担50%;第四档中央分担30%;第五档中央分担10%。计算方法:补助经费=[(农村在校生数×生均建筑面积标准-安全校舍面积)×折旧率1+安全校舍面积×折旧率2]×单位面积补助测算标准×分配系数。其中:折旧率1为1/30年,折旧率2为1/50年。
	综合奖补	对落实乡村教师生活补助政策的地区,按照奖补标准、调整系数等绩效因素计算。奖补标准为2400元/年·人:以各地乡村教师年生活补助标准与奖补标准的比值为参考值,分档确定调整系数(参考值≥2,调整系数为2;1.5≤参考值<2,调整系数为1.5;1≤参考值<1.5,调整系数为1;参考值<1,调整系数为0.5)。计算方法:奖补经费=享受政策教师数×奖补标准×调整系数。在前述基础上,对落实城乡义务教育相关政策成效明显的省份给予适当奖励。
特岗教师工资性补助		按照在岗特岗教师数和补助标准计算。补助标准:西部地区3.82万元/年·人,中部地区3.52万元/年·人。计算方法:补助经费=在岗特岗教师数×补助标准。
学生营养膳食补助		按照享受政策学生数、补助标准和实际补助天数计算。国家基础标准为4元/天·人;对于符合条件的地方试点地区,中央财政按3元/天·人给予生均定额奖补。计算方法:补助经费=国家试点学生数×国家基础标准×实际补助天数+地方试点学生数×生均定额奖补标准×实际补助天数。

注:分配系数中提及的第一档至第五档的范围,按照《国务院办公厅关于印发教育领域中央与地方财政事权和支出责任划分改革方案的通知》(国办发〔2019〕27号)确定。

中央高校建设世界一流大学(学科)和特色发展引导专项资金管理办法

·2017年7月13日

·财科教〔2017〕126号

第一章 总 则

第一条 为了引导中央高校加快推进世界一流大学和一流学科建设以及特色发展,提高办学质量和创新能力,规范中央高校建设世界一流大学(学科)和特色发展引导专项资金(以下简称"引导专项")的使用和管理,提高资金使用效益,根据《国务院关于印发统筹推进世界一流大学和一流学科建设总体方案的通知》(国发〔2015〕64号)、《教育部、财政部、国家发展改革委关于印发〈统筹推进世界一流大学和一流学科建设实施办法(暂行)〉的通知》(教研〔2017〕2号)、《财政部、教育部关于改革完善中央高校预算拨款制度的通知》(财教〔2015〕467号)以及预算管理改革的有关要求,制定本办法。

第二条 "引导专项"用于引导支持符合条件的中央高校加快推进世界一流大学和一流学科建设,引导支持其他中央高校特色发展,引导中央高校合理定位,在不同层次、不同领域办出特色、争创一流。

第三条 "引导专项"的分配、使用和管理遵循以下原则:

(一)质量导向,突出学科。重点考虑学校办学质量和学科水平,突出学科的基础地位,引导中央高校提高办学质量和创新能力。

(二)因素分配,公平公正。按照因素法测算分校额度,充分考虑不同类型学校实际情况,科学合理选取因素和确定权重,体现公平公正。

(三)放管结合,科学管理。结合学校实际,按照类别设置项目,增强中央高校按照规定统筹安排使用资金的自主权,进一步明确管理责任,完善管理机制，规范管理行为。

（四）注重绩效，动态调整。加强绩效管理和追踪问效，根据有关评估评价结果、资金使用管理等情况，动态调整支持力度，强化激励约束。

第二章 管理权限与职责

第四条 财政部负责会同教育部核定“引导专项”三年支出规划和年度预算，对资金使用和管理情况进行监督指导。

第五条 主管部门应当按照部门预算管理的有关要求，编制“引导专项”三年支出规划和年度预算，及时将“引导专项”预算下达到所属高校，并对资金使用情况进行监督；组织开展“引导专项”绩效评价，加强结果应用。

第六条 中央高校是“引导专项”使用管理的责任主体，应当切实履行法人责任，健全内部管理机制，结合建设方案，科学合理编制“引导专项”三年支出规划和年度预算，加强全过程预算绩效管理，具体组织预算执行。

第三章 预算管理

第七条 “引导专项”采用因素法分配，分配因素主要包括基础因素、质量因素、其他因素，以质量因素特别是学科水平因素为主。基础因素指中央高校在人才培养、师资队伍、科学研究等方面具备的基本条件；质量因素指中央高校在学科建设、科学研究、社会服务等方面取得的成效；其他因素指中央高校办学特色、综合改革、资金使用管理情况、绩效评价结果等。

根据党中央、国务院关于统筹推进世界一流大学和一流学科建设的有关决策部署、中央高校实际情况及相关管理改革要求，财政部会同教育部适时对相关分配因素进行完善。

第八条 “引导专项”实行项目管理。中央高校按照拔尖创新人才培养、师资队伍建设、提升自主创新和社会服务能力、文化传承创新、国际合作交流等五类设置项目。

第九条 中央高校根据统筹推进世界一流大学和一流学科建设的有关要求以及自身办学特色等实际情况，结合本校世界一流大学和一流学科建设方案和相关改革发展规划，统筹考虑“引导专项”等中央财政资金及其他渠道资金，建立“引导专项”项目库，并按照规定进行预算评审和实行滚动管理。

第十条 中央高校应当根据年度预算控制数和相关管理要求，严格论证、精心安排，提高项目预算编制质量，并按照规定编制政府采购预算和新增资产配置预算。增强预算严肃性，预算一经批复，应当严格执行，一般不予调剂。对执行中因特殊情况确需调剂的内容，在项目内调剂的，应当严格按照校内预算管理程序进行调剂；跨项目调剂的，应当按照部门预算管理程序报主管部门、财政部审批。调剂的内容，应当按照有关规定进行预算评审。

第四章 支出和决算管理

第十一条 “引导专项”支出范围包括与世界一流大学和一流学科建设以及特色发展相关的人员经费、设备购置费、维修费、业务费等，支出标准国家有明确规定的，按照规定执行；没有明确规定的，由中央高校结合实际情况，按照勤俭节约、实事求是的原则确定。

第十二条 人员经费支出主要用于培养、引进、聘任学术领军人才和建设优秀创新团队等，其使用管理应当符合以下要求：

（一）认真落实党中央关于深化人才发展体制机制改革的有关决策部署，有利于促进学校人事管理制度改革创新，有利于形成具有国际竞争力的人才制度优势。

（二）严格执行国家关于事业单位绩效工资制度的有关规定，有利于建立健全规范有序的内部收入分配制度，人员经费支出应当聚焦世界一流大学和一流学科建设以及特色发展，加大对高层次人才的激励，不得用于在全校范围内普遍提高人员薪酬待遇。

（三）坚持正确导向，促进高层次人才合理有序流动。人员经费支出用于人才引进的，应当突出“高精尖缺”导向，重点加大海外高层次人才引进力度，东部地区高校不得用于从中西部、东北地区引进人才，高校之间、高校与科研院所等单位之间不得片面依赖高薪酬高待遇竞价抢挖人才。

第十三条 “引导专项”不得用于偿还贷款、支付罚款、捐赠、赞助、对外投资等支出，不得用于房屋建筑物购建等支出，不得作为其他项目的配套资金，也不得用于按照国家规定不得开支的其他支出。

第十四条 “引导专项”的支付按照国库集中支付有关规定执行；属于政府采购范围的，按照政府采购有关法律制度规定执行。

第十五条 中央高校应当将“引导专项”收支情况纳入单位年度决算，统一编报。年度结转结余资金按照国家有关规定管理。

第十六条 中央高校应当加强资产配置管理，提高资产配置的科学性，优化存量、控制增量，避免重复配置。使用“引导专项”形成的资产均属国有资产，应当按照国家国有资产管理的有关规定加强管理，提高资产使用效率。

第五章 监督检查与绩效评价

第十七条 年度终了，中央高校应当对照设定的绩效目标，开展资金使用绩效自我评价，形成年度绩效自评报告，经主管部门汇总后，于次年4月底前报送财政部。

第十八条 主管部门、财政部组织对专项资金的使用管理情况进行监督检查和绩效评价，绩效评价可以根据需要采取第三方评价等方式。财政部、主管部门将把预算执行管理等绩效评价情况作为资金分配的重要因素，对项目预算执行缓慢或与绩效目标存在较大偏差的中央高校，相应采取减少或暂停安排专项资金等措施。

第十九条 中央高校应当严格遵守国家财政财务制度和财经纪律，规范和加强内部管理，自觉接受审计、监察、财政及主管部门的监督检查。如发现有截留、挤占、挪用专项资金的行为，以及因管理不善导致资金浪费、资产毁损、效益低下的，将视情节暂停或核减其以后年度预算，并按照《中华人民共和国预算法》、《财政违法行为处罚处分条例》等有关规定处理。

第二十条 财政部、相关主管部门及其工作人员在“引导专项”资金分配等审批工作中，存在违反规定分配资金以及其他滥用职权、玩忽职守、徇私舞弊等违法违纪行为的，按照《中华人民共和国预算法》、《中华人民共和国公务员法》、《中华人民共和国行政监察法》、《财政违法行为处罚处分条例》等国家有关规定追究相应责任；涉嫌犯罪的，移送司法机关处理。

第六章 附 则

第二十一条 本办法由财政部、教育部负责解释。

第二十二条 各中央高校应当根据本办法，制定适合本校特点的实施细则，报主管部门备案，同时抄送财政部、教育部。

第二十三条 本办法自2018年1月1日起施行。经商国家发展改革委，《财政部、教育部关于印发〈“985工程”专项资金管理办法〉的通知》（财教〔2010〕596号）和《财政部、国家发展改革委、教育部关于印发〈“211工程”专项资金管理办法〉的通知》（财教〔2003〕80号）同时废止。

中央高校基本科研业务费管理办法

· 2021年11月30日
· 财教〔2021〕283号

第一章 总 则

第一条 为贯彻落实《中共中央办公厅 国务院办公厅印发〈关于进一步完善中央财政科研项目资金管理等政策的若干意见〉的通知》、《国务院关于优化科研管理提升科研绩效若干措施的通知》（国发〔2018〕25号）、《国务院办公厅关于改革完善中央财政科研经费管理的若干意见》（国办发〔2021〕32号）和《财政部 教育部关于改革完善中央高校预算拨款制度的通知》（财教〔2015〕467号）等文件精神，加强对中央高校自主开展科学研究的稳定支持，提升中央高校服务国家发展战略能力、自主创新能力和高层次人才培养能力，提高资金使用效益，根据国家有关规定以及预算管理改革的有关要求，制定本办法。

第二条 中央高校基本科研业务费（以下简称基本科研业务费）用于支持中央高校自主开展科学研究工作，重点使用方向包括：支持40周岁以下青年教师提升科研创新能力，支持在校优秀学生提升基本科研能力；支持一流科技领军人才和创新团队建设，支持科研创新平台能力建设；开展多学科交叉的基础性、支撑性和战略性研究，加强科技基础性工作等。

第三条 基本科研业务费的使用和管理遵循以下原则：

（一）稳定支持。对中央高校培养优秀科研人才和团队、开展前瞻性自主科研、提升创新能力给予稳定支持,根据绩效评价结果和中央财力状况适时加大支持力度。

(二)自主管理。中央高校根据基本科研需求统筹规划,自主选题、自主立项,按规定编制预算和使用资金。

(三)聚焦重点。中央高校坚持问题导向和需求导向,围绕国家战略需求,开展基础研究、前沿探索和技术攻关,支持一流科技领军人才和创新团队。

(四)注重绩效。强化绩效导向,从重过程向重结果转变,加强分类绩效评价和结果应用,提高资金使用效益。

第二章 管理权限与职责

第四条 财政部会同教育部核定基本科研业务费支出规划和年度预算,对资金使用和管理情况进行监督指导,根据工作需要开展重点绩效评价,并将评价结果作为预算编制、改进管理的重要依据。

第五条 主管部门应当按照部门预算管理的有关要求,及时将基本科研业务费预算下达到所属高校,对资金使用情况进行监督,组织开展全过程绩效管理。

第六条 中央高校是基本科研业务费使用管理的责任主体,应当切实履行法人责任,健全内部管理机制,加强项目库的建设和管理,对立项项目进行全过程预算绩效管理,具体组织预算执行。

第七条 项目负责人是基本科研业务费使用管理的直接责任人,对资金使用和项目实施的规范性、合理性和有效性负责。

第三章 预算管理

第八条 基本科研业务费采用因素法分配,主要考虑中央高校青年教师和在校学生科研需求及能力、科研活动开展情况、科技创新平台和创新团队建设情况、财务管理情况、绩效评价结果等因素。

第九条 基本科研业务费分别用于支持自主选题项目、科技领军人才和优秀青年团队项目。

第十条 自主选题项目由中央高校结合中期财政规划和科研需求,自行组织项目的遴选和立项,建立校内基本科研业务费项目库,并实行动态调整。

科技领军人才和优秀青年团队项目以前沿科学中心、集成攻关大平台、协同创新中心为依托,支持其一流科技领军人才牵头组织的创新团队;支持具有较强原始创新能力和潜力的青年人才组建的跨学科、跨领域的优秀团队。

第十一条 中央高校根据预算管理要求,完成项目申报、评审、遴选排序等工作,科学合理安排年度预算。对实施期限为一年以上的研究项目,应当根据研究进展分年度安排预算。

第十二条 基本科研业务费支持的项目,原则上同一负责人同一时期只能牵头负责一个项目,作为团队成员参加者合计不得超过三个项目。

第四章 支出和决算管理

第十三条 基本科研业务费纳入中央高校财务统一管理,专款专用。基本科研业务费具体使用范围和开支标准,由中央高校按照国家有关规定和本办法有关要求,结合实际情况确定。

基本科研业务费用于支持青年科研人员的比例,一般不低于年度预算的50%。

第十四条 基本科研业务费不得开支有工资性收入的人员工资、奖金、津补贴和福利支出,不得分摊学校公共管理和运行费用,不得开支罚款、捐赠、赞助、投资等,也不得用于按照国家规定不得列支的其他支出。

第十五条 基本科研业务费的资金支付执行国库集中支付制度。中央高校应当严格执行国家有关支出管理制度。对应当实行"公务卡"结算的支出,按照中央财政科研项目使用公务卡结算的有关规定执行。对于设备、大宗材料、测试化验加工、劳务、专家咨询等费用,原则上应当通过银行转账方式结算。

第十六条 基本科研业务费的支出中属于政府采购范围的,应当按照《中华人民共和国政府采购法》及政府采购的有关规定执行。

第十七条 中央高校应将基本科研业务费的收支情况纳入单位年度决算,统一编报。项目在研期间,年度剩余资金可以结转下一年度继续使用。项目任务目标完成并通过审核验收后,结余资金由高校统筹安排用于科研活动直接支出,优先考虑原团队科研需求。

第十八条 使用基本科研业务费形成的资产属于国有资产,应当按照国家国有资产管理的有关规定加强管理;其中科技成果和科学数据等由学校按规定统筹管理。

第五章　绩效管理与监督检查

第十九条　教育部会同其他主管部门建立绩效管理制度,对项目资金组织开展全过程绩效管理。加强分类绩效评价,强化评价结果运用,将绩效评价结果作为项目调整、后续支持的重要依据。

中央高校应当切实加强绩效管理,强化绩效目标管理,做好绩效运行监控,开展绩效自评,引导科研资源向优秀人才和团队倾斜,提高科研经费使用效益。

第二十条　主管部门、财政部对基本科研业务费的预算执行、资金使用效益和财务管理等情况进行监督检查。如发现有截留、挤占、挪用资金的行为,以及因管理不善导致资金浪费、资产毁损、效益低下的,财政部将暂停或核减其以后年度预算。

第二十一条　中央高校应当按照国家科研信用制度的有关要求,建立基本科研业务费的科研信用制度,并按照国家统一要求纳入国家科研信用体系。

第二十二条　中央高校应当建立信息公开机制,在学校内部主动公开非涉密项目立项、主要研究人员、预算、决算、设备购置、结余资金使用等情况,自觉接受监督。

第二十三条　中央高校要严格遵守国家财政财务制度和财经纪律,切实加强对基本科研业务费使用和管理的事中事后监管,自觉接受审计、监察、财政及主管部门的监督检查,确保经费合理规范使用。

第二十四条　财政部、主管部门及其相关工作人员在基本科研业务费分配使用、审核管理等相关工作中,存在违反规定安排资金或其他滥用职权、玩忽职守、徇私舞弊等违法违规行为的,依法责令改正,对负有责任的领导人员和直接责任人员依法给予处分;涉嫌犯罪的,依法移送有关机关处理。

中央高校及其工作人员在基本科研业务费申报、使用过程中存在截留、挤占、挪用资金等违法违规行为的,按照《中华人民共和国预算法》及其实施条例、《财政违法行为处罚处分条例》等国家有关规定追究相应责任;涉嫌犯罪的,依法移送有关机关处理。

第六章　附　则

第二十五条　本办法由财政部、教育部负责解释。各中央高校应当根据本办法,制定适合本校特点的实施细则,报主管部门备案,同时抄送财政部、教育部。

第二十六条　本办法自印发之日起施行。《财政部 教育部关于印发〈中央高校基本科研业务费管理办法〉的通知》(财教〔2016〕277 号)同时废止。

高等学校哲学社会科学繁荣计划专项资金管理办法

·2021 年 11 月 15 日
·财教〔2021〕285 号

第一章　总　则

第一条　为规范高等学校哲学社会科学繁荣计划专项资金(以下简称繁荣计划专项资金)管理和使用,提高资金使用效益,推动面向 2035 高校哲学社会科学高质量发展,根据《中华人民共和国预算法》及其实施条例等法律法规和《中共中央办公厅 国务院办公厅印发〈关于进一步完善中央财政科研项目资金管理等政策的若干意见〉的通知》、《国务院关于优化科研管理提升科研绩效若干措施的通知》(国发〔2018〕25 号)、《国务院办公厅关于改革完善中央财政科研经费管理的若干意见》(国办发〔2021〕32 号)等要求,结合繁荣计划管理特点,制定本办法。

第二条　繁荣计划专项资金由中央财政安排,是用于支持高校思政课建设和哲学社会科学研究、学科发展、人才培养、队伍建设的专项资金。

第三条　繁荣计划专项资金管理,以促进高校哲学社会科学高质量发展为目标,以推动高校加快构建中国特色哲学社会科学学科体系、学术体系、话语体系为重点,坚持以人为本、遵循规律、突出绩效、规范安全的原则。

第四条　财政部根据国家教育事业发展规划,结合高校哲学社会科学资金需求、国家财力可能和绩效结果,将繁荣计划专项资金列入中央财政预算,核定支出规划和年度预算,对资金使用和管理情况进行监督指导。

第五条 教育部负责编制繁荣计划专项资金年度预算、具体组织实施和管理监督工作，健全绩效考评机制。

第六条 项目承担高校是繁荣计划专项资金管理的责任主体，建立健全专项资金管理制度，完善内部控制、绩效管理和监督约束机制，合理确定科研、财务、人事、资产、审计、监察等部门的责任和权限。

第七条 项目负责人是繁荣计划专项资金使用的直接责任人，对资金使用的合法合规性、合理性、真实性和相关性负责。

第八条 繁荣计划专项资金分为研究项目资金、非研究项目资金和管理资金。

第二章 研究项目资金

第九条 研究项目资金支出是指繁荣计划中设立的各类研究项目在组织实施过程中与研究活动相关的、由项目资金支付的各项费用。研究项目资金支出由直接费用和间接费用组成。根据预算管理方式不同，研究项目资金分为预算制项目资金和包干制项目资金。

本办法所称的研究项目，包括教育部哲学社会科学研究项目，以及专项资金支持的研究基地、实验室、平台、智库等设立的研究项目。

第十条 直接费用是指在项目研究过程中发生的与之直接相关的费用，包括：

（一）业务费：指在项目研究过程中购置图书、收集资料、复印翻拍、检索文献、采集数据、翻译资料、印刷出版、会议、差旅、国际合作与交流等费用，以及其他相关支出。

（二）劳务费：指在项目实施过程中支付给参与研究的研究生、博士后、访问学者、聘用的研究人员、科研辅助人员等的劳务性费用，以及支付给临时聘请的咨询专家的费用等。

聘用人员的劳务费开支标准，参照当地社科研究从业人员平均工资水平，根据其在研究中承担的工作任务确定，其由单位缴纳的社会保险补助、住房公积金等纳入劳务费科目列支。

支付给临时聘请的咨询专家的费用，不得支付给参与本项目及所属课题研究和管理的相关人员，其管理按照国家有关规定执行。

（三）设备费：指在项目研究过程中购置设备和设备耗材、升级维护现有设备及租用外单位设备而发生的费用。应当合理购置设备，鼓励共享、租赁及对现有设备进行升级改造。

第十一条 间接费用是指项目承担高校在组织实施项目过程中发生的无法在直接费用中列支的相关费用，主要包括：项目承担高校为项目研究提供的房屋占用，日常水、电、气、暖等消耗，有关管理费用的补助支出，以及激励科研人员的绩效支出等。

第十二条 预算制项目负责人在申请繁荣计划项目资金时，按照研究实际需要和资金开支范围，科学合理、实事求是地按年度编制项目预算、设定项目绩效目标。直接费用中除50万元以上的设备费外，其他费用只提供基本测算说明，不需要提供明细。

跨单位合作的科研活动，确需外拨资金的，应当在预算中单独列示，并对合作研究单位资质、承担的研究任务、外拨资金额度等进行说明。间接费用外拨金额，由项目承担高校和合作研究单位协商确定。

第十三条 间接费用由项目承担高校统筹安排使用。项目承担高校应当公开透明、合理合规使用间接费用，处理好分摊间接成本和对科研人员激励的关系。绩效支出安排应当与科研人员在研究工作中的实际贡献挂钩，可以将间接费用全部用于绩效支出，并向创新绩效突出的团队和个人倾斜。项目承担高校不得在间接费用以外再以任何名义在项目资金中重复提取、列支管理费用和绩效支出。

第十四条 间接费用按照不超过项目资助总额的一定比例核定，具体如下：50万元及以下部分为40%；超过50万元至500万元的部分为30%；超过500万元的部分为20%。

对纯理论基础研究项目，间接费用比例50万元及以下部分可提高到不超过60%；超过50万元至500万元的部分可提高到不超过50%；超过500万元的部分可提高到不超过40%，具体范围由教育部商财政部确定。

第十五条 教育部根据繁荣计划建设目标和建设内容，组织专家重点对预算申请的目标相关性、政策相符性、经济合理性进行评审。

第十六条 项目负责人应当严格执行批准后的预算。预算有以下情况确需调剂的，由项目承担高校审批或备案。

（一）原预算未列示外拨资金，需要增列的；外拨资金如需调剂的，由项目负责人根据科研活动的实际需要提出申请，报项目承担高校审批。

（二）设备费预算如需调剂的，由项目负责人根据科研活动的实际需要提出申请，报项目承担高校审批。

（三）业务费、劳务费预算如需调剂的，由项目负责人根据科研活动实际需要自主安排，并报项目承担高校备案。

（四）间接费用预算总额不得调增，项目负责人与项目承担高校协商一致后可调减用于直接费用。

项目承担高校应当根据科研活动的实际需求及时办理调剂手续。

第十七条 包干制项目实施范围由教育部商财政部确定。

第十八条 项目承担高校应当制定项目资金包干制管理规定。管理规定应当包括资金使用范围和标准、各方责任、违规惩戒措施等内容，报教育部备案。

第十九条 包干制项目负责人应在承诺遵守科研伦理道德和学风诚信要求、经费全部用于与项目研究工作相关支出的基础上，本着科学、合理、规范、有效的原则使用资金，无需编制预算。

第二十条 包干制项目资金由项目负责人自主决定使用，对于本办法第十条、第十一条规定的开支范围内的资金由项目负责人自主决定使用，无需履行调剂程序。

对于项目承担高校为研究提供的房屋占用，日常水、电、气、暖等消耗及开展有关管理工作的补助支出，由项目承担高校根据实际管理需要，在充分征求项目负责人意见基础上确定合理标准。

对于激励科研人员的绩效支出，由项目负责人根据实际科研需要和相关薪酬标准自主确定，项目承担高校按照工资制度进行管理。

第三章 非研究项目资金

第二十一条 非研究项目资金支出是指支持研究基地、实验室、平台、智库、团队等建设费用。

非研究项目资金按照“稳定支持、长效机制，遵循规律、引导带动，绩效导向、动态调整”的原则进行资助和管理，具体开支范围如下：

（一）人员聘用经费：是指支付给聘用的编制以外、不开支财政补助人员经费的专职研究人员、管理人员和国外访问学者的费用。

（二）能力建设经费：是指用于改善科研条件，推进全方位能力建设的经费，主要包括开展的国内学术交流、国情调研、信息采集、成果转化、联合研究等费用。

（三）国际合作与交流经费：是指为开展对外合作交流活动，如出访、在境内外举办国际会议（含双边）、外国专家来华及港澳台专家来内地（大陆）学术合作交流等发生的费用。开支国际合作与交流经费应当执行国家外事经费管理的有关规定。

（四）奖励经费：是指根据研究人员实际贡献安排的奖励性费用，安排奖励性费用应加大对优秀人才和成果的奖励力度。

开支奖励经费的情况包括：

1. 坚持服务国家目标与鼓励自由探索相结合，在思想理论上有重大创新、传承文明上有突出贡献、学科建设上有显著推动；

2. 围绕国家重大战略，在解决经济社会发展重大问题上有重要贡献，为党和政府提供决策服务上有重要建树；

3. 阐释中国立场、发出中国声音，产生较大国际影响；

4. 在方法创新上有重大突破；

5. 教育部认定在其他方面作出突出贡献的。

奖励经费的使用范围和标准由项目承担高校根据财政部、教育部规定制定，要合理合规、公开公平、拉开档次。安排奖励经费要符合国家收入分配制度和项目承担高校薪酬制度要求，由项目承担高校核定，在高校内部公示。不得在奖励经费以外再以任何名义在专项资金中重复提取、列支相关费用。

第二十二条 对于非研究项目资金中国家已规定开支标准的科目，应当严格按照国家有关规定执行；对于国家未规定开支标准的科目，各类非研究项目应当建立健全经费开支标准和管理制度。

第二十三条 非研究项目资金不得用于本办法第二十一条开支范围外的行政事业单位人员经费和公用经费。

第四章 管理资金

第二十四条 管理资金支出是指教育部在实

施繁荣计划过程中发生的工作所需费用,包括组织、协调、评审、鉴定和奖励费用等。

第二十五条 按规定对"教育部科学研究优秀成果奖(人文社会科学)"、有价值高水平的咨政成果进行奖励。

第二十六条 管理资金在实施过程中,按照"管、办、评"分离原则,推进政府购买服务,规范向社会力量购买服务的程序和方式。

第五章 预算执行与决算

第二十七条 教育部根据部门预算编制要求,将繁荣计划专项资金三年支出规划和年度预算建议数报送财政部,财政部按部门预算程序审核后批复年度预算。

第二十八条 教育部根据繁荣计划不同类型科研活动特点、研究进度、资金需求等,合理制定经费拨付计划。教育部在项目任务书签订后30日内向项目承担高校下达经费,首笔资金拨付比例充分尊重项目负责人意见,切实保障科研活动需要。

第二十九条 项目承担高校应当将资金纳入单位财务部门统一管理,单独核算,专款专用。

项目承担高校要根据项目负责人意见,及时将外拨资金拨付至项目合作单位,并加强对外拨资金的监督管理。

项目负责人应当结合科研活动需要,科学合理安排资金支出进度。项目承担高校应当关注资金执行进度,有效提高资金使用效益。

第三十条 繁荣计划专项资金按照国库集中支付制度规定拨付。

第三十一条 繁荣计划专项资金不得用于租赁办公场所和基础设施建设,不得用于开支各种罚款、捐赠、赞助、投资、偿还债务等,不得用于与项目工作无关的支出,严禁以任何方式牟取私利。

第三十二条 项目承担高校应当严格执行国家有关科研资金支出管理制度。对应当实行公务卡结算的支出,按照中央财政科研项目使用公务卡结算的有关规定执行。劳务费支出原则上应当通过银行转账方式结算,从严控制现金支出事项。

专项资金支出属于政府采购范围的,应当按照政府采购有关规定执行。对科研急需的设备和耗材采取特事特办、随到随办的采购机制。

第三十三条 研究过程中,项目承担高校因科研活动实际需要,邀请境内外专家、学者和有关人员参加由其主办的会议等,对确需负担的城市间交通费、国际旅费,可在会议费等费用中报销。对国内差旅费中的伙食补助费、市内交通费和难以取得发票的住宿费可实行包干制。对调查研究、野外考察、问卷调查、数据采集等科研活动中无法取得发票或财政性票据的支出,在确保真实性的前提下,项目承担高校可按实际发生额予以报销。

第三十四条 凡使用繁荣计划专项资金形成的固定资产、无形资产等属于国有资产,应当按照国有资产管理的有关规定执行。

第三十五条 项目承担高校要切实强化法人责任,严格按照国家有关规定和本办法规定,指导项目负责人科学合理编制预算,规范预算调剂程序,加强对外拨资金、间接费用、结转结余资金等的审核和管理。

第三十六条 项目承担高校应当创新服务方式,让科研人员潜心从事科学研究。应当全面落实科研财务助理制度,确保配有相对固定的科研财务助理,为科研人员在预算编制、经费报销等方面提供专业化服务。科研财务助理所需人力成本费用(含社会保险补助、住房公积金),由项目承担高校统筹解决。

第三十七条 项目承担高校应当改进财务报销管理方式,充分利用信息化手段,推动项目经费数字化、无纸化报销,建立符合科研实际需要的内部报销机制。

第三十八条 项目承担高校应将繁荣计划专项资金收支情况纳入单位年度决算统一编报。

第三十九条 完成研究后,项目负责人应当按照学校财务规定清理账目与资产,据实编报决算,并附财务部门审核确认的资金收支明细账,与结项验收材料一并报送教育部。

有外拨资金的项目,外拨资金决算经合作研究单位财务、审计部门审核并签署意见后,由项目负责人汇总编制项目资金决算。

第四十条 对于研究项目资金,在研周期内,年度剩余资金可以结转下一年度继续使用。通过结项验收后,结余资金由项目承担高校统筹安排用于科研活动直接支出,优先考虑原团队科研需求。项目承担高校应当健全结余资金盘活机制。

对于非研究项目资金和管理资金,按照财政部关于结转结余资金管理有关规定执行。

第四十一条 对于因故被终止执行和被撤销

的科研活动,应当视情节轻重分别作出退回结余资金、退回结余资金和绩效支出、退回已拨资金处理。项目承担高校应当及时清理账目与资产,在接到有关通知后90日内按原渠道退回教育部。所退资金,由教育部统筹用于资助繁荣计划科研活动。

项目承担高校发生变更的,原承担高校应当及时向新承担高校转拨项目资金。

第六章 绩效管理与监督检查

第四十二条 教育部应进一步突出绩效导向,落实绩效管理责任,做好绩效目标管理,加强分类评价,强化绩效评价结果运用,将绩效评价结果作为科研活动调整、后续支持的重要依据。财政部根据工作需要对繁荣计划专项资金开展绩效评价。

项目承担高校要切实加强绩效管理,引导科研资源向优秀人才和团队倾斜,提高科研经费使用效益。

第四十三条 繁荣计划专项资金管理建立承诺机制。项目承担高校应当承诺依法履行专项资金管理的职责。项目负责人应当承诺提供真实的信息,并认真遵守专项资金管理的有关规定。项目承担高校和项目负责人对违反承诺导致的后果承担相应责任。

第四十四条 项目承担高校应当建立信息公开机制,在学校内部主动公开预算、预算调剂、决算、设备购置、外拨资金、劳务费发放、间接费用、结余资金使用等情况,自觉接受监督。

第四十五条 项目承担高校要动态监管经费使用并实时预警提醒。对项目承担高校和科研人员在科研经费管理使用过程中出现的失信情况,纳入信用记录管理,对严重失信行为实行追责和惩戒。

第四十六条 项目承担高校和项目负责人应当依法依规管理使用专项资金,不得存在以下行为:

(一)虚假编报项目预算;

(二)未对繁荣计划专项资金进行单独核算;

(三)列支与项目任务无关的支出;

(四)违反规定转拨项目资金;

(五)通过虚假合同、虚假票据、虚构事项、虚报人员等弄虚作假方式,转移、套取、报销项目资金;

(六)截留、挤占、挪用项目资金;

(七)设置账外账、随意调账变动支出、随意修改记账凭证、提供虚假财务会计资料等;

(八)在使用项目资金中以任何方式列支应由个人负担的有关费用和利用项目资金支付各种罚款、捐款、赞助、投资、偿还债务等;

(九)其他违反国家财经纪律的行为。

第四十七条 财政部、教育部及其相关工作人员在项目资金分配使用、审核管理等相关工作中,存在违反规定安排资金或其他滥用职权、玩忽职守、徇私舞弊等违法违规行为的,依法责令改正,对负有责任的领导人员和直接责任人员依法给予处分;涉嫌犯罪的,依法移送有关机关处理。

项目承担高校和项目负责人应当自觉接受审计监督、财会监督,自觉接受主管部门日常监督。项目承担高校及其相关工作人员、项目负责人及其团队成员在资金管理使用过程中,不按规定管理使用项目资金、不按时编报项目决算、不按规定进行会计核算,存在截留、挪用、侵占项目资金等违法违规行为的,按照《中华人民共和国预算法》及其实施条例、《中华人民共和国会计法》、《财政违法行为处罚处分条例》等国家有关规定追究相应责任。涉嫌犯罪的,依法移送有关机关处理。

第七章 附 则

第四十八条 本办法由财政部、教育部负责解释。

第四十九条 本办法自颁布之日起施行。2016年11月24日财政部、教育部印发的《高等学校哲学社会科学繁荣计划专项资金管理办法》(财教〔2016〕317号)同时废止。

第五十条 各项目承担高校要依据本办法修订完善内部相关管理办法。

中等职业学校教师素质提高计划专项资金管理暂行办法

· 2007年9月21日

· 财教〔2007〕221号

第一条 根据《国务院关于大力发展职业教育的决定》(国发〔2005〕35号)和《教育部 财政部

关于实施中等职业学校教师素质提高计划的意见》(教职成〔2006〕13号)有关要求,"十一五"期间,中央财政设立中等职业学校教师素质提高计划专项资金,支持各地提高中等职业学校教师素质。为加强中央专项资金管理,提高资金使用效益,制定本办法。

第二条 中央财政专项资金的主要投向:

(一)支持中等职业学校专业骨干教师参加国家级培训,并从中选拔优秀教师进行出国短期集中培训;对专业骨干教师省级培训成绩显著的地区予以适当奖励,奖励资金继续用于中等职业学校教师培训。

(二)支持全国重点建设的职教师资培养培训基地等有关机构,开发重点专业师资培养培训方案、课程和教材(以下简称重点专业师资培训方案教材开发)。

(三)引导支持中等职业学校紧缺专业面向社会聘请专业技术人员、高技能人才担任兼职教师。

第三条 中央专项资金的具体使用范围:

(一)专业骨干教师国家级培训经费,主要用于支付培训、食宿及其他相关费用。

出国培训经费主要用于支付学员在国外期间的学习和食宿费用。

(二)重点专业师资培训方案教材开发经费,主要用于重点专业师资培养培训方案、课程和教材开发所需的研究研讨、试验论证、评审验收、成果出版等相关项目的费用。

(三)对中等职业学校紧缺专业特聘兼职教师的资助,主要用于特聘教师的课酬补助。财政部、教育部综合考虑各省(区、市)中等职业学校在校生规模和生师比等因素,确定资助经费额度。各地根据特聘兼职教师承担的教学任务,确定具体补助标准。

第四条 中央财政资金的拨付方式和程序:

(一)专业骨干教师国家级培训经费(含出国培训经费),财政部、教育部按人均标准,分年度拨付到中等职业学校,由教师参加培训时缴至培训机构。

(二)重点专业师资培训方案教材开发,牵头单位为教育部直属高校或其他部委所属高校的,资金划拨到教育部,由教育部划拨到学校;项目牵头单位为地方高校的,资金由中央财政通过地方财政划拨到学校。项目资金一次确定、分两批拨付,2007年通过项目开题答辩后拨付50%,2009年上半年通过项目中期检查后划拨其余资金。

(三)中等职业学校紧缺专业特聘兼职教师资助计划,中央财政每年先下达预算控制数。各地根据预算控制数以及地方资金数额,研究确定具体资助的学校、专业、人数和补助标准等,报教育部、财政部审核。教育部、财政部审核批准后,正式下达经费预算。

第五条 项目资金的年度分配方案,经财政部、教育部研究确定后下达。各地财政、教育部门要按照财政部、教育部有关要求,保证专款专用,确保资金及时、足额到位。

第六条 各地要按照中央专项资金使用的有关规定,将专项资金纳入单位财务统一管理,不得以管理费等任何名义截留、挪用和挤占,也不得将该专项资金与其他事业经费混合下达,要充分发挥专项资金的使用效益。

第七条 各地财政、教育部门要加强对资金使用的监督管理。财政部、教育部将对资金使用情况进行专项检查,并作为安排后续项目的依据。对于违反本管理办法的行为,将按照国家有关规定严肃处理。

第八条 本办法由财政部、教育部负责解释。

第九条 本办法自印发之日起执行。

(六)学校收费管理

教育收费公示制度

·2002年5月27日

·计价格〔2002〕792号

一、为规范教育收费行为,完善监督管理措施,增加透明度,治理乱收费,国家计委、财政部、教育部决定在全国各级各类学校实行教育收费公示制度。

二、教育收费公示制度是学校通过设立公示栏、公示牌、公示墙等形式,向社会公布收费项目、收费标准等相关内容,便于社会监督学校严格执行国家教育收费政策,保护学生及其家长自身合法权益的制度。

三、教育收费公示制度适用于中华人民共和国境内国家举办的小学、初级普通中学、初级职业中学、普通高中、中等职业学校、高等学校，以及幼儿园（托儿所）和其他特殊教育学校的收费。社会力量举办的学校收费也应参照本规定执行。

四、凡按国家规定的审批权限和程序制定的教育收费，包括义务教育学校的杂费、借读费、有寄宿制学校的住宿费和非义务教育学校的学费、住宿费等学校所有的收费，均应实行公示制度。公示的主要内容包括收费项目、收费标准、收费依据（批准机关及文号）、收费范围、计费单位、投诉电话等。对家庭经济困难学生实行收费减免的政策也应进行公示。

五、学校要在校内通过公示栏、公示牌、公示墙等方式，向学生公示收费项目、收费标准等内容。学校在招生简章中要注明有关收费项目和标准。在开学时或学期结束后，通过收费报告单等方式向学生家长报告本学期学校收费情况，让学生家长了解学校的实际收费与规定的收费是否一致。

六、在学校校内设立的公示栏、公示牌、公示墙的制作材料、规格、样式，应根据实际情况及动态管理、长期置放和清楚方便的要求进行规范。要尽可能独立置放，位置明显，字体端正，实用规范。遇有损坏或字迹不清的，学校要及时更换、维修或刷新。

七、教育收费公示的内容，事前必须经过学校所在地的省级或市、县价格、财政主管部门和教育行政部门的审核。公示收费的内容，要严格执行规定的收费项目、标准及范围等。禁止将越权收费、超标准收费、自立项目收费等乱收费行为通过公示“合法化”。

八、遇有政策调整或其他情况变化时，学校要及时更新公示的有关内容。省、市、县价格、财政主管部门和教育行政部门要及时做好教育收费政策信息的沟通、传递工作，并督导学校做好公示栏、公示牌、公示墙的更新维护工作。

九、各级价格、财政主管部门和教育行政部门要通过电视、广播、报刊等新闻媒体向社会公示教育收费政策的制定和调整情况，并督促学校做好教育收费公示工作。

十、各地要加强对教育收费公示制度的监督检查。对违反规定的乱收费，按规定应公示而未公示的收费，或公示内容与规定政策不符的，学生有权拒绝缴纳，并有权向价格、财政主管部门和教育行政部门举报；价格、财政主管部门和教育行政部门要按照有关规定进行查处。

十一、各省、自治区、直辖市价格、财政主管部门和教育行政部门可结合当地实际情况，制定教育收费公示制度的具体实施办法。

普通高级中学收费管理暂行办法

· 1996 年 12 月 16 日
· 教财〔1996〕101 号

第一条 为了加强普通高级中学收费管理工作，理顺管理体制，规范学校收费行为，保障学校和受教育者的合法权益，根据《中华人民共和国教育法》第二十九条的规定和国家有关行政事业性收费管理的规定，制定本暂行办法。

第二条 本暂行办法适用于中华人民共和国境内由国家和企事业单位举办的全日制普通高中学校、完全中学的高中部、初中学校附设的高中班。

第三条 高中教育属于非义务教育阶段，学校依据国家有关规定，向学生收取学费。

第四条 学费标准根据年生均教育培养成本的一定比例确定。不同地区学校的学费收费标准可以有所区别。

教育培养成本包括以下项目：公务费、业务费、设备购置费、修缮费、教职工人员经费等正常办学费用支出。不包括灾害损失、事故、校办产业支出等非正常办学费用支出。

第五条 学费占年生均教育培养成本的比例和标准的审批权限在省级人民政府。由省级教育部门提出意见，物价部门会同财政部门根据当地经济发展水平、办学条件和居民经济承受能力进行审核，三部门共同报省级人民政府批准后，由教育部门执行。

第六条 学费标准的调整，由省级教育、物价、财政部门按照第五条规定的程序，根据本行政区域内的物价上涨水平和居民收入平均增长水平，提出方案，报省级人民政府批准后执行。

第七条 对家庭经济困难的学生应酌情减免

收取学费,具体减免办法,由各省、自治区、直辖市人民政府制定。

第八条 学费收费按学期进行,不得跨学期预收。

第九条 学费由学校财务部门统一收取,到指定的物价部门申领收费许可证,并使用省级财政部门统一印制的行政事业性收费专用票据。

第十条 学费是学校经费的必要来源之一,纳入单位财务统一核算,统筹用于办学支出。任何部门、单位和个人不得截留、挤占和挪用。学费的收支情况应按级次向教育主管部门和财政、物价部门报告,并接受社会和群众监督。

第十一条 学校为学生提供的住宿收费,应严格加以控制,住宿费收费标准必须严格按照实际成本确定,不得以营利为目的。具体收费标准,由学校主管部门提出意见,报当地物价部门会同财政部门审批。

第十二条 普通高中除收取学费和住宿费以外,未经财政部、国家计委、国家教委联合批准或省级人民政府批准,不得再向学生收取任何费用。

第十三条 各省、自治区、直辖市人民政府必须高度重视并加强对学校收费工作的统一领导和集中管理,根据国家有关规定研究制定必要的收费管理办法,规范审批程序,制定学生年生均教育培养成本等确定学费标准的依据文件,定期向社会公布,接受群众监督。

第十四条 教育收费管理由各级教育、物价、财政部门共同负责。各级教育、物价、财政部门要加强对学校收费的管理和监督,督促学校严格执行国家有关教育收费管理的政策和规定,建立健全收费管理的规章和制度,对巧立名目擅自增设收费项目,扩大收费范围和提高收费标准的,对挤占挪用学费收入的,要按国家有关规定予以严肃查处;对乱收费屡禁不止、屡查屡犯,情节严重的,要按国家有关规定对学校负责人给予行政处分。

第十五条 各省、自治区、直辖市教育、物价、财政部门,应根据本办法,制定具体实施办法,并报国家教委、国家计委、财政部备案。

第十六条 本办法由国家教委、国家计委、财政部负责解释。

第十七条 本办法自颁布之日起执行。

高等学校收费管理暂行办法

·1996年12月16日

·教财〔1996〕101号

第一条 为加强高等学校收费管理,保障学校和受教育者的合法权益,根据《中华人民共和国教育法》第二十九条的规定和国家有关行政事业性收费管理的规定,制定本暂行办法。

第二条 本暂行办法适用于中华人民共和国境内由国家及企业、事业组织举办的全日制普通高等学校。

第三条 高等教育属于非义务教育阶段,学校依据国家有关规定,向学生收取学费。

第四条 学费标准根据年生均教育培养成本的一定比例确定。不同地区、不同专业、不同层次学校的学费收费标准可以有所区别。

教育培养成本包括以下项目:公务费、业务费、设备购置费、修缮费、教职工人员经费等正常办学费用支出。不包括灾害损失、事故、校办产业支出等非正常办学费用支出。

第五条 学费占年生均教育培养成本的比例和标准由国家教委、国家计委、财政部共同作出原则规定。在现阶段,高等学校学费占年生均教育培养成本的比例最高不得超过25%。具体比例必须根据经济发展状况和群众承受能力分步调整到位。

国家规定范围之内的学费标准审批权限在省级人民政府。由省级教育部门提出意见,物价部门会同财政部门根据当地经济发展水平、办学条件和居民经济承受能力进行审核,三部门共同报省级人民政府批准后,由教育部门执行。

第六条 学费标准的调整,由省级教育、物价、财政部门按照第五条规定的程序,根据本行政区域内的物价上涨水平和居民收入平均增长水平提出方案,报省级人民政府批准后执行。

第七条 农林、师范、体育、航海、民族专业等享受国家专业奖学金的高校学生免缴学费。

第八条 中央部委直属高等学校和地方业务部门直属高等学校学费标准,由高等学校根据年生均教育培养成本的一定比例提出,经学校主管部门同意后，报学校所在省、自治区、直辖市教育部门，按第五条规定的程序，由学校所在地的省级人民政府批准后执行。

各高等学校申报学费标准时，应对下列问题进行说明：

（1）培养成本项目及标准；

（2）本学年确定收费标准的原则和调整收费标准的说明；

（3）其他需说明的问题。

第九条 对家庭经济困难的学生应酌情减免收取学费，具体减免办法，由省级人民政府根据国家有关规定制定。同时，各高等学校及其主管部门要采取包括奖学金、贷学金、勤工助学、困难补助等多种方式，切实帮助家庭经济困难学生解决学生和生活上的困难，保证他们不因经济原因而中断学业。

第十条 学费按学年或学期收取，不得跨学年预收。学费收取实行“老生老办法，新生新办法”。

第十一条 学费由学校财务部门统一收取，到指定的物价部门申领收费许可证，并使用省级财政部门统一印制的行政事业性收费专用票据。

第十二条 学费是学校经费的必要来源之一，纳入单位财务统一核算，统筹用于办学支出。任何部门、单位和个人不得截留、挤占和挪用。学费的收支情况应按级次向教育主管部门和财政、物价部门报告，并接受社会和群众监督。

第十三条 学校为学生提供的住宿收费，应严格加以控制。住宿费收费标准必须严格按照实际成本确定，不得以营利为目的。具体收费标准，由学校主管部门提出意见，报当地物价部门会同财政部门审批。

第十四条 高等学校除收取学费和住宿费以外，未经财政部、国家计委、国家教委联合批准或省级人民政府批准，不得再向学生收取任何费用。

第十五条 各省、自治区、直辖市人民政府必须高度重视并加强对学校收费工作的统一领导和集中管理，根据国家有关规定研究制定必要的收费管理办法，规范审批程序，制定学生年生均教育培养成本等确定学费标准的依据文件，定期向社会公布，接受群众监督。

第十六条 教育收费管理由各级教育、物价、财政部门共同负责。各级教育、物价、财政部门要加强对高等学校收费的管理和监督，督促学校严格执行国家有关教育收费管理的政策和规定，建立健全收费管理的规章和制定，对巧立名目擅自增设收费项目、扩大收费范围和提高收费标准的、对挤占挪用学费收入的，要按国家有关规定严肃查处；对乱收费屡禁不止、屡查屡犯，情节严重的，要按国家有关规定对学校负责人给予行政处分。

第十七条 成人高等学校、高等函授教育等非全日制普通高等教育学费收费项目及标准，参照本办法执行。

第十八条 各省、自治区、直辖市教育、物价、财政部门，应根据本办法，制定具体实施办法，并报国家教委、国家计委、财政部备案。

第十九条 本办法由国家教委、国家计委、财政部负责解释。

第二十条 本办法自颁布之日起执行。

中等职业学校收费管理暂行办法

· 1996 年 12 月 16 日

· 教财〔1996〕101 号

第一条 为了加强中等职业学校收费管理工作，理顺管理体制，规范中等职业学校收费行为，保障学校和受教育者的合法权益，根据《中华人民共和国教育法》第二十九条的规定和国家有关行政事业性收费管理的规定，制定本暂行办法。

第二条 本暂行办法适用于中华人民共和国境内的所有职业高中学校、普通中等专业学校（含中等师范学校）、技工学校、普通中学附设的各种职业高中班。

第三条 中等职业教育属于非义务教育阶段，学校依据国家有关规定，向学生收取学费。

第四条 学费标准根据年生均教育培养成本的一定比例确定。不同地区、不同专业的学校应有所区别。

教育培养成本包括以下项目：公务费、业务费、设置购置费、修缮费、教职工人员经费等正常办学费用支出。不包括灾害损失、事故、校办产业支出等非正常办学费用支出。

第五条 学费占年生均教育培养成本的比例和标准的审批权限在省级人民政府。由省级教育部门提出意见，物价部门会同财政部门根据当地经济发展水平、办学条件和居民经济承受能力进行审核，三部门共同报省级人民政府批准后，由教育部门执行。

第六条 学费标准的调整，由省级教育、物价、财政部门按照第五条规定的程序，根据本行政区域内的物价上涨水平和居民收入平均增长水平提出方案，报省级人民政府批准后执行。

第七条 对少数特殊专业，对家庭经济困难的学生，应酌情减免学费，具体减免办法，由各省、自治区、直辖市人民政府制定。

第八条 学费收费按学期进行，不得跨学期预收。

第九条 学费由学校财务部门统一收取，到指定的物价部门申领收费许可证，并使用省级财政部门统一印制的行政事业性收费专用票据。

第十条 学费是学校经费的必要来源之一，纳入单位财务统一核算，统筹用于办学支出。任何部门、单位和个人不得截留、挤占和挪用。学费的收支情况应按级次向教育主管部门和财政、物价部门报告，并接受社会和群众监督。

第十一条 学校为学生提供的住宿收费，应严格加以控制，住宿费收费标准必须严格按照实际成本确定，不得以营利为目的。具体收费标准，由学校主管部门提出意见，报当地物价部门会同财政部门审批。

第十二条 中等职业学校除收取学费和住宿费以外，未经财政部、国家计委、国家教委联合批准或省级人民政府批准，不得再向学生收取任何费用。

第十三条 各省、自治区、直辖市人民政府必须高度重视并加强对学校收费工作的统一领导和集中管理，根据国家有关规定研究制定必要的收费管理办法，规范审批程序，制定学生年生均教育培养成本等确定学费标准的依据文件，定期向社会公布，接受群众监督。

第十四条 教育收费管理由各级教育、物价、财政部门共同负责。各级教育、物价、财政部门要加强对学校收的管理和监督，督促学校严格执行国家有关教育收费管理的政策和规定，建立健全收费管理的规章和制度，对巧立名目擅自增设收费项目、扩大收费范围和提高收费标准的，对挤占挪用学费收入的，要按国家有关规定予以严肃查处；对乱收费屡禁不止、屡查屡犯，情节严重的，要按国家有关规定对学校负责人给予行政处分。

第十五条 各省、自治区、直辖市教育、物价、财政部门，应根据本办法，制定具体实施办法，并报国家教委、国家计委、财政部备案。

第十六条 本办法由国家教委、国家计委、财政部负责解释。

第十七条 本办法自颁布之日起执行。

六、思想政治教育、文体、卫生、安全、国防教育工作

(一)思想政治教育

中小学德育工作指南

·2017年8月17日
·教基〔2017〕8号

为深入贯彻落实立德树人根本任务,加强对中小学德育工作的指导,切实将党和国家关于中小学德育工作的要求落细落小落实,着力构建方向正确、内容完善、学段衔接、载体丰富、常态开展的德育工作体系,大力促进德育工作专业化、规范化、实效化,努力形成全员育人、全程育人、全方位育人的德育工作格局,特制定本指南。

一、指导思想

全面贯彻党的十八大和十八届三中、四中、五中、六中全会精神,深入贯彻习近平总书记系列重要讲话精神和治国理政新理念新思想新战略,始终坚持育人为本、德育为先,大力培育和践行社会主义核心价值观,以培养学生良好思想品德和健全人格为根本,以促进学生形成良好行为习惯为重点,以落实《中小学生守则(2015年修订)》为抓手,坚持教育与生产劳动、社会实践相结合,坚持学校教育与家庭教育、社会教育相结合,不断完善中小学德育工作长效机制,全面提高中小学德育工作水平,为中国特色社会主义事业培养合格建设者和可靠接班人。

二、基本原则

(一)坚持正确方向。加强党对中小学校的领导,全面贯彻党的教育方针,坚持社会主义办学方向,牢牢把握中小学思想政治和德育工作主导权,保证中小学校成为坚持党的领导的坚强阵地。

(二)坚持遵循规律。符合中小学生年龄特点、认知规律和教育规律,注重学段衔接和知行统一,强化道德实践、情感培育和行为习惯养成,努力增强德育工作的吸引力、感染力和针对性、实效性。

(三)坚持协同配合。发挥学校主导作用,引导家庭、社会增强育人责任意识,提高对学生道德发展、成长成人的重视程度和参与度,形成学校、家庭、社会协调一致的育人合力。

(四)坚持常态开展。推进德育工作制度化常态化,创新途径和载体,将中小学德育工作要求贯穿融入到学校各项日常工作中,努力形成一以贯之、久久为功的德育工作长效机制。

三、德育目标

(一)总体目标

培养学生爱党爱国爱人民,增强国家意识和社会责任意识,教育学生理解、认同和拥护国家政治制度,了解中华优秀传统文化和革命文化、社会主义先进文化,增强中国特色社会主义道路自信、理论自信、制度自信、文化自信,引导学生准确理解和把握社会主义核心价值观的深刻内涵和实践要求,养成良好政治素质、道德品质、法治意识和行为习惯,形成积极健康的人格和良好心理品质,促进学生核心素养提升和全面发展,为学生一生成长奠定坚实的思想基础。

(二)学段目标

小学低年级

教育和引导学生热爱中国共产党、热爱祖国、热爱人民,爱亲敬长、爱集体、爱家乡,初步了解生活中的自然、社会常识和有关祖国的知识,保护环境,爱惜资源,养成基本的文明行为习惯,形成自信向上、诚实勇敢、有责任心等良好品质。

小学中高年级

教育和引导学生热爱中国共产党、热爱祖国、热爱人民,了解家乡发展变化和国家历史常识,了解中华优秀传统文化和党的光荣革命传统,理解日常生活的道德规范和文明礼貌,初步形成规则意识和民主法治观念,养成良好生活和行为习惯,具备保护生态环境的意识,形成诚实守信、友爱宽容、自尊自律、乐观向上等良好品质。

初中学段

教育和引导学生热爱中国共产党、热爱祖国、

热爱人民,认同中华文化,继承革命传统,弘扬民族精神,理解基本的社会规范和道德规范,树立规则意识、法治观念,培养公民意识,掌握促进身心健康发展的途径和方法,养成热爱劳动、自主自立、意志坚强的生活态度,形成尊重他人、乐于助人、善于合作、勇于创新等良好品质。

高中学段

教育和引导学生热爱中国共产党、热爱祖国、热爱人民,拥护中国特色社会主义道路,弘扬民族精神,增强民族自尊心、自信心和自豪感,增强公民意识、社会责任感和民主法治观念,学习运用马克思主义基本观点和方法观察问题、分析问题和解决问题,学会正确选择人生发展道路的相关知识,具备自主、自立、自强的态度和能力,初步形成正确的世界观、人生观和价值观。

四、德育内容

(一)理想信念教育。开展马列主义、毛泽东思想学习教育,加强中国特色社会主义理论体系学习教育,引导学生深入学习习近平总书记系列重要讲话精神,领会党中央治国理政新理念新思想新战略。加强中国历史特别是近现代史教育、革命文化教育、中国特色社会主义宣传教育、中国梦主题宣传教育、时事政策教育,引导学生深入了解中国革命史、中国共产党史、改革开放史和社会主义发展史,继承革命传统,传承红色基因,深刻领会实现中华民族伟大复兴是中华民族近代以来最伟大的梦想,培养学生对党的政治认同、情感认同、价值认同,不断树立为共产主义远大理想和中国特色社会主义共同理想而奋斗的信念和信心。

(二)社会主义核心价值观教育。把社会主义核心价值观融入国民教育全过程,落实到中小学教育教学和管理服务各环节,深入开展爱国主义教育、国情教育、国家安全教育、民族团结教育、法治教育、诚信教育、文明礼仪教育等,引导学生牢牢把握富强、民主、文明、和谐作为国家层面的价值目标,深刻理解自由、平等、公正、法治作为社会层面的价值取向,自觉遵守爱国、敬业、诚信、友善作为公民层面的价值准则,将社会主义核心价值观内化于心、外化于行。

(三)中华优秀传统文化教育。开展家国情怀教育、社会关爱教育和人格修养教育,传承发展中华优秀传统文化,大力弘扬核心思想理念、中华传统美德、中华人文精神,引导学生了解中华优秀传统文化的历史渊源、发展脉络、精神内涵,增强文化自觉和文化自信。

(四)生态文明教育。加强节约教育和环境保护教育,开展大气、土地、水、粮食等资源的基本国情教育,帮助学生了解祖国的大好河山和地理地貌,开展节粮节水节电教育活动,推动实行垃圾分类,倡导绿色消费,引导学生树立尊重自然、顺应自然、保护自然的发展理念,养成勤俭节约、低碳环保、自觉劳动的生活习惯,形成健康文明的生活方式。

(五)心理健康教育。开展认识自我、尊重生命、学会学习、人际交往、情绪调适、升学择业、人生规划以及适应社会生活等方面教育,引导学生增强调控心理、自主自助、应对挫折、适应环境的能力,培养学生健全的人格、积极的心态和良好的个性心理品质。

五、实施途径和要求

(一)课程育人

充分发挥课堂教学的主渠道作用,将中小学德育内容细化落实到各学科课程的教学目标之中,融入渗透到教育教学全过程。

严格落实德育课程。按照义务教育、普通高中课程方案和标准,上好道德与法治、思想政治课,落实课时,不得减少课时或挪作它用。

要围绕课程目标联系学生生活实际,挖掘课程思想内涵,充分利用时政媒体资源,精心设计教学内容,优化教学方法,发展学生道德认知,注重学生的情感体验和道德实践。

发挥其它课程德育功能。要根据不同年级和不同课程特点,充分挖掘各门课程蕴含的德育资源,将德育内容有机融入到各门课程教学中。

语文、历史、地理等课要利用课程中语言文字、传统文化、历史地理常识等丰富的思想道德教育因素,潜移默化地对学生进行世界观、人生观和价值观的引导。

数学、科学、物理、化学、生物等课要加强对学生科学精神、科学方法、科学态度、科学探究能力和逻辑思维能力的培养,促进学生树立勇于创新、求真求实的思想品质。

音乐、体育、美术、艺术等课要加强对学生审美情趣、健康体魄、意志品质、人文素养和生活方式的培养。

外语课要加强对学生国际视野、国际理解和综合人文素养的培养。

综合实践活动课要加强对学生生活技能、劳动习惯、动手实践和合作交流能力的培养。

用好地方和学校课程。要结合地方自然地理特点、民族特色、传统文化以及重大历史事件、历史名人等,因地制宜开发地方和学校德育课程,引导学生了解家乡的历史文化、自然环境、人口状况和发展成就,培养学生爱家乡、爱祖国的感情,树立维护祖国统一、加强民族团结的意识。

统筹安排地方和学校课程,开展法治教育、廉洁教育、反邪教教育、文明礼仪教育、环境教育、心理健康教育、劳动教育、毒品预防教育、影视教育等专题教育。

(二)文化育人

要依据学校办学理念,结合文明校园创建活动,因地制宜开展校园文化建设,使校园秩序良好、环境优美,校园文化积极向上、格调高雅,提高校园文明水平,让校园处处成为育人场所。

优化校园环境。学校校园建筑、设施、布置、景色要安全健康、温馨舒适,使校园内一草一木、一砖一石都体现教育的引导和熏陶。

学校要有升国旗的旗台和旗杆。建好共青团、少先队活动室。积极建设校史陈列室、图书馆(室)、广播室、学校标志性景观。

学校、教室要在明显位置张贴社会主义核心价值观 24 字、《中小学生守则(2015 年修订)》。教室正前上方有国旗标识。

要充分利用板报、橱窗、走廊、墙壁、地面等进行文化建设,可悬挂革命领袖、科学家、英雄模范等杰出人物的画像和格言,展示学生自己创作的作品或进行主题创作。

营造文化氛围。凝练学校办学理念,加强校风教风学风建设,形成引导全校师生共同进步的精神力量。

鼓励设计符合教育规律、体现学校特点和办学理念的校徽、校训、校规、校歌、校旗等并进行教育展示。

创建校报、校刊进行宣传教育。可设计体现学校文化特色的校服。

建设班级文化,鼓励学生自主设计班名、班训、班歌、班徽、班级口号等,增强班级凝聚力。

推进书香班级、书香校园建设,向学生推荐阅读书目,调动学生阅读积极性。提倡小学生每天课外阅读至少半小时、中学生每天课外阅读至少 1 小时。

建设网络文化。积极建设校园绿色网络,开发网络德育资源,搭建校园网站、论坛、信箱、博客、微信群、QQ 群等网上宣传交流平台,通过网络开展主题班(队)会、冬(夏)令营、家校互动等活动,引导学生合理使用网络,避免沉溺网络游戏,远离有害信息,防止网络沉迷和伤害,提升网络素养,打造清朗的校园网络文化。

(三)活动育人

要精心设计、组织开展主题明确、内容丰富、形式多样、吸引力强的教育活动,以鲜明正确的价值导向引导学生,以积极向上的力量激励学生,促进学生形成良好的思想品德和行为习惯。

开展节日纪念日活动。利用春节、元宵、清明、端午、中秋、重阳等中华传统节日以及二十四节气,开展介绍节日历史渊源、精神内涵、文化习俗等校园文化活动,增强传统节日的体验感和文化感。

利用植树节、劳动节、青年节、儿童节、教师节、国庆节等重大节庆日集中开展爱党爱国、民族团结、热爱劳动、尊师重教、爱护环境等主题教育活动。

利用学雷锋纪念日、中国共产党建党纪念日、中国人民解放军建军纪念日、七七抗战纪念日、九三抗战胜利纪念日、九一八纪念日、烈士纪念日、国家公祭日等重要纪念日,以及地球日、环境日、健康日、国家安全教育日、禁毒日、航天日、航海日等主题日,设计开展相关主题教育活动。

开展仪式教育活动。仪式教育活动要体现庄严神圣,发挥思想政治引领和道德价值引领作用,创新方式方法,与学校特色和学生个性展示相结合。

严格中小学升挂国旗制度。除寒暑假和双休日外,应当每日升挂国旗。除假期外,每周一及重大节会活动要举行升旗仪式,奏唱国歌,开展向国旗敬礼、国旗下宣誓、国旗下讲话等活动。

入团、入队要举行仪式活动。

举办入学仪式、毕业仪式、成人仪式等有特殊意义的仪式活动。

开展校园节(会)活动。举办丰富多彩、寓教于乐的校园节(会)活动,培养学生兴趣爱好,充实学生校园生活，磨练学生意志品质，促进学生身心健康发展。

学校每学年至少举办一次科技节、艺术节、运动会、读书会。可结合学校办学特色和学生实际，自主开发校园节（会）活动，做好活动方案和应急预案。

开展团、队活动。加强学校团委对学生会组织、学生社团的指导管理。明确中学团委对初中少先队工作的领导职责，健全初中团队衔接机制。确保少先队活动时间，小学1年级至初中2年级每周安排1课时。

发挥学生会作用，完善学生社团工作管理制度，建立体育、艺术、科普、环保、志愿服务等各类学生社团。学校要创造条件为学生社团提供经费、场地、活动时间等方面保障。

要结合各学科课程教学内容及办学特色，充分利用课后时间组织学生开展丰富多彩的科技、文娱、体育等社团活动，创新学生课后服务途径。

（四）实践育人

要与综合实践活动课紧密结合，广泛开展社会实践，每学年至少安排一周时间，开展有益于学生身心发展的实践活动，不断增强学生的社会责任感、创新精神和实践能力。

开展各类主题实践。利用爱国主义教育基地、公益性文化设施、公共机构、企事业单位、各类校外活动场所、专题教育社会实践基地等资源，开展不同主题的实践活动。

利用历史博物馆、文物展览馆、物质和非物质文化遗产地等开展中华优秀传统文化教育。

利用革命纪念地、烈士陵园（墓）等开展革命传统教育。

利用法院、检察院、公安机关等开展法治教育。

利用展览馆、美术馆、音乐厅等开展文化艺术教育。

利用科技类馆室、科研机构、高新技术企业设施等开展科普教育。

利用军事博物馆、国防设施等开展国防教育。

利用环境保护和节约能源展览馆、污水处理企业等开展环境保护教育。

利用交通队、消防队、地震台等开展安全教育。

利用养老院、儿童福利机构、残疾人康复机构等社区机构等开展关爱老人、孤儿、残疾人教育。

利用体育科研院所、心理服务机构、儿童保健机构等开展健康教育。

加强劳动实践。在学校日常运行中渗透劳动教育，积极组织学生参与校园卫生保洁、绿化美化，普及校园种植。

将校外劳动纳入学校的教育教学计划，小学、初中、高中每个学段都要安排一定时间的农业生产、工业体验、商业和服务业实习等劳动实践。

教育引导学生参与洗衣服、倒垃圾、做饭、洗碗、拖地、整理房间等力所能及的家务劳动。

组织研学旅行。把研学旅行纳入学校教育教学计划，促进研学旅行与学校课程、德育体验、实践锻炼有机融合，利用好研学实践基地，有针对性地开展自然类、历史类、地理类、科技类、人文类、体验类等多种类型的研学旅行活动。

要考虑小学、初中、高中不同学段学生的身心发展特点和能力，安排适合学生年龄特征的研学旅行。

要规范研学旅行组织管理，制定研学旅行工作规程，做到“活动有方案，行前有备案，应急有预案”，明确学校、家长、学生的责任和权利。

开展学雷锋志愿服务。要广泛开展与学生年龄、智力相适应的志愿服务活动。

发挥本校团组织、少先队组织的作用，抓好学生志愿服务的具体组织、实施、考核评估等工作。

做好学生志愿服务认定记录，建立学生志愿服务记录档案，加强学生志愿服务先进典型宣传。

（五）管理育人

要积极推进学校治理现代化，提高学校管理水平，将中小学德育工作的要求贯穿于学校管理制度的每一个细节之中。

完善管理制度。制定校规校纪，健全学校管理制度，规范学校治理行为，形成全体师生广泛认同和自觉遵守的制度规范。

制定班级民主管理制度，形成学生自我教育、民主管理的班级管理模式。

制定防治学生欺凌和暴力工作制度，健全应急处置预案，建立早期预警、事中处理及事后干预等机制。

会同相关部门建立学校周边综合治理机制，对社会上损害学生身心健康的不法行为依法严肃惩处。

明确岗位责任。建立实现全员育人的具体制度,明确学校各个岗位教职员工的育人责任,规范教职工言行,提高全员育人的自觉性。

班主任要全面了解学生,加强班集体管理,强化集体教育,建设良好班风,通过多种形式加强与学生家长的沟通联系。各学科教师要主动配合班主任,共同做好班级德育工作。

加强师德师风建设。培育、宣传师德标兵、教学骨干和优秀班主任、德育工作者等先进典型,引导教师争做“四有”好教师。

实行师德“一票否决制”,把师德表现作为教师资格注册、年度考核、职务(职称)评审、岗位聘用、评优奖励的首要标准。

细化学生行为规范。落实《中小学生守则(2015年修订)》,鼓励结合实际制订小学生日常行为规范、中学生日常行为规范,教育引导学生熟知学习生活中的基本行为规范,践行每一项要求。

关爱特殊群体。要加强对经济困难家庭子女、单亲家庭子女、学习困难学生、进城务工人员随迁子女、农村留守儿童等群体的教育关爱,完善学校联系关爱机制,及时关注其心理健康状况,积极开展心理辅导,提供情感关怀,引导学生心理、人格积极健康发展。

(六)协同育人

要积极争取家庭、社会共同参与和支持学校德育工作,引导家长注重家庭、注重家教、注重家风,营造积极向上的良好社会氛围。

加强家庭教育指导。要建立健全家庭教育工作机制,统筹家长委员会、家长学校、家长会、家访、家长开放日、家长接待日等各种家校沟通渠道,丰富学校指导服务内容,及时了解、沟通和反馈学生思想状况和行为表现,认真听取家长对学校的意见和建议,促进家长了解学校办学理念、教育教学改进措施,帮助家长提高家教水平。

构建社会共育机制。要主动联系本地宣传、综治、公安、司法、民政、文化、共青团、妇联、关工委、卫计委等部门、组织,注重发挥党政机关和企事业单位领导干部、专家学者以及老干部、老战士、老专家、老教师、老模范的作用,建立多方联动机制,搭建社会育人平台,实现社会资源共享共建,净化学生成长环境,助力广大中小学生健康成长。

六、组织实施

加强组织领导。各级教育行政部门要把中小学德育工作作为教育系统党的建设的重要内容,摆上重要议事日程,加强指导和管理。学校要建立党组织主导、校长负责、群团组织参与、家庭社会联动的德育工作机制。学校党组织要充分发挥政治核心作用,切实加强对学校德育工作的领导,把握正确方向,推动解决重要问题。校长要亲自抓德育工作,规划、部署、推动学校德育工作落到实处。学校要完善党建带团建机制,加强共青团、少先队建设,在学校德育工作中发挥共青团、少先队的思想性、先进性、自主性、实践性优势。

加强条件保障。各级教育行政部门和学校要进一步改善学校办学条件,将德育工作经费纳入经费年度预算,完善优化教育手段,提供德育工作必需的场所、设施,订阅必备的参考书、报刊杂志,配齐相应的教学仪器设备等。

加强队伍建设。各级教育行政部门和学校要重视德育队伍人员培养选拔,优化德育队伍结构,建立激励和保障机制,调动工作积极性和创造性。要有计划地培训学校党组织书记、校长、德育干部、班主任、各科教师和少先队辅导员、中学团干部,组织他们学习党的教育方针、德育理论,提高德育工作专业化水平。

加强督导评价。各级教育行政部门要将学校德育工作开展情况纳入对学校督导的重要内容,建立区域、学校德育工作评价体系,适时开展专项督导评估工作。学校要认真开展学生的品德评价,纳入综合素质评价体系,建立学生综合素质档案,做好学生成长记录,反映学生成长实际状况。

加强科学研究。各级教育行政部门、教育科研机构和学校要组织力量开展中小学德育工作研究,探索新时期德育工作特点和规律,创新德育工作的途径和方法,定期总结交流研究成果,学习借鉴先进经验和做法,增强德育工作的科学性、系统性和实效性。

(二)文体工作

学校体育工作条例

- 1990年2月20日国务院批准
- 1990年3月12日国家教育委员会、国家体育运动委员会令第11号发布
- 根据2017年3月1日《国务院关于修改和废止部分行政法规的决定》修订

第一章　总　则

第一条　为保证学校体育工作的正常开展，促进学生身心的健康成长，制定本条例。

第二条　学校体育工作是指普通中小学校、农业中学、职业中学、中等专业学校、普通高等学校的体育课教学、课外体育活动、课余体育训练和体育竞赛。

第三条　学校体育工作的基本任务是：增进学生身心健康、增强学生体质；使学生掌握体育基本知识，培养学生体育运动能力和习惯；提高学生运动技术水平，为国家培养体育后备人才；对学生进行品德教育，增强组织纪律性，培养学生的勇敢、顽强、进取精神。

第四条　学校体育工作应当坚持普及与提高相结合、体育锻炼与安全卫生相结合的原则，积极开展多种形式的强身健体活动，重视继承和发扬民族传统体育，注意吸取国外学校体育的有益经验，积极开展体育科学研究工作。

第五条　学校体育工作应当面向全体学生，积极推行国家体育锻炼标准。

第六条　学校体育工作在教育行政部门领导下，由学校组织实施，并接受体育行政部门的指导。

第二章　体育课教学

第七条　学校应当根据教育行政部门的规定，组织实施体育课教学活动。

普通中小学校、农业中学、职业中学、中等专业学校各年级和普通高等学校的一、二年级必须开设体育课。普通高等学校对三年级以上学生开设体育选修课。

第八条　体育课教学应当遵循学生身心发展的规律，教学内容应当符合教学大纲的要求，符合学生年龄、性别特点和所在地区地理、气候条件。

体育课的教学形式应当灵活多样，不断改进教学方法，改善教学条件，提高教学质量。

第九条　体育课是学生毕业、升学考试科目。学生因病、残免修体育课或者免除体育课考试的，必须持医院证明，经学校体育教研室（组）审核同意，并报学校教务部门备案，记入学生健康档案。

第三章　课外体育活动

第十条　开展课外体育活动应当从实际情况出发，因地制宜，生动活泼。

普通中小学校、农业中学、职业中学每天应当安排课间操，每周安排三次以上课外体育活动，保证学生每天有1小时体育活动的时间（含体育课）。

中等专业学校、普通高等学校除安排有体育课、劳动课的当天外，每天应当组织学生开展各种课外体育活动。

第十一条　学校应当在学生中认真推行国家体育锻炼标准的达标活动和等级运动员制度。

学校可根据条件有计划地组织学生远足、野营和举办夏（冬）令营等多种形式的体育活动。

第四章　课余体育训练与竞赛

第十二条　学校应当在体育课教学和课外体育活动的基础上，开展多种形式的课余体育训练，提高学生的运动技术水平。有条件的普通中小学校、农业中学、职业中学、中等专业学校经省级教育行政部门批准，普通高等学校经国家教育委员会批准，可以开展培养优秀体育后备人才的训练。

第十三条　学校对参加课余体育训练的学生，应当安排好文化课学习，加强思想品德教育，并注意改善他们的营养。普通高等学校对运动水平较高、具有培养前途的学生，报国家教育委员会批准，可适当延长学习年限。

第十四条　学校体育竞赛贯彻小型多样、单项分散、基层为主、勤俭节约的原则。学校每学年至少举行一次以田径项目为主的全校性运动会。

第十五条　全国中学生运动会每3年举行一次，全国大学生运动会每4年举行一次。特殊情况下，经国家教育委员会批准可提前或者延期举行。

国家教育委员会根据需要，可以安排学生参

加国际学生体育竞赛。

第十六条 学校体育竞赛应当执行国家有关的体育竞赛制度和规定,树立良好的赛风。

第五章 体育教师

第十七条 体育教师应当热爱学校体育工作,具有良好的思想品德、文化素养,掌握体育教育的理论和教学方法。

第十八条 学校应当在各级教育行政部门核定的教师总编制数内,按照教学计划中体育课授课时数所占的比例和开展课余体育活动的需要配备体育教师。除普通小学外,学校应当根据学校女生数量配备一定比例的女体育教师。承担培养优秀体育后备人才训练任务的学校,体育教师的配备应当相应增加。

第十九条 各级教育行政部门和学校应当有计划地安排体育教师进修培训。对体育教师的职务聘任、工资待遇应当与其他任课教师同等对待。按照国家有关规定,有关部门应当妥善解决体育教师的工作服装和粮食定量。

体育教师组织课间操(早操)、课外体育活动和课余训练、体育竞赛应当计算工作量。

学校对妊娠、产后的女体育教师,应当依照《女职工劳动保护规定》给予相应的照顾。

第六章 场地、器材、设备和经费

第二十条 学校的上级主管部门和学校应当按照国家或者地方制订的各类学校体育场地、器材、设备标准,有计划地逐步配齐。学校体育器材应当纳入教学仪器供应计划。新建、改建学校必须按照有关场地、器材的规定进行规划、设计和建设。

在学校比较密集的城镇地区,逐步建立中小学体育活动中心,并纳入城市建设规划。社会的体育场(馆)和体育设施应当安排一定时间免费向学生开放。

第二十一条 学校应当制定体育场地、器材、设备的管理维修制度,并由专人负责管理。

任何单位或者个人不得侵占、破坏学校体育场地或者破坏体育器材、设备。

第二十二条 各级教育行政部门和学校应当根据学校体育工作的实际需要,把学校体育经费纳入核定的年度教育经费预算内,予以妥善安排。

地方各级人民政府在安排年度学校教育经费时,应当安排一定数额的体育经费,以保证学校体育工作的开展。

国家和地方各级体育行政部门在经费上应当尽可能对学校体育工作给予支持。

国家鼓励各种社会力量以及个人自愿捐资支援学校体育工作。

第七章 组织机构和管理

第二十三条 各级教育行政部门应当健全学校体育管理机构,加强对学校体育工作的指导和检查。

学校体育工作应当作为考核学校工作的一项基本内容。普通中小学校的体育工作应当列入督导计划。

第二十四条 学校应当由一位副校(院)长主管体育工作,在制定计划、总结工作、评选先进时,应当把体育工作列为重要内容。

第二十五条 普通高等学校、中等专业学校和规模较大的普通中学,可以建立相应的体育管理部门,配备专职干部和管理人员。

班主任、辅导员应当把学校体育工作作为一项工作内容,教育和督促学生积极参加体育活动。学校的卫生部门应当与体育管理部门互相配合,搞好体育卫生工作。总务部门应当搞好学校体育工作的后勤保障。

学校应当充分发挥共青团、少先队、学生会以及大、中学生体育协会等组织在学校体育工作中的作用。

第八章 奖励与处罚

第二十六条 对在学校体育工作中成绩显著的单位和个人,各级教育、体育行政部门或者学校应当给予表彰、奖励。

第二十七条 对违反本条例,有下列行为之一的单位或者个人,由当地教育行政部门令其限期改正,并视情节轻重对直接责任人员给予批评教育或者行政处分:

(一)不按规定开设或者随意停止体育课的;

(二)未保证学生每天一小时体育活动时间(含体育课)的;

(三)在体育竞赛中违反纪律、弄虚作假的;

(四)不按国家规定解决体育教师工作服装、粮食定量的。

第二十八条 对违反本条例,侵占、破坏学校体育场地、器材、设备的单位或者个人，由当地人民政府或者教育行政部门令其限期清退和修复场地、赔偿或者修复器材、设备。

第九章　附　则

第二十九条　高等体育院校和普通高等学校的体育专业的体育工作不适用本条例。

技工学校、工读学校、特殊教育学校、成人学校的学校体育工作参照本条例执行。

第三十条　国家教育委员会、国家体育运动委员会可根据本条例制定实施办法。

第三十一条　本条例自发布之日起施行。原教育部、国家体育运动委员会 1979 年 10 月 5 日发布的《高等学校体育工作暂行规定(试行草案)》和《中、小学体育工作暂行规定(试行草案)》同时废止。

全国学生体育竞赛管理规定

· 1997 年 11 月 28 日
· 教体〔1997〕9 号

第一章　总　则

第一条　为加强对全国学生体育竞赛的领导和管理，提高学生体育竞赛的水平和效益，使竞赛工作逐步制度化、规范化，特制定本规定。

第二条　全国学生体育竞赛是指全国范围的综合性或单项体育竞赛。全国学生体育竞赛由国家教委和有关部门、中国大学生体育协会或中国中学生体育协会及由中国大学生体育协会授权的单项分会主办。

第三条　举办全国学生体育竞赛要以育人为宗旨，突出教育特色，讲求综合效益，体现“团结、奋进、文明、育人”的精神。通过竞赛活跃文化生活，提高青少年学生的健康水平，发现和培养优秀体育人才，检验和提高学校课余训练水平，推动学校体育工作的发展。

第四条　全国大学生、中学生运动会由国家教委、国家体委、共青团中央联合主办，中国大学生体育协会或中国中学生体育协会协办。

全国大学生运动会每四年举办一次；全国中学生运动会每三年举办一次，如遇特殊情况可提前或顺延举行。

第五条　中国大学生体育协会以及由中国大学生体育协会授权的各单项分会，每年可主办一至二次全国性大学生单项体育竞赛。

第六条　中国中学生体育协会可根据情况每年举办二至三个项目的单项比赛。

第七条　在举办全国大学生运动会、全国中学生运动会的当年，凡已列入运动会比赛的项目，不再安排该项目的单项比赛。

第二章　竞赛项目和竞赛的申办

第八条　全国大、中学生运动会所设项目应按基础性强、普及面广并具有一定传统的原则选择确定，每届运动会所设项目不宜过多。

根据现阶段实际情况，全国大学生综合运动会可设置 6-8 个项目，其中必设项目有：田径、游泳、篮球、足球、乒乓球。另外，可选设 1-2 项易于普及的群众体育项目，如武术、健美操、羽毛球、网球等。

全国中学生综合运动会一般可设 5-7 个项目，其中必设项目有：田径、游泳、篮球、排球、足球。另外，可选设 1-2 项易于普及的群众体育项目，如乒乓球、武术等。

第九条　凡承办全国大、中学生综合性运动会的单位和地区，应当提出运动会设项方案，报主办单位审定后正式列入该项比赛的竞赛规程。

第十条　具备以下条件的省、自治区、直辖市均可申请承办全国大学生运动会或全国中学生运动会：

1. 承办地是经济、文化、教育水平较为发达的大、中型城市；

2. 运动会承办城市及学校，必须有较好的体育场馆及设施，符合比赛项目的技术要求和其他条件；

3. 除国家财政拨款外，必须有足够的经济实力，以保证运动会顺利运行；

4. 承办单位必须遵循主办单位制定的各项规定，保证完成运动会筹备、召开、总结等各阶段的工作。

第十一条　申请承办全国大学生运动会、全国中学生运动会，应当在上一届运动会举办前，向主办单位递交申请承办报告，并需附下列文件：

1. 当地人民政府批复意见书；

2. 承办工作实施意向书；

3. 经费预算及经费保证。

第十二条 中国大学生体育协会授权的各单项分会主办年度单项比赛，应当上报年度竞赛计划，并向中国大学生体育协会提供以下材料：

1. 承办单位名称；
2. 比赛名称；
3. 比赛日期、地点；
4. 参赛队数；
5. 竞赛规程；
6. 经费条件。

第十三条 凡有条件承办全国大学生单项体育竞赛的大专院校，在征得当地教育行政部门同意后，均可向大学生体育协会的单项分会提出书面申请。经大学生体育协会单项分会审核后，在比赛前一年的11月底以前，以书面形式上报中国大学生体育协会审批，经批准后方可举行。

申请承办全国中学生单项比赛，应经中国中学生体育协会批准。

第三章 竞赛组织

第十四条 承办单位应在主办单位的指导下，成立筹备委员会或筹备工作领导小组，全面负责各项筹备工作，并制定竞赛规程，报主办单位审定。

第十五条 竞赛规程应包括下列内容：竞赛名称、承办单位、协办单位、参赛单位、竞赛日期和地点、运动队及运动员的参赛条件、竞赛办法、录取名次、奖励办法、资格审查、体育道德风尚奖评比、裁判员、经费条件等。

第十六条 承办单位应在比赛开始前向主办单位报送组织委员会成立方案，经主办单位批准，正式成立组织委员会。

组委会全面负责比赛期间的领导及善后工作，处理重大或紧急事项，保证比赛公正、有序地顺利进行。在全部比赛结束后一个月内，向主办单位递交书面总结。

第十七条 竞赛筹备委员会、组织委员会下设各机构工作职责如下：

1. 办公室：根据比赛安排，排定活动日程表，拟定、印刷有关文件和材料，协调各部门的工作，协助有关机构组织各种会议，组织实施体育道德风尚奖运动队、运动员、裁判员的评选工作。

2. 竞赛机构：执行竞赛规程，确保比赛符合各该项目的竞赛规则并按竞赛规程的规定进行。负责比赛轮次和日程的编排；接受参赛队报名，按照竞赛规则的要求，保证比赛场地、器材、设施的正常使用；安排赛前的训练，组织安排裁判员学习和实习，以及赛前的技术会议；编辑竞赛秩序册，定时发送竞赛公报。

3. 接待机构：负责参赛队、裁判员以及参加赛会工作人员的迎送、食宿、市内交通等生活安排；负责返程交通票的订购。

4. 纪律与资格审查机构：依照竞赛规程有关规定，负责审查参赛运动队、运动员的资格；听取受理意见和材料，并作出处理决定；负责处理赛会和比赛期间的一切违纪事件。

5. 财务机构：根据竞赛规模制订经费预算及开支原则；提出经费筹集方案，负责经费筹集和资金管理；合理支付各种费用；在比赛结束后一个月内，向主办单位提交结算报告。

6. 宣传机构：以多种形式进行宣传和报道，扩大影响；负责与新闻单位的联系，组织必要的新闻发布会；编印宣传手册；配合集资部门做好广告设置。

7. 安全机构：负责赛会期间的食宿、交通、赛场安全保卫工作，负责维持赛场观众秩序。

组织委员会机构除下设以上机构外，要加设体育道德风尚评选等与竞赛活动有关的其他机构。

第十八条 全国大学生运动会、全国中学生运动会可设主席团。

第四章 竞赛管理

第十九条 参加全国学生体育竞赛的运动员必须是取得学籍的在校大学生、中学生，并符合参赛项目竞赛规程中有关“运动员条件”的各项规定。

如有违反上述规定者，除取消运动员参赛资格或比赛成绩外，主办单位有权进一步追究派出单位或直接有关人员的责任，视其情节给予相应处理。

第二十条 对学生运动员应建立统一的档案登记，并实行统一的计算机储存管理。凡培养体育后备人才的试点校每年对招收的运动员要进行统计，并向中国大学生体育协会、中国中学生体育协会申报。凡比赛前一年度未申报的运动员一律不得参加本年度比赛。凡当年招收的学生不得参加当年举办的各种竞赛活动。

第二十一条 比赛报名办法必须按所参加比赛的竞赛规程中有关报名规定进行。

第二十二条 全国学生体育竞赛原则上不收取报名费,如确需收取报名费的,必须报请比赛主办单位批准。

第二十三条 参赛队应按竞赛规程所规定的人数和日期报到,同时交验学生身份证或其他具有法律效力的证明文件。

第二十四条 比赛场地、器材、设施要符合竞赛规则的要求和标准,保证比赛顺利进行。大型比赛应有必要的摄录像设备。

比赛一般应安排在学校的场地或体育馆进行。

第二十五条 运动队应安排在条件较好的学校食宿。宿舍、餐厅及周围环境应清洁、卫生,能提供保证运动员赛后的热淋浴条件。必须有食品卫生检验制度,保证运动员营养的需要,杜绝食物中毒现象的发生。

裁判员、运动员应分离住宿和就餐。

第二十六条 赛会期间任何人员不允许将家属、亲友及无关人员带往赛会。情节严重者,将取消其参赛或工作资格。

第二十七条 运动队成员、裁判员、大会工作人员都必须遵守大会制定的制度和纪律规定,遵守国家法律、法规的规定。

第二十八条 承办单位应确保比赛驻地、赛场的安全。参加比赛的各队必须按要求办理全队人员比赛期间阶段性人身保险,否则不得参加比赛。

第二十九条 比赛场、馆内一律禁止吸烟。

第五章 裁判员的选派和管理

第三十条 在比赛中担任副裁判长以上的裁判员由主办单位选聘。其他裁判员按竞赛规程中有关规定选聘。

第三十一条 全国大学生运动会、全国中学生运动会所有裁判员均由主办单位选聘。

第三十二条 凡由主办单位选派的裁判员差旅费由赛区负担。裁判员在比赛期间所有的食宿费、裁判员酬金均由赛区负担。

第三十三条 由中国大学生体育协会各单项分会主办的大学生单项体育比赛,裁判员的选聘方案及主要裁判人员名单,要在比赛前一个月报中国大学生体育协会审批备案。

第三十四条 裁判员在执行裁判工作时要认真执行裁判员守则,不得以任何形式介入裁判工作以外的事情。对违反此规定者将视其情节给予警告、停止工作等相应处理。

第三十五条 如无特殊安排,裁判员到赛区参加工作,应自备裁判服装和裁判工作用品,裁判员临场工作时必须佩带级别标志。

第三十六条 每次竞赛活动结束后 24 小时内,裁判长负责组织全体裁判员进行总结,并写出书面材料连同填好的裁判员工作报告表送交主办单位。

第六章 资格审查、竞赛纪律及申诉

第三十七条 为端正赛风,对比赛中出现的运动队、裁判员、工作人员弄虚作假、徇私舞弊及其他违纪行为,比赛组委会的纪律与资格审查机构,应及时调查核实,并依据竞赛规程、竞赛规则、资格审查办法的规定,分别情况作出警告、停赛、通报或取消运动队、运动员、裁判员及工作人员资格的处理决定。比赛组委会的纪律与资格审查机构的处理决定为最终决定。

第三十八条 参赛各队均有举报和申诉权。举报和申诉时要注重证据,要出据经团(队)领导核准签字后的书面材料及一定数额的举报、申诉费,否则不予受理。

第三十九条 对参赛运动员服用违禁药物的检测和处理,应当严格按照国家体委的有关规定执行。

第七章 竞赛财务管理及经费支配

第四十条 举办学生体育竞赛应贯彻勤俭办赛的方针。比赛预算要符合比赛基本需要,并有可靠的资金或财源保证。

第四十一条 凡与比赛有关的一切经费来源要独立设账,由专人管理,并健全财务收支制度和监督、审计制度。要做到专款专用,严格执行财务管理的有关规定。

第四十二条 比赛主办单位有权决定对其所主办的比赛进行财务监督、检查和审计。

第四十三条 以赞助单位产品名称、标志命名的比赛,必须征得主办单位的同意,否则不得冠名。

第四十四条 凡承办大、中学生运动会的单位、地区以及承办规模较大的全国大、中学生体育单项比赛的单位，以运动会或比赛的名义所征集的赞助款，广告、售销体育彩票的费用等行政拨款以外的收入，应按总收入5%的比例上缴大、中学生体育协会。

第八章 附 则

第四十五条 本《规定》自发布之日起施行。

中小学健康教育指导纲要

· 2008年12月1日
· 教体艺〔2008〕12号

贯彻落实《中共中央 国务院关于加强青少年体育 增强青少年体质的意见》（中发〔2007〕7号）对健康教育提出的工作要求，进一步加强学校健康教育工作，培养学生的健康意识与公共卫生意识，掌握健康知识和技能，促进学生养成健康的行为和生活方式，依据《中国公民健康素养-基本知识与技能（试行）》及新时期学校健康教育的需求，特制定本纲要。

一、指导思想、目标和基本原则

1. 以邓小平理论和“三个代表”重要思想为指导，按照科学发展观的要求，全面贯彻党的教育方针，认真落实健康第一的指导思想，把增强学生健康素质作为学校教育的基本目标之一，促进学生健康成长。

2. 健康教育是以促进健康为核心的教育。通过有计划地开展学校健康教育，培养学生的健康意识与公共卫生意识，掌握必要的健康知识和技能，促进学生自觉地采纳和保持有益于健康的行为和生活方式，减少或消除影响健康的危险因素，为一生的健康奠定坚实的基础。

3. 学校健康教育要把培养青少年的健康意识，提高学生的健康素质作为根本的出发点，注重实用性和实效性。坚持健康知识传授与健康技能传授并重原则；健康知识和技能传授呈螺旋式递进原则；健康知识传授、健康意识与健康行为形成相统一原则；总体要求与地方实际相结合原则；健康教育理论知识和学生生活实际相结合原则。做到突出重点、循序渐进，不断强化和促进健康知识的掌握、健康技能的提高、健康意识的形成、健康行为和生活方式的建立。

二、健康教育具体目标和基本内容

中小学健康教育内容包括五个领域：健康行为与生活方式、疾病预防、心理健康、生长发育与青春期保健、安全应急与避险。

根据儿童青少年生长发育的不同阶段，依照小学低年级、小学中年级、小学高年级、初中年级、高中年级五级水平，把五个领域的内容合理分配到五级水平中，分别为水平一（小学1-2年级）、水平二（小学3-4年级）、水平三（小学5-6年级）、水平四（初中7-9年级）、水平五（高中10-12年级）。五个不同水平互相衔接，完成中小学校健康教育的总体目标。

（一）水平一（小学1-2年级）

1. 目标

知道个人卫生习惯对健康的影响，初步掌握正确的个人卫生知识；了解保护眼睛和牙齿的知识；知道偏食、挑食对健康的影响，养成良好的饮水、饮食习惯；了解自己的身体，学会自我保护；学会加入同伴群体的技能，能够与人友好相处；了解道路交通和玩耍中的安全常识，掌握一些简单的紧急求助方法；了解环境卫生对个人健康的影响，初步树立维护环境卫生意识。

2. 基本内容

（1）健康行为与生活方式：不随地吐痰，不乱丢果皮纸屑等垃圾；咳嗽、打喷嚏时遮掩口鼻；勤洗澡、勤换衣、勤洗头、勤剪指甲（包含头虱的预防）；不共用毛巾和牙刷等洗漱用品（包含沙眼的预防）；不随地大小便，饭前便后要洗手；正确的洗手方法；正确的身体坐、立、行姿势，预防脊柱弯曲异常；正确的读写姿势；正确做眼保健操；每天早晚刷牙，饭后漱口；正确的刷牙方法以及选择适宜的牙刷和牙膏；预防龋齿（认识龋齿的成因、注意口腔卫生、定期检查）；适量饮水有益健康，每日适宜饮水量，提倡喝白开水；吃好早餐，一日三餐有规律；偏食、挑食对健康的影响；经常喝牛奶、食用豆类及豆制品有益生长发育和健康；经常开窗通气有利健康；文明如厕、自觉维护厕所卫生；知道蚊子、苍蝇、老鼠、蟑螂等会传播疾病。

（2）疾病预防：接种疫苗可以预防一些传染病。

(3)心理健康：日常生活中的礼貌用语，与同学友好相处技能。

(4)生长发育与青春期保健：生命孕育、成长基本知识，知道“我从哪里来”。

(5)安全应急与避险：常见的交通安全标志；行人应遵守的基本交通规则；乘车安全知识；不玩危险游戏，注意游戏安全；燃放鞭炮要注意安全；不玩火，使用电源要注意安全；使用文具、玩具要注意卫生安全；远离野生动物，不与宠物打闹；家养犬要注射疫苗；发生紧急情况，会拨打求助电话（医疗求助电话：120，火警电话：119，匪警电话：110）。

（二）水平二（小学3-4年级）

1. 目标

进一步了解保护眼睛、预防近视眼知识，学会合理用眼；了解食品卫生基本知识，初步树立食品卫生意识；了解体育锻炼对健康的作用，初步学会合理安排课外作息时间；初步了解烟草对健康的危害；了解肠道寄生虫病、常见呼吸道传染病和营养不良等疾病的基本知识及预防方法；了解容易导致意外伤害的危险因素，熟悉常见的意外伤害的预防与简单处理方法；了解日常生活中的安全常识，掌握简单的避险与逃生技能；初步了解生命的意义和价值，树立保护生命的意识。

2. 基本内容

(1)健康行为与生活方式：读书写字、看电视、用电脑的卫生要求；预防近视（认识近视的成因、学会合理用眼、注意用眼卫生、定期检查）；预防眼外伤；不吃不洁、腐败变质、超过保质期的食品；生吃蔬菜水果要洗净；人体所需的主要营养素；体育锻炼有利于促进生长发育和预防疾病；睡眠卫生要求；生活垃圾应该分类放置；烟草中含有多种有害于健康的物质，避免被动吸烟。

(2)疾病预防：蛔虫、蛲虫等肠道寄生虫病对健康的危害与预防；营养不良、肥胖对健康的危害与预防；认识传染病（重点为传播链）；常见呼吸道传染病（流感、水痘、腮腺炎、麻疹、流脑等）的预防；冻疮的预防（可根据地方实际选择）；学生应接种的疫苗。

(3)生长发育与青春期保健：人的生命周期包括诞生、发育、成熟、衰老、死亡；初步了解儿童青少年身体主要器官的功能，学会保护自己。

(4)安全应急与避险：游泳和滑冰的安全知识；不乱服药物，不乱用化妆品；火灾发生时的逃生与求助；地震发生时的逃生与求助；动物咬伤或抓伤后应立即冲洗伤口，及时就医，及时注射狂犬疫苗；鼻出血的简单处理；简便止血方法（指压法、加压包扎法）。

（三）水平三（小学5-6年级）

1. 目标

了解健康的含义与健康的生活方式，初步形成健康意识；了解营养对促进儿童少年生长发育的意义，树立正确的营养观；了解食品卫生知识，养成良好的饮食卫生习惯；了解烟草对健康的危害，树立吸烟有害健康的意识；了解毒品危害的简单知识，远离毒品危害；掌握常见肠道传染病、虫媒传染病基本知识和预防方法，树立卫生防病意识；了解常见地方病如碘缺乏病、血吸虫病对健康的危害，掌握预防方法；了解青春期生理发育基本知识，初步掌握相关的卫生保健知识；了解日常生活中的安全常识，学会体育锻炼中的自我监护，提高自我保护的能力。

2. 基本内容

(1)健康行为与生活方式：健康不仅仅是没有疾病或不虚弱，而是身体、心理、社会适应的完好状态；健康的生活方式（主要包括合理膳食、适量运动、戒烟限酒、心理平衡）有利于健康；膳食应以谷类为主，多吃蔬菜水果和薯类，注意荤素搭配；日常生活饮食应适度，不暴饮暴食，不盲目节食，适当零食；购买包装食品应注意查看生产日期、保质期、包装有无涨包或破损，不购买无证摊贩食品；容易引起食物中毒的常见食品（发芽土豆、不熟扁豆和豆浆、毒蘑菇、新鲜黄花菜、河豚鱼等）；不采摘、不食用野果、野菜；体育锻炼时自我监护的主要内容（主观感觉和客观检查的指标）；发现视力异常，应到正规医院眼科进行视力检查、验光，注意配戴眼镜的卫生要求；吸烟和被动吸烟会导致癌症、心血管疾病、呼吸系统疾病等多种疾病；不吸烟、不饮酒。常见毒品的名称；毒品对个人和家庭的危害，自我保护的常识和简单方法，能够远离毒品。

(2)疾病预防：贫血对健康的危害与预防；常见肠道传染病（细菌性痢疾、伤寒与副伤寒、甲型肝炎等）的预防；疟疾的预防；流行性出血性结膜炎（红眼病）的预防；碘缺乏病对人体健康的危害；食用碘盐可以预防碘缺乏病；血吸虫病的预防（可根据地方实际选择)。

(3)心理健康:保持自信,自己的事情自己做。

(4)生长发育与青春期保健:青春期的生长发育特点;男女少年在青春发育期的差异(男性、女性第二性征的具体表现);女生月经初潮及意义(月经形成以及周期计算);男生首次遗精及意义;变声期的保健知识;青春期的个人卫生知识。体温、脉搏测量方法及其测量的意义。

(5)安全应急与避险:骑自行车安全常识;常见的危险标识(如高压、易燃、易爆、剧毒、放射性、生物安全),远离危险物;煤气中毒的发生原因和预防;触电、雷击的预防;中暑的预防和处理;轻微烫烧伤和割、刺、擦、挫伤等的自我处理;提高网络安全防范意识。

(四)水平四(初中阶段)

1. 目标

了解生活方式与健康的关系,建立文明、健康的生活方式;进一步了解平衡膳食、合理营养意义,养成科学、营养的饮食习惯;了解充足睡眠对儿童少年生长发育的重要意义;了解预防食物中毒的基本知识;进一步了解常见传染病预防知识,增强卫生防病能力;了解艾滋病基本知识和预防方法,熟悉毒品预防基本知识,增强抵御毒品和艾滋病的能力;了解青春期心理变化特点,学会保持愉快情绪和增进心理健康;进一步了解青春期发育的基本知识,掌握青春期卫生保健知识和青春期常见生理问题的预防和处理方法;了解什么是性侵害,掌握预防方法和技能;掌握简单的用药安全常识;学会自救互救的基本技能,提高应对突发事件的能力;了解网络使用的利弊,合理利用网络。

2. 基本内容

(1)健康行为与生活方式:不良生活方式有害健康,慢性非传染性疾病(恶性肿瘤、冠心病、糖尿病、脑卒中)的发生与不健康的生活方式有关;膳食平衡有利于促进健康;青春期充足的营养素,保证生长发育的需要。保证充足的睡眠有利于生长发育和健康(小学生每天睡眠时间 10 个小时,初中生每天睡眠时间 9 个小时,高中生每天睡眠时间 8 小时);食物中毒的常见原因(细菌性、化学性、有毒动植物等);发现病死禽畜要报告,不吃病死禽畜肉;适宜保存食品,腐败变质食品会引起食物中毒;拒绝吸烟、饮酒的技巧;毒品对个人、家庭和社会的危害;拒绝毒品的方法;吸毒违法,拒绝毒品。

(2)疾病预防:乙型脑炎的预防;疥疮的预防;肺结核病的预防;肝炎的预防(包括甲型肝炎、乙(丙)型肝炎等);不歧视乙肝病人及感染者;艾滋病的基本知识;艾滋病的危害;艾滋病的预防方法;判断安全行为与不安全行为,拒绝不安全行为的技巧;学会如何寻求帮助的途径和方法;与预防艾滋病相关的青春期生理和心理知识;吸毒与艾滋病;不歧视艾滋病病毒感染者与患者。

(3)心理健康:不良情绪对健康的影响;调控情绪的基本方法;建立自我认同,客观认识和对待自己;根据自己的学习能力和状况确定合理的学习目标;异性交往的原则。

(4)生长发育与青春期保健:热爱生活,珍爱生命;青春期心理发育的特点和变化规律,正确对待青春期心理变化;痤疮发生的原因、预防方法;月经期间的卫生保健常识,痛经的症状及处理;选择和佩戴适宜的胸罩的知识。

(5)安全应急与避险:有病应及时就医;服药要遵从医嘱,不乱服药物;不擅自服用、不滥用镇静催眠等成瘾性药物;不擅自服用止痛药物;保健品不能代替药品;毒物中毒的应急处理;溺水的应急处理;骨折简易应急处理知识(固定、搬运);识别容易发生性侵害的危险因素,保护自己不受性侵害;预防网络成瘾。

(五)水平五(高中阶段)

1. 目标

了解中国居民膳食指南,了解常见食物的选购知识,进一步了解预防艾滋病基本知识,正确对待艾滋病病毒感染者和患者;学会正确处理人际关系,培养有效的交流能力,掌握缓解压力等基本的心理调适技能;进一步了解青春期保健知识,认识婚前性行为对身心健康的危害,树立健康文明的性观念和性道德。

2. 基本内容

(1)健康行为与生活方式:食品选购基本知识;中国居民膳食指南的内容。

(2)疾病预防:艾滋病的预防知识和方法;艾滋病的流行趋势及对社会经济带来的危害;HIV 感染者与艾滋病病人的区别;艾滋病的窗口期和潜伏期;无偿献血知识;不歧视艾滋病病毒感染者与患者。

(3)心理健康:合理宣泄与倾诉的适宜途径,

客观看待事物；人际交往中的原则和方法，做到主动、诚恳、公平、谦虚、宽厚地与人交往；缓解压力的基本方法；认识竞争的积极意义；正确应对失败和挫折；考试等特殊时期常见的心理问题与应对。

(4)生长发育与青春期保健：热爱生活，珍爱生命；青春期常见的发育异常，发现不正常要及时就医；婚前性行为严重影响青少年身心健康；避免婚前性行为。

(5)安全应急与避险：网络交友的危险性。

三、实施途径及保障机制

(一)学校要通过学科教学和班会、团会、校会、升旗仪式、专题讲座、墙报、板报等多种宣传教育形式开展健康教育。学科教学每学期应安排6-7课时，主要载体课程为《体育与健康》，健康教育教学课时安排可有一定灵活性，如遇在下雨(雪)或高温(严寒)等不适宜户外体育教学的天气时可安排健康教育课。另外，小学阶段还应与《品德与生活》《品德与社会》等学科的教学内容结合，中学阶段应与《生物》等学科教学有机结合。对无法在《体育与健康》等相关课程中渗透的健康教育内容，可以利用综合实践活动和地方课程的时间，采用多种形式，向学生传授健康知识和技能。

(二)各地教育行政部门和学校要重视健康教育师资建设，把健康教育师资培训列入在职教师继续教育的培训系列和教师校本培训计划，分层次开展培训工作，不断提高教师开展健康教育的水平。中小学健康教育师资以现有健康教育专兼职教师和体育教师为基础。要重视健康教育教学研究工作，各级教研部门要把健康教育教学研究纳入教研工作计划，针对不同学段学生特点，开展以知识传播与技能培养相结合的教学研究工作。

(三)各地应加强教学资源建设，积极开发健康教育的教学课件、教学图文资料、音像制品等教学资源，增强健康教育实施效果。凡进入中小学校的自助读本或相关教育材料必须按有关规定，经审定后方可使用；健康教育自助读本或者相关教育材料的购买由各地根据本地实际情况采取多种方式解决，不得向学生收费增加学生负担。大力提倡学校使用公用图书经费统一购买，供学生循环使用。

(四)要重视对健康教育的评价和督导。各地教育行政部门和学校应将健康教育实施过程与健康教育实施效果作为评价重点。评价的重点包括学生健康意识的建立、基本知识和技能的掌握和卫生习惯、健康行为的形成，以及学校对健康教育课程(活动)的安排、必要的资源配置、实施情况以及实际效果。各地教育行政部门应将学校实施健康教育情况列入学校督导考核的重要指标之一。

(五)充分利用现有资源。健康是一个广泛的概念，涉及到生活的方方面面，学校健康教育体现在教育过程的各个环节，各地在组织实施过程中，要注意健康教育与其他相关教育，如安全教育、心理健康教育有机结合，把课堂内教学与课堂外教学活动结合起来，发挥整体教育效应。

(六)学校健康教育是学校教育的一部分，学校管理者应以大健康观为指导，全面、统筹思考学校的健康教育工作，应将健康教育教学、健康环境创设、健康服务提供有机结合，为学生践行健康行为提供支持，以实现促进学生健康发展的目标。

中小学生艺术素质测评办法

· 2015年5月25日
· 教体艺〔2015〕5号

第一条 为建立健全学生艺术素质评价制度，了解掌握学生艺术素养发展状况，改进美育教学，提高学生的审美和人文素养，特制定本办法。

第二条 本办法适用于全日制小学、初中、普通高中、中等职业学校。学生艺术素质测评应覆盖到全体学生。

第三条 学生艺术素质测评应遵循艺术教育规律，坚持科学的教育质量观，既关注学生艺术课程学习水平，也关注学生参与艺术实践活动的经历；既关注学生的学习成果，也关注学生的学习态度；既关注对学生的基本要求，也关注对学生的特长激励。

第四条 学生艺术素质测评指标体系(见附表)由基础指标、学业指标和发展指标三部分构成。基础指标是中小学生在校内应参加的课程学习和课外活动；学业指标是中小学生通过校内学习，应具备的基本素质和达到的目标；发展指标旨在引导学生自主学习和个性发展。

第五条 学生艺术素质测评以分数形式呈现，基础指标40分；学业指标50分；发展指标20分，其中加分项目10分。90分以上为优秀，75-89

分为良好,60-74分为合格,60分以下为不合格。

第六条 学生艺术素质测评的依据是学生的写实记录、成绩评定,同时参考教师评语、学生互评、自我评价等。学校可分年级段组织实施测评工作,测评结果应及时汇总、整理、存档、上报。

第七条 学校要如实记录每一名学生的艺术素质测评结果,纳入学生综合素质档案。初中和高中阶段学校学生测评结果作为学生综合素质评价的重要内容。

第八条 地方教育行政部门要将学生艺术素质测评情况作为评价学校教育教学质量的重要指标。教育督导部门要将学生艺术素质纳入中小学校督导评估指标体系。

第九条 本办法自发布之日起试行。

附表:中小学生艺术素质测评指标体系(试行)(略)

中小学校艺术教育发展年度报告办法

·2015年5月25日

·教体艺〔2015〕5号

第一条 为建立健全学校艺术教育管理机制,推进学校艺术教育规范发展,特制定本办法。

第二条 地方各级教育行政部门每年要全面总结本地中小学校(含全日制小学、初中、普通高中、中等职业学校)艺术教育工作,编制学校艺术教育发展年度报告。

第三条 学校艺术教育发展年度报告重点反映艺术课程建设、艺术教师配备、艺术教育管理、艺术教育经费投入和设施设备、课外艺术活动、校园文化艺术环境、重点项目推进,以及中小学实施学校艺术教育工作自评制度等方面的情况。

第四条 学校艺术教育发展年度报告应采用定量和定性相结合的方法,注重全面客观收集信息,根据数据和事实进行分析判断,总结成绩,提炼经验,分析问题,提出改进的举措。

第五条 各县(区、市)教育行政部门于每年10月底前将本县(区、市)学校艺术教育发展年度报告报送地(州、市)教育行政部门。地(州、市)教育行政部门于每年11月底前将本地(州、市)学校艺术教育发展年度报告报送省级教育行政部门。各省级教育行政部门于每年12月底前将本年度学校艺术教育发展年度报告报送教育部。

第六条 教育部委托第三方机构研究、分析各省(区、市)报送的相关信息,编制并发布《全国中小学校艺术教育发展年度报告》。

第七条 本办法自发布之日起实施。

学校艺术教育工作规程

·2002年7月25日教育部令第13号公布

·自2002年9月1日起施行

第一章 总 则

第一条 为全面贯彻国家的教育方针,加强学校艺术教育工作,促进学生全面发展,根据《中华人民共和国教育法》,制定本规程。

第二条 本规程适用于小学、初级中学、普通高级中学、中等和高等职业学校、普通高等学校。

第三条 艺术教育是学校实施美育的重要途径和内容,是素质教育的有机组成部分。

学校艺术教育工作包括:艺术类课程教学,课外、校外艺术教育活动,校园文化艺术环境建设。

第四条 学校艺术教育工作应以马克思列宁主义、毛泽东思想、邓小平理论为指导,坚持面向现代化、面向世界、面向未来,贯彻面向全体学生、分类指导、因地制宜、讲求实效的方针,遵循普及与提高相结合、课内与课外相结合、学习与实践相结合的原则。通过艺术教育,使学生了解我国优秀的民族艺术文化传统和外国的优秀艺术成果,提高文化艺术素养,增强爱国主义精神;培养感受美、表现美、鉴赏美、创造美的能力,树立正确的审美观念,抵制不良文化的影响;陶冶情操,发展个性,启迪智慧,激发创新意识和创造能力,促进学生全面发展。

第五条 国务院教育行政部门主管和指导全国的学校艺术教育工作。

地方各级人民政府教育行政部门主管和协调本行政区域内的学校艺术教育工作。

各级教育部门应当建立对学校艺术教育工作进行督导、评估的制度。

第二章 学校艺术课程

第六条 各级各类学校应当加强艺术类课程

教学,按照国家的规定和要求开齐开足艺术课程。职业学校应当开设满足不同学生需要的艺术课程。普通高等学校应当开设艺术类必修课或者选修课。

第七条 小学、初级中学、普通高级中学开设的艺术课程,应当按照国家或者授权的省级教育行政部门颁布的艺术课程标准进行教学。教学中使用经国家或者授权的省级教育行政部门审定通过的教材。

职业学校、普通高等学校应当结合实际情况制定艺术类必修课或选修课的教学计划(课程方案)进行教学。

第八条 小学、初级中学、普通高级中学的艺术课程列入期末考查和毕业考核科目。

职业学校和普通高等学校的艺术课程应当进行考试或者考查,考试或者考查方式由学校自行决定。实行学分制的学校应将成绩计入学分。

第三章 课外、校外艺术教育活动

第九条 课外、校外艺术教育活动是学校艺术教育的重要组成部分。学校应当面向全体学生组织艺术社团或者艺术活动小组,每个学生至少要参加一项艺术活动。

第十条 学校每年应当根据自身条件,举办经常性、综合性、多样性的艺术活动,与艺术课程教学相结合,扩展和丰富学校艺术教育的内容和形式。

省、地、县各级教育行政部门应当定期举办学生艺术展演活动。各级各类学校在艺术教育中应当结合重大节日庆典活动对学生进行爱国主义和集体主义教育。

全国每3年举办一次中学生(包括中等职业学校的学生)艺术展演活动,每3年举办一次全国大学生(包括高等职业学校的学生)艺术展演活动。

国务院教育行政部门根据需要组织学生参加国际学生艺术活动。

第十一条 学校应当充分利用社会艺术教育资源,补充和完善艺术教育活动内容,促进艺术教育活动质量和水平的提高,推动校园文化艺术环境建设。

任何部门和学校不得组织学生参与各种商业性艺术活动或者商业性的庆典活动。

学校组织学生参加社会团体、社会文化部门和其他社会组织举办的艺术比赛或活动,应向上级主管部门报告或者备案。

第十二条 学校应当为学生创造良好的校园文化艺术环境。校园的广播、演出、展览、展示以及校园的整体设计应当有利于营造健康、高雅的学校文化艺术氛围,有利于对学生进行审美教育。

校园内不得进行文化艺术产品的推销活动。

第四章 学校艺术教育的保障

第十三条 各级教育行政部门应当明确学校艺术教育管理机构,配备艺术教育管理人员和教研人员,规划、管理、指导学校艺术教育工作。

学校应当有一位校级领导主管学校艺术教育工作,并明确校内艺术教育管理部门。

学校应当注意发挥共青团、少先队、学生会在艺术教育活动中的作用。

第十四条 各级教育部门和学校应当根据国家有关规定配备专职或者兼职艺术教师,做好艺术教师的培训、管理工作,为艺术教师提供必要的工作条件。

学校的艺术教师必须具备教师资格,兼职教师应当相对稳定,非艺术类专业毕业的兼职教师要接受艺术专业的培训。

艺术教师组织、指导学校课外艺术活动,应当计入教师工作量。

第十五条 学校应当设置艺术教室和艺术活动室,并按照国务院教育行政部门制定的器材配备目录配备艺术课程教学和艺术活动器材。

第十六条 各级教育行政部门和学校应当在年度工作经费预算内保证艺术教育经费。

鼓励社会各界及个人捐资支持学校艺术教育事业。

第五章 奖励与处罚

第十七条 教育行政部门和学校对于在学校艺术教育工作中取得突出成绩的单位和个人,应当给予表彰和奖励。

第十八条 对违反本规程,拒不履行艺术教育责任的,按照隶属关系,分别由上级教育行政部门或者所属教育行政部门、学校给予批评教育并责令限期改正;经教育不改的,视情节轻重,对直接负责人给予行政处分。

第十九条 对侵占、破坏艺术教育场所、设施和其他财产的,依法追究法律责任。

第六章 附 则

第二十条 工读学校、特殊教育学校、成人学校的艺术教育工作参照本规程执行;中等、高等专业艺术学校(学院)的艺术教育工作另行规定。

第二十一条 省级教育行政部门可根据本规程制定实施细则。

第二十二条 本规程自公布之日起 30 日后施行。

中小学文明礼仪教育指导纲要

·2010 年 12 月 30 日

·教基一〔2010〕7 号

加强中小学文明礼仪教育,对于提高中小学生的思想道德修养,努力构建社会主义和谐社会,提升全民族的文明素质,增强国家的文化软实力具有重要意义。为贯彻落实全国教育工作会议精神和《国家中长期教育改革和发展规划纲要(2010-2020 年)》,深入贯彻落实《中共中央 国务院关于进一步加强和改进未成年人思想道德建设的若干意见》(中发〔2004〕8 号),大力推进中小学文明礼仪教育工作,制定本纲要。

一、指导思想

中小学开展文明礼仪教育,要深入贯彻落实科学发展观,切实把社会主义核心价值体系融入学校教育全过程,弘扬中华民族优秀传统美德和社会主义道德,吸收借鉴世界有益文明成果,遵循中小学教育教学规律和学生身心发展规律,全面提高青少年学生的思想道德素质和文明礼仪素养,为他们文明生活、幸福成长奠定基础。

二、基本原则

(一)坚持贴近实际、贴近生活、贴近学生。根据学生的年龄特征,结合学生的生活实际,科学规划教育内容,使各阶段教育内容互相衔接、循序渐进,改进教育教学方法,寓教于乐,增强文明礼仪教育的针对性和实效性。

(二)坚持知行统一。在教育学生学习文明礼仪知识的同时,引导学生在生活中不断体验和感悟,并主动践行,把文明礼仪要求内化为个人修养和行为习惯。

(三)坚持学校教育与家庭教育、社会教育相结合。文明礼仪教育,不仅需要学校全体师生员工共同努力,同时还需要社会和家庭等各方面力量的协同配合,形成合力和良好氛围,实现教育的最佳效果。

三、目标任务

(一) 总目标

让学生知道中国是具有悠久历史的文明古国,礼仪之邦,礼仪文化源远流长。让学生懂得文明礼仪是当代公民必备的基本素质,是做人的基本要求。让学生了解文明礼仪的基本内容,懂得文明礼仪是个人文化、艺术、道德、思想等修养的表现形式,是人们完善自我、与人交往的行为规范与准则。让学生掌握基本的谈吐、举止、服饰等个人礼仪,以及在家庭、校园、公共场所等社会生活领域的交往礼仪,养成文明礼貌的行为习惯,做优雅大方、豁达乐观、明礼诚信的合格公民。

(二)分目标

小学:重在培养学生良好文明习惯。让学生掌握基本的礼貌、礼节规范,在学习、生活实践中初步养成讲文明、讲卫生、讲秩序、讲公德的良好习惯。

初中:在培养学生养成文明习惯的基础上,让学生理解学习文明礼仪的意义。培养说文明话、办文明事、做文明人的意识。培养热心参与、友好交往的能力。能够自觉规范自己的行为举止,完善个人素养。

高中:让学生了解礼仪的渊源和内涵,掌握做人做事的原则和方法,提高合作、参与、交往的能力,培养乐观、豁达、积极向上的性格,形成对家庭、社会和国家的责任感,树立社会主义公民意识。

四、主要内容

根据学生年龄特点和认知水平确定文明礼仪教育的内容体系,体现科学性、系统性、层次性和实践性。主要内容包括基本的谈吐、举止、服饰等个人礼仪,以及在家庭、校园、公共场所等社会生活领域的交往礼仪。

小学 1-3 年级文明礼仪教育的主要内容

(一)个人礼仪

知道常用的礼貌用语。

掌握正确的形体姿态，养成良好的坐、立、行的习惯，保持正确的读书、写字姿势。

知道保持服装整洁，爱清洁、讲卫生。

（二）交往礼仪

能恰当、得体地称呼他人。

懂得尊敬父母，对长辈有礼貌。

尊敬老师，尊重老师的劳动。

知道同学之间应互相关心、互相帮助，友好相处。

知道待客、做客的基本礼节。

遵守秩序，轻声交谈，不打扰他人。

遵守公共交通规则，不闯红灯。

掌握肃立、注目礼、少先队队礼等礼仪。

小学4-6年级文明礼仪教育的主要内容

（一）个人礼仪

掌握问候、致谢或致歉等礼貌用语。

掌握微笑、点头、鞠躬等常用体态语。

了解我国的传统节日礼俗。

了解并尊重少数民族的风俗习惯。

（二）交往礼仪

孝敬父母长辈。

学会倾听他人。

知道餐桌上的基本礼仪，文明就餐。

掌握接打电话的礼貌用语。

做到集会时按时入场，遵守会场要求。

遵守公共场所的礼仪规范，做文明游客、文明顾客、文明乘客、文明观众。

初中文明礼仪教育的主要内容

（一）个人礼仪

了解礼仪的基本含义，理解学习礼仪的意义。

掌握与人交谈时的礼仪要求。

做到着装大方、得体。

了解涉外基本礼仪。

掌握在公开场合发言的礼仪。

（二）交往礼仪

理解父母，懂得感恩。

掌握使用电话、电子邮件、手机短信、书信的礼仪。

做到集体活动时能遵守相关的规则和要求。

掌握拜访接待的基本礼仪，能热情、大方地与他人交往。

掌握与异性同学交往的礼仪。

能宽容、礼让他人。

在公共场所文明交流，不干扰他人。

高中文明礼仪教育的主要内容

（一）个人礼仪

了解礼仪的功能与作用，理解礼仪的内涵与实质。

理解礼仪与自身素养的关系。

掌握不同场合谈吐和仪容仪表的原则与艺术。

（二）交往礼仪

掌握各种场合介绍和自我介绍的礼仪要求。

掌握各种场合握手的礼仪要求。

掌握演讲、辩论的礼仪要求。

做到在排队、乘用电梯等公共场合与人保持恰当的距离。

掌握基本涉外礼仪。

五、实施途径

学校要始终坚持育人为本，德育为先，将文明礼仪教育贯穿于学校教育全过程，注重提高文明礼仪教育的针对性和实效性。

（一）通过课堂教学使学生全面了解文明礼仪。充分发挥课堂教学主渠道、主阵地作用，小学《品德与生活》、《品德与社会》，初中《思想品德》和高中《思想政治》等课程中涉及文明礼仪的内容要重点讲述。语文、历史、艺术、体育等其他课程要根据本学科的特点，适时进行文明礼仪教育。有条件的地方和学校可利用地方课程和校本课程进行文明礼仪教育。

（二）通过学校日常管理强化学生文明礼仪意识。文明礼仪体现在学校日常生活的各个方面，各地各校要根据《中小学生守则》、《小学生日常行为规范（修订）》和《中学生日常行为规范（修订）》的要求，结合学校日常管理，引导学生从身边小事做起，注重文明礼仪，养成良好行为习惯。

（三）通过丰富多彩的校园文化活动营造文明礼仪氛围。不断开辟和拓展文明礼仪教育活动的空间，开展形式多样的以文明礼仪为主题的教育活动。采取讲故事、做游戏、知识竞赛、文艺演出、辩论会等形式，抓住重要节日、重大活动、校园典礼等契机，利用挂图、黑板报、宣传橱窗、校园网站、图书阅览室等阵地开展丰富多彩的文明礼仪教育活动，充分调动学生参与的积极性、主动性、创造性。充分发挥学校团委、少先队、学生会、社团组织、业余党校等团体组织的作用。

（四）通过社会实践活动使学生践行文明礼仪。有效整合社会资源，创新载体，结合公益劳动、社区服务、志愿服务等社会实践活动，充分利用文化馆、纪念馆、博物馆、福利院、旅游景点、部队营地等场所开展文明礼仪教育，使学生在实践中感受文明礼仪，践行文明礼仪。

（五）通过教师模范行为引领文明礼仪。加强师德师风建设，规范教师文明礼仪，通过教师的身体力行、率先垂范，充分发挥榜样示范作用，促进学生文明礼仪习惯的养成。

六、组织实施

（一）统一思想，加强领导。文明礼仪教育是中小学德育工作的重要组成部分，是推进素质教育的重要抓手。各地教育行政部门和学校要认真组织实施，整体规划文明礼仪教育，将其纳入年度工作计划，保障文明礼仪教育所需人力、物力和财力，形成中小学文明礼仪教育的长效机制。各地可根据实际情况开展文明礼仪教育示范学校创建活动。

（二）全员参与，注重实效。全体教师要将文明礼仪教育作为教书育人的重要内容融入到教育教学活动之中，班主任、各学科教师和学校管理人员都应成为文明礼仪教育的实施者。要加强对教师进行文明礼仪教育的培训，鼓励教师积极探索，创新教育形式和方法，提高文明礼仪教育的吸引力和实效性。

（三）开发资源，丰富内容。充分整合和运用各地已有的教育资源，同时通过建设专题网站，制作多媒体课件、音像制品，编写读物等多种形式开发资源，丰富文明礼仪教育的内容。

（四）加强督导，完善评价。各地教育行政部门要把文明礼仪教育作为重要内容纳入教育督导指标体系，定期对学校进行督导检查。要把学校开展文明礼仪教育的情况作为工作考核的内容，并对开展文明礼仪教育作出突出贡献的个人和集体进行表彰。把文明礼仪纳入学生综合素质评价的指标体系。

（五）各方协作，形成合力。各地教育行政部门、教育系统关工委和学校要主动联系相关部门、社区、家长，协同配合，确保文明礼仪教育的一致性，形成文明礼仪教育的合力。鼓励社会各界以多种形式开展中小学礼仪教育公益活动，重视舆论宣传，在全社会营造良好氛围。充分发挥老专家、老模范、老教师、老战士、老领导等“五老”人员的作用。重视和加强研究，为文明礼仪教育提供科学指导。

（三）卫生工作

学校卫生工作条例

· 1990年4月25日国务院批准
· 1990年6月4日国家教育委员会令第10号、卫生部令第1号发布
· 自发布之日起施行

第一章　总　则

第一条　为加强学校卫生工作，提高学生的健康水平，制定本条例。

第二条　学校卫生工作的主要任务是：监测学生健康状况；对学生进行健康教育，培养学生良好的卫生习惯；改善学校卫生环境和教学卫生条件；加强对传染病、学生常见病的预防和治疗。

第三条　本条例所称的学校，是指普通中小学、农业中学、职业中学、中等专业学校、技工学校、普通高等学校。

第四条　教育行政部门负责学校卫生工作的行政管理。卫生行政部门负责对学校卫生工作的监督指导。

第二章　学校卫生工作要求

第五条　学校应当合理安排学生的学习时间。学生每日学习时间（包括自习），小学不超过6小时，中学不超过8小时，大学不超过10小时。

学校或者教师不得以任何理由和方式，增加授课时间和作业量，加重学生学习负担。

第六条　学校教学建筑、环境噪声、室内微小气候、采光、照明等环境质量以及黑板、课桌椅的设置应当符合国家有关标准。

新建、改建、扩建校舍，其选址、设计应当符合国家的卫生标准，并取得当地卫生行政部门的许可。竣工验收应当有当地卫生行政部门参加。

第七条　学校应当按照有关规定为学生设置厕所和洗手设施。寄宿制学校应当为学生提供相应的洗漱、洗澡等卫生设施。

学校应当为学生提供充足的符合卫生标准的饮用水。

第八条 学校应当建立卫生制度，加强对学生个人卫生、环境卫生以及教室、宿舍卫生的管理。

第九条 学校应当认真贯彻执行食品卫生法律、法规，加强饮食卫生管理，办好学生膳食，加强营养指导。

第十条 学校体育场地和器材应当符合卫生和安全要求。运动项目和运动强度应当适合学生的生理承受能力和体质健康状况，防止发生伤害事故。

第十一条 学校应当根据学生的年龄，组织学生参加适当的劳动，并对参加劳动的学生，进行安全教育，提供必要的安全和卫生防护措施。

普通中小学校组织学生参加劳动，不得让学生接触有毒有害物质或者从事不安全工种的作业，不得让学生参加夜班劳动。

普通高等学校、中等专业学校、技工学校、农业中学、职业中学组织学生参加生产劳动，接触有毒有害物质的，按照国家有关规定，提供保健待遇。学校应当定期对他们进行体格检查，加强卫生防护。

第十二条 学校在安排体育课以及劳动等体力活动时，应当注意女学生的生理特点，给予必要的照顾。

第十三条 学校应当把健康教育纳入教学计划。普通中小学必须开设健康教育课，普通高等学校、中等专业学校、技工学校、农业中学、职业中学应当开设健康教育选修课或者讲座。

学校应当开展学生健康咨询活动。

第十四条 学校应当建立学生健康管理制度。根据条件定期对学生进行体格检查，建立学生体质健康卡片，纳入学生档案。

学校对体格检查中发现学生有器质性疾病的，应当配合学生家长做好转诊治疗。

学校对残疾、体弱学生，应当加强医学照顾和心理卫生工作。

第十五条 学校应当配备可以处理一般伤病事故的医疗用品。

第十六条 学校应当积极做好近视眼、弱视、沙眼、龋齿、寄生虫、营养不良、贫血、脊柱弯曲、神经衰弱等学生常见疾病的群体预防和矫治工作。

第十七条 学校应当认真贯彻执行传染病防治法律、法规，做好急、慢性传染病的预防和控制管理工作，同时做好地方病的预防和控制管理工作。

第三章 学校卫生工作管理

第十八条 各级教育行政部门应当把学校卫生工作纳入学校工作计划，作为考评学校工作的一项内容。

第十九条 普通高等学校、中等专业学校、技工学校和规模较大的农业中学、职业中学、普通中小学，可以设立卫生管理机构，管理学校的卫生工作。

第二十条 普通高等学校设校医院或者卫生科。校医院应当设保健科（室），负责师生的卫生保健工作。

城市普通中小学、农村中心小学和普通中学设卫生室，按学生人数600比1的比例配备专职卫生技术人员。

中等专业学校、技工学校、农业中学、职业中学，可以根据需要，配备专职卫生技术人员。

学生人数不足600人的学校，可以配备专职或者兼职保健教师，开展学校卫生工作。

第二十一条 经本地区卫生行政部门批准，可以成立区域性的中小学生卫生保健机构。

区域性的中小学生卫生保健机构的主要任务是：

（一）调查研究本地区中小学生体质健康状况；

（二）开展中小学生常见疾病的预防与矫治；

（三）开展中小学卫生技术人员的技术培训和业务指导。

第二十二条 学校卫生技术人员的专业技术职称考核、评定，按照卫生、教育行政部门制定的考核标准和办法，由教育行政部门组织实施。

学校卫生技术人员按照国家有关规定，享受卫生保健津贴。

第二十三条 教育行政部门应当将培养学校卫生技术人员的工作列入招生计划，并通过各种教育形式为学校卫生技术人员和保健教师提供进修机会。

第二十四条 各级教育行政部门和学校应当将学校卫生经费纳入核定的年度教育经费预算。

第二十五条 各级卫生行政部门应当组织医疗单位和专业防治机构对学生进行健康检查、传染病防治和常见病矫治，接受转诊治疗。

第二十六条 各级卫生防疫站，对学校卫生工作承担下列任务：

（一）实施学校卫生监测，掌握本地区学生生长发育和健康状况，掌握学生常见病、传染病、地方病动态；

（二）制定学生常见病、传染病、地方病的防治计划；

（三）对本地区学校卫生工作进行技术指导；

（四）开展学校卫生服务。

第二十七条 供学生使用的文具、娱乐器具、保健用品，必须符合国家有关卫生标准。

第四章 学校卫生工作监督

第二十八条 县以上卫生行政部门对学校卫生工作行使监督职权。其职责是：

（一）对新建、改建、扩建校舍的选址、设计实行卫生监督；

（二）对学校内影响学生健康的学习、生活、劳动、环境、食品等方面的卫生和传染病防治工作实行卫生监督；

（三）对学生使用的文具、娱乐器具、保健用品实行卫生监督。

国务院卫生行政部门可以委托国务院其他有关部门的卫生主管机构，在本系统内对前款所列第（一）、（二）项职责行使学校卫生监督职权。

第二十九条 行使学校卫生监督职权的机构设立学校卫生监督员，由省级以上卫生行政部门聘任并发给学校卫生监督员证书。

学校卫生监督员执行卫生行政部门或者其他有关部门卫生主管机构交付的学校卫生监督任务。

第三十条 学校卫生监督员在执行任务时应出示证件。

学校卫生监督员在进行卫生监督时，有权查阅与卫生监督有关的资料，搜集与卫生监督有关的情况，被监督的单位或者个人应当给予配合。学校卫生监督员对所掌握的资料、情况负有保密责任。

第五章 奖励与处罚

第三十一条 对在学校卫生工作中成绩显著的单位或者个人，各级教育、卫生行政部门和学校应当给予表彰、奖励。

第三十二条 违反本条例第六条第二款规定，未经卫生行政部门许可新建、改建、扩建校舍的，由卫生行政部门对直接责任单位或者个人给予警告、责令停止施工或者限期改建。

第三十三条 违反本条例第六条第一款、第七条和第十条规定的，由卫生行政部门对直接责任单位或者个人给予警告并责令限期改进。情节严重的，可以同时建议教育行政部门给予行政处分。

第三十四条 违反本条例第十一条规定，致使学生健康受到损害的，由卫生行政部门对直接责任单位或者个人给予警告，责令限期改进。

第三十五条 违反本条例第二十七条规定的，由卫生行政部门对直接责任单位或者个人给予警告。情节严重的，可以会同工商行政部门没收其不符合国家有关卫生标准的物品，并处以非法所得两倍以下的罚款。

第三十六条 拒绝或者妨碍学校卫生监督员依照本条例实施卫生监督的，由卫生行政部门对直接责任单位或者个人给予警告。情节严重的，可以建议教育行政部门给予行政处分或者处以200元以下的罚款。

第三十七条 当事人对没收、罚款的行政处罚不服的，可以在接到处罚决定书之日起15日内，向作出处罚决定机关的上一级机关申请复议，也可以直接向人民法院起诉。对复议决定不服的，可以在接到复议决定之日起15日内，向人民法院起诉。对罚款决定不履行又逾期不起诉的，由作出处罚决定的机关申请人民法院强制执行。

第六章 附 则

第三十八条 学校卫生监督办法、学校卫生标准由卫生部会同国家教育委员会制定。

第三十九条 贫困县不能全部适用本条例第六条第一款和第七条规定的，可以由所在省、自治区的教育、卫生行政部门制定变通的规定。变通的规定，应当报送国家教育委员会、卫生部备案。

第四十条 本条例由国家教育委员会、卫生部负责解释。

第四十一条 本条例自发布之日起施行。原教育部、卫生部1979年12月6日颁布的《中、小学卫生工作暂行规定(草案)》和1980年8月26日颁布的《高等学校卫生工作暂行规定(草案)》同时废止。

托儿所幼儿园卫生保健管理办法

·2010年9月6日卫生部、教育部令第76号发布
·自2010年11月1日起施行

第一条 为提高托儿所、幼儿园卫生保健工作水平,预防和减少疾病发生,保障儿童身心健康,制定本办法。

第二条 本办法适用于招收0~6岁儿童的各级各类托儿所、幼儿园(以下简称托幼机构)。

第三条 托幼机构应当贯彻保教结合、预防为主的方针,认真做好卫生保健工作。

第四条 县级以上各级人民政府卫生行政部门应当将托幼机构的卫生保健工作作为公共卫生服务的重要内容,加强监督和指导。

县级以上各级人民政府教育行政部门协助卫生行政部门检查指导托幼机构的卫生保健工作。

第五条 县级以上妇幼保健机构负责对辖区内托幼机构卫生保健工作进行业务指导。业务指导的内容包括:膳食营养、体格锻炼、健康检查、卫生消毒、疾病预防等。

疾病预防控制机构应当定期为托幼机构提供疾病预防控制咨询服务和指导。

卫生监督执法机构应当依法对托幼机构的饮用水卫生、传染病预防和控制等工作进行监督检查。

第六条 托幼机构设有食堂提供餐饮服务的,应当按照《食品安全法》、《食品安全法实施条例》以及有关规章的要求,认真落实各项食品安全要求。

食品药品监督管理部门等负责餐饮服务监督管理的部门应当依法加强对托幼机构食品安全的指导与监督检查。

第七条 托幼机构的建筑、设施、设备、环境及提供的食品、饮用水等应当符合国家有关卫生标准、规范的要求。

第八条 新设立的托幼机构,招生前应当取得县级以上地方人民政府卫生行政部门指定的医疗卫生机构出具的符合《托儿所幼儿园卫生保健工作规范》的卫生评价报告。

各级教育行政部门应当将卫生保健工作质量纳入托幼机构的分级定类管理。

第九条 托幼机构的法定代表人或者负责人是本机构卫生保健工作的第一责任人。

第十条 托幼机构应当根据规模、接收儿童数量等设立相应的卫生室或者保健室,具体负责卫生保健工作。

卫生室应当符合医疗机构基本标准,取得卫生行政部门颁发的《医疗机构执业许可证》。

保健室不得开展诊疗活动,其配置应当符合保健室设置基本要求。

第十一条 托幼机构应当聘用符合国家规定的卫生保健人员。卫生保健人员包括医师、护士和保健员。

在卫生室工作的医师应当取得卫生行政部门颁发的《医师执业证书》,护士应当取得《护士执业证书》。

在保健室工作的保健员应当具有高中以上学历,经过卫生保健专业知识培训,具有托幼机构卫生保健基础知识,掌握卫生消毒、传染病管理和营养膳食管理等技能。

第十二条 托幼机构聘用卫生保健人员应当按照收托150名儿童至少设1名专职卫生保健人员的比例配备卫生保健人员。收托150名以下儿童的,应当配备专职或者兼职卫生保健人员。

第十三条 托幼机构卫生保健人员应当定期接受当地妇幼保健机构组织的卫生保健专业知识培训。

托幼机构卫生保健人员应当对机构内的工作人员进行卫生知识宣传教育、疾病预防、卫生消毒、膳食营养、食品卫生、饮用水卫生等方面的具体指导。

第十四条 托幼机构工作人员上岗前必须经县级以上人民政府卫生行政部门指定的医疗卫生机构进行健康检查,取得《托幼机构工作人员健康合格证》后方可上岗。

托幼机构应当组织在岗工作人员每年进行1次健康检查;在岗人员患有传染性疾病的,应当立即离岗治疗,治愈后方可上岗工作。

精神病患者、有精神病史者不得在托幼机构工作。

第十五条 托幼机构应当严格按照《托儿所幼儿园卫生保健工作规范》开展卫生保健工作。

托幼机构卫生保健工作包括以下内容：

（一）根据儿童不同年龄特点，建立科学、合理的一日生活制度，培养儿童良好的卫生习惯；

（二）为儿童提供合理的营养膳食，科学制订食谱，保证膳食平衡；

（三）制订与儿童生理特点相适应的体格锻炼计划，根据儿童年龄特点开展游戏及体育活动，并保证儿童户外活动时间，增进儿童身心健康；

（四）建立健康检查制度，开展儿童定期健康检查工作，建立健康档案。坚持晨检及全日健康观察，做好常见病的预防，发现问题及时处理；

（五）严格执行卫生消毒制度，做好室内外环境及个人卫生。加强饮食卫生管理，保证食品安全；

（六）协助落实国家免疫规划，在儿童入托时应当查验其预防接种证，未按规定接种的儿童要告知其监护人，督促监护人带儿童到当地规定的接种单位补种；

（七）加强日常保育护理工作，对体弱儿进行专案管理。配合妇幼保健机构定期开展儿童眼、耳、口腔保健，开展儿童心理卫生保健；

（八）建立卫生安全管理制度，落实各项卫生安全防护工作，预防伤害事故的发生；

（九）制订健康教育计划，对儿童及其家长开展多种形式的健康教育活动；

（十）做好各项卫生保健工作信息的收集、汇总和报告工作。

第十六条 托幼机构应当在疾病预防控制机构指导下，做好传染病预防和控制管理工作。

托幼机构发现传染病患儿应当及时按照法律、法规和卫生部的规定进行报告，在疾病预防控制机构的指导下，对环境进行严格消毒处理。

在传染病流行期间，托幼机构应当加强预防控制措施。

第十七条 疾病预防控制机构应当收集、分析、调查、核实托幼机构的传染病疫情，发现问题及时通报托幼机构，并向卫生行政部门和教育行政部门报告。

第十八条 儿童入托幼机构前应当经医疗卫生机构进行健康检查，合格后方可进入托幼机构。

托幼机构发现在园（所）的儿童患疑似传染病时应当及时通知其监护人离园（所）诊治。患传染病的患儿治愈后，凭医疗卫生机构出具的健康证明方可入园（所）。

儿童离开托幼机构3个月以上应当进行健康检查后方可再次入托幼机构。

医疗卫生机构应当按照规定的体检项目开展健康检查，不得违反规定擅自改变。

第十九条 托幼机构有下列情形之一的，由卫生行政部门责令限期改正，通报批评；逾期不改的，给予警告；情节严重的，由教育行政部门依法给予行政处罚：

（一）未按要求设立保健室、卫生室或者配备卫生保健人员的；

（二）聘用未进行健康检查或者健康检查不合格的工作人员的；

（三）未定期组织工作人员健康检查的；

（四）招收未经健康检查或健康检查不合格的儿童入托幼机构的；

（五）未严格按照《托儿所幼儿园卫生保健工作规范》开展卫生保健工作的。

卫生行政部门应当及时将处理结果通报教育行政部门，教育行政部门将其作为托幼机构分级定类管理和质量评估的依据。

第二十条 托幼机构未取得《医疗机构执业许可证》擅自设立卫生室，进行诊疗活动的，按照《医疗机构管理条例》的有关规定进行处罚。

第二十一条 托幼机构未按照规定履行卫生保健工作职责，造成传染病流行、食物中毒等突发公共卫生事件的，卫生行政部门、教育行政部门依据相关法律法规给予处罚。

县级以上医疗卫生机构未按照本办法规定履行职责，导致托幼机构发生突发公共卫生事件的，卫生行政部门依据相关法律法规给予处罚。

第二十二条 小学附设学前班、单独设立的学前班参照本办法执行。

第二十三条 各省、自治区、直辖市可以结合当地实际，根据本办法制定实施细则。

第二十四条 对认真执行本办法，在托幼机构卫生保健工作中做出显著成绩的单位和个人，由各级人民政府卫生行政部门和教育行政部门给予表彰和奖励。

第二十五条 《托儿所幼儿园卫生保健工作规范》由卫生部负责制定。

第二十六条 本办法自2010年11月1日起施行。1994年12月1日由卫生部、原国家教委联合发布的《托儿所、幼儿园卫生保健管理办法》同时废止。

附件：

1. 儿童入园（所）健康检查表（略）
2. 儿童转园（所）健康证明（略）
3. 托幼机构工作人员健康检查表（略）
4. 托幼机构工作人员健康合格证（略）

学校食品安全与营养健康管理规定

· 2019年2月20日教育部、国家市场监督管理总局、国家卫生健康委员会令第45号公布
· 自2019年4月1日起施行

第一章 总 则

第一条 为保障学生和教职工在校集中用餐的食品安全与营养健康，加强监督管理，根据《中华人民共和国食品安全法》（以下简称食品安全法）、《中华人民共和国教育法》《中华人民共和国食品安全法实施条例》等法律法规，制定本规定。

第二条 实施学历教育的各级各类学校、幼儿园（以下统称学校）集中用餐的食品安全与营养健康管理，适用本规定。

本规定所称集中用餐是指学校通过食堂供餐或者外购食品（包括从供餐单位订餐）等形式，集中向学生和教职工提供食品的行为。

第三条 学校集中用餐实行预防为主、全程监控、属地管理、学校落实的原则，建立教育、食品安全监督管理、卫生健康等部门分工负责的工作机制。

第四条 学校集中用餐应当坚持公益便利的原则，围绕采购、贮存、加工、配送、供餐等关键环节，健全学校食品安全风险防控体系，保障食品安全，促进营养健康。

第五条 学校应当按照食品安全法律法规规定和健康中国战略要求，建立健全相关制度，落实校园食品安全责任，开展食品安全与营养健康的宣传教育。

第二章 管理体制

第六条 县级以上地方人民政府依法统一领导、组织、协调学校食品安全监督管理工作以及食品安全突发事故应对工作，将学校食品安全纳入本地区食品安全事故应急预案和学校安全风险防控体系建设。

第七条 教育部门应当指导和督促学校建立健全食品安全与营养健康相关管理制度，将学校食品安全与营养健康管理工作作为学校落实安全风险防控职责、推进健康教育的重要内容，加强评价考核；指导、监督学校加强食品安全教育和日常管理，降低食品安全风险，及时消除食品安全隐患，提升营养健康水平，积极协助相关部门开展工作。

第八条 食品安全监督管理部门应当加强学校集中用餐食品安全监督管理，依法查处涉及学校的食品安全违法行为；建立学校食堂食品安全信用档案，及时向教育部门通报学校食品安全相关信息；对学校食堂食品安全管理人员进行抽查考核，指导学校做好食品安全管理和宣传教育；依法会同有关部门开展学校食品安全事故调查处理。

第九条 卫生健康主管部门应当组织开展校园食品安全风险和营养健康监测，对学校提供营养指导，倡导健康饮食理念，开展适应学校需求的营养健康专业人员培训；指导学校开展食源性疾病预防和营养健康的知识教育，依法开展相关疫情防控处置工作；组织医疗机构救治因学校食品安全事故导致人身伤害的人员。

第十条 区域性的中小学卫生保健机构、妇幼保健机构、疾病预防控制机构，根据职责或者相关主管部门要求，组织开展区域内学校食品安全与营养健康的监测、技术培训和业务指导等工作。

鼓励有条件的地区成立学生营养健康专业指导机构，根据不同年龄阶段学生的膳食营养指南和健康教育的相关规定，指导学校开展学生营养健康相关活动，引导合理搭配饮食。

第十一条 食品安全监督管理部门应当将学校校园及周边地区作为监督检查的重点，定期对学校食堂、供餐单位和校园内以及周边食品经营者开展检查；每学期应当会同教育部门对本行政区域内学校开展食品安全专项检查，督促指导学校落实食品安全责任。

第三章 学校职责

第十二条 学校食品安全实行校长（园长）负

责制。

学校应当将食品安全作为学校安全工作的重要内容，建立健全并落实有关食品安全管理制度和工作要求，定期组织开展食品安全隐患排查。

第十三条 中小学、幼儿园应当建立集中用餐陪餐制度，每餐均应当有学校相关负责人与学生共同用餐，做好陪餐记录，及时发现和解决集中用餐过程中存在的问题。

有条件的中小学、幼儿园应当建立家长陪餐制度，健全相应工作机制，对陪餐家长在学校食品安全与营养健康等方面提出的意见建议及时进行研究反馈。

第十四条 学校应当配备专(兼)职食品安全管理人员和营养健康管理人员，建立并落实集中用餐岗位责任制度，明确食品安全与营养健康管理相关责任。

有条件的地方应当为中小学、幼儿园配备营养专业人员或者支持学校聘请营养专业人员，对膳食营养均衡等进行咨询指导，推广科学配餐、膳食营养等理念。

第十五条 学校食品安全与营养健康管理相关工作人员应当按照有关要求，定期接受培训与考核，学习食品安全与营养健康相关法律、法规、规章、标准和其他相关专业知识。

第十六条 学校应当建立集中用餐信息公开制度，利用公共信息平台等方式及时向师生家长公开食品进货来源、供餐单位等信息，组织师生家长代表参与食品安全与营养健康的管理和监督。

第十七条 学校应当根据卫生健康主管部门发布的学生餐营养指南等标准，针对不同年龄段在校学生营养健康需求，因地制宜引导学生科学营养用餐。

有条件的中小学、幼儿园应当每周公布学生餐带量食谱和营养素供给量。

第十八条 学校应当加强食品安全与营养健康的宣传教育，在全国食品安全宣传周、全民营养周、中国学生营养日、全国碘缺乏病防治日等重要时间节点，开展相关科学知识普及和宣传教育活动。

学校应当将食品安全与营养健康相关知识纳入健康教育教学内容，通过主题班会、课外实践等形式开展经常性宣传教育活动。

第十九条 中小学、幼儿园应当培养学生健康的饮食习惯，加强对学生营养不良与超重、肥胖的监测、评价和干预，利用家长学校等方式对学生家长进行食品安全与营养健康相关知识的宣传教育。

第二十条 中小学、幼儿园一般不得在校内设置小卖部、超市等食品经营场所，确有需要设置的，应当依法取得许可，并避免售卖高盐、高糖及高脂食品。

第二十一条 学校在食品采购、食堂管理、供餐单位选择等涉及学校集中用餐的重大事项上，应当以适当方式听取家长委员会或者学生代表大会、教职工代表大会意见，保障师生家长的知情权、参与权、选择权、监督权。

学校应当畅通食品安全投诉渠道，听取师生家长对食堂、外购食品以及其他有关食品安全的意见、建议。

第二十二条 鼓励学校参加食品安全责任保险。

第四章 食堂管理

第二十三条 有条件的学校应当根据需要设置食堂，为学生和教职工提供服务。

学校自主经营的食堂应当坚持公益性原则，不以营利为目的。实施营养改善计划的农村义务教育学校食堂不得对外承包或者委托经营。

引入社会力量承包或者委托经营学校食堂的，应当以招投标等方式公开选择依法取得食品经营许可、能承担食品安全责任、社会信誉良好的餐饮服务单位或者符合条件的餐饮管理单位。

学校应当与承包方或者受委托经营方依法签订合同，明确双方在食品安全与营养健康方面的权利和义务，承担管理责任，督促其落实食品安全管理制度、履行食品安全与营养健康责任。承包方或者受委托经营方应当依照法律、法规、规章、食品安全标准以及合同约定进行经营，对食品安全负责，并接受委托方的监督。

第二十四条 学校食堂应当依法取得食品经营许可证，严格按照食品经营许可证载明的经营项目进行经营，并在食堂显著位置悬挂或者摆放许可证。

第二十五条 学校食堂应当建立食品安全与营养健康状况自查制度。经营条件发生变化，不再符合食品安全要求的，学校食堂应当立即整改；

有发生食品安全事故潜在风险的，应当立即停止食品经营活动，并及时向所在地食品安全监督管理部门和教育部门报告。

第二十六条 学校食堂应当建立健全并落实食品安全管理制度，按照规定制定并执行场所及设施设备清洗消毒、维修保养校验、原料采购至供餐全过程控制管理、餐具饮具清洗消毒、食品添加剂使用管理等食品安全管理制度。

第二十七条 学校食堂应当建立并执行从业人员健康管理制度和培训制度。患有国家卫生健康委规定的有碍食品安全疾病的人员，不得从事接触直接入口食品的工作。从事接触直接入口食品工作的从业人员应当每年进行健康检查，取得健康证明后方可上岗工作，必要时应当进行临时健康检查。

学校食堂从业人员的健康证明应当在学校食堂显著位置进行统一公示。

学校食堂从业人员应当养成良好的个人卫生习惯，加工操作直接入口食品前应当洗手消毒，进入工作岗位前应当穿戴清洁的工作衣帽。

学校食堂从业人员不得有在食堂内吸烟等行为。

第二十八条 学校食堂应当建立食品安全追溯体系，如实、准确、完整记录并保存食品进货查验等信息，保证食品可追溯。鼓励食堂采用信息化手段采集、留存食品经营信息。

第二十九条 学校食堂应当具有与所经营的食品品种、数量、供餐人数相适应的场所并保持环境整洁，与有毒、有害场所以及其他污染源保持规定的距离。

第三十条 学校食堂应当根据所经营的食品品种、数量、供餐人数，配备相应的设施设备，并配备消毒、更衣、盥洗、采光、照明、通风、防腐、防尘、防蝇、防鼠、防虫、洗涤以及处理废水、存放垃圾和废弃物的设备或者设施。就餐区或者就餐区附近应当设置供用餐者清洗手部以及餐具、饮具的用水设施。

食品加工、贮存、陈列、转运等设施设备应当定期维护、清洗、消毒；保温设施及冷藏冷冻设施应当定期清洗、校验。

第三十一条 学校食堂应当具有合理的设备布局和工艺流程，防止待加工食品与直接入口食品、原料与成品或者半成品交叉污染，避免食品接触有毒物、不洁物。制售冷食类食品、生食类食品、裱花蛋糕、现榨果蔬汁等，应当按照有关要求设置专间或者专用操作区，专间应当在加工制作前进行消毒，并由专人加工操作。

第三十二条 学校食堂采购食品及原料应当遵循安全、健康、符合营养需要的原则。有条件的地方或者学校应当实行大宗食品公开招标、集中定点采购制度，签订采购合同时应当明确供货者食品安全责任和义务，保证食品安全。

第三十三条 学校食堂应当建立食品、食品添加剂和食品相关产品进货查验记录制度，如实准确记录名称、规格、数量、生产日期或者生产批号、保质期、进货日期以及供货者名称、地址、联系方式等内容，并保留载有上述信息的相关凭证。

进货查验记录和相关凭证保存期限不得少于产品保质期满后六个月；没有明确保质期的，保存期限不得少于二年。食用农产品的记录和凭证保存期限不得少于六个月。

第三十四条 学校食堂采购食品及原料，应当按照下列要求查验许可相关文件，并留存加盖公章（或者签字）的复印件或者其他凭证：

（一）从食品生产者采购食品的，应当查验其食品生产许可证和产品合格证明文件等；

（二）从食品经营者（商场、超市、便利店等）采购食品的，应当查验其食品经营许可证等；

（三）从食用农产品生产者直接采购的，应当查验并留存其社会信用代码或者身份证复印件；

（四）从集中交易市场采购食用农产品的，应当索取并留存由市场开办者或者经营者加盖公章（或者负责人签字）的购货凭证；

（五）采购肉类的应当查验肉类产品的检疫合格证明；采购肉类制品的应当查验肉类制品的检验合格证明。

第三十五条 学校食堂禁止采购、使用下列食品、食品添加剂、食品相关产品：

（一）超过保质期的食品、食品添加剂；

（二）腐败变质、油脂酸败、霉变生虫、污秽不洁、混有异物、掺假掺杂或者感官性状异常的食品、食品添加剂；

（三）未按规定进行检疫或者检疫不合格的肉类，或者未经检验或者检验不合格的肉类制品；

（四）不符合食品安全标准的食品原料、食品添加剂以及消毒剂、洗涤剂等食品相关产品；

（五）法律、法规、规章规定的其他禁止生产经营或者不符合食品安全标准的食品、食品添加剂、食品相关产品。

学校食堂在加工前应当检查待加工的食品及原料，发现有前款规定情形的，不得加工或者使用。

第三十六条 学校食堂提供蔬菜、水果以及按照国际惯例或者民族习惯需要提供的食品应当符合食品安全要求。

学校食堂不得采购、贮存、使用亚硝酸盐（包括亚硝酸钠、亚硝酸钾）。

中小学、幼儿园食堂不得制售冷荤类食品、生食类食品、裱花蛋糕，不得加工制作四季豆、鲜黄花菜、野生蘑菇、发芽土豆等高风险食品。省、自治区、直辖市食品安全监督管理部门可以结合实际制定本地区中小学、幼儿园集中用餐不得制售的高风险食品目录。

第三十七条 学校食堂应当按照保证食品安全的要求贮存食品，做到通风换气、分区分架分类、离墙离地存放、防蝇防鼠防虫设施完好，并定期检查库存，及时清理变质或者超过保质期的食品。

贮存散装食品，应当在贮存位置标明食品的名称、生产日期或者生产批号、保质期、生产者名称以及联系方式等内容。用于保存食品的冷藏冷冻设备，应当贴有标识，原料、半成品和成品应当分柜存放。

食品库房不得存放有毒、有害物品。

第三十八条 学校食堂应当设置专用的备餐间或者专用操作区，制定并在显著位置公示人员操作规范；备餐操作时应当避免食品受到污染。食品添加剂应当专人专柜（位）保管，按照有关规定做到标识清晰、计量使用、专册记录。

学校食堂制作的食品在烹饪后应当尽量当餐用完，需要熟制的食品应当烧熟煮透。需要再次利用的，应当按照相关规范采取热藏或者冷藏方式存放，并在确认没有腐败变质的情况下，对需要加热的食品经高温彻底加热后食用。

第三十九条 学校食堂用于加工动物性食品原料、植物性食品原料、水产品原料、半成品或者成品等的容器、工具应当从形状、材质、颜色、标识上明显区分，做到分开使用，固定存放，用后洗净并保持清洁。

学校食堂的餐具、饮具和盛放或者接触直接入口食品的容器、工具，使用前应当洗净、消毒。

第四十条 中小学、幼儿园食堂应当对每餐次加工制作的每种食品成品进行留样，每个品种留样量应当满足检验需要，不得少于125克，并记录留样食品名称、留样量、留样时间、留样人员等。留样食品应当由专柜冷藏保存48小时以上。

高等学校食堂加工制作的大型活动集体用餐，批量制售的热食、非即做即售的热食、冷食类食品、生食类食品、裱花蛋糕应当按照前款规定留样，其他加工食品根据相关规定留样。

第四十一条 学校食堂用水应当符合国家规定的生活饮用水卫生标准。

第四十二条 学校食堂产生的餐厨废弃物应当在餐后及时清除，并按照环保要求分类处理。

食堂应当设置专门的餐厨废弃物收集设施并明显标识，按照规定收集、存放餐厨废弃物，建立相关制度及台账，按照规定交由符合要求的生活垃圾运输单位或者餐厨垃圾处理单位处理。

第四十三条 学校食堂应当建立安全保卫制度，采取措施，禁止非食堂从业人员未经允许进入食品处理区。

学校在校园安全信息化建设中，应当优先在食堂食品库房、烹饪间、备餐间、专间、留样间、餐具饮具清洗消毒间等重点场所实现视频监控全覆盖。

第四十四条 有条件的学校食堂应当做到明厨亮灶，通过视频或者透明玻璃窗、玻璃墙等方式，公开食品加工过程。鼓励运用互联网等信息化手段，加强对食品来源、采购、加工制作全过程的监督。

第五章 外购食品管理

第四十五条 学校从供餐单位订餐的，应当建立健全校外供餐管理制度，选择取得食品经营许可、能承担食品安全责任、社会信誉良好的供餐单位。

学校应当与供餐单位签订供餐合同（或者协议），明确双方食品安全与营养健康的权利和义务，存档备查。

第四十六条 供餐单位应当严格遵守法律、法规和食品安全标准，当餐加工，并遵守本规定的要求，确保食品安全。

第四十七条 学校应当对供餐单位提供的食

品随机进行外观查验和必要检验，并在供餐合同（或者协议）中明确约定不合格食品的处理方式。

第四十八条 学校需要现场分餐的，应当建立分餐管理制度。在教室分餐的，应当保障分餐环境卫生整洁。

第四十九条 学校外购食品的，应当索取相关凭证，查验产品包装标签，查看生产日期、保质期和保存条件。不能即时分发的，应当按照保证食品安全的要求贮存。

第六章 食品安全事故调查与应急处置

第五十条 学校应当建立集中用餐食品安全应急管理和突发事故报告制度，制定食品安全事故处置方案。发生集中用餐食品安全事故或者疑似食品安全事故时，应当立即采取下列措施：

（一）积极协助医疗机构进行救治；

（二）停止供餐，并按照规定向所在地教育、食品安全监督管理、卫生健康等部门报告；

（三）封存导致或者可能导致食品安全事故的食品及其原料、工具、用具、设备设施和现场，并按照食品安全监督管理部门要求采取控制措施；

（四）配合食品安全监管部门进行现场调查处理；

（五）配合相关部门对用餐师生进行调查，加强与师生家长联系，通报情况，做好沟通引导工作。

第五十一条 教育部门接到学校食品安全事故报告后，应当立即赶往现场协助相关部门进行调查处理，督促学校采取有效措施，防止事故扩大，并向上级人民政府教育部门报告。

学校发生食品安全事故需要启动应急预案的，教育部门应当立即向同级人民政府以及上一级教育部门报告，按照规定进行处置。

第五十二条 食品安全监督管理部门会同卫生健康、教育等部门依法对食品安全事故进行调查处理。

县级以上疾病预防控制机构接到报告后应当对事故现场进行卫生处理，并对与事故有关的因素开展流行病学调查，及时向同级食品安全监督管理、卫生健康等部门提交流行病学调查报告。

学校食品安全事故的性质、后果及其调查处理情况由食品安全监督管理部门会同卫生健康、教育等部门依法发布和解释。

第五十三条 教育部门和学校应当按照国家食品安全信息统一公布制度的规定建立健全学校食品安全信息公布机制，主动关注涉及本地本校食品安全舆情，除由相关部门统一公布的食品安全信息外，应当准确、及时、客观地向社会发布相关工作信息，回应社会关切。

第七章 责任追究

第五十四条 违反本规定第二十五条、第二十六条、第二十七条第一款、第三十三条，以及第三十四条第（一）项、第（二）项、第（五）项，学校食堂（或者供餐单位）未按规定建立食品安全管理制度，或者未按规定制定、实施餐饮服务经营过程控制要求的，由县级以上人民政府食品安全监督管理部门依照食品安全法第一百二十六条第一款的规定处罚。

违反本规定第三十四条第（三）项、第（四）项，学校食堂（或者供餐单位）未查验或者留存食用农产品生产者、集中交易市场开办者或者经营者的社会信用代码或者身份证复印件或者购货凭证、合格证明文件的，由县级以上人民政府食品安全监督管理部门责令改正；拒不改正的，给予警告，并处5000元以上3万元以下罚款。

第五十五条 违反本规定第三十六条第二款，学校食堂（或者供餐单位）采购、贮存亚硝酸盐（包括亚硝酸钠、亚硝酸钾）的，由县级以上人民政府食品安全监督管理部门责令改正，给予警告，并处5000元以上3万元以下罚款。

违反本规定第三十六条第三款，中小学、幼儿园食堂（或者供餐单位）制售冷荤类食品、生食类食品、裱花蛋糕，或者加工制作四季豆、鲜黄花菜、野生蘑菇、发芽土豆等高风险食品的，由县级以上人民政府食品安全监督管理部门责令改正；拒不改正的，给予警告，并处5000元以上3万元以下罚款。

第五十六条 违反本规定第四十条，学校食堂（或者供餐单位）未按要求留样的，由县级以上人民政府食品安全监督管理部门责令改正，给予警告；拒不改正的，处5000元以上3万元以下罚款。

第五十七条 有食品安全法以及本规定的违法情形，学校未履行食品安全管理责任，由县级以上人民政府食品安全管理部门会同教育部门对学校主要负责人进行约谈，由学校主管教育部门视情节对学校直接负责的主管人员和其他直接责任人员给予相应的处分。

实施营养改善计划的学校违反食品安全法律法规以及本规定的，应当从重处理。

第五十八条 学校食品安全的相关工作人员、相关负责人有下列行为之一的，由学校主管教育部门给予警告或者记过处分；情节较重的，应当给予降低岗位等级或者撤职处分；情节严重的，应当给予开除处分；构成犯罪的，依法移送司法机关处理：

（一）知道或者应当知道食品、食品原料劣质或者不合格而采购的，或者利用工作之便以其他方式谋取不正当利益的；

（二）在招投标和物资采购工作中违反有关规定，造成不良影响或者损失的；

（三）怠于履行职责或者工作不负责任、态度恶劣，造成不良影响的；

（四）违规操作致使师生人身遭受损害的；

（五）发生食品安全事故，擅离职守或者不按规定报告、不采取措施处置或者处置不力的；

（六）其他违反本规定要求的行为。

第五十九条 学校食品安全管理直接负责的主管人员和其他直接责任人员有下列情形之一的，由学校主管教育部门会同有关部门视情节给予相应的处分；构成犯罪的，依法移送司法机关处理：

（一）隐瞒、谎报、缓报食品安全事故的；

（二）隐匿、伪造、毁灭、转移不合格食品或者有关证据，逃避检查、使调查难以进行或者责任难以追究的；

（三）发生食品安全事故，未采取有效控制措施、组织抢救工作致使食物中毒事态扩大，或者未配合有关部门进行食物中毒调查、保留现场的；

（四）其他违反食品安全相关法律法规规定的行为。

第六十条 对于出现重大以上学校食品安全事故的地区，由国务院教育督导机构或者省级人民政府教育督导机构对县级以上地方人民政府相关负责人进行约谈，并依法提请有关部门予以追责。

第六十一条 县级以上人民政府食品安全监督管理、卫生健康、教育等部门未按照食品安全法等法律法规以及本规定要求履行监督管理职责，造成所辖区域内学校集中用餐发生食品安全事故的，应当依据食品安全法和相关规定，对直接负责的主管人员和其他直接责任人员，给予相应的处分；构成犯罪的，依法移送司法机关处理。

第八章　附　则

第六十二条 本规定下列用语的含义：

学校食堂，指学校为学生和教职工提供就餐服务，具有相对独立的原料存放、食品加工制作、食品供应及就餐空间的餐饮服务提供者。

供餐单位，指根据服务对象订购要求，集中加工、分送食品但不提供就餐场所的食品经营者。

学校食堂从业人员，指食堂中从事食品采购、加工制作、供餐、餐饮具清洗消毒等与餐饮服务有关的工作人员。

现榨果蔬汁，指以新鲜水果、蔬菜为主要原料，经压榨、粉碎等方法现场加工制作的供消费者直接饮用的果蔬汁饮品，不包括采用浓浆、浓缩汁、果蔬粉调配成的饮料。

冷食类食品、生食类食品、裱花蛋糕的定义适用《食品经营许可管理办法》的有关规定。

第六十三条 供餐人数较少，难以建立食堂的学校，以及以简单加工学生自带粮食、蔬菜或者以为学生热饭为主的小规模农村学校的食品安全，可以参照食品安全法第三十六条的规定实施管理。

对提供用餐服务的教育培训机构，可以参照本规定管理。

第六十四条 本规定自 2019 年 4 月 1 日起施行，2002 年 9 月 20 日教育部、原卫生部发布的《学校食堂与学生集体用餐卫生管理规定》同时废止。

高等学校医疗保健机构工作规程

· 1998 年 4 月 22 日教体〔1998〕4 号发布
· 根据 2010 年 12 月 13 日《教育部关于修改和废止部分规章的决定》修订

第一章　总　则

第一条 为贯彻《学校卫生工作条例》、加强对高等学校医疗保健机构的管理，提高医疗保健工作质量，提高师生员工健康水平，特制定本规程。

第二条 高等学校医疗保健机构指设在高等学校内、主要为师生员工提供医疗保健服务的机构，按学校规模大小及服务对象多少分别设置校医院或卫生科。

第三条 高等学校医疗保健机构应坚持面向全体师生员工、贯彻预防为主的工作方针，树立为教学服务，为提高师生健康水平服务的工作宗旨。

第四条 高等学校医疗保健机构的主要任务是：监测学校人群的健康状况；开展学校健康教育；负责学校常见病和传染病的防治；对影响学校人群健康的有害因素实施医务监督。

第二章 基本职责

第五条 负责新生入学健康检查，定期对学校各类人员进行健康检查；对各类健康检查资料进行统计分析、并根据存在问题及时采取有效防治措施。

第六条 对患病体弱学生实施医疗照顾：对因病不能坚持学习者，根据学籍管理规定，提出休、退学处理意见。

第七条 对学校社区内危重病例实施抢救。校内医疗保健机构不能处理的危重及疑难病例，应当及时转上级医疗机构诊治。

第八条 协助教务部门开设大学生健康教育课程（选修课或必修课）或定期举办健康教育讲座，增强学生自我保健能力，促进学生建立健康的生活方式和良好的卫生习惯。

第九条 开展学校社区内医疗服务，做好各种常见病和多发病的诊治、控制工作。

第十条 贯彻执行传染病防治法规，做好学校社区内传染病预防和管理工作。

第十一条 对学校教学卫生、体育卫生、劳动卫生、环境卫生、饮食与营养卫生等实施医务监督，并提供咨询和技术指导。

第十二条 根据国家有关规定，结合学校实际情况，积极协助学校有关部门对公费医疗进行改革和管理。

第三章 管 理

第十三条 高等学校医疗保健机构的设置，由各高等学校按《医疗机构管理条例》规定，报所在地卫生行政部门审批。

第十四条 高等学校医疗保健机构受主管校长直接领导，或由主管校长委托总务部门领导，业务上接受当地卫生行政部门的监督和指导。

第十五条 高等学校医疗保健机构人员编制应根据服务对象的总人数及任务，结合学校的实际情况，参照国家有关规定具体核定。卫生技术人员应占其总编制的80%以上；其中，中、高级技术职务人员应达到卫生技术人员总数的60%左右。

第十六条 高等学校医疗保健机构的科室设置，除执行《医疗机构基本标准（试行）》中相应等级医院及综合门诊部的有关规定外，根据学校卫生工作的特点．应设立健康教育及心理咨询科室（组），或设专人负责该项工作。有条件的校医院可设置适当数量高知病房。

第十七条 校医院（卫生科）的管理，实行院（科）长负责制，院（科）长由所在学校任命。

第十八条 校医院（卫生科）应按照《医疗机构管理条例》的规定，建立以岗位责任制为中心的规章制度。应明确各科室人员职责权限，执行各项保健医疗护理常规和技术操作规程。

第十九条 高等学校卫生技术人员的专业技术职务聘任按国家有关规定执行，卫生技术人员的业务进修纳入学校工作计划。

第二十条 高等学校卫生技术人员的卫生保健津贴，按照国家有关规定执行。

第二十一条 高等学校医疗保健机构的基本建设应纳入学校基建总体规划；其建筑面积按《医疗机构基本标准（试行）》或《普通高校建筑面积标准》的有关规定执行。

第二十二条 高等学校医疗保健机构的基建与设备费、经常性经费、预防经费、健康教育经费，应纳入学校年度预算。

第二十三条 高等学校医疗保健机构要加强自身建设和管理，提高医疗技术水平和服务质量，减少转诊，降低公费医疗支出。

第四章 奖励与处罚

第二十四条 在高等学校医疗保健工作中有突出贡献或长期从事高等学校医疗保健工作成绩显著者，学校及教育行政部门应当给予表彰和奖励。

第二十五条 医风恶劣，工作不负责任而导致医疗事故者，应根据国务院发布的《医疗事故处理条例》予以处理。

第五章 附 则

第二十六条 本规程自颁布之日起实施。

中小学卫生保健机构工作规程

·1995年9月7日
·教体〔1995〕13号

第一章 总 则

第一条 根据《学校卫生工作条例》第二十一条规定，特制定本规程。

第二条 地区性中小学卫生保健机构，是所在地区教育行政部门领导下的面向中小学校、直接为中小学生服务的事业单位，也是研究青少年体质健康、对学生实施健康教育和常见疾病、多发病防治的业务指导部门和社会性服务组织。

第三条 中小学卫生保健机构服务对象主要是所在地区内的中小学生。

第二章 任 务

第四条 协助教育行政部门规划、部署学校卫生工作。协助学校全面贯彻教育方针，实施学校卫生工作。

第五条 调查研究本地区中小学生体质健康状况。

负责学生的健康体检，做好本地区学生的体质健康监测工作。

建立健全学生健康档案，做好资料统计分析和积累工作，为教育行政部门制定有关政策提供科学依据。

根据学生健康状况和发育水平，提高干预措施，指导学校卫生保健工作。

第六条 开展和指导中小学生常见疾病及其他疾病的防治工作。

开展对近视眼、龋齿、沙眼等学校常见疾病的群体预防和矫治工作。

按照国家有关规定认真做好传染病、地方病的防治工作。

对在体检中发现有器质性疾病的学生要及时做好转诊工作；对因病不能坚持正常学习的学生要及时向学校提出处理意见。

第七条 帮助学校开展健康教育和咨询，普及卫生保健知识，提高学生的卫生素养和自我保健能力。

第八条 协助所在地区教育行政部门制定本辖区中小学卫生技术人员的培训计划，负责对本辖区内的中小学卫生技术人员和健康教育课教师进行培训和业务指导。

第九条 指导学校开展各项卫生工作，协助卫生行政部门对学校教学卫生、体育卫生、环境卫生、劳动卫生、饮食卫生等实施卫生监督。

第十条 开展辖区内学生卫生保健服务。

第三章 管 理

第十一条 中小学卫生保健机构接受所在地区教育行政部门领导和同级卫生行政部门的业务指导，依照有关法律、法规，开展学校卫生保健工作。

第十二条 中小学卫生保健机构实行行政首长负责制。

第十三条 中小学卫生保健机构人员编制由主管教育行政部门根据其任务和实际服务范围配编，中小学卫生保健机构总编制应不低于学生总人数的万分之三，其中专业卫生技术人员不得少于总编制的80%，中级职称以上的专业卫生技术人员不得少于总编制的40%。

第十四条 主管教育行政部门应把中小学卫生保健机构的基本建设纳入教育基本建设总体规划，保证中小学卫生保健机构开展工作必备的办公条件。办公用房面积应以服务对象、工作范围、开展群体防治工作的实际需要而定，一般应不少于每专业人员15平方米。卫生保健器材与设备配置应以普通、实用、配套、高效为主，以保证工作的正常开展，有条件的地区可配备一些先进的设备。

第十五条 中小学卫生保健机构在编人员的工资、办公费由主管教育行政部门从教育事业费中拨给。中小学卫生保健机构设备仪器的购置与维修费及房舍维修由主管教育行政部门和中小学卫生保健机构从教育事业费及中小学卫生保健机构预算外收入中支出。

中小学卫生保健机构按照国家有关规定开展卫生保健有偿服务的收入，应主要用于改善办所条件、科研、培训和表彰奖励学校。

第十六条 中小学卫生保健机构应建立卫生技术人员业务培训和进修制度，加强保健机构人员的经常性业务学习和科研实践，不断提高保健机构人员的思想及业务素质。

第十七条 中小学卫生保健机构卫生技术人员的专业技术考核、职称评定按照《学校卫生工作条例》第二十二条规定和(86)教体字018号文件精神执行,由教育行政部门组织实施。

第十八条 根据《学校卫生工作条例》第二十二条规定和(86)教体字018号文件规定,中小学卫生保健机构卫生技术人员和行政管理人员,享有本地区卫生部门规定的卫生津贴,同时主管教育行政部门应根据教育部门的实际情况合理解决中小学卫生保健机构的有关待遇。

第十九条 对在学校卫生工作中贡献突出者与长期从事卫生保健工作成绩显著者,应给予表扬、奖励。

第二十条 在学校卫生工作中玩忽职守,造成医疗事故或不良后果者,应按照有关规定给予处理。

第四章 附 则

第二十一条 中小学卫生保健机构是指中小学卫生保健所、学校体育卫生保健中心、学生保健站等直接为中小学生服务的卫生保健机构。

第二十二条 本规程由国家教育委员会负责解释。

学校和托幼机构传染病疫情报告工作规范(试行)

·2006年4月6日
·卫办疾控发〔2006〕65号

根据《传染病防治法》和《学校卫生工作条例》的规定,为了使全国各类中小学校(以下简称学校)和托幼机构的传染病疫情等突发公共卫生事件报告工作统一、有序,特制定本工作规范。

一、相关部门职责

(一)教育行政部门

1. 负责对学校和托幼机构传染病疫情等突发公共卫生事件报告工作的督促与检查;

2. 负责与卫生行政部门共同组织开展学校和托幼机构有关人员传染病防控及传染病疫情等突发公共卫生事件报告工作相关知识的培训;

3. 协助同级卫生行政部门制定本地区学校和托幼机构传染病疫情等突发公共卫生事件监测与报告工作相关要求或规范;

4. 加强与卫生行政部门的沟通,及时了解本地区学校和托幼机构传染病疫情等突发公共卫生事件相关信息。

(二)卫生行政部门

1. 根据本工作规范,负责制定本地区学校和托幼机构传染病疫情等突发公共卫生事件监测与报告工作相关要求或规范;

2. 配合同级教育行政部门开展对学校和托幼机构传染病疫情等突发公共卫生事件监测与报告工作的督促与检查;

3. 与同级教育行政部门共同组织开展学校和托幼机构传染病防控及传染病疫情等突发公共卫生事件监测与报告工作相关知识的培训;

4. 负责及时向同级教育行政部门通报本地区学校和托幼机构传染病疫情等突发公共卫生事件相关信息。

(三)疾病预防控制机构

1. 负责为学校和托幼机构开展传染病疫情等突发公共卫生事件防控、疫情监测与报告工作提供技术支持,并定期到学校进行经常性的技术指导;

2. 负责对学校或托幼机构发生的传染病疫情等突发公共卫生事件开展流行病学调查工作,并提出防控措施与建议;

3. 协助学校和托幼机构对其全体师生进行传染病防控、疫情监测与报告相关知识的宣传与培训;

4. 负责及时将涉及本地区学校和托幼机构传染病疫情等突发公共卫生事件信息告知学校和托幼机构,并指导学校和托幼机构具体落实传染病防控措施。

(四)学校和托幼机构

1. 负责建立、健全本单位传染病疫情等突发公共卫生事件的发现、收集、汇总与报告管理工作制度;

2. 负责指定专人或兼职教师负责本单位内传染病疫情等突发公共卫生事件、因病缺勤等健康信息的收集、汇总与报告工作;

3. 协助疾病预防控制机构对本单位发生的传染病疫情等突发公共卫生事件进行调查和处理,接受教育行政部门与卫生行政部门对学校传染病疫情等突发公共卫生事件的督促、检查;

4. 负责组织开展对本单位全体人员传染病防

治知识的宣传教育;

5. 学校校长或者托幼机构主要领导是传染病疫情等突发公共卫生事件报告的第一责任人。

二、学校和托幼机构传染病疫情等突发公共卫生事件报告人(以下简称学校疫情报告人)

(一)学校疫情报告人的设置要求

1. 工作认真负责,责任心强;

2. 了解传染病防控相关知识,专(兼)职卫生保健人员优先考虑;

3. 必须为学校或者托幼机构的在编人员。

(二)学校疫情报告人职责

1. 在校长的领导下,具体负责本单位传染病疫情和疑似传染病疫情等突发公共卫生事件报告工作;

2. 协助本单位建立、健全传染病疫情等突发公共卫生事件监测、发现及报告相关工作制度及工作流程;

3. 定期对全校(托幼机构)学生的出勤、健康情况进行巡查;

4. 负责指导全校(托幼机构)学生的晨检工作。

三、学校和托幼机构传染病疫情监测与报告

各类中小学校和托幼机构应当建立由学生到教师、到学校疫情报告人、到学校(托幼机构)领导的传染病疫情发现、信息登记与报告制度。

(一)学校和托幼机构传染病疫情监测

学校和托幼机构应当建立学生晨检、因病缺勤病因追查与登记制度。学校和托幼机构的老师发现学生有传染病早期症状、疑似传染病病人以及因病缺勤等情况时,应及时报告给学校疫情报告人。学校疫情报告人应及时进行排查,并将排查情况记录在学生因病缺勤、传染病早期症状、疑似传染病病人患病及病因排查结果登记日志(见附表)上。

1. 晨检

晨检应在学校疫情报告人的指导下进行,由班主任或班级卫生员对早晨到校的每个学生进行观察、询问,了解学生出勤、健康状况。发现学生有传染病早期症状(如发热、皮疹、腹泻、呕吐、黄疸等)以及疑似传染病病人时,应当及时告知学校疫情报告人,学校疫情报告人要进行进一步排查,以确保做到对传染病病人的早发现、早报告。

2. 因病缺勤

班主任应当密切关注本班学生的出勤情况,对于因病缺勤的学生,应当了解学生的患病情况和可能的病因,如有怀疑,要及时报告给学校疫情报告人。学校疫情报告人接到报告后应及时追查学生的患病情况和可能的病因,以做到对传染病病人的早发现。

(二)学校传染病疫情报告

1. 报告内容及时限

(1)在同一宿舍或者同一班级,1天内有3例或者连续3天内有多个学生(5例以上)患病,并有相似症状(如发热、皮疹、腹泻、呕吐、黄疸等)或者共同用餐、饮水史时,学校疫情报告人应当在24小时内报出相关信息。

(2)当学校和托幼机构发现传染病或疑似传染病病人时,学校疫情报告人应当立即报出相关信息。

(3)个别学生出现不明原因的高热、呼吸急促或剧烈呕吐、腹泻等症状时,学校疫情报告人应当在24小时内报出相关信息。

(4)学校发生群体性不明原因疾病或者其他突发公共卫生事件时,学校疫情报告人应当在24小时内报出相关信息。

2. 报告方式

当出现符合本工作规范规定的报告情况时,学校疫情报告人应当以最方便的通讯方式(电话、传真等)向属地疾病预防控制机构(农村学校向乡镇卫生院防保组)报告,同时,向属地教育行政部门报告。

(四)安全工作

中华人民共和国民法典(节录)

· 2020年5月28日第十三届全国人民代表大会第三次会议通过

· 2020年5月28日中华人民共和国主席令第45号公布

· 自2021年1月1日起施行

……

第一千一百九十九条 【教育机构对无民事行为能力人受到人身损害的过错推定责任】无民事行为能力人在幼儿园、学校或者其他教育机构学习、生活期间受到人身损害的，幼儿园、学校或者其他教育机构应当承担侵权责任；但是，能够证明尽到教育、管理职责的，不承担侵权责任。

第一千二百条 【教育机构对限制民事行为能力人受到人身损害的过错责任】限制民事行为能力人在学校或者其他教育机构学习、生活期间受到人身损害，学校或者其他教育机构未尽到教育、管理职责的，应当承担侵权责任。

第一千二百零一条 【受到校外人员人身损害时的责任分担】无民事行为能力人或者限制民事行为能力人在幼儿园、学校或者其他教育机构学习、生活期间，受到幼儿园、学校或者其他教育机构以外的第三人人身损害的，由第三人承担侵权责任；幼儿园、学校或者其他教育机构未尽到管理职责的，承担相应的补充责任。幼儿园、学校或者其他教育机构承担补充责任后，可以向第三人追偿。

……

中华人民共和国未成年人保护法

- 1991年9月4日第七届全国人民代表大会常务委员会第二十一次会议通过
- 2006年12月29日第十届全国人民代表大会常务委员会第二十五次会议第一次修订
- 根据2012年10月26日第十一届全国人民代表大会常务委员会第二十九次会议《关于修改〈中华人民共和国未成年人保护法〉的决定》修正
- 2020年10月17日第十三届全国人民代表大会常务委员会第二十二次会议第二次修订
- 2020年10月17日中华人民共和国主席令第57号公布
- 自2021年6月1日起施行

理解与适用

《未成年人保护法》由第十三届全国人民代表大会常务委员会第二十二次会议于2020年10月17日修订通过，自2021年6月1日起施行。2021年修订的主要内容如下：

（一）充实总则规定

《未成年人保护法》作为未成年人保护领域的综合性法律，对未成年人享有的权利、未成年人保护的基本原则和未成年人保护的责任主体等作出了明确规定。本次修订新增了最有利于未成年人原则；强化了父母或者其他监护人的第一责任；确立了国家亲权责任，明确在未成年人的监护人不能履行监护职责时，由国家承担监护职责；增设了发现未成年人权益受侵害后的强制报告制度。

（二）加强家庭保护

父母或者其他监护人是保护未成年人的第一责任人，家庭是未成年人最先开始生活和学习的场所。本次修订细化了家庭监护职责，具体列举了监护应当做的行为、禁止性行为和抚养注意事项；突出家庭教育；增加了监护人的报告义务；针对农村留守儿童等群体的监护缺失问题，完善了委托照护制度。

（三）完善学校保护

学校是未成年人成长过程中至关重要的场所。本次修订从教书育人和安全保障两个角度规定了学校、幼儿园的保护义务。在"教书育人"方面主要是完善了学校、幼儿园的教育、保育职责；在"安全保障"方面主要规定了校园安全的保障机制以及突发事件的处置措施，增加了对学生欺凌及校园性侵的防控与处置措施。

（四）充实社会保护

社会环境是未成年人成长的大背景大环境，影响着未成年人的健康成长。本次修订增加了城乡基层群众性自治组织的保护责任；拓展了未成年人的福利范围；对净化社会环境提出了更高要求；强调了公共场所的安全保障义务；为避免未成年人遭受性侵害、虐待、暴力伤害等侵害，创设了密切接触未成年人行业的从业查询及禁止制度。

(五)新增网络保护

随着信息技术的快速发展,网络空间作为家庭、学校、社会等现实世界的延展,已经成为未成年人成长的新环境。本次修订适应客观形势的需要,增设"网络保护"专章,对网络保护的理念、网络环境管理、相关企业责任、网络信息管理、个人网络信息保护、网络沉迷防治等作出全面规范,力图实现对未成年人的线上线下全方位保护。

(六)强化政府保护

政府在未成年人保护工作中承担着主体责任。本次修订将《未成年人保护法》中的相关内容加以整合,增设"政府保护"专章,明确国务院和县级以上地方人民政府应当建立未成年人保护工作协调机制,细化政府及其有关部门的职责,并对国家监护制度作出了详细规定。

(七)完善司法保护

未成年人司法保护主要涉及四个方面:一是司法活动中对未成年人保护的共性要求;二是特定类型民事案件中对未成年人的保护;三是刑事案件中对未成年被害人的保护;四是对违法犯罪未成年人的保护。本次修订细化了原《未成年人保护法》司法保护专章和《刑事诉讼法》未成年人刑事案件诉讼程序专章的有关内容,进一步强调司法机关专门化问题,同时补充完善了相关规定,以实现司法环节的未成年人保护全覆盖。主要包括:设立检察机关代为行使诉讼权利制度,细化规定中止和撤销监护人资格制度,规定刑事案件中对未成年被害人的保护措施等。

第一章 总 则

第一条 【立法目的和依据】为了保护未成年人身心健康,保障未成年人合法权益,促进未成年人德智体美劳全面发展,培养有理想、有道德、有文化、有纪律的社会主义建设者和接班人,培养担当民族复兴大任的时代新人,根据宪法,制定本法。

链接《宪法》第46、49条;《义务教育法》第3条;《教育法》第5条;《预防未成年人犯罪法》第1条

第二条 【未成年人的定义】本法所称未成年人是指未满十八周岁的公民。

注释 我国《未成年人保护法》将未满18周岁的公民定义为未成年人遵循了国际上通行的做法。从出生之日起至未满18周岁的公民都是未成年人,其中包括了多个年龄段。一般分为:乳儿期(从出生到1周岁)、婴儿期(从1周岁到3周岁)、学龄前期(从3周岁到6至7周岁)、学龄初期(从6至7周岁到11至12周岁)、少年期(从11至12周岁到14至15周岁)、青年期(从14至15周岁到18周岁)。由此可见,未成年人的标准只有一个,即公民的生理年龄未满18周岁。

未成年人不仅包括普通的未成年人,还包括有残疾的未成年人,违法犯罪的未成年人;不仅包括男性未成年人,还包括女性未成年人;不仅包括在校学习的未成年学生,还包括按照国家规定从业的已满16周岁不满18周岁的未成年职工。

链接《宪法》第33条;《民法典》第13、17-20条;《国籍法》第4-7条

第三条 【未成年人平等享有权利】国家保障未成年人的生存权、发展权、受保护权、参与权等权利。

未成年人依法平等地享有各项权利,不因本人及其父母或者其他监护人的民族、种族、性别、户籍、职业、宗教信仰、教育程度、家庭状况、身心健康状况等受到歧视。

实务问答 **未成年人购买的贵重物品,父母可以要求商家退货吗?**

根据我国《民法典》第20条的规定,不满8周岁的未成年人是无民事行为能力人,由其法定代理人代理实施民事法律行为。因此,贵重物品只能由其父母或其他监护人代为购买。

8周岁以上的未成年人不可以未经父母同意,就将自己的贵重物品出售或赠送他人。如果未成年人未经父母同意,就擅自购买超过其实际需要的贵重物品,父母可以要求商家退货。但是与其年龄、智力相适应的"贵重"物品除外。现阶段,由于生活水平的提高,未成年人的消费水平也相应提升,究竟什么是与未成年人的年龄、智力不相符的"贵重"物品,很难确定统一的标准,只能根据具体情况而定。

链接《宪法》第33、34、46条;《教育法》第17、19条;《义务教育法》第2-4条

第四条 【未成年人保护的基本原则和要求】保护未成年人，应当坚持最有利于未成年人的原则。处理涉及未成年人事项，应当符合下列要求：

（一）给予未成年人特殊、优先保护；

（二）尊重未成年人人格尊严；

（三）保护未成年人隐私权和个人信息；

（四）适应未成年人身心健康发展的规律和特点；

（五）听取未成年人的意见；

（六）保护与教育相结合。

链接《宪法》第38条；《民法典》第110－112条；《预防未成年人犯罪法》第2、3条；《最高人民法院关于确定民事侵权精神损害赔偿责任若干问题的解释》

第五条 【对未成年人进行教育】国家、社会、学校和家庭应当对未成年人进行理想教育、道德教育、科学教育、文化教育、法治教育、国家安全教育、健康教育、劳动教育，加强爱国主义、集体主义和中国特色社会主义的教育，培养爱祖国、爱人民、爱劳动、爱科学、爱社会主义的公德，抵制资本主义、封建主义和其他腐朽思想的侵蚀，引导未成年人树立和践行社会主义核心价值观。

链接《宪法》第24条；《教育法》第6条；《义务教育法》第34条；《预防未成年人犯罪法》第二章；《中共中央、国务院关于进一步加强和改进未成年人思想道德建设的若干意见》

第六条 【保护未成年人的共同责任】保护未成年人，是国家机关、武装力量、政党、人民团体、企业事业单位、社会组织、城乡基层群众性自治组织、未成年人的监护人以及其他成年人的共同责任。

国家、社会、学校和家庭应当教育和帮助未成年人维护自身合法权益，增强自我保护的意识和能力。

第七条 【监护人和国家在监护方面的责任】未成年人的父母或者其他监护人依法对未成年人承担监护职责。

国家采取措施指导、支持、帮助和监督未成年人的父母或者其他监护人履行监护职责。

链接《民法典》第18、20、27、32、34条；《国务院关于加强农村留守儿童关爱保护工作的意见》；《国务院关于加强困境儿童保障工作的意见》

第八条 【发展规划及预算】县级以上人民政府应当将未成年人保护工作纳入国民经济和社会发展规划，相关经费纳入本级政府预算。

第九条 【未成年人保护工作协调机制】县级以上人民政府应当建立未成年人保护工作协调机制，统筹、协调、督促和指导有关部门在各自职责范围内做好未成年人保护工作。协调机制具体工作由县级以上人民政府民政部门承担，省级人民政府也可以根据本地实际情况确定由其他有关部门承担。

第十条 【群团组织及社会组织的职责】共产主义青年团、妇女联合会、工会、残疾人联合会、关心下一代工作委员会、青年联合会、学生联合会、少年先锋队以及其他人民团体、有关社会组织，应当协助各级人民政府及其有关部门、人民检察院、人民法院做好未成年人保护工作，维护未成年人合法权益。

第十一条 【检举、控告和强制报告制度】任何组织或者个人发现不利于未成年人身心健康或者侵犯未成年人合法权益的情形，都有权劝阻、制止或者向公安、民政、教育等有关部门提出检举、控告。

国家机关、居民委员会、村民委员会、密切接触未成年人的单位及其工作人员，在工作中发现未成年人身心健康受到侵害、疑似受到侵害或者面临其他危险情形的，应当立即向公安、民政、教育等有关部门报告。

有关部门接到涉及未成年人的检举、控告或者报告，应当依法及时受理、处置，并以适当方式将处理结果告知相关单位和人员。

实务问答 1. 强制报告义务的主体有哪些?

本法将强制报告的主体限定为国家机关、居民委员会、村民委员会、密切接触未成年人的单位及其工作人员。密切接触未成年人的单位是指对未成年人负有教育、培训、监护、救助、看护、医疗等职责的企业事业单位、社会组织等。本法第130条第1项对密切接触未成年人的单位有具体规定。这些单位及其工作人员在家庭之外与未成年人接触的机会多，容易发现未成年人受侵害的情况，有必要纳入强制报告的主体范围。

2. 强制报告的情形有哪些?

本法并未详细列举应当报告的行为类型，而是将应当报告的情形概括为未成年人身心健康受到侵害、疑似受到侵害或者面临其他危险情形。《关于建立侵害未成年人案件强制报告制度的意见(试行)》详细列举了未成年人遭受或者疑似遭受不法侵害以及面临不法侵害危险的情形,对于强制报告制度的具体实践具有重要参考作用。

3. 接到涉及未成年人的检举、控告或者报告如何处置?

有关部门接到涉及未成年人的检举、控告或者报告后,应当依法及时受理、处置,包括开展调查、核实是否存在侵害或者风险、采取相应的处理措施等,强调依法和及时。处理结果应当告知相关单位和人员,相关单位和人员包括提出检举、控告或者报告的单位和人员,还包括后续可能需要采取有关保护措施的单位和人员,以便多部门联动,有效提供救助等。

链接《反家庭暴力法》第14条;《最高人民法院、最高人民检察院、公安部、民政部关于依法处理监护人侵害未成年人权益行为若干问题的意见》;《关于建立侵害未成年人案件强制报告制度的意见(试行)》

第十二条 【科学研究】国家鼓励和支持未成年人保护方面的科学研究,建设相关学科、设置相关专业,加强人才培养。

第十三条 【统计调查制度】国家建立健全未成年人统计调查制度,开展未成年人健康、受教育等状况的统计、调查和分析,发布未成年人保护的有关信息。

第十四条 【表彰和奖励】国家对保护未成年人有显著成绩的组织和个人给予表彰和奖励。

注释 国家奖励,是指各级人民政府和有关部门为了表彰先进、激励后进、充分调动人们的积极性和创造性,依照法定条件和程序,对做出突出贡献、显著成绩或者模范遵纪守法的组织和个人给予物质的或者精神的奖励的一种行政行为。国家奖励包括表彰和奖励,表彰主要是精神奖励,如通报表扬、给予荣誉称号,奖励一般是给予一定的奖金、经费等。

实务问答**实践中,对保护未成年人工作进行表彰、奖励的主体和受表彰、奖励的对象分别是什么?**

实施表彰、奖励的主体是国家行政机关,包括各级人民政府和行政主管部门。在实践中,进行未成年人保护表彰和奖励主要由各地各级未成年人保护办公室联合有关行政主管部门、人大、法院、检察院等部门开展。有些表彰和奖励由团委、律协等社会团体作出,有的由其他社会组织作出。

受表彰和奖励的对象,按照本条规定是指在未成年人保护工作中有显著成绩的组织和个人,其范围是比较广泛的,包括国家机关、武装力量、政党、人民团体、企业事业单位、社会组织、城乡基层群众性自治组织及这些单位的工作人员以及普通公民等。所谓显著成绩,是指热爱未成年人保护工作,认真执行国家有关未成年人保护法律法规,模范履行职责,具有奉献精神,积极为未成年人办实事、解决难事、做好事,表现突出,工作有成效,社会评价高等。

链接《义务教育法》第10条

第二章 家庭保护

第十五条 【监护人及成年家庭成员的家庭教育职责】未成年人的父母或者其他监护人应当学习家庭教育知识,接受家庭教育指导,创造良好、和睦、文明的家庭环境。

共同生活的其他成年家庭成员应当协助未成年人的父母或者其他监护人抚养、教育和保护未成年人。

实务问答**1. 未成年人的父母或者其他监护人的职责有哪些?**

(1)依法履行监护职责。父母或者其他监护人应当遵守本法第16条和第17条的规定,通过积极作为,全面履行监护义务,不得实施法律禁止的行为。

(2)学习家庭教育知识、接受家庭教育指导。履行监护职责的一项重要内容是实施家庭教育,即监护人有意识地通过自己的言传身教和家庭生活实践,对未成年子女施以一定教育影响的社会活动。通常来说,家庭教育的范围如下:亲职教育;子职教育;两性教育;婚姻教育;伦理教育;家庭资源与管理教育;其他家庭教育事项。为了保障未成年人受到良好的家庭教育,监护人应当树立正确的家庭教育观念,掌握和运用科学的家庭教育方法,这就要求他们主动学习家庭教育知识,积极接受社区、学校或者社会组织提供的家庭教育指导服务。

(3)创造良好、和睦、文明的家庭环境。国内许多项调查显示,父母经常吵架、很少与孩子在一起交流,家庭生活不和谐的家庭环境可能引起未成年人的人格缺陷或行为偏差,甚至导致其走上违法犯罪的道路。而和睦幸福的家庭,则会使孩子拥有一个温暖安全的依靠点,形成良好的心理素质和健康的人格,这样的家庭环境容易让孩子得到坚韧不拔、拼搏向上的精神力量。家庭环境包括家庭结构、家庭成员之间的关系、家庭生活方式三个方面。

2. 共同生活的其他成年家庭成员是否对未成年人负有监护职责?

现实中,除了监护人外,很多家庭中还有其他成年成员与未成年人共同生活,比如祖父母、外祖父母。首先,这些成年成员不属于监护人,自然不负有监护的职责,也就没有监护权。其次,这些成年成员应当尊重监护人的监护权,不应当干涉和影响监护人依法履行监护职责。最后,这些成年成员在与未成年人共同生活的过程中,需要协助监护人保护未成年人,包括协助对未成年人进行教育、照料和抚养。

链接《民法典》第27、1043条

第十六条 【监护职责】未成年人的父母或者其他监护人应当履行下列监护职责:

(一)为未成年人提供生活、健康、安全等方面的保障;

(二)关注未成年人的生理、心理状况和情感需求;

(三)教育和引导未成年人遵纪守法、勤俭节约,养成良好的思想品德和行为习惯;

(四)对未成年人进行安全教育,提高未成年人的自我保护意识和能力;

(五)尊重未成年人受教育的权利,保障适龄未成年人依法接受并完成义务教育;

(六)保障未成年人休息、娱乐和体育锻炼的时间,引导未成年人进行有益身心健康的活动;

(七)妥善管理和保护未成年人的财产;

(八)依法代理未成年人实施民事法律行为;

(九)预防和制止未成年人的不良行为和违法犯罪行为,并进行合理管教;

(十)其他应当履行的监护职责。

注释 从未成年人的需求角度来看,本条规定的监护职责可以分为四个方面:一是保障未成年人的生存、人身安全与身体健康;二是促进未成年人的心理健康,满足未成年人的精神情感需求;三是教育、引导和帮助未成年人养成良好品行、遵守社会规范;四是保障未成年人的经济社会发展权益,包括受教育权、休息娱乐和体育锻炼的权利、财产权益、代理实施民事法律行为等。

实务问答 **1. 为未成年人提供生活、健康、安全等方面的保障有哪些基本要求?**

生活、健康和安全是保障未成年人生存权的基本要求。一是保障基本生活。一般来说,未成年人普遍缺乏独立生存的能力,其父母和其他监护人作为第一责任人,应当为未成年人提供衣、食、住或其他生活必需品,满足未成年人基本的生存需求。二是保障身体健康。父母或其他监护人应当保障未成年人的基本医疗卫生保健条件,生病及时就医。例如,《疫苗管理法》规定,监护人应当依法保证适龄儿童按时接种免疫规划疫苗。三是保障基本安全,包括人身安全和财产安全,这里主要是指其父母或其他监护人应当为未成年人提供安全的生活条件,保障未成年人的人身安全。例如,在家庭生活中,及时排除触电、烫伤、跌落等伤害的安全隐患;在户外活动中,避免未成年人发生溺水、踩踏事故。

2. 如何尊重未成年人受教育的权利,保障适龄未成年人依法接受并完成义务教育?

(1)尊重未成年人受教育的权利。

受教育权是指公民依法享有的要求提供平等的受教育条件和机会,通过学习来发展个性、才智和身心能力,以获得平等的生存和发展机会的基本权利。我国宪法规定,中华人民共和国公民有受教育的权利和义务,国家培养青年、少年、儿童在品德、智力、体质等方面全面发展。未成年人受教育的权利包括三个方面:①学习机会权,具体有三项内容,一是入学机会权,二是受教育的选择权,三是学生身份权(学籍权)。②学习条件权。③学习成功权,包括获得公正评价和获得学业证书、学位证书权。

(2)保障适龄未成年人依法接受并完成义务教育。

《义务教育法》规定,国家实行九年义务教育制度,义务教育是国家统一实施的所有适龄儿童、少年必须接受的教育,是国家必须予以保障的公益性事业;适龄儿童、少年的父母或者其他法定监护人应当依法保证其按时入学接受并完成义务教育。因此,未成年人的父母或者其他监护人对适龄未成年人的义务教育权利保障负有基本义务。《义务教育法》规定,凡年满六周岁的儿童,其父母或者其他法定监护人应当送其入学接受并完成义务教育;条件不具备的地区的儿童,可以推迟到七周岁。适龄儿童、少年因身体状况需要延缓入学或者休学的,其父母或者其他监护人应当提出申请,由当地乡镇人民政府或者县级人民政府教育行政部门批准。适龄儿童、少年的父母或者其他监护人无正当理由未送适龄儿童、少年入学接受义务教育的,由当地乡镇人民政府或者县级人民政府教育行政部门给予批评教育,责令限期改正。同时,父母或者其他监护人还应当为适龄未成年人提供接受义务教育的物质保障。

链接《宪法》第49条;《民法典》第17、20、23、26、34、35条

第十七条 【监护禁止行为】未成年人的父母或者其他监护人不得实施下列行为:

(一)虐待、遗弃、非法送养未成年人或者对未成年人实施家庭暴力;

(二)放任、教唆或者利用未成年人实施违法犯罪行为;

(三)放任、唆使未成年人参与邪教、迷信活动或者接受恐怖主义、分裂主义、极端主义等侵害;

(四)放任、唆使未成年人吸烟(含电子烟,下同)、饮酒、赌博、流浪乞讨或者欺凌他人;

(五)放任或者迫使应当接受义务教育的未成年人失学、辍学;

(六)放任未成年人沉迷网络,接触危害或者可能影响其身心健康的图书、报刊、电影、广播电视节目、音像制品、电子出版物和网络信息等;

(七)放任未成年人进入营业性娱乐场所、酒吧、互联网上网服务营业场所等不适宜未成年人活动的场所;

(八)允许或者迫使未成年人从事国家规定以外的劳动;

(九)允许、迫使未成年人结婚或者为未成年人订立婚约;

(十)违法处分、侵吞未成年人的财产或者利用未成年人牟取不正当利益;

(十一)其他侵犯未成年人身心健康、财产权益或者不依法履行未成年人保护义务的行为。

注释本条对经常发生的监护侵害行为进行了列举,并明确禁止。根据本条的规定,监护人的禁止行为分为三类:一是主动侵害类行为,即通过一定的行为侵害未成年人的合法权益、危害未成年人的身心健康,如虐待未成年人,违法处分、侵吞未成年人的财产。二是拒绝履行监护类行为,即应当为而不为的行为,如遗弃未成年人。三是怠于履行监护类行为,即疏忽或者放任不管的行为,如放任未成年人沉迷网络,放任未成年人进入不适宜未成年人活动的场所。

特别需要注意实践中一些比较突出的禁止行为:一是虐待未成年人,通常来说包括四种行为,身体虐待、精神虐待、性虐待和疏忽照顾。其中,疏忽照顾是指监护人对于未成年人的饮食、教育、医疗、衣物、卫生等基本需求刻意忽视,特征是使未成年人出现明显的营养不良、穿不合身的衣物、学龄儿童未去学校等。二是遗弃未成年人,即监护人故意拒绝抚养、照顾未成年人的行为。三是非法送养未成年人。我国法律对于收养条件、放弃抚养权等都有着严格的规定,除依法符合条件和办理相应手续外,监护人不能仅因为无力抚养或重男轻女等原因而私下将其送给其他人养育。四是对未成年人实施家庭暴力,即监护人以殴打、捆绑、残害、限制人身自由以及经常性谩骂、恐吓等方式实施的身体、精神等侵害未成年人的行为。

实务问答 1. 如何应对家庭暴力?

《反家庭暴力法》第2条明确规定,家庭暴力是指家庭成员之间以殴打、捆绑、残害、限制人身自由以及经常性谩骂、恐吓等方式实施的身体、精神等侵害行为。

反家庭暴力是国家、社会和每个家庭的共同责任。学校、幼儿园、医疗机构、居民委员会、村民委员会、社会工作服务机构、救助管理机构、福利机构及其工作人员在工作中发现无民事行为能力人、限制民事行为能力人遭受或者疑似遭受家庭暴力的,应当及时向公安机关报案。公安机关应当对报案人的信息予以保密。公安机关接到家庭暴力报案后应当及时出警,制止家庭暴力,按照有关规定调查取证,协助受害人就医、鉴定伤情。无民事行为能力人、限制民事行为能力人因家庭暴力身体受到严重伤害、面临人身安全威胁或者处于无人照料等危险状态的,公安机关应当通知并协助民政部门将其安置到临时庇护场所、救助管理机构或者福利机构。

监护人实施家庭暴力严重侵害被监护人合法权益的,人民法院可以根据被监护人的近亲属、居民委员会、村民委员会、县级人民政府民政部门等

有关人员或者单位的申请，依法撤销其监护人资格，另行指定监护人。被撤销监护人资格的加害人，应当继续负担相应的赡养、扶养、抚养费用。

当事人因遭受家庭暴力或者面临家庭暴力的现实危险，向人民法院申请人身安全保护令的，人民法院应当受理。当事人是无民事行为能力人、限制民事行为能力人，或者因受到强制、威吓等原因无法申请人身安全保护令的，其近亲属、公安机关、妇女联合会、居民委员会、村民委员会、救助管理机构可以代为申请。人民法院作出人身安全保护令后，应当送达申请人、被申请人、公安机关以及居民委员会、村民委员会等有关组织。人身安全保护令由人民法院执行，公安机关以及居民委员会、村民委员会等应当协助执行。被申请人违反人身安全保护令，构成犯罪的，依法追究刑事责任；尚不构成犯罪的，人民法院应当给予训诫，可以根据情节轻重处以1000元以下罚款、15日以下拘留。

2. 父母可以和未成年子女断绝关系，“一刀两断”吗？

按我国法律的规定，父母对未成年人有抚养的责任和义务。子女和父母之间的关系不是父母可以任意解除的，父母必须承担抚养教育未成年子女到18周岁的义务。子女行为不良、品行不端，父母应该好好教育，帮助他们改正。把子女赶出家门、将他们推向社会，是一种不负责任的行为。父母放弃其监护职责，不履行法定义务，也是一种违法行为。

第十八条 【监护人的安全保障义务】未成年人的父母或者其他监护人应当为未成年人提供安全的家庭生活环境，及时排除引发触电、烫伤、跌落等伤害的安全隐患；采取配备儿童安全座椅、教育未成年人遵守交通规则等措施，防止未成年人受到交通事故的伤害；提高户外安全保护意识，避免未成年人发生溺水、动物伤害等事故。

链接《民法典》侵权责任编

第十九条 【尊重未成年人的知情权】未成年人的父母或者其他监护人应当根据未成年人的年龄和智力发展状况，在作出与未成年人权益有关的决定前，听取未成年人的意见，充分考虑其真实意愿。

实务问答未成年人享有知情权的前提条件是什么？

未成年人享有知情权的前提条件包括两个方面：(1)与未成年人年龄、智力状况相适应。这可以从与未成年人生活相关联的程度；未成年人的智力能力能否理解，并预见相应的后果；标的数额等方面认定。(2)与未成年人权益有关。只有决定涉及未成年人的人身、财产或其他合法权益时，未成年人才享有知情权。

链接《民法典》第35条

第二十条 【监护人的报告义务】未成年人的父母或者其他监护人发现未成年人身心健康受到侵害、疑似受到侵害或者其他合法权益受到侵犯的，应当及时了解情况并采取保护措施；情况严重的，应当立即向公安、民政、教育等部门报告。

第二十一条 【临时照护及禁止未成年人单独生活】未成年人的父母或者其他监护人不得使未满八周岁或者由于身体、心理原因需要特别照顾的未成年人处于无人看护状态，或者将其交由无民事行为能力、限制民事行为能力、患有严重传染性疾病或者其他不适宜的人员临时照护。

未成年人的父母或者其他监护人不得使未满十六周岁的未成年人脱离监护单独生活。

注释本条是关于临时照护和禁止未成年人单独生活的规定，主要包括以下三个方面的内容：(1)父母不能使未成年人处于无人看护状态。父母或者其他监护人不能使两类未成年人处于无人看护的状态：一是未满八周岁的未成年人；二是因心理、身体原因需要特殊照顾的未成年人。(2)父母应当委托具备条件的人员代为临时照护。临时照护是父母或者其他监护人因故不能直接看护需要特殊照护的未成年子女时，应当把子女交给符合条件的人短时间照料和看护。但是，为了保障未成年人的身心健康和人身安全，本条规定了父母或者其他监护人不得将未成年子女交给其临时照护的四类人员。(3)十六周岁以下的未成年人不能脱离监护单独生活。

实务问答如何理解未满十六周岁的未成年人不得脱离监护单独生活？

这里所说的脱离监护单独生活主要是指：一是不允许十六周岁以下的未成年子女离开父母或者其他监护人在外租房单独生活，或者去异地打工；二是父母或者其他监护人在外出务工等情况下，不能将十六周岁以下的未成年子女留在家里单独生活，应当将未成年子女委托给他人照护；三是不包括学生住校、参加夏令营等经父母或者其他监护人同意的行为。

链接《民法典》第 18-20 条

第二十二条 【设立长期照护的条件】未成年人的父母或者其他监护人因外出务工等原因在一定期限内不能完全履行监护职责的，应当委托具有照护能力的完全民事行为能力人代为照护；无正当理由的，不得委托他人代为照护。

未成年人的父母或者其他监护人在确定被委托人时，应当综合考虑其道德品质、家庭状况、身心健康状况、与未成年人生活情感上的联系等情况，并听取有表达意愿能力未成年人的意见。

具有下列情形之一的，不得作为被委托人：

（一）曾实施性侵害、虐待、遗弃、拐卖、暴力伤害等违法犯罪行为；

（二）有吸毒、酗酒、赌博等恶习；

（三）曾拒不履行或者长期怠于履行监护、照护职责；

（四）其他不适宜担任被委托人的情形。

实务问答长期照护的适用要点有哪些？

一是具备正当理由，主要包括两种。第一种为主观上的履行不能，即父母或者其他监护人外出务工或其他同种类行为。第二种为客观上的履行不能，一般是由于疾病或意外事故等不可预见且不能控制的事由导致未成年人的父母部分或全部丧失民事行为能力进而不能履行职责。除此之外，如不具备正当理由，不得任意委托他人代为照护。二是在一定期限内无法完全履行监护职责。根据这一要求，父母或者其他监护人无法履行监护职责限定于一定期限、部分的不能。如果父母或者其他监护人已经永远丧失履行全部监护职责的能力或者条件，则应当依法另行确定其他人作为监护人。三是选定具有照护能力的完全民事行为能力人。选定被委托人时，应当符合本条第 2 款、第 3 款的规定，其须具备照护未成年人的能力和条件。四是委托的内容限于照护职责，包括照料未成年人的日常生活，教育和关心爱护未成年人，保护未成年人的人身、财产及其他合法权益。这也意味着还有部分监护职责不能委托，必须由父母或者其他监护人亲自履行或者与被委托人共同履行。五是及时委托照护是父母或者其他监护人的义务。父母或者其他监护人具备正当理由时，必须及时选定合格的被委托人，防止出现未成年人无人照护、失教失管等风险状况。这是父母或者其他监护人的一项义务，不能怠于履行或者拒绝履行。

链接《国务院关于加强农村留守儿童关爱保护工作的意见》

第二十三条 【设立长期照护的监护人的义务】未成年人的父母或者其他监护人应当及时将委托照护情况书面告知未成年人所在学校、幼儿园和实际居住地的居民委员会、村民委员会，加强和未成年人所在学校、幼儿园的沟通；与未成年人、被委托人至少每周联系和交流一次，了解未成年人的生活、学习、心理等情况，并给予未成年人亲情关爱。

未成年人的父母或者其他监护人接到被委托人、居民委员会、村民委员会、学校、幼儿园等关于未成年人心理、行为异常的通知后，应当及时采取干预措施。

第二十四条 【父母离婚对未成年子女的义务】未成年人的父母离婚时，应当妥善处理未成年子女的抚养、教育、探望、财产等事宜，听取有表达意愿能力未成年人的意见。不得以抢夺、藏匿未成年子女等方式争夺抚养权。

未成年人的父母离婚后，不直接抚养未成年子女的一方应当依照协议、人民法院判决或者调解确定的时间和方式，在不影响未成年人学习、生活的情况下探望未成年子女，直接抚养的一方应当配合，但被人民法院依法中止探望权的除外。

实务问答未成年人的父母离婚有哪些法律上的注意义务？

一是必须妥善处理未成年子女的抚养、教育、探望、财产等事宜。如何理解“妥善”，应当根据最有利于未成年人原则进行判断，父母需要强化未成年子女在家庭中享有独立人身权利和财产权利的观念。一方面，未成年子女在家庭中的人身权利受法律保护。另一方面，未成年子女在家庭中的财产权利受法律保护。

二是就有关事宜的安排，应当听取有表达意愿能力的未成年人的意见，并予以充分考虑。在离婚制度中也应坚持最有利于未成年人原则，保障未成年人表达自己意愿的权利。在父母协议离婚时，虽然未成年子女本身并没有权利干涉父母的婚姻自由（离婚自由），需要接受父母离婚的事实，但是这并不意味着子女关于父母的离婚协议内容没有任何表达意愿的权利，父母有责任为了未成年子女的健康成长作出合理的安排以及利益的让步，所以协议离婚制度不仅应当平衡婚姻当事人的利益，也应该保护未成年子女的利益，最大限度地尊重未成年子女的意愿。未成年子女表达意愿的内容很丰富，包括提出关于直接抚养人意见的权利，与父母及其他近亲属交往联络的权利，与家庭成员团聚的权利，等等。

三是禁止以抢夺、藏匿未成年子女等方式争夺抚养权。

四是共同配合行使探望权。未成年人的健康成长，既需要充足的物质保障，也需要来自父母的精神关爱，两者缺一不可，任何一方的缺失都有可能给未成年子女的身心健康带来不利影响。因此，除被人民法院依法中止探望权以外，不直接抚养未成年子女的一方也有义务依照协议、人民法院判决或者调解确定的时间和方式，在不影响未成年人学习、生活的情况下探望未成年子女，直接抚养的一方有义务予以配合。

链接《民法典》第 1076、1078、1084、1086 条

第三章 学校保护

第二十五条 【全面贯彻国家教育方针政策】 学校应当全面贯彻国家教育方针，坚持立德树人，实施素质教育，提高教育质量，注重培养未成年学生认知能力、合作能力、创新能力和实践能力，促进未成年学生全面发展。

学校应当建立未成年学生保护工作制度，健全学生行为规范，培养未成年学生遵纪守法的良好行为习惯。

注释 学校对未成年学生依法负有教育、保护这两大职责。一是教育职责。二是保护职责。学校应当建立未成年学生保护工作制度，在食品安全、校舍安全、设施安全、防溺水等方面出台具体措施，健全学生行为规范，培养未成年学生遵纪守法的良好行为习惯，尽最大努力杜绝校园欺凌和学生违法犯罪。对体罚、性骚扰、性侵害等侵害学生人身健康的违法犯罪行为，要建立零容忍制度，及早发现、及时处理、从严问责，应当追究法律责任的，配合公安、司法机关严格依法惩处。

链接《义务教育法》第 5 条；《中共中央办公厅、国务院办公厅关于深化教育体制机制改革的意见》

第二十六条 【幼儿园的保育教育职责】 幼儿园应当做好保育、教育工作，遵循幼儿身心发展规律，实施启蒙教育，促进幼儿在体质、智力、品德等方面和谐发展。

实务问答 幼儿园保育和教育的主要目标是什么？

《幼儿园工作规程》规定，幼儿园保育和教育的主要目标为：(1)促进幼儿身体正常发育和机能的协调发展，增强体质，促进心理健康，培养良好的生活习惯、卫生习惯和参加体育活动的兴趣；(2)发展幼儿智力，培养正确运用感官和运用语言交往的基本能力，增进对环境的认识，培养有益的兴趣和求知欲望，培养初步的动手探究能力；(3)萌发幼儿爱祖国、爱家乡、爱集体、爱劳动、爱科学的情感，培养诚实、自信、友爱、勇敢、勤学、好问、爱护公物、克服困难、讲礼貌、守纪律等良好的品德行为和习惯，以及活泼开朗的性格；(4)培养幼儿初步感受美和表现美的情趣和能力。

链接《幼儿园管理条例》；《中共中央、国务院关于学前教育深化改革规范发展的若干意见》；《幼儿园工作规程》；《3—6 岁儿童学习与发展指南》《托儿所幼儿园卫生保健管理办法》

第二十七条 【尊重未成年人人格尊严，不得实施体罚】 学校、幼儿园的教职员工应当尊重未成年人人格尊严，不得对未成年人实施体罚、变相体罚或者其他侮辱人格尊严的行为。

注释 体罚及变相体罚行为，通常是指教师以暴力的方法或以暴力相威胁，或者以其他强制性手段制止和预防学生的某些不良做法，直接或间接伤害学生身体的教师问题行为。具有此类行为特征的教师，其主要表现是：直接责打学生、让学生代行体罚或自罚、罚站、罚值日、赶出教室、放学后留校、随意停课或停止学生参加一切活动、罚学生做超量作业等。其中，变相体罚有时候具有很强的隐蔽性，其可能没有接触被罚人的身体，但以非人道的方式迫使被罚人做出某些行为，使其身体或精神上感到痛苦。任何一种变相体罚都会产生与体罚相同的危害学生身体健康或者损害人格尊严的后果。

侮辱学生的人格尊严，通常是指教师在批评学生的过程中，公然贬低、侮辱学生人格或用恐吓、威胁等手段管制学生、压服学生的教师问题行为。具有此类行为特征的教师，其主要表现是：常用刻薄、尖酸的言语嘲讽、刺伤学生，故意侮辱、谩骂学生，用威胁和恐吓的办法管制学生等。

实务问答 **对未成年人实施体罚、变相体罚或者其他侮辱人格尊严的行为应承担哪些法律责任?**

根据本法第63条第2款的规定,学校、幼儿园、托儿所教职员工对未成年人实施体罚、变相体罚或者其他侮辱人格行为的,由其所在单位或者上级机关责令改正;情节严重的,依法给予处分。而依据我国《教师法》的规定,对于体罚和变相体罚学生的教师,所在学校、其他教育机构或者教育行政部门,必须及时进行批评教育,帮助他们认识和改正错误,并视情节给予行政处分或者解聘。对于情节极为恶劣,构成犯罪的,要依照《刑法》的规定追究法律责任。

链接《宪法》第38条;《民法典》第109、110、989-1039条;《教师法》第8、37条;《义务教育法》第29条;《中小学教师违反职业道德行为处理办法》;《幼儿园教师违反职业道德行为处理办法》

第二十八条 【保障未成年学生受教育权利】 学校应当保障未成年学生受教育的权利,不得违反国家规定开除、变相开除未成年学生。

学校应当对尚未完成义务教育的辍学未成年学生进行登记并劝返复学;劝返无效的,应当及时向教育行政部门书面报告。

实务问答 **1. 学校侵犯未成年人受教育权有哪些情形?**

学校侵犯未成年人的受教育权主要有以下情况:(1)违反规定乱收费用,拒绝接受交不起费用的学生就学。(2)擅自提出不合理的入学条件,以学生未满足这些条件为由拒绝其入学。(3)拒绝接受有正常学习能力的残疾孩子就学。(4)拒绝接受刑满、解除管教以及从专门学校结业,但应继续接受义务教育的少年就学。(5)对违纪学生处以停课的处罚。(6)违反法律和国家规定开除学生。

2. 学校是否有权开除学生?

实践中,中小学出于方便管理、提高升学率等原因,往往对成绩不佳、违反纪律的学生,动辄以"开除出校"相威胁,这种行为既违反了《未成年人保护法》,也违反了《义务教育法》。《义务教育法》第27条规定:"对违反学校管理制度的学生,学校应当予以批评教育,不得开除。"《小学管理规程》第15条也规定:"小学对品学兼优的学生应予表彰,对犯有错误的学生应予批评教育,对极少数错误较严重的学生可分别给予警告、严重警告和记过处分。小学不得开除学生。"

可见,对于学习成绩不理想、经常违反校规校纪的相对后进的学生,学校仍应坚持教育帮助为主的方针,结合未成年人的心理特点,耐心地做好深入细致的思想转化工作。必要时,可以在合理范围内慎重地予以校内处分,但决不能随意将未成年学生开除出校,剥夺其接受义务教育的权利。

如果学生屡教不改,严重影响正常的教学秩序,甚至出现触犯法律的行为,也应当按照有关法律规定的程序,将《预防未成年人犯罪法》规定的具有严重不良行为的适龄少年转送入专门学校,继续接受义务教育,并接受对严重不良行为的矫治,而不能简单将其开除出校。

3. 残疾未成年人有接受义务教育的权利吗?

根据我国法律规定,残疾人,是指在心理、生理、人体结构上,某种组织、功能丧失或者不正常,全部或者部分丧失以正常方式从事某种活动能力的人。残疾人虽然身体有残疾,但是在政治、经济、文化、社会和家庭生活等方面享有同其他公民平等的权利。

根据《残疾人保障法》第21条的规定,国家保障残疾人受教育的权利,对残疾人也同样实施义务教育。各级人民政府应当将残疾人教育作为国家教育事业的组成部分,统一规划,加强领导,为残疾人接受教育创造条件。政府、社会、学校应当采取有效措施,解决残疾儿童、少年就学存在的实际困难,帮助其完成义务教育。各级人民政府对接受义务教育的残疾学生、贫困残疾人家庭的学生提供免费教科书,并给予寄宿生活费等费用补助;对接受义务教育以外其他教育的残疾学生、贫困残疾人家庭的学生按照国家有关规定给予资助。

根据《义务教育法》第19条的规定,县级以上地方人民政府根据需要设置相应的实施特殊教育的学校(班),对视力残疾、听力语言残疾和智力残疾的适龄儿童、少年实施义务教育。特殊教育学校(班)应当具备适应残疾儿童、少年学习、康复、生活特点的场所和设施。普通学校应当接收具有接受普通教育能力的残疾适龄儿童、少年随班就读,并为其学习、康复提供帮助。

链接《宪法》第46条;《教育法》第9、43条;《义务教育法》第4、27、29条;《预防未成年人犯罪法》第35、36、39条;《国务院关于统筹推进县域内城乡义务教育一体化改革发展的若干意见》;《国务院办

公厅关于进一步加强控辍保学提高义务教育巩固水平的通知》

第二十九条 【关爱帮扶 不得歧视】学校应当关心、爱护未成年学生，不得因家庭、身体、心理、学习能力等情况歧视学生。对家庭困难、身心有障碍的学生，应当提供关爱；对行为异常、学习有困难的学生，应当耐心帮助。

学校应当配合政府有关部门建立留守未成年学生、困境未成年学生的信息档案，开展关爱帮扶工作。

第三十条 【社会生活指导、心理健康辅导、青春期教育、生命教育】学校应当根据未成年学生身心发展特点，进行社会生活指导、心理健康辅导、青春期教育和生命教育。

第三十一条 【加强劳动教育】学校应当组织未成年学生参加与其年龄相适应的日常生活劳动、生产劳动和服务性劳动，帮助未成年学生掌握必要的劳动知识和技能，养成良好的劳动习惯。

第三十二条 【反对浪费 文明饮食】学校、幼儿园应当开展勤俭节约、反对浪费、珍惜粮食、文明饮食等宣传教育活动，帮助未成年人树立浪费可耻、节约为荣的意识，养成文明健康、绿色环保的生活习惯。

第三十三条 【保障未成年学生休息权】学校应当与未成年学生的父母或者其他监护人互相配合，合理安排未成年学生的学习时间，保障其休息、娱乐和体育锻炼的时间。

学校不得占用国家法定节假日、休息日及寒暑假期，组织义务教育阶段的未成年学生集体补课，加重其学习负担。

幼儿园、校外培训机构不得对学龄前未成年人进行小学课程教育。

实务问答 如何保障未成年学生的休息、娱乐和体育锻炼的时间？

一方面，学校严格依照课标教学，严格执行国家课程方案和课程标准，开足开齐规定课程，努力提高教学质量，促进学生全面发展。严控书面作业总量。小学一二年级不布置书面家庭作业，三至六年级家庭作业不超过60分钟，初中家庭作业不超过90分钟，高中也要合理安排作业时间。按照国家课程方案和课程标准开足开好体育课程，严禁削减、挤占体育课时间。严禁将课后服务变为集体教学或集体补课。学校不得占用国家法定节假日、休息日及寒暑假期，组织义务教育阶段的未成年学生集体补课，加重其学习负担。

另一方面，父母或者其他监护人应当树立科学育儿观念，正确认识未成年学生的成长规律，切实履行家庭教育职责，支持学校和教师正确行使对学生的教育管理权利。鼓励未成年学生尽展其才，避免盲目攀比、跟风报班。增强未成年学生身心健康，安排未成年学生每天进行户外锻炼，鼓励支持他们参加各种形式的体育活动。引导未成年学生健康生活，引导他们合理使用电子产品，上健康网站，不沉迷网络游戏，保障未成年学生每天的睡眠时间充足。

链接《中共中央办公厅、国务院办公厅关于深化教育体制机制改革的意见》；《国务院关于当前发展学前教育的若干意见》；《教育部关于当前加强中小学管理规范办学行为的指导意见》；《中小学生减负措施》；《关于规范幼儿园保育教育工作防止和纠正“小学化”现象的通知》

第三十四条 【学校、幼儿园的卫生保健职责】学校、幼儿园应当提供必要的卫生保健条件，协助卫生健康部门做好在校、在园未成年人的卫生保健工作。

第三十五条 【保障未成年人校园安全】学校、幼儿园应当建立安全管理制度，对未成年人进行安全教育，完善安保设施、配备安保人员，保障未成年人在校、在园期间的人身和财产安全。

学校、幼儿园不得在危及未成年人人身安全、身心健康的校舍和其他设施、场所中进行教育教学活动。

学校、幼儿园安排未成年人参加文化娱乐、社会实践等集体活动，应当保护未成年人的身心健康，防止发生人身伤害事故。

注释 本条是关于学校、幼儿园安全管理制度的规定，包含如下五个方面的内容。

一是落实安全管理主体责任，建立安全管理制度。学校安全管理工作主要包括：构建学校安全工作保障体系，全面落实安全工作责任制和事故责任追究制，保障学校安全工作规范、有序进行；健全学校安全预警机制，制订突发事件应急预案，完善事故预防措施，及时排除安全隐患，不断提高学校安全工作管理水平；建立校园周边整治协调工作机制，维护校园及周边环境安全；加强安全宣传教育培训，提高师生安全意识和防护能力；

事故发生后启动应急预案、对伤亡人员实施救治、对相关人员进行责任追究等。

二是对未成年人进行安全教育，健全学校安全教育机制。将提高学生的安全意识和自我防护能力作为素质教育的重要内容，着力提高学校安全教育的针对性与实效性。将安全教育与法治教育有机融合，全面纳入国民教育体系，把尊重生命、保障权利、尊重差异的意识和基本安全常识从小根植在学生心中。

三是完善安保设施，建立专兼职结合的学校安保队伍。

四是禁止使用危险校舍和设施。学校应当建立健全校舍安全保障长效机制，保证学校的校舍、场地、教学及生活设施等符合安全质量和标准。

五是防范集体活动可能导致的人身伤害。学校在日常的教育教学活动中应当遵循教学规范，落实安全管理要求，合理预见、积极防范可能发生的风险。

链接《教育法》第73条；《国务院办公厅关于加强中小学幼儿园安全风险防控体系建设的意见》；《中小学幼儿园安全管理办法》

第三十六条 【校车安全管理制度】使用校车的学校、幼儿园应当建立健全校车安全管理制度，配备安全管理人员，定期对校车进行安全检查，对校车驾驶人进行安全教育，并向未成年人讲解校车安全乘坐知识，培养未成年人校车安全事故应急处理技能。

链接《校车安全管理条例》

第三十七条 【突发事件处置】学校、幼儿园应当根据需要，制定应对自然灾害、事故灾难、公共卫生事件等突发事件和意外伤害的预案，配备相应设施并定期进行必要的演练。

未成年人在校内、园内或者本校、本园组织的校外、园外活动中发生人身伤害事故的，学校、幼儿园应当立即救护，妥善处理，及时通知未成年人的父母或者其他监护人，并向有关部门报告。

实务问答 **1. 什么是学校突发事件？学校突发事件都包括哪些情形？**

学校的突发事件，是指发生在校园内或者学校组织的校外活动中，由人为或自然灾害引起，具有突发性或难以预见，造成或者可能造成师生身体健康严重损害，对校园教学工作和生活秩序以及家庭和社会稳定造成严重影响的突发性事件。

学校的突发事件一般包括：

(1)灾害：地震、台风、洪水、山体滑坡、火灾、建筑物倒塌、交通事故、群体拥挤踩踏、游泳溺水、户外集体活动发生意外等，致师生重伤、死亡。

(2)突发卫生事件：突然发生，造成或者可能造成社会公众健康严重损害的重大传染病疫情、群体性不明原因疾病、重大食物和职业中毒以及其他严重影响公众健康的事件。包括群体食物中毒、环境污染中毒、传染性疾病、群体性不明病因等，致师生重伤、死亡。

(3)社会安全事件：在校师生与当地群众发生群体纠纷、学生之间较大规模纠纷、非组织的政治性群体聚会或游行、学生各类自杀死亡、因教学改革或拖欠教师工资等原因引发的教职员工集访、教师体罚行为致学生死亡或伤残或病重住院、严重影响校园教学秩序或群众生活秩序的其他突发事件。

2. 什么是学生伤害事故？学生伤害事故都包括哪些情形？

学生伤害事故，从广义上讲是指学生发生在学校的以及与教育教学活动有关的人身伤亡事故，其中既包括学生在校期间发生的伤亡事故，也包括学生在本校组织的校外活动中发生的人身伤害事故。

学生伤害事故大致可以分为教育活动事故、学校设施事故及学生间事故三种类型：

(1)教育活动事故。一般认为，只要是属于教师职务范围之内的活动，如课堂讲授、课外活动、学校举办的特殊形式的教学活动、教师的教育指导、教师自己决定带领学生在野外郊游或登山活动等各种活动，或在教师指导、监督下进行的课外活动、社团活动、运动会及学校特别庆典活动等，都具有教育的性质，属于广义的教育活动。这其中容易发生危险的活动如体育、自然科学实验课程等，安全隐患比较大，学校和教师负有较高的安全注意义务，一旦发生安全事故，应及时、妥善采取措施处理。

(2)学校设施事故，是指因学校的校舍、场地、其他公共设施，以及学校提供给学生使用的学具、教育教学和生活设施、设备不符合国家规定的标准，或者有明显不安全因素引发的事故。这种状况严重地危害着师生安全，影响正常的教学秩序，是造成学生伤害事故的重要原因。

(3)学生间事故,是指发生于学生之间,因其他学生的侵害而发生伤害的事故。例如,学生在下课时间,因玩耍或恶作剧致其他学生受伤的情形,即属于学生间事故。虽然学生间事故常常是学校或教师所不能预防的,发生的原因也与学校无关,但是学校教师或者其他工作人员在负有组织、管理未成年学生的职责期间,发现学生行为具有危险性,应当进行必要的管理,对其行为加以告诫并采取措施制止,否则也应当承担相应的法律责任。

此外,还有因学校的安全保卫、消防、设施设备管理等安全管理制度有疏漏而产生的事故;因学校向学生提供的药品、食品、饮用水等不符合国家或者行业的有关标准、要求而产生的事故;因教师或者其他工作人员患有不适宜担任教育教学工作的疾病而产生的事故;学校违反有关规定,组织或者安排未成年学生从事不宜未成年人参加的劳动、体育运动或者其他活动而产生的事故;地震、雷击、台风、洪水等自然因素造成的事故;来自学校外部的突发性、偶发性侵害造成的事故;学生自行外出或者擅自离校期间发生的事故;等等。

链接《突发事件应对法》第30条;《民法典》第1199-1201条;《学生伤害事故处理办法》第15、16条;《幼儿园管理条例》

第三十八条 【禁止商业行为】学校、幼儿园不得安排未成年人参加商业性活动,不得向未成年人及其父母或者其他监护人推销或者要求其购买指定的商品和服务。

学校、幼儿园不得与校外培训机构合作为未成年人提供有偿课程辅导。

链接《国务院办公厅关于规范校外培训机构发展的意见》;《严禁中小学校和在职中小学教师有偿补课的规定》

第三十九条 【防治学生欺凌】学校应当建立学生欺凌防控工作制度,对教职员工、学生等开展防治学生欺凌的教育和培训。

学校对学生欺凌行为应当立即制止,通知实施欺凌和被欺凌未成年学生的父母或者其他监护人参与欺凌行为的认定和处理;对相关未成年学生及时给予心理辅导、教育和引导;对相关未成年学生的父母或者其他监护人给予必要的家庭教育指导。

对实施欺凌的未成年学生,学校应当根据欺凌行为的性质和程度,依法加强管教。对严重的欺凌行为,学校不得隐瞒,应当及时向公安机关、教育行政部门报告,并配合相关部门依法处理。

注释 学生欺凌是指发生在学生之间,一方蓄意或者恶意通过肢体、语言及网络等手段实施欺压、侮辱,造成另一方人身伤害、财产损失或者精神损害的行为。

实务问答 1. 如何对实施欺凌的未成年学生进行管教?

对于情节轻微的欺凌事件,学校应当对实施欺凌的学生进行批评教育。实施欺凌的学生应当向被欺凌学生道歉,取得谅解。对于情节轻微但反复发生的欺凌事件,学校可视具体情节和危害程度给予实施欺凌的学生纪律处分。对于情节比较恶劣、对被欺凌学生身心造成伤害的欺凌行为,学校可视具体情节和危害程度给予实施欺凌的学生纪律处分,将其表现记入学生综合素质评价。未成年学生实施欺凌行为屡教不改或者情节恶劣,尚不构成违反治安管理或者犯罪的,可以依法将其送入专门学校接受行为矫治。

2. 学校是否可以自行处理严重的欺凌行为?

严重的欺凌行为主要是指欺凌行为违反治安管理或者涉嫌犯罪的行为。对严重的欺凌行为学校应当及时向公安机关、教育行政部门报告,学校和教育行政部门应当共同配合公安机关,对于严重的欺凌行为进行处理。欺凌行为违反治安管理的,依法给予治安管理处罚;构成犯罪的,依法追究刑事责任。学校对于严重的学生欺凌行为,不得隐瞒。

链接《关于防治中小学生欺凌和暴力的指导意见》;《加强中小学生欺凌综合治理方案》

第四十条 【防治性侵害、性骚扰】学校、幼儿园应当建立预防性侵害、性骚扰未成年人工作制度。对性侵害、性骚扰未成年人等违法犯罪行为,学校、幼儿园不得隐瞒,应当及时向公安机关、教育行政部门报告,并配合相关部门依法处理。

学校、幼儿园应当对未成年人开展适合其年龄的性教育,提高未成年人防范性侵害、性骚扰的自我保护意识和能力。对遭受性侵害、性骚扰的未成年人,学校、幼儿园应当及时采取相关的保护措施。

链接《关于加强中小学幼儿园安全风险防控体系建设的意见》

第四十一条 【参照适用规定】婴幼儿照护服务机构、早期教育服务机构、校外培训机构、校外托管机构等应当参照本章有关规定，根据不同年龄阶段未成年人的成长特点和规律，做好未成年人保护工作。

链接《国务院关于当前发展学前教育的若干意见》；《国务院办公厅关于规范校外培训机构发展的意见》；《国务院办公厅关于促进3岁以下婴幼儿照护服务发展的指导意见》

第四章 社会保护

第四十二条 【社会保护的基本内容】全社会应当树立关心、爱护未成年人的良好风尚。

国家鼓励、支持和引导人民团体、企业事业单位、社会组织以及其他组织和个人，开展有利于未成年人健康成长的社会活动和服务。

第四十三条 【居民委员会、村民委员会工作职责】居民委员会、村民委员会应当设置专人专岗负责未成年人保护工作，协助政府有关部门宣传未成年人保护方面的法律法规，指导、帮助和监督未成年人的父母或者其他监护人依法履行监护职责，建立留守未成年人、困境未成年人的信息档案并给予关爱帮扶。

居民委员会、村民委员会应当协助政府有关部门监督未成年人委托照护情况，发现被委托人缺乏照护能力、怠于履行照护职责等情况，应当及时向政府有关部门报告，并告知未成年人的父母或者其他监护人，帮助、督促被委托人履行照护职责。

实务问答居民委员会、村民委员会在未成年人保护方面的日常工作包括哪些？

居民委员会、村民委员会在未成年人保护方面主要开展以下工作：(1)负责做好农村留守儿童关爱保护和困境儿童保障日常工作，定期向村(居)民委员会和儿童督导员报告工作情况。(2)负责组织开展信息排查，并定期予以更新。(3)负责指导监护人和受委托监护人签订委托监护确认书，加强对监护人(受委托监护人)的法治宣传、监护督导和指导，督促监护人依法履行抚养义务和监护职责。(4)负责定期随访监护情况较差、失学辍学、无户籍以及患病、残疾等重点儿童。(5)负责及时向公安机关及其派出机构报告儿童处于风险状态或者受到不法侵害等情况，并协助为儿童本人及其家庭提供有关支持。(6)负责管理村(居)民委员会儿童关爱服务场所，支持配合相关部门和社会力量开展关爱服务活动。

链接《城市居民委员会组织法》第3条；《村民委员会组织法》；《国务院关于加强农村留守儿童关爱保护工作的意见》；《国务院关于加强困境儿童保障工作的意见》

第四十四条 【公用场馆的优惠政策】爱国主义教育基地、图书馆、青少年宫、儿童活动中心、儿童之家应当对未成年人免费开放；博物馆、纪念馆、科技馆、展览馆、美术馆、文化馆、社区公益性互联网上网服务场所以及影剧院、体育场馆、动物园、植物园、公园等场所，应当按照有关规定对未成年人免费或者优惠开放。

国家鼓励爱国主义教育基地、博物馆、科技馆、美术馆等公共场馆开设未成年人专场，为未成年人提供有针对性的服务。

国家鼓励国家机关、企业事业单位、部队等开发自身教育资源，设立未成年人开放日，为未成年人主题教育、社会实践、职业体验等提供支持。

国家鼓励科研机构和科技类社会组织对未成年人开展科学普及活动。

第四十五条 【未成年人免费或者优惠乘坐交通工具】城市公共交通以及公路、铁路、水路、航空客运等应当按照有关规定对未成年人实施免费或者优惠票价。

第四十六条 【母婴设施的配备】国家鼓励大型公共场所、公共交通工具、旅游景区景点等设置母婴室、婴儿护理台以及方便幼儿使用的坐便器、洗手台等卫生设施，为未成年人提供便利。

注释本条规定的"大型公共场所"主要是指公众进行公开活动的机场、车站、码头、商场等。公共交通工具包括飞机、火车、轮船、客车、公交、地铁等。

链接《民用建筑设计统一标准》；《汽车客运站级别划分和建设要求》；《旅游厕所质量等级的划分与评定》

第四十七条 【不得限制针对未成年人的照顾或者优惠】任何组织或者个人不得违反有关规定，限制未成年人应当享有的照顾或者优惠。

实务问答能否以身高为免票或者优惠票价的硬性条件？

以身高为免票或者优惠票价的硬性条件，其实质是侵犯了未成年人享受社会福利的权利。比如，个别地方地铁的票务规则规定，一名成年乘客可免费带一名身高不超过1.2米(含1.2米)的儿童,所带的儿童超过一名的,按超过人数购票,身高超过1.2米的儿童须凭有效车票乘车。为了禁止这种不合理现象,本条作出了明确要求,有关部门或者场所在制定政策或者具体规则时,不得使用年龄以外的标准来判断未成年人是否应享有优惠待遇。如果之前的规定存在不合理之处,应当尽快修订,体现出年龄导向,引导社会各方面树立对未成年人群体给予优待的正确理念。相关场所如果违反有关规定限制未成年人应享有的优惠,公众可以举报,主管部门应当及时责令其予以纠正。

第四十八条　【鼓励有利于未成年人健康成长的创作】国家鼓励创作、出版、制作和传播有利于未成年人健康成长的图书、报刊、电影、广播电视节目、舞台艺术作品、音像制品、电子出版物和网络信息等。

链接《未成年人节目管理规定》

第四十九条　【新闻媒体的责任】新闻媒体应当加强未成年人保护方面的宣传,对侵犯未成年人合法权益的行为进行舆论监督。新闻媒体采访报道涉及未成年人事件应当客观、审慎和适度,不得侵犯未成年人的名誉、隐私和其他合法权益。

实务问答 **1. 新闻报道中通常存在的不正确倾向有哪些?**

一是对未成年人犯罪情节过程再现过细,这容易造成其他未成年人模仿,导致更多的未成年人犯罪。二是对违法犯罪未成年人的出生地、家庭、学校、老师、父母等信息交代得过分详细,甚至侵犯了未成年人隐私。

2. 新闻媒体采访报道涉及未成年人事件时应当遵守哪些具体要求?

从新闻媒体的角度来说,客观是前提,应本着实事求是的原则,不能添油加醋,一旦发现所使用之证词、文件有误,应及时自纠其过;审慎是基本,应本着谨慎的原则,着眼于保护未成年人,而不能混同于一般案件的报道,任何评判都须辅以扎实的资料、文件,在逻辑论证上经得起反复推敲;适度是关键,应按时度效的原则,不能用墨过度,更不能“信马由缰”,以致出现“新闻效果”损害孩子自尊的行为。新闻报道应把重点放在如何解决问题上,采访方式、画面语言需慎之又慎,避免让孩子受到伤害甚至二次伤害,保护未成年人的名誉、隐私和其他合法权益。

链接《国家互联网信息办公室关于进一步加强对网上未成年人犯罪和欺凌事件报道管理的通知》;《未成年人节目管理规定》第13条

第五十条　【禁止危害未成年人身心健康的内容】禁止制作、复制、出版、发布、传播含有宣扬淫秽、色情、暴力、邪教、迷信、赌博、引诱自杀、恐怖主义、分裂主义、极端主义等危害未成年人身心健康内容的图书、报刊、电影、广播电视节目、舞台艺术作品、音像制品、电子出版物和网络信息等。

实务问答 **制作或者向未成年人传播非法出版物应当承担什么法律责任?**

本条是禁止性规定,任何违反本条规定的行为,都将依法承担相应的法律责任。根据本法第121条,违反本法第50条、第51条规定的,由新闻出版、广播电视、电影、网信等部门按照职责分工责令限期改正,给予警告,没收违法所得,可以并处10万元以下罚款;拒不改正或者情节严重的,责令暂停相关业务、停产停业或者吊销营业执照、吊销相关许可证,违法所得100万元以上的,并处违法所得1倍以上10倍以下的罚款,没有违法所得或者违法所得不足100万元的,并处10万元以上100万元以下罚款。

链接《电影产业促进法》第16条;《出版管理条例》第25条;《音像制品管理条例》第3条;《广播电视管理条例》第32条;《互联网信息服务管理办法》第15条

第五十一条　【提示可能影响未成年人身心健康的内容】任何组织或者个人出版、发布、传播的图书、报刊、电影、广播电视节目、舞台艺术作品、音像制品、电子出版物或者网络信息,包含可能影响未成年人身心健康内容的,应当以显著方式作出提示。

第五十二条　【禁止儿童色情制品】禁止制作、复制、发布、传播或者持有有关未成年人的淫秽色情物品和网络信息。

实务问答 **持有有关未成年人的淫秽色情物品和网络信息是否构成违法?**

本条特别规定,“禁止持有”有关未成年人的淫秽色情物品和网络信息,也就是说,持有有关未成年人的淫秽色情物品和网络信息,则违反了本条规定。此外,根据《最高人民法院、最高人民检察院关于办理利用互联网、移动通讯终端、声讯台制作、复制、出版、贩卖、传播淫秽电子信息刑事案件具体应用法律若干问题的解释(二)》,以牟利为目的,利用互联网、移动通讯终端制作、复制、出版、贩卖、传播内容含有不满十四周岁未成年人的淫秽电子信息,以制作、复制、出版、贩卖、传播淫秽物品牟利罪定罪处罚。

第五十三条 【与未成年人有关的广告管理】任何组织或者个人不得刊登、播放、张贴或者散发含有危害未成年人身心健康内容的广告;不得在学校、幼儿园播放、张贴或者散发商业广告;不得利用校服、教材等发布或者变相发布商业广告。

第五十四条 【禁止严重侵犯未成年人权益的行为】禁止拐卖、绑架、虐待、非法收养未成年人,禁止对未成年人实施性侵害、性骚扰。

禁止胁迫、引诱、教唆未成年人参加黑社会性质组织或者从事违法犯罪活动。

禁止胁迫、诱骗、利用未成年人乞讨。

注释 拐卖未成年人,是指以出卖为目的,使用欺骗、引诱、威胁、绑架等手段,将未成年人拐骗、绑架、收买、贩卖、接送或者中转的违法犯罪行为。

绑架未成年人,是指以勒索财物为目的或者出于其他目的,将未成年人作为人质,使用暴力、胁迫或者麻醉等方法强行掳走未成年人,非法限制其人身自由的犯罪行为。

虐待是指行为人经常以打骂、冻饿、禁闭、有病不给治疗、强迫过度劳动或限制自由、凌辱人格等各种方法,对未成年人进行肉体上、精神上的迫害、折磨、摧残的行为。

常见的对未成年人实施的性侵害有强奸、强制猥亵妇女或者猥亵儿童等行为。其中强奸是指行为人违背妇女意志,使用暴力、胁迫或者其他手段,强行与妇女发生性交的行为。如果受害人是不满十四周岁的幼女,则不论被害人是否同意,只要与幼女发生性关系即构成强奸罪。强制猥亵十四周岁以上不满十八周岁的未成年女性,构成强制猥亵妇女罪。强制猥亵妇女,是违背妇女的意愿,采取暴力、胁迫或者其他方法,强制以脱光衣服、抠摸等淫秽下流的手段猥亵妇女。对不满十四周岁的儿童实施猥亵行为的,构成猥亵儿童罪。这里说的"猥亵"主要是指以抠摸、指奸、鸡奸等淫秽下流的手段猥亵儿童的行为。考虑到不满十四周岁的儿童的认知能力,尤其是对性的认识能力很欠缺,为了保护儿童的身心健康,猥亵儿童罪并不要求以暴力、胁迫或者其他方法强制进行,只要对儿童实施了猥亵行为,就构成猥亵儿童罪。

对未成年人实施的性骚扰一般包括以下条件:一是性骚扰的对象一般是中高年龄的未成年人。年龄较小的未成年人尚未形成性的意识,无法识别性骚扰行为,也难以对性骚扰行为有明确的意愿表达,或者产生厌恶、反感等情绪,对其进行的性侵犯行为一般认定为性侵害。二是性骚扰的对象不分性别。既可以是男性,也可以是女性。三是行为与性有关。行为人具有性意图,以获取性方面的生理或者心理满足为目的。四是行为一般具有明确的针对性。性骚扰行为所针对的对象是具体的、明确的。五是行为人主观上一般是故意的。

链接《刑法》第 29 条、第 194 条、第 236 条、第 237 条、第 239 条、第 240 条、第 260 条、第 262 条之一、第 262 条之二、第 301 条、第 347 条、第 353 条;《民法典》第 1010 条;《最高人民法院、最高人民检察院、公安部、司法部关于依法严惩利用未成年人实施黑恶势力犯罪的意见》

第五十五条 【对生产、销售用于未成年人产品的要求】生产、销售用于未成年人的食品、药品、玩具、用具和游戏游艺设备、游乐设施等,应当符合国家或者行业标准,不得危害未成年人的人身安全和身心健康。上述产品的生产者应当在显著位置标明注意事项,未标明注意事项的不得销售。

链接《产品质量法》第 26、27 条;《食品安全法》第 25、26 条

第五十六条 【公共场所的安全保障义务】未成年人集中活动的公共场所应当符合国家或者行业安全标准,并采取相应安全保护措施。对可能存在安全风险的设施,应当定期进行维护,在显著位置设置安全警示标志并标明适龄范围和注意事项;必要时应当安排专门人员看管。

大型的商场、超市、医院、图书馆、博物馆、科技馆、游乐场、车站、码头、机场、旅游景区景点等场所运营单位应当设置搜寻走失未成年人的安全警报系统。场所运营单位接到求助后,应当立即启动安全警报系统,组织人员进行搜寻并向公安机关报告。

公共场所发生突发事件时,应当优先救护未成年人。

第五十七条 【住宿经营者安全保护义务】旅馆、宾馆、酒店等住宿经营者接待未成年人入住，或者接待未成年人和成年人共同入住时，应当询问父母或者其他监护人的联系方式、入住人员的身份关系等有关情况；发现有违法犯罪嫌疑的，应当立即向公安机关报告，并及时联系未成年人的父母或者其他监护人。

第五十八条 【不适宜未成年人活动场所设置与服务的限制】学校、幼儿园周边不得设置营业性娱乐场所、酒吧、互联网上网服务营业场所等不适宜未成年人活动的场所。营业性歌舞娱乐场所、酒吧、互联网上网服务营业场所等不适宜未成年人活动场所的经营者，不得允许未成年人进入；游艺娱乐场所设置的电子游戏设备，除国家法定节假日外，不得向未成年人提供。经营者应当在显著位置设置未成年人禁入、限入标志；对难以判明是否是未成年人的，应当要求其出示身份证件。

第五十九条 【对未成年人禁售烟、酒和彩票】学校、幼儿园周边不得设置烟、酒、彩票销售网点。禁止向未成年人销售烟、酒、彩票或者兑付彩票奖金。烟、酒和彩票经营者应当在显著位置设置不向未成年人销售烟、酒或者彩票的标志；对难以判明是否是未成年人的，应当要求其出示身份证件。

任何人不得在学校、幼儿园和其他未成年人集中活动的公共场所吸烟、饮酒。

注释 学校包括本法附则中规定的各类学校，幼儿园包括公立幼儿园、私立幼儿园等。根据《烟草专卖法》的规定，烟主要是指卷烟、雪茄烟、烟丝、复烤烟叶等烟草制品。酒是指酒精度（乙醇含量）大于0.5%（体积分数）的含酒精饮料，包括发酵酒、蒸馏酒、配制酒、食用酒精以及其他含有酒精成分的饮品，经国家有关部门依法批准生产的药酒、保健食品酒类也包括在内。根据《彩票管理条例》的规定，彩票是指国家为筹集社会公益资金，促进社会公益事业发展而特许发行、依法销售，自然人自愿购买，并按照特定规则获得中奖机会的凭证。需要注意的是，本法只作了原则性的规定，并没有具体规定"周边"的空间距离，由有关部门和地方根据实际情况具体规定。

链接《烟草专卖法》第2、5条；《中长期青年发展规划（2016—2025年）》；《国务院办公厅关于加强中小学幼儿园安全风险防控体系建设的意见》；《彩票管理条例》第18、26条

第六十条 【禁止向未成年人提供、销售危险物品】禁止向未成年人提供、销售管制刀具或者其他可能致人严重伤害的器具等物品。经营者难以判明购买者是否是未成年人的，应当要求其出示身份证件。

链接《刑法》第130条；《治安管理处罚法》第32条；《管制刀具认定标准》；《互联网危险物品信息发布管理规定》第3、9条

第六十一条 【劳动保护】任何组织或者个人不得招用未满十六周岁未成年人，国家另有规定的除外。

营业性娱乐场所、酒吧、互联网上网服务营业场所等不适宜未成年人活动的场所不得招用已满十六周岁的未成年人。

招用已满十六周岁未成年人的单位和个人应当执行国家在工种、劳动时间、劳动强度和保护措施等方面的规定，不得安排其从事过重、有毒、有害等危害未成年人身心健康的劳动或者危险作业。

任何组织或者个人不得组织未成年人进行危害其身心健康的表演等活动。经未成年人的父母或者其他监护人同意，未成年人参与演出、节目制作等活动，活动组织方应当根据国家有关规定，保障未成年人合法权益。

注释 根据本条规定，对未成年人的劳动保护主要有以下四个方面：

（1）严禁用人单位招用未满十六周岁的未成年人。本条第1款从保护未成年人身心健康的角度出发，再次明确规定任何组织或者个人不得招用未满十六周岁的未成年人。考虑到文艺、体育等特殊行业，需要从小培养专业人才，《劳动法》对招用十六周岁以下的未成年人作出了例外规定，明确文艺、体育和特种工艺单位可以招用未满十六周岁的未成年人，但必须依照国家有关规定，履行审批手续，并保障其接受义务教育的权利。

（2）不适宜未成年人活动的场所不得招用未成年工。根据《劳动法》的规定，未成年工是指年满十六周岁未满十八周岁的劳动者。根据本条第2款的规定，营业性娱乐场所、酒吧、互联网上网服务营业场所等不适宜未成年人活动的场所不得招用已满十六周岁的未成年人。

（3）对未成年工的特殊保护。年满十六周岁未满十八周岁的未成年工正处在身体的生长发育

期,国家采取特殊措施保护其合法权益。本条第3款规定,招用已满十六周岁未成年人的单位和个人应当执行国家在工种、劳动时间、劳动强度和保护措施等方面的规定,不得安排其从事过重、有毒、有害等危害未成年人身心健康的劳动或者危险作业。

(4)对未成年人参加演出、节目制作等活动的保护。活动组织方邀请未成年人参与演出、节目制作等活动的,需经未成年人的父母或者其他监护人同意,并应当根据国家有关规定,保障未成年人合法权益。

链接《劳动法》第15、58、64、65条;《禁止使用童工规定》;《未成年工特殊保护规定》;《未成年人节目管理规定》

第六十二条 【从业查询】密切接触未成年人的单位招聘工作人员时,应当向公安机关、人民检察院查询应聘者是否具有性侵害、虐待、拐卖、暴力伤害等违法犯罪记录;发现其具有前述行为记录的,不得录用。

密切接触未成年人的单位应当每年定期对工作人员是否具有上述违法犯罪记录进行查询。通过查询或者其他方式发现其工作人员具有上述行为的,应当及时解聘。

注释 本条是关于密切接触未成年人从业人员限制措施的规定,包括三个方面的内容。

首先,密切接触未成年人的单位包括:中小学校、幼儿园等教育机构;校外培训机构;未成年人救助保护机构、儿童福利机构等未成年人安置、救助机构;婴幼儿照护和未成年人早期教育服务机构;校外托管、临时看护机构;家政服务机构;为未成年人提供医疗服务的医疗机构;其他对未成年人负有教育、培训、监护、救助、看护、医疗等职责的企业事业单位、社会组织等。根据本条规定,密切接触未成年人的单位应当查询应聘者及其工作人员是否具有性侵害、虐待等违法犯罪记录。

其次,招聘工作人员范围包括:工作内容本身为直接为未成年人服务的,如教师、儿科医生、婴幼儿护理人员、保姆等;在工作场所与未成年人有接触的,如学校的教辅人员、食堂工作人员、保安人员等;与未成年人有定期或者经常性接触的,如校车司机、学校保安等。

最后,查询包括拟聘查询和定期查询。拟聘查询是指用人单位在招录工作人员时,必须将查询应聘者是否具有性侵害、虐待、拐卖、暴力伤害等违法犯罪记录作为必经程序,一旦发现有相关记录,不得录用。定期查询是指用人单位应当定期查询已经录用的工作人员是否具有性侵害、虐待、拐卖、暴力伤害等违法犯罪记录,如果经查询有相关记录,应当及时解聘。

链接《最高人民检察院、教育部、公安部关于建立教职员工准入查询性侵违法犯罪信息制度的意见》;《最高人民法院、最高人民检察院、公安部、司法部关于依法惩治性侵害未成年人犯罪的意见》

第六十三条 【通信自由和通信秘密】任何组织或者个人不得隐匿、毁弃、非法删除未成年人的信件、日记、电子邮件或者其他网络通讯内容。

除下列情形外,任何组织或者个人不得开拆、查阅未成年人的信件、日记、电子邮件或者其他网络通讯内容:

(一)无民事行为能力未成年人的父母或者其他监护人代未成年人开拆、查阅;

(二)因国家安全或者追查刑事犯罪依法进行检查;

(三)紧急情况下为了保护未成年人本人的人身安全。

实务问答 **1. 何种情形可以开拆、查阅未成年人的信件、日记、电子邮件或者其他网络通讯内容?**

根据本条第1款的规定,任何组织或者个人不得开拆、查阅未成年人的信件、日记、电子邮件或者其他网络通讯内容。对于该规定有三个例外情形:一是无民事行为能力未成年人的父母或者其他监护人代未成年人开拆、查阅,这是监护人正常履行监护职责的内容。二是因国家安全或者追查刑事犯罪依法进行检查。例如,《国家安全法》第77条规定,公民和组织应当如实提供所知悉的涉及危害国家安全活动的证据,为国家安全工作提供便利条件或者其他协助,向国家安全机关、公安机关和有关军事机关提供必要的支持和协助。三是在紧急情况下为了保护未成年人本人的人身安全。例如,在未成年人下落不明时为了查找其下落,通过恰当方式查阅其网络通讯内容等信息,是出于保护其人身安全的需要,不是侵犯其隐私权和通信秘密。

2. 未成年人隐私受到侵害可否提起精神损害赔偿?

精神损害赔偿,是指自然人因其人身权利受

到不法侵害而遭受精神痛苦或精神利益受到损害，要求侵权人进行金钱赔偿的一种法律制度。根据《最高人民法院关于确定民事侵权精神损害赔偿责任若干问题的解释》第1条的规定，因人身权益或者具有人身意义的特定物受到侵害，自然人或者其近亲属向人民法院提起诉讼请求精神损害赔偿的，人民法院应当依法予以受理。隐私权属于人身权益，由此可见，未成年人隐私受到侵害可以提起精神损害赔偿。

链接《宪法》第40条；《民法典》第110、111条；《邮政法》第3条；《刑法》第252、253条；《计算机信息网络国际联网安全保护管理办法》第7条

第五章　网络保护

第六十四条　【网络素养】国家、社会、学校和家庭应当加强未成年人网络素养宣传教育，培养和提高未成年人的网络素养，增强未成年人科学、文明、安全、合理使用网络的意识和能力，保障未成年人在网络空间的合法权益。

第六十五条　【健康网络内容创作与传播】国家鼓励和支持有利于未成年人健康成长的网络内容的创作与传播，鼓励和支持专门以未成年人为服务对象、适合未成年人身心健康特点的网络技术、产品、服务的研发、生产和使用。

第六十六条　【监督检查和执法】网信部门及其他有关部门应当加强对未成年人网络保护工作的监督检查，依法惩处利用网络从事危害未成年人身心健康的活动，为未成年人提供安全、健康的网络环境。

链接《网络安全法》第8条；《电信和互联网用户个人信息保护规定》第3条；《电子出版物出版管理规定》第4条；《互联网视听节目服务管理规定》第3条；《互联网文化管理暂行规定》第6条

第六十七条　【可能影响健康的网络信息】网信部门会同公安、文化和旅游、新闻出版、电影、广播电视等部门根据保护不同年龄阶段未成年人的需要，确定可能影响未成年人身心健康网络信息的种类、范围和判断标准。

链接《广告法》第10条；《关于认定淫秽及色情出版物的暂行规定》；《关于认定淫秽与色情声讯的暂行规定》；《未成年人节目管理规定》

第六十八条　【沉迷网络的预防和干预】新闻出版、教育、卫生健康、文化和旅游、网信等部门应当定期开展预防未成年人沉迷网络的宣传教育，监督网络产品和服务提供者履行预防未成年人沉迷网络的义务，指导家庭、学校、社会组织互相配合，采取科学、合理的方式对未成年人沉迷网络进行预防和干预。

任何组织或者个人不得以侵害未成年人身心健康的方式对未成年人沉迷网络进行干预。

注释本条是关于政府有关部门预防和干预未成年人网络沉迷的规定。未成年人网络沉迷会带来一系列的负面影响，当达到相当的程度、出现特定的状况或查明某些前置问题时就可能需要必要的专业干预和治疗。目前，国内对于网络沉迷的治疗或干预手段，采用了心理咨询、情感沟通、学习辅导、教育活动、体育锻炼、军事训练、徒步旅行和药物治疗等多种方式。但是，在我国广泛存在的网络沉迷干预机构中，良莠不齐的现象仍然存在，网络沉迷干预乱象频发。比如，部分地方违法开办的“戒网瘾训练营”，采取辱骂、殴打、拘禁等野蛮方法进行干预。部分违反医疗常识和规律的干预手段频现，如“电击治疗”，对未成年人的身心造成了难以修复的严重后果。本条对防治这些乱象画出了一条红线，即任何组织和个人不得通过虐待、胁迫等侵犯未成年人合法权益的手段从事预防和干预未成年人沉迷网络的活动。

链接《网络音视频信息服务管理规定》第7条；《教育部办公厅关于做好预防中小学生沉迷网络教育引导工作的紧急通知》；《国家新闻出版署关于防止未成年人沉迷网络游戏的通知》

第六十九条　【网络保护软件】学校、社区、图书馆、文化馆、青少年宫等场所为未成年人提供的互联网上网服务设施，应当安装未成年人网络保护软件或者采取其他安全保护技术措施。

智能终端产品的制造者、销售者应当在产品上安装未成年人网络保护软件，或者以显著方式告知用户未成年人网络保护软件的安装渠道和方法。

注释本条就如何普及和推广使用未成年人保护软件等安全保护措施作出了规定。一是学校、社区、图书馆、文化馆、青少年宫等场所为未成年人提供互联网上网服务设施时，应当安装未成年人网络保护软件或者采取其他安全保护技术措施。二是智能终端产品的制造者、销售者应当在产品上安装未成年人网络保护软件，或者以显著方式

告知用户未成年人网络保护软件的安装渠道和方法。根据这一要求,在制造和销售笔记本、手机等智能终端产品时,或者预先安装未成年人保护软件,或者以显著方式告知用户安装未成年人保护软件的渠道和方法,否则智能终端产品属于不合格产品,不得销售。

链接《互联网上网服务营业场所管理条例》

第七十条 【学校对未成年学生沉迷网络的预防和处理】学校应当合理使用网络开展教学活动。未经学校允许,未成年学生不得将手机等智能终端产品带入课堂,带入学校的应当统一管理。

学校发现未成年学生沉迷网络的,应当及时告知其父母或者其他监护人,共同对未成年学生进行教育和引导,帮助其恢复正常的学习生活。

第七十一条 【监护人的网络保护义务】未成年人的父母或者其他监护人应当提高网络素养,规范自身使用网络的行为,加强对未成年人使用网络行为的引导和监督。

未成年人的父母或者其他监护人应当通过在智能终端产品上安装未成年人网络保护软件、选择适合未成年人的服务模式和管理功能等方式,避免未成年人接触危害或者可能影响其身心健康的网络信息,合理安排未成年人使用网络的时间,有效预防未成年人沉迷网络。

第七十二条 【个人信息处理规定以及更正权、删除权】信息处理者通过网络处理未成年人个人信息的,应当遵循合法、正当和必要的原则。处理不满十四周岁未成年人个人信息的,应当征得未成年人的父母或者其他监护人同意,但法律、行政法规另有规定的除外。

未成年人、父母或者其他监护人要求信息处理者更正、删除未成年人个人信息的,信息处理者应当及时采取措施予以更正、删除,但法律、行政法规另有规定的除外。

注释 根据《民法典》第 1034 条的规定,个人信息是以电子或者其他方式记录的能够单独或者与其他信息结合识别特定自然人的各种信息,包括自然人的姓名、出生日期、身份证件号码、生物识别信息、住址、电话号码、电子邮箱、健康信息、行踪信息等。

实务问答 处理未成年人个人信息应当遵循哪些规则?

一是通过网络处理未成年人个人信息需要遵守的原则。信息处理者通过网络处理未成年人个人信息的,应当遵循合法、正当和必要的原则。合法原则,即信息处理者处理个人信息必须有合法性基础,且处理的方法应当符合法律法规的规定。正当原则,即处理个人信息除要遵循合法原则外,信息处理的目的和手段还要正当,应当尊重公序良俗和遵守诚实信用原则,并且要尽量满足透明的要求,以便能够充分保障信息主体的知情权。必要原则,即处理个人信息的目的应当特定,处理应当依据特定、明确的目的进行,禁止超出目的范围处理个人信息。

二是知情同意补全规则,即处理不满十四周岁未成年人个人信息的,还应当征得未成年人的父母或者其他监护人同意,但法律、行政法规另有规定的除外。一般而言,信息处理者处理个人信息时,需告知信息主体并征得其同意。但是由于未成年人认知能力的欠缺和特殊保护的需要,对未成年人特别是低龄未成年人个人信息的处理有特殊要求,即处理不满十四周岁未成年人个人信息的,应当征得未成年人的父母或者其他监护人同意。

三是通知更正删除个人信息规则,即未成年人、父母或者其他监护人要求信息处理者更正、删除未成年人个人信息的,信息处理者应当及时采取措施予以更正、删除, 但法律、行政法规另有规定的除外。未成年人、父母或者其他监护人中任何一方都可以提出相关通知;通知更正的情形,不限于有错误的,换言之,只要未成年人、父母或者其他监护人认为相关个人信息不适当,均可以通知更正;通知删除的情形,不限于违反法律、行政法规的规定或者双方的约定,换言之,未成年人、父母或者其他监护人通知删除个人信息时不用解释和提供任何理由。

此外,需要说明的是,本条中“处理”的概念范围与《民法典》第 1035 条第 3 款中“处理”的概念范围一致,并不限于个人信息的使用行为,还包括个人信息的收集、存储、加工、传输、提供、公开等行为。

链接《消费者权益保护法》第 29 条;《网络安全法》第 4 条;《民法典》第 1035 条;《刑事诉讼法》第 54 条;《反恐怖主义法》第 36 条;《传染病防治法》第 12 条;《全国人民代表大会常务委员会关于加强网络信息保护的决定》;《儿童个人信息网络保护规定》第 2、9 条

第七十三条 【私密信息的提示和保护义务】网络服务提供者发现未成年人通过网络发布私密信息的，应当及时提示，并采取必要的保护措施。

注释 私密信息，是指通过特定形式体现出来的有关自然人的病历、财产状况、身体缺陷、遗传特征、档案材料、生理识别信息、行踪信息等个人情况。私密信息具有可识别性的特征，属于个人信息，但同时私密信息又是信息主体不愿为他人所知晓的信息，是隐私权保护的范畴。未成年人由于缺少风险防范意识，容易主动或者受到引诱而发布私密信息。对此，有必要对网络服务提供者增加相应的义务性规定。本条规定网络服务提供者在发现未成年人通过网络发布私密信息的情况下，首先应当及时进行提示，其次还应当采取必要的保护措施。

链接《民法典》第1032、1033条

第七十四条 【预防网络沉迷的一般性规定】网络产品和服务提供者不得向未成年人提供诱导其沉迷的产品和服务。

网络游戏、网络直播、网络音视频、网络社交等网络服务提供者应当针对未成年人使用其服务设置相应的时间管理、权限管理、消费管理等功能。

以未成年人为服务对象的在线教育网络产品和服务，不得插入网络游戏链接，不得推送广告等与教学无关的信息。

链接《国家新闻出版署关于防止未成年人沉迷网络游戏的通知》

第七十五条 【网络游戏服务提供者的义务】网络游戏经依法审批后方可运营。

国家建立统一的未成年人网络游戏电子身份认证系统。网络游戏服务提供者应当要求未成年人以真实身份信息注册并登录网络游戏。

网络游戏服务提供者应当按照国家有关规定和标准，对游戏产品进行分类，作出适龄提示，并采取技术措施，不得让未成年人接触不适宜的游戏或者游戏功能。

网络游戏服务提供者不得在每日二十二时至次日八时向未成年人提供网络游戏服务。

注释 本条是关于网络游戏服务提供者保护未成年人措施的规定，包括四个方面的内容：一是所有网络游戏须经依法审批后方可运营；二是落实未成年人实名注册网络游戏用户账号；三是网络游戏分类与适龄提示限制；四是网络游戏使用时段限制。

链接《网络安全法》第24条第2款；《国家新闻出版署关于防止未成年人沉迷网络游戏的通知》

第七十六条 【网络直播服务提供者的义务】网络直播服务提供者不得为未满十六周岁的未成年人提供网络直播发布者账号注册服务；为年满十六周岁的未成年人提供网络直播发布者账号注册服务时，应当对其身份信息进行认证，并征得其父母或者其他监护人同意。

链接《民法典》第18条；《互联网直播服务管理规定》第12条第1款；《网络表演经营活动管理办法》第9条

第七十七条 【禁止实施网络欺凌】任何组织或者个人不得通过网络以文字、图片、音视频等形式，对未成年人实施侮辱、诽谤、威胁或者恶意损害形象等网络欺凌行为。

遭受网络欺凌的未成年人及其父母或者其他监护人有权通知网络服务提供者采取删除、屏蔽、断开链接等措施。网络服务提供者接到通知后，应当及时采取必要的措施制止网络欺凌行为，防止信息扩散。

注释 本条是关于防治对未成年人进行网络欺凌的规定，包括两个方面的内容。一方面，禁止对未成年人进行网络欺凌。只要通过网络以文字、图片、音视频等形式，对未成年人实施侮辱、诽谤、威胁或者恶意损害形象等行为，即使只有一次，也是网络欺凌行为。另一方面，当未成年人遇到网络欺凌时，网络服务提供者应当及时采取保护措施。遭受网络欺凌的未成年人及其父母或者其他监护人任何一方都有权通知网络服务提供者，网络服务提供者接到通知后应当及时采取删除、屏蔽、断开链接等措施制止网络欺凌行为，防止信息进一步扩散。

实务问答 常见的网络欺凌行为有哪些？

日常生活中，网络欺凌的表现形式多样。例如，通过电子邮件、短信、QQ、微信或其他通讯方式持续发送威胁性的或者侮辱性的信息骚扰他人，通过公开个人信息或发布视频、图文等使人尴尬、受侮辱，更改他人图片进行诽谤、中伤，在论坛、博客、社交网站上公开辱骂、侮辱、嘲笑、恐吓或孤立他人，强制传递暴力、色情等垃圾信息，或者反复拨通电话后却保持静默等。

链接《网络安全法》第47条；《民法典》第1195条；《教育部等九部门关于防治中小学生欺凌和暴力的指导意见》

第七十八条 【接受投诉、举报】网络产品和服务提供者应当建立便捷、合理、有效的投诉和举报渠道，公开投诉、举报方式等信息，及时受理并处理涉及未成年人的投诉、举报。

链接《消费者权益保护法》第17条；《网络安全法》第49条；《电子商务法》第59条；《网络信息内容生态治理规定》第16条

第七十九条 【投诉、举报权】任何组织或者个人发现网络产品、服务含有危害未成年人身心健康的信息，有权向网络产品和服务提供者或者网信、公安等部门投诉、举报。

第八十条 【对用户行为的安全管理义务】网络服务提供者发现用户发布、传播可能影响未成年人身心健康的信息且未作显著提示的，应当作出提示或者通知用户予以提示；未作出提示的，不得传输相关信息。

网络服务提供者发现用户发布、传播含有危害未成年人身心健康内容的信息的，应当立即停止传输相关信息，采取删除、屏蔽、断开链接等处置措施，保存有关记录，并向网信、公安等部门报告。

网络服务提供者发现用户利用其网络服务对未成年人实施违法犯罪行为的，应当立即停止向该用户提供网络服务，保存有关记录，并向公安机关报告。

注释 本法从保护未成年人工作实际出发，在对网络信息进行原则区分的基础上，针对不同内容的网络信息作了不同规定：一是对于有利于未成年人健康成长的网络信息，本法第48条中规定，国家鼓励制作和传播有利于未成年人健康成长的网络信息。二是对于可能影响未成年人身心健康的网络信息，本法第51条中规定，任何组织或者个人发布、传播的网络信息，包含可能影响未成年人身心健康内容的，应当以显著方式作出提示。三是对于危害未成年人身心健康的网络信息，本法第50条中规定，禁止制作、复制、发布、传播含有宣扬淫秽、色情、暴力、邪教、迷信、赌博、引诱自杀、恐怖主义、分裂主义、极端主义等危害未成年人身心健康内容的网络信息。

链接《全国人民代表大会常务委员会关于加强网络信息保护的决定》第5条；《网络安全法》第12、47条；《网络信息内容生态治理规定》第10条

第六章 政府保护

第八十一条 【政府、基层自治组织未成年人保护工作的落实主体】县级以上人民政府承担未成年人保护协调机制具体工作的职能部门应当明确相关内设机构或者专门人员，负责承担未成年人保护工作。

乡镇人民政府和街道办事处应当设立未成年人保护工作站或者指定专门人员，及时办理未成年人相关事务；支持、指导居民委员会、村民委员会设立专人专岗，做好未成年人保护工作。

链接《关于进一步健全农村留守儿童和困境儿童关爱服务体系的意见》

第八十二条 【家庭教育指导服务】各级人民政府应当将家庭教育指导服务纳入城乡公共服务体系，开展家庭教育知识宣传，鼓励和支持有关人民团体、企业事业单位、社会组织开展家庭教育指导服务。

链接《中共中央、国务院关于进一步加强和改进未成年人思想道德建设的若干意见》；《国务院关于印发中国妇女发展纲要和中国儿童发展纲要的通知》；《教育部关于加强家庭教育工作的指导意见》

第八十三条 【政府保障未成年人受教育的权利】各级人民政府应当保障未成年人受教育的权利，并采取措施保障留守未成年人、困境未成年人、残疾未成年人接受义务教育。

对尚未完成义务教育的辍学未成年学生，教育行政部门应当责令父母或者其他监护人将其送入学校接受义务教育。

链接《残疾人教育条例》《国务院关于加强农村留守儿童关爱保护工作的意见》《国务院关于加强困境儿童保障工作的意见》《国务院办公厅关于进一步加强控辍保学提高义务教育巩固水平的通知》

第八十四条 【发展托育、学前教育事业】各级人民政府应当发展托育、学前教育事业，办好婴幼儿照护服务机构、幼儿园，支持社会力量依法兴办母婴室、婴幼儿照护服务机构、幼儿园。

县级以上地方人民政府及其有关部门应当培养和培训婴幼儿照护服务机构、幼儿园的保教人员，提高其职业道德素质和业务能力。

链接《中共中央、国务院关于学前教育深化改革

规范发展的若干意见》;《国务院办公厅关于促进3岁以下婴幼儿照护服务发展的指导意见》

第八十五条 【职业教育及职业技能培训】各级人民政府应当发展职业教育,保障未成年人接受职业教育或者职业技能培训,鼓励和支持人民团体、企业事业单位、社会组织为未成年人提供职业技能培训服务。

链接《国家职业教育改革实施方案》;《国务院关于推行终身职业技能培训制度的意见》

第八十六条 【残疾未成年人接受教育的权利】各级人民政府应当保障具有接受普通教育能力、能适应校园生活的残疾未成年人就近在普通学校、幼儿园接受教育;保障不具有接受普通教育能力的残疾未成年人在特殊教育学校、幼儿园接受学前教育、义务教育和职业教育。

各级人民政府应当保障特殊教育学校、幼儿园的办学、办园条件,鼓励和支持社会力量举办特殊教育学校、幼儿园。

链接《残疾人保障法》第24、25条;《残疾人教育条例》第二章

第八十七条 【政府保障校园安全】地方人民政府及其有关部门应当保障校园安全,监督、指导学校、幼儿园等单位落实校园安全责任,建立突发事件的报告、处置和协调机制。

注释 本条从政府职责的角度规定了如何保障和促进校园安全,包括三个方面的内容。一是政府应当重视学校安全风险防控工作,将学校安全作为经济社会发展的重要指标和社会治理的重要内容,建立政府主导、相关部门和单位参加的学校安全风险防控体系建设协调机制,定期研究和及时解决学校安全工作中的突出问题。二是政府各相关部门要切实承担起学校安全日常管理的职责,制定具体细则或办法,加强沟通协调,协同推动防控机制建设,形成各司其职、齐抓共管的工作格局。三是政府教育督导机构应当将学校安全工作作为教育督导的重要内容,加强对政府及各有关部门、学校落实安全风险防控职责的监督、检查。

链接《中小学幼儿园安全管理办法》;《学生伤害事故处理办法》;《关于加强中小学幼儿园安全风险防控体系建设的意见》

第八十八条 【政府保障校园周边安全】公安机关和其他有关部门应当依法维护校园周边的治安和交通秩序,设置监控设备和交通安全设施,预防和制止侵害未成年人的违法犯罪行为。

链接《中小学幼儿园安全管理办法》第50条;《关于防治中小学生欺凌和暴力的指导意见》;《关于加强中小学幼儿园安全风险防控体系建设的意见》

第八十九条 【未成年人活动场所建设和维护、学校文化体育设施的免费或者优惠开放】地方人民政府应当建立和改善适合未成年人的活动场所和设施,支持公益性未成年人活动场所和设施的建设和运行,鼓励社会力量兴办适合未成年人的活动场所和设施,并加强管理。

地方人民政府应当采取措施,鼓励和支持学校在国家法定节假日、休息日及寒暑假期将文化体育设施对未成年人免费或者优惠开放。

地方人民政府应当采取措施,防止任何组织或者个人侵占、破坏学校、幼儿园、婴幼儿照护服务机构等未成年人活动场所的场地、房屋和设施。

地方人民政府应当采取措施,防止任何组织或者个人侵占、破坏学校、幼儿园、婴幼儿照护服务机构等未成年人活动场所的场地、房屋和设施。

链接《中共中央办公厅、国务院办公厅关于加强青少年学生活动场所建设和管理工作的通知》

第九十条 【卫生保健、传染病防治和心理健康】各级人民政府及其有关部门应当对未成年人进行卫生保健和营养指导,提供卫生保健服务。

卫生健康部门应当依法对未成年人的疫苗预防接种进行规范,防治未成年人常见病、多发病,加强传染病防治和监督管理,做好伤害预防和干预,指导和监督学校、幼儿园、婴幼儿照护服务机构开展卫生保健工作。

教育行政部门应当加强未成年人的心理健康教育,建立未成年人心理问题的早期发现和及时干预机制。卫生健康部门应当做好未成年人心理治疗、心理危机干预以及精神障碍早期识别和诊断治疗等工作。

链接《精神卫生法》第2、8条;《传染病防治法》第15条;《疫苗管理法》第47、48条;《中小学心理健康教育指导纲要》;《学校食品安全与营养健康管理规定》

第九十一条 【对困境未成年人实施分类保障】各级人民政府及其有关部门对困境未成年人实施分类保障,采取措施满足其生活、教育、安全、医疗康复、住房等方面的基本需要。

实务问答 困境未成年人主要包括哪些?

一是孤儿,主要指失去父母或查找不到生父母的未满十八周岁的未成年人。二是监护人监护缺失的儿童。主要包括:父母双方长期服刑在押或强制戒毒的儿童;父母一方死亡或失踪(人民法院宣判或公安机关证明),另一方因上述情况无法履行抚养义务和监护职责的儿童。三是监护人无力履行监护职责的儿童。主要包括:父母双方重残(2级以上残疾,下同)、重病的儿童;父母一方死亡或失踪,另一方因重残或重病无力抚养的儿童。四是重残、重病及流浪儿童。主要包括:重残儿童;患重大疾病儿童,包括艾滋病病毒感染、白血病、先天性心脏病、尿毒症、恶性肿瘤等重大疾病,以及医保政策规定的住院和门诊费用1年中自费部分超过2万元的疾病;长期在外流浪儿童。五是其他需要帮助的儿童。包括受侵害和虐待的儿童、单亲家庭儿童、失足未成年人、家庭生活困难的留守儿童等。

链接《国务院关于加强农村留守儿童关爱保护工作的意见》;《国务院关于加强困境儿童保障工作的意见》;《民政部关于规范生父母有特殊困难无力抚养的子女和社会散居孤儿收养工作的意见》

第九十二条 【民政部门临时监护】具有下列情形之一的,民政部门应当依法对未成年人进行临时监护:

(一)未成年人流浪乞讨或者身份不明,暂时查找不到父母或者其他监护人;

(二)监护人下落不明且无其他人可以担任监护人;

(三)监护人因自身客观原因或者因发生自然灾害、事故灾难、公共卫生事件等突发事件不能履行监护职责,导致未成年人监护缺失;

(四)监护人拒绝或者怠于履行监护职责,导致未成年人处于无人照料的状态;

(五)监护人教唆、利用未成年人实施违法犯罪行为,未成年人需要被带离安置;

(六)未成年人遭受监护人严重伤害或者面临人身安全威胁,需要被紧急安置;

(七)法律规定的其他情形。

第九十三条 【临时监护的具体方式】对临时监护的未成年人,民政部门可以采取委托亲属抚养、家庭寄养等方式进行安置,也可以交由未成年人救助保护机构或者儿童福利机构进行收留、抚养。

临时监护期间,经民政部门评估,监护人重新具备履行监护职责条件的,民政部门可以将未成年人送回监护人抚养。

链接《国务院关于加强困境儿童保障工作的意见》;《家庭寄养管理办法》

第九十四条 【长期监护的法定情形】具有下列情形之一的,民政部门应当依法对未成年人进行长期监护:

(一)查找不到未成年人的父母或者其他监护人;

(二)监护人死亡或者被宣告死亡且无其他人可以担任监护人;

(三)监护人丧失监护能力且无其他人可以担任监护人;

(四)人民法院判决撤销监护人资格并指定由民政部门担任监护人;

(五)法律规定的其他情形。

链接《民法典》第26、28、31、32、34、36条

第九十五条 【民政部门长期监护未成年人的收养】民政部门进行收养评估后,可以依法将其长期监护的未成年人交由符合条件的申请人收养。收养关系成立后,民政部门与未成年人的监护关系终止。

实务问答 被国家长期监护的未成年人是否有依法被收养的权利?

《民法典》第1093条规定,丧失父母的孤儿、查找不到生父母的未成年人、生父母有特殊困难无力抚养的子女,可以被收养。第1094条规定,孤儿的监护人、儿童福利机构、有特殊困难无力抚养子女的生父母可以作为送养人。其中丧失父母的孤儿、查找不到生父母的未成年人、生父母有特殊困难无力抚养的子女等被国家长期监护的,不影响其被收养的权利。

链接《民法典》第1093-1118条;《收养评估办法(试行)》

第九十六条 【民政部门承担国家监护职责的政府支持和机构建设】民政部门承担临时监护或者长期监护职责的,财政、教育、卫生健康、公安等部门应当根据各自职责予以配合。

县级以上人民政府及其民政部门应当根据需要设立未成年人救助保护机构、儿童福利机构,负

责收留、抚养由民政部门监护的未成年人。

第九十七条 【建设全国统一的未成年人保护热线,支持社会力量共建未成年人保护平台】县级以上人民政府应当开通全国统一的未成年人保护热线,及时受理、转介侵犯未成年人合法权益的投诉、举报;鼓励和支持人民团体、企业事业单位、社会组织参与建设未成年人保护服务平台、服务热线、服务站点,提供未成年人保护方面的咨询、帮助。

第九十八条 【违法犯罪人员信息查询系统】国家建立性侵害、虐待、拐卖、暴力伤害等违法犯罪人员信息查询系统,向密切接触未成年人的单位提供免费查询服务。

注释 本条规定,国家建立性侵害、虐待、拐卖、暴力伤害等违法犯罪人员信息查询系统,向密切接触未成年人的单位提供免费查询服务,以落实密切接触未成年人从业查询和限制制度。首先,由国家建立信息查询系统,以打破违法犯罪记录的地域壁垒。其次,查询的是性侵害、虐待、拐卖、暴力伤害等违法犯罪记录,违法犯罪记录所指的被害人不限于未成年人,包括成年人和未成年人。最后,国家应当采取措施,保障向密切接触未成年人的单位提供免费查询服务。

第九十九条 【培育、引导和规范社会力量参与未成年人保护工作】地方人民政府应当培育、引导和规范有关社会组织、社会工作者参与未成年人保护工作,开展家庭教育指导服务,为未成年人的心理辅导、康复救助、监护及收养评估等提供专业服务。

第七章 司法保护

第一百条 【司法机关职责】公安机关、人民检察院、人民法院和司法行政部门应当依法履行职责,保障未成年人合法权益。

第一百零一条 【专门机构、专门人员及评价考核标准】公安机关、人民检察院、人民法院和司法行政部门应当确定专门机构或者指定专门人员,负责办理涉及未成年人案件。办理涉及未成年人案件的人员应当经过专门培训,熟悉未成年人身心特点。专门机构或者专门人员中,应当有女性工作人员。

公安机关、人民检察院、人民法院和司法行政部门应当对上述机构和人员实行与未成年人保护工作相适应的评价考核标准。

链接《刑事诉讼法》第 277 条;《社区矫正法》第 52 条;《最高人民法院关于适用〈中华人民共和国刑事诉讼法〉的解释》第 549 条;《人民检察院办理未成年人刑事案件的规定》第 8 条;《人民检察院刑事诉讼规则》第 458 条;《公安机关办理刑事案件程序规定》第 319 条;《最高人民法院、最高人民检察院、公安部、司法部关于依法惩治性侵害未成年人犯罪的意见》第 6 条;《关于建立未成年人检察工作评价机制的意见(试行)》

第一百零二条 【未成年人案件中语言、表达方式】公安机关、人民检察院、人民法院和司法行政部门办理涉及未成年人案件,应当考虑未成年人身心特点和健康成长的需要,使用未成年人能够理解的语言和表达方式,听取未成年人的意见。

注释 未成年人身心尚未成熟,对很多事物以及法律用语缺乏足够的理解能力。因此,在司法活动中,应当考虑未成年人的身心特点和理解能力,避免司法活动给其带来不必要的心理压力甚至伤害,使用他们能够理解的语言和表达方式,并充分听取他们的意见。以未成年证人为例,未成年人的记忆储存、检索和提取过程更容易受到自身因素和外界干扰而影响证言的准确性与完整性。当询问未成年证人时,应当考虑其承受能力,使用与其年龄相适应的语言,使用对未成年人友好的表达方式,就开展询问的地点、环境、时间等事项听取未成年人的意见,充分尊重未成年人的真实想法。

第一百零三条 【个人信息保护】公安机关、人民检察院、人民法院、司法行政部门以及其他组织和个人不得披露有关案件中未成年人的姓名、影像、住所、就读学校以及其他可能识别出其身份的信息,但查找失踪、被拐卖未成年人等情形除外。

实务问答 如何理解本条中"有关案件"的范围?

大多数关于未成年人隐私权和个人信息保护的现行规定,是针对犯罪案件的未成年被告人或被害人的。实践中,涉及未成年人的案件较为多样,关于离婚、抚养、收养、监护、探望、继承等民事案件以及行政案件也较多涉及未成年人,这些案件中未成年人的隐私和个人信息也应当受到特别保护。

链接《民法典》第 1032、1034 条;《社区矫正法》第 54 条;《最高人民法院关于适用〈中华人民共和国刑事诉讼法〉的解释》第559条;《最高人民检察院未成年人刑事检察工作指引(试行)》第19条;《人民检察院刑事诉讼规则》第481条;《关于建立侵害未成年人案件强制报告制度的意见(试行)》第14条

第一百零四条 【法律援助、司法救助】对需要法律援助或者司法救助的未成年人,法律援助机构或者公安机关、人民检察院、人民法院和司法行政部门应当给予帮助,依法为其提供法律援助或者司法救助。

法律援助机构应当指派熟悉未成年人身心特点的律师为未成年人提供法律援助服务。

法律援助机构和律师协会应当对办理未成年人法律援助案件的律师进行指导和培训。

注释 未成年人法律援助是指国家为保证法律赋予的未成年人各项权利的实现,对因经济困难无力支付法律服务费用的案件以及某些特殊案件中的未成年人提供免费法律服务的一项法律救济制度。依据我国现有法律法规的规定,国家为未成年人提供法律援助的范围可大致分为两类,一类是法律援助机构应当提供法律援助的范围,主要指在未成年人犯罪的刑事案件中,在人民法院审判阶段,没有委托辩护人的,人民法院为其指定辩护时,应当提供法律援助。另一类是法律援助机构可以提供法律援助的范围,一是未成年人犯罪的刑事案件中因经济困难没有聘请律师的。二是未成年人需要代理的事项,因经济困难没有委托代理人的,包括:依法请求国家赔偿的;请求给予社会保险待遇或者最低生活保障待遇的;请求发给抚恤金、救济金的;请求支付抚养费的;请求支付劳动报酬的;主张因见义勇为行为产生的民事权益的。

链接《刑事诉讼法》第278条;《最高人民法院关于适用〈中华人民共和国刑事诉讼法〉的解释》第564、565条;《关于刑事诉讼法律援助工作的规定》第9条;《法律援助法》第25、42条;《关于建立完善国家司法救助制度的意见(试行)》;《最高人民检察院关于全面加强未成年人国家司法救助工作的意见》;《最高人民法院关于加强和规范人民法院国家司法救助工作的意见》;《未成年人法律援助服务指引(试行)》

第一百零五条 【检察监督】人民检察院通过行使检察权,对涉及未成年人的诉讼活动等依法进行监督。

链接《民事诉讼法》第14、235条;《人民检察院办理未成年人刑事案件的规定》第四章;《人民检察院刑事诉讼规则》第460、488条

第一百零六条 【公益诉讼】未成年人合法权益受到侵犯,相关组织和个人未代为提起诉讼的,人民检察院可以督促、支持其提起诉讼;涉及公共利益的,人民检察院有权提起公益诉讼。

链接《民事诉讼法》第58条;《行政诉讼法》第25条;《关于检察公益诉讼案件适用法律若干问题的解释》

第一百零七条 【继承权、受遗赠权和受抚养权保护】人民法院审理继承案件,应当依法保护未成年人的继承权和受遗赠权。

人民法院审理离婚案件,涉及未成年子女抚养问题的,应当尊重已满八周岁未成年子女的真实意愿,根据双方具体情况,按照最有利于未成年子女的原则依法处理。

实务问答 1. 对继承案件中未成年人继承权和受遗赠权的保护应注意哪些方面?

(1)未成年人具有民事权利能力,依法享有继承权。未成年人是无民事行为能力或者限制民事行为能力人的,由其监护人代理被监护人实施民事法律行为,保护被监护人的人身权利、财产权利以及其他合法权益等,包括依法行使继承权、受遗赠权。未成年人的监护人应当按照《民法典》第1124条的规定,及时代为行使继承权、受遗赠权。

(2)男女平等地享有继承权。自然人有无继承权与性别没有任何关系,继承顺序不因男女而有区别,适用于男性的继承顺序同样适用于女性。在继承份额上,如果没有法律规定的多分、少分或者不分遗产的情形,同一顺序的继承人继承遗产的份额,一般应当均等,继承遗产份额不因男女性别不同而有差异。

(3)未成年人依法受到特别照顾。《民法典》第1130条第2款规定,对生活有特殊困难又缺乏劳动能力的继承人,分配遗产时,应当予以照顾;第1141条规定,遗嘱应当为缺乏劳动能力又没有生活来源的继承人保留必要的遗产份额。通常情况下,未成年人缺乏劳动能力且无经济来源,其学习、生活等方面需要较多费用,需要得到特别照顾的,可以在分配遗产时适当予以多分。

(4)关于未成年子女的范围。《民法典》继承

编中规定,本编所称子女包括婚生子女、非婚生子女、养子女和有扶养关系的继子女。

(5)关于胎儿权益保护。《民法典》第16条中规定,涉及遗产继承、接受赠与等胎儿利益保护的,胎儿视为具有民事权利能力。第1155条规定,遗产分割时,应当保留胎儿的继承份额。胎儿娩出时是死体的,保留的份额按照法定继承办理。

(6)父母离异后的继承权问题。父母离婚后,未成年子女仍依法享有对父母双方的遗产继承权。

2. 离婚案件中,涉及未成年子女抚养问题时的处理原则是什么?

法院应当本着最有利于未成年人的原则依法处理:不满两周岁的子女,以由母亲直接抚养为原则;已满两周岁的子女,由人民法院根据双方的具体情况,按照最有利于未成年子女的原则判决。子女已满八周岁的,应当尊重其真实意愿。

链接《民法典》第1084、1124、1128、1130、1133、1152、1155条

第一百零八条 【人身安全保护令、撤销监护人资格】未成年人的父母或者其他监护人不依法履行监护职责或者严重侵犯被监护的未成年人合法权益的,人民法院可以根据有关人员或者单位的申请,依法作出人身安全保护令或者撤销监护人资格。

被撤销监护人资格的父母或者其他监护人应当依法继续负担抚养费用。

实务问答 **1. 哪些情形下人民法院可以根据申请撤销监护人的监护资格?**

《最高人民法院、最高人民检察院、公安部和民政部关于依法处理监护人侵害未成年人权益行为若干问题的意见》第35条规定,被申请人有下列情形之一的,人民法院可以判决撤销其监护人资格:(一)性侵害、出卖、遗弃、虐待、暴力伤害未成年人,严重损害未成年人身心健康的;(二)将未成年人置于无人监管和照看的状态,导致未成年人面临死亡或者严重伤害危险,经教育不改的;(三)拒不履行监护职责长达六个月以上,导致未成年人流离失所或者生活无着的;(四)有吸毒、赌博、长期酗酒等恶习无法正确履行监护职责或者因服刑等原因无法履行监护职责,且拒绝将监护职责部分或者全部委托给他人,致使未成年人处于困境或者危险状态的;(五)胁迫、诱骗、利用未成年人乞讨,经公安机关和未成年人救助保护机构等部门三次以上批评教育拒不改正,严重影响未成年人正常生活和学习的;(六)教唆、利用未成年人实施违法犯罪行为,情节恶劣的;(七)有其他严重侵害未成年人合法权益行为的。

2. 人身安全保护令的内容有哪些?

人身安全保护令的内容包括禁止被申请人实施家庭暴力,禁止被申请人骚扰、跟踪、接触申请人及其相关近亲属,责令被申请人迁出申请人住所以及保护申请人人身安全的其他措施。被申请人拒不履行人身安全保护裁定,危及未成年人及其临时照料人人身安全或者扰乱未成年人救助保护机构工作秩序的,未成年人、未成年人救助保护机构或者其他临时照料人有权向公安机关报告,由公安机关依法处理;被申请人有其他拒不履行人身安全保护裁定行为的,未成年人、未成年人救助保护机构或者其他临时照料人有权向人民法院报告,人民法院根据《民事诉讼法》的规定,视情节轻重处以罚款、拘留;构成犯罪的,依法追究刑事责任。

3. 父母被撤销监护人资格后还有义务负担抚养费吗?

未成年人的父母或者其他监护人被撤销监护资格,原因在于其违反法定义务,不依法履行监护职责或者严重侵犯被监护未成年人的合法权益,导致其不再适宜继续担任未成年人的监护人,但是父母或者其他监护人基于血缘关系等担负的对未成年人的法定抚养义务,并不因其监护资格被撤销而全部免除。

链接《民法典》第36条;《反家庭暴力法》第21条及第四章;《最高人民法院、最高人民检察院、公安部、民政部关于依法处理监护人侵害未成年人权益行为若干问题的意见》

第一百零九条 【社会调查】人民法院审理离婚、抚养、收养、监护、探望等案件涉及未成年人的,可以自行或者委托社会组织对未成年人的相关情况进行社会调查。

第一百一十条 【法定代理人、合适成年人到场】公安机关、人民检察院、人民法院讯问未成年犯罪嫌疑人、被告人,询问未成年被害人、证人,应当依法通知其法定代理人或者其成年亲属、所在学校的代表等合适成年人到场,并采取适当方式,在适当场所进行,保障未成年人的名誉权、隐私权和其他合法权益。

人民法院开庭审理涉及未成年人案件,未成

年被害人、证人一般不出庭作证；必须出庭的，应当采取保护其隐私的技术手段和心理干预等保护措施。

注释 本条是关于讯问、询问未成年人时采取保护措施的规定，包括三个方面的内容。

一是讯问、询问未成年人，应当有合适的成年人在场。《刑事诉讼法》规定，对于未成年人刑事案件，在讯问和审判的时候，应当通知未成年犯罪嫌疑人、被告人的法定代理人到场。无法通知、法定代理人不能到场或者法定代理人是共犯的，也可以通知未成年犯罪嫌疑人、被告人的其他成年亲属，所在学校、单位、居住地基层组织或者未成年人保护组织的代表到场，并将有关情况记录在案。到场的法定代理人可以代为行使未成年犯罪嫌疑人、被告人的诉讼权利。到场的法定代理人或者其他人员认为办案人员在讯问、审判中侵犯未成年人合法权益的，可以提出意见。讯问笔录、法庭笔录应当交给到场的法定代理人或者其他人员阅读或者向他宣读。询问未成年被害人、证人，适用以上规定。

二是讯问、询问未成年人应当采取适当方式，在适当场所进行，保障未成年人的名誉权、隐私权和其他合法权益。讯问或者询问未成年人应由熟悉未成年人身心特点的人员进行，根据未成年人的特点和案件情况，制定详细的讯问提纲，采用符合未成年人身心特点的方式展开，用语应当准确易懂。讯问、询问地点对未成年人的心理会产生不同的影响，既可以在专设的未成年人讯问室或者询问室进行，也可以在未成年人及其法定代理人的住所或者其他场所进行，如果后者具备条件且更为适宜则优先考虑。讯问、询问时，应保障未成年人的名誉权、隐私权和其他合法权益，不得对未成年人诱供、训斥、讥讽或者威胁，避免在办案中造成“二次伤害”。

三是未成年被害人、证人一般不出庭作证。人民法院开庭审理涉及未成年人案件，未成年被害人、证人一般不出庭作证；必须出庭的，应当采取不暴露其外貌、真实声音等保护其隐私的技术手段和心理干预等保护措施。

链接《刑事诉讼法》第 281 条；《人民检察院刑事诉讼规则》第 465、468 条；《关于适用认罪认罚从宽制度的指导意见》；《未成年人刑事检察工作指引（试行）》第二章第三节、第三章、第四章

第一百一十一条　【特定未成年被害人司法保护】公安机关、人民检察院、人民法院应当与其他有关政府部门、人民团体、社会组织互相配合，对遭受性侵害或者暴力伤害的未成年被害人及其家庭实施必要的心理干预、经济救助、法律援助、转学安置等保护措施。

链接《刑事诉讼法》第 278 条；《最高人民检察院关于加强新时代未成年人检察工作的意见》；《未成年人刑事检察工作指引（试行）》第二章第一节、第五节、第七节

第一百一十二条　【同步录音录像等保护措施】公安机关、人民检察院、人民法院办理未成年人遭受性侵害或者暴力伤害案件，在询问未成年被害人、证人时，应当采取同步录音录像等措施，尽量一次完成；未成年被害人、证人是女性的，应当由女性工作人员进行。

链接《最高人民检察院关于加强新时代未成年人检察工作的意见》；《未成年人刑事检察工作指引（试行）》第 130、132 条

第一百一十三条　【违法犯罪未成年人的保护方针和原则】对违法犯罪的未成年人，实行教育、感化、挽救的方针，坚持教育为主、惩罚为辅的原则。

对违法犯罪的未成年人依法处罚后，在升学、就业等方面不得歧视。

实务问答 学校可以拒收服刑期满释放的未成年学生吗？

服刑期满释放的未成年学生有平等的受教育权，学校不可以拒收服刑期满释放的未成年学生，也不能以停课、劝退等方式变相剥夺他们的受教育权。对于人民检察院免予起诉、人民法院判决免除刑事处罚或者宣告缓刑、被收容教养或者服刑期满释放的未成年人，在复学、升学、就业方面和其他未成年人享有同样的权利。他们可以和其他学生一样上学并参加考试，任何个人和组织不能给予他们不平等的待遇。

链接《刑事诉讼法》第 277 条；《人民检察院刑事诉讼规则》第 457 条；《关于适用认罪认罚从宽制度的指导意见》；《公安机关办理刑事案件程序规定》第 317 条

第一百一十四条　【司法机关对未尽保护职责单位的监督】公安机关、人民检察院、人民法院和司法行政部门发现有关单位未尽到未成年人教

育、管理、救助、看护等保护职责的,应当向该单位提出建议。被建议单位应当在一个月内作出书面回复。

第一百一十五条 【司法机关开展未成年人法治宣传教育】公安机关、人民检察院、人民法院和司法行政部门应当结合实际,根据涉及未成年人案件的特点,开展未成年人法治宣传教育工作。

第一百一十六条 【社会组织、社会工作者参与未成年人司法保护】国家鼓励和支持社会组织、社会工作者参与涉及未成年人案件中未成年人的心理干预、法律援助、社会调查、社会观护、教育矫治、社区矫正等工作。

第八章 法律责任

第一百一十七条 【违反强制报告义务的法律责任】违反本法第十一条第二款规定,未履行报告义务造成严重后果的,由上级主管部门或者所在单位对直接负责的主管人员和其他直接责任人员依法给予处分。

注释 本条规定的违法行为是未按照本法第 11 条第 2 款的规定履行强制报告义务,即国家机关、居民委员会、村民委员会、密切接触未成年人的单位及其工作人员,在工作中发现未成年人身心健康受到侵害、疑似受到侵害或者面临其他危险情形的,未及时向公安、民政、教育等有关部门报告。这些违法行为属于不作为,依据本条进行处理的前提是未履行报告义务造成严重后果。严重后果既包括因侵害未成年人的情形或者危险情形对未成年人造成了严重的侵害后果,也包括因这些侵害情形或者危险情形在社会上造成恶劣影响。另外,本条中的处分包括批评、警告、记过、降级等。情节特别严重的,对有相关资格、资质的人员,还可以暂停其相应的职务或者业务活动。根据本法第 129 条的规定,实践中负有强制报告义务的单位未履行强制报告义务造成严重后果的,还可能构成犯罪,在此情况下还要依法追究其刑事责任。

链接《关于建立侵害未成年人案件强制报告制度的意见(试行)》

第一百一十八条 【监护人不履行监护职责或者侵犯未成年人合法权益的法律责任】未成年人的父母或者其他监护人不依法履行监护职责或者侵犯未成年人合法权益的,由其居住地的居民委员会、村民委员会予以劝诫、制止;情节严重的,居民委员会、村民委员会应当及时向公安机关报告。

公安机关接到报告或者公安机关、人民检察院、人民法院在办理案件过程中发现未成年人的父母或者其他监护人存在上述情形的,应当予以训诫,并可以责令其接受家庭教育指导。

链接《反家庭暴力法》第四章;《国务院办公厅关于加强和改进流浪未成年人救助保护工作的意见》

第一百一十九条 【学校等机构及其教职员工的法律责任】学校、幼儿园、婴幼儿照护服务等机构及其教职员工违反本法第二十七条、第二十八条、第三十九条规定的,由公安、教育、卫生健康、市场监督管理等部门按照职责分工责令改正;拒不改正或者情节严重的,对直接负责的主管人员和其他直接责任人员依法给予处分。

注释 学校、幼儿园、婴幼儿照护服务等机构及其教职员工对未成年人实施体罚、变相体罚或者有其他侮辱人格尊严的行为的,违反国家规定开除、变相开除未成年学生的,对辍学未成年学生劝返无效未及时向教育行政部门书面报告的,未立即制止学生欺凌行为的,未依法处理学生欺凌事件和开展保护工作的,隐瞒严重欺凌行为的,由公安、教育、卫生健康、市场监督管理等部门按照职责分工责令改正。拒不改正或者情节严重的,对直接负责的主管人员和其他直接责任人员依法给予处分。

链接《义务教育法》第 27 条;《未成年人法律援助服务指引(试行)》;《国务院办公厅关于加强中小学幼儿园安全风险防控体系建设的意见》

第一百二十条 【未给予免费或者优惠待遇的法律责任】违反本法第四十四条、第四十五条、第四十七条规定,未给予未成年人免费或者优惠待遇的,由市场监督管理、文化和旅游、交通运输等部门按照职责分工责令限期改正,给予警告;拒不改正的,处一万元以上十万元以下罚款。

第一百二十一条 【制作、复制、出版、发布、传播危害未成年人出版物的法律责任】违反本法第五十条、第五十一条规定的,由新闻出版、广播电视、电影、网信等部门按照职责分工责令限期改正,给予警告,没收违法所得,可以并处十万元以下罚款;拒不改正或者情节严重的,责令暂停相关业务、停产停业或者吊销营业执照、吊销相关许可证,违法所得一百万元以上的,并处违法所得一倍以上十倍以下的罚款,没有违法所得或者违法所得不足一百万元的,并处十万元以上一百万元以下罚款。

注释 没收违法所得,是指国家行政机关根据行政管理法规,将行为人的违法行为所获得的财物强制无偿收归国有的一项行政处罚措施。没收违法所得是一种财产罚。给予"没收违法所得"处罚的前提是行为人通过违法行为获得了收益,否则不能也无法给予该处罚。

责令暂停相关业务、停产停业,是指行政机关要求从事违法生产经营活动的公民、法人或其他组织停止生产、停止经营的处罚形式。责令暂停相关业务、停产停业的目的是纠正错误,改进工作。被处罚组织或个人在停产停业期间应当进行整顿,纠正违法行为,行政机关认为其达到恢复运营条件的,才可以重新开展相关业务。

吊销营业执照、吊销相关许可证,是指行政机关通过对违法的公民、法人或者其他组织依法吊销营业执照、吊销许可证,剥夺其从事某项生产或经营活动的权利,是一种较为严厉的处罚措施。

链接《行政处罚法》第9、28条

第一百二十二条 【场所运营单位和住宿经营者的法律责任】场所运营单位违反本法第五十六条第二款规定、住宿经营者违反本法第五十七条规定的,由市场监督管理、应急管理、公安等部门按照职责分工责令限期改正,给予警告;拒不改正或者造成严重后果的,责令停业整顿或者吊销营业执照、吊销相关许可证,并处一万元以上十万元以下罚款。

第一百二十三条 【营业性娱乐场所等经营者的法律责任】相关经营者违反本法第五十八条、第五十九条第一款、第六十条规定的,由文化和旅游、市场监督管理、烟草专卖、公安等部门按照职责分工责令限期改正,给予警告,没收违法所得,可以并处五万元以下罚款;拒不改正或者情节严重的,责令停业整顿或者吊销营业执照、吊销相关许可证,可以并处五万元以上五十万元以下罚款。

第一百二十四条 【公共场所吸烟、饮酒的法律责任】违反本法第五十九条第二款规定,在学校、幼儿园和其他未成年人集中活动的公共场所吸烟、饮酒的,由卫生健康、教育、市场监督管理等部门按照职责分工责令改正,给予警告,可以并处五百元以下罚款;场所管理者未及时制止的,由卫生健康、教育、市场监督管理等部门按照职责分工给予警告,并处一万元以下罚款。

第一百二十五条 【未按规定招用、使用未成年人的法律责任】违反本法第六十一条规定的,由文化和旅游、人力资源和社会保障、市场监督管理等部门按照职责分工责令限期改正,给予警告,没收违法所得,可以并处十万元以下罚款;拒不改正或者情节严重的,责令停产停业或者吊销营业执照、吊销相关许可证,并处十万元以上一百万元以下罚款。

第一百二十六条 【密切接触未成年人单位的法律责任】密切接触未成年人的单位违反本法第六十二条规定,未履行查询义务,或者招用、继续聘用具有相关违法犯罪记录人员的,由教育、人力资源和社会保障、市场监督管理等部门按照职责分工责令限期改正,给予警告,并处五万元以下罚款;拒不改正或者造成严重后果的,责令停业整顿或者吊销营业执照、吊销相关许可证,并处五万元以上五十万元以下罚款,对直接负责的主管人员和其他直接责任人员依法给予处分。

第一百二十七条 【网络产品和服务提供者等的法律责任】信息处理者违反本法第七十二条规定,或者网络产品和服务提供者违反本法第七十三条、第七十四条、第七十五条、第七十六条、第七十七条、第八十条规定的,由公安、网信、电信、新闻出版、广播电视、文化和旅游等有关部门按照职责分工责令改正,给予警告,没收违法所得,违法所得一百万元以上的,并处违法所得一倍以上十倍以下罚款,没有违法所得或者违法所得不足一百万元的,并处十万元以上一百万元以下罚款,对直接负责的主管人员和其他责任人员处一万元以上十万元以下罚款;拒不改正或者情节严重的,并可以责令暂停相关业务、停业整顿、关闭网站、吊销营业执照或者吊销相关许可证。

第一百二十八条 【国家机关工作人员渎职的法律责任】国家机关工作人员玩忽职守、滥用职权、徇私舞弊,损害未成年人合法权益的,依法给予处分。

第一百二十九条 【民事责任、治安管理处罚和刑事责任】违反本法规定,侵犯未成年人合法权益,造成人身、财产或者其他损害的,依法承担民事责任。

违反本法规定，构成违反治安管理行为的，依法给予治安管理处罚；构成犯罪的，依法追究刑事责任。

第九章　附　则

第一百三十条　【相关概念的含义】本法中下列用语的含义：

（一）密切接触未成年人的单位，是指学校、幼儿园等教育机构；校外培训机构；未成年人救助保护机构、儿童福利机构等未成年人安置、救助机构；婴幼儿照护服务机构、早期教育服务机构；校外托管、临时看护机构；家政服务机构；为未成年人提供医疗服务的医疗机构；其他对未成年人负有教育、培训、监护、救助、看护、医疗等职责的企业事业单位、社会组织等。

（二）学校，是指普通中小学、特殊教育学校、中等职业学校、专门学校。

（三）学生欺凌，是指发生在学生之间，一方蓄意或者恶意通过肢体、语言及网络等手段实施欺压、侮辱，造成另一方人身伤害、财产损失或者精神损害的行为。

注释 本条解释密切接触未成年人的单位时，一方面，列举了最常见的机构或者组织；另一方面，作出了兜底性规定，即其他对未成年人负有教育、培训、监护、救助、看护、医疗等职责的企业事业单位、社会组织等。这有利于实践操作，以保障密切接触未成年人行业从业查询和限制制度的落实。

对于学校的范围有不同的理解，根据未成年人保护的实际需要，本法所称学校包括普通中小学、特殊教育学校、中等职业学校、专门学校，并不包括幼儿园、高等学校。

学生欺凌的概念有四个要件：一是主体，即发生在学生之间；二是过错，即一方蓄意或者恶意；三是方式，即通过肢体、语言及网络等手段实施欺压、侮辱；四是后果，即造成另一方人身伤害、财产损失或者精神损害。可见，只要同时符合以上四个要件，无论是一次还是多次，不管是否具有反复性或者持续性，都构成学生欺凌。

第一百三十一条　【外国人、无国籍未成年人的保护】对中国境内未满十八周岁的外国人、无国籍人，依照本法有关规定予以保护。

第一百三十二条　【施行日期】本法自2021年6月1日起施行。

企业事业单位内部治安保卫条例

· 2004年9月13日国务院第64次常务会议通过
· 2004年9月27日中华人民共和国国务院令第421号公布
· 自2004年12月1日起施行

第一条　为了规范企业、事业单位（以下简称单位）内部治安保卫工作，保护公民人身、财产安全和公共财产安全，维护单位的工作、生产、经营、教学和科研秩序，制定本条例。

第二条　单位内部治安保卫工作贯彻预防为主、单位负责、突出重点、保障安全的方针。

单位内部治安保卫工作应当突出保护单位内人员的人身安全，单位不得以经济效益、财产安全或者其他任何借口忽视人身安全。

第三条　国务院公安部门指导、监督全国的单位内部治安保卫工作，对行业、系统有监管职责的国务院有关部门指导、检查本行业、本系统的单位内部治安保卫工作；县级以上地方各级人民政府公安机关指导、监督本行政区域内的单位内部治安保卫工作，对行业、系统有监管职责的县级以上地方各级人民政府有关部门指导、检查本行政区域内的本行业、本系统的单位内部治安保卫工作，及时解决单位内部治安保卫工作中的突出问题。

第四条　县级以上地方各级人民政府应当加强对本行政区域内的单位内部治安保卫工作的领导，督促公安机关和有关部门依法履行职责，并及时协调解决单位内部治安保卫工作中的重大问题。

第五条　单位的主要负责人对本单位的内部治安保卫工作负责。

第六条　单位应当根据内部治安保卫工作需要，设置治安保卫机构或者配备专职、兼职治安保卫人员。

治安保卫重点单位应当设置与治安保卫任务相适应的治安保卫机构，配备专职治安保卫人员，并将治安保卫机构的设置和人员的配备情况报主管公安机关备案。

第七条 单位内部治安保卫工作的要求是：

（一）有适应单位具体情况的内部治安保卫制度、措施和必要的治安防范设施；

（二）单位范围内的治安保卫情况有人检查，重要部位得到重点保护，治安隐患及时得到排查；

（三）单位范围内的治安隐患和问题及时得到处理，发生治安案件、涉嫌刑事犯罪的案件及时得到处置。

第八条 单位制定的内部治安保卫制度应当包括下列内容：

（一）门卫、值班、巡查制度；

（二）工作、生产、经营、教学、科研等场所的安全管理制度；

（三）现金、票据、印鉴、有价证券等重要物品使用、保管、储存、运输的安全管理制度；

（四）单位内部的消防、交通安全管理制度；

（五）治安防范教育培训制度；

（六）单位内部发生治安案件、涉嫌刑事犯罪案件的报告制度；

（七）治安保卫工作检查、考核及奖惩制度；

（八）存放有爆炸性、易燃性、放射性、毒害性、传染性、腐蚀性等危险物品和传染性菌种、毒种以及武器弹药的单位，还应当有相应的安全管理制度；

（九）其他有关的治安保卫制度。

单位制定的内部治安保卫制度不得与法律、法规、规章的规定相抵触。

第九条 单位内部治安保卫人员应当接受有关法律知识和治安保卫业务、技能以及相关专业知识的培训、考核。

第十条 单位内部治安保卫人员应当依法、文明履行职责，不得侵犯他人合法权益。治安保卫人员依法履行职责的行为受法律保护。

第十一条 单位内部治安保卫机构、治安保卫人员应当履行下列职责：

（一）开展治安防范宣传教育，并落实本单位的内部治安保卫制度和治安防范措施；

（二）根据需要，检查进入本单位人员的证件，登记出入的物品和车辆；

（三）在单位范围内进行治安防范巡逻和检查，建立巡逻、检查和治安隐患整改记录；

（四）维护单位内部的治安秩序，制止发生在本单位的违法行为，对难以制止的违法行为以及发生的治安案件、涉嫌刑事犯罪案件应当立即报警，并采取措施保护现场，配合公安机关的侦查、处置工作；

（五）督促落实单位内部治安防范设施的建设和维护。

第十二条 在单位管理范围内的人员，应当遵守单位的内部治安保卫制度。

第十三条 关系全国或者所在地区国计民生、国家安全和公共安全的单位是治安保卫重点单位。治安保卫重点单位由县级以上地方各级人民政府公安机关按照下列范围提出，报本级人民政府确定：

（一）广播电台、电视台、通讯社等重要新闻单位；

（二）机场、港口、大型车站等重要交通枢纽；

（三）国防科技工业重要产品的研制、生产单位；

（四）电信、邮政、金融单位；

（五）大型能源动力设施、水利设施和城市水、电、燃气、热力供应设施；

（六）大型物资储备单位和大型商贸中心；

（七）教育、科研、医疗单位和大型文化、体育场所；

（八）博物馆、档案馆和重点文物保护单位；

（九）研制、生产、销售、储存危险物品或者实验、保藏传染性菌种、毒种的单位；

（十）国家重点建设工程单位；

（十一）其他需要列为治安保卫重点的单位。

治安保卫重点单位应当遵守本条例对单位治安保卫工作的一般规定和对治安保卫重点单位的特别规定。

第十四条 治安保卫重点单位应当确定本单位的治安保卫重要部位，按照有关国家标准对重要部位设置必要的技术防范设施，并实施重点保护。

第十五条 治安保卫重点单位应当在公安机关指导下制定单位内部治安突发事件处置预案，并定期演练。

第十六条 公安机关对本行政区域内的单位内部治安保卫工作履行下列职责：

（一）指导单位制定、完善内部治安保卫制度，落实治安防范措施，指导治安保卫人员队伍建设和治安保卫重点单位的治安保卫机构建设；

（二）检查、指导单位的内部治安保卫工作，发现单位有违反本条例规定的行为或者治安隐患，及时下达整改通知书，责令限期整改；

（三）接到单位内部发生治安案件、涉嫌刑事犯罪案件的报警，及时出警，依法处置。

第十七条 对认真落实治安防范措施，严格执行治安保卫工作制度，在单位内部治安保卫工作中取得显著成绩的单位和个人，有关人民政府、公安机关和有关部门应当给予表彰、奖励。

第十八条 单位治安保卫人员因履行治安保卫职责伤残或者死亡的，依照国家有关工伤保险、评定伤残、批准烈士的规定给予相应的待遇。

第十九条 单位违反本条例的规定，存在治安隐患的，公安机关应当责令限期整改，并处警告；单位逾期不整改，造成公民人身伤害、公私财产损失，或者严重威胁公民人身安全、公私财产安全或者公共安全的，对单位处1万元以上10万元以下的罚款，对单位主要负责人和其他直接责任人员处500元以上5000元以下的罚款，并可以建议有关组织对单位主要负责人和其他直接责任人员依法给予处分；情节严重，构成犯罪的，依法追究刑事责任。

第二十条 单位治安保卫人员在履行职责时侵害他人合法权益的，应当赔礼道歉，给他人造成损害的，单位应当承担赔偿责任。单位赔偿后，有权责令因故意或者重大过失造成侵权的治安保卫人员承担部分或者全部赔偿的费用；对故意或者重大过失造成侵权的治安保卫人员，单位应当依法给予处分。治安保卫人员侵害他人合法权益的行为属于受单位负责人指使、胁迫的，对单位负责人依法给予处分，并由其承担赔偿责任；情节严重，构成犯罪的，依法追究刑事责任。

第二十一条 公安机关接到单位报警后不依法履行职责，致使公民人身、财产和公共财产遭受损失，或者有其他玩忽职守、滥用职权行为的，对直接负责的主管人员和其他直接责任人员依法给予行政处分；情节严重，构成犯罪的，依法追究刑事责任。

对行业、系统有监管职责的人民政府有关部门在指导、检查本行业、本系统的单位内部治安保卫工作过程中有玩忽职守、滥用职权行为的，参照前款规定处罚。

第二十二条 机关、团体的内部治安保卫工作参照本条例的有关规定执行。

高等学校治安保卫工作的具体规定由国务院另行制定。

第二十三条 本条例自2004年12月1日起施行。

保安服务管理条例

· 2009年10月13日中华人民共和国国务院令第564号公布
· 根据2020年11月29日《国务院关于修改和废止部分行政法规的决定》第一次修订
· 根据2022年3月29日《国务院关于修改和废止部分行政法规的决定》第二次修订

第一章　总　则

第一条 为了规范保安服务活动，加强对从事保安服务的单位和保安员的管理，保护人身安全和财产安全，维护社会治安，制定本条例。

第二条 本条例所称保安服务是指：

（一）保安服务公司根据保安服务合同，派出保安员为客户单位提供的门卫、巡逻、守护、押运、随身护卫、安全检查以及安全技术防范、安全风险评估等服务；

（二）机关、团体、企业、事业单位招用人员从事的本单位门卫、巡逻、守护等安全防范工作；

（三）物业服务企业招用人员在物业管理区域内开展的门卫、巡逻、秩序维护等服务。

前款第（二）项、第（三）项中的机关、团体、企业、事业单位和物业服务企业，统称自行招用保安员的单位。

第三条 国务院公安部门负责全国保安服务活动的监督管理工作。县级以上地方人民政府公安机关负责本行政区域内保安服务活动的监督管理工作。

保安服务行业协会在公安机关的指导下，依法开展保安服务行业自律活动。

第四条 保安服务公司和自行招用保安员的单位（以下统称保安从业单位）应当建立健全保安服务管理制度、岗位责任制度和保安员管理制度，加强对保安员的管理、教育和培训，提高保安员的职业道德水平、业务素质和责任意识。

第五条 保安从业单位应当依法保障保安员在社会保险、劳动用工、劳动保护、工资福利、教育培训等方面的合法权益。

第六条 保安服务活动应当文明、合法，不得损害社会公共利益或者侵犯他人合法权益。

保安员依法从事保安服务活动，受法律保护。

第七条 对在保护公共财产和人民群众生命财产安全、预防和制止违法犯罪活动中有突出贡献的保安从业单位和保安员，公安机关和其他有关部门应当给予表彰、奖励。

第二章 保安服务公司

第八条 保安服务公司应当具备下列条件：

（一）有不低于人民币100万元的注册资本；

（二）拟任的保安服务公司法定代表人和主要管理人员应当具备任职所需的专业知识和有关业务工作经验，无被刑事处罚、劳动教养、收容教育、强制隔离戒毒或者被开除公职、开除军籍等不良记录；

（三）有与所提供的保安服务相适应的专业技术人员，其中法律、行政法规有资格要求的专业技术人员，应当取得相应的资格；

（四）有住所和提供保安服务所需的设施、装备；

（五）有健全的组织机构和保安服务管理制度、岗位责任制度、保安员管理制度。

第九条 申请设立保安服务公司，应当向所在地设区的市级人民政府公安机关提交申请书以及能够证明其符合本条例第八条规定条件的材料。

受理的公安机关应当自收到申请材料之日起15日内进行审核，并将审核意见报所在地的省、自治区、直辖市人民政府公安机关。省、自治区、直辖市人民政府公安机关应当自收到审核意见之日起15日内作出决定，对符合条件的，核发保安服务许可证；对不符合条件的，书面通知申请人并说明理由。

第十条 从事武装守护押运服务的保安服务公司，应当符合国务院公安部门对武装守护押运服务的规划、布局要求，具备本条例第八条规定的条件，并符合下列条件：

（一）有不低于人民币1000万元的注册资本；

（二）国有独资或者国有资本占注册资本总额的51%以上；

（三）有符合《专职守护押运人员枪支使用管理条例》规定条件的守护押运人员；

（四）有符合国家标准或者行业标准的专用运输车辆以及通信、报警设备。

第十一条 申请设立从事武装守护押运服务的保安服务公司，应当向所在地设区的市级人民政府公安机关提交申请书以及能够证明其符合本条例第八条、第十条规定条件的材料。保安服务公司申请增设武装守护押运业务的，无需再次提交证明其符合本条例第八条规定条件的材料。

受理的公安机关应当自收到申请材料之日起15日内进行审核，并将审核意见报所在地的省、自治区、直辖市人民政府公安机关。省、自治区、直辖市人民政府公安机关应当自收到审核意见之日起15日内作出决定，对符合条件的，核发从事武装守护押运业务的保安服务许可证或者在已有的保安服务许可证上增注武装守护押运服务；对不符合条件的，书面通知申请人并说明理由。

第十二条 取得保安服务许可证的申请人，凭保安服务许可证到工商行政管理机关办理工商登记。取得保安服务许可证后超过6个月未办理工商登记的，取得的保安服务许可证失效。

保安服务公司设立分公司的，应当向分公司所在地设区的市级人民政府公安机关备案。备案应当提供总公司的保安服务许可证和工商营业执照，总公司法定代表人、分公司负责人和保安员的基本情况。

保安服务公司的法定代表人变更的，应当经原审批公安机关审核，持审核文件到工商行政管理机关办理变更登记。

第三章 自行招用保安员的单位

第十三条 自行招用保安员的单位应当具有法人资格，有符合本条例规定条件的保安员，有健全的保安服务管理制度、岗位责任制度和保安员管理制度。

娱乐场所应当依照《娱乐场所管理条例》的规定，从保安服务公司聘用保安员，不得自行招用保安员。

第十四条 自行招用保安员的单位，应当自开始保安服务之日起30日内向所在地设区的市级

人民政府公安机关备案,备案应当提供下列材料:

(一)法人资格证明;

(二)法定代表人(主要负责人)、分管负责人和保安员的基本情况;

(三)保安服务区域的基本情况;

(四)建立保安服务管理制度、岗位责任制度、保安员管理制度的情况。

自行招用保安员的单位不再招用保安员进行保安服务的,应当自停止保安服务之日起30日内到备案的公安机关撤销备案。

第十五条 自行招用保安员的单位不得在本单位以外或者物业管理区域以外提供保安服务。

第四章 保安员

第十六条 年满18周岁,身体健康,品行良好,具有初中以上学历的中国公民可以申领保安员证,从事保安服务工作。申请人经设区的市级人民政府公安机关考试、审查合格并留存指纹等人体生物信息的,发给保安员证。

提取、留存保安员指纹等人体生物信息的具体办法,由国务院公安部门规定。

第十七条 有下列情形之一的,不得担任保安员:

(一)曾被收容教育、强制隔离戒毒、劳动教养或者3次以上行政拘留的;

(二)曾因故意犯罪被刑事处罚的;

(三)被吊销保安员证未满3年的;

(四)曾两次被吊销保安员证的。

第十八条 保安从业单位应当招用符合保安员条件的人员担任保安员,并与被招用的保安员依法签订劳动合同。保安从业单位及其保安员应当依法参加社会保险。

保安从业单位应当根据保安服务岗位需要定期对保安员进行法律、保安专业知识和技能培训。

第十九条 保安从业单位应当定期对保安员进行考核,发现保安员不合格或者严重违反管理制度,需要解除劳动合同的,应当依法办理。

第二十条 保安从业单位应当根据保安服务岗位的风险程度为保安员投保意外伤害保险。

保安员因工伤亡的,依照国家有关工伤保险的规定享受工伤保险待遇;保安员牺牲被批准为烈士的,依照国家有关烈士褒扬的规定享受抚恤优待。

第五章 保安服务

第二十一条 保安服务公司提供保安服务应当与客户单位签订保安服务合同,明确规定服务的项目、内容以及双方的权利义务。保安服务合同终止后,保安服务公司应当将保安服务合同至少留存2年备查。

保安服务公司应当对客户单位要求提供的保安服务的合法性进行核查,对违法的保安服务要求应当拒绝,并向公安机关报告。

第二十二条 设区的市级以上地方人民政府确定的关系国家安全、涉及国家秘密等治安保卫重点单位不得聘请外商投资的保安服务公司提供保安服务。

第二十三条 保安服务公司派出保安员跨省、自治区、直辖市为客户单位提供保安服务的,应当向服务所在地设区的市级人民政府公安机关备案。备案应当提供保安服务公司的保安服务许可证和工商营业执照、保安服务合同、服务项目负责人和保安员的基本情况。

第二十四条 保安服务公司应当按照保安服务业服务标准提供规范的保安服务,保安服务公司派出的保安员应当遵守客户单位的有关规章制度。客户单位应当为保安员从事保安服务提供必要的条件和保障。

第二十五条 保安服务中使用的技术防范产品,应当符合有关的产品质量要求。保安服务中安装监控设备应当遵守国家有关技术规范,使用监控设备不得侵犯他人合法权益或者个人隐私。

保安服务中形成的监控影像资料、报警记录,应当至少留存30日备查,保安从业单位和客户单位不得删改或者扩散。

第二十六条 保安从业单位对保安服务中获知的国家秘密、商业秘密以及客户单位明确要求保密的信息,应当予以保密。

保安从业单位不得指使、纵容保安员阻碍依法执行公务、参与追索债务、采用暴力或者以暴力相威胁的手段处置纠纷。

第二十七条 保安员上岗应当着保安员服装,佩带全国统一的保安服务标志。保安员服装和保安服务标志应当与人民解放军、人民武装警察和人民警察、工商税务等行政执法机关以及人民法院、人民检察院工作人员的制式服装、标志服饰有明显区别。

保安员服装由全国保安服务行业协会推荐式样，由保安服务从业单位在推荐式样范围内选用。保安服务标志式样由全国保安服务行业协会确定。

第二十八条 保安从业单位应当根据保安服务岗位的需要为保安员配备所需的装备。保安服务岗位装备配备标准由国务院公安部门规定。

第二十九条 在保安服务中，为履行保安服务职责，保安员可以采取下列措施：

（一）查验出入服务区域的人员的证件，登记出入的车辆和物品；

（二）在服务区域内进行巡逻、守护、安全检查、报警监控；

（三）在机场、车站、码头等公共场所对人员及其所携带的物品进行安全检查，维护公共秩序；

（四）执行武装守护押运任务，可以根据任务需要设立临时隔离区，但应当尽可能减少对公民正常活动的妨碍。

保安员应当及时制止发生在服务区域内的违法犯罪行为，对制止无效的违法犯罪行为应当立即报警，同时采取措施保护现场。

从事武装守护押运服务的保安员执行武装守护押运任务使用枪支，依照《专职守护押运人员枪支使用管理条例》的规定执行。

第三十条 保安员不得有下列行为：

（一）限制他人人身自由、搜查他人身体或者侮辱、殴打他人；

（二）扣押、没收他人证件、财物；

（三）阻碍依法执行公务；

（四）参与追索债务、采用暴力或者以暴力相威胁的手段处置纠纷；

（五）删改或者扩散保安服务中形成的监控影像资料、报警记录；

（六）侵犯个人隐私或者泄露在保安服务中获知的国家秘密、商业秘密以及客户单位明确要求保密的信息；

（七）违反法律、行政法规的其他行为。

第三十一条 保安员有权拒绝执行保安从业单位或者客户单位的违法指令。保安从业单位不得因保安员不执行违法指令而解除与保安员的劳动合同，降低其劳动报酬和其他待遇，或者停缴、少缴依法应当为其缴纳的社会保险费。

第六章 保安培训单位

第三十二条 保安培训单位应当具备下列条件：

（一）是依法设立的具有法人资格的学校、职业培训机构；

（二）有保安培训所需的专兼职师资力量；

（三）有保安培训所需的场所、设施等教学条件。

第三十三条 从事保安培训的单位，应当自开展保安培训之日起30日内向所在地设区的市级人民政府公安机关备案，提交能够证明其符合本条例第三十二条规定条件的材料。

保安培训单位出资人、法定代表人（主要负责人）、住所、名称发生变化的，应当到原备案公安机关办理变更。

保安培训单位终止培训的，应当自终止培训之日起30日内到原备案公安机关撤销备案。

第三十四条 从事武装守护押运服务的保安员的枪支使用培训，应当由人民警察院校、人民警察培训机构负责。承担培训工作的人民警察院校、人民警察培训机构应当向所在地的省、自治区、直辖市人民政府公安机关备案。

第三十五条 保安培训单位应当按照保安员培训教学大纲制订教学计划，对接受培训的人员进行法律、保安专业知识和技能培训以及职业道德教育。

保安员培训教学大纲由国务院公安部门审定。

第七章 监督管理

第三十六条 公安机关应当指导保安从业单位建立健全保安服务管理制度、岗位责任制度、保安员管理制度和紧急情况应急预案，督促保安从业单位落实相关管理制度。

保安从业单位、保安培训单位和保安员应当接受公安机关的监督检查。

第三十七条 公安机关建立保安服务监督管理信息系统，记录保安从业单位、保安培训单位和保安员的相关信息。

公安机关应当对提取、留存的保安员指纹等人体生物信息予以保密。

第三十八条 公安机关的人民警察对保安从业单位、保安培训单位实施监督检查应当出示证件，对监督检查中发现的问题，应当督促其整改。监督检查的情况和处理结果应当如实记录，并由公安机关的监督检查人员和保安从业单位、保安培训单位的有关负责人签字。

第三十九条 县级以上人民政府公安机关应当公布投诉方式，受理社会公众对保安从业单位、保安培训单位和保安员的投诉。接到投诉的公安机关应当及时调查处理，并反馈查处结果。

第四十条 国家机关及其工作人员不得设立保安服务公司，不得参与或者变相参与保安服务公司的经营活动。

第八章 法律责任

第四十一条 任何组织或者个人未经许可，擅自从事保安服务的，依法给予治安管理处罚，并没收违法所得；构成犯罪的，依法追究刑事责任。

第四十二条 保安从业单位有下列情形之一的，责令限期改正，给予警告；情节严重的，并处1万元以上5万元以下的罚款；有违法所得的，没收违法所得：

（一）保安服务公司法定代表人变更未经公安机关审核的；

（二）未按照本条例的规定进行备案或者撤销备案的；

（三）自行招用保安员的单位在本单位以外或者物业管理区域以外开展保安服务的；

（四）招用不符合本条例规定条件的人员担任保安员的；

（五）保安服务公司未对客户单位要求提供的保安服务的合法性进行核查的，或者未将违法的保安服务要求向公安机关报告的；

（六）保安服务公司未按照本条例的规定签订、留存保安服务合同的；

（七）未按照本条例的规定留存保安服务中形成的监控影像资料、报警记录的。

客户单位未按照本条例的规定留存保安服务中形成的监控影像资料、报警记录的，依照前款规定处罚。

第四十三条 保安从业单位有下列情形之一的，责令限期改正，处2万元以上10万元以下的罚款；违反治安管理的，依法给予治安管理处罚；构成犯罪的，依法追究直接负责的主管人员和其他直接责任人员的刑事责任：

（一）泄露在保安服务中获知的国家秘密、商业秘密以及客户单位明确要求保密的信息的；

（二）使用监控设备侵犯他人合法权益或者个人隐私的；

（三）删改或者扩散保安服务中形成的监控影像资料、报警记录的；

（四）指使、纵容保安员阻碍依法执行公务、参与追索债务、采用暴力或者以暴力相威胁的手段处置纠纷的；

（五）对保安员疏于管理、教育和培训，发生保安员违法犯罪案件，造成严重后果的。

客户单位删改或者扩散保安服务中形成的监控影像资料、报警记录的，依照前款规定处罚。

第四十四条 保安从业单位因保安员不执行违法指令而解除与保安员的劳动合同，降低其劳动报酬和其他待遇，或者停缴、少缴依法应当为其缴纳的社会保险费的，对保安从业单位的处罚和对保安员的赔偿依照有关劳动合同和社会保险的法律、行政法规的规定执行。

第四十五条 保安员有下列行为之一的，由公安机关予以训诫；情节严重的，吊销其保安员证；违反治安管理的，依法给予治安管理处罚；构成犯罪的，依法追究刑事责任：

（一）限制他人人身自由、搜查他人身体或者侮辱、殴打他人的；

（二）扣押、没收他人证件、财物的；

（三）阻碍依法执行公务的；

（四）参与追索债务、采用暴力或者以暴力相威胁的手段处置纠纷的；

（五）删改或者扩散保安服务中形成的监控影像资料、报警记录的；

（六）侵犯个人隐私或者泄露在保安服务中获知的国家秘密、商业秘密以及客户单位明确要求保密的信息的；

（七）有违反法律、行政法规的其他行为的。

从事武装守护押运的保安员违反规定使用枪支的，依照《专职守护押运人员枪支使用管理条例》的规定处罚。

第四十六条 保安员在保安服务中造成他人人身伤亡、财产损失的，由保安从业单位赔付；保安员有故意或者重大过失的，保安从业单位可以依法向保安员追偿。

第四十七条 从事保安培训的单位有下列情

形之一的，责令限期改正，给予警告；情节严重的，并处1万元以上5万元以下的罚款：

（一）未按照本条例的规定进行备案或者办理变更的；

（二）不符合本条例规定条件的；

（三）隐瞒有关情况、提供虚假材料或者拒绝提供反映其活动情况的真实材料的；

（四）未按照本条例规定开展保安培训的。

以保安培训为名进行诈骗活动的，依法给予治安管理处罚；构成犯罪的，依法追究刑事责任。

第四十八条 国家机关及其工作人员设立保安服务公司，参与或者变相参与保安服务公司经营活动的，对直接负责的主管人员和其他直接责任人员依法给予处分。

第四十九条 公安机关的人民警察在保安服务活动监督管理工作中滥用职权、玩忽职守、徇私舞弊的，依法给予处分；构成犯罪的，依法追究刑事责任。

第九章 附 则

第五十条 保安服务许可证、保安员证的式样由国务院公安部门规定。

第五十一条 本条例施行前已经设立的保安服务公司，应当自本条例施行之日起6个月内重新申请保安服务许可证。本条例施行前自行招用保安员的单位，应当自本条例施行之日起3个月内向公安机关备案。

本条例施行前已经从事保安服务的保安员，自本条例施行之日起1年内由保安员所在单位组织培训，经设区的市级人民政府公安机关考试、审查合格并留存指纹等人体生物信息的，发给保安员证。

第五十二条 本条例自2010年1月1日起施行。

学生伤害事故处理办法

- 2002年6月25日教育部令第12号发布
- 根据2010年12月13日《教育部关于修改和废止部分规章的决定》修订

第一章 总 则

第一条 【立法宗旨】为积极预防、妥善处理在校学生伤害事故，保护学生、学校的合法权益，根据《中华人民共和国教育法》、《中华人民共和国未成年人保护法》和其他相关法律、行政法规及有关规定，制定本办法。

第二条 【适用范围】在学校实施的教育教学活动或者学校组织的校外活动中，以及在学校负有管理责任的校舍、场地、其他教育教学设施、生活设施内发生的，造成在校学生人身损害后果的事故的处理，适用本办法。

实务问答 **放假期间，学生私自到学校玩耍受到伤害，是不是学生伤害事故？**

根据本办法第13条第3项的规定，“在放学后、节假日或者假期等学校工作时间以外，学生自行滞留学校或者自行到校发生的”学生伤害事故，学校行为并无不当的，学校不承担事故责任。因此，事故虽然发生在学校的范围内，但从时间上讲，节假日等不属于学校的工作管理时间，节假日期间，学校不负对学生进行管理的职责，即该事件不是在学校实施的教育教学活动或者学校组织的校外活动中发生的，因此不属于这里所说的学生伤害事故。

链接《学校卫生工作条例》第3条；《小学管理规程》第2条

第三条 【事故处理原则】学生伤害事故应当遵循依法、客观公正、合理适当的原则，及时、妥善地处理。

第四条 【学校举办者和教育部门的安全管理职责】学校的举办者应当提供符合安全标准的校舍、场地、其他教育教学设施和生活设施。

教育行政部门应当加强学校安全工作，指导学校落实预防学生伤害事故的措施，指导、协助学校妥善处理学生伤害事故，维护学校正常的教育教学秩序。

实务问答 **1. 学校的举办者对学校安全工作负有哪些职责？**

举办学校的地方人民政府、企业事业组织、社会团体和公民个人，应当对学校安全工作履行下列职责：（一）保证学校符合基本办学标准，保证学校围墙、校舍、场地、教学设施、教学用具、生活设施和饮用水源等办学条件符合国家安全质量标准；（二）配置紧急照明装置和消防设施与器材，保证学校教学楼、图书馆、实验室、师生宿舍等场所的照明、消防条件符合国家安全规定；（三）定期对校舍安全进行检查，对需要维修的，及时予以维修；对确认的危房，及时予以改造。举办学校的地方人民政府应当依法维护学校周边秩序，保障师生和学校的合法权益，为学校提供安全保障。有条件的，学校举办者应当为学校购买责任保险。

2. 教育行政部门的安全管理职责有哪些？

教育行政部门作为专门的教育管理部门，应当组织对学校安全工作的专项督导，全面掌握学校安全工作状况，制定学校安全工作考核目标，加强对学校安全工作的检查指导，督促学校建立健全并落实安全管理制度；建立安全工作责任制和事故责任追究制，及时消除安全隐患，指导学校妥善处理学生伤害事故，并协调政府其他相关职能部门共同做好学校安全管理工作，协助当地人民政府组织对学校安全事故的救援和调查处理等。此外，公安、卫生、交通、建设等部门也应当定期向教育行政部门和学校通报与学校安全管理相关的社会治安、疾病防治、交通等情况，提出具体预防要求，以便更好地保护学生安全，消除安全隐患。

链接《未成年人保护法》第35条；《中小学幼儿园安全管理办法》第7、14-27条；《幼儿园管理条例》第7-8条；《幼儿园工作规程》第34-37条；《义务教育法》第19-20条；《小学管理规程》第45-47条；《国务院办公厅关于进一步加强学校及周边建筑安全管理的通知》；《教育部关于加强高等学校学生公寓安全管理的若干意见》；《教育部关于切实落实中小学安全工作的通知》一

第五条 【安全措施的建立与完善】学校应当对在校学生进行必要的安全教育和自护自救教育；应当按照规定，建立健全安全制度，采取相应的管理措施，预防和消除教育教学环境中存在的安全隐患；当发生伤害事故时，应当及时采取措施救助受伤害学生。

学校对学生进行安全教育、管理和保护，应当针对学生年龄、认知能力和法律行为能力的不同，采用相应的内容和预防措施。

实务问答学校在安全教育、教学活动中的义务有哪些？

第一，应对学生进行安全教育和自护自救教育。安全教育的方式可以多种多样，如在交通安全方面，组织交警为学生上交通安全教育课、组织学生观看交通安全教育图片展览、发放交通安全方面的知识读本、组织"安全主题班（队）会"等。自护自救教育，是指让学生了解自护自救的基本常识，教会学生掌握自救自护的一些方法，提高自我防范能力。

第二，负有建立健全安全制度，对学生进行管理和保护的职责，以预防与消除各种安全隐患。学校为保证正常教学秩序，保护学生健康成长，杜绝或尽量减少安全事故的发生，应按照学生不同年龄的生理、心理以及教育特点，建立健全各项管理和保护学生的规章制度。

第三，当发生伤害事故时，学校应当及时采取措施救助受伤害学生。

链接《中小学幼儿园安全管理办法》第4、38-46条；《未成年人保护法》第35、37条；《幼儿园管理条例》第18-21条；《小学管理规程》第53条；《中小学公共安全教育指导纲要》；《教育部关于切实落实中小学安全工作的通知》二、三

第六条 【学生自我保护义务】学生应当遵守学校的规章制度和纪律；在不同的受教育阶段，应当根据自身的年龄、认知能力和法律行为能力，避免和消除相应的危险。

第七条 【监护人责任】未成年学生的父母或者其他监护人（以下称为监护人）应当依法履行监护职责，配合学校对学生进行安全教育、管理和保护工作。

学校对未成年学生不承担监护职责，但法律有规定的或者学校依法接受委托承担相应监护职责的情形除外。

链接《民法典》第27条；《未成年人保护法》第15-24条；《教育法》第50条

第二章 事故与责任

第八条 【归责原则】发生学生伤害事故，造成学生人身损害的，学校应当按照《中华人民共和国侵权责任法》及相关法律、法规的规定，承担相应的事故责任。

实务问答学校等教育机构违反的安全注意义务主要有哪些类型？

在校园事故中，学校等教育机构违反安全注意义务的情形包括但不限于下列类型：

1. 提供安全教育环境的义务

（1）学校的校舍、场地、其他公共设施，以及学校提供给学生使用的学具、教育教学和生活设施、设备不符合国家规定的标准，或者有明显不安全

因素的；

（2）学校的安全保卫、消防、设施设备管理等安全管理制度有明显疏漏，或者管理混乱，存在重大安全隐患，而未及时采取措施的；

（3）学校向学生提供的药品、食品、饮用水等不符合国家或者行业的有关标准、要求的。

2. 提供适合教育人员的义务

（1）学校教师或者其他工作人员体罚学生，或者在履行职责过程中违反工作要求、操作规程、职业道德或者其他有关规定的；

（2）学校知道教师或者其他工作人员患有不适宜担任教育教学工作的疾病，但未采取必要措施的。

3. 组织、管理学生活动的义务

（1）学校教师或者其他工作人员在负有组织、管理未成年学生的职责期间，发现学生行为具有危险性，但未进行必要的管理、告诫或者制止的；

（2）学校组织学生参加教育教学活动或者校外活动，未对学生进行相应的安全教育，未采取必要的安全措施的；

（3）学校违反有关规定，组织或者安排未成年学生从事不宜未成年人参加的劳动、体育运动或者其他活动的。

4. 预防、救助学生健康的义务

（1）学生有特异体质或者特定疾病，不宜参加某种教育教学活动，学校知道或者应当知道，但未予以必要的注意的；

（2）学生在校期间突发疾病或者受到伤害，学校发现，但未根据实际情况及时采取相应措施的。

链接《民法典》第1199－1201条；《最高人民法院关于审理人身损害赔偿案件适用法律若干问题的解释》；《最高人民法院关于确定民事侵权精神损害赔偿责任若干问题的解释》

第九条 【学校承担事故责任的具体情形】因下列情形之一造成的学生伤害事故，学校应当依法承担相应的责任：

（一）学校的校舍、场地、其他公共设施，以及学校提供给学生使用的学具、教育教学和生活设施、设备不符合国家规定的标准，或者有明显不安全因素的；

（二）学校的安全保卫、消防、设施设备管理等安全管理制度有明显疏漏，或者管理混乱，存在重大安全隐患，而未及时采取措施的；

（三）学校向学生提供的药品、食品、饮用水等不符合国家或者行业的有关标准、要求的；

（四）学校组织学生参加教育教学活动或者校外活动，未对学生进行相应的安全教育，并未在可预见的范围内采取必要的安全措施的；

（五）学校知道教师或者其他工作人员患有不适宜担任教育教学工作的疾病，但未采取必要措施的；

（六）学校违反有关规定，组织或者安排未成年学生从事不宜未成年人参加的劳动、体育运动或者其他活动的；

（七）学生有特异体质或者特定疾病，不宜参加某种教育教学活动，学校知道或者应当知道，但未予以必要的注意的；

（八）学生在校期间突发疾病或者受到伤害，学校发现，但未根据实际情况及时采取相应措施，导致不良后果加重的；

（九）学校教师或者其他工作人员体罚或者变相体罚学生，或者在履行职责过程中违反工作要求、操作规程、职业道德或者其他有关规定的；

（十）学校教师或者其他工作人员在负有组织、管理未成年学生的职责期间，发现学生行为具有危险性，但未进行必要的管理、告诫或者制止的；

（十一）对未成年学生擅自离校等与学生人身安全直接相关的信息，学校发现或者知道，但未及时告知未成年学生的监护人，导致未成年学生因脱离监护人的保护而发生伤害的；

（十二）学校有未依法履行职责的其他情形的。

实务问答 **1. 体育课、实验课上发生的人身损害应如何处理？**

由于体育活动和实验课本身存在较大的发生事故的风险，因此，学校教师在上体育课和实验课时需要负比平时更高的注意义务和照管责任。

体育课上发生的人身损害，大致包括以下几种情况：第一，如系器材放置不当，存在危险因素，竞赛选手搭配不当，诱导学生从事其身心没有准备的活动，或在险象环生的场合布置各种不同的体育活动，导致学生人身损害，则应由学校承担损害赔偿责任。第二，如系体育运动本身具有的风险，学校并无过错，则学校不承担责任。如学校组织篮球比赛，在依规则进行比赛时，因球员互撞造成的损害学校不应承担责任。第三，如果学生未按教师指导操作，造成人身伤害，则根据加害人、受害人双方责任的大小，由其本人或监护人承担相应的责任；学校如有管理过失，则与致害人、受害人形成混合过错，应根据各自过错程度承担相应的责任。

实验课上发生的人身损害。学生在进行危险的化学实验以及在给学生进行安全指导的过程中，实验教师需要负高度的照管职责。如果损害是由于实验设施的瑕疵或教师管理、教导不当导致的，学校应负赔偿责任；如果损害是由突发事件、未被同意且教师无法预见的行为引起的，一般应认定学校无过失，不承担责任。

2. 在学生已声明自己有支气管哮喘病史的情况下，学校强行给学生注射“乙脑疫苗”针而致学生死亡，学校应承担什么责任？

校方明知学生有特殊体质而强行注射疫苗导致学生死亡的，学校应当承担民事责任。学校应当提供安全的教育环境，教育和监督教师及其他工作人员正当地履行职责，保护学生在校期间的人身安全和生命健康权。学校明知学生有支气管哮喘病史，仍强行为其注射“乙脑疫苗”，属明显的过失，因此构成学校责任事故，学校应承担法律责任。学校责任事故是指学校由于疏忽或过失，未尽到相应的教育管理职责而造成学生伤害的事故，学校承担过错责任。它包括学校提供的教育教学设施、设备不符合国家安全标准或有明显的不安全因素；学校的管理制度存在明显疏漏或者管理混乱，存在重大安全隐患；学校教职工在履行教育教学职责中违反有关要求及操作规程；学校组织课外活动时未进行安全教育或未采取必要的防范措施；学校统一提供的食品、饮用水不符合安全及卫生标准；学校知道及应该知道学生的特异体质、疾病，而在教学活动中没有给予应有的注意；学校违反规定安排未成年学生从事不适宜未成年人参加的活动。

《民法典》第1179条规定，侵害他人造成人身损害的，应当赔偿医疗费、护理费、交通费、营养费、住院伙食补助费等为治疗和康复支出的合理费用，以及因误工减少的收入。造成残疾的，还应当赔偿辅助器具费和残疾赔偿金；造成死亡的，还应当赔偿丧葬费和死亡赔偿金。对于赔偿数额，应依据《最高人民法院关于审理人身损害赔偿案件适用法律若干问题的解释》处理。

案例 李建青、宋保宁诉青海潢川中学人身损害赔偿纠纷案（《最高人民法院公报》2009年第4期）

裁判规则：根据《学生伤害事故处理办法》第9条的规定，因学校教师或者其他工作人员体罚或者变相体罚学生，或者在履行职责过程中违反工作要求、操作规程、职业道德或者其他有关规定，造成学生伤害事故的，学校应当依法承担相应的责任。

中小学生系未成年人，其心理发育并未成熟，对于外界刺激的承受能力有限，学生之间的个体差异也比较大。学校作为教育机构，在处分学生时应当充分考虑学生的心理承受能力，在处分的同时做好教育、疏导工作。从根本上讲，对学生的处分也是教育手段，而不是简单的惩罚。只有在充分考虑受处分学生的心理素质，针对其实际情况进行教育、疏导的基础上，处分手段才能真正发挥教育作用，才能避免可能发生的悲剧。如果学校在处分过程中，仅仅为了追求惩戒的时效性，没有充分考虑学生的心理承受能力，且没有按照规定及时与家长进行沟通，使得家长没有机会对学生进行有针对性的引导和教育，学校则对造成学生发生伤害事故具有过错，应当认定学校的违规行为与学生的伤害事故具有一定的因果关系，学校应当依法承担与其过错相应的赔偿责任。

链接《未成年人保护法》第27、34-37、119条；《教育法》第45、73条；《教师法》第8、37条；《刑法》第138、139条

第十条 【学生或监护人承担责任的情形】学生或者未成年学生监护人由于过错，有下列情形之一，造成学生伤害事故，应当依法承担相应的责任：

（一）学生违反法律法规的规定，违反社会公共行为准则、学校的规章制度或者纪律，实施按其年龄和认知能力应当知道具有危险或者可能危及他人的行为的；

（二）学生行为具有危险性，学校、教师已经告诫、纠正，但学生不听劝阻、拒不改正的；

（三）学生或者其监护人知道学生有特异体质，或者患有特定疾病，但未告知学校的；

（四）未成年学生的身体状况、行为、情绪等有异常情况，监护人知道或者已被学校告知，但未履行相应监护职责的；

（五）学生或者未成年学生监护人有其他过错的。

实务问答 **未成年学生在校期间违反校规、校纪导致他人受到人身伤害的如何处理?**

根据《教育法》的规定,学生在校期间应遵守法律、法规、学校的规章制度,服从学校的教育和管理;学校有义务教育学生遵守规章制度,并采取积极有效的管理措施防止违反校规校纪的情况发生。对学生因违反校规校纪而致人损害或受到伤害的,如果学校制定了合理、明确的规章制度,并以适当的方式对学生进行了教育,学校一般不应当承担损害赔偿责任;但如学校教职员工明知存在某种危险,而没有特别注意,学校则应承担相应的过错责任。例如,学生在课间休息的时候打架斗殴致人损害,学校并无过错,则学校不承担责任;但如果学校教职人员知道或应当知道学生正在打架斗殴而未加阻止,学校就应对其未能采取必要措施保护受伤学生的过错承担责任。

链接《教育法》第44条;《高等学校校园秩序管理若干规定》第3、9、12-15条;《普通高等学校学生管理规定》第51条

第十一条 【学生因参加活动致害时的责任】 学校安排学生参加活动,因提供场地、设备、交通工具、食品及其他消费与服务的经营者,或者学校以外的活动组织者的过错造成的学生伤害事故,有过错的当事人应当依法承担相应的责任。

链接《民法典》第1201条;《最高人民法院关于审理人身损害赔偿案件适用法律若干问题的解释》;《未成年人保护法》第35条

第十二条 【学校免责抗辩事由】 因下列情形之一造成的学生伤害事故,学校已履行了相应职责,行为并无不当的,无法律责任:

(一)地震、雷击、台风、洪水等不可抗的自然因素造成的;

(二)来自学校外部的突发性、偶发性侵害造成的;

(三)学生有特异体质、特定疾病或者异常心理状态,学校不知道或者难于知道的;

(四)学生自杀、自伤的;

(五)在对抗性或者具有风险性的体育竞赛活动中发生意外伤害的;

(六)其他意外因素造成的。

实务问答 **学生在校期间自杀身亡如何处理?**

判断学校对学生自杀事件是否负有责任,需要分析学生自杀的原因,看学校对学生的自杀是否有过错以及是否存在因果关系。如果学校对学生进行教育管理的行为方式适当,没有过激言语、歧视或其他侵犯学生合法权益的行为,学生因个人心理素质差等原因而自杀,尽管学生的死亡与学校的批评教育有一定的因果关系,但学校没有过错,则不应承担责任。如学生仅仅因为不满学校对自己因违反学校纪律进行的处分而自杀,学校不承担责任。反之,如果学校教师对学生在教育管理上行为不当,如讥讽、嘲笑、体罚学生,使学生身心受到伤害,导致学生自杀身亡,则不论自杀发生在学校还是在其他场所,学校对此都有一定的过错,应承担相应的民事责任。

第十三条 【校外事故处理原则】 下列情形下发生的造成学生人身损害后果的事故,学校行为并无不当的,不承担事故责任;事故责任应当按有关法律法规或者其他有关规定认定:

(一)在学生自行上学、放学、返校、离校途中发生的;

(二)在学生自行外出或者擅自离校期间发生的;

(三)在放学后、节假日或者假期等学校工作时间以外,学生自行滞留学校或者自行到校发生的;

(四)其他在学校管理职责范围外发生的。

实务问答 **学生在校外发生人身损害如何处理?**

(1)学生在上学、放学途中发生的人身伤害。由于法律并没有规定学生上学、放学途中亦属于学校的管辖范围,学校也就没有义务配备专门人员护送学生上学、放学。因此对学生在上学、放学途中发生的人身损害,学校一般不应当承担责任,但如果学校在路口设立了值勤人员,却未能对学生提供恰当、合理的照管,学校则要对其过失承担责任。

(2)因学校提前放学,导致学生在校外发生的人身伤害。因为未成年学生均为无民事行为能力人和限制民事行为能力人,需要受到人身监督与保护,因此,一般来讲,学校不应提前放学,使学生处于无人监管的状况,除非学校事先通知了学生的监护人。如果因学校提前放学导致学生在校外受到人身伤害,学校应承担相应的过错责任。

(3)学校在组织学生参加集会、文化娱乐、社会实践等集体活动中发生的人身伤害。学校对其组织、举办的校外活动负有管理职责,不管此活动是否在学校场地进行。学校在组织学生校外活动时,其照管职责的大小取决于特定的活动场所及

环境,在不同的环境中,学校应负担的照管职责的标准也不同。如因学校未履行或未适当履行照管职责导致学生受到人身损害,应根据其过错大小承担责任。

第十四条 【个人致害行为的责任承担】因学校教师或者其他工作人员与其职务无关的个人行为,或者因学生、教师及其他个人故意实施的违法犯罪行为,造成学生人身损害的,由致害人依法承担相应的责任。

实务问答 **学校及其教师对学生进行体罚造成学生伤害,受害人起诉应当以谁为被告?**

如果教师体罚学生,是出于履行工作职责导致的,根据《民法典》第1199条、第1200条的规定,无民事行为能力人在幼儿园、学校或者其他教育机构学习、生活期间受到人身损害的,幼儿园、学校或者其他教育机构应当承担侵权责任;但是,能够证明尽到教育、管理职责的,不承担侵权责任。限制民事行为能力人在学校或者其他教育机构学习、生活期间受到人身损害,学校或者其他教育机构未尽到教育、管理职责的,应当承担侵权责任。

学校承担赔偿责任,在实体法律关系上,学校应当是赔偿的义务主体,是赔偿责任的承受者。在诉讼法律关系上,学校应当是被告,受到伤害的学生向学校请求损害赔偿。学生是赔偿权利主体,如果该学生是未成年人,在诉讼中作为原告,则其监护人是法定代理人。根据本办法第27条的规定,学校承担赔偿责任后,对有故意或重大过失的教师,可以行使追偿权。

如果教师体罚学生是与教学工作无关的个人行为,由此对学生造成伤害的,该教师是被告,是赔偿责任的义务主体。学校不承担赔偿责任。受害学生不能以学校为被告要求赔偿。

链接《最高人民法院关于审理人身损害赔偿案件适用法律若干问题的解释》

第三章 事故处理程序

第十五条 【及时救助和告知义务】发生学生伤害事故,学校应当及时救助受伤害学生,并应当及时告知未成年学生的监护人;有条件的,应当采取紧急救援等方式救助。

第十六条 【事故报告义务】发生学生伤害事故,情形严重的,学校应当及时向主管教育行政部门及有关部门报告;属于重大伤亡事故的,教育行政部门应当按照有关规定及时向同级人民政府和上一级教育行政部门报告。

第十七条 【教育主管部门对事故处理的指导与协助】学校的主管教育行政部门应学校要求或者认为必要,可以指导、协助学校进行事故的处理工作,尽快恢复学校正常的教育教学秩序。

第十八条 【受害人救济途径】发生学生伤害事故,学校与受伤害学生或者学生家长可以通过协商方式解决;双方自愿,可以书面请求主管教育行政部门进行调解。

成年学生或者未成年学生的监护人也可以依法直接提起诉讼。

第十九条 【调解时限】教育行政部门收到调解申请,认为必要的,可以指定专门人员进行调解,并应当在受理申请之日起60日内完成调解。

第二十条 【调解处理方式】经教育行政部门调解,双方就事故处理达成一致意见的,应当在调解人员的见证下签订调解协议,结束调解;在调解期限内,双方不能达成一致意见,或者调解过程中一方提起诉讼,人民法院已经受理的,应当终止调解。

调解结束或者终止,教育行政部门应当书面通知当事人。

第二十一条 【诉讼】对经调解达成的协议,一方当事人不履行或者反悔的,双方可以依法提起诉讼。

实务问答 **学生伤害事故赔偿纠纷诉讼中应注意哪些问题?**

在我国,民事审判采用的是两审终审制度,即对于某一民事案件经过两级人民法院审判后,就告终结。当事人向人民法院提起的诉讼为第一审程序,第一审程序结束后,当事人不服第一审法院对民事案件作出的判决、裁定时,当事人可以上诉至第二审人民法院。二审法院的判决、裁定,为终审判决、裁定,当事人不能再进一步提起上诉。当事人在诉讼时,应注意在选择管辖法院、书写起诉状、交纳诉讼费用、财产的保全和证据保全、开庭审理、法院的调解以及上诉和执行等诉讼程序中的问题。

(1)选择管辖法院。

当事人应当向有管辖权的法院提起诉讼。根据《民事诉讼法》第29条的规定,"因侵权行为提起的诉讼,由侵权行为地或者被告住所地人民法院管辖”。就学生伤害事故而言，作为第一审民事案件，当事人一般可向被告所在地、侵权行为地的基层人民法院（县、区级）提起诉讼。根据《最高人民法院关于适用〈中华人民共和国民事诉讼法〉的解释》第 24 条的规定，《民事诉讼法》第 29 条规定的侵权行为地，包括侵权行为实施地、侵权结果发生地。一般情况下，侵权行为实施地和侵权结果发生地两者相一致，但也存在不一致的情况。在两地不一致的情况下，针对该侵权行为提起的诉讼可能存在三处管辖法院，侵权行为实施地、侵权结果发生地和被告住所地的人民法院都有管辖权。《民事诉讼法》第 36 条规定，“两个以上人民法院都有管辖权的诉讼，原告可以向其中一个人民法院起诉；原告向两个以上有管辖权的人民法院起诉的，由最先立案的人民法院管辖”。因此，学生伤害事故的当事人可以根据便利的原则向有管辖权的法院提起诉讼。

（2）准备起诉状。

《民事诉讼法》第 123 条第 1 款规定：“起诉应当向人民法院递交起诉状，并按照被告人数提出副本。”在学生伤害事故中，受伤害学生或其家长向有管辖权的人民法院提起诉讼时，需要向法院提供民事起诉状。起诉状的内容包括：①首部。包括文书名称“民事起诉状”、原告和被告的基本情况。②正文。第一，诉讼请求。要写明请求法院解决什么问题，提出明确的具体要求，有多项具体要求的，可以分项表述。第二，事实与理由。要摆事实，讲道理，引用有关法律和政策规定，为诉讼请求的合法性提供充足的依据。第三，证据及证据来源、证人姓名和住址。③尾部。写明受诉法院名称，附件除写明起诉状副本×份外，提交证据的，还要写明证据的名称和数量。最后由起诉人签名盖章，写明起诉日期。另外，起诉状最好采用打印形式；如手写，要字迹清楚，最好用钢笔书写。

（3）交纳诉讼费用。

在向法院提交民事起诉状时，当事人应当同时向法院支付诉讼费用。一审的诉讼费用由原告预交。原告自接到人民法院预交费用的通知的次日起 7 日内预交；对于预交确有困难的，可在预交期内向人民法院申请缓交。当事人在预交期内未预交又不提出缓交申请的，按自动撤诉处理。

诉讼费的收费标准依照《诉讼费用交纳办法》的规定执行。在实践中，一般是各法院的立案庭受理当事人的起诉，在立案的同时，当事人需要交纳诉讼费。诉讼收费有案件受理费、申请费、其他诉讼费用。案件受理费分为财产案件的受理费和非财产案件的受理费。财产案件的受理费，按当事人争议财产的价额，按比例征收，非财产案件的受理费，按件征收。由于学生伤害事故中，发生的是侵害学生人身而造成的损害，因此，当事人需要按照所请求的赔偿金额来计算诉讼费用。

（4）财产保全和证据保全。

《民事诉讼法》第 103 条第 1 款规定：“人民法院对于可能因当事人一方的行为或者其他原因，使判决难以执行或者造成当事人其他损害的案件，根据对方当事人的申请，可以裁定对其财产进行保全、责令其作出一定行为或者禁止其作出一定行为；当事人没有提出申请的，人民法院在必要时也可以裁定采取保全措施。”在学生伤害事故中，如果事故的责任人出于恶意转移、变卖、挥霍、隐匿、毁损处于其占有、管理的与事故案件处理有关的财产时，原告可以提请财产保全。

证据保全，是指法院在起诉前或在对证据进行调查前，依据申请人、当事人的请求，或依照职权对可能灭失或今后难以取得的证据予以调查收集和固定保存的行为。《民事诉讼法》第 84 条规定，“在证据可能灭失或者以后难以取得的情况下，当事人可以在诉讼过程中向人民法院申请保全证据，人民法院也可以主动采取保全措施。因情况紧急，在证据可能灭失或者以后难以取得的情况下，利害关系人可以在提起诉讼或者申请仲裁前向证据所在地、被申请人住所地或者对案件有管辖权的人民法院申请保全证据。证据保全的其他程序，参照适用本法第九章保全的有关规定”。

（5）开庭审理。

在学生伤害事故案件中，当事人向人民法院提起诉讼之后，就进入第一审程序。在我国的审判制度中，第一审程序分为普通程序和简易程序。其中普通程序是第一审程序的基本程序。基层人民法院和它的派出法庭审理事实清楚、权利义务关系明确、争议不大的简单的民事案件，适用简易程序。但大多数学生伤害事故案件权利义务关系复杂、争议较大，一般适用普通程序。

（6）法院调解。

法院调解可以依当事人申请调解开始，也可以由人民法院主动依职权开始。调解的结果有两种:第一,因调解无效而结束;第二,因调解达成一致的协议而终结,此时应当制作调解书。当事人在调解书上签字并签收后,调解书发生法律效力。当一方不按照调解书履行时,当事人可以向人民法院申请强制执行。

(7)法院判决。

案件经过开庭审理后,当事人不愿意调解或调解不成的,法院应当作出判决。同时必须告知当事人上诉权利、上诉期限和上诉的法院。当事人在判决书送达后15日内未上诉的,或裁定书送达后10日内未上诉的,裁判文书发生法律效力。

(8)上诉。

上诉要满足如下条件:①能够提起上诉的人必须合格,即必须是第一审程序中的原告、被告、有独立请求权的第三人。②当事人只能对第一审中所作出的还未生效的裁判提起上诉。③必须在法定期间提起上诉,即在判决书送达后的15日内提起,或在裁决书送达后的10日内提起。④应当提交书面的上诉状。⑤上诉的途径:一是通过原审人民法院提起,二是直接向原审人民法院的上一级人民法院提起。

第二十二条 【事故处理报告】事故处理结束,学校应当将事故处理结果书面报告主管的教育行政部门;重大伤亡事故的处理结果,学校主管的教育行政部门应当向同级人民政府和上一级教育行政部门报告。

第四章 事故损害的赔偿

第二十三条 【赔偿责任主体】对发生学生伤害事故负有责任的组织或者个人,应当按照法律法规的有关规定,承担相应的损害赔偿责任。

注释 对未成年人依法负有教育、管理、保护义务的学校、幼儿园或者其他教育机构,未尽职责范围内的相关义务致使未成年人遭受人身损害,或者未成年人致他人人身损害的,应当承担与其过错相应的赔偿责任。

第三人侵权致未成年人遭受人身损害的,应当承担赔偿责任。学校、幼儿园等教育机构有过错的,应当承担相应的补充赔偿责任。

链接《民法典》第1168-1175、1201条;《未成年人保护法》第27、35-37条

第二十四条 【赔偿范围与标准】学生伤害事故赔偿的范围与标准,按照有关行政法规、地方性法规或者最高人民法院司法解释中的有关规定确定。

教育行政部门进行调解时,认为学校有责任的,可以依照有关法律法规及国家有关规定,提出相应的调解方案。

注释 根据《民法典》侵权责任编和《最高人民法院关于审理人身损害赔偿案件适用法律若干问题的解释》,学生伤害事故的赔偿项目可分为以下种类:医疗费、住院伙食补助费、营养费、误工费、护理费、住宿费、交通费、残疾辅助器具费、残疾赔偿金、丧葬费、死亡赔偿金、精神损害抚慰金。

实务问答 **1. 当事人履行人民法院判决,赔偿后续治疗费后,如受害人日后实际发生的治疗费用超出原判决确定的费用,能否另行起诉?**

只要受害人有证据证明治疗费是基于治疗人身损害所支出的,对超出原判决所确定的治疗费的部分,可以另行起诉。

2. 在学生损害赔偿诉讼中,医生签名确认准购的非处方药品,是否属于赔偿医疗费的范围?

《最高人民法院关于审理人身损害赔偿案件适用法律若干问题的解释》第6条第1款规定,医疗费根据医疗机构出具的医药费、住院费等收入凭证,结合病历和诊断证明等相关证据确定。确因伤情医治和护理上的需要,医生确认或要求伤者购买的非处方药品、医护用品、血液制品、辅助营养品等,不属于伤者擅自购买与损害无关的药品,依法可以纳入赔偿范围。

3. 当事人擅自转院治疗,后来医院补办准予转院手续,转院后的治疗费用是否属于赔偿范围?

根据《最高人民法院关于审理人身损害赔偿案件适用法律若干问题的解释》第6条第1款的规定,未经医务部门批准自行转院发生的医疗费用原则上不予赔偿,但是,医院补办准予转院手续,可以视为医院同意转院,对转院是合理的,转院后的治疗费用,应当审查花费与病情是否相符,是否属于与损害有关的治疗,并结合病历和诊断证明等相关证据,综合审查判断是否属于医疗费的赔偿范围。

4. 在损害赔偿案件中,当事人于住院治疗期间因春节等节日回家休养的时间,能否计算误工费?当事人在门诊就诊期间,医嘱休息的时间能否计算误工费?

误工费属于受害人如未遭人身侵害本应获得

却因侵权人的侵权行为无法得到或者无法完满得到的利益。按照《最高人民法院关于审理人身损害赔偿案件适用法律若干问题的解释》第7条的规定，误工时间应当根据受害人自接受治疗到康复所需的时间确定，其标准以相应医疗机构出具的证明为依据。误工费是当事人实际发生的损失。当事人于住院治疗期间因春节等节日回家休养，是基于传统节日合家团聚的传统习俗，是病人精神上的需要，也有利于治疗，只要有医院的准假证明证实这段时间仍属治疗、按医嘱休息的时间，应当作为误工期间计算误工费。当事人在门诊就诊期间医嘱休息，如有相应的医疗机构出具的证明证实该期间尚属于接受治疗至康复所需的时间，则应当作为误工时间计算误工费。

链接《民法典》第1179-1187条；《最高人民法院关于审理人身损害赔偿案件适用法律若干问题的解释》第6-23条；《最高人民法院关于确定民事侵权精神损害赔偿责任若干问题的解释》第8-10条

第二十五条　【伤残鉴定】对受伤害学生的伤残程度存在争议的，可以委托当地具有相应鉴定资格的医院或者有关机构，依据国家规定的人体伤残标准进行鉴定。

注释学生伤害伤残鉴定主要指在学生伤害事故发生后，对受伤害学生的伤残结果，由法定的鉴定机构依照法定程序，就学生受到伤害的原因、原因和后果的关系以及伤害的性质和程度作出的科学技术认定。学生伤害事故中的伤残鉴定是一项科学性、技术性和政策性都很强的工作。鉴定的结果往往要起到案件证据的作用，直接关系到学生伤害事故能否正确处理。

事故双方当事人或一方对受伤害学生的伤残程度进行鉴定，应当委托鉴定机构鉴定。在不同的解决纠纷过程中，鉴定的要求和程序会有不同。

（1）如果事故纠纷解决通过协商方式处理，由当事人共同协商确定鉴定机构、鉴定人员，则双方共同委托鉴定机构鉴定，鉴定费用协商解决。

（2）如果事故纠纷解决通过行政调解方式进行，一方可以向调解人提出鉴定申请，当事人的鉴定申请经调解人同意后，由双方当事人协商确定鉴定机构、鉴定人员，协商不成的，由调解人指定，由调解人委托鉴定机构，鉴定费用由申请人承担。

（3）如果事故纠纷解决通过诉讼方式进行，则诉讼过程中需要做伤残鉴定的，应当进行司法鉴定。目前，学生伤害事故中较为常见的鉴定为司法鉴定。司法鉴定是指依法取得司法鉴定资格的鉴定机构和鉴定人受司法机关或当事人委托，运用科学技术或专门知识对涉及诉讼的专门性问题进行检验、鉴别和判断并提供鉴定意见的活动，是鉴定人向委托人提供鉴定意见的一种服务。对于一方当事人就专门性问题自行委托有关机构或者人员出具的意见，另一方当事人有证据或者理由足以反驳并申请鉴定的，人民法院应予准许。根据《民事诉讼法》第79条的规定，"当事人可以就查明事实的专门性问题向人民法院申请鉴定。当事人申请鉴定的，由双方当事人协商确定具备资格的鉴定人；协商不成的，由人民法院指定"。

实务问答学生伤害事故伤残鉴定的程序是如何进行的？

对学生伤害事故中学生伤残状况的司法鉴定，应当遵守的一般程序及过程如下。

（1）受害学生或家长提出鉴定的书面申请。学生伤害事故发生后，如果受伤害学生与学校及其他相关当事人不能就伤害事故的性质或伤残程度达成一致意见，以及一方认为需要对伤残程度进行鉴定时，当事人可以申请伤残鉴定。

在司法鉴定中，受伤害学生在诉讼阶段应当向法院申请司法鉴定，一般不再私自委托有关机构进行鉴定，否则就有可能发生法院对自行委托进行的鉴定意见不予认可的后果，以及其他当事人不予认同的可能。申请鉴定应采用书面形式，关键要交代清楚对什么对象和项目进行鉴定。对于申请人的鉴定申请，法院作出了不予鉴定的决定的，如果申请人不服法院的决定，可以在收到不予鉴定的决定书后5日内向作出原决定的机关申请复议。复议机关收到复议申请后，应在3日内作出维持或撤销原决定的决定。如果法院经过审查认为应当进行鉴定，则第一步申请鉴定的工作就顺利完成，接下来要进行鉴定的第二步工作。

（2）法院指定鉴定机构，由鉴定机构成立鉴定委员会或指定鉴定人，或者法院指定法医来进行鉴定。申请鉴定后，法院决定进行鉴定的，法院应当根据学生伤害事故的情况，先由当事人对鉴定机构的选择进行协商确定，双方当事人无法达成一致的，则由法院指定和选择法定的鉴定机构进行鉴定。无论鉴定机构是当事人协商确定的，还是法院指定的，都必须经过法院来委托鉴定工作。

在鉴定过程中，一般要注意鉴定机构或者鉴定人的资格条件，不要委托无资格或不符合资格要求的机构进行鉴定。否则，其出具的鉴定意见就不具有说服力和效力。同时，在鉴定机构确定以后，鉴定机构应当及时组成鉴定委员会、指定鉴定人，这里的鉴定人就是对具体的委托鉴定事项展开鉴定的专业工作人员。在实践中，应当注意鉴定人员都是具有资格条件的，不是任何人都可以成为鉴定人员的。成为司法鉴定人必须具备相应的知识和经验条件，并经市司法行政部门考核合格，获得鉴定人资格证书。

对于法院委托的鉴定，以及当事人在协商解决中自行委托的鉴定，有以下几类情形的，鉴定机构和鉴定人应当拒绝受理鉴定：①委托主体不符合法定条件的。②送鉴材料不具备鉴定条件或与鉴定要求不符的。③委托鉴定的事项超出鉴定机构的鉴定范围或鉴定能力的。

(3)鉴定委员会或鉴定人查阅有关资料，进行调查研究。司法鉴定应采用现代科学技术和仪器设备，严格遵循鉴定程序和方法。鉴定人在该阶段的鉴定过程，将会直接影响鉴定的结果，是伤残鉴定的实质阶段。鉴定委员会或鉴定人应当调阅受伤害学生的诊断证明和病历等原始资料。当然，在具体的伤害事故中，需要根据具体事故的不同，调查和查阅其他相关材料和依据。

(4)作出鉴定意见。鉴定意见是司法机关为了解决案件中某些专门性问题，指派或聘请具有这方面专门知识和技能的人进行鉴定后所作的书面结论。

具体地说，鉴定意见具有以下特点：具有特定的书面形式；是鉴定人对专门性问题从科学技术的角度提出的分析判断意见；它仅限于解决所涉及的科学技术问题，而不是就法律问题提供意见；鉴定人必须与案件事实和当事人没有利害关系。鉴定机构和鉴定人所作出的鉴定意见，应当符合严格的形式要求和内容要求。根据《最高人民法院关于民事诉讼证据的若干规定》第 36 条的规定，人民法院对鉴定人出具的鉴定书，应当审查是否具有下列内容：①委托法院的名称；②委托鉴定的内容、要求；③鉴定材料；④鉴定所依据的原理、方法；⑤对鉴定过程的说明；⑥鉴定意见；⑦承诺书。

链接《人体损伤程度鉴定标准》；《民事诉讼法》第 79 条；《最高人民法院关于民事诉讼证据的若干规定》第 30-41 条

第二十六条 【学校的赔偿责任】学校对学生伤害事故负有责任的，根据责任大小，适当予以经济赔偿，但不承担解决户口、住房、就业等与救助受伤害学生、赔偿相应经济损失无直接关系的其他事项。

学校无责任的，如果有条件，可以根据实际情况，本着自愿和可能的原则，对受伤害学生给予适当的帮助。

第二十七条 【追偿权】因学校教师或者其他工作人员在履行职务中的故意或者重大过失造成的学生伤害事故，学校予以赔偿后，可以向有关责任人员追偿。

第二十八条 【监护人责任】未成年学生对学生伤害事故负有责任的，由其监护人依法承担相应的赔偿责任。

学生的行为侵害学校教师及其他工作人员以及其他组织、个人的合法权益，造成损失的，成年学生或者未成年学生的监护人应当依法予以赔偿。

注释 根据《民法典》第 1188 条的规定，无民事行为能力人、限制民事行为能力人造成他人损害的，由监护人承担侵权责任。监护人尽到监护职责的，可以减轻其侵权责任。

有财产的无民事行为能力人、限制民事行为能力人造成他人损害的，从本人财产中支付赔偿费用；不足部分，由监护人赔偿。

链接《民法典》第 1188 条

第二十九条 【赔偿金筹措】根据双方达成的协议、经调解形成的协议或者人民法院的生效判决，应当由学校负担的赔偿金，学校应当负责筹措；学校无力完全筹措的，由学校的主管部门或者举办者协助筹措。

注释 对学生伤害事故，如果学校应负担相应赔偿金，则应当先由学校向受害人支付，为保证在学校承担损害赔偿责任的情况下，受害学生及其父母或者其他监护人能真正得到赔偿，学校应积极筹措赔偿金。

在学校不能完全筹措的情况下，学校的主管部门或者举办者应协助筹措。学校的主管部门指各级教育行政部门，如教育局、教育厅、教育部等。民办学校的举办者是指以出资、筹资等方式发起并具体负责创办民办学校的社会组织或者公民个人。即学校负有事故赔偿责任的，应当负责筹措赔偿金。公立学校无力完全筹措的，由教育主管部门协助筹措。民办学校无力完全筹措的，由学校的举办者协助筹措。公立学校能够筹措赔偿金而不筹措赔偿金，民办学校的举办者不协助筹措赔偿金，教育行政部门应责令其及时筹措。公立学校的主管部门不协助学校筹措赔偿金的，上级教育行政部门应责令其协助筹措。

第三十条 【伤害赔偿准备金】县级以上人民政府教育行政部门或者学校举办者有条件的，可以通过设立学生伤害赔偿准备金等多种形式，依法筹措伤害赔偿金。

第三十一条 【保险机制】学校有条件的，应当依据保险法的有关规定，参加学校责任保险。

教育行政部门可以根据实际情况，鼓励中小学参加学校责任保险。

提倡学生自愿参加意外伤害保险。在尊重学生意愿的前提下，学校可以为学生参加意外伤害保险创造便利条件，但不得从中收取任何费用。

注释 责任保险，又称第三者责任保险，是指以被保险人依法应当对第三人承担的损害赔偿责任为保险标的的保险。依照责任保险合同，投保人应当按照合同约定向保险人支付保险费，在被保险人应当向第三人承担赔偿责任时，保险人按照约定向被保险人或第三人给付保险金。由此可知，学校责任保险是指以学校依法应当对学生承担的损害赔偿责任为保险标的的保险。

学生意外伤害保险，也称学生平安意外伤害保险，是以在学校或者幼儿园注册，身体健康，能正常学习和生活的大、中、小学和幼儿园学生为被保险人，以意外事故导致其死亡或残废为保险标的的保险。

实务问答 学校加入学校责任保险或者学生加入学生意外伤害保险的，在保险理赔过程中应当注意哪些问题？

（1）需注意发生的学生伤害事故是否属于保险合同中所承保的保险范围与事项。比如，学生意外伤害保险，以学生因意外事故死亡或残废为保险标的，非意外事故如被保险人故意犯罪、自杀等造成的伤亡则不属于该保险合同中所承保的保险范围与事项。

（2）学生伤害事故发生后，学校或者学生应当及时通知保险公司，保险公司应组成理赔小组或安排理赔工作人员到事故现场及救治医院了解情况。

（3）保险公司理赔小组或理赔人员在经过调查取证后，在确认该学生伤害事故属于校方责任或意外所导致的事故后，应当向学校或者学生作出理赔承诺，及时支付理赔保险金。被保险人即学生在保险合同有效期内发生约定的意外伤害所导致的伤亡时，一般应通过其所在学校向保险公司申请给付保险金。申请时，应提供被保险人名单、投保学校的证明和保险单证、被保险人因意外伤害所导致的伤亡程度的证明（造成残疾的，一般应提供县级以上人民医院的诊断证明，因意外伤害支出的医药费发票和正式收据；导致死亡的，应提供公安机关或者政府有关部门的销户证明）。被保险人或其受益人对保险人请求给付保险金的权利，应在保险合同约定的期限内行使。

（4）对于通过保险理赔方式获得赔偿的学生，如果所获赔偿不足以弥补损失，受伤害的学生仍然可以向赔偿主体即侵权责任人要求赔偿。

第五章 事故责任者的处理

第三十二条 【学校责任者的法律制裁】发生学生伤害事故，学校负有责任且情节严重的，教育行政部门应当根据有关规定，对学校的直接负责的主管人员和其他直接责任人员，分别给予相应的行政处分；有关责任人的行为触犯刑律的，应当移送司法机关依法追究刑事责任。

注释 根据《刑法》第138条，明知校舍或者教育教学设施有危险，而不采取措施或者不及时报告，致使发生重大伤亡事故的，对直接责任人员，处三年以下有期徒刑或者拘役；后果特别严重的，处三年以上七年以下有期徒刑。

第三十三条 【安全隐患的整顿】学校管理混乱，存在重大安全隐患的，主管的教育行政部门或者其他有关部门应当责令其限期整顿；对情节严重或者拒不改正的，应当依据法律法规的有关规定，给予相应的行政处罚。

注释 学校对校舍、学生宿舍、师生食堂、体育设施、照明线路、实验室应进行定期或不定期的全面检查，对检查中发现的问题和不安全隐患，应及时采取措施予以解决,尽量将不安全事故消灭在萌芽状态。对管理混乱,存在重大安全隐患的学校,教育行政部门或者其他有关部门应当责令其限期整顿;对情况严重或者拒不改正的,应当依法给予相应的行政处罚。

第三十四条　【教育部门责任人的法律制裁】教育行政部门未履行相应职责,对学生伤害事故的发生负有责任的,由有关部门对直接负责的主管人员和其他直接责任人员分别给予相应的行政处分;有关责任人的行为触犯刑律的,应当移送司法机关依法追究刑事责任。

第三十五条　【责任学生的法律制裁】违反学校纪律,对造成学生伤害事故负有责任的学生,学校可以给予相应的处分;触犯刑律的,由司法机关依法追究刑事责任。

第三十六条　【对扰乱正常事故处理行为人的制裁】受伤害学生的监护人、亲属或者其他有关人员,在事故处理过程中无理取闹,扰乱学校正常教育教学秩序,或者侵犯学校、学校教师或者其他工作人员的合法权益的,学校应当报告公安机关依法处理;造成损失的,可以依法要求赔偿。

第六章　附　则

第三十七条　【学校和学生的含义】本办法所称学校,是指国家或者社会力量举办的全日制的中小学(含特殊教育学校)、各类中等职业学校、高等学校。

本办法所称学生是指在上述学校中全日制就读的受教育者。

第三十八条　【幼儿园事故的处理】幼儿园发生的幼儿伤害事故,应当根据幼儿为完全无行为能力人的特点,参照本办法处理。

第三十九条　【其他教育机构事故的处理】其他教育机构发生的学生伤害事故,参照本办法处理。

在学校注册的其他受教育者在学校管理范围内发生的伤害事故,参照本办法处理。

第四十条　【施行时间】本办法自 2002 年 9 月 1 日起实施,原国家教委、教育部颁布的与学生人身安全事故处理有关的规定,与本办法不符的,以本办法为准。

在本办法实施之前已处理完毕的学生伤害事故不再重新处理。

中小学幼儿园安全管理办法

· 2006 年 6 月 30 日教育部、公安部、司法部、建设部、交通部、文化部、卫生部、国家工商行政管理总局、国家质量监督检验检疫总局、新闻出版总署令第 23 号公布

· 自 2006 年 9 月 1 日起施行

第一章　总　则

第一条　为加强中小学、幼儿园安全管理,保障学校及其学生和教职工的人身、财产安全,维护中小学、幼儿园正常的教育教学秩序,根据《中华人民共和国教育法》等法律法规,制定本办法。

第二条　普通中小学、中等职业学校、幼儿园(班)、特殊教育学校、工读学校(以下统称学校)的安全管理适用本办法。

第三条　学校安全管理遵循积极预防、依法管理、社会参与、各负其责的方针。

第四条　学校安全管理工作主要包括:

(一)构建学校安全工作保障体系,全面落实安全工作责任制和事故责任追究制,保障学校安全工作规范、有序进行;

(二)健全学校安全预警机制,制定突发事件应急预案,完善事故预防措施,及时排除安全隐患,不断提高学校安全工作管理水平;

(三)建立校园周边整治协调工作机制,维护校园及周边环境安全;

(四)加强安全宣传教育培训,提高师生安全意识和防护能力;

(五)事故发生后启动应急预案、对伤亡人员实施救治和责任追究等。

第五条　各级教育、公安、司法行政、建设、交通、文化、卫生、工商、质检、新闻出版等部门在本级人民政府的领导下,依法履行学校周边治理和学校安全的监督与管理职责。

学校应当按照本办法履行安全管理和安全教育职责。

社会团体、企业事业单位、其他社会组织和个人应当积极参与和支持学校安全工作,依法维护学校安全。

第二章 安全管理职责

第六条 地方各级人民政府及其教育、公安、司法行政、建设、交通、文化、卫生、工商、质检、新闻出版等部门应当按照职责分工，依法负责学校安全工作，履行学校安全管理职责。

第七条 教育行政部门对学校安全工作履行下列职责：

（一）全面掌握学校安全工作状况，制定学校安全工作考核目标，加强对学校安全工作的检查指导，督促学校建立健全并落实安全管理制度；

（二）建立安全工作责任制和事故责任追究制，及时消除安全隐患，指导学校妥善处理学生伤害事故；

（三）及时了解学校安全教育情况，组织学校有针对性地开展学生安全教育，不断提高教育实效；

（四）制定校园安全的应急预案，指导、监督下级教育行政部门和学校开展安全工作；

（五）协调政府其他相关职能部门共同做好学校安全管理工作，协助当地人民政府组织对学校安全事故的救援和调查处理。

教育督导机构应当组织学校安全工作的专项督导。

第八条 公安机关对学校安全工作履行下列职责：

（一）了解掌握学校及周边治安状况，指导学校做好校园保卫工作，及时依法查处扰乱校园秩序、侵害师生人身、财产安全的案件；

（二）指导和监督学校做好消防安全工作；

（三）协助学校处理校园突发事件。

第九条 卫生部门对学校安全工作履行下列职责：

（一）检查、指导学校卫生防疫和卫生保健工作，落实疾病预防控制措施；

（二）监督、检查学校食堂、学校饮用水和游泳池的卫生状况。

第十条 建设部门对学校安全工作履行下列职责：

（一）加强对学校建筑、燃气设施设备安全状况的监管，发现安全事故隐患的，应当依法责令立即排除；

（二）指导校舍安全检查鉴定工作；

（三）加强对学校工程建设各环节的监督管理，发现校舍、楼梯护栏及其他教学、生活设施违反工程建设强制性标准的，应责令纠正；

（四）依法督促学校定期检验、维修和更新学校相关设施设备。

第十一条 质量技术监督部门应当定期检查学校特种设备及相关设施的安全状况。

第十二条 公安、卫生、交通、建设等部门应当定期向教育行政部门和学校通报与学校安全管理相关的社会治安、疾病防治、交通等情况，提出具体预防要求。

第十三条 文化、新闻出版、工商等部门应当对校园周边的有关经营服务场所加强管理和监督，依法查处违法经营者，维护有利于青少年成长的良好环境。

司法行政、公安等部门应当按照有关规定履行学校安全教育职责。

第十四条 举办学校的地方人民政府、企业事业组织、社会团体和公民个人，应当对学校安全工作履行下列职责：

（一）保证学校符合基本办学标准，保证学校围墙、校舍、场地、教学设施、教学用具、生活设施和饮用水源等办学条件符合国家安全质量标准；

（二）配置紧急照明装置和消防设施与器材，保证学校教学楼、图书馆、实验室、师生宿舍等场所的照明、消防条件符合国家安全规定；

（三）定期对校舍安全进行检查，对需要维修的，及时予以维修；对确认的危房，及时予以改造。

举办学校的地方人民政府应当依法维护学校周边秩序，保障师生和学校的合法权益，为学校提供安全保障。

有条件的，学校举办者应当为学校购买责任保险。

第三章 校内安全管理制度

第十五条 学校应当遵守有关安全工作的法律、法规和规章，建立健全校内各项安全管理制度和安全应急机制，及时消除隐患，预防发生事故。

第十六条 学校应当建立校内安全工作领导机构，实行校长负责制；应当设立保卫机构，配备专职或者兼职安全保卫人员，明确其安全保卫职责。

第十七条 学校应当健全门卫制度，建立校外人员入校的登记或者验证制度，禁止无关人员和校外机动车入内，禁止将非教学用易燃易爆物品、有毒物品、动物和管制器具等危险物品带入校园。

学校门卫应当由专职保安或者其他能够切实履行职责的人员担任。

第十八条 学校应当建立校内安全定期检查制度和危房报告制度，按照国家有关规定安排对学校建筑物、构筑物、设备、设施进行安全检查、检验；发现存在安全隐患的，应当停止使用，及时维修或者更换；维修、更换前应当采取必要的防护措施或者设置警示标志。学校无力解决或者无法排除的重大安全隐患，应当及时书面报告主管部门和其他相关部门。

学校应当在校内高地、水池、楼梯等易发生危险的地方设置警示标志或者采取防护设施。

第十九条 学校应当落实消防安全制度和消防工作责任制，对于政府保障配备的消防设施和器材加强日常维护，保证其能够有效使用，并设置消防安全标志，保证疏散通道、安全出口和消防车通道畅通。

第二十条 学校应当建立用水、用电、用气等相关设施设备的安全管理制度，定期进行检查或者按照规定接受有关主管部门的定期检查，发现老化或者损毁的，及时进行维修或者更换。

第二十一条 学校应当严格执行《学校食堂与学生集体用餐卫生管理规定》、《餐饮业和学生集体用餐配送单位卫生规范》，严格遵守卫生操作规范。建立食堂物资定点采购和索证、登记制度与饭菜留验和记录制度，检查饮用水的卫生安全状况，保障师生饮食卫生安全。

第二十二条 学校应当建立实验室安全管理制度，并将安全管理制度和操作规程置于实验室显著位置。

学校应当严格建立危险化学品、放射物质的购买、保管、使用、登记、注销等制度，保证将危险化学品、放射物质存放在安全地点。

第二十三条 学校应当按照国家有关规定配备具有从业资格的专职医务（保健）人员或者兼职卫生保健教师，购置必需的急救器材和药品，保障对学生常见病的治疗，并负责学校传染病疫情及其他突发公共卫生事件的报告。有条件的学校，应当设立卫生（保健）室。

新生入学应当提交体检证明。托幼机构与小学在入托、入学时应当查验预防接种证。学校应当建立学生健康档案，组织学生定期体检。

第二十四条 学校应当建立学生安全信息通报制度，将学校规定的学生到校和放学时间、学生非正常缺席或者擅自离校情况、以及学生身体和心理的异常状况等关系学生安全的信息，及时告知其监护人。

对有特异体质、特定疾病或者其他生理、心理状况异常以及有吸毒行为的学生，学校应当做好安全信息记录，妥善保管学生的健康与安全信息资料，依法保护学生的个人隐私。

第二十五条 有寄宿生的学校应当建立住宿学生安全管理制度，配备专人负责住宿学生的生活管理和安全保卫工作。

学校应当对学生宿舍实行夜间巡查、值班制度，并针对女生宿舍安全工作的特点，加强对女生宿舍的安全管理。

学校应当采取有效措施，保证学生宿舍的消防安全。

第二十六条 学校购买或者租用机动车专门用于接送学生的，应当建立车辆管理制度，并及时到公安机关交通管理部门备案。接送学生的车辆必须检验合格，并定期维护和检测。

接送学生专用校车应当粘贴统一标识。标识样式由省级公安机关交通管理部门和教育行政部门制定。

学校不得租用拼装车、报废车和个人机动车接送学生。

接送学生的机动车驾驶员应当身体健康，具备相应准驾车型 3 年以上安全驾驶经历，最近 3 年内任一记分周期没有记满 12 分记录，无致人伤亡的交通责任事故。

第二十七条 学校应当建立安全工作档案，记录日常安全工作、安全责任落实、安全检查、安全隐患消除等情况。

安全档案作为实施安全工作目标考核、责任追究和事故处理的重要依据。

第四章 日常安全管理

第二十八条 学校在日常的教育教学活动中应当遵循教学规范，落实安全管理要求，合理预见、积极防范可能发生的风险。

学校组织学生参加的集体劳动、教学实习或者社会实践活动，应当符合学生的心理、生理特点和身体健康状况。

学校以及接受学生参加教育教学活动的单位必须采取有效措施，为学生活动提供安全保障。

第二十九条 学校组织学生参加大型集体活动，应当采取下列安全措施：

（一）成立临时的安全管理组织机构；

（二）有针对性地对学生进行安全教育；

（三）安排必要的管理人员，明确所负担的安全职责；

（四）制定安全应急预案，配备相应设施。

第三十条 学校应当按照《学校体育工作条例》和教学计划组织体育教学和体育活动，并根据教学要求采取必要的保护和帮助措施。

学校组织学生开展体育活动，应当避开主要街道和交通要道；开展大型体育活动以及其他大型学生活动，必须经过主要街道和交通要道的，应当事先与公安机关交通管理部门共同研究并落实安全措施。

第三十一条 小学、幼儿园应当建立低年级学生、幼儿上下学时接送的交接制度，不得将晚离学校的低年级学生、幼儿交与无关人员。

第三十二条 学生在教学楼进行教学活动和晚自习时，学校应当合理安排学生疏散时间和楼道上下顺序，同时安排人员巡查，防止发生拥挤踩踏伤害事故。

晚自习学生没有离校之前，学校应当有负责人和教师值班、巡查。

第三十三条 学校不得组织学生参加抢险等应当由专业人员或者成人从事的活动，不得组织学生参与制作烟花爆竹、有毒化学品等具有危险性的活动，不得组织学生参加商业性活动。

第三十四条 学校不得将场地出租给他人从事易燃、易爆、有毒、有害等危险品的生产、经营活动。

学校不得出租校园内场地停放校外机动车辆；不得利用学校用地建设对社会开放的停车场。

第三十五条 学校教职工应当符合相应任职资格和条件要求。学校不得聘用因故意犯罪而受到刑事处罚的人，或者有精神病史的人担任教职工。

学校教师应当遵守职业道德规范和工作纪律，不得侮辱、殴打、体罚或者变相体罚学生；发现学生行为具有危险性的，应当及时告诫、制止，并与学生监护人沟通。

第三十六条 学生在校学习和生活期间，应当遵守学校纪律和规章制度，服从学校的安全教育和管理，不得从事危及自身或者他人安全的活动。

第三十七条 监护人发现被监护人有特异体质、特定疾病或者异常心理状况的，应当及时告知学校。

学校对已知的有特异体质、特定疾病或者异常心理状况的学生，应当给予适当关注和照顾。生理、心理状况异常不宜在校学习的学生，应当休学，由监护人安排治疗、休养。

第五章 安全教育

第三十八条 学校应当按照国家课程标准和地方课程设置要求，将安全教育纳入教学内容，对学生开展安全教育，培养学生的安全意识，提高学生的自我防护能力。

第三十九条 学校应当在开学初、放假前，有针对性地对学生集中开展安全教育。新生入校后，学校应当帮助学生及时了解相关的学校安全制度和安全规定。

第四十条 学校应当针对不同课程实验课的特点与要求，对学生进行实验用品的防毒、防爆、防辐射、防污染等的安全防护教育。

学校应当对学生进行用水、用电的安全教育，对寄宿学生进行防火、防盗和人身防护等方面的安全教育。

第四十一条 学校应当对学生开展安全防范教育，使学生掌握基本的自我保护技能，应对不法侵害。

学校应当对学生开展交通安全教育，使学生掌握基本的交通规则和行为规范。

学校应当对学生开展消防安全教育，有条件的可以组织学生到当地消防站参观和体验，使学生掌握基本的消防安全知识，提高防火意识和逃生自救的能力。

学校应当根据当地实际情况，有针对性地对学生开展到江河湖海、水库等地方戏水、游泳的安全卫生教育。

第四十二条 学校可根据当地实际情况，组织师生开展多种形式的事故预防演练。

学校应当每学期至少开展一次针对洪水、地震、火灾等灾害事故的紧急疏散演练，使师生掌握避险、逃生、自救的方法。

第四十三条 教育行政部门按照有关规定，与人民法院、人民检察院和公安、司法行政等部门以及高等学校协商，选聘优秀的法律工作者担任学校的兼职法制副校长或者法制辅导员。

兼职法制副校长或者法制辅导员应当协助学校检查落实安全制度和安全事故处理、定期对师生进行法制教育等，其工作成果纳入派出单位的工作考核内容。

第四十四条 教育行政部门应当组织负责安全管理的主管人员、学校校长、幼儿园园长和学校负责安全保卫工作的人员，定期接受有关安全管理培训。

第四十五条 学校应当制定教职工安全教育培训计划，通过多种途径和方法，使教职工熟悉安全规章制度、掌握安全救护常识，学会指导学生预防事故、自救、逃生、紧急避险的方法和手段。

第四十六条 学生监护人应当与学校互相配合，在日常生活中加强对被监护人的各项安全教育。

学校鼓励和提倡监护人自愿为学生购买意外伤害保险。

第六章 校园周边安全管理

第四十七条 教育、公安、司法行政、建设、交通、文化、卫生、工商、质检、新闻出版等部门应当建立联席会议制度，定期研究部署学校安全管理工作，依法维护学校周边秩序；通过多种途径和方式，听取学校和社会各界关于学校安全管理工作的意见和建议。

第四十八条 建设、公安等部门应当加强对学校周边建设工程的执法检查，禁止任何单位或者个人违反有关法律、法规、规章、标准，在学校围墙或者建筑物边建设工程，在校园周边设立易燃易爆、剧毒、放射性、腐蚀性等危险物品的生产、经营、储存、使用场所或者设施以及其他可能影响学校安全的场所或者设施。

第四十九条 公安机关应当把学校周边地区作为重点治安巡逻区域，在治安情况复杂的学校周边地区增设治安岗亭和报警点，及时发现和消除各类安全隐患，处置扰乱学校秩序和侵害学生人身、财产安全的违法犯罪行为。

第五十条 公安、建设和交通部门应当依法在学校门前道路设置规范的交通警示标志，施划人行横线，根据需要设置交通信号灯、减速带、过街天桥等设施。

在地处交通复杂路段的学校上下学时间，公安机关应当根据需要部署警力或者交通协管人员维护道路交通秩序。

第五十一条 公安机关和交通部门应当依法加强对农村地区交通工具的监督管理，禁止没有资质的车船搭载学生。

第五十二条 文化部门依法禁止在中学、小学校园周围200米范围内设立互联网上网服务营业场所，并依法查处接纳未成年人进入的互联网上网服务营业场所。工商行政管理部门依法查处取缔擅自设立的互联网上网服务营业场所。

第五十三条 新闻出版、公安、工商行政管理等部门应当依法取缔学校周边兜售非法出版物的游商和无证照摊点，查处学校周边制售含有淫秽色情、凶杀暴力等内容的出版物的单位和个人。

第五十四条 卫生、工商行政管理部门应当对校园周边饮食单位的卫生状况进行监督，取缔非法经营的小卖部、饮食摊点。

第七章 安全事故处理

第五十五条 在发生地震、洪水、泥石流、台风等自然灾害和重大治安、公共卫生突发事件时，教育等部门应当立即启动应急预案，及时转移、疏散学生，或者采取其他必要防护措施，保障学校安全和师生人身财产安全。

第五十六条 校园内发生火灾、食物中毒、重大治安等突发安全事故以及自然灾害时，学校应当启动应急预案，及时组织教职工参与抢险、救助和防护，保障学生身体健康和人身、财产安全。

第五十七条 发生学生伤亡事故时，学校应当按照《学生伤害事故处理办法》规定的原则和程序等，及时实施救助，并进行妥善处理。

第五十八条 发生教职工和学生伤亡等安全事故的，学校应当及时报告主管教育行政部门和政府有关部门；属于重大事故的，教育行政部门应当按照有关规定及时逐级上报。

第五十九条 省级教育行政部门应当在每年

1月31日前向国务院教育行政部门书面报告上一年度学校安全工作和学生伤亡事故情况。

第八章　奖励与责任

第六十条　教育、公安、司法行政、建设、交通、文化、卫生、工商、质检、新闻出版等部门，对在学校安全工作中成绩显著或者做出突出贡献的单位和个人，应当视情况联合或者分别给予表彰、奖励。

第六十一条　教育、公安、司法行政、建设、交通、文化、卫生、工商、质检、新闻出版等部门，不依法履行学校安全监督与管理职责的，由上级部门给予批评；对直接责任人员由上级部门和所在单位视情节轻重，给予批评教育或者行政处分；构成犯罪的，依法追究刑事责任。

第六十二条　学校不履行安全管理和安全教育职责，对重大安全隐患未及时采取措施的，有关主管部门应当责令其限期改正；拒不改正或者有下列情形之一的，教育行政部门应当对学校负责人和其他直接责任人员给予行政处分；构成犯罪的，依法追究刑事责任：

（一）发生重大安全事故、造成学生和教职工伤亡的；

（二）发生事故后未及时采取适当措施、造成严重后果的；

（三）瞒报、谎报或者缓报重大事故的；

（四）妨碍事故调查或者提供虚假情况的；

（五）拒绝或者不配合有关部门依法实施安全监督管理职责的。

《中华人民共和国民办教育促进法》及其实施条例另有规定的，依其规定执行。

第六十三条　校外单位或者人员违反治安管理规定、引发学校安全事故的，或者在学校安全事故处理过程中，扰乱学校正常教育教学秩序、违反治安管理规定的，由公安机关依法处理；构成犯罪的，依法追究其刑事责任；造成学校财产损失的，依法承担赔偿责任。

第六十四条　学生人身伤害事故的赔偿，依据有关法律法规、国家有关规定以及《学生伤害事故处理办法》处理。

第九章　附　则

第六十五条　中等职业学校学生实习劳动的安全管理办法另行制定。

第六十六条　本办法自2006年9月1日起施行。

高等学校消防安全管理规定

·2009年10月19日教育部、公安部令第28号公布

·自2010年1月1日起施行

第一章　总　则

第一条　为了加强和规范高等学校的消防安全管理，预防和减少火灾危害，保障师生员工生命财产和学校财产安全，根据消防法、高等教育法等法律、法规，制定本规定。

第二条　普通高等学校和成人高等学校（以下简称学校）的消防安全管理，适用本规定。

驻校内其他单位的消防安全管理，按照本规定的有关规定执行。

第三条　学校在消防安全工作中，应当遵守消防法律、法规和规章，贯彻预防为主、防消结合的方针，履行消防安全职责，保障消防安全。

第四条　学校应当落实逐级消防安全责任制和岗位消防安全责任制，明确逐级和岗位消防安全职责，确定各级、各岗位消防安全责任人。

第五条　学校应当开展消防安全教育和培训，加强消防演练，提高师生员工的消防安全意识和自救逃生技能。

第六条　学校各单位和师生员工应当依法履行保护消防设施、预防火灾、报告火警和扑救初起火灾等维护消防安全的义务。

第七条　教育行政部门依法履行对高等学校消防安全工作的管理职责，检查、指导和监督高等学校开展消防安全工作，督促高等学校建立健全并落实消防安全责任制和消防安全管理制度。

公安机关依法履行对高等学校消防安全工作的监督管理职责，加强消防监督检查，指导和监督高等学校做好消防安全工作。

第二章　消防安全责任

第八条　学校法定代表人是学校消防安全责任人，全面负责学校消防安全工作，履行下列消防

安全职责：

（一）贯彻落实消防法律、法规和规章，批准实施学校消防安全责任制、学校消防安全管理制度；

（二）批准消防安全年度工作计划、年度经费预算，定期召开学校消防安全工作会议；

（三）提供消防安全经费保障和组织保障；

（四）督促开展消防安全检查和重大火灾隐患整改，及时处理涉及消防安全的重大问题；

（五）依法建立志愿消防队等多种形式的消防组织，开展群众性自防自救工作；

（六）与学校二级单位负责人签订消防安全责任书；

（七）组织制定灭火和应急疏散预案；

（八）促进消防科学研究和技术创新；

（九）法律、法规规定的其他消防安全职责。

第九条　分管学校消防安全的校领导是学校消防安全管理人，协助学校法定代表人负责消防安全工作，履行下列消防安全职责：

（一）组织制定学校消防安全管理制度，组织、实施和协调校内各单位的消防安全工作；

（二）组织制定消防安全年度工作计划；

（三）审核消防安全工作年度经费预算；

（四）组织实施消防安全检查和火灾隐患整改；

（五）督促落实消防设施、器材的维护、维修及检测，确保其完好有效，确保疏散通道、安全出口、消防车通道畅通；

（六）组织管理志愿消防队等消防组织；

（七）组织开展师生员工消防知识、技能的宣传教育和培训，组织灭火和应急疏散预案的实施和演练；

（八）协助学校消防安全责任人做好其他消防安全工作。

其他校领导在分管工作范围内对消防工作负有领导、监督、检查、教育和管理职责。

第十条　学校必须设立或者明确负责日常消防安全工作的机构（以下简称学校消防机构），配备专职消防管理人员，履行下列消防安全职责：

（一）拟订学校消防安全年度工作计划、年度经费预算，拟订学校消防安全责任制、灭火和应急疏散预案等消防安全管理制度，并报学校消防安全责任人批准后实施；

（二）监督检查校内各单位消防安全责任制的落实情况；

（三）监督检查消防设施、设备、器材的使用与管理、以及消防基础设施的运转，定期组织检验、检测和维修；

（四）确定学校消防安全重点单位（部位）并监督指导其做好消防安全工作；

（五）监督检查有关单位做好易燃易爆等危险品的储存、使用和管理工作，审批校内各单位动用明火作业；

（六）开展消防安全教育培训，组织消防演练，普及消防知识，提高师生员工的消防安全意识、扑救初起火灾和自救逃生技能；

（七）定期对志愿消防队等消防组织进行消防知识和灭火技能培训；

（八）推进消防安全技术防范工作，做好技术防范人员上岗培训工作；

（九）受理驻校内其他单位在校内和学校、校内各单位新建、扩建、改建及装饰装修工程和公众聚集场所投入使用、营业前消防行政许可或者备案手续的校内备案审查工作，督促其向公安机关消防机构进行申报，协助公安机关消防机构进行建设工程消防设计审核、消防验收或者备案以及公众聚集场所投入使用、营业前消防安全检查工作；

（十）建立健全学校消防工作档案及消防安全隐患台账；

（十一）按照工作要求上报有关信息数据；

（十二）协助公安机关消防机构调查处理火灾事故，协助有关部门做好火灾事故处理及善后工作。

第十一条　学校二级单位和其他驻校单位应当履行下列消防安全职责：

（一）落实学校的消防安全管理规定，结合本单位实际制定并落实本单位的消防安全制度和消防安全操作规程；

（二）建立本单位的消防安全责任考核、奖惩制度；

（三）开展经常性的消防安全教育、培训及演练；

（四）定期进行防火检查，做好检查记录，及时消除火灾隐患；

（五）按规定配置消防设施、器材并确保其完好有效；

（六）按规定设置安全疏散指示标志和应急照明设施，并保证疏散通道、安全出口畅通；

（七）消防控制室配备消防值班人员，制定值班岗位职责，做好监督检查工作；

（八）新建、扩建、改建及装饰装修工程报学校消防机构备案；

（九）按照规定的程序与措施处置火灾事故；

（十）学校规定的其他消防安全职责。

第十二条 校内各单位主要负责人是本单位消防安全责任人，驻校内其他单位主要负责人是该单位消防安全责任人，负责本单位的消防安全工作。

第十三条 除本规定第十一条外，学生宿舍管理部门还应当履行下列安全管理职责：

（一）建立由学生参加的志愿消防组织，定期进行消防演练；

（二）加强学生宿舍用火、用电安全教育与检查；

（三）加强夜间防火巡查，发现火灾立即组织扑救和疏散学生。

第三章 消防安全管理

第十四条 学校应当将下列单位（部位）列为学校消防安全重点单位（部位）：

（一）学生宿舍、食堂（餐厅）、教学楼、校医院、体育场（馆）、会堂（会议中心）、超市（市场）、宾馆（招待所）、托儿所、幼儿园以及其他文体活动、公共娱乐等人员密集场所；

（二）学校网络、广播电台、电视台等传媒部门和驻校内邮政、通信、金融等单位；

（三）车库、油库、加油站等部位；

（四）图书馆、展览馆、档案馆、博物馆、文物古建筑；

（五）供水、供电、供气、供热等系统；

（六）易燃易爆等危险化学物品的生产、充装、储存、供应、使用部门；

（七）实验室、计算机房、电化教学中心和承担国家重点科研项目或配备有先进精密仪器设备的部位，监控中心、消防控制中心；

（八）学校保密要害部门及部位；

（九）高层建筑及地下室、半地下室；

（十）建设工程的施工现场以及有人员居住的临时性建筑；

（十一）其他发生火灾可能性较大以及一旦发生火灾可能造成重大人身伤亡或者财产损失的单位（部位）。

重点单位和重点部位的主管部门，应当按照有关法律法规和本规定履行消防安全管理职责，设置防火标志，实行严格消防安全管理。

第十五条 在学校内举办文艺、体育、集会、招生和就业咨询等大型活动和展览，主办单位应当确定专人负责消防安全工作，明确并落实消防安全职责和措施，保证消防设施和消防器材配置齐全、完好有效，保证疏散通道、安全出口、疏散指示标志、应急照明和消防车通道符合消防技术标准和管理规定，制定灭火和应急疏散预案并组织演练，并经学校消防机构对活动现场检查合格后方可举办。

依法应当报请当地人民政府有关部门审批的，经有关部门审核同意后方可举办。

第十六条 学校应当按照国家有关规定，配置消防设施和器材，设置消防安全疏散指示标志和应急照明设施，每年组织检测维修，确保消防设施和器材完好有效。

学校应当保障疏散通道、安全出口、消防车通道畅通。

第十七条 学校进行新建、改建、扩建、装修、装饰等活动，必须严格执行消防法规和国家工程建设消防技术标准，并依法办理建设工程消防设计审核、消防验收或者备案手续。学校各项工程及驻校内各单位在校内的各项工程消防设施的招标和验收，应当有学校消防机构参加。

施工单位负责施工现场的消防安全，并接受学校消防机构的监督、检查。竣工后，建筑工程的有关图纸、资料、文件等应当报学校档案机构和消防机构备案。

第十八条 地下室、半地下室和用于生产、经营、储存易燃易爆、有毒有害等危险物品场所的建筑不得用作学生宿舍。

生产、经营、储存其他物品的场所与学生宿舍等居住场所设置在同一建筑物内的，应当符合国家工程建设消防技术标准。

学生宿舍、教室和礼堂等人员密集场所，禁止违规使用大功率电器，在门窗、阳台等部位不得设置影响逃生和灭火救援的障碍物。

第十九条 利用地下空间开设公共活动场

所,应当符合国家有关规定,并报学校消防机构备案。

第二十条 学校消防控制室应当配备专职值班人员,持证上岗。

消防控制室不得挪作他用。

第二十一条 学校购买、储存、使用和销毁易燃易爆等危险品,应当按照国家有关规定严格管理、规范操作,并制定应急处置预案和防范措施。

学校对管理和操作易燃易爆等危险品的人员,上岗前必须进行培训,持证上岗。

第二十二条 学校应当对动用明火实行严格的消防安全管理。禁止在具有火灾、爆炸危险的场所吸烟、使用明火;因特殊原因确需进行电、气焊等明火作业的,动火单位和人员应当向学校消防机构申办审批手续,落实现场监管人,采取相应的消防安全措施。作业人员应当遵守消防安全规定。

第二十三条 学校内出租房屋的,当事人应当签订房屋租赁合同,明确消防安全责任。出租方负责对出租房屋的消防安全管理。学校授权的管理单位应当加强监督检查。

外来务工人员的消防安全管理由校内用人单位负责。

第二十四条 发生火灾时,学校应当及时报警并立即启动应急预案,迅速扑救初起火灾,及时疏散人员。

学校应当在火灾事故发生后两个小时内向所在地教育行政主管部门报告。较大以上火灾同时报教育部。

火灾扑灭后,事故单位应当保护现场并接受事故调查,协助公安机关消防机构调查火灾原因、统计火灾损失。未经公安机关消防机构同意,任何人不得擅自清理火灾现场。

第二十五条 学校及其重点单位应当建立健全消防档案。

消防档案应当全面反映消防安全和消防安全管理情况,并根据情况变化及时更新。

第四章 消防安全检查和整改

第二十六条 学校每季度至少进行一次消防安全检查。检查的主要内容包括:

(一)消防安全宣传教育及培训情况;

(二)消防安全制度及责任制落实情况;

(三)消防安全工作档案建立健全情况;

(四)单位防火检查及每日防火巡查落实及记录情况;

(五)火灾隐患和隐患整改及防范措施落实情况;

(六)消防设施、器材配置及完好有效情况;

(七)灭火和应急疏散预案的制定和组织消防演练情况;

(八)其他需要检查的内容。

第二十七条 学校消防安全检查应当填写检查记录,检查人员、被检查单位负责人或者相关人员应当在检查记录上签名,发现火灾隐患应当及时填发《火灾隐患整改通知书》。

第二十八条 校内各单位每月至少进行一次防火检查。检查的主要内容包括:

(一)火灾隐患和隐患整改情况以及防范措施的落实情况;

(二)疏散通道、疏散指示标志、应急照明和安全出口情况;

(三)消防车通道、消防水源情况;

(四)消防设施、器材配置及有效情况;

(五)消防安全标志设置及其完好、有效情况;

(六)用火、用电有无违章情况;

(七)重点工种人员以及其他员工消防知识掌握情况;

(八)消防安全重点单位(部位)管理情况;

(九)易燃易爆危险物品和场所防火防爆措施落实情况以及其他重要物资防火安全情况;

(十)消防(控制室)值班情况和设施、设备运行、记录情况;

(十一)防火巡查落实及记录情况;

(十二)其他需要检查的内容。

防火检查应当填写检查记录。检查人员和被检查部门负责人应当在检查记录上签名。

第二十九条 校内消防安全重点单位(部位)应当进行每日防火巡查,并确定巡查的人员、内容、部位和频次。其他单位可以根据需要组织防火巡查。巡查的内容主要包括:

(一)用火、用电有无违章情况;

(二)安全出口、疏散通道是否畅通,安全疏散指示标志、应急照明是否完好;

(三)消防设施、器材和消防安全标志是否在位、完整;

（四）常闭式防火门是否处于关闭状态，防火卷帘下是否堆放物品影响使用；

（五）消防安全重点部位的人员在岗情况；

（六）其他消防安全情况。

校医院、学生宿舍、公共教室、实验室、文物古建筑等应当加强夜间防火巡查。

防火巡查人员应当及时纠正消防违章行为，妥善处置火灾隐患，无法当场处置的，应当立即报告。发现初起火灾应当立即报警、通知人员疏散、及时扑救。

防火巡查应当填写巡查记录，巡查人员及其主管人员应当在巡查记录上签名。

第三十条 对下列违反消防安全规定的行为，检查、巡查人员应当责成有关人员改正并督促落实：

（一）消防设施、器材或者消防安全标志的配置、设置不符合国家标准、行业标准，或者未保持完好有效的；

（二）损坏、挪用或者擅自拆除、停用消防设施、器材的；

（三）占用、堵塞、封闭消防通道、安全出口的；

（四）埋压、圈占、遮挡消火栓或者占用防火间距的；

（五）占用、堵塞、封闭消防车通道，妨碍消防车通行的；

（六）人员密集场所在门窗上设置影响逃生和灭火救援的障碍物的；

（七）常闭式防火门处于开启状态，防火卷帘下堆放物品影响使用的；

（八）违章进入易燃易爆危险物品生产、储存等场所的；

（九）违章使用明火作业或者在具有火灾、爆炸危险的场所吸烟、使用明火等违反禁令的；

（十）消防设施管理、值班人员和防火巡查人员脱岗的；

（十一）对火灾隐患经公安机关消防机构通知后不及时采取措施消除的；

（十二）其他违反消防安全管理规定的行为。

第三十一条 学校对教育行政主管部门和公安机关消防机构、公安派出所指出的各类火灾隐患，应当及时予以核查、消除。

对公安机关消防机构、公安派出所责令限期改正的火灾隐患，学校应当在规定的期限内整改。

第三十二条 对不能及时消除的火灾隐患，隐患单位应当及时向学校及相关单位的消防安全责任人或者消防安全工作主管领导报告，提出整改方案，确定整改措施、期限以及负责整改的部门、人员，并落实整改资金。

火灾隐患尚未消除的，隐患单位应当落实防范措施，保障消防安全。对于随时可能引发火灾或者一旦发生火灾将严重危及人身安全的，应当将危险部位停止使用或停业整改。

第三十三条 对于涉及城市规划布局等学校无力解决的重大火灾隐患，学校应当及时向其上级主管部门或者当地人民政府报告。

第三十四条 火灾隐患整改完毕，整改单位应当将整改情况记录报送相应的消防安全工作责任人或者消防安全工作主管领导签字确认后存档备查。

第五章 消防安全教育和培训

第三十五条 学校应当将师生员工的消防安全教育和培训纳入学校消防安全年度工作计划。

消防安全教育和培训的主要内容包括：

（一）国家消防工作方针、政策，消防法律、法规；

（二）本单位、本岗位的火灾危险性，火灾预防知识和措施；

（三）有关消防设施的性能、灭火器材的使用方法；

（四）报火警、扑救初起火灾和自救互救技能；

（五）组织、引导在场人员疏散的方法。

第三十六条 学校应当采取下列措施对学生进行消防安全教育，使其了解防火、灭火知识，掌握报警、扑救初起火灾和自救、逃生方法。

（一）开展学生自救、逃生等防火安全常识的模拟演练，每学年至少组织一次学生消防演练；

（二）根据消防安全教育的需要，将消防安全知识纳入教学和培训内容；

（三）对每届新生进行不低于4学时的消防安全教育和培训；

（四）对进入实验室的学生进行必要的安全技能和操作规程培训；

（五）每学年至少举办一次消防安全专题讲座，并在校园网络、广播、校内报刊开设消防安全教育栏目。

第三十七条 学校二级单位应当组织新上岗和进入新岗位的员工进行上岗前的消防安全培训。

消防安全重点单位(部位)对员工每年至少进行一次消防安全培训。

第三十八条 下列人员应当依法接受消防安全培训:

(一)学校及各二级单位的消防安全责任人、消防安全管理人;

(二)专职消防管理人员、学生宿舍管理人员;

(三)消防控制室的值班、操作人员;

(四)其他依照规定应当接受消防安全培训的人员。

前款规定中的第(三)项人员必须持证上岗。

第六章 灭火、应急疏散预案和演练

第三十九条 学校、二级单位、消防安全重点单位(部位)应当制定相应的灭火和应急疏散预案,建立应急反应和处置机制,为火灾扑救和应急救援工作提供人员、装备等保障。

灭火和应急疏散预案应当包括以下内容:

(一)组织机构:指挥协调组、灭火行动组、通讯联络组、疏散引导组、安全防护救护组;

(二)报警和接警处置程序;

(三)应急疏散的组织程序和措施;

(四)扑救初起火灾的程序和措施;

(五)通讯联络、安全防护救护的程序和措施。

(六)其他需要明确的内容。

第四十条 学校实验室应当有针对性地制定突发事件应急处置预案,并将应急处置预案涉及到的生物、化学及易燃易爆物品的种类、性质、数量、危险性和应对措施及处置药品的名称、产地和储备等内容报学校消防机构备案。

第四十一条 校内消防安全重点单位应当按照灭火和应急疏散预案每半年至少组织一次消防演练,并结合实际,不断完善预案。

消防演练应当设置明显标识并事先告知演练范围内的人员,避免意外事故发生。

第七章 消防经费

第四十二条 学校应当将消防经费纳入学校年度经费预算,保证消防经费投入,保障消防工作的需要。

第四十三条 学校日常消防经费用于校内灭火器材的配置、维修、更新,灭火和应急疏散预案的备用设施、材料,以及消防宣传教育、培训等,保证学校消防工作正常开展。

第四十四条 学校安排专项经费,用于解决火灾隐患,维修、检测、改造消防专用给水管网、消防专用供水系统、灭火系统、自动报警系统、防排烟系统、消防通讯系统、消防监控系统等消防设施。

第四十五条 消防经费使用坚持专款专用、统筹兼顾、保证重点、勤俭节约的原则。

任何单位和个人不得挤占、挪用消防经费。

第八章 奖 惩

第四十六条 学校应当将消防安全工作纳入校内评估考核内容,对在消防安全工作中成绩突出的单位和个人给予表彰奖励。

第四十七条 对未依法履行消防安全职责、违反消防安全管理制度、或者擅自挪用、损坏、破坏消防器材、设施等违反消防安全管理规定的,学校应当责令其限期整改,给予通报批评;对直接负责的主管人员和其他直接责任人员根据情节轻重给予警告等相应的处分。

前款涉及民事损失、损害的,有关责任单位和责任人应当依法承担民事责任。

第四十八条 学校违反消防安全管理规定或者发生重特大火灾的,除依据消防法的规定进行处罚外,教育行政部门应当取消其当年评优资格,并按照国家有关规定对有关主管人员和责任人员依法予以处分。

第九章 附 则

第四十九条 学校应当依据本规定,结合本校实际,制定本校消防安全管理办法。

高等学校以外的其他高等教育机构的消防安全管理,参照本规定执行。

第五十条 本规定所称学校二级单位,包括学院、系、处、所、中心等。

第五十一条 本规定自2010年1月1日起施行。

大中小学国家安全教育指导纲要

·2020年9月28日
·教材〔2020〕5号

为贯彻落实总体国家安全观,指导大中小学系统、规范、科学地开展国家安全教育,特制定本纲要。

一、总体要求

(一)指导思想

以习近平新时代中国特色社会主义思想为指导,贯彻党的教育方针,落实立德树人根本任务,牢固树立和全面践行总体国家安全观,构建具有中国特色的国家安全教育体系,系统推进国家安全教育进课程、进教材、进校园,全面增强大中小学生的国家安全意识,提升维护国家安全能力,为培养社会主义合格建设者和可靠接班人打下坚实基础。

(二)基本原则

坚持正确方向。以总体国家安全观为统领,坚持和加强党对国家安全教育的领导,增强国家意识,强化政治认同,坚定道路自信、理论自信、制度自信、文化自信,践行社会主义核心价值观。

坚持依法开展。在《中华人民共和国国家安全法》《中华人民共和国反恐怖主义法》《中华人民共和国反间谍法》《中华人民共和国网络安全法》《中华人民共和国教育法》等一系列法律框架内依法开展教育。

坚持统一规划。强化顶层设计,明确大中小学各学段国家安全教育目标,落实相关法律法规要求,统筹各领域国家安全教育内容,形成纵向衔接、横向配合、有机融入的教育格局。

坚持遵循规律。符合学生年龄特征,密切联系学生实际,紧贴世情国情社情,适应不同学科专业领域和不同类型教育特点,提升科学性和适宜性。

坚持方式多样。充分利用多种资源,专门课程与学科融入相结合,知识学习与实践活动相结合,学校教育与社会教育相结合,生动鲜活、易于接受,增强育人实效。

(三)主要目标

通过国家安全教育,使学生能够深入理解和准确把握总体国家安全观,牢固树立国家利益至上的观念,增强自觉维护国家安全意识,具备维护国家安全的能力。

小学阶段,重点围绕建立国家概念,启蒙国家安全意识。学生初步了解国家安全基本常识,感受个人生活与国家安全息息相关,增强爱国主义情感。

初中阶段,重点围绕认识个人与国家关系,增强国家安全意识。学生初步了解总体国家安全观,掌握国家安全基础知识,理解国家安全对个人成长的重要作用,初步树立国家利益至上的观念。

高中阶段,重点围绕理解人民福祉与国家关系,树立总体国家安全观。学生理解总体国家安全观,初步掌握国家安全各领域内涵及其关系,认识国家安全对国家发展的重要作用,树立忧患意识,增强自觉维护国家安全的使命感。

大学阶段,重点围绕理解中华民族命运与国家关系,践行总体国家安全观。学生系统掌握总体国家安全观的内涵和精神实质,理解中国特色国家安全体系,树立国家安全底线思维,将国家安全意识转化为自觉行动,强化责任担当。

二、主要内容

(一)总论

主要包括:国家安全的重要性,我国新时代国家安全的形势与特点,总体国家安全观的基本内涵、重点领域和重大意义,以及相关法律法规。

主要学习:习近平关于总体国家安全观重要论述,牢固树立总体国家安全观,坚持统筹发展和安全,坚持人民安全、政治安全、国家利益至上有机统一,坚持维护和塑造国家安全,坚持科学统筹。以人民安全为宗旨,以政治安全为根本,以经济安全为基础,以军事、科技、文化、社会安全为保障,健全国家安全体系,增强国家安全能力。完善集中统一、高效权威的国家安全领导体制,健全国家安全法律制度体系。

(二)重点领域

主要包括:政治安全、国土安全、军事安全、经济安全、文化安全、社会安全、科技安全、网络安全、生态安全、资源安全、核安全、海外利益安全以及太空、深海、极地、生物等不断拓展的新型领域安全。

主要学习：国家安全各重点领域的基本内涵、重要性、面临的威胁与挑战、维护的途径与方法。

具体内容：

政治安全包括政权安全、制度安全、意识形态安全等方面，是国家安全的根本，对于保障人民安全、维护国家利益，不断提高全体国民的获得感、幸福感、安全感，实现国家长治久安，具有根本性、全局性的重大意义。面临渗透、分裂、颠覆等敌对活动的威胁。维护政治安全必须加强党的领导、坚定理想信念。

国土安全包括领土以及自然资源、基础设施安全等方面，核心是指领土完整、国家统一，边疆边境、领空、海洋权益等不受侵犯或免于威胁的状态，是国家生存和发展的基本条件。面临境内外分裂势力的挑衅。维护国土安全必须加强国防和外交能力建设。

军事安全包括军事力量、军事战略和领导体制等方面，是国家安全的重要保障和保底手段。面临世界军事变革深入发展带来的挑战和潜在战争风险。维护军事安全必须贯彻落实习近平强军思想，全面推进国防和军队现代化建设。

经济安全包括经济制度安全、经济秩序安全、经济主权安全、经济发展安全等方面，是国家安全与发展的基础。面临国际经济金融动荡和国内经济可持续发展挑战。维护经济安全必须坚持和完善中国特色社会主义经济发展道路。

文化安全包括文化主权、文化价值观、文化资源安全等方面，是确保一个民族、一个国家独立和尊严的重要精神支撑。面临外部意识形态渗透、消极文化侵蚀、文化自信和向心力缺失等威胁。维护文化安全必须强化中华优秀传统文化、革命文化、社会主义先进文化教育。

社会安全包括社会治安、社会舆情、公共卫生等方面，是社会和谐稳定的基础。面临重大疫情、群体性事件、暴力恐怖活动、新型违法犯罪等威胁。维护社会安全必须健全法制，完善体制机制，提升应对重大新发突发传染病等社会公共安全事件的能力。

科技安全包括科技自身安全和科技支撑保障相关领域安全，涵盖科技人才、设施设备、科技活动、科技成果、成果应用等多个方面，是支撑国家安全的重要力量和技术基础。面临重点领域核心技术受制于人、原始创新能力不足等问题。维护科技安全必须重视人才培养、突破关键技术。

网络安全包括网络基础设施、网络运行、网络服务、信息安全等方面，是保障和促进信息社会健康发展的基础。面临网络基础设施安全隐患和网络犯罪等威胁。维护网络安全必须践行“没有网络安全就没有国家安全，没有信息化就没有现代化”的理念，强化依法治网、技术创新、国际合作等，树立网络空间主权意识。

生态安全包括水、土地、大气、生物物种安全等方面，是人类生存发展的基本条件。面临生态破坏、环境污染、疫情等威胁。维护生态安全必须践行“绿水青山就是金山银山”理念，加强综合治理，筑牢国家生态安全屏障。

资源安全包括可再生资源安全、不可再生资源安全等方面，是国家战略命脉和国家发展依托。面临供需矛盾大、对外依存度高、开发利用水平低等问题。维护资源安全必须坚持推进绿色发展、利用好两个市场和两种资源。

核安全包括核材料、核设施、核技术、核扩散安全等方面，事关人类前途命运。面临核事故风险、涉核恐怖活动、核扩散威胁和核对抗挑战等。维护核安全必须强化政治投入、国家责任、国际合作、核安全文化建设，全面提升核技术能力。

海外利益安全包括海外中国公民、机构、企业安全和正当权益，海外战略性利益安全等方面。面临冲突与政局动荡、国际恐怖主义、重大自然灾害、重大新发突发传染病疫情等威胁。维护海外利益安全是高水平对外开放的必然要求，必须提升海外安全保障能力，加强国际合作。

新型领域安全包括太空、深海、极地、生物等发展探索、保护利用等，是未来国际竞争的新焦点。面临技术挑战、参与国际规则制定等问题。维护新型领域安全必须推进顶层设计、加快人才培养、深化国际合作等。

三、实施途径

（一）开设专门课程

高等学校依托校内相关教学科研机构，开设国家安全教育公共基础课。鼓励支持地方和中小学（含中职）挖掘和利用校内外国家安全教育资源，开设地方课程和校本课程。

（二）开展专题教育

围绕总体国家安全观和国家安全各领域，确定综合性或特定领域的主题。通过组织讲座、参观、调研、体验式实践活动等方式，进行案例分析、实地考察、访谈探究、行动反思，积极引导学生自主参与、体验感悟。

（三）融入各学科专业教育教学

中小学各学科课程标准、普通高等学校和职业院校公共基础课及相关专业课，要结合本学科本专业特点，明确国家安全教育相关内容和要求，纳入课程思政教学体系。

各学科专业教师要强化国家安全意识，通过延伸、拓展学科知识，引导学生主动运用所学知识分析国家安全问题，着力强化学生国家安全意识，丰富国家安全知识；要理解总体国家安全观，掌握国家安全基础知识，结合学科专业领域特点，在课程中有机融入国家安全教育内容，避免简单添加、生硬联系，注重教学实效。

（四）发挥校园文化作用

充分利用学校各类社团、报刊媒体、广播站、宣传栏等平台，实现国家安全知识传播常态化。鼓励和支持学校网站开设国家安全宣传专栏或在线学习平台，开发适合互联网、移动终端等新兴媒体传播手段的国家安全教育精品资源。结合入学教育、升旗仪式、军训、节日庆典、全民国家安全教育日等重要时间节点，组织开展形式多样的国家安全教育活动。

（五）充分利用社会资源

充分发挥国家安全各领域专业人才、专业机构和行业企业的作用，开设专题讲座、指导学生实践活动、培训师资、提供专业咨询和体验服务等。有效利用各类场馆、基地、设施等，开发实践课程，组织现场教学，强化体验感受。

四、考试评价

（一）评价原则

坚持发展性，强化教育引导，激发学生学习热情，提升学生国家安全意识，增强爱国主义情感，杜绝随意打分、简单排名。

坚持过程性，激发学生积极实践，提升学生维护国家安全能力，引导知行合一，避免单一考察知识概念。

坚持多元性，注重自评与他评相结合、过程评价与结果评价相结合、定性评价与定量评价相结合，保证评价全面客观。

（二）评价实施

依据国家安全教育主要目标和主要内容，明确评价要求和评价要点，突出素养导向。将相关国家安全教育内容纳入不同阶段学生学业评价范畴。小学阶段侧重考察参与相关活动情况；中学阶段相关学科要把国家安全教育有关内容纳入考核评价范围，兼顾活动参与情况的考察；大学阶段采用多种方式进行课程考试，兼顾过程性考核。客观记录学生参与国家安全专题教育、课程学习和社会实践等活动中的态度、行为表现和学习成果，确保记录真实可靠，纳入学生综合素质档案。

五、管理与保障

（一）组织领导

在党委统一领导下，省级教育部门会同省级党委有关办事机构，做好本地中小学（含中职）国家安全教育顶层设计，明确工作任务、人员配备、责任机构、条件保障、经费投入、推进计划等。实行分级负责制，省级党委有关办事机构协调推动，省级教育部门牵头协调其他部门，统筹指导本地国家安全教育工作，地市、县相关部门负责组织落实，督促中小学（含中职）履行国家安全教育教学实施主体责任。

高等学校党委负责本校国家安全教育的组织实施，在教师配备、经费投入等给予必要保障。

（二）课时保障

大中小学国家安全专题教育每学年不少于1次，每次不少于2课时。高等学校国家安全教育公共基础课不少于1学分。小学、初中、高中（含中职）各学段国家安全教育内容安排原则上不少于32课时，要统筹落实到课程标准和教材中。

（三）督导检查

把国家安全教育纳入教育督导体系，明确督导办法。各级教育督导部门要组织开展国家安全教育督导，着重检查教育实效，检验学生思想认识、态度情感、行为表现等方面的状况。将督导检查结果纳入年度考核范围。

（四）专业指导

全国国家安全教育指导委员会负责开展国家安全教育教学的研究、咨询、指导、评估、服务等工作，会同国家教材委员会相关专家委员会组织开展国家安全教育高等学校教材和中小学（含中职）读本审查。各地教育行政部门和学校通过开展典型培养、评优评先、学术研讨、经验交流等活动，进一步发挥示范引领作用。

相关专业学术机构、学术团体加强国家安全教育的理论与实践研究、学术平台建设，组织开展学术交流、教学应用研究等。

各级教研部门组织国家安全教育实施途径与方法的专项研究，探索学科有机融入、专题教育设计，有效指导教师教学。

（五）资源开发

国务院教育行政部门指导开发适合中小学（含中职）学生认知特点的国家安全教育读本，组织编写高等学校国家安全教育公共基础课教材。地方教育行政部门、学校和相关专业机构要综合运用信息技术手段，有针对性地开发配套的多媒体素材、案例库、课件、微课、专题网站、应用软件、微信公众号、在线开放课程等集成的数字化课程资源，确保资源形式与种类多样化。

地方和学校应注重因地制宜，统筹利用现有资源，推动相关教育实践基地改造升级，拓展其国家安全教育功能，打造一批综合性教育实践基地和专题性教育实践基地。

（六）师资队伍建设

分级开展大中小学教师全员培训，将国家安全教育纳入"国培计划"、高等学校新入职教师培训、思政课教师培训等各级各类培训，强化每位教师的国家安全意识，提高实施国家安全教育的自觉性。

分层次举办校级领导总体国家安全观专题研讨班，对国家安全教育关联度较高的学科教师进行专项培训，建设培训者队伍和专家库，提升实施国家安全教育的能力。

选拔、培育一批专门从事国家安全教育的专业骨干教师；鼓励相关领域专家、思政课教师、相关学科教师，发挥专业特长，参与国家安全教育，形成专兼结合的国家安全教育师资队伍。

鼓励支持高等学校设置国家安全教育专业或开设国家安全教育专业双学位，强化师范专业国家安全教育要求，培养从事国家安全教育专业人才。

最高人民法院、最高人民检察院关于办理强奸、猥亵未成年人刑事案件适用法律若干问题的解释

- 2023年1月3日最高人民法院审判委员会第1878次会议、2023年3月2日最高人民检察院第十三届检察委员会第一百一十四次会议通过
- 2023年5月24日最高人民法院、最高人民检察院公告公布
- 自2023年6月1日起施行
- 法释〔2023〕3号

为依法惩处强奸、猥亵未成年人犯罪，保护未成年人合法权益，根据《中华人民共和国刑法》等法律规定，现就办理此类刑事案件适用法律的若干问题解释如下：

第一条 奸淫幼女的，依照刑法第二百三十六条第二款的规定从重处罚。具有下列情形之一的，应当适用较重的从重处罚幅度：

（一）负有特殊职责的人员实施奸淫的；

（二）采用暴力、胁迫等手段实施奸淫的；

（三）侵入住宅或者学生集体宿舍实施奸淫的；

（四）对农村留守女童、严重残疾或者精神发育迟滞的被害人实施奸淫的；

（五）利用其他未成年人诱骗、介绍、胁迫被害人的；

（六）曾因强奸、猥亵犯罪被判处刑罚的。

强奸已满十四周岁的未成年女性，具有前款第一项、第三项至第六项规定的情形之一，或者致使被害人轻伤、患梅毒、淋病等严重性病的，依照刑法第二百三十六条第一款的规定定罪，从重处罚。

第二条 强奸已满十四周岁的未成年女性或者奸淫幼女，具有下列情形之一的，应当认定为刑法第二百三十六条第三款第一项规定的"强奸妇女、奸淫幼女情节恶劣"：

（一）负有特殊职责的人员多次实施强奸、奸淫的；

（二）有严重摧残、凌辱行为的；

（三）非法拘禁或者利用毒品诱骗、控制被害人的；

（四）多次利用其他未成年人诱骗、介绍、胁迫被害人的；

（五）长期实施强奸、奸淫的；

（六）奸淫精神发育迟滞的被害人致使怀孕的；

（七）对强奸、奸淫过程或者被害人身体隐私部位制作视频、照片等影像资料，以此胁迫对被害人实施强奸、奸淫，或者致使影像资料向多人传播，暴露被害人身份的；

（八）其他情节恶劣的情形。

第三条 奸淫幼女，具有下列情形之一的，应当认定为刑法第二百三十六条第三款第五项规定的“造成幼女伤害”：

（一）致使幼女轻伤的；

（二）致使幼女患梅毒、淋病等严重性病的；

（三）对幼女身心健康造成其他伤害的情形。

第四条 强奸已满十四周岁的未成年女性或者奸淫幼女，致使其感染艾滋病病毒的，应当认定为刑法第二百三十六条第三款第六项规定的“致使被害人重伤”。

第五条 对已满十四周岁不满十六周岁的未成年女性负有特殊职责的人员，与该未成年女性发生性关系，具有下列情形之一的，应当认定为刑法第二百三十六条之一规定的“情节恶劣”：

（一）长期发生性关系的；

（二）与多名被害人发生性关系的；

（三）致使被害人感染艾滋病病毒或者患梅毒、淋病等严重性病的；

（四）对发生性关系的过程或者被害人身体隐私部位制作视频、照片等影像资料，致使影像资料向多人传播，暴露被害人身份的；

（五）其他情节恶劣的情形。

第六条 对已满十四周岁的未成年女性负有特殊职责的人员，利用优势地位或者被害人孤立无援的境地，迫使被害人与其发生性关系的，依照刑法第二百三十六条的规定，以强奸罪定罪处罚。

第七条 猥亵儿童，具有下列情形之一的，应当认定为刑法第二百三十七条第三款第三项规定的“造成儿童伤害或者其他严重后果”：

（一）致使儿童轻伤以上的；

（二）致使儿童自残、自杀的；

（三）对儿童身心健康造成其他伤害或者严重后果的情形。

第八条 猥亵儿童，具有下列情形之一的，应当认定为刑法第二百三十七条第三款第四项规定的“猥亵手段恶劣或者有其他恶劣情节”：

（一）以生殖器侵入肛门、口腔或者以生殖器以外的身体部位、物品侵入被害人生殖器、肛门等方式实施猥亵的；

（二）有严重摧残、凌辱行为的；

（三）对猥亵过程或者被害人身体隐私部位制作视频、照片等影像资料，以此胁迫对被害人实施猥亵，或者致使影像资料向多人传播，暴露被害人身份的；

（四）采取其他恶劣手段实施猥亵或者有其他恶劣情节的情形。

第九条 胁迫、诱骗未成年人通过网络视频聊天或者发送视频、照片等方式，暴露身体隐私部位或者实施淫秽行为，符合刑法第二百三十七条规定的，以强制猥亵罪或者猥亵儿童罪定罪处罚。

胁迫、诱骗未成年人通过网络直播方式实施前款行为，同时符合刑法第二百三十七条、第三百六十五条的规定，构成强制猥亵罪、猥亵儿童罪、组织淫秽表演罪的，依照处罚较重的规定定罪处罚。

第十条 实施猥亵未成年人犯罪，造成被害人轻伤以上后果，同时符合刑法第二百三十四条或者第二百三十二条的规定，构成故意伤害罪、故意杀人罪的，依照处罚较重的规定定罪处罚。

第十一条 强奸、猥亵未成年人的成年被告人认罪认罚的，是否从宽处罚及从宽幅度应当从严把握。

第十二条 对强奸未成年人的成年被告人判处刑罚时，一般不适用缓刑。

对于判处刑罚同时宣告缓刑的，可以根据犯罪情况，同时宣告禁止令，禁止犯罪分子在缓刑考验期限内从事与未成年人有关的工作、活动，禁止其进入中小学校、幼儿园及其他未成年人集中的场所。确因本人就学、居住等原因，经执行机关批准的除外。

第十三条 对于利用职业便利实施强奸、猥亵未成年人等犯罪的，人民法院应当依法适用从业禁止。

第十四条 对未成年人实施强奸、猥亵等犯罪造成人身损害的，应当赔偿医疗费、护理费、交通费、营养费、住院伙食补助费等为治疗和康复支付的合理费用，以及因误工减少的收入。

根据鉴定意见、医疗诊断书等证明需要对未成年人进行精神心理治疗和康复，所需的相关费用，应当认定为前款规定的合理费用。

第十五条 本解释规定的"负有特殊职责的人员"，是指对未成年人负有监护、收养、看护、教育、医疗等职责的人员，包括与未成年人具有共同生活关系且事实上负有照顾、保护等职责的人员。

第十六条 本解释自2023年6月1日起施行。

（五）国防教育

中华人民共和国国防法（节录）

· 1997年3月14日第八届全国人民代表大会第五次会议通过

· 根据2009年8月27日第十一届全国人民代表大会常务委员会第十次会议《关于修改部分法律的决定》修正

· 2020年12月26日第十三届全国人民代表大会常务委员会第二十四次会议修订

……

第七章 国防教育

第四十三条 国家通过开展国防教育，使全体公民增强国防观念、强化忧患意识、掌握国防知识、提高国防技能、发扬爱国主义精神，依法履行国防义务。

普及和加强国防教育是全社会的共同责任。

第四十四条 国防教育贯彻全民参与、长期坚持、讲求实效的方针，实行经常教育与集中教育相结合、普及教育与重点教育相结合、理论教育与行为教育相结合的原则。

第四十五条 国防教育主管部门应当加强国防教育的组织管理，其他有关部门应当按照规定的职责做好国防教育工作。

军事机关应当支持有关机关和组织开展国防教育工作，依法提供有关便利条件。

一切国家机关和武装力量、各政党和各人民团体、企业事业组织、社会组织和其他组织，都应当组织本地区、本部门、本单位开展国防教育。

学校的国防教育是全民国防教育的基础。各级各类学校应当设置适当的国防教育课程，或者在有关课程中增加国防教育的内容。普通高等学校和高中阶段学校应当按照规定组织学生军事训练。

公职人员应当积极参加国防教育，提升国防素养，发挥在全民国防教育中的模范带头作用。

第四十六条 各级人民政府应当将国防教育纳入国民经济和社会发展计划，保障国防教育所需的经费。

……

第九章 公民、组织的国防义务和权利

第五十三条 依照法律服兵役和参加民兵组织是中华人民共和国公民的光荣义务。

各级兵役机关和基层人民武装机构应当依法办理兵役工作，按照国务院和中央军事委员会的命令完成征兵任务，保证兵员质量。有关国家机关、人民团体、企业事业组织、社会组织和其他组织，应当依法完成民兵和预备役工作，协助完成征兵任务。

第五十四条 企业事业组织和个人承担国防科研生产任务或者接受军事采购，应当按照要求提供符合质量标准的武器装备或者物资、工程、服务。

企业事业组织和个人应当按照国家规定在与国防密切相关的建设项目中贯彻国防要求，依法保障国防建设和军事行动的需要。车站、港口、机场、道路等交通设施的管理、运营单位应当为军人和军用车辆、船舶的通行提供优先服务，按照规定给予优待。

第五十五条 公民应当接受国防教育。

公民和组织应当保护国防设施，不得破坏、危害国防设施。

公民和组织应当遵守保密规定，不得泄露国防方面的国家秘密，不得非法持有国防方面的秘密文件、资料和其他秘密物品。

第五十六条 公民和组织应当支持国防建设，为武装力量的军事训练、战备勤务、防卫作战、非战争军事行动等活动提供便利条件或者其他协助。

国家鼓励和支持符合条件的公民和企业投资国防事业，保障投资者的合法权益并依法给予政策优惠。

第五十七条 公民和组织有对国防建设提出

建议的权利，有对危害国防利益的行为进行制止或者检举的权利。

第五十八条 民兵、预备役人员和其他公民依法参加军事训练，担负战备勤务、防卫作战、非战争军事行动等任务时，应当履行自己的职责和义务；国家和社会保障其享有相应的待遇，按照有关规定对其实行抚恤优待。

公民和组织因国防建设和军事活动在经济上受到直接损失的，可以依照国家有关规定获得补偿。

……

中华人民共和国国防教育法

·2001年4月28日第九届全国人民代表大会常务委员会第二十一次会议通过

·根据2018年4月27日第十三届全国人民代表大会常务委员会第二次会议《关于修改〈中华人民共和国国境卫生检疫法〉等六部法律的决定》修正

第一章 总 则

第一条 为了普及和加强国防教育，发扬爱国主义精神，促进国防建设和社会主义精神文明建设，根据国防法和教育法，制定本法。

第二条 国防教育是建设和巩固国防的基础，是增强民族凝聚力、提高全民素质的重要途径。

第三条 国家通过开展国防教育，使公民增强国防观念，掌握基本的国防知识，学习必要的军事技能，激发爱国热情，自觉履行国防义务。

第四条 国防教育贯彻全民参与、长期坚持、讲求实效的方针，实行经常教育与集中教育相结合、普及教育与重点教育相结合、理论教育与行为教育相结合的原则，针对不同对象确定相应的教育内容分类组织实施。

第五条 中华人民共和国公民都有接受国防教育的权利和义务。

普及和加强国防教育是全社会的共同责任。

一切国家机关和武装力量、各政党和各社会团体、各企业事业组织以及基层群众性自治组织，都应当根据各自的实际情况组织本地区、本部门、本单位开展国防教育。

第六条 国务院领导全国的国防教育工作。中央军事委员会协同国务院开展全民国防教育。

地方各级人民政府领导本行政区域内的国防教育工作。驻地军事机关协助和支持地方人民政府开展国防教育。

第七条 国家国防教育工作机构规划、组织、指导和协调全国的国防教育工作。

县级以上地方负责国防教育工作的机构组织、指导、协调和检查本行政区域内的国防教育工作。

第八条 教育、退役军人事务、文化宣传等部门，在各自职责范围内负责国防教育工作。

征兵、国防科研生产、国民经济动员、人民防空、国防交通、军事设施保护等工作的主管部门，依照本法和有关法律、法规的规定，负责国防教育工作。

工会、共产主义青年团、妇女联合会以及其他有关社会团体，协助人民政府开展国防教育。

第九条 中国人民解放军、中国人民武装警察部队按照中央军事委员会的有关规定开展国防教育。

第十条 国家支持、鼓励社会组织和个人开展有益于国防教育的活动。

第十一条 国家和社会对在国防教育工作中作出突出贡献的组织和个人，采取各种形式给予表彰和奖励。

第十二条 国家设立全民国防教育日。

第二章 学校国防教育

第十三条 学校的国防教育是全民国防教育的基础，是实施素质教育的重要内容。

教育行政部门应当将国防教育列入工作计划，加强对学校国防教育的组织、指导和监督，并对学校国防教育工作定期进行考核。

第十四条 小学和初级中学应当将国防教育的内容纳入有关课程，将课堂教学与课外活动相结合，对学生进行国防教育。

有条件的小学和初级中学可以组织学生开展以国防教育为主题的少年军校活动。教育行政部门、共产主义青年团组织和其他有关部门应当加强对少年军校活动的指导与管理。

小学和初级中学可以根据需要聘请校外辅导

员,协助学校开展多种形式的国防教育活动。

第十五条 高等学校、高级中学和相当于高级中学的学校应当将课堂教学与军事训练相结合,对学生进行国防教育。

高等学校应当设置适当的国防教育课程,高级中学和相当于高级中学的学校应当在有关课程中安排专门的国防教育内容,并可以在学生中开展形式多样的国防教育活动。

高等学校、高级中学和相当于高级中学的学校学生的军事训练,由学校负责军事训练的机构或者军事教员按照国家有关规定组织实施。军事机关应当协助学校组织学生的军事训练。

第十六条 学校应当将国防教育列入学校的工作和教学计划,采取有效措施,保证国防教育的质量和效果。

学校组织军事训练活动,应当采取措施,加强安全保障。

第十七条 负责培训国家工作人员的各类教育机构,应当将国防教育纳入培训计划,设置适当的国防教育课程。

国家根据需要选送地方和部门的负责人到有关军事院校接受培训,学习和掌握履行领导职责所必需的国防知识。

第三章 社会国防教育

第十八条 国家机关应当根据各自的工作性质和特点,采取多种形式对工作人员进行国防教育。

国家机关工作人员应当具备基本的国防知识。从事国防建设事业的国家机关工作人员,必须学习和掌握履行职责所必需的国防知识。

各地区、各部门的领导人员应当依法履行组织、领导本地区、本部门开展国防教育的职责。

第十九条 企业事业组织应当将国防教育列入职工教育计划,结合政治教育、业务培训、文化体育等活动,对职工进行国防教育。

承担国防科研生产、国防设施建设、国防交通保障等任务的企业事业组织,应当根据所担负的任务,制定相应的国防教育计划,有针对性地对职工进行国防教育。

社会团体应当根据各自的活动特点开展国防教育。

第二十条 军区、省军区(卫戍区、警备区)、军分区(警备区)和县、自治县、市、市辖区的人民武装部按照国家和军队的有关规定,结合政治教育和组织整顿、军事训练、执行勤务、征兵工作以及重大节日、纪念日活动,对民兵、预备役人员进行国防教育。

民兵、预备役人员的国防教育,应当以基干民兵、第一类预备役人员和担任领导职务的民兵、预备役人员为重点,建立和完善制度,保证受教育的人员、教育时间和教育内容的落实。

第二十一条 城市居民委员会、农村村民委员会应当将国防教育纳入社区、农村社会主义精神文明建设的内容,结合征兵工作、拥军优属以及重大节日、纪念日活动,对居民、村民进行国防教育。

城市居民委员会、农村村民委员会可以聘请退役军人协助开展国防教育。

第二十二条 文化、新闻、出版、广播、电影、电视等部门和单位应当根据形势和任务的要求,采取多种形式开展国防教育。

中央和省、自治区、直辖市以及设区的市的广播电台、电视台、报刊应当开设国防教育节目或者栏目,普及国防知识。

第二十三条 烈士陵园、革命遗址和其他具有国防教育功能的博物馆、纪念馆、科技馆、文化馆、青少年宫等场所,应当为公民接受国防教育提供便利,对有组织的国防教育活动实行优惠或者免费;依照本法第二十八条的规定被命名为国防教育基地的,应当对有组织的中小学生免费开放;在全民国防教育日向社会免费开放。

第四章 国防教育的保障

第二十四条 各级人民政府应当将国防教育纳入国民经济和社会发展计划,并根据开展国防教育的需要,在财政预算中保障国防教育所需的经费。

第二十五条 国家机关、事业单位、社会团体开展国防教育所需的经费,在本单位预算经费内列支;企业开展国防教育所需经费,在本单位职工教育经费中列支。

学校组织学生军事训练所需的经费,按照国家有关规定执行。

第二十六条 国家鼓励社会组织和个人捐赠财产,资助国防教育的开展。

社会组织和个人资助国防教育的财产,由依

法成立的国防教育基金组织或者其他公益性社会组织依法管理。

国家鼓励社会组织和个人提供或者捐赠所收藏的具有国防教育意义的实物用于国防教育。使用单位对提供使用的实物应当妥善保管,使用完毕,及时归还。

第二十七条 国防教育经费和社会组织、个人资助国防教育的财产,必须用于国防教育事业,任何单位或者个人不得挪用、克扣。

第二十八条 本法第二十三条规定的场所,具备下列条件的,经省、自治区、直辖市人民政府批准,可以命名为国防教育基地:

(一)有明确的国防教育主题内容;

(二)有健全的管理机构和规章制度;

(三)有相应的国防教育设施;

(四)有必要的经费保障;

(五)有显著的社会教育效果。

国防教育基地应当加强建设,不断完善,充分发挥国防教育的功能。被命名的国防教育基地不再具备前款规定条件的,由原批准机关撤销命名。

第二十九条 各级人民政府应当加强对国防教育基地的规划、建设和管理,并为其发挥作用提供必要的保障。

各级人民政府应当加强对具有国防教育意义的文物的收集、整理、保护工作。

第三十条 全民国防教育使用统一的国防教育大纲。国防教育大纲由国家国防教育工作机构组织制定。

适用于不同地区、不同类别教育对象的国防教育教材,由有关部门或者地方依据国防教育大纲并结合本地区、本部门的特点组织编写。

第三十一条 各级国防教育工作机构应当组织、协调有关部门做好国防教育教员的选拔、培训和管理工作,加强国防教育师资队伍建设。

国防教育教员应当从热爱国防教育事业、具有基本的国防知识和必要的军事技能的人员中选拔。

第三十二条 中国人民解放军和中国人民武装警察部队应当根据需要和可能,为驻地有组织的国防教育活动选派军事教员,提供必要的军事训练场地、设施以及其他便利条件。

在国庆节、中国人民解放军建军节和全民国防教育日,经批准的军营可以向社会开放。军营开放的办法由中央军事委员会规定。

第五章　法律责任

第三十三条 国家机关、社会团体、企业事业组织以及其他社会组织违反本法规定,拒不开展国防教育活动的,由人民政府有关部门或者上级机关给予批评教育,并责令限期改正;拒不改正,造成恶劣影响的,对负有直接责任的主管人员依法给予行政处分。

第三十四条 违反本法规定,挪用、克扣国防教育经费的,由有关主管部门责令限期归还;对负有直接责任的主管人员和其他直接责任人员依法给予行政处分;构成犯罪的,依法追究刑事责任。

第三十五条 侵占、破坏国防教育基地设施、损毁展品的,由有关主管部门给予批评教育,并责令限期改正;有关责任人应当依法承担相应的民事责任。

有前款所列行为,违反治安管理规定的,由公安机关依法给予治安管理处罚;构成犯罪的,依法追究刑事责任。

第三十六条 寻衅滋事,扰乱国防教育工作和活动秩序的,或者盗用国防教育名义骗取钱财的,由有关主管部门给予批评教育,并予以制止;违反治安管理规定的,由公安机关依法给予治安管理处罚;构成犯罪的,依法追究刑事责任。

第三十七条 负责国防教育的国家工作人员玩忽职守、滥用职权、徇私舞弊的,依法给予行政处分;构成犯罪的,依法追究刑事责任。

第六章　附　则

第三十八条 本法自公布之日起施行。

七、教育国际合作与交流

中华人民共和国中外合作办学条例

- 2003年3月1日中华人民共和国国务院令第372号公布
- 根据2013年7月18日《国务院关于废止和修改部分行政法规的决定》第一次修订
- 根据2019年3月2日《国务院关于修改部分行政法规的决定》第二次修订

第一章 总 则

第一条 为了规范中外合作办学活动，加强教育对外交流与合作，促进教育事业的发展，根据《中华人民共和国教育法》、《中华人民共和国职业教育法》和《中华人民共和国民办教育促进法》，制定本条例。

第二条 外国教育机构同中国教育机构（以下简称中外合作办学者）在中国境内合作举办以中国公民为主要招生对象的教育机构（以下简称中外合作办学机构）的活动，适用本条例。

第三条 中外合作办学属于公益性事业，是中国教育事业的组成部分。

国家对中外合作办学实行扩大开放、规范办学、依法管理、促进发展的方针。

国家鼓励引进外国优质教育资源的中外合作办学。

国家鼓励在高等教育、职业教育领域开展中外合作办学，鼓励中国高等教育机构与外国知名的高等教育机构合作办学。

第四条 中外合作办学者、中外合作办学机构的合法权益，受中国法律保护。

中外合作办学机构依法享受国家规定的优惠政策，依法自主开展教育教学活动。

第五条 中外合作办学必须遵守中国法律，贯彻中国的教育方针，符合中国的公共道德，不得损害中国的国家主权、安全和社会公共利益。

中外合作办学应当符合中国教育事业发展的需要，保证教育教学质量，致力于培养中国社会主义建设事业的各类人才。

第六条 中外合作办学者可以合作举办各级各类教育机构。但是，不得举办实施义务教育和实施军事、警察、政治等特殊性质教育的机构。

第七条 外国宗教组织、宗教机构、宗教院校和宗教教职人员不得在中国境内从事合作办学活动。

中外合作办学机构不得进行宗教教育和开展宗教活动。

第八条 国务院教育行政部门负责全国中外合作办学工作的统筹规划、综合协调和宏观管理。国务院教育行政部门、劳动行政部门和其他有关行政部门在国务院规定的职责范围内负责有关的中外合作办学工作。

省、自治区、直辖市人民政府教育行政部门负责本行政区域内中外合作办学工作的统筹规划、综合协调和宏观管理。省、自治区、直辖市人民政府教育行政部门、劳动行政部门和其他有关行政部门在其职责范围内负责本行政区域内有关的中外合作办学工作。

第二章 设 立

第九条 申请设立中外合作办学机构的教育机构应当具有法人资格。

第十条 中外合作办学者可以用资金、实物、土地使用权、知识产权以及其他财产作为办学投入。

中外合作办学者的知识产权投入不得超过各自投入的1/3。但是，接受国务院教育行政部门、劳动行政部门或者省、自治区、直辖市人民政府邀请前来中国合作办学的外国教育机构的知识产权投入可以超过其投入的1/3。

第十一条 中外合作办学机构应当具备《中华人民共和国教育法》、《中华人民共和国职业教育法》、《中华人民共和国高等教育法》等法律和有关行政法规规定的基本条件，并具有法人资格。但是，外国教育机构同中国实施学历教育的高等学校设立的实施高等教育的中外合作办学机构，可以不具有法人资格。

设立中外合作办学机构，参照国家举办的同级同类教育机构的设置标准执行。

第十二条 申请设立实施本科以上高等学历教育的中外合作办学机构，由国务院教育行政部门审批；申请设立实施高等专科教育和非学历高等教育的中外合作办学机构，由拟设立机构所在地的省、自治区、直辖市人民政府审批。

申请设立实施中等学历教育和自学考试助学、文化补习、学前教育等的中外合作办学机构，由拟设立机构所在地的省、自治区、直辖市人民政府教育行政部门审批。

申请设立实施职业技能培训的中外合作办学机构，由拟设立机构所在地的省、自治区、直辖市人民政府劳动行政部门审批。

第十三条 设立中外合作办学机构，分为筹备设立和正式设立两个步骤。但是，具备办学条件，达到设置标准的，可以直接申请正式设立。

第十四条 申请筹备设立中外合作办学机构，应当提交下列文件：

（一）申办报告，内容应当主要包括：中外合作办学者、拟设立中外合作办学机构的名称、培养目标、办学规模、办学层次、办学形式、办学条件、内部管理体制、经费筹措与管理使用等；

（二）合作协议，内容应当包括：合作期限、争议解决办法等；

（三）资产来源、资金数额及有效证明文件，并载明产权；

（四）属捐赠性质的校产须提交捐赠协议，载明捐赠人的姓名、所捐资产的数额、用途和管理办法及相关有效证明文件；

（五）不低于中外合作办学者资金投入15%的启动资金到位证明。

第十五条 申请筹备设立中外合作办学机构的，审批机关应当自受理申请之日起45个工作日内作出是否批准的决定。批准的，发给筹备设立批准书；不批准的，应当书面说明理由。

第十六条 经批准筹备设立中外合作办学机构的，应当自批准之日起3年内提出正式设立申请；超过3年的，中外合作办学者应当重新申报。

筹备设立期内，不得招生。

第十七条 完成筹备设立申请正式设立的，应当提交下列文件：

（一）正式设立申请书；

（二）筹备设立批准书；

（三）筹备设立情况报告；

（四）中外合作办学机构的章程，首届理事会、董事会或者联合管理委员会组成人员名单；

（五）中外合作办学机构资产的有效证明文件；

（六）校长或者主要行政负责人、教师、财会人员的资格证明文件。

直接申请正式设立中外合作办学机构的，应当提交前款第（一）项、第（四）项、第（五）项、第（六）项和第十四条第（二）项、第（三）项、第（四）项所列文件。

第十八条 申请正式设立实施非学历教育的中外合作办学机构的，审批机关应当自受理申请之日起3个月内作出是否批准的决定；申请正式设立实施学历教育的中外合作办学机构的，审批机关应当自受理申请之日起6个月内作出是否批准的决定。批准的，颁发统一格式、统一编号的中外合作办学许可证；不批准的，应当书面说明理由。

中外合作办学许可证由国务院教育行政部门制定式样，由国务院教育行政部门和劳动行政部门按照职责分工分别组织印制；中外合作办学许可证由国务院教育行政部门统一编号，具体办法由国务院教育行政部门会同劳动行政部门确定。

第十九条 申请正式设立实施学历教育的中外合作办学机构的，审批机关受理申请后，应当组织专家委员会评议，由专家委员会提出咨询意见。

第二十条 中外合作办学机构取得中外合作办学许可证后，应当依照有关的法律、行政法规进行登记，登记机关应当依照有关规定即时予以办理。

第三章　组织与管理

第二十一条 具有法人资格的中外合作办学机构应当设立理事会或者董事会，不具有法人资格的中外合作办学机构应当设立联合管理委员会。理事会、董事会或者联合管理委员会的中方组成人员不得少于1/2。

理事会、董事会或者联合管理委员会由5人以上组成，设理事长、副理事长，董事长、副董事长或者主任、副主任各 1 人。中外合作办学者一方担任理事长、董事长或者主任的，由另一方担任副理事长、副董事长或者副主任。

具有法人资格的中外合作办学机构的法定代表人，由中外合作办学者协商，在理事长、董事长或者校长中确定。

第二十二条 中外合作办学机构的理事会、董事会或者联合管理委员会由中外合作办学者的代表、校长或者主要行政负责人、教职工代表等组成，其中 1/3 以上组成人员应当具有 5 年以上教育、教学经验。

中外合作办学机构的理事会、董事会或者联合管理委员会组成人员名单应当报审批机关备案。

第二十三条 中外合作办学机构的理事会、董事会或者联合管理委员会行使下列职权：

（一）改选或者补选理事会、董事会或者联合管理委员会组成人员；

（二）聘任、解聘校长或者主要行政负责人；

（三）修改章程，制定规章制度；

（四）制定发展规划，批准年度工作计划；

（五）筹集办学经费，审核预算、决算；

（六）决定教职工的编制定额和工资标准；

（七）决定中外合作办学机构的分立、合并、终止；

（八）章程规定的其他职权。

第二十四条 中外合作办学机构的理事会、董事会或者联合管理委员会每年至少召开一次会议。经 1/3 以上组成人员提议，可以召开理事会、董事会或者联合管理委员会临时会议。

中外合作办学机构的理事会、董事会或者联合管理委员会讨论下列重大事项，应当经 2/3 以上组成人员同意方可通过：

（一）聘任、解聘校长或者主要行政负责人；

（二）修改章程；

（三）制定发展规划；

（四）决定中外合作办学机构的分立、合并、终止；

（五）章程规定的其他重大事项。

第二十五条 中外合作办学机构的校长或者主要行政负责人，应当具有中华人民共和国国籍，在中国境内定居，热爱祖国，品行良好，具有教育、教学经验，并具备相应的专业水平。

第二十六条 中外合作办学机构的校长或者主要行政负责人行使下列职权：

（一）执行理事会、董事会或者联合管理委员会的决定；

（二）实施发展规划，拟订年度工作计划、财务预算和规章制度；

（三）聘任和解聘工作人员，实施奖惩；

（四）组织教育教学、科学研究活动，保证教育教学质量；

（五）负责日常管理工作；

（六）章程规定的其他职权。

第二十七条 中外合作办学机构依法对教师、学生进行管理。

中外合作办学机构聘任的外籍教师和外籍管理人员，应当具备学士以上学位和相应的职业证书，并具有 2 年以上教育、教学经验。

外方合作办学者应当从本教育机构中选派一定数量的教师到中外合作办学机构任教。

第二十八条 中外合作办学机构应当依法维护教师、学生的合法权益，保障教职工的工资、福利待遇，并为教职工缴纳社会保险费。

中外合作办学机构的教职工依法建立工会等组织，并通过教职工代表大会等形式，参与中外合作办学机构的民主管理。

第二十九条 中外合作办学机构的外籍人员应当遵守外国人在中国就业的有关规定。

第四章 教育教学

第三十条 中外合作办学机构应当按照中国对同级同类教育机构的要求开设关于宪法、法律、公民道德、国情等内容的课程。

国家鼓励中外合作办学机构引进国内急需、在国际上具有先进性的课程和教材。

中外合作办学机构应当将所开设的课程和引进的教材报审批机关备案。

第三十一条 中外合作办学机构根据需要，可以使用外国语言文字教学，但应当以普通话和规范汉字为基本教学语言文字。

第三十二条 实施高等学历教育的中外合作办学机构招收学生，纳入国家高等学校招生计划。实施其他学历教育的中外合作办学机构招收学生，按照省、自治区、直辖市人民政府教育行政部门的规定执行。

中外合作办学机构招收境外学生，按照国家有关规定执行。

第三十三条 中外合作办学机构的招生简章和广告应当报审批机关备案。

中外合作办学机构应当将办学类型和层次、专业设置、课程内容和招生规模等有关情况，定期向社会公布。

第三十四条 中外合作办学机构实施学历教育的，按照国家有关规定颁发学历证书或者其他学业证书；实施非学历教育的，按照国家有关规定颁发培训证书或者结业证书。对于接受职业技能培训的学生，经政府批准的职业技能鉴定机构鉴定合格的，可以按照国家有关规定颁发相应的国家职业资格证书。

中外合作办学机构实施高等学历教育的，可以按照国家有关规定颁发中国相应的学位证书。

中外合作办学机构颁发的外国教育机构的学历、学位证书，应当与该教育机构在其所属国颁发的学历、学位证书相同，并在该国获得承认。

中国对中外合作办学机构颁发的外国教育机构的学历、学位证书的承认，依照中华人民共和国缔结或者加入的国际条约办理，或者按照国家有关规定办理。

第三十五条 国务院教育行政部门或者省、自治区、直辖市人民政府教育行政部门及劳动行政部门等其他有关行政部门应当加强对中外合作办学机构的日常监督，组织或者委托社会中介组织对中外合作办学机构的办学水平和教育质量进行评估，并将评估结果向社会公布。

第五章 资产与财务

第三十六条 中外合作办学机构应当依法建立健全财务、会计制度和资产管理制度，并按照国家有关规定设置会计账簿。

第三十七条 中外合作办学机构存续期间，所有资产由中外合作办学机构依法享有法人财产权，任何组织和个人不得侵占。

第三十八条 中外合作办学机构的收费项目和标准，依照国家有关政府定价的规定确定并公布；未经批准，不得增加项目或者提高标准。

中外合作办学机构应当以人民币计收学费和其他费用，不得以外汇计收学费和其他费用。

第三十九条 中外合作办学机构收取的费用应当主要用于教育教学活动和改善办学条件。

第四十条 中外合作办学机构的外汇收支活动以及开设和使用外汇账户，应当遵守国家外汇管理规定。

第四十一条 中外合作办学机构应当在每个会计年度结束时制作财务会计报告，委托社会审计机构依法进行审计，向社会公布审计结果，并报审批机关备案。

第六章 变更与终止

第四十二条 中外合作办学机构的分立、合并，在进行财务清算后，由该机构理事会、董事会或者联合管理委员会报审批机关批准。

申请分立、合并实施非学历教育的中外合作办学机构的，审批机关应当自受理申请之日起 3 个月内以书面形式答复；申请分立、合并实施学历教育的中外合作办学机构的，审批机关应当自受理申请之日起 6 个月内以书面形式答复。

第四十三条 中外合作办学机构合作办学者的变更，应当由合作办学者提出，在进行财务清算后，经该机构理事会、董事会或者联合管理委员会同意，报审批机关核准，并办理相应的变更手续。

中外合作办学机构住所、法定代表人的变更，应当经审批机关核准，并办理相应的变更手续。中外合作办学机构校长或者主要行政负责人的变更，应当及时办理变更手续。

第四十四条 中外合作办学机构名称、层次、类别的变更，由该机构理事会、董事会或者联合管理委员会报审批机关批准。

申请变更为实施非学历教育的中外合作办学机构的，审批机关应当自受理申请之日起 3 个月内以书面形式答复；申请变更为实施学历教育的中外合作办学机构的，审批机关应当自受理申请之日起 6 个月内以书面形式答复。

第四十五条 中外合作办学机构有下列情形之一的，应当终止：

（一）根据章程规定要求终止，并经审批机关批准的；

（二）被吊销中外合作办学许可证的；

（三）因资不抵债无法继续办学，并经审批机关批准的。

中外合作办学机构终止，应当妥善安置在校学生；中外合作办学机构提出终止申请时，应当同时提交妥善安置在校学生的方案。

第四十六条 中外合作办学机构终止时，应当依法进行财务清算。

中外合作办学机构自己要求终止的，由中外合作办学机构组织清算；被审批机关依法撤销的，由审批机关组织清算；因资不抵债无法继续办学而被终止的，依法请求人民法院组织清算。

第四十七条 中外合作办学机构清算时，应当按照下列顺序清偿：

（一）应当退还学生的学费和其他费用；

（二）应当支付给教职工的工资和应当缴纳的社会保险费用；

（三）应当偿还的其他债务。

中外合作办学机构清偿上述债务后的剩余财产，依照有关法律、行政法规的规定处理。

第四十八条 中外合作办学机构经批准终止或者被吊销中外合作办学许可证的，应当将中外合作办学许可证和印章交回审批机关，依法办理注销登记。

第七章 法律责任

第四十九条 中外合作办学审批机关及其工作人员，利用职务上的便利收取他人财物或者获取其他利益，滥用职权、玩忽职守，对不符合本条例规定条件者颁发中外合作办学许可证，或者发现违法行为不予以查处，造成严重后果，触犯刑律的，对负有责任的主管人员和其他直接责任人员，依照刑法关于受贿罪、滥用职权罪、玩忽职守罪或者其他罪的规定，依法追究刑事责任；尚不够刑事处罚的，依法给予行政处分。

第五十条 违反本条例的规定，超越职权审批中外合作办学机构的，其批准文件无效，由上级机关责令改正；对负有责任的主管人员和其他直接责任人员，依法给予行政处分；致使公共财产、国家和人民利益遭受重大损失的，依照刑法关于滥用职权罪或者其他罪的规定，依法追究刑事责任。

第五十一条 违反本条例的规定，未经批准擅自设立中外合作办学机构，或者以不正当手段骗取中外合作办学许可证的，由教育行政部门、劳动行政部门按照职责分工予以取缔或者会同公安机关予以取缔，责令退还向学生收取的费用，并处以10万元以下的罚款；触犯刑律的，依照刑法关于诈骗罪或者其他罪的规定，依法追究刑事责任。

第五十二条 违反本条例的规定，在中外合作办学机构筹备设立期间招收学生的，由教育行政部门、劳动行政部门按照职责分工责令停止招生，责令退还向学生收取的费用，并处以10万元以下的罚款；情节严重，拒不停止招生的，由审批机关撤销筹备设立批准书。

第五十三条 中外合作办学者虚假出资或者在中外合作办学机构成立后抽逃出资的，由教育行政部门、劳动行政部门按照职责分工责令限期改正；逾期不改正的，由教育行政部门、劳动行政部门按照职责分工处以虚假出资金额或者抽逃出资金额2倍以下的罚款。

第五十四条 伪造、变造和买卖中外合作办学许可证的，依照刑法关于伪造、变造、买卖国家机关证件罪或者其他罪的规定，依法追究刑事责任。

第五十五条 中外合作办学机构未经批准增加收费项目或者提高收费标准的，由教育行政部门、劳动行政部门按照职责分工责令退还多收的费用，并由市场监督管理部门依照有关法律、行政法规的规定予以处罚。

第五十六条 中外合作办学机构管理混乱、教育教学质量低下，造成恶劣影响的，由教育行政部门、劳动行政部门按照职责分工责令限期整顿并予以公告；情节严重、逾期不整顿或者经整顿仍达不到要求的，由教育行政部门、劳动行政部门按照职责分工责令停止招生、吊销中外合作办学许可证。

第五十七条 违反本条例的规定，发布虚假招生简章，骗取钱财的，由教育行政部门、劳动行政部门按照职责分工，责令限期改正并予以警告；有违法所得的，退还所收费用后没收违法所得，并可处以10万元以下的罚款；情节严重的，责令停止招生、吊销中外合作办学许可证；构成犯罪的，依照刑法关于诈骗罪或者其他罪的规定，依法追究刑事责任。

中外合作办学机构发布虚假招生广告的，依照《中华人民共和国广告法》的有关规定追究其法律责任。

第五十八条 中外合作办学机构被处以吊销中外合作办学许可证行政处罚的，其理事长或者董事长、校长或者主要行政负责人自中外合作办学许可证被吊销之日起10年内不得担任任何中外合作办学机构的理事长或者董事长、校长或者主要行政负责人。

违反本条例的规定,触犯刑律被依法追究刑事责任的,自刑罚执行期满之日起10年内不得从事中外合作办学活动。

第八章 附 则

第五十九条 香港特别行政区、澳门特别行政区和台湾地区的教育机构与内地教育机构合作办学的,参照本条例的规定执行。

第六十条 在市场监督管理部门登记注册的经营性的中外合作举办的培训机构的管理办法,由国务院另行规定。

第六十一条 外国教育机构同中国教育机构在中国境内合作举办以中国公民为主要招生对象的实施学历教育和自学考试助学、文化补习、学前教育等的合作办学项目的具体审批和管理办法,由国务院教育行政部门制定。

外国教育机构同中国教育机构在中国境内合作举办以中国公民为主要招生对象的实施职业技能培训的合作办学项目的具体审批和管理办法,由国务院劳动行政部门制定。

第六十二条 外国教育机构、其他组织或者个人不得在中国境内单独设立以中国公民为主要招生对象的学校及其他教育机构。

第六十三条 本条例施行前依法设立的中外合作办学机构,应当补办本条例规定的中外合作办学许可证。其中,不完全具备本条例所规定条件的,应当在本条例施行之日起2年内达到本条例规定的条件;逾期未达到本条例规定条件的,由审批机关予以撤销。

第六十四条 本条例自2003年9月1日起施行。

中华人民共和国中外合作办学条例实施办法

· 2004年6月2日教育部令第20号公布
· 自2004年7月1日起施行

第一章 总 则

第一条 为实施《中华人民共和国中外合作办学条例》(以下简称《中外合作办学条例》),制定本办法。

第二条 中外合作办学机构设立、活动及管理中的具体规范,以及依据《中外合作办学条例》举办实施学历教育和自学考试助学、文化补习、学前教育等的中外合作办学项目的审批与管理,适用本办法。

本办法所称中外合作办学项目是指中国教育机构与外国教育机构以不设立教育机构的方式,在学科、专业、课程等方面,合作开展的以中国公民为主要招生对象的教育教学活动。

根据《中外合作办学条例》的规定,举办实施职业技能培训的中外合作办学项目的具体审批和管理办法,由国务院劳动行政部门另行制定。

第三条 国家鼓励中国教育机构与学术水平和教育教学质量得到普遍认可的外国教育机构合作办学;鼓励在国内新兴和急需的学科专业领域开展合作办学。

国家鼓励在中国西部地区、边远贫困地区开展中外合作办学。

第四条 中外合作办学机构根据《中华人民共和国民办教育促进法实施条例》的规定,享受国家给予民办学校的扶持与奖励措施。

教育行政部门对发展中外合作办学做出突出贡献的社会组织或者个人给予奖励和表彰。

第二章 中外合作办学机构的设立

第五条 中外合作办学者应当在平等协商的基础上签订合作协议。

合作协议应当包括拟设立的中外合作办学机构的名称、住所,中外合作办学者的名称、住所、法定代表人,办学宗旨和培养目标,合作内容和期限,各方投入数额、方式及资金缴纳期限,权利、义务,争议解决办法等内容。

合作协议应当有中文文本;有外文文本的,应当与中文文本的内容一致。

第六条 申请设立中外合作办学机构的中外合作办学者应当具有相应的办学资格和较高的办学质量。

已举办中外合作办学机构的中外合作办学者申请设立新的中外合作办学机构的,其已设立的中外合作办学机构应当通过原审批机关组织或者其委托的社会中介组织进行的评估。

第七条 中外合作办学机构不得设立分支机

构，不得举办其他中外合作办学机构。

第八条 经评估，确系引进外国优质教育资源的，中外合作办学者一方可以与其他社会组织或者个人签订协议，引入办学资金。该社会组织或者个人可以作为与其签订协议的中外合作办学者一方的代表，参加拟设立的中外合作办学机构的理事会、董事会或者联合管理委员会，但不得担任理事长、董事长或者主任，不得参与中外合作办学机构的教育教学活动。

第九条 中外合作办学者投入的办学资金，应当与拟设立的中外合作办学机构的层次和规模相适应，并经依法验资。

中外合作办学者应当按照合作协议如期、足额投入办学资金。中外合作办学机构存续期间，中外合作办学者不得抽逃办学资金，不得挪用办学经费。

第十条 中外合作办学者作为办学投入的知识产权，其作价由中外合作办学者双方按照公平合理的原则协商确定或者聘请双方同意的社会中介组织依法进行评估，并依法办理有关手续。

中国教育机构以国有资产作为办学投入举办中外合作办学机构的，应当根据国家有关规定，聘请具有评估资格的社会中介组织依法进行评估，根据评估结果合理确定国有资产的数额，并依法履行国有资产的管理义务。

第十一条 中外合作办学者以知识产权作为办学投入的，应当提交该知识产权的有关资料，包括知识产权证书复印件、有效状况、实用价值、作价的计算根据、双方签订的作价协议等有关文件。

第十二条 根据与外国政府部门签订的协议或者应中国教育机构的请求，国务院教育行政部门和省、自治区、直辖市人民政府可以邀请外国教育机构与中国教育机构合作办学。

被邀请的外国教育机构应当是国际上或者所在国著名的高等教育机构或者职业教育机构。

第十三条 申请设立实施本科以上高等学历教育的中外合作办学机构，由拟设立机构所在地的省、自治区、直辖市人民政府提出意见后，报国务院教育行政部门审批。

申请举办颁发外国教育机构的学历、学位证书的中外合作办学机构的审批权限，参照《中外合作办学条例》第十二条和前款的规定执行。

第十四条 申请筹备设立或者直接申请正式设立中外合作办学机构，应当由中国教育机构提交《中外合作办学条例》规定的文件。其中，申办报告或者正式设立申请书应当按照国务院教育行政部门根据《中外合作办学条例》第十四条第（一）项和第十七条第（一）项，制定的《中外合作办学机构申请表》所规定的内容和格式填写。

第十五条 有下列情形之一的，审批机关不予批准筹备设立中外合作办学机构，并应当书面说明理由：

（一）违背社会公共利益、历史文化传统和教育的公益性质，不符合国家或者地方教育事业发展需要的；

（二）中外合作办学者有一方不符合条件的；

（三）合作协议不符合法定要求，经指出仍不改正的；

（四）申请文件有虚假内容的；

（五）法律、行政法规规定的其他不予批准情形的。

第十六条 中外合作办学机构的章程应当规定以下事项：

（一）中外合作办学机构的名称、住所；

（二）办学宗旨、规模、层次、类别等；

（三）资产数额、来源、性质以及财务制度；

（四）中外合作办学者是否要求取得合理回报；

（五）理事会、董事会或者联合管理委员会的产生方法、人员构成、权限、任期、议事规则等；

（六）法定代表人的产生和罢免程序；

（七）民主管理和监督的形式；

（八）机构终止事由、程序和清算办法；

（九）章程修改程序；

（十）其他需要由章程规定的事项。

第十七条 中外合作办学机构只能使用一个名称，其外文译名应当与中文名称相符。

中外合作办学机构的名称应当反映中外合作办学机构的性质、层次和类型，不得冠以“中国”、“中华”、“全国”等字样，不得违反中国法律、行政法规，不得损害社会公共利益。

不具有法人资格的中外合作办学机构的名称前应当冠以中国高等学校的名称。

第十八条 完成筹备，申请正式设立或者直接申请正式设立中外合作办学机构，除提交《中外合作办学条例》第十七条规定的相关材料外，还应当依据《中外合作办学条例》有关条款的规定，提交以下材料：

（一）首届理事会、董事会或者联合管理委员会组成人员名单及相关证明文件；

（二）聘任的外籍教师和外籍管理人员的相关资格证明文件。

第十九条 申请设立实施学历教育的中外合作办学机构，应当于每年3月或者9月提出申请，审批机关应当组织专家评议。

专家评议的时间不计算在审批期限内，但审批机关应当将专家评议所需时间书面告知申请人。

第二十条 完成筹备，申请正式设立中外合作办学机构，有下列情形之一的，审批机关应当不予批准，并书面说明理由：

（一）不具备相应办学条件、未达到相应设置标准的；

（二）理事会、董事会或者联合管理委员会的人员及其构成不符合法定要求，校长或者主要行政负责人、教师、财会人员不具备法定资格，经告知仍不改正的；

（三）章程不符合《中外合作办学条例》和本办法规定要求，经告知仍不修改的；

（四）在筹备设立期内有违反法律、法规行为的。

申请直接设立中外合作办学机构的，除前款规定的第（一）、（二）、（三）项外，有本办法第十五条规定情形之一的，审批机关不予批准。

第三章 中外合作办学机构的组织与活动

第二十一条 中外合作办学机构的理事会、董事会或者联合管理委员会的成员应当遵守中国法律、法规，热爱教育事业，品行良好，具有完全民事行为能力。

国家机关工作人员不得担任中外合作办学机构的理事会、董事会或者联合管理委员会的成员。

第二十二条 中外合作办学机构应当聘任专职的校长或者主要行政负责人。

中外合作办学机构的校长或者主要行政负责人依法独立行使教育教学和行政管理职权。

第二十三条 中外合作办学机构内部的组织机构设置方案由校长或者主要行政负责人提出，报理事会、董事会或者联合管理委员会批准。

第二十四条 中外合作办学机构应当建立教师培训制度，为受聘教师接受相应的业务培训提供条件。

第二十五条 中外合作办学机构应当按照招生简章或者招生广告的承诺，开设相应课程，开展教育教学活动，保证教育教学质量。

中外合作办学机构应当提供符合标准的校舍和教育教学设施、设备。

第二十六条 中外合作办学机构可以依法自主确定招生范围、标准和方式；但实施中国学历教育的，应当遵守国家有关规定。

第二十七条 实施高等学历教育的中外合作办学机构符合中国学位授予条件的，可以依照国家有关规定申请相应的学位授予资格。

第二十八条 中外合作办学机构依法自主管理和使用中外合作办学机构的资产，但不得改变按照公益事业获得的土地及校舍的用途。

中外合作办学机构不得从事营利性经营活动。

第二十九条 在每个会计年度结束时，中外合作办学者不要求取得合理回报的中外合作办学机构应当从年度净资产增加额中，中外合作办学者要求取得合理回报的中外合作办学机构应当从年度净收益中，按不低于年度净资产增加额或者净收益的25%的比例提取发展基金，用于中外合作办学机构的建设、维护和教学设备的添置、更新等。

第三十条 中外合作办学机构资产中的国有资产的监督、管理，按照国家有关规定执行。

中外合作办学机构接受的捐赠财产的使用和管理，依照《中华人民共和国公益事业捐赠法》的有关规定执行。

第三十一条 中外合作办学者要求取得合理回报的，应当按照《中华人民共和国民办教育促进法实施条例》的规定执行。

第三十二条 中外合作办学机构有下列情形之一的，中外合作办学者不得取得回报：

（一）发布虚假招生简章或者招生广告，骗取钱财的；

（二）擅自增加收费项目或者提高收费标准，情节严重的；

（三）非法颁发或者伪造学历、学位证书及其他学业证书的；

（四）骗取办学许可证或者伪造、变造、买卖、出租、出借办学许可证的；

（五）未依照《中华人民共和国会计法》和国家统一的会计制度进行会计核算、编制财务会计报告，财务、资产管理混乱的；

（六）违反国家税收征管法律、行政法规的规定，受到税务机关处罚的；

（七）校舍或者其他教育教学设施、设备存在重大安全隐患，未及时采取措施，致使发生重大伤亡事故的；

（八）教育教学质量低下，产生恶劣社会影响的。

中外合作办学者抽逃办学资金或者挪用办学经费的，不得取得回报。

第四章　中外合作办学项目的审批与活动

第三十三条　中外合作办学项目的办学层次和类别，应当与中国教育机构和外国教育机构的办学层次和类别相符合，并一般应当在中国教育机构中已有或者相近专业、课程举办。合作举办新的专业或者课程的，中国教育机构应当基本具备举办该专业或者课程的师资、设备、设施等条件。

第三十四条　中国教育机构可以采取与相应层次和类别的外国教育机构共同制定教育教学计划，颁发中国学历、学位证书或者外国学历、学位证书，在中国境外实施部分教育教学活动的方式，举办中外合作办学项目。

第三十五条　举办中外合作办学项目，中国教育机构和外国教育机构应当参照本办法第五条的规定签订合作协议。

第三十六条　申请举办实施本科以上高等学历教育的中外合作办学项目，由拟举办项目所在地的省、自治区、直辖市人民政府教育行政部门提出意见后，报国务院教育行政部门批准；申请举办实施高等专科教育、非学历高等教育和高级中等教育、自学考试助学、文化补习、学前教育的中外合作办学项目，报拟举办项目所在地的省、自治区、直辖市人民政府教育行政部门批准，并报国务院教育行政部门备案。

申请举办颁发外国教育机构的学历、学位证书以及引进外国教育机构的名称、标志或者教育服务商标的中外合作办学项目的审批，参照前款的规定执行。

第三十七条　申请举办中外合作办学项目，应当由中国教育机构提交下列文件：

（一）《中外合作办学项目申请表》；

（二）合作协议；

（三）中外合作办学者法人资格证明；

（四）验资证明（有资产、资金投入的）；

（五）捐赠资产协议及相关证明（有捐赠的）；

外国教育机构已在中国境内合作举办中外合作办学机构或者中外合作办学项目的，还应当提交原审批机关或者其委托的社会中介组织的评估报告。

第三十八条　申请设立实施学历教育的中外合作办学项目，应当于每年3月或者9月提出申请，审批机关应当组织专家评议。

专家评议的时间不计算在审批期限内，但审批机关应当将专家评议所需时间书面告知申请人。

第三十九条　申请设立中外合作办学项目的，审批机关应当按照《中华人民共和国行政许可法》规定的时限作出是否批准的决定。批准的，颁发统一格式、统一编号的中外合作办学项目批准书；不批准的，应当书面说明理由。

中外合作办学项目批准书由国务院教育行政部门制定式样并统一编号；编号办法由国务院教育行政部门参照中外合作办学许可证的编号办法确定。

第四十条　中外合作办学项目是中国教育机构教育教学活动的组成部分，应当接受中国教育机构的管理。实施中国学历教育的中外合作办学项目，中国教育机构应当对外国教育机构提供的课程和教育质量进行评估。

第四十一条　中外合作办学项目可以依法自主确定招生范围、标准和方式；但实施中国学历教育的，应当遵守国家有关规定。

第四十二条　举办中外合作办学项目的中国教育机构应当依法对中外合作办学项目的财务进行管理，并在学校财务账户内设立中外合作办学项目专项，统一办理收支业务。

第四十三条　中外合作办学项目收费项目和标准的确定，按照国家有关规定执行，并在招生简章或者招生广告中载明。

中外合作办学项目的办学结余，应当继续用于项目的教育教学活动和改善办学条件。

第五章 管理与监督

第四十四条 中外合作办学机构和举办中外合作办学项目的中国教育机构应当根据国家有关规定，通过合法渠道引进教材。引进的教材应当具有先进性，内容不得与中国宪法和有关法律、法规相抵触。

中外合作办学机构和举办中外合作办学项目的中国教育机构应当对开设课程和引进教材的内容进行审核，并将课程和教材清单及说明及时报审批机关备案。

第四十五条 中外合作办学机构和举办中外合作办学项目的中国教育机构应当依法建立学籍管理制度，并报审批机关备案。

第四十六条 中外合作办学机构和项目教师和管理人员的聘任，应当遵循双方地位平等的原则，由中外合作办学机构和举办中外合作办学项目的中国教育机构与教师和管理人员签订聘任合同，明确规定双方的权利、义务和责任。

第四十七条 中外合作办学机构和项目的招生简章、招生广告的样本应当及时报审批机关备案。

第四十八条 举办颁发外国教育机构的学历、学位证书的中外合作办学机构和项目，中方合作办学者应当是实施相应层次和类别学历教育的中国教育机构。

中外合作办学机构和项目颁发外国教育机构的学历、学位证书的，其课程设置、教学内容应当不低于该外国教育机构在其所属国的标准和要求。

第四十九条 中外合作办学项目颁发的外国教育机构的学历、学位证书，应当与该外国教育机构在其所属国颁发的学历、学位证书相同，并在该国获得承认。

第五十条 实施学历教育的中外合作办学机构和项目应当通过网络、报刊等渠道，将该机构或者项目的办学层次和类别、专业设置、课程内容、招生规模、收费项目和标准等情况，每年向社会公布。

中外合作办学机构应当于每年4月1日前公布经社会审计机构对其年度财务会计报告的审计结果。

第五十一条 实施学历教育的中外合作办学机构和项目，应当按学年或者学期收费，不得跨学年或者学期预收。

第五十二条 中外合作办学机构和举办中外合作办学项目的中国教育机构应当于每年3月底前向审批机关提交办学报告，内容应当包括中外合作办学机构和项目的招收学生、课程设置、师资配备、教学质量、财务状况等基本情况。

第五十三条 审批机关应当组织或者委托社会中介组织本着公开、公正、公平的原则，对实施学历教育的中外合作办学项目进行办学质量评估，并将评估结果向社会公布。

第五十四条 中外合作办学项目审批机关及其工作人员，利用职务上的便利收取他人财物或者获取其他利益，滥用职权、玩忽职守，对不符合本办法规定条件者颁发中外合作办学项目批准书，或者发现违法行为不予以查处，造成严重后果，构成犯罪的，依法追究刑事责任；尚不构成犯罪的，依法给予行政处分。

第五十五条 违反本办法的规定，超越职权审批中外合作办学项目的，其批准文件无效，由上级机关责令改正；对负有责任的主管人员和其他直接责任人员，依法给予行政处分。

第五十六条 违反本办法的规定，未经批准擅自举办中外合作办学项目的，由教育行政部门责令限期改正，并责令退还向学生收取的费用；对负有责任的主管人员和其他直接责任人员，依法给予行政处分。

第五十七条 中外合作办学项目有下列情形之一的，由审批机关责令限期改正，并视情节轻重，处以警告或者3万元以下的罚款；对负有责任的主管人员和其他直接责任人员，依法给予行政处分。

（一）发布虚假招生简章或者招生广告，骗取钱财的；

（二）擅自增加收费项目或者提高收费标准的；

（三）管理混乱，教育教学质量低下的；

（四）未按照国家有关规定进行财务管理的；

（五）对办学结余进行分配的。

第五十八条 中外合作办学机构和项目违反《中华人民共和国教育法》的规定，颁发学历、学位证书或者其他学业证书的，依照《中华人民共和国教育法》的有关规定进行处罚。

第六章　附　则

第五十九条　在工商行政管理部门登记注册的经营性的中国培训机构与外国经营性的教育培训公司合作举办教育培训的活动,不适用本办法。

第六十条　中国教育机构没有实质性引进外国教育资源,仅以互认学分的方式与外国教育机构开展学生交流的活动,不适用本办法。

第六十一条　香港特别行政区、澳门特别行政区和台湾地区的教育机构与内地教育机构举办合作办学项目的,参照本办法的规定执行,国家另有规定的除外。

第六十二条　《中外合作办学条例》实施前已经批准的中外合作办学项目,应当参照《中外合作办学条例》第六十三条规定的时限和程序,补办中外合作办学项目批准书。逾期未达到《中外合作办学条例》和本办法规定条件的,审批机关不予换发项目批准书。

第六十三条　本办法自 2004 年 7 月 1 日起施行。原中华人民共和国国家教育委员会 1995 年 1 月 26 日发布的《中外合作办学暂行规定》同时废止。

学校招收和培养国际学生管理办法

· 2017 年 3 月 20 日教育部、外交部、公安部令第 42 号公布
· 自 2017 年 7 月 1 日起施行

第一章　总　则

第一条　为规范学校招收、培养、管理国际学生的行为,为国际学生在中国境内学校学习提供便利,增进教育对外交流与合作,提高中国教育国际化水平,根据《中华人民共和国教育法》《中华人民共和国出境入境管理法》等法律法规,制定本办法。

第二条　本办法所称学校,是指中华人民共和国境内实施学前教育、初等教育、中等教育和高等教育的学校。

本办法所称国际学生,是指根据《中华人民共和国国籍法》不具有中国国籍且在学校接受教育的外国学生。

本办法第二至五章适用于高等学校。实施学前、初等、中等教育的学校,其对国际学生的招生、教学和校内管理,按照省、自治区、直辖市的规定执行。

第三条　学校招收和培养国际学生,应当遵守中国法律法规和国家政策;应当维护国家主权、安全和社会公共利益;应当规范管理、保证质量。

国际学生应当遵守中国法律法规,尊重中国风俗习惯,遵守学校规章制度,完成学校学习任务。

第四条　国务院教育行政部门统筹管理全国国际学生工作,负责制定招收、培养国际学生的宏观政策,指导、协调省、自治区、直辖市人民政府教育行政部门和学校开展国际学生工作,并可委托有关单位和行业组织承担国际学生的管理和服务工作。

国务院外交、公安等行政部门按照职责分工,做好国际学生的相关管理工作。

第五条　省、自治区、直辖市人民政府教育行政部门对本行政区域内国际学生工作进行指导、协调和监管,负责研究制定本行政区域内学前、初等、中等教育阶段国际学生工作的相关政策。

省、自治区、直辖市人民政府外事、公安等行政部门按照职责分工,做好国际学生的相关管理工作。

第六条　招收国际学生的学校,应当建立健全国际学生招收、培养、管理和服务制度,具体负责国际学生的招收与培养。

第二章　招生管理

第七条　招收国际学生的高等学校,应当具备相应的教育教学条件和培养能力,并依照国家有关规定自主招收国际学生。

第八条　招收国际学生的高等学校,应当按照国务院教育行政部门规定的事项和程序进行备案。

第九条　高等学校招收国际学生,接受学历教育的类别为:专科生、本科生、硕士研究生和博士研究生;接受非学历教育的类别为:预科生、进修生和研究学者。

第十条　高等学校按照其办学条件和培养能力自主确定国际学生招生计划和专业,国家另有规定的除外。

第十一条 高等学校按照国家招生规定，制定和公布本校国际学生招生简章，并按照招生简章规定的条件和程序招收国际学生。

第十二条 高等学校应当对报名申请的外国公民的入学资格和经济保证证明进行审查，对其进行考试或者考核。国际学生的录取由学校决定；对不符合招生条件的，学校不得招收。

第十三条 高等学校经征得原招生学校同意，可以接收由其他学校录取或者转学的国际学生。

第十四条 高等学校对国际学生的收费项目和标准，按照国家有关规定执行。

高等学校应当公布对国际学生的收费项目、收费标准和退学、转学的退费规定。收费、退费以人民币计价。

第三章 教学管理

第十五条 高等学校应当将国际学生教学计划纳入学校总体教学计划，选派适合国际学生教学的师资，建立健全教育教学质量保障制度。

第十六条 国际学生应当按照高等学校的课程安排和教学计划参加课程学习，并应当按照规定参加相应的毕业考试或者考核。学校应当如实记录其学习成绩和日常表现。

汉语和中国概况应当作为高等学历教育的必修课；政治理论应当作为学习哲学、政治学专业的国际学生的必修课。

第十七条 国际学生入学后，经学生申请、高等学校同意，国际学生可以转专业。转专业条件和程序由学校规定。

第十八条 中华人民共和国通用语言文字是高等学校培养国际学生的基本教学语言。对国家通用语言文字水平达不到学习要求的国际学生，学校可以提供必要的补习条件。

第十九条 具备条件的高等学校，可以为国际学生开设使用外国语言进行教学的专业课程。使用外国语言接受高等学历教育的国际学生，学位论文可以使用相应的外国文字撰写，论文摘要应为中文；学位论文答辩是否使用外国语言，由学校确定。

第二十条 高等学校按照教学计划组织国际学生参加教学实习和社会实践，选择实习、实践地点应当遵守国家有关规定。

第二十一条 高等学校根据国家有关规定为国际学生颁发学历证书或者其他学业证书。对接受高等学历教育的国际学生，高等学校应当及时为其办理学籍和毕业证书电子注册。

高等学校为符合学位授予条件的国际学生颁发学位证书。

第四章 校内管理

第二十二条 高等学校应当明确承担国际学生管理职能的工作机构，负责统筹协调国际学生的招收、教学、日常管理和服务以及毕业后的校友联系等工作。

第二十三条 高等学校应当向国际学生公开学校基本情况、教育教学情况、招生简章以及国际学生管理与服务制度，方便国际学生获取信息。

第二十四条 高等学校应当为国际学生提供食宿等必要的生活服务设施，建立健全并公布服务设施使用管理制度。国际学生在学校宿舍外居住的，应当及时到居住地公安部门办理登记手续。

第二十五条 高等学校应当对国际学生开展中国法律法规、校纪校规、国情校情、中华优秀传统文化和风俗习惯等方面内容的教育，帮助其尽快熟悉和适应学习、生活环境。

高等学校应当设置国际学生辅导员岗位，了解国际学生的学习、生活需求，及时做好信息、咨询、文体活动等方面服务工作。国际学生辅导员配备比例不低于中国学生辅导员比例，与中国学生辅导员享有同等待遇。

第二十六条 高等学校鼓励国际学生参加有益于身心健康的文体活动，为其参加文体活动提供便利条件。国际学生可以自愿参加公益活动、中国重大节日的庆祝活动。

高等学校一般不组织国际学生参加军训、政治性活动。

第二十七条 国际学生经高等学校同意，可以在校内指定的地点和范围举行庆祝本国重要传统节日的活动，但不得有反对、攻击其他国家、民族的内容或者违反公共道德的言行。

第二十八条 国际学生经高等学校批准，可以在学校内成立联谊团体，在中国法律、法规规定的范围内活动，并接受学校的指导和管理。

第二十九条 高等学校应当尊重国际学生的

民族习俗和宗教信仰，但不提供宗教活动场所。学校内不得进行传教、宗教聚会等任何宗教活动。

第三十条 国际学生在高等学校学习期间可以参加勤工助学活动，但不得就业、经商或从事其他经营性活动。

国际学生勤工助学的具体管理规定，由国务院教育行政部门会同有关部门另行制订。

第三十一条 高等学校参照中国学生学籍管理规定开展国际学生学籍管理工作。学校对国际学生做出退学处理或者开除学籍处分的，应当按照国务院教育行政部门的规定进行备案。

第五章 奖学金

第三十二条 中国政府为接受高等教育的国际学生设立中国政府奖学金，并鼓励地方人民政府设立国际学生奖学金。

中国政府奖学金的管理办法，由国务院有关行政部门制定。

第三十三条 国务院教育行政部门择优委托高等学校培养中国政府奖学金生。承担中国政府奖学金生培养任务的高等学校，应当优先招收中国政府奖学金生。

第三十四条 高等学校可以为国际学生设立奖学金。鼓励企事业单位、社会团体及其他社会组织和个人设立国际学生奖学金，但不得附加不合理条件。

第六章 社会管理

第三十五条 外国人申请到本办法第二条所指的学校学习的，应当在入境前根据其学习期限向中国驻其国籍国或居住地国使领馆或外交部委托的其他驻外机构申请办理 X1 字或 X2 字签证，按照规定提交经教育主管部门备案的证明和学校出具的录取通知书等相关材料。

第三十六条 国际学生所持学习类签证注明入境后需要办理居留证件的，应当自入境之日起三十日内，向拟居留地公安机关出入境管理部门申请办理学习类外国人居留证件。

第三十七条 外交部对外国驻华外交代表机构、领事机构及国际组织驻华代表机构人员及其随任家属申请到学校学习另有规定的，依照外交部规定执行。未按规定办理相关手续的，学校不得招收。

第三十八条 学校招收未满十八周岁且父母不在中国境内常住的国际学生，须要求其父母正式委托在中国境内常住的外国人或者中国人作为该国际学生的监护人，并提供相关证明材料。

学校可以接受以团组形式短期学习的国际学生，但应当预先与外方派遣单位签订协议。实施初等、中等教育的学校接受团组形式短期学习国际学生的，外方派遣单位应当按照其所在国法律规定，预先办理有关组织未成年人出入境所需的法律手续，并应当派人随团并担任国际学生在学校学习期间的监护人。

第三十九条 国际学生入学时应当按照中国卫生行政部门的规定到中国卫生检疫部门办理《外国人体格检查记录》确认手续或者进行体检。经体检确认患有《中华人民共和国出境入境管理法》规定的严重精神障碍、传染性肺结核病或者有可能对公共卫生造成重大危害的其他传染病的，由公安部门依法处理。

第四十条 学校实行国际学生全员保险制度。国际学生必须按照国家有关规定和学校要求投保。对未按照规定购买保险的，应限期投保，逾期不投保的，学校不予录取；对于已在学校学习的，应予退学或不予注册。

第七章 监督管理

第四十一条 国务院教育行政部门建立健全国际学生培养质量监督制度。省、自治区、直辖市教育行政部门应当对本行政区域的国际学生培养进行监督。

第四十二条 负有国际学生管理职责的国务院教育、公安、外交等行政部门，应当利用现代信息技术建立国际学生信息管理系统，推进信息共享工作机制，不断完善国际学生的管理与服务工作。

第四十三条 对违反《中华人民共和国出境入境管理法》《中华人民共和国治安管理处罚法》以及《中华人民共和国外国人入境出境管理条例》《中华人民共和国境内外国人宗教活动管理规定》等法律法规规定的国际学生，公安等主管部门应当依法处理。

第四十四条 高等学校在国际学生招收和培养过程中出现以下行为的，主管教育行政部门应当责令其整改，按照《中华人民共和国教育法》的有关规定追究法律责任，并可以限制其招收国际学生：

(一)违反国家规定和学校招生规定招生的；

(二)在招生过程中存在牟利行为的；

(三)未公开收费项目、标准和未按项目、标准收费的；

(四)违规颁发学位证书、学历证书或其他学业证书的；

(五)教学质量低劣或管理与服务不到位，造成不良社会影响的；

(六)其他违法违规行为。

第八章 附 则

第四十五条 本办法中的短期学习是指在中国学校学习时间不超过180日(含)，长期学习是指在中国学校学习时间超过180日。

第四十六条 中国境内经批准承担研究生教育任务的科学研究机构招收国际学生的，按照本办法执行。

教育行政部门批准的实施非学历教育的教育机构招收国际学生的，参照本办法执行。

香港特别行政区、澳门特别行政区、台湾地区学生的招收、培养和管理，以及中国境内外籍人员子女学校的招生、培养和管理，按照国家其他有关规定执行。

第四十七条 省、自治区、直辖市人民政府教育、外事、公安等部门，应当根据本办法，制定本省、自治区、直辖市的管理规定。

第四十八条 本办法自2017年7月1日起施行。教育部、外交部、公安部2000年1月31日发布的《高等学校接受外国留学生管理规定》、教育部1999年7月21日发布的《中小学接受外国学生管理暂行办法》同时废止。

中外合作办学项目备案和项目批准书编号办法(试行)

· 2004年10月12日
· 教外综〔2004〕73号

第一条 根据《中华人民共和国中外合作办学条例》(以下简称《中外合作办学条例》)和《中华人民共和国中外合作办学条例实施办法》(以下简称《中外合作办学条例实施办法》)，制定本办法。

第二条 各省、自治区、直辖市人民政府教育行政部门依法批准举办的中外合作办学项目备案和中外合作办学项目批准书编号的程序和规范，适用本办法。

国务院教育行政部门依法批准举办的中外合作办学项目的批准书编号规范，适用本办法。

第三条 中外合作办学项目批准书编号由字母和数字组合的八部分构成，涵盖了中外合作办学机构的审批机关、所在行政区划、办学层次和性质、顺序号等内容。第一部分(三个字母)为审批机关代码，分别代表国务院教育行政部门、省级教育行政部门；第二部分(两位数字)为行政区划代码；第三部分(两个字母)为外国教育机构所在国别或地区的代码；第四部分(一位数字)代表办学层次；第五部分(一个字母)区分学历学位教育和非学历学位教育；第六部分(四位数字)代表审批年份；第七部分(四位数字)为全国中外合作办学项目顺序号；第八部分(一个字母)区分《中外合作办学条例》和《中外合作办学条例实施办法》施行前后设立的中外合作办学项目。

第四条 依法举办的中外合作办学项目的项目批准书由国务院教育行政部门统一编号，且编号具有唯一性。

第五条 各省、自治区、直辖市人民政府教育行政部门依法批准举办的中外合作办学项目，由该教育行政部门向国务院教育行政部门备案并提出中外合作办学项目批准书的编号申请。

第六条 各省、自治区、直辖市人民政府教育行政部门应当根据本办法所附行文式样提出申请，同时提交批准举办的中外合作办学项目的《中外合作办学项目申请表》复印件和该表的mdb电子文档。

国务院教育行政部门应当在收到申请后7个工作日内进行备案登记并完成编号工作。

第七条 各省、自治区、直辖市人民政府教育行政部门依据国务院教育行政部门核定的编号，向依法批准举办的中外合作办学项目颁发中外合作办学项目批准书。

第八条 违反《中外合作办学条例》和《中外合作办学条例实施办法》的有关规定，超越职权审批的中外合作办学项目，国务院教育行政部门不予备案。

各省、自治区、直辖市人民政府教育行政部门批准的中外合作办学项目明显违反《中外合作办学条例》和《中外合作办学条例实施办法》有关规定的，暂不予备案，由国务院教育行政部门主管司局建议审批机关自行纠正。

第九条 内地教育机构与港澳台地区教育机构举办的合作办学项目的备案和批准书编号，参照本办法执行。

第十条 本办法由国务院教育行政部门负责解释，自发布之日起施行。

国家教育委员会关于开办外籍人员子女学校的暂行管理办法

· 1995 年 4 月 5 日教外综〔1995〕130 号发布

· 根据 2010 年 12 月 13 日《教育部关于修改和废止部分规章的决定》修订

第一条 为给外籍人员子女在中国境内接受教育提供方便，完善对外籍人员子女学校的管理，促进我国的对外开放，制定本办法。

第二条 在中国境内合法设立的外国机构、外资企业、国际组织的驻华机构和合法居留的外国人，可以依照本办法申请开办外籍人员子女学校(以下简称“学校”)。

第三条 学校以实施中等(含普通中学)及其以下学校教育为限。

第四条 申请开办学校，需具备以下基本条件：

(一)有相应规模的生源和办学需求；

(二)有适应教育教学需要的师资；

(三)有必要的场地、设施及其他办学条件；

(四)有必备的办学资金和稳定的经费来源。

第五条 申请开办学校，需提交下列材料：

(一)开办学校的申请书(包括办学宗旨、招生计划、招生区域、办学规模等)；

(二)学校章程；

(三)申请人证明文件；

(四)学校校长、董事会成员名单及其资格证明文件；

(五)拟建学校的设施、资金、校舍、场地、经费来源及有关证明文件；

(六)师资来源。

第六条 开办学校，由申请人向拟办学校所在地的省、自治区、直辖市教育行政部门提出申请，经审核同意后，报国务院教育行政部门审批。

第七条 经批准设立的学校，从批准之日起，具有法人资格，独立承担民事责任。

学校不得设立分校。

第八条 学校招生对象为在中国境内持有居留证件的外籍人员子女。学校不得招收境内中国公民的子女入学。

第九条 学校的课程设置、教材和教学计划，由学校自行确定。

第十条 办学经费由申请人自筹解决。

学校不得在中国境内从事工商活动及其他营利活动。

第十一条 中华人民共和国政府鼓励并支持学校开设汉语和中国文化课程，以增进和加深学生对中国文化的了解。

第十二条 学校聘用外籍人员，依照《中华人民共和国外国人入境出境管理法》及外国人在华工作有关规定办理。

学校聘用驻华使领馆人员及其配偶，需经外交部批准。

第十三条 学校进口教学设备和办公用品，按国家有关部门规定办理。

第十四条 学校及其工作人员和学生应遵守中国的法律和法规，尊重中国人民的风俗习惯，不得从事危害中华人民共和国国家安全和社会公众利益的活动。

第十五条 学校建设用地依照国家土地管理法规办理。学校校舍、场地不得用于进行与其职能不相符合的活动。

第十六条 学校每年应将教职人员及学生名册、教材等送当地教育行政部门备案，并接受当地教育行政部门依法进行的监督和检查。

学校校长、董事会成员如有变更，应向省级教育行政部门备案。

第十七条 违反本办法，有下列情形之一的，由省级教育行政部门视情节轻重，可责令学校和开办人限期整顿或者停办：

(一)未经批准，擅自设立学校的；

（二）招收境内中国公民子女的；

（三）办学资源（包括资金、生源和师资）严重不足，无法正常运行的；

（四）从事工商业活动及其他营利活动的；

（五）从事违反中国法律、法规活动的。

第十八条 驻中国外交机构开办的外交人员子女学校的管理，不适用本办法。

第十九条 省、自治区、直辖市人民政府可根据本办法，结合本地区实际制定具体规定。

第二十条 本办法自发布之日起施行。在此以前已经设立的学校，按本办法规定，补办有关手续。

教育部关于对中国政府奖学金本科来华留学生开展预科教育的通知

· 2009 年 3 月 13 日

· 教外来〔2009〕20 号

各省、自治区、直辖市教育厅（教委），新疆生产建设兵团教育局，有关部门（单位）教育司（局），有关高等学校：

为保证中国政府奖学金本科来华留学生教育质量、提高奖学金使用效益，在试点基础上，依据《高等学校接受外国留学生管理规定》有关精神，决定自 2010 年 9 月 1 日起，对中国政府奖学金本科来华留学生新生在进入专业学习前开展预科教育，现就有关要求通知如下：

一、招生管理。我部委托具有丰富来华留学生教学、管理经验的高等学校承担预科教育任务；委托国家留学基金管理委员会秘书处负责协调有关预科教育的招生和管理等具体事务，组织制定预科教育必修课程和部分选修课程的教学大纲，组织编写教材和教学参考书，逐步建立考核学生学业成绩全过程的评定体系。

二、培养对象。由中国政府奖学金资助来华以汉语进行本科教育的留学生均须接受预科教育，但具备下列两类条件之一者可以申请免修：

1. 以汉语作为学习语言完成中等教育的外国学生，申请时应附其毕业学校为其出具的中等教育阶段必修课程授课语言为汉语的证明。

2. 已获得达到进入专业学校学习标准的 HSK 成绩的学生，申请时应附 HSK 证书复印件，HSK 成绩的有效期原则上为两年。

三、培养总体目标。使学生在汉语言知识和能力、相关专业知识以及跨文化交际能力等方面达到进入我国高等学校专业阶段学习的基本标准。在完成预科教育之后，学生应具备如下知识和能力：

1. 具备一定的汉语交际能力和跨文化交际的能力：初步了解中国文化和社会概况，运用学到的汉语言知识和技能解决日常生活中的基本问题的能力；掌握汉语基础词汇和基本语法点，掌握一定量的专业词汇和科技汉语的常用表达句式，在专业课课堂教学中使用汉语进行听、记、问的基本能力；借助工具书阅读中文专业资料的初步能力及进入专业学习时所需的相应的书面表达能力。

2. 汉语言水平达到如下标准：理学、工学、农学、医学（中医药专业除外）、经济学、法学、管理学、教育学等学科专业不得低于 HSK 三级；文学、历史学、哲学及中医药等学科专业不得低于 HSK 六级。

3. 具备一定的专业基础知识：理学、工学、农学、医学类预科学生应掌握专业学习所需的数学、物理、化学、生物、计算机等知识；经济学、法学、管理学、教育学应掌握专业学习所需的数学、计算机等知识；历史学、文学、哲学及中医药专业的预科学生应掌握专业学习所需的古汉语知识和计算机等知识。

四、学习年限。原则上为 1-2 学年。其中，对于无汉语基础的预科新生，理学、工学、农学、医学（中医药专业除外）、经济学、法学、管理学、教育学等学科专业预科教育原则上为 1 学年（40 周）；文学、历史学、哲学及中医药学科专业预科教育一般为 2 年（80 周）。对于有一定汉语基础的预科新生，学习时间可适当调整。

五、课程设置及教学方式。采用强化教育方式，要坚持语言教学与专业知识教学相结合，以语言教学为主，以专业知识教学为辅。预科教育课程设置包括必修课和选修课两部分，两者的课时比例可根据各预科教育学校实际教学情况确定。

预科教育课程必须包括语言类、文化类、专业知识类和语言实践类。其中，语言类主要包括普通汉语和科技汉语（或商务汉语）两类，包括汉语综合课、听力课、阅读课、口语课、写作课和科技汉语阅读课、科技汉语听记课；文化类包括中国文化、中国社会概况、跨文化交际等课程；专业知识类包括数学、化学、物理、生物、古汉语、科技汉语（或商务汉语）和计算机基础知识等课程；语言实践类是指在学校课堂教学以外的语言实践、社会考察等教学活动。

预科教育第一学年不得少于1120学时，第二学年不得少于960学时。各类课程的学时分配比例大致如下：

	理学、工学、农学、医学（中医药专业除外）	经济学、法学、管理学、教育学	历史学、文学、哲学、中医药专业
语言类	60%	65%	70%
文化类	10%	20%	20%
专业知识类	25%	10%	5%
语言实践类	5%	5%	5%

承担预科教育的各高等学校应制订符合本地区、本校学生实际情况的教学计划，采取灵活多样的培养模式。

六、学生管理。举办预科教育的高等学校要按照《高等学校接受外国留学生管理规定》的要求，加强对预科学生的管理。学生在预科学习期间的表现作为奖学金评审和颁发结业证书的重要依据。

七、考核方式。预科教育将逐步实行主干课程全国统一考核标准。预科教育课程考核内容分为两部分，即汉语言能力测试和专业基础知识综合考试。

预科教育阶段学习结束，考核合格并通过中国政府奖学金年度评审的学生将获得所在学校颁发的预科教育结业证书，凭证书转入有关高等学校进行本科学习，无需再参加入学考试。

八、本科专业和学校选择。国家留学基金管理委员会秘书处负责定期组织预科教育学校和相关高等学校对接受预科教育的学生选择就学本科专业和学校进行指导。

九、接受了预科教育但未达考核标准的学生，将被取消享受中国政府奖学金资格，但可获得所在学校颁发的写实性学习证明。

出国留学经费管理办法

· 2022年10月19日
· 财教〔2022〕190号

第一章　总　则

第一条　为规范出国留学经费管理和使用，提高资金使用效益，推动出国留学事业发展，根据国家预算管理有关法律法规，制定本办法。

第二条　本办法所称“出国留学经费”，是指中央财政安排用于资助国家公派出国留学人员赴国外学习、进修、访问、交流，奖励优秀自费出国留学人员的经费。

第三条　本办法所称“国家公派出国留学人员”，是指根据留学项目要求，通过专家评审，公平公正择优选拔的赴国外学习、进修、访问、交流的人员。

第二章　职责分工

第四条　财政部负责审核教育部报送的出国留学经费预算编制建议，会同教育部确定出国留学经费支出范围、资助标准和留学项目类别，核定年度预算，对经费使用进行监督，组织开展绩效管理工作等。

第五条　教育部负责编制出国留学经费年度预算、组织项目实施，并具体进行监督、绩效管理工作，会同财政部制定年度选派计划。

第六条 国家留学基金管理委员会(以下简称留学基金委)负责提出下一年度选派计划建议,包括年度留学项目、留学人员规模、留学人员结构等。在年度选派计划范围内,公平公正择优选拔国家公派出国留学人员,并负责国家公派出国留学人员管理。

第七条 教育部留学服务中心(以下简称留服中心)及教育部委托机构负责国家公派留学人员的派出服务工作,包括组织国家公派出国留学人员行前培训,订购国际机票,办理护照签证、出境证明、报到证明、奖学金退款等。

第三章 预算和决算管理

第八条 出国留学经费预算编制依据包括:

(一)国家公派出国留学事业发展需要和国家财力情况;

(二)政府互换项目、国际组织人才培养项目等情况;

(三)预计的年度资助人数和各项资助标准;

(四)以前年度出国留学经费结转和结余情况;

(五)汇率情况;

(六)绩效评价结果。

第九条 出国留学经费资助对象主要包括高级研究学者、访问学者、博士后、博士生、硕士生、本科生、赴国际组织实习人员。

第十条 出国留学经费的支出范围包括:

(一)学费或研修费,是指用于资助符合条件的国家公派出国留学人员,向国外留学机构或单位支付的学费、研修费等。

(二)奖学金,是指用于资助符合条件的国家公派出国留学人员,在国外学习期间的基本学习生活费用,包括生活费、注册费、医疗保险费、书籍资料费、板凳费、签证延长费等。

(三)艰苦地区补贴,是指用于发放给赴条件艰苦国家(地区)的国家公派出国留学人员的特殊生活补贴。纳入艰苦地区补贴范围的国家(地区)由财政部、教育部共同确定。

(四)一次往返国际旅费,是指用于资助国家公派出国留学人员出国、结束学业回国的交通费用(各一次)。

(五)签证费,是指用于资助国家公派出国留学人员办理出国留学所需签证的费用。

(六)优秀自费留学生奖学金,是指用于奖励符合条件的优秀自费留学人员费用。

出国留学人员根据留学项目类别、留学国别、留学身份等因素全额或部分享受以上资助项目。

第十一条 出国留学经费应当按照以下方式发放:

奖学金、艰苦地区补贴和优秀自费留学生奖学金,经审核后,教育部本级直接转账至留学人员个人国内专用银行卡;

学费或研修费,由留学基金委在经教育部批复的额度范围内审核支付或报销;

一次往返国际旅费和签证费,由留服中心及教育部委托机构订购支付或按有关规定报销。

第十二条 出国留学经费资助的留学项目类别包括:

(一)国家公派高级研究学者、访问学者、博士后项目,主要是指面向社会各行各业公开选拔,资助高级研究学者、访问学者、博士后赴国外从事访问交流或博士后研究工作的项目。

(二)国家建设高水平大学公派研究生项目,主要是指面向社会公开选拔,资助攻读博士学位研究生、联合培养博士生、短期出国交流博士生导师赴国外一流院校或科研机构学习的项目。

(三)高校合作项目,主要是指面向高校合作选拔,资助优秀青年骨干教师和科研人员赴国外从事访问交流或博士后研究工作的项目。

(四)地方和行业部门合作项目,其中地方合作项目主要是指与有关地方合作选拔,资助符合高等教育和经济社会发展需要的地方单位人员赴国外学习的项目;行业部门合作项目,主要是指与有关部委、行业部门等合作选拔,资助行业发展急需人才赴国外学习的项目。

(五)国际组织人才培养项目,主要是指资助优秀人才赴国际组织实习、资助国际组织后备人才赴国外学习的项目。

(六)政府互换项目,主要是指根据中国和相关国家政府教育交流协议,资助人员赴对方国家学习的互换项目。

(七)中外合作项目,主要是指根据中方与外方为落实国家领导人出访成果及中外人文交流机制有关举措而签署的合作项目或根据教育部委托留学基金委与外方高校、机构签署的合作协议,资助相关人员赴国外学习的项目。

（八）优秀自费留学生奖学金项目，主要是指奖励品学兼优的自费留学人员的项目；

（九）经教育部、财政部批准的其他留学项目。

第十三条 财政部、教育部确定公派出国留学经费支出范围、资助标准，并建立出国留学经费资助标准动态调整机制。其中，奖学金和艰苦地区补贴标准，由财政部、教育部根据出国留学人员基本学习生活需要、国外物价水平、汇率情况和国家财力状况等确定。

对于地方和行业部门合作项目，留学人员获得的奖学金或艰苦地区补贴不得超过财政部、教育部确定的资助标准。

对于政府互换项目，对方提供的奖学金资助标准高于留学人员奖学金资助标准的，奖学金全部归留学人员；低于留学人员奖学金资助标准的，由国家提供部分补贴。

对于中外合作项目，若合作双方对资助内容和标准另有协议的，按协议规定办理。

除上述规定外，教育部、留学基金委、留服中心及教育部委托机构不得擅自扩大支出范围或提高资助标准。

第十四条 优秀自费留学生奖学金标准由教育部商财政部确定。

第十五条 出国留学经费应当按照国库集中支付制度规定拨付。涉及政府采购范围的，应当按照政府采购有关规定执行。

第十六条 出国留学经费预算一经批复，应当严格执行，一般不予调整。确需调整的，按规定程序报批。

第十七条 留学基金委、留服中心及教育部委托机构应加强预算执行的控制和管理，定期分析预算执行情况，按照财政部、教育部有关要求，报送出国留学经费使用报告，报告应当真实、准确、及时、完整。

第十八条 年度终了，留学基金委、留服中心及教育部委托机构应编制出国留学经费决算，纳入单位决算，报送教育部汇总审核，并对决算的规范性、真实性、准确性、完整性负责。教育部负责审核汇总出国留学经费情况，纳入教育部年度部门决算，按要求报送财政部审核批复。

第十九条 出国留学经费年度结转、结余资金按照国家有关结转和结余资金规定管理。

第四章　绩效管理与监督

第二十条 教育部按照全面实施预算绩效管理有关要求，加强出国留学经费绩效管理，做好全过程绩效管理，科学设置绩效目标和指标，组织开展绩效运行监控和绩效评价，加强绩效评价结果应用。财政部根据工作需要开展重点绩效评价，绩效评价结果作为安排预算、完善政策和改进管理的重要依据。

第二十一条 留学基金委、留服中心及教育部委托机构应当建立科学、合理的经费监督管理机制，严格遵守财务相关制度，接受财政、教育、审计等部门的监督检查。单位负责人对出国留学经费收支的真实性、合法性、完整性负责，财务人员应当对出国留学经费依法进行会计核算和监督。

第二十二条 财政部、教育部及其工作人员在项目资金分配使用、审核管理等相关工作中，存在违反规定安排资金或其他滥用职权、玩忽职守、徇私舞弊等违法违规行为的，依法追究相关责任。

留学基金委、留服中心及教育部委托机构、个人在资金申报、使用或管理过程中存在违法违规行为的，依照《中华人民共和国预算法》及其实施条例、《财政违法行为处罚处分条例》等国家有关规定追究相应责任。

第五章　附　则

第二十三条 因国家公派出国留学人员违约，退回或追缴的中央财政拨款及产生的利息，纳入出国留学经费管理，交回零余额账户，作冲减当年预算支出处理。

对教育部、留学基金委取得的与出国留学相关的捐赠收入、合作收入、其他收入等资金，由教育部纳入部门预算统一管理。

第二十四条 本办法由财政部、教育部负责解释。

第二十五条 本办法自印发之日起施行。《财政部 教育部关于印发〈出国留学经费管理办法〉的通知》（财教〔2013〕411号）同时废止。

国家公派出国留学研究生管理规定(试行)

·2007年7月16日
·教外留〔2007〕46号

第一章 总 则

第一条 为实施国家科教兴国和人才强国战略,加快高层次人才培养,规范国家公派出国留学研究生(以下简称公派研究生)派出管理工作,提高国家公派出国留学效益,制定本规定。

第二条 本规定所称公派研究生是指按照国家留学基金资助方式选派到国外攻读硕士、博士学位的研究生,以及在国内攻读博士学位期间赴国外从事课题研究的联合培养博士研究生。

第三条 公派研究生选拔、派出和管理部门的职责是:

1. 国家留学基金管理委员会(以下简称留学基金委)在教育部领导下,按照国家公派出国留学方针政策,负责公派研究生的选拔和管理等工作。

2. 我驻外使(领)馆教育(文化)处(组)(以下简称使领馆)负责公派研究生在国外留学期间的管理工作。

3. 教育部留学服务中心、教育部出国留学人员上海集训部、广州留学人员服务管理中心等部门(以下简称留学服务机构)负责为公派研究生出国留学办理签证、购买出国机票等提供服务。

4. 公派研究生推选单位根据国家留学基金重点资助领域,结合本单位学科建设规划和人才培养计划,负责向留学基金委推荐品学兼优的人选,指导联系国外高水平学校,对公派研究生在国外留学期间的业务学习进行必要指导。

推选单位应对推选的公派研究生切实负起管理责任,与留学基金委和使领馆共同做好公派研究生管理工作。

第二章 选拔与派出

第四条 公派研究生选拔按照"个人申请,单位推荐,专家评审,择优录取"方式进行。具体办法另行制定。

第五条 留学基金委完成公派研究生选拔录取工作后应及时将录取文件与名单通知推选单位、留学服务机构和有关使领馆。

第六条 国家对公派研究生实行"签约派出,违约赔偿"的管理办法。公派研究生出国前应与留学基金委签订《资助出国留学协议书》(见附1,以下简称《协议书》)、交纳出国留学保证金。《协议书》须经公证生效。

经公证的《协议书》应交存推选单位一份备案。

第七条 公派研究生(在职人员除外)原则上应与推选单位签订意(定)向就业协议后派出。

第八条 出国前系在校学生的公派研究生出国留学,应及时办理学籍和离校等有关手续。推选单位应在国家规定的留学期限内保存档案和户籍。

在校生超过规定留学期限未归,其档案和户籍由推选单位按照有关规定办理。

第九条 出国前系应届毕业生的公派研究生出国留学,推选单位应在国家规定的留学期限内保存档案和户籍。

应届毕业生超过规定留学期限未归,推选单位可将其档案和户籍迁转回生源所在地。

第十条 推选单位应设置专门机构和人员,归口负责公派研究生管理工作,建立专门的公派研究生管理档案;对本单位公派研究生统一进行出国前的思想教育和培训,组织学习国家公派留学有关政策和管理规定,对办理出国手续进行指导和帮助;为公派研究生指定专门的指导教师或联系人。

指定教师或联系人应与公派研究生保持经常联系,对其专业学习进行指导,发现问题,及时解决。

第十一条 留学服务机构依据留学基金委提供的录取文件和公派研究生本人所持《国家留学基金资助出国留学资格证书》(见附2),代为验收公派研究生的《协议书》和查验"出国留学保证金交存证明"后,按有关规定办理出国手续,开具《国家公派留学人员报到证明》(见附3)等。

第十二条 留学服务机构为公派研究生办理出国手续后,应及时准确地将出国信息和有关材料报送我有关使领馆和留学基金委,保证国内外管理工作有效衔接。

第三章 国外管理与联系

第十三条 公派研究生应在抵达留学目的地10日内凭《国家留学基金资助出国留学资格证书》和《国家公派留学人员报到证明》向所属使领馆报到(本人到场或邮寄等适当方式),并按使领馆要求办理报到或网上注册等手续。

第十四条 公派研究生应与使领馆和推选单位保持经常联系,每学期末向使领馆和国内推选单位报送《国家公派出国留学人员学习/研修情况报告表》(见附4)。

第十五条 公派研究生在留学期间应自觉维护祖国荣誉,遵守我国和留学所在国法律,尊重当地人民的风俗习惯,与当地人民友好交往。

第十六条 使领馆应高度重视,积极关心公派研究生在外学习期间思想和学习情况,建立定期联系、随访制度,认真及时做好对公派研究生的经费发放工作。每学年向教育部、留学基金委报告公派研究生在外管理情况。

第十七条 推选单位应积极配合留学基金委和使领馆处理管理过程中出现的有关问题。对公派研究生留学期间申请延长留学期限、提前回国、从事博士后研究等问题,应及时向留学基金委提出明确意见,并采取有效措施确保本单位推选的公派研究生学有所成、回国服务。

第十八条 国家留学基金为公派研究生提供的奖学金中包含伙食费、住宿费、交通费、电话费、书籍资料费、医疗保险费、交际费、一次性安置费和零用费等。公派研究生抵达留学所在国后,应从留学所在国实际情况出发,并按照留学所在国政府或留学院校(研究机构)要求及时购买医疗保险。

第十九条 公派研究生应勤奋学习,提高效率,在规定留学期限内完成学业并按期回国服务。未经留学基金委批准同意,留学期间不得擅自改变留学身份、留学期限、留学国家和留学院校(研究机构)。

提前取得学位回国视为提前完成留学计划、按期回国。

公派研究生不得申请办理有关移民国家的豁免。

第二十条 公派研究生一般应在被录取留学院校(研究机构)完成学业。在规定的留学期限内确因学业或研究需要变更留学单位,应履行下列手续:

在所留学院校(研究机构)内部变更院系或专业,应出示推选单位和国外导师(合作者)的同意函,报使领馆备案;

变更留学院校(研究机构),应提前两个月向使领馆提出申请,出具推选单位意见函、原留学院校或导师(合作者)意见函和新接受留学院校或导师(合作者)的同意接受函,由使领馆报留学基金委审批。

留学单位的变更只限于在原留学所在国内。

经批准变更留学院校的公派研究生抵达新的留学院校后,应于10日内向现所属使领馆报到。原所属使领馆应将有关情况和材料及时转交(告)现所属使领馆,共同做好管理上的衔接工作。

第二十一条 公派研究生因故不能继续学习、确需提前回国者,应向使领馆提出申请,出具推选单位和国外留学院校或导师(合作者)意见以及相关证明,由使领馆报留学基金委审批。

公派研究生一经批准提前回国,当次国家公派留学资格即终止。

经留学基金委批准提前回国的公派研究生中,推选单位按照学校(籍)管理规定可以为其恢复国内学业(籍)者,由推选单位按规定办理复学手续;在职人员回原人事关系所在单位;应届毕业生按已有毕业学历自谋职业。

对未经批准擅自提前回国者,留学基金委根据有关规定处理。

第二十二条 公派研究生留学期间可利用留学所在国留学院校(研究机构)假期回国休假或收集资料。回国休假或收集资料应征得留学院校或导师(合作者)同意,报使领馆审批。

公派研究生在规定的留学期限内可以回国休假:留学期限在12个月至24个月(含)之间的,回国时间不超过1个月,奖学金照发;留学期限在24个月(不含)以上的,回国时间不超过2个月或每年一次不超过1个月,奖学金照发,回国旅费自理;回国时间超过以上次数和时间,自超出之日起停发奖学金。

在规定的留学期限内赴留学所在国以外国家休假或考察,费用自理,在同一年度内,公派研究生回国休假或赴留学所在国以外国家休假或考察只能选择一项,不能同时享受。赴留学所在国以外国家休假或考察,一次不超过15天的,奖学金照发;超过以上次数和时间的,自超出之日起停发奖学金。

第二十三条 公派研究生因病不能坚持学习中途休学回国,应征得留学院校导师(合作者)同意,办理或补办国外留学院校学籍保留手续,使领馆应及时将有关情况报留学基金委审批。

公派研究生因病中途休学回国一般以一学期为限;期满未康复可申请继续休学,累计不应超过一年(含)。在此期间经治疗康复,应向留学基金委提交国内医疗机构体检合格证明、推选单位意见和国外留学院校学籍保留及同意接收函等相关材料,留学基金委征求使领馆意见后决定其是否返回留学国继续完成学业;经治疗仍无法返回留学国进行正常学习者,按第二十一条作为提前回国办理。

公派研究生因病中途休学回国时间累计超过一年,国家公派留学资格自动取消。推选单位按照学校(籍)管理规定可以为其恢复国内学业(籍)者,由推选单位按学校(籍)管理规定办理复学手续;在职人员回原人事关系所在单位;应届毕业生按已有毕业学历自谋职业。

公派研究生因病中途休学回国期间,国外奖学金生活费停发;出国前系在职(校)人员者,因病中途休学回国期间的国内医疗费由推选单位按本单位规定负担;出国前系非在职(校)人员者,国内医疗费由个人负担。

第二十四条 公派研究生在留学期间参加国际学术会议或进行短期学术考察,应征得留学院校导师(合作者)同意并向使领馆报告。

参加国际学术会议或短期学术考察的费用自理。

第二十五条 公派研究生在规定留学期限内未能获得学位者,如因学业问题确需延长学习时间且留学院校导师证明可在延长时间内获得学位,由本人提前2个月向使领馆提交书面申请,出具留学院校导师和推选单位意见函,由使领馆根据其日常学习表现提出明确意见,报留学基金委审批。

经批准延长期限者应与留学基金委办理续签《协议书》等有关手续。

经批准延长期限内费用自理。

第二十六条 公派研究生在规定留学期限内虽经努力但仍无法获得学位者,使领馆应将其学习态度、日常表现和所在国留学院校实际情况报告留学基金委,经批准后开具有关证明,办理结(肄)业手续回国。

第二十七条 对于国家急需专业领域的、在国外获得博士学位的公派研究生,在留学所在国签证政策允许前提下,经推选单位同意、留学基金委批准并办理续签《协议书》手续,可继续从事不超过两年的博士后研究。

1. 公派研究生本人应提前2个月向使领馆提出申请,出具推选单位和国外留学院校或导师(合作者)意见函,由使领馆提出明确意见报留学基金委审批。

2. 留学基金委根据博士后研究课题与国家科学技术、经济发展结合情况进行审批,必要时组织专家进行评议和评审。博士后研究结束回国,应向留学基金委提交研究成果报告。

3. 从事博士后研究期间一切费用自理。

第二十八条 对纪律涣散、从事与学业无关的活动严重影响学习、留学院校和导师(合作者)反映其表现恶劣者,使领馆一经发现应给予批评教育;对仍不改正者,要及时报告留学基金委,留学基金委按照有关规定处理。

第二十九条 公派研究生学习期满回国,由使领馆按国家规定选定回国路线、提供国际旅费,乘坐中国民航班机回国;无中国民航班机,购买外国航班机票应以安全、经济为原则。

第三十条 公派研究生一经签约派出,其在外期间的国家公派留学身份不因经费资助来源或待遇变化而改变。如获其他奖学金,应经留学基金委同意并签订补充协议,且始终应遵守国家公派留学有关规定,履行按期回国服务等相关义务。

如自行放弃国家留学基金资助和国家公派留学身份、单方面终止协议,留学基金委按照有关规定处理。

第三十一条 公派研究生留学期间改变国籍,视为放弃国家公派留学身份,留学基金委按照有关规定处理。

第四章 回国与服务

第三十二条 公派研究生应按期回国,填写《国家公派出国留学人员回国报到提取保证金证明表》(见附5),由推选单位在相应栏目中签署意见,尽快向留学基金委报到(京外人员可通过信函、传真或电子邮件方式报到),按要求递交书面材料。留学基金委审核上述材料后,通知有关金融机构将出国前交存的保证金返还公派研究生本人。

第三十三条 公派研究生(不含在职人员)学成回国,按照国家有关就业政策和规定以及与国内有关单位的定(意)向协议就业。

第三十四条 推选单位要把公派研究生的回国工作纳入本单位人才培养总体规划,对学成回国研究生的就业、创业等问题积极加以引导,为其回国工作和创业创造有利条件。

第三十五条 教育部留学服务中心应按照国家规定,为在国外取得学位回国、落实工作单位的公派研究生办理回国工作的相关手续,为其回国工作和创业提供必要的服务。

公派研究生出国前与推选单位签有回国定向就业协议的,推选单位应及时将该名单报教育部留学服务中心备案。

联合培养博士研究生回国后应回推选单位办理以上有关手续。

第三十六条 公派研究生按期回国后应在国内连续服务至少两年。

第五章 违约追偿

第三十七条 在留学期间擅自变更留学国别和留学身份、自行放弃国家留学基金资助和国家公派留学身份、单方面终止协议、未完成留学计划擅自提前回国、从事与学业无关活动严重影响学习、表现极为恶劣以及未按规定留学期限回国逾期3个月(不含)以上、未完成回国服务期等违反《协议书》约定的行为,构成全部违约。违约人员应赔偿全部留学基金资助费用并支付全部留学基金资助费用30%的违约金。

未按规定留学期限回国逾期3个月(含)以内的行为,构成部分违约。违约人员应赔偿全部留学基金资助费用20%的违约金。经使领馆批准,仍可提供回国机票。

因航班等特殊原因超出规定留学期限1个月(含)以内抵达国内的,不作违约处理。

第三十八条 出国前尚未还清国家助学贷款的留学人员,出国期间应按国家助学贷款有关规定偿还贷款,确有偿还困难的应办理相应延期手续;对逾期不归违约人员,应按《协议书》和国家助学贷款有关规定履行相关义务。

第三十九条 使领馆应及时将公派研究生违约情况和为其资助留学经费情况报告留学基金委,协助留学基金委做好违约追偿工作。

第四十条 推选单位应及时向留学基金委提供所掌握的本单位违约人员的有关情况和信息,协助留学基金委开展违约追偿工作。

第四十一条 对违反《协议书》约定的违约行为,留学基金委根据国家法律规定和《协议书》有关条款对违约人进行违约追偿。违约人本人或其保证人(即协议书丙方)应承担相应违约责任。

1. 如违约人员按《协议书》规定承担相应违约责任,如数予以经济赔偿,不再追究其法律责任。如违约人员未按《协议书》规定承担违约责任做出赔偿,则将要求其国内保证人承担经济责任。如违约人员及其保证人均不承担约定的经济赔偿责任,则将在国内通过法律途径解决。

2. 对违约事件,特别是对不按《协议书》约定履行经济赔偿责任者,除通过法律途径解决外,必要时还将采取其他辅助手段,如以留学基金委名义向国外有关方面通报违约事实;将违约名单予以公布等。

3. 违约人员完成经济赔偿后,即了结了与留学基金委所签《协议书》的义务,但国家公派留学人员的身份不变。协议了结情况由留学基金委通报使领馆、违约人员本人和推选单位。

第六章 评 估

第四十二条 教育部建立评估体系和激励机制,对公派研究生出国留学的总体效益和有关项目的实施情况进行评估,特别对各推选单位派出人员的质量、留学效果和按期回国等情况进行综合评估,并根据评估结果调整各推选单位的选派计划和选派规模,以保证国家留学基金的使用效益和国家人才培养目标的实现。

该评估也将作为对有关使领馆和留学服务机构留学管理与服务工作绩效评估的一部分,以促进留学管理工作的加强与提高。

第七章 附 则

第四十三条 本规定由教育部、财政部负责解释。

第四十四条 本规定自印发之日起施行。此前已印发的有关规定与本规定相抵触的，以本规定为准。

附件（略）

国家公派出国教师生活待遇管理规定

·2011年6月24日

·财教〔2011〕194号

第一章 总 则

第一条 为促进中外教师交流，加强国际汉语教学和教育援外工作，充分调动公派出国教师（以下简称出国教师）的积极性，进一步完善出国教师的管理，特制订本规定。

第二条 本规定适用于履行我国政府对外文化、教育交流协议和双边协议，执行出国任教任务且在国外连续任教半年以上（含半年），并由中国政府提供资助的出国教师。

第二章 工资及津贴补贴

第三条 出国教师在国外任教期间，根据出国教师国内职称，按以下标准计发国外工资：

单位：美元/月

级别	职别	工资标准
一级	教授、研究员	2100
二级	副教授、副研究员	1900
三级	讲师、助理研究员	1700
四级	助教、实习研究员	1500

注：工资标准中含配偶补贴。

第四条 孔子学院中方院长享受岗位津贴，标准为每人每月400美元，用于开展工作必需的对外交往和通讯等支出。

第五条 为体现对艰苦地区的倾斜，鼓励到艰苦地区任教，在艰苦地区任教的出国教师享受艰苦地区津贴。按艰苦程度不同，艰苦地区分为五类，由低到高依次为一、二、三、四、五类。各类艰苦地区名单详见附件。

各类艰苦地区津贴标准为：

一类地区：每人每月180美元；

二类地区：每人每月500美元；

三类地区：每人每月820美元；

四类地区：每人每月1150美元；

五类地区：每人每月1500美元。

第六条 出国教师国外任教期间，如聘请方不提供交通工具和相关费用的，国家按以下标准提供交通补贴：

非艰苦及一类艰苦地区：每人每月400美元；

二类及以上艰苦地区：每人每月600美元。

第七条 经外交部、财政部批准，我国驻外非外交人员享受战乱补贴的，在同一地区任教的出国教师也同时享受。发放标准和办法参照财政部、外交部有关规定和通知执行。

出国教师任教城市或国家发生严重战乱（严重骚乱、武装冲突、内战或国家间交战），对出国教师工作生活造成严重影响的，经批准后，出国教师可停止任教活动，撤离回国。需要继续执行的，应报国内有关部门批准。

第八条 国家为出国教师提供一次性安置费3000美元，用于办理居留、注册等各种手续，购置必要的家具家电、教学设备及其他安置开支等。

出国教师使用安置费在国外购置的一切物品归出国教师个人所有，并由出国教师按照任教国的法律和规定自行处置。

第九条 出国教师在同一地点连任，国家从第二任期开始，每任期提供安置费400美元，用于家具家电及教学设备的维修。

第十条 出国教师赴任前可领取一次性出国补贴3000元人民币，用于支付公证、护照签证、体检等费用及赴离任、休假、探亲期间的国内旅费。

第十一条 出国教师配偶享受配偶补贴。随任配偶补贴标准每月500美元，不随任配偶补贴标准每月 200 美元。艰苦地区随任配偶,同时享受出国教师艰苦地区津贴标准 1/3 的艰苦地区津贴。无配偶或配偶在境外公费留学、进修或有工资收入的,不享受配偶补贴。配偶随任期间,所在单位应保留其公职。

第十二条 对年度考核为称职(合格)及以上的出国教师发放年终一次性奖金,奖金标准为本人全年月平均国外工资。

第三章 国外开支与收入

第十三条 出国教师在国外任教期间,除医疗费、租房费和国际旅费以外发生的一切费用原则上自理。

第十四条 出国教师在任教地的住房,按协议由国外聘用方提供的,国家不再报销租房费用;如聘用方不提供住房或不报销租房费用的,由出国教师按照本规定第十五条确定的标准提出自行租房申请,报教育部审批。

第十五条 出国教师自行在外租房的,教授、副教授租房标准为二室一厅、建筑面积不超过 80 平方米,讲师、助教租房标准为一室一厅、建筑面积不超过 60 平方米。教育部对出国教师的租房申请和房租费预算进行汇总、审核,报财政部批准后执行。

第十六条 出国教师任教期间,在国内、任教国或在第三国看病所发生的挂号费、药费、检查费、治疗费、住院费以及其他属于公费医疗范围的开支,不分级别,采用分段计算、由个人和国家分别负担的办法。

(一)在一个自然年度内,医药费支出在 240 美元及以下的,全部由出国教师个人负担;

(二)全年医药费支出在 240—600 美元的部分,出国教师个人负担 30%,其余由国家报销;

(三)全年医药费支出在 600—6000 美元的部分,出国教师个人负担 5%,其余由国家报销;

(四)全年医药费支出在 6000 美元以上的部分,全部由国家报销。

如聘用方提供医疗保险或报销医疗费,国家不再报销出国教师医疗费。

第十七条 在疟疾、登革热、霍乱、伤风、麻风病高发区任教的出国教师,预防和治疗上述疾病的药品费、医疗费和防疫费由国家全额报销。

第十八条 不属于公费医疗范围的开支(如镶牙、洗牙、购买补药发生的支出)全部由出国教师个人自理。

第十九条 出国教师在任教国投保医疗保险的费用,按上述分段办法和比例报销。

第二十条 出国教师因公负伤的,挂号费、检查费、住院费、医药费等由国家全额报销,住院期间伙食费由个人据实缴纳;因交通或其他事故受伤的,责任方给予的赔偿归个人,个人须偿还国家为此支付的医药费等有关费用。

第二十一条 出国教师配偶随任、探亲期间的医药费开支,按以上规定执行。

第二十二条 出国教师和配偶赴离任、公费休假或探亲的国际旅费,按协议规定由聘用方提供的,国家不再报销;聘用方不提供的,在教育部规定的标准内实报实销。

第二十三条 因教育部工作要求,出国教师临时回国或到第三国参加有关活动,旅费可由国家支付。

第二十四条 出国教师和配偶赴离任、公费休假或探亲,以及出国教师因公出差乘坐交通工具的种类由个人决定,报销的最高座位等次为飞机经济舱、火车硬卧车厢和轮船三等舱。

第二十五条 出国教师任期为二年或以上的,在国外任教满一年后可回国休假一次或到配偶学习和工作的第三国探亲一次,国际旅费按规定报销。

第二十六条 出国教师在国外任教期间,其配偶可以选择随任或探亲,随任配偶可按出国教师规定回国休假一次。

不随任配偶在出国教师国外任教满一年后,可到出国教师任教地公费探亲一次,如放弃探亲,可转给出国教师本人使用。

第二十七条 出国教师回国或到第三国休假、探亲,均须报请我驻当地使领馆批准,并利用任教单位假期出行,不得影响正常教学工作和合同的执行。

第二十八条 出国教师及其配偶公费休假或探亲期限最长不超过两个月。出国教师休假和探亲期间,艰苦地区津贴停发,超过批准期限,停发国外工资和各项津贴补贴;随任配偶休假期间,艰苦地区津贴停发,配偶补贴按不随任配偶补贴标准发放;不随任配偶探亲期间,在批准的探亲期限内,按随任配偶标准享受艰苦地区津贴和配偶补贴。

第二十九条 出国教师应邀参加任教国举办的学术会议，参会费用自理。任教期间到第三国或回国参加学术会议，须经任教单位同意并报教育部批准，参会费用自理。

第三十条 出国教师任教期间，聘用方支付的各项收入及给予报销的有关费用之和等于或高于本规定所规定的国外工资、津贴补贴、房租和往返国际旅费之和的，收入全部留归个人，国家不再发放和报销任何费用；如低于本规定的，不足部分由国家补足，同时个人任教期间所发生的一切费用均自理。

第四章　经费的管理与结算

第三十一条 出国教师经费由教育部核拨我驻外使领馆和教育部指定机构。出国教师经费具体核算、发放和管理由我驻外使领馆和教育部指定机构负责。

第三十二条 出国教师的国外工资和津贴补贴按离境和离任教国国境之日计算。在国外任教时间不满一个月的，国外工资和各项津贴补贴按日标准乘以实际天数计算，其中日标准按月标准除以当月一个月的实有天数计算。任教期限以教师派遣部门的通知为准。

第三十三条 出国教师赴任前，可从国内预先领取任教期限一半并且不超过一年的国外工资，亦可到达任教国后，凭教育部有关证明到我驻外使领馆或教育部指定机构领取。

第三十四条 出国教师的国外工资和津贴补贴一律以美元计发，由出国教师个人兑换任教国货币并承担兑换汇率差价损溢和手续费。

第三十五条 出国教师从国外聘用方获得的工资和津贴补贴等收入是当地货币，在任期结束时有结余，且不能兑换自由外汇的，可凭工资等收入单据将当地货币交给我驻外使领馆，按照交给时外交部规定的外汇内部比价折算美元，回国后凭使领馆开具的证明办理结算，但与我驻外使领馆兑换的当地货币，不得多于国外聘用方发放的工资和补贴数额的三分之二。

第三十六条 出国教师国外收入、支出的当地货币，按取得收入、发生支出当月外交部规定的内部折算率计算成美元数，回国后办理结算。

第三十七条 出国教师任期结束回国，须在回国一个月之内持有关证明材料到指定机构办理有关经费结算手续，逾期不结算者，按天扣除其应得工资和津贴补贴的5%。

第三十八条 出国教师在国外死亡，其国外工资及各项津贴补贴，从死亡之次月停发，抚恤金由出国教师所在单位按国内有关规定发放给家属。若任教国发给抚恤金或赔偿费的，应首先抵支按规定应由个人负担的医疗费用，剩余部分归其家属所有。

第五章　其　他

第三十九条 出国教师和配偶出国，原则上应按因私渠道办理出国手续，如因特殊原因需按因公出国办理，须报教育部批准。

第四十条 出国教师自离境之日起，其国内工资、津贴和补贴停发。出国教师在国外任教期间，工龄连续计算。出国教师国外任教期间的养老、失业、医疗保险和公积金，所在单位应视同其在职并按有关规定办理。

第四十一条 国内院校和事业单位为了加强与国外院校在文化和语言上交流合作，自行向国外派遣汉语教师和国外单位为汉语教学在本地聘请的汉语教师的费用，原则上由派遣单位或聘用单位解决。

第四十二条 出国教师参加国内职称评定时，其在国外任教期间的教学工作量按国内满教学工作量计算；期间编写并被采用的教材、教学大纲、课程设计方案、有价值的调研报告等应作为科研成果；有赴二类（含）以上艰苦地区任教经历的出国教师，在评定职称时应予以优先考虑。

第四十三条 经批准，教师参加出国选拔培训的差旅费，由教师所在单位按国内出差的有关规定报销。

第六章　附　则

第四十四条 本规定由财政部、教育部负责解释。

第四十五条 本规定自2011年7月1日起执行。《教育部财政部关于印发〈国家公派出国教师生活待遇管理规定〉的通知》（教财〔2005〕16号）同时废止。

国家建设高水平大学公派研究生项目学费资助办法(试行)

·2009年10月22日
·教财厅〔2009〕4号

第一章 总 则

第一条 为进一步做好“国家建设高水平大学公派研究生项目”,选派优秀学生到国外一流高校、专业,师从一流的导师学习深造,提高选派质量和国家公派出国留学效益,特制定本办法。

第二条 本办法资助学费的对象是“国家建设高水平大学公派研究生项目”赴国外攻读博士学位或硕博连读的留学人员。

联合培养博士或联合培养博士在外转为攻读博士学位的留学人员,不属于本办法规定的资助范围。

第三条 资助学费的留学人员总额不超过“国家建设高水平大学公派研究生项目”选派计划的5%。

第四条 学费的资助标准为:每名留学人员每学年最高不超过3万美元;如特殊选派需要资助标准高于3万美元的须报教育部审批。

第五条 学费资助期限:不超过留学人员的奖学金资助期限;如确须延长资助期限的须报教育部审批。

第二章 资助对象

第六条 向赴国外一流高校,一流专业从事国家中长期科学和技术发展规划纲要中的重点领域及其优先主题、重大专项、前沿技术、基础研究学习的留学人员提供学费资助。

第七条 向赴国外一流高校,一流专业从事人文及应用社会科学且难以获得学费资助的留学人员资助学费。

第三章 申请及审批办法

第八条 留学人员学费资助采取学生申请、学校推荐、专家评审的方式。申请资助学费的人员须获得国外正式入学通知,外语须达到国外接受高校的入学要求。

第九条 “国家建设高水平大学公派研究生项目”实施高校应在校内专家评审的基础上推荐申请学费资助的留学候选人。学校推荐申请资助学费的人数不得超过留学候选总人数的5%。

第十条 国家留学基金管理委员会组织专家对上述学校推荐的申请资助学费的留学候选人进行评审后,确定拟资助学费人员名单及资助期限,报教育部国际司、财务司审批。

第四章 资助方式

第十一条 驻外使(领)馆教育处(组)根据教育部财务司有关通知及留学人员提交的有关申请材料审核并向留学人员所在国外留学院校支付学费。学费可根据留学人员所在国外留学院校的学费管理规定,按学期或学年分期支付。

第十二条 留学人员须执国家留学基金资助出国留学资格证书原件、国外留学院校开具的正式入学通知书原件和国外留学院校开具的收取学费凭证原件,向驻外使(领)馆教育处(组)申领首次学费,由驻外使(领)馆教育处(组)审核后予以支付。

第十三条 后续学期或学年度的学费,由留学人员执国外留学院校开具的上一学期或学年度成绩单原件、留学人员导师或所在院系主管教学负责人出具并签字的学习情况说明原件和国外留学院校开具的收取学费凭证原件申请,由驻外使(领)馆教育处(组)审核确定是否继续为其支付后续学期或学年度的学费并报教育部财务司、国家留学基金管理委员会备案。审核的主要内容包括:

1. 留学人员学费资助的期限和标准。留学人员的学费资助期限以教育部财务司通知中明确的资助期限为准,学费标准原则上不得超过本办法第四条规定的标准。如有特殊情况需延长资助期限或提高资助标准,应由留学人员本人提出申请,经驻外使(领)馆教育处(组)审核同意后按规定报国内审批。

2. 留学人员的学习成绩和表现。

3. 留学人员在学期间是否从国外留学院校获得了学费或其他奖学金资助及额度。如已获资助可以支付其后续学习期间的学费,则驻外使(领)馆教育处(组)不再为其支付学费。如已获资助未达到国外留学院校确定的学费标准,不足部分由驻外使(领)馆教育处(组)审核后予以支付。

4. 驻外使(领)馆教育处(组)根据所辖馆区实际情况规定的其他条件。

第十四条 如驻外使(领)馆教育处(组)确认接受学费资助的留学人员确实无法完成既定学业,应及时报请国内有关部门同意后停止提供学费资助。如构成违约,已资助的学费亦应退还。

第十五条 各驻外使(领)馆教育处(组)可根据所在国实际情况制订具体实施细则。

第五章 附 则

第十六条 学费资助金额纳入国家留学基金资助费用,获得学费资助的留学人员构成违约的,应按国家公派出国留学研究生管理规定承担违约责任。

第十七条 本办法自印发之日起施行。

高等学校聘请外国文教专家和外籍教师的规定

· 1991 年 8 月 10 日
· 教外办〔1991〕462 号

为保证高等学校聘请外籍教师(以下简称专家、外教)的工作更好地为社会主义高等教育服务,根据国务院《外国文教专家工作试行条例》(国发〔1980〕270 号)特制定本规定:

第一章 总 则

第一条 高等学校聘请专家、外教是我国对外开放政策的组成部分,是学习外国先进科学技术和进步文化的重要途径。这是一项长期的工作,必须切实做好。

第二条 聘请专家、外教的工作,应为加强师资队伍和学科建设服务,有利于提高学校的科研水平,培养为社会主义现代化建设服务的人才。

第三条 聘请专家、外教要贯彻以我为主,按需聘请,择优选聘,保证质量,用其所长,讲求实效的原则。在工作中要加强计划性,防止盲目聘用,凡可由我国内教师承担的教学和科研任务,一般不聘请专家、外教担任。

第四条 高等学校应根据专家、外教的业务专长并考虑到他们的政治背景和态度大多与我不同的情况,正确发挥他们的作用。还应主动多做工作,帮助他们正确认识中国,增进了解和友谊。

第二章 各专业专家、外教的聘用

第五条 对不同专业专家、外教的聘用,应根据需要,掌握不同原则。

第六条 理、工、农、医专业类的专家、外教以来华短期讲学、合作科研为主。应逐步扩大此类专家的聘用比例。

第七条 语言专业类(含外语短训班)的专家、外教,除语言实践课(包括听说读写等)可以面对学生授课外,应主要用于培养师资和编写教材。除国家设立的出国人员培训部外,原则上不聘请专家、外教承担我有关人员以出国为目的的语言培训任务。

第八条 外国文学、国际新闻、国际文化、国际贸易、国际法、国际政治经济和国际关系等学科的专家、外教,应主要为我中、青年教师和研究生讲授课程的部分内容或举行讲座和研讨。院校应安排教师就专家外教讲授内容在马克思主义指导下,作出科学的分析,加强对听课人员的引导。此类专业专家一般不面对本科生授课。

第九条 哲学、社会学、法学、政治学、新闻学、史学、教育学等学科的专家,应安排我方教师,在马克思主义指导下,与其就有关学术问题进行共同研讨,一般不对研究生和本科生系统讲学。

第十条 各部门、各单位与外国政府、有关组织、民间团体、院校签订的协议,其教学任务,均按上述原则执行。

第三章 来华专家、外教的条件

第十一条 聘请对象应对华友好,愿与我合作,业务水平较高并符合我需要,身体健康。

第十二条 聘请对象为专家者,应具有三至五年以上的教学和科研经历;其中长期文教专家应具有硕士以上学位或讲师以上职称以及相当的资历,短期邀请专家应具有博士学位或副教授以上职称并在该学术领域有一定造诣。

第十三条 聘请对象为一般语言外籍教师者,应有本科以上学历,受过语言教学的专门训练并具有一定的语言教学经验。

第四章　聘请专家、外教院校的条件

第十四条　院校领导中有专人分管专家、外教工作。

第十五条　设有负责专家、外教工作的职能机构并配有经过政治和外事业务培训的专职工作人员。

第十六条　制定了较完整的专家、外教管理制度和办法。

第十七条　具有专家、外教必要的生活和工作设施(包括居住地食宿、卫生、工作、安全等条件)。院校所在地应是对外国人开放地区,非开放地区须报有关部门批准后方可聘请。

第五章　聘请专家、外教的审批原则

第十八条　聘请专家、外教,按院校隶属关系,由国务院有关部(委),或省、自治区、直辖市教育行政部门审批。

第十九条　对首次拟聘请专家、外教的学校,应按院校隶属关系,由院校向上级主管部门提出申请。部(委)属院校,由部门(委)会同省、自治区、直辖市教育行政部门、外办按第四章规定进行实地考核;地方属院校,由省、自治区、直辖市教育行政部门会同省、自治区、直辖市外办按第四章规定进行实地考核,经考核确认其聘请资格,并由院校上级主管部门报国家外国专家局批准后,院校方可编报聘请专家计划和办理聘请手续。

第二十条　聘请专家、外教的院校,应于每年九月初向上级主管部门申报下一学年的聘请专家、外教计划,并说明各专业聘请专家、外教的目的、来华工作性质、来华人数、在华工作期限等。主管部门对院校的学年聘请计划应认真审核,提出审核意见并报国家外国专家局。

第二十一条　院校应对拟聘专家、外教的条件进行认真审核,对拟聘的专家、外教,按院校隶属关系,将聘请报告及有关材料报上级主管部门审批。

第六章　专家、外教的管理工作

第二十二条　国务院有关部(委)和省、自治区、直辖市教育行政部门应加强对其所属院校的外籍教师工作的领导,认真研究专家、外教工作的特点,加强计划性,进行业务指导和效益评估。

在京高等院校专家、外教日常管理工作,按隶属关系,由国务院部委和北京市高教局分别负责。在其他地区的高等院校专家、外教日常管理工作,由院校所在的省、自治区、直辖市教育行政部门负责,并与当地外办密切配合;重大问题应及时报上级主管部门处理,同时抄报国家教委和国家外国专家局。

第二十三条　教育行政部门和院校在专家、外教的管理工作中,应加强与地方外办、公安等有关部门的密切配合。

第二十四条　院校专家、外教的管理,实行分管校(院)长领导下的学校外事部门归口管理制度。

第二十五条　来我院校任教一学期以上(含一学期)的专家、外教,必须与院校签订合同,合同的基本内容应包括:受聘方被聘任的起止日期,每周授课时数,应享受的各种待遇;在合同中要明确规定专家、外教应遵守我国法律、法规、校纪、校规,并不得干预我国内部事务和进行传教,对受聘方在华期间的要求及受聘方违反合同规定应负的责任等。学校应严格按合同管理。

第二十六条　院校负责专家、外教工作的领导和职能部门,应向专家、外教介绍我国情况和我国的教育方针、政策、法律、法令及有关规定,帮助其了解中国并要求其遵守我国的法律、法规和校纪校规,尊重中国人民的风俗习惯。

对专家、外教的宣传工作,目的在于加强相互了解和友好,工作方法上要灵活。

第二十七条　如发生专家、外教在政治上对我有意进行攻击或提出挑衅性的政治问题时,应正面阐述我观点,予以批驳,并及时报告上级主管部门,根据情况作出处理。

第二十八条　院校教务部门归口负责专家、外教的教学业务工作。

第二十九条　专家、外教所在的系、部、所,负责专家、外教教学业务的日常管理:

(1)配备一位政治、业务较强的中方教师作为专家、外教的合作教师,协助专家、外教开展教学,并协助学校做好专家、外教的工作;

(2)审定专家、外教讲学计划和教学使用的教材(包括参考、影视及其他资料);使用原文教材,思想政治内容上应严格审定,要避免选用美化资本主义制度,宣扬民主社会主义以及丑化社会主义的教材；

(3)建立对专家、外教的听课制度，对其教学态度和效果，要定期检查，并按国家外国专家局的有关规定进行教学评估，提高聘用效益。

第三十条 院校各级领导要主动做好专家、外教工作，鼓励有关师生与他们多接触，交朋友，主动关心和解决专家、外教在教学与生活中遇到的问题，要求中国师生与专家、外教友好相处，互相尊重，取长补短，加强合作，共同搞好教学和研究工作。对专家、外教教学中的意见，应由系、教研室或合作教师商讨解决。

第三十一条 专家、外教可以在指定范围利用我院校图书馆，查阅图书资料。院校可以接受专家、外教不附加条件的赠书，对有攻击我国政府或恶意诬蔑我国社会主义制度等内容的图书，应拒绝接受，并及时报告上级主管部门。院校应认真加强对专家、外教赠书的管理。

第三十二条 专家、外教与我进行合作科研，应以我重点科研项目为主。在合作科研中，应加强保密工作，加强对有关科研资料及计算机的使用管理，严防泄密。

第三十三条 对在华工作成绩显著的专家、外教应给予奖励；对不履行合同，教学效果差，态度恶劣的外籍教师，学校应及时提出批评、教育；对坚持不改者，可根据合同规定予以解聘。解聘专家、外教，由学校报请上级主管部门批准，同时抄报国家外国专家局，由国家外国专家局定期通报各有关单位，不得再录用。

第三十四条 院校应尊重专家、外教的风俗习惯和宗教信仰。专家、外教不得在任何场所，以任何方式，散布攻击我国政府和政策法令的言论，干涉我国内政；不得以任何形式进行传教活动或宗教宣传，不得以教学名义在我学生中散发宗教书籍或材料；对违犯上述规定者，应根据合同和我国有关法律规定处理。

第三十五条 专家、外教不得从事与教学无关的社会工作。如采访，经商，咨询服务等，以及与其身份不符的其他活动。

第三十六条 专家、外教在应聘期间，不得以任何形式向社会和学生作涉及我政治思想、社会状况、经济或科技秘密、特殊的生物资源，以及违反规定的调查。特殊需要者，经批准后方可进行。在省、自治区、直辖市范围内，报请所在省、自治区、直辖市教育行政部门，会同省、自治区、直辖市外办及有关部门审批，超出所在省、自治区、直辖市的，报国家教委、国家外国专家局审批，同时抄报有关部门。

第三十七条 除高等学校外，其他各级各类学校，一般不聘请外籍教师来校任教，特殊需要的，亦按上述规定办理。

八、教师队伍建设

中华人民共和国教师法

· 1993年10月31日第八届全国人民代表大会常务委员会第四次会议通过
· 根据2009年8月27日第十一届全国人民代表大会常务委员会第十次会议《关于修改部分法律的决定》修正

第一章 总 则

第一条 为了保障教师的合法权益,建设具有良好思想品德修养和业务素质的教师队伍,促进社会主义教育事业的发展,制定本法。

第二条 本法适用于在各级各类学校和其他教育机构中专门从事教育教学工作的教师。

第三条 教师是履行教育教学职责的专业人员,承担教书育人,培养社会主义事业建设者和接班人、提高民族素质的使命。教师应当忠诚于人民的教育事业。

第四条 各级人民政府应当采取措施,加强教师的思想政治教育和业务培训,改善教师的工作条件和生活条件,保障教师的合法权益,提高教师的社会地位。

全社会都应当尊重教师。

第五条 国务院教育行政部门主管全国的教师工作。

国务院有关部门在各自职权范围内负责有关的教师工作。

学校和其他教育机构根据国家规定,自主进行教师管理工作。

第六条 每年9月10日为教师节。

第二章 权利和义务

第七条 教师享有下列权利:

(一)进行教育教学活动,开展教育教学改革和实验;

(二)从事科学研究、学术交流,参加专业的学术团体,在学术活动中充分发表意见;

(三)指导学生的学习和发展,评定学生的品行和学业成绩;

(四)按时获取工资报酬,享受国家规定的福利待遇以及寒暑假期的带薪休假;

(五)对学校教育教学、管理工作和教育行政部门的工作提出意见和建议,通过教职工代表大会或者其他形式,参与学校的民主管理;

(六)参加进修或者其他方式的培训。

第八条 教师应当履行下列义务:

(一)遵守宪法、法律和职业道德,为人师表;

(二)贯彻国家的教育方针,遵守规章制度,执行学校的教学计划,履行教师聘约,完成教育教学工作任务;

(三)对学生进行宪法所确定的基本原则的教育和爱国主义、民族团结的教育,法制教育以及思想品德、文化、科学技术教育,组织、带领学生开展有益的社会活动;

(四)关心、爱护全体学生,尊重学生人格,促进学生在品德、智力、体质等方面全面发展;

(五)制止有害于学生的行为或者其他侵犯学生合法权益的行为,批评和抵制有害于学生健康成长的现象;

(六)不断提高思想政治觉悟和教育教学业务水平。

第九条 为保障教师完成教育教学任务,各级人民政府、教育行政部门、有关部门、学校和其他教育机构应当履行下列职责:

(一)提供符合国家安全标准的教育教学设施和设备;

(二)提供必需的图书、资料及其他教育教学用品;

(三)对教师在教育教学、科学研究中的创造性工作给以鼓励和帮助;

(四)支持教师制止有害于学生的行为或者其他侵犯学生合法权益的行为。

第三章　资格和任用

第十条　国家实行教师资格制度。

中国公民凡遵守宪法和法律，热爱教育事业，具有良好的思想品德，具备本法规定的学历或者经国家教师资格考试合格，有教育教学能力，经认定合格的，可以取得教师资格。

第十一条　取得教师资格应当具备的相应学历是：

（一）取得幼儿园教师资格，应当具备幼儿师范学校毕业及其以上学历；

（二）取得小学教师资格，应当具备中等师范学校毕业及其以上学历；

（三）取得初级中学教师、初级职业学校文化、专业课教师资格，应当具备高等师范专科学校或者其他大学专科毕业及其以上学历；

（四）取得高级中学教师资格和中等专业学校、技工学校、职业高中文化课、专业课教师资格，应当具备高等师范院校本科或者其他大学本科毕业及其以上学历；取得中等专业学校、技工学校和职业高中学生实习指导教师资格应当具备的学历，由国务院教育行政部门规定；

（五）取得高等学校教师资格，应当具备研究生或者大学本科毕业学历；

（六）取得成人教育教师资格，应当按照成人教育的层次、类别，分别具备高等、中等学校毕业及其以上学历。

不具备本法规定的教师资格学历的公民，申请获取教师资格，必须通过国家教师资格考试。国家教师资格考试制度由国务院规定。

第十二条　本法实施前已经在学校或者其他教育机构中任教的教师，未具备本法规定学历的，由国务院教育行政部门规定教师资格过渡办法。

第十三条　中小学教师资格由县级以上地方人民政府教育行政部门认定。中等专业学校、技工学校的教师资格由县级以上地方人民政府教育行政部门组织有关主管部门认定。普通高等学校的教师资格由国务院或者省、自治区、直辖市教育行政部门或者由其委托的学校认定。

具备本法规定的学历或者经国家教师资格考试合格的公民，要求有关部门认定其教师资格的，有关部门应当依照本法规定的条件予以认定。

取得教师资格的人员首次任教时，应当有试用期。

第十四条　受到剥夺政治权利或者故意犯罪受到有期徒刑以上刑事处罚的，不能取得教师资格；已经取得教师资格的，丧失教师资格。

第十五条　各级师范学校毕业生，应当按照国家有关规定从事教育教学工作。

国家鼓励非师范高等学校毕业生到中小学或者职业学校任教。

第十六条　国家实行教师职务制度，具体办法由国务院规定。

第十七条　学校和其他教育机构应当逐步实行教师聘任制。教师的聘任应当遵循双方地位平等的原则，由学校和教师签订聘任合同，明确规定双方的权利、义务和责任。

实施教师聘任制的步骤、办法由国务院教育行政部门规定。

第四章　培养和培训

第十八条　各级人民政府和有关部门应当办好师范教育，并采取措施，鼓励优秀青年进入各级师范学校学习。各级教师进修学校承担培训中小学教师的任务。

非师范学校应当承担培养和培训中小学教师的任务。

各级师范学校学生享受专业奖学金。

第十九条　各级人民政府教育行政部门、学校主管部门和学校应当制定教师培训规划，对教师进行多种形式的思想政治、业务培训。

第二十条　国家机关、企业事业单位和其他社会组织应当为教师的社会调查和社会实践提供方便，给予协助。

第二十一条　各级人民政府应当采取措施，为少数民族地区和边远贫困地区培养、培训教师。

第五章　考　核

第二十二条　学校或者其他教育机构应当对教师的政治思想、业务水平、工作态度和工作成绩进行考核。

教育行政部门对教师的考核工作进行指导、监督。

第二十三条　考核应当客观、公正、准确，充分听取教师本人、其他教师以及学生的意见。

第二十四条 教师考核结果是受聘任教、晋升工资、实施奖惩的依据。

第六章 待 遇

第二十五条 教师的平均工资水平应当不低于或者高于国家公务员的平均工资水平,并逐步提高。建立正常晋级增薪制度。具体办法由国务院规定。

第二十六条 中小学教师和职业学校教师享受教龄津贴和其他津贴,具体办法由国务院教育行政部门会同有关部门制定。

第二十七条 地方各级人民政府对教师以及具有中专以上学历的毕业生到少数民族地区和边远贫困地区从事教育教学工作的,应当予以补贴。

第二十八条 地方各级人民政府和国务院有关部门,对城市教师住房的建设、租赁、出售实行优先、优惠。

县、乡两级人民政府应当为农村中小学教师解决住房提供方便。

第二十九条 教师的医疗同当地国家公务员享受同等的待遇;定期对教师进行身体健康检查,并因地制宜安排教师进行休养。

医疗机构应当对当地教师的医疗提供方便。

第三十条 教师退休或者退职后,享受国家规定的退休或者退职待遇。

县级以上地方人民政府可以适当提高长期从事教育教学工作的中小学退休教师的退休金比例。

第三十一条 各级人民政府应当采取措施,改善国家补助、集体支付工资的中小学教师的待遇,逐步做到在工资收入上与国家支付工资的教师同工同酬,具体办法由地方各级人民政府根据本地区的实际情况规定。

第三十二条 社会力量所办学校的教师的待遇,由举办者自行确定并予以保障。

第七章 奖 励

第三十三条 教师在教育教学、培养人才、科学研究、教学改革、学校建设、社会服务、勤工俭学等方面成绩优异的,由所在学校予以表彰、奖励。

国务院和地方各级人民政府及其有关部门对有突出贡献的教师,应当予以表彰、奖励。

对有重大贡献的教师,依照国家有关规定授予荣誉称号。

第三十四条 国家支持和鼓励社会组织或者个人向依法成立的奖励教师的基金组织捐助资金,对教师进行奖励。

第八章 法律责任

第三十五条 侮辱、殴打教师的,根据不同情况,分别给予行政处分或者行政处罚;造成损害的,责令赔偿损失;情节严重,构成犯罪的,依法追究刑事责任。

第三十六条 对依法提出申诉、控告、检举的教师进行打击报复的,由其所在单位或者上级机关责令改正;情节严重的,可以根据具体情况给予行政处分。

国家工作人员对教师打击报复构成犯罪的,依照刑法有关规定追究刑事责任。

第三十七条 教师有下列情形之一的,由所在学校、其他教育机构或者教育行政部门给予行政处分或者解聘:

(一)故意不完成教育教学任务给教育教学工作造成损失的;

(二)体罚学生,经教育不改的;

(三)品行不良、侮辱学生,影响恶劣的。

教师有前款第(二)项、第(三)项所列情形之一,情节严重,构成犯罪的,依法追究刑事责任。

第三十八条 地方人民政府对违反本法规定,拖欠教师工资或者侵犯教师其他合法权益的,应当责令其限期改正。

违反国家财政制度、财务制度,挪用国家财政用于教育的经费,严重妨碍教育教学工作,拖欠教师工资,损害教师合法权益的,由上级机关责令限期归还被挪用的经费,并对直接责任人员给予行政处分;情节严重,构成犯罪的,依法追究刑事责任。

第三十九条 教师对学校或者其他教育机构侵犯其合法权益的,或者对学校或者其他教育机构作出的处理不服的,可以向教育行政部门提出申诉,教育行政部门应当在接到申诉的三十日内,作出处理。

教师认为当地人民政府有关行政部门侵犯其根据本法规定享有的权利的,可以向同级人民政府或者上一级人民政府有关部门提出申诉,同级人民政府或者上一级人民政府有关部门应当作出处理。

第九章　附　则

第四十条　本法下列用语的含义是：

（一）各级各类学校，是指实施学前教育、普通初等教育、普通中等教育、职业教育、普通高等教育以及特殊教育、成人教育的学校。

（二）其他教育机构，是指少年宫以及地方教研室、电化教育机构等。

（三）中小学教师，是指幼儿园、特殊教育机构、普通中小学、成人初等中等教育机构、职业中学以及其他教育机构的教师。

第四十一条　学校和其他教育机构中的教育教学辅助人员，其他类型的学校的教师和教育教学辅助人员，可以根据实际情况参照本法的有关规定执行。

军队所属院校的教师和教育教学辅助人员，由中央军事委员会依照本法制定有关规定。

第四十二条　外籍教师的聘任办法由国务院教育行政部门规定。

第四十三条　本法自 1994 年 1 月 1 日起施行。

教师资格条例

· 1995 年 12 月 12 日中华人民共和国国务院令第 188 号发布

· 自发布之日起施行

第一章　总　则

第一条　为了提高教师素质，加强教师队伍建设，依据《中华人民共和国教师法》（以下简称教师法），制定本条例。

第二条　中国公民在各级各类学校和其他教育机构中专门从事教育教学工作，应当依法取得教师资格。

第三条　国务院教育行政部门主管全国教师资格工作。

第二章　教师资格分类与适用

第四条　教师资格分为：

（一）幼儿园教师资格；

（二）小学教师资格；

（三）初级中学教师和初级职业学校文化课、专业课教师资格（以下统称初级中学教师资格）；

（四）高级中学教师资格；

（五）中等专业学校、技工学校、职业高级中学文化课、专业课教师资格（以下统称中等职业学校教师资格）；

（六）中等专业学校、技工学校、职业高级中学实习指导教师资格（以下统称中等职业学校实习指导教师资格）；

（七）高等学校教师资格。

成人教育的教师资格，按照成人教育的层次，依照上款规定确定类别。

第五条　取得教师资格的公民，可以在本级及其以下等级的各类学校和其他教育机构担任教师；但是，取得中等职业学校实习指导教师资格的公民只能在中等专业学校、技工学校、职业高级中学或者初级职业学校担任实习指导教师。

高级中学教师资格与中等职业学校教师资格相互通用。

第三章　教师资格条件

第六条　教师资格条件依照教师法第十条第二款的规定执行，其中“有教育教学能力”应当包括符合国家规定的从事教育教学工作的身体条件。

第七条　取得教师资格应当具备的相应学历，依照教师法第十一条的规定执行。

取得中等职业学校实习指导教师资格，应当具备国务院教育行政部门规定的学历，并应当具有相当助理工程师以上专业技术职务或者中级以上工人技术等级。

第四章　教师资格考试

第八条　不具备教师法规定的教师资格学历的公民，申请获得教师资格，应当通过国家举办的或者认可的教师资格考试。

第九条　教师资格考试科目、标准和考试大纲由国务院教育行政部门审定。

教师资格考试试卷的编制、考务工作和考试成绩证明的发放，属于幼儿园、小学、初级中学、高级中学、中等职业学校教师资格考试和中等职业学校实习指导教师资格考试的，由县级以上人民政府教育行政部门组织实施；属于高等学校教师资格考试的，由国务院教育行政部门或者省、自治区、直辖市人民政府教育行政部门委托的高等学校组织实施。

第十条 幼儿园、小学、初级中学、高级中学、中等职业学校的教师资格考试和中等职业学校实习指导教师资格考试，每年进行1次。

参加前款所列教师资格考试，考试科目全部及格的，发给教师资格考试合格证明；当年考试不及格的科目，可以在下一年度补考；经补考仍有1门或者1门以上科目不及格的，应当重新参加全部考试科目的考试。

第十一条 高等学校教师资格考试根据需要举行。

申请参加高等学校教师资格考试的，应当学有专长，并有两名相关专业的教授或者副教授推荐。

第五章 教师资格认定

第十二条 具备教师法规定的学历或者经教师资格考试合格的公民，可以依照本条例的规定申请认定其教师资格。

第十三条 幼儿园、小学和初级中学教师资格，由申请人户籍所在地或者申请人任教学校所在地的县级人民政府教育行政部门认定。高级中学教师资格，由申请人户籍所在地或者申请人任教学校所在地的县级人民政府教育行政部门审查后，报上一级教育行政部门认定。中等职业学校教师资格和中等职业学校实习指导教师资格，由申请人户籍所在地或者申请人任教学校所在地的县级人民政府教育行政部门审查后，报上一级教育行政部门认定或者组织有关部门认定。

受国务院教育行政部门或者省、自治区、直辖市人民政府教育行政部门委托的高等学校，负责认定在本校任职的人员和拟聘人员的高等学校教师资格。

在未受国务院教育行政部门或者省、自治区、直辖市人民政府教育行政部门委托的高等学校任职的人员和拟聘人员的高等学校教师资格，按照学校行政隶属关系，由国务院教育行政部门认定或者由学校所在地的省、自治区、直辖市人民政府教育行政部门认定。

第十四条 认定教师资格，应当由本人提出申请。

教育行政部门和受委托的高等学校每年春季、秋季各受理一次教师资格认定申请。具体受理期限由教育行政部门或者受委托的高等学校规定，并以适当形式公布。申请人应当在规定的受理期限内提出申请。

第十五条 申请认定教师资格，应当提交教师资格认定申请表和下列证明或者材料：

（一）身份证明；

（二）学历证书或者教师资格考试合格证明；

（三）教育行政部门或者受委托的高等学校指定的医院出具的体格检查证明；

（四）户籍所在地的街道办事处、乡人民政府或者工作单位、所毕业的学校对其思想品德、有无犯罪记录等方面情况的鉴定及证明材料。

申请人提交的证明或者材料不全的，教育行政部门或者受委托的高等学校应当及时通知申请人于受理期限终止前补齐。

教师资格认定申请表由国务院教育行政部门统一格式。

第十六条 教育行政部门或者受委托的高等学校在接到公民的教师资格认定申请后，应当对申请人的条件进行审查；对符合认定条件的，应当在受理期限终止之日起30日内颁发相应的教师资格证书；对不符合认定条件的，应当在受理期限终止之日起30日内将认定结论通知本人。

非师范院校毕业或者教师资格考试合格的公民申请认定幼儿园、小学或者其他教师资格的，应当进行面试和试讲，考察其教育教学能力；根据实际情况和需要，教育行政部门或者受委托的高等学校可以要求申请人补修教育学、心理学等课程。

教师资格证书在全国范围内适用。教师资格证书由国务院教育行政部门统一印制。

第十七条 已取得教师资格的公民拟取得更高等级学校或者其他教育机构教师资格的，应当通过相应的教师资格考试或者取得教师法规定的相应学历，并依照本章规定，经认定合格后，由教育行政部门或者受委托的高等学校颁发相应的教师资格证书。

第六章 罚 则

第十八条 依照教师法第十四条的规定丧失教师资格的，不能重新取得教师资格，其教师资格证书由县级以上人民政府教育行政部门收缴。

第十九条 有下列情形之一的，由县级以上人民政府教育行政部门撤销其教师资格：

（一）弄虚作假、骗取教师资格的；

（二）品行不良、侮辱学生，影响恶劣的。

被撤销教师资格的，自撤销之日起5年内不得重新申请认定教师资格，其教师资格证书由县级以上人民政府教育行政部门收缴。

第二十条 参加教师资格考试有作弊行为的，其考试成绩作废，3年内不得再次参加教师资格考试。

第二十一条 教师资格考试命题人员和其他有关人员违反保密规定，造成试题、参考答案及评分标准泄露的，依法追究法律责任。

第二十二条 在教师资格认定工作中玩忽职守、徇私舞弊，对教师资格认定工作造成损失的，由教育行政部门依法给予行政处分；构成犯罪的，依法追究刑事责任。

第七章 附 则

第二十三条 本条例自发布之日起施行。

教学成果奖励条例

· 1994年3月14日中华人民共和国国务院令第151号发布

· 自发布之日起施行

第一条 为奖励取得教学成果的集体和个人，鼓励教育工作者从事教育教学研究，提高教学水平和教育质量，制定本条例。

第二条 本条例所称教学成果，是指反映教育教学规律，具有独创性、新颖性、实用性，对提高教学水平和教育质量、实现培养目标产生明显效果的教育教学方案。

第三条 各级各类学校、学术团体和其他社会组织、教师及其他个人，均可以依照本条例的规定申请教学成果奖。

第四条 教学成果奖，按其对提高教学水平和教育质量、实现培养目标产生的效果，分为国家级和省（部）级。

第五条 具备下列条件的，可以申请国家级教学成果奖：

（一）国内首创的；

（二）经过2年以上教育教学实践检验的；

（三）在全国产生一定影响的。

第六条 国家级教学成果奖分为特等奖、一等奖、二等奖三个等级，授予相应的证书、奖章和奖金。

第七条 国家级教学成果奖的评审、批准和授予工作，由国家教育委员会负责；其中授予特等奖的，应当报经国务院批准。

第八条 申请国家级教学成果奖，由成果的持有单位或者个人，按照其行政隶属关系，向省、自治区、直辖市人民政府教育行政部门或者国务院有关部门教育管理机构提出申请，由受理申请的教育行政部门或者教育管理机构向国家教育委员会推荐。

国务院有关部门所属单位或者个人也可以向所在地省、自治区、直辖市人民政府教育行政部门提出申请，由受理申请的教育行政部门向国家教育委员会推荐。

第九条 不属于同一省、自治区、直辖市或者国务院部门的两个以上单位或者个人共同完成的教学成果项目申请国家级教学成果奖的，由参加单位或者个人联合向主持单位或者主持人所在地省、自治区、直辖市人民政府教育行政部门或者国务院有关部门教育管理机构提出申请，由受理申请的教育行政部门或者教育管理机构向国家教育委员会推荐。

第十条 国家教育委员会对申请国家级教学成果奖的项目，应当自收到推荐之日起90日内予以公布；任何单位或者个人对该教学成果权属有异议的，可以自公布之日起90日内提出，报国家教育委员会裁定。

第十一条 国家级教学成果奖每4年评审一次。

第十二条 省（部）级教学成果奖的评奖条件、奖励等级、奖金数额、评审组织和办法，由省、自治区、直辖市人民政府、国务院有关部门参照本条例规定。其奖金来源，属于省、自治区、直辖市人民政府批准授予的，从地方预算安排的事业费中支付；属于国务院有关部门批准授予的，从其事业费中支付。

第十三条 教学成果奖的奖金，归项目获奖者所有，任何单位或者个人不得截留。

第十四条 获得教学成果奖，应当记入本人考绩档案，作为评定职称、晋级增薪的一项重要依据。

第十五条 弄虚作假或者剽窃他人教学成果获奖的，由授奖单位予以撤销，收回证书、奖章和奖金，并责成有关单位给予行政处分。

第十六条 本条例自发布之日起施行。

《教师资格条例》实施办法

· 2000 年 9 月 23 日教育部令第 10 号发布
· 自发布之日起施行

第一章 总 则

第一条 为实施教师资格制度，依据《中华人民共和国教师法》（以下简称《教师法》）和《教师资格条例》，制定本办法。

第二条 符合《教师法》规定学历的中国公民申请认定教师资格，适用本办法。

第三条 中国公民在各级各类学校和其他教育机构中专门从事教育教学工作，应当具备教师资格。

第四条 国务院教育行政部门负责全国教师资格制度的组织实施和协调监督工作；县级以上（包括县级，下同）地方人民政府教育行政部门根据《教师资格条例》规定权限负责本地教师资格认定和管理的组织、指导、监督和实施工作。

第五条 依法受理教师资格认定申请的县级以上地方人民政府教育行政部门，为教师资格认定机构。

第二章 资格认定条件

第六条 申请认定教师资格者应当遵守宪法和法律，热爱教育事业，履行《教师法》规定的义务，遵守教师职业道德。

第七条 中国公民依照本办法申请认定教师资格应当具备《教师法》规定的相应学历。

申请认定中等职业学校实习指导教师资格者应当具备中等职业学校毕业及其以上学历，对于确有特殊技艺者，经省级以上人民政府教育行政部门批准，其学历要求可适当放宽。

第八条 申请认定教师资格者的教育教学能力应当符合下列要求：

（一）具备承担教育教学工作所必须的基本素质和能力。具体测试办法和标准由省级教育行政部门制定。

（二）普通话水平应当达到国家语言文字工作委员会颁布的《普通话水平测试等级标准》二级乙等以上标准。

少数方言复杂地区的普通话水平应当达到三级甲等以上标准；使用汉语和当地民族语言教学的少数民族自治地区的普通话水平，由省级人民政府教育行政部门规定标准。

（三）具有良好的身体素质和心理素质，无传染性疾病，无精神病史，适应教育教学工作的需要，在教师资格认定机构指定的县级以上医院体检合格。

第九条 高等学校拟聘任副教授以上教师职务或具有博士学位者申请认定高等学校教师资格，只需具备本办法第六条、第七条、第八条（三）项规定的条件。

第三章 资格认定申请

第十条 教师资格认定机构和依法接受委托的高等学校每年春季、秋季各受理一次教师资格认定申请。具体受理时间由省级人民政府教育行政部门统一规定，并通过新闻媒体等形式予以公布。

第十一条 申请认定教师资格者，应当在受理申请期限内向相应的教师资格认定机构或者依法接受委托的高等学校提出申请，领取有关资料和表格。

第十二条 申请认定教师资格者应当在规定时间向教师资格认定机构或者依法接受委托的高等学校提交下列基本材料：

（一）由本人填写的《教师资格认定申请表》（见附件一）一式两份；

（二）身份证原件和复印件；

（三）学历证书原件和复印件；

（四）由教师资格认定机构指定的县级以上医院出具的体格检查合格证明；

（五）普通话水平测试等级证书原件和复印件；

（六）思想品德情况的鉴定或者证明材料。

第十三条 体检项目由省级人民政府教育行

政部门规定，其中必须包含“传染病”、“精神病史”项目。

申请认定幼儿园和小学教师资格的，参照《中等师范学校招生体检标准》的有关规定执行；申请认定初级中学及其以上教师资格的，参照《高等师范学校招生体检标准》的有关规定执行。

第十四条 普通话水平测试由教育行政部门和语言文字工作机构共同组织实施，对合格者颁发由国务院教育行政部门统一印制的《普通话水平测试等级证书》。

第十五条 申请人思想品德情况的鉴定或者证明材料按照《申请人思想品德鉴定表》（见附件二）要求填写。在职申请人，该表由其工作单位填写；非在职申请人，该表由其户籍所在地街道办事处或者乡级人民政府填写。应届毕业生由毕业学校负责提供鉴定。必要时，有关单位可应教师资格认定机构要求提供更为详细的证明材料。

第十六条 各级各类学校师范教育类专业毕业生可以持毕业证书，向任教学校所在地或户籍所在地教师资格认定机构申请直接认定相应的教师资格。

第十七条 申请认定教师资格者应当按照国家规定缴纳费用。但各级各类学校师范教育类专业毕业生不缴纳认定费用。

第四章 资格认定

第十八条 教师资格认定机构或者依法接受委托的高等学校应当及时根据申请人提供的材料进行初步审查。

第十九条 教师资格认定机构或者依法接受委托的高等学校应当组织成立教师资格专家审查委员会。教师资格专家审查委员会根据需要成立若干小组，按照省级教育行政部门制定的测试办法和标准组织面试、试讲，对申请人的教育教学能力进行考查，提出审查意见，报教师资格认定机构或者依法接受委托的高等学校。

第二十条 教师资格认定机构根据教师资格专家审查委员会的审查意见，在受理申请期限终止之日起30个法定工作日内作出是否认定教师资格的结论，并将认定结果通知申请人。符合法定的认定条件者，颁发相应的《教师资格证书》。

第二十一条 县级以上地方人民政府教育行政部门按照《教师资格条例》第十三条规定的权限，认定相应的教师资格。

高等学校教师资格，由申请人户籍所在地或者申请人拟受聘高等学校所在地的省级人民政府教育行政部门认定；省级人民政府教育行政部门可以委托本行政区域内经过国家批准实施本科学历教育的普通高等学校认定本校拟聘人员的高等学校教师资格。

第五章 资格证书管理

第二十二条 各级人民政府教育行政部门应当加强对教师资格证书的管理。教师资格证书作为持证人具备国家认定的教师资格的法定凭证，由国务院教育行政部门统一印制。《教师资格认定申请表》由国务院教育行政部门统一格式。

《教师资格证书》和《教师资格认定申请表》由教师资格认定机构按国家规定统一编号，加盖相应的政府教育行政部门公章、钢印后生效。

第二十三条 取得教师资格的人员，其《教师资格认定申请表》一份存入本人的人事档案，其余材料由教师资格认定机构归档保存。教师资格认定机构建立教师资格管理数据库。

第二十四条 教师资格证书遗失或者损毁影响使用的，由本人向原发证机关报告，申请补发。原发证机关应当在补发的同时收回损毁的教师资格证书。

第二十五条 丧失教师资格者，由其工作单位或者户籍所在地相应的县级以上人民政府教育行政部门按教师资格认定权限会同原发证机关办理注销手续，收缴证书，归档备案。丧失教师资格者不得重新申请认定教师资格。

第二十六条 按照《教师资格条例》应当被撤销教师资格者，由县级以上人民政府教育行政部门按教师资格认定权限会同原发证机关撤销资格，收缴证书，归档备案。被撤销教师资格者自撤销之日起5年内不得重新取得教师资格。

第二十七条 对使用假资格证书的，一经查实，按弄虚作假、骗取教师资格处理，5年内不得申请认定教师资格，由教育行政部门没收假证书。对变造、买卖教师资格证书的，依法追究法律责任。

第六章 附 则

第二十八条 省级人民政府教育行政部门依

据本办法制定实施细则，并报国务院教育行政部门备案。

第二十九条 本办法自颁发之日起施行。

附件：

一、教师资格认定申请表（略）

二、申请人思想品德鉴定表（略）

关于制定中小学教职工编制标准的意见

·2001年10月8日

根据《国务院关于基础教育改革与发展的决定》（国发〔2001〕21号，以下简称国发〔2001〕21号文件）的精神，为加强中小学编制管理和教职工队伍建设，提高教育教学质量和办学效益，现就制定中小学教职工编制标准等有关问题提出如下意见：

一、核定中小学教职工编制的原则

中小学教职工编制是我国事业编制的重要组成部分。制定科学的中小学教职工编制标准和实施办法，合理核定中小学教职工编制，直接关系到我国基础教育的健康发展。做好这项工作，应遵循以下原则：（1）保证基础教育发展的基本需要；（2）与经济发展水平和财政承受能力相适应；（3）力求精简和高效；（4）因地制宜，区别对待。

二、中小学教职工编制标准

中小学教职工包括教师、职员、教学辅助人员和工勤人员。教师是指学校中直接从事教育、教学工作的专业人员，职员是指从事学校管理工作的人员，教学辅助人员是指学校中主要从事教学实验、图书、电化教育以及卫生保健等教学辅助工作的人员，工勤人员是指学校后勤服务人员。

中小学教职工编制根据高中、初中、小学等不同教育层次和城市、县镇、农村等不同地域，按照学生数的一定比例核定（见附表）。

中小学校的管理工作尽可能由教师兼职，后勤服务工作应逐步实行社会化。确实需要配备职员、教学辅助人员和工勤人员的，其占教职工的比例，高中一般不超过16%、初中一般不超过15%、小学一般不超过9%。完全中学教职工编制分别按高中、初中编制标准核定。九年制学校分别按初中、小学编制标准核定。农村教学点的编制计算在乡镇中心小学内。特殊教育学校、职业中学、小学附设幼儿班和工读学校教职工编制标准可参照中小学教职工编制标准，由各地根据实际情况具体确定。成人初、中等学校的编制由各地根据实际情况具体确定。

由于我国地区差异较大，各地经济发展水平不平衡，各省、自治区、直辖市在制定中小学教职工编制标准的实施办法时，可根据本地生源状况、经济和财政状况、交通状况、人口密度等，对附表中提出的标准进行上下调节。

各地在具体核定中小学教职工编制时，具有下列情况的，按照从严从紧的原则适当增加编制：内地民族班中小学，城镇普通中学举办民族班的学校和开设双语教学课程的班级，寄宿制中小学，乡镇中心小学，安排教师脱产进修，现代化教学设备达到一定规模的学校，承担示范和实验任务的学校，山区、湖区、海岛、牧区和教学点较多的地区。承担学生勤工俭学和实习任务的校办工厂（农场）按照企业管理，特殊情况的可核定少量后勤服务事业编制。

三、工作要求

根据《中共中央办公厅、国务院办公厅关于印发〈中央机构编制委员会关于事业单位机构改革若干问题的意见〉的通知》（中办发〔1996〕17号）和国发〔2001〕21号文件的规定，中央编办会同教育部、财政部统一制定全国中小学教职工编制标准。省级机构编制部门会同同级教育、财政部门按照此标准，结合当地实际情况制定具体实施办法，报当地党委和政府批准。市（地）级人民政府要加强统筹规划，搞好组织协调。县级教育行政部门根据教育事业发展规划，提出本地区中小学人员编制方案；机构编制部门按照附表中提出的编制标准和本省（自治区、直辖市）的实施办法，会同财政部门核定本地区中小学人员编制，报省级人民政府核准；教育部门在核定的编制总额内，按照班额、生源等情况具体分配各校人员编制，并报同级机构编制部门备案。各级财政部门依据编制主管部门核定的人员编制，核拨中小学人员经费。中小学机构编制实行集中统一管理，其他部门和社会组织不得进行任何形式的干预，下发文件和部署工作不得有涉及学校机构和人员编制方面的内容。

中小学在核定的人员编制范围内，按照职位分类、专兼结合、一人多岗的原则，合理配备教职工，严格按照教师资格确定专任教师。要清理各种形式占用的中小学人员编制，今后任何部门和单位一律不得以任何理由占用或变相占用中小学人员编制。省、市（地）、县应在核编过程中做好中小学教职工的总量控制和结构调整工作，引导教职工从城镇学校和超编学校向农村学校和缺编学校合理流动。要根据条件逐步进行中小学布局结构调整，精简压缩教师队伍，辞退代课教师和不合格教师，压缩非教学人员，清退临时工勤人员。

要稳妥地做好中小学人员分流工作，中小学教职工分流可参照机关工作人员的分流政策执行。

综合运用行政手段和经济手段，加强中小学人员编制管理，形成学校自律机制。各级机构编制主管部门和教育、财政部门要加强中小学编制工作的监督、检查。对违反编制管理规定的单位，应当责令其纠正，并视情节轻重对有关责任者给予处分。

附表：

中小学教职工编制标准

学校类别		兼职工与学生比
高　中	城　市	1:12.5
	县　镇	1:13
	农　村	1:13.5
初　中	城　市	1:13.5
	县　镇	1:16
	农　村	1:18
小　学	城　市	1:19
	县　镇	1:21
	农　村	1:23

注：1."城市"指省辖市以上大中城市市区；
2."县镇"指县（市）政府所在地城区。

学校教职工代表大会规定

·2011 年 12 月 8 日教育部令第 32 号公布
·自 2012 年 1 月 1 日起施行

第一章　总　则

第一条　为依法保障教职工参与学校民主管理和监督，完善现代学校制度，促进学校依法治校，依据教育法、教师法、工会法等法律，制定本规定。

第二条　本规定适用于中国境内公办的幼儿园和各级各类学校（以下统称学校）。

民办学校、中外合作办学机构参照本规定执行。

第三条　学校教职工代表大会（以下简称教职工代表大会）是教职工依法参与学校民主管理和监督的基本形式。

学校应当建立和完善教职工代表大会制度。

第四条　教职工代表大会应当高举中国特色社会主义伟大旗帜，以马克思列宁主义、毛泽东思想、邓小平理论和"三个代表"重要思想为指导，深入贯彻落实科学发展观，全面贯彻执行党的基本路线和教育方针，认真参与学校民主管理和监督。

第五条　教职工代表大会和教职工代表大会代表应当遵守国家法律法规，遵守学校规章制度，正确处理国家、学校、集体和教职工的利益关系。

第六条　教职工代表大会在中国共产党学校基层组织的领导下开展工作。教职工代表大会的组织原则是民主集中制。

第二章　职　权

第七条　教职工代表大会的职权是：

（一）听取学校章程草案的制定和修订情况报告，提出修改意见和建议；

（二）听取学校发展规划、教职工队伍建设、教育教学改革、校园建设以及其他重大改革和重大问题解决方案的报告，提出意见和建议；

（三）听取学校年度工作、财务工作、工会工作报告以及其他专项工作报告，提出意见和建议；

（四）讨论通过学校提出的与教职工利益直接相关的福利、校内分配实施方案以及相应的教职工聘任、考核、奖惩办法；

（五）审议学校上一届（次）教职工代表大会提案的办理情况报告；

（六）按照有关工作规定和安排评议学校领导干部；

（七）通过多种方式对学校工作提出意见和建议，监督学校章程、规章制度和决策的落实，提出整改意见和建议；

（八）讨论法律法规规章规定的以及学校与学校工会商定的其他事项。

教职工代表大会的意见和建议，以会议决议的方式做出。

第八条 学校应当建立健全沟通机制，全面听取教职工代表大会提出的意见和建议，并合理吸收采纳；不能吸收采纳的，应当做出说明。

第三章 教职工代表大会代表

第九条 凡与学校签订聘任聘用合同、具有聘任聘用关系的教职工，均可当选为教职工代表大会代表。

教职工代表大会代表占全体教职工的比例，由地方省级教育等部门确定；地方省级教育等部门没有确定的，由学校自主确定。

第十条 教职工代表大会代表以学院、系（所、年级）、室（组）等为单位，由教职工直接选举产生。

教职工代表大会代表可以按照选举单位组成代表团（组），并推选出团（组）长。

第十一条 教职工代表大会代表以教师为主体，教师代表不得低于代表总数的60%，并应当根据学校实际，保证一定比例的青年教师和女教师代表。民族地区的学校和民族学校，少数民族代表应当占有一定比例。

教职工代表大会代表接受选举单位教职工的监督。

第十二条 教职工代表大会代表实行任期制，任期3年或5年，可以连选连任。

选举、更换和撤换教职工代表大会代表的程序，由学校根据相关规定，并结合本校实际予以明确规定。

第十三条 教职工代表大会代表享有以下权利：

（一）在教职工代表大会上享有选举权、被选举权和表决权；

（二）在教职工代表大会上充分发表意见和建议；

（三）提出提案并对提案办理情况进行询问和监督；

（四）就学校工作向学校领导和学校有关机构反映教职工的意见和要求；

（五）因履行职责受到压制、阻挠或者打击报复时，向有关部门提出申诉和控告。

第十四条 教职工代表大会代表应当履行以下义务：

（一）努力学习并认真执行党的路线方针政策、国家的法律法规、党和国家关于教育改革发展的方针政策，不断提高思想政治素质和参与民主管理的能力；

（二）积极参加教职工代表大会的活动，认真宣传、贯彻教职工代表大会决议，完成教职工代表大会交给的任务；

（三）办事公正，为人正派，密切联系教职工群众，如实反映群众的意见和要求；

（四）及时向本部门教职工通报参加教职工代表大会活动和履行职责的情况，接受评议监督；

（五）自觉遵守学校的规章制度和职业道德，提高业务水平，做好本职工作。

第四章 组织规则

第十五条 有教职工80人以上的学校，应当建立教职工代表大会制度；不足80人的学校，建立由全体教职工直接参加的教职工大会制度。

学校根据实际情况，可在其内部单位建立教职工代表大会制度或者教职工大会制度，在该范围内行使相应的职权。

教职工大会制度的性质、领导关系、组织制度、运行规则等，与教职工代表大会制度相同。

第十六条 学校应当遵守教职工代表大会的组织规则，定期召开教职工代表大会，支持教职工代表大会的活动。

第十七条 教职工代表大会每学年至少召开一次。

遇有重大事项，经学校、学校工会或1/3以上教职工代表大会代表提议，可以临时召开教职工代表大会。

第十八条 教职工代表大会每3年或5年为

一届。期满应当进行换届选举。

第十九条 教职工代表大会须有2/3以上教职工代表大会代表出席。

教职工代表大会根据需要可以邀请离退休教职工等非教职工代表大会代表,作为特邀或列席代表参加会议。特邀或列席代表在教职工代表大会上不具有选举权、被选举权和表决权。

第二十条 教职工代表大会的议题,应当根据学校的中心工作、教职工的普遍要求,由学校工会提交学校研究确定,并提请教职工代表大会表决通过。

第二十一条 教职工代表大会的选举和表决,须经教职工代表大会代表总数半数以上通过方为有效。

第二十二条 教职工代表大会在教职工代表大会代表中推选人员,组成主席团主持会议。

主席团应当由学校各方面人员组成,其中包括学校、学校工会主要领导,教师代表应占多数。

第二十三条 教职工代表大会可根据实际情况和需要设立若干专门委员会(工作小组),完成教职工代表大会交办的有关任务。专门委员会(工作小组)对教职工代表大会负责。

第二十四条 教职工代表大会根据实际情况和需要,可以在教职工代表大会代表中选举产生执行委员会。执行委员会中,教师代表应占多数。

教职工代表大会闭会期间,遇有急需解决的重要问题,可由执行委员会联系有关专门委员会(工作小组)与学校有关机构协商处理。其结果向下一次教职工代表大会报告。

第五章 工作机构

第二十五条 学校工会为教职工代表大会的工作机构。

第二十六条 学校工会承担以下与教职工代表大会相关的工作职责:

(一)做好教职工代表大会的筹备工作和会务工作,组织选举教职工代表大会代表,征集和整理提案,提出会议议题、方案和主席团建议人选;

(二)教职工代表大会闭会期间,组织传达贯彻教职工代表大会精神,督促检查教职工代表大会决议的落实,组织各代表团(组)及专门委员会(工作小组)的活动,主持召开教职工代表团(组)长、专门委员会(工作小组)负责人联席会议;

(三)组织教职工代表大会代表的培训,接受和处理教职工代表大会代表的建议和申诉;

(四)就学校民主管理工作向学校党组织汇报,与学校沟通;

(五)完成教职工代表大会委托的其他任务。

选举产生执行委员会的学校,其执行委员会根据教职工代表大会的授权,可承担前款有关职责。

第二十七条 学校应当为学校工会承担教职工代表大会工作机构的职责提供必要的工作条件和经费保障。

第六章 附 则

第二十八条 学校可以在其下属单位建立教职工代表大会制度,在该单位范围内实行民主管理和监督。

第二十九条 省、自治区、直辖市人民政府教育行政部门,可以与本地区有关组织联合制定本行政区域内学校教职工代表大会的相关规定。

有关学校根据本规定和所在地区的相关规定,可以制定相应的教职工代表大会或者教职工大会的实施办法。

第三十条 本规定自2012年1月1日起施行。1985年1月28日教育部、原中国教育工会印发的《高等学校教职工代表大会暂行条例》同时废止。

关于首次认定教师资格工作若干问题的意见

·2001年5月14日

·教人〔2001〕4号

根据全国教师资格制度实施工作会议精神,为了保证教师资格制度的顺利实施,现就当前实施工作中的若干具体问题提出以下意见:

一、教师资格制度的法律依据。教师资格制度是国家实行的一种法定的职业许可制度。教师资格制度的法律法规、政策依据是《中华人民共和国教师法》、《教师资格条例》、《〈教师资格条例〉实施办法》。原国家教委颁发的《教师资格认定的过渡办法》不再适用于教师资格制度的实施工作。

二、教师资格的性质。教师资格是国家对专门从事教育教学工作人员的基本要求。教师资格制度全面实施后，只有依法取得教师资格者，方能被教育行政部门依法批准举办的各级各类学校和其他教育机构聘任为教师。教师资格一经取得，非依法律规定不得丧失和撤销。具有教师资格的人员依照法定聘任程序被学校或者其他教育机构正式聘任后，方为教师，具有教师的义务和权利。

三、首次认定教师资格的范围。首次认定教师资格的对象范围是未达到国家法定退休年龄的、具备《教师法》规定条件的人员，包括：

(1)1994年1月1日后补充到教师队伍中的在编正式人员；

(2)其他符合《教师法》规定学历条件的人员。

为保证教师资格认定工作的有序进行，在首次认定教师资格工作中，原则上同一申请人不在同一年内申请两种以上教师资格；除高等学校拟聘任教师职务的人员外，暂不受理社会上其他人员认定高等学校教师资格的申请。

四、教师资格的申请。凡在认定范围内符合《教师法》规定学历条件的中国公民可以申请认定教师资格，教师资格认定机构应该依法予以受理。非依法律规定，教师资格认定机构不得拒绝受理中国公民的申请。

教师资格申请人可以向户籍或工作单位所在地的教师资格认定机构或者依法接受委托的高等学校申请，提交申请材料，并提供户籍证明或单位所在地证明，高等学校教师资格的申请人必要时还需提供其他相关材料。

五、教师资格认定程序。教师资格认定工作要严格按照下述程序进行：

1. 申请人向教师资格认定机构提出申请，提交申请材料；

2. 教师资格认定机构对申请人提交的材料进行初步审查；

3. 教师资格专家审查委员会考察申请人的教育教学基本素质和能力，提出专家审查意见；

4. 教师资格认定机构于受理申请期限终止之日起30个法定工作日内做出是否认定的结论，并通知申请人；

5. 教师资格认定机构对经认定符合教师资格条件的，颁发教师资格证书。《教师资格认定申请表》存入当事人档案，有关材料由教师资格认定机构归档保存，并在教师资格管理信息系统中作认定记录。

六、教师资格认定的学历条件。教师资格认定的学历条件要严格按照《教师法》《教师资格条例》和《〈教师资格条例〉实施办法》的有关规定执行。

按照《教师法》规定，申请认定幼儿园、小学教师资格者必须具备中等专业、职业学校师范教育类毕业及其以上学历，其他中专毕业学历应当视为不合格学历。但首次认定教师资格时，对已聘任教师职务的非师范教育类毕业的在职人员，在补修教育学、心理学之后，其中专毕业学历可视同合格学历。这一规定只限于首次认定，今后不再适用。

七、对教育学、心理学等课程的要求。对非师范教育类毕业生申请认定教师资格者补修教育学、心理学等课程的要求，由省级教育行政部门作出规定。

八、教育教学能力的考察。申请人员的教育教学能力条件包括身体条件、普通话水平和承担教育教学工作必需的基本素质和能力。

考察教育教学基本素质和能力的测评指标体系、评分标准和测评程序、办法由省级教育行政部门组织有关专家研究制定，报教育部人事司备案后组织实施。为确保考察的科学性和权威性，制定具体测试标准和办法的工作由省级教育行政部门负责，不再下放。

教师资格专家审查委员会负责教育教学基本素质和能力的考察。地(市)、县级教师资格专家审查委员会由相应的教育行政部门负责同志、教育教学专家、特级教师、高级教师等人员组成。高等学校教师资格专家审查委员会由高等学校(或省级教育行政部门)有关负责人、相关专业的教授组成。教师资格专家审查委员会根据工作需要成立若干专业小组，按照省级教育行政部门制定的测试办法和规定的程序对申请人的教育教学基本素质和能力进行认真考察，提出审查意见，填写在《教师资格认定申请表》有关栏目内，并由专家组组长签名盖章。

教育教学基本素质和能力主要通过面试、笔试、试讲等方式进行考察。面试重点考察申请人的仪表仪态、行为举止、思维能力以及口头表达能力；笔试重点考察申请人的知识水平和运用教育学、心理学等理论解决教育教学和学生管理中实际问题的能力；试讲重点考察申请人实现教学目的、组织课程实施、掌握课程内容、运用教学语言和教学资源等能力，使用普通话提问、板书和讲解的技巧。

教师资格认定机构要根据教师资格专家审查委员会考察意见做出是否认定的结论。凡经教师资格专家审查委员会审查认为不合格者，教师资格认定机构不得认定其教师资格。

九、关于教师资格条件的特殊规定。根据《〈教师资格条例〉实施办法》第九条规定，高等学校拟聘任教授、副教授职务或有博士学位的人员申请认定高等学校教师资格，其教育教学基本素质和能力考察以及普通话水平测试可不作规定。

各级各类学校师范教育类毕业生可以持毕业证书，向其工作单位或户籍所在地教师资格认定机构申请直接认定相应的教师资格。教师资格认定机构在审查其提供的毕业证书、普通话水平等级证书、教师资格认定机构指定的县级以上医院出具的体格检查合格证明和由申请人工作单位或者其户籍所在地乡（镇）政府或街道办事处提供的《教师资格申请人思想品德鉴定表》后，认定其相应的教师资格。对在学期间教学计划中缺少教育教学实践等环节的师范教育类毕业生的教育教学基本素质和能力考察的要求，由省级教育行政部门规定。

应届毕业生可以在毕业前的最后一个学期持学校出具的思想品德鉴定、学业成绩单和其他申请材料向就读或拟任教学校所在地教师资格认定机构申请认定教师资格。对通过教师资格专家审查委员会审查、符合认定条件的，在其取得毕业证书后，由教师资格认定机构认定其相应的教师资格。

十、因学校调整、合并等原因，需要具备其他种类教师资格的人员，应依照法定程序及时申请认定与其新的教学岗位相应的教师资格。

十一、关于委托部分高等学校认定高等学校教师资格问题。根据《实施办法》第二十一条规定，按照属地化的原则，省级教育行政部门应行文委托本行政区域内经过教育行政部门批准实施本科学历教育的普通高等学校负责认定本校拟聘人员的高等学校教师资格。接受委托的高等学校拟认定教师资格的人员应经省级教育行政部门核准。

十二、关于早期退（离）休教师认定教师资格问题。考虑到部分早期离（退）休教师要求认定教师资格的愿望，各地对于 1993 年 12 月 31 日以前办理手续的退（离）休教师，可以视同具备教师资格认定条件，可在自愿申请的原则下和确认教师身份的基础上，由其原任教学校所在地相应的教师资格认定机构颁发教师资格证书。具体办法由省级教育行政部门作出规定。

十三、教师资格的丧失和撤销。对按照《教师法》第十四条、《教师资格条例》第十九条规定丧失或撤销教师资格者，其工作单位或户籍所在地的县级以上教育行政部门应按照教师资格认定权限会同原发证机关办理注销或撤销教师资格手续，通知当事人，收缴其证书，并将教师资格注销或撤销决定存入当事人档案，在教师资格管理信息系统中做相应的记录。被撤销教师资格的当事人 5 年后再次申请教师资格时，需提供相关证明。

十四、加强对教师资格证书的管理。教师资格证书是教师资格的主要体现形式，是持证人具有教师资格的法定凭证，由教育部统一印制。《教师资格认定申请表》由教育部监制、省级教育行政部门印制。教师资格确认后，《教师资格认定申请表》在当事人人事档案中保存，教师资格认定机构同时存留。

各级教育行政部门要根据《教师资格证书管理规定》，加强对教师资格证书的管理。

十五、关于收费问题。面向社会认定教师资格工作需要向申请者个人收取根据严格的成本核算确定的教师资格认定费用，现已经财政部、国家发展计划委员会批准立项。各地收费标准由省级教育行政部门报请省财政、物价部门批准。

对师范教育类专业毕业生、学校在编正式任教人员和退（离）休教师除收取证书工本费外，一律不得收取认定费用。

县级以上教育行政部门要保证安排教师资格认定工作专项经费，确保教师资格认定工作的顺利进行。同时，要严格遵守纪律，严禁乱收费。

中小学教师资格考试暂行办法

·2013年8月15日
·教师〔2013〕9号

第一章 总 则

第一条 为建立国家教师资格考试制度，严格教师职业准入，保障教师队伍质量，依据《教师法》、《教师资格条例》和《国家中长期教育改革和发展规划纲要（2010-2020年）》，制定本办法。

第二条 中小学教师资格考试（以下简称教师资格考试）是评价申请教师资格人员（以下简称申请人）是否具备从事教师职业所必需的教育教学基本素质和能力的考试。

第三条 承担教师资格考试改革试点的省（区、市）组织实施教师资格考试，适用本办法。

第四条 参加教师资格考试合格是教师职业准入的前提条件。申请幼儿园、小学、初级中学、普通高级中学、中等职业学校教师和中等职业学校实习指导教师资格的人员须分别参加相应类别的教师资格考试。

第五条 教师资格考试实行全国统一考试。考试坚持育人导向、能力导向、实践导向和专业化导向，坚持科学、公平、安全、规范的原则。

第二章 报考条件

第六条 符合以下基本条件的人员，可以报名参加教师资格考试：

（一）具有中华人民共和国国籍；

（二）遵守宪法和法律，热爱教育事业，具有良好的思想品德；

（三）符合申请认定教师资格的体检标准；

（四）符合《教师法》规定的学历要求。

普通高等学校在校三年级以上学生，可凭学校出具的在籍学习证明报考。

第七条 申请人应在户籍或人事关系所在地报名参加教师资格考试。普通高等学校在校生可在就读学校所在地报名参加教师资格考试。

第八条 试点省份试点工作启动前已入学的全日制普通高校师范类专业学生，可以持毕业证书申请直接认定相应的教师资格。试点工作启动后入学的师范类专业学生，申请中小学教师资格应参加教师资格考试。

第九条 被撤销教师资格的，5年内不得报名参加考试；受到剥夺政治权利，或故意犯罪受到有期徒刑以上刑事处罚的，不得报名参加考试。曾参加教师资格考试有作弊行为的，按照《国家教育考试违规处理办法》的相关规定执行。

第三章 考试内容与形式

第十条 教师资格考试包括笔试和面试两部分。

第十一条 笔试主要考查申请人从事教师职业所应具备的教育理念、职业道德、法律法规知识、科学文化素养、阅读理解、语言表达、逻辑推理和信息处理等基本能力；教育教学、学生指导和班级管理的基本知识；拟任教学科领域的基本知识，教学设计实施评价的知识和方法，运用所学知识分析和解决教育教学实际问题的能力。

第十二条 笔试主要采用计算机考试和纸笔考试两种方式进行。采用计算机考试和纸笔考试的范围和规模，根据各省（区、市）实际情况和条件确定。

第十三条 幼儿园教师资格考试笔试科目为《综合素质》、《保教知识与能力》2科；小学教师资格考试笔试科目为《综合素质》、《教育教学知识与能力》2科；初级中学、普通高级中学教师和中等职业学校文化课教师资格考试笔试科目为《综合素质》、《教育知识与能力》、《学科知识与教学能力》3科；中等职业学校专业课教师和实习指导教师资格考试笔试科目为《综合素质》、《教育知识与能力》、《专业知识与教学能力》3科。

中等职业学校教师的《专业知识与教学能力》科目测试，暂由各省（区、市）自行命题和组织实施。

第十四条 面试主要考查申请人的职业认知、心理素质、仪表仪态、言语表达、思维品质等教师基本素养和教学设计、教学实施、教学评价等教学基本技能。

第十五条 面试采取结构化面试、情境模拟等方式，通过抽题、备课（活动设计）、回答规定问题、试讲（演示）、答辩（陈述）、评分等环节进行。

第十六条 国家确定笔试成绩合格线，省级教育行政部门确定面试成绩合格线。

第十七条 考生在笔试和面试成绩公布后，可通过教师资格考试网站查询本人的考试成绩。考生如对本人的考试成绩有异议，可在考试成绩公布后10个工作日内向本省(区、市)教师资格考试机构提出复核申请。

第十八条 笔试单科成绩有效期为2年。笔试和面试均合格者由教育部考试中心(教育部教师资格考试中心)颁发教师资格考试合格证明。教师资格考试合格证明有效期为3年。教师资格考试合格证明是考生申请认定教师资格的必备条件。

第四章 考试实施

第十九条 笔试一般在每年3月和11月各举行一次。面试一般在每年5月和12月各举行一次。

第二十条 省级教师资格考试机构按照《中小学教师资格考试考务工作规定》、《中小学教师资格考试机考考务细则》组织实施笔试考务工作；按照《中小学教师资格考试面试工作规程》，制定面试实施细则，组织实施面试工作。

第二十一条 省级教师资格考试机构使用教师资格考试考务管理信息系统进行笔试和面试的报名受理、考点设置、考场编排等考务管理工作。

第二十二条 笔试和面试考生通过教师资格考试网站进行报名后，需携带省级教师资格考试机构规定的相关材料，到指定考点进行报名审核，并现场确认报考信息。

考生笔试各科成绩合格并在有效期内的，方可报名参加面试。

第二十三条 省级教师资格考试机构组织开展本省(区、市)考务相关人员的安全保密教育和考务流程培训工作。

第二十四条 笔试和面试机考软件系统的使用实行首席技术负责人制度，采取分级培训方式进行。

第二十五条 面试一般按学科分组进行。每个考评组由不少于3名考官组成，设主考官1名。

第二十六条 面试考官由高校专家、中小学和幼儿园优秀教师、教研机构专家等组成。面试考官须具备以下条件：

(一)熟悉教师资格考试相关政策；

(二)具有良好的职业道德，公道正派，身体健康；

(三)具有扎实的专业知识、较强的分析概括能力、判断能力和语言表达能力；

(四)从事相关专业教学或研究工作5年以上，一般应具有副高级以上专业技术职务(职称)；

(五)参加省级或国家级教师资格考试机构组织的培训并获得证书。

第二十七条 各级教育行政部门及教师资格考试机构不得组织教师资格考试培训。

第五章 考试安全与违规处罚

第二十八条 省级教师资格考试机构根据《中小学教师资格考试应急处置预案实施办法(试行)》处置和应对考试期间的突发事件。

第二十九条 对试题命制、考务管理、监考等考试相关人员发生的违规行为按照《保守国家秘密法》、《国家教育考试违规处理办法》进行处罚。情节严重，构成犯罪的，由司法机关依法追究刑事责任。

第三十条 对考生违规行为按照《国家教育考试违规处理办法》认定和处理。

第六章 组织管理

第三十一条 教育部依据教师专业标准和教师教育课程标准，制订教师资格考试标准，组织审定教师资格考试大纲。教育部考试中心(教育部教师资格考试中心)，负责教师资格考试的组织实施。主要职责是：

(一)依据考试标准拟定考试大纲；

(二)组织命制笔试和面试试题，建设试题库；

(三)制定考务管理规定，研发和维护考试管理系统；

(四)组织考务工作，培训技术人员；

(五)组织阅卷，负责考试成绩管理与评价；

(六)指导、监督、检查各省、自治区、直辖市考试实施工作。

第三十二条 省级教育行政部门全面负责本行政区域内教师资格考试工作。可成立教师资格考试领导小组，由省级教育行政部门的主要领导兼任领导小组组长。指定专业化教育(教师资格)考试机构，在省级教育行政部门领导下具体负责考务组织工作，主要职责是：

(一)制定本地区考务管理具体措施；

(二)组织本地区考务工作；

（三）组织面试考官及考务工作人员培训；

（四）管理、指导、监督本行政区域各考区工作；

（五）负责本行政区域教师资格考试安全保密工作。

第三十三条 教师资格考试以市（地、州、盟）为单位设立考区。各考区的教师资格考试的组织实施由市（地、州、盟）教育行政部门和教师资格考试机构负责。

第三十四条 教师资格考试费用按照财政部、国家发展改革委《关于同意收取教师资格考试考务费等有关问题的通知》（财综〔2012〕41号）规定收取。

第七章 附 则

第三十五条 省级教育行政部门可以依据本办法制定实施细则，并抄送教育部。

第三十六条 本办法自发布之日起实施。

中小学教师资格定期注册暂行办法

·2013年8月15日

·教师〔2013〕9号

第一章 总 则

第一条 为完善教师资格制度，健全教师管理机制，建设高素质专业化教师队伍，根据《教师法》、《教师资格条例》和《国家中长期教育改革和发展规划纲要（2010-2020年）》，制定本办法。

第二条 教师资格定期注册是对教师入职后从教资格的定期核查。中小学教师资格实行5年一周期的定期注册。定期注册不合格或逾期不注册的人员，不得从事教育教学工作。

第三条 承担中小学教师资格定期注册改革试点的省（区、市）组织实施教师资格定期注册工作，适用本办法。

第四条 中小学教师资格定期注册的对象为公办普通中小学、中等职业学校和幼儿园在编在岗教师（以下简称教师）。

省级教育行政部门可根据本地教师队伍建设的实际需要，将依法举办的民办普通中小学、中等职业学校和幼儿园教师纳入定期注册范围。

第五条 教师资格定期注册应与教师人事管理工作紧密结合，将严格教师考核和促进教师专业发展作为重要的工作目标。定期注册应坚持以人为本、科学规范和公开公平公正原则，客观体现教师职业道德、业务水平和工作业绩情况。

第六条 国务院教育行政部门主管教师资格定期注册工作。县级以上地方教育行政部门负责本地教师资格定期注册的组织、管理、监督和实施。

第二章 注册条件

第七条 申请首次注册的，应当具备下列条件：

（一）具有与任教岗位相应的教师资格；

（二）聘用为中小学在编在岗教师；

（三）省级教育行政部门规定的其他条件。

对于首次任教人员须试用期满且考核合格。

第八条 满足下列条件的，定期注册合格：

（一）遵守国家法律法规和《中小学教师职业道德规范》，达到省级教育行政部门规定的师德考核评价标准，有良好的师德表现；

（二）每年年度考核合格以上等次；

（三）每个注册有效期内完成不少于国家规定的360个培训学时或省级教育行政部门规定的等量学分；

（四）身心健康，胜任教育教学工作；

（五）省级教育行政部门规定的其他条件。

第九条 有下列情形之一的，应暂缓注册：

（一）注册有效期内未完成国家规定的教师培训学时或省级教育行政部门规定的等量学分；

（二）中止教育教学和教育管理工作一学期以上，但经所在学校或教育行政部门批准的进修、培训、学术交流、病休、产假等情形除外；

（三）一个注册周期内任何一年年度考核不合格。

暂缓注册者达到定期注册条件后，可重新申请定期注册。具体办法由省级教育行政部门根据实际情况制定。

第十条 有下列情形之一的，注册不合格：

（一）违反《中小学教师职业道德规范》和师德考核评价标准，影响恶劣；

（二）一个定期注册周期内连续两年以上（含两年）年度考核不合格；

（三）依法被撤销或丧失教师资格。

第三章 注册程序

第十一条 取得教师资格，初次聘用为教师的，试用期满考核合格之日起60日内，申请首次注册。经首次注册后，每5年应申请一次定期注册。

第十二条 教师资格定期注册须由本人申请，所在学校集体办理，按照人事隶属关系报县级以上教育行政部门审核注册。

第十三条 教师应当在定期注册有效期满前60日内，申请办理下一次教师资格定期注册。定期注册实行网上申请。

第十四条 申请教师资格定期注册，应当提交下列材料：

（一）《教师资格定期注册申请表》一式2份；

（二）《教师资格证书》；

（三）中小学或主管部门聘用合同；

（四）所在学校出具的师德表现证明；

（五）5年的各年度考核证明；

（六）省级教育行政部门认可的教师培训证明；

（七）省级以上教育行政部门根据当地实际要求提供的其他材料。

申请首次注册的，应当提交上述（一）、（二）、（四）、（七）项材料，同时提交试用期考核合格证明。

第十五条 对于本办法实施之日前已获得教师资格证书的中小学在编在岗教师，首次注册的办法由省级教育行政部门规定。

第十六条 定期注册工作不收取教师和学校任何费用。

第十七条 县级以上教育行政部门在受理注册申请终止之日起90个工作日内，对申请人提交的材料进行审核并给出注册结论。注册结论应提前进行公示。

第十八条 县级教育行政部门负责申报材料的初审，提出注册结论的建议；地市级教育行政部门负责申报工作的复核；省级教育行政部门对注册申请进行终审，并在全国中小学教师资格定期注册管理信息系统中填报注册结论及有关信息。

第十九条 县级以上教育行政部门将申请人的《教师资格注册申请表》一份存入个人人事档案，一份归档保存。同时在申请人《教师资格证书》附页上标明注册结论。

第四章 罚 则

第二十条 申请人隐瞒有关情况或提供虚假材料申请教师资格注册的，视情况暂缓注册或注册不合格，并给予相应处罚；已经注册的，应当撤销注册。

第二十一条 所在学校未按期如实提供申请人定期注册证明材料的，上级教育行政部门应当责令改正，对直接负责的主管人员和其他直接责任人依法给予行政处分。

第二十二条 地方教育行政部门实施定期注册，有下列情形之一的，由其上级教育行政部门或者监察机关责令改正，对直接负责的主管人员或者其他直接责任人员依法给予行政处分：

（一）对不符合教师定期注册条件者准予定期注册的；

（二）对符合教师定期注册条件者不予定期注册的。

第二十三条 注册范围内的教师无故逾期不申请定期注册，按照注册不合格处理。

第五章 附 则

第二十四条 教师资格定期注册申请人对定期注册结果有异议的，可依法提出申诉或者行政复议。

第二十五条 省级教育行政部门可以依据本办法制定实施细则，并抄送教育部。

第二十六条 本办法自发布之日起施行。

中小学班主任工作规定

·2009年8月12日

·教基一〔2009〕12号

第一章 总 则

第一条 为进一步推进未成年人思想道德建设，加强中小学班主任工作，充分发挥班主任在教育学生中的重要作用，制定本规定。

第二条 班主任是中小学日常思想道德教育和学生管理工作的主要实施者，是中小学生健康成长的引领者，班主任要努力成为中小学生的人生导师。

班主任是中小学的重要岗位，从事班主任工作是中小学教师的重要职责。教师担任班主任期间应将班主任工作作为主业。

第三条 加强班主任队伍建设是坚持育人为本、德育为先的重要体现。政府有关部门和学校应为班主任开展工作创造有利条件，保障其享有的待遇与权利。

第二章 配备与选聘

第四条 中小学每个班级应当配备一名班主任。

第五条 班主任由学校从班级任课教师中选聘。聘期由学校确定，担任一个班级的班主任时间一般应连续1学年以上。

第六条 教师初次担任班主任应接受岗前培训，符合选聘条件后学校方可聘用。

第七条 选聘班主任应当在教师任职条件的基础上突出考查以下条件：

（一）作风正派，心理健康，为人师表；

（二）热爱学生，善于与学生、学生家长及其他任课教师沟通；

（三）爱岗敬业，具有较强的教育引导和组织管理能力。

第三章 职责与任务

第八条 全面了解班级内每一个学生，深入分析学生思想、心理、学习、生活状况。关心爱护全体学生，平等对待每一个学生，尊重学生人格。采取多种方式与学生沟通，有针对性地进行思想道德教育，促进学生德智体美全面发展。

第九条 认真做好班级的日常管理工作，维护班级良好秩序，培养学生的规则意识、责任意识和集体荣誉感，营造民主和谐、团结互助、健康向上的集体氛围。指导班委会和团队工作。

第十条 组织、指导开展班会、团队会（日）、文体娱乐、社会实践、春（秋）游等形式多样的班级活动，注重调动学生的积极性和主动性，并做好安全防护工作。

第十一条 组织做好学生的综合素质评价工作，指导学生认真记载成长记录，实事求是地评定学生操行，向学校提出奖惩建议。

第十二条 经常与任课教师和其他教职员工沟通，主动与学生家长、学生所在社区联系，努力形成教育合力。

第四章 待遇与权利

第十三条 学校在教育管理工作中应充分发挥班主任的骨干作用，注重听取班主任意见。

第十四条 班主任工作量按当地教师标准课时工作量的一半计入教师基本工作量。各地要合理安排班主任的课时工作量，确保班主任做好班级管理工作。

第十五条 班主任津贴纳入绩效工资管理。在绩效工资分配中要向班主任倾斜。对于班主任承担超课时工作量的，以超课时补贴发放班主任津贴。

第十六条 班主任在日常教育教学管理中，有采取适当方式对学生进行批评教育的权利。

第五章 培养与培训

第十七条 教育行政部门和学校应制订班主任培养培训规划，有组织地开展班主任岗位培训。

第十八条 教师教育机构应承担班主任培训任务，教育硕士专业学位教育中应设立中小学班主任工作培养方向。

第六章 考核与奖惩

第十九条 教育行政部门建立科学的班主任工作评价体系和奖惩制度。对长期从事班主任工作或在班主任岗位上做出突出贡献的教师定期予以表彰奖励。选拔学校管理干部应优先考虑长期从事班主任工作的优秀班主任。

第二十条 学校建立班主任工作档案，定期组织对班主任的考核工作。考核结果作为教师聘任、奖励和职务晋升的重要依据。对不能履行班主任职责的，应调离班主任岗位。

第七章 附 则

第二十一条 各地可根据本规定，结合当地实际情况，制定中小学班主任工作的具体实施办法。

第二十二条 本规定自发布之日起施行。

中小学校长培训规定

·1999年12月30日教育部令第8号发布
·根据2010年12月13日《教育部关于修改和废止部分规章的决定》修订

第一章 总 则

第一条 为了提高中小学校长队伍的整体素质,全面推进素质教育,促进基础教育的改革和发展,根据《中华人民共和国教育法》和国家有关规定,特定本规定。

第二条 本规定适用于国家和社会力量举办的全日制普通中小学校长培训工作。

第三条 各级人民政府教育行政部门根据教育事业发展的需要,按照校长任职要求,有计划地对校长进行培训。

第四条 中小学校长培训要坚持为全面实施素质教育服务的宗旨,坚持因地制宜,分类指导和理论联系实际,学用一致,按需施教,讲求实效的原则。

第五条 参加培训是中小学校长的权利和义务,新任校长必须取得"任职资格培训合格证书",持证上岗。在职校长每五年必须接受国家规定时数的提高培训,并取得"提高培训合格证书",作为继续任职的必备条件。

第二章 内容与形式

第六条 中小学校长培训要以提高校长组织实施素质教育的能力和水平为重点。其内容主要包括政治理论、思想品德修养、教育政策法规、现代教育理论和实践、学校管理理论和实践、现代教育技术、现代科技和人文社会科学知识等方面。培训具体内容要视不同对象的实际需求有所侧重。

第七条 中小学校长培训以在职或短期离岗的非学历培训为主,主要包括:

任职资格培训:按照中小学校长岗位规范要求,对新任校长或拟任校长进行以掌握履行岗位职责必备的知识和技能为主要内容的培训。培训时间累计不少于300学时。

在职校长提高培训:面向在职校长进行的以学习新知识、掌握新技能、提高管理能力、研究和交流办学经验为主要内容的培训。培训时间每五年累计不少于240学时。

骨干校长高级研修:对富有办学经验并且具有一定理论修养和研究能力的校长进行的,旨在培养学校教育、教学和管理专家的培训。

第八条 中小学校长培训实施学时制,也可采用集中专题、分段教学、累计学分的办法。

第九条 各级人民政府教育行政部门和有关培训机构,要充分利用国家提供的现代远程教育资源,并积极创造条件,运用现代教育技术手段开展中小学校长培训工作。

第三章 组织和管理

第十条 国务院教育行政部门宏观管理全国中小学校长培训工作。主要职责是:制定保障、规范中小学校长培训工作的有关规章、政策;制证并组织实施培训工作总体规划;制定培训教学基本文件,组织推荐、审定培训教材;建立培训质量评估体系;指导各省、自治区、直辖市中小学校长培训工作。

第十一条 省、自治区、直辖市政府教育行政部门主管本地区中小学校长培训工作;制定本地区中小学校长培训规划和配套政策;全面负责本地区中小学校长培训的实施、检查和评估工作。

第十二条 省、自治区、直辖市人民政府教育行政部门对承担中小学校长培训任务的机构的资质条件予以规范,加强对中小学校长培训机构的监督检查和质量评估。鼓励有条件的综合大学、普通师范院校、教育学院、教师进修学校等机构发挥各自优势,以不同形式承担中小学校长培训任务。

第十三条 中小学校长培训施教机构的教师实行专兼结合。培训机构应当配备素质较高、适应培训工作需要的专职教师队伍,并聘请一定数量的校外专家学者、教育行政部门领导和优秀中小学校长作为兼职教师。

第十四条 对参加培训并经考核合格的中小学校长,发给相应的培训证书。省、自治区、直辖市人民政府教育行政部门要加强对证书的管理。

第十五条 经教育行政部门批准参加培训的中小学校长,培训期间享受国家规定的工资福利待遇,培训费、差旅费按财务制度规定执行。

第十六条 中小学校长培训经费以政府财政拨款为主,多渠道筹措,地方教育费附加应有一定比例用于培训中小学校长工作。省、自治区、直辖市人民政府教育行政部门要制定中小学校长培训人均基本费用标准。

第十七条 各级人民政府教育行政部门应当把中小学校长参加培训的情况纳入教育督导的重要内容。对培训工作成绩突出的单位和个人,予以表彰和奖励。

第四章 培训责任

第十八条 各级人民政府教育行政部门和学校要保障中小学校长接受培训的权利。中小学校长对有关组织或者个人侵犯其接受培训权利的,有权按有关程序向主管教育行政机关提出申诉。

第十九条 违反本规定,无正当理由拒不按计划参加培训的中小学校长,学校主管行政机关应督促其改正,并视情节给予批评教育、行政处分、直至撤销其职务。

第二十条 担任中小学校长者,应取得《任职资格培训合格证书》,或应在任职之日起六个月内,由校长任免机关(或聘任机构)安排,接受任职资格培训,并取得《任职资格培训合格证书》。在职中小学校长没有按计划接受或者没有达到国家规定时数的提高培训,或者考核不合格者,中小学校长任免机关(或聘任机构),应令其在一年内补正。期满仍未能取得《提高培训合格证书》者,不能继续担任校长职务。

第二十一条 经评估达不到培训要求的培训机构,主管教育行政机关要令其限期改正,逾期不改者,应责令其停止中小学校长培训工作。

第二十二条 对未经批准自行设立、举办中小学校长培训机构或中小学校长培训班的,主管教育行政机关应根据有关法律法规的规定,给予相应的行政处罚。

第五章 附 则

第二十三条 幼儿园园长、特殊教育学校校长培训参照本规定执行。中等职业学校及其他各类成人初、中等教育学校校长培训另行安排。

第二十四条 各省、自治区、直辖市教育行政部门可以依据本规定制定具体的实施办法。

第二十五条 本规定自发布之日起施行。

幼儿园教师违反职业道德行为处理办法

·2018 年 11 月 8 日
·教师〔2018〕19 号

第一条 为规范幼儿园教师职业行为,保障教师、幼儿的合法权益,根据《中华人民共和国教育法》《中华人民共和国未成年人保护法》《中华人民共和国教师法》《教师资格条例》和《新时代幼儿园教师职业行为十项准则》等法律法规和制度规范,制定本办法。

第二条 本办法所称幼儿园教师包括公办幼儿园、民办幼儿园的教师。

第三条 本办法所称处理包括处分和其他处理。处分包括警告、记过、降低岗位等级或撤职、开除。警告期限为 6 个月,记过期限为 12 个月,降低岗位等级或撤职期限为 24 个月。是中共党员的,同时给予党纪处分。

其他处理包括给予批评教育、诫勉谈话、责令检查、通报批评,以及取消在评奖评优、职务晋升、职称评定、岗位聘用、工资晋级、申报人才计划等方面的资格。取消相关资格的处理执行期限不得少于 24 个月。

教师涉嫌违法犯罪的,及时移送司法机关依法处理。

第四条 应予处理的教师违反职业道德行为如下:

(一)在保教活动中及其他场合有损害党中央权威和违背党的路线方针政策的言行。

(二)损害国家利益、社会公共利益,或违背社会公序良俗。

(三)通过保教活动、论坛、讲座、信息网络及其他渠道发表、转发错误观点,或编造散布虚假信息、不良信息。

(四)在工作期间玩忽职守、消极怠工,或空岗、未经批准找人替班,利用职务之便兼职兼薪。

(五)在保教活动中遇突发事件、面临危险时,不顾幼儿安危,擅离职守,自行逃离。

(六)体罚和变相体罚幼儿,歧视、侮辱幼儿,猥亵、虐待、伤害幼儿。

（七）采用学校教育方式提前教授小学内容，组织有碍幼儿身心健康的活动。

（八）在入园招生、绩效考核、岗位聘用、职称评聘、评优评奖等工作中徇私舞弊、弄虚作假。

（九）索要、收受幼儿家长财物或参加由家长付费的宴请、旅游、娱乐休闲等活动，推销幼儿读物、社会保险或利用家长资源谋取私利。

（十）组织幼儿参加以营利为目的的表演、竞赛活动，或泄露幼儿与家长的信息。

（十一）其他违反职业道德的行为。

第五条 幼儿园及幼儿园主管部门发现教师存在第四条列举行为的，应当及时组织调查核实，视情节轻重给予相应处理。作出处理决定前，应当听取教师的陈述和申辩，调查了解幼儿情况，听取其他教师、家长委员会或者家长代表意见，并告知教师有要求举行听证的权利。对于拟给予降低岗位等级以上的处分，教师要求听证的，拟作出处理决定的部门应当组织听证。

第六条 给予教师处理，应当坚持公平公正、教育与惩处相结合的原则；应当与其违反职业道德行为的性质、情节、危害程度相适应；应当事实清楚、证据确凿、定性准确、处理恰当、程序合法、手续完备。

第七条 给予教师处理按照以下权限决定：

（一）警告和记过处分，公办幼儿园教师由所在幼儿园提出建议，幼儿园主管部门决定。民办幼儿园教师由所在幼儿园提出建议，幼儿园举办者做出决定，并报主管部门备案。

（二）降低岗位等级或撤职处分，公办幼儿园由教师所在幼儿园提出建议，幼儿园主管部门决定并报同级人事部门备案。民办幼儿园教师由所在幼儿园提出建议，幼儿园举办者做出决定，并报主管部门备案。

（三）开除处分，公办幼儿园在编教师由所在幼儿园提出建议，幼儿园主管部门决定并报同级人事部门备案。未纳入编制管理的教师由所在幼儿园决定并解除其聘任合同，报主管部门备案。民办幼儿园教师由所在幼儿园提出建议，幼儿园举办者做出决定并解除其聘任合同，报主管部门备案。

（四）给予批评教育、诫勉谈话、责令检查、通报批评，以及取消在评奖评优、职务晋升、职称评定、岗位聘用、工资晋级、申报人才计划等方面资格的其他处理，按照管理权限，由教师所在幼儿园或主管部门视其情节轻重作出决定。

第八条 处理决定应当书面通知教师本人并载明认定的事实、理由、依据、期限及申诉途径等内容。

第九条 教师不服处理决定的，可以向幼儿园主管部门申请复核。对复核结果不服的，可以向幼儿园主管部门的上一级行政部门提出申诉。

对教师的处理，在期满后根据悔改表现予以延期或解除，处理决定和处理解除决定都应完整存入人事档案及教师管理信息系统。

第十条 教师受到处分的，符合《教师资格条例》第十九条规定的，由县级以上教育行政部门依法撤销其教师资格。

教师受处分期间暂缓教师资格定期注册。依据《中华人民共和国教师法》第十四条规定丧失教师资格的，不能重新取得教师资格。

教师受记过以上处分期间不能参加专业技术职务任职资格评审。

第十一条 教师被依法判处刑罚的，依据《事业单位工作人员处分暂行规定》给予降低岗位等级或者撤职以上处分。其中，被依法判处有期徒刑以上刑罚的，给予开除处分。教师受到剥夺政治权利或者故意犯罪受到有期徒刑以上刑事处罚的，丧失教师资格。

第十二条 公办幼儿园、民办幼儿园举办者及主管部门不履行或不正确履行师德师风建设管理职责，有下列情形的，上一级行政部门应当视情节轻重采取约谈、诫勉谈话、通报批评、纪律处分和组织处理等方式严肃追究主要负责人、分管负责人和直接责任人的责任：

（一）师德师风长效机制建设、日常教育督导不到位；

（二）师德失范问题排查发现不及时；

（三）对已发现的师德失范行为处置不力、方式不当或拒不处分、拖延处分、推诿隐瞒的；

（四）已作出的师德失范行为处理决定落实不到位，师德失范行为整改不彻底；

（五）多次出现师德失范问题或因师德失范行为引起不良社会影响；

（六）其他应当问责的失职失责情形。

第十三条 省级教育行政部门应当结合当地实际情况制定实施细则，并报国务院教育行政部门门备案。

第十四条 本办法自发布之日起施行。

中小学教师继续教育规定

·1999年9月13日教育部令第7号发布

·自发布之日起施行

第一章 总 则

第一条 为了提高中小学教师队伍整体素质,适应基础教育改革发展和全面推进素质教育的需要,根据《中华人民共和国教育法》和《中华人民共和国教师法》,制定本规定。

第二条 本规定适用于国家和社会力量举办的中小学在职教师的继续教育工作。

第三条 中小学教师继续教育,是指对取得教师资格的中小学在职教师为提高思想政治和业务素质进行的培训。

第四条 参加继续教育是中小学教师的权利和义务。

第五条 各级人民政府教育行政部门管理中小学教师继续教育工作,应当采取措施,依法保障中小学教师继续教育工作的实施。

第六条 中小学教师继续教育应坚持因地制宜、分类指导、按需施教、学用结合的原则,采取多种形式,注重质量和实效。

第七条 中小学教师继续教育原则上每5年为一个培训周期。

第二章 内容与类别

第八条 中小学教师继续教育要以提高教师实施素质教育的能力和水平为重点。中小学教师继续教育的内容主要包括:思想政治教育和师德修养;专业知识及更新与扩展;现代教育理论与实践;教育科学研究;教育教学技能训练和现代教育技术;现代科技与人文社会科学知识等。

第九条 中小学教师继续教育分为非学历教育和学历教育。

(一)非学历教育包括:

新任教师培训:为新任教师在试用期内适应教育教学工作需要而设置的培训。培训时间应不少于120学时。

教师岗位培训:为教师适应岗位要求而设置的培训。培训时间每5年累计不少于240学时。

骨干教师培训:对有培养前途的中青年教师按教育教学骨干的要求和对现有骨干教师按更高标准进行的培训。

(二)学历教育:对具备合格学历的教师进行的提高学历层次的培训。

第三章 组织管理

第十条 国务院教育行政部门宏观管理全国中小学教师继续教育工作;制定有关方针、政策;制定中小学教师继续教育教学基本文件,组织审定统编教材;建立中小学教师继续教育评估体系;指导各省、自治区、直辖市中小学教师继续教育工作。

第十一条 省、自治区、直辖市人民政府教育行政部门主管本地区中小学教师继续教育工作;制定本地区中小学教师继续教育配套政策和规划;全面负责本地区中小学教师继续教育的实施、检查和评估工作。

市(地、州、盟)、县(区、市、旗)人民政府教育行政部门在省级人民政府教育行政部门指导下,负责管理本地区中小学教师继续教育工作。

第十二条 各级教师进修院校和普通师范院校在主管教育行政部门领导下,具体实施中小学教师继续教育的教育教学工作。

中小学校应有计划地安排教师参加继续教育,并组织开展校内多种形式的培训。

综合性高等学校、非师范类高等学校和其他教育机构,经教育行政部门批准,可参与中小学教师继续教育工作。

经主管教育行政部门批准,社会力量可以举办中小学教师继续教育机构,但要符合国家规定的办学标准,保证中小学教师继续教育质量。

第四章 条件保障

第十三条 中小学教师继续教育经费以政府财政拨款为主,多渠道筹措,在地方教育事业费中专项列支。地方教育费附加应有一定比例用于义务教育阶段的教师培训。省、自治区、直辖市人民政府教育行政部门要制定中小学教师继续教育人均基本费用标准。

中小学教师继续教育经费由县级及以上教育

行政部门统一管理,不得截留或挪用。

社会力量举办的中小学和其他教育机构教师的继续教育经费,由举办者自筹。

第十四条 地方各级人民政府教育行政部门要按照国家规定的办学标准,保证对中小学教师培训机构的投入。

第十五条 地方各级人民政府教育行政部门要加强中小学教师培训机构的教师队伍建设。

第十六条 经教育行政部门和学校批准参加继续教育的中小学教师,学习期间享受国家规定的工资福利待遇。学费、差旅费按各地有关规定支付。

第十七条 各级人民政府教育行政部门应当采取措施,大力扶持少数民族地区和边远贫困地区的中小学教师继续教育工作。

第五章 考核与奖惩

第十八条 地方各级人民政府教育行政部门要建立中小学教师继续教育考核和成绩登记制度。考核成绩作为教师职务聘任、晋级的依据之一。

第十九条 各级人民政府教育行政部门要对中小学教师继续教育工作成绩优异的单位和个人,予以表彰和奖励。

第二十条 违反本规定,无正当理由拒不参加继续教育的中小学教师,所在学校应督促其改正,并视情节给予批评教育。

第二十一条 对中小学教师继续教育质量达不到规定要求的,教育行政主管部门应责令其限期改正。

对未按规定办理审批手续而举办中小学教师继续教育活动的,教育行政主管部门应责令其补办手续或停止其举办中小学教师继续教育活动。

第六章 附 则

第二十二条 本规定所称中小学教师,是指幼儿园,特殊教育机构,普通中小学,成人初等、中等教育机构,职业中学以及其他教育机构的教师。

第二十三条 各省、自治区、直辖市可根据本地区的实际情况,制定具体实施办法。

第二十四条 本规定自发布之日起施行。

学校体育美育兼职教师管理办法

·2017 年 10 月 8 日

·教体艺〔2017〕7 号

第一章 总 则

第一条 为贯彻落实《国务院关于加强教师队伍建设的意见》《国务院办公厅关于强化学校体育促进学生身心健康全面发展的意见》《国务院办公厅关于全面加强和改进学校美育工作的意见》精神,提高体育美育师资队伍整体素质,推进学校体育美育改革发展,根据相关法律法规,制定本办法。

第二条 选聘体育美育兼职教师是当前和今后一个时期加强学校体育美育师资队伍建设的一个必要举措,是破解现阶段学校体育美育教师紧缺问题的重要途径,是整合各方资源充实体育美育教学力量的有效手段,是促进学生身心健康发展、提高学生审美与人文素养的迫切要求。

第三条 本办法所称体育兼职教师是指被选聘兼职担任学校体育课、课外体育活动、课余体育训练与竞赛、特定运动技能与项目的教学训练等工作的人员;美育兼职教师是指被选聘兼职担任学校美育课程教学、课外美育活动指导、学生艺术社团训练、学生艺术教育实践工作坊教学与建设等工作的人员。

第四条 本办法适用于普通中小学校和中等职业学校。

第二章 选聘条件

第五条 体育兼职教师的选聘对象应是其他学校专业体育教师,校外教育机构、体育运动团体与体育系统的有关体育工作者;美育兼职教师的选聘对象应是其他学校专业艺术教师,校外教育机构、宣传文化系统与社会文化团体的艺术工作者,民间艺人或能工巧匠等,以及符合资质的政府购买服务的承接主体。

第六条 鼓励体育美育专职教师在教育行政部门的统筹下,以“走教”方式到农村及其他师资紧缺的学校担任兼职教师;鼓励普通高校体育艺术专业教师担任中小学兼职教师;鼓励学校选聘承担中华优秀传统文化体育艺术传承项目教学与指导的兼职教师。

第七条 体育美育兼职教师应具备以下基本条件：

（一）具有良好的思想政治素质和道德品质，遵纪守法，遵守职业道德规范，身心健康，举止文明。

（二）热爱教育事业，为人师表，关爱学生，遵循教育规律和学生成长规律，促进学生健康发展。

（三）具有较高的体育艺术专业技能水平，一般应具有中级以上专业技术职称，或在相关体育、艺术领域中具有一定影响力的人士，或在中华优秀传统文化传承发展方面有一定造诣的民间艺人、能工巧匠。

（四）兼职教师原则上不超过65岁，身体健康且条件优秀者可适当放宽年龄限制。

第三章 聘任程序

第八条 聘任体育美育兼职教师要因地制宜，可采用面向社会公开招聘、政府购买服务等多种渠道进行。

第九条 聘任体育美育兼职教师应按照公开、公平、择优的原则，严格考察、遴选和聘用程序。

第十条 聘用的基本程序：

（一）学校根据需要上报兼职教师岗位和任职条件。

（二）县（区）级教育行政部门面向社会公开发布招聘信息。

（三）县（区）级教育行政部门会同有关部门对应聘人员或者政府购买服务的承接主体进行资格审查。

（四）县（区）级教育行政部门确定岗位人选或者政府购买服务的承接主体，并予以公示。

（五）县（区）级教育行政部门指导学校与拟聘用人员签订聘用合同。

第十一条 在职人员在应聘兼职教师前，须事先征得所在单位同意。

第十二条 体育美育兼职教师上岗任教前，学校应对其进行教育理论、学科课程与教学法、教育法律法规及学校规章制度等内容的岗前培训。

第四章 组织管理

第十三条 学校要加强对体育美育兼职教师的管理，将兼职教师纳入学校教师队伍管理之中，制订体育美育兼职教师管理办法和评价标准，明确权利义务，规范从教行为，细化业绩考核。

第十四条 学校应当为体育美育兼职教师创造良好的工作环境，建立专任教师与兼职体育美育教师结对帮扶机制，支持兼职教师与专任教师联合开展教育教学活动。专职教师在其他学校兼职的工作量不应超过本校的工作量。

第十五条 体育美育兼职教师要遵守职业道德规范，认真履行教书育人职责，杜绝借教学与活动之名推销体育、艺术器材设备、有偿补课等行为。各地要结合实际建立健全体育美育兼职教师行为规范。

第十六条 体育美育兼职教师有下列情形之一的，按照精神奖励与物质奖励相结合的原则，给予奖励表彰：

（一）坚持在农村及偏远学校任教的。

（二）在体育美育课堂教学和课外活动中深受学生喜爱，并取得成绩的。

（三）在传承中华优秀传统文化体育与艺术方面作出贡献的。

（四）有其他突出业绩的。

第五章 保障措施

第十七条 地方各级教育行政部门要坚持以专任教师为主，兼职教师为补充的原则，统筹加强体育美育教师队伍建设，将体育美育兼职教师纳入教师队伍建设总体规划，将学校聘请兼职教师工作纳入人事管理监督检查范围，建立学校体育美育兼职教师资源库，统筹区域内体育美育兼职教师的调配与管理。

第十八条 各地应通过多种渠道筹措资金支持选聘体育美育兼职教师工作，并合理支付相应报酬。

第十九条 各级教育行政部门和教研部门要加强对体育美育兼职教师的培训，设立体育美育兼职教师培训项目，提升其教育教学能力和专业技能水平。

第六章 附 则

第二十条 各地教育行政部门应会同相关部门，研究制订本地区学校体育美育兼职教师管理办法的实施细则。

第二十一条 本办法自公布之日起施行。

严禁中小学校和在职中小学教师有偿补课的规定

·2015年6月29日
·教师〔2015〕5号

一、严禁中小学校组织、要求学生参加有偿补课；

二、严禁中小学校与校外培训机构联合进行有偿补课；

三、严禁中小学校为校外培训机构有偿补课提供教育教学设施或学生信息；

四、严禁在职中小学教师组织、推荐和诱导学生参加校内外有偿补课；

五、严禁在职中小学教师参加校外培训机构或由其他教师、家长、家长委员会等组织的有偿补课；

六、严禁在职中小学教师为校外培训机构和他人介绍生源、提供相关信息。

对于违反上述规定的中小学校，视情节轻重，相应给予通报批评、取消评奖资格、撤消荣誉称号等处罚，并追究学校领导责任及相关部门的监管责任。对于违反上述规定的在职中小学教师，视情节轻重，分别给予批评教育、诫勉谈话、责令检查、通报批评直至相应的行政处分。

职业学校教师企业实践规定

·2016年5月11日
·教师〔2016〕3号

第一章　总　则

第一条　为建设高水平职业教育教师队伍，根据《中华人民共和国职业教育法》《中华人民共和国教师法》《国家中长期教育改革和发展规划纲要（2010－2020年）》《国务院关于加快发展现代职业教育的决定》，制定本规定。

第二条　组织教师企业实践，是加强职业学校"双师型"教师队伍建设，实行工学结合、校企合作人才培养模式，提高职业教育质量的重要举措。企业依法应当接纳职业学校教师进行实践。地方各级人民政府及有关部门、行业组织、职业学校和企业要高度重视，采取切实有效措施，完善相关支持政策，有效推进教师企业实践工作。

第三条　定期到企业实践，是促进职业学校教师专业发展、提升教师实践教学能力的重要形式和有效举措。职业学校应当保障教师定期参加企业实践的权利。各级教育行政部门和职业学校要制定具体办法，不断完善教师定期到企业实践制度。

第二章　内容和形式

第四条　职业学校专业课教师（含实习指导教师）要根据专业特点每5年必须累计不少于6个月到企业或生产服务一线实践，没有企业工作经历的新任教师应先实践再上岗。公共基础课教师也应定期到企业进行考察、调研和学习。

第五条　教师企业实践的主要内容，包括了解企业的生产组织方式、工艺流程、产业发展趋势等基本情况，熟悉企业相关岗位职责、操作规范、技能要求、用人标准、管理制度、企业文化等，学习所教专业在生产实践中应用的新知识、新技术、新工艺、新材料、新设备、新标准等。

第六条　教师企业实践的形式，包括到企业考察观摩、接受企业组织的技能培训、在企业的生产和管理岗位兼职或任职、参与企业产品研发和技术创新等。鼓励探索教师企业实践的多种实现形式。

第七条　教师企业实践要有针对性和实效性。职业学校要会同企业结合教师专业水平制订企业实践方案，根据教师教学实践和教研科研需要，确定教师企业实践的重点内容，解决教学和科研中的实际问题。要将组织教师企业实践与学生实习有机结合、有效对接，安排教师有计划、有针对性地进行企业实践，同时协助企业管理、指导学生实习。企业实践结束后，要及时总结，把企业实践收获转化为教学资源，推动教育教学改革与产业转型升级衔接配套。

第三章　组织与管理

第八条　各地要将教师企业实践工作列为职业教育工作部门联席会议的重要内容，组织教育、发展改革、工业和信息化、财政、人力资源社会保障等相关部门定期研究，将教师企业实践纳入教师培训规划，加强与行业主管部门和行业组织的沟通与协调，建立健全教师企业实践的激励机制和保障体系，统筹管理和组织实施教师企业实践工作。

第九条 省级教育行政部门负责制订本省（区、市）教师企业实践工作总体规划和管理办法，依托现有资源建立信息化管理平台，制定教师企业实践基地遴选条件及淘汰机制，确定教师企业实践时间折算为教师培训学时（学分）的具体标准，对各地（市）教师企业实践工作进行指导、监督和评估，会同人力资源社会保障、财政、发展改革等相关部门研究制定支持教师企业实践的政策措施。

第十条 地（市）级教育行政部门负责制订本地区教师企业实践实施细则和鼓励支持政策，建立区域内行业组织、企业与职业学校的沟通、磋商、联动机制，管理和组织实施教师企业实践工作。

第十一条 各行业主管部门和行业组织应积极引导支持行业内企业开展教师企业实践活动，配合教育行政部门、人力资源社会保障行政部门落实教师企业实践基地，对行业内企业承担教师企业实践任务进行协调、指导与监督。

第十二条 企业应根据自身实际情况发挥接收教师企业实践的主体作用，积极承担教师企业实践任务。承担教师企业实践任务的企业，将其列入企业人力资源部门工作职责，完善教师企业实践工作管理制度和保障机制，并与教育、人力资源社会保障部门联合制定教师企业实践计划，按照“对口”原则提供技术性岗位（工种），解决教师企业实践必需的办公、生活条件，明确管理责任人和指导人员（师傅），实施过程管理和绩效评估。

第十三条 职业学校要做好本校教师企业实践规划、实施计划、组织管理、考核评价等工作。除组织教师参加教育行政部门统一安排的教师企业实践外，职业学校还应自主组织教师定期到企业实践。

第十四条 教师参加企业实践，要充分发挥自身优势，积极承担企业职工教育与培训、产品研发、技术改造与推广等工作，严格遵守相关法律法规及企业生产、管理、安全、保密、知识产权及专利保护等各方面规定，必要时双方应签订相关协议。

第四章 保障措施

第十五条 建立政府、学校、企业和社会力量各方多渠道筹措经费机制，推动职业学校教师企业实践工作。鼓励引导社会各方通过设立专项基金、捐资赞助等方式支持教师企业实践。

第十六条 教师企业实践所需的设施、设备、工具和劳保用品等，由接收企业按在岗职工岗位标准配置。企业因接收教师实践所实际发生的有关合理支出，按现行税收法律规定在计算应纳税所得额时扣除。

第十七条 鼓励支持具有行业代表性的规模以上企业在接收教师企业实践方面发挥示范作用。

第十八条 国家和省级教育行政部门应会同行业主管部门依托现有资源，遴选一批共享开放的示范性教师企业实践基地，引导职业学校整合校内外企业资源建设具备生产能力的校级教师企业实践基地，逐步建立和完善教师企业实践体系。

第十九条 经学校批准到企业实践的教师，实践期间享受学校在岗人员同等的工资福利待遇，培训费、差旅费及相关费用按各地有关规定支付。教师参加企业实践应根据实际需要办理意外伤害保险。

第五章 考核与奖惩

第二十条 各地要将教师企业实践工作情况纳入对办学主管部门和职业学校的督导考核内容，对于工作成绩突出的基层部门、学校按照国家有关规定给予表彰，并予以鼓励宣传。

第二十一条 省级教育行政部门应会同有关行政部门和行业组织定期对所辖企业的教师企业实践工作进行监督、指导、考核，对工作成绩突出的企业、个人按照国家有关规定予以表彰奖励。采取有效措施，鼓励支持有条件的企业常设一批教师企业实践岗位。

第二十二条 地方各级教育行政部门要会同人力资源社会保障行政部门建立教师企业实践考核和成绩登记制度，把教师企业实践学时（学分）纳入教师考核内容。引导支持有条件的企业对参加实践的教师进行职业技能鉴定，取得相应职业资格证书。

第二十三条 职业学校要会同企业对教师企业实践情况进行考核，对取得突出成绩、重大成果的教师给予表彰奖励。

第二十四条 教师无正当理由拒不参加企业实践或参加企业实践期间违反有关纪律规定的，

所在学校应督促其改正，并视情节给予批评教育；有违法行为的，按照有关规定处理。

第六章　附　则

第二十五条　本规定所称职业学校教师指中等职业学校和高等职业学校教师。技工院校教师企业实践有关工作由各级人力资源社会保障行政部门负责。

第二十六条　本规定所称企业指在各级工商行政管理部门登记注册的各类企业。教师到机关、事业单位、社会团体和组织、境外企业等其他单位或机构实践，参照本规定执行。

第二十七条　本规定由教育部等部门根据职责分工，对本部门职责范围内事项负责解释。

第二十八条　本规定自公布之日起施行。

高等学校教师培训工作规程

·1996 年 4 月 8 日

·教人〔1996〕29 号

第一章　总　则

第一条　为了建设具有良好思想品德和业务素质的教师队伍，使高等学校教师培训工作进一步规范化、制度化，根据《中华人民共和国教师法》（以下简称《教师法》），制定本规程。

第二条　高等学校教师培训，是为教师更好地履行岗位职责而进行的继续教育。

第三条　高等学校及其主管部门应采取切实可行的措施，按照《教师法》的规定，保障教师培训的权利。

高等学校教师培训工作要贯彻思想政治素质和业务水平并重，理论与实践统一，按需培训、学用一致、注重实效的方针。坚持立足国内、在职为主、加强实践、多种形式并举的培训原则。

第四条　高等学校教师思想政治素质的培训要坚持党的基本路线、教育方针和教师职业道德教育。使教师自觉履行《教师法》规定的义务，做到敬业奉公，教书育人，为人师表。

高等学校教师业务素质的培训要以提高教师的基础知识和专业知识为主，全面提高教师的教育教学水平和科学研究能力，提高应用计算机、外语和现代化教育技术等技能的能力。

第五条　培训对象要以青年教师为主，使大部分青年教师更好地履行现岗位职务职责，并创造条件，及时选拔、重点培养在实际教学、科研中涌现出来的优秀青年教师，使之成为学术骨干和新的学术带头人。

第二章　培训的组织与职责

第六条　国务院教育行政部门负责全国高等学校教师培训工作的宏观管理和政策指导，统筹安排重点高校接受培训教师工作。

第七条　各省、自治区、直辖市教育行政部门和国务院有关部委教育主管部门负责本地区、本部门高等学校教师培训的规划、管理和经费投入等工作。

省级教育行政部门要统筹协调所在地区国务院有关部委所属院校的教师培训工作。

第八条　教育行政部门和教育主管部门在高等学校教师培训工作中的职责是：

（一）根据不同层次、不同类型学校教师队伍的实际情况，制定教师培训规划，保障经费投入；

（二）加强各部门的协调、配合，理顺关系；

（三）定期检查、督促教师培训规划和学年度计划的落实；

（四）不断完善各种培训途径和形式，总结推广经验；

（五）加强师资培训机构建设，完善师资培训机构的管理体制；

（六）定期对教师培训工作作出成绩的单位及个人进行表彰奖励。

第九条　高等学校直接负责本校教师培训规划的制定，并有相应的机构或人员负责具体组织管理工作。其职责是：

（一）根据教师的不同情况以及教师队伍建设的需要，切实做好教师培训规划，保证培训经费的落实；

（二）运用正确的政策导向，合理引入竞争机制，调动和提高教师培训的积极性；

（三）关心外出培训教师的思想、学习和生活，积极配合接受单位做好工作；

（四）明确校、系、教研室的责任，并纳入对其工作实绩的考核。

第十条　受主管部门委托接受培训教师的重

点高校，应为其他院校培训教师，对少数民族地区和边远地区高等学校教师的培训要给予优先和优惠。其职责是：

（一）制定和完善有关培训教师的管理办法，严格管理，保证培训质量；

（二）关心培训教师在培训期间的思想、学习和生活，配合原学校做好工作；

（三）加强学校各部门，尤其是教学和后勤等部门的协调配合，为参加培训教师的学习提供必要的条件。

第十一条 各级教育行政部门所属的高校师资培训机构，主要开展有关的师资培训、研究咨询、信息服务以及上级主管部门委托的其他任务。

第三章 培训的主要形式

第十二条 高等学校教师培训应根据教师职务的不同，确定培训形式和规范要求。

第十三条 助教培训以进行教学科研基本知识、基本技能的教育和实践为主，主要有以下形式：

（一）岗前培训。主要包括教育法律法规和政策、有关教育学、心理学的基本理论、教师职业要求等内容；

（二）教学实践。在导师指导下，按照助教岗位职责要求，认真加强教学实践环节的培养提高，熟悉教学过程及其各个教学环节；

（三）助教进修班。本科毕业的青年教师，必须通过助教进修班，学习本专业硕士研究生主要课程；

（四）凡新补充的具有学士学位的青年教师，符合条件者可按在职人员以毕业研究生同等学力申请硕士学位或以在职攻读研究生等形式取得硕士学位；

（五）社会实践。未经过社会实际工作锻炼，年龄在35岁以下的青年教师必须参加为期半年以上的社会实践；

（六）根据不同学校的类型和特点，对教师计算机、外语等基本技能的培训，由主管部门或学校提出要求并做出安排。

第十四条 讲师培训以增加、扩充专业基础理论知识为主，注重提高教学水平和科研能力。主要有以下形式：

（一）根据需要和计划安排，参加以提高教学水平为内容的骨干教师进修班、短期研讨班和单科培训，或选派出国培训；

（二）任讲师三年以上，根据需要，可安排参加以科研课题为内容的国内访问学者培训；

（三）在职攻读硕士、博士学位或按在职人员以毕业研究生同等学力申请硕士、博士学位。

第十五条 对连续担任讲师工作五年以上，且能履行岗位职责的教师，必须安排至少三个月的脱产培训。

第十六条 副教授培训主要是通过教学科研工作实践及学术交流，熟悉和掌握本学科发展前沿信息，进一步提高学术水平。主要有以下形式：

（一）根据需要，可参加以课程和教学改革、教材建设为内容的短期研讨班、讲习班；

（二）根据需要结合所承担的科研任务，可作为国内访问学者参加培训，或参加以学科前沿领域为内容的高级研讨班；

（三）根据需要参加国内外有关学术会议、校际间学术交流，或选派出国培训。

第十七条 对连续担任副教授工作五年，且能履行岗位职责的教师，根据不同情况，必须安排至少半年的脱产培训或学术假。

第十八条 教授主要通过高水平的科研和教学工作来提高学术水平。

其培训形式是以参加国内外学术会议、交流讲学、著书立说等活动为主的学术假。

第十九条 连续担任教授工作五年，且能履行岗位职责的教师，必须给予至少半年的学术休假时间，并提供必要的保证条件。

第二十条 各高等学校要结合导师制等培养方式，充分发挥老教师对青年教师的指导和示范作用。

第四章 培训的考核与管理

第二十一条 教师培训超过三个月以上，应按有关规定及培训层次、形式的要求进行考核及鉴定，并记入业务档案，作为职务任职资格、奖惩等方面的依据。外出培训教师的考核主要由接受学校负责。

举办助教进修班必须由主管部门根据有关规定批准。参加助教进修班，学完硕士学位主要课程内容并考试合格，颁发相应的结业证书。未完成此项培训的教师，不得申请讲师职务任职资格。

社会实践主要结合专业进行，面向社会、基层和生产第一线，一般应集中安排，特殊情况者可分阶段累积完成。本科毕业的青年教师，必须在晋升讲师职务之前完成；研究生毕业的教师，应在晋升副教授之前完成。

第二十二条 为保证培训计划的落实，保障教师参加培训的权利，对按计划已安排培训任务的教师，教研室、系和学校一般不得取消。教师应当服从教研室、系和学校安排的培训计划及培训形式，无正当理由和特殊情况，不得变更。

教师在培训期间，一般不得调整或增加培训内容、时间及形式。确有需要的，须经所在学校系以上领导批准。接受培训教师的学校根据参加培训教师提出的申请和可能的条件，在教师原学校批准的前提下，予以安排和调整。

第二十三条 教师参加半年以上培训后，未完成学校规定的教育教学任务或未履行完学校合同即调离、辞聘或辞职的，学校可根据不同情况收回培训费。出国留学人员按国家有关规定执行。

第二十四条 参加培训的教师获得优异成绩、取得重要成果、发明或对接受培训教师学校的教学科研工作作出积极贡献的，所在学校或接受培训学校要予以表彰奖励。

第二十五条 有下列情况之一的，由教师所在学校和接受培训教师院校分别不同情况，给予必要的处理：

（一）无正当理由，未认真履行职责或尚未完成培训任务的，应中止培训、不发给结业证书，情节严重的可以解聘；

（二）无正当理由拒绝接受培训的，应当解聘；

（三）培训成绩不合格的，不发给结业证书，并按照第二十一条的规定予以处理；

（四）培训期间违反学校纪律和有关规定，影响恶劣的，应当给予必要的处分或予以解聘。

第五章 培训的保障与有关待遇

第二十六条 接受培训教师应纳入接受学校的培养规模，按接受培训半年以上教师的不同职务进行折算，初、中、高级职务分别按1.5、2.5、3折合本科生，计入学校招生规模，作为计算人员编制、核定教学工作量和办学评估的依据。

第二十七条 高等学校及其主管部门在制定学校编制方案时，要考虑到教师培训提高的需要。根据不同学校的情况，应留出一定比例的“轮空”编制数，以保证教师培训工作的正常进行。

第二十八条 教育行政部门和主管部门，要设立教师培训专项经费。各高等学校的教育事业费中，按不同层次和规模学校的情况，要有一定比例用于教师培训。根据需要和计划安排教师培训的费用必须予以保证。

第二十九条 根据需要或计划安排参加培训的教师，学习及差旅费用应由学校支付。

第三十条 根据需要或计划安排的教师在本校或外出参加培训期间，要根据不同情况，对其教学工作量的要求实行减免，并纳入考核指标体系。

指导教师培训的导师，其工作应折算计入教学工作量并纳入考核指标体系。

第三十一条 根据需要或计划安排参加培训的教师，在培训期间已符合条件的，其职务任职资格评审不应受到影响。

第三十二条 根据需要或计划安排，在校内或校外培训的教师，其工资、津贴、福利、住房分配等待遇，各高等学校应有明确规定，原则上应不受到影响。

第三十三条 外出参加培训的教师，要根据各地不同物价水平和教师的实际困难，由学校给予一定生活补贴。接受培训教师院校对培训期间参加导师科研课题研究等实际工作的教师，要根据实际情况，给予一定补贴。

第三十四条 外出参加培训半年以上的教师，接受学校按计划同意录取的，必须为住宿、图书借阅、资料查询、文献检索提供保证，并在计算机及有关仪器设备使用等方面提供便利条件，一般不低于研究生的待遇。

第三十五条 接受培训教师费用收取办法及标准，按现行财务收费规定办理。所需费用应一次性收齐，不得中途追加或变相收费。

第三十六条 符合第二十九至三十四条规定，而未予以落实的，教师本人可向学校或上级主管部门申诉。学校和主管部门应当作出答复，情况属实的，必须予以解决。

不能履行前四章涉及的有关义务和违反前四章有关规定的，不应享受上述相应待遇。

出国培训的待遇按有关规定执行。

第六章 附 则

第三十七条 本规程适用于国家举办的全日

制普通高等学校。成人高等学校可参照本规程执行。

第三十八条 各省、自治区、直辖市教育行政部门和国务院有关部委教育主管部门以及高等学校,可根据本规程制定实施办法。

第三十九条 本规程解释权属国家教育委员会。

第四十条 本规程自发布之日起执行。

高校教师职称评审监管暂行办法

·2017年10月20日

·教师〔2017〕12号

第一章 总 则

第一条 为贯彻落实《中共中央办公厅 国务院办公厅关于深化职称制度改革的意见》和《教育部 中央编办 发展改革委 财政部 人力资源社会保障部关于深化高等教育领域简政放权放管结合优化服务改革的若干意见》,进一步落实高等学校办学自主权,做好高校教师职称评审权下放后的监管工作,激发教师教书育人积极性、创造性,促进优秀人才脱颖而出,制定本办法。

第二条 全国高校教师系列职称评审监管适用本办法,民办高校可参照执行。各地可根据实际情况制定实施细则。

第三条 高校教师职称评审权直接下放至高校,尚不具备独立评审能力的可以采取联合评审、委托评审的方式,主体责任由高校承担。高校副教授、教授评审权不应下放至院(系)一级。高校主管部门对所属高校教师职称评审工作实施具体监管和业务指导。教育行政部门、人力资源社会保障部门对高校教师职称评审工作实施监管。第二章 评审工作

第四条 高校按照中央深化职称制度改革的部署,结合学校发展目标与定位、教师队伍建设规划,制定本校教师职称评审办法和操作方案等,明确职称评审责任、评审标准、评审程序。校级评审委员会要认真履行评审的主体责任。院(系)应按规定将符合职称评审条件的教师推荐至校级评审委员会。

第五条 高校制定的教师职称评审办法、操作方案等文件须符合国家相关法律法规和职称制度改革要求。文件制定须按照学校章程规定,广泛征求教师意见,经"三重一大"决策程序讨论通过并经公示后执行。

第六条 中央部门所属高校教师职称评审办法、操作方案和校级评审委员会组建情况等报主管部门、教育部、人力资源社会保障部备案。其他高校报主管部门及省级教育、人力资源社会保障部门备案。

第七条 高校根据国家有关规定制订岗位设置方案和管理办法,在岗位结构比例内自主组织职称评审、按岗聘用。

第八条 高校每年3月31日前须将上一年教师职称评审工作情况报主管部门。高校职称评审过程有关材料档案应妥善留存至少10年,保证评审全程可追溯。

第三章 监管内容

第九条 高校教师职称评审工作必须认真贯彻落实党和国家的教育方针以及职称制度改革有关政策,体现为人民服务、为中国共产党治国理政服务、为巩固和发展中国特色社会主义制度服务、为改革开放和社会主义现代化建设服务的原则,切实把师德评价放在首位。

第十条 高校教师职称评审工作落实以下要求的情况:

(一)本办法第四、五、六、七、八条的内容是否落实;

(二)各级评审组织组建是否规范、健全;

(三)是否按照备案的评审办法和操作方案开展工作,排除利益相关方、工作连带方的干扰;

(四)在评审中是否有违纪违法行为,对教师反映比较强烈的问题是否妥善处理。

第四章 监管方式

第十一条 高校主管部门每年对高校报送的职称评审工作情况等材料进行核查。

第十二条 教育、人力资源社会保障部门及高校主管部门采取"双随机"方式定期按一定比例开展抽查。根据抽查情况、群众反映或舆情反映较强烈的问题,有针对性地进行专项巡查。要突出监管重点,防止责任悬空、防止程序虚设。

第十三条 高校教师职称评审要严格执行公

开、公示制度,主动接受监督。教育、人力资源社会保障部门及高校主管部门将抽查、巡查情况通报公开。

第十四条 有关部门及高校要完善投诉举报制度,畅通意见反映渠道,强化高校自律和社会监督,及时处理群众反映的有关问题。

第五章 惩处措施

第十五条 高校教师职称评审中申报教师一旦被发现弄虚作假、学术不端等,按国家和学校相关规定处理。因弄虚作假、学术不端等通过评审聘任的教师,撤销其评审聘任结果。

第十六条 完善评审专家遴选机制,对违反评审纪律的评审专家,应及时取消评审专家资格,列入“黑名单”;对高校和院系党政领导及其他责任人员违纪违法,利用职务之便为本人或他人评定职称谋取利益,按照有关规定予以处理。

第十七条 高校因评审工作把关不严、程序不规范,造成投诉较多、争议较大的,教育、人力资源社会保障部门及高校主管部门要给予警告,并责令限期整改。对整改无明显改善或逾期不予整改的高校,暂停其自主评审资格直至收回评审权,并进行责任追究。

普通高等学校辅导员队伍建设规定

· 2017 年 9 月 21 日教育部令第 43 号公布
· 自 2017 年 10 月 1 日起施行

第一章 总 则

第一条 为深入贯彻落实全国高校思想政治工作会议精神和《中共中央 国务院关于加强和改进新形势下高校思想政治工作的意见》,切实加强高等学校辅导员队伍专业化职业化建设,依据《高等教育法》等有关法律法规,制定本规定。

第二条 辅导员是开展大学生思想政治教育的骨干力量,是高等学校学生日常思想政治教育和管理工作的组织者、实施者、指导者。辅导员应当努力成为学生成长成才的人生导师和健康生活的知心朋友。

第三条 高等学校要坚持把立德树人作为中心环节,把辅导员队伍建设作为教师队伍和管理队伍建设的重要内容,整体规划、统筹安排,不断提高队伍的专业水平和职业能力,保证辅导员工作有条件、干事有平台、待遇有保障、发展有空间。

第二章 要求与职责

第四条 辅导员工作的要求是:恪守爱国守法、敬业爱生、育人为本、终身学习、为人师表的职业守则;围绕学生、关照学生、服务学生,把握学生成长规律,不断提高学生思想水平、政治觉悟、道德品质、文化素养;引导学生正确认识世界和中国发展大势、正确认识中国特色和国际比较、正确认识时代责任和历史使命、正确认识远大抱负和脚踏实地,成为又红又专、德才兼备、全面发展的中国特色社会主义合格建设者和可靠接班人。

第五条 辅导员的主要工作职责是:

(一)思想理论教育和价值引领。引导学生深入学习习近平总书记系列重要讲话精神和治国理政新理念新思想新战略,深入开展中国特色社会主义、中国梦宣传教育和社会主义核心价值观教育,帮助学生不断坚定中国特色社会主义道路自信、理论自信、制度自信、文化自信,牢固树立正确的世界观、人生观、价值观。掌握学生思想行为特点及思想政治状况,有针对性地帮助学生处理好思想认识、价值取向、学习生活、择业交友等方面的具体问题。

(二)党团和班级建设。开展学生骨干的遴选、培养、激励工作,开展学生入党积极分子培养教育工作,开展学生党员发展和教育管理服务工作,指导学生党支部和班团组织建设。

(三)学风建设。熟悉了解学生所学专业的基本情况,激发学生学习兴趣,引导学生养成良好的学习习惯,掌握正确的学习方法。指导学生开展课外科技学术实践活动,营造浓厚学习氛围。

(四)学生日常事务管理。开展入学教育、毕业生教育及相关管理和服务工作。组织开展学生军事训练。组织评选各类奖学金、助学金。指导学生办理助学贷款。组织学生开展勤工俭学活动,做好学生困难帮扶。为学生提供生活指导,促进学生和谐相处、互帮互助。

(五)心理健康教育与咨询工作。协助学校心理健康教育机构开展心理健康教育,对学生心理问题进行初步排查和疏导,组织开展心理健康知识普及宣传活动,培育学生理性平和、乐观向上的健康心态。

(六)网络思想政治教育。运用新媒体新技术,推动思想政治工作传统优势与信息技术高度融合。构建网络思想政治教育重要阵地,积极传播先进文化。加强学生网络素养教育,积极培养校园好网民,引导学生创作网络文化作品,弘扬主旋律,传播正能量。创新工作路径,加强与学生的网上互动交流,运用网络新媒体对学生开展思想引领、学习指导、生活辅导、心理咨询等。

(七)校园危机事件应对。组织开展基本安全教育。参与学校、院(系)危机事件工作预案制定和执行。对校园危机事件进行初步处理,稳定局面控制事态发展,及时掌握危机事件信息并按程序上报。参与危机事件后期应对及总结研究分析。

(八)职业规划与就业创业指导。为学生提供科学的职业生涯规划和就业指导以及相关服务,帮助学生树立正确的就业观念,引导学生到基层、到西部、到祖国最需要的地方建功立业。

(九)理论和实践研究。努力学习思想政治教育的基本理论和相关学科知识,参加相关学科领域学术交流活动,参与校内外思想政治教育课题或项目研究。

第三章　配备与选聘

第六条　高等学校应当按总体上师生比不低于1:200的比例设置专职辅导员岗位,按照专兼结合、以专为主的原则,足额配备到位。

专职辅导员是指在院(系)专职从事大学生日常思想政治教育工作的人员,包括院(系)党委(党总支)副书记、学工组长、团委(团总支)书记等专职工作人员,具有教师和管理人员双重身份。高等学校应参照专任教师聘任的待遇和保障,与专职辅导员建立人事聘用关系。

高等学校可以从优秀专任教师、管理人员、研究生中选聘一定数量兼职辅导员。兼职辅导员工作量按专职辅导员工作量的三分之一核定。

第七条　辅导员应当符合以下基本条件:

(一)具有较高的政治素质和坚定的理想信念,坚决贯彻执行党的基本路线和各项方针政策,有较强的政治敏感性和政治辨别力;

(二)具备本科以上学历,热爱大学生思想政治教育事业,甘于奉献,潜心育人,具有强烈的事业心和责任感;

(三)具有从事思想政治教育工作相关学科的宽口径知识储备,掌握思想政治教育工作相关学科的基本原理和基础知识,掌握思想政治教育专业基本理论、知识和方法,掌握马克思主义中国化相关理论和知识,掌握大学生思想政治教育工作实务相关知识,掌握有关法律法规知识;

(四)具备较强的组织管理能力和语言、文字表达能力,及教育引导能力、调查研究能力,具备开展思想理论教育和价值引领工作的能力;

(五)具有较强的纪律观念和规矩意识,遵纪守法,为人正直,作风正派,廉洁自律。

第八条　辅导员选聘工作要在高等学校党委统一领导下进行,由学生工作部门、组织、人事、纪检等相关部门共同组织开展。根据辅导员基本条件要求和实际岗位需要,确定具体选拔条件,通过组织推荐和公开招聘相结合的方式,经过笔试、面试、公示等相关程序进行选拔。

第九条　青年教师晋升高一级专业技术职务(职称),须有至少一年担任辅导员或班主任工作经历并考核合格。高等学校要鼓励新入职教师以多种形式参与辅导员或班主任工作。

第四章　发展与培训

第十条　高等学校应当制定专门办法和激励保障机制,落实专职辅导员职务职级"双线"晋升要求,推动辅导员队伍专业化职业化建设。

第十一条　高等学校应当结合实际,按专任教师职务岗位结构比例合理设置专职辅导员的相应教师职务岗位,专职辅导员可按教师职务(职称)要求评聘思想政治教育学科或其他相关学科的专业技术职务(职称)。

专职辅导员专业技术职务(职称)评聘应更加注重考察工作业绩和育人实效,单列计划、单设标准、单独评审。将优秀网络文化成果纳入专职辅导员的科研成果统计、职务(职称)评聘范围。

第十二条　高等学校可以成立专职辅导员专业技术职务(职称)聘任委员会,具体负责本校专职辅导员专业技术职务(职称)聘任工作。聘任委员会一般应由学校党委有关负责人、学生工作、组织人事、教学科研部门负责人、相关学科专家等人员组成。

第十三条 高等学校应当制定辅导员管理岗位聘任办法,根据辅导员的任职年限及实际工作表现,确定相应级别的管理岗位等级。

第十四条 辅导员培训应当纳入高等学校师资队伍和干部队伍培训整体规划。

建立国家、省级和高等学校三级辅导员培训体系。教育部设立高等学校辅导员培训和研修基地,开展国家级示范培训。省级教育部门应当根据区域内现有高等学校辅导员规模数量设立辅导员培训专项经费,建立辅导员培训和研修基地,承担所在区域内高等学校辅导员的岗前培训、日常培训和骨干培训。高等学校负责对本校辅导员的系统培训,确保每名专职辅导员每年参加不少于16个学时的校级培训,每5年参加1次国家级或省级培训。

第十五条 省级教育部门、高等学校要积极选拔优秀辅导员参加国内国际交流学习和研修深造,创造条件支持辅导员到地方党政机关、企业、基层等挂职锻炼,支持辅导员结合大学生思想政治教育的工作实践和思想政治教育学科的发展开展研究。高等学校要鼓励辅导员在做好工作的基础上攻读相关专业学位,承担思想政治理论课等相关课程的教学工作,为辅导员提升专业水平和科研能力提供条件保障。

第十六条 高等学校要积极为辅导员的工作和生活创造便利条件,应根据辅导员的工作特点,在岗位津贴、办公条件、通讯经费等方面制定相关政策,为辅导员的工作和生活提供必要保障。

第五章 管理与考核

第十七条 高等学校辅导员实行学校和院(系)双重管理。

学生工作部门牵头负责辅导员的培养、培训和考核等工作,同时要与院(系)党委(党总支)共同做好辅导员日常管理工作。院(系)党委(党总支)负责对辅导员进行直接领导和管理。

第十八条 高等学校要根据辅导员职业能力标准,制定辅导员工作考核的具体办法,健全辅导员队伍的考核评价体系。对辅导员的考核评价应由学生工作部门牵头,组织人事部门、院(系)党委(党总支)和学生共同参与。考核结果与辅导员的职务聘任、奖惩、晋级等挂钩。

第十九条 教育部在全国教育系统先进集体和先进个人表彰中对高校优秀辅导员进行表彰。各地教育部门和高等学校要结合实际情况建立辅导员单独表彰体系并将优秀辅导员表彰奖励纳入各级教师、教育工作者表彰奖励体系中。

第六章 附 则

第二十条 本规定适用于普通高等学校辅导员队伍建设。其他类型高等学校的辅导员队伍建设或思想政治工作其他队伍建设可以参照本规定执行。

第二十一条 高等学校要根据本规定,结合实际制定相关实施细则,并报主管教育部门备案。

第二十二条 本规定自2017年10月1日起施行。原《普通高等学校辅导员队伍建设规定》同时废止。

高等学校青年骨干教师国内访问学者项目实施办法

·2004年10月8日
·教人厅〔2004〕8号

第一章 总 则

第一条 为贯彻落实《2003-2007年教育振兴行动计划》,促进高等学校青年骨干教师在学科发展前沿进行研修和开展学术交流,培养一批学术带头人和学术骨干,根据《高等学校“高层次创造性人才计划”实施方案》,特设立“高等学校青年骨干教师国内访问学者项目”。

第二条 本项目通过个人申请、选派学校推荐、接受学校审核、教育部宏观调控的方式,每年选派1000名高等学校青年骨干教师作为国内访问学者赴国内重点高等学校重点学科领域进行研修,使他们能够及时跟踪了解学术前沿动态和发展趋势,提高教学科研能力和学术水平,增强创新意识,为回校后发挥学术带头人或学术骨干作用奠定基础。

第三条 教育部人事司负责本项目的组织与协调工作。教育部高等学校师资培训交流武汉中心负责本项目日常工作。

第二章 选派对象和条件

第四条 本项目选派对象应是国内普通高等

学校在职教师,并具备以下条件:

1. 在国内普通高等学校从事教学科研工作五年以上,政治思想素质好,有强烈的事业心和良好的职业道德;

2. 基础理论和专业知识扎实、教学科研能力较强,能胜任主干课程讲授任务,曾独立主持或参与负责过一次全过程的课题研究并取得成绩;有较高的学术水平,是选派学校学术带头人的后备力量或青年骨干教师;

3. 原则上应具有副高及其以上专业技术职务,一般应具有硕士学位或接受过硕士研究生主要课程的培训,年龄一般不超过40周岁。

第五条 本项目面向全国普通高等学校,重点支持地方高等学校,并向西部地区、东北老工业基地的高等学校倾斜。

第三章 接受学校和培养方式

第六条 接受国内访问学者的学校应是教学科研水平高、师资力量雄厚的国内重点高等学校,一般应为实施"211"工程重点建设的学校。

接受国内访问学者的学科应是国家重点学科,国家、教育部重点实验室,国家、教育部工程(技术)研究中心,教育部人文社会科学重点研究基地等重点科研基地和优势学科,能够为国内访问学者提供不低于博士研究生标准的研修和工作条件。

第七条 国内访问学者的培养工作实行指导教师负责制。

国内访问学者指导教师应具有指导博士研究生的能力,师德高尚、学术造诣高深、工作认真负责,主持承担了能让国内访问学者参与的科研项目。

第八条 国内访问学者和指导教师应共同协商制订研修计划,在指导教师指导下,以参加科研为主,并协助指导研究生、参与课程讲授、辅导或其他教学工作。研修期限一般为一年。

第四章 申报程序

第九条 有条件接受国内访问学者的高等学校填写并向教育部高等学校师资培训交流武汉中心报送《接受高等学校青年骨干教师国内访问学者申报表》,说明招收国内访问学者的学科专业和指导教师及其研修课题的有关情况。

教育部高等学校师资培训交流武汉中心汇总审核并确定申报学校招收国内访问学者的计划,向全国普通高等学校公布。

第十条 高等学校按照公布的招收计划,在组织校内青年骨干教师报名的基础上,审核确定国内访问学者推荐人选,并向接受学校提交《高等学校青年骨干教师国内访问学者推荐表》。申请材料应明确提出研修的要求和预期目的。

第十一条 接受学校和指导教师审核《高等学校青年骨干教师国内访问学者推荐表》,确定录取名单,下发录取通知,同时将录取情况报送教育部高等学校师资培训交流武汉中心备案。

第十二条 教育部高等学校师资培训交流武汉中心根据高等学校报送的材料汇总本项目年度实施方案,报送教育部人事司审核备案。

第五章 支持方式

第十三条 本项目所需经费按照"四个一点"的原则筹措,即教育部资助一点,接受学校减免一点,选派学校支持一点,访问学者承担一点。

第十四条 教育部对入选本项目的国内访问学者资助部分培养费。资助的培养费每年年终拨付一次,由接受学校掌握,专款专用。

第十五条 接受学校要结合实际情况,对培养费的差额部分适当减免,特别是尽可能减免西部地区、东北老工业基地高等学校选派国内访问学者的培养费。接受学校应将收取培养费的标准报教育部人事司备案。

第十六条 选派学校和国内访问学者本人分担研修期间的住宿、交通等费用。

第六章 考核办法

第十七条 选派学校应与入选本项目的国内访问学者签订培养合同。合同中要约定研修目标、预期成果及其考核方式,也可约定研修期间住宿、交通等费用的分担办法、研修结束后回校工作的承诺及违约责任等。

第十八条 国内访问学者研修结束后,填写《高等学校青年骨干教师国内访问学者结业考核表》,总结研修成果;接受学校和指导教师对国内访问学者研修期间的学习表现、从事的主要工作、取得的主要成果和收获等情况,要认真做出客观公正的考核评价;结业前,选派学校应对国内访问学者研修情况进行考核。经考核合格者由接受学校颁发《高等学校国内访问学者结业证书》。

第十九条 国内访问学者回校工作后一年内,学校要对其教学科研发展情况以及接受学校培养效果做出评估,并将书面材料报送教育部高等学校师资培训交流武汉中心。

第七章 管理与评估

第二十条 接受学校要明确一名副校长分管此项工作,并明确本项目管理部门。

教师指导国内访问学者的工作计入其工作量并作为考核内容之一。

第二十一条 国内访问学者研修期间人事关系在原单位,期满后回原单位工作,研修期间的工资、津贴、福利、职务评聘等原则上不受影响,研修情况和成果作为其业务考核、职务聘任的依据之一。

第二十二条 教育部适时组织有关专家开展对本项目实施情况的评估和检查,对接受国内访问学者工作成绩突出的学校予以表彰鼓励。

对达不到本项目预期目标者,除了不授予《高等学校国内访问学者结业证书》,不拨付资助经费外,区别以下三种情况予以处理:

1. 国内访问学者本人不认真履行研修计划的,由本人向接受学校全额支付培养费;

2. 接受学校疏于管理,指导教师不认真负责,未能提供必要研修条件的,暂停接受学校招收国内访问学者的资格;

3. 选派学校不落实有关配套政策,致使国内访问学者无法完成研修任务的,暂停该校选派国内访问学者的资格。

第二十三条 指导教师及其科研项目情况,以及本项目评估、检查结果等材料通过适当方式向社会公开,接受社会监督。

第八章 附 则

第二十四条 本办法自发布之日起实施。

第二十五条 本办法由教育部人事司负责解释。教育部高等学校师资培训交流武汉中心可以根据本办法制订实施细则。

特级教师评选规定

· 1993 年 6 月 10 日
· 教人〔1993〕38 号

第一条 为了鼓励广大中小学教师长期从事教育事业,进一步提高中小学教师的社会地位,表彰在中小学教育教学中有特殊贡献的教师,制定本规定。

第二条 “特级教师”是国家为了表彰特别优秀的中小学教师而特设的一种既具先进性、又有专业性的称号。特级教师应是师德的表率、育人的模范、教学的专家。

第三条 本规定适用于普通中学、小学、幼儿园、师范学校、盲聋哑学校、教师进修学校、职业中学、教学研究机构、校外教育机构的教师。

第四条 特级教师的条件:

(一)坚持党的基本路线,热爱社会主义祖国,忠诚人民的教育事业;认真贯彻执行教育方针;一贯模范履行教师职责,教书育人,为人师表。

(二)具有中小学校高级教师职务。对所教学科具有系统的、坚实的理论知识和丰富的教学经验;精通业务,严谨治学,教育教学效果特别显著。或者在学生思想政治教育和班主任工作方面有突出的专长和丰富的经验,并取得显著成绩;在教育教学改革中勇于创新或在教学法研究、教材建设中成绩卓著。在当地教育界有声望。

(三)在培训提高教师的思想政治、文化业务水平和教育教学能力方面做出显著贡献。

第五条 评选特级教师工作应有计划、经常性地进行。各省、自治区、直辖市在职特级教师总数一般控制在中小学教师总数的千万之一点五以内。评选的重点是在普通中小学教育教学第一线工作的教师。

第六条 评选特级教师的程序:

(一)在学校组织教师酝酿提名的基础上,地(市)、县教育行政部门可在适当范围内,广泛征求意见,通过全面考核,确定推荐人选,报省、自治区、直辖市教育行政部门。

(二)省、自治区、直辖市教育行政部门对地(市)、县的推荐人选审核后,送交由教育行政部门领导、特级教师、对中小学教育有研究的专家、校长组成的评审组织评审。

（三）省、自治区、直辖市教育行政部门根据特级教师评审组织的意见确定正式人选报省、自治区、直辖市人民政府批准，并报国务院教育行政部门备案。

第七条 授予特级教师称号，颁发特级教师证书，在各省、自治区、直辖市庆祝教师节大会上进行。要采用多种形式宣传特级教师的优秀事迹，推广特级教师的先进经验。

第八条 特级教师享受特级教师津贴，每人每月80元，退休后继续享受，数额不减。中小学民办教师评选为特级教师的，享受同样津贴。所需经费由教育事业费列支。

第九条 特级教师要模范地做好本职工作。要不断钻研教育教学理论，坚持教育教学改革实验；研究教育教学中普遍存在的问题，积极主动提出改进办法；通过各种方式培养提高年轻教师。

特级教师应不断地总结教育教学、教育科学研究等方面的经验，并向学校和教育行政部门汇报。

第十条 学校和教育行政部门要为特级教师发挥作用创造条件。要支持特级教师的教育教学改革实验和教育科学研究。要积极为特级教师的学习提高和开展研究工作提供方便。

可为年龄较大、教育教学经验特别丰富的特级教师，选派有事业心、肯钻研的年轻教师做助手，协助他们进行教学改革实验，帮助他们总结、整理教育教学改革经验。

特级教师一般不宜兼任过多的社会职务，以保证他们有充足的时间和精力做好本职工作。

第十一条 特级教师退休后，根据工作需要和本人条件，可返聘继续从事教材编写、培养教师和其他有关工作。

第十二条 特级教师有下列情形之一的，由所在省、自治区、直辖市人民政府批准撤销特级教师称号：

（一）在评选特级教师工作中弄虚作假，不符合特级教师条件的；

（二）受到剥夺政治权利或者有期徒刑以上刑事处罚的；

（三）其他应予撤销称号的。

第十三条 特级教师调离中小学教育系统，其称号自行取消；取消、撤销称号，与称号有关的待遇即行中止。

第十四条 各省、自治区、直辖市教育行政部门可依据本规定，结合本地区的实际情况，制定特级教师评选和管理的具体办法。

第十五条 本规定由国务院教育行政部门负责解释。

第十六条 本规定自发布之日起施行。在此之前的文件，凡与本规定不一致的，按本规定执行。

教师和教育工作者奖励规定

· 1998年1月8日

· 教人〔1998〕1号

第一条 为了鼓励我国广大教师和教育工作者长期从事教育事业，奖励在教育事业中作出突出贡献的教师和教育工作者，依据《中华人民共和国教师法》，制定本规定。

第二条 国务院教育行政部门对长期从事教育教学、科学研究和管理、服务工作并取得显著成绩的教师和教育工作者，分别授予“全国优秀教师”和“全国优秀教育工作者”荣誉称号，颁发相应的奖章和证书；对其中作出贡献者，由国务院教育行政部门会同国务院人事部门授予“全国模范教师”和“全国教育系统先进工作者”荣誉称号，颁发相应的奖章和证书。

第三条 “全国优秀教师”、“全国优秀教育工作者”的基本条件是：热爱社会主义祖国，坚持党的基本路线，忠诚人民的教育事业，模范履行职责，具有良好的职业道德，并具备下列条件之一：

（一）全面贯彻教育方针，坚持素质教育思想，热爱学生，关心学生的全面成长，教书育人，为人师表，在培养人才方面成绩显著；

（二）认真完成教育教学工作任务，在教学改革、教材建设、实验室建设、提高教育教学质量方面成绩突出；

（三）在教育教学研究、科学研究、技术推广等方面有创造性的成果，具有较大的科学价值或者显著的经济效益、社会效益；

（四）在学校管理、服务和学校建设方面有突出成绩。

第四条 奖励“全国模范教师”、“全国教育系统先进工作者”和“全国优秀教师”、“全国优秀教育工作者”，每三年进行一次，并于当年教师节期间进行表彰。

第五条 各省、自治区、直辖市教育行政部门向国务院教育行政部门推荐“全国模范教师”、“全国教育系统先进工作者”和“全国优秀教师”、“全国优秀教育工作者”的比例控制在本地区教职工总数的万分之二以内，其中“全国模范教师”、“全国教育系统先进工作者”的比例不超过本地区教职工总数的十万分之六。解放军、武装警察部队奖励人选的推荐比例另行确定。

第六条 奖励“全国优秀教师”、“全国优秀教育工作者”的工作由国务院教育行政部门会同全国教育工会、中国中小学幼儿教师奖励基金会统一组织领导；奖励“全国模范教师”、“全国教育系统先进工作者”的工作由国务院教育行政部门会同国务院人事部门统一组织领导，负责组织评审和批准各省、自治区、直辖市和解放军、武装警察部队推荐的相应奖励人选。

各省、自治区、直辖市教育行政部门分别会同当地教育工会、教师奖励组织和政府人事部门负责组织本地区的“全国优秀教师”、“全国优秀教育工作者”和“全国模范教师”、“全国教育系统先进工作者”人选的评审和推荐工作。

解放军总政治部负责解放军和武装警察部队奖励人选的评审和推荐工作。

第七条 “全国模范教师”、“全国教育系统先进工作者”的奖章和证书，由国务院教育行政部门会同国务院人事部门颁发；“全国优秀教师”、“全国优秀教育工作者”的奖章和证书由国务院教育行政部门颁发，或者由其委托省、自治区、直辖市人民政府、解放军总政治部颁发，并在评选当年的教师节举行颁奖仪式。“全国模范教师”、“全国教育系统先进工作者”的奖章和证书由国务院教育行政部门会同国务院人事部门统一制作。“全国优秀教师”、“全国优秀教育工作者”的奖章和证书由国务院教育行政部门统一制作。

第八条 教师奖励工作应坚持精神奖励与物质奖励相结合的原则。“全国模范教师”、“全国教育系统先进工作者”和“全国优秀教师”、“全国优秀教育工作者”享受由国务院教育行政部门会同中国中小学幼儿教师奖励基金会颁发的一次性奖金。其中，“全国模范教师”、“全国教育系统先进工作者”按照人事部人核培发〔1994〕4号文件规定，享受省（部）级劳动模范和先进工作者待遇。尚未实行职务工资制度的民办教师，获得“全国模范教师”、“全国教育系统先进工作者”荣誉称号时，奖励晋升工资的具体办法由各省、自治区、直辖市制定。

第九条 “全国模范教师”、“全国教育系统先进工作者”和“全国优秀教师”、“全国优秀教育工作者”称号获得者的事迹和获奖情况，应记入本人档案，并作为考核、聘任、职务和工资晋升的重要依据。

第十条 “全国模范教师”、“全国教育系统先进工作者”或者“全国优秀教师”、“全国优秀教育工作者”荣誉称号获得者有下列情形之一的，由所在省、自治区、直辖市教育行政部门，解放军总政治部报请相应的授予机关批准，撤销其称号，并取消相应待遇：

（一）在表彰奖励活动中弄虚作假、骗取荣誉称号的；

（二）已丧失“全国模范教师”、“全国教育系统先进工作者”或者“全国优秀教师”、“全国优秀教育工作者”荣誉称号条件的。

第十一条 本规定适用于《教师法》适用范围的各级各类学校及其他教育机构中的教师和教育工作者。

第十二条 各省、自治区、直辖市和国务院有关部门、解放军总政治部可参照本规定，结合实际情况，奖励所属学校和其他教育机构的优秀教师和教育工作者。其具体办法由各省、自治区、直辖市和国务院有关部门、解放军总政治部自行制定。

第十三条 本规定由国务院教育行政部门负责解释。

第十四条 本规定自发布之日起施行。《教师和教育工作者暂行规定》同时废止。

新时代高校教师职业行为十项准则

· 2018年11月8日
· 教师〔2018〕16号

教师是人类灵魂的工程师，是人类文明的传

承者。长期以来，广大教师贯彻党的教育方针，教书育人，呕心沥血，默默奉献，为国家发展和民族振兴作出了重大贡献。新时代对广大教师落实立德树人根本任务提出新的更高要求，为进一步增强教师的责任感、使命感、荣誉感，规范职业行为，明确师德底线，引导广大教师努力成为有理想信念、有道德情操、有扎实学识、有仁爱之心的好老师，着力培养德智体美劳全面发展的社会主义建设者和接班人，特制定以下准则。

一、坚定政治方向。坚持以习近平新时代中国特色社会主义思想为指导，拥护中国共产党的领导，贯彻党的教育方针；不得在教育教学活动中及其他场合有损害党中央权威、违背党的路线方针政策的言行。

二、自觉爱国守法。忠于祖国，忠于人民，恪守宪法原则，遵守法律法规，依法履行教师职责；不得损害国家利益、社会公共利益，或违背社会公序良俗。

三、传播优秀文化。带头践行社会主义核心价值观，弘扬真善美，传递正能量；不得通过课堂、论坛、讲座、信息网络及其他渠道发表、转发错误观点，或编造散布虚假信息、不良信息。

四、潜心教书育人。落实立德树人根本任务，遵循教育规律和学生成长规律，因材施教，教学相长；不得违反教学纪律，敷衍教学，或擅自从事影响教育教学本职工作的兼职兼薪行为。

五、关心爱护学生。严慈相济，诲人不倦，真心关爱学生，严格要求学生，做学生良师益友；不得要求学生从事与教学、科研、社会服务无关的事宜。

六、坚持言行雅正。为人师表，以身作则，举止文明，作风正派，自重自爱；不得与学生发生任何不正当关系，严禁任何形式的猥亵、性骚扰行为。

七、遵守学术规范。严谨治学，力戒浮躁，潜心问道，勇于探索，坚守学术良知，反对学术不端；不得抄袭剽窃、篡改侵吞他人学术成果，或滥用学术资源和学术影响。

八、秉持公平诚信。坚持原则，处事公道，光明磊落，为人正直；不得在招生、考试、推优、保研、就业及绩效考核、岗位聘用、职称评聘、评优评奖等工作中徇私舞弊、弄虚作假。

九、坚守廉洁自律。严于律己，清廉从教；不得索要、收受学生及家长财物，不得参加由学生及家长付费的宴请、旅游、娱乐休闲等活动，或利用家长资源谋取私利。

十、积极奉献社会。履行社会责任，贡献聪明才智，树立正确义利观；不得假公济私，擅自利用学校名义或校名、校徽、专利、场所等资源谋取个人利益。

新时代中小学教师职业行为十项准则

· 2018 年 11 月 8 日

· 教师〔2018〕16 号

教师是人类灵魂的工程师，是人类文明的传承者。长期以来，广大教师贯彻党的教育方针，教书育人，呕心沥血，默默奉献，为国家发展和民族振兴作出了重大贡献。新时代对广大教师落实立德树人根本任务提出新的更高要求，为进一步增强教师的责任感、使命感、荣誉感，规范职业行为，明确师德底线，引导广大教师努力成为有理想信念、有道德情操、有扎实学识、有仁爱之心的好老师，着力培养德智体美劳全面发展的社会主义建设者和接班人，特制定以下准则。

一、坚定政治方向。坚持以习近平新时代中国特色社会主义思想为指导，拥护中国共产党的领导，贯彻党的教育方针；不得在教育教学活动中及其他场合有损害党中央权威、违背党的路线方针政策的言行。

二、自觉爱国守法。忠于祖国，忠于人民，恪守宪法原则，遵守法律法规，依法履行教师职责；不得损害国家利益、社会公共利益，或违背社会公序良俗。

三、传播优秀文化。带头践行社会主义核心价值观，弘扬真善美，传递正能量；不得通过课堂、论坛、讲座、信息网络及其他渠道发表、转发错误观点，或编造散布虚假信息、不良信息。

四、潜心教书育人。落实立德树人根本任务，遵循教育规律和学生成长规律，因材施教，教学相长；不得违反教学纪律，敷衍教学，或擅自从事影响教育教学本职工作的兼职兼薪行为。

五、关心爱护学生。严慈相济，诲人不倦，真心关爱学生，严格要求学生，做学生良师益友；不得歧视、侮辱学生，严禁虐待、伤害学生。

六、加强安全防范。增强安全意识，加强安全教育,保护学生安全,防范事故风险;不得在教育教学活动中遇突发事件、面临危险时,不顾学生安危,擅离职守,自行逃离。

七、坚持言行雅正。为人师表,以身作则,举止文明,作风正派,自重自爱;不得与学生发生任何不正当关系,严禁任何形式的猥亵、性骚扰行为。

八、秉持公平诚信。坚持原则,处事公道,光明磊落,为人正直;不得在招生、考试、推优、保送及绩效考核、岗位聘用、职称评聘、评优评奖等工作中徇私舞弊、弄虚作假。

九、坚守廉洁自律。严于律己,清廉从教;不得索要、收受学生及家长财物或参加由学生及家长付费的宴请、旅游、娱乐休闲等活动,不得向学生推销图书报刊、教辅材料、社会保险或利用家长资源谋取私利。

十、规范从教行为。勤勉敬业,乐于奉献,自觉抵制不良风气;不得组织、参与有偿补课,或为校外培训机构和他人介绍生源、提供相关信息。

新时代幼儿园教师职业行为十项准则

· 2018年11月8日
· 教师〔2018〕16号

教师是人类灵魂的工程师,是人类文明的传承者。长期以来,广大教师贯彻党的教育方针,教书育人,呕心沥血,默默奉献,为国家发展和民族振兴作出了重大贡献。新时代对广大教师落实立德树人根本任务提出新的更高要求,为进一步增强教师的责任感、使命感、荣誉感,规范职业行为,明确师德底线,引导广大教师努力成为有理想信念、有道德情操、有扎实学识、有仁爱之心的好老师,着力培养德智体美劳全面发展的社会主义建设者和接班人,特制定以下准则。

一、坚定政治方向。坚持以习近平新时代中国特色社会主义思想为指导,拥护中国共产党的领导,贯彻党的教育方针;不得在保教活动中及其他场合有损害党中央权威和违背党的路线方针政策的言行。

二、自觉爱国守法。忠于祖国,忠于人民,恪守宪法原则,遵守法律法规,依法履行教师职责;不得损害国家利益、社会公共利益,或违背社会公序良俗。

三、传播优秀文化。带头践行社会主义核心价值观,弘扬真善美,传递正能量;不得通过保教活动、论坛、讲座、信息网络及其他渠道发表、转发错误观点,或编造散布虚假信息、不良信息。

四、潜心培幼育人。落实立德树人根本任务,爱岗敬业,细致耐心;不得在工作期间玩忽职守、消极怠工,或空岗、未经批准找人替班,不得利用职务之便兼职兼薪。

五、加强安全防范。增强安全意识,加强安全教育,保护幼儿安全,防范事故风险;不得在保教活动中遇突发事件、面临危险时,不顾幼儿安危,擅离职守,自行逃离。

六、关心爱护幼儿。呵护幼儿健康,保障快乐成长;不得体罚和变相体罚幼儿,不得歧视、侮辱幼儿,严禁猥亵、虐待、伤害幼儿。

七、遵循幼教规律。循序渐进,寓教于乐;不得采用学校教育方式提前教授小学内容,不得组织有碍幼儿身心健康的活动。

八、秉持公平诚信。坚持原则,处事公道,光明磊落,为人正直;不得在入园招生、绩效考核、岗位聘用、职称评聘、评优评奖等工作中徇私舞弊、弄虚作假。

九、坚守廉洁自律。严于律己,清廉从教;不得索要、收受幼儿家长财物或参加由家长付费的宴请、旅游、娱乐休闲等活动,不得推销幼儿读物、社会保险或利用家长资源谋取私利。

十、规范保教行为。尊重幼儿权益,抵制不良风气;不得组织幼儿参加以营利为目的的表演、竞赛等活动,或泄露幼儿与家长的信息。

中小学教师违反职业道德行为处理办法(2018年修订)

· 2018年11月8日
· 教师〔2018〕18号

第一条 为规范教师职业行为,保障教师、学生的合法权益,根据《中华人民共和国教育法》《中华人民共和国未成年人保护法》《中华人民共和国教师法》《教师资格条例》和《新时代中小学教师职业行为十项准则》等法律法规和制度规范,制定本办法。

第二条 本办法所称中小学教师是指普通中小学、中等职业学校（含技工学校）、特殊教育机构、少年宫以及地方教研室、电化教育等机构的教师。

前款所称中小学教师包括民办学校教师。

第三条 本办法所称处理包括处分和其他处理。处分包括警告、记过、降低岗位等级或撤职、开除。警告期限为6个月，记过期限为12个月，降低岗位等级或撤职期限为24个月。是中共党员的，同时给予党纪处分。

其他处理包括给予批评教育、诫勉谈话、责令检查、通报批评，以及取消在评奖评优、职务晋升、职称评定、岗位聘用、工资晋级、申报人才计划等方面的资格。取消相关资格的处理执行期限不得少于24个月。

教师涉嫌违法犯罪的，及时移送司法机关依法处理。

第四条 应予处理的教师违反职业道德行为如下：

（一）在教育教学活动中及其他场合有损害党中央权威、违背党的路线方针政策的言行。

（二）损害国家利益、社会公共利益，或违背社会公序良俗。

（三）通过课堂、论坛、讲座、信息网络及其他渠道发表、转发错误观点，或编造散布虚假信息、不良信息。

（四）违反教学纪律，敷衍教学，或擅自从事影响教育教学本职工作的兼职兼薪行为。

（五）歧视、侮辱学生，虐待、伤害学生。

（六）在教育教学活动中遇突发事件、面临危险时，不顾学生安危，擅离职守，自行逃离。

（七）与学生发生不正当关系，有任何形式的猥亵、性骚扰行为。

（八）在招生、考试、推优、保送及绩效考核、岗位聘用、职称评聘、评优评奖等工作中徇私舞弊、弄虚作假。

（九）索要、收受学生及家长财物或参加由学生及家长付费的宴请、旅游、娱乐休闲等活动，向学生推销图书报刊、教辅材料、社会保险或利用家长资源谋取私利。

（十）组织、参与有偿补课，或为校外培训机构和他人介绍生源、提供相关信息。

（十一）其他违反职业道德的行为。

第五条 学校及学校主管教育部门发现教师存在违反第四条列举行为的，应当及时组织调查核实，视情节轻重给予相应处理。作出处理决定前，应当听取教师的陈述和申辩，听取学生、其他教师、家长委员会或者家长代表意见，并告知教师有要求举行听证的权利。对于拟给予降低岗位等级以上的处分，教师要求听证的，拟作出处理决定的部门应当组织听证。

第六条 给予教师处理，应当坚持公平公正、教育与惩处相结合的原则；应当与其违反职业道德行为的性质、情节、危害程度相适应；应当事实清楚、证据确凿、定性准确、处理恰当、程序合法、手续完备。

第七条 给予教师处理按照以下权限决定：

（一）警告和记过处分，公办学校教师由所在学校提出建议，学校主管教育部门决定。民办学校教师由所在学校决定，报主管教育部门备案。

（二）降低岗位等级或撤职处分，由教师所在学校提出建议，学校主管教育部门决定并报同级人事部门备案。

（三）开除处分，公办学校教师由所在学校提出建议，学校主管教育部门决定并报同级人事部门备案。民办学校教师或者未纳入人事编制管理的教师由所在学校决定并解除其聘任合同，报主管教育部门备案。

（四）给予批评教育、诫勉谈话、责令检查、通报批评，以及取消在评奖评优、职务晋升、职称评定、岗位聘用、工资晋级、申报人才计划等方面资格的其他处理，按照管理权限，由教师所在学校或主管部门视其情节轻重作出决定。

第八条 处理决定应当书面通知教师本人并载明认定的事实、理由、依据、期限及申诉途径等内容。

第九条 教师不服处理决定的，可以向学校主管教育部门申请复核。对复核结果不服的，可以向学校主管教育部门的上一级行政部门提出申诉。

对教师的处理，在期满后根据悔改表现予以延期或解除，处理决定和处理解除决定都应完整存入人事档案及教师管理信息系统。

第十条 教师受到处分的，符合《教师资格条例》第十九条规定的，由县级以上教育行政部门依法撤销其教师资格。

教师受处分期间暂缓教师资格定期注册。依据《中华人民共和国教师法》第十四条规定丧失教师资格的，不能重新取得教师资格。

教师受记过以上处分期间不能参加专业技术职务任职资格评审。

第十一条 教师被依法判处刑罚的，依据《事业单位工作人员处分暂行规定》给予降低岗位等级或者撤职以上处分。其中，被依法判处有期徒刑以上刑罚的，给予开除处分。教师受到剥夺政治权利或者故意犯罪受到有期徒刑以上刑事处罚的，丧失教师资格。

第十二条 学校及主管教育部门不履行或不正确履行师德师风建设管理职责，有下列情形的，上一级行政部门应当视情节轻重采取约谈、诫勉谈话、通报批评、纪律处分和组织处理等方式严肃追究主要负责人、分管负责人和直接责任人的责任：

（一）师德师风长效机制建设、日常教育督导不到位；

（二）师德失范问题排查发现不及时；

（三）对已发现的师德失范行为处置不力、方式不当或拒不处分、拖延处分、推诿隐瞒的；

（四）已作出的师德失范行为处理决定落实不到位，师德失范行为整改不彻底；

（五）多次出现师德失范问题或因师德失范行为引起不良社会影响；

（六）其他应当问责的失职失责情形。

第十三条 省级教育行政部门应当结合当地实际情况制定实施细则，并报国务院教育行政部门备案。

第十四条 本办法自发布之日起施行。

研究生导师指导行为准则

·2020年10月30日

·教研〔2020〕12号

导师是研究生培养的第一责任人，肩负着培养高层次创新人才的崇高使命。长期以来，广大导师贯彻党的教育方针，立德修身、严谨治学、潜心育人，为研究生教育事业发展和创新型国家建设作出了突出贡献。为进一步加强研究生导师队伍建设，规范指导行为，努力造就有理想信念、有道德情操、有扎实学识、有仁爱之心的新时代优秀导师，在《教育部关于全面落实研究生导师立德树人职责的意见》（教研〔2018〕1号）、《新时代高校教师职业行为十项准则》基础上，制定以下准则。

一、坚持正确思想引领。坚持以习近平新时代中国特色社会主义思想为指导，模范践行社会主义核心价值观，强化对研究生的思想政治教育，引导研究生树立正确的世界观、人生观、价值观，增强使命感、责任感，既做学业导师又做人生导师。不得有违背党的理论和路线方针政策、违反国家法律法规、损害党和国家形象、背离社会主义核心价值观的言行。

二、科学公正参与招生。在参与招生宣传、命题阅卷、复试录取等工作中，严格遵守有关规定，公平公正，科学选才。认真完成研究生考试命题、复试、录取等各环节工作，确保录取研究生的政治素养和业务水平。不得组织或参与任何有可能损害考试招生公平公正的活动。

三、精心尽力投入指导。根据社会需求、培养条件和指导能力，合理调整自身指导研究生数量，确保足够的时间和精力提供指导，及时督促指导研究生完成课程学习、科学研究、专业实习实践和学位论文写作等任务；采用多种培养方式，激发研究生创新活力。不得对研究生的学业进程及面临的学业问题疏于监督和指导。

四、正确履行指导职责。遵循研究生教育规律和人才成长规律，因材施教；合理指导研究生学习、科研与实习实践活动；综合开题、中期考核等关键节点考核情况，提出研究生分流退出建议。不得要求研究生从事与学业、科研、社会服务无关的事务，不得违规随意拖延研究生毕业时间。

五、严格遵守学术规范。秉持科学精神，坚持严谨治学，带头维护学术尊严和科研诚信；以身作则，强化研究生学术规范训练，尊重他人劳动成果，杜绝学术不端行为，对与研究生联合署名的科研成果承担相应责任。不得有违反学术规范、损害研究生学术科研权益等行为。

六、把关学位论文质量。加强培养过程管理，按照培养方案和时间节点要求，指导研究生做好论文选题、开题、研究及撰写等工作；严格执行学位授予要求，对研究生学位论文质量严格把关。

不得将不符合学术规范和质量要求的学位论文提交评审和答辩。

七、严格经费使用管理。鼓励研究生积极参与科学研究、社会实践和学术交流，按规定为研究生提供相应经费支持，确保研究生正当权益。不得以研究生名义虚报、冒领、挪用、侵占科研经费或其他费用。

八、构建和谐师生关系。落实立德树人根本任务，加强人文关怀，关注研究生学业、就业压力和心理健康，建立良好的师生互动机制。不得侮辱研究生人格，不得与研究生发生不正当关系。

新时代高等学校思想政治理论课教师队伍建设规定

· 2020年1月16日教育部令第46号公布
· 自2020年3月1日起施行

第一章　总　则

第一条　为深入贯彻落实习近平新时代中国特色社会主义思想和党的十九大精神，贯彻落实习近平总书记关于教育的重要论述，全面贯彻党的教育方针，加强新时代高等学校思想政治理论课（以下简称思政课）教师队伍建设，根据《中华人民共和国教师法》，中共中央办公厅、国务院办公厅印发的《关于深化新时代学校思想政治理论课改革创新的若干意见》，制定本规定。

第二条　思政课是高等学校落实立德树人根本任务的关键课程，是必须按照国家要求设置的课程。

思政课教师是指承担高等学校思政课教育教学和研究职责的专兼职教师，是高等学校教师队伍中承担开展马克思主义理论教育、用习近平新时代中国特色社会主义思想铸魂育人的中坚力量。

第三条　主管教育部门、高等学校应当加强思政课教师队伍建设，把思政课教师队伍建设纳入教育事业发展和干部人才队伍建设总体规划，在师资建设上优先考虑，在资金投入上优先保障，在资源配置上优先满足。

第四条　高等学校应当落实全员育人、全程育人、全方位育人要求，构建完善立德树人工作体系，调动广大教职工参与思想政治理论教育的积极性、主动性，动员各方面力量支持、配合思政课教师开展教学科研、组织学生社会实践等工作，提升思政课教学效果。

第二章　职责与要求

第五条　思政课教师的首要岗位职责是讲好思政课。思政课教师要引导学生立德成人、立志成才，树立正确世界观、人生观、价值观，坚定对马克思主义的信仰，坚定对社会主义和共产主义的信念，增强中国特色社会主义道路自信、理论自信、制度自信、文化自信，厚植爱国主义情怀，把爱国情、强国志、报国行自觉融入坚持和发展中国特色社会主义事业、建设社会主义现代化强国、实现中华民族伟大复兴的奋斗之中，为培养德智体美劳全面发展的社会主义建设者和接班人作出积极贡献。

第六条　对思政课教师的岗位要求是：

（一）思政课教师应当增强“四个意识”，坚定“四个自信”，做到“两个维护”，始终在政治立场、政治方向、政治原则、政治道路上同以习近平同志为核心的党中央保持高度一致，模范践行高等学校教师师德规范。做到信仰坚定、学识渊博、理论功底深厚，努力做到政治强、情怀深、思维新、视野广、自律严、人格正，自觉用习近平新时代中国特色社会主义思想武装头脑，做学习和实践马克思主义的典范，做为学为人的表率。

（二）思政课教师应当用好国家统编教材。以讲好用好教材为基础，认真参加教材使用培训和集体备课，深入研究教材内容，吃准吃透教材基本精神，全面把握教材重点、难点，认真做好教材转化工作，编写好教案，切实推动教材体系向教学体系转化。

（三）思政课教师应当加强教学研究。坚持以思政课教学为核心的科研导向，紧紧围绕马克思主义理论学科内涵开展科研，深入研究思政课教学方法和教学重点难点问题，深入研究坚持和发展中国特色社会主义的重大理论和实践问题。

（四）思政课教师应当深化教学改革创新。按照政治性和学理性相统一、价值性和知识性相统一、建设性和批判性相统一、理论性和实践性相统一、统一性和多样性相统一、主导性和主体性相统一、灌输性和启发性相统一、显性教育和隐性教育相统一的要求,增强思政课的思想性、理论性和亲和力、针对性,全面提高思政课质量和水平。

第三章 配备与选聘

第七条 高等学校应当配齐建强思政课专职教师队伍,建设专职为主、专兼结合、数量充足、素质优良的思政课教师队伍。

高等学校应当根据全日制在校生总数,严格按照师生比不低于1:350的比例核定专职思政课教师岗位。公办高等学校要在编制内配足,且不得挪作他用。

第八条 高等学校应当根据思政课教师工作职责、岗位要求,制定任职资格标准和选聘办法。

高等学校可以在与思政课教学内容相关的学科遴选优秀教师进行培训后加入思政课教师队伍,专职从事思政课教学;并可以探索胜任思政课教学的党政管理干部转岗为专职思政课教师,积极推动符合条件的辅导员参与思政课教学,鼓励政治素质过硬的相关学科专家转任思政课教师。

第九条 高等学校可以实行思政课特聘教师、兼职教师制度。鼓励高等学校统筹地方党政领导干部、企事业单位管理专家、社科理论界专家、各行业先进模范以及高等学校党委书记校长、院(系)党政负责人、名家大师和专业课骨干、日常思想政治教育骨干等讲授思政课。支持高等学校建立两院院士、国有企业领导等人士经常性进高校、上思政课讲台的长效机制。

第十条 主管教育部门应当加大高等学校思政课校际协作力度,加强区域内高等学校思政课教师柔性流动和协同机制建设,支持高水平思政课教师采取多种方式开展思政课教学工作。采取派驻支援或组建讲师团等形式支持民办高等学校配备思政课教师。

第十一条 高等学校应当严把思政课教师政治关、师德关、业务关,明确思政课教师任职条件,根据国家有关规定和本规定要求,制定思政课教师规范或者在聘任合同中明确思政课教师权利义务与职责。

第十二条 高等学校应当设置独立的马克思主义学院等思政课教学科研二级机构,统筹思政课教学科研和教师队伍的管理、培养、培训。

思政课教学科研机构负责人应当是中国共产党党员,并有长期从事思政课教学或者马克思主义理论学科研究的经历。缺少合适人选的高等学校可以采取兼职等办法,从相关单位聘任思政课教学科研机构负责人。

第四章 培养与培训

第十三条 主管教育部门和高等学校应当加强思政课教师队伍后备人才培养。

国务院教育行政部门应当制定马克思主义理论专业类教学质量国家标准,加强本硕博课程教材体系建设,可统筹推进马克思主义理论本硕博一体化人才培养工作。实施"高校思政课教师队伍后备人才培养专项支持计划",专门招收马克思主义理论学科研究生,不断为思政课教师队伍输送高水平人才。高等学校应当注重选拔高素质人才从事马克思主义理论学习研究和教育教学,加强思政课教师队伍后备人才思想政治工作。

第十四条 建立国家、省(区、市)、高等学校三级思政课教师培训体系。国务院教育行政部门建立高等学校思政课教师研修基地,开展国家级示范培训,建立思政课教师教学研究交流平台。主管教育部门和高等学校应当建立健全思政课教师专业发展体系,定期组织开展教学研讨,保证思政课专职教师每3年至少接受一次专业培训,新入职教师应参加岗前专项培训。

第十五条 主管教育部门和高等学校应当拓展思政课教师培训渠道,设立思政课教师研学基地,定期安排思政课教师实地了解中国改革发展成果、组织思政课教师实地考察和比较分析国内外经济社会发展状况,创造条件支持思政课教师到地方党政机关、企事业单位、基层等开展实践锻炼。

高等学校应当根据全日制在校生总数,按照本科院校每生每年不低于40元、专科院校每生每年不低于30元的标准安排专项经费,用于保障思政课教师的学术交流、实践研修等,并根据实际情况逐步加大支持力度。

第十六条 主管教育部门和高等学校应当加大对思政课教师科学研究的支持力度。教育部人文社科研究项目要设立专项课题,主管教育部门要设立相关项目,持续有力支持思政课教师开展教学研究。主管教育部门和高等学校应当加强马克思主义理论教学科研成果学术阵地建设,支持新创办思政课研究学术期刊，相关哲学社会科学类学术期刊要设立思政课研究栏目。

第五章　考核与评价

第十七条　高等学校应当科学设置思政课教师专业技术职务（职称）岗位，按教师比例核定思政课教师专业技术职务（职称）各类岗位占比，高级岗位比例不低于学校平均水平，不得挪作他用。

第十八条　高等学校应当制定符合思政课教师职业特点和岗位要求的专业技术职务（职称）评聘标准，提高教学和教学研究在评聘条件中的占比。

高等学校可以结合实际分类设置教学研究型、教学型思政课教师专业技术职务（职称），两种类型都要在教学方面设置基本任务要求，要将教学效果作为思政课教师专业技术职务（职称）评聘的根本标准，同时要重视考查科研成果。

高等学校可以设置具体条件，将承担思政课教学的基本情况以及教学实效作为思政课教师参加高一级专业技术职务（职称）评聘的首要考查条件和必要条件。将为本专科生上思政课作为思政课教师参加高级专业技术职务（职称）评聘的必要条件。将至少一年兼任辅导员、班主任等日常思想政治教育工作经历并考核合格作为青年教师晋升高一级专业技术职务（职称）的必要条件。

思政课教师指导1个马克思主义理论类学生社团1年以上，且较好履行政治把关、理论学习、业务指导等职责的，在专业技术职务（职称）评聘中同等条件下可以优先考虑。

思政课教师在思想素质、政治素质、师德师风等方面存在突出问题的，在专业技术职务（职称）评聘中实行“一票否决”。

第十九条　高等学校应当完善思政课教师教学和科研成果认定制度，推行科研成果代表作制度，制定思政课教师发表文章的重点报刊目录，将思政课教师在中央和地方主要媒体发表的理论文章纳入学术成果范围，细化相关认定办法。教学和科研成果可以是专著、论文、教学参考资料、调查报告、教书育人经验总结等。在制定思政课教师专业技术职务（职称）评聘指标和排次定序依据时，要结合实际设置规则，不得将国外期刊论文发表情况和出国访学留学情况作为必要条件。

第二十条　高等学校应当健全思政课教师专业技术职务（职称）评价机制，建立以同行专家评价为主的评价机制，突出思政课的政治性、思想性、学术性、专业性、实效性，评价专家应以马克思主义理论学科为主，同时可适当吸收相关学科专家参加。

思政课教师专业技术职务（职称）评审委员会应当包含学校党委有关负责同志、思政课教学科研部门负责人，校内专业技术职务（职称）评聘委员会应有同比例的马克思主义理论学科专家。

高等学校应当制定思政课教师专业技术职务（职称）管理办法。完善专业技术职务（职称）退出机制，加强聘期考核，加大激励力度，准聘与长聘相结合。

第六章　保障与管理

第二十一条　高等学校应当切实提高专职思政课教师待遇，要因地制宜设立思政课教师岗位津贴。高等学校要为思政课教师的教学科研工作创造便利条件，配备满足教学科研需要的办公空间、硬件设备和图书资料。

第二十二条　高等学校思政课教师由马克思主义学院等思政课教学科研机构统一管理。每门课程都应当建立相应的教学科研组织，并可以根据需要配备管理人员。

第二十三条　主管教育部门和高等学校要大力培养、推荐、表彰思政课教师中的先进典型。全国教育系统先进个人表彰中对思政课教师比例或名额作出规定；国家级教学成果奖、高等学校科学研究优秀成果奖（人文社科）中加大力度支持思政课；“长江学者奖励计划”等高层次人才项目中加大倾斜支持优秀思政课教师的力度。

第二十四条　主管教育部门和高等学校应当加强宣传、引导，并采取设立奖励基金等方式支持高等学校思政课教师队伍建设，以各种方式定期对优秀思政课教师和马克思主义理论学科学生给予奖励。

第二十五条　高等学校应当加强对思政课教师的考核，健全退出机制，对政治立场、政治方向、政治原则、政治道路上不能同党中央保持一致的，或理论素养、教学水平达不到标准的教师，不得继续担任思政课教师或马克思主义理论学科研究生导师。

第七章 附 则

第二十六条 本规定适用于普通高等学校(包括民办高等学校)思政课教师队伍建设。其他类型高等学校的思政课教师队伍建设可以参照本规定执行。

第二十七条 省级教育部门可以根据本规定,结合本地实际制定相关实施细则。

第二十八条 本规定自 2020 年 3 月 1 日起施行。

图书在版编目（CIP）数据

中华人民共和国教育注释法典 / 中国法制出版社编
.—北京：中国法制出版社，2023.6
（注释法典）
ISBN 978-7-5216-3448-8

Ⅰ.①中… Ⅱ.①中… Ⅲ.①教育法-法律解释-中国 Ⅳ.①D922.165

中国国家版本馆 CIP 数据核字（2023）第 065787 号

责任编辑：李槟红　　　　封面设计：周黎明

中华人民共和国教育注释法典
ZHONGHUA RENMIN GONGHEGUO JIAOYU ZHUSHI FADIAN

编者/中国法制出版社
经销/新华书店
印刷/三河市紫恒印装有限公司
开本/710 毫米×1000 毫米　16 开　　　　印张/ 37　字数/ 949 千
版次/2023 年 6 月第 1 版　　　　2023 年 6 月第 1 次印刷

中国法制出版社出版
书号 ISBN 978-7-5216-3448-8　　　　定价：93.00 元

北京市西城区西便门西里甲 16 号西便门办公区
邮政编码：100053　　　　传真：010-63141600
网址：http：//www.zgfzs.com　　　　**编辑部电话：010-63141671**
市场营销部电话：010-63141612　　　　**印务部电话：010-63141606**

（如有印装质量问题，请与本社印务部联系。）